光 启
———
新史学
———
译 丛

主编

陈 恒 陈 新

编辑委员会

国家出版基金项目
NATIONAL PUBLICATION FOUNDATION

OXFORD

牛　津
历史著作史

从开端到公元600年

The Oxford History
of Historical Writing

［美］安德鲁·菲尔德　［美］格兰特·哈代 主编

陈　恒 李尚君 屈伯文 李海峰 王海利 等译

第一卷（上）

上海三联书店

"光启新史学译丛"弁言

20世纪展开的宏伟历史画卷让史学发展深受其惠。在过去半个世纪里,历史研究领域延伸出许多令人瞩目的分支学科,诸如性别史、情感史、种族史、移民史、环境史、城市史、医疗社会史等,这些分支学科依然聚焦于人,但又深化了对人的理解。举凡人类活动的核心领域如经济关系、权力运作、宗教传播、思想嬗变、社会流动、人口迁徙、医疗进步等等都曾在史学的视野之内,而当代史家对这些领域的研究已大大突破了传统史学的范畴,并与普通人的日常生活息息相关。如今,一位普通读者也能够从自身生存状态出发,找到与历史作品的连接点,通过阅读历史,体悟人类过往智慧的种种精妙,进而在一定程度上主动去塑造自己的生活理念。通过阅读历史来定位我们的现在,通过历史研究为当下的种种决策提供依据,这已经是我们的现实中基于历史学的一种文化现象。不论是对物质生活或情感世界中细节的把握,还是期望对整个世界获得深邃的领会,当代历史学都提供了无尽的参照与启迪。这是一个史学的时代,也是一个人人都需要学习、参悟历史的时代。千百种貌似碎片化的历史专题研究、综合性的学术史研究、宏观化的全球史研究,都浸润着新时代的历史思维,为亿万读者提供了内涵丰富、层次多样、个性鲜明的历史读本。

微观史学或新文化史可视为一种新社会史学的重要方向,对此国内有不少译介,读者也较为熟悉。但新社会史学的研究远不止这两个方向,它在各方面的成就与进展,当然是我们这套译丛不会忽视的。除此之外,我们尤为关注代表着综合性史学思维的全球史,它是当代西方史学的重要分支,是新的世界史编纂方法和研究视角。

　　全球史的出现是一个非常重要的"历史性时刻"，它不仅是"从下往上看历史"新视角下所包括的普通民众，而且这标志着全球史已深入到前殖民，囊括第三世界的方方面面。为纠正传统西方中心论和以民族国家为叙事单位所带来的弊端，全球史自20世纪60年代诞生以来，越来越受到史学界的重视。全球史关注不同民族、地区、文化、国家之间的交往与互动，强调传播与接受，重视文化多元与平等，摈弃特定地区的历史经验，犹如斯塔夫里阿诺斯所说，要站在月球上观察地球，"因而与居住在伦敦或巴黎、北京和新德里的观察者的观点迥然不同。"

　　当代史学的创造力所在，可从全球史研究的丰富内涵中窥见一斑。全球史研究奠基在一种历史写作的全球语境之中，诉诸全球视野，构建起全球化叙事，突出历史上民族、国家、文化之间的交流、碰撞与互动。在当代史家笔下存以下几种全球互动模式：一是阐述世界历史上存在的互动体系或网络，如伊曼纽尔·沃勒斯坦的《现代世界体系》（1974—1989年）、德烈·冈德·弗兰克的《白银资本》（1998年）、彭慕兰《大分流》（2000年）；二是关注生态与环境、物种交流及其影响的，如艾尔弗雷德·罗斯比的《哥伦布大交换》（1972年）、约翰·麦克尼尔《太阳底下的新鲜事：20世纪人与环境的全球互动》（2001年）；三是研究世界贸易、文化交流的，如卜正民的《维梅尔的帽子》（2008年）、罗伯特·芬雷《青花瓷的故事：中国瓷的时代》（2010年）、贝克特的《棉花帝国》（2014年）；四是以全球眼光进行比较研究的，这包括劳工史、移民史等，如菲力普·方纳的《美国工人运动史》（1947—1994年）、孔飞力的《他者中的华人：中国近现代移民史》（2009年）；五是审视区域史、国别史之世界意义的，如迪佩什·查卡拉巴提的《地方化欧洲》（2000年）、大卫·阿米蒂奇的《独立宣言：一种全球史》（2007年）、妮娜·布雷的《海市蜃楼：拿破仑的科学家与埃及面纱的揭开》（2007年）等；以致出现了所谓的跨国史研究。"跨国史"（transnational history）这一术语自20世纪90年代以来一直和美国历史研究的那些著作相关联。这一新的研究方法关注的是跨越边疆的人群、观念、技术和机构的变动。它和"全球史"（global history）相关，但又并不是一回事。"跨文化史"（transcultural history)或"不同文化关系"(intercultural relation)是与"跨国史"相匹配的术语,但研究者认为在阐明那些跨国联系时,这两个术语过于模糊。"跨国"这个标签能够使学者认识到国家的重要性,同时又具体化其发展过程。该方法的倡导者通常把这一研究方法区别于比较史学(comparative history)。尽管如此,他们认为比较方法和跨国方法彼此是互为补充的。(A. Iriye and P. Saunier, ed., *The Palgrave Dictionary of Transnational History*,Macmillan,2009,p. 943)

全球史研究不断尝试以全球交互视角来融合新社会史学的微小题材,总体看来,这些新趋势和新热点在一定程度上纠正了全球史对整体性和一致性的偏好,为在全球视野中理解地方性知识乃至个体性经验做出了示范,同时凸显了人类历史中无处不在、无时不在的多样性与差异性。

本译丛是以当代历史学的新发展为重点,同时兼及以历史学为基础的跨学科研究成果,着眼于最新的变化和前沿问题的探讨。编者既期望及时了解国外史学的最新发展,特别是理论与方法上的新尝试和新变化,又要选择那些在研究主题上有新思路、新突破的作品,因而名之为"新史学译丛"。

近现代史学自18世纪职业化以来发展到今天,已经走完了一轮循环。时至今日,史学研究不再仅限对某一具体学科领域作历史的探讨,而是涉及哲学、文学、艺术、科学、宗教、人类学等多个领域,需要各个领域的专家协手共进。在一定意义上,史学是对人类文化的综合研究。这是一种现实,但更是一种理想,因为这意味着当代新史学正在努力把传统史学很难达到的最高要求当作了入门的最低标准。

历史演进总是在波澜不惊的日常生活里缓慢地进行着,无数个微小的变化汇聚累积,悄悄地改变着人类社会生活的整体面貌,因此,历史发展的进程,以长时段的目光,从社会根基处考察,是连续累进的。知识的创造同样如此,正如我们今天的全球史观,也是得益于人类漫长智识创造留给我们的智慧。历史研究虽然履行智识传播的使命,未来会结出什么样的智慧之果,我们很难知晓,也不敢预言,但愿它是未来某棵参天大树曾经吸纳过的一滴水,曾经进入过那伟大的脉络。无论如何,我们确信的是,通过阅读历史,研究历史,人们体验到的不仅仅是分析的妙处与思维的拓展,而且是在潜移默化中悄悄促进包容性社会的发展。

"光启新史学译丛"编委会
2017 年 9 月 1 日于光启编译馆

《牛津历史著作史》中文版
工作委员会

编审委员会
陈启甸　黄　韬

主　编
第一卷　陈　恒　李尚君
第二卷　赵立行
第三卷　陈　新　李　娟
第四卷　岳秀坤
第五卷　彭　刚　顾晓伟

译校者

第一卷	陈　恒	李尚君	屈伯文	李海峰	王海利
	郑　阳	宋立宏	李　月	刘雪飞	李　慧
第二卷	赵立行	刘招静	陈　勇	汪丽红	卢　镇
第三卷	陈　新	李　娟	朱潇潇	申　芳	王　静
	陈慧本	张　骏			
第四卷	岳秀坤	喻　乐	孙　琇	姜伊威	陈　强
	昝　涛	董　雨	陈　功	陶　略	
第五卷	彭　刚	顾晓伟	李　根	段　艳	余开亮
	金利杰	陈书焕	李明洋	孙　琇	刘颖洁
	钱栖榕	张　骏	吕思聪	李　娟	葛会鹏
	王　伟	李晓倩	金知恕		

牛津历史著作史

《牛津历史著作史》是一套五卷本的,由众多学者合作编撰的学术著作,该书囊括了全球历史著作史。它是一部人类努力保全、再现和叙述过去的编年史,特别关注各国不同的传统,以及这些不同传统的突出要点及其与西方历史编撰的比较研究。每卷书都包涵着一个特殊的时期,尽量避免不恰当地突出历史分期的西方观念,各卷所包括的时间范围在逐步递减,这不仅反映了后来各卷自19世纪以来在地理空间的扩大,而且反映了历史活动的急剧增加。《牛津历史著作史》是第一部自起源以来覆盖全球的、集体合作完成的学术性历史著作史。

第一卷　从开端到公元600年
第二卷　从公元400年到1400年
第三卷　从公元1400年到1800年
第四卷　从公元1800年到1945年
第五卷　从公元1945年至今

　　《牛津历史著作史》在 2005 年至 2009 年写作期间得到阿尔伯达大学（the University of Alberta）研究部副部长和学术部副部长及该大学校长的慷慨资助，随后加拿大安大略省金斯敦的女王大学（Queen's University，Kingston，Ontario）给予了资助。

中文版序言

史学史的诞生、发展及其在中国的接受[①]

陈　恒

　　一部史学著作诞生之后，读者自然或有自己的评论与感想，这也意味着史学史的诞生。伴随历史著作的不断丰富、研究领域的不断扩展、著述风格与体裁的日益繁多，史学史逐渐成为史学本身的一个重要领域，一个重要分支学科。史学史是从历史学演进的视角来分析历史叙述方法、表现手段、理论基础的一门根基性学科，通过追溯各种历史学研究和著述形式的渊源、流派、成果及其在历史学发展中产生的影响，对各个时代的历史学家及其成就作适当评价。因此，通俗来说，史学史内蕴了历史学家的故事、历史学家文本的故事，或也可称为史学学术史。

　　但史学史真正成为今天历史学的一个重要分支学科，与两种学术发展存在着密切的关系：其一是人类悠久漫长的历史撰述传统及其留下的丰富遗产；其二是19世纪以来现代学科体系的逐渐形成和细分。因此，至19世纪末20世纪初，史学史研究在西方成为一个专门的学科领域，并伴随着近代的"西学东渐"，于20世纪20年代左右在中国逐渐形成和发展起来。

[①]　本文初稿后发给赵立行、彭刚、陈新、周兵、岳秀坤、洪庆明诸位教授审读，他们提出了不少很好的修改建议，在此特别鸣谢！

1

西方史学史的诞生与发展

关于历史是什么、历史学是什么、历史学家的任务是什么，以及为什么要撰写历史等问题，自古以来就不断有人在探讨。早在两千多年前，亚里士多德在《诗学》里就对历史学的方法路径提出了独到的见解。在他看来，历史是描述发生的事情，是编年式的，处理的是偶然发生的特定之事。普鲁塔克在《论希罗多德的恶意》中，对西方"史学之父"希罗多德的史学思想进行了尖锐的批评，他认为希罗多德的历史叙述中充满谎言，包含着反雅典的偏见，该文本可以说是西方世界针对史学家个体及其著作进行评判的最早作品。

从古典时代以降直至近代早期，西方论及历史和历史学的著作时有出现，其中不乏充满真知灼见或对后世影响深远的作品。古罗马作家琉善（Lucian，约120—180年）的《论撰史》流传至今，他认为："历史只有一个任务或目的，那就是实用，而实用只有一个根源，那就是真实。"罗马帝国晚期教父哲学家奥古斯丁的《上帝之城》可说是人类历史上的第一部历史哲学著作，对后世的历史观产生了至深的影响。在他看来，世界历史的进程是光明与黑暗、善与恶之间不断斗争的历史，是在上帝创造的时间框架里且按照上帝的意志有条不紊地展开的过程。尽管奥古斯丁撰写这部书的根本目的是为了驳斥异教徒，为基督教辩护，但他所阐释的历史观，在历史时间的概念框架、历史学的性质和目的方面，为中世纪史学奠定了基调，并一直主导着近代早期的基督教神学的历史撰述。直至17世纪后半期，路易十四宫廷神学家博叙埃（Jacques Bénigné Bossuet，1627—1704年）所撰写的《世界历史讲授录》（1681年），仍在申述着奥古斯丁的神学史观。①

但无论是对过去史著的评述，还是对史观的阐述，上述的诸多著作都还不属于我们今天意义上的史学史范畴。今天我们谈到的

---

① Jacques Bénigné Bossuet, *Discours sur l'histoire universelle*, *à monseigneur le dauphin pour expliquer la suite de la religion*, *et les changements des empires*, 3Vols., Paris：Bibliothèque catholique,1825 - 1826.

"史学史",对应的英文词一般是"Historiography",指的是学科意义上的历史学,而非"事实的历史",它包含两层意思,即对事实的历史进行研究和撰述的发展史,以及对研究事实的历史时运用的理论和方法。史学史指的是"对历史写作方式的研究,也即历史撰述的历史……当你研究史学史时,你不必直接去研究过去的事件,而是研究某个史学家著作里对这些事件不断变化的解释"。①我们按此定义去追根溯源,今天意义上的史学史于 16 世纪才朦胧出现。人文主义时代的法国人让·博丹(Jean Bodin,1530—1596 年)撰写了流传广泛的《理解历史的捷径》,该书系统地阐述了进行历史撰写的框架、原则和方法。首先,他反对从《但以理书》中引申而来的基督教精致的四帝国说,代之以从地理环境出发来考察具体历史进程的世界史三阶段说;其次,他认为历史的形式有三种,即人类史、自然史和圣史,且应该首先关心人类史;再次,他倡导历史撰写要尽力秉持客观公正的原则,对史料要进行精心考证。② 我们可以把该书视为西方史学方法论的先驱之作。1599 年,法国历史学家拉·波普利尼埃尔(La Popelinière,1541—1608 年)的历史三部曲(《历史著作史》《完美历史的观念》《新法国史的构想》),可以看作是西方史学史的开山之作。在博丹、拉·波普利尼埃尔等许多先行者之后,法国人兰格勒特·杜·弗莱斯诺伊(Lenglet du Fresnoy,1674—1755 年)的《历史研究方法论》(1713 年;1728 年翻译成英文在伦敦出版)提供了许多历史著述的摘要,这份摘要是对博丹《理解历史的捷径》一书所附文献目录的扩充。③ 1777 年,哥廷根大学授予了第一个历史学博士学位,历史学自此在知识体系中占有一席之地。

但直到 19 世纪初历史学在德国最早完成职业化进程而成为一门独立的学科,史学史研究才逐渐得到真正的重视。因为职业化的学科研究,需要梳理漫长发展史累积的遗产,以便从中寻获有用

---

① Michael Salevouris & Conal Furay, *The Methods and Skills of History*:*A Practical Guide*,4th edition,Wiley-Blackwell,2015,p. 223.
② 张广智:《西方史学史》,第三版,复旦大学出版社 2015 年版,第 114—115 页。
③ 凯利:《多面的历史》,陈恒、宋立宏译,生活·读书·新知三联书店 2003 年版,第 476 页。

的材料和线索，或发现可供研究的主题，或学习借鉴视角和方法。在历史学职业化大约一个世纪后，欧美各国均出现了一股史学史研究的热潮，对历史学（尤其是近代以后的历史学科）进行某种系统的整理和总结，并产生了一系列流传后世的史学史作品，如傅埃特（Eduard Fueter，1876—1928年）的《新史学史》（1911年），古奇（G. P. Gooch，1873—1968年）的《十九世纪历史学与历史学家》（1913年），肖特威尔（J. T. Shotwell，1874—1965年）的《史学史导论》（1922年），班兹（H. E. Barnes，1889—1968年）的《历史著作史》（1937年），汤普森（J. W. Thompson，1869—1941年）的《历史著作史》（1943年），巴特菲尔德（Herbert Butterfield，1900—1979年）的《论人类的过去》（1955年），以及最近比较流行的布雷萨赫（Ernst Breisach）的《历史编撰：古代、中世纪和近代》（2007年第三版），等等。其中瑞士历史学家、新闻记者爱德华·傅埃特所写的《新史学史》（*Geschichte der neueren Historiographie*，München，1911，Zürich）是一本真正学术意义上的史学史通志，内容涵盖自宗教改革以来的欧洲史学著作。傅埃特注重思想观念对历史进程的巨大影响，但忽略了社会发展中的社会经济因素的作用。

逮及20世纪，伴随着史学研究本身的快速发展，出现了诸如法国的年鉴学派、英国的马克思主义历史学派、美国的社会科学史学派等流派，史学本体论、认识论和方法论均出现了革命性的变化，使得人们更须从不同的角度审视历史记述与研究的演变，分析历史研究背后方法路径和分析技术的应用，史学史研究也因此获得快速发展，成绩斐然。

从时间顺序来看，我们大致可以把20世纪以来的史学史研究分为以下三个阶段：1. 学科初始阶段（1903—1945年），这时的史学史大多是记述性的；[①]2. 学科史学史阶段（1945—1989年），史学

---

① 这一阶段的另一个特点是有关古代时期的专题史学史出现不少，如善迪斯（John Sandys，1844-1922）的《古典学术史》（*A History of Classical Scholarship：from Antiquity to the Modern Era*，1903）、奥姆斯特德（A. T. Olmstead，1880-1945）《亚述史学史》（*Assyrian Historiography：A Source Study*，1916）、维拉莫维兹（Ulrich von Wilamowitz-Moellendorff，1848-1931）《语言学史》（*Geschichte der Philologie*，1921。其实这是一部古典学术史）等。

史成为史学研究的一个重要领域;3.全球史学史阶段(1989年以来),史家以交流与融合的眼光看待全球史学史的发展。从著述体裁来看,我们大致可以把史学史论著分为以下三种类型:1.书评和传记式的史学史,如古奇、汤普逊等人的著述;2.通史的、断代的或专题的史学史通论,如普法伊佛(Rudolf Pfeiffer,1889—1979年)、布雷萨赫、凯利、伊格尔斯、约翰·布罗(John Burrow,1935—2009年)等人的著述;3.全球史学史,如劳埃德、沃尔夫等人的著述。当然还有诸如布克哈特、屈威廉、伯瑞、卡尔、芬利、莫米利亚诺、布罗代尔、格拉夫顿(Antony Grafton,1950年—)这类历史学家的自我反思,对史学史与史学理论的思考;也有克罗齐、科林伍德、海登·怀特等人从历史哲学层面对史学史与史学理论的思考。这些著述都从不同的层面对史学史研究作出贡献。

　　早期史学史著作也包含批评性的注释,但实际上,它们讨论的大多是历史学家个人及其著作,在本质上是记述式的。这在很大程度上已不能满足当今史学研究迅速了解自身学科本源与演进历程的需要。

　　史学思想史的出现弥补了这方面的不足,这是史学史编撰的另一条路径,也就是以一种更富有批判性和更具有分析能力的眼光重新审视历史编撰的史学史,以努力寻求19世纪欧洲历史编撰中的"一种深层结构内容"(《元史学》,第Ⅸ页)的海登·怀特为代表。怀特的《元史学》于1973年出版以后,就在学术界引发了广泛的讨论,针对此著有大量研究文章和评论,影响波及当今。怀特认为历史编撰是诗化性质的,以此为出发点,他否认历史学的科学性,认为历史学与自然科学是根本不同的。在他看来,史学自身的性质使得史学处于一种概念混乱状态,因而就其基本特征而言,史学不是科学而是艺术创作,所以叙事对史学来说是必不可少的。《元史学》一书就是用一套从其他学科借用的概念来阐明怀特观点的诗化过程。对于这种极端观点,赞成者有之,反对者有之,采中庸之道调和两派观点的亦有之。①

　　凯利(Donald R. Kelley,1931年—)的史学史三部曲(《多面

---

① 参见《书写历史》,上海三联书店2003年版。

的历史》《历史的时运》《历史前沿》),从希罗多德一直讲述到 20 世纪史学的发展。该书既有记述,又有分析,兼具上述极端观点的长处,这不但避免了平铺直叙所带来的肤浅,而且也避免了过于注重理论演绎所导致的玄奥。诚如前辈何兆武教授所说,"《多面的历史》所论述的,正是从古希腊的希罗多德下迄 18 世纪德国赫尔德的一系列西方历史学家对西方历史进程的理解或解释"①。新近由复旦大学张广智教授主编的六卷本《西方史学通史》大体也属于这一类型。

20 世纪中期之后世界格局发生急剧转变,全球一体化急剧加速。与此同时,从相互联系的观点撰写世界史,或从整体上探索人类文明的演进规律和发展动力,不断促使史学实践要体现全球视野;随着全球史的出现,全球史学史也出现了。早在 20 世纪 60 年代,学术界就关注全球史学史了。比如,1961—1962 年间,牛津大学出版社出版了一套《亚洲民族的历史著作》(*Historical Writing on the Peoples of Asia*),分别有南亚卷、东南亚卷、东亚卷和中东卷,②它是以 20 世纪 50 年代晚期在伦敦大学亚非学院召开的会议为基础编撰的,获得广泛好评,至今仍有很高参考价值。再比如西尔斯(David L. Sills)主编的《国际社会科学百科全书》(19 vols., 1968)第六卷中关于"历史编纂"的综合性文章,涵盖了有关伊斯兰、南亚和东南亚、中国和日本的简明叙述。巴勒克拉夫(G. Barraclough,1908—1984 年)的《当代史导论》(1964 年)、《当代史学主要趋势》(1978 年)中也涉及了非西方世界的历史写作。

全球史学史论述的主要特征是:1. 不仅论述史学本身发展的历史,也研究史学与社会环境之间的互动关系:注重史学形成的社会基础与文化基础,注重史学知识的传播与社会组织、学术体制之

---

① 何兆武"对历史的反思",参见《多面的历史》,生活·读书·新知三联书店 2003 年版,第 3 页。
② 四卷分别是 1. C. H. Philips 主编《印度、巴基斯坦和锡兰的历史学家》(*Historians of India, Pakistan, and Ceylon*);2. D. G. E. Hall 主编《东南亚历史学家》(*Historians of South East Asia*);3. W. G. Beasley 和 E. G. Pulleyblank 主编的《中国、日本的历史学家》(*Historians of China and Japan*);4. B. Lewis 和 P. M. Holt 主编的《中东的历史学家》(*Historians of the Middle East*)。

间的关系;2. 比较方法与全球视野:重视不同区域不同文化之间的史学互动,着重东西方比较研究,尤其是三大传统——地中海传统、儒家传统、伊斯兰传统——之间的比较研究,由此说明全球史学一些内在的本质特征;3. 注重传统与接受的关系,研究各种史学传统的内部传承与外部接受,且非常注重非西方史学传统研究;4. 力图避免"西方中心论",充分考虑西方以外的史学传统,不过度突出西方的分期概念;等等。

全球史学史代表人物主要有伊格尔斯(G. G. Iggers)、吕森(Jörn Rüsen)、劳埃德(G. E. R. Lloyd)、富克斯(E. Fuchs)、斯塔西提(B. Stuchtey)、沃尔克(M. Völkel)等人。其中《牛津历史著作史》主编、加拿大女王大学校长沃尔夫(D. R. Woolf)教授是极有影响的一位。

《牛津历史著作史》

《牛津历史著作史》①主编丹尼尔·沃尔夫 1958 年出生于伦敦,在加拿大的温尼伯(Winnipeg)接受教育,后去英国读书,1983 年在牛津大学获得近代史博士学位,导师为牛津大学圣彼得学院著名的历史学家吉拉德·艾尔默(Gerald Edward Aylmer,1926—2000 年)。② 毕业后,他先去加拿大埃德蒙顿的阿尔伯达大学任教,任该校历史与古典学系教授,文学院院长,现任加拿大安大略金斯顿女王大学教授。沃尔夫早年主要研究都铎王朝、近代早期英国文化史,后来专注史学史与史学思想研究,著述甚多,③成为史

---

① *The Oxford History of Historical Writing*, ed. by Daniel Woolf, Oxford University Press,2011 - 2012.

② 博士论文为《1590—1640 年间英格兰历史思想的变化与延续》(*Change and Continuity in English Historical Thought*, *c. 1590—1640*),参加答辩的有牛津大学的凯斯·托马斯(Sir Keith Thomas,1933—　)、剑桥大学的昆廷·斯金纳(Quentin Skinner,1940—)等。

③ 其他方面的著作有 *Public Duty and Private Conscience in Seventeenth-Century England*,Oxford University Press 1993 (co-ed., with John Morrill and （转下页）

学史研究的领军人物。他早前出版的有关史学史、史学思想的著作主要有:《早期斯图亚特时代英格兰的历史观念》(*The Idea of History in Early Stuart England*，University of Toronto Press，1990)、《全球历史著作百科全书》(*Global Encyclopedia of Historical Writing*，Garland，1998)、《近代早期英格兰的阅读史》(*Reading History in Early Modern England*，Cambridge University Press，2000)、《往昔的社会传播:1500—1739年间的英格兰历史文化》(*The Social Circulation of the Past：English Historical Culture 1500—1730*，Oxford University Press，2003)、《全球史学史》(*A Global History of History*，Cambridge University Press，2011)。五卷本《牛津历史著作史》内容大致如下:

卷数	时间范围	主编	章数	内　　容
第一卷	从开端到公元600年	安德鲁·菲尔德、格兰特·哈代	26章	论述了古代世界主要历史传统，包括古代近东、古代希腊、古代罗马、古代东方和南亚的史学起源与发展。
第二卷	从公元400年到1400年	萨拉·福特、蔡斯·F.罗宾逊	28章	第一编是宏观论述，讲述了从朝鲜半岛到欧洲西北部的这一时期不同社会的历史著述的发展，特别突出宗教特性和文化特性。第二编是对第一部分的补充，侧重比较与主题，包括对历史题材风格、战争，特别是宗教的论述。

(接上页) Paul Slack)；*Rhetorics of Life-Writing in Early Modern Europe*，University of Michigan Press，1995 (co-ed. ，with T. F. Mayer)；*The Spoken Word：Oral Culture in Britain 1500 - 1850*，Manchester University Press，2002 (co-ed. ，with Adam Fox)；*Local Identities in Late Medieval and Early Modern England*，Palgrave Macmillan，2007 (co-ed. ，with Norman L. Jones)；*A Global History of History*，2011 等。沃尔夫为六卷本《新观念史辞典》(*New Dictionary of the History of Ideas*，ed. by Maryanne Cline Horowitz，2005)所写的长篇导论"Historiography"是其全球史学史纲领性宣言，随后所出版的《全球史学史》《牛津历史著作史》都是这一思想的不断延展与深化。

卷数	时间范围	主编	章数	内　　容
第三卷	从公元1400年到1800年	何塞·拉巴萨、佐藤正幸、埃多尔多·托塔罗洛、丹尼尔·沃尔夫	32章	论述公元1400年到1800年间（即通常所称的"早期近代"）全球史学的发展。以叙述亚洲开始，叙述美洲结束，这个时期开始了真正意义的全球史学时代。侧重跨文化比较的方法。
第四卷	从公元1800年到1945年	斯图亚特·麦金泰尔、胡安·迈古阿西卡、阿提拉·波克	31章	第一编总述欧洲历史思想、史学职业化和史学机构的兴起、强化与危机；第二编分析了史学史怎样与各种各样的欧洲民族传统发生联系；第三编考察的是欧洲史学的"后裔"——美国、加拿大、南非、澳大利亚、新西兰、墨西哥、巴西和西属美洲——的史学发展。第四编讲述的是西方世界以外的史学传统，包括中国、日本、印度、南亚、阿拉伯世界和撒哈拉以南的非洲史学。
第五卷	从公元1945年至今	阿克塞尔·施耐德、丹尼尔·沃尔夫	33章	第一部分考察历史理论与跨学科的研究方法；第二部分论述的是世界各地民族史学、区域史学的发展。

《牛津历史著作史》是一套由众多知名学者合作编撰的、涵盖全球的史学史著作，全书由150篇专论组成，是迄今为止最为全面的、涵括整个人类史学文化传统的历史著作史。各卷主编都是各个领域的著名学者：第一卷主编是古典学家安德鲁·菲尔德（Andrew Feldherr）、汉学家格兰特·哈代（Grant Hardy），第二卷主编是教会史家萨拉·福特（Sarah Foot）、伊斯兰史家蔡斯·F. 罗宾逊（Chase F. Robinson），第三卷主编是拉美史家何塞·拉巴萨（José Rabasa）、史学理论专家佐藤正幸（Masayuki Sato）、早期近代史家埃多尔多·托塔罗洛（Edoardo Tortarolo）、总主编丹尼尔·沃尔夫，第四卷是澳大利亚史家斯图亚特·麦金泰尔（Stuart

Macintyre)、美洲史家胡安·迈古阿西卡(Juan Maiguashca)、史学史家阿提拉·波克(Attila Pók)，第五卷主编是汉学家阿克塞尔·施耐德(Axel Schneider)以及总主编丹尼尔·沃尔夫本人。

　　另外，还有由迈克尔·本特利、约恩·吕森、格奥尔格·伊格尔斯、唐纳德·凯利、彼得·伯克等14位知名学者组成的顾问团队，提出指导性编撰建议，这些顾问还发挥自身的特长为该书贡献专题文章，这在一定程度上保障了丛书的编撰质量。全书各个专题论文的作者在学术界都有一定的影响，比如宾夕法尼亚大学伍安祖教授、德国汉学家闵道安(Achim Mittag)、印度裔历史学家迪佩什·查卡拉巴提(Dipesh Chakrabarty)、英国古典学家劳埃德、美国汉学家杜润德、史嘉柏、夏含夷等等，这些高水准学者的加入为整套丛书编撰质量提供了可靠的保障。因而该书出版后获得了广泛好评。伊格尔斯认为"此书魅力在于其内在的、深刻的跨文化研究方法"；彼得·伯克认为"沃尔夫的著作为我们提供了天才的史学史全球研究论述，该书结构明晰、内容平衡，作者尽量避免欧洲中心主义和当下意识这对孪生危险，强调使用多元路径研究过往"；唐纳德·凯利认为"这是内容丰富、论述全面的世界史学史著作。沃尔夫是这一领域公认的专家，他将年代与地理结合在一起，范围包括非洲、近东、远东以及欧洲和美国；他的这一研究方法非常有效"。

　　《牛津历史著作史》是一部按照编年顺序，注重各国史学传统，努力再现人类史学文化传统的史学史著作。全书力图避免西方中心观念，且注意比较研究，以全球眼光、平等价值看待各种史学文化传统，且非常注重非西方史学传统的研究，每一卷的历史分期都考虑到东西方的具体情况，在大时间框架内处理国别史学史、地域史学史、专题史学史。

　　各卷所包括的时间范围逐步递减，这不仅反映了后来各卷尤其是自19世纪以来，史学史考察对象在地理空间上的扩大，而且反映了历史学活动的急剧增加，"研究越来越接近现代时，这些研究时期就越来越缩小了，这不仅是因为存留的材料和著名的作者越来越多,而且是因为真正意义上的世界范围内的重要主题也越来越多"①。

编者尽量不采取传统的古代、中世纪、近代的历史分期,目的就是为了尽量避免不恰当地突出历史分期的西方观念。就"历史编撰来说,似乎一直完全是西方的发明或西方的实践。自从20世纪90年代晚期以来,出版了大量的历史著作,开始挑战史学史的欧洲中心论,亦挑战史学史那种固有的目的论。现在我们能以更广阔的视野为背景来研究欧洲史学事业了,这个视野有许多平行的——这一事实时常被忽略——相互影响的书写传统,比方说来自亚洲、美洲、非洲的历史"②。编者因此尽量回避自19世纪以来所形成的民族史传统,注重地方史、区域史、跨国史、洲际史的书写以及彼此之间的联系。特别突出三大传统及一些次要的独立传统。三大传统分别是地中海传统(源于古代希腊、罗马、希伯来等构成的西方传统)、伊斯兰传统和儒家传统。次要的传统包括古代印度、前殖民时代的非洲、拉丁美洲,以及南亚、东南亚的部分地区。

编者注重跨学科研究,改变过去史学画地为牢的局限,吸收艺术、考古、科学、社会科学等领域的研究成果与方法,注意吸收来自不同领域的专家、学者,尽可能全面、系统地反映人类史学成就。注重史学知识产生的社会背景,分析各种制度、机构对史学知识的影响。"历史记录同种族、社会、经济和政治意义上的权力运用之间有着一种密切的联系。这也许是在文章开始时提到的古老格言的另一种表达方式,即'历史是被胜利者所书写,尽管事实上很多时候也是被失败者(考虑一下修昔底德,印第安人阿亚拉,或一位失败的革命者、诗人和史学家约翰·弥尔顿)和那些被突然而不被欢迎的变化幻象所困惑的人们所书写'。"③

---

① *The Oxford History of Historical Writing*, vol. 1, p. x.
② *New Dictionary of the History of Ideas*, ed. by Maryanne Cline Horowitz, 2005, p. ix.
③ *New Dictionary of the History of Ideas*, ed. by Maryanne Cline Horowitz, 2005, p. lxxx.

　　编者淡化宏大叙述、宏大理论,侧重具体事物论述,尽量反映史学研究的前沿动态,并且设计了大事年表、原始文献、研究文献,增加了可读性。尽管近年来已经出版了不少有关历史著述的百科全书、辞典、手册、研究指南,从纯学术的角度以全球视野全面论述史学史的著作也间有问世,①但在编排形式多样、吸引读者方面都逊色于本丛书。

西方史学史研究在中国

　　明清之际,由于西学东传,西方世界的学术话语、概念、方法也逐渐影响到中国传统史学,到了晚清和民国时代更是如此,"过去的乾嘉学派,诚然已具有科学精神,但是终不免为经学观念所范围,同时其方法还嫌传统,不能算是严格的科学方法。要到五四运动以后,西洋的科学的治史方法才真正输入,于是中国才有科学的史学而言"②,自此以后,中国史学也开始不断融入世界,中国的史学史研究成为世界史学史的一个组成部分。

　　20世纪以来,中国史学家慢慢重视中西史学史研究了,该领域逐渐成为独立的授课内容与研究主题。早在1909年,曹佐熙(1867—1921年)为湖南中路师范学堂优级选科的学生讲授"史学研究法",该课程讲义后成为《史学通论》一书。

---

① 近年来出版了一些富有启发性的、以跨文化比较研究为目的史学史著作,其中特别显著的是 *Turning Points in Historiography*:*A Cross-Cultural Perspective* (ed. G. Iggers and Q. E. Wang, 2002); *A Global History of Modern Historiography* (ed. Georg G Iggers, Q. Edward Wang, Supriya Mukherjee, 2008); *Across Cultural Borders*:*Historiography in Global Perspective* (ed. E. Fuchs and B. Stuchtey, 2002); *Western Historical Thinking*:*an Intercultural Debate* (ed. J. Rüsen, 2002); *Historical Truth*,*Historical Criticism and Ideology*:*Chinese Historiography and Historical Culture from a New Comparative Perspective* (ed. H. Schmidt-Glintzer, A Mittag and J. Rüsen, 2005)等。

② 顾颉刚:《当代中国史学》,辽宁教育出版社1998年版,"引论"。

在新文化运动影响下,当时中国的不少大学设立历史系、史学系或史地系。1919年,北京大学校长蔡元培废文理法三科之分,改门为系,新建包括史学系在内的14个系。1920年,出任史学系主任的朱希祖(1879—1944年)提倡设立中国史学原理、史学理论等课程,并躬身为学生讲授"中国史学概论",撰写成《中国史学通论》一书及其他一些史论文章。他还延请留学美国的何炳松(1890—1946年)为学生开设"史学方法论""史学原理"等课程,由此而引起何炳松翻译美国史学家鲁滨逊(James Harvey Robinson,1863—1936年)《新史学》(商务印书馆1924年)一事,而《新史学》则成为"本世纪初的一部著名史学译著"①。这一时期国内翻译了不少史学史著作,大多是由商务印书馆出版的,如朗格诺瓦(Langlois,1863—1929年)、瑟诺博思(Seignobos,1854—1942年)的《史学原论》(李思纯译,商务印书馆1926年)、绍特韦尔(Shotwell,1874—1965年)的《西洋史学史》(何炳松、郭斌佳译,1929年)、班兹(Harry Elmer Barnes,1889—1968年)的《史学》(向达译,商务印书馆1930年)、施亨利(Henri Sée,1864—1936年)的《历史之科学与哲学》(黎东方译,商务印书馆1930年)、班兹的《新史学与社会科学》(董之学译,商务印书馆1933年)、弗领(Fred Morrow Fling,1860—1934年)的《史学方法概论》(薛澄清译,商务印书馆1933年)等,这些著作为后来的中国西方史学史研究奠定了初步基础。

20世纪中国史学发展及其所取得的成就,就其整体来看,都是同吸收、借鉴西方史学的积极成果,尤其是马克思主义史学理论和方法方面的积极成果相联系的。从1924年李大钊出版《史学要论》到1930年郭沫若出版《中国古代社会研究》,标志着中国马克思主义史学的产生。新中国成立后,1952年全国高等学校的院系进行了大规模调整,把民国时期的英美高校体系改造为苏联高校体系,史学研究也进入了苏联模式时代,但毕竟还保留了自身的特

---

① 参见谭其骧《本世纪初的一部著名史学译著——〈新史学〉》,《何炳松纪念文集》,刘寅生、谢巍、何淑馨编,华东师范大学出版社1990年版,第74—75页。

色。这一时期，复旦大学的耿淡如（1898—1975 年）先生非常重视西方史学史的学科建设，他于 1961 年在《学术月刊》第 10 期上发表《什么是史学史？》一文，就史学史的定义、研究对象与任务进行了系统的概述，认为这门年轻的学科没有进行过系统的研究，"需要建设一个新的史学史体系"①。该文至今仍有参考价值。

据张广智先生说，②耿淡如先生从 1961 年开始就为历史系本科生开设外国（西方）史学史课程，并在《文汇报》上撰写《资产阶级史学流派与批判问题》（2 月 11 日）、《西方资产阶级史家的传统作风》（6 月 14 日）、《拿破仑对历史研究道德见解》（10 月 14 日）等文章，在《现代外国哲学社会科学摘要》上刊登他所翻译的索罗金的《论汤因比的历史哲学》（4 月 1 日）等文章，积极进行史学史研究推广工作。同年他开始翻译英国史学家古奇（G. P. Gooch，1873—1968 年）③的名著《十九世纪历史学与历史学家》，有部分章节油印，1989 年由商务印书馆作为"汉译名著"出版发行，四川大学谭英华教授（1917—1996 年）为该书作注，在学术界产生很大影响，至今仍是史学研究的必读书。④

1961 年 4 月 12 日，北京召开由周扬主持的高等学校文科教材编写会议，制订了历史学专业教学方案与历史教科书编写计划，耿淡如成为外国史学史教科书编写负责人。⑤ 同年底，在上海召开有复旦大学、北京大学、武汉大学、中山大学、南京大学等高校老师参

---

① 耿淡如：《西方史学史散论》，复旦大学出版社 2015 年版，第 175 页。
② 张广智教授为 1964 年耿淡如先生招收的新中国西方史学史第一届唯一的学生，也是"文革"前唯一一届的学生。
③ 古奇为英国著名外交史家、史学史家，有关史学史的著述有《历史》(History, London 1920，属于 Recent Developments in European Thought 丛书之一种)、《近代史研究》(Studies in Modern History, London 1931)、《欧洲史研究文献，1918—1939 年》(Bibliography of European History, 1918‑1939, London 1940)、《历史概览与特写》(Historical Surveys and Portraits, Longmans 1966)等。
④ "文革"期间也有一些史学史著作翻译出版，如，德门齐乐夫等著：《近现代美国史学概论》，黄巨兴等译，生活·读书·新知三联书店 1962 年版；《美国历史协会主席演说集：1949—1960》，何新译，商务印书馆 1963 年版，等等。
⑤ 1961 年 8 月 28 日刊登《耿淡如积极编写外国史学史教材》一文，介绍编写情况。

加的外国史学史教科书工作会议,决定由耿淡如负责编写"外国史学史",田汝康负责编译"西方史学流派资料集"(该资料集即田汝康后来与金重远合作选编由上海人民出版社在 1982 年出版的《现代西方史学流派文选》一书,该书在 20 世纪 80 年代流传极广,为人们认识现代西方史学理论奠定了基础。两年之后的 1984 年,张文杰先生编选了由上海译文出版社出版的《西方历史哲学译文集》①。这两本书构成了 20 世纪 80 年代早期认识西方史学的两个重要窗口)。遗憾的是,由于"文革",《外国史学史》的编写计划最终流产了。

"文革"后,百废待兴,外国史学史也得到了快速发展。郭圣铭(1915—2006 年)的《西方史学史概要》(上海人民出版社 1983 年)便是这一时期的第一本西方史学史专著。郭圣铭先生是中国世界史研究的开拓者之一,长期致力于世界史的教学与科研,"文革"结束后不久就发表《加强对史学史的研究》(刊《上海师大学报》1978年 1 期),表明他对这门专业的重视。他在《西方史学史概要》中认为把"外国史学史"列为必修课程是一个必要的、正确的措施,对提高我国历史科学的研究水平和教学质量将发生深远的影响。② 该书共计七章,自古代希腊史学一直讲述到 20 世纪初年的欧洲各国和美国史学;20 世纪西方史学则限于当时的历史条件,论述不多,甚为遗憾。郭圣铭先生还培养了不少西方史学史的学生,其中一些已经成为名家,比如王晴佳教授。王晴佳到美国后跟随著名的史学史专家格奥尔格·伊格尔斯研究西方史学史,近年来著述颇丰,大力推广西方史学史研究。

郭圣铭先生的《西方史学史概要》出版,掀起了当代中国世界史学界外国史学史教材与专著出版的热潮,先后大致有:孙秉莹的《欧洲近代史学史》(湖南人民出版社 1984 年),刘昶的《人心中的

---

① 该书后来又以《历史的话语:现代西方历史哲学译文集》之名在 2002 年、2012 年分别由广西师范大学出版社、中国人民大学出版社再版。
② 郭圣铭:《西方史学史概要》,上海人民出版社 1983 年版,第 1 页。

历史——当代西方历史理论述评》（四川人民出版社 1987 年），张广智的《克丽奥之路——历史长河中的西方史学》（复旦大学出版社 1989 年），宋瑞芝等主编的《西方史学史纲》（河南大学出版社 1989 年），徐浩、侯建新主编的《当代西方史学流派》（中国人民大学出版社 1996 年，2009 年第二版），张广智、张广勇的《史学，文化中的文化——文化视野中的西方史学》（浙江人民出版社 1990 年，上海社会科学院出版社 2013 年再版），徐正等主编的《西方史学的源流与现状》（东方出版社 1991 年），史学理论丛书编辑部编辑的《当代西方史学思想的困惑》（中国社会科学出版社 1991 年），庞卓恒主编的《西方新史学述评》（高等教育出版社 1992 年），夏祖恩编著的《外国史学史纲要》（鹭江出版社 1993 年），杨豫的《西方史学史》（江西人民出版社 1993 年），王建娥的《外国史学史》（兰州大学出版社 1994 年），张广智的《西方史学散论》（台北淑馨出版社 1995 年），郭小凌编著的《西方史学史》（北京师范大学出版社 1995 年），鲍绍林等著的《西方史学的东方回响》（社会科学文献出版社 2001 年），王晴佳的《西方的历史观念》（华东师范大学出版社 2002 年），张广智主著《西方史学史》（复旦大学出版社 2004 年，已出第 3 版），何平的《西方历史编纂学史》（商务印书馆 2010 年），于沛、郭小凌、徐浩的《西方史学史》（高等教育出版社 2011 年），张广智主编的《西方史学通史》（六卷，复旦大学出版社 2011 年，国内迄今为止规模最大、最详细的一套史学通史），杨豫、陈谦平主编的《西方史学史研究导引》（南京大学出版社 2011 年），等等。

这期间还有不少断代、国别、主题史学史研究专著出版，表明史学史这门学科快速发展与深入研究已今非昔比。比如北京大学张芝联教授最早把法国年鉴学派介绍到中国，其《费尔南·布罗代尔的史学方法》（《历史研究》，1986 年第 2 期）一文引起中国学界的广泛注意。南开大学杨生茂教授编选的《美国历史学家特纳及其学派》（商务印书馆 1984 年）引起了国内学术界对"边疆学派"的讨论，进而引发了人们去思考历史上的史学流派、史学思潮与比较研究。可以说 1902 年梁启超的《新史学》开启了中国的中西史学比较研究,后来者诸如胡适、何炳松、钱穆、柳诒徵、余英时、杜维运、汪荣祖、何兆武、朱本源、刘家和、于沛、陈启能等都比较重视这方面的研究。20世纪80年代华人学者汪荣祖就出版了中西史学比较研究巨著《史传通说》。近年来美国的伊格尔斯、王晴佳,德国的吕森等学者也关注中西史学的比较研究。

改革开放三十余年间,国家培养了大量人才,许多学者已经可以利用第一手原始文献进行系统研究,选题也越来越与国际史学界接轨。比如,姚蒙的《法国当代史学主流——从年鉴派到新史学》(香港三联书店与台北远流出版社1988年),田晓文的《唯物史观与历史研究——西方心智史学》(天津社会科学院出版社1992年),陈启能等著的《苏联史学理论》(经济管理出版社1996年),罗凤礼主编的《现代西方史学思潮评介》(中央编译出版社1996年),罗凤礼的《历史与心灵——西方心理史学的理论与实践》(中央编译出版社1998年),晏绍祥的《古典历史研究发展史》(华中师范大学出版社1999年),蒋大椿、陈启能主编的《史学理论大辞典》(安徽教育出版社2000年),王晴佳、古伟瀛的《后现代与历史学:中西比较》(山东大学出版社2003年),梁洁的《撒路斯特史学思想研究》(中国社会科学出版社2009年),王利红的《诗与真:近代欧洲浪漫主义史学思想研究》(上海三联书店2009年),程群的《论战后美国史学:以〈美国历史评论〉为讨论中心》(光明日报出版社2009年),王晴佳的《新史学讲演录》(中国人民大学出版社2010年),晏绍祥的《西方古典学研究:古典历史研究史》(上下卷,北京大学出版社2011年),张广智的《史学之魂:当代西方马克思主义史学研究》(复旦大学出版社2011年),姜芃的《世纪之交的西方史学》(社会科学文献出版社2012年),贺五一的《新文化视野下的人民历史:拉斐尔·萨缪尔史学思想解读》(社会科学文献出版社2012年),张广智的《克丽奥的东方形象:中国学人的西方史学观》(复旦大学出版社2013年),陈茂华的《霍夫施塔特史学研究》(上海人民出版社2013年),刘家和主编的《中西古代历史、史学与理论比较研究》(北京师范大学出版社2103年),张广智的《瀛寰回眸:在历

史与现实中》(北京师范大学出版社 2015 年),白春晓的《苦难与伟
大:修昔底德视野中的人类处境》(北京大学出版社 2015 年),等
等。这些研究专著逐渐构筑了浩瀚的史学史学术之林。

这期间翻译的域外史学史著作也非常多,这些著作的引进大大
促进了这一科学的快速发展,诚如周兵教授所言:"在 20 世纪 80
年代再次出现了一股引进、译介西方史学理论的热潮,从而逐渐促
成了今天中国西方史学史学科的基本状况。最近这一次的西方史
学理论引进热潮,至今依然方兴未艾(或者可以说,如今对西方史
学理论的引进已然形成了常态化),学界前辈、同行多为亲历者和
参与者。"①大致著作有卡尔的《历史是什么》(吴柱存译,商务印书
馆 1981 年),克罗齐的《历史学的理论和实际》(傅任敢译,商务印
书馆 1982 年),田汝康等选编的《现代西方史学流派文选》(上海人
民出版社 1982 年),特纳的《美国历史学家特纳及其学派》(杨生茂
编,商务印书馆 1983 年),张文杰等编译的《现代西方历史哲学译
文集》(上海译文出版社 1984 年),柯林武德的《历史的观念》(何兆
武等译,中国社会科学出版社 1986 年),巴勒克拉夫的《当代史学
主要趋势》(杨豫译,上海译文出版社 1987 年),汤普森的《历史著
作史》(谢德风译,商务印书馆 1988 年),米罗诺夫的《历史学家和
社会学》(王清和译,华夏出版社 1988 年),古奇的《十九世纪历史
学与历史学家》(耿淡如译,商务印书馆 1989 年),伊格尔斯的《欧
洲史学新方向》(赵世玲、赵世瑜译,华夏出版社 1989 年),伊格尔
斯的《历史研究国际手册:当代史学研究和理论》(陈海宏、刘文涛
等译,华夏出版社 1989 年),勒高夫、诺拉的《新史学》(姚蒙编译,
上海译文出版社 1989 年),巴尔格的《历史学的范畴和方法》(莫润
先、陈桂荣译,华夏出版社 1989 年),米罗诺夫、斯捷潘诺夫的《历
史学家与数学》(黄立茀、夏安平、苏戎安译,华夏出版社 1990 年),
托波尔斯基的《历史学方法论》(华夏出版社 1990 年),王建华选编
的《现代史学的挑战:美国历史协会主席演说集,1961—1988》(上

---

① 周兵:《国外史学前沿与西方史学史的学科建设》,《史学月刊》2012 年第 10 期。

海人民出版社 1990 年），罗德里克·弗拉德的《计量史学方法导论》（王小宽译，上海译文出版社 1991 年），罗德里克·弗拉德的《历史计量法导论》（肖朗、刘立阳等译，商务印书馆 1992 年），张京媛主编的《新历史主义与文学批评》（北京大学出版社 1993 年），何兆武主编的《历史理论与史学理论——近现代西方史学著作选》（商务印书馆 1999 年），巴勒克拉夫的《当代史导论》（张广勇、张宇宏译，上海社会科学院出版社 1996 年），埃里克·霍布斯鲍姆的《史学家：历史神话的终结者》（马俊亚、郭英剑译，上海人民出版社 2002 年），伯克的《法国史学革命：年鉴学派（1929—1989）》（刘永华译，北京大学出版社 2006 年），凯利的《多面的历史》（陈恒、宋立宏译，生活·读书·新知三联书店 2007 年），爱德华·卡尔的《历史是什么？》（陈恒译，商务印书馆 2007 年），里格比的《马克思主义与历史学：一种批判性的研究》（吴英译，译林出版社 2012 年），贝内德托·克罗齐的《作为思想和行动的历史》（时纲译，商务印书馆 2012 年），约翰·布罗的《历史的历史：从远古到 20 世纪的历史书写》（黄煜文译，广西师范大学出版社 2012 年），劳埃德的《形成中的学科——对精英、学问与创新的跨文化研究》（陈恒、洪庆明、屈伯文译，格致出版社 2015 年），等等。

陈新、彭刚等人主持的"历史的观念译丛"和岳秀坤主持的"历史学的实践丛书"两套丛书系统地引进了西方史学史与史学理论研究名著，为这一学科未来发展奠定了扎实的基础。此外，还必须提到的是《史学史研究》《史学理论研究》，两本刊物在促进史学史学科发展方面发挥了巨大作用。《史学史研究》创刊于 1961 年，是国内唯一的有关史学史研究的学术刊物，第一任主编由已故著名历史学家白寿彝教授担任。《史学理论研究》是中国社科院世界历史研究所于 1992 年创刊的，是有关史学史与史学理论的专业性刊物。史学杂志是史学发展到一定阶段必然的产物，是史学持续发展的物质载体，也是史学普及的标志。杂志一方面以发表文章、评论、总结等为主，客观反映史学研究成果，另一方面还通过定主题、出专刊、约专稿等方式来左右或指引着史学研究，一些杂志甚至成为史学更新的强有力的武器,如法国的《年鉴》(1929年创刊)、英国的《往昔与现在》(1952年创刊)便是典型代表。近年来,国内学术界涌现出许多以辑刊为形式的学术连续出版物,正起着"史学更新"的作用,期待史学史在新时代环境下能取得更大发展。

学习研究史学史是一种文化传承,也是一种学术记忆。对于人类社会来说,记录历史是一种自然的、必要的行为,研究书写历史的方法,探究历史思想,勘探史学的传播更是必要的:历史之于社会,正如记忆之于个人,因为每个个体、每个社会都有自身的身份认同。以历史为基础的历史记忆建构了一种关于社会共同体的共同过去,它超越了其个体成员的寿命范围。历史记忆超越了个人直接经历的范围,让人想起一种共同的过去,是公众用来建构集体认同和历史的最基本的参照内容之一。历史记忆是一种集体记忆,它假定过去的集体和现在的集体之间存在着一种连续性。这些假定的集体认同,使历史的连续性和统一性能够得以实现,并作为一种内部纽带将编年史中呈现的各种事件串联起来,但又超越了人物传记和传记中呈现的某个伟人的寿命范围。① 这一切都取决于我们对往日信息的保存——信息消失,知识无存,历史遗失,文明不再。史学史是一座有无数房间和窗户的记忆大厦,每一个房间都是我们的记忆之宫,每一扇窗户则为我们提供一个观察往昔与异域的独特视角。

2015年10月8日

于光启编译馆

---

① 杰拉德·德兰迪、恩靳·伊辛主编:《历史社会学手册》,李霞、李恭忠译,中国人民大学出版社2009年版,第592页。

总主编致谢

    《牛津历史著作史》是历时弥久的呕心沥血之作,它由多人编
纂,发表了不同的心声。作为总主编,我由衷感谢所有参加编辑的
人员。首先,最应感谢的是各卷的编者,没有他们的参与,就不会
有这套书。我很感激他们的参与,感激他们在坚持一些共同的目
的和统一编辑原则基础上,表达他们自己对历史的看法。顾问委
员会的很多成员也相继加入了编辑与著述行列,并完全奉献他们
的时间与智慧。在牛津大学出版社,前任主席编辑鲁斯·帕尔
(Ruth Parr)调查读者阅读情况而鼓动这一系列计划并付诸实施,
推进实施。她卸任后,我和同事们从克里斯托弗·惠勒
(Christopher Wheeler)那里获得了管理方面有效的帮助和支持,在
编辑方面获得来自鲁伯特·康申思(Rupert Cousens)、赛斯·凯利
(Seth Cayley)、马修·科顿(Matthew Cotton)和斯蒂芬·艾瑞兰
(Stephanie Ireland)的帮助。我也特别要感谢牛津大学出版社工作
小组和卡罗尔·柏斯蕾(Carol Bestley)。

    这套著作如果没有我在实施这项计划中所工作的这两个研究
机构的大力资金支持是不可能成功问世的。2002 年至 2009 年中
期,我在阿尔伯达大学工作,当时的研究部副部长和学术部的副部
长及该校大学校长慷慨地资助了这个研究课题。我尤其要感谢加
里·凯奇诺基(Gary Kachanoski)和卡尔·阿墨罕(Carl Amrhein),
他们洞察这个项目的价值,并为这个课题提供资金,雇用大量研究
助手,让很多研究生参与工作,并支付诸如图片和地图等出版费
用。阿尔伯达大学提供大量的计算机设备和图书馆资源。可能最

重要的是,它支持了关键性的埃德蒙顿会议(Edmonton conference)的召开。2009 年,在安大略省金斯顿女王大学,我成为主要负责人,为了推动这个课题有效开展,院方提供大量资金,并调用了研究图书馆;此外还特意地让一个杰出的研究助理同事、编辑助理伊恩·海斯凯斯(Ian Hesketh)博士服务了两年。我衷心感谢伊恩在细节方面科学严谨的态度,欣赏他为了确保文章内在统一性、各卷之间的平衡而毫不留情地删除多余文章(包括我自己的一些文章)的能力,如果没有这种删减能力,这些卷帙浩繁的著作是不可能很快出版的。一大批有能力的研究生参与了这个课题的研究,特别应提及的包括塔尼亚·亨德森(Tanya Henderson)、马修·诺伊费尔德(Matthew Neufeld)、卡罗尔·萨勒蒙(Carolyn Salomons)、特里萨·梅丽(Tereasa Maillie)和萨拉·沃瑞辰(Sarah Waurechen),最后一位几乎独自地完成埃德蒙顿会议复杂的后勤工作。我还必须感谢女王大学艺术与科学学院的院办,以及阿尔伯达大学历史系和古典系为研究提供空间。阿尔伯达大学的梅勒妮·马文(Melanie Marvin)和女王大学的克里斯廷·贝尔加(Christine Berga)为调研账目的管理提供帮助,此外我的夫人朱莉·戈登-沃尔夫(Julie Gordon-Woolf,她本人先前是研究管理者)也为支持这个项目提供了宝贵的建议。

vii

前　言

总主编　丹尼尔·沃尔夫

　　半个世纪以前,牛津大学出版社就出版了一套名为《亚洲民族的历史著作》(*Historical Writing on the Peoples of Asia*)的丛书。该丛书由四卷构成,分别是东亚卷、东南亚卷、中东卷和南亚卷,它以 20 世纪 50 年代晚期在伦敦大学亚非研究院(the School of Oriental and African Studies)召开的会议为基础,经受了岁月的检验,获得了惊人成功;其中很多文章现今仍然被我们引用。这些书籍领先于其所处的时代,是出类拔萃与众不同的,因为在那个时代,历史著作史一直被认为是一种欧洲体裁的历史。事实上,史学史这种主题本身几乎就是一种主题——从 20 世纪早期到中叶这种典型的综述是诸如詹姆斯·韦斯特福·汤普森(James Westfall Thompson)、哈利·埃尔默·巴恩斯(Harry Elmer Barnes)这类历史学家的著述,他们是追随爱德华·富特(Eduard Fueter)在 1911 年出版的典范之作《新历史著作史》(*Geschichte der Neuren Historiographie*)的足迹——由杰出的历史学家对他们的学科和起源所做的概览。这部牛津系列书籍确实提供了许多人们更加迫切需要的观点,尽管多年来人们没有追随这种观点,在刚刚过去的 20 世纪最后那二十年或三十年里更加流行的研究方式,仍然将历史学当作完全是西方的发明或西方的实践。自从 20 世纪 90 年代晚期以来,大量的历史著作出版了,开始挑战史学史的欧洲中心论,同时挑战史学史那种固有的目的论。现在我们能以更广阔的视野为背景来研究欧洲史学事业了,这个视野有许多平行的——这一事实时常被忽略——相互影响的书写传统,比方说来自亚洲、美洲、非洲的历史。

《牛津历史著作史》就是在这种精神下孕育诞生的。它寻求的是涵盖全球的第一流的集体合作的历史著作史。它向半个世纪前的伟大先行者所取得的成就致敬,却也谨慎地寻求自己的方式,既不模仿也不取代。一方面,这套五卷本的集体著述范围涵盖了欧洲、美洲和非洲,以及亚洲地区;另一方面,这些分卷中的章节划分都是按照时间先后顺序编纂,而不是以地区划分的。我们决定采用前者,是因为不应该从孤立的观点来看待那些非欧洲——以及欧洲的——历史著作史。我们选择后者,目的是提供能达到一定数量的记叙性资料(即使这些叙述超过上百种不同的见解),从而让区域性的比较和对比在较长的时间段里更容易进行。

以下几点说明适合整套丛书,并一以贯之。第一,总体来说,整套书将按照从古至今的时间顺序来描述历史著作,每一卷均以其自身的角度去研究历史著作史的独特历史时期。当研究越来越接近现代时,时间跨度将越来越小,这不仅是因为存留的材料和著名的作者越来越多,而且是因为真正意义上的世界范围内的主要主题也越来越多了(比如在第一卷中不会提到美洲人;在第一卷、第二卷中也没有涉及非洲的非穆斯林人)。第二,尽管每卷写作的宗旨相同,而且这些著作都是五卷撰写团队和编辑团队内部和相互之间几年来不断对话、沟通的产物,但我们并没有试图要求每一卷采用共同的组织结构。事实上,我们追寻的是另外一种路径:各个编辑团队都是精心挑选的,这是因为专业知识的互补性,我们鼓励他们"用自己的方式"去选择他们所负责那卷的主题及结构形态——赋予他们推翻先前计划的权利,以便每一卷都能实现全球化这一雄心抱负。第三,也许是最重要的一点,我们强调这套丛书既不是一部百科全书,也不是一部辞典。多卷本的著述,如果目的是尝试研究每一个民族的传统(更不用说每一位历史学家了),那即便将五卷的规模发展为五十卷的规模恐怕也未必能如愿。因此,我们必须有所取舍,不能面面俱到,当我们尽力这样做以便在世界范围内平衡涵盖范围和选择代表性时,毫无疑问必定会存在不足之处。读者希望在《牛津历史著作史》中找到一些特殊的国家或话题可能会失望,因为这远远超过我们这全部150章的容量,特别是在近十五年的时间里又出版了大量的参考文献,而且其中一些是全球视野的。我们为丛书的每一卷都编制了索引,不过我们视那种不断增加的索引为没有什么效果的,也是浪费纸张。同样,每一篇文章都提供了精心选择的参考书目,目的是给读者进一步深入阅读提供途径(在每一章的这个位置列举出这里所讨论的话题和来自这一时期的关键文献)。为了让读者对特殊地区或民族的政治和社会背景知识有一定的理解,一些章节包含了重要事件的大事年表,尽管在有的地方并非有必要这样处理。同时要说明的是,本丛书基本没有安排单独的章节来研究那些单个的"伟大的历史学家"(个别一两位例外),从司马迁、希罗多德到当下的那些大历史学家都是这样处理的;为了节省篇幅,我们在文内都省略了生卒年代,这些内容可以在每卷的索引内找到。

　　尽管每个小组都是独立工作的,为了保持一致性,遵守一些共同的标准也是必需的。为了达到这个目的,我们从一开始就拟定了不少凡例,希望在丛书编撰过程中都能得到遵守。最大的优点就是利用互联网,不仅鼓励学者在本卷内部相互交流,各卷之间进行交流,而且那些成稿的文章也可以发布到课题网站上让其他学者进行评论借鉴和学习。2008年9月,在加拿大埃德蒙顿的阿尔伯达大学召开的高峰会议,大量的编辑和过半的专家们齐聚一堂,花费两天时间讨论一些出版的细节问题、图书内容和要旨问题。我们认为这次会议有一个很重要的"附加值"——对会议和丛书来说都是如此——那就是先前在各自地区和领域按部就班进行工作的学者彼此认识了,目的是以一种独特的,又是前无古人的方式撰写历史著作史,来追求这种共同的旨趣。作为该丛书的主编,我希望在这套丛书完成时,这些联系能继续不断维持下去,并在未来有进一步的合作研究。

　　在埃德蒙顿会议上,我们作出了几个关键性的决定,其中最重要的决定是为了避免不必要的主题重叠，而允许时间上的交叉重叠。各卷的年代划分是以日历为标准而不是以传统西方的"中世纪""文艺复兴"为标准的，这在一定程度上显得独断。因此关于古代的第一卷大约在公元600年结束，早于伊斯兰教的降临，但与后续的部分有所重叠。第二卷有关西方的部分是古代晚期和中世纪的部分，有关中国的部分（在每卷都特别突出另外一种历史书写主要传统）涉及的时间是从唐朝到明朝初期的历史。类似的情况在第四卷和第五卷，在第二次大战前后有所重叠。对于一些主题来说，1945年是一个合乎情理的分界线，但对别的一些主题就未必尽然了，比如在中国，1949年才是重要的转折点。某些特定话题，比如年鉴学派通常是不以1945年来划分的。另一个变化是，我们坚持用BC（公元前）、AD（公元）这种表达年份的方法；我们推翻了先前决定使用BCE（公元前）、CE（公元）来表达年代的方法，原因是这两种表达方式同样都是欧洲中心论的形式；BC（公元前）、AD（公元）至少已为国际惯例所采纳，尽管这有着基督教欧洲起源的味道。

在埃德蒙顿会议上，我们明确了如何处理这套丛书中的开头和后面的各两卷（第一卷和第二卷，第四卷和第五卷），同时将第三卷作为这前后四卷的衔接桥梁，该卷时间跨越范围是公元1400年到约1800年的几个世纪——这段时间在西方通常被称为近代早期（early modern）。另一个决定是，为了保证这套丛书价格相对合理，我们决定非常精选地使用插图，只是在能提升内在含义的地方才使用插图，比如处理拉丁美洲那些庆祝过去的图片。既然手头没有那些著名历史学家的真实肖像，因此在这个研究计划中有意回避那些史学史上一系列想象出来的璀璨明星也是适当的——无论西方还是东方，北方还是南方都是如此——从修昔底德到汤因比都是这样处理。

第一卷由安德鲁·菲尔德和格兰特·哈代主编，在诸卷中所跨越的时间最长，从古代中东和中国已知的最早的历史著作类型开始，到西方世界"古代晚期"（late antiquity）的那几个世纪和东方的唐朝的前夕。这两位主编的背景迥然不同,出色地完成了将国际专家小组完美融合在一起的任务。这一卷涉及的内容极其广泛,无论从空间还是时间范围来看都是如此,从早期的铭文到历史著作形式的出现,比如编年史和年代记、诗歌和散文等。它涉及复杂的史学编撰相互影响,又在不同的政治结构,在不同的帝国进行处理。本章的主题揭示了一些迷人的共同特征,以及关键的差异——再现过去的欧洲模式和亚洲模式(这里主要指中国和印度)之间的差异,这一切都被杰弗里·劳埃德爵士(Sir Geoffrey Lloyd)的总结性结语加以概括了。这个小组总体上再现了历史著述开端时期那些信息和内容的广泛,为后来各卷树立了一个印象深刻的榜样。

目　录

1

地图目录

撰稿人

约翰·贝尼斯(John Baines)是牛津大学埃及学教授,他的著述包括 *Visual and Written Culture in Ancient Egypt*(2007)、*High Culture and Experience in Ancient Egypt*(2013)。

德博拉·伯德克(Deborah Boedeker)是布朗大学古典学教授。从 1999 年到 2000 年,她和库尔特·拉夫劳伯(Kurt Raaflaub)一起领导了华盛顿的希腊研究中心(The Center for Hellenic Studies in Washington, D. C.)的工作,她的著述和目前的研究集中在早期希腊诗歌、悲剧、史学和宗教。

埃里森·库利(Alison E. Cooley)是英国华威大学(University of Warwick)古典系和古代史高级讲师,他最新的著述包括一个版本的 *Res Gestaedivi Augusti*(2009)及对它的评论。

丁爱博(Albert E. Dien)是斯坦福大学荣誉退休教授,著有 *Six Dynasties Civilization*(2007)。

约翰·迪勒里(John Dillery)是美国弗吉尼亚大学古典学副教授,著有 *Xenophon and the History of His Times*(1995),是"洛布丛书"(Loeb Library)中色诺芬 *Anabasis* 的编辑。他目前的研究主要集中在希腊化时期的历史写作上。

杜润德（Stephen W. Durrant），俄勒冈大学汉学教授，著有 *The Cloudy Mirror：Tension and Conflict in the Writings of Sima Qian* (1995)，及与斯蒂芬·显克曼（Steven Shankman）合作 *The Siren and the Sage：Knowledge and Wisdom in Ancient Greece and China* (2000)。

安德鲁·菲尔德（Andrew Feldherr）是普林斯顿大学古典学教授，著有 *Spectacle and Society in Livy's History* (1998)以及一系列有关维吉尔、奥维德和卡图卢斯的文章。

乔纳斯·格里斯林（Jonas Grethlein），德国海德堡大学古典学教授，著有 *Littells Orestie：Mythos, Macht und Moral in Les Bienveillantes* (2009)、*The Greeks and their Past：Poetry, Oratory and History in the Fifth Century BCE* (2010)、*Experience and Teleology in Ancient Historiography：Futures Past from Herodotus to Augustine* (2013)等。

格兰特·哈代（侯睿德，Grant Hardy）是北卡罗来纳大学阿什维尔分校（Asheville）历史学教授，著有 *Worlds of Bronze and Bamboo：Sima Qian's Conquest of History* (1999)，以及与肯尼（Anne Behnke Kinney）合著的 *Han Empire and Imperial China* (2005)。

柯嘉豪（John Kieschnick）是布里斯托尔大学（University of Bristol）佛教研究的资深学者，在他先前的著述中有 *The Eminent Monk：Monastic Ideals in Medieval Chinese Hagiography* (1997)、*The Impact of Buddhism on Chinese Material Culture* (2003)。

陆威仪（Mark Edward Lewis），斯坦福大学李国鼎中国文化讲座教授，著有 *Sanctioned Violence in Early China* (1990)、*Writing and Authority in Early China* (1999)、*The Construction of Space in*

Early China（2006）和 *The Flood Myths of Early China*（2006）。

李惠仪（Wai-yee Li），美国哈佛大学中国文学教授，著有 *Enchantment and Disenchantment：Love and Illusion in Chinese Literature*（1993）、*The Readability of the Past in Early Chinese Historiography*（2007）。

马里奥·利维拉尼（Mario Liverani），意大利罗马智德大学（the 'Sapienza' University of Rome）古代近东史教授，著有 *International Relations in the Near East，ca 1600 - 1100 BC*（2001）、*Myth and Politics in Ancient Near Eastern Historiography*（2004）、*Israel's History and the History of Israel*（2005）和 *Uruk，the First City*（2006）。

杰弗里·劳埃德（Geoffrey Lloyd）是剑桥大学古代哲学和科学名誉教授、剑桥大学李约瑟研究所（the Needham Research Institute）驻院高级研究员。他最新的著作是 *Disciplines in the Making：Cross-Cultural Perspectives on Elites，Learning and Innovation*（Oxford，2009）。

皮奥特·米查洛夫斯基（Piotr Michalowski），密歇根大学古代近东文明乔治·卡梅伦（George G. Cameron）讲座教授，著有 *The Lamentation Over the Destruction of Sumer and Ur*（1998）和 *The Correspondence of the Kings of Ur：The Epistolary History of an Ancient Mesopotamian Kingdom*（2010）。

倪豪士（William H. Nienhauser），威斯康星-麦迪逊大学霍尔斯科姆（Halls-Bascom）中国文学讲座教授，著述包括翻译的多卷本 *Shiji，Grand Scribe's Records*（1994、2002、2005、2008）和两卷本的 *Indiana Companion to Traditional Chinese Literature*（1986、

1998）。

艾伦·奥格尔曼（Ellen O'Gorman），布里斯托尔大学高级讲师，著有 *Irony and Misreading in the Annals of Tacitus*（2000），以及很多有关古代希腊、罗马历史书写的文章。

罗宾·奥斯本（Robin Osborne）是剑桥大学古代史教授、不列颠学会（the British Academy）的会员。他先前的著述包括 *Greece in the Making 1200 -479 B. C.*，（1996；2nd edn，2009）和 *Greek History*（2009）。

大卫·波特（David S. Potter），密歇根大学亚瑟·图尔瑙（Arthur F. Thurnau）希腊语和拉丁语讲座教授。著有许多有关罗马历史和史学的书，包括 *Literary Texts and the Roman Historian*（1999）、*The Roman Empire at Bay AD 180 -395*（2004），以及刚刚出版的 *Ancient Rome：A New History*（2009）。

约拿单·J. 普赖斯（Jonathan J. Price），特拉维夫大学古典学和古代史教授，著有 *Jerusalem under Siege：The Collapse of the Jewish State 66 -70 C. E.*（1992）、*Thucydides and Internal War*（2001）和 *From Hellenism to Islam：Cultural and Linguistic Change in the Roman Near East*（2009）。

史嘉柏（David Schaberg），加利福尼亚大学东亚语言文化系教授、中国研究中心的合作主任。著有 *A Patterned Past：Form and Thought in Early Chinese Historiography*（2001）。

夏含夷（Edward L. Shaughnessy），芝加哥大学格兰与顾立雅（Herrlee G. and Lorraine J. Creel）早期中国研究杰出贡献教授，著有 *Sources of Western Zhou History：Inscribed Bronze Vessels*

(1991)、*The Cambridge History of Ancient China*（1999）和 *Rewriting Early Chinese Texts*（2006）。

罗米拉·塔帕（Romila Thapar），新德里尼赫鲁大学荣誉教授，她著有 *Asoka and the Decline of the Mauryas*（1961/1997）、*From Lineage to State*（1984）、*Early India*（2002）和 *Somanatha*（2004）。

约翰·凡·塞特斯（John Van Seters），美国北卡罗来纳大学教堂山分校（Chapel Hill）杰出荣誉教授，著有 *Abraham in History and Tradition*（1975）、*In Search of History*（1983）和 *The Biblical Saga of King David*（2009）。

尤维·沃尔特（Uwe Walter），比勒费尔德大学（Bielefeld University）古代史教授，他发表了大量有关罗马史学和古代罗马往昔文化和记忆的文章。

迈克尔·惠特比（Michael Whitby）教授是伯明翰大学艺术和法律学院的院长，著有 *The Cambridge Ancient History XIV*（2000）、*The Ecclesiastical History of Evagrius Scholasticus*（2000）和 *The Cambridge History of Greek and Roman Warfare*（2007）。

丹尼尔·沃尔夫（Daniel Woolf），加拿大金斯敦女王大学历史学教授，著有 *A Global Encyclopedia of Historical Writing*（1998）和 *The Social Circulation of the Past*（2003）、*Global History of History*（2011）。

顾问委员会

迈克尔·昂-特温（Michael Aung-Thwin），夏威夷大学（University of Hawaii）

迈克尔·本特利（Michael Bentley），圣安德鲁斯大学（University of St Andrews）

彼得·伯克（Peter Burke），剑桥大学（University of Cambridge）

托因·法罗拉（Toyin Falola），德克萨斯大学（University of Texas）

乔治·G.伊格斯（Georg G. Iggers），纽约州立大学布法罗分校（State University of New York，Buffalo）

唐纳德·R.凯利（Donald R. Kelley），罗格斯大学（Rutgers University）

塔里夫·哈利迪（Tarif Khalidi），贝鲁特美利坚大学（American University，Beirut）

克里斯蒂娜·克劳斯（Christina Kraus），耶鲁大学（Yale University）

克里斯·劳伦斯（Chris Lorenz），阿姆斯特丹自由大学（VU University Amsterdam）

斯图亚特·麦金泰尔（Stuart Macintyre），墨尔本大学（University of Melbourne）

尤尔根·欧斯特哈默（Jürgen Osterhammel），康斯坦茨大学（Universität Konstanz）

伊拉里亚·波尔恰尼（Ilaria Porciani），博洛尼亚大学

（University of Bologna）

约恩·吕森（Jörn Rüsen），德国埃森高等人文学科研究院
（Kulturwissenschaftliches Institut，Essen）

罗米拉·塔帕（Romila Thapar），德里贾瓦哈拉尔尼赫鲁大学
（Jawaharlal Nehru University，Delhi）

导　论

安德鲁·菲尔德　格兰特·哈代

　　今天,全世界的学者都会努力利用一系列工具和技术去揭开历史真相,这些工具和技术在几个世纪以来已被证明其自身的价值。历史学家总是相互争论,并且根据公认的话语材料,包括故事以及对确凿的一手材料的批判性分析——尤其是书面文献,还有视觉材料、口述记录、人工制品——来试图说服普通大众从中能得出合理的推论,鉴别因果关系,找出社会和文化的因素,揭露偏见和毫无根据的假设以及编纂严谨的年表。历史学家或多或少会青睐某种特定的历史原因的类型,也许他们研究历史会出于各种各样的动机,然而普遍都会运用一种理性的、世俗的,并且有事实根据的历史研究方法。

　　对于超越国家、文化和宗教差异的历史探寻的学科模式这一观念,正如其他的事物一样,也拥有自己的历史。在阅读五卷本的《牛津历史著作史》过程中,读者可以获悉有关如何最透彻地理解过去的现代思想的发展历程。但是,这项计划并没有设计成从头到底简洁易懂的叙事。相反,这套丛书是由超过150位现代学者编纂而成,每位学者各自承担着历史著述某些方面的任务,但是都置于一个清晰的时间和地理框架内。虽然这种表现不一的设计类型可能会显得散乱,但是整套书可能会是一部更为可靠,且内容奇妙缤纷的作品,其中蕴含的创造力正是赋予人类趋向回溯过去、探究历史意义的特征。

　　这项计划在整体上所花费的精力和面临的挑战,在丛书的第一卷中体现得尤其明显，书中所涉及的时间范围从"人类史的开端至公元 600 年"。由于书中所讨论的著作可追溯到公元 3000 年以前，因此，第一卷将是丛书中涵盖时间跨度最长的作品。本卷可以说所包含的历史研究的方法也是最为多样的。从某些内容关涉古代近东、埃及、希腊、罗马、中国和印度著史的起源是相对独立的篇章中，你将会迅速明显地察觉到人类描述历史方式的可能性是如此丰富。当然，人们已经很熟悉某些公认的个人著作的作品，包括传统叙述（如希伯来圣经），口头证词（希罗多德作品中），还有更早期的文学记载（李维作品），这些著作包含了作者对历史的描述和思考，然而，仅仅局限在如今被称为历史写作的这些先贤的著作中，会导致我们丧失了埃及人著史的灿烂智慧——他们偏好用图像而不是文本来记录历史，也会忽略各种不同版本残卷对历史研究的优势作用，例如司马迁和范晔的著作，还会遗漏印度往世书中嫡出的宗谱这些内容。在最后一种的情况下，现代著史观念和 19 世纪学者在印度的古典文献中发现的史学思想差别如此之大，以致有些学者认为印度在伊斯兰教传入之前没有任何历史的传统。在本卷内，我们乐于用两个章节来驳斥上述这种狭隘的观点。

如果丛书的第一部分在许多方面证实了人类对待记忆和往昔的方式丰富广泛，令人惊叹，不过仍然至少可找出贯穿全文的三条共同的线索。（1）我们将会体会到在各式各样的文化和环境中历史意识的发展，即理解现在与过去的不同以及意识到保存的记录和创造的人工制品将会给未来的后代传递信息。（2）我们的许多撰稿人将勾勒出作为文学体裁的历史是怎样赋予自身定义，与其他话语形式诸如诗歌、神话、修辞性的赞辞或轶事集作区别的轨迹，尽管它也会借鉴这些形式的因素。（3）当叙述历史的作者越来越自觉地意识到史学的概念出现时，意味着我们将会对历史写作本身的行为作仔细详尽、持续不断的思考。这种思考源于历史学家对前辈或者对手的批判，且由于西亚或地中海世界的文化冲突以及中国或罗马的政权争夺，而得到促进。在丛书接下来的几卷里，史学逐渐成熟，发展成一种有关证据、精确度、论据和陈述的对历史写作综合性系统化的分析。同时,我们也将会看到许多古代历史中所运用的著史方法的例子,这些方法再也不会被采纳,或已被遗弃,或停滞不前。虽然一点儿也弄不清楚人类为什么会自然而然、不可避免地利用过去来理解世界,但是意识到一个偶然事件会导致各种不同结果的发生,这本身是促使人们进行历史研究的部分原因,其中包括对令人着迷的史学史的研究。

本卷主要关注对过去有所记载的文献传统的起源和建立,以及在各自社会、文学和思想背景下涌现出的对历史进行探究的作品的不同模式。我们的目标是本卷的内容能够覆盖全球,但是也将更详细地对希腊—罗马和中国文明的著史着墨,因为就尚存作品的数量和历史在某种程度上是作为独特的体裁出现的方面而言,这两种文明在古代世界拥有最发达的史学传统。在本卷的末尾部分,将会观察到某些具有著史传统文明之间的交流和融合:希罗多德知道埃及史学,约瑟夫斯把罗马人的思想融入了希伯来人对历史的理解中,以及佛教的历史典籍从印度传入中国后就得到了重新翻译。然而欧亚之间的融合始终未发生。司马迁从未听说过修昔底德,塔西佗也完全不认识同时代的班固。作为编辑,我们试图从两个方面帮助读者在这浩如烟海、纷繁复杂的材料中找到方向。首先,我们要求评述要涉及跨文化比较的内容,例如,有些篇章考察了在不同文化的背景下,铭文、哲学和帝国对表述历史方式的影响。第二,在本书相对的结尾部分,劳埃德爵士(Sir Geoffrey Lloyd)从各种不同的著史传统中归纳总结了某些基本的类型,包含人类为什么会对自己的祖先感兴趣的 11 种不同的原因。

下面有三个注意事项。第一,要警惕有时某些特定术语在某些作者和独立的篇章中意义的差异。正如书中经常提到的英语单词 *history*(历史)可表示过去本身或是描述过去的作品,这会多少带来不便。同样,尽管 *historiography*(史学)一词通常指的是对各种历史探究模式的批判性研究,但是,它也可是所有历史写作种类的共有的近义词(正如词源学所指明的)。当然,因为本卷结束时所涉及的历史时期,那时英语还未发明,此处所探讨的个人和社会的传

3

统都会使用自己的语言,每种语言会用自身独特的术语和涵义来定义我们如今分类为历史(history)、历史写作(history-writing)以及史学(historiography)这些概念范畴。举个例子,英语单词 *history*（历史）中蕴含的语义重叠与拉丁语中的词汇 *res gestae*（业绩）有惊人的类似,但英语单词这个词语却并没有采纳希腊语 *historia*（探究或调查之意）的意义,尽管该词源自希腊语。

第二,许多误解来源于对相似的术语含有相近的涵义的简单假设。这种情况就出现在涉及中国的篇章中的"编年史"(*annals*)和"年代记"(*chronicles*)这些概念中。一些西方读者马上会联想到中世纪欧洲的历史体裁,尽管在形式上有相似的地方,但是在内容上比前者更有价值。例如,《春秋》并不仅仅记录鲁国当地的事务。这部著作成为中国思想传统的核心作品,一部分是因为与孔子有关,它被列为儒家经典"五经"之一,另一部分的原因在于一部具有重大意义的著作《左传》,它是为解释《春秋》而作。包括历史叙述、诗歌和礼仪的儒家经典奠定了儒家思想,就如同希伯来的《圣经》是犹太教和它的姐妹宗教①的来源。这种圣典(虽然几个世纪以来仍然在上述的地方通行)在希腊—罗马的文化中找不到确切的相似物。

第三,对通过是否忠于真实的事实来评价迥异的历史传统存在

4 迷思。当公元前 1 世纪西塞罗主张"历史的首要原则就是说实话"的时候,他的许多听众本应该点头同意的,但是这个被普遍接受的价值观是如何体现在超过千年的希腊和拉丁史学史中,其间存在着巨大的差异。古代世界的"说实话"可能是什么意思呢？与许多现代专业的历史学家不同,没有一个古典的历史学家会将这种"原则"视为一种必须要利用每个资源去恢复往昔本来的面目的命令(在以后的几卷中,我们将目睹 19 世纪无偏无私的价值观念将要

---

① 一个令人振奋的有关历史写作的创作是怎样影响犹太教和基督教的概论,可参见 Donald Harmon Akenson, *Surpassing Wonder*: *The Invention of the Bible and the Talmuds* (New York, 1998)。

摧毁批判式的价值判断）。对于某些古典作家来说，他们强调要避免基于个人的偏见而产生对历史曲解和遗漏；另外一些则着重在避免使用那些听上去貌似真实合理的说明，因为它超出了人们当时活动的范围，例如神圣的祖先。现代一个对西塞罗的话语的阐释最具影响力的观点，认为这里的"真实"就如同现在所建的数据的硬核，任何历史学家都被赋予不断详细地充实它的使命。[①] 希罗多德曾经明确地区分出可以说的事情和可以知道的事情之间的差别，[②]但是修昔底德虽然在别的方面似乎与后启蒙时代小心翼翼斟酌证据紧密相关，却在他的历史著作中编排了人物的演说词，正如他认为对于演说者实际上所讲的话的不完整的记忆，必须要由使他们说出每个场合所要求他们说出的话语的观点来补充（1. 22. 2）。对于修昔底德这些古代历史作家而言，对于过去完整、生动和具有说服力的叙述的需要远远胜于他们处理的信息是否正确。

　　不幸地，这本书的结尾被迫要在年表处搁笔，使整体上涵盖了这套多卷内容的年代烙上了人工的痕迹。在任何一种历史著作史几乎没有显著中断的文化中，想在我们这套丛书所讨论的史学中去寻找选定一个创新比延续性都重要的时期，显然是不可行的。联系到大量的内容将要在第二卷中展开，例如以色列、日本、北欧和美洲的史学，把公元 600 年作为本卷的终结点是有道理的，但是它也会严重地打断和歪曲一些这里所描述的史学传统，尤其是拜占庭和南亚的史学传统。不过，在广泛地浏览过这套丛书的第一卷后，尤其是劳埃德在尾声分析性的综述，读者将会更好地作好准备，以便勇于去阅读下面几卷，体会古代作者对如何呈现历史的选择在不同的历史环境中将会怎样影响和丰富他们的后代。

[①]　A. J. Woodman, *Rhetoric in Classical Historiography* (London，1988).

[②]　从希腊和罗马的史学中区分神话与历史的复杂性，可参见 Denis Feeney, *Caesar's Calendar：Ancient Time and the Beginnings of History* (Berkeley，2007)，尤其是第 68—107 页。

第一章　早期两河流域

皮奥特·米查洛夫斯基（Piotr Michalowski）

大约公元前3200年，古代两河流域的人们在没有任何先例指导的情况下发明了书写。就目前所知，大约在同一时间，埃及人也独立地发明了他们的书写。这两种原始质朴的书写系统沿着不同的轨道独立地向前发展，每一种书写都在尝试着用新的技术来保存信息，并且用自己的方法形成了一种保存人类交流信息的新形式：书写文本。在两河流域，文字媒介从来没有发展成任何形式的元话语，以至于那里没有任何作文，没有任何关于指导诸事应该如何处理的游说文体，也没有哲学文本留存下来。但是，这并不意味着两河流域人对周围的世界没有思考，只是这些思索和记忆是通过诗歌、列表或者对一些事件的基本描述，而非探究性的单调乏味的叙述方式来表达。因此，很难确定哪种写作方式可以被描述为具有"历史性"。并且，由于现代学术的倾向是将这种术语广泛用于我们今天所使用的任何书写材料，把它们都认为是历史性资料，这使得问题变得更加复杂化了。结果可能会导致任意两个两河流域学者对描述为"历史性"的一系列相同文献难以达成一致意见。对"历史性"的定义问题太过复杂了，在此不作无谓的争辩。出于方便，我将采纳本卷中约翰·贝尼斯（John Baines）在他写作的埃及一章中所作的定义："历史写作就是通过书写的方法来描绘过去，对过去的文字作品进行重新创作，旨在放眼未来。因此，'历史性'记载可以用来作为一个社会的过去。"据瓦尔特·本雅明（Walter Benjamin）经常引用的表述来说："过去从来都不是公正描述和分析的主题，并且还总是被夹杂了'现实存在'的思想。"依照这种标准，用写作来描绘历史在两河流域的历史上出现得相对较晚。但即使开始处理这样的问题时，也并不是严格地借助于历史文献或者类似体裁：历史问题从来都不是孤立存在的，而总是被嵌入于一个难以解决的多维度的散漫的矩阵之中。

人们所知的第一批两河流域的文字材料保存在乌鲁克（Uruk）遗址出土的大约 5000 块楔形文字泥板之中，时间可以追溯到约公元前 3200 年。这种文字体系，就是现在众所周知的原始楔形文字（Proto-cuneiform），它们是专门为了计数而被发明出来，尽管其中大概有 15％的泥板是由单词表构成。这些单词表资料，主要用于教学，因此，这种文字体系就有了一种内置的教谕形式来确保长久留存，传承多代。原始楔形文字传播迅速，很快被其他城市所采用，但是考古证据上的空白使得我们难以追溯楔形文字在其后几百年间的发展变化。尽管我们可以理解这些文字，但对于原始楔形文字独有的特性仍然还存在众多争论。对它们的翻译，甚至对于它们背后所蕴含的语言，目前仍然存在一些不同意见。毫无疑问的是，这些文献中没有一个包含着复杂的叙述故事，而且这种文字体系也不可能传递这样的信息。

如同早期的埃及文字书写体系，大约 5000 多个原始楔形文字符号都是象形符号，也就是说，它们都是其所表示名词的具体形象的简单刻画。但与埃及象形文字不同的是，两河流域的楔形符号是用芦苇做的尖笔刻在泥板之上，并且很快失去了它们的具体表象，而变得纯粹抽象，失去了所有与它们所代表的指示物的相似之处。结果，楔形文字在艺术描绘中占据了一个独特的具有社会性及象征意义的空间，在一些纪念碑上可能同时包括文字和图像，但它们从来都不是有组织地联系在一起，埃及的情况也莫不如此。

早王朝时期的书写（Early Dynasty，公元前 2700—前 2350 年）

700 年以后，大约公元前 2600 年，楔形文字已经传播至近东的其他地区。考古记录中出现的第一批文学文本刻写在泥板之上，这些泥板在两河流域地区的南部及北部的一些城市中发现，同样在叙利亚（Syria）也有发现。早王朝时期是一个政体相对独立时期，常被称为"城邦时期"，是一个在不断的政权交替中多城邦共存的时代。联盟与战争来来往往,除了有一些想要创建更大政权的短暂尝试之外,这些城邦通常只包括一两个主要的城市中心及其周边的乡村地带。就目前可以确定的来说,早王朝时期的文学文本即便不是所有的,但绝大部分都是以诗歌的形式来表现神话内容,许多诗歌泥板都由碎片组成,只有少数诗歌可以被明确解读,然而也没有任何迹象表明它们中的任何一篇直接叙述了人间事物。诗歌中引用了人类的时间,但那都是纯属虚构的:许多诗歌都以原始时期开始,这时天地始分,诗歌接下来描述的是人类出现之前一些男神与女神们的故事。但其中也有一个例外:一个故事中的片段是关于一个女神和一个名叫卢伽尔班达(Lugalbanda)的人约会的事情,而他就是后来传说中一个混合人神事件的史诗中的英雄人物,而他最终变成了乌鲁克城的国王。

除了有关行政与文学的泥板外,早王朝时期的书写也被首次刻写在献祭与丧葬物品上,如雕像、石头和陶制容器、圆锥体、盘子、权杖头、剑、矛尖、灯座、饰板、砖块、念珠以及一些圆筒印章。这些物品上的文字长度从仅记录人名的单行到长篇的奉献铭文不等。人名中大多数是那些统治者的名字,少数是王后、皇亲、神职人员或其他的社会精英。评判这些铭文的价值遇到的最主要问题是时间定年问题:几乎不可能辨别这些文本应该处于只有大约 250 年之久的早王朝时期(公元前 2700—前 2350 年)的哪个时间段。在如此庞大的文本库中,人们只能粗略地辨别出一系列的分类。在这些铭文中,许多是有关献祭的铭文,记录着那些赠送给神物品的献祭者的名字。其他铭文记载了国王的财产,这类物品也经常出现在葬文中,有一小部分铭文记载了神庙的财产。也有一小部分铭文记载了统治者的功绩,或是他们的建筑活动,或是纪念性建筑的重建,最主要的是神庙的建筑或者军事胜利。最终,金属、石板以及刻写的雕像,它们都记载着皇室铭文,起到了一个文明基础的沉淀作用。所有这些都是书写的一种新用法的见证:鉴别个人名字以及他们的事迹。在本质上,它们是宗教崇拜,行政管理或是军事属性,我们就不得而知了。

最早记录建筑活动的文本与那些补充有关军事胜利的铭文并没有实质性或类型性的差别,实际上,后者也仅仅是被补充到记载

7

有关敬神性建筑物的记录中而已。所有这些文本的共同特性就是在保存持久的材料如金属或石头上保存记忆。两河流域南部完全缺乏金属材料,并且除了少量石灰岩以外也没有其他岩石。因此,除了耐久性,这些物品(金属和石块)还承载了"难以获得的珍稀物品"的声誉。人们可以确定,这些幸存下来的样品仅仅是实际创造出来的很小一部分,靠运气随机地保留了下来,因为在古代许多这样的物品常常会被抢走并被再次使用。由于这些原因,我们对于早期皇室铭文的许多知识都是来自于后来书吏从纪念物上复写的抄本,或者来自于被外国军队抢走的物品,这些物品常被作为战利品保存在许多地方,诸如伊朗的苏萨(Susa),在那里它们被现代考古学家发掘出土。① 很难估量这些早期幸存下来的纪念性铭文样本的统计学价值,然而似乎能比较确定的是到公元前三千纪末刻写在永久性媒介上的纪念文在神庙、墓葬,甚至可能在公共场所也随处可见。

在一个读写能力高度受限的社会里,纪念性的文献及描述的真正受众在探讨历史写作的环境下是十分重要的。因为这些作品许多都是从间接的语境中得以复原,很难确定当时有多少人能接触到它们。刻写在墓地物品与地基埋藏物上的铭文,以及刻在那些隐藏的建筑结构,像门轴石等上的铭文,都明确地书写了神明世界以及对未来世界的憧憬。装饰神庙房间和院落的雕像和石柱上的铭文情况一样,因为这些地方也不对大众开放。在对大众更为开放的场所建造了多少纪念碑,当时有多少受众,在两河流域的早期是很难确定的。

第三千纪的历史叙事

根据目前我们所了解的,我们仅能从一个地区追踪那些为了记录复杂事件而刻写在纪念碑与奉献物上的书写作品的发展轨迹,这就是早王朝时期最后一个半世纪期间的拉伽什城邦(Lagash)。

① 如著名的《汉穆拉比法典》石柱,就是由埃兰国王从巴比伦城掠来保存,后被法国考古队于1901年底在苏萨遗址挖掘出土。——译注

各式各样的文本在这个王国的两个最主要城市中心吉尔苏城（Girsu）与拉伽什城出土，文献记录了相继继位的9位国王的事迹，他们中大多数具有血缘亲属关系，因此他们的统治被看作一个王朝。该王朝第一位国王乌尔南什（Ur-Nanshe）时期的大量铭文记录了他的建筑事迹，也有一些铭文记载了他从外国进口木材的活动。与早期国王不同，他将自己的功绩加入到铭文中，用各式各样的文体将它们列举出来。他不仅参照当时，还参考其他时代的材料，从而创造出了许多不同的文体。此外，除了建筑活动，他还记录了一个占卜女祭司的就职仪式，这是后来的国王都会在年名（Year-names）中进行庆祝的一种活动。并且，在一个铭文中出现了第一次军事冲突的精心描写，乌尔南什宣称他向另外两个国家乌尔（Ur）和乌玛（Umma）开战，并且简略地记录了被俘的领导者及其官员的名字，很明显他们被处死了。该铭文被刻写在一块厚石板上，但这更可能是大型纪念碑的一个模板或者练习样本，用来记录包括敌人战俘情况等在内的一些大事。这一时期诸如此类的一些石碑碎片幸存了下来，只是上面没有任何书写。

乌尔南什的战争描述开启了两河流域写作的新篇章。他所有的后继者们都相继精心描述了与乌玛看起来似乎是永久性的边界争端。关于此争端描述的最精彩、最深入的例子，便是拉伽什王朝的第三位国王安那吐姆（Eanatum）时期的一块浅浮雕。它描绘了国王带领着军队奔赴战场，宁吉尔舒神（Ningirsu）手持一张巨网，里面装满了从乌玛城俘虏的战俘，而秃鹫嘴里叼着死亡士兵的头颅盘旋在周围。这个纪念碑就是广为人知的秃鹫石碑（the Stele of the Vultures），对与乌玛战争的胜利作了长篇描绘，然而一系列事件的开头和结尾插入了两段描写，这可看作一种时间及叙述的崭新概念出现的证明。最初，安那吐姆将当下发生冲突的根源归因于较早时期，归因于他父亲统治时期，甚至归因于他的祖父乌尔南什在位时发生的一些事端，最后他宣称战胜了苏美尔地区以及邻近伊朗地区高地和山谷的一些政权，这些地方就是两河流域众多奢侈品的来源地。采用这种记叙方式，秃鹫石碑超越了对特定事件的纪念，并且将其置于一个更大的军事与世俗的背景之中。安那吐姆以苏美尔万神殿中的主神们作为他的保护者，这样他将其

9

军事实力与全两河流域的宗教权威相结合，宣称拥有超越自己国家边界土地的合法权。虽然该文本只是为了当前目的而引用历史，但众多迹象表明该石碑主要目的是着眼未来保存信息及其政治主张，选择具有持久性保存的石头作为文字媒介也显示了这一目的。铭文中一个要素是诅咒，诅咒那些试图背弃两国边界达成的最终协议的未来的乌玛统治者。那个时期的其他文本则更加直白地表明，纪念碑的刻写的确是为了子孙后代着想。众多的砖块、大圆石、黏土容器以及安那吐姆在位时的一些其他物品都宣告了他的许多军事功绩，至少它们中的一个会以诅咒结束，警告任何试图破坏或毁坏他的铭文的未来国王们。

诸如此类的献祭铭文和纪念铭文被刻写在各种各样的物品上，在大约150年间，它们似乎已经在拉伽什城随处可见。每当提及军事功绩时，人们首先想到的就是与乌玛之间不断爆发的边界冲突。所有这一切的结束是由一个更大范围的政治扩张事件所造成。约公元前2350年，一个名叫卢伽尔扎吉西（Lugal-zagesi）的军事将领成功地征服了两河流域南部的众多地区，他将乌鲁克作为他的新王国的首都，而且还在乌玛统治，并从那里发动了对拉伽什城的攻击。这一个半世纪以来一系列的历史文本最终以乌鲁卡吉那（Urukagina）时期一块独特的泥板结束在列举完被敌人抢劫的神殿后，挽歌总结道："因为乌麦特（Ummaite）掠夺了拉伽什，并对宁吉尔舒神犯下了罪行，伸出的手（做了他的那些事）将会被砍掉！这不是吉尔苏国王乌鲁卡吉那犯下的罪行，而是乌玛国王卢伽尔扎吉西犯下的罪行，他的女神尼达巴（Nidaba）会让他永负罪孽（因为他的所作所为）！"①

拉伽什的历史铭文在它们那个时代是独一无二的，但是相似的历史文本在其他地方也可能存在，但没有幸存下来或者是直到今天也没有出土。尽管在语调和内容上有所不同，但是更大的政治意图以及更强烈的自我称颂策略的描写，正是出自卢伽尔扎吉西的一篇铭文，而也正是他结束了拉伽什与乌玛这两个城邦的独立自主。这篇铭文被写在至少50个奉献给尼普尔（Nippur）的守护者

---

① Jerrold S. Cooper, *Presargonic Inscriptions* (New Haven, 1986), 79.

恩利尔神(Enlil)的石制容器上,这是对苏美尔及其主要城市中心的神授统治权的第一次主张。所有这一切的真正受众实际上就是铭文释读要面对的问题:圣地的文本指向神,一些公共展示的铭文从来都不是真正为了给当时的大众观看,绝大多数人都目不识丁,但它们却是对书面文字的控制的一种展现。但对我们来说最重要的是,尽管不是所有,众多展示的文本都是面向后代,确保那些国王和精英们的名字及事迹得以幸存于世的。

10

萨尔贡"帝国"(Sargonic 'Empire',公元前 2334—前 2113 年)

卢伽尔扎吉西扩张了的王国并没有维持多长时间,他和他的总督们以及两河流域地区其他城邦的统治者都被另外一个名叫萨尔贡(Sargon)的军事首领打败了。萨尔贡来自于一个至今都不能确定其准确位置的城市阿卡德(Agade),这座城市很可能位于底格里斯河沿岸,距今天的巴格达市(Baghdad)不远。在被称为萨尔贡或古阿卡德时期内(Sargonic or Old Akkadian Period,公元前 2334—前 2113 年),萨尔贡及其后继者结束了独立城邦国家的统治局面,建立了一个疆域庞大的地区性王国,包括了现在伊拉克(Iraq)的大部分地区以及叙利亚和伊朗的前哨村落地带。其兵锋所指之处远超实际的防卫边界和王国的边疆前哨地区,西达地中海,南至波斯湾尽头。这些突袭和征服的记录都被刻画在石碑之上,而且还经常加上对这些事件的评论。类似的铭文用来装饰萨尔贡王国国王的雕像,这些雕像都是使用掠夺来的材料雕刻而成。这种原始的纪念碑很少能幸存下来,但我们可以从生活在公元前 18 世纪的书吏所作的抄本中了解原始石碑铭文的内容,这些铭文抄本大多来自圣城尼普尔。萨尔贡的王室铭文将掠夺的城市、屠杀和俘虏的士兵数量,甚至是战争的路线作了单调乏味的统计。与拉伽什的铭文不同,它们并没有深入探究过去,而是坚决果断地聚焦于当时的事件。并且,事件背后的控制力绝对是人类,神灵世界肯定被祈求过,但主角一定是国王及其士兵。宁吉尔舒神的天网在秃鹫石碑中如此显著,但在这个以残酷的人类军事力量为关注焦点的新世界里却显得那么不合时宜。这一时期的纪念物表明了阿卡德军队势不可挡的前进势头，导致破碎或被束缚的敌人尸体成为一个新国家宇宙霸权的象征，它还预测了千年之后那些亚述（Assyria）国王所做的事情，借用奥姆斯特德（A. T. Olmstead）的巧妙措辞来说，就是"可计算的令人毛骨悚然的事件"①。

这一时期有三项创新非常突出。首先，萨尔贡王国的国王认为他们是宇宙的主宰，而不仅仅是两河流域的主宰，他们在征服的土地上树立石碑，把自己的丰功伟绩刻在其上，以留下永久的记忆。在今土耳其东部的皮尔·胡赛因（Pir Hüseyn）附近发现的一块石碑便是明证。第二，他们的王室铭文提供了直接的未加修饰的征战理由，从某地行进至某地的具体细节，还包括被杀士兵的数目以及被俘与被杀敌军将领的姓名。他们很明确地将其故事留给未来的后代子孙，以确保记载他们丰功伟绩的书写材料永远留在人们的记忆中。他们的铭文中有许多都是以诅咒结束，这些诅咒警告他人不要把他们的名字从铭文中抹去。这些诅咒有许多不同的书写模式，最常用的模式如下所示："无论是谁胆敢抹去我的铭文，愿 X 神和 Y 神撕破他的根基，拔出他的种子。"这句话的翻译可以有许多不同的方式，但毫无疑问最重要的后果就是冒犯者将绝后，因此就无人为他举行葬礼提供祭品，并且在他死后也无法使他的名字流传后世。在具体实例中，隐喻暗示了那些刻在石头上的字就像保留对死去父亲的记忆的孩子。并且，这些诅咒与早期的实例明显不同，早期的诅咒预言违背者的统治必将衰败，并遗臭万年。

萨尔贡时期第三个与我们的故事相契合的创新就是用年名给行政管理文档定年。尽管一些更早的实例在尼普尔城中幸存下来，但是仅在萨尔贡在位时期这种定年方法才开始广泛使用，即使如此，也必须承认在阿卡德国王的统治下，仅有少部分文档具有年名。年名的一般模式诸如：庆祝军事胜利（"萨尔贡摧毁了阿拉瓦 [Arawa]国土的那一年"）、神庙筑造（"在阿卡德为伊什塔尔 [Ishtar，女神]建造神庙的那一年"）以及为神庙择选神职人员（"恩

---

① A. T. Olmstead, 'The Calculated Frightfulness of Ashur Nasir Apal', *Journal of the American Oriental Society*, 38(1918), 209 - 263.

利尔［神］的高级祭司通过占卜被选出的那一年”）。[①]　有人认为，在整整一年日常的管理文档中，用庆祝特殊事件来作为年名的决定，符合了王室自我称颂的战略系统，而并不是简单地随意决定。从后继时期中，我们获得了许多的年名表。将这些创作故事按顺序依次连接起来就可以当做历史文本来解读了。萨尔贡年名的第一批创造者心中可能还有更多的特定时间目标，尽管年名命名习惯有着不断的发展变化，年名除了在当时的自我称颂之外，也被认为是未来的一笔丰富遗产。

　　经过一个半世纪的霸权统治后，古阿卡德王国土崩瓦解了，两河流域的政治局势恢复到各自为政的状态。许多城市仍然保持独立，但是伊朗的霸主控制着巴比伦尼亚（Babylonia）的北部和南部的其他城市。这个文献记载稀疏的历史阶段——被冠以库提时代（Gutian Period）——的编年表仍是争论的焦点，一种观点认为该时间范围短至 40 年，而另一种观点认为其年代超过了 100 年等等。最终，一个叫作乌尔那穆（Ur‑Nammu，公元前 2112—前 2095 年）的乌尔国王将阿卡德王国大部分古老的核心城市纳入到自己的控制之下，创造了一个新领土国家的根基。

乌尔第三王朝（the Third Dynasty，公元前 2112—前 2004 年） 12

　　在两河流域早期编年史中，乌尔第三王朝占据着一个特殊的地位。乌尔的国王，如同其阿卡德王朝的前辈们一样，声称拥有对全宇宙的统治权，即便他们的权力仅覆盖两河流域低地，东至伊朗的河谷地带——迪亚拉（Diyala）与苏西阿那[②]——以及包括伊朗山脚地带与一些邻近高地这些曾经一度收缩而又膨胀的土地。年名以及纪念性的铭文像先前时期一样继续使用，但是文学作品也被用于自我称颂及表现历史。古阿卡德时期的文学作品极少能幸

[①]　Douglas R. Frayne, *Sargonic and Gutian Periods*, *2334‑2113 BC*（Toronto, 1993），8，85.

[②]　苏西阿那（Susiana），埃兰的另一种称谓，源于埃兰地区的主要城市苏萨（Susa）。——译注

存下来,因此很难作比较,但所有迹象表明乌尔第三王朝时期的王权对文学作品的创作拥有直接的控制权,这导致了对早期创作的一种几乎彻底的消除,并且把诗歌作为当时王室的关注焦点。新的格式与文体类型,如王家赞美诗,宣告了新政权的富丽堂皇与帝国至高无上的权威。迄今为止,虽然这一时期的皇室铭文很少出土,但我们可以从后来书吏抄写的复件中知晓它们的存在,就像古阿卡德时期纪念碑铭文一样。

公元前 18 世纪尼普尔的一个书吏将众多的纪念碑文汇编在了一起,这一文献证明乌尔第三王朝的国王继承了古阿卡德王朝的传统,用石碑图刻来描绘战争胜利,但它也用文献形式证明了铭文与年名模式的密切关系。① 对该时期来说这是最重要的一件事情,因为在乌尔第三王朝时期,几乎每篇单个的行政公文——迄今为止已有超过 80000 篇面世——都是以日、月、年来注明日期。我们所讨论的这一文献汇编包括了该王朝的第四位统治者舒辛(Shu-Sin)时期的铭文复件,描述了军事活动及奉献给神的献祭品的制作。这些作为他的年名主题的活动,其排列顺序正如其在文献汇编中的排列顺序一模一样。有人提出苏美尔王室赞美诗同样也与年名的颁布有密切关系,但这种观点迄今也未能证实。即便有人不同意那个假定,但很明显的是乌尔第三王朝对政治信息采用了一个复杂的、综合的信息架构,其目的旨在培养文学官僚机构与文化精英,为此他们利用了不同的媒介,包括公开的及私人的典礼、纪念碑、铭文、年名和一整套以表演为目的和以培养未来官僚的学校教育为目的诗歌创作。对重要王室功绩的描述因此可以有多种复杂的用途:它应该给当时及未来的读者留下深刻的印象,它未来的方向也应象征乌尔第三王朝及被神化的国王的永恒本质,他们的王朝将会永久而至高无上地统治下去。

然而,神灵还有其他计划,在一个世纪的霸权统治之后,乌尔第三王朝垮台了,来自东方的军队侵袭了乌尔首都,新的城邦国家

---

① M. Civil, 'Šu-Sin's Historical Inscriptions: Collection B', *Journal of Cuneiform Studies*, 21(1967), 24-38.

纷纷崛起并取而代之。接下来的这一时期,用现在的专业术语来说,称为古巴比伦时期(Old Babylonian period,公元前 2003—前1595 年)。这一时期维持了大约 400 年时间,除了巴比伦统治下一小段短暂的统一,这是一个权力中心的争夺时期。该时期的许多王室铭文明显比早些时候的铭文更加复杂,而且在不同时代其类型发展也多种多样。其中一些发展趋势是采取大胆新颖的形式,而另外一些则更加传统,重新恢复了过去的那些模式。两河流域的周边地区,在伊朗高地,一些当地小王国的统治者们在山腰的边境浮雕上也刻上了铭文,完全模仿了古阿卡德王国的模型,象征性地引用过去来表达未来。

当巴比伦的汉穆拉比(Hammurabi of Babylon,公元前 1793—前1750 年在位)成功地控制了巴比伦尼亚的南方与北方时,在他的铭文中出现了他关于新帝国理念的表述,最显著的是刻写在石碑上的不朽法典,石碑树立在王国的主要城市之中。现在人们一般认为这部著名的法典很难说是一部现代意义上的立法,而是一部精心制作的皇室铭文,凭借其 282 条诡辩的法律训令,体现了一个在伟大君主权力范围内的社会正义理念。① 汉穆拉比作为正义之君的理念通过刻在石碑顶端的形象而得到强化,其中展现的是正义之君正从太阳神沙马什(Shamash)手中接过皇家权力的权杖,而沙马什神的主要权力就是正义本身。法典开头的长篇叙述性文体的前言,可能是源于一个单独存在的铭文,但它在法典文本整体构成中的作用显而易见:前言描述了神将巴比伦作为宇宙

---

① 《汉穆拉比法典》(以下简称《法典》)的性质,是国外亚述学者长期争论的一个焦点问题,国外学者对该法典的性质主要有三种观点:一、《法典》是由国王制定的具有权威的法律,在现实生活中具有重要作用,这是较传统的观点;二、《法典》是前期的案例汇编,《法典》体现了国王的权威,它的政治性大于法律性;三、《法典》是书吏在法学方面的学术创作。国内学者则对法典的性质没有过多的讨论,大多数认为该法典是一部真正的法典,是人们行为活动的规范。译者在长期研究古巴比伦时期民间契约的过程中发现大量契约与《法典》的规定相悖,人们在从事各种社会活动中并不按照《法典》的规定行事。译者不揣浅陋,从民间契约与《法典》相悖的角度探讨了《法典》的性质问题,以期引起国内学者对《法典》性质的更多关注。该研究成果"从民间契约看《汉穆拉比法典》的性质"发表于《史学月刊》2014 年第 3 期。——译注

的中心,并授予巴比伦及其国王汉穆拉比全宇宙的统治权。接下来前言采用第一人称,国王列举了种种事迹来证明以上这些宣称的合法性。代表王国里主要的城市中心、它们的神庙,神灵以及臣民的利益,在一个长篇的结束语中,汉穆拉比警告那些企图拔掉他石碑的人,附言:"希望我的名字在我所钟爱的埃萨吉尔(Esagil)神庙(在巴比伦)中能被永久地记忆传诵。"①他(汉穆拉比)欢迎任何误走到纪念碑前的人,把石碑上的文字大声读给他听,这样他就能获得正义并且赞扬写下这些文字的那位国王。这些话语意在被永久地树立在那里,并以早期两河流域最长的诅咒来进一步保障它们永久存在,它诅咒任何一个企图抹去或者改变国王话语和图像的人。

汉穆拉比的王国在他死后不久便开始土崩瓦解,他的儿子叁苏伊鲁那(Samsuiluna)必须要面对一次囊括巴比伦尼亚南部大部分地区的叛乱。该国王的铭文记录了他对起义的残暴镇压以及对其他敌人的征战。人们可以从其中一些文本中察觉到其对古老碑文的有意援引,尤其是萨尔贡的孙子那拉姆辛(Naram-Sin)的那些铭文,他的铭文反复描述了他胜利镇压了一次威胁到他的王国生死存亡的重大叛乱。而其他的巴比伦王朝对纪念铭文的写作采取了不同的方法。在拉尔萨(Larsa),这个城市过去控制着大片领土直到汉穆拉比将其打败,该王朝的铭文都极具诗歌风格,以至于模糊了赞美诗与纪念碑文之间的类型差别。确实,在其他城市中也存在类似的例子如伊辛(Isin),我们可以把那些刻在石碑上的文本看作赞美诗。

历史诗歌

到目前为止,我们这个简单考察一直集中于两河流域早期的王室铭文与年名,这些资料无比重要,但同等重要的是,我们要意识到它们仅仅是这个时期历史写作故事中的一部分而已。此类语篇

---

① Martha T. Roth, *Law Collections from Mesopotamia and Asia Minor* (2nd edn, Atlanta, 2000),134.

也在其他地点的公元前三千纪晚期至前二千纪早期的苏美尔语文学文本中有所发现。如前所述，传统的文学性流派被乌尔王朝的国王重新创作，他们遗弃了早期苏美尔的大部分神话诗集，代之以记录高度政治性事件的文本，这些文本反映了理想化的国家概念，着重于国王本人。这些新的文本构成了在后继的两个世纪中经过重新筛选和编辑的文学传统的核心：一些文本被遗弃了，新的文本被添加进来，它们之中所有的文本都被重写以符合公元前18世纪语法与正字法的规范。迄今为止仅发现几十篇此类的乌尔第三王朝的手写稿，而且大多数的文本仍然没有公之于世。我们所知的这些文本大多是古巴比伦学校里学生们的抄写稿，主要来自尼普尔和西帕尔（Sippar）等城市，有一小部分来自于其他地区。

在文献记载中有一个时间段的暂时脱节，因此我们不能证实在乌尔第三王朝末与公元前18世纪期间学校抄本中所发生的变化。这样一来，对文本的所有释读不但要考虑复制品的相异性，同时还要考虑到它们具有的对古老传统的见证、对当时巴比伦社会问题及其重新诠释的多种功能作用。古巴比伦时期的许多文学文本都源于早期历史阶段，因此关于哪些文本是历史写作的一部分是一个较棘手的判定与阐释问题，难道我们必须要将所有的30余篇与乌尔第三王朝国王有关的赞美诗当作对历史忧虑的见证吗？人们不能排除这样的一种方法，但是这样做会将该文本考察扩展到苏美尔文学的主要历史阶段，而本章可利用的有限篇幅却难以容纳这些考察内容。更进一步说，我将把注意力集中于被广泛流传、复写的四个文集中的一小部分作品，它们反映了乌尔第三王朝时期至关重要的历史事件，以及阿卡德王国的衰落。这些文本都以某种形式追溯到乌尔第三王朝或稍晚时期，并作为它们那个时期的作品被学习。但当把它们与古巴比伦时期的作品放在一起进行阅读时，它们却能给我们提供一个窥探公元前18世纪两河流域人们如何思考过去，如何思考历史构造的崭新故事。在接下来的讨论中，我们用它们现在的名字将其列举出来，而古人们只引用它们的首行来进行表示。

15

1.《苏美尔王表》(Sumerian King List,缩写为 SKL)

《苏美尔王表》常常被认为是早期两河流域历史文本的一个例证。[1] 就像大多数苏美尔语文学作品一样,人们所知的《苏美尔王表》是从公元前 18 世纪书吏学校学生们所写的大量抄本中获得的,但所知最早的手抄本的年代要早 200 多年,来自于乌尔第三王朝时期,《苏美尔王表》可能就是这一时期创作的,但有一些专家倾向于该文本是阿卡德王国统治这片土地时期的作品。[2] 该文本以王权自天下降开始,在某一特定时期中,王权只授予一个城市,随后列举了在该时期内统治该城市的国王,列举了每个王朝国王个人的统治年代及该王朝总计的统治年代。一些版本是以洪水到来之前 7 个城市的统治开始,当洪水席卷大地之后,新的王朝继续统治。最早时期的国王拥有令人难以置信的长时段的统治,但当历史时代来临时,数字变得更加现实了。数字的发展标志着从神话到历史的一种有意识的进步。

虽然《苏美尔王表》只是一个简单的列表,但与任何早期两河流域著作相比,它创造了一种更为深刻的历史感,并且将当下置于一个霸权主义和强权政治的长期的世俗流中。作为历史原始资料它几乎没有多大价值,至少谈到早期历史时期是这样的,因为这是一个牢牢根植于把两河流域作为一个单独统一的虚构的观念之中的文本,统一的政权总是属于一个城市,被某个特定王朝的某个国王统治着。这只是从阿卡德和乌尔国家的极端优势角度出发来看的结果。据我们所知,在公元前 1500 年之前,这样的统一状态总体上不超过 300 年。《苏美尔王表》描述的更像是一个帝国理想,而不像是这片土地上事情发展的真实情形;是为了使当下的政权合法化而利用历史创造了一个完美的范例,而不是作为对过去的一个公正描述。

---

[1] Thorkild Jacobsen, *The Sumerian King List* (Chicago, 1939).

[2] P. Steinkeller, 'An Ur III Manuscript of the Sumerian King List', in W. Sallaberger, K. Volk and A. Zgoll (eds.), *Literatur, Politik und Recht in Mesopotamien: Festschrift für Claus Wilcke* (Wiesbaden, 2003),267‑292.

在《苏美尔王表》中,一个统一霸权国家的概念是投射过去,抹去了一些当时小规模独立政体的历史痕迹。在当地的语言中,这个概念由苏美尔语术语概括为 bala,阿卡德语为 *palû*,字面意思是"旋转",就像一个轴在周而复始旋转一样。这个想法并非《苏美尔王表》的独创,在其他地方其表述方式更为明确,《苏美尔的萨尔贡传奇》(Sumerian Sargon Legend)便是这样一个文本。该文本是公元前 18 世纪的一部著作,描述了阿卡德王朝建立者权力崛起的过程。根据这个传说,萨尔贡是基什城(Kish)国王宫廷中的一个"持杯者"①,而基什是这个时期的执政国。这个"传奇故事"并不完整,但文章中关键的一段文字显示了推动故事发展的脉络(《苏美尔的萨尔贡传奇》5'—8')②:

> 因此基什的房屋,(它曾经)像一个鬼城,
> 又将变回一个(适宜的)定居点,
> 它的国王,牧羊人乌尔-扎巴巴(Ur-Zababa),
> 玫瑰花像太阳一样笼罩在基什的房屋上。
> (但是)安神(An)和恩利尔神,通过他们神圣的命令,绝对地、权威地命令他的君主统治权(bala)转移了,王宫的繁华也转移了。

王权可以再次从天而降,但是帝国的"转变"明显与万神殿的两位主神安神和恩利尔神有关。有证据表明这个观念不仅体现在文学作品中,而且是一个可以被广泛分享的意识形态的一部分,这点可以从古巴比伦王朝倒数第二王阿米嚓杜卡(Ammisaduqa)时期的一份特殊文件中得到证明,其中还包含了一份为皇室葬礼仪式而作的祈祷文。这些祈祷文是写给阿米嚓杜卡宗族里先逝的祖先,同样也是写给同时代的统治者,他们所有人都是用术语 bala 这

① "持杯者"是一种职位较高的官职,具体负责的事务不得而知。国内有些学者认为萨尔贡当过王宫的厨师,这完全是对"持杯者"的误解。——译注

② Jerrold S. Cooper and Wolfgang Heimpel, ' The Sumerian Sargon Legend ', *Journal of the American Oriental Society*, 103(1983), 67 - 82.

个词来进行描述。①

2.《阿卡德的诅咒》(Curse of Agade,缩写为 CA)

此类主题由《阿卡德的诅咒》来接替,这首精美的诗歌描述了古阿卡德国家的衰落,诗由下面的话语开始:(第 1—7 行):②

> 当恩利尔神蹙眉(不悦)后
> 便屠了基什城,仿佛他就是"天牛"(the Bull of Heaven)一般,
> 像一头万能的牛一样着落在乌鲁克国土上的房子里,
> 而正当那时看见萨尔贡,阿卡德的国王,
> 恩利尔神,将从北至南的土地,
> 至高无上的统治权和王权授予他,
> 然后⋯⋯

17　　　　尽管这部著作创作于它所描述的事件发生至多一个世纪后,但对于萨尔贡王朝衰败的描写就纯属虚构了,因为它用了某种无法识别的手法扭曲了事实真相。这些事件发生于那拉姆辛国王在位期间,那时王国的统治正处于权力巅峰。我们知道他的儿子沙尔卡里沙里(Shar-kali-sharri)在位时间至少有 17 年之久,而接下来至少有 3 或 4 位统治者,因此这部书所表明的时间明显有误。在这首诗中,苏美尔的主神恩利尔走开了,并保持沉默,这样一来也就带走了他对这个王国的保护。那拉姆辛在一个梦境中看见了他的王国的毁灭,在极度绝望中他选择了离开并且沉寂了 7 年之久,这从某种意义上反映了在尘世中的恩利尔神的行为。然后国王便寻求预兆以重建苏美尔的主要圣地来献给恩利尔神,但是他始终不能获得一个满意的答案。愤怒中的阿卡德国王拆毁神庙,因而激怒了恩利尔神,他便派遣来自于东部山区野蛮的库提人(Gutians)结

---

① J. J. Finkelstein, 'Genealogy of the Hammurabi Dynasty', *Journal of Cuneiform Studies*, 20(1966), 95 - 118.

② Jerrold S. Cooper, *The Curse of Agade* (Baltimore, 1983), 51.

束了这个国家。我们知道该事件的描述完全错了：铭文、年名以及从那拉姆辛、他的儿子以及继承者沙尔卡里沙里时期的行政文件都证明了他们在恩利尔神庙上所耗费的巨大工程，恩利尔神庙被重建，并用珍贵的石头和金属装饰。在诗中这项煞费苦心的功业被归于一个更早的统治时期，并且把阿卡德国王的行为另行解释为亵渎神灵的破坏性行为。

公元前两千纪早期的文学作品，在重建原始世界秩序与神（主要是恩利尔神）频繁的反复无常的干预之间出现了一种紧张局势。在神灵等级中这位神是仅次于天神安的第二大神，而安神很少参与尘世间的事务。恩利尔神创制的失衡常常被安神和恩利尔神相继平复，或者由万神殿中的七位主要神灵进行决断。在《阿卡德的诅咒》中，没有任何解释或正当理由来说明为什么恩利尔神奇怪地收走对那拉姆辛的保护。它就是这样简单地发生了，就像在《苏美尔王表》中一样，这表明了历史不可预知的特性。但这首诗为事件的偶发性添加了另外一种叙事元素：一个傲慢的统治者，他不能接受或者不能完全理解神的行为方式。用历史的观点来看，有三个主要问题会引起人们的关注：为什么一种积极的行为会被改写为不虔诚的亵渎神灵的罪行？恩利尔神令人费解的行为到底意味着什么？最后，为什么这样一种重写的历史会被那些可能已经了解阿卡德衰落的真实历史的读者们所接受呢？

3.《乌尔那穆之死》(the Death of Ur-namma，缩写为 DU)

《苏美尔王表》所描绘的历史视野中，阿卡德王朝之后是一段混乱无序的时期，当时"谁是国王？谁不是国王？"都搞不清楚。随后有着奇怪名字的外国人，在古巴比伦时期被称为库提人，统治了这片土地。这些外来人及他们的国王被当时的铭刻及文件所证实，在许多地方他们被认为是当地统治者，如拉伽什和乌玛。但是他们所有的国王在《苏美尔王表》中都没有提到。库提人最后被一个名叫乌图赫伽尔(Utuhegal)的国王所驱逐，随后该著作转向了另一个王朝：乌尔那穆建立的乌尔第三王朝，对其霸权统治进行了全面的叙述。几年之内，这个新任国王就建立了一个强大的主权国家，但是他的统治仅仅维持了 18 年而已。他的死亡可能是一次战伤所引起，但不知为何他的逝世引起了人们异常强烈的具有象征意义的激烈反应，也由此激发了这首独一无二的诗歌创作——《乌尔那穆之死》。[①] 在苏美尔文学作品中没有与之类似的作品，国王的死亡在文学作品中是一个明显的禁忌主题，然而这首诗则必须与一部关于吉尔伽美什之死（Death of Gilgamesh）的作品一起被人们朗诵。该作品描述了古代一个半人半神的乌鲁克国王的最后时光及其葬礼，该国王被看作是乌尔第三王朝的庇护者，并且在乌尔那穆及其后继者们的自我称颂策略中扮演着一个非常重要的角色。

由于仅存少量的手稿，我们对乌尔那穆之死的描述仍不能完全重现当年的情景，但是故事总体框架很容易让人理解：邪恶侵袭了苏美尔，她的牧羊人（即国王）被击倒，因为安神毫无征兆地改变了他的话语，而恩利尔神更是毫无诚信地收回了他先前设定的命运。由于国王一直患病，所有重要的男神与女神全部撤离了，并将灾难引向整个大地。诗人大声呐喊："为什么他们要把乌尔那穆遗弃，像在破瓮中将其屠杀／谋杀？"对这非常关键的一行的翻译并不确定，但如果我们遵循上述翻译的话，那么我们可以推断他在战争中受到了致命伤，或者甚至可能是在一次密谋刺杀行动中受了致命伤。乌尔那穆被埋葬了，他经过漫长的路程来到了阴间，他向自己所在新地方的所有神圣的统治者献祭纳贡。但当苏美尔的葬礼哀歌到达他那里时，他悲痛万分，号啕大哭了很久，哀叹他的英年早逝。诗歌最后以对神灵的一通抱怨而结束。显然，他们本不应该没有询问战争女神伊南娜（Inana）的意思便作出了这样的决定，当她发现这些事时，暴跳如雷，对安神和恩利尔神践踏成文规范的行为怒不可遏。然而，一切都太迟了，即使伊南娜也不能让她的牧羊人起死回生。

4. 乌尔国王的书信（Correspondence of the Kings of Ur，缩写为CKU）

虽然是一种间接的方式，但恩利尔神的口是心非在乌尔国王的

---

① Esther Flückiger-Hawker, *Urnamma of Ur in Sumerian Literary Tradition* (Fribourg, 1999), 93 - 182.

信件中——大约 24 封乌尔第三王朝时期统治者之间来往的信件，
得到了明显的表述。[①] 像我们此前讨论的学校文学作品一样，这些
信件在后来的抄本中得以证实，但与《苏美尔王表》和《阿卡德的诅
咒》不同的是乌尔第三王朝时期的原始手稿依然存在，但这些信件
中甚至没有一个版本不是标识着古巴比伦的日期。结果，对于这
些信件的真伪性产生了不同的观点，有人断言这些信件全部伪造，
有的则主张几乎所有信件都可信赖。另外，这些文本都存在复杂
的修订历史，而且并非所有的信件都是在同一地点同时发现的。
其中某些信件可能要追溯到乌尔第三王朝早期，但准确估量在几
个世纪内对原稿改写和重构的程度是不可能的，因此其作为历史
原始资料的作用不太可靠。如果把它们作为公元前 18 世纪历史
观念的证据，就没有多大价值了。与我们在此讨论的大多数著作
不同，它们是破例用散文体裁写成，它们对文件的模仿使其格外逼
真，极具权威性，旨在超越文学性。

　　乌尔第三王朝时期的信件，最大一部分属于乌尔那穆的儿
子，他的继承者舒尔吉（Shulgi）国王。其中多数都是君王与他的
维吉尔或者说他的首要大臣阿拉德姆（Aradmu）之间的往来书
信。阿拉德姆真正的任职时间跨越了四位国王的统治时期，在
乌尔第三王朝时期，可靠的文件中都有迹可循。有两批信件，一
批属于舒尔吉时期，一批属于他的第二任继承者舒辛在位时期，
描述了两段长城或防御线的修建和维护问题，这些工事的修筑
表面上看来是为抵御帝国东部游牧部落敌人的袭击，但实际上
主要目的是进攻。这些信件提供的许多信息都相当精准，虽然
很少可以从乌尔第三王朝的材料中直接证实，但现有的材料以
及从相关证据中衍生出的猜想与这些书信中所包含的内容并不
矛盾。

　　乌尔国王信件中的最后四封是关于伊比辛（Ibbi-Sin）时期的事
件，那时乌尔第三王朝开始瓦解，同时还遭受来自伊朗的敌人的蹂
躏折磨，所以这四封信件应该算是整个乌尔国王信件中最为复杂

[①] Piotr Michalowski, *The Royal Correspondence of Ur: An Epistolary History of an Ancient Mesopotamian Kingdom* (Winona Lake, Ind., 2010).

的。这些信件多数是在乌尔沦陷很久之后才杜撰出来，而且也以不同的版本在流传，其中一些有明显的补充内容，不断发生变化这是两河流域的一个传统。在一块来历不明的泥板上四封信件被全部抄录在一起，从而创造出一种用我们现代话来说叫书信体小说的形式。叙述的所有事件都预示着伊比辛王朝的结束，隐藏在军事和经济问题等信件主题背后的是一场关于神灵保佑与历史意向的辩论。这位国王试图说服他的一位将军继续效忠于他，由此让他拒绝转投至敌方阵营，国王声称神灵给过他征兆，"我的敌人将会被消灭，他将被交到我的手上"[①]。恩利尔神已经许诺给伊比辛胜利，许诺解决国内的事务，国王如实地记叙了用于神圣占卜的羊肝上的特征。虽然这部分内容是后来补充的，但它的独特性非常重要，因为此前在所有的苏美尔文学作品中没有这样的描述。的确，这一时期占卜上专有词汇全部都是阿卡德语，因此抄写员不得不创造出意思相同的苏美尔词汇。

　　预言本身获得了非同寻常的关注，因为古巴比伦的读者恰恰生活在事件发生之后，他们认识到前面所有的事情都是不真实的。作为当时的知识分子，他们知道伊比辛的王国在神灵将这个预言赐给他不久之后就衰落了。据一则资料显示，这个被遗弃的国王被俘并押往伊朗的安善（Anshan），从此再也没有回来。这个与事实相悖的历史信息源于《苏美尔王表》《苏美尔、乌尔覆亡哀歌》（the Lamentation Over the Destructin of Sumer and Ur）以及其他资料，同时对乌尔国王的信件，至少是伊比辛的信件作出了一次颠覆性的解读。古巴比伦预言将神圣占卜中羊内脏的某种表征与伊比辛和灾难联系在了一起，也由此促使这一伪说出现。乌尔国王信件的某些部分与历史传统的其他部分不符，可能意味着各种不同解读：要么是预言者错了或撒谎了，要么是国王错了或撒谎了，或更有甚者是神故意误导了乌尔国王。

---

① Piotr Michalowski, 'How to Read the Liver? In Sumerian', in Ann K. Guinan et al. (eds.), *If a Man Builds a Joyful House*: *Assyriological Studies in Honor of Erle Verdun Leichty* (Leiden, 2006), 247‑258.

5.《苏美尔、乌尔覆亡哀歌》

这篇文献用高度戏剧化的诗歌语言记叙了乌尔第三王朝的沦陷，并用 bala（旋转）这个概念为这片土地上的政权更替提供了一个清晰正当的理由。天神恩利尔对祭祀中心位于乌尔城的月亮神——他的儿子——①说道：②

> （神圣的）会议中所作出的判决不能驳回，
>
> 神圣的安神与恩利尔神的话不能推翻，
>
> 尽管乌尔被赋予了王权，但是它并未被赋予永久的统治权（bala）；
>
> 从远古时期开始，从家园建立起来，直到人口数量成倍增加，
>
> 有谁曾见到过一个王权统治（bala）能（永远）保持优先？
>
> 它的王权统治已经持续了很长时间，它不得不耗尽了自己！

在上述所引用的文献中，历史问题并没有直接说明而是通过互文性暗示和反驳的方式进行描述。在这方面，更有疑问的是一整套歌颂乌鲁克城 3 位传奇国王埃美卡尔（Emerkar）、卢伽尔班达以及吉尔伽美什（Gilgamesh）英雄事迹的苏美尔诗歌。正如上面已经提到的，虽然存在一首与卢伽尔班达有关的时间更加久远的诗，但该文学传统很可能起源于乌尔第三王朝时期。乌尔第三王朝的著作有一小部分涉及了卢伽尔班达和吉尔伽美什，有一点显而易见，到古巴比伦时期该传统版本已经彻底地被重新编辑了。不仅如此，这些文献很可能源于一个广泛的主题背景，从而为乌尔第三王朝时期的王室文学提供了一个合法化的形式。这些材料之复杂并非三言两语所能理清，但在以历史书写为背景的故事中，5 篇苏美

21

---

① 在多数文明中，月亮神是美丽、漂亮的女神，比如中国的嫦娥、古希腊的阿尔忒弥斯等等。然而，古代两河流域文明的月亮神却是一位男性，苏美尔语称为南那，阿卡德语称为辛。——译注

② Piotr Michalowski, The Lamentation over the Destruction of Sumer and Ur (Winona Lake, Ind., 1989), 59.

尔语写的吉尔伽美什诗歌中——一些人更愿意称其为史诗——有两篇非常值得注意:《吉尔伽美什之死》以及《吉尔伽美什和胡瓦瓦(Huwawa)》。前者已经是以神圣王权为中心的一个复杂意识形态工程的一部分,这种神圣王权理念始于乌尔那穆的儿子舒尔吉宣布自己是一个神,当时由于他父亲的死亡使得国家陷入一场危机之中。这些也与我们上面讨论的关于乌尔那穆之死的著作有关。

吉尔伽美什与胡瓦瓦的故事可能与我们讨论的主题更为相关:它讲述的是一次东征,这次远征的目的是砍伐一片土地上的雪松,而这片土地由一个名叫胡瓦瓦的巨大的超自然生物守护着。但远征的动机远非原材料的需求,而是为了奠定自己的"霸主地位"。这个半人半神的英雄吉尔伽美什,组织远征军建功立业来获得流芳百世的荣耀和不朽,因此人们用最清楚的术语来解释文本、纪念文以及历史在早期两河流域传统中的角色(《吉尔伽美什与胡瓦瓦》A 5—7):[1]

> 我想要进入山林中;我想要奠定我的霸主地位,
> 那些已经建立霸主地位的地方,我想要建立自己的霸主地位,
> 那些还没有建立霸主地位的地方,我想要建立神权的霸主地位!

对该史诗在此就不作广泛深入的讨论了,值得注意的是《苏美尔王表》和诗歌类型的历史著作与"史诗"材料有着不同作用。前者运用深刻的历史时间来增加其认可度并且支持一个特别抽象的王权理念,由于缺乏一个更好的词语来描绘它,人们也可以使用帝国主义,而后者用它来使更加狭隘的神圣王权概念合法化。

这些诗歌类型的历史性景象在许多文献中显现出来,此类文献是古巴比伦教育机构创作品的核心,这些教育机构在许多城市中存在,如尼普尔、乌尔、伊辛等等,但也有早期两河流域的其他文

---

[1] Dietz Otto Edzard, ' Gilgamesh und Huwawa A. I. Teil ', *Zeitschrift für Assyriologie*, 80:(1990),183.

献对这种创作背景作出了一些有益的注解。在这些文献中有许多
年名表，一些表中包含整个"王朝"，而其他的表则更多的是局限在
一定范围之内。但它们的背景和功能还不是很清楚，因为只有很
少一部分年名表来自于学校环境之中。它们中的一些可能被偶
然用于外围教育中，但有一些却是某种形式的古文物的见证。古
巴比伦时期的抄书员从古代有日期的文件中编辑这些列表是不
可能的，因为他们不知道如何按照编年顺序来排列它们，所以这
些抄书员肯定是以那些目前还没有出土的古老版本为依据。这
些年名表非常重要，因为它们将个人年名转变成一个更大历史叙
事的组成部分，正如海登·怀特（Hayden White）许多年前根据类
似的古英语原始文献所论证的一样。① 它们在有限的兴趣范围内
讲述王室的功绩，但是作为叙事文它们预示着后期编年体文本的
出现。

　　古巴比伦时期的书史也留下了古阿卡德和乌尔时期纪念性铭
文的副本，但与年名表的情况相同，它们也不是中心课程的一部
分。在尼普尔与乌尔的学校作品中发现了古阿卡德时期的王室铭
文副本，似乎这些副本是直接从纪念物上抄下来的，因为这些副本
包含了一些注解，这些注解指出了特定标题在雕像或石碑上的具
体位置。此外，这些抄写员煞费苦心地模仿古老纪念碑的典雅字
符，并没有采用当时流行的古巴比伦语楔形文字符号。没有任何
表明原始资料得以幸存的痕迹，因此这些副本对当代历史学家来
说非常重要，但必须要强调的是它们有可能只是一些教师和学生
单独的个人作品，而不能代表那个时代的普遍倾向。古巴比伦时
期学校的乌尔第三王朝的铭文副本也属于这种情况，大部分局限
于国王舒辛时期的一批纪念性文本，先前已经提到，这些副本被尼
普尔城的某个人收集在一起。这些副本发现的确切位置还不清
楚，也不能排除这些副本代表的是一个抄书员的作品或者是某个
教师的兴趣爱好。

22

---

① 　Hayden White，'The Value of Narrativity in the Representation of Reality'，in id.，
　　The Content of the Form：*Narrative Discourse and Historical Representation*
　　（Baltimore，1987），I-25.

阿卡德国王们的传奇（Legends of the Kings of Akkad）

公元前 18 世纪两河流域的教育几乎全部集中于学习古典的苏美尔语，而这种语言早已在市井间失传。同时，有证据表明一种充满诗意的阿卡德语版本的新文学发展起来，阿卡德语是这个时期最主要的口语。但只有很少这样的阿卡德语著作出土，因此很难评估它们所产生的社会背景。虽然有少量阿卡德语的文学文本已经在尼普尔和乌尔等城市遗址中发现，但似乎可以确定的是这种新的发展仍然不是这些城市传统教育中心的核心部分。在这些新文本中有一组作品描写的是阿卡德王朝最杰出的两个国王的英雄事迹、磨练以及苦难，即萨尔贡和那拉姆辛。这个传统可能有更早的根源，并且在后古巴比伦时期被广泛详述，这时它完全并入到传统的文学流中，时常获得新的象征意义和新的互文含义。

这些新的古巴比伦小说在语气和内容上与苏美尔传统中关于这两个国王的作品有所不同，这两位国王我们在上文中已简单提到。已知的阿卡德作品都是孤本，常常是不完整的手稿，而古巴比伦时期的小说明显是一种新的文学发展，而这种发展仍然处在不断的变化之中，并且很少归功于过去的创造力。萨尔贡的作品将他描述为一个精力旺盛的军事领导者，"被伊什塔尔（战争女神）深爱，他漫游（宇宙的）四角"。① 不像苏美尔的那些国王们，在文学作品中他们是奇特的、无所不能、神圣至上的君主，而萨尔贡却被描述为一个将军，他与士兵同住并且在制定作战计划时还会采纳士兵的建议，为了获得荣誉他们行军至世界尽头。作品中提到了一些特定的真实的地理位置，但作品重心放在了萨尔贡为完成其雄心壮志所遇到的困难上，而他的雄心壮志以前无人能够达到。他对自己的士兵说道："那么，任何想要向我挑战的国王，我到达过的任何地方，也让他去走走吧！"②

---

① Joan Goodnick Westenholz, *Legends of the Kings of Akkade*：*The Texts*（Winona Lake, Ind., 1997）,35.

② Ibid., 77.

　　现存的关于那拉姆辛的资料在内容上更加丰富多彩，思想意识也更加复杂，但这可以说是一个意外的发现。有关这位国王的古巴比伦作品往往将神话与世俗历史混合在一起，不但称赞他的军事实力，还歌颂他过于普通的人间命运。那拉姆辛在他统治的最后几年被尊为神，但在古巴比伦传统中他的死亡也是他的文学性角色的特征之一，同时也是《那拉姆辛之死》挽歌中表现最突出的，唯一的一个早期两河流域用阿卡德语描写的王室死亡的场景，它与描写乌尔那穆和吉尔伽美什之死的苏美尔语诗歌几乎没有共同之处（也有人声称这个作品描写的是古巴比伦国王、埃什奴那〔Eshnunna〕的那拉姆辛，一个自命不凡的相对较小的统治者）。

　　关于萨尔贡的孙子最吸引人的文章大概是一批涉及"大反叛"（the Great Revolt）的作品。在这个案例中有一系列各种各样的文章循环重复着一个历史主题，折射在不同时期不同地点文学想象的棱镜之上。据一批可信的那拉姆辛铭文副本可知，在其统治末期的某个时间，他面临了一次危险到要摧毁阿卡德霸权统治的大反叛，至少有 5 篇不同的铭文将他描写为"那拉姆辛，万能的人，（宇宙）四方的国王，一年中 9 次战役的获胜者"。此次危机如此严重，以至于他的王国中的人们称他为神来感激他能战胜这次大反叛，并且在古阿卡德时期这次反叛已经成为了文学素材，记录在当时一个学校残缺的作品之中。24

　　无论是对早期文本的模仿，还是对依然矗立在神庙庭院当中王室纪念碑的仔细研究，古巴比伦时期的书吏都将这些故事改写成了一系列在内容和形式上既有密切相关的变化而又具有共同主题的著作。有 3 篇这样的创作幸存下来，它们全部来自不同的城市，还有一个残缺的第 4 篇作品——可以算作是一个结尾，有人认为——描述了在第 9 次战役之后，"他们如何第 10 次地反叛我！"这个特殊的版本最后以一个诅咒的格式结束。在此，我们第一次发现了一个在后期更加重要的文本类型：隐藏在纪念碑文形式中的一个古代国王使用第一人称的文学自叙。

　　流传最广的有关萨尔贡孙子的作品就是《那拉姆辛的撒玛利亚人传奇》（the Cuthean Legend of Naram-Sin），或者由最近的编辑者重新命名的《那拉姆辛与游牧敌人》（Naram-Sin and the Enemy

Hordes）。古巴比伦的版本，仍然由断片组成，可能有600行，但后来的校订版短了三分之二。第一个千年的故事是完整的，一个高度文学化的创作，充满了引自其他作品的参考和典故，并且它采用了高度说教式的语气。它描述了一个早期的国王恩美卡尔（Enmerkar）如何不重视预言而冒犯了神灵，并因此受到重罚。最重要的是，他并没有将他的经历留下书面记录，以便使后来的国王——包括那拉姆辛在内——可以从他的例子中学习经验。阿卡德国王不得不面对一场来自七个其他世俗国王的攻击，他们摧毁了这个王国的大部分地区。就如在《阿卡德的诅咒》中一样，那拉姆辛寻求预兆，但没有结果，因此他决定还是靠自己的双手来掌控局势，对敌人展开进攻，但结果却损失惨重，他派出去抗击敌人的成千上万的士兵没有一个活着回来。受过惩罚之后沮丧的阿卡德统治者再一次寻求预兆，终于得到禁止他摧毁国内军队的指令，结果证明这是神灵们出于惩罚目的而创造的指令，他们永远都处于"恩利尔暴怒的心灵支配之中"。

那拉姆辛在石碑上刻写了一篇铭文，并将它竖立于一座神庙中供后世子孙品读，告诫未来的君主们要爱护他们的妻子并巩固他们的王国，但是也告诫"系好你的武器，把（它们）放在角落里！"，蔑视任何可以抢劫自己土地的敌人，谨遵那拉姆辛的例子——把他们自己的生活书面记录恩赐给他逝后的人们。在这篇著作中，过去的人物和事件都与神奇的神话传统混合在一起，这样便创造出历史文学中的一个新形式，其中国王的傲慢自大通过自我反省来调节屈从于神的意志。这篇著作最终以令人意外的放弃使用暴力而结束，而这来自于一个古代帝王之口，他的名字不同于传统的尚武残暴的名字。在第一千年中，书写传统的典范地位在许多文献中得到赞扬，因此幸存的书面证词的告诫与社会思潮息息相关，但尚不清楚这些主题如何在古巴比伦的版本中发展起来，因为这些作品在其描述的同一时代里就被损坏了。

有关阿卡德国王的古巴比伦故事承载了许多信息，最显著、最突出的方面是荣耀的短暂本性与依靠军事力量建立起来的王家权力的脆弱性。这与萨尔贡和那拉姆辛等国王尖锐明确的自我称颂策略形成鲜明的对比，正如我们从原始纪念碑和铭文中了解到的情况一样,公元前 18 世纪的两河流域人与我们了解到的有关他们的情况也差不多。作为历史的创作,尽管这些故事看起来区别较大,但却与有关阿卡德和乌尔国王的苏美尔诗歌传统高度吻合,这些故事聚焦于世俗历史洪流的偶然性和事件中神的导向的不可预测性:像恩利尔神阴晴不定的本性和预言令人怀疑的可信度,这些才是来自于超自然世界沟通的标准体系。尽管如此,当时的“政绩”继续代表暴力作为衡量王室成功的标尺,甚至利用这种文学形式在铭文和其他文章中影射古代的国王,以寻求有助于合法化的传统。在古巴比伦时期,学校教育以及我们认为的大多数苏美尔和阿卡德文学作品,大多是精英阶层的个人事务,就现在我们能确定的是,他们的这些活动是独立于主要的权力机构的。因此很难确定,过去是不是作为质疑当代规范的容器? 是不是作为颠覆性话语之所在? 是不是作为一个画布来质疑已经建立的世界观? 同样可能的是,因为只有少数的人能读和写,所以现在与过去用一种更为复杂的辩证方式并肩作战,提供了某种我们未知的沟通机会,因为我们通过现代的感觉探测找到了某种明显的矛盾冲突。

对许多人来说,历史成就只不过是过眼烟云。起源于古巴比伦时期(早期英雄人物叙事歌谣)而以后期版本广泛流行的一首诗歌认为,过去的时光短暂,并不重要。这首诗从苏美尔王表和其他的苏美尔文学传统中列举了一些国王,评价了他们所获得成就的转瞬即逝和无用的本质,并在一个版本的最后部分赞扬了啤酒女神的拥抱而带来的安慰。①

> 国王阿鲁鲁,那统治了 36000 年的人啊,你在哪儿?
> 国王埃塔那(Etana),那升上了天堂的人啊,你在哪儿?
> 胡瓦瓦,那被俘在……的(巨魔)啊,你在哪儿?
> 恩基都,其力量……在国内……啊,你在哪儿?
> 那些古代的先贤圣君们,你们在哪儿?
> 他们不再出现、不再降生,

26

---

① This text exists in a number of redactions from various times. For an edition, see
   Bendt Alster, *Wisdom of Ancient Sumer* (Bethesda, Md. , 2005),288 - 322.

　　就像那遥远的天堂，我不能超越他们，

　　就像阴曹地府一样，没有人知道他们，

　　生活，形态万千，也只不过是幻影而已。

大事年表/关键日期

　　日期（所有公元前的）至多是近似的，与"中间年表"相符，这是目前最常用的方案，虽然越来越多的人逐渐形成了一种新的猜测，认为大部分日期需要向下推至少一世纪。

公元前 4000—前 3100 年　乌鲁克时期

公元前 3100—前 2334 年　早王朝时期

公元前 2334—前 2154 年　阿卡德（萨尔贡的）时期

公元前 2112—前 2004 年　乌尔第三王朝时期

公元前 2003—前 1595 年　古巴比伦时期

主要史料

Alster, Bendt, *Wisdom of Ancient Sumer* (Bethesda, Md., 2005).

Civil, M., 'Šū-Sîn's Historical Inscriptions: Collection B', *Journal of Cuneiform Studies*, 21(1967), 24 – 38.

Cooper, Jerrold S., *The Curse of Agade* (Baltimore, 1983).

—— *Reconstructing History from Ancient Inscriptions: The Lagash-Umma Border* (Malibu, Calif., 1983).

—— *Presargonic Inscriptions* (New Haven, 1986).

—— and Heimpel, Wolfgang, 'The Sumerian Sargon Legend', *Journal of the American Oriental Society*, 103(1983), 67 – 82.

Edzard, Dietz Otto, 'Gilgamesh und Huwawa A. I. Teil', *Zeitschrift für Assyri-ologie*, 80(1990), 165 – 203.

—— 'Gilgamesh und Huwawa A. II. Teil', *Zeitschrift für Assyriologie*, 81(1991), 165 – 233.

—— '"Gilgamesh und Huwawa", Zwei Versionen der sumerischen Zedernwal-depisode nebst einer Edition von Version "B"',

Sitzungberichte der Bayerischen Akademie der Wissenschaften: *Philosophisch-historische Klasse* (1993), 1 – 61.

Finkelstein, J. J. , 'Genealogy of the Hammurabi Dynasty', *Journal of Cuneiform Studies*, 20(1966), 95 – 118.

Flückiger-Hawker, Esther, *Urnamma of Ur in Sumerian Literary Tradition* (Fribourg, 1999).

Frayne, Douglas R. , *Old Babylonian Period*, 2003 – 1595 *BC* (Toronto, 1990).

—— *Sargonic and Gutian Periods*, 2334 – 2113 *BC* (Toronto, 1993).

—— *Ur III Period*, 2112 – 2004 *BC* (Toronto, 1997).

—— *Pre-Sargonic Period*, 2700 – 2350 *BC* (Toronto, 2004).

Glassner, Jean-Jacques, *Mesopotamian Chronicles* (Atlanta, 2004).

Jacobsen, Thorkild, *The Sumerian King List* (Chicago, 1939).

Michalowski, Piotr, *Lamentation over the Destruction of Sumer and Ur* (Winona Lake, Ind. , 1989).

—— 'Sumerian King List', in Mark W. Chavalas (ed.), *The Ancient Near East*: *Historical Sources in Translation* (Malden, Mass. , 2006), 81 – 85.

—— *The Correspondence of the Kings of Ur*: *An Epistolary History of an Ancient Mesopotamian Kingdom* (Winona Lake, Ind. , 2009).

Roth, Martha T. , *Law Collections from Mesopotamia and Asia Minor* (2nd edn, Atlanta, 2000).

Steinkeller, P. , 'An Ur III Manuscript of the Sumerian King List', in W. Sallaberger, K. Volk and A. Zgoll (eds.), *Literatur, Politik und Recht in Mesopotamien*: *Festschrift für Claus Wilcke* (Wiesbaden, 2003), 267 – 292.

Westenholz, Joan Goodnick, *Legends of the Kings of Akkade*: *The Texts* (Winona Lake, Ind. , 1997).

27

参考文献

Alster, Bendt, 'Lugalbanda and the Early Epic Tradition in Mesopotamia', in Tzvi Abusch, John Huehnergard, and Piotr Steinkeller (eds.), *Lingering over Words: Studies in Ancient Near Eastern Literature in Honor of William L. Moran* (Atlanta, 1990),59 - 72.

Hallo, William W. , 'Sumerian Historiography', in Hayim Tadmor and Moshe Weinfeld (eds.), *History, Historiography and Interpretation: Studies in Biblical and Other Cuneiform Traditions* (Jerusalem, 1983),9 - 22.

Liverani, Mario, 'Memorandum on the Approach to Historiographic Texts', *Orientalia*, 42(1973),178 - 194.

(ed.), *Akkad: The First World Empire* (Padua, 1983).

—— *Antico Oriente: Storia, Società, Economia* (Rome, 1988).

Michalowski, Piotr, 'History as Charter: Some Observations on the Sumerian King List', *Journal of the American Oriental Society*, 103(1983),237 - 248.

—— 'Commemoration, Writing, and Genre in Ancient Mesopotamia', in Christina Shuttleworth Kraus (ed.), *The Limits of Historiography: Genre and Narrative in Ancient Historical Texts* (Leiden, 1999),69 - 90.

—— 'How to Read the Liver? In Sumerian', in Ann K. Guinan et al. (eds.), *If a Man Builds a Joyful House: Assyriological Studies in Honor of Erle Verdun Leichty* (Leiden, 2006), 247 - 258.

Michalowski, Piotr, 'Maybe Epic: The Origins and Reception of Sumerian Heroic Poetry', in David Konstan and Kurt A. Raaflaub (eds.), *Epic and History* (Oxford, 2010),7 - 25.

Olmstead, A. T. , 'The Calculated Frightfulness of Ashur Nasir Apal', *Journal of the American Oriental Society*, 38 (1918), 209 - 263.

28

Sallaberger, Walther, 'Ur III-Zeit', in id. and Aage Westenholz, *Mesopotamien: Akkade-Zeit und Ur III Zeit* (Freiburg, 1999), 121 - 392.

Van de Mieroop, Marc, *A History of the Ancient Near East, ca. 3000 - 323 BC* (rev. edn, Malden, Mass. , 2007).

Vanstiphout, Herman L. J. , 'The Matter of Aratta: An Overview', *Orientalia Lovaniensia Periodica*, 26(1995),5 - 20.

Veldhuis, Niek, 'The Solution of the Dream: A New Interpretation of Bilgames' Death', *Journal of Cuneiform Studies*, 53(2001), 133 - 148.

Vogelzang, Marianna E. and Vanstiphout, Herman L. J. (eds.), *Mesopotamian Epic Literature: Oral or Aural?* (Lewiston, NY. , 1992).

Westenholz, Aage, 'The Old Akkadian Period: History and Culture', in Sallaberger and Westenholz, *Mesopotamien*, 17 - 117.

Wilcke, Claus, 'Die Sumerische Königliste und erzählte Vergangenheit', in Jürgen von Ungern-Sternberg and Hansjörg Reinau (eds.), *Vergangheit in mündlicher Über-lieferung* (Stuttgart, 1982), 113 - 140.

—— 'Zum Geschichtsbewußtsein im Alten Mesopotamien', in Hermann Müller-Karpe (ed.), *Archäologie und Geschichtsbewußtsein, Kolloquien zur Allgemeinen und Vergleichenden Archöologie* (München, 1982),31 - 52.

—— 'Genealogical and Geographical Thought in the Sumerian King List', in Hermann Behrens, Darlene Loding and Martha T. Roth (eds.), *DUMU - E2 - DUB - BA - A: Studies in Honor of Åke W. Sjöberg* (Philadelphia, 1989),557 - 571.

Yoffee, Norman, *Myths of the Archaic State: Evolution of the Earliest Cities, States, and Civilizations* (Cambridge, 2005).

李海峰　译　史孝文　校

29

第二章　晚期两河流域

马里奥·利维拉尼（Mario Liverani）　文

　　有学者曾反复强调在巴比伦词汇和赫梯（Hittite）词汇中找不到一个可以译为"历史"的词，但这并不意味古代近东的居民们没有历史的观念，对过去的事或过去的时间没有概念和思考。可以确定的是，对过去事件的重建是一个纯粹的智力训练，缺乏任何的现实暗示，只是致力于查明真相，而这并不是古代两河流域书吏优先考虑的事情。但对历史的反复关注在各种文本类型中明显地表现出来，而这些文本包括从王室铭文到国王表，从智慧文学到法律文件，特别在宗教和政治领域，它们与实际目的都有着直接联系。的确，这是社会交往的中心主题。

　　我们可以把这种社会关注划分为三个分支，以对应统治阶层的精英——国王的三个主要任务，而书吏原本只是遵从他的意愿行事。第一个任务就是编撰历史——当代历史——筛选最符合统治者利益的最近发生事件的解释，然后将这些解释传播给人们；第二个任务就是面对过去发生的事件，找出一个在特定社会中人们有着共同记忆的那些部分。正面的榜样大多存在于遥远的过去，接近于神话时代，那时宇宙运行的状态很好（即便负面的事件，甚至是大灾难，也是发生在遥远的过去）。越是最近的过去，越是频繁地发生危机甚至于崩溃的负面阶段，也是贪污和无法无天阶段，这也十分符合通过对比的方式来强调一个结束这种消极插曲而恢复正常秩序的真正统治者的功绩；第三个任务——最具有雄心但也最麻烦的——是从而通过找出历史上的那些规律，预测未来，或者仅仅是一些符号，它们可以帮助人们面对未来危机或至少可以教给他们方法来应对所处的局面。

这一纲领性的模式可以应用于两河流域的整个历史当中（包括前一章叙述的早期阶段，以及目前这一章所叙述的晚期阶段）。而时间的长度以及地区的区域多样性迫使我们不得不按编年的时代分期、按区域及文章类型继续叙述下去。尽管如此，读者们应在心中牢记上面论述的三个方面，这样可以正确评价他们在每个历史背景下所肩负的不同的历史重任。

第二个千纪中期的过渡期

政治机构、宗教思想、法律进程、技术以及文化等方面发展变化的相对缓慢是古代两河流域文明的一个显著特征。在一个基本的历史连续性中，公元前 17 世纪末的转折点具有特殊意义。在这个重要过渡时期的各种特征中——从居住模式到社会结构、从工艺技术到王室思想——有许多特征对历史重建的模式有着重要影响，它们也可用于当今的政治话语中。对过去的记忆一直拘泥于形式（在特殊的文章类型中）来响应影响政治和创作文化背景的问题。政治关系上的变化带来了历史写作方面的变化，而其中最显著的是一个影响了整个政治局面空间维度的变化。

在先前的几个世纪中，下两河流域（Lower Mesopotamia 先是苏美尔，接下来是巴比伦）已是世界的中心，而周围的国家可以说是真正的、切实的"边缘"地带。当然"边缘"是一个主观概念，与其说是一个现实不如说是一种观念。苏美尔人和巴比伦人将周边的国家看成是珍贵原材料的来源地，神赐予他们任由处置的"空地"，是绝对野蛮并缺乏文明的蛮夷之地。但是，这种主观看法有其合理的基础，我们能想象到的每一个要素——从一个通过城市化和国家组织而形成的人口与农业生产的集合中心，到写作与行政档案的使用——导致了一个在近东大范围背景框架内下两河流域纯粹中心的形成。甚至像埃兰（Elam）、上两河流域（Upper Mesopotamia）以及

30

北叙利亚这样的国家,即使在公元前三千纪中期它们也发展成高度发达的独立国家,但一旦涉及国家管理体系、官僚机构及文字写作的起源地即世界文化的中心时,它们始终被认为是"边缘地带"。

随着公元前16世纪过渡期的到来,这种情形也发生了变化。巴比伦尼亚人口水平和农业产量方面的长期危机开始了。考古记录显示定居点在减少,灌溉网遭到了破坏。另一方面,周边国家走完了建设一个政治维度的长期之路,可以作为势均力敌的对手与巴比伦尼亚竞争。埃及在黎凡特(Levant)地区的介入,一个强大国家(第一个是米坦尼[Mitanni],后来是亚述)对上两河流域的统一,赫梯王国对中央安纳托利亚(Central Anatolia)的统一,这些因素促使了新国际秩序的形成。约公元前1600年赫梯人对巴比伦的洗劫,被看成是政治关系急剧变化的一个标志性事件(和一个标志性时间)。

这种新的国际秩序,其根源在古巴比伦时期就已经形成了,而这种秩序是通过6位"伟大的国王"相互承认而形成的:在主人与奴仆的关系中,独立的至高无上的君主们支配着大批"小国王们"。这些"伟大的国王"即埃及国王、巴比伦尼亚国王、埃兰国王、米坦尼国王、后来的亚述国王以及哈提国王(Hatti,即赫梯)。伟大国王之间"权力的平衡"形成了约公元前1600—前1200年(考古学上的晚期青铜器时代)这一时期的主要特征,同时由于各自人口、经济资源及军事力量的不等而产生了大国王与小国王之间的"权力不平衡",这些都依据法律约定被正式地构思并表达出来。战争的问题由神来决定(磨难由战争决定),就像在一场法庭会议中,根据双方的对与错来进行判定。争吵的双方不得不引证"历史的"证据来证明他们主张的合理性。也就是说,在一系列的事件描述中,他们是对的,而他们的对手是故事中的坏人。通常我们看到的是胜利者的版本,但是我们愤世嫉俗的评价(胜利的人就是正确的)是对古代思维意识(正确的人才能胜利)的一种颠倒,它是一种基于神学方面的假设,即神不会让错的一方获胜。

晚期青铜时代另外一个历史写作特点是建立在一个独特的技

术性创新上——形成于约公元前 1600 年的中东地区（从伊朗或最远从中亚），即繁殖训练马匹来拖行轻便的战车用于狩猎和战争。那些驾车的战士成了一个拥有特权的社会阶层，王室分配一定的土地财产和奴隶来供养他们。古巴比伦时期之前，都是由步兵（服役的农民）打仗并赢得胜利，而公元前 1600 年之后，胜利则由"贵族的"战车驾驭者赢得。整个社会结构变化了，王权模型被认为具有"英雄的"特征，这也成为了这个时期政治文本中的一个中心主题。除此之外，继承体系中的一个变化（取代了按照出生顺序的优点）也促成了同样的后果，一个社会中的领导阶层是通过个人具有的对待力量、勇敢以及冒险的态度筛选出来。

加喜特（Kassite）与中巴比伦的历史传统

中心地位的丧失给巴比伦文化带来了一种文化上的强烈冲击。尽管如此，由于书吏学校、文学和宗教语言（在整个近东作为交流语言）的声望仍然没有改变，统治阶层——外国起源的加喜特王朝——并没有什么好吹嘘的，实际上那个时期的王室铭文都是非常简单和单调的，并不包括对当时历史的任何庆祝活动。甚至是自我庆祝的最平凡老套的形式，即之前用一年里最重要的事件来给每一年命名的"年名"也被抛弃了，代之的是一个国王在位统治的简单的数字年数。

现在没有什么好自豪的，唯一留下的资料便是过去。但外来野蛮的加喜特国王们（山地人的起源）似乎对开发久远过去的光辉遗产丝毫不感兴趣，而是关注像现实般不幸的最近的过去事件。例如，当巴比伦国王写信给埃及法老诉说他想要与亚述商人做生意的意愿时，他找不出更好的理由，只能假称亚述人是他的附庸，而且声称在过去他的父亲也曾支持埃及抗击迦南人的反叛。而这两种宣称都有明显的错误并且时间也对不上，所以埃及法老对这些理由都无动于衷。

32
-
33

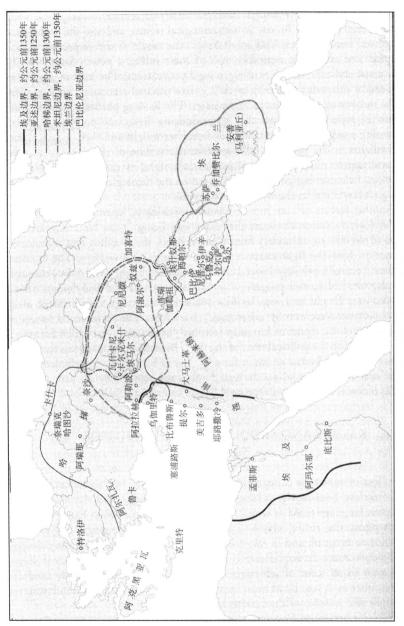

约公元前 1500—前 1400 年的中东

　　危机期间,巴比伦的书吏可以求助于智慧主题的文学精华,尤其是集中探求危机本身的原因,依照个人层面或者整个社会的层面来看待问题。史诗《咏正直的受难者》的主题详细阐述了在人类事务中神的正义与神的干预:为什么正直的人要被邪恶所影响,尽管他并没有犯任何罪?智慧文学的影响在关于神话起源及两河流域人英勇的过去的文学著作中很容易察觉。除了中期巴比伦重编的全国性的《吉尔伽美什史诗》(Epic of Gilgamesh)中可能的"智慧"特征之外,将传统故事中无敌的英雄转变成一个躁动的、反英雄的特征,最明显的影响在《那拉姆辛的撒玛利亚传奇》中体现出来(像皮奥特·米查洛夫斯基在本卷中所讨论的)。有关阿卡德国王的古巴比伦诗歌强调的是他们无与伦比的价值和成就,以及他们对神的虔诚态度,然而《撒玛利亚传奇》相对而言呈现的是一个反英雄的故事。同样的故事,古巴比伦时期的版本中没有包含的批判性篇章,而被保存在公元前两千纪后期的标准巴比伦版本中。当那拉姆辛面临北方蛮族入侵时,他以人的层面关注他的敌人的本性,并在事后才询问神的意见。当他读到预言最后时才发现预言是负面的。但是狂妄自大的国王决定不要神的支持,而依靠自己的力量抗击入侵者,但被多次击败。为时已晚的忏悔帮不了他,他没有英勇地反击入侵者,只是不得不在城墙内的路障处,等待着入侵者的撤退。这是一个明智但反英雄的前车之鉴,这篇文章是特别写给未来的王们。

　　《那拉姆辛传奇》(the Legend of Naram-Sin)是一个文学题材的重要范例——一块伪造的石碑,假设其上刻着过去一个著名的国王的辉煌事业作为永久的纪念碑,以此来教谕未来的国王该如何做事:"你,无论是谁,总督或者王子或者是其他任何人,神将王权传授给你。我给你做了一个正方形泥板,我刻写了一块石碑给你……读这块石碑!……让聪慧的书吏为你读这篇铭文!你若已经读到我的铭文,并且解决了你的问题,你若祝福我,未来的(统治者)也会祝福你。"①历史就是一条双行道,有如何从过去向未来的教导,也有反过来的祝福。

34 　　经过亚述国王图库尔提-宁奴尔塔(Tukulti-Ninurta,约公元前1225年)以及埃兰国王库提尔-那混特(Kutir-Nahhunte,约公元前1160年)三番四次的洗劫后,尼布甲尼撒一世(Nebuchadnezzar I)在巴比伦尼亚的政治和军事力量上创造了一个显著而又短暂的复兴,但首先是宗教和文化价值上的复兴。但一个基本问题是如何解释巴比伦被国家主神马尔杜克(Marduk)遗弃,从某种意义上说这个问题是转换到国家层面上的关于"正直的受难者"的主题。在两河流域传统中,因为城市就是当地神的住所,而解释毁灭就是一个神学问题了:神被认为已经遗弃了城市(明显地是因为犯了一些罪恶),以便让他们的敌人按自己的方式行动。在马尔杜克的例子中,对巴比伦的遗弃在入侵者对他雕像的劫掠上表现了出来:首先是赫梯人,接着是亚述人,最后是埃兰人。一方面,尼布甲尼撒一世吹嘘是因为他战胜埃兰才有机会夺回神圣的雕像并将它回归巴比伦城;另一方面,巴比伦的神学家们宣称马尔杜克神按自己的意愿游历到国外,为了宣传他的神圣和巴比伦的荣耀。

　　大约在同一时间,马尔杜克神职人员的另一作品就是所谓的《韦德尼尔编年史》(Weidner Chronicle),它虚构地采用了古巴比伦国王的一种文学信件的形式。该信件重新审视了两河流域历史主角们的命运,通过年代错置将他们与对马尔杜克神的狂热崇拜联系在一起。那些按时为马尔杜克神庙提供鱼类献祭物的国王就会被奖赏成功和名望,而那些擅自把马尔杜克的鱼类献祭物据为己有的国王就会遭受惩罚。一个不知名的国王与巴比伦神职人员之间的小争吵引起了整个两河流域历史的大力重建,包括从阿伽和恩美卡尔的神话时期,到萨尔贡和那拉姆辛以及乌尔那穆和舒尔吉的整个历史时期。企图在整个世界庆祝马尔杜克神中心地位的

---

① Joan Goodnick Westenholz, *Legends of the Kings of Akkade* (Winona Lake, Ind., 1997),326,330, ll. 149－151,154,175－180.

欲望产生了一些重要的神学冥想,但也产生了平庸的狭隘观念以及明显的时代错误。

中亚述史学:建筑与功绩

在见证了巴比伦由于它的神学原因造成的危机而被迫衰退的同一个世纪内,上两河流域的亚述城邦摆脱了米坦尼的霸权统治,从而建立了一个区域性的王国。亚述的崛起是一个令人惊奇的自我信心与自我决心相互作用的结果,也是坚定地接受阿淑尔神(the God Assur)委托给亚述国王,其指定的管理者这一角色的结果。从最开始"扩张王国领土"(明显引自登基大典上的话语)这一神圣指令就是一个帝国主义的神学基础。中亚述王国(公元前13—前11世纪)已经初具后来帝国的一些基本特征,而且这也适用于历史写作的形式,既可用于有关过去的历史又可用于庆祝当时统治者的丰功伟绩。

除一些外交信函外,米坦尼的著作没有幸存下来,但设想这样一个强大的国家对它的隶属国亚述的历史观念会产生一些影响也合情合理。从米坦尼附属国阿拉拉克(Alalakh)王位篡夺者伊德瑞米(Idrimi,约公元前1500年)的辩解铭文中,以及从米坦尼国王图什拉塔(Tushratta,约公元前1350年)类似主题的一封信件中,我们了解到对国王英雄行为的描述是用一种神话故事的范本架构而成,而且对这个国王(在一个篡位者的案例中最明显)德行的评价遵循了时代的普遍潮流,从而使个人的英勇取代了自动的继承。

在亚述皇室铭文中,时光的流逝以及人类命运的跌宕起伏也随着建筑物(神庙和宫殿)的盛衰变迁而凸显出来。为了庆祝这些神庙与宫殿的建造或重建,建筑铭文被创作出来。当一个建筑物不得不重建时,其步骤是拆掉旧墙壁,并在相同的位置修建新墙。如此一来,国王这个重修者就可能发现前一个重修者甚至是第一个建造者的铭文,然后将他自己的石碑放在旧石碑旁边。泥砖建筑材料的短命性质(尤其是与埃及的耐久石质建筑相比)与其重建的过程一起,对两河流域人们的"历史哲学"有着显著的影响:王朝的出现与瓦解被假想为建筑物的盛衰变迁模式,而地基铭文的顺序逐步积累了国王与国王之间的某种接替性,后一个国王修复古老的石碑,而前一个国王赐福于他们虔诚的继承人。一段插入的时间与下一个时间之间长短的估量依赖于时时更新的亚述王表。亚述国王的顺序基本上是单线连续的,在位时间的长度也确切记录在案,时间的间隔也是可靠的。不同于巴比伦铭文中类似的计算方法,巴比伦铭文中习惯于加上相应的王朝,好似它们是连续的,这最终导致了时间跨度的过分夸大。

但中亚述时期皇室铭文中最有趣的部分是致力于对国王事业的庆祝活动,这些活动变得越来越广泛,以至于建筑施工过程本身部分地被边缘化了。庆祝事件大部分是军事远征——征服敌人、占领国家、收集战利品和贡品——以及经过多年协商或连续不断的征战达成的协议,这成为较长的文献的标准模式。中亚述结束时,提格拉特帕拉沙尔一世(Tiglath-pileser I)的编年体铭文被刻在阿淑尔城(Assur)的几块地基棱柱上,长时间地保存了亚述最广泛的编年记录(800 行)。虽然八场战役并不是按年份,也不是按人名来叙述,它们只是用国王的头衔简单分开,但"编年体"的意图已经清楚地表现出来。

36 　　在提格拉特帕拉沙尔的编年体铭文记录中,他的敌人被认为是边缘地区的下等人,且没有特别注重为亚述侵略性的态度辩护:明显的动机是一个"扩张亚述领土"的神圣指令。① 当涉及巴比伦时情况就不一样了,至少如图库尔提-宁奴尔塔诗歌中所记载的——一个关于图库尔提-宁奴尔塔(公元前 1225 年)征服巴比伦的文学文本。在这个事例中,被征服国家的宗教和文化声望需要一个更加明确的正当解释,它要遵循这个时期的神学原则:当巴比伦的神对他的叛逆行为作出回应,并遗弃他时,击败加喜特国王是可能的。相比而言,亚述国王正确和英勇的行为使他得到了阿淑尔神

---

① K. F. M(ller, *Das Assyrische Ritual*, I (Leipzig, 1937),12 - 13, l. ii 34.

的支持,这就是亚述人对诸多事件的解释。尽管如此,但一个后来的编年史揭示了巴比伦的解释,为何图库尔提-宁奴尔塔不虔诚的行为会受到神灵们的惩罚(因为亚述国王被他的儿子所杀)。

对同一事件相互矛盾的解释为我们重新认识至少一部分庆祝文本的演讲受众提供了帮助。地基铭文被深深地埋藏在神庙角落之下,并且明确地写给神灵与未来的国王,而普通百姓难以见到。但它们的内容可能以口头或者礼仪形式传播给了全国听众,实际上他们是国王为了未来霸业而急需被说服和动员的人。然而,这首诗有一个更加直接的公众信息的意图,不仅各种各样的"国家的"听众需要不同的解释,而且政治利益的不同阶层也需要不同形式的教导:更加详细的解释(委托给文本)是为书吏、祭司、公共官员所准备的,而普通人会因有一个被神支持、强大的国王而变得自信满足,他可以保护国家、消灭邪恶和危险的敌人。

赫梯史学:条约与申辩

我们将赫梯史学放在后面叙述是因为它并不是两河流域主要传统的核心,但它的发展(约公元前1650—前1200年)从某种程度上可以预料中期巴比伦与中期亚述的发展,且其文本包含了更广泛、更多变以及更适当的"历史性思想"。过去几代学者将赫梯的历史态度与它们的印欧起源(或者更确切地说,他们的语言)联系起来。但这样的解释明显会受意识形态(甚至种族主义)的影响而被丢弃,即使我们承认一种"原始印欧"(Proto-Indo-European)文化存在于史前时代的某个地方,但它的文化不可能包括一种恰好能把更复杂层次的文化与政治组织联系起来的姿态(并不是说其文本表述)。另一种建议似乎显而易见:赫梯人受历史关注是因为他们尤其关心他们政治活动的法律动机,不论在他们王国内部还是国际场面,且这样的动机依靠过去的事件来建立他们自己的正确行为与敌人的背信弃义。

赫梯王国刚建立时,哈图西里一世(Hattushili I)提供了有关内部纷争和外部征服很好的历史文本的范例。在他的遗嘱中,向朝廷以及民众解释了指定穆尔西里(Murshili 并非他的儿子)作为他的继任者的原因,起因于不久前:自然继承人的不良行为(背信弃义、巫术、谋反)使得老国王采取了这种极端的解决方法。[①]实质上曾是一种进步性的联合之一的王国的形成过程,在这里用混乱、危机这样的术语进行了描述。然而,在他的编年体铭文中,国王叙述了他在叙利亚和上两河流域地区的重要战役,并且引用了古老的英雄阿卡德的萨尔贡作为他的先行者,指导他完成了跨越幼发拉底河的重大事业。[②]需要注意的是编年体铭文的结构,一次战役接一次战役,半个千纪前的提格拉特帕拉沙尔已经有了这样的预示,但亚述国王编年的事迹被作为地基铭文的一部分被记录时,赫梯的编年体铭文却作为独立的文本被保留在泥板档案中了。

哈图西里遗嘱的法律性质十分明显,一个世纪之后,特里皮奴(Telipinu)的申辩也具有同样性质,他是在皇室内部一系列血腥事件之后登上王位的一个篡位者。特里皮奴同时扮演被告与法官的角色,他在案例中提醒读者注意,王国的整个故事发展曾被类似的恶行所打断——国王被他们的儿子或者女婿下令杀害——然而整个统治阶层都应对此负责。赫梯的历史以一个完美的初始时代所重建,这时统治阶级团结,王国繁荣昌盛,接下来是一个时期的分裂和谋杀,这些导致了赫梯国力和运势的下降。被指控为另一个叛徒和谋杀者的例子的特里皮奴宣称自己是秩序的恢复者——强调叙述了从原始秩序,通过中间的混乱到最终宇宙重建的循环往复的神圣过程。这种模式很明显是伪造的(理想化的早期时代就是哈图西里所描述的混乱时代),特里皮奴利己主义的自私申辩显而易见,但为了解决一个法律案件而利用过去的历史也是一种典

---

① 完整文本的翻译,参阅 F. Sommer and A. Falkenstein, *Die hethitisch-akkadische Bilingue des Hattušili I* (München, 1938)。

② H. G. Güterbock, 'Sargon of Akkad Mentioned by Hattušili I of Hatti', in *Journal of Cuneiform Studies*, 18(1964), 1 - 6.

范,对听众来说十分有效。

　　除了政治史学之外,中期赫梯的书吏也用胡里安语(the Hurrian Language,或者用赫梯语但是源于胡里安人环境下)创作出了传奇文学或者神话故事,在《围攻乌尔舒姆》(the Siege of Urshum)的故事和《解放埃卜拉》(the Release of Ebla)的诗歌中童话般地讲述了古王国近期的光荣历史。另外,他们还将关于更久远历史的阿卡德国王的巴比伦著作翻译或者改编成了赫梯语著作,尤其是那些以安纳托利亚地区为背景的故事。一个多世纪的深重危机之后,赫梯国家在图德哈里亚一世(Tudhaliya I)和阿尔奴万达一世(Arnuwanda I,约公元前 1400—前 1380 年)时期开始复兴,并最终在舒皮鲁流马一世(Shuppiluliuma I,约公元前 1370—前 1330 年)的英勇带领下成就了整个中东地区的霸主地位。在所谓的赫梯帝国(直到公元前 1190 年)时期,在这些国王以及他们后继者的统治之下,更具有广泛历史性的文本类型是条约和编年体铭文。

　　"纳贡条约"通常以一个历史性介绍为开端,但在平等条约中这些历史介绍却消失了或者大幅度减少了。理由很明显:后者(从公元前 15 世纪的基祖瓦特那[Kizzuwatna]到公元前 13 世纪中期与埃及签订的著名条约)是建立在一个正常平等的等级基础之上——双方相互承认,因此无需过多的解释——而前者不得不向附属各方证明他们的等级和作用是历史关系或者近期事件作用的结果。在条约中我们可以把"战争宣言"加入其中,而不同的是条约是在战争冲突结束后被修订,并作为正式文件保存起来。"战争宣言"通常用一些非常简略的术语(虽然先前保存的《马杜瓦塔控状》[Indictment of Madduwatta]篇幅很长也很详细)记录在编年史中。并且,"战争宣言"的目的很明确:当进攻时,赫梯人不得不证明他们不对任何不当行为负责,而敌人才是罪魁祸首。因此,神才会让赫梯人赢得战争胜利,而敌人却会被打败。当会战结束后,同样的原则会被写进历史性介绍中,被加入到纳贡条约的开端。

　　最为详尽的历史性介绍出现在《舒那什舒拉条约》

(Shunashshura)中,其中赫梯国王(图德哈里亚一世)不得不说服基祖瓦特那国王从一个"伟大的"国王降级成为一个"小"国王。根据古老的传统,在法律上他仍旧与他(赫梯国王)具有同等身份,但一些信息介绍了他们之间的关系为何不平等。在历史性介绍中,有关基祖瓦特那地位下降的争论并不是写给基祖瓦特那本身,而是写给米坦尼,它是这些竞争性国家的前霸主。该观点明显地是双方互惠互利(平等关系中的基本概念),但先前的例子似乎是类似和反向。基于此,赫梯人的权力建立在当前局势之上,尽管实际上并不平衡:米坦尼拒绝归还一些山地难民的行为被类比为赫梯吞并了一个重要的王国。该论点的逻辑形式可能正确,但政治形式明显是伪造的。历史再一次被篡改了,目的是证明一方正确而另一方则应受谴责。

篡改过去相互关系一个不同甚至是相反的方法就是声称他们的关系一直都是极好的(并且必须能够继续保持下去),只需省略一些很难符合这类声明的细节内容即可。这类神话般而非历史的方法在两个伟大国王的往来关系中有所发现:在交换的信件中,尤其在一个新的登基大典仪式中(这不仅适用于赫梯,还适用于那个时期的一系列外交信件),以及在战争结束埃及与赫梯之间缔结的著名条约中(在卡叠什战役[Qadesh]中达到顶峰),过去的相互关系在简洁乐观的介绍中被省略掉了。

现在我们来讨论庆祝国王"男子汉气概事迹"的编年体铭文。当然,国王的英勇与成功是中心主题,但一个更加恰当的辩解意图显而易见(国王表现正确,神就支持他,他的敌人做错了,等等),好像国王急需证明自己的正确。赫梯历史写作(与亚述的用法大不一样)中的这个细微差别解释了在穆尔西里二世(Murshili II)统治期间编年史的集中出现,穆尔西里二世为自己写了一个简化(10年)但完整的编年史,还为他的父亲舒皮鲁流马——赫梯军事胜利和军事扩张背后的主要人物——的伟大事迹写了编年体铭文。穆尔西里不得不找出他父亲在位的最后时期(他也为这个结局创作了一篇祈祷文)瘟疫毁灭赫梯的原因,并暗示说是由于入侵埃及领土的这一"罪过",或由于支持无休止致力于国外的军事征服而导致疏忽了宗教节日而造成的。而另一方面,最年轻的儿子穆尔西里由于他父亲的个人品质而感到身心疲惫、不堪重负,因为他不得不向朝廷以及周边的国王证明他有能力超越他的父亲。

《充分地辩解》(Fully apologetic)是哈图西里三世(Hattushili III)这个篡位者在一场真正、适合的国内战争结束时写的一篇文章,是为他取代他的侄子接替王位的合法性而作的辩解。通常的无罪辩护(我没有做伤害他的事,我甚至还保护他,但是他却想要贬低我,我不得不作出回应)被一个争论的合法性(乌尔黑特舒布[Urhi-Teshub]怎么会是一个合法的国王呢,他都不是一个合法的王子)加以强调,并且通过请求神的帮助来证明他的权力:"否则,神怎么会让一个伟大的国王屈从于一个小国王?"①总结一下,赫梯史学与亚述模式相比较更细微、更复杂,甚至更多辩解。赫梯史学是一个很少以国王和神的独特权威为中心的政治世界的表述文本,而是实际上在谋求获得各种各样类型和不断争吵的贵族阶层大家庭的亲属和高级官员的足够多的支持,以使它能在更加广阔多元中心的国际交往背景下发挥作用。

40

帝国的前奏:公元前 10 至前 9 世纪的新亚述编年史

在"海上民族"(公元前 12 世纪早期)入侵之后,伴随着王室宫殿(包括书吏学校和正规的政治交流场所)的大范围毁灭,紧接着游牧民族(阿拉姆人,Aramaeans)与外国移民(非利士人,Philistines 和佛里吉亚人,Phrygians)的渗透,黎凡特地区和安纳托利亚重新回到了以部落或城邦为基础的小规模的政体形式,丢弃了巴比伦文化,而采取了简单方便的拼音文字写作,以代替"楔形文字学校"里面复杂的文字书写训练。亚述和巴比伦也遭受了普遍危机,为

---

① H. Otten, *Die Apologie Hattusilis III* (Wiesbaden, 1981), 22 - 23, ll. iii 75 - 77.

庆祝性和历史性的著作提供了一些证据，只有提格拉特帕拉沙尔一世和尼布甲尼撒一世是明显的例外（前已论及）。公元前12世纪的大动荡（考古术语是从青铜器时代向铁器时代的过渡）所带来的变化比公元前16世纪的那些变化更为普遍深入，它们对历史写作的影响更为密切。

当亚述复兴完成时（约公元前900年），其国际局势与青铜器晚期完全不一样了：赫梯消失了，埃及的力量局限在尼罗河流域，巴比伦仍旧萎靡不振，而亚述是留在这一广大地区的唯一的"伟大力量"，这样就可以向征服整个已知的世界冒险前进了。随着军事战役和建造活动的增多，对历史事件的记录和庆祝进入了一个显著的扩张过程，并形成了两河流域有史以来最重要的"庆祝仪式"，并超越了约1500年前阿卡德国王所建立的，并在范围和精致上接近了埃及的图特摩斯（Tuthmosid）和拉美西斯（Ramesside）的那些庆祝仪式。我们有充足的证据来集中讨论在阿淑尔那西尔帕二世（Ashurnasirpal II）和沙勒马那采尔三世（Shalmaneser III）在位时期的情况。

虽然他们对帝国重建所起的作用不同（阿淑尔那西尔帕完成了在传统边界的国家重建；沙勒马那采尔则在传统边界之外扩张），但庆祝仪式却极为类似。最基本的手段就是规模和细节都增多，夸大了的编年体铭文，同时还附有其他文本形式的写作。但视觉艺术为我们提供了一种新的工具，即一系列真实和精美的"历史性浮雕"，它们装饰于卡勒胡城（Kalhu）阿淑尔那西尔帕宫殿的正殿，或者装饰于巴拉瓦特城（Balawat）的沙勒马那采尔的青铜门，或装饰在不同神庙里树立的"方尖碑"上。浮雕上呈现的主题或事件大多与文章中描写的那些一致，这样使得信息更容易传播到更多的普通百姓（不会读楔形文字作品）那里：军队的前进，击败敌人，攻占城市，诱拐被驱逐者以及贡物流入。

建筑物作为一种传播方式的功能在文本类型学中产生了更多的变化。先前的编年体铭文刻写在埋于神庙和宫殿角落的地基石碑之上。公元前9世纪时，这些文件还依然存在，但刻写在王宫墙壁上,以及刻写在神庙和被征服国家中树立的石碑上的纪念性铭文的数量扩大了。由来已久的光荣传统(要回溯到阿卡德时代),国王在能达到最远的边界之处树立石碑或者石雕来标示帝国的理想边界,得到了新的复兴,并且在公元前 9 世纪成为了一种普遍流行趋势。像地基铭文中一样,新王为能在那些古老国王石碑的旁边树立自己的石碑感到自豪,阅读古代的石碑并且在自己的石碑中提到他们,更让他自豪的是他能在那些先王从没到达过的地方建造自己的石碑。而在建筑物地基铭文这一部分中,提及早期国王(在中亚述时期很频繁)的情况则变得非常罕见,这有两个主要原因,一个原因是更多的文本创作于新建筑建成之际而不是在修复老建筑物之时,另一个原因用一般的术语来说帝国建筑令人兴奋的愿景是为更好地映射未来而不是回顾过去。

在描述战争时,也很少提及过去的事件,而且大部分是对危机状态的否定:丧失的领土现在收复了,遗弃的定居点现在又重新入住人口。但这些参考资料在文本中只占很小的百分比,文本基本上都致力于庆祝前所未有的新成就。战役,或者一场战役中具体的事件,依照一个固定的叙述模式被记录下来:从对一个障碍或者敌对的宣告开始,收集必要的装备并到达交战现场,打败敌人后,随之而来的是毁灭和掠夺战利品,最后庆祝胜利。一些主题被特别强调:交战之前要克服艰难险阻,敌人联军抗击英勇孤单的亚述王,愚蠢的敌人依靠自己的力量来对抗虔诚的、深信神灵保佑的亚述王。敌对国王的反抗是毫无意义的,石碑树立在道路的尽头。

极其残暴的场景和细节(在文本文献与视觉艺术中)的描述都是极其普遍常见的,尤其在阿淑尔那西尔帕统治时期,战俘被残忍地对待:屠杀,毁坏肢体,刺穿,剥皮或者活埋等行为屡见不鲜。一般解释为,这种强调的目的是震慑敌人,而这不可能是整个故事的合理解释,因为外国人很少能接触到这些文本和浮雕。残暴场面(以及残酷的实际操作)的内容原本是针对国内民众,其目的是刺激一种"包装感"——这种残酷成性的心态在战士中如此平常,再加上与双重坚定信念的神学升华密切关联使得他们相信,只有可恶的敌人将会死去,就算我们杀死他们,那也是他们自己的过错。

新亚述帝国的历史写作(公元前 8 至前 7 世纪)

42   亚述的编年体铭文在公元前 8—前 7 世纪时几位主要国王统治时期继续编撰。提格拉特-帕拉沙尔三世(Tiglath-pileser III)时期的那些编年体铭文没有完整地保存下来,而且明显地将分段叙述的传统演变成了一系列相关类似事件的叙述。这些作品不但缺乏文学色彩,而且重点也从"探索"(突出表现于公元前 9 世纪)主题转移到了最终的征服:行省和总督的设立,以及大规模的移民放逐。萨尔贡二世(Sargon II)的编年体铭文更为多变详细,景象描述的内容也更加丰富,特别是对一个建立在宣誓和破坏誓言基础之上的宗教法典的描述。敌人所犯的罪恶并不是叛乱,而是违背了禁止他们反叛的誓言。这部法典非常古老(只能记住图库尔提-宁奴尔塔诗篇),但是现在却变得十分引人注目甚至令人着迷:敌人不但是反对正直的亚述的罪犯还是冒犯神灵的元凶,亚述国王只不过是这些神圣报复的执行者,这些报复刻写在对违背誓言者的诅咒中。辛那赫里布(Sennacherib)的编年体铭文毫无新意地延续了萨尔贡的传统。需要注意的是,在文本中可以看到的景象关注,构成了辛那赫里布浮雕中最突出的部分。

相比之下,最后两位国王的编年体铭文,埃萨尔哈东(Esarhaddon),特别是阿淑尔巴尼帕(Ashurbanipal)通过提出更广泛的故事叙述(结合更多与同一敌人相关的战役)来进行创新,并用文学修饰、直接引语以及心理标记法来丰富文章内容。这一变化是平行发生的,并被阿淑尔巴尼帕的雕刻所证实,而这种浮雕侧重于大型统一的图案(猎杀狮子、乌莱河[Ulay river]上的战斗、追捕阿拉伯人,等等)而不是古老传统中的线条状(小场景的序列)。从某种意义上说,这一变化缩短了编年体铭文与所谓的展示铭文(按区域而不是按年份来叙述国王所获得的胜利)之间的距离,而二者的差别在早期的文学构想中则比较明显。

　　萨尔贡二世及继承者的历史著作中的一些特征在一个不同的文学题材中得到了更为充分的发展,如给阿淑尔神的信件。在一次重大的军事胜利结束后,亚述国王在圣城阿淑尔向全国主神的神庙举行了一次庆祝仪式,以书信体形式向神和人们大声宣读了战争报告。保存最完好的是萨尔贡在战胜乌拉尔图(Uratu)以及埃萨尔哈东在征服了舒布瑞亚(Shubria,在底格里斯河盆地上游)之后写的那些信件,同时我们也有阿淑尔神回信的一些残篇。萨尔贡的长信(430 行)是关于山区地理描写、技术活动(养马、灌溉,等等)以及战利品清单研究最有价值的资料。然而,这仅仅是基本的叙述性文本,只比一般的编年报告更为详细(详细 10 倍以上)而已。埃萨尔哈东的信件在文学形式上更为原始,只是国王与他的敌人之间的对话:围攻的灾难,神奇的权宜之计,拒绝为时已晚的宽恕请求,甚至包括强加给被征服城镇的一系列被嘲弄的亚述名称。两封信件都以无关痛痒的亚述伤亡("一个战车夫、两个马夫,三个步兵的死亡")的陈词滥调的解释作为结束语,旨在对那些没有归来的人的确切数目(十分高)产生的负面影响作辩解。①

　　通过这一切的发展演变,亚述史学是为了庆祝国王和国家主神的荣耀的,主要目的是获得国内民众的政治认可。因此它以最近发生的事件为中心,并且从这个意义上来说,这是整个古代近东历史上从未有过的最为广泛、绚丽的政治规划。遥远的过去时间都记录在档案中(国王表、命名表),其主要是用于行政管理。神话人物(从吉尔伽美什到阿达帕[Adapa])和英雄人物(如阿卡德国王)的引用是"进口"自巴比伦传统,而巴比伦的文学文本也是进口的,是与其他战利品一起从被征服国家所引进。

　　亚述与巴比伦尼亚的关系为研究年代学和历史提供了另外的一种方法。亚述—巴比伦同步国王表(the Synchronic List)将亚述王与巴比伦王联系起来:近期以来,这种联系被系统有效地建立起

43

---

① Walter Mayer, 'Sargons Feldzug gegen Urartu – 714 v. Chr. Text und Übersetzung', *Mitteilungen der Deutschen Orient-Gesellschaft*, 115(1983),112 – 113,l. 426.

来，但回首过往，由于缺乏足够的信息，它们贫乏且含糊不清。亚述—巴比伦同步史（the Synchronic History，公元前 8 世纪）修正了从加喜特时期到阿达德-尼拉瑞三世（Adad-nirari III）（约公元前1500—前780年）两个统治时期的关系，通过选择一些事件，给出一定的解释来证明亚述的正当行为与巴比伦的罪恶，这些在同步史的结尾中得到明确阐述。记载两个国家之间边界兴衰变迁的编年史，可能使用了古老条约作为原始资料（除了皇室铭文），并且是专门为政治边界的设定问题而创作的。而同步史的巴比伦副本是建立在所谓的《平奇斯编年史》基础之上，筛选并呈现了同时期的事件（尽管只有前半部分保留下来了），为了建立一个更为公正的平衡。双方都有胜利，但在有争议的情况下更倾向于巴比伦获胜。

新巴比伦史学：编年史和日志

相比之下，巴比伦尼亚显得更依赖于其光荣的过去。几个世纪的消沉之后，亚述的瓦解（公元前612年）使巴比伦尼亚在迦勒底王朝时期（Chaldean dynasty，公元前625—前539年）又获得了领导44地位。尽管新巴比伦的国王假称是亚述帝国的继承人，但他们的铭文中确切地留有主动与亚述庆祝性史学的分离痕迹，他们发起了当地传统的复兴活动，而这种传统已经被忽视了500多年，需要回溯到尼布甲尼撒一世统治时期。巴比伦王室铭文关注的是神庙建筑和宗教事务，而对于重大的庆祝活动他们却沉默不语。例如，当提及最终打败亚述时，那波尼杜（Nabonidus）认为米底（Medes）应该为军事胜利和随之而来的毁灭负责，而留给巴比伦国王的则是重建被毁神庙的历史功绩。或者当称赞他进入黎巴嫩雪松林时，尼布甲尼撒二世（Nebuchadnezzar II）仅仅间接匿名地提到了邪恶的敌人（埃及人），并且更愿意强调使当地居民获得自由这一事件。

内部的政治斗争是存在的，但宗教领域内的斗争比军事上的斗争更为明显。最重要的案例发生在那波尼杜统治时期，他是一个具有北方血统的篡位者,也是月亮神辛(Sin)的皈依者(因此被巴比伦的马尔杜克神职人员怀疑其有异心)。他的篡位登基大典、他的长期不在巴比伦(而在阿拉伯城市台马[Teyma]),以及他被波斯的居鲁士(Cyrus)打败等都是反对派宣传的主题。那波尼杜假装通过神的干预、梦境的预示、星体的连接来使他的登基变得合法化,同时将他自己的思想、神庙的重建与先前被埃萨尔哈东和尼布甲尼撒二世劫掠的神像联系在一起。但一篇由前波斯的巴比伦神职人员写成的特殊的文献,所谓的《诗体记述》,认为他不能正确地处理宗教事务,用错误的方法规划神庙建筑,忽略了新年节的庆祝仪式,抛弃了巴比伦而住在台马,最终还压迫台马的居民。相同的争辩,居鲁士本人在他自己的巴比伦铭文中也借用过。

新巴比伦人对历史写作很有兴趣,他们发现这种著作最好的实现形式就是"编年史"———一种以前就存在过的体裁,但对这种体裁的复兴运动达到了一个令人印象深刻的繁荣景象。我们在此所说的编年史是关于近期和当时事件的编年史,在历史事件安排上(每一个事件都定期于国王任期的某一年份)类似于编年体铭文,但是被提及的国王是以第三人称出现。现存最重要的编年史涵盖了从那布-那采尔(Nabu-nasir,约公元前 750 年)至亚述的阿淑尔巴尼帕和巴比伦尼亚的沙马什-顺-乌金(Shamash-shum-ukin)的登基大典这一较长时期。那波帕拉沙尔(Nabopolassar)在位时期,也是尼尼微与亚述帝国衰落之际,然后是尼布甲尼撒二世和那波尼杜的相继统治。一部较为详细的编年史专门讲述了耐瑞格里萨尔(Neriglissar)任期的某一年,但所有其他的编年史则包含了许多年的连续事件。也可能存在一个连续系列,涵盖了从那布-那采尔到居鲁士之间两个世纪的事件(被区别归类或摘录到泥板上用来作为各种不同的范本),并且随着时间的推移而不断地更新。

与亚述的编年史不同,巴比伦的编年史看起来比较客观:它们同时记录了胜利和失败,没有附加任何宣传标记、文学性描述、评价,或者注释,它们仅以公正的方式记录事件。一些记录必定是为 45

巴比伦听众而编撰的，例如，那波尼杜不断地忽略对阿基图节（Akitu）①的庆祝不可能没有预料到这将不被接受，因为这种叙述都是一成不变的客观记录，所以这个事件本身就说明了问题。有两部编年史（阿基图编年史[the Akitu Chronicle]和宗教编年史[the Religious Chronicle]）几乎是专门记载这类事情，阿基图节是否应该庆祝？而不举行庆祝活动显然是外国统治或者国内动乱造成的结果。

考虑到那布-那采尔在巴比伦历史的希腊化重建中所起的作用，他的编年史系列的开创还是非常值得关注。托勒密（Ptolemy）说，在那位国王的命令下，书吏们便开始记录天文观测，而贝罗苏斯（Berossus）现在则认为他销毁了以往国王的所有记录，开启了一个新时代。我们知道他的统治是一个起点，不仅仅是编年史系列的开始，而且还是天文日志的开端，一天接一天地记录了每天发生的天文事件。编年史事件的类型变化多样：政治、军事与市价市场及各种奇怪现象混合在一起，所有事件都与恒星和行星的位置含蓄地联系起来。我们可以说这些日志是实验研究的结果，企图收集一些数据来证实星象与人类事件的关联性。这是一项巨大而又前所未有的智力工程：在7个世纪中，巴比伦书吏学校的无名人士一代一代地接力下去，从公元前8世纪中期开始，有规律地更新到希腊化时期。有可能这些日志是为编年史系列（以及主要系列之外的其他编年史，像埃萨尔哈东编年史或者王朝编年史）提供文件资料基础，尽管除了一些个别的篇章之外，这种词汇的类似性还远远不具有说服力。

除了涉及近期或当代事件的编年史，巴比伦书吏也编造一些古代国王的伪编年史，同时伪造一些石碑铭文，以复活《韦德尼尔编

---

① 阿基图节（Akitu新年）。阿基图节即新年节，是巴比伦人最重要的宗教节日，整个节日共举行11天，其间进行各种重要的宗教仪式，如圣婚仪式和替罪羊仪式等。新年节每年举办一次，由国王主持，也是国王的重要职责之一。——译注

年史》和《那拉姆辛传奇》的传统。它们中大部分是于亚述时期在巴比伦尼亚地区所创作的(副本被保存在阿淑尔巴尼帕图书馆)。《市场价格志》(the Chronicle of the Market Prices)从日志中借鉴了最近的系统知识,但是他们试图能回溯到 1000 年前汉穆拉比时期,这可能是以王室铭文中提到的价格为依据。同样的方法也适用于其他编年史,像早期国王(下面将讨论的)的那些编年史。但与之最相关的是《萨尔贡传奇》——新亚述时期的一部巴比伦著作,它采用了古老石碑风格,包括对萨尔贡出生及其成功事业的传奇故事和庆祝情况的描述,并成为未来最有雄心壮志的国王竞相模仿的典范,在最后的挑战中国王如此陈述:"我之后不管出现什么样的国王,让他实行 35 年的王权,让他统治那些黑头人,让他用铜斧在崇山峻岭中为自己开辟一条道路,让他登上所有的高峰,让他的足迹踏遍所有的山脚,让他环行海岛三次吧!"①

46

　　就算在新巴比伦时期(迦勒底王朝统治下),阿卡德国王仍旧是最具盛名的王权典范。那波尼杜尤其迫切地寻找萨尔贡和那拉姆辛古老的地基铭文,当他重建古代神庙的时候,他还吹嘘自己已成功地到达了先前国王未能到达的地方。需要注意的是,他计算的从阿卡德国王时期到他目前的时间跨度被严重夸大了(例如,用 3200 年代替 1700 年),部分是因为王表中存在不同王朝的重叠现象,另一方面原因是原始地基越是古老,那波尼杜这个修缮者的功劳就越是显赫。

　　同样能显示对远古时代产生兴趣的是新巴比伦时期创造的"仿古赝品",例如所谓的十字纪念碑(the Cruciform Monument),纪念碑记载了马尼什图苏(Manishtusu)——阿卡德国王(萨尔贡的一个儿子),将特权与收入都赐给了西帕尔城的沙马什神庙。很明显这是一个赝品(模仿了阿卡德时代的作品)——一种君士坦丁式的捐赠(Constantine's Donation),但提供了对历史悠久的古代遗物权威性的新的认可。同样,这一时期的特征便是对古代物品和铭文的大力收

① Westenholz, *Legends of the Kings of Akkade*, 44 - 45, ll. 22 - 28.

藏。经过几百年岁月的更替与湮没之后，搜寻（在亚述人统治时期就已经进行）西帕尔沙马什神和乌鲁克那那亚（Nanaya）神古老真实的神圣雕像也是这个时代的特征。在更为普通的水准下，阿卡德风格的圆筒印章在新巴比伦时期制造出来，而古字体的练习也被包括在书吏的培训之中。如此的拟古风气与同时期的塞特埃及（Saite Egypt）①的情况颇为相似。在这两种情况下，国家的古老传统在一段时期的消沉及外族的统治后得以恢复，他们试图通过与国家过去最辉煌朝代的直接联系来重建他们的地位、等级。

我们已经将预兆、编年体及随之而来的"预言"（或者更合适的说法"启示"）类型之间的关系搁置一边。《早期国王编年史》（the Chronicle of Early Kings）叙述了从阿卡德的萨尔贡时期到加喜特时期的事件，该编年史具有特殊意义，因为其主要资料来源是一个"历史预言"的集合体，把其中的结论性句子按顺序排列就会形成一个类似编年史的记录。历史预言自古巴比伦时期就已经存在，但是把马里（Mari）动物肝脏占卜（公元前 18 世纪）的粗略风格与详述的新巴比伦集合体（公元前 7 世纪）相比就展现出了在 1000 年的分离背景中补充了多少新的详尽阐述。即使存在着从偏爱各种不同的肝脏预言到绝对严格的星象预言体系的一种转变，但不祥的"标记"与历史事件之间的联系性仍旧是巴比伦人心目中的一个坚定信念。由于这种标记频频出现（在不定时期或特定时期，根据它们的时机或星象类型），所以历史本身也会重演（"循环"历史，永恒轮回等等），随之而来的是预见未来的可能性。

星象预言的集合体及对国家悲惨境遇的长篇结论显示了启示录的类型特征，但启示录的开场白（星象或者其他"标记"）却全部消失了，而且一连串的匿名统治也被用预言结论中的典型措词描绘出来。在一些相关的序列中会有好坏统治者的交替。在其他的序列中，除了最后一个统治者，其他的统治者都是极其糟糕的，这时一个正义的国王将会恢复和平与繁荣。很显然听众经历了许多

① Saite Egypt，即古埃及的第二十六王朝。——译注

艰难时期,所以希望出现一个"救世的"国王来改变命运,或者一个新国王的支持者们试图让人们相信他就是那个盼望中的救世主。因为所有的国王都是匿名,所以他们的历史身份仍是谜团,但这是预言类型的一个明显特征——这些作品谨小慎微地避免出现可以证明他们错误的精确的细节描述。

　　与启示录联系紧密的是《基大老玛文本》(Chedorlaomer texts,之所以如此命名,是因为在《圣经·创世记》第 14 章中亚伯拉罕的故事与东方国王的直接联系)。该文本虽然被保存在了较晚时期的泥板上,但故事可以回溯到公元前 7 世纪。其中有四个邪恶的国王,虽然其名字模糊但他们的身份可以辨别,因为他们摧毁了巴比伦并且/或者掠走了马尔杜克神的雕像。这种类型的启示录与施加在亵渎神灵的外国国王(开始于尼布甲尼撒一世)身上频频出现的惩罚性主题联系起来,也实施于埃萨尔哈东对巴比伦重建的重大事件。历史哲学是一样的:过去所发生的一切将会再次重演,而马尔杜克神是最终的赢家。

　　阿淑尔巴尼帕图书馆中一篇独特的文章(所谓的《巴比伦诸侯行为规范》)也借用了预言模式以便于设计一个政治说教。替代自然或者星体现象预言的开场白提供了国王行为的表现:"如果一个国王不能听从正义的意见,那么他的子民将会陷入混乱,而他的国家将会被摧毁等等。"[①]尽管文学形式是传统的,但是文本创建原则具有创新性并极具趣味性,因为一个统治时期的命运并没有刻在星体上或者刻在肝脏的表形上,相反国王的政治表现将会带来一系列的社会影响。

阿契美尼德与塞琉古时期的两河流域传统

　　迦勒底王朝结束之后,两河流域也最终失去了独立自主的地

---

① W. G. Lambert, *Babylonian Wisdom Literature* (Winona Lake, Ind., 1997), 112 -113, l. 1.

位,巴比伦传统之外唯一有价值的历史材料便是古波斯的王室铭文,但只有大流士（Darius）的《贝希斯顿铭文》（the Bisutun inscription）篇幅较长且内容复杂足以与亚述的铭文媲美。该铭文刻写在一块高高在上难以接近的崖壁上,刻写的手稿字体可能是被偶然创造的,在现实生活中几乎没有人可以读懂。然而,其内容还是可以被现代学者所理解,不仅仅由于纪念碑本身上的巴比伦语和埃兰语的字体与语言,还因为它以字母文字手稿与亚兰语形式广泛传播,远至埃及。

该文本属于篡位者写的辩解类型的铭文:大流士需要使民众信服他的即位仅表面上不合规则,而事实上受到了阿胡拉·马兹达神（Ahura-mazda）的支持,并且他还赢得了英勇的新国王的美誉,仅在一年中便打败了所有的对手,而且无论如何他都具有古代王室家族的血统。大流士与他的对手之间单纯的对应关系是马兹达（Mazdean）宗教领域中典型的真理与谎言之间根本（我们可以说"宇宙的"）对比概念的具体化。所有对手说的都是谎言,他们假装成另一副模样,以"伪巴尔迪亚"（Bardiya,希罗多德称为斯麦尔迪斯,Smerdis）开始,在埃兰、米提亚（Media）、巴比伦尼亚以及更多的行省中继续一系列的假冒行为。大流士被证明是"真理与法"唯一可靠的坚强支持者,因此他是一个合法的国王。

该描述部分响应了亚述的主题（例如,敌方国王无用之战的主题）,但这一描述更为规范和重复。此外,标榜自己讲述的是真相,其成就已辉煌到令人怀疑都是伪造的,这在两河流域传统中已有悠久的历史,可以回溯到阿卡德国王时期,并且随着时间的变更而不断复苏。但对于大流士而言,这变成了一个神学主题。需要注意的是,波斯波利斯浮雕与亚述的浮雕仅在非常普通的术语描述上相似,波斯的故事场景没有呈现太多的"历史性",展现了理想的场景而非精确的事件描述。

与以往传统相似的另一个有趣的故事可以在希罗多德有关大流士政变（Darius' *coup d'état*）的叙述中发现。波斯国王雕像上的铭文——"大流士是赫斯塔斯皮斯（Hystaspes）之子,多亏了他的马与马夫欧巴里斯（Oibares）的美德，他获得了波斯的王权"（对此，希罗多德构造了一个有趣的故事）——与萨尔贡二世所记载的乌拉尔图一位国王雕像上的铭文几乎完全相同："用我的两匹马和我的战车夫，我征服了乌拉尔图的君主。"①亚述与乌拉尔图的主题是通过米底传播到波斯，但米底文献却是空白，没有书写、档案，也没有庆祝性纪念碑。

波斯征服了巴比伦，但并没有消除当地的书写传统，这种传统一直持续到楔形文字手稿被最终放弃的帕提亚（Parthian）帝国时代。巴比伦成为了帝国的四大首都之一，巴比伦语成为了官方语言之一。除了巴比伦语版本的《贝希斯顿铭文》，庆祝神庙重建的地基铭文也由阿契美尼德及后继的塞琉古（Seleucid）的统治者用巴比伦字体和语言书写。居鲁士的铭文最为重要，不仅因为他继承了已存在的书吏学校，还因为作为一个外国入侵者他急需宣传他自己的合法性和仁慈大度，同时把所有的过失都归给那波尼杜。除了居鲁士的圆筒（一种典型的地基铭文）外，文学作品如《诗体记述》和《正义的国王》（King of Justice）也是为此而创作，采用了传统的巴比伦主题，例如马尔杜克召唤山区居民来恢复他的祭仪，并给他的土地带来和平（一个陈旧的主题，它的最初起源可追溯到库提人入侵并结束阿卡德王朝时期）。这些作品还利用了那波尼杜处理祭祀事宜的古怪方式以及他的缺席（去了台马），他的这些行为干扰了合乎传统的新年节的庆祝活动。居鲁士之后，巴比伦铭文的规模和政治关联性都减弱了，但我们仍有一些范例——最后的铭文是大约公元前 265 年时安条克一世（Antiochus I）所作。

49

同时，书吏学校继续以传统的风格创作编年史，至少延续到塞琉古三世统治时期（公元前 225 年），天文学家们继续记录他们的观察并更新日志，至少延续到公元前 62 年。希腊化时代的日志，与新巴比伦和阿契美尼德时期的那些相比显得更为详尽，而且它

---

① Herodotus III, 88; Mayer, 'Sargons Feldzug gegen Urartu - 714 v. Chr. Text und Übersetzung', 110 - 111, l. 404.

们更为关注政治事件而非不相关的奇闻异事。的确,他们创造了一种真正适合他们自己的编年史风格——一个额外的标志是巴比伦的传统消失了,由此为希腊起源的一个新文化腾出了空间。

大事年表/关键日期

约公元前 1630—前 1620 年	哈提的哈图西里一世(编年体铭文和遗嘱)
约公元前 1600 年	赫梯国王穆尔西里一世征服巴比伦
约公元前 1520—前 1430 年	中期赫梯与米坦尼编史
约公元前 1370—前 1350 年	阿玛尔那书信
约公元前 1340—前 1320 年	哈提的穆尔西里二世编年体铭文与舒皮鲁流马事迹
公元前 1225 年	亚述的图库尔提-宁奴尔塔一世:巴比伦征服诗歌
约公元前 1185 年	海上民族入侵
公元前 1125—前 1104 年	尼布甲尼撒一世(伊辛第二王朝):马尔杜克神返回,《韦德尼尔编年史》
公元前 1114—前 1076 年	亚述的提格拉特帕拉沙尔一世:编年体铭文,巴比伦文献图书馆
公元前 883—前 824 年	亚述帝国第一次扩张:阿淑尔那西尔帕二世与沙勒马那采尔三世编年体铭文
公元前 747—前 734 年	巴比伦的那布-那采尔:巴比伦编年史和天文日志的开始
公元前 744—前 705 年	亚述帝国的主要征服阶段:提格拉特-帕拉沙尔三世与萨尔贡二世的编年体铭文,亚述王表
公元前 704—前 631 年	亚述帝国的成熟阶段:辛那赫里布编年体铭文,埃萨尔哈东编年体铭文,

50

	阿淑尔巴尼帕编年体铭文,尼尼微图书馆
公元前 625—前 550 年	迦勒底王朝:巴比伦编年史;楔形文字纪念碑;早期国王编年史;巴比伦启示录
公元前 539 年	居鲁士征服巴比伦:反对那波尼杜之散文诗
公元前 521—前 486 年	大流士一世:贝希斯顿铭文
公元前 330—前 63 年	塞琉古王朝:后巴比伦编年史
公元前 265 年	安条克一世:巴比伦皇室铭文的结束
公元前 225 年	塞琉古三世:巴比伦编年史系列结束
公元前 62 年	天文日志结束

主要史料

Beckman, *Gary*, *Hittite Diplomatic Texts* (Atlanta, 1996).

Borger, Riekele, *Die Inschriften Asarhaddons Königs von Assyrien* (Graz, 1956).

—— 'Gott Marduk und Gott-König Šulgi als Propheten', *Bibliotheca Orientalis*, 28 (1971), 3 - 24.

—— *Beiträge zum Inschriftenwerk Assurbanipals* (Wiesbaden, 1996).

Del Monte, Giuseppe F., *L'annalistica ittita* (Brescia, 1993).

—— *Testi dalla Babilonia Ellenistica*, *vol 1*: *Testi cronografici* (Pisa, 1997).

Foster, Benjamin R., *Before the Muses*, vol. 1 (Bethesda, Md., 1996).

Frahm, Eckart, *Einleitung in die Sanherib-Inschriften* (Horn, 1997).

Frame, Grant, *Rulers of Babylonia*, 1157 - 1612 BC (Toronto,

1995).

Fuchs, Andreas, *Die Inschriften Sargons II. aus Khorsabad* (Göttingen, 1993).

Glassner, Jean-Jacques, *Mesopotamian Chronicles*, ed. Benjamin R. Foster (Atlanta, 2004).

Grayson, Albert Kirk, *Babylonian Historical-Literary Texts* (Toronto, 1975).

—— *Assyrian and Babylonian Chronicles* (Locust Valley, NY, 1975).

—— *Assyrian Rulers of the Third and Second Millennia BC* (Toronto, 1987).

—— *Assyrian Rulers of the Early First Millennium BC*, I - II (Toronto, 1991 - 1996).

—— and Lambert, W. G., 'Akkadian Apocalypses', *Journal of Cuneiform Studies*, 18(1964), 7 - 30.

Hunger, Hermann, and Sachs, Abraham (eds.), *Astronomical Diaries and Related Texts from Babylonia*, 6 vols. (Vienna, 1988 - 2006).

Kent, Ronald G., *Old Persian: Grammar, Texts, Lexicon* (New Haven, 1953).

Mayer, Walter, 'Sargons Feldzug gegen Urartu - 714 v. Chr. Text und Übersetzung', *Mitteilungen der Deutschen Orient-Gesellschaft*, 115(1983), 65 - 132.

Schaudig, Hanspeter, *Die Inschriften Nabonids von Babylon und Kyros' des Grossen* (Münster, 2001).

Schmitt, Rüdiger, *The Bisutun Inscriptions of Darius the Great, Old Persian Text* (London, 1991).

Sollberger, Edmond, 'The Cruciform Monument', *Jaarbericht Ex Oriente Lux*, 20(1968), 50 - 70.

Tadmor, Hayim, *The Inscriptions of Tiglath-pileser III King of*

51

Assyria (Jerusalem，1994).

Westenholz, Joan Goodnick, *Legends of the Kings of Akkade* (Winona Lake，Ind.，1997).

参考文献

Ahn，Gregor，*Religiöse Herrscherlegitimation im Achämenidischen Iran* (Leiden，1992).

Albrechtson，Bertil，*History and the Gods* (Lund，1967).

Astour，Michael C.，'Political and Cosmic Symbolism in Genesis 14 and Its Babylonian Sources', in Alexander Altmann (ed.), *Biblical Motifs* (Cambridge，Mass.，1966),65 - 112.

Cancik，Hubert，*Grundzüge der hethitischen und alttestamentlichen Geschichtsschreibung* (Wiesbaden，1976).

Dentan，Robert C. (ed.), *The Idea of History in the Ancient Near East* (New Haven，1954).

Ellis，Richard S.，*Foundation Deposits in Ancient Mesopotamia* (New Haven，1968).

Fales，Frederick Mario (ed.), *Assyrian Royal Inscriptions: New Horizons* (Rome，1981).

Finkelstein，Jacob. J.，'Mesopotamian Historiography', *Proceedings of the American Phil-osophical Society*，107(1963), 461 - 472.

Grayson，Albert Kirk，'Histories and Historians of the Ancient Near East: Assyria and Babylonia', *Orientalia*，49(1980),140 - 194.

Güterbock，Hans Gustav，'Die historische Tradition und ihre literarische Gestaltung bei Babyloniern und Hethitern bis 1200，I - II', *Zeitschrift für Assyriologie*，42(1934),1 - 91 and 44(1938), 45 - 149.

Hallo，William W.，'Akkadian Apocalypses', *Israel Exploration*

Journal, 16(1966), 231 - 242.

—— 'The Nabonassar Era and Other Epochs in Mesopotamian Chronology and Chron-ography', in Erle Leichty, Maria de Jong Ellis, and Pamela Gerardi (eds.) *A Scientific Humanist: Studies in Memory of A. Sachs* (Philadelphia, 1988), 175 - 190.

Hampl, F., '"Denkwürdigkeiten" und "Tatenberichte" aus der Alten Welt als historische Dokumente', in *Geschichte als kritische Wissenschaft*, vol. 3 (Darmstadt, 1979), 188 - 201.

Hoffner, Jr., Harry A., 'Propaganda and Political Justifi cation in Hittite *Historiography*', in *Hans Goedicke and J. J. M. Roberts (eds.), Unity and Diversity: Essays in the History, Literature, and Religion of the Ancient Near East* (Baltimore, 1975), 49 - 62.

—— 'Histories and Historians of the Ancient Near East: The Hittites', *Orientalia*, 49(1980), 283 - 332.

Kammenhuber, Annelies, 'Die hethitische Geschichtsschreibung', *Saeculum*, 9(1958), 136 - 155.

Liverani, Mario, 'Memorandum on the Approach to Historiographic Texts', *Orientalia*, 42(1973), 178 - 194.

Liverani, Mario, 'The Ideology of the Assyrian Empire', in M. T. Larsen (ed.), *Power and Propaganda* (Copenhagen, 1979), 297 - 317.

—— *International Relations in the Ancient Near East*, 1600 - 1100 BC (New York, 2001).

—— *Myth and Politics in Ancient Near Eastern Historiography* (London, 2004).

Longman III, Tremper, *Fictional Akkadian Autobiography* (Winona Lake, Ind., 1991).

Millard, Alan R., Hoffmeier, James, and Baker, David W. (eds.), *Faith, Tradition, and History: Old Testament Historiography in Its Near Eastern Context* (Winona Lake, Ind., 1994).

52

Olmstead, Albert Ten, *Assyrian Historiography* (Columbia, Mo.,
　　1916).

Oppenheim, A. Leo, 'Neo-Assyrian and Neo-Babylonian Empires',
　　in Harold D. Lass-well, Daniel Lerner, and Hans Speier (eds.),
　　Propaganda and Communication in World History, vol. 1
　　(Honolulu, 1979),111 – 144.

Pečîrkova, Jana, 'Forms and Functions of Handing down Historical
　　Events in Babylonia and Assyria', in Vladimir Souc˘ek (ed.),
　　Aspects of Ancient Oriental Historiography (Praha, 1976),
　　12 – 39.

Roberts, J. J. M., 'Nebuchadnezzar I's Elamite Crisis in Theological
　　Perspective', in Maria de Jong Ellis (ed.), *Essays on the Ancient
　　Near East in Memory of Jacob Joel Finkelstein* (Hamden, Conn.,
　　1977),183 – 187.

Scurlock, Jo Ann, 'Whose Truth and Whose Justice? The Uruk and
　　Other Akkadian Prophecies re-Visited', in Steven W. Holloway
　　(ed.), *Orientalism, Assyriology and the Bible* (Sheffi eld, 2006),
　　449 – 467.

Tadmor, Hayim and Weinfeld, Moshe (eds.), *History,
　　Historiography and Interpretation: Studies in Biblical and
　　Cuneiform Literatures* (Jerusalem, 1986).

Younger, Jr., K. Lawson, *Ancient Conquest Accounts: A Study in
　　Ancient Near Eastern and Biblical History Writing* (Sheffi eld,
　　1990).

李海峰　译　史孝文　校

53

第三章 古代埃及

约翰·贝尼斯(John Baines) 文

导论：马涅托与埃及背景

西方的历史编纂学往往忽略某些社会所拥有的历史作品，因为人们认为那些社会拥有的传统早于公元前5世纪希腊的希罗多德。在希罗多德那部内容广博的著作中，埃及是第二卷的主题，因此，不言而喻，它们往往被认为游离于现代的思想史叙述方式之外。然而，如果说历史书写是通过书面材料及其创作（这些材料和创作是面向未来的，以便能够作为社会的历史来进行展示）来展现过去，那么，古代埃及则是完全拥有这种历史书写的。

西方学术界中的埃及史编纂，在亚历山大大帝征服埃及之后有一个最重要的参考点：据说托勒密二世（菲拉德尔弗斯[Philadelphus]，公元前285—前246年）委托埃及祭司马涅托用希腊文编纂了一部埃及史。虽然马涅托的文本可能只在后世作家的著作中以残篇形式保存了下来，但显然该书使用了可靠的埃及语资料。马涅托似乎使用了编年体叙事方法，约瑟夫斯在《驳阿庇安》(Contra Apionem)一书中的一系列引用就是不甚明确的证据（公元1世纪；参见本卷约拿单·普赖斯撰写的相关章节）。这一叙事方法的构建方式及其来源仍不能确定；从形式上讲，在很大程度上这可能要归因于已有的范例，不过也很可能并非如此。相比之下,拜占庭编年史学家乔治·辛斯勒所著的教父作家阿非利加努斯与优西比乌(3—4世纪)的作品概要,使得马涅托的王表和王朝概念为世人所知,它们为埃及史提供了基本框架,使得埃及史研究在此框架内得以继续。马涅托对国王统治的总年数以及王朝的划分也有助于年代学的讨论。他的王表说明里包括了某些君主统治期间重大事件的简单记录,不过这些记录更多地具有传奇轶事的特色,而不是从更长的记叙中提取出来的语句。这种形式的多样化也凸显出一个问题,即马涅托的整部作品是否更像中国人司马迁(参见本卷倪豪士撰写的相关章节)的作品那样具有混合的特质,而不像那些通常看起来十分相似的希腊文本。

　　将马涅托作为埃及史编纂学的发端,这一观点实际上只是提供了一种远距离的视角。与其他许多文明一样,埃及在历史叙述或分析方面并没有演化出一种东拉西扯的散漫书写方式。不过,从王朝时期开始(约公元前3000年),埃及的历史书写就有了严密规划。而且在一定程度上,那一时期本身也根据历史书写而明确起来:在埃及的王朝时期,国王统治之年与其间发生的重要事件一起,都被逐年记录下来。在某些时期被发掘出来并重新利用的某些有形证据,对重构王朝时期之前的年代有所裨益。在对历史的回顾中,各个王朝根据其建立者及其宣称所控制的领地范围而得到界定,或者至少依据某些统治者所取得的成就而有所反映。这种方法在最大程度上将关注点聚焦于国王,并且超越了巨大的时间跨度。可是在王室之外,埃及的自述还拥有许多种类,以纪念碑和文本的形式保存下来。人们建造了数以千计的私人纪念物,所以个人的回忆在其逝去几千年后仍可得以复苏。这些纪念物主要是坟墓和雕像,或是树立在神庙中的石碑。不过大体而言,只要根据美学标准制造并刻有圣书体文字——书写工整,任何物品都可以被称为"纪念物",哪怕是极其细小的物件。在国王看来,神庙和宫殿在某种程度上都是一种自我展示。在发展绵延至罗马时期的文学传统之中,从王表到小说故事,各种文献都以过去的时代以及这些时代中的真实或臆想之事为主题。

54

材料和有形与书面

地位最高的展示形式是有形的、视觉的，它们反映了前王朝与王朝时期之间的某些连续性。向王朝时期过渡的同时，大型纪念物以及繁复装饰的精致风格也出现了，这种精致风格不可避免地与书写、刻有文字的艺术品以及附属建筑物发生了联系。书写，连同对事件进行精确记录的可能性的提高，都是随着物质文明与社会中的深刻变化而出现的，并且在一定程度上也造就了这些变化。那些按照美学要求制作的艺术品并不曾消失。

从另一个意义上讲，无论是在文字发明之前还是之后，物质文化所蕴含的意义都渗入了历史。在属于公元前 3200 年左右（涅伽达 IIIA 期）的一个地方陵墓中出土的一枚象牙刀柄（见图 3.1），甚至可与在 13 世纪英格兰的瓦伦纳伯爵的那把锈迹斑斑的宝剑相媲美，当时伯爵为了证明自己的高贵头衔曾在法庭上亮出这把宝剑。[1] 这把石刀上布满了王室标志。这些标志通过表现对飞禽走兽的统治来显示对混乱局面的控制。它并非出土于王室墓葬，因此很可能是一件礼物，用来表示主人与可能的地方统治者之间的关系。为此，人们或许会将其与中国西周上层人物所铸的青铜

图 3.1　燧石刀，侧面有波浪纹，象牙刀柄饰有浮雕。来自埃杜夫南部的阿布·扎顿。总长 23.4 厘米；刀柄长 9.8 厘米。涅伽达 IIIA 时期。

（来源：Brooklyn Museum of Art. Courtesy Brooklyn Museum of Art）

[1]　M. T. Clanchy, *From Memory to Written Record* (2nd edn, Oxford, 1993), 36.

器上的铭文相比较。这些掌权者中的一些人将天子的恩惠描述成铸造此类艺术品的理由,他们将这些艺术品奉献给祖先,同时还将这样的恩惠与成就联系在一起。现代学者往往试图将这样的成就与历史学家著作中的事件关联起来,但这些历史学家要晚得多(参见本卷夏含夷撰写的相关章节)。

　　这把石刀的装饰似乎并不着意于记录某个特定事件,不过它也指出了这种记录的可能性。学者们推断,在几代人的时间里,相似的图像演变成了对此类记录的展现。关于这一点,最著名的例子就是那尔迈调色板(约公元前3000年,参见图3.2)。自从1897—1898年间被发现以来,许多学者认为它是上埃及征服下埃及的记录,此次征服使埃及的两地成为统一的王国。此后,由于从每位国王即位之日起便要按照一定仪式来予以记录,年代记出现了。因此可以说,那尔迈调色板以此为基础开启了王朝时代的历史。从

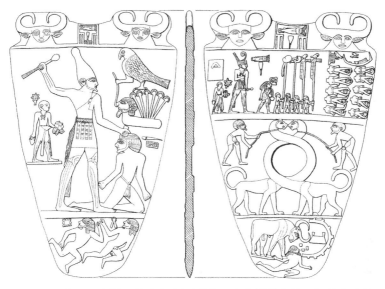

图3.2　那尔迈调色板。粉砂岩,浮雕装饰。来自希拉康坡里斯的主遗址。高64厘米。0王朝/第1王朝。

(来源:Cairo,Egyptian Museum. Drawing by Barry Kemp)

56

这些话语中推演历史是极其危险的，其危害不亚于汉学家试图通过青铜器上的铭文印证中国的口传历史。

调色板表现的主要场景是国王正举起权杖击打一个臣服的敌人。在希拉康坡里斯，有一座比调色板早了 500 年的坟墓，其中的壁画（涅伽达 IIC 时期）印证了调色板的风格。这幅壁画中有一组群像，描绘的是一个人正要击打三个人（这很可能象征着众人）。这种相似性使人们对记录意图产生了疑虑，这要归咎于调色板。此绘画似乎是在葬礼期间创作的；这个细节是创作中的一个微小部分。其主人可能是当地统治者。画中的这份"记录"能唤起对许多事件的回忆——创作中的其他元素也能传达这些——或者它只是很普遍的画饰。鉴于自坟墓封闭之日起人们就没有见过它，其意蕴并未传达后世。这幅画作大概通过相似主题来传递事件信息，这些主题在传播媒介上、现已失传的文献和口头传说中都有体现。于是，对具体历史事件的处理通过仪式和惯例呈现出一种形象化的形式，后来则有了以文字记述为基础的更为明确的记录，而文字最早出现的时刻，大约就在制作那把石刀之时，比这座绘画陵墓晚了几百年。

那尔迈的一块圆柱石和一枚权标头[①]添加了具体的文字信息，从而对调色板作了进一步阐述。这些信息采用了记号的方式，而不是连续话语。这块圆柱石上有"利比亚"一词和即将被处死的俘虏画像，而这个权标头则展示了战俘和献上的战利品，旁边还写了总数。由于使用了许多军事数据，这些统计得出的总数并不注重真实性，而是要证实自己所表现的情况，以使其不那么寻常。

视觉可以从书面记录的其他方面进行审视，而且视觉的第一性影响了表现事件的方式。文字的附属地位表明，记载、展示诸王成就的连续性文稿最终出现，是在直至王室之外的上层集团已用之诸多世纪之后。

---

① John Baines，*Visual and Written Culture in Ancient Egypt*（New York，2007），123，figs. 7 - 8.

埃及早期的高级文化在某种程度上与将视觉置于第一位有关，这种文化的特点就是对叙述漠不关心。宇宙论更多是围绕着戏剧化的场面、编组以及名册而非故事构建起来的。叙事在口述领域似乎占据了主要地位，但又转化成了用于视觉和书面记录的其他形式。在第二个千年之前，涵盖国家起源记录的神话一直都没有书面记载。关于奥西里斯神之死以及他死后生育的儿子荷鲁斯最终胜利的神话，传递出了核心的政治价值观，这则神话只有在希腊作家普鲁塔克（1—2 世纪）那里，才作为一则完整的传说而为人所知。对非叙述性结构的关注，并没有降低历史和传统的重要性。相反，"历史书写"应当得到广泛解读。我研究了最早的非话语记录形式，它产生于埃及文明肇始之时。对于这些材料，我将按照第一认证的大致顺序进行处理。

年名与编年史

在埃及，同与之相并列的美索不达米亚文明一样，最早的事件记录就是年名，这些记录展示出了一份年代序列，日后这份序列又被引用，用来教诲后人。这些记录出现于第一王朝或稍早时候，经过雕刻的骨头和木质标签证实了这一点，它们都属于王室或上层人物的陪葬品。这些标签是半图像形式的仪式用具，不过它们似乎是在记录特定年份。那些单纯使用书写形式的文本并不那么奢靡，它们大概形成于同一时期，并被逐渐积存起来以备参阅。到第一王朝结束时，这些标签有了一种纯粹书写的形式，大概已经失去了自身某些象征意义。此后它们消失了。

年份通常按照仪式、神庙和其他建筑的建设、祭仪所用塑像和献祭物品以及军事胜利来命名。从早期开始，命名方式就定了型：人们使用重复的活动，尤其是国王在王国内两年一次的巡行，这看起来要比那些更难以预测之事更有优越性。从权标头的统计数据来看，这些数据往往言过其实。从第一王朝到第三王朝整个时期内，这种命名年份的方式一直得以保持，不过那些名字所记录的内容逐渐不再仅限一事。

第四王朝之初，定名年份的方法发生了改变。两年一度的模式变得相当严格，同时参考点也不再是王家巡游，而是"第 n 次清点所有家畜和兽群之年"（其中也有变化，不过通常变化很小）。其他年份则被确定为"第 n 次……后的那一年"。有时这样的清点不是两年一次，而是一年一次，故这一模式并非一成不变。这种纪年方法一直沿用至古王国末期（约公元前 2150 年），而且在随后的第一中间期很有可能仍在使用。底比斯第十一王朝（约公元前 2080—前 1940 年）使用了按照国王统治年份来进行年度纪年的方式，这种方式一直沿用到了罗马时代晚期（395 年）。

年代记按照逐年发生的事件编纂而成，这是出于行政管理的需要或者更加概括的记录和纪念仪式的需要。第四王朝引入了数字纪年，使得年份信息摆脱了对极简的要求。从那时起，原来可能保存在中央记录或档案中的素材被日益详尽地引用到了年代记中。许多纪念献词已为人所知；自 1980 年以来，得到确认的四篇献词几乎已经使文集的内容成倍增加。毫无疑问，这些只是原来的冰山一角。它们似乎都位于神庙内部，其中大多数都在那些独立的、厚厚的硬石板或圆顶石碑上。在卡尔纳克神庙，有一座神龛献给了一尊供人膜拜的神像。图特摩斯三世的那篇献词就位于这座神龛的围墙上。年代记是最受崇敬、最为神圣的记事铭文；已知的实例都是用来供奉神明的，用途并不广泛。年代记铭文与隐含记录之间的关系尚不明确，因为中央档案文件还未发现。一些行政文件以流水账的形式保留下来（中王国的一些例子得以幸存，它们都来自于一座神庙和巡回法庭对底比斯的一次访问），其中可能包含了一些记录军事活动的档案，然而这些文件不可能是年代记唯一的资料来源。

"帕勒莫石碑"以及相关残片是现存最早的年代记。这座不完整的纪念碑（来自一份或多份原件）可能雕刻于第五王朝晚期（约公元前 2350 年）。其中一面有一份记录，里面有许多名字，很可能是前王朝君主的名字（现已模糊难辨），其后还有四份第一至第三王朝国王（约公元前 2950—前 2575 年）年名的记录。另外还有一些数目不详的记录更进一步记载了第四王朝的多数年名。年名下面是每年尼罗河洪水高度的标示（对于评估税收来说这是必不可少的）。国王的名字位于年名之上，与自己母亲的名字刻在一起。每位国王与其继任者之间的空隙处都有一个记号，标记了这个重要年份中两位国王权力交接之间的天数。这样，其中便包含了一些年代学的精确信息。石碑另一面有几份记录，是对第五王朝国王的记录，内容日渐广泛。关于第六王朝国王的年代，另一块记录石碑提供了更为丰富的记录，可在最初的铭文完成几十年后，它就被抹平、作为棺盖而再次使用，现今只有一些残篇能够辨识。这块石碑可能是巴勒莫石碑的续编。

　　这种年代记传统最迟在中王国时期就出现了分化。塞奴斯里特一世的一篇铭文具有赫里奥波利斯神庙年代记的特点，此城是埃及早期最重要的宗教中心。然而，在孟斐斯普塔赫神庙发现的两块方石，记录了塞奴斯里特的共治者和继承者阿蒙尼姆赫特二世整部年代记中两年的部分内容，在细节方面远比古王国记石要丰富得多。人们知道，神庙中的年代记也有的来自赫里奥波利斯（帕米，第二十三王朝，公元前 8 世纪早期）和苏丹的卡瓦（塔哈尔卡，涵盖的年份为约公元前 689—前 682 年，约公元前 682—前 680 年）。与神庙活动无关的年代记中，已知最晚、最长的一篇就是图特摩斯三世征伐叙利亚—巴勒斯坦的年代记。这些年代记与古王国和阿蒙尼姆赫特二世的年代记不同，因为它们围绕的是单一主题。"年代记"文本可能采用的一种形式，就是发行一系列圣甲虫石刻（高度为 5.2—11 厘米），它们在阿蒙霍特普三世统治的最初十几年间广泛流传，其中的每一个圣甲虫石刻都表现了当时非军事的一件重要事实或成就，大多采用了与年代记相同的标记法方式。[1] 在以后的时代中，核心年代记很可能仍在继续创作，并刻于石碑之

---

[1]　John Baines, On the Genre and Purpose of the "Large Commemorative Scarabs" of Amenhotep III, in Nicolas-Christophe Grimal et al. (eds.), *Hommages à Fayza Haikal* (Cairo, 2003), 29 - 43.

上,不过它们的保存情况很糟,因为那些主要的中心区域都位于气候潮湿且人口密集的北方。

年名本身就有实际的行政目的,而年代记却不是这样。它建立起了一份王室活动记录,其中很多活动都代表着神的意志。这些树立在神庙中的年代记石刻,将过去和当下的功绩都奉献于神。这些年代记的传播范围到底有多广泛,已经无从知晓,不过这些圣甲虫造型的物件并不希望其存在受到严格限制。建立庄园的记号有实际性的目的,因为那些高层人士从王室那里得到了进行重要房地产交易的许可,神庙则为记载这些交易的铭文提供了一处安全场所。虽说如此,年代记创作的主要关注点必须仍为记载历史:年代记是意义重大的历史编纂。尽管对事件和数据的罗列中连粗略的修辞都没有,可它们所达到的思想高度与那些夸夸其谈的表现模式相同。此外,它们在叙述中所使用的不定式标写句法虽与口语差距甚远,却一直受到人们的尊崇。

王表

王表形成了一个与年代记类似的传统。已知的最早例子来自阿拜多斯王室墓地,在两块第一王朝的封印上,大概是用于国王葬仪或是用来保护纪念碑。一块封印提供了从那尔迈(Narmer)到登(Den)及其摄政母后墨瑞特奈斯的王名,另一块则提供了从那尔迈到这一王朝最后一位国王卡阿的王名(那尔迈可能属于第一王朝或稍早之前)。两块封印都将王名置于墓地之神亨提门修的庇护之下。到第五王朝时,有些王名被收入一些较为全面的名单中,它们很可能是发达文化的一部分精髓知识内容。书写板上的一段摘录——这是高级书吏训练中所用的一种方法——包括了第二至第五王朝的六位国工之名(两位国工属于第五王朝,两位国工属于第四王朝,一位国王属于第三王朝,一位国王属于第二王朝)。引人注意的是,一个名字被缩短,另一个则被误写。从祖先留下的后世王表到马涅托的希腊文信件中提出的说法,其中都能见到这些形

60

式。这暗示着王名的书写传统在精英教育中是作为一个独特元素被引用和保存的。

另外一些为人所知的王表可追溯到新王国时期,涉及范围从图特摩斯三世到第十九王朝(约公元前 1292—前 1190 年)。这些王表分为纸草上的单独列表和非王室墓葬与神庙纪念物上的王表。墓中的这些例文歌颂了与个人身份、命运相关的历史,而神庙中的那些则用于宗教仪式,对于那些负责装饰的人来说,其中包含了先王的历史。这些不同的方法可能分别传播开来,然而两者都与相同的姓名传统有关,可能有着相似的来源。选出的名字各有不同。卡尔纳克神庙的一个房间饰有图特摩斯三世的"列表",并且它以诸王坐像的面貌出现。有证据暗示,这份目录记录了一些人,在编纂此目录时,他们的纪念建筑仍然矗立在那里。另有些例证提供了一些选定的名字,这些名字的选择尊重有历史依据的王朝,略去了整个"中间"期,就像略去了那些被传统排斥的国王一样。最重要的例子就是位于阿拜多斯的塞提一世神庙内的王表,这份王表包含了 76 个名字,截至塞提一世本人。

一些非王室的列表显示了王室与宗教之间的联系。第十九至第二十王朝期间(约公元前 1292—前 1075 年),第十八王朝早期(约公元前 1540—前 1490 年)的王室家族——与底比斯联系最紧密的统治集团——在那里受到了人们的崇敬。底比斯西部墓中的景象极其完整地呈现了这一家族的一系列成员,其中还包括一些王后和王子。附近的拉美西斯二世葬祭庙中装饰着一组雕像,这组雕像描绘了美尼斯和孟图霍特普一世之后第十八王朝最重要的诸位国王。美尼斯是带有传奇色彩的建国者,而孟图霍特普一世则重新统一了埃及,开创了中王国。这标志着对三个主要时期的史学划分:划分在一起的早王朝时期和古王国,中王国以及新王国。这一划分堪与王表相媲美,不过由于第十八王朝早期诸王的突出特点,此划分很可能有些褊狭的意味。

纸草上唯一的"文学"范例就是都灵王表。这份支离破碎的文件包含了诸多名字。这些名字以先于世俗王权的神鬼开端,列出执掌王权之人，可能止于第二中间期结束（约公元前 1520 年），已尽可能地列举完整。与其他实例不同，都灵王表提供了国王的统治时间和每个时期的总年数，有时精确到了月和天。至于最引人注目的年份总数，有两种说法。第一种说法是 181 年，从泰蒂（第六王朝的第一位国王）到第八王朝的末王伊比，这一王朝终结了现今所称的古王国。之后的另一种说法是 955 年，这一时期从美尼斯——想象出的埃及国家建立者，大体相当于那尔迈或是第一王朝的阿哈——开始直到伊比。诸如此类的划分表明，流传至美尼斯时代的传统以一种始终如一的方式对统治家族予以承认。王朝按王室所在地命名，不过后继王朝又在同一驻地出现，这表示其中还运用了其他一些准则（在纸草之外，使用的"王朝"一词的埃及语是"住宅"或"地产"）。这些划分大多与当今历史学家依据不同理由所做的划分一致。[①]

精确的年代计算无法使用纸草所记各个王朝延续时间的总和，因为其中有一些明显的错误，而且同时代的国王——比如属于对立王朝的国王——被描述成了相互继承的关系。不过这些数据仍然很有价值。对于统治权分裂时期或摄政时期到底人们知晓多少，尚不能确定，可是在第三中间期后期（约公元前 850—前 715 年）——对于日后的文学传统来说，这一时期极具创造性——国王世系的增加有助于人们意识到他们的同时性。抑或王表可能传递出一种膨胀了的连续观念，这与它们在 20 世纪早期著名考古学家皮特里所传达的信息颇为相似。

传记中的自述

从第四王朝（约公元前 2575 年）开始，没有王室血统的人也在墓室铭文中记下他们的生平事迹，尤其是他们为王室服务的经历。

[①] 参见 Thomas Schneider, *Periodizing Egyptian History*: Manetho, Convention, and Beyond, in Klaus-Peter Adam（eds.）, *Historiographie in der Antike*（Berlin, 2008），183-197。

这些铭文的篇幅渐渐变长,叙述也日益连贯。早期铭文切近主题而又形象化,属于第一至第三王朝,它们成为自传体铭文的先驱。到第五王朝(约公元前 2400 年),有些人则举出许多自己曾为之效力的国王,有时其形式接近于王表。第六王朝的实例中,有些故事讲述了海外贸易远征和军事战争。自述有一种并不十分明确的方法,就是在特定语境中称颂某人被理想化了的个人品行,这也许是由于缺少能够彰显或强化自己与国王关系的重要事件。此类事件中充满了各种各样的价值观念,而这些价值观念的中心正是国王。大多数自述都是以第一人称的口吻进行描述的,不过它们简直不能被称为"自传",因为它们并没有讲述一个人的生平,一般又都是由专业人士撰写,并且经常是在自传的主人公去世之后才成文。

即使在创作这些自传之处,也不是所有自传都清楚易读,然而它们却形成了面向公众的展示,而且往往是针对特定的阅读对象,例如对那些可能侵扰坟墓之人的诅咒。它们可能由多种纪念模式发展而来,这些模式在书面形式中仍继续存在,但这些自传获得了自己的生命力。从新王国时期开始,有些范例中包含了有关出生日期的信息。此类信息显示出在一个逐渐展开的时代对人生已有的精确而深刻的记忆——由于缺乏划时代的固定观点,这一点并不明确。① 理论上,这一观点可能在约公元前 1460 年中的埃及"天狼星周期"(以盛夏时节天狼星的升起为据)中就已存在。在这一时期,以 365 天为一年的公历年不断循环,在阴阳年中,每一年有四个周期。但是没有证据暗示它作为一条系统化的原则得以贯彻。

这样的自述在多大程度上"忠实于历史",人们尚不能确定。在对埃及史进行现代复原时,其中一个重要的组成部分要依赖几个实例,它们讲述了一些关键事件。其中一例就是驱逐亚洲民族"喜克索斯"的第十五王朝,此举标志着新王国的发端(大约在第十

62

<hr/>

① Stephen J. Seidlmayer, "*Dreissig Jahre liess ich gehen...*" Erganzungen zu zwei Jubilaumsinschriften im Gebiet von Aswan, *Mitteilungen des Deutschen Archäologischen Instituts*, Abteilung Kairo, 57(2001),247-256.

八王朝国王阿赫摩斯统治的第十八年,约公元前 1510 年)。人们对那次驱逐战争的了解,并非来自其他零散资料,而是来自埃巴纳之子、同名之人阿赫摩斯的自述,这篇铭文大概在 30 年之后刻在了他的墓中。[①] 他的自述中主要提到了一些为他赢得国王嘉奖的事件。与他同时代的雅赫摩斯·潘尼克伯特的铭文更加明确地体现了这一原则。其他证据显示,这一典型事件被视为开创新纪元之举。对各个片段和这一典型事件的选取,可能并不像第一眼看上去那般完全是自我关注,但是埃班纳之子阿赫摩斯的自述仍勾画出了其整个人生轮廓。在阿赫摩斯统治时期铸造的一个矛尖上,也有提及攻克喜克索斯首都阿瓦里斯的内容。这个矛尖可能镀了金,它或许是国王的馈赠,可与涅伽达 III 的刀柄(见图 3.1)相媲美。[②] 它为一次重大事件提供了军事证明,这一事件的重要性很快就得到了承认。它作为军事征服的象征,被纳入了当代人写当时史的史书类型之中,这种史书类型在许多文化中都较为常见。

自述极大地激发了人们对历史的兴趣。那些引人注目的范例出现在那些重要陵墓或主要神庙中的雕像或石碑之上。这些艺术品与其文本的保存紧密相关。那些有机会接近这些纪念物的重要人物可能对它们进行了修复——在新王国时期的底比斯和后王朝时期的孟斐斯附近,这一习俗尤其得到了证实——抑或还按照旧文本或形象化的描述来编写他们自己的自述,在遵循最近的典范和采取古久的范例之间作出选择。后一种方法要求对早些时期有所了解,在那些时代中,作为理想年代的古王国和中王国都是基本参考点,前者是大金字塔时代,后者则是文学以及各种文化形式的"古典"时代。以这种方式来运用历史是可能的,因为数量众多的纪念物都刻有铭文,上面还有国王的名字,这些名字使得人们能轻

---

① Miriam Lichtheim, *Ancient Egyptian Literature*, 3 vols. (Berkeley, 1973 - 1980), ii, 12 - 15.

② Svetlana Khodjash and Oleg D. Berlev, Objets royaux du Museée des Beaux-Arts Pouchkine à Moscou, *Chronique d'Egypte*, 52(1977), 22 - 25.

松地确定其年代。这些资料的准确程度表明,王表中包含的知识
并不是传统中的一个独立部分:它渗透在精英文化之中。同时,王表中被写错名字的国王可能多数都已然没了能供人辨识的建筑,比如第一至第二王朝的统治者,他们的泥砖纪念物上甚少有铭文。

自述和王室铭文都引出了许多档案文件。对古王国后期及其余波,可以用这样一个比喻予以描述:主人公"会发现没有任何人"在此之前能取得这样的成就。它的反面是一则声明,这则声明写在国王帕皮二世致一位高级官员的信中(约公元前 2200 年),随后它作为后者自述的一部分被刻成铭文,其中写道,他带回了一个侏儒,这个侏儒"就像大约一个世纪之前远征队长维尔杰德巴从蓬特带回的那个侏儒"①。由此产生的资料可能是书面形式或口头形式,不过其他证据显示书面档案保存了下来。

直至罗马时代早期(约公元前 30 年),人们始终在编写自述文献,还有一个单独的例子来自公元 2 世纪。有几个范例中包含了"历史学角度的"重要故事。吴迦荷瑞斯尼(Udjahorresne)的生活时代从第二十六王朝晚期延续至波斯统治时期(约公元前 550—前 500 年)。他在第二十六王朝所在地塞伊斯的神庙中奉献了一尊自己的雕像,并在上面刻写了一篇铭文。②他的铭文没有谈到波斯入侵,不过其中描述说他为波斯国王冈比西斯(公元前 525—前 522 年在埃及)和大流士一世(公元前 521—前 486 年在位)服务,有一段可能暗示着征服行动,其中提到了社会动荡,也提到了他如何恳求冈比西斯令住在神庙内的外国军队离开神庙围地。埃及学家将吴迦荷瑞斯尼描述成了"通敌者",可是这样的评判显得过时了。他葬在了孟斐斯附近的一座巨大坟墓中,而且似乎在身后受到了人们的崇敬。③ 更有可能的是,他所扮演的历史角色获得了人们的

---

① Lichtheim, *Ancient Egyptian Literature*, i, 2.
② Ibid., iii, 36—41.
③ Ladislav Bares, *Abusir IV: The Shaft Tomb of Udjahorresnet at Abusir* (Prague, 1999).

敬仰,而这份景仰本来源于口头传统。他的雕像普及了人们对其角色的认知,这份认知则支持着人们的敬慕之心(许多上层人物在不计其数的神庙中都有雕像)。

　　另一个值得注意的例子是佩托西里斯(Petosiris),此人的坟墓如同神庙一般,被确定属于托勒密王朝早期(约公元前 300 年)。佩托西里斯宣称运用神庙抄写员的知识修复了自己的城市赫尔摩波利斯内的数座神庙,甚至还重建了一座神龛,这座神龛曾经只是人们的回忆。[①] 引用古老档案是一种合法化的方式,魔法文稿也使用这一方式。引用这些档案从高级文明的许多方面显示了古代记录的重要性。况且,佩托西里斯与吴迦荷瑞斯尼稍有相似,也明确提到了埃及的一位外国统治者,但没有说出他的名字。这位统治者可能是亚历山大大帝(公元前 332—前 322 年在埃及)或最晚是他的继承者之一托勒密一世索特(公元前 321—前 305 年为总督,公元前 305—前 284 年为国王)。

64　　这些都出现在了重现外国统治的自述之中,这类自述十分罕见。在托勒密王朝统治的三个世纪中,本地的精英们服务于马其顿—希腊统治者,与之进行多方面的合作,但他们很少叙述这些活动,而是将主要的注意力集中于自己在神庙中的角色上。[②] 托勒密是本土文化的主要保护者,他们掀起了为埃及诸神建造神庙的高潮,到那时为止,这是此类活动的最高潮(罗马时代早期是另一个顶点),但那时,也没有什么明显的非埃及因素。有一个引人注目的特例,就是普塔赫的高级祭司普希瑞卜塔(Psherenptah),他于公元前 41 年去世。他的纪念石碑记述了他如何造访亚历山大里亚(以迂回之词而命名),而国王(托勒密十二世)及其随从又怎样在

---

① Lichtheim, *Ancient Egyptian Literature*, iii, 45 - 49.

② Gilles Gorre, *Les relations du clergé Egyptien et des Lagides d'après les sources privées* (Leuven, 2009). David Klotz, The Statue of the *dioiketes* Harchebi/Archibios. Nelson-Atkins Museum of Art 47 - 12, *Bulletin de l'Institut Français d'Archéologie Orientale*, 109(2009), 28 - 310.

孟斐斯对他进行了回访。①

在公元后几个世纪的早期,神庙所藏的传统文学里包含了一些范例的抄本,这些抄本来自艾斯尤特的墓葬,时间可以追溯到第一中间期(约公元前 2050 年),此时非王室自述以另一种方式展现了自己在文化方面的重要性。② 人们或许认为这些抄本的价值与这门古典语言的最佳范例相同,但它们同样围绕着这种叙事体裁的中心。

在公元前第一个千年,个人及其真实或虚构的自传中保留着传统的宗教和历史观念的影响。早期国王的丧葬祭仪得以恢复,同时文化英雄伊蒙霍特普(Imhotep)被人们奉若神明,人们认为他能力非凡,尤其是在医疗方面。伊蒙霍特普是第一座金字塔的建造者,考古学证据证明他与乔塞尔(Djoser,约公元前 2650—前 2630年在位)处于同一时代。人们在发掘乔塞尔阶梯金字塔复合体部分区域并重现此地雕像和浮雕主旨的同时,取得了这一进展。他们的时代早了两千多年,对这一时期了解的准确度,与王表的书写传统有关——乔塞尔是都灵王表上唯一一个用红色写下的名字——与其他体裁的文献有关,也与那易懂的不朽记录有关。

新王国和后来的自述中有一个决定性的进步,就是偶尔精确地指出了人们的生日和年龄,这有时和为王室服务有关。现代的观念是,对这些材料的兴趣表现出了读写文化的特征。尽管这样的观念尚有问题,可若是没有记录历史、展示历史的习俗,人们就难以想象出这些古埃及语范本的独特之处。托勒密王朝的自述则以详述的方式重现人们的一生。③ 神圣动物的诞生细节、寿命及去世日期都要像人类一样展示出来,而且在记录中要显得更加突出。

---

① John Baines, Egyptian Elite Self-presentation in the context of Ptolemaic Rule, in William V. Harris and Giovanni Ruffini (esd.), *Ancient Alexandria between Egypt and Greece* (Leiden, 2004), 57 - 59.

② Baines, *Visual and Written Culture in Ancient Egypt*, 332 with refs.

③ 例如,Taimhotep(公元前 42 年)的自述:Lichtheim, *Ancient Egyptian Literature*, iii, 59 - 65。

65　　这一信息显露出一种强烈的"历史感"，这种历史与个人有关，也与
　　社会群体有关——一种摒弃了自由散漫的历史书写方式而得以保
　　存下来的历史。

王室纪念碑和"历史"铭文

　　在埃及，王室纪念碑形成了最重要的"历史"展现方式。由于
图像相对文字的优越性和绘画创作中说明文字的普遍性，在使用
连续性叙述方面，纪念碑是后起之秀，因此我要晚些对其进行处
理。大体上讲，那尔迈调色板的庄重特征在以后的时代中仍为人
们所沿用。
　　第四至第六王朝金字塔复合体的装饰中有对重大事件的叙述，
例如建造引人注目的船只或运送金字塔的顶石，①通过欢迎归国的
使团、接受战利品来宣布外族人的失败，不过这样的宣言往往是象
征性的，比如将国王表现为践踏敌人的狮身鹰首兽。有一幅画作
中绘有利比亚统治家族及上层人士俘虏和作为战利品的野兽，书
写女神对此予以记录。此画的突出主题就是国王践踏利比亚敌
人。② 拥有神圣地位的不是人，而是插图和语境，但内容可能并非
虚构。然而，在所有古王国的实例中，那些利比亚家族的名字都是
一样的，苏丹的卡瓦塔哈尔卡统治时期（约公元前 690—前 664 年）
的例子，亦是如此。这意味着，得以幸存的最早浮雕，即第五王朝
国王萨胡拉（约公元前 2440—前 2430 年）的浮雕表现了一场真实
的战役，而有其他人模仿了他的浮雕。这对塔哈尔卡来说可能是
正当的，因为在他的统治之下，孟斐斯附近的古王国纪念碑都得到

① Zahi Hawass and Miroslav Verner, Newly Discovered Blocks from the Causeway of
Sahure, *Mitteilungen des Deutschen Archäologischen Instituts*, *Abteilung Kairo*, 52
(1996), 181 - 182, fig. I, pl. 54.

② Dagmar Stockfisch, Bemerkungen zur sog. "libyschen Familie", in Mechthild
Schade-Busch (eds.), *Wege öffnen*: *Festschrift für Rolf Gundlach zum* 65.
Geburtstag (Wiesbaden, 1996), 315 - 325.

了调查,萨胡拉的神庙又很容易进去,在这种情况下,没有理由认为后者的作品是首创。此外,他的设计显示出了与 500 年前那尔迈石柱(前文已提及)的诸多相似之处。

所以,在公元前的第三个千年,那些表现王室活动的图像或许包含了"历史"信息,但与具体事实相比,它们表现得更清楚的,是国王所扮演的理想化角色。这般含蓄的原因之一,大概是端庄得体的风格限制了其表达,并与人们相互影响。他还必须超脱于同世人的竞争。对萨胡拉来说,同样的要求在为数众多的狩猎画作中也是显而易见的,他在这些画面中居首要地位。这既是在颂扬他对动荡局面的控制,又是在象征性地表现这种控制。[1] 他身后是他的随从,而且这些人都按照等级排列。此处王室标志中的一个人物被改为描绘他的继承人内弗尔卡拉。这幅画像成为了萨胡拉逝世后的一份记录,它证实曾有一项迅速达成的约定。内弗尔卡拉可能被指为继承者或篡位者,而这个人物最初是否被标注为此人,还无从知晓。

新王国之初,绘画构图的类型可媲美自古王国以来就已为人所知的那些种类,然而它们都开始转而描绘具体事件(中王国时期的证据则极为稀少)。最早的例子就是阿赫摩斯的作战浮雕,其中对马的描绘是已知最早的,它们连同战车被引进埃及,时间与这幅浮雕的创作时间接近。[2] 此画似乎并不属于高度简略的作品。后来军事题材画作的设计风格在严正和较为自由之间摆动。任何一种设计都可以包含具体信息。例如,在国王所辖地方的地名表里,其中每一个地方都表现为一个筑有城墙的城镇略图,略图里写着一个名字,而且上面还有一具人的躯干,如同俘虏一般被捆绑起来。像这样的僵化图标几乎不可能呈现出什么故事,以致扭曲了西方

---

[1] John Baines, Kingship before Literature: The World of the King in the Old Kingdom, in Rolf Gundlach and Christine Raedler (eds.), *Selbsverständnis und Realität* (Wiesbaden, 1997), 147 with fig. 5a.

[2] Stephen Harvey, Monuments of Ahmose at Abydos, *Egyptian Archaeology*, 4 (1994), 3 - 5.

对"历史编纂"的定义,不过它们把与其他国家机构相关的机构置于核心位置,也包含着一个时代的所见——不过往往比刻写的日期要稍早些——而且是以一种不可抗拒的形象化方式。这些作品常常被称为"地志表",①不过从其作用最为重要的时期,也就是新王国时期内的变化来看,它们仍属于史学编纂。

第十九和第二十王朝(也以拉美西斯时代而为人所知)见证了最具震撼力的战事叙述。拉美西斯二世(约公元前1279—前1213年在位)在许多神庙的墙壁上装饰了描绘自己征战活动的画作,尤其是表现在他统治第五年时发生在叙利亚的卡叠什之战。②拉美西斯三世(约公元前1187—前1156年在位)的葬祭庙位于麦迪纳特·哈布,他用描绘军事行动的浮雕覆盖了葬祭庙的表面。这些军事活动包括抵抗利比亚人的两次入侵和与海上民族的一次对抗,这些都发生在近东青铜时代的末期。两位国王留下了大量文献,这些文献讲述的内容有着同样的主题。③拉美西斯三世曾与赫梯帝国的首都哈图沙(今博格哈兹考伊)发生战争,那里发现了楔形文字泥版,卡叠什事件从这些文字版中得到了印证——尽管其重要性没有得到认同。拉美西斯三世的功绩被描画在他的神庙之上。大哈里斯纸草按时间顺序讲述了这些功勋,另外还有其他一些未经证实的内容。这份纸草在其继任者拉美西斯五世(约公元前1156—前1150年在位)的命令下编辑而成,是写给神明的死后文件。④这份纸草的主要内容是一份向神庙捐赠物品的详尽清单,同时,这份以第一人称进行的描述还在结尾部分基本呈现了一位国王统治时期的整体面貌,这样的王室文献十分罕见。这两种风格的并列大概能与年代记的内容相比较。塞提一世(约公元前

67

---

① 例如,Jan Josef Simons, *Handbook for the study of Egyptian Topographical Lists Relating to Western Asia* (Leiden,1937)。

② Lichtheim,*The Literature of Ancient Egypt*,ii,57 - 72。

③ A. J. Peden, *Egyptian Historical Inscriptions of the Twentieth Dynasty* (Jonsered,1994),7 - 68。

④ Pierre Grandet, *Le Papyrus Harris I* (BM 9999),3 vols. (Cairo,1994 - 1999)。

1290—前 1279 年在位)的例子则有所不同。卡尔纳克最大厅堂的外面刻有他的壮观浮雕,描绘了在巴勒斯坦和叙利亚取得战役胜利以及带着俘虏和战利品凯旋的场面,这些战利品是献给底比斯之神阿蒙—拉神的。在埃及还没有发现内容相同的叙事体文献,然而在巴勒斯坦伯珊城发现的一则铭文与其他佐证都证实了它所述的核心内容。

对于拉美西斯三世来说,此事就显得没有那样清晰了。他与利比亚集团的冲突似乎得到了相当充分的证实。尽管那时赫梯帝国可能已经消失,但是这些浮雕仍描绘了一场与赫梯要塞之间的战斗以及一场可能虚构出来的战役,这两场战役分别发生在叙利亚境内和努比亚。对抗海上民族的战斗也可能是将比较普通的作战合并成了具有浮夸味道的内容。这些确有其事的事件或许被试图归结到图像而不是文献中,但这几乎解释不通,因为文献也是存在的。更加切题的是国王传达理想的需要,同时还有逐代拔高所称功绩的癖好。拉美西斯三世将拉美西斯二世视为他的榜样,同时还希望能超越后者。

以这种方式复原历史可能会导出不同的方向。拉美西斯四世在其短暂统治期间,发起了众多浩大的建筑工程,而且他还渴望能与拉美西斯二世比肩。与那两位国王不同,从他的铭文看来,在他的诸多抱负中,最重要的焦点就是妥当地服侍神明。他在一篇文献中陈述道,在他统治的前四年中,他为神祇所做的,已经超过了拉美西斯二世在其统治 67 年中所做之事。[①] 但在此处值得注意的,并不是这份如此夸大的声明。他的声明就相当于对这一段统治时期的称颂。这份声明也暗含了宽泛的信息意识,这也是王表所传达的意识,同时其中还包括了因拉美西斯二世独一无二的长久统治而获得的特殊声望。后一种解释大概更为合理一些,不过一篇并非王室的自述指明了年代表对历史观念的重要性及其铭文

---

① Peden, *Egyptian Historical Inscriptions of the Twentieth Dynasty*, 154 - 157. 拉美西斯二世统治时间是 66 个完整的年头和不完整的一年,共计 67 年。

在新王国时期的重要性。这篇自述属于几百年前的一对夫妻,其中提到了图特摩斯三世去世的准确日期。

在一篇知名度略逊一筹的文献里,拉美西斯九世统治期间的一份行政档案详细叙述了清查底比斯诸墓的活动,活动的目的是确定到底有多少陵墓遭到了劫掠。国王索贝克姆萨夫(第十七王朝,约公元前 1600 年)的陵墓已被侵犯;这是作为一个极受欢迎的结论而被提出的,因为其他所有皇家陵寝都完好无恙。在官方论调中,底比斯的市长回应说,这是错误的,因为索贝克姆萨夫是一位"伟大的君主,他为伟大的神,众神之王阿蒙—拉神,完成了十项重大任务;他的纪念碑在[此神的]庭院中一直矗立到今天"。[①] 这些话是否曾说过,或者被认为说了这些话的市长对那位国王是否有所了解,人们无从知晓,然而人们在争论中也应用了历史知识,并且显然还引用了卡尔纳克拥有的数以百计的神庙纪念建筑。历史的迷雾在上层人士的生活中产生了共鸣。

历史铭文与"文学的"形式交叉在了一起。刻写的埃及语言词都按照韵律组织起来,所用的语言与任何白话都相去甚远。在非王室自述的背景下,王室叙事铭文出现于底比斯第十一王朝统治时期(约公元前 2000 年)。人们在中王国时期第一次将纯文学书写下来,王室叙事铭文在这一时期也有了巨大发展,而且这二者相互影响。最为知名的古典埃及语叙事文学作品《辛奴亥的传说》大概形成于约公元前 1850 年,其中包括国王塞奴斯里特一世的一篇颂词——最早的长篇王室铭文可以追溯到这位国王身上——以及他与故事主人公之间的信件往来,还有对陈旧传记体用语的改编。有一个故事讲述了塞奴斯里特如何掌控宫廷并决定在赫里奥波利斯为太阳神建造一座神庙之事。它保存在一份第十八王朝的手稿里,运用虚构的方式来表现看似真实的内容。[②] 这篇文献应该是一

68

---

① Baines, Ancient Egyptian Concepts and Uses of the Past, 196 with refs.

② Aldo Piccato, The Berlin Leather Roll and the Egyptian Sense of History, *Lingua Aegyptia*, 5(1997), 137 - 159.

部较晚的文学创作,不过,一位国王向他的顾问请教,征求他们的建议,然后按照自己的计划作出决定,这样的背景从中王国到马其顿王朝(后来托勒密一世索特的"总督石碑")都能得到印证。① 一个引人注意的例子是第十三王朝国王奈夫尔霍特普一篇长长的铭文。他希望按照最好的模型,委托制造一座奥西里斯用于祭仪的雕像,此时他征求了意见。随后他去了神庙档案室,找到了相关的古老文献。② 这个例子中兼有可能虚构的背景、难以服人的内容以及古代书写的理念。

　　与这些资料类似的文献构成了一种体裁,阿勒弗莱德·赫尔曼称之为"国王小说"(Königsnovelle)。与其相对应的英文单词是"王室故事"(royal tale)。③ 许多例子都在不同的语境中得以确定,其中最重要的大概就在年代记铭文中。阿蒙尼姆赫特二世年代记中的一段话表明,这位国王在狩猎时远胜过他的官员,并且他还炫耀自己在器械知识方面的高明。④ 据说,为了在自己的第一次军事征伐中接近巴勒斯坦城市美吉多,图特摩斯三世曾征询建议,又拒绝了意见,最终凭借自己的英勇赢得了胜利。⑤ 这些片段在那些被认为基本属实的文献中显得精于雕琢。不过这些片段表明,为了一份精心编写的记录,应有的理念应该比简单的细目更加重要。阿蒙尼姆赫特二世的年代记铭文不是成形于连续的叙述中,而是成形于目录和数据中,以致国王狩猎战果的声明是作为突出内容而出现的,这些声明也是唯一幸存的叙述条目。它们清楚地说明了一个事实,那就是为了守护神和读者,任何记录都运用并传达了历史信息。

69

---

① The Satrap Stela, trans. Robert K. Ritner in William Kelly Simpson (编辑), *The Literature of Ancient Egypt* (3rd, New Haven /London, 2003),392 - 397。

② The Neferhotep Stela, trans. Simpson, ibid. , 339 - 344.

③ Antonio Loprieno, The "King's Novel", in *Ancient Egyptian Literature*：*History and Forms* (Leiden, 1996),277 - 295.

④ Hartwig Altenmuller and Ahmed M. Moussa, Die Inschrift Amenemhets II. aus dem Ptah-Tempel von Memphis, *Studien zur Altägyptischen Kultur*, 18(1991), 17 - 18, nos. 25 - 26.

⑤ Lichtheim, *Ancient Egyptian Literature*, ii, 30 - 31.

文学与王室炫耀之间的另一个交叉区域是主观情感。拉美西斯二世对卡叠什之战的叙述详细描写了他的被遗弃感和他对自己神圣守护神底比斯的阿蒙—拉神的恳求。这位神祇远远地帮助他，使他能够化险为夷。塔哈尔卡的一段残缺铭文更为离谱，还承认了一次原因不明的失败，也许是由于他挽回了局势，这使他才会有如此举动。① 比起王室传奇故事，在幻想文学里，这种可能被视为金科玉律的戏剧化则要自由得多。

对新王国来说，铭文文献在其他媒介上的出现，证实了王室叙事铭文与文学传播的相互交织。公元前 16 世纪中期，第十七王朝国王卡莫斯曾为反对埃及北方的喜克索斯统治者而战。他的一篇石碑铭文的一部分因一块年代稍晚的写字板——一种在书吏训练中普遍使用的媒介——而为人所知。② 第十八王朝中期的一张羊皮卷印证了第十二王朝塞奴斯里特一世的建筑铭文。皮革是一种贵重的书写材料，但这并不能帮助人们确定这是否为一篇可靠的中王国文献。神庙墙壁上曾刻有关于卡叠什之战的拉美西斯二世的文献。这些文献被刻下约 30 年之后，在一份纸草抄本中得到了证实。这些例子存在于文学传统之中，然而据人们所知，在第一个千年中没有能与之相较的文章。故而"历史"文献更为广泛的传播可能被局限在了一个时代。在希腊—罗马时期，词汇表的编辑者使用了第十二王朝的历史文献，同时还创作了众多叙事体文稿，这些文稿所使用的古王国和中王国的背景以及国王之名，有些甚至远至早王朝时期。③

① Pascal Vernus, Inscriptions de la Troisième Période Intermediaire (I), *Bulletin de l'Institut Français d'Archéologie Orientale*, 75(1975), 30‐32, 55‐59.

② The Kamose Texts, trans. Simpson in Simpson (eds.), *The Literature of Ancient Egypt*, 345‐350.

③ Christian Leitz, book review, *Bibliotheca Orientalis*, 57(2000), 273‐274. 其他资料：Kim Ryholt, On the Contents and Nature of the Tebtunis Temple Library, in Sandra Louisa Lippert and Maren Schentuleit (eds), *Tebtunis und Soknopaiu Nesos* (Wiesbaden, 2005), 141‐170。

在对王室进行的另一次扩展性论述中,从中王国开始,虚构故事的背景被设置在了国王的宫廷中,而且在这次扩充过程中,独立作品中也写到了国王。那些虚构故事中就包括了《辛奴亥的故事》。这个故事有着世俗的背景和情节,并且它的成形要比整理完毕早了一两代人的时间;一本预言书成形于第四王朝第一位国王斯奈弗鲁的宫廷之中。它写道,古王国会灭亡,但这个国家将在第十二王朝复活;一个关于失去正义和匡扶正义的教谕故事,这个故事中的国王是佩皮二世(约公元前2240—前2170年在位),人们窥探到了他与一位军官之间私下发生的一件事。① 就像许多其他资料一样,这些故事展示了人们所了解的以前那些国王所处的环境。面对已为人熟知的埃及史,尽管学者们渴望利用这些文献来帮助自己填补其中的空白,但其中的每一份文献都带有明显的虚构痕迹。新王国时期的例本则与民间传说有所重叠,其中包括这样一个故事,讲到巴勒斯坦城市雅法被占领,原因与希腊人的特洛伊木马或阿里巴巴和四十大盗中的一个计谋相似。② 此外,历史背景一定不会掩盖虚构的内容。

公元前第一个千年和公元第一个千年中的发展

由于主要的中心区域集中在尼罗河三角洲地区,铭文资料的保存条件变得更糟。从第三中间期和后期埃及时期(约公元前1070—前332年)开始,幸存下来的铭文比以往时代要少得多,同时在数量众多的非王室自述中,大多不像以往那样与"历史"密切相关(特例在前文已经提及)。然而至少自第十八王朝中期开始,就对历史开始了严格控制,这在雕塑风格和陵墓装饰中尤其明显。在样板中,卡尔纳克一尊第七王朝维希尔(大臣)的雕像回过头去

---

① *The Tale of Sinuhe and Other Ancient Egyptian Poems*, 1940 – 1640 BC, trans. R. B. Parkinson (Oxford, 1997), 288 – 289.

② The Capture of Joppa, trans. Edward F. Wente, Jr. in Simpson (eds.), *The Literature of Ancient Egypt*, 72 – 74.

看着一尊哈普之子阿蒙霍特普的特定雕像,在被后世奉若神明的阿蒙霍特普三世统治之时,此人身份显要。[1] 阿蒙霍特普的雕像(众多雕像之一)使得人们将注意力集中到它身上,这样他将能与庙中的神祇进行沟通(只有祭司才能进入神庙内部区域)。这尊雕像在服饰上还有标志,这些标志说明它是祭品。这位维希尔必定知道阿蒙霍特普的雕像及表现他死后形象的那些优秀雕像。要欣赏后者的雕像,观看者就需要有能与之匹配的古物知识。

在第七王朝晚期的伊比墓中,相似的看法显得更加明晰。这座墓葬位于底比斯,有些装饰使人想起了第六王朝一个同名之人的墓葬(约公元前 2150 年),那座墓葬位于戴尔·埃尔·伽布拉维,此地在北方 200 公里之处。后一位伊比要利用重名,就要求他或他的顾问们一定要知道 1500 年来州内的墓葬群,并将其中之一作为值得令其复苏的传统典范记录下来。他墓中的一则铭文鼓励参观者阅读抄写这篇文献并沿用其中的装饰。[2] 于是,这座墓的传统功能在某种程度上变成了纪念碑,这座纪念碑将主人放进了文化传播链条之中,使他成为过去与未来之间的纽带,从而为之增辉。

皮耶(Piye,或皮安基[Pianki],约公元前 750—前 715 年在位)从苏丹的博尔戈尔山出发,成为埃及的库什征服者。在他的纪功柱上,人们发现其文本大量应用了古老主题,它们成为了艺术表现。[3] 这篇文献——已知最长的王室铭文之一——在运用古典语言和表达方式上可谓熟练,然而石柱上的浮雕却具有高度革新精神,并未从往昔的典范那里受惠多少。它的作者在传统著作方面学识深厚,还再现了一些可以辨识的文段。这一文本用经过修饰的古

---

[1] James F. Romano, *The Luxor Museum of Ancient Egyptian Art* (Mainz, 1979), no. 117, 以及 Jaromir Malek, *Egypt: 4000 Years of Art* (London, 2003), 290。

[2] Baines, *Visual and Written Culture in Ancient Egypt*, 154, 332 – 333, with references.

[3] Nicolas-Christophe Grimal, *La stèle triomphale de Pi ('ankh) y au Musée du Caire* (Cairo, 1981), pls I, V; and The Victory Stela of Piye, trans. Ritner in Simpson (eds.), *The Literature of Ancient Egypt*, 367 – 385.

典埃及语写成,而且对那些以往的形式十分了解。但是书面文化与口语习惯相去甚远。古典埃及语可以追溯到中王国时期,而皮耶所处的库什社会所讲的是与之无关的麦罗埃语。

在托勒密王朝时期(公元前305—前30年),埃及传统文化得以保存,并且在埃及神祇的神庙之内及其周边得到发展,而刚刚兴建的亚历山大里亚和其他几个中心区域则在政治事务和希腊文化方面占有最重要的位置。马涅托的埃及史大概创作于古老的都城孟斐斯,在这座城市中实现了最伟大的文化交融。相比之下,在上埃及南部,各州的神庙则保存良好。丹达拉(公元前1世纪)神庙用来储存祭仪用品的地窖刻有与存放物品有关的浮雕和铭文,提到了大金字塔的建造者胡夫(第四王朝,约公元前2550年)、第六王朝国王佩皮一世(约公元前2300—前2250年在位)和图特摩斯三世。铭文被当作一份古代文稿的抄本来进行展示,与周围的铭文迥然不同,其中提到了后两位国王。[①] 带有帕皮一世名字的物件,尤其是与他的赛德节(即位周年庆典)有关的物件,在埃及全境都曾发现过,其中包括一尊来自丹达拉神庙遗址的雕像,同时铭文中的一些内容能与魔法文献中的家族谱系相媲美。地方的关联可能促成了这一纪念仪式,这个仪式或许也是古代艺术品或文献的表现内容之一。

前文曾提到艾斯尤特的自述,对于包括这些自述在内的古代文献管理来说,最好的证据来自尼罗河谷西边的湖畔绿洲法雍姆的遗址。人们发现了一些纸草,它们最晚也能追溯到公元前3世纪,这些发现展现了一个至关重要又面临重重困境的本土文明。狭义的"史料"大量缺失。非王室自述的传统几乎消失殆尽,而且除了先前提到的那些,被抄写的文献少有为古者,不过它们沿用了古老的风格。至少,它们所代表的传统是埃及世俗体文字语言文学著作在600年间所坚持的。许多故事都对包括伊蒙霍特普和乔塞尔

72

---

① Francois. Daumas, Le trône d'une statuette de Pépi Ier trouvé à Dendara, *Bulletin de l'Institut Français d'Archéologie Orientale*, 52(1953), 163 – 172.

之类的要人的历史显示出了浓厚的兴趣。在乔塞尔时代近 2000 年后，他与亚述首都尼尼微联系在了一起，此时人们以象征性的风格运用着历史。很多故事都设定在国内发生冲突之时，而冲突则与被称为伊纳罗斯和培都巴斯提司的将军和国王有关。显然，第八王朝时的政治分裂和 5 世纪时对波斯统治的抵抗激发了这些故事的创作灵感。在一些可能是主要城市外围的地区，对传统作品和风格的控制及发展得到了验证。从古迹看来，亚历山大里亚和希腊文化在这一时期的埃及已经显示出了主导地位，但至关重要的本土文化对自身的过去仍有强烈意识，可只有其中一部分写入了希腊文作品。

有一篇叫作"世俗体年代记"的文献，大概属于公元前 3 世纪，其中能明确看到托勒密王朝期间显而易见的一些变化。[①] 它由一系列神秘的神谕组成，这些神谕都是关乎最近期的本地国王的，同时还有以预言形式出现的阐释，这些虚构的预言都以先前的朝代为背景。国王没能履行他们对神庙的义务，因此罪有应得。希望被寄托在了将出现于赫拉克利奥波里——这座城市自中王国时代起就是传统价值观念的代表——的拯救者身上。因此，为了带有某些天启意味的教谕论述，世俗体年代记利用了历史，而且对重大事件了解颇多。这样的策略在后来的古代地中海曾被普遍使用，而且在跨文化环境中很常见。古王国时期就对那个更早的中王国范本（前文已经提及）有所预言，这个中王国范本毫无新意地认为秩序会失而复得，然而这部年代记却含糊不清，只能寄希望于不可预测的未来。

岩石铭文与涂鸦之作

对国王和其他人来说，有一种寻常的纪念方式，就是岩石浮雕、

---

①   Friedhelm Hoffmann and Joachim F. Quack，*Anthologie der demotischen Literatur* (Berlin/Münster，2007)，183 - 191.

铭文或涂鸦之作,即一种综合了绘画和文字元素的形式。从前王朝时代晚期至托勒密时代,都发现过重要的实例,范围从苏丹中部和遥远的埃及沙漠西部直到叙利亚的幼发拉底河(只能在埃及提及的资料中得知)。[①] 同一块的岩石往往经过反复雕刻,既利用了合适的岩面,又建立起了与过去之间的对话。有些铭文雕刻与传统的铭文一样煞费苦心,但其中偶尔某些内容若出现在神庙纪念碑上会显得有悖传统。一个引人注意的例子,就是尼罗河第一瀑布附近的塞赫勒岛上的饥荒石碑,它属于托勒密王朝时期。这块石碑讲述了一个关于七个荒年的虚构故事,荒年发生的原因是没有按当地收成供奉本地的神祇——洪水之主胡努姆。这个故事以乔塞尔国王统治时期为背景,比石碑大约要早 2500 年。[②] 一篇历史文献可能是"伪造品",就像许多英文的修道院宪章一样,原因同样也与赋税有关,可是在埃及,虚构、文学和铭文的融合尤为复杂。是否有人要相信饥荒石碑上的内容尚不可知,不过它将大瀑布的风景作为史实记录了下来,这份记录被频繁运用于乔塞尔统治时期,无论人们如何解读它、是否解读它,这份记录也许都已经达到了目的。

73

与埃及境内的诸多铭文不同,对所有途经此地的人来说,岩石浮雕原则上是触手可及的(情况本不一定都是如此,比如大流士那篇巨幅铭文就在伊朗贝希斯顿的悬崖峭壁之上,难以接近;参见本卷 Mario Liverani 撰写的相关章节)。这样,它们便公开地向子孙后代讲话,并形成了一种强大的历史书写方式。这种方式展示了占有一定篇幅的宣言,并使之产生影响。早王朝和古王国国王们留在西奈的浮雕尤其如此,而且这些国王都曾重创敌人。尽管岩壁上的这种宣言对那些幸灾乐祸之人来说不堪一击,但其口气却斩钉截铁。出口的艺术品经过了转手和奇妙的保存,其中多数都是

---

① 参见 A. J. Peden, *The Graffiti of Pharaonic Egypt* (Leiden, 2001)。常有新的例子被发现。

② The Famine Stela, trans. Ritner in Simpson (eds.), *The Literature of Ancient Egypt*, 386 - 391.

用于外交的礼品,上面的信息与前文讨论过的刀和矛头上的信息相似。在岩石上刻写铭文的习俗在古代近东十分常见,在埃及也是如此,这一习俗给希腊罗马作家留下了深刻印象。

结语

众多作家创造了综合性的历史,然而由于历史的可阐述性,无论他们的目的是什么,他们的书写都是不确定的。对埃及来说,历史是能够复原和模仿的,而对过去的阐述也是形形色色的。马涅托的残篇长于叙述,在埃及本土文献中没有与之可匹敌者。这些节选的综合,看起来是年代记、王表以及围绕年代记和王表整理而成的奇闻轶事。但是,缺少正规的、扩展性的历史诠释,并不意味着对历史本身缺乏关注,或当下为日后创造的历史意义不足。历史是一个关于道德、文化和政治的宝库。它是真实的,可视的,而且借由遍布纪念碑和艺术品上的文字,人们能够释读它。古王国时期幸存下来且最令人惊叹的埃及建筑大金字塔,是供人参观和品评的古代遗迹,对于那些不晚于中王国时期的新建筑而言,金字塔成了获取灵感的源泉。以书面和纪念性的话语所发生的地点和实践为背景,这种人为地构建和雕琢出来的历史环境所产生的意义,或许就是埃及为西方传统的历史编纂学作出的最大贡献。不过,它还具有更为宽广的内涵。

大事年表/关键日期

约公元前 5000—前 3000 年	前王朝时代
约公元前 3500—前 3200 年	涅伽达文化 II 期
约公元前 3200—前 2950 年	涅伽达文化 III 期 A-B 时期
约公元前 2950—前 2575 年	第 1—3 王朝(早王朝时期)
约公元前 2575—前 2150 年	第 4—8 王朝(古王国时期)
约公元前 2150—前 1980 年	第 9—11 王朝(第一中间期时期)

约公元前 1980—前 1630 年　　第 11—13 王朝(中王国时期)

约公元前 1630—前 1520 年　　第 14—17 王朝(第二中间期时期)

约公元前 1540—前 1070 年　　第 18—20 王朝(新王国时期)

约公元前 1070—前 715 年　　第 21—25 王朝(第三中间期时期)

公元前 715—前 332 年　　　　第 25—30 王朝,第二波斯王朝(后埃及时期)

公元前 332—前 305 年　　　　马其顿王朝

公元前 305—前 30 年　　　　　托勒密王朝

公元前 30—公元 395 年　　　　罗马统治时期

主要史料

就如文中所提,古代的"历史著作"极为罕见。前文给出的只是筛选出来的参考资料。通过此处列举的出版物,大多数被援引而未被提及的资料都能找到。

Baines, John, 'On the Evolution, Purpose, and Forms of Egyptian Annals', in Eva-Maria Engel, Vera Müller, and Ulrich Hartung (eds.), *Zeichen aus dem Sand* (Wiesbaden, 2008), 19 - 40; online at: http://ora. ouls. ox. ac. uk/objects/uuid: d8c406c9 - e9ea - 4bac-86ef-8477eb58ff81.

Breasted, James Henry, *Ancient Records of Egypt*, 5 vols. (Chicago 1906 - 1907, with reprints).

Hoffmann, Friedhelm and Quack, Joachim F. , *Anthologie der demotischen Literatur* (Berlin/Münster, 2007).

Lichtheim, Miriam, *Ancient Egyptian Literature*, 3 vols. (Berkeley, 1973 - 1980).

Manetho, trans. W. G. Waddell (Cambridge, Mass. and London, 1940).

Simpson, William Kelly (ed.), *The Literature of Ancient Egypt*, trans. Robert K. Ritner et al. (3rd edn, New Haven/London,

75   2003).

The Tale of Sinuhe and Other Ancient Egyptian Poems，1940 –
1640 *BC*，trans. R. B. Parkinson（Oxford，1997）.

参考文献

Baines，John，'Ancient Egyptian Concepts and Uses of the Past：
Third to Second Millennium Evidence'，in *Visual and Written
Culture in Ancient Egypt*（Oxford，2007），179 – 201.

Redford，Donald B.，*Pharaonic King-lists，Annals，and Day-
books：A Contribution to the Study of the Egyptian Sense of
History*（Mississauga，Ont.，1986）.

Ryholt，Kim，'The Turin King-list'，*Ägypten und Levante*，14
（2004），135 – 155.

—— 'On the Contents and Nature of the Tebtunis Temple Library：
A Status Report'，in Sandra Louisa Lippert and Maren Schentuleit
（eds.），*Tebtunis und Soknopaiu Nesos*（Wiesbaden，2005），141 –
170.

王 海 利　李　慧　译　陈　恒　校

第四章　古代以色列史学

约翰·凡·塞特斯（John Van Seters）　文

希伯来圣经中的历史学,就是对以色列民族往事的叙述,其年代范围从人类与民族的起源延续到王国时期的结束。尽管它在形式上类似于现代的历史学,但是在一些重要方面却与后者存在着根本性的差异。当我们着手研究圣经历史学时,就必须把现代观念撇在一边,不能再认为重构过去的历史是以史料的科学批判以及历史学家对档案的运用为基础的;或者,在评定历史或然性的程度时,也必须忽略与历史事件同时期的文献资料或一手证据和传统的神话传奇之间的区别。希伯来圣经对于这种重构历史的现代方法毫无所知。从《创世记》至《列王纪下》的内容相当于一部以色列人的历史,其叙述所依据的是巴勒斯坦高原上各个部族原有的一系列传统,同时也有一些来自外族的神话传奇,它们已经被圣经作者们搜集整合为一个民族的历史传说。这部历史的最早版本进而经过后代作者们的逐步扩充和修订,直至成为现在的面貌。即使在这个最终版本完成之后,仍然另有一部单独的"修正版"历史,出现在上下两卷《历代志》中。这一重建和修订历史的过程中,历史学家在每个阶段都会受到那些有关以色列民族天性特征之构成要素的新观念的驱使。这样的一部历史传说无视时代错误,而古代历史学家又任意地对其叙述大加虚构,以至于在现代历史学家看来,他们的记载没有资格成为历史作品。

尽管作者的身份千差万别,但是在他们对古代历史素材的运用方面,我们还是能够识别出一些为这些作者所共同关注的问题。

其中，最主要的便是集体认同感的形成——以色列，它根植于有关起源和民族命运的传说。由于这些起源的问题被理解为依赖于一位神祇的所作所为，比如神意使人们从埃及获得解放，或者神意选择某位祖先成为民族的创始人，因此，神学的因果律贯穿于这样一部历史之中。神力对于人类事务的干预就是其准则，而历史事件便也有着必然的目的论的意义。与集体认同感的形成紧密相连的还有原因论和制度的合法化问题，诸如圣殿、神职和王国的建立等。该民族"历史"的这种基本形式一旦被创造出来，它便不仅吸引人们再三地进行重大修订与扩充，而且还会衍生出次要的增补内容，体现着各种更为具体的思考，以及"从过去所获得的教训"。

圣经的历史作者均已佚名，而且他们在《创世记》至《列王纪下》中各自所写作的部分也没有明确的区分，所以，长久以来存在着针对该文本文学批评分析的争议。然而，本章并不适宜对此争议进行详尽阐释，因此，将仅限于我个人的批判性分析。此外，过去有些历史学家曾试图采取古典历史学对"近期"(recent)历史事件和"古代"(antiquarian)历史加以区分的方法，并且想要从大卫的传说中找出某些属于当时亲身见证者的叙述；不过，尽管如此，这种区分方法却通常是无效的。除了《以斯拉记》(*Ezra*)和《尼希米记》(*Nehemiah*)中的部分内容以外，我们在希伯来圣经中所面对的都是古代历史。只有在成书于希腊化时期的《马加比书》上卷(*I Maccabees*)中，我们才能见到那种与希腊式的近代史相似的军事史。

传统上把《创世记》至《列王纪下》诸卷划分为"五经"(《创世记》至《申命记》)和"历史书"(《约书亚记》至《列王纪下》)，因此，其中所叙述的历史在属性与范畴方面已然变得模糊不清。在过去，这种划分导致了"五经"与"历史书"之间截然不同的成书史研究，也引发了关于每位历史学家各自作品写作界限的激烈争论，学者们考察了《旧约》的各个章节实际上是在何时由何人撰写的。得到广泛接受的观点认为，《申命记》属于其后的"历史书"(《约书亚记》至《列王纪下》)，为所谓的"申命记历史"(the Deuteronomistic History,简称DtrH)进行了某种意识形态的引导，其作者被称为

"申命记历史学家"(the Deuteronomist,简称 Dtr)。[1] 这样便分化出
"四经"(《创世记》至《民数记》),它是由两种基本"文献"构成的:一
种是世俗的或非祭司的文献(即所谓"耶典历史",或简称 J),另一
种是祭司派文献(简称 P)。这两类文献是如何彼此结合在一起的,
它们与《申命记》和"申命记历史"的关系又是怎样的,这仍然是学
者们争论的问题。我个人认为,"申命记历史"是这些历史著作中
最早的,《创世记》至《民数记》诸卷中的"耶典历史"对其进行过增
补,神职人员的文献又对其予以进一步扩充。[2] 在下文中,我将依
此顺序考察这三类历史学家,并且以现代学术界所熟知的缩写字
母指代他们。最后,我还会关注《历代志》、《以斯拉记》和《尼希米
记》诸卷的史学传统,它们对希伯来圣经的早期史学传统提出质
疑,并做出修正。

申命记历史

　　作为圣经中最早的历史叙述,"申命记历史"所呈现的以色列 78
民族的历史进程开始于他们在旷野中的起源,到摩西率领他们摆
脱埃及的压迫之后,历经约书亚领导他们对"应允之地"的征服,
"士师"统治他们在以色列地区的生活,扫罗、大卫和所罗门治下的
统一王国的兴起,以及王国分裂为犹大和以色列,直至各自走向最
终灭亡的过程。以色列的民族之神耶和华把"摩西律法"给予他
们,而这部历史则被当作一种生动的训诫,昭示了对"摩西律法"的
服从和违背,以及破坏"律法"所导致的后果。正是有关这些律法
的时代错乱的论述,为该著作的社会历史背景提供了线索,说明它

---

[1]　支持此观点的著作有:Martin Noth, *The Deuteronomistic Historian* (Sheffield,
　　1981);另见 Thomas Römer, *The So-Called Deuteronomistic History* (London,
　　2005)。

[2]　对此更详尽的论述见 John Van Seters, *The Pentateuch: A Social-Science
　　Commentary* (Sheffield, 1999)。同时比照 Joseph Blenkinsopp, *The Petateuch:
　　An Introduction to the First Five Books of the Bible* (New York, 1992)。

源于一场发生在犹大约西亚国王统治时期的宗教改革运动（公元前 7 世纪晚期），而这场运动是以"律法书"（《列王纪下》第 22 至 23 章）的"发现"为基础的。学者们将这部律法书等同于《申命记》中的法典（《申命记》第 12 至 26 章），前面有一段摩西的劝诫作为引言（第 6 至 8 章），后面是针对破坏律法之行为的一系列警告作为结语（第 28 章）。"申命记历史学家"（Dtr）于公元前 6 世纪早期接受这部律法书，增加了一些有关旷野之旅的阐述（第 1 至 3 章），以及耶和华通过摩西颁布律法的背景介绍（第 5、第 9 至 10 章），并且利用约书亚在摩西死后被指定为其继承人的内容，将叙述联结到"应允之地"的征服和定居。

因此，对于"申命记历史学家"来说，《申命记》的意义便在于阐释了以色列民族的起源，他们遵从着与耶和华神订立的神圣契约，这一契约的内容就呈现在"十诫"和摩西法典之中。于是，耶和华神也必须实现他的许诺，把原属于阿摩利人（Amorites）的土地给予以色列民族，并确保他们在这块土地上安居乐业、繁荣昌盛，作为对他们服从律法的回报。根据这种思路，出现了时间上的误置，约书亚的改革方案被当作摩西立法之初所奠定的以色列民族的制度基础。接下来，《约书亚记》至《列王纪下》几卷讲述了以色列人和他们的领袖如何遵从或违背了这些律法，以及他们的行为在不同历史时期中所造成的后果。

"申命记历史学家"所呈现的约书亚时代，就是在约书亚的有生之年以色列民族完全忠诚于契约的时期（《约书亚记》第 1 至 2 章），在此期间，以色列人成功地占有了"应允之地"。约书亚最后的使命是警告人们不得破坏与耶和华之间的契约，并且对未来给出了预言（《约书亚记》第 23 章）。其后士师时代的历史便展现了人们因无视这一劝诫而招致的后果。关于约书亚之后的时代，"申命记历史学家"讲述了一系列受人爱戴的部落英雄们的传说，这些人因其抵抗外族压迫的英勇行为而享有名望，尽管以弱敌强，却能取得异乎寻常的胜利（《约书亚记》第 3 至 16 章）。

"申命记历史学家"将这些传说纳入某种观念框架之中，它开始于一段意识形态的引论(《士师记》第 2 章第 6 节至第 3 章第 6 节),声称在约书亚这代人之后,下一代人们忘记了耶和华的事迹,甚至"行耶和华眼中看为恶的事":也就是信奉其他神灵。作为报复,耶和华使他们屈服于敌人,遭受敌人的压迫。只有这样,他们才会向耶和华求救,他便派遣一位救世主来拯救他们。于是,这一代人维持了忠诚,直到救世主去世,他们才再度跌入邪恶的行径。内容迥异而彼此独立的各个英雄传说被安排得适合于这一不断重复的主题,40 年为一代,每代人都有一位被称作"士师"的英雄,而且,关于每一次拯救行为的传说都被解释为神灵对以色列人的忏悔与求救所做出的回应。它们并不是没有确定时代的地方传说,相反,其中的各位士师被排列在一个每 40 年为一代的时间顺序中,并且被当作整个民族的领袖。如此一来,"申命记历史学家"便在王国的征服与兴起之间创造出一个"士师时代",用以支持他本人的历史思想。

这部历史接下来的主要部分陈述了王国的兴起,以及统治全体以色列民族的"统一王国"的前三位国王的故事(《撒母耳记上》第 8 章至《列王纪上》第 2 章)。在王国创立之初,"申命记历史学家"借助上帝的代言人撒母耳之口,表达了一种深切的犹疑,指出只有在国王服从耶和华的律法并忠诚于他的契约时,王国的统治才能取得成功。这与近东地区的其他主要政权完全相反,在那些地方,王国代表着众神所建立的唯一切实可行的统治形式,两河流域和埃及的所有重要历史文献也都在试图展现国王是如何成为神意在人间的代理或化身的。

扫罗是第一位国王,他最初作为上帝选定的领袖,要将人民从非利士人手中解救出来,但是后来由于违背了上帝的指令,便丧失了他的王国。另一位国王是大卫,"一个合他[上帝]心意的人"(《撒母耳记上》第 13 章第 14 节),他从扫罗个人的卫队中成长起来,是一名抵抗非利士人的战士。在扫罗屈辱地战败于非利士人之后,大卫取而代之,成为整块疆域上的国王。他非常成功地征服了所有敌人,并且为这方土地带来和平,同时将耶路撒冷建为都城。大卫终其一生完全服从于上帝的律法,树立了国王的典范,对此,"申命记历史学家"在其史书的其余篇幅中不惜笔墨地反复申说。作为对这种服从的报偿,上帝许诺大卫的后代将一直享有耶路撒冷的王位。大卫想要用雪松建造一座圣殿,来安放珍藏着神圣律法的约柜,却未能如愿;这项任务将由他的儿子和继承人所罗门代为完成。

80   所罗门建起存放约柜的圣殿,从而实现了大卫的愿望和上帝的许诺。同时,有关所罗门圣殿的传说又体现出申命记历史的另一项主要原则:耶路撒冷的圣殿是被耶和华选中安放其名的地方,而且上帝的形象以约柜为象征,使此处成为唯一真正的圣所。这种主张其实是公元前 625 年约西亚改革运动的内容之一,因此它在时间上完全不符合所罗门的年代。在整个以色列和犹太地区肯定曾经存在着许多耶和华的圣所,直到约西亚将它们全部废除。此外,"申命记历史学家"将圣殿的修建归于所罗门,在很大程度上也是意识形态建构的结果。它可能反映了在王国末期对圣殿的怀旧式追忆,却被大为理想化了。再者,从早期先知的话语和《诗篇》的内容中,人们会想到,内殿中供奉的乃是一尊作为以色列圣王的耶和华神的坐像,这不同于近东地区的其他神殿。相反,根据"申命记历史学家"的说法,上帝的形象却是以约柜为象征的:它是一只保存着作为与上帝契约的律法的箱子,就如同《申命记》所描绘的那样。珍藏于国家中心的正是这部法典,它表达着上帝的意志。简而言之,"申命记历史学家"撰写所罗门圣殿的历史,旨在为耶路撒冷成为宗教中心,同时也为约西亚时代的申命记法典所体现出的整场改革运动,树立历史合理性的依据。

“申命记历史”的其余部分(《列王纪上》第 12 章至《列王纪下》第 25 章)针对犹大和以色列这两个并列存在的王国。它首先描述了"统一王国"走向分裂的历史背景,分裂后的两个部分实力悬殊,一个是北方的以色列王国,疆土更为辽阔,由新王朝进行统治,另一个是南方的犹大王国,王权仍属大卫家族。接下来,记录了两个王国历任国王的继承顺序,直至以色列王国被亚述人灭亡,以及后来耶路撒冷和犹大王国又遭巴比伦人毁灭。关于这两个王国的历史叙述被赋予一种意识形态框架,在其中依据申命记律法的要求对每位国王加以评判,看他们是否使上帝满意,大卫被当作贤王的榜样,而以色列王国的首任国王耶罗波安(Jeroboam)则成为北方王国中叛教者的典型。

关于这部历史的一些宏观叙述井然有序。这是一部民族史,包括从以色列人在旷野中的起源直至两个王国的终结的整个时期。它以编年叙述的方式呈现了一个民族的生存历史,并且为历史事件赋予道德和意识形态的意义,这在近东地区的历史编纂中是绝无仅有的。不过,"申命记历史学家"有时的确也会在他的作品中采用古老的近东历史编纂的形式或体裁。有关约书亚率领人们进攻迦南的叙述,就是模仿了公元前 8 世纪晚期和前 7 世纪亚述人征服战争的记载,甚至借用了某些非常特别的主题和语言。[1] 同样的,犹大和以色列王国的两份王表,也类似于美索不达米亚地区的王表(米查洛夫斯基在本卷中对此有所介绍),用以确定王国历史的编年框架。然而,无论是埃及、美索不达米亚,还是赫梯,都不曾有一部民族史能够超越对国王事迹的记录或者王权更迭的年表。在这些民族当中,历史编纂从未涉及人们的美德或弱点。

"申命记历史"还明确表现出一种强烈而牢固的民族认同感和群体认同感。这种身份认同的标准与界限就是以色列民族从始至终共同经历的历史、他们共有的习俗、法律和制度,还有需要摒弃的外族干扰因素,以及根植于他们与唯一的民族之神耶和华的契约关系之中的宗教基础。而且,他们与其土地的关系也是此种认同感的基础,因为这土地为耶和华所有,作为某种"遗产"被许诺给予以色列民族。既然"应允之地"成为意识形态整体建构的一部

81

---

[1] John Van Seters, 'Joshua's Campaign of Canaan and Near Eastern Historiography', *Scandinavian Journal of the Old Testament* (1990/2), 1 - 12; and Nadav Na'aman, 'The "Conquest of Canaan" in the Book of Joshua and in History', in Israel Finkelstein and Na'aman (eds.), *From Nomadism to Monachy: Archaeological & Historical Aspects of Early Israel* (Jerusalem, 1994), 218 - 281.

分，那么，跨越以色列民族认同的宗教和文化界限也就意味着丧失了对这土地的任何权利。圣经历史编纂对后代的主要影响之一，就是身份认同的意识形态成为其叙事结构和以色列民族历史呈现的基本方面。在其他近东地区的历史编纂中，这是绝无仅有的；①但是，通过对历史的诉求来创建民族认同感的做法却已然成为民族史编纂的基本特征，并一直沿用到现代。

在这一点上，我们应该注意到，圣经历史学家为我们呈现了此种身份认同的最高形式，它是处于大卫和所罗门统治之下的以色列与犹太显赫的"统一王国"，财富充盈，建筑宏伟，控制着幼发拉底河至埃及边界之间的大部分黎凡特地区。然而，公元前10世纪巴勒斯坦的考古证据却表明一种截然不同的景象。②人们越来越清楚地看到，那两个王国——位于北部高地的以色列和位于巴勒斯坦南部高地的犹大——具有各自独立的起源，事实上不曾存在一个"统一王国"。扫罗可能只是以色列便雅悯（Benjamin）部落中一小块领地的酋长，而大卫也不过是在犹太地区一块非常普通的领地上创立了王朝，并且与扫罗没有任何历史关联。可见，正是这位生活于公元前6世纪早期的犹太历史学家，即"申命记历史学家"，从邻近的便雅悯地区接受了当地有关扫罗的传说，将它们与犹太地区的大卫的传说结合在一起，使犹太的大卫变作以色列的扫罗的王位继承者。因此，"统一王国"是意识形态建构的产物，用以为以色列民族统一的身份认同创造基础。既然犹大和以色列人崇拜同一位民族之神，申命记律法也就成为"所有以色列人"的法典，而那

---

① 参见最新的综合性研究成果：Kenton L. Sparks, *Ethnicity and Identity in Ancient Israel：Prolegomena to the Study of Ethnic Sentiments and their Expression in the Hebrew Bible* (Winona Lake，Ind.，1998)；and E. Theodore Mullen，Jr.，*Narrative History and Ethnic Boundaries：The Deuteronomistic Historian and the Creation of Israelite National Identity* (Atlanta，1993)。

② Israel Finkelstein and Neil Asher Silberman，*The Bible Unearthed：Archaeology's New Vision of Ancient Israel and the Origins of Its Sacred Texts* (New York，2002)。

座保存着这部律法的唯一合法的民族圣殿也就成为整个民族的宗教中心。于是，借助仅有的一些地方传说，"申命记历史学家"利用两个彼此独立存在的政权虚构出一个单一的以色列民族，并且将这种关于以色列的认识回溯至摩西在旷野中的古老年代、约书亚对南北两地的征服以及士师时期。所以，圣经中的以色列历史首先就是这种意识形态建构的历史。

我们在上文还曾指出，神意对国家事务的干预是"申命记历史学家"理解历史因果性的主要方式。在这方面，圣经历史编纂据说与后来的古典时期历史学家之间存在着明显差异，但是它却与很多近东地区的历史文献具有相似的视野。[①] 不过，这一观点有待证实。圣经历史学家可以在事件显而易见的直接原因和寓于上帝意志或目的之中的终极原因之间作出区分。因此，他将导致南北部落分裂为两个王国的直接原因归于所罗门之子罗波安（Rebohoam）的愚蠢决定，但同时又指出"这事乃出于耶和华"（《列王纪上》第12章第15节），它既是对所罗门重婚之罪的惩罚，也是与有关所罗门的预言相吻合的。耶和华的意志是终极原因，在事件发生之前很久便决定了。对历史原因的短时段和长时段两个层面所进行的此种划分，并不仅局限于这一段落，所以，圣经历史叙事中的神意干预可能比它通常看上去的更为精致微妙。同时，古典历史学家，比如希罗多德，也会提及神意对人类事务的干预，与这里所说的做法并无很大差别。[②]

与神意干预密切相关的是预言在"申命记历史"——尤其是《列王纪》——中的地位。考虑到预言的习俗在整个王国时代的重要

① E. W. Nicholson, 'Story and History in the Old Testament', in Samuel E. Balentine and John Barton (eds.), *Language, Theology and the Bible: Essays in Honour of James Barr* (Oxford, 1994), 135 - 150.

② 见希罗多德关于阿尔特米西昂（Artemisium）战役的叙述：Herod. 8. 8 - 13; and John Van Seters, 'Is There any Historiography in the Hebrew Bible? A Hebrew-Greek Comparison', *Journal of Northwest Semitic Languages*, 28:2(2002), 1 - 25。

性，这也就不足为怪。我们发现，国王在进行重要军事行动或者神庙建筑工程之前向预言师占兆问卜在美索不达米亚的历史文献中是普遍存在的现象。在古希腊的历史编纂中，希罗多德也会利用智囊的警告、巫师的预言和神谕占卜，作为建构其历史著作的重要手段。在圣经的《列王纪》中，预言以及预言的实现通常是由耶和华促成的，这种模式造成了有关神意掌控历史事件的强烈意识。如果某个预言及其实现过程需要历经数代，那么，这种预言——实现的模式就体现出更为宏大的神圣计划和民族命运。历史编纂本身从而被理解为一种能够揭示未来的预言形式。结果，后代的人们把预言师和历史学家混为一谈。因此，从《约书亚记》至《列王纪下》中的圣经历史被称为"前先知书"。

耶典历史

"耶典作家"（Yahwist，简称 J）生活在那些被放逐于巴比伦的犹太人之中，其作品的写作年代是公元前 6 世纪中期。他对以色列历史编纂所作出的贡献是扩充了"申命记历史"，在《申命记》基础上增加了《创世记》至《民数记》的叙述，作为历史的序幕。[①] 通过将"申命记历史"中的民族史向前延伸至太古时代和人类的起源，"耶典作家"使这部民族史转变为一部世界通史。实现这一目的的唯一做法是利用有关起源的神话传说，将它们纳入谱系框架之中，从而创造出一种下迄"历史"时代的时间序列。[②] "耶典作家"与其他古代民族共同拥有这些起源神话，其中有一些是从后者那里直接或间接地吸收得来的。它们包括创世传说、文化的起源和创造、

---

① "耶典作家"作为历史学家的身份，详见笔者如下著作：*Prologue to History：The Yahwist as Historian in Genesis*（Louisville，KY，1992）；and *The Life of Moses：The Yahwist as Historian in Exodus-Numbers*（Louisville，KY，1994）。

② 这种形式的古代历史常见于古典史学之中，现存最优秀的代表作是狄奥尼修斯（Dionysius）的《罗马古物》（*Antiquities of Rome*）。见 Emilio Gabba, *Dionysius and the History of Archaic Rome*（Berkeley，1991）。

半神的英雄时代、大洪水以及最初的城市创建。其中有些类似于美索不达米亚的传说，另外一些则与古希腊的相似。不过，他在自己的历史格局中安排这些素材的方式，对于其世界通史的阐发却有着非常重要的意义。①

在《创世记》中，"耶典作家"采用了有关创造人类的观念，如同美索不达米亚的传说，但是在他这里，被创造的人只有两个，而其他人类则都是这两个人的后代；同时，他还建立起一个直迄大洪水时代的连贯的谱系。即使这场灾难就像在美索不达米亚传说中那样导致了一个新的开端，它也不是一次全新的创造，而是同一个家族的延续，该家族的成员后来成为全人类的祖先。这个起点之后，历经数代，在家族谱系的一个分支上，以色列人的祖先才成为关注的焦点。这一格局产生了一种非常显著的统一观念，创造了一种世界通史，这在其他有关起源的古代传说中是绝无先例的，并且对后来的世界通史观念产生了十分有力的影响。

为了支撑这种普遍性的视野，"耶典作家"将以色列人的民族神耶和华等同于创世之神——掌控着所有人类事务和自然世界的唯一的神。这意味着一种适用于全世界所有人的道德准则，以及一种超越于以色列民族特定的习俗和制度之上的全人类的共同经验。这种普世的道德准则以讲述罪恶与惩罚的形式，在关于太古时代的历史中成为基本主题。尤其是大洪水的普世性判决，为这部历史赋予一种对世界持久的道德化和目的论的理解，它支持着关于历史发展之终点或目的的观念。如果说"申命记历史学家"关注的是一个在民族之神护佑下由民族律法决定其命运的民族，那么，"耶典作家"则呈现了一种处于一位普世之神的恩赐或判决之下的普世性道德准则。

关于民族祖先的传说，包括亚伯拉罕、以撒、雅各及其十二个儿子（还有一个女儿），②构成了《创世记》的主要部分（第12至50

84

---

① 更为充分的论述见 Van Seters, *Prologue to History*, 47-99。
② 这位女儿没有扮演部落祖先的角色。

章）。为了填充民族史前史的这段时期，"耶典作家"采用了一系列有关祖先的地方传说，并将它们整合进一个世代传承的世系结构之中，同时，通过叙述这些祖先们的漫游旅程，使他们与整个以色列地区联系起来。与早期希腊传统相似，以色列的祖先从亚伯拉罕到雅各十二子也是被安排为四代，不仅涵盖了以色列（雅各）各部落的先人们，也包括与之紧密相连的邻近民族的祖先，诸如亚兰（叙利亚）、亚扪、摩押、以东和阿拉伯。相反，"迦南人"则被视为古老的土著居民的一部分，以色列人寄居在他们当中。

根据"耶典作家"的说法，早在摩西之前，上帝就引导以色列的祖先亚伯拉罕离开异乡的土地，并且决定了其后代子孙的命运，许诺给他们独立的国家、土地和财富。这些许诺在相继的每一代人中都得到重复和传播，因此，他们现在为整个父权时代以及其中的不同阶段赋予了历史意义。正是以这种方式，"耶典作家"为以色列—犹太人的民族认同感创造了一个全新的维度，因为，他在"申命记历史学家"关于国家认同的评判标准之上，补充了一种以谱系神话为基础的种族认同的评判标准，这一谱系源于一系列共同祖先，耶和华神已经无条件地许诺给他们一个伟大的国家。即使在国家灭亡、土地沦丧之后，通过与雅各/以色列的联系，以及从上帝许诺中所表达出的强烈愿望，处于流亡与迁移（"耶典作家"自己所处的社会背景）过程中的以色列人仍然能够保持这种认同感。

雅各及其儿子的传说反映了北方人眼中以色列民族的融入情况，约瑟和便雅悯这两位受宠的儿子的故事，代表着北方高原的核心地带，而其他几位儿子的故事则代表着周边地区。这里面包括犹大，他是雅各失宠的妻子利亚的第四个儿子。关于雅各子孙身世的这些传说似乎反映了公元前 9 世纪早期暗利（Omri）与亚哈（Ahab）统治时代的政治现实。但是，"耶典作家"修改了约瑟的故事，通过取代长子流便（Reuben）来彰显犹大作为约瑟与其兄弟之间的调解人的重要角色。由十二个部落组成的共同体意识，在"申命记历史"中便已经有所体现，作为一种集体认同感的表达发挥着日益重要的作用。

　　这种父权时代的种族认同感的表达，通过约瑟的传说以及逗留埃及的故事，而与一个有关埃及地区的以色列民族祖先的独立传统联结在一起。正是在这段逗留期间，"雅各的子孙"发展成为一个国中之国，威胁到埃及的安全，这导致他们遭到驱逐。他们在埃及受到压迫，获得解放，逃离埃及，在荒野中游荡，并到达"应允之地"，这些故事被理解为摩西的生平传记。① 在"耶典作家"讲述这些故事的几乎每个段落中，摩西都处于主导地位。这是历史编纂形式中的一个显著进步，除了在巴比伦的萨尔贡传说中略有体现以外，是没有先例的。② 构成以色列民族"律法时代"的全部历史时期被局限于摩西一生的时间范围内，他是这一时代的开创者与立法者。这样一来，"耶典作家"不但可以将作为"申命记历史"导言的《申命记》囊括进他本人历史写作中对这些事件的概括叙述，并且有机会修改和证明他对荒野时期以及他本人所处时代的法律的理解。不过，摩西的时代是与一个作为古代族长后裔的以色列民族的认同感和命运联系在一起的，它开始于亚伯拉罕、以撒和雅各所崇拜的耶和华神将他的子民从埃及人手中解救出来，结束于摩西从尼波山上（Mount Nebo）望见那块许诺给古代族长们的"应允之地"。

祭司派历史

　　"祭司派历史学家"（简称 P）是在公元前 5 世纪晚期犹大国重建的时代从事历史写作的，对之前的"耶典历史"进行了扩充和修改，他所采取的一系列处理方法颇为引人注意。在"耶典作家"关于远古时代的历史叙述之前，"祭司派历史学家"增加了一段作为引言的宇宙论内容，它不仅包括人类与动植物的起源，还涉及宇宙

86

---

① "耶典作家"对此时期的叙述方式，详见笔者著作：*Life of Moses*。
② 这篇虚构的传记讲述的是，巴比伦国王萨尔贡大帝在婴儿时期曾经被人从漂浮于幼发拉底河上的篮子里救起，后来成为帝国统治者。

的其他部分。这一切的创造都来源于唯一一位神祇在六天之中分别给出的谕令。在这种基本的秩序被建立起来，并且确认为"甚好"之后，第七天就成为休息的圣日，受到赐福，用以模仿这位创世之神在创造活动之后的安息。

长久以来，人们已经注意到，"祭司派历史学家"关于创世的表述与"耶典作家"在《创世记》（第2章第4节b至第3章第24节）中的说法大相径庭，不仅在呈现方式上，而且在创世行为的先后顺序方面，均有差异。这在很大程度上是由于"祭司派历史学家"采用了万物起源的创世神话，并对其中的各种现象去除神秘色彩或者予以理性化的处理。于是，划分深渊的大河就不再是杀灭魔怪的神话，给"大地"赋予生殖力量的话语是对大母神的一种苍白的反映，"掌管"白昼与黑夜的日月在"祭司派历史学家"这里则不再是神灵，而成为巨大的发光体。因此，"创造天地的来历"（第2章第4节）虽然遵循着神谱中确定的顺序，但是却具有一种理性化的形式，使之符合"祭司派历史"传统中的一神教神学。

"祭司派历史学家"在这部宇宙通史（universal history）的开始部分最先讲到的是时间本身的创始，它来源于上帝创造光明，开启了世界的首日。时间产生之后，便用来计算创世过程中接下来的天数。而且，各个天体的基本功能也是规范时间、季节和年月。那些圣日，特别是安息日，被当作这一宇宙秩序的一部分，因此，作为编年记事的历史只是宇宙或自然秩序的某个方面。这自然就支持了祭司作为这一宇宙秩序的捍卫者的地位，并为之提供了合理性依据。一旦为精确的编年史建立起这种意识形态的基础，"祭司派历史学家"便试图将历史的其余部分也都安排在一种严格的编年法则之中。

在巴比伦的古代传统中，世界编年史的年代是由王族世袭确定的，这种世袭来源于时间起始之时的天神，在遭受大洪水之后得以复兴，其严格的编年序列一直延续到历史时期。这种传统后来出现了一种变体，在这里，国王是被特别创造出来的人，依靠各位神灵所赋予的神力而履行其管理任务，统治其余的普通人。"祭司派历史学家"采用了这种神话,甚至保留了众神议会的痕迹:"我们要照着我们的形象,按着我们的样式造人,使他们管理……"(《创世记》第 1 章第 26 节)。但是,这种神话也经过了大众化的改造,以便适用于全体人类以及它与其他创世神话的联系。于是,宇宙通史也就不再像巴比伦那样取决于国王世袭的编年史,而是由亚当及其子孙的人类谱系所决定的。它成为全人类的一部单一历史,在人类之上是一位掌管整个宇宙的无名的神灵。

　　此外,"耶典作家"初步的谱系式编年法曾经将亚当至诺亚的大洪水之前的时期以及之后从诺亚到亚伯拉罕的时期各划分为七代,"祭司派历史学"沿用了这种模式,并且各增加为十代。他把这种世代划分与严格的年代序列结合在一起,就像巴比伦王表那样,但是他的纪年不是依据国王在位时间的长短,而是给出父辈的寿命长短以及长子出生时他们的年龄,从而据此计算出精确的年代。按照巴比伦的传说,大洪水之前的国王统治了很长一段时间,有数千年之久,《创世记》第 5 章中那些大洪水之前的长寿的祖先们即反映了这一传统。"耶典作家"笔下的大洪水故事在时间上被改写成历时一年,并且被纳入诺亚生平的绝对化年谱之中。各位族长的生平也同样被赋予精确的编年,用来确定他们一生中重要事件的发生顺序,尤其是那些与生死有关的时刻。①

　　"祭司派历史学"写作的另一个重要方面是试图将历史划分为若干时代。"耶典作家"的粗略划分已经在某种程度上体现了这种意图,"祭司派历史学家"又以特别的方式对它加以强化。最初的时代开始于第一对人类夫妻,神赐给他们富饶,并且命令他们治理大地。大地产出的果实提供给人类作为食物,但没有肉食,所以人类是素食者。这个时代延续到大洪水时期。大洪水之后,神重新将富饶的祝福赐予那些幸存者,而且允许他们食肉。同时,人类也受到有关杀人罪的新律法的约束,以便抑制那种导致了大洪水爆

---

① 正是由于"祭司派历史学"这种精确的纪年法,7 世纪中期的 James Usher 神父才将创世的时间定于公元前 4004 年。

发的暴力行为。此外，律法还规定人类虽然可以食肉，但不可食血。神与人类订立了一种"永恒之约"，以彩虹为证，神许诺不再给大地带来另一次大洪水。在这两个时代中，对神灵只使用泛称 *Elohim*（神）。

在大洪水之后第十代的末期，亚伯拉罕开启了一个新的时代，并且为他的子孙订立了新的"永恒之约"。这一契约的证明是所有男性均接受割礼，凡是希望遵守契约的人都必须履行这项义务。除了赐给富饶多产，神还允诺他们可以建立自己的国家，拥有自己的土地，就像"耶典作家"所说的那样。神向亚伯拉罕昭示了神的圣名"全能之神"（*El Shaddai*），所有的族长们皆以此名称呼神，并且共同遵守这一契约。

摩西的一生开创了又一个时代。神向摩西昭示了圣名"耶和华"（*Yahweh*），这是以色列之神的称呼。从神的话语来看，"祭司派历史学家"确认这位神就是族长们所崇拜的那位"全能之神"（*El Shaddai*）。而且，神向族长们所作出的契约式允诺同样也适用于他们的子孙，神将要拯救他们逃出埃及。除摩西本人以外，还有大量的律法也标识出这一时代。然而，与《申命记》和"耶典历史"相反，"祭司派历史"中明确讲到西奈之约的内容非常少，甚至有人认为根本没有提及。但是，既然"祭司派历史"本质上是对"申命记历史"和"耶典历史"的某种补充，那么，在我看来有理由认为"祭司派历史学家"接受了这样一种契约观念。他甚至暗示，这一契约的标识就是纪念安息日（*Sabbath*）的仪式（《出埃及记》第 31 章）。

"祭司派历史学家"对之前的"耶典历史"所进行的最大补充是有关祭司事务的内容，包括神殿礼拜、净化仪式的法则、献祭以及节日安排。这直接关系到第二圣殿时期祭祀仪式的重建，并且与"耶典作家"截然不同。后者生活在巴比伦之囚的时期，对这些仪式的关注非常少，而当时可能也不需要任何祭司来主持宗教仪式。因此，在"耶典历史"中，"会幕"（tent of meeting）只是一个意义不明的帐篷，摩西在那里接受了神的启示，但是没有祭司，也没有仪式，只有一位俗人约书亚参与此事。相反，这个"会幕"或"帐幕"在"祭司派历史学家"那里却演变为一座精致小巧的神殿,有着众多祭司以及献祭和礼拜仪式,并且成为人们生活的中心。人们对政体的理解也被"祭司派历史学家"改造为一种"神权政体"①,它是一种二元政权,由一位世俗统治者和一位大祭祀组成。最初,摩西的权力在大祭司亚伦之上,因为他是全部神圣启示的中介人;而摩西的后代,比如约书亚,则必须接受大祭司的命令。这一政体对祭司和俗人都作出了多种规定,使得整个民族共同体——"以色列会众"——成为一种复杂精密的组织机构。社会秩序和宗教秩序遵循着宇宙秩序以及神的统治,这一切都意味着"祭司派历史学家"的叙述将祭司置于所有社会生活领域的中心。如此一来,他就为第二圣殿时期的统治者与大祭司在耶路撒冷圣殿社群中的地位赋予了历史合理性。

在"申命记历史"和"耶典历史"之上,"祭司派历史学家"还补充了另一种关于集体认同的维度。"申命记历史"中,认同感是涉及民族与土地的国家认同,以及对耶和华的承诺,在"耶典历史"中,则是通过祖先而形成的种族认同;而对于"祭司派历史学家"来说,认同感还包括遵守特定的仪式,诸如割礼以及所有犹太人都接受的安息日礼仪、各种宗教节日和饮食规则等,同时也包括拥护这种宗教的神权统治结构。这让那些离散的犹太人能够在巴勒斯坦的土地上维持一种有别于当地生活方式的民族认同感。正是由于"祭司派历史",犹太人无论生活在什么地方,都能保存这种认同感。

大卫王传奇

如前所述,大卫王处于"申命记历史"的中心位置,但是它却只包含了一小部分有关大卫王的圣经故事。其中最大的篇幅是关于大卫及其家族的内容,可以称为"传奇",包括他逐步成长为扫罗王

89

―――――――――

① 此术语由犹太历史学家约瑟夫斯发明,用以叙述这种祭司律法。

继承者的不同阶段，还有他统治时期以及传位给所罗门的历史。[①]
一个多世纪以来，大多数圣经学者认为它是出于一位几乎与大卫
和所罗门同时代的作家之手，以其本人对当时宫廷生活的观察为
基础。学者们将它视为记载"近期"事件的历史写作的范例，可与
希罗多德的《历史》相媲美，而且比后者早数百年。[②] 然而，事实上
它却是后人对"申命记历史"的增补，其中所包含的许多时代错误
说明它属于波斯帝国时期（公元前 4 世纪），因此，它是虚构的作
品。[③] 虽然如此，它还是以大卫王朝历史的面貌呈现出来的。

　　"大卫王传奇"（简称 DS）中的大卫形象与"申命记历史"中理
想化的大卫截然不同。前者叙述了大卫与拔士巴（Bathsheba）的风
流韵事，以及大卫在发现拔士巴怀上他的孩子之后为掩盖此事而
杀害其丈夫乌利亚（Uriah）的事件。当大卫的长子暗嫩（Amnon）
奸污其同父异母的妹妹时，大卫却袖手旁观，结果导致这个女孩的
亲哥哥押沙龙（Absalom）报仇雪恨，杀死了暗嫩王子。后来，押沙
龙发动叛乱，推翻父亲的统治，自己取得王位，直到他的公民兵部
队和大卫的雇佣军之间展开决战，他才被击败。最终，大卫的一个
小儿子所罗门策划了一次宫廷阴谋，杀死自己的哥哥，又除掉朝廷
中的其他敌人，从而登上王位。

　　人们普遍认为，"大卫王传奇"是希伯来圣经中最优美的散文
作品，实际上却是包含在"申命记历史"内的一部伪史，用以降低
"申命记历史"的可信度。波斯帝国晚期，有许多人希望恢复犹大

---

① 它包含大量关于大卫王统治时期的记载（2 Sam. 2:8 - 4:12,9 - 20;1 Kgs. 1 -
　　2），同时还叙述了大卫在扫罗王统治下地位逐渐上升的主要经过（1 Sam. 20:
　　1 - 21:9,22:6 - 23,25 - 27,29 - 30）。
② 见 Gerhard von Rad，'The Beginnings of Historical Writing in Ancient Israel', in
　　id.，*The Problem of the Hexateuch and Other Essays*（Edinburgh/London，
　　1966），166 - 204。
③ 详细讨论见 John Van Seters，*In Search of History：Historiography in the
　　Ancient World and the Origins of Biblical History*（New Haven/London，1983），
　　277 - 291；and John Van Seters，*The Biblical Saga of King David*（Winona
　　Lake，Ind.，2009）。

王国,并延续大卫王的世系。在我看来,写作"大卫王传奇"的目的在于表达一种反对大卫王朝的观点,来挫败任何要恢复其统治的愿望。它把大卫表现得并不比以色列最著名的国王亚哈和耶罗波安更为优秀。大卫成为一个"藐视耶和华的命令,行他眼中看为恶的事"的人(《撒母耳记下》第 11 章第 26 节,第 12 章第 9 节),他的儿子们也都道德堕落(《撒母耳记下》第 13 章)。所罗门并不是真正的王位继承人,也未得到上帝的允诺。他借助王后(所罗门之母)的骗局,并依靠先知拿单(Nathan)废除了他哥哥对王位的合理要求,才终于成为国王(《列王纪上》第 1 至 2 章)。对近东地区宫廷生活的这种描绘类似于希罗多德有关波斯王朝的记载。显然,"大卫王传奇"的作者并不赞成将大卫王朝作为某种集体认同的形式而予以恢复的做法。

此外,"大卫王传奇"没有像"申命记历史"那样涉及特定的申命记律法,也不包括"祭司派历史"的宗教仪式规则。其作者主要关注的是人道主义基本准则意义上的暴力行为,诸如大卫的通奸与谋杀,即使这些暴行所针对的是一个非以色列民族的"赫梯人"。但是,他却丝毫不关心祭司的仪式与礼节。比如,他写道,押沙龙叛乱时期大卫的两名高级祭司将约柜带至汲沦谷(Kidron valley),和一群利未人共同看着大卫及其随从们过河逃至荒野,然而他们却没有伴随大卫,而是把祭司们和约柜都送回耶路撒冷。这里对约柜的描述完全模仿了约书亚入侵的故事,后者之中的约柜象征着神现身于穿越约旦和征服耶利哥的过程中(《约书亚记》第 3 至 6 章)。而且,"大卫王传奇"的这种说法与"申命记历史"关于大卫将约柜送回耶路撒冷的叙述也是相反的(《撒母耳记下》第 6 章)。"大卫王传奇"没有从任何积极的方面论述以色列人的民族认同问题,它甚至把以色列和犹大描述为两个分裂的群体,总是彼此仇视,直至大卫王统治结束,就连便雅悯也在扫罗家族的统治下保持着独立状态。只有国王本人和他的私人雇佣军才能将王国"统一"起来。"大卫王传奇"对大卫传说的处理方法似乎是反弥赛亚式的,也是反民族主义式的——这是一种世俗而智慧的人生观。

90

作为历史学家的"历代志作者"

与《创世记》到《列王纪下》之中的"古代史"（Primary History）并存的，是另一种史学传统，它既对前者有所补充，又与之存在差异：它就是上下两卷的《历代志》（成书于公元前 4 世纪晚期）。它的大部分内容是从更加古老的史书中逐字逐句传抄下来的，尤其是来源于《撒母耳记》和《列王纪》；但是也有许多的遗漏和篡改，还增补了许多故事和新内容，而且关于早期历史的整体看法发生了急剧的变化。这些变化非常明显地受到意识形态与神学观念的主导，因此，不少学者把这部著作视为伪史或"米大示"（Midrash）。[①]然而，"历代志作者"通过模仿更早的史书并经常性地征引史料，试图使其作品呈现为史书的形式，也让后代读者们如此来看待它。

《历代志上》开始于最初的男人亚当，一直讲到居鲁士大帝时期以及"巴比伦之囚"的结束（公元前538年）。从人类起源到大卫王时代的古代历史是以谱系的形式展开的，它主要来自于"摩西五经"，特别是"祭司派历史"，也有一些出自更早的"申命记历史"。这些内容建立起一种连续性，首先是与宏观意义上的人类，而后是与诸位族长——亚伯拉罕、以撒、雅各及其儿子们，也就是各部落的祖先，并且尤其留意于犹大，同时还有大卫的王族与利未人的祭司。在这两种权力机构的问题上，谱系超出了《历代志》的时间范围，延伸到波斯帝国时期。在这些谱系之中，有许多关于以色列部落定居过程的轶闻传说，它们提供了一种合理的解释，使得以色列人在这位历史学家生活的时代有理由到狭小的犹大地区之外去寻求更广阔的疆域。

这种谱系式的史书形式在古典的古史研究传统中得到很好的

① 提出此概念的著作是 Julius Wellhausen, *Prolegomena to the History of Israel* (New York, 1957)，227，它针对晚期犹太著作的写作范式，是指利用道德训诫和奇迹故事来润色圣经写作的做法。

印证。"历代志作者"声称,第 1 至 18 章中的谱系式历史来源于一部"以色列列王纪",它与现存的任何圣经篇目均不相吻合。这类谱系的作用在于维护种族认同感,支持对祖先土地的领土诉求,并且为政治上和宗教上的基本社会制度提供合理性依据。为了实现这些目的,早期的谱系被大量附加上"巴比伦之囚"以后时期的家族姓氏。在谱系序列末尾,是那些从巴比伦返回的家族和圣殿人员们(祭司、利未人等)的名字(第 9 章)。

正式的历史记载开始于对扫罗王之死的叙述,作为大卫王统治的铺垫(《历代志上》第 10 至 29 章)。之前的全部历史都被忽略了,而大卫则被塑造为国家及其基本政治、宗教制度的奠立者,其形象仿佛是第二位摩西。为此,"历代志作者"把之前传统中大卫形象的一切消极因素都去除了,实际上也就是整部"大卫王传奇"。同时,他给大卫赋予了建立整个信仰体系的使命。"祭司派历史学家"曾经在新建的国家及其首都——耶路撒冷——的历史背景下为这一信仰体系勾画出大致轮廓,后来在第二圣殿时期神职人员队伍壮大,宗教仪式也得以发展。但是,"历代志作者"却忽视时间顺序,将这一进程都归功于大卫。不过,第一圣殿在大卫时代尚不存在,而是由其子所罗门建造的。面对这一事实,"历代志作者"则指出,大卫花费了许多时间和精力为将来建造圣殿做好准备,告诉人们上帝所昭示的计划,并且筹集了建筑物资,因此,留给所罗门做的只是执行这一计划。关于所罗门王统治时期的记载同样被理想化,去除了任何负面内容。结果,通过大卫和所罗门的统治,"祭司派历史"中的神权政治被深植于"上帝王国"之中,其领袖就是大卫王之子。在"历代志作者"看来,只能有一个合法的王国,它以耶路撒冷为中心,并由大卫王之子进行统治;这就像耶路撒冷只能有一座耶和华的圣殿一样。

因此,"历代志作者"将他的整部历史集中于犹太王国,并且认为北方的以色列王国从一开始就是非法的和外族的。他的记载忽略了这样一个事实:圣经中有关列王的篇章反映出北方王国的建立是耶和华通过其先知亚希雅(Ahijah)而实现的,它和大卫王朝一样得到上帝的认可。对于"历代志作者"而言,以色列王国的所有国王及其统治下的臣民都是宗教上的背叛者,而真正的以色列人则甘愿离开自己北方的家园迁居到犹大王国。后者包括所有称职的祭司和耶和华的利未人,北方便不再有真正意义上的信教者了。这自然是与《列王纪》和先知书中的证据相抵牾的,于是,这些著作就被轻易地忽略了。"以色列"一词在《历代志》中不是指政治实体,而是具有某种宗教意味,适用于犹大王国及其列王。因此,"以色列"本来可以像最初的谱系那样包括所有 12 个部落的成员,但是却只保留了他们当中那些效忠耶路撒冷而拒绝承认北方任何宗教、政治中心的人们,从而将撒玛利亚(Samaria)和基利心山(Mount Gerizim)的撒玛利亚人排斥在外。"历代志作者"所针对的正是在波斯帝国和希腊化时期存在的这一严峻的认同问题。

这种对以色列人认同感的重新定义在《历代志》关于西希家(Hezekiah)的叙述中表现得最为显著(《历代志下》第 29 至 32 章)。撒玛利亚和北方王国的衰落在《列王纪》中曾经得到"申命记历史学家"的重视(《列王纪下》第 17 章),却被"历代志作者"忽略了。取而代之的是与后者同一时代的犹大国王西希家,他被描述为另一位大卫王,在其父亚哈斯(Ahaz)的叛教时期之后完全净化并恢复了圣殿崇拜,而后,他将别是巴(Beersheba)至但(Dan)的整个以色列地区重新统一在他的治理之下,并建立了以耶路撒冷圣殿为中心的共同信仰,规定了逾越节的大型庆典活动,还对犹大和以色列两个王国都进行了大规模改革。"历代志作者"完全忽略了北方地区存在的其他宗教或政治权威,那里在当时已经成为亚述王国的统治疆域。相反,他认为西希家王重建了以大卫和所罗门为先例的以色列统一王国,并且建立了与波斯帝国时代的祭司意识形态的连贯性。有关西希家王改革的叙述类似于《列王纪》中约西亚的改革,后者在《历代志》中也有所提及,只是不很详细。然而,《历代志》记载的这两次改革都与律法书的发现没有任何关系。在"历代志作者"看来,完整形式的摩西律法(包括"祭司派历史")是从大卫王时代开始为人所知并具有权威力量的,尽管有些叛教的国王总是对它并不遵守。这就彻底脱离了《列王纪》各篇章所表达的全部意识形态和思想观念。

为了理解"历代志作者"的历史写作，最基本的是要对其运用史料的方式加以评价。关于王国时期的全部历史，他的最重要的——如果不是唯一的——史料是《撒母耳记》和《列王纪》的存世部分，它们在当时是一篇单独的作品。其中大部分内容被逐字引用，尤其是那些有关大卫、所罗门以及犹大国诸王的记载。北方王国则被忽略，除非它与犹大国王发生了直接联系。不过，"历代志作者"在运用这些来自于《撒母耳记》和《列王纪》的材料时，并没有将它们归为一个单一的史料来源，而是提到了许多名称各异的不同出处。他还引用了他认为是先知们所作的 12 篇作品，这些先知中的大多数都在《撒母耳记》和《列王纪》中有所提及。这些内容显然是伪造的，因为先知们在"巴比伦之囚"以前从未撰写过任何作品。于是，学者向来对此不予理会，只把它当作"历代志作者"古怪的文学风格。

然而，对于这些多样的史料引用，我的理解却非常不同。为了掩盖自己在王国历史方面只拥有《撒母耳记》和《列王纪》作为唯一史料的事实，为了证明自己的作品完全有别于这一史料，并使自己的许多虚构合理可信，"历代志作者"编造了多种多样的史料来源，也就是大量并不存在的年代记和先知的历史，他希望，先知们受到神启而写成的作品不会受到人们的质疑。这样，其历史作品的意识形态及其在当时所发挥的政治和宗教效用便具有了合理性。他对史料的另一个称谓也颇具启发性：他提到"列王纪米大示"（Midrash of the Book of Kings）。希伯来语词汇 *midrash* 是指"调查"或"问询"，来源于动词 *drš*（探寻）。因此，*midrash* 也就直接对应于希腊语词汇 *historia*，即"历史"。后者在希罗多德那里不仅包括历史叙述，还有各种奇闻异事以及绘声绘色的古代传说。这恰好与《历代志》的特征相吻合，因为《历代志》中也充满了奇异的事件和富于启示性的故事。其作者大量借用古代史书，使用伪造的史料，并且用各种故事来润色自己的作品以增强其娱乐性或启

93

迪性,这一切都有力表明了希腊史学的影响。波里比阿(Polybius)之类的历史学家反对这种恶劣的史学方法,[1]但是它却依然颇具影响,且广受欢迎。无论如何,《历代志》成为权威史集的一部分,从而为塑造后来犹太教和基督教的历史思想发挥了重要的作用。

《以斯拉记》和《尼希米记》表现出文学向民族史学传统的重要延伸现象。它们应该被视为一部单一的作品,开始于《历代志》结束的地方,也就是公元前538年居鲁士颁布法令,解除犹太人在巴比伦的囚禁,并开启了波斯帝国统治犹大故土的时期。公元前5世纪中期,所罗巴伯(Zerubbabel)重修圣殿,阿尔塔薛西斯一世(Artaxerxes I)指派的犹太总督尼希米(Nehemiah)重建耶路撒冷城墙,同时,尼希米与书吏以斯拉(Ezra)进行了改革,所有这一切都归功于那些从流散和放逐中返回的具有开拓精神的领袖们。回归者的姓名被一一列举,占据了很大篇幅,他们当中既有俗人也有祭司,构成了真正的以色列民族的核心,并成为争取领土权利的主要力量。对于那些居住在犹大地区却并不接受排他主义的耶和华崇拜的人们,以及那些与其他社群——尤其是北方的撒玛利亚——交往密切的人们,该作品则体现出一种宽容的态度。这与《历代志》的观念相似,因此它们才能紧密联系在一起。虽然《以斯拉记》《尼希米记》和《历代志》都成书于一个世纪以后的波斯帝国晚期,或者更可能是希腊化时代早期。但是,有关它们是否属于同一作者或"流派"的问题,却存在很大争议。不过,至少可以确定,"历代志作者"了解并信赖《以斯拉记》和《尼希米记》。两部作品之间有着很多相同的意识形态观念。

《历代志》是基于一部早先的史书,《以斯拉记》和《尼希米记》与之不同,是由许多分散的材料构成的,其中包括亚兰人的"官方"档案——国王法令、官方信件(无论真伪)、大量用途各异的祭司与俗人的名单、尼希米和以斯拉的所谓回忆录,以及其他一些可能获得的文献。所有这些文献由一位在风格和语言上与"历代志作者"

94

---

① Polybius, *Histories*, 9.2.

相似的作者综合在一起,纳入其叙述之中。它们作为权威性与可信性的根据,用以验证历史事件以及历史叙述本身,反映出一种注重史料的新的意识。尼希米回忆录的写作是为了公开展示,以表明其行为的正当性。书吏以斯拉从巴比伦带来摩西的律法书,得到波斯帝国统治者的授权施行律法,宣读其内容并教导民众。国王法令、官方信件、法律文书以及人员和财产清单均具有权威性,并且为各种权利与特权提供了合理性。即使是与外族妻子离婚并驱逐其孩子的事件,也必须列出违法者的名单。于是,这部历史基本上成为对这些文献的呈现与解读,无论其真伪。它们在阐释共同体的认同感以及清除不协调因素方面发挥了至关重要的作用。

这部历史首要关注的是圣殿与耶路撒冷城的重建,以及耶路撒冷被确立为以色列共同体中心的一系列事件经过。依据申命记的原则对耶路撒冷的圣殿祭仪加以集中化与净化,在"申命记历史"中就已经成为重要的主题,尤其是《撒母耳记》和《列王纪》,而在"历代志作者"对犹太王朝的叙述中则更为突出。在此主题之上,《以斯拉记》和《尼希米记》增加了建造第二圣殿和"巴比伦之囚"以后重建耶路撒冷城的内容。圣殿与耶路撒冷的命运成为对犹太人历史起到决定性作用的主题,就像我们在后来的上下两卷《玛加伯书》和《约瑟夫书》中所看到的那样。这块圣地为犹太民族的认同感提供了一个宗教和历史的中心。

结论

本章所论述的圣经历史学是一个处于广阔文明圈中的小国家的产物,而且,它的出现正值该国受到外族强权统治的时期。[1] 然而,并无证据表明它的历史学是从亚述、巴比伦或埃及借用得来

---

[1] 曾经有许多学者认为以色列的历史书写是在大卫和所罗门时期,作为国家初创时的一种历史意识的反映。这一观点已不再受到支持,为大多数人所抛弃。相关论述见：Van Seters, *In Search of History*, 209–248, and Van Seters, *The Biblical Saga of King David*。

95　　的,尽管圣经作者们从这些临近文明中汲取了某些文学形式。希伯来历史学与东地中海的古典世界有着更多的共性,但是它们在历史学方面也没有直接的传承关系,大概只是伴随着希腊化时代的兴起,二者之间才出现直接的互动。本章的考察旨在表明,圣经历史学为一个处于危机之中的民族阐发了有关集体认同感的多种理解形式,试图通过对过去的叙述来保存其文化与宗教传统。它所确立的某些主题与观念涉及对唯一神灵的绝对忠诚,体现在律法和契约、习俗与祭仪、节庆与入教仪式之中。它将认同感与"应允之地"以及祖先渊源的种族神话紧密联系在一起。它创造了一种观念,将耶路撒冷和圣殿作为绝对的中心,即使对于离散中的人们也是如此。支撑这一切的是关于起源的叙述,以及对以色列民族历史中根本性事件的再现。致力于进行这种叙述的多位历史学家表达了他们对以色列民族认同的理解,他们的叙述虽然往往采取不同的方式,但是却共同构成了这部权威的文集,成为后代犹太教和基督教认同感及其史学传统的根基。而且,他们还开创了一种历史写作形式,其特征是对人类历史中的个别事件和普遍原则的重要性给予同等强调。

大事年表/关键日期

公元前 10 世纪	"统一王国"时期,传说中最初三位国王的统治:扫罗、大卫和所罗门。
公元前 10 世纪晚期	王国"分裂"为罗波安统治的犹大王国和耶罗波安一世统治的以色列王国。
公元前 9 世纪早期至中期	以色列国王暗利和亚哈统治时期。
约公元前 727—前 698 年	犹大国王西希家统治时期。
约公元前 639　前 609 年	犹人国王约西亚统治时期。
约公元前 622 年	申命记改革时期。
公元前 586—前 539 年	"巴比伦之囚",写作"申命记历史"和"耶典历史"的时期。

公元前 539—前 331 年　　　波斯帝国,写作"祭司派历史"、"大卫
　　　　　　　　　　　　　王传奇"、《历代志》《以斯拉记》和《尼
　　　　　　　　　　　　　希米记》的时期。
约公元前 515—公元 67 年　第二圣殿时期。
公元前 331—前 63 年　　　希腊化时期。

主要史料

本章主要史料来源于希伯来圣经。　　　　　　　　　　　　　　　96

参考文献

Blenkinsopp, Joseph, *The Pentateuch: An Introduction to the First Five Books of the Bible* (New York, 1992).

Finkelstein, Israel and Silberman, Neil Asher, *The Bible Unearthed: Archaeology's New Vision of Ancient Israel and the Origins of Its Sacred Texts* (New York, 2002).

Gabba, Emilio, *Dionysius and the History of Archaic Rome* (Berkeley, 1991).

Lemche, Niels Peter, *The Israelites in History and Tradition* (Louisville, KY, 1998).

Mullen, Jr., E. Theodore, *Narrative History and Ethnic Boundaries: The Deuteronomistic Historian and the Creation of Israelite National Identity* (Atlanta, 1993).

—— *Ethnic Myths and Pentateuchal Foundations: A New Approach to the Formation of the Pentateuch* (Atlanta, 1997).

Na'aman, Nadav, 'The "Conquest of Canaan" in the Book of Joshua and in History', in Israel Finkelstein and Na'aman, *From Nomadism to Monarchy: Archaeological and Historical Aspects of Early Israel* (Jerusalem, 1994), 218 - 281.

Nicholson, E. W. , 'Story and History in the Old Testament', in Samuel E. Balentine and John Barton (eds.), *Language, Theology and the Bible*: *Essays in Honour of James Barr* (Oxford, 1994),135 – 150.

Noth, Martin, *The Deuteronomistic History* (Sheffi eld, 1981); translated from *Überlieferungsgeschichtliche Studien* (Tubingen, 1957),1 – 110.

—— *The Chronicler's History* (Sheffield, 1987); translated from *überlieferungsgeschichtliche Studien* (Tubingen, 1957), 110 – 180.

Rad, Gerhard von, 'The Beginnings of Historical Writing in Ancient Israel' (1944), in id. , *The Problem of the Hexateuch and Other Essays*, trans. E. W. Trueman Dicken (Edinburgh/London, 1966),166 – 204.

R. mer, Thomas, *The So-Called Deuteronomistic History*: *A Sociological, Historical and Literary Introduction* (London, 2005).

Sparks, Kenton L. , *Ethnicity and Identity in Ancient Israel*: *Prolegomena to the Study of Ethnic Sentiments and their Expression in the Hebrew Bible* (Winona Lake, Ind. , 1998).

Van Seters, John, *In Search of History*: *Historiography in the Ancient World and the Origins of Biblical History* (New Haven/ London, 1983).

—— ' Joshua's Campaign of Canaan and Near Eastern Historiography', *Scandinavian Journal of the Old Testament*, 4 (1990/2),1 – 12.

—— *Prologue to History*: *The Yahwist as Historian in Genesis* (Louisville, KY, 1992).

—— *The Life of Moses*: *The Yahwist as Historian in Exodus- Numbers* (Louisville, KY, 1994).

—— 'The Historiography of the Ancient Near East', in J. M. Sasson (ed.), *Civilizations of the Ancient Near East*, vol. 4 (New York, 1995), 2433 - 2444.

—— *The Pentateuch: A Social-Science Commentary* (Sheffi eld, 1999).

—— 'Is There any Historiography in the Hebrew Bible? A Hebrew-Greek Comparison', *Journal of Northwest Semitic Languages*, 28:2(2002), 1 - 25.

—— *The Biblical Saga of King David* (Winona Lake, Ind., 2009).

Wellhausen, Julius, *Prolegomena to the History of Israel* (1883; New York, 1957).

李尚君　译　陈　恒　校

97

第五章　作为历史书写的
古希腊铭文

罗宾·奥斯本（Robin Osborne）　文

　　所有的铭文都在讲述故事。[①] 它们创造出来就是为了讲述故事。与一切公之于众的文本一样，铭文所讲述的故事也涉及内容选择：把哪些包括在内，又把哪些排除于外。铭文研究主要关注那些被纳入其中的内容。[②] 在一定程度上，这是由实际条件所决定的，因为保存完整且易于阅读的古希腊铭文为数极少。释读铭文字母和复原残损之处需要付出很大的努力，[③]这促使人们高估了铭文学家的工作，认为他们像侦探一般地去发现石头（还有青铜器和陶器等）上的真相，并且相信石头上的铭文可以揭示复杂的史实，却没有意识到铭文本身也是一种复杂的史实。在研究铭文时，若不再把它当作"档案"，而是视之为历史书写，那么，就可以明显地

---

① 本章讨论的这些故事很大程度上仰赖于安德鲁·费尔德（Andrew Feldherr）、迈克尔·斯科特（Michael Scott）和卡洛琳·伏特（Caroline Vout）的评注与校勘，在此向他们表示感谢。
② 铭文研究的标准文献资源是 François Bérard *et al.* （eds.），*Guide de l'épigraphiste：Bibliographie choisie des épigraphies antiques et médiévales*（3rd edn，Paris，2000）。本章所采用的缩写形式为：*IG = Inscriptiones Graecae*；ML＝Russell Meiggs and David Lewis（eds.），*A Selection of Greek Historical Inscriptions to the End of the Fifth Century B. C.*（rev. edn，Oxford，1988）；RO＝P. J. Rhodes and Robin Osborne（eds.），*Greek Historical Inscriptions* 404-323 *B. C.*（Oxford，2003），*TAM＝Tituli Asiae Minoris*。
③ 关于铭文的导论，见 A. G. Woodhead，*The Study of Greek Inscriptions*（2nd edn，Cambridge，1981）。

看到,在所有需要利用硬质材料——特别是公共且耐久的媒介——来传递信息的情况下,铭文是如何精心编织故事的。[1]

　　在本章中,我将考察古希腊人如何在硬质材料上书写历史,以及现代历史学家又如何从这些硬质材料上发现并建构历史。[2] 首先对现存古希腊铭文资料的范畴进行综述,指出各种铭文所记载的不同类型的故事;而后,通过分析两个内容特别丰富的个案,来探讨两种主要的公共铭文类型——表录和法令——怎样创造了历史书写的范式。

98

多样的希腊铭文

　　虽然纸草在公元前二千纪中期就已成为书写材料,但是现存的希腊文纸草文献却只能追溯到公元前 4 世纪。所以,在此之前的所有希腊书写形式都是铭文,它们有的是真正意义上的镌刻,有的则是涂写。[3] 其中最早的来自公元前 8 世纪,而且大多数学者相

---

[1]　虽然我在此重点关注铭文的书写内容,但有必要强调,铭文讲述故事的方式未必只依赖于人们的认读。关于识字率问题,参见 Rosalind Thomas, *Oral Tradition and Written Record in Classical Athens* (Cambridge, 1989), ch. 1。若对历史书写进行更严格的定义,则将可选择的相关铭文局限于 Angelos Chaniotis 所认定的那些,见 Angelos Chaniotis, *Historie und Historiker in den griechischen Inschriften: Epigraphische Beiträge zur griechischen Historiographie* (Stuttgart, 1988)。我认为,这样做有害无益。

[2]　关于历史学家如何运用铭文资料的完整综述,见 John Bodel, *Epigraphic Evidence: Ancient History from Inscriptions* (London, 2001)。

[3]　公元前 650 年之前的希腊铭文完整收录于 Barry B. Powell, *Homer and the Origin of the Greek Alphabet* (Cambridge, 1991);古风时代的铭文大多收录于 L. H. Jeffery, *The Local Scripts of Archaic Greece: A Study of the Origin of the Greek Alphabet and its Development from the Eighth to the Fifth Centuries B. C.* (1961; rev. edn. A. W. Johnston, Oxford, 1990);雅典以外的陶器铭文见 Rudolf Wachter, *Non-Attic Greek Vase Inscrip-tions* (Oxford, 2001);雅典陶器铭文选录于 Henry R. Immerwahr, *Attic Script: A Survey* (Oxford, 1980)。有关本文以外的早期陶器铭文其他方面问题的讨论,见 Robin Osborne and Alexandra Pappas, 'Writing on Archaic Greek Pottery', in Zahra Newby and Ruth Leader-Newby (eds.), *Art and Inscriptions in the Ancient World* (Cambridge, 2007), 131 - 155。

信,在字母表发明之后不久,便产生了现存最早的希腊铭文(青铜时代晚期的希腊文献是用线形文字 B 书写的,这是一种音节文字)。①

大多数早期铭文只有在最小限度的意义上才是"公共的",它们所讲述的故事也很简单,诸如关于所有者("我乃克拉克斯[Korax]的杯子")或制作者("伊斯特罗克勒斯[Istrokles]创造了我"),还有像锡拉岛(Thera)上的一系列石刻铭文那样涉及性行为("克里蒙[Krimon]在此向阿莫提昂[Amotion]求欢")。这些宣告内容从最早的时期开始便详略不一("我是塔泰耶[Tataie]的油瓶,凡窃取我者必会失明")。

关于这种内容详细的铭文,我们有时可以清楚了解其语境。最早的一些字句较多的铭文显然属于酒会场合。② 在雅典墓葬中曾发现一只大约属于公元前 750 年的陶罐,它声称自己将作为奖品献给某位以特定姿态跳舞的人("最欢悦地"?)。还有一只公元前 710 年左右的朴素的小杯,出土于"猴子岛"(Pithekousai,即伊斯基亚岛[Ischia])的一座男童坟墓,它自夸说:"我/这是涅斯托尔(Nestor)的酒杯"(涅斯托尔是荷马史诗中派罗斯的年迈国王,《伊利亚特》第二卷 637 行曾描绘他手举一只精美非凡的酒杯),并且祝愿道:"凡以此杯饮酒者,将被冠饰优美的阿芙洛狄忒的情欲所俘获。"

上述第二个例子的巧妙之处引人注目:它希望参加酒会的人能够联想起史诗传统(我们所知的荷马史诗可能尚未形成),注意到涅

---

① 本文将忽略希腊世界中各时各地在文字书写方面的地区性差异,也不考虑希腊人与同时期其他民族文字书写的比较研究。关于这些问题,特别参见 Simon Stoddart and James Whitley, 'The Social Context of Literacy in Archaic Greece and Etruria', *Antiquity*, 62(1988), 761 - 772; and James Whitley, 'Cretan Laws and Cretan Literacy', *American Journal of Archaeology*, 101(1997), 635 - 661.
② 学者们争论我们是否可以在此时期恰当地讨论"酒会"问题;对此给予肯定回答的观点,见 Oswyn Murray, 'Nestor's Cup and the Origins of the Symposion', in *Apoikia: Scritti in Onore di Giorgio Buchner*, AION, n. s. 1(1994), 47 - 54.

斯托尔的酒杯与眼前这件陶土制品有着天壤之别,并且因为那句像咒语一样的祝福而感到快活。这些为特定场合的特定观众所设计的铭文是很好的例证,它们讲述——甚至创造——了当时的历史。此类文字对于它所描绘的场合氛围具有催化作用。那只陶罐上的铭文鼓励人们欢快地(?)舞蹈;陶杯上的"咒语"则挑动着人们的情欲。不过,铭文也使其读者置身于一种持续的故事进程当中,将他的饮酒行为与涅斯托尔的饮宴联系在一起(尽管具有讽刺意味),或者让他在聚会期间的舞蹈融入一个充满竞赛与奖励的世界。①

对所有权进行公开宣告,包括界石上标明的土地占有、手工业者的制造行为以及情欲活动中取得的胜利,这在古风和古典时代始终存在,只是各地有所不同,在某些地区和时期则尤为流行。但是,从公元前 7 世纪起,出现了另外两种公共铭文,它们在日后的希腊铭文中更为常见,讲述着如下两类故事:标明死者的所在以及记录祭神的活动。在一篇早期的墓志铭中,已经呈现出后来许多墓碑上或隐或显的故事:早夭。② 一篇出土于阿莫戈斯岛(Amorgos)的公元前 7 世纪早期的铭文写道:"他的父亲皮格马斯(Pygmas)为迪达马斯(Deidamas)[建造了]这座家园。"大概更早之前,一块科林斯的墓碑上镌刻着:"这是戴尼亚斯(Deinias)的坟墓,是无耻的海洋毁了他。"从这两例当中,我们不仅知道了死者的所在,还了解到他们死亡时的一些情况。

最简易的祭神铭文只记录着献祭者的身份及其祭祀行为。③ 这些铭文中的话语可能是讲给其他崇拜者的,或者是讲给受祭的

---

① 关于此类世界的两种经典的导论性论著是:Leslie Kurke, 'The Economy of *Kudos*', in Carol Dougherty and Kurke (eds.), *Cultural Poetics in Archaic Greece: Cult, Performance, Politics* (Cambridge, 1993), 131 - 163;和 Catherine Morgan, *Athletes and Oracles: the Transformation of Olympia and Delphi in the Eighth Century B. C.* (Cambridge, 1990)。

② 对此,另见 Christiane Sourvinou-Inwood, '*Reading*' *Greek Death to the End of the Classical Period* (Oxford, 1995), 285 - 297。

③ Maria Letizia Lazzarini, *Le formule delle dediche votive nella Grecia arcaica* (Rome, 1976)。

那位神灵。形式更复杂的铭文则会说明献祭的对象是哪位神灵，并且指出希望这位神灵给予怎样的恩惠，或者对祭祀活动进行某些描述。作为讲给其他崇拜者的故事，这些铭文引导人们去关注那位受祭的神灵，关注献祭者的人生，同时也关注献祭者将来可能面临怎样的境遇。而且，它还将献祭者置于社会共同体的语境之中，使他与那种人神互惠的持续传统联系起来。

100

图 5.1 曼提克洛斯（Mantiklos）的"阿波罗"，约公元前 700—前 675 年，忒拜。这尊战士塑像出土于忒拜的伊斯美尼昂，其大腿部位的铭文指出，曼提克洛斯向阿波罗献祭并希望得到后者的恩惠。

101

图片来源：Photograph © 2009 Museum of Fine Arts, Boston。

来自公元前 7 世纪的两件铭文清楚地表明了它们可能在怎样的范畴内呈现历史。在忒拜的伊斯美尼昂（Ismenion）曾出土一尊高大的裸体战士青铜塑像（图 5.1），其大腿部位的铭文写道："曼提克洛斯（Mantiklos）把我当作祭品献给那位手执银弓的远射之神；福布斯，请你赐予幸福的回报。"从选择这件青铜战士塑像为祭品的做法中，学者们推断，它是包括青铜盔甲在内的一系列战利品之一。铭文内容指出，曼提克洛斯在此向阿波罗神往日所提供的帮助表示感谢，并且希望这位亲自参与战争的神灵将来还要对他的英勇行为赐予恩惠。另一尊比真人略小的女性石雕立像发现于提洛岛（Delos），它是现存最早的"少女"（kore）塑像，在其衣裙侧面镌刻着关于向阿波罗妹妹阿尔忒弥斯女神献祭的铭文："尼坎德拉（Nikandre）将我奉献给那位箭如雨下的远射女神；她（指尼坎德拉——译注）是最优秀的戴诺迪克斯（Deinodikes）之女，是戴诺美尼斯（Deinomenes）的姐妹，现在成为弗拉克索斯（Phraxos）的妻子。"阿尔忒弥斯既关系着少女向成熟女性的过渡，也能协助女性分娩，因此，将雕像献给这位女神，似乎主要是为了宣告尼坎德拉的婚礼，并且表明她已从父兄的照看转入丈夫的监护。

　　这些铭文的形式与内容同等重要。形式包含两层意义。首先，上述两例中的故事都是用六韵步格式写的，朗朗上口，便于记忆。韵律规范是早期铭文的普遍特征。它们不仅是简单的文字，而且还是要人高声朗诵出来的文字；换言之，也就是属于某种表演语境的文字。其次，传递信息的媒介本身被塑造为肖像形态，上述两例都可视为献祭者或受祭神灵的肖像。文字被镌刻在肖像之上，它们本身强调了献祭者与受祭神灵之间的彼此同情。雕像既传达着也接受着铭文的信息，它们正是曼提克洛斯所明确要求的"互惠"的媒介。

　　个人刻写铭文是为了一时一刻，或者最多为了他们自己和孩子的人生，但是，社会组织制作的铭文却是为了无限的未来。关于集体法则的铭文就属于这种情况，它们在公元前 7 世纪末几乎同时出现于很多地方。一般认为，这类铭文中最早的例子是刻写在"德尔斐的阿波罗"（Apollo Delphinios）神庙墙壁上的法律铭文，该神庙位于克里特岛上的德雷罗斯（Dreros）。这篇铭文写道："愿神仁慈。城邦欣然接受如下做法：无论何人担任'执政官'（kosmos）之职，在十年之内皆不得再次担任此职。他一旦再次任职'执政官'，则无论受到怎样的判决，都要付出双倍代价，并丧失其权利，而且，他任职'执政官'期间的所作所为亦归无效。宣誓者应包括'执政官'、'公共行政官'（damioi）以及城邦的'二十人议会'成员。"[①]与所有法律一样，该项法律在表面上告诉读者这是一座行事规范的城邦：在这里权力为人共享，并且有常规行政人员管理各项事务的运作。不过，也像所有法律一样，它还体现出反面情况。如果一个社会需

---

① 　ML 2.

要立法禁止连任公职,那么,我们就有理由推测,该社会中确实有人试图行使这种权力,或者他们的此类行为似乎得到认可。这篇宣告权力共享的法令同时也表明,在此社会中并非所有掌权人物都愿意和他人分享权力。尽管如此,但最重要的是,该项法律宣扬了这样一个故事:政治权力已然成为共同体所关注的核心问题,而且共同体也要求政治权力受到神的监督。①

"德雷罗斯法律"(Dreros Law)极其简略地提及它是出自城邦的愿望。根据是否明确表达其权威来源的特征,可以将公共铭文划分为两类。有许多法律对其权威来源只字不提。那些在神庙中发现的关于祭祀仪式或圣所行为规范的法律尤其如此,它们通常被称为"圣律"。② 出土于阿卡迪亚(Arcadia)北部的一篇法律即属此类,它刻写在一块青铜版上,年代是公元前 6 世纪末,其全文如下:

> 若有女人身穿兽皮服装,则要将它奉献给"立法女神德墨忒尔"(Demeter Thesmophoros)。她若不行此献祭,则因其不敬圣坛的行为而身遭横死,并且,当时担任"公共行政官"(demiourgos)之职者亦须受罚 30 德拉克马。他若不缴纳此罚款,则被判以渎神罪。此法律十年有效。此铜板当视为圣物。③

从伯罗奔尼撒地区的神庙中发现了一系列规范妇女穿戴的法律,这是其中之一。它很好地说明,隐藏法律制定的背景会产生什么

---

① Robin Osborne, *Greece in the Making*, 1200 - 479 *B. C.* (London, 1996), 185 - 190.

② 关于此类"圣律",见 Robert Parker, 'What are Sacred Laws?' in Edward M. Harris and Lene Rubinstein (eds.), *The Law and the Courts in Ancient Greece* (London, 2004), 57 - 70; and Eran Lupu, *Greek Sacred Law: A Collection of New Documents* (Leiden, 2005), 4 - 9.

③ F. Sokolowski, *Lois sacrés des cités grecques: Supplément* (Paris, 1962), no. 32.

效果。不明确指出立法者的身份,也就去除了任何人为因素,从而意味着该项法律源于神的意志。与此同时,法律的时效限制还暗示着特定的历史条件,让人们好奇颁布法律的时间和缘由。尽管有专门的行政人员作为该法律的直接执行者,但是其最高执行者却身份不明:从未提及是谁才能将玩忽职守的"公共行政官"判以渎神罪,又是谁有资格执行对此判决的处罚。这项法律试图告诉我们的故事是:在神庙中身穿兽皮服装(如果我们确实正确理解了此处这句不对仗的希腊语的话)无疑是不适当的,因此需要向神灵做出补偿——公职人员如果不想冒犯神灵就必须执行这一补偿行为。该铭文为行政人员的介入提供了口实——他若不作为,便要自己承担责任。不过,铭文中的每一句话都还要求读者为其填充相应的语境,于是,铭文对语境的掩盖反而促使读者自己建构出一个语境。禁忌的特殊要求也进一步支持了这种建构。为何只针对此类服装?在宣称不宜身穿此类服装的含蓄话语背后,我们可以看出,炫目而诱人的皮革服装一度成为时尚的浪潮,冲击着古风时代晚期的北部阿卡迪亚。因此,即使最严谨的读者也会注意到,当时当地的人们特别关注妇女着装问题。

　共同体在神庙中公布的不仅是法规,而且还有表录。从公元前5世纪起,开始有神庙祭品的清单记录保存下来,它们以或详或略的形式列举出奉献给神灵并保存于神庙中的各项物品。① 这种表录创造出一个由献祭者组成的敬神的共同体,并且通过展示供奉给神灵的祭品来体现该共同体的虔诚。与此同时,表录还可实现

103

---

① 关于清单记录及其用途,见 T. Linders, 'The Purpose of Inventories: A Close Reading of the Delian Inventories of the Independence', in Denis Knoepfler and Jacques Tréheux (eds.), *Comptes et inventaires dans la cité grecque* (Neuchatel, 1988),37 - 47; Sara B. Aleshire, *The Athenian Asklepieion: The People, Their Dedications, and the Inventories* (Amsterdam 1989), 103 - 110; Beate Dignas '"Inventories" or "Offering Lists"? Assessing the Wealth of Apollo Didymaeus', *Zeitschrift für Papyrologie und Epigraphik*, 138(2002),235 - 244; and Carolyn Higbie, *The Lindian Chronicle and the Greek Creation of Their Past* (Oxford, 2003),258 - 262。

数字统计的目的，用以证明在任官员已将自己负责管理的物品一件不差地转交给其继任者。广为人知的"雅典贡品表录"（Athenian Tribute Lists）列举了一系列特殊的神庙祭品：公元前 5 世纪的雅典帝国将盟邦贡品的六十分之一奉献给雅典娜女神，这些表录正是对此类祭品的记载。[①] 最早的"贡品表录"（Tribute Quota）刻写于一块巨大的石碑上，它在卫城保存的其他档案和祭品中显得格外醒目。另一些单独列举的特殊祭品是在公元前 4 世纪下半叶某段时期内由被释奴奉献的混酒钵。[②] 这两类表录中的例子无论在古代还是对现代的历史学家而言，都提供了关于物品所有权的证据。

　　除祭品表录以外，我们还发现财政事务的表录，后者说明神庙如何管理租赁财产并从事贷款获利业务。[③] 同时，我们也看到特定节日期间的奖品表录，以及竞赛获胜者名单。尽管所有这些铭文所讲述的故事都揭示了有利的财政运作，展现了敬神的虔诚精神，但是它们的主题却迥然不同："贡品数目表录"中的故事关乎帝国权力的程度与执行；"自由人混酒钵"中的故事则涉及奴隶的人身地位及其上升的可能性。[④] 这些表录在讲述故事时主要依赖的并非表录本身的作用，而是表中物品所具有的纪念意义和丰富内涵。

104

---

① *IG* I³ 259 - 290；Benjamin Dean Meritt, H. T. Wade-Gery, and Malcolm Francis McGregor, *The Athenian Tribute Lists*, 4 vols. (Cambridge, Mass, 1939 - 1953)；相关简要论述，见 ML 39 以及 Robin Osborne (ed.), *The Athenian Empire* (4th edn, London, 2000), 86 - 97。

② D. M. Lewis, 'Attic Manumissions', *Hesperia*, 28(1959), 208 - 238; and D. M. Lewis, 'Dedica-tions of Phialai at Athens', *Hesperia*, 37(1968), 368 - 380.

③ John K. Davies, 'Temples, Credit, and the Circulation of Money', in Andrew Meadows and Kirsty Shipton (eds.), *Money and its Uses in the Ancient Greek World* (Oxford, 2001), 117 - 128.

④ "责任制"曾经是对铭文记录的一种恰当解释，就此问题见 John K. Davies, 'Accounts and Accountability in Classical Athens', in Robin Osborne and Simon Hornblower (eds.), *Ritual, Finance, Politics: Athenian Democratic Accounts Presented to David Lewis* (Oxford, 1994), 201 - 212.

事实上,在城邦内的不同地点都可以发现表录铭文,不仅局限于神庙。行政人员——特别是高级官吏——的名单会在市集广场(Agora)上刻石公布(在萨索斯岛[Thasos]的城市入口一侧镌刻着"观礼使节"[Theoroi]名录,从此经过的人仿佛穿越历史,与这些高级官员擦身而过);公共契约(涉及土地、矿产租赁)或罚没财产将由负责相关事务的官员列表公示(比如雅典"公卖官"[poletai]的记录);交付给将军供其出征所用的款项,以及船长在装备战舰方面的开销或欠款,也都要公之于众。① 在公共墓地得到集体安葬的阵亡将士名单则是另一种表录。现代学者在利用铭文资料对雅典的银矿、税收、官员选任、海军规模及其基金等问题进行历史研究的过程中,很少考虑铭文的安放地点;但是,这一语境在各种表录向其当时的读者所讲述的不同故事中具有重大的意义。

三件属于公元前390年代的雅典铭文档案很好地说明了不同的表录如何讲述不同的故事。其中两件是单纯的表录,款式也非常相似;②另一件则是私人墓碑。那两件表录虽然在不同时间发现于不同地点,但是却出自同一人之手,而且很可能并排竖立在雅典"陶工区"(Kerameikos)的"公共陵园"(Demosion Sema)。

第一件表录列举了公元前394/3年的阵亡将士名单,它肯定就是鲍桑尼亚斯曾经提到那一件(1.29.11)。它所保存下来的部分只有表录右侧顶端及其上方的右侧浮雕,但这足以告诉人们战争发生于"科林斯和彼奥提亚",并且显示出死者名单按部落排列,阵亡将军的名字位于各部落名单的开头。表录上方的浮雕描绘了一个手执盾牌的裸身战士跌倒在地,联手攻击他的人是左侧的一个着衣步兵和右侧的一个着衣跨马的骑兵。此处的浮雕与表录共同

---

① Theoroi:Poletai lists:Agora XIX (Princeton, 1991); cf. RO 36; and on Naval lists, cf. RO 100.

② IG ii² 5221,5222; Christoph W. Clairmont, Patrios Nomos: Public Burial in Athens during the Fifth and Fourth Centuries B. C.: The Archaeological, Epigraphic-Literary and Historical Evidence, 2 vols. (Oxford, 1983), no. 68a and b; and 5222 is RO 7A.

讲述了集体的英勇和损失：在这故事里，步兵与骑兵联合抗敌，将军与士卒并肩作战，直面危险，英勇捐躯；但是死者名单却终究见证着城邦的损失。

第二件表录保存完整，它上面是一条精美的花卉饰带，而下方原有的浮雕则已遗失。该表录记载："下列骑兵牺牲于科林斯……在科洛尼亚（Koroneia）"，列举了 10 个人名，此外还有写在"科林斯"一词后面的骑兵队长的名字，以及"科洛尼亚"后面的一个名字。这件铭文必然同属于公元前 394/3 年，其中所列名单也是上述第一件表录的一部分；但是，此处的故事却只关乎那些家资殷实的骑兵，原本在其下方的浮雕据推测有可能着重描绘了骑兵作战的画面。因此，这些人的故事所讲述的便不再是雅典部落军队的集体协同作战，而是在特定战场上个人的牺牲。

我们所讨论的那件墓碑是雅典最著名的墓碑之一：托尔利克斯的德克夏里奥斯（Dexileos of Thorikos）墓碑（见图 5.2）。它之所以为人称道，在于其形制巨大，保存完好，浮雕精湛，以及铭文字体优美且内容独特。浮雕描绘了一个着衣的年轻骑兵，胯下骏马后腿站立，身体跃起，他正将长矛刺向一名倒地的裸体步兵。浮雕下方的铭文指出德克夏里奥斯战死"在科林斯，是五名骑兵之一"，同时还提供了他的生卒年代——这在雅典墓志铭中十分罕见，由此可知，这名骑兵去世时年龄在 20 岁左右。无论是现存有关当年战争的文献记载，还是其他铭文资料，都无法帮助我们确定那"五名骑兵"的身份；但是，这件墓志铭所讲述的故事却是清晰可辨的。德克夏里奥斯属于一支特殊的队伍，我们一定会认为，这支队伍因其成员的英勇事迹或壮烈牺牲而享有盛誉。不过，这里可能还有另一个故事——关于德克夏里奥斯之前的另一支骑兵的牺牲。当德克夏里奥斯只有 10 岁时，这支雅典骑兵由于卷入"三十僭主"的寡头政变而声名受损，因此，雅典人于公元前 400 年将他们派往外邦作战，希望他们就此殒命。①

---

① Xenophon, *Hellenica* 3.1.4.

图5.2　德克夏里奥斯墓碑，公元前393年，出土于雅典"陶工区"墓地。这件墓志铭的独特之处在于其铭文字体的大小，以及通过记录生卒年代而对死者人生所作的勾勒。

图片来源：Photograph © Hirmer Verlag GmbH Munich。

这三件铭文都位于"陶工区"墓地，而且彼此相距不远。它们所讲述的既是同一个关于雅典人在科林斯战争中牺牲生命的故事，又是三个完全不同的故事：分别涉及集体的、阶层的和个人的损失。综合来看，它们共同告诉我们这样一个故事：在伯罗奔尼撒战后十年期间的重压之下，雅典民主政治发挥了凝聚力，尽管雅典人的团结曾经出现裂隙，但已不会危及政体的根基，而只是影响到城邦如何以恰当方式来纪念和赞美个人的成就。①

然而，在古典和希腊化时代的公共铭文中占据主导性地位的并非表录，而是法令——它们是记录公共机构的会议内容及其决策的档案，尤其针对那些公开举行的会议。各种公共机构都会将它们的决议以这种方式保存在耐久的媒介上。比如在雅典，我们发现的法令铭文有些属于"德莫"（demes）——共同构成"民众"（*demos*）整体的 139 个地方性基层组织，有些属于"部落"（*phratries*）——对雅典早期部落进行改造之后的地方行政区域，有些属于"宗族"（*gene*）——负责培养特定宗教官员的家族，还有些则属于议事会和公民大会。

法令所记载的首先是作出该项决议的那场会议的历史。现存最早的雅典法令铭文是有关公元前 6 世纪末派人去萨拉米斯殖民的决议，它只声明该决定由民众作出，却并未提及事件背景和议案的负责人。然而，到公元前 5 世纪中期，雅典人通常都要记录下法令所涉及的行政官员（会议的秘书与主席）以及提出议案的个人。同样地，其他城邦的铭文也日益详述法令颁布的背景。② 不过，在

---

① 我对此作过进一步的考察，尤其关注德克夏里奥斯浮雕在墓志历史中的地位问题，见 Robin Osborne, 'Democratice Ideology, the Events of War, and the Iconography of Attic Funerary Sculpture', in D. Pritchard（ed.）, *War, Culture and Democracy in Classical Athens*（即将出版）。

② 萨拉米斯法令：ML 14；公元前 5 世纪中期的雅典法令：ML 31；同时期其他地区的法令：ML 32；参见 P. J. Rhodes with David M. Lewis, *Decrees of the Greek States*（Oxford, 1997）。

关于会议经过的细节记录方面，却总有严格的限制。我们可以看到获得赞成的提议以及对它所做的某些修订，但无法了解讨论过程的总体情况，也不知道是什么人起到关键作用，使议案得以通过。只有在特殊情况下，才会记载与法令的颁布必然相关的辅助性决定，诸如要求勒石公示，并指定制作铭文的出资人。当我们更仔细地观察，就会发现，即使铭文中的主要议案也经常不像它所记载的那样。比如，在宣告法令的正文之前就声明颁布法令的决定，这种做法对于议案而言是没有意义的。[①] 法令铭文讲述的故事有着很强的选择性，即便在关于会议的商议和决策过程的内容上也是如此。

大多数法令铭文不仅讲述了会议的情形，还告诉人们有关过去和将来的故事。法令的起首部分通常包含以"由于……"开头的句子，用来解释议案的背景，为其提供"当然性的"（prima facie）合理依据。而且，作出决定的全部意义在于确保将来某项个别活动的实施（给某位公益捐助者授予金冠、修造某座建筑等），或者为将来规定某种普遍的行为法则（诸如法律和条约，通常还有荣誉法令，后者的部分目的是激发所有人的"荣誉感" [philotimia]）。

在接下来的部分中，我将利用两个案例来考察法令铭文和表录铭文如何分别以各自的方式创造出一种理解历史的范式。这两个案例皆来自希腊化世界，在那里，希腊城邦作为地方性政治自治单位，处于某个希腊化王国的控制之下。我所讨论的任何一个案例即使在其当时也都不足以成为典型，但是，它们的铭文形式与内容却特别清楚地揭示出，铭文曾经以哪些方式来塑造历史。

108

---

① 比如法塞利斯法令，ML 31。关于这一案例以及铭文内容选择策略的一般情况的讨论，见 Robin Osborne, 'Inscribing Performance', in Simon Goldhill and Robin Osborne（eds.）, *Performance Culture and Athenian Democracy*（Cambridge, 1999）,341 - 58 at p. 343。

外交活动中的历史：克桑托斯与库特尼昂的案例

公元前 206/5 年，吕西亚（Lycia）克桑托斯（Xanthus）人接待了来自希腊中部小城库特尼昂（Kytenion）的三位使节，后者需要资金重建他们的城墙。克桑托斯人只给了他们区区 500 德拉克马，可见，这次外交活动几乎是以失败告终的。但是，无论库特尼昂人对此结果多么失望，克桑托斯人似乎都感到开心。他们在铭文中详细记载了事件经过，并且为此花费不菲，远超过 500 德拉克马。这就是他们城邦的历史。在刻写这一故事的同时，也铭记下库特尼昂人的所予——为了求得资金——和克桑托斯人的所取之间所存在的反差。

在克桑托斯人面前，库特尼昂的三位使节首先展示了他们的凭证。第一件是埃托利亚人（Aetolians）所颁布的法令（73—79 行）：他们决定允许多里斯人（Dorians）接近那些与托勒密和安条克国王属于"同族"的城邦（sungeneis），因为他们都是赫拉克勒斯的后裔；同时，该法令还要求使节基于库特尼昂人与多里斯人和埃托利亚人的亲缘关系来寻求帮助，以便为其城邦修筑城墙。第二件凭证是埃托利亚人专门写给克桑托斯的书信（79—88 行）：引荐了这三位使节，分别是兰普利阿斯（Lamprias）、埃涅托斯（Ainetos）和费勾斯（Phegeus），称他们为来自库特尼昂的多里斯人，并且介绍了此行的目的——为库特尼昂修筑城墙，同时指出，如能善待他们，则埃托利亚联盟及其多里斯"亲属"城邦（oikeiotes）都将不胜感激。最后一件凭证是"来自'母邦'的库特尼昂殖民者"所写的书信：它对三位使节作了更加正式的介绍，给出他们的父名，并且说明他们已就书信内容进行过讨论。信中还讲道，先是地震造成部分城墙坍塌，后来安提柯（Antigonus）国王又烧毁房屋，摧毁防御工事；同时请求说，库特尼昂是"母邦"中最大的城市，对于它所遭受的这种灾难，克桑托斯人出于他们的"同族"关系（sungeneia）便不该坐视不管，而应予以援助，以向其他希腊人展现出他们对亲族和城邦的善意,这样才不致辱没他们祖先与赫拉克勒斯的尊荣。此外,信中还保证必有酬谢,并指出托勒密国王也会对此表示满意。[①]

这些书信讲述的是正式外交活动的故事。在一个由埃托利亚同盟和希腊化国王掌握权力的世界,这些书信宣告了埃托利亚人的靠山作用,同时提出请求,希望得到国王的支持。它们郑重其事地确认了三位使节的身份,并为此提供有效的凭证。而且,它们还说明此次出使的实质原因,至少指出了所涉事件的性质和修复倒塌城墙的需要,最后还叙述了城墙倒塌的经过。这一叙述具有两方面效果:首先,它引起人们对自然灾害——地震——的关注;其次,它预示着对库特尼昂人的指责,在面临安提戈努斯的攻击时,他们本可以至少守住震后残存的城墙,使之免受进一步的破坏,之所以未能做到这一点,因为他们的年轻人没有履行其保卫德尔斐阿波罗神庙的神圣职责,而是逃之夭夭。但是,书信并未解释库特尼昂人与安提柯爆发战争的背景,也根本不曾提及库特尼昂的任何政治作用;其角色由于这种缺席而显得突出。这些书信尽管表明了收信人作出选择的根据——他们共同的祖先以及与库特尼昂的多里斯人之间的"亲缘关系",却并不想清楚地阐释这一祖先世系。

当我们从这种通信"附录"转而关注克桑托斯人所颁布的法令,就会发现一个截然不同的故事。在说明使节携带埃托利亚人的法令及书信前来并陈述其文件内容的经过之后,法令记录的第一个实质部分是长篇叙述了使节提醒克桑托斯人"他们具有源于诸神与英雄的亲缘关系"的言论(14—16行)。相关的传说声称,勒托(Leto)女神是克桑托斯城"最初的主人"(*archegetis*),她曾在这里生下阿波罗与阿尔忒弥斯,阿波罗后来又在多利斯与克洛尼斯(Koronis)生下埃斯克勒庇乌斯(Asclepius),作为多鲁斯(Dorus)的

[①] 古希腊人用"同族"(*sungeneia*)一词明确宣称属于同一后裔群体,用"亲属"(*oikeiotes*)一词暗指家族关系,对这两种做法的仔细区分,见 Olivier Curty, *Les Parentés legendaires entre cités grecques* (Geneva, 1995),189-191。

后裔。在此之上，又补充了始自埃奥罗斯（Aiolos）和多鲁斯的族谱，以及克桑托斯之子克律萨俄耳（Chrysaor）率领人们从吕西亚前来定居并得到阿勒忒斯（Aletes）保护的故事。此后，还记录了对援助的请求，其措词与库特尼昂人书信的结尾部分非常相似（将 32—40 行与 100—110 行进行比较），唯一不同的是，当提及与托勒密的亲缘关系时明确指出，它来自赫拉克勒斯后裔的阿尔戈斯王朝（Argead）。接下来，克桑托斯人记载下他们对使节的回复，首先表达了对这一不幸遭遇的同情，而后说明他们热切关注此事的初衷是考虑到"源于诸神与英雄的亲缘关系，并且因为托勒密是赫拉克勒斯的后裔"（47—49 行）。他们随后解释道，若非自己也身陷窘境，他们本可以慷慨解囊，尽绵薄之力，以表明不会对亲族的不幸袖手旁观；同时宣布将此法令连同埃托利亚人和多里斯人的书信一起刻石陈列于勒托神庙。

在铭文中详细陈述这一亲缘关系的要求是不能与提供 500 德拉克马的决定相吻合的。而且，这种陈述似乎也绝不只是作为一种保障机制，以便在面对其他请求时可援引此例而置之不理，表明即使血浓于水，也不会为其慷慨解囊。我们若要理解克桑托斯人何以决定记载下这些内容，就必须懂得他们希望给自己撰写怎样一种历史。

约翰·博叙埃（Jean Bousquet）指出，这件铭文中所记载的库特尼昂使节的证言是关于勒托在克桑托斯生下阿波罗与阿尔忒弥斯的已知最早证据，这种传说也曾在一件皇室铭文以及后来的诗歌中重复出现。[1] 库特尼昂人是否巧妙地参考了某种既存的地方传说，也许是在此次出使过程中由于好奇而从接待他们的主人那里得知的？或者，他们见到克桑托斯人主要崇拜勒托女神的特殊现象而受到启发，便大胆虚构了这种传说？来自希腊本土的希腊人本会说阿波罗和阿尔忒弥斯出生于提洛岛，但是却接受兑桑托斯

---

① Jean Bousquet，'La Stèle des Kyténiens au Létôon de Xanthus'，*Revue des Études Greques*，101（1988），31.

的本地传说,从而迎合了克桑托斯人的喜好,让他们愿意将此事铭记下来宣示他人;抑或使节们为了达到此行的目的而大胆编造了一段新的神话传说。无论我们怎样认为,都不难理解,有机会表明这一版本的奥林匹斯神谱得到他人认可并且将它勒石永志,无疑是颇具吸引力的。[①]

阿波罗与阿尔忒弥斯出生的故事无论怎样逢迎了克桑托斯人,对于库特尼昂人而言都收效甚微,因为它没有在克桑托斯和多利斯之间建立起特别的关联。为此,需要将阿波罗或阿尔忒弥斯与多利斯联系起来。库特尼昂人关于埃斯克勒庇乌斯身世的特殊说法做到了这一点。在其他记载中,阿波罗与克洛尼斯是埃斯克勒庇乌斯的父母,但其出生地却是帖撒利(Thessaly)的特里卡(Trikka)或拉克莱亚(Lakereia),或是阿哥里斯(Argolid)的埃皮道鲁斯(Epidaurus)。然而,有迹象表明,帖撒利的赫斯提爱奥提斯(Hestiaiotis)地区在古代曾属于多利斯。[②] 库特尼昂使节似乎利用了这种说法,只为证明埃斯克勒庇乌斯是在多利斯出生的。[③] 如果库特尼昂人想从科斯(Kos)寻求帮助,[④]那么,对埃斯克勒庇乌斯出生地的这种宣称的确可以满足他们的需要;但是,最好还是在他们试图为多利斯与阿波罗之间建立联系的背景中来理解这一细节,而不要认为它仅关乎埃斯克勒庇乌斯。那些和科斯人一样严肃对待埃斯克勒庇乌斯的人们从中看不出任何理由去相信这一关于埃

111

[①] 与公元前4世纪晚期的昔兰尼(Cyrene)法令进行比较,该法令包含了在最初的殖民者于公元前7世纪晚期被派往利比亚之前据说是由锡拉人(Therans)所宣誓的誓言,ML 5。对此的讨论,见 Robin Osborne, *Greece in the Making*, 1200 - 479 B.C. (London, 1996), 8 - 17;反对观点见 Irad Malkin, '"Tradition" in Herodotus: The Foundation of Cyrene', in Peter Derow and Robert Parker (eds.), *Herodotus and His World* (Oxford, 2003), 153 - 170。

[②] 英文版 Hestiaiotis 误为 Hestaiotis,译本予以订正。——译注

[③] Bousquet, 'La Stèle des Kyténiens au Létôon de Xanthus', 32 - 33.

[④] 英文版"科斯"拼写为 Kos,下同,本书索引中则作 Cos,二者系同一地名的两种拼写方式。——译注

斯克勒庇乌斯出生地的新说法。① 然而,对于与埃斯克勒庇乌斯只有微弱关联的克桑托斯人而言,在其出生地的问题上接受这种新的说法则是为了宣称阿波罗与阿尔忒弥斯是他们自己的后裔而付出的一小点代价。②

库特尼昂人宣称他们与克桑托斯之间存在这种祖辈的亲缘关系,其依据并非只有关于诸神的传说。他们似乎还提供了两则英雄的故事。其中第一个故事,克桑托斯人在铭文中只是简要提及,一带而过。关于"埃奥罗斯与多鲁斯的谱系"(23—24行),库特尼昂人所讲的任何内容都不足以引起克桑托斯人的兴趣而将其更详细地记载于法令之中。但是,库特尼昂人的第二个故事——关于"希波洛克斯(Hippolochos)之孙、格劳克斯(Glaukos)之子克律萨俄耳从我们土地上派出的殖民者"(25行)——却得到完整的复述。故事讲到,当这些殖民者与人作战时,赫拉克勒斯的后裔阿勒忒斯从多利斯赶来帮助他们,并提供保护,后来,他娶了克律萨俄耳之子阿奥尔(Aor)的女儿为妻。在其他传说中,阿勒忒斯是那位驱逐西绪弗斯后裔(Sisyphids)并重建科林斯的希波塔斯(Hippotas)的儿子,因此,科林斯人由于他们与阿勒忒斯的这种关系而被称为"阿勒忒斯的后裔"(Aleteidai)。博叙埃指出,就我们所知,只有这一特定故事情节的需要才能产生阿勒忒斯从多利斯前来援助吕西亚殖民者的说法。③

克桑托斯人对神话上此种特定论断的兴趣颇为引人注意。学者们指出,虽然克律萨俄耳是格劳克斯之子,但是,与其具有主要亲缘关系的却并非克桑托斯和吕西亚人,而是西北方的卡里亚人(Carians),后者曾组成"克律萨俄耳同盟"(Chrysaorian League)。④如此看来,这种神话传说在小亚细亚与中部希腊之间所建立的关

① 有关科斯的说法,见上述 Bousquet 著作,33 - 34。
② 关于克桑托斯的埃斯克勒庇乌斯祭坛,见 TAM II. 268。
③ Bousquet, 'La Stèle des Kyténiens au Létôon de Xanthus', 35.
④ Ibid., 36 - 37,推测说杜撰此故事的目的是从卡里亚人那里获得金钱。

联对于克桑托斯人和库特尼昂人而言都是无关紧要的。那么，为何还要予以复述呢？[①] 我认为，克桑托斯人更为关注"反向殖民"的叙述，即殖民者被从吕西亚派往希腊本土的过程。尽管这一故事没有说明克律萨俄耳所派遣的殖民者最终的结局与命运，但是，用博叙埃的话说，它将吕西亚人描绘得好像"牛仔"，而希腊中部的居民则如"印第安人"，这种呈现方式本身即可为克桑托斯人赋予一种普通传说所不能提供的辈分上的优势。因为，根据通常的说法，吕西亚人是柏勒洛丰（Bellerophon）的后裔，源于科林斯的西绪弗斯（Sisyphus）一脉。[②] 故事虽未进一步将克桑托斯说成库特尼昂的母邦，却依然意味着克桑托斯的确有资格要求某些希腊本土城邦向其示以晚辈的敬意。

112

　　通过对库特尼昂使团进行这样的记载，克桑托斯人为自己撰写出一部全新的历史。他们拥有了一段可以追溯至奥林波斯山诸神诞生时期的史前史，在这一往昔的英雄时代中，他们既容留殖民者，也曾派遣殖民者，从而在世界地图上确立起自己的位置。他们把自己与诸神联系起来，在神界之中居于显要的地位；又与英雄联系起来，宣称他们的英雄与赫拉克勒斯家族关系密切，因而他们与公元前 3 世纪晚期的国王们属于同一世系。倘若亲属之间彼此的美言相待在一定程度上为他们揭示出这样一段历史，那么，关于史前英雄时代的叙述在遣词造句方面则尤其为克桑托斯人的历史赋予了强烈的政治色彩。克桑托斯与诸神的历史是一部有关起源问题的谱系式历史（*gennesai*，18 行；*genesthai*，20 行）；而克桑托斯与英雄的历史却是一部政治史：它所涉及的内容包括派遣殖民者"离开家园"（*apoikia*，25 行）、深思熟虑地谋划（*pronoia*，26 行）、战争中获得支援（27 - 28 行）、危机得以化解（28 - 29 行）并与他人

---

① 长期以来，克桑托斯人就热衷于强调他们与《伊利亚特》之间的联系，这体现于公元前 4 世纪早期阿比那斯（Arbinas）的祭品（RO 13），但不足以解释这里的情况，此处格劳克斯的名字是唯一可以确认的与"伊利亚特式的"特征。

② 'La Stèle des Kyténiens au Létôon de Xanthus'，34 - 35.

建立同盟。值得注意的是,阿勒忒斯与阿奥尔之女的结合被称为
synoikein,这一动词在两行之后又用于指称由此婚姻而结成的自古
以来便"与他们同在"的友好关系。[①] 这里讲述的冒险故事不仅解
释了同情库特尼昂人的原因,而且树立了一种榜样:在仍然受到入
侵者威胁的时代,各个共同体之间应该如何处理彼此的政治关系,
就像库特尼昂人的法令所表明的那样,尽管克桑托斯人不愿复述
该法令的内容。

一篇表录中的历史:林多斯年代记

克桑托斯人的法令引导我们所重构出的历史想象的运用方
式还更富戏剧性地展现在一篇表录铭文之中。该铭文其实是一
组系列表录,出土于罗德岛,被称为"林多斯年代记"。[②] 公元前
99 年,林多斯人决定列表记录下"林多斯的雅典娜"(Athena
Lindia)女神"最为古老庄严的"(A 2 行)的圣殿中那些最优秀的祭
品。[③] 如前所述,罗列祭品的表录并不少见;这一篇却与众不同,因
为"大多数祭品及其铭文因天长日久而遭受损坏"(A 4 行)。于是,
林多斯人选拔出两个人,让他们依据各种"书信和公共档案"(A 7
行)来调查考证那些往日的祭品。其结果形成两份表录,分三栏镌
刻在法令下方。第一份表录是祭品清单(B 栏和 C 栏),第二份则
列举了雅典娜女神的各种"显现"(D 栏)。

贡品表录第一条内容(B2—8 行)如下:

---

① *synoikein* 一词既可指性交,也可指两个共同体同意联合组成一个政治实体。
② C. Blinkenberg, *Lindos:Fouilles de l'acropole* 1902 - 1914,2 vols. (Berlin and
Copenhagen, 1941), no. 2(i. 48 - 99); and Higbie, *The Lindian Chronicle and
the Greek Creation of their Past*. 我采用希格比(Higbie)的译文,有所改动。许多
人指出,"年代记"的标题严格来讲并不恰当(Ibid. , 159;以及 Chaniotis,
Historie und Historiker in den griechischen Inschriften, 53),但它有助于强调这
是一篇属于历史书写的作品。
③ 依据雅典娜祭司而定年;刻有祭司名单的铭文见 Blinkenberg, *Lindos*, no. 1。

　　林多斯（Lindos），酒盏（phiale）一只。究其材质，无人能知。器身镂刻："林多斯献给城邦保护神雅典娜（Athena Polias）与城邦保护神宙斯（Zeus Polieus）。"相关记载见于戈尔贡（Gorgon）所著《论罗德》（About Rhodes）一书第 11 卷、雅典娜祭司戈尔戈斯提尼斯（Gorgosthenes）致"议事会"（boule）的书信、祭司西耶罗布罗斯（Hieroboulos）致"调查委员"（mastroi）的书信。

城市建立者——林多斯城因他而得名——的名字理所当然地出现于祭品表录之首，连同他所奉献的那件最具代表性的祭品——酒盏（phiale）。在林多斯的卫城上，似乎曾经矗立着科尔卡弗斯（Kerkaphos）之子林多斯的塑像，它是公元前 4 世纪晚期的一个雅典娜祭司献给城邦保护神宙斯的祭品，其上刻有林多斯的名字，"风格极其庄严"；但是有证据表明，对"林多斯与其他英雄"的崇拜晚于"林多斯年代记"。① 布林肯贝格（Blinkenberg）指出，英雄崇拜是产生于"指导年代记编订的同一种精神（或者也许是年代记本身的影响）"。② 年代记中这第一件祭品上所书写的历史既反映出这位使城市得名的英雄已被视为林多斯人自我认同的要素，也激励林多斯人通过创立英雄崇拜的纪念仪式来强化这种认同感。

　　表录中第二件祭品是由特尔吉斯人（Telchines）奉献的。第三件祭品的说明为："卡德摩斯（Kadmos），青铜水盆一只。器身镂刻腓尼基文字。相关记载见于波吕扎洛斯（Polyzalos）《历史》第 4 卷。"狄奥多罗斯在其《历史文库》（Universal History，约公元前 30 年）第 5 卷 55 至 63 章叙述罗德斯早期历史时也曾提及这件祭品。这段叙述首先讲到特尔金人，指出林多斯曾有一位"特尔吉斯的阿

---

① 　Blinkenberg, Lindos, no. 57A（关于塑像）and no. 282.31（关于祭仪）。

② 　Ibid., ii. 595（我个人的译文）。

波罗"（Apollo Telchinios），然后是洪水的发生以及后来太阳神赫利俄斯（Helios）让这座岛屿恢复干燥，同时诞生了赫利俄斯的后裔赫利阿代（Heliadai），他们遵循赫利俄斯的指示创立起崇拜雅典娜女神的祭仪。赫利俄斯的后裔知识渊博，但是另一场洪水使他们的全部知识和著作荡然无存，因此，后来的人们以为文字书写是由卡德摩斯引进希腊的。接下来，狄奥多罗斯又讲到达那俄斯（Danaus）及其女儿们曾经造访林多斯，结果三个女儿死在那里；而卡德摩斯也到过林多斯，并奉献了一只"值得称道的青铜水盆，形制（*rhythmos*）古朴，刻有腓尼基文字"。①

狄奥多罗斯对这件祭品的记载与他关于罗德岛历史的长篇叙述完全融合在一起，可见，它不大可能来源于"林多斯年代记"。而且，也不清楚他是否参考了波吕扎洛斯的著作。在这段叙述的先前部分，狄奥多罗斯曾提及泽农（Zenon），此人在"林多斯年代记"的其他条目中得到确认（90－91行，117行）。尽管年代记就此问题只提供了这一项证据，但是，由于卡德摩斯在伊阿利索斯（Ialysos）和林多斯所享有的显要地位，这件祭品很可能曾经广泛出现于文献记载之中。

无论"林多斯年代记"是否与狄奥多罗斯的记载属于同一来源，它都是一篇以文字资料为依据的铭文，这一特征不同寻常；而且，此处所讨论的这条祭品记录还让我们有机会看到表录形式的历史书写具有怎样的意义。年代记中无需再对这件祭品进行任何评价，因为凡是被选入该表录的祭品必然都是"值得称道的"。更为重要的是，年代记仅仅关注如何把这些祭品整合为一部历史：将林多斯的历史建构为展现伟大人物的舞台。这件祭品在狄奥多罗斯笔下，无论就他关于文字书写的历史还是关于艺术发展的历史（"形制古朴"）而言，其地位都与年代记所建构的那种历史毫无关系。但是，年代记对祭品的背景故事或相关献祭活动缺乏清晰的说明，因而成为一篇具有高度暗示性的表录。它期待读者

①　Diodorus 5.58.3.

可以认出这些名字，并且能够自己领悟这些献祭活动的恰当背景。

年代记的意义有赖于读者能够从中认识到，从洪水之前最古老的神话时代以来，林多斯便在希腊历史上的每个重要时期都处于核心地位。年代记所提供的信息大多出自祭品上的铭文内容。卡德摩斯的祭品是为数不多的未曾引述器身铭文的个例之一（此例之中，由于铭文可能是腓尼基语），不过，其他许多祭品也只给出献祭者的名字，并未提及献祭的背景。然而，针对有些背景情况却记载了更多的内容，其中或者是相关事迹太过丰富而难以考证确切的背景，或者是有着与林多斯意想不到的关联。

因此，在米诺斯（Minos）的祭品记录之后，我们看到，赫拉克勒斯奉献了两只盾牌，一只为皮革表面，另一只为青铜表面，其上镌刻的铭文指出它们分别是"来自麦洛皮家族（Meropes）的欧律皮洛斯（Eurypylus）之盾"和"来自丢克洛斯家族（Teucrians）的拉奥墨冬（Laomedon）之盾"。这段铭文将赫拉克勒斯造访林多斯与他攻陷特洛伊以及随后前往科斯的经历联系起来，因此不仅使林多斯人因这位广受崇拜的英雄而增光添彩，并且凸显出林多斯的地位：当邻近的科斯国王——波塞冬之子欧律皮洛斯——向赫拉克勒斯提出挑战时，林多斯人特别受到赫拉克勒斯的青睐。同样的，所列 6 件祭品中的为首一件与特洛伊战争有关，据称刻有如下铭文："那些与特勒波勒摩斯（Tlepolemos）一同远征伊利昂（Ilion）的人们献给林多斯的雅典娜女神，此乃取自特洛伊的战利品。"

有一项特别的记载与其他条目的惜墨如金形成鲜明对比，并清晰地展现出编写者的手笔。后特洛伊战争时代的第一件祭品是一组饰板，包括三块，分别属于林多斯的各个"部落"（*phylai*）：

> 每一部落，各一件最古老的饰板。其上绘有一位"部落长"（*phylarkhos*）及九位"传令官"（*dromeis*），人物姿态皆具古风。每人画像上均刻有各自的名字。除此以外，第一块饰板刻有：

"赫利俄斯后裔（Haliadai）的部落战争获胜，①将此献于林多斯的雅典娜。"第二块饰板刻有："此乃胜利的象征；土著人（Autochthones）的部落战争获胜，以此为女神增辉。"第三块饰板刻有："特尔吉斯人的部落战争获胜，将此献于雅典娜女神；吕叩斯（Lykeus）之子吕克帕达斯（Lykopadas）为火炬游行队长。"（B 88—98 行）

前文指出，对祭品的记载仅限于与林多斯历史有关的内容，其余史料则被剔除；从表面来看，关于这些饰板上人物形象的描述是与这一观点相反的，但它实际上同样与林多斯的历史息息相关。年代记几乎完全按照时间顺序罗列祭品，这就相当于呼吁为林多斯的部落结构和部落官职确立悠久的历史：它们自从特洛伊战争之后不久便发挥作用，已然成为林多斯军事活动的基础，并且积极参与到宗教仪式的事务之中。②

　　部落的悠久历史是由它们在年代记中所处的位置确立起来的，其意义又因随后一项独特的条目而得到加强：它记录了一件反复使用的祭品，引述了器身上的先后两段铭文。其中第一段说明该祭品与阿德拉斯托斯（Adrastos）有关，并且涉及埃癸阿琉斯（Aegialeus）死后的事件，③它们发生在特洛伊战争之前，属于波吕尼刻斯（Polynices）被成功扶上忒拜王位的时期。④ 第二段铭文关乎年代记收录该祭品的原因，我们无法确定其所属时代，也几乎不可能将其中的阿瑞塔克里图斯/阿瑞图斯（Aretakritos/Aretos）认作公元前 1 世纪的林多斯人所提及的同名人物。因此，对于读者而言，关于该祭品所属时代的唯一线索只能来自阿德拉斯托斯。

---

① 此处 Haliadai 是前文中 Heliadai 一词的多里斯方言形式。——译注
② 唯一打破年代顺序的情况是将公元前 3 世纪与托勒密·菲拉德尔弗斯（Ptolemy Philadelphos）相关的祭品列于亚历山大大帝的祭品之前（C 97 - 102）。
③ 英文版"埃癸阿琉斯"拼写为 Aigialeus，本书索引中作 Aegialeus，二者系同一人名的两种拼写方式。——译注
④ Pausanias 1. 44. 4.

在阿瑞塔克里图斯/阿瑞图斯及其儿子们所奉献的祭品之后，是一件巴图斯（Battus）在昔兰尼（Cyrene）殖民期间所获得的战利品。评论者曾经试图将这件林多斯祭品与希罗多德所记载的希腊人殖民昔兰尼的故事联系起来，认为它属于公元前570年左右巴图斯二世领导的第二次殖民浪潮，这场殖民活动引发了制度调整，一个由"岛民"组成的部落得以形成。[①] 但是，铭文称"伴随着潘吉斯（Pankis）的子孙的那些林多斯人与巴图斯一起建立了昔兰尼"，这难以支持上述观点。巴图斯二世率领的后继殖民者不能被称为"建立了这座城市"。林多斯人很可能想要在此记载他们曾经为创建昔兰尼所作出的贡献。

116

潘吉斯的祭品之后，B栏底端缺损5条记载。C栏中的第一件祭品是法塞利斯人（Phaselitai）在建立殖民地期间奉献的，其后是由6件器物构成的一组系列祭品，中间夹杂着一件阿马西斯（Amasis）的祭品，将林多斯与意大利南部及西西里的希腊殖民地联系起来。[②] 可见，潘吉斯的祭品可能是一系列同类记录的开端，这些条目都涉及林多斯与海外希腊殖民地的关系。接下去的2条记录清晰体现出波斯统治时期，其中第一条记载的是波斯人奉献的祭品，与大流士有关，第二条则涉及阿尔塔薛西斯（Artaxerxes），2条记录均未引述祭品上的铭文。通过这些条目，林多斯获得了世界中心的地位，其影响远播东西各处。

那件与阿尔塔薛西斯有关的祭品是由"民众"或"林多斯人"奉献的4件祭品中之第二件。其为首一件是来自克里特的战利品，这第二件是阿尔塔薛西斯赠送的礼物，第三件是胜利纪念品，用以感谢神灵的恩惠，第四件是一只按神谕要求而奉献的盾牌，该神谕保证，这样做将能结束与托勒密·菲拉德尔弗斯（Ptolemy

---

① Blinkenberg，i. 167；以及 Higbie，*The Lindian Chronicle and the Greek Creation of their Past*，101.

② 将有关阿马西斯奉献的甲胄的记载归于"图里人希罗多德"（Herodotos the Thurian），便使阿马西斯也与意大利南部联系起来了。

Philadelphos)的战争。对公众虔诚的这种反复展现也有助于强化林多斯人的独立性，他们不仅掌控着自己的政治事务与战争活动，还能以对他们有利的方式及时结束战争。这些条目与最后5项记录形成了鲜明对比，而且考虑到时间顺序的打破，则无疑更是一种有意为之的对比。这5项记录皆以"国王"一词起首："国王亚历山大……"、"国王托勒密……"、"国王皮洛士（Pyrrhus）……"、"国王希耶罗（Hieron）……"以及"国王腓力……"。这种排列顺序是为了强调"林多斯的雅典娜"神庙在希腊化世界中的重要地位。远道而来的读者不会怀疑，该神庙正是献祭的终极圣地。除此以外，还有何处能够宣扬亚历山大对大流士的胜利、皮洛士及西耶罗的英勇精神、腓力五世在小亚细亚的丰功伟绩？还有何处值得让托勒密奉献如此精美夺目的祭品？林多斯雄踞于希腊化世界；林多斯人之所以能够主导自己在这一世界中的地位，正因为他们拥有如此重要的文化资本。

铭文的最后部分——D栏——是另一种表录，只记载了三次雅典娜女神"显现"的经过；根据我们的了解，它同样是按照时间顺序编排的。第一次"显现"属于公元前490年波斯军队在马拉松战败的时期。[①] 与祭品表录相反，关于这次"显现"的叙述非常详尽，相继运用了一系列以多种时间状语从句引导的句子（前两个时间状语从句是独立属格，第三个是"在此期间……"，等等）。这一故事的内容包括雅典娜向一位官员的"显现"、她对其父宙斯降雨行为的干预、受惊于女神干预的波斯统帅达提斯（Datis）用自己随身物品进行的献祭以及友好盟约的订立。

第二次"显现"的记载差异明显。它也讲述了一个故事——这次使用了一个结构繁复的长句。在这个故事中，雅典娜出现在林多斯人面前，让他们不要急于为了在其神像背后所发生的杀人事

---

① 有可能属于公元前490年代中的其他年份，相关论点见 Higbie, *The Lindian Chronicle and the Greek Creation of their Past*, 141。在我看来，所谓大流士"已然派遣大军以奴役希腊"的说法只适合于马拉松战役。

件而净化神庙，并且命令他们拆除神像上方的屋顶，宙斯自己会在三日之内清洗血污。这段文字并不完整，但宙斯无疑是像雅典娜所说的那样做了。此故事几乎不涉及林多斯以外的政治问题（除非去德尔斐请示神谕），而是主要关于其内部事务。

第三次"显现"的记载明确指向林多斯与外部世界的关系。林多斯再次受到围攻——时间大约在公元前 304 年，敌人是"围城者"德米特里乌斯（Demetrius Poliorcetes）。雅典娜多次造访某位前任祭司，坚持让官员们致信托勒密。此故事也缺少结尾部分，但是，与托勒密进行联络结果无疑成为一个颇具成效的建议。

这些"显现"所建构出的历史经过了精心的设计。祭品表录使那些久已失传的祭品得以再现，从而表明林多斯人自从最古老的神话时代以来便在希腊人与诸神的交往中处于核心地位；雅典娜"显现"的表录则突出了女神本身。雅典娜的力量之所以如此重要，就在于它是可见的。法令开篇处写道，古人们"由于这位女神的现身而用最古老的精美祭品来装点［这座神庙］"（A 3 行），支持这一说法的证据就是雅典娜依旧是值得崇拜的女神。这三个故事所提供的可能是对此情况的简要说明。它们分别指出：当全体希腊人面临最严峻的威胁——波斯人的入侵，雅典娜及时前来援助这座城市；在与诸神的日常关系方面，雅典娜关心着这个共同体的福祉；在当时由希腊化国王们所统治的世界中，雅典娜支持着罗德岛的官员们所采取的对外政策。无论林多斯的历史遇到怎样的转变，也无论其危机来自共同体外部还是内部，雅典娜都将给予援助——不仅是让林多斯人获得幸福的结局，还能使他们始终过着宁静而平安的生活。在此之间，体现出这些祭品和女神"显现"所要表达的意义，它既讲给普通的游客，也讲面向罗马的统治者。

"林多斯年代记"可谓是一篇值得关注的历史著作。它没有采用连贯的叙述，而是提供了一系列典型的历史时刻，让林多斯人有理由相信他们在希腊人的事务中始终处于核心地位，并且将林多斯的社会状况（诸如三个部落的组织形式）置于希腊世界更广阔的历史背景之中（诸如特洛伊战争以及希腊人在西西里、意大利南部

118

和非洲北部的殖民活动）。这部历史之所以具有重要意义，正因为它属于更宏大的传统，并建立在其他"历史"的基础之上，这不仅是指狭义上关于遗失祭品或女神"显现"的描述参考了其他著作，还意味着广义上它曾受到希腊神话与历史传说的影响。文字简略的祭品表录在很多方面都称不上历史著作，特别是因为它尽管偶尔提及献祭的背景，却未曾阐述献祭的理由（林多斯各部落为何将战利品奉献给"林多斯的雅典娜"而非其他神灵？）。这些祭品属于古代的战利品，与史诗和历史具相吻合，它们并非用以纪念其他希腊人往日的事迹，而是为了展现林多斯人当前的显赫地位。铭文开始部分的法令指出了这种动机，后面有关雅典娜三次"显现"的记载又对之予以强化：谁人不会专程到此向这位现身助人的女神表达谢意呢？

作为历史书写的铭文

我详细考察过的这两篇铭文均属于希腊化时代的法令。它们与前代铭文的不同之处在于其篇幅的长度、谋篇布局的自觉意识以及对某段往事的关注。这两篇铭文都可在一定程度上用于深入的类比研究：克桑托斯铭文拥有许多同类案例，"林多斯年代记"的典型性则体现于某些个别特征，而非铭文整体。[①] 不过，这里对它们的讨论，重点并不是哪些特定的铭文可以用来与它类比，而在于它们为"所有"铭文中的历史书写方式提供了特别清晰明确的典范。

克桑托斯的法令和林多斯的表录采用了铭文作者或负责人所掌握到的信息，并将这些信息塑造为它们自己的故事。在克桑托斯法令中，相关信息几乎无疑是新近获得的：三位库特尼昂使节提供了这些信息，或多或少地受到克桑托斯人的怂恿；而且，尽管成功希望渺茫，但他们还是试图以此说服克桑托斯人出于祖先的亲

---

① 关于"林多斯年代记"类比案例的讨论，见上文 Higbie 著作，258-288。

缘关系而对危难时刻的库特尼昂慷慨相助。在"林多斯年代记"中,相关信息已然长期存在于学者著作之中:以狄奥多罗斯关于罗德岛早期历史的记载为例,它是在对罗德岛神话与历史往事的连贯叙述中来记录古人献给"林多斯的雅典娜"的祭品。在克桑托斯法令中,我们清楚看到编写者的手笔:他们采用了取自埃托利亚法令以及写给克桑托斯人的书信中的信息,却忽略了其他素材,对使节们的某些言论详细记录,对另一些说法则一笔带过。"林多斯年代记"的编写者手笔可以从其对多种史料的征引中体现出来,它所引述的资料不可能只限于林多斯人曾经刻写在石头上的少量信息,显然也包括存世文学作品中对同一祭品的描述,就像卡德摩斯的祭品条目那样。

一切历史书写都具有选择性。铭文之所以可以被视为历史书写,因为,即使篇幅最长的铭文也像书信那样,是由一致的指导思想为了特定意图而设计出的短篇文本(尽管有些意图未必清楚,或者只是从属于明确提出的主旨),而且和书信一样用于特定的场合,并往往伴随或结合着某些仪式。文学性的历史作者能够讲述许多历史故事——读者也如此期待;可铭文几乎全部是内容单一的。如果人们质疑历史著作只是作者根据个人意见而为自己感兴趣的某个故事拼凑起来的一堆鱼龙混杂的材料,那么,铭文讲述的内容则更多地限于"需要知道"(need-to-know)的范围。因此,在今天的历史学家看来,它们既有价值也有危险。

铭文镌刻着"需要知道"的内容,并竖立于民众需要知道的地方,其优美性便体现在它一般能够通过文本的语境、形式以及内容来讲述那些被视为读者需要知道的内容。正是由于这一原因,铭文本身的存在形式对于历史学家而言也具有重要的意义。铭文告诉我们,个人与城市在特定环境、特定时刻中认为读者需要知道哪些信息,而不能阅读的人又需要去询问哪些事情。

铭文只包括"需要知道"的内容,其危险性体现在铭文的省略既有着格外强大的力量——它们潜在地表明其作者或负责人认为读者没有必要知道那些信息——又极具欺骗性——我们无法推测省略部分是有意回避,还是无从获知。主要是出于这一原因,我们必须始终思考某句话为什么出现在位于此处的这样一件纪念物上。

120   大多数利用铭文进行古希腊历史研究的学者往往试图解决一些不同于铭文本身所专门阐释的内容的问题。我们想要从铭文中获得有关制度安排、经济状况、命名方式与家庭结构、年代顺序等方面的信息。这种探索通常需要对铭文的典型性程度加以确认,并且总要注意铭文中夹杂着许多"噪音"——大量干扰性信息。然而,铭文作者的意图越是专一,我们就越发不能认为铭文所提供的信息及其所采取的形式仅是出于偶然。这些信息是与作者的目的恰相吻合,还是刻写得徒劳无功,对此问题我们经常束手无策;因为,当我们不得不借助铭文来解决问题的时候,就意味着已经没有任何其他史料了。但是,如果我们未能重视所有铭文都属于历史书写这一事实的话,我们自己的历史书写就将枯竭衰败,并出现致命的缺陷。

大事年表/关键日期

约公元前 750 年   最早的文字书写(以陶器为载体)

约公元前 700 年   最早的石刻铭文

约公元前 650 年   政治机构颁布的最早铭文,如《德雷罗斯法》

公元前 508/7 年   雅典的克里斯梯尼改革

公元前 480/79 年   波斯入侵被希腊人击退

公元前 478 年   提洛同盟建立(产生"雅典帝国")

公元前 394/3 年   德克夏里奥斯墓碑

公元前 323 年   亚历山大大帝之死

公元前 206/5 年   库特尼昂人向克桑托斯寻求援助

公元前 196 年   罗马将军弗拉米尼努斯宣布"希腊人的自由"

公元前 99 年   "林多斯年代记"

主要史料

以下铭文中的历史书写别有意义：

Blinkenberg C. , *Lindos*：*Fouilles de*，'*acropole 1902 – 1914*，2
　　vols. （Berlin and Copenhagen，1941），no. 2.

Curty，Olivier，*Les Parentés legendaires entre cités grecques*
　　（Geneva，1995），no. 65.

Dittenberger，Wilhelm（ed. ），*Sylloge Inscriptionum Graecarum*，4
　　vols. （3rd edn. ，Berlin 1914 – 1924），no. 495.

Inscriptiones Graecae，ii² 448，ii² 657.

Meiggs，Russell and Lewis，D. M. ，（eds. ），*A Selection of Greek*　　121
　　Historical Inscrip-tions to the End of the Fifth Century B. C.
　　（rev. edn，Oxford，1988），nos. 1，2，5，12，23，23，27，30，
　　73，86.

Rhodes，P. J. and Osborne，Robin（eds. ），*Greek Historical*
　　Inscriptions 404 – 323 *B. C.* （Oxford，2003），nos. 5，22，30，
　　58，79，88，102.

Shear，T. L. ，*Hesperia* Supplement 17（1978），2 – 4.

参考文献

Aleshire，Sara B. ，*The Athenian Asklepieion*：*The People*，*their*
　　Dedications，*and the Inven-tories*（Amsterdam，1989）.

Bérard，François et al. （eds. ），*Guide de l'épigraphiste*：
　　Bibliographie choisie des épigraphies antiques et médiévales（3ːrd
　　edn，Paris，2000）.

Bodel，John，*Epigraphic Evidence*：*Ancient History from*
　　Inscriptions（London，2001）.

Bousquet，Jean，'La Stèle des Kyténiens au Létôon de Xanthos'，
　　Revue des Études Greques，101（1988），12 – 53.

Chaniotis, Angelos, *Historie und Historiker in den griechischen Inschriften: Epigraphische Beiträge zur griechischen Historiographie* (Stuttgart, 1988).

Higbie, Carolyn, *The Lindian Chronicle and the Greek Creation of Their Past* (Oxford, 2003).

Immerwahr, Henry R. , *Attic Script: A Survey* (Oxford, 1980).

Jeffery, L. H. , *The Local Scripts of Archaic Greece: A Study of the Origin of the Greek Alphabet and its Development from the Eighth to the Fifth Centuries B. C.* (1961; 2nd edn rev. A. W. Johnson, Oxford, 1990).

Lupu, Eran, *Greek Sacred Law: A Collection of New Documents* (Leiden, 2005).

Osborne, Robin, *Greece in the Making*, 1200 – 1479 B. C. (London, 1996; 2nd edn. 2009).

—— and Pappas, Alexandra, 'Writing on Archaic Greek Pottery', in Zahra Newby and Ruth Leader-Newby (eds.), *Art and Inscriptions in the Ancient World* (Cambridge, 2005), 131 – 155.

Powell, Barry B. , *Homer and the Origin of the Greek Alphabet* (Cambridge, 1991).

Woodhead, A. G. , *The Study of Greek Inscriptions* (2nd edn, Cambridge, 1981).

李尚君 译 陈 恒 校

第六章 早期希腊诗歌与历史

德博拉·伯德克(Deborah Boedeker) 文

在西方传统中,希罗多德和修昔底德很久以来就被誉为史学的奠基者。从任何标准来看,他们都有着举世瞩目的创造力和影响力,但是,希罗多德包罗万象的《历史》(可能成书于公元前420年代后期)和修昔底德主题更为集中的《伯罗奔尼撒战争史》(大概由于修昔底德于公元前400年左右去世而未能完成)却并非最早聚焦"历史"话题的希腊文献。一些公元前5世纪早期的散文作品就曾叙述往日的事件和民族,包括赫卡泰戊斯(Hecataeus)的《世界环游记》(*Circuit of the World*)和《谱系志》(*Genealogy*)、斐勒克拉忒斯(Pherecrates)关于雅典家族的谱系式《历史》以及卡戎(Charon of Lampsacus)的《波斯志》(*Persica*)等地方性历史或民族志作品——如果卡戎的确早于希罗多德的话。[①]可惜的是,这些作品大多只保存在后代作家偶尔的转述和引用当中。若以文学引用来衡量,那么,保存更为完好,并且在公元前5世纪也更广为人知的文

---

① 最近就此问题的简要论述,见 Jonas Grethlein in this volume; and Robert Fowler, 'Herodotus and His Prose Predecessors', in Carolyn Dewald and John Marincola (eds.), *The Cambridge Companion to Herodotus* (Cambridge, 2006), 29 - 45. Behind all modern discussions of the, 'development' of ancient Greek historiography stands Felix Jacoby, 'Herodotos', in *Paulys Real-Encyclopädie der classischen Altertumswissenschaft*, *Supplement-Band II* (Stuttgart, 1913), 205 - 520. 感谢彼得·莱赫(Peter Lech)在参考文献方面对我的帮助,并感谢库尔特·拉夫劳布(Kurt Raaflaub)、布朗大学"古代地中海文化与宗教"研讨班以及安德鲁·费尔德(Andrew Feldherr)编辑给我提供的宝贵意见。

献则是那些讲述人们记忆或想象中的往事的诗歌。

这类诗歌包括许多样式——有叙事、有第一人称的回忆、有典故，还有戏剧化的故事。某些"诗体历史"（poetic history）作品的出现比希罗多德和修昔底德要早数十甚至数百年，另外一些则与他们同时，或者稍晚。这些诗歌的创作遍及整个希腊世界，它们的主题既有比较晚近的历史（就其作者的角度而言），也有更加古老的传说。希罗多德和修昔底德时代的人们对这些诗歌的了解主要不是通过书面阅读，而是现场表演，包括祭祀神灵和强化社会共同体的节日、专门的音乐和戏剧竞赛，[①]以及不很正式的聚会（特别是男性贵族们经常举办的酒会）。还有一些"历史性"诗歌被镌刻在石头上，它们是简短的诗体墓碑铭文和格言警句，用以纪念个人或集体的伟大事迹。[②] 就其多种表现形式来看，诗体历史既是公元前5世纪希腊文化的显著特征，也是大多数希腊人获取历史"知识"的重要来源。

本章关注希腊早期诗歌及其与希罗多德和修昔底德散文体历史著作之间的复杂关系。首先，我将对古风及古典早期希腊历史文献本身进行概述（并非全面性研究），聚焦其体裁（或表演形式）的多样性和历史叙述的不同手法。其次，我要论述两位历史学家如何评价诗歌体的历史叙述（通常是对诗人的抨击！），最后再考察他们借鉴早先的历史性诗歌并与之进行互动的多种方式。

早期希腊诗歌与对往事的纪念

在希腊古风时代和古典时代早期（公元前8世纪至前5世纪中

---

① 关于公元前440年"歌厅"（Odein）建成之后雅典音乐表演的激增，见 Robert Wallace, 'Damon of Oa: A Music Theorist Ostracized?' in Penelope Murray and Peter Wilson (eds.), *Music and the Muses: The Culture of Mousike in the Classical Athenian City* (Oxford, 2004) 249 - 267, at pp. 264 - 265; and Peter Wilson, 'Athenian Strings', ibid., 269 - 306, at p. 285。

② 见 Andrew Ford, *The Origins of Criticism: Literary Culture and Poetic Theory in Classical Greece* (Princeton, 2002) 138, 将铭文与诗歌进行对比；关于铭文与历史，见本卷中罗宾·奥斯本（Robin Osborne）的论文。

叶），日常言谈中就包含着对人类往事的述说，无论是作为记忆还是想象——祖父在战场上有过哪些事迹、我们如何抵抗侵略保卫家园、祖先们又是在什么时候以怎样的方式迁居此地的。与此同时，专业作家和表演者运用特定的语言和韵律来传颂人类的事迹（此外还有许多其他题材的作品，诸如赞美众神并讲述其事迹的颂歌、在战争中激励斗志的歌曲，以及提供道德劝诫和特殊知识的诗歌）。这些诗歌在各种规模的公共场合进行表演，对于建构或者维系历史传统而言十分重要，并且在塑造集体认同感方面发挥着显著作用。[1]

　　一部分此类作品超出了单一群体，而得到更广泛的传播，这无疑仰赖游吟诗人及其在跨城邦性节日上的表演。有些叙述历史的诗歌甚至获得所有希腊人的认可，[2]其中最为人熟知也最具影响力的当属荷马史诗《伊利亚特》与《奥德赛》，它们经历了长期口述传统的发展，大约在公元前700年形成我们所熟悉的形式。在后来的数个世纪中，荷马史诗为遍布各处的希腊人提供了一致的文化传统的认同感；可以说，荷马史诗所叙述的特洛伊战争就相当于全部希腊历史的"基因序列"。[3]

124

作为历史的史诗

　　在现代意义上，《伊利亚特》和《奥德赛》的内容显然更接近神

① 最近的论述，见 Barbara Graziosi and Johannes Haubold, *Homer：The Resonance of Epic*（London, 2005）, esp. 42 - 43; John Marincola, 'Herodotus and the Poetry of the Past', in Dewald and Marincola, *The Cambridge Companion to Herodotus*, 13 - 28; and Corcella, 'The New Genre and Its Boundaries'。

② 见 Gregory Nagy, *Pindar's Homer：The Lyric Possession of an Epic Past*（Baltimore, 1990）, 17 - 81, 对这种特殊的"歌唱"形式及其泛希腊化进程给予了基本论述。

③ François Hartog, 'The Invention of History：The Pre-History of a Concept from Homer to Herodotus', *History and Theory*, 39（2000）, 139 - 152, at pp. 388 - 389。

话,而非历史。然而,从其表演者和观众的角度看来,这些史诗讲述的往事与当下有着明显的"差异"。尽管它所描绘的大多数事件发生于爱琴海地区的真实世界当中,但是史诗自身却有意呈现一个很久以前的"英雄"社会。① 那些英雄的武器由青铜打造,而非铁制;战士比当代的人们更加孔武有力(在后者看来并非不可思议);而且最优秀的战士经常是驾着战车进行战斗的。从史诗的叙事背景中可以识别出早期希腊的"城邦"(*polis*)体制——我们认为,在荷马史诗成形时期城邦已经存在;但是,故事前景所突出的却是古代的世袭国王和他们的宫殿——一部分来自对青铜时代晚期历史传统的"记忆"(或者是由其可见遗迹所进行的构想),另一部分则出自想象。②

不仅如此,史诗中的往事还是多层面的。荷马笔下的人物讲述着他们自己时代之前所发生的事情,也懂得将来的情况会有所改变;因此,特洛伊的赫克托耳能够想象出当他的城市不复存在时的情景(*Il.* 6.447-449)。史诗的主要叙述者——他将自己关于往事的知识归因于无所不知又无处不在的缪斯女神——偶尔也会告诉人们在他所叙述的事情之后还将发生些什么。在这种情况下,他就以自己的口吻进行讲述,比如,揭示阿波罗和波塞冬将在特洛伊战争之后摧毁阿卡亚人(Achaeans)的防御工事(*Il.* 12.12-35);或者借助冥间先知泰勒西亚斯(Teiresias)之口来描绘未来,预告奥德修斯在作为《奥德赛》结尾情节的返乡之后还将经历的旅程(*Od.* 11.119-134)。

从史诗叙事者与其笔下人物之间所存在的共同观念中,反映出

---

① Hermann Strasburger, *Homer und die Geschichtsschreibung* (Heidelberg, 1972); and Jonas Grethlein, *Das Geschichtsbild der Ilias: Eine Untersuchung aus phänomenologischer und narratolo-gischer Perspektive* (Göttingen, 2006),在关于荷马史诗"历史"观念的丰富研究成果中,这两部著作具有里程碑的意义。

② 见 Kurt Raaflaub, 'A Historian's Headache: How to Read "Homeric Society"?' in Nick Fisher and Hans van Wees (eds.), *Archaic Greece: New Evidence and New Approaches* (London and Swansea, 1998),169-193。

一种特殊的历史意识,它认为事件的发生不仅前后承接,而且还是由多种因素导致的"偶然"结果。① 通过以戏剧化的方式来叙述人物的动机、谋划和反应,特别是借助让人物自己讲话的方式,诗人一定程度上在过去与现在之间搭建起一种彼此相连却并非完全可以鉴往知来的关系。观众自己去理解人类的商议和决策如何导致实际行动。例如,阿喀琉斯在一番言谈中决定重返战场杀死赫克托耳,为其好友帕特罗克勒斯(Patroclus)复仇(Il. 18.88 - 116)。在其他情况下,命运的改变则是出于偶然,或者由于某位神灵无法预料的(但未必是无意的)干预,就像雅典娜对赫克托耳的致命欺骗:雅典娜变幻成愿与赫克托耳同仇敌忾的兄弟模样,诱使他去与阿喀琉斯决斗(Il. 22.225 - 247)。荷马史诗通过叙述往事而展现出世事变迁的偶然性,这在后来也成为希罗多德和修昔底德散文体历史编纂的特点之一。

　　赫西俄德的《神谱》很少涉及"人类"历史,但同样也表达出某种"历史"发展模式。这篇史诗(一般认为晚于荷马史诗)重点讲述诸神的诞生、谱系的传承以及宙斯所确立的最终秩序——包括彼此关联的世俗的、神圣的和道德的多种要素。荷马史诗的"历史意识"体现在对人类谋略的戏剧性关注以及对世事多变的强调,然而,在《神谱》的大部分内容中,取而代之的则是诸神逐渐占据曾经空空荡荡的世界的繁衍过程。尽管如此,赫西俄德笔下的角色有时却也会展现出谋划和动机,比如,为了报复丈夫乌拉诺斯的残酷压迫,盖亚在儿子克洛诺斯的协助下密谋计划(Theog. 159 - 172)。类似的还有那些以充满悬疑的戏剧性手法对往事的描述,诸如宙斯与堤福俄斯(Typhoeus)之间的战争(Theog. 836 - 868)。另一个与荷马史诗的共同之处是目录化的呈现方式,②例如特洛伊战争中全体希腊舰队的列表(Il. 2.493 - 760)以及俄刻阿诺斯(Okeanos)和特图斯(Tethys)所生女儿的名录(Theog. 346 - 370),

① 最近从现象学角度对此进行的论述,见 Grethlein, *Das Geschichtsbild der Ilias*。
② 参见 Graziosi and Haubold, *Homer*, 47 - 48。

这为诗歌叙述增添了精确性与权威性,而且也将应用于散文体的历史编纂。《神谱》在其叙述主题之外很少提及其他事件,但是当讲到宙斯统治确立起来的时候,就开始列举女神们与凡人所生的后代(*Theog.* 965-1018)。① 这最后一部分将诗歌的内容延伸至后来的英雄时代——其中一些英雄作为各族的祖先为全体希腊听众所熟知。② 于是,听众的世界便在谱系上(即使是模糊地)与史诗主要叙述的程式化的宇宙时间联系在一起了。

在训谕性史诗《工作与时日》中,叙述者赫西俄德向他不义的兄弟提出劝诫,因为后者试图欺骗前者(这是一段不久之前的"历史",可能是虚构的也可能是真实的),同时,他还给予忠告,指出正义可以带来福祉,人生需要努力工作,并且针对农业劳作的时令和任务提供了建议。这部立足于人类时间进程的诗歌也包含着对往事的回顾,尤其是叙述者的父亲从爱奥尼亚迁至彼奥提亚的经过(633—640)。此外,《工作与时日》还呈现出一种关于人类各个时代连续演进的宽广视野(109—201):从黄金种族(*genos*)到白银种族,再到青铜种族,再到英雄种族,直到叙述者自己身处其中的那个终将灭亡的悲惨的黑铁种族,此后,会重新开始一个更好的时代(174—176)。这种观念将历史视为具有不同道德及体质特征的各个人类种族相继演进的过程,强调了历史的非连续性,从而与希腊文学中典型的历史叙述大相径庭,却和近东地区的文献非常类似。③

许多其他诗歌文本也曾叙述希腊人的往事,它们以古风时期史诗体特有的语言和韵律创作而成,流行于希罗多德之前的时代。其中大部分仅以少量残篇和综述的形式保存下来。有些短篇史诗传统上被归于荷马之外(亦晚于荷马)的诗人名下,它们叙述的或

---

① 关于《神谱》的结尾,见 Martin L. West (ed.), *Hesiod: Theogony* (Oxford, 1966),437。

② 例如拉丁努斯(Latinos [*Theog.* 1013])和美戴俄斯(Medeios [*Theog.* 1001])。

③ 见 Martin L. West (ed.), *Hesiod: Works and Days* (Oxford, 1978),172-177。

者是特洛伊战争的传说（即"系列史诗"），或者是更加久远的英雄传奇，比如俄狄浦斯的故事和随后的忒拜战争、阿尔戈号的远征以及赫拉克勒斯的功绩。[1] 由于这类文献存世数量稀少，对每篇作品所反映出的历史观念，诸如历史因果律、历史偶然性和历史持续性的程度，我们只能进行推测。此类史诗中的一部分（也许是全部）似乎包含着人物独白，这至少说明人类的谋划与动机可能在叙述中得到某种程度的关注，尽管相比于《伊利亚特》或《奥德赛》，这些后来的史诗更具奇幻色彩而较少"人类"的意味。

令人特别感兴趣的是那篇归于赫西俄德名下广为流传的《名媛录》，它讲述了一系列曾与众神生育后代的凡间女子的故事（与《神谱》的结尾相呼应），当中还夹杂着关于她们后代的传说。[2] 这些赏心悦目间或奇异诡谲的叙述通过谱系的和地域的纽带而在一定程度上彼此联结在一起。与《伊利亚特》或《奥德赛》相反，它们往往是引人入胜的直接陈述，（据我们所知）很少有人物独白、倒叙和伏笔铺垫。相比于荷马史诗，这类诗歌具有较少的模仿性（或戏剧性）和较多的奇幻色彩，似乎也较少有意表现历史因果的复杂性；然而，其重要性却在于成功地建构起一种广为人知的"英雄的往事"，它关乎全希腊所有听众当中的众多家族及社群。

127

挽歌体与抒情体诗歌中城邦及个人的往事

其他包含"历史"内容的古风时代的诗歌分别出自一些形象鲜明的诗人之手，他们直接面对现场听众进行表演，不同于那位几乎

① 关于"系列史诗"，见 Malcolm Davies, *The Epic Cycle* (Bristol, 1989); and Jonathan S. Burgess, *The Tradition of the Trojan War in Homer and the Epic Cycle* (Baltimore, 2001)。
② 关于这类列传体诗歌，见 Ian Rutherford, 'Formulas, Voice, and Death in *Ehoie*-Poetry, the Hesiodic *Gunaikon Katalogos*, and the Odyssean *Nekuia*', in Mary Depew and Dirk Obbink (eds.), *Matrices of Genre: Authors, Canons, and Society* (Cambridge, Mass., 2000), 81-96, and Richard Hunter (ed.), *The Hesiodic Catalogue of Women: Constructions and Reconstructions* (Cambridge, 2005)。

隐身的叙述者——荷马。这些相对短小的作品一般被归类为"个人抒情诗"（或称"挽歌体与抒情体诗歌"），其形式并非史诗体六韵步，而是挽歌体对句（在韵律和方言上接近于史诗体，并且与现代意义上的"挽歌"主题几乎无关）或者其他韵律，包括某些朗朗上口容易记诵的诗体。遗憾的是，此类诗歌如今大多仅存残篇，见于后代作者的引用或者出土纸草文献的残卷。在这些公元前 7 至前 6 世纪的诗人当中，最著名者包括阿尔齐洛库斯（Archilochus）、提尔泰乌斯（Tyrtaeus）、米姆奈尔摩斯（Mimnermus）、阿尔凯乌斯（Alcaeus）、萨福（Sappho）、提奥根尼（Theognis）以及梭伦。其中每位诗人各自属于不同的社群（只有阿尔凯乌斯和萨福是例外，他们都来自列斯波斯岛的密提林），并且至少都曾委婉地提及当地的历史。

叙述往事可以为诗人当时的听众塑造正面的榜样，或者给予积极的鼓励。可能正是出于这一目的，米姆奈尔摩斯（来自爱奥尼亚的克罗丰［Colophon］或士麦那［Smyrna］）追忆了一位战士英勇抗击吕底亚人的故事（fr. 14 W）。其他的历史叙述也都是为了纪念某个政治或军事共同体所取得的成就。比如，提尔泰乌斯在向斯巴达人朗诵诗歌时，回忆起古老的德尔斐神谕曾经建议他们的城邦如何进行政治决策（"受神眷顾的国王提出建议……年老的长者，然后是民众中的男子，以正直的言辞予以回应，并且公正地完成所有事情"［fr. 4 W］）。在另一篇挽歌体诗歌中，他赞颂了斯巴达人在"我们父辈的父辈"历经 20 年奋斗之后终于征服美塞尼亚的功业（fr. 5 W）。更加久远的特洛伊战争时代则为萨福的许多诗篇提供了范例。她在一篇诗歌中讲道，在从特洛伊返乡途中，阿特雷德家族的国王到达列斯波斯岛之后便无法继续航行，直到他们向赫拉女神（以及宙斯和狄奥尼索斯）献祭，而讲述这一故事的诗人也正在向这位女神寻求帮助（fr. 17 LP）。在另一篇诗歌中，她利用传说中海伦对帕里斯的爱情来说明任何人都会受到"爱欲"（eros）的鼓动（fr. 16 LP）。

128 　　梭伦名下的挽歌体诗歌以新近的往事——实际上就是诗人自

己的成就——作为主题。梭伦是雅典政治骚乱期间的著名立法者，他以第一人称口吻进行陈述，阐释自己的改革（fr. 36 W），声称他对平民和富人均无偏向，并使双方皆不能取得不义的胜利（fr. 5 W）。

其他的挽歌体和抒情体诗歌也会从叙述者本人（诗歌中的"我"）的角度来描绘事件。在一篇阿尔齐洛库斯的著名短诗中，叙述者告诉人们他如何从与赛亚人（Saians）的战争中逃生，却不得不丢下自己的盾牌。这很难称为英雄事迹，但是他却毫不介意地断言："那盾牌于我有何意义？随它去吧，我还能再得到一面同样好的。"（fr. 5 W）列斯波斯岛的抒情诗人阿尔凯乌斯据说写过一首类似的诗歌："阿尔凯乌斯安全了，然而雅典人却将他的盾牌悬挂于灰眼睛的雅典娜女神的神庙之中。"（fr. 428 LP＝401(b) V）在一些耐人寻味的残篇中，阿尔凯乌斯讲到密提林内部的派系纷争（例如，frr. 6,69,70,130B, 141 LP）以及他本人被放逐的经历。数代之后，希罗多德在论述古时候雅典与列斯波斯为争夺特洛伊附近的西吉昂（Sigeum）而发生的战争时，态度严肃地提及阿尔凯乌斯丢弃盾牌的故事（5.95）。在此我们看到，诗歌的语境及意图发生了转化：这些讽喻性短诗最初可能只在小范围内流传，[1]后来则演变成某种史料，讲述给更为广泛的听众。[2]

人们普遍认为，挽歌体和抒情体诗歌流行于一些半仪式性的酒会场合，比如"会饮"（symposia），它对参与者的社会地位和人际关系加以考量和反复确认，成为数百年间古希腊贵族男性文化的重要特征之一。[3] 在这种场合，非常适宜讲述那些公认的往事及其所

---

[1] 见 Claude Calame, *The Craft of Poetic Speech in Ancient Greece* (Ithaca, 1995)，特别是其中第 27—57 页，论述了适用于某种表演场合的作为历史书写的古风时代抒情诗。

[2] 与此相似，希罗多德也曾提及萨福诗歌中出现过的人和事（2.135）；Andrew Ford, *The Origins of Criticism*, 147。

[3] Ibid. 同时见 Oswyn Murray (ed.), *Sympotica: A Symposium on the Symposium* (Oxford, 1990)。

蕴含的价值观。

　　然而，证据表明，还有一些篇幅更长的挽歌体诗歌似乎并不适合会饮场合，而是在地区性的公共节日庆典上进行表演。① 此类作品的主题之一是希腊城邦的创建及其历史，特别是那些由希腊本土移民在爱奥尼亚、北非或西西里等地所建立的殖民城邦。比如，米奈尔姆斯的失传诗歌《士麦那人》(*Smyrneis*)据说叙述了自从传说中名为斯米尔纳的阿马宗人建城以来的斯米尔纳的历史。② 建城的传说同样也出现于六韵步的史诗之中。哈利卡纳苏斯的帕尼阿西斯(Panyassis of Halicarnassus)据称是希罗多德的亲戚，曾活跃于公元前 5 世纪早期，在他名下有一篇 7000 行的诗歌（也已失传），歌唱了爱奥尼亚诸城的创建。更早的（而且形象非常模糊的）欧墨洛斯(Eumelus)也被认为是一篇讲述科林斯起源的六韵步长诗的作者。

　　有关建城及殖民过程的叙述有时也出现在合唱形式的诗歌体裁之中，包括为优胜运动员所作的颂歌(epinician odes)、"少女之歌"(parthenia)、崇奉神灵或赞美城邦的颂诗。合唱诗歌在各种节日庆典上由特定年龄、特定性别的队员进行表演，它们"恰好可以用来对城邦起源的历史进行反复的呈现和公开的评议"。③ 此类诗歌体的"历史"倾向于采纳某些特定的叙事主题，诸如强奸或婚姻、破解谜语、凶杀及净化等，它们以神话题材取代了殖民过程背后的暴力与"社会危机"的历史事实。④ 比如，品达有多篇诗歌赞美来自利比亚昔兰尼城(Cyrene)的运动员，他在其中叙述了这座城市建立过程的不同阶段：阿波罗爱上拉匹斯(Lapith)公主库勒涅，并将她

---

① Ewen L. Bowie, 'Early Greek Elegy, Symposium, and Public Festival', *Journal of Hellenic Studies*, 106(1986), 13 - 35, at pp. 27 - 35. 许多人认为，"新西蒙尼德"残篇的发现进一步印证了这种假设。

② Bowie, 'Early Greek Elegy', 28 - 29.

③ Carol Dougherty, *The Poetics of Colonization: From City to Text in Archaic Greece* (Oxford, 1993), 84.

④ Ibid., esp. pp. 8 - 9 and ch. 5.

带往利比亚,让她成为女王(*Pythian* 9.1 - 70);美狄亚对阿尔戈远
征队的英雄预言说,十七代以后,他们当中的欧斐摩斯(Euphemus)
将有一名子孙带领人们定居于利比亚(*Pythian* 4.1 - 57);那人就
是特拉的巴图斯(Battus of Thera),他最终将在阿波罗的祝福中建
立城市(*Pythian* 4.55 - 95)。像这样具有神话色彩的历史为其听
众呈现了一段意味深长的往事,揭示出一个新的开端所蕴含的人
类的困苦与付出,以及神灵的启迪与推动。

　　现存 46 篇品达的优胜者颂歌和 14 篇巴基里德(Bacchylides)
的残篇,以及他们所创作的其他种类的合唱诗歌的残篇,都包含了
大量"历史"题材。[①] 当歌颂泛希腊竞赛(比如在奥林匹亚或德尔
斐)中获胜的选手时,诗人往往还会赞美他的家族,包括曾在以前
竞赛中取胜的先辈。而且,诗人一般都要选取某位古代英雄加以
类比,或者援引一段非常古老的诸神与凡人的传说作为训诫。例
如,巴基里德最著名的优胜者颂歌讲述了吕底亚国王克洛伊索斯
(约公元前 560—前 546 年在位)——也是希罗多德《历史》中的显
要角色——在其城市陷落时如何获得宙斯的拯救而免于自杀,并由
阿波罗带往(神话中的)"北方乐土之民"(Hyperboreans)那里
(*Epinician* 3.23 - 66)。这种神话色彩的历史所表明的原则,是对
诸神的慷慨奉献将会赢得神的眷顾作为回馈,就像颂歌中所赞美
的希耶罗(Hieron of Syracuse)的显赫事迹一样。古老的传说显然
为当前的赞颂和忠告赋予了某种特别的权威性。

　　在一篇颂歌中,品达对一段有关往事的叙述进行了直截了当的
"更正",因为它不符合这篇颂歌所宣扬的诸神观念。他说,在佩罗
普斯(Pelops)的父亲款待众神的宴会上,众神不可能煮食佩罗普斯
的肉。相反,佩罗普斯从宴会上消失是由于波塞冬爱上了这位英

130

①　关于品达诗歌中的历史叙述,见 Simon Hornblower, *Thucydides and Pindar*
(Oxford, 2004), esp. ch. 4; and Jonas Grethlein, *The Greeks and their Past:
Poetry, Oratory and History in the Fifth Century BCE* (Cambridge, 2010), ch.
2. 关于品达与希罗多德历史叙述的互文关系,见 Nagy, *Pindar's Homer*, 215 -
338。

俊少年,并将他诱拐到奥林波斯山上的自己家中,直到他成年才予放回(*Olympian* 1.37-53)。像这样公然用新版本来取代传统故事的做法对诗人而言并不多见。我们会看到,数代以后,一种与此相似(但动机有所不同)的针对历史叙述可信性的批判态度将出现于散文体历史学家希罗多德和修昔底德的作品中。①

歌颂新近的事迹:公元前 5 世纪早期诗歌中的波斯战争

新近的城邦历史也是颂诗的主题。在不同体裁的多首诗歌中,品达讲到了那些抵抗波斯入侵(公元前 480—前 479 年)的希腊人的贡献。例如,一篇为赞美一位来自埃吉纳岛的运动员所作的颂歌在追忆了埃吉纳英雄埃阿科斯(Aeacus)及其祖父阿喀琉斯的传说之后,转而讲述这位运动员的城邦在萨拉米斯战役(公元前 480 年)中所发挥的作用:"在最近的战争中,埃阿斯(Ajax)的城市萨拉米斯可以为证,她的水手们保护了她,冒着宙斯的狂风暴雨,那冰雹打得无数男儿遍体鳞伤。"(*Isthmian* 5.48-50)在各种合唱诗歌中,品达也以类似的方式歌颂了其他城邦,提及它们在抵抗波斯的不同战役中的功绩。所有这些颂诗基本上都是讲给了解事情经过的人们听的。它们的内容只限于突出新近的英勇事迹,无疑是为了在公共节日庆典上进行歌唱表演。

我们对这一时期诗歌的了解在 1992 年得以显著增进。因为这一年出版了一部纸草文献,内有大量西蒙尼德(Simonides)的挽歌体诗歌残篇,②其中一些,包括一个很长的段落(fr. 11 W2,以及另外 45 行残诗),是为纪念非常晚近的普拉提亚战役而作的。公元前 479 年,来自大约三十个城邦的希腊人在这场战役中击败波斯

---

① 关于其他段落中品达对荷马的批评,见 Hornblower, *Thucydides and Pindar*,291-293。

② Peter J. Parsons (ed.), '3965:Simonides, Elegies', in *The Oxyrhynchus Papyri*,49(1992),4-50.

大军及其"波斯化"的希腊盟军。① 西蒙尼德明确地将此次胜利与
希腊人攻陷特洛伊的事迹加以类比：正如荷马通过缪斯女神而为　　131
特洛伊战争的英雄赋予永恒的荣誉一样，西蒙尼德也祈求"他的"
缪斯女神帮助他把美好的名望赐予普拉提亚战场上的斯巴达人
（fr. 11. 15 - 36）。抵抗薛西斯的战争显然也像特洛伊战争那样，
牵涉了大部分希腊世界。在包括此篇在内的一些纸草残篇中，西
蒙尼德还讲到其他希腊盟邦（迈迦拉、科林斯，可能还有雅典等）和
波斯人，同时兼及众神与英雄的影响。②

　　不仅是品达颂诗和"新西蒙尼德"挽歌体诗歌，而且还有其他
希罗多德时代之前的诗歌，都曾涉及波斯战争期间的事迹。③ 许多
阵亡将士的墓碑铭文（实际上是几乎所有这类铭文及其后来的仿
作）被归于西蒙尼德名下，这当然未必完全正确；还有讲述波斯战
争中其他战役（如阿尔特米西昂和萨拉米斯战役）的挽歌体及抒情
体诗歌也是如此，不过现在仅存只言片语了。此外，西蒙尼德还曾
创作一首抒情体诗歌，赞颂那些牺牲于温泉关的斯巴达人，其中写
道："他们的人生是光荣的，他们的命运是美好的；他们的坟墓就是
圣坛；他们为人怀念，而非受人哀悼；他们为人赞颂，而非受人怜

---

① 将"新西蒙尼德"残篇视为历史性诗歌的论述，见 Martin L. West,'Simonides
Redivivus', *Zeitschrift für Papyrologie und Epigraphik*, 98（1993），1 - 14;
Ewen L. Bowie, 'Ancestors of Historiography in Early Greek Elegiac and Iambic
Poetry?' in Luraghi（ed.），*The Historian's Craft in the Age of Herodotus*, 44 -
66; the essays in Deborah Boedeker and David Sider（eds.），*New Simonides*:
Contexts of Praise and Desire（Oxford, 2001）; and Sider, 'The New Simonides
and the Question of Historical Elegy,' *American Journal of Philology* 127
（2006）:327 - 346。

② 见 West, 'Simonides Redivivus', 8; Simon Hornblower, 'Epic and Epiphanies:
Herodotus and the "New Simonides"', in Boedeker and Sider（eds.），*New
Simonides*, 135 - 147; and Boedeker, 'Heroic Historiography: Simonides and
Herodotus on Plataea', ibid. , 120 - 134, at pp. 129 - 130。

③ 见 Kelly MacFarlane, '"To Lay the Shining Foundation..."：The Theme of the
Persian Wars in Classical Greek Poetry', D. Phil. thesis, University of Alberta,
2002。

悯……"（Sim. 531 PMG）。这首诗和品达为那些抗击波斯的城邦所作的合唱诗一样,也没有叙述往事:它不是为了传达信息,而是旨在赞美与纪念。①

作为史学体裁的雅典悲剧

所有雅典悲剧皆以往事为题材,而且几乎总是呈现久远的"英雄"时代,用戏剧手法描写那些异乎寻常而声名显赫的男男女女所遭遇的危难,在他们的人生中,众神都在进行明显的干预,就像荷马史诗讲述的那样。这些情节与民主制度下每逢盛大节日便去观看戏剧的雅典人所熟悉的世界相去甚远。与前文所探讨的其他诗歌题材不同,悲剧以模仿的方式呈现往事,就像它们"活生生"地发生在观众面前一样。剧中角色(甚至合唱队)自始至终以他们所扮人物的口吻进行朗诵和歌唱。奇异的历史时代在舞台上的动人展现(包括华丽的服饰,而且往往是宫殿门前的王室气派)配合着强烈的现场视听感受,使得悲剧在叙述历史的诗歌领域中占有独特的地位。

132　和所有以无论任何方式来呈现历史的作家一样,悲剧诗人也不可避免地触及现实环境,并受其影响。而且,他们可以在很大的灵活范围内对熟悉的故事情节加以选择、发展、推动,乃至改造。不过,我们不是总能识别出戏剧创作与现实关怀之间的密切联系。②在公元前 458 年的《俄瑞斯提亚》三部曲（Oresteia）末篇《复仇女

---

① John Dillery, 'Reconfiguring the Past: Thyrea, Thermopylae and Narrative Patterns in Herodotus', *The American Journal of Philology*, 117(1996),217-54.

② Christopher Pelling, 'Conclusion', in id. (ed.), *Greek Tragedy and the Historian* (Oxford, 1997),213-235,巧妙论述了悲剧能否为历史上雅典人的真实态度提供"证据"的各种情况。Suzanne Saïd, 'Tragedy and Politics', in Deborah Boedeker and Kurt Raaflaub (eds.), *Democracy, Empire, and the Arts in Fifth-Century Athens* (Cambridge, Mass., 1998),275-295, at pp. 278-281,认为悲剧并非特定事件的直接反映。

神》一剧中，①埃斯库罗斯写道，弑母的俄瑞斯忒斯（Orestes）在雅典
法庭上被判无罪，免于刑罚，他为此发下宏誓，保证其王国阿尔戈
斯永不侵犯雅典（Eum. 762 - 774）。借此，古代的英雄预示了这两
个城邦在悲剧上演三年之前订立协约（共同抵御斯巴达）的历史事
实。此外，这部悲剧还生动地表演了雅典娜女神创立雅典战神山
议事会的经过（Eum. 470 - 484）。这一权威机构的人员构成和审
判权力在公元前 458 年成为许多雅典人争议的话题。当时，随着
民主化进程的加快，战神山议事会的成员资格正向更广泛的民众
阶层开放。《俄瑞斯提亚》上演之前不久，该机构的部分权力被转
移给公民大会以及由大量普通公民担任陪审员的民主化法庭。②
埃斯库罗斯针对这些机构变革（但不是对他所赞成的社会和谐）传
达了哪些"信息"并采取了怎样的政治立场，就此问题人们众说纷
纭。然而可以明确的是，其戏剧中所展现的"往事"不仅让人想到
现实环境，并且还将它深植于一个年代久远而充满活力的世界之
中。理查德·卢瑟福（Richard Rutherford）恰当地总结道："悲剧中
显然充满了时代错置和溯源论的内容：它们经常预先描绘了诗人
自己的时代才有的制度、祭仪和困境。"③

　　有三部早期悲剧——其中最晚的创作于公元前 472 年——并

① Alan H. Sommerstein（ed.），*Aeschylus Eumenides*（Cambridge, 1989），25 - 32，简明扼要地论述了这部悲剧所反映出的时事。
② 关于诗歌、政治与历史这些宏大主题的导论性著作，见 Kurt Raaflaub, 'Poets, Lawgivers, and the Beginnings of Political Reflection in Archaic Greece', in Christopher Rowe and Malcolm Schofield（eds.），*The Cambridge History of Greek and Roman Political Thought*（Cambridge, 2000），23 - 59；Suzanne Saïd, 'Herodotus and Tragedy', in Egbert Bakker, Irene J. F. de Jong, and Hans van Wees（eds.），*Brill's Companion to Herodotus*（Leiden, 2002），117 - 148；Deborah Boedeker and Kurt Raaflaub, 'Tragedy and City', in Rebecca Bushnell（ed.），*A Companion to Tragedy*（Oxford, 2005），109 - 127；and Pelling（ed.），*Greek Tragedy and the Historian*。
③ Richard Rutherford, 'Tragedy and History', in John Marincola（ed.），*A Companion to Greek and Roman Historiography*（Oxford, 2007），504 - 514，at p. 508.

不以英雄（神话）的往事为主题，而是取材于新近发生的事件，且都集中在希腊与波斯的冲突上。与埃斯库罗斯同时并稍早的普律尼科斯（Phrynichus）大约在公元前 493 年上演了他的《米利都的陷落》一剧，转年，这座爱奥尼亚城市在为期六年的抵抗之后再次沦于波斯掌控。① 希罗多德（6.21）告诉我们，这位诗人由于让雅典人回想起曾经的痛苦而受到罚款的惩处。这样的遭遇，我们所知仅此一例，它表明，对"悲剧性"事件的戏剧化呈现需要与观众保持一定距离才能被接受。

普律尼科斯后来的《腓尼基妇女》（创作于公元前 476 年，目前仅存零星数行）和埃斯库罗斯的《波斯人》（公元前 472 年）选取更为幸运的经历作为主题：萨拉米斯海战（公元前 480 年），雅典及其他希腊人在这场战役中击溃波斯舰队。这两部作品都从听闻战败噩耗的波斯王室角度来呈现戏剧情节，使作者能够以典型的悲剧态度而非胜利者的立场对事件进行描述。对此，我们至少可以看到，尽管埃斯库罗斯更富同情心，但是在他笔下的薛西斯也不得不为自己的肆意妄为而付出惨痛代价。希腊人的自豪与荣耀结合了对人生苦难的灵敏感受，乃成其可贵之处：希腊人出乎意料地战胜了波斯的庞大舰队，这受到人们共同的密切关注，雅典的领导地位得以强化，政治自由（并非遭受波斯的"奴役"）的理想随之出现，希腊人的节制品格（相对于波斯人的奢侈与纵欲）也获得鲜明的展示。有些人还能从中发现含蓄的警告，不要让雅典重蹈覆辙，成为下一个帝国主义的"狂徒"。

通过《波斯人》，就像借助"新西蒙尼德"诗歌一样，我们有幸得见历史的"创造"（*poiesis*）方式。将新近事件纳入常见的诗歌体裁，使之升华到另一个层面，从而深植于人们的记忆当中：当代人的行为被类比于古代（而且是真正受人崇拜的）英雄的事迹，而神灵的

---

① 关于弗瑞尼库斯历史题材作品的论述，见 Joseph Roisman, 'On Phrynicus' *Sack of Miletus* and *Phoenissai*,' *Eranos*, 86(1988), 15 - 23; and MacFarlane, *Persian Wars*, 105 - 117, with further bibliography.

宠爱与正义在事件背后所发挥的作用也能为人了解。这类作品主要不是"告知"观众"发生过何事"（尽管它们并非完全缺少这方面内容），而是有助于为观众"创造"出一段颇具意义、内涵深刻且能引发共鸣的往事。

希罗多德和修昔底德时代以前的"历史性诗歌"范围广泛，从赫西俄德包罗万象的宇宙论，到荷马史诗中泛希腊的英雄传说，地方传统的创立与纪念，个人独白式的自省的回忆，对晚近英雄行为的歌颂，再到那些能够引起现实关怀的对旧日苦难的戏剧呈现。它们所具有的多种用途及效果无疑会随着文本的适宜语境而发生变化。接下去，就该讨论诗歌体历史写作与第一位散文体历史学家之间多样的互动关系了。

希罗多德和修昔底德与作为历史学家的诗人

> 如若有人不懂得把历史和诗歌区别开来，那么，这可是一个大问题，甚至是巨大的缺陷。
>
> 琉善：《如何书写历史》，8（约 165 年）

在希罗多德和修昔底德的作品问世数代之后，而距离琉善写作这篇言辞尖刻的论文还有 400 年左右的时候，"历史"已然成为受人青睐的文学体裁。在一段著名的论述中，亚里士多德考察了"历史"（*historia*）与"诗歌"（*poiesis*）的差异。他认为诗歌比历史"更具哲学性，也更为严肃"，因为诗人（*poietes*，本义"制造者"）所呈现的是可能发生或当然发生的事情，无论其是否确实发生，也并不叙述碰巧发生的个别事件——用亚里士多德的话说，比如"亚西比德的所作所为及其个人遭遇"（*Poetics*，1451a-b）。[①] 亚里士多德将"诗

134

[①]　关于亚里士多德对诗学和诗学的看法，最近的论述见 Carlo Scardino, *Gestaltung und Funktion der Reden bei Herodot und Thukydides* (Berlin, 2007), 28-35。

歌"（*poiesis*）视为更高级的文学体裁，因为它赋予作者更广阔的"创作"或"虚构"的空间，以便表达富于建设性和哲学性的思想。与此相反，历史则似乎局限于尽力重构偶然的"现实事件"。就知识或道德目的而言，它并不具有和诗歌同等的价值。

希罗多德和修昔底德都对他们自己和诗人的写作目的作出了相似的区分（人们可能会为此感到惊讶，因为这两位历史学家之间也存在着广为人知的巨大差异），不过，他们的评价方式却与亚里士多德不同，而是更像琉善在上述论文中所表达的一样，都对诗人——特别是荷马——叙述的准确性提出质疑。希罗多德在提到诗人所"发明"或"编造"的地名时心存怀疑，诸如所谓俄刻阿诺斯河（Okeanos）与厄里达努斯河（Eridanus）（2.23,3.115.2），甚至对荷马与赫西俄德为希腊人"编造"的神谱也不例外（2.53.2）——缪斯女神启迪给诗人们的知识不过如此！此外，希罗多德在可信性基础上赞同埃及祭司的言论，（他说）后者曾告诉他，海伦从未去到特洛伊，而是留在埃及，直到墨涅劳斯于特洛伊战争之后将她领回（2.116-120）。海伦不在特洛伊的说法（这在公元前 6 世纪抒情诗人斯特西克鲁斯［Stesichorus］的一篇失传作品中已经存在）显然与荷马史诗传统相反。希罗多德自己根据史诗特定的创作意图来解释这一不同说法。《伊利亚特》和《奥德赛》的有些段落表明，荷马知道"海伦在埃及"的故事，却未予以采纳，因为海伦去特洛伊的传说更适合（*euprepes*）史诗创作（*epopoein*［2.116.1]）。①

修昔底德比希罗多德更为清楚地说明了自己的方法论以及准确呈现往事的目的。通过比较，诗歌体的历史叙述（可能也包括希罗多德的作品，尽管他从未被指名）遭到更严厉的批评。在概述波斯战争以前希腊发展历程（主要关注其实力的壮大）的"古史叙述"

---

① 见 Barbara Graziosi, *Inventing Homer：The Early Reception of Epic* (Cambridge, 2002),113-118；Deborah Boedeker, 'Herodotus's Genre(s)', in Mary Depew and Dirk Obbink （eds.）, *Matrices of Genre：Authors，Canons，Society* (Cambridge, Mass. 2000),97-114, at pp. 103-107; and Ford, *The Origins of Criticism*, 146-152。

(Archaeology)部分(1.2—23),修昔底德曾多次援引《伊利亚特》作为证据,用以建构早期的历史环境(例如 1.3.3,1.9.4,1.10.4)。然而,此类证据并不可信,因为诗人倾向于对他的主题夸大其词(1.10.3)。修昔底德认为,遗憾的是大多数人们不加鉴别地接受所有关于往事的传说。他自己的理性批评将能更加可信地复原"古老的事情"(ta palaia),强于单纯满足欣赏需要的诗歌叙述,因为"诗人们在颂诗中(hymnekasi)歌唱它们,主要是为了使之更富吸引力(kosmuntes)"(1.21.1)。①

135

这种批判传统的自觉意识体现在作者明确作为第一人称叙述者的地位上。与史诗的叙述者不同,这两位历史学家都放弃了对缪斯女神的依赖,在各自著作一开始便表明作者的身份:"哈利卡纳苏斯的希罗多德在此发表他的研究……";"雅典人修昔底德记录了伯罗奔尼撒人与雅典人之间的战争……"。在宣称对研究和文本负责之后,他们还必须确立起自己的叙述权威。众所周知,两人在这方面的做法大相径庭,部分原因与各自所选择的主题有关。大体而言,修昔底德的作品集中叙述其当代历史——他亲身经历或者能够从直接证人处获知的事件(Thuc. 1.1,1.22)。修昔底德告诉我们,他搜集并衡量史料,以便尽可能精确地呈现所发生的事件(1.21-22)。相比于道听途说,他更看重亲眼所见,并且很少就同一事件给出不同说法而使读者感到困惑。

希罗多德用以确立可信性的方法甚至更加复杂。他的主题在时间和空间上都远为宽泛,内容涵盖自从公元前 6 世纪中期波斯帝国崛起以后的历史,高潮部分则是在其著作完成前半个多世纪时(公元前 490—前 479 年)所发生的希腊人与波斯人之间的战争。他对某些地区与习俗的描绘依靠亲身见闻,但是对历史事件的叙述却并非如此。关于后者,有很多人为他提供信息,其可信度则参差不

---

① 本卷中格里斯林(Grethlein)也讨论了这一著名段落;同时参见 Graziosi, *Inventing Homer*,118-123。

齐。① 希罗多德把"讲述人们所说的事情"(Hdt. 7.152.3)作为自己的任务,而不是像修昔底德那样力争在每个事件上都达到最精确的地步。不过,他有时也会在不同的说法之间试图确定可能性最大的一个,例如关于克列欧美涅斯(Cleomenes)的奇异死因(6.75,84),或者温泉关战役中出卖斯巴达人的希腊叛徒的身份问题(7.214)。与修昔底德及荷马均不相同的一点是,希罗多德作为研究者频繁现身于叙述过程之中,向人说明他如何对五花八门的言论(logoi)进行搜集整理间或评判。希罗多德的叙述之所以具有权威性,主要就在于他能够针对令人困惑的信息来源——包括诗人的叙述——自觉地加以辩驳,并且通过调查研究而获得卓越的视野。②

136 　　尽管希罗多德和修昔底德之间存在各种差别,但是两人都让自己的著作显得调查缜密,严肃客观,因而比以前诗人们的叙述更加可信。不难想见,面对无比流行的荷马,他们在宣称自己的权威性时必然会感到某种"影响的焦虑"(anxiety of influence)。这最清楚地体现在希罗多德和修昔底德都强调他们所记载的战争比特洛伊战争伟大(Hdt. 7.20.2;Thuc. 1.1,1.10.3-4):不但他们的方法,就连他们的主题也更胜一筹(甚至修昔底德的伯罗奔尼撒战争比希罗多德的波斯战争还要伟大[Thuc. 1.23.1-4])③。不过,即使承认其声明中所蕴含的竞争意图,也仍有各种理由相信,希罗多德和修昔底德还在追求另一种目标,试图从前述多种历史性诗歌中创造出他们自己的历史叙述。然而,无论如何,他们都不曾(或不能)避免受到那些诗歌及其在建构和传播希腊历史方面的普遍

① 见 Calame, *The Craft of Poetic Speech in Ancient Greece*,85-88,论述了希罗多德对其材料的不同信任程度;Boedeker,'Herodotus's Genre(s)',102。

② Carolyn Dewald,'Narrative Surface and Authorial Voice in Herodotus' *Histories*',in Deborah Boedeker (ed.), *Herodotus and the Invention of History* (1987),147-170,at pp. 147-150,简述了这两位历史学家不同的叙述者角色。

③ 关于希罗多德对自己作品优越性的标榜,见 Marincola,'Herodotus and Poetry',16。

作用的影响。

互动：诗歌、希罗多德、修昔底德

　　虽然希罗多德和修昔底德都在宣称独立性与优越性，但是《历史》和《伯罗奔尼撒战争史》却深受前辈诗人的影响——有时从诗人那里汲取素材，通过再现独特的语言或主题转换而向诗人致敬，或者利用类比的方法（甚至是类比的意义）来组织叙述。因此，古代读者必然能察觉到它们与诗歌之间的关联。公元1世纪时的一位文学批评家将希罗多德归入"最具荷马风格"的古代作家之列，这意味着高度的赞赏；①在其故乡哈利卡纳苏斯，这位历史学家被公众誉为"史学中无韵之荷马"。② 文学批评家兼历史学家哈利卡纳苏斯的狄奥尼修斯（Dionysius of Halicarnassus）称修昔底德是与品达最相匹敌的散文作家，因为二者都是"质朴"风格的代表：语句不求平衡，往往读之刺耳，但是铿锵有力，感人至深（《论文学创作》［*On Literary Composition*］，22；更简明的说法见《论德谟斯提尼》［*On Demosthenes*］，39）。③ 修昔底德的传记作家马塞林（Marcellinus）写道，修昔底德对荷马的模仿体现在他的"用词审慎，结构严谨，思想有力，并且优美流畅"，而他与品达的相似之处则在于"庄严崇高的风格"。④

作为史学"原料"的诗歌叙述

　　诗人与历史学家之间最直接的联系大概就是诗歌叙述可以

---

137

① 'Longinus', *On the Sublime* 13.3.

② 此语出自最近在哈利卡纳苏斯发现的希腊化时代铭文中；Signe Isager, 'The Pride of Halicarnassos: Editio Princeps of an Inscription from Salmakis', *Zeitschrift für Papyrologie und Epigraphik*, 123(1999), 1 - 23。

③ 见 Hornblower, *Thucydides and Pindar*, 269 - 372（esp. pp.354 - 372），这是关于品达和修昔底德文学手法及风格的权威论述。

④ Marcellinus（sixth century ad）, *Vita Thucydidis* 37, 35.

作为史料来利用，特别是对于那些"古代"的事件，史诗提供了唯一的或者基本的证据。① 比如，荷马史诗所讲的特洛伊战争显然在背后支撑着修昔底德的"古史叙述"部分（1.2—23），②以及希罗多德笔下欧罗巴与亚细亚之间的"古老冲突"（1.1—5）——尽管后者声称其史料来自波斯。诗歌传统必然造就了希罗多德和修昔底德对远古往事的叙述，但是这两位历史学家却都很少明确提及诗歌材料，③而且如前所述，他们甚至还对之加以批评。

　　非史诗体裁的历史诗歌似乎在某些关键地方影响了希罗多德的叙述，这体现在以下几个例子当中。我已在另一篇论文中证明西蒙尼德关于普拉提亚战役（公元前 479 年）的叙述是希罗多德描绘这一事件所依据的史料之一。④ 此外，那位深思熟虑的梭伦（或者在其名下的挽歌体和短长格诗歌）与希罗多德书中作为历史人物的梭伦有几分相像，后者曾经忠告无比富有的克洛伊索斯人生无常，财富稍纵即逝，幸福不能以黄金来衡量（1.29—33）。⑤ 希罗多德对克洛伊索斯的描述可能受到诗歌的某些影响。在一段故事中，希罗多德说吕底亚人告诉他，被居鲁士击败的克洛伊索斯正在燃烧的柴堆上奄奄一息时，突然雷雨大作，浇灭火焰，奇迹般地挽救了他的性命，这多亏他对德尔斐阿波罗神的慷慨奉献（1.86—87）。在希罗多德《历史》问世数代之前，巴基里德就曾以更加惊人

---

① Hans-Joachin Gehrke, 'Myth, History, and Collective Identity: Uses of the Past in Ancient Greece and Beyond', in Luraghi (ed.), *The Historian's Craft in the Age of Herodotus*, 282 - 313, at pp. 298 - 299, 论述了作为典型史料的希腊诗歌与史学，以及为历史学家提供素材的诗人。

② 见 Nicolai, 'Thucydides' Archaeology'。

③ Suzanne Saïd, 'Myth and Historiography', in Marincola (ed.), *The Cambridge Companion to Herodotus*, 76 - 88, at p. 82; and Calame, *The Craft of Poetic Speech in Ancient Greece*, 82.

④ Deborah Boedeker, 'Heroic Historiography'.

⑤ Charles C. Chiasson, 'The Herodotean Solon', *Greek Roman and Byzantine Studies*, 27(1986), 249 - 262.

的方式讲述了这一故事,在他那里,克洛伊索斯及其女儿们获救之后还被带往"北方乐土之民"的土地(*Epinician* 3.23 - 66,前文已提及)。即使这篇抒情诗的确被当作史料,希罗多德(引用吕底亚人的传说)也已经将它改写得多少更具"真实性",也更富苦难甚至悲剧的色彩。[1]

雅典的悲剧似乎也为希罗多德的写作提供了素材。如前所述,他告诉我们,普律尼科斯由于其作品《米利都的陷落》让雅典人回想起公元前493年的痛苦经历而遭受罚款(6.21),并被禁止将来进行任何悲剧创作。假设希罗多德了解这部悲剧的内容,那么,他就有可能从中汲取材料来叙述爱奥尼亚人的反抗行动。无论如何,听众们可以辨别出诗人与历史学家之间的微妙差异:希罗多德记载的是希腊人和波斯人双方的苦难遭遇。埃斯库罗斯的《波斯人》对希罗多德关于萨拉米斯海战(公元前480年)的叙述发挥了更为明确的影响。用词与主题方面的许多呼应说明希罗多德非常熟悉这部悲剧。比如,他像埃斯库罗斯一样(*Persai* 50)使用"奴役的枷锁"(Hdt. 7.8.3)来比喻波斯人对希腊人的统治。[2] 然而,与埃斯库罗斯不同的地方,在于希罗多德叙述萨拉米斯海战时,强调了希腊人联盟的脆弱。除此以外,还存在许多其他分歧,这使得目前大多数学者认为二者之间的差异要比相似之处更值得关注:希罗多德可能从悲剧、挽歌体和抒情体诗歌中为其历史写作汲取材料,却并不采用相同的视角来审视它们。[3]

138

[1] Charles Segal, 'Croesus on the Pyre: Herodotus and Bacchylides', *Wiener Studien*, 84(1971), 39 - 51; and Gregory Crane, 'The Prosperity of Tyrants: Bacchylides, Herodotus, and the Contest for Legitimacy', *Arethusa*, 29(1996), 57 - 85.

[2] Charles Chiasson, 'Herodotus' Use of Attic Tragedy in the Lydian Logos', *Classical Antiquity*, 22(2003), 5 - 35, at p. 32.

[3] Chiasson, 'Herodotus' Use of Attic Tragedy'; Saïd, 'Herodotus and Tragedy'; and Christo-pher Pelling, 'Aeschylus' *Persae* and History', in id. (ed.), *Greek Tragedy and the Historian*, 1 - 19.

希罗多德和修昔底德与诗歌的共鸣

修昔底德虽然没有叙述萨拉米斯海战，但是他受到《波斯人》的影响却比希罗多德还大。他在描绘公元前413年雅典与叙拉古的海战时（7.71），营造出紧张氛围，战斗过程当中的双方士兵都不知所措地在海边观望。随着雅典舰队在关键战役中的失败，雅典人陷入恐慌，就像埃斯库罗斯笔下的波斯人对萨拉米斯海战的反应一样（*Persai* 384－432，447－471）。[①] 当危机恶化而雅典败局已定，修昔底德书中的雅典人甚至效仿悲剧中的波斯人，与后者一样"哀嚎痛哭"（*oimôgê*［Thuc. 7.71.6，*Persai* 426］）。这种少见的诗歌语汇在修昔底德那里除此处以外，还用于后文描写战败的雅典人从叙拉古撤退的场景（7.75.4）。*oimôgê*一词在索福克勒斯和欧里庇得斯笔下皆多次出现，但是在埃斯库罗斯的存世悲剧中却只有《波斯人》这一次。[②] 值得注意的是，该词在《伊利亚特》和《奥德赛》的许多戏剧性段落中也被经常使用。事实上，正如朱恩·艾里逊（June Allison）所指出的那样，修昔底德全书对荷马语汇的最集中运用出现在关于雅典西西里远征悲惨结局的描绘当中。[③]

139　　在希罗多德和修昔底德的著作中，很容易找到诗歌的语汇及表达方式，甚至还有模仿史诗六韵步或者悲剧短长格三韵步的语句。修昔底德的大部分读者已然熟知，它们在《伯罗奔尼撒战争史》所谓"史诗体"的第六、七卷以及赞美战争首年阵亡将士的伯里克利葬礼演说中出现得最为频繁——尽管伯里克利声称雅典"不需要荷马"来歌唱她的伟大（2.41.4）。在希罗多德那里，诗歌体语句总体上比修昔底德书中更为常见，尤其用于对战争及其后果的叙述之

---

① John H. Finley, Jr., 'Euripides and Thucydides', in *Three Essays on Thucydides* (Cambridge, Mass., 1967),47.

② 但是，在埃斯库罗斯残篇中也曾发现该词，见 P. Oxy. 2256.82.7。

③ June Allison, 'Homeric Allusions at the Close of Thucydides' Sicilian Narrative', *American Journal of Philology*，118(1997),499－514.

中。例如,随着萨拉米斯海战的胜利,斯巴达人要求薛西斯为斯巴达国王利奥尼达斯在温泉关阵亡一事付出代价(8.114)。他们的演说具有鲜明的英雄主义色彩,包含许多近似六韵步诗体的语句。①

人们通常认为,运用这类表述方式的主要原因是作者及其大部分读者对诗歌语汇的熟悉与共鸣,而非意在影射特定的文本。这种借用诗歌语汇的做法有意无意地唤起了英雄行为或悲剧情节的氛围。但是,个别情况下,特别是在分配给历史角色的演说辞中,诗歌语汇却来自于特定的文本。②此时,文本之间的彼此呼应则可能丰富抑或削弱了散文叙述的表面意思。③

有一种引人注意的表述方式——"罪恶开端"(archê kakôn)——被希罗多德和修昔底德用于其叙述中的某些关键时刻:当雅典派遣20艘战舰去支援爱奥尼亚人的反抗运动之时(Hdt. 5.97.3),以及当斯巴达使节提出可使雅典免受伯罗奔尼撒人进攻的条件却被雅典人遣返之时(Thuc. 2.12.3)。"罪恶开端"必然使人想起荷马笔下那艘将帕里斯从特洛伊带往斯巴达的"开启罪恶的海船"(nêas archeka-kous [Il. 4.62 - 63]),以及阿喀琉斯派遣帕特罗克勒斯去向涅斯托尔提出的天真问题"马卡翁(Machaon)受伤了吗?"——这成为帕特罗克勒斯之死的"罪恶开端"(kakou archê [Il. 11.604])。"罪恶开端"不仅是具有诗歌风格的短语,还是历

---

① 关于希罗多德和修昔底德对荷马史诗的模仿,见 Simon Hornblower, 'Introduction', in id. (ed.), *Greek Historiography* (Oxford, 1994), 1 - 72, at pp. 64 - 69; Boedeker, 'Heroic Historiography', 121 - 124; and ead., 'Epic Heritage and Mythical Patterns in Herodotus', in Bakker et al. (eds.), *Brill's Companion to Herodotus*, 97 - 116。

② 这种推测见 Michael Haslam, 'Pericles Poeta', *Classical Philology*, 85(1990), 33,论述了伯里克利演说结尾处完美的短长格三韵步语句(Thuc. 2.61.2)。

③ Jonas Grethlein, 'The Manifold Uses of the Epic Past: The Embassy Scene in Herodotus 7. 153 - 163', *American Journal of Philology*, 127(2007), 485 - 509; and Boedeker, 'Epic Heritage and Mythical Patterns in Herodotus', 101 - 102.

史性诗歌与散文体历史之间的结合点。在关于历史偶然性的叙述中，它标志着未曾预见的转折点。与此同时，希罗多德（有可能）和修昔底德（更加确定）也许还用这一表述来影射当时的雅典"帝国"（*archê*），并且让人意识到，语义的转换暗示着环境的变化。[1]

140 　　《历史》和《伯罗奔尼撒战争史》均受到历史性诗歌（尤其是史诗）的影响，其表现不仅是语汇及韵律方面对后者的模仿，还有叙事修辞方面与后者的相似。我们已经看到，修昔底德笔下的雅典人在叙拉古的绝望状态是多么类似于埃斯库罗斯笔下在萨拉米斯海战中的波斯人。而且，戈登·豪伊（J. Gordon Howie）前不久指出，修昔底德在详细描绘斯巴达将军伯拉西达（Brasidas）的形象时，赋予其完整的"优秀品格"（*aristeia*，是指英雄式的勇敢精神的展现），模仿了《伊利亚特》、"系列史诗"之《埃西俄丕斯》（*Aethiopis*）以及品达诗歌中的阿喀琉斯。[2] 至于希罗多德，其明显的例子则是，温泉关战役中幸存的斯巴达人与波斯人争夺英勇的利奥尼达斯尸体的场景（Hdt. 7.224 - 225），肯定会让读者联想起荷马史诗中争夺帕特罗克勒斯尸体的剧烈冲突（*Il.* 17.274 - 369）。

　　除了模仿展现战争中人类行为的"典型场景"以外，其他叙事手法也将诗歌体历史与早期散文体历史写作联系起来。长篇的目录式罗列可以反映出叙述者的权威与高明，就像我们在荷马及赫西俄德的史诗中所见到的那样。类似于《伊利亚特》（2.493—760），希罗多德（比如叙述普拉提亚战役之前的 9.28.2 - 32.2）与修昔底德（比如叙述叙拉古战役之前的 7.57 - 58）都曾列举战前敌

---

① Rosaria Munson，'The Trouble with the Ionians: Herodotus and the Beginning of the Ionian Revolt（5.28 - 38.1）', in Elizabeth Irwin and Emily Greenwood（eds.），*Reading Herodotus: A Study of the Logoi in Book Five of Herodotus' Histories* （Cambridge，2007），146 - 167，at pp. 152 - 153。

② J. Gordon Howie，'The Aristeia of Brasidas: Thucydides' Presentation of Events at Pylos and Amphipolis', in Francis Cairns（ed.），*Papers of the Langford Latin Seminar*，vol. 12: *Greek and Roman Poetry*，*Greek and Roman Historiography*（Cambridge，2005），207 - 284.

对双方各自的军队构成。[1] 这些内容不仅记录了战争的参加者,也预示着即将展开的战斗会有怎样的规模和激烈程度。相应地,无论荷马史诗还是历史学家的著作,也都记载着队伍的实际人数,特别是作战部队和伤亡将士的人数(数字在赫西俄德那里更为常用)。这种手法所具有的修辞效果可以为叙述增添精确性和权威性,并且有助于读者去想象战争的场面。凯瑟琳·鲁宾凯(Catherine Rubincam)通过缜密分析发现,《历史》与《伯罗奔尼撒战争史》中运用数字的频繁程度几乎相同,大致都是《伊利亚特》和《奥德赛》的两倍,但是,这四部著作出现"典型性"数字(诸如30、300、10000等)的频率却基本一致(大约占数字使用的一半)。[2]

叙述权威与叙述结构

　　表现出对准确知识以及其他技艺的掌握,从而确立起叙述者呈现往事的权威,这是诗歌与散文作品共同关注的问题。[3] 在荷马史诗中,奥德修斯受到费阿克斯人(Phaeacians)招待,并且聆听诗人德莫多克斯(Demodokos)吟唱奥德修斯十年前在特洛伊的事迹,这期间凸显出"历史"准确性的问题。奥德修斯称赞这位诗人接受过缪斯女神或阿波罗的教导,因为他在描述事件经过时"就像你本人曾经身临其境,抑或从当事人口中得知"(*Od.* 8.485 - 492)。而且,当吟唱(应奥德修斯的要求!)特洛伊木马的故事时,奥德修斯痛哭流涕(8.521 - 534),这更加印证了他对德摩多酷斯的赞赏。这种赞赏给诗人的故事赋予一种不同于其他史诗的真实性,并且凸显

141

---

[1] John Marincola and Michael Flower (eds.), *Herodotus: Histories Book IX* (Cambridge, 2002), 158 (on Hdt. 9.28.2 - 32.2), 指出这种列举也造成"叙述延迟"。

[2] Catherine Rubincam, 'Numbers in Greek Poetry and Historiography: Quantifying Fehling', *Classical Quarterly*, 53(2003), 448 - 463.

[3] 关于这一重要问题, 见 John Marincola, *Authority and Tradition in Ancient Histori-ography* (Cambridge, 1997)。

出叙述者如何"准确"讲述往事的问题。半个世纪以前，汉娜·阿伦特（Hannah Arendt）指出，这一情节事实上成为历史学的先声，因为叙述的可信性所依靠的不再是缪斯女神以及作为其转述者的诗人，而是某个"身临其境"的普通人。①

早期历史学家偶尔会亲自改正或筛选既定的历史叙述——这种做法在诗人品达对传说的处理方式中可以找到先例。传说称悲伤的德墨忒尔不经意间吃掉了佩罗普斯的肩膀，品达对此进行了"改正"（*Ol.* 1.37-53），他所依据的准则是（神学的）理性与虔诚：神是不可能如此行事的。② 希罗多德有时也在他所听闻的不同说法当中选择最为合理的一种。这可能基于他对人性的认识：刚与克洛伊索斯结盟的斯巴达人给后者送去的贵重的青铜混酒钵在半路上遗失了，人们就其下落给出彼此矛盾的不同解释，希罗多德注意到这一点，并且明确指出，其中所谓海盗劫掠去的说法当是运送混酒钵的斯巴达人在当时情况下"会讲"的自我开脱之辞（1.70.2-3）。但是，当希罗多德断言克列欧美涅斯（Cleomenes）惨死的下场是由于他对另一位国王戴玛拉托斯（Demaratus）所行的阴谋诡计的报应时（6.84），他的合理性依据则是基于神意或普世正义的观念。同样地，修昔底德偶尔也会"改正"错误的历史叙述。传统上人们普遍认为，庇西特拉图之子希帕库斯（Hipparchus）被著名的"刺杀僭主者"——哈莫迪乌斯（Harmodius）和阿里斯托吉顿（Aristogeiton）杀害时正在作雅典的僭主。对于这种说法，修昔底德明显表示不满，因为事实上希帕库斯的哥哥希庇亚斯（Hippias）才是当时的僭主，而且刺杀行动并未推翻僭主统治（1.20；修昔底德自己对此事的详细叙述见6.54-59）。

除了对这些具体问题的关注以外，希罗多德和修昔底德的作品甚至还在宏观的叙事结构与技巧方面模仿荷马史诗。特别是在事

---

① Hannah Arendt, *Between Past and Future* (New York, 1954), 45.
② 关于其他诗歌与史学文本中的"方法论和因果律"，见 Hornblower, *Thucydides and Pindar*, 291-300。

件顺序的安排上,这一点表现得尤其明显。安东尼奥斯·伦格蔻斯(Antonios Rengakos)在最近一项颇具启迪性的研究中已经对此加以论证。[①] 希罗多德的叙述类似于《奥德赛》的复杂结构(与《伊利亚特》的相似性略小):主要叙述者的注意力从一条叙事线索转移到另一条,直到《历史》的多条线索(波斯的势力扩张、权力的千变万化以及希腊世界内部的同盟关系)汇聚于薛西斯远征几乎一盘散沙的希腊人之时,才又回到原来的线索。修昔底德在其颇具复杂性与综合性的第一卷之后,便遵循着一条相对直线性的时间顺序依次叙述战争期间每个冬季与夏季所发生的事件(正如他在第二卷第一章的说明)。尽管如此,一定程度上由于这种严格的编年体例,在叙述主线当中也会经常插入同时发生于其他地方的事件。[②] 而且,这两位历史学家也都在调节其叙事节奏方面模仿史诗的模式:通常采取"环状结构"或"史诗倒叙"的形式进行背景描述(包括目录式的列举和"插话")来放慢速度;[③]或者介绍重大决定之前的商议和讨论经过;有时还会制造悬念,对导致其他结果的因素予以强调,使之有别于读者所了解的"真实"情况,无论其情节是来自史诗传统还是新近的历史经验。[④]

142

结语:希罗多德、修昔底德以及叙述往事的诗歌

尽管存在上述各种联系,这两位重要的早期希腊历史学家还是

---

① Antonios Rengakos, 'Homer and the Historians: The Influence of Epic Narrative Technique on Herodotus and Thucydides', in *La Poésie épique grecque*: *Métamorphoses d'un genre littéraire* (Geneva, 2006),182 – 209; and Irene J. F. de Jong, 'Narrative Unity and Units', in Bakker *et al.* (eds.), *Brill's Companion to Herodotus*, 245 – 266.

② Rengakos, 'Homer and the Historians', 188 – 190; Tim Rood, *Thucydides*: *Narrative and Expla-nation* (Oxford, 1998); and Carolyn Dewald, *Thucydides' War Narrative*: *A Structural Study* (Berkeley, 2005).

③ de Jong, 'Narrative Unity and Units', 260 – 261.

④ Rengakos, 'Homer and the Historians', 190 – 197.

运用了明显不同于其诗人前辈的话语方式，并且自觉地将自己的创作目的与诗歌（尤其是史诗）叙述区别开来。同时，相比于观看悲剧或者欣赏诗人吟诵荷马史诗的表演，人们在聆听或阅读希罗多德及修昔底德的著作时会有着不同的期望。

但是，就最宏观的层面而言，荷马史诗的主要特征在《历史》及《伯罗奔尼撒战争史》中皆获重现：类似的叙述包括人们在从事战争或策划战争时的言行及谋划、城市的防守、将士与平民的命运、个人与时事的相互关系以及（特别是在希罗多德的书中）有关地理学和民族学的丰富内容。而且，人类的谋划、动机、价值观念及情感也得到大量关注，主要是通过让人物自己进行直接陈述的方式而实现的。这种对历史人物的重视更加凸显出那些不可预见的因素（在诗歌中往往表现为神意或命运），它们经常推动事态向着出人意料或令人失望的方向发展。他们的故事在讲述中都具有某种尊严与高尚的意韵，尽管有时也沾染着悲怆或愧疚的色彩。叙述者让我们看到人类行为（包括"英雄"行事过分的倾向）的循环往复以及人类功业的不堪一击。这在大部分情况下不仅适用于史诗，还与多数悲剧相吻合，它们聚焦于冲突和危机的时刻，而非漫长的时间过程，并且在呈现人物角色时不需要叙述者发挥媒介作用。人们很长时间以来便已注意到，悲剧情节与角色的普遍模式——特别是伟大人物的崛起和陨落，还有他们在痛苦中对始料未及的真相的认识——也见于修昔底德笔下（这一发现至少可以追溯至哈利卡纳苏斯的狄奥尼修斯［Thuc. 15］），[1]以及希罗多德的著作之中。[2]

这些相似性不仅反映了历史性诗歌在时间上的优先性（尽管我认为难以想象希腊史学如果没有荷马会是怎样的），或者它对某些

---

① M. Cornford, *Thucy-dides Mythistoricus* (London，1907)，该书虽然在某种程度上有些过时，但是对古典学研究仍有参考价值。

② Rutherford, 'Tragedy and History'; and Saïd, 'Herodotus and Tragedy'. On historical and tragic plots, see John Marincola, *Greek Historians*: *Greece and Rome* (Oxford, 2001), 69 - 73.

历史学家的影响(虽然有时是显而易见的),而且还体现出不同创作领域之间深刻的彼此吸引。① 作为总结,我将简要指出三个共同特征,这虽然未必是新发现,但是在我看来却特别重要。

第一个特征:"多音性"(Polyvocality)。大量历史性诗歌(尤其是悲剧和史诗)以及早期历史学著作都允许多种声音的表达,并关注多位人物的行为。② 当然,叙述者(剧作家)对角色话语和情节发展的掌控发挥着很大作用。然而,在不同思想、期望、知识与动机之间的焦点转换不仅创造出一种动态的"过去",而且还呈现出一个引人注目的世界,在那里,各种观念皆受重视,尽管未必全都是智慧的和可敬的。

第二个特征:"结尾的开放性"。众所周知,《伊利亚特》和《奥德赛》的视野超越其叙述的结尾而指向阿喀琉斯之死与特洛伊的陷落,以及奥德修斯未来的旅程。希罗多德的《历史》(在许多读者看来)结束于获胜的雅典即将成为下一个独裁政权的时刻,同时,希罗多德也曾提及此后发生的某些事件。修昔底德的著作并未完成,本来可能会有一个更加确定的结尾,因为他计划要记载 27 年的战争经过,直至以雅典的失败告终(5.26.1),但这只是人们的猜测。悲剧的结尾往往是确立某种祭仪或者与表演同时进行的其他行为。所有这些叙述都将其情节——无论多么古老——设置于一种连续性之中,从而使之在某种程度上与观众联系起来,即便这只是因为将来的人们也要了解这些事情(明确提出这一观点的例子有:*Il.* 6.357-358,Simonides fr. 11.23-25 W2)。

这就导致了第三个特征:"纪念性"。以往事为主要内容的叙述者与叙述体裁利用各种理由来证明其创作行为的合理性及其作品的重要性。史诗可以让英雄们的"名声"(*kleos*)永垂不朽(例如,

144

---

① 在此问题上,我坚决同意卢瑟福(Rutherford)关于历史和悲剧的论述,见 Rutherford,'Tragedy and History',504。

② Deborah Boedeker,'Pedestrian Fatalities: The Prosaics of Death in Herodotus',in Peter Derow and Robert Parker (eds.), *Herodotus and His World* (Oxford, 2003),17-36。

Il. 9.413）。在其内部观众看来，史诗提供了知识和娱乐，即使有时也会引起痛苦的感情（比如：*Od*. 8.521 - 534）。希罗多德在呈现其研究成果时指出，他的目的既是避免让那些伟大的事迹"湮没无闻"（*alea*），即丧失"名声"（*kleos*），同时也要阐述事件发生的"原因"（Hdt.，proem）。对于修昔底德而言，历史是有用的（*ôphelima*），甚至是"传诸永远的财富"（*ktêma es aiei*），因为对往事的理解可以让人们懂得如何应对将来在相似情况下会发生的事情（Thuc. 1.22.4）。① 这些明确的解释当然是重要的，但此外还有更为巧妙的做法，借助史诗与历史著作中的人物之口指出，往事源源不断地为人们提供着警告、可供类比的榜样以及鼓舞人心的先例。循环周而复始，但往事却始终存在，待人理解。

结合着这些（实际的？ 自我维护的？ 竞争性的？）理由，我们所考察的诗人与历史学家有时似乎努力要使他们所叙述的往事表现为值得纪念且意义深远，超越于他们"历史性的"文本之上，甚至高于他们为现场观众所能提供的任何警告。史诗、悲剧和历史都呈现出高度模拟化的场景，以激发情感反应。我们会想到，修昔底德曾经描绘一艘雅典战船在被派去追回前一天对密提林人的死亡判决时如何孤注一掷地飞速前进（3.49）；希罗多德也曾记载镇守温泉关的佛基斯人当听到踏在橡树落叶上的脚步声并且发现波斯人已然到达高地顶端时表现得多么惊讶（7.217 - 218）。而且，又有谁会忘记普里阿摩斯（Priam）为了取回赫克托耳的尸体而去求见阿喀琉斯的辛酸场景（*Il*. 24.471 - 691）？ 尽管这些场景是在各自情节中推动事件发展进程的，但其意义却以某种方式超越了它们所属的叙述语境。在亚里士多德的定义中，它们既是诗歌的，也是历史的。

---

① 对此问题的深入分析见 Kurt Raaflaub，'Ulterior Motives in Ancient Historiography：What Exactly，and Why?' in Lin Foxhall, Hans-Joachin Gehrke, and Nino Luraghi（eds.），*Inten-tionale Geschichte*：*Spinning Time*（Stuttgart，即将出版）。

主要史料

除"新西蒙尼德"残篇以外,本章所有原始文献均引自洛布古典丛书(Loeb Classical Library,Cambridge,Mass.),并采用其行号与残篇编码。

Aeschylus,vol. 1(includes *The Persians*),ed. and trans. Alan H. Sommerstein (Cambridge,Mass.,2009).

Aeschylus,vol. 2 (includes *Eumenides*),ed. and trans. Alan H. Sommerstein (Cambridge,Mass.,2009).

Greek Elegiac Poetry (includes Tyrtaeus,Mimnermus,Simonides,Solon),ed. and trans. Douglas E. Gerber (Cambridge,Mass.,1999).

Greek Iambic Poetry (includes Archilochus),ed. and trans. Douglas E. Gerber (Cambridge,Mass.,1999).

Greek Lyric,vol. 1 (Sappho,Alcaeus),ed. and trans. David A. Campbell (Cambridge,Mass.,1982).

Greek Lyric,vol. 3 (includes Simonides),ed. and trans. David A. Campbell (Cambridge,Mass.,1991).

Greek Lyric,vol. 4 (includes Bacchylides),ed. and trans. David A. Campbell (Cambridge,Mass.,1992).

Herodotus,*The Histories*,ed. and trans. A. D. Godley,4 vols. (Cambridge,Mass.,1920 – 1925).

Hesiod,vol. 1 (includes *Theogony*,*Works and Days*),ed. and trans. Glenn W. Most (Cambridge,Mass.,2007).

Hesiod,vol. 2 (includes *Catalogue of Women*),ed. and trans. Glenn W. Most (Cambridge,Mass.,2007).

Homer,*Iliad*,ed. and trans. A. T. Murray,rev. William F. Wyatt [vol. 1],2 vols. (Cambridge,Mass.,1924 – 1925).

Homer,*Odyssey*,ed. and trans. A. T. Murray,rev. George F. Dimock,2 vols. (Cambridge,Mass.,1919).

145

Pindar, vol. 1 (includes *Olympian* and *Pythian* odes), ed. and trans. William H. Race, (Cambridge, Mass. , 1997).

Pindar, vol. 3 (includes *Nemean* and *Isthmian* odes, and fragments) ed. and trans William H. Race (Cambridge, Mass. , 1997).

Simonides：'New Simonides' fragments, in Deborah Boedeker and David Sider (eds.), *The New Simonides：Contexts of Praise and Desire* (Oxford, 2001).

Thucydides, *History of the Peloponnesian War*, ed. and trans. C. F. Smith, 4 vols. (Cambridge, Mass. , 1919 - 1923).

参考文献

Allison, June, 'Homeric Allusions at the Close of Thucydides' Sicilian Narrative', *American Journal of Philology*, 118(1997), 499 - 514.

Boedeker, Deborah, 'Herodotus's Genre(s)', in Mary Depew and Dirk Obbink (eds.), *Matrices of Genre：Authors, Canons, Society* (Cambridge, Mass. 2000),97 - 114.

—— 'Heroic Historiography：Simonides and Herodotus on Plataea', in Deborah Boedeker and David Sider (eds.), *The New Simonides：Contexts of Praise and Desire* (Oxford, 2001), 120 - 134.

Boedeker, Deborah, 'Epic Heritage and Mythical Patterns in Herodotus', in Egbert J. Bakker, Irene J. F. de Jong, and Hans van Wees (eds.), *Brill's Companion to Herodotus* (Leiden, 2002),97 - 116.

—— and Sider, David, (eds.), *The New Simonides：Contexts of Praise and Desire* (Oxford, 2001).

Bowie, Ewen L. 'Early Greek Elegy, Symposium, and Public Festival', *Journal of Hellenic Studies*, 106(1968),13 - 35.

146

—— 'Ancestors of Historiography in Early Greek Elegiac and Iambic Poetry?' in Nino Luraghi (ed.), *The Historian's Craft in the Age of Herodotus* (Oxford, 2001), 44 - 66.

Calame, Claude, *The Craft of Poetic Speech in Ancient Greece* (Ithaca, 1995).

Chiasson, Charles, 'Herodotus' Use of Attic Tragedy in the Lydian Logos', *Classical Antiquity*, 22(2003), 5 - 35.

Corcella, Aldo, 'The New Genre and Its Boundaries: Poets and Logographers', in Antonios Rengakos and Antonis Tsakmakis (eds.), *Brill's Companion to Thucydides* (Leiden, 2006), 34 - 56.

Dewald, Carolyn, 'Narrative Surface and Authorial Voice in Herodotus' *Histories*', in Deborah Boedeker (ed.), *Herodotus and the Invention of History* (*Arethusa* 20, 1978), 147 - 170.

Ford, Andrew, *The Origins of Criticism: Literary Culture and Poetic Theory in Classical Greece* (Princeton, 2002).

Gehrke, Hans-Joachin, 'Myth, History, and Collective Identity: Uses of the Past in Ancient Greece and Beyond', in Nino Luraghi (ed.), *The Historian's Craft in the Age of Herodotus* (Oxford, 2001), 282 - 313.

Gomme, Arnold W., *The Greek Attitude to Poetry and History* (Berkeley, 1954).

Graziosi, Barbara, *Inventing Homer: The Early Reception of Epic* (Cambridge, 2002).

Grethlein, Jonas, *Das Geschichtsbild der Ilias: Eine Untersuchung aus phänomenologischer und narratologischer Perspektive* (Göttingen, 2006).

—— 'The Manifold Uses of the Epic Past: The Embassy Scene in Herodotus 7. 153 - 163', *American Journal of Philology*, 127 (2007), 485 - 509.

—— *The Greeks and their Past: Poetry, Oratory and History in the Fifth Century BCE* (Cambridge, 2010).

Hartog, François, 'The Invention of History: The Pre-History of a Concept from Homer to Herodotus', *History and Theory*, 39 (2000),139 – 152.

Hornblower, Simon, *Thucydides and Pindar* (Oxford, 2004).

Hunter, Virginia, *Past and Process in Herodotus and Thucydides* (Princeton, 1982).

Jacoby, Felix, 'Herodotos', in *Paulys Real-Encyclopädie der classischen Altertumswissenschaft* (Stuttgart, 1913),205 – 520.

Lasserre, François, 'L' historiographie grecque à l'époque archaïque', *Quaderni di Storia*, 4(1976),113 – 142.

MacFarlane, Kelly, '"To Lay the Shining Foundation..."': The Theme of the Persian Wars in Classical Greek Poetry', D. Phil. thesis, University of Alberta, 2002.

Marincola, John, *Authority and Tradition in Ancient Historiography* (Cambridge, 1997).

—— 'Herodotus and the Poetry of the Past', in Carolyn Dewald and Marincola (eds.), *The Cambridge Companion to Herodotus* (Cambridge, 2006),13 – 28.

Nagy, Gregory, *Pindar's Homer: The Lyric Possession of an Epic Past* (Baltimore, 1990).

Nicolai, Roberto, 'Thucydides' Archaeology: Between Epic and Oral Traditions', in Luraghi (ed.), *The Historian's Craft*, 263 – 285.

Pelling, Christopher (ed.), *Greek Tragedy and the Historian* (Oxford, 1997).

Raaflaub, Kurt, 'Poets, Lawgivers, and the Beginnings of Political Reflection in Archaic Greece', in Christopher Rowe and Malcolm Schofield (eds.), *The Cambridge History of Greek and Roman*

147

Political Thought (Cambridge, 2000), 23 - 59.

Rengakos, Antonios, 'Homer and the Historians: The Influence of Epic Narrative Tech-nique on Herodotus and Thucydides', in *La Poésie épique grecque: Métamorphoses d'un genre littéraire* (Geneva, 2006), 182 - 209.

Rutherford, Richard, 'Tragedy and History', in John Marincola (ed.), *A Companion to Greek and Roman Historiography* (Oxford, 2007), 504 - 514.

Saïd, Suzanne, 'Herodotus and Tragedy', in Bakker *et al.* (eds.), *Brill's Companion to Herodotus*, 117 - 148.

Strasburger, Hermann, *Homer und die Geschichtsschreibung* (Heidelberg, 1972).

Verdin, Herman, 'Les remarques critiques d'Hérodote et Thucydide sur la poésie en tant que source historique', *Symbolae* 6: *Historiographia antique*, *Commentationes Lovanienses in honorem W. Peremens* (Leuven, 1977), 53 - 76.

李尚君　译　陈　恒　校

148

第七章　古希腊史学的兴起与散文的出现

乔纳斯·格里斯林（Jonas Grethlein）　文

在希腊古风时代多种体裁的诗歌中，都讲述着精彩夺目的历史往事，但历史写作却直到公元前 5 世纪下半叶才开始出现。[1] 遗憾的是，大多数最早的历史著作已经失传，而要确定作家作品的年代，则即使可能，也并非易事。[2] 然而，公元前 5 世纪下半叶的两部作品却完整保存下来：希罗多德关于东西方冲突所最终导致的波斯战争的叙述，以及修昔底德对伯罗奔尼撒战争的记载。希罗多德与修昔底德成功创立了这种新型写作体裁，并深远影响着它在日后的发展。因此，人们自然也就将他们的作品归于史学范畴，在由他们二人奠定基础的这一史学框架中审视他们的作品。尽管这种研究方法富有成效，[3]但同样还有必要在当时知识背景的语境中

---

① 本章中原始文献采用如下英译本，并有所改动：*The Collected Dialogues of Plato*, ed. Edith Hamilton and Huntington Cairns（Princeton，1961）；Thucydides，*The Peloponnesian War*，trans. Steven Lattimore（Indianapolis，1998）；and Herodotus，*The Histories*，trans. Robin Waterfield（Oxford，1998）。

② 关于希罗多德和修昔底德之外的其他公元前 5 世纪下半叶的散文体历史学家，见 Robert L. Fowler，'Herodotos and His Contemporaries'，*Journal of Hellenistic Studies*，116（1996），62 - 87；and Leone Porciani，*Prime forme della storiografia greca：Prospettiva locale e generale nella narrazione storica*（Stuttgart，2001）。

③ 代表作如 John Marincola，*Authority and Tradition in Ancient Historiography*（Cambridge，1997）。

来考察古希腊史学的兴起。①

公元前 5 世纪希腊最重要的文化成就之一是散文写作的"发明"。当然,在此之前已有散文,不过希腊古风时代的"真理的主人"却运用诗歌来呈现他们的洞见。② 那时,除法律以外,权威性的表述均采取韵文形式,直至公元前 5、前 4 世纪,希腊虽然依旧是口述社会,但人们的读写能力有所增强,与此同时出现了散文体裁,用于表达人们对世界的新观念。③ 我们给这些文本贴上各种标签,诸如科学、演说、史学、哲学,然而不可忽视的是,希波克拉底、高尔吉亚、希罗多德和柏拉图并非局限于固定的体裁。当时,不同体裁之间的界线尚未确定,而且在我们看来分属不同体裁的文本却存在着许多相似之处,在这种状况下,作者们为了界定自己的写作方式而与他人划分界限。

由于正在形成中的各种散文体裁之间存在着流动性、开放性与竞争性,因此,我们特别有必要在当时知识发展的背景中审视古希腊史学的兴起,并追溯希罗多德和修昔底德的作品与修辞学和科学发展之间的多样性互动关系。我将首先论述史学与公元前 5 世纪希腊科学著作以及修辞学之间的密切联系。它们对希腊史学兴起所产生的影响已经得到大量讨论,但是,历史学家们为了将自己的著作区别于修辞学对历史事件的处理而进行的尝试却很少受到关注。这种尝试标志着与柏拉图对话录的有趣对比,从新的角度呈现出史学与民主政治之间引人注意的关系。

---

① 将古希腊史学的兴起与诗歌和演说中的历史记忆进行比较研究的最新论著是 Jonas Grethlein, *The Greeks and their Past*：*Poetry*，*Oratory and History in the Fifth Century BCE* (Cambridge，2010)。

② 见 Marcel Detienne, *Les maîtres de vérité dans la Grèce archaïque* (Paris，1967). Ewen L. Bowie, 'Lies，Fiction and Slander in Early Greek Poetry', in Christopher Gill and T. P. Wiseman (eds.), *Lies and Fiction in the Ancient World* (Austin，1993)，1 - 37，阐释了古风时代各种文体之间在表述真理方面的有趣差异。

③ 见 Simon Goldhill, *The Invention of Prose* (Oxford，2002) on the, 'invention of prose'。

"证据"(*tekmeria*)：史学、科学与修辞学

最初的希腊历史学家们在许多方面曾受到荷马史诗的重要影响。[①] 希罗多德的《历史》与修昔底德的《伯罗奔尼撒战争史》以及后来的很多历史著作都将宏大的战争作为主题，就是以《伊利亚特》为先例的。在表现形式方面，历史学家们对过往事件的艺术化呈现，包括时序倒错和不同层次的聚焦手法，将史诗中常见的叙事技巧成功运用于记载更为晚近的事件。然而，与史诗相比，史学所具有的一个最显著的差异是它树立起叙述主体的权威，这也使之有别于同时代的其他散文体裁。[②] 缪斯女神作为史诗以及其他诗歌的叙述者，并不受历史学家的召唤，后者必须通过证据与合理的叙述来创建可信性。

150 　　接下来，我将考察一种为叙述赋予可信性的策略：运用证据（*tekmeria*）。*tekmerion* 一词源于动词 *tekmairesthai*，本义是"分配、指派"，与荷马史诗中的名词 *tekmar* 有关，后者既指"确定的标志、分界线"，又指"可靠的记号、表征"。这也是 *tekmerion* 一词的基本含义。但是，在古典时代 *tekmerion* 却日益成为用于指称"证据"的专有名词。科学家和演说家——特别是在法庭演说中——都会援引证据（*tekmeria*）来支持自己的论证。希罗多德和修昔底德对证据（*tekmeria*）的运用很好地反映了他们的知识背景。

　　我来举例说明希罗多德与"智者"的联系。这些"智者"们来往于不同城邦之间，向贵族青年传授各种技艺，特别是修辞学。[③]今天

[①] 相关例子参见 Hermann Strasburger, *Homer und die Geschichtsschreibung* (Heidelberg, 1972); and, on epic narrative strategies, Antonios Rengakos, 'Homer and the Historians: The Influence of Epic Narrative Technique on Herodotus and Thucydides', in Franco Montanari and Rengakos (eds.), *La poésie épique grecque: Métamorphoses d'un genre littéraire* (Geneva, 2006), 183-209。

[②] 参见 Marincola, *Authority and Tradition in Ancient Historiography*, 3-12。

[③] 有关古典时代希腊"智者"的介绍，见 G. B. Kerferd, *The Sophistic Movement* (Cambridge, 1981)。

"智者"一词的贬义色彩可以追溯至柏拉图对某些激进的"智者"所作的无情抨击,因为他们主张行为规范与价值观念的相对主义。希罗多德在叙述冈比西斯的恶行时(比如焚毁神像),断定他所犯下的这些罪过是出于疯狂。既然每个民族都认为他们的习俗是最好的,那么,也只有疯子才会破坏他自身文化中的基本准则(3.38.2-4):

> 有很多其他证据(*tekmerioisi*)都支持如下观点:关于自身习俗的这种主张是普遍存在的,但这里仅举一例。大流士统治期间,他曾经召集了一些参加某次集会的希腊人,问这些希腊人多少钱才能使他们愿意去吃自己父亲的遗体;他们回答说,无论给多少钱,他们都不会做这种事。接下来,大流士又召集了一些来自名为卡拉提亚人(Callatiae)的印度部落的人,这些人是吃自己父母遗体的。大流士当着希腊人的面询问他们——通译在场以便让他们能够理解讲话内容——多少钱才能使它们愿意火葬自己父亲的遗体,他们惊叫起来,让大流士不要讲这种可怕的事情。

希罗多德引用品达的格言"习俗乃万物之王"来结束论证。习俗的有效性因不同文化而有差异的观点正是那种与"智者"学派相关的普遍相对主义的特征。[①] 更为特别的是,希罗多德的见解让人联想到《双重论证》(*Dissoi logoi*)的某个段落。在这篇"智者"学派的论文中,作者提出,如果所有人把他们认为"可耻"(*aischros*)的东

---

① Felix Heinimann, *Nomos und Physis*:*Herkunft und Bedeutung einer Antithese im griechischen Denken des 5. Jahrhunderts* (Basel, 1945),80-81,阐释了普罗塔格拉的影响。关于希罗多德与"智者"的一般性论述,诸如 Rosalind Thomas, *Herodotus in Context*:*Ethnography, Science and the Art of Persuasion* (Cambridge, 2000), and Kurt Raaflaub, 'Philosophy, Science, Politics: Herodotus and the Intellectual Trends of his Time', in Egbert J. Bakker, Irene J. F. de Jong, and Hans van Wees (eds.), *Brill's Companion to Herodotus* (Leiden, 2002)。

151　西汇集在一起,然后再从这一集合中拿走他们认为"高尚"(*kalos*)的东西,那么,就什么也不会留下(90 DK 18, cf. 26)。希罗多德对价值相对性的洞察与这一残篇相似,但是却得出了迥然不同的结论。只有疯子才会破坏自身文化基本准则的论证,意味着不同文化之间习俗的多样性不会影响它们在各自文化中的有效性。相反,就如品达所言,各个民族都恪守着自身的习俗,从而使之成为某种最高法则。① 通过大流士的询问和品达的格言,希罗多德让一个波斯人和一个希腊人共同表达了习俗的普遍原则,他以这种方式审视并克服了文化相对主义。② 在希罗多德这里,对习俗相对性的深刻认识被用来强调不同习俗在各自文化中的权威性,而非挑战传统的价值观念。

　　除内容以外,论证的形式——运用"证据"(*tekmerion*)——也反映出希罗多德身处怎样一个知识世界。对证据的详尽陈述体现了修辞学在希腊公元前 5 世纪日益增长的影响力,不仅如此,这种"证据"的民族学背景以及其他证据的科学背景——例如有关埃及的地质学论述(2.13.1)——还表明,他与当时运用丰富"证据"(*tekmeria*)进行写作的医学及科学作者之间存在着某种特定的相似性。③ 诸如此类的作品有成书于公元前 5 世纪末的《论人的本性》(*On the Nature of Man*),④该书作者在责难其他作者时指出,"每个人都给他的论

---

① 参见 Rosario Vignolo Munson, *Telling Wonders*: *Ethnographic and Political Discourse in the Work of Herodotus*(Ann Arbor, 2001),169‑170。

② 不过,关于大流士的说法可能有所歪曲。M. R. Christ, 'Herodotean Kings and Historical Inquiry', *Classical Antiquity*, 13(1994),187‑189,指出其颇具权威性的口吻反而使其调查更值得怀疑,而且其论断也与品达格言"习俗乃万物之王"不相协调。

③ 希罗多德与毕达哥拉斯学派作家之间的类比,见 Thomas, *Herodotus in Context*,该书基于更早的一篇论文:D. Lateiner, 'Early Greek Medical Writers and Herodotus', *Antichthon*, 22(1986),1‑20。同时参见 Raaflaub, 'Philosophy, Science, Politics'. tekmerion 和 tekmairesthai 还出现于 2.13.1;1.57.1;2;2.33.2;43.2;58;104.4;3.38.2;7.16γ2;234.1;238.2 以及 9.100.2。

④ J. Jouanna, *Hippocrate*: *La nature de l'homme*(Berlin, 1975),59‑61.

述堆砌上毫无意义的证言（*marturia*）和证据（*tekmeria*）"（1.2 J）。不过，接下去不久，他自己也宣称："我将提供证据（*tekmeria*），并且指出身体中各个部分生长与衰败的必要原因。"（2.5 J）①

运用"证据"（*tekmeria*）并不必然意味着经验主义的立场。罗萨林·托马斯（Rosalind Thomas）发现，希罗多德的"证据"（*tekmeria*）只有在少数情况下才是为了树立实际的经验性证据，通常却总是包含着以辩论方式进行的复杂推理。因此，"证据"（*tekmeria*）的显著地位所体现的主要不是实际的经验主义，②而是一种注重辞藻展示的文化对修辞性证据的需要。在这种文化中，医生就像希罗多德一样必须使自己的阐述尽可能具有说服力，以便吸引并说服挑剔的听众。③

认为希罗多德仅受到医学类作者的影响，是有问题的；更为恰当的做法是将希罗多德视为一场独特的大规模知识运动的组成部分。④ 他对"证据"（*tekmeria*）的运用与当时科学家所提供的证据相比，既有相似之处，也存在差别。"证据"（*tekmeria*）在医学著作中用于论证当前的事物，而希罗多德却经常利用它们来重构过去。例如，促使希罗多德认为科尔基斯人（Colchians）源于埃及人的证据之一是他们的割礼，除这两个民族以外，只有埃塞俄比亚人从一开始就有此习俗（2.104.4）。由于科尔基斯尔人源于埃及，所以他们给自己的孩子施行割礼，希罗多德对这一论断给出的"有力证据"（*mega tekmerion*）如下：腓尼基人似乎是从埃及人那里学来了割礼，因为那些不再与埃及人混居在一起的腓尼基人便不给男孩子

152

---

① 更多例子见 Thomas, *Herodotus in Context*, 195-198。

② Ibid., 190-200. 另见 P. Butti de Lima, *L'inchiesta e la prova: Immagine storiografica, pratica giuridica e retorica nella Grecia classica*（Torino, 1996），134，指出，希罗多德著作中的 *tekmerion* 主要意味着逻辑论证的证据，而并不为了得出必然的结论（pp. 141-142）。

③ 另见 Mabel L. Lang, *Herodotean Narrative and Discourse*（Cambridge Mass., 1984），该书考察了希罗多德叙述中的口述传统特征。

④ 参见 Thomas, *Herodotus in Context*。

施行割礼了。于是,希罗多德得出结论:科尔基斯人必然也是从埃及接受了这一习俗。显然,在这种论证中,对现象的观察是可疑的,其逻辑推论则更成问题。① 与此同时,值得注意的是,"证据"(*tekmeria*)及其所证明的观点并非一般的民族学的思考,而是历史学的重构。

通过对希罗多德和修昔底德的比较,弗吉尼亚·亨特(Virginia Hunter)意识到他们在方法论上的相似之处:"两位历史学家都采用了公元前 5 世纪晚期典型的归纳论证法,来实现对过去的重构。"②不过,与希罗多德不同,修昔底德很少在叙述中说明自己的调查方法,而是给人一种让事实自我呈现的印象,从而使他的记载具有可信性。③ 尽管如此,在开头几章勾勒古代希腊历史的叙述中,以及对方法论思考的明确表达中,修昔底德还是把自己表现为一位对素材进行审慎考察的作者,与希罗多德无异。在这些部分,我们发现,"证据"(*tekmerion*)一词及其他同源词曾多次出现。然而,如果说希罗多德对"证据"(*tekmerion*)的运用表明他与当时的科学及表演文化之间存在着密切联系,那么,我要证明的是,在修昔底德这里,"证据"(*tekmerion*)则更多地反映了司法诉讼的影响。

153　　在其著作一开始,修昔底德宣称伯罗奔尼撒战争超越了此前的所有战争,对此,他进行了详尽阐释(1.1.3):

> 由于时间流逝,不可能清楚地发现(*saphos...heurein*)在以前时代乃至更久远的过去中所发生的事情。通过调查

---

① 参见 Thomas, Herodotus in Context,193-194。

② Virginia Hunter, *Past and Process in Herodotus and Thucydides* (Princeton, 1982),93.

③ 参见 David Gribble,'Narrator Interventions in Thucydides', *Journal of Hellenistic Studies*,118(1998),41-67,关于修昔底德著作中叙述者的介入;James V. Morrison,'Preface to Thucy-dides: Rereading the Corcyrean Conflict (1.24-55)', *Classical Antiquity*,18(1999),94-131,关于读者的参与;以及 Francis M. Dunn, *Present Shock in Late Fifth-Century Greece* (Ann Arbor, 2007),111-150,关于修昔底德叙述中的"临场性"(presentness)。

(*ek...tekmerion*)尽量遥远的过去而取得我所相信(*pisteusai*)的证据,借助这些证据,我相信无论是战争还是其他方面的事件都不够宏大。

在重构希腊古代历史的结束部分,修昔底德再次考虑到搜集可信素材的难度(1.20.1 - 1.21.1):

> 那么,我发现(*heuron*)这就是早期历史的特征,尽管确信(*pisteusai*)每一项证据(*tekmerioi*)是有困难的。因为人们在接受他人对过去的叙述时,即使是他们自己本土的国家,一般也不会加以考察(*abasanistos*)……然而,从我所引用的证据来看(*ek de ton eiremenontekmerion*),正确无误的做法是,认可我所叙述的早年的事件主要就是以那种方式发生的,而不相信(*pisteuon*)历史更像诗人们经过夸张润饰所歌唱的那样,也不像"史话家"们(*logographoi*)为了悦耳而非真理所撰写的那样。这些作品无法核实(*anexenegkta*),并且大多由于在体现爱国主义精神的虚构情节方面取得优势,而在日后丧失了可信性。相反,应该认为,我从最清晰的合理证据中所获得的发现(*heuresthai...ek ton epiphanestaton semeion*)对于了解古代历史而言已经足够了。

西蒙·霍恩布洛尔(Simon Hornblower)已然指出修昔底德所使用的 *tekmerion* 一词并不具有它在公元前 4 世纪的修辞学著作中的专业含义,[1]但是上述引文表明它受到司法诉讼的影响。除了 *tekmerion*(证据),还有反复出现的 *heuriskein*(发现)和 *pisteuein*(相

---

[1] Simon Hornblower, *Thucydides* (Baltimore, 1987), 100 - 107. Ar. *Rhet.* 1.2. 14 - 18 认为 *tekmeria* 比 *semeia* 更具确定性,以及安提丰(Antiphon)残篇 72,布拉斯—塔尔海姆认为 *tekmeria* 是指涉将来的线索,而 *semeia* 是有关过去的证据。但是,爱德华(M. J. Edward)和厄舍(U. Usher)指出,这两种定义均不适用于演说,见 M. J. Edwards and S. Usher, *Greek Orators*, vol. eɪ: *Antiphon & Lysias* (Warminster, 1985), 86。

信)也让人想起法庭,在那里演说者主要关心的就是找寻证据来建立可信性。① "史话家"(logographoi)的记载"无法核实"(anexenegkta),这一评价意味着要求采用在诉讼演说中发挥重要作用的"审查"(elegchos)方式。此外,副词 abasanistos(不加考察地)也暗指法律程序中的 basanos——对非公民进行的拷问。② 修昔底德试图准确地记载过去,遵循着诉讼程序中重建事实的模式。

154

因此,我们自然会发现,修昔底德声明,"对于我亲自听过的演说,我难以回忆(diamnemoneuein)出准确的讲话内容(ten akribeianauten ton lechthenton),那些为我提供其他演说内容的知情人也是如此"(1.22.1),而在安提丰的演说辞中,diamnemoneuein 一词用于指称诉讼人对往事的回忆(Ant. 5.54);同样,"准确的讲话内容"(akribeia ton lechthenton)也和安提丰演说中"准确的所作所为"(akribeia ton prachethenton)的表述相似(例如 Ant. 4.3.1;2.4.1)。③ 再有,修昔底德指出,"寻找事实需要付出很大的努力,因为

---

① 见 Heinrich Lausberg, *Handbuch der literarischen Rhetorik*:*Eine Grundlegung der Literatur-wissenschaft* (Munich, 1960),190-191,关于论证中的 *pistis*。K. von Fritz, *Die griechische Geschichtsschreibung*, 2 vols. (Berlin, 1967), i. 588,关注了修昔底德与安提丰等演说家的作品中 *tekmeria* 意义的区别。关于 *heuriskein*,另见 L. L. Canfora, 'Trovare I fatti storici', *QS*, 13(1981),211-220,认为该词在修昔底德笔下的特定含义是"发现伟大的事物"。

② 关于形容词 *abasanistos*,见 Ant. 1.13。另见 Thuc. 6.53.2,*basanizein* 在这里用于指称针对私自举行密议和破坏赫尔墨斯神像事件的彻底调查。

③ 参见 Antonis Tsakmakis, ' Von der Rhetorik zur Geschichtschreibung:Das "Methodenkapitel" des Thukydides (1,22,1-3)', *RhM*, 141(1998),245。具有法庭演说意味的段落还可以举出很多,相关论述也非常丰富;另见 P. Siewert, 'Zur Wahrheitssuche bei Thukydides und vor attischen Gerichtshöfen des 5. Jh. v. Chr. ', in E. Weber and G. Dobesch (eds.), *Römische Geschichte*, *Altertumskunde und Epigraphik*:*Festschrift für Arthur Betz* (Wien, 1985),565-574,例如:W. Robert Connor, *Thucydides* (Princeton, 1984),27-28,指出 *epexelthon*(1.22.2)不仅具有"军事意味",还让人联想起法庭中的起诉演说。Jürgen Gommel, *Rhetorisches Argumentieren bei Thukydides* (Hildesheim, 1966),(简要地)专门论述了修昔底德对修辞学论证方式的运用。另见 Emily Greenwood, *Thucydides and the Shaping of History* (London, 2006),67-68,关于修昔底德笔下的 *ta deonta* 及其作为修辞学主题的意义。

证人们在报告同一些事件时并不采取相同的方式，而是根据各自的偏见和记忆力而有所差别"(1.22.3)，这种说法将历史学家设想为一位必须对相反的陈述做出判断的法庭审判员。①

对希罗多德和修昔底德运用"证据"(*tekmerion*)一词的情况进行这种简要梳理，至少可以让我们大致看到历史编纂的知识背景，及其与其他正在发展中的散文体裁之间的密切联系。希罗多德采用"证据"(*tekmeria*)，表明他的"历史"(*historie*)与当时的医生和生理学家的研究之间存在可比性。修昔底德谨慎地避免把自己的著作称为"历史"(*historie*)，却通过"证据"(*tekmeria*)而使之类似于法庭演说。我讨论的只是一个示例，并不足以说明科学对希罗多德的启发与审判程序对修昔底德的影响之间是严格的对比关系。比如，布提·德·林玛(P. Butti de Lima)曾经对希罗多德和修昔底德如何从司法实践中获得灵感的问题进行过个案研究。② 同时，修昔底德从希波克拉底学派那里受到的影响也引起了学者们的很多关注。③ 希罗多德与修昔底德对"证据"(*tekmeria*)的运用反映出他们都认为有必要仔细检视证据，并且在呈现史料时借助当时特定的修辞手法而为自己的叙述赋予可信性。不过，新兴的散文体裁之间的相互影响还表现在其他方面。我将在下一节中证明，最初

155

---

① 关于历史学家与审判员的比较，见 Lucian, *Hist. Conscr.* 40，现代学者对二者相似性的论述，见 Carlo Ginzburg, *Il giudice e lo storico*: *Considerazioni in margine al processo Sofri* (Torino, 1991)。

② Butti de Lima, *L'inchiesta e la prova*. See also Henry R. Immerwahr, 'Aspects of Historical Causation in Herodotus', *Transactions of and Proceedings of the American Philological Association*, 87(1956), 241 - 280, 276. Siewert, 'Zur Wahrheitssuche bei Thukydides und vor attischen Gerich-tshöfen des 5. Jh. v. Chr. ', 569，另一方面认为，对法庭演说技巧及术语的运用将修昔底德与希罗多德区别开来。

③ 例如：Charles Norris Cochrane, *Thucydides and the Science of History* (London, 1929); 以 及 Klaus Weidauer, *Thukydides und die hippokratischen Schriften* (Heidelberg, 1954)。最近更为严谨的论述，见 Thomas, 'Thucydides' Intellectual Milieu and the Plague', in Rengakos and Tsakmakis (eds.), *Brill's Companion to Thucydides* (Leiden, 2006), 87 - 108。

的历史学家们,特别是修昔底德,也曾为了界定自己的新式体裁而将它区别于修辞学。

有别于修辞学的历史学

根据学术界的传统观点,公元前 4 世纪出现了"修辞的历史学"(rhetorical historiography)。[①] 具体而言,忒奥庞普斯(Theopompus)和埃弗罗斯(Ephorus)在一些古代文献中被称为伊索克拉底的学生,他们将辞藻的华丽看得比史实的准确更重要。但是,认为他们是伊索克拉底的学生的观点已经受到挑战,[②]而且,古代历史著作普遍具有的强烈修辞特征也让人们质疑"修辞的历史学"概念是否只适用于一部分特定的作者。

伍德曼(A. J. Woodman)阐释了古典历史学与修辞学之间的关系,他有力地证明,古代历史编纂不仅运用修辞学,而且它本身就被视为修辞学的一部分。[③] 伍德曼试图指出,古代历史学家们不仅以巧妙的修辞来呈现他们的研究成果,更像演说家们一样对素材进行自由的"建构"(inventio)。即使是修昔底德,也认为可以为了戏剧效果而自由地组织事实,遑论忒奥庞普斯一类的作者了。可想而知,伍德曼的观点引起大量争论,[④]因为他质疑了传统

---

① 例如:Klaus Meister, *Die griechische Geschichtsschreibung:Von den Anfängen bis zum Hellenismus*(Stuttgart, 1990),108 - 109。

② 参见 Michael Flower, *Theopompus of Chios:History and Rhetoric in the Fourth Century BC*(Oxford, 1994),42 - 62,此书中的怀疑论可以追溯至 E. Schwartz,'Ephoros', in *Paulys Real-Encyclopädie der classischen Altertumswissenschaft*,6.1(1907),1 - 2。反对这种怀疑论的最新观点见 Francis Pownall, *Lessons from the Past:The Moral Use of History in Fourth-Century Prose*(Ann Arbor, 2004),27 - 29。

③ 参见 A. J. Woodman, *Rhetoric in Classical Historiography:Four Studies*(London:1998)。

④ 例如:John L. Moles, 'Truth and Untruth in Herodotus and Thucydides', in Christopher Gill and T. P. Wiseman(eds.), *Lies and Fiction in the Ancient World*(Austin, 1993),211 - 212;and J. E. Lendon, 'Historians Without (转下页)

上将古代历史学视为近代历史学基础的观点，同时也回应了海登·怀特对近代历史学的自我理解所提出的挑战。然而，这已经清楚地说明，在反思古代历史学的特征时，必须承认修辞学的重要地位。

在这里我要论述的是历史学与修辞学之间尚未得到应有关注 156 的一种相互影响的情况。希腊历史学的发展固然有赖于修辞学，但是，最初的历史学家们也曾为了界定他们自己的写作体裁而将它与修辞学对往事的呈现对立起来。我将首先讨论修昔底德针对演说术所给出的或鲜明或含蓄的评价，然后再证明希罗多德的著作中也隐含着进行这种界定的意图。

与希罗多德不同，修昔底德在其著作的一开始就向读者表明了他对写作方法的思考。我要再次引用他批评诗人和"史话家"（*logographoi*）的段落（1.21.1）：

> 从我所引用的证据来看，正确无误的做法是，认可我所叙述的早年的事件主要就是以那种方式发生的，而不相信历史更像诗人们经过夸张润饰所歌唱的那样，也不像"史话家"为了悦耳而非真理所撰写的那样。这些作品无法核实，并且大多由于在体现爱国主义精神的虚构情节方面取得优势，而在日后丧失了可信性。相反，应该认为，我从最清晰的合理证据中所获得的发现对于了解古代历史而言已经足够了。

他对诗人的抨击显然指向荷马，同时也可能包括其他一些叙述古代历史的诗人，比如曾经为普拉提亚战役写过哀歌的西蒙尼德；① 然而，"史话家"的身份却很难确定。乔治·弗雷德里希·克莱伊

（接上页）History：Against Roman Historiography'，in Feld-herr（ed.），*The Cambridge Companion to the Roman Historians*（Cambridge，2009），41 - 61。

① Deborah Boedeker，'Simonides on Plataea：Narrative Elegy，Mythodic History'，*Zeitschrift für Papyrologie und Epigraphik*，107(1995)，226 - 229。

策（Georg Friedrich Creuzer）给出一种传统的说法，认为"史话家"（*logographos*）是狄奥尼修斯（Dionysius）用于指称希罗多德之前的历史学家的专门术语。① 但是，这种观点可能无法成立，因为菲利克斯·雅各布（Felix Jacoby）质疑这类历史学家是否真的存在。② 相反，已经广为接受的做法是把 *logographos* 译成"散文作家"，并且视之为特别针对希罗多德的批评。③

然而，这种解释存在逻辑谬误，是将待决问题作为论据的"循环论证"（*petitio principii*），因为在古典文献中没有任何证据确认 *logographos* 一词具有"散文作家"的含义。④ 通常情况下，该词指"演说辞作者"或"演说家"，这一含义对我们的论述很有意义，因为在商议性演说中，作为前车之鉴的历史事例处于显著地位。更为重要的是，雅典在战争时期每年为纪念阵亡将士而发表的葬礼演说都包含关于城邦历史从古至今的长篇叙述。这些葬礼演说（*epitaphioi logoi*）高度模式化，并且不断重复着一系列相同的事件，在某种程度上提供了半官方式的雅典历史。因此，演说成为一种重要的纪念性文体，修昔底德必须与之划清界限，来界定自己叙述历史的新途径。⑤

此外，"演说家"的含义与历史语境很好地结合在一起。修昔底德指责那些"史话家"所讲的故事都是 *muthodes*。斯图尔特·弗洛里（Stewart Flory）指出，*muthodes* 不仅指"传奇"或"神话"，更有

---

① Georg Friedrich Creuzer，*Die historische Kunst der Griechen in ihrer Entstehung und Fortbil-dung*（2nd edn. Leipzig，1845）。

② Felix Jacoby，'Herodotus'，in *Paulys Real-Encyclopädie der classischen Altertumswissenschaft*，*Supplement-Band II*（Stuttgart，1913），205–520.

③ 不过，还可参见 Connor，*Thucydides*，28；以及 Josiah Ober，*Political Dissent in Democratic Athens: Intellectual Critics of Popular Rule*（Princeton，1998），55，他们把演说家也列入修昔底德的批评对象。

④ 参见 Jonas Grethlein，'Logographos und Thuc. 1. 21. 1'，*Prometheus*，30（2004），209–216.

⑤ 关于作为纪念性文体的演说，Grethlein，*The Greeks and their Past*，105–144，以及其他著作。

"谄媚"之义。[1] 他令人信服地证明这里的 *muthodes* 是指爱国主义故事,但是却没有看到这样的指责对于希罗多德而言并没有多少意义,因为后者毕竟是从泛希腊主义的视角来写作历史的。然而,在另一方面,无论是展示性演说还是商议性演说,都给历史往事染上爱国主义色彩。

修昔底德摒弃某种"为在当下赢得听众的竞技作品"(*agonismaes to parachrema akuein*),他所针对的可能是那些供朗诵表演的历史著作,这正是希罗多德所能获得的素材。但是,关于"竞技作品"(*agonisma*)的批评也许更宽泛地指向演说术。在古典文献中,演说经常被称为 *agones*(竞技),甚至修昔底德的《伯罗奔尼撒战争史》里也有这样的说法。[2] 而且,修昔底德还批评"史话家"对听众具有"吸引力"(*prosagogos*)。与此相同或相似的词汇在修昔底德笔下也用于描述演说的效果。[3]

综合来看,用语方面的证据以及当时的语境都表明,修昔底德抨击的主要对象并非早期的历史学家,而是演说家,其中可能也包括希罗多德,因为后者似乎曾经从事口头朗诵表演。但即使在希罗多德的问题上,修昔底德的评价也更为宽泛,针对的是一般意义上注重辞藻的历史叙述。既然诗歌与演说是纪念往事的主要体裁,那么,修昔底德也就有必要将它们与自己历史研究的新方法对立起来,从而试图为后者确立合理性。虽然难以估算在公元前5世纪末已经出现多少散文形式的历史记载,但是却能够合理地推测出它们还无法与诗歌和演说相提并论。

我的阐释可以引申出另一个问题:修昔底德还会利用隐晦的批评来强化他那些直白表达的思想。与希罗多德以及大多数后来的古代历史学家一样,修昔底德也在叙述中嵌入人物的演说。学者

[1] S. Flory, 'The Meaning of *to me muthodes* (I. 22. 4) and the Usefulness of Thucydides' *History*', *CJ*, 85(1990),193-208.

[2] 见 LSJ s. v. III 4;Thuc. 3. 38. 3-4。

[3] Jonas Grethlein, 'Gefahren des *logos*:Thukydides' "Historien" und die Grabrede des Perikles', *Klio*, 87(2005),57 with n. 73.

158 们曾经专注于讨论这些演说是否真实——当然不是,并且分析人物演说与作者叙述之间的复杂关联。[1] 然而,我却要提出另一种思路:《伯罗奔尼撒战争史》中所穿插的某些演说辞是对作品的一种陪衬。这里将讨论的例子是伯里克利著名的"葬礼演说"(*epitaphios logos*)。[2] 有些学者将这篇演说视为对古典雅典怀旧式的赞美;另一些学者则着重考察它在叙述中所处的位置,并且强调指出理想化的雅典与那个备受战火和瘟疫摧残的雅典之间的张力。[3] 此外,这篇葬礼演说在史书中充当一种特别的纪念媒介,映衬出修昔底德历史研究新方法的优越性。

伯里克利"葬礼演说"的功能不只是记载了一次特定演说,因为在演说之前,修昔底德用很长的篇幅来介绍"陶工区"举行阵亡将士葬礼的情况以及葬礼演说的一般程序(2.34)。这篇演说的内容明显地呼应着修昔底德自己的方法论思想。例如,伯里克利主张雅典人"不需要荷马为我们吟唱赞歌,也不需要任何人用诗歌给

---

[1] 关于修昔底德著作中演说辞的可信性,见 Hornblower, *Thucy-dides*, 45 - 72;关于作者叙述与人物演说之间的呼应关系,见 Jacqueline de Romilly, *Histoire et raison chez Thucydide* (Paris, 1956)。关于史著中演说辞的泛论,见 John Marincola, 'Speeches in Classical Historiography', in id. (ed.), *A Companion to Greek and Roman Historiography* (London, 2007),118 - 132。

[2] 更详细的解读,见 Grethlein, 'Gefahren des *logos*'。

[3] 将伯里克利葬礼演说作为对雅典城邦怀旧式的赞美而进行的解读,参见 G. P. Landmann, 'Das Lob Athens in der Grabrede des Perikles (Thukydides II 34 - 41)', *Museum Helveticum*, 31(1974),65 - 95; the literature in Konrad Gaiser, *Das Staatsmodell des Thukydides: Zur Rede des Perikles für die Gefallenen* (Heidelberg, 1975),19;以及 Loraux, *The Invention of Athens*. On the other hand, Hellmut Flashar, *Der Epitaphios des Perikles: Seine Funktion im Geschichtswerk des Thukydides* (Heidelberg, 1969),除了详细论述葬礼演说中的雅典与《伯罗奔尼撒战争史》叙述中的雅典之间的张力,还阐释了这篇演说自身之中的多种其他张力。另见 Ober, *Political Dissent in Democratic Athens*, 83 - 9,关于这篇演说中的颠覆性倾向。C. M. J. Sicking, 'The General Purport of Pericles' Funeral Oration and Last Speech', *Hermes*, 123(1995),404 - 425,以及 A. B. Bosworth, 'The Historical Context of Thucydides' Funeral Oration', *Journal of Hellenic Studies*, 120(2000),1 - 16,试图在其历史语境中解读这篇演说。

我们带来暂时（*to autika*）的欢乐（*terpsei*），事实将湮灭他们的言论”（2.41.4）。这呼应了修昔底德对诗人的批评（1.21.1），而且用词方面也让人回想起他在前文的思考：“避免讲述爱国主义的故事，结果可能会导致听起来不够令人愉悦（*aterpesteron*）……这部著作是传诸永远的财富，而不是为在当下（*es to parachrema*）赢得听众的竞技作品。”（1.22.4）

和修昔底德一样，伯里克利也指责诗人不关注事实，并且声称自己提供的才是真实的陈述，与诗人形成鲜明对比（2.41.2；1.20.3；1.21.1）。伯里克利赋予阵亡将士不朽的荣誉（2.43.2），呼应着修昔底德所谓“传诸永远的财富”（*ktema es aiei*［1.22.4］）。还有更多的评论与修昔底德的思考类似，从而在这篇葬礼演说与这部历史著作之间构建起一种相似性；①但是，更为引人注意的却是那些表明二者之间存在决然差异的段落。在一开始，伯里克利就指出他的演说是为了“赞美”（*humnein*［2.42.2］）：“正是他们——以及和他们一样的人——的美德，使得这个城邦中我所赞美（*humnesa*）的那些品格发扬光大。”

正如我们已经看到的，修昔底德在批评诗人时，就是针对他们诗歌中的赞美之辞，并用同样的词汇来称呼这些内容（*humnein*［1.21.1］）。而且，伯里克利先是谴责“任何人用诗歌给我们带来暂时的欢乐（*terpsei*）”（2.41.4），后来却暗示他自己的演说也能带来“愉悦”（*terpsis*）（2.44.4）。因此，一方面，伯里克利对诗人的批评呼应着修昔底德的方法论思想；另一方面，前者在描绘自己演说时的用语，和后者在质疑诗性与修辞性历史叙述时的用语又是一致的。为了提供愉悦感，伯里克利运用了适合于演说的方法，却未能达到修昔底德所确立的标准。结果，这种回应促使读者去关注《伯罗奔尼撒战争史》与这篇葬礼演说之间所存在的深刻差异。

伯里克利自己指出了这种根本性的差异。在正式演说之前，他对“葬礼演说”（*epitaphioi logoi*）提出了批评意见。令他担心的是，

159

---

① 见 Grethlein, 'Gefahren des *logos*', 43 - 46。

演说必须满足听众的期望，而这正是演说的内在要求（2.35）。这一顾虑居然被学者们忽视了，但是它却揭示出演说与《伯罗奔尼撒战争史》之间的主要差异，并且为二者之间的对比提供了关键线索：葬礼演说以听众的期望为导向，而修昔底德则宣称他的叙述是以事实为标准的（1.20.3；1.21.1）。这种差异关乎表现媒介。修昔底德反复强调书面形式，它使《伯罗奔尼撒战争史》得以超越曾经影响着演说家口头表演的特定历史条件和语境。从这个角度来看，修昔底德希望创造"传诸永远的财富"（*ktema es aiei*），便不只是一种让作品永垂不朽的豪言壮语，还意味着他的叙述在不同的历史条件下都是有益的。演说是为特定场合而创作的，但是《伯罗奔尼撒战争史》却适用于任何时代。①

将《伯罗奔尼撒战争史》与演说对历史的运用加以类比，还展现出修昔底德严谨的方法论中所蕴含的政治意味。他在第二卷第65 章中指出，伯里克利领导下的雅典繁荣昌盛，而后继者却使之衰败（2.65.8 - 10）：②

160

---

① John L. Moles，'A False Dilemma：Thucydides' History and Historicism'，in S. J. Harrison（ed.），*Texts, Ideas, and the Classics：Scholarship, Theory, and Classical Literature*（Oxford, 2001），206 - 207 指出，*ktema es aiei*（传诸永远的财富）呼应前文 1.21.2 中 *ta paronta aei* 及 1.22.1 中 *ton aei paronton*。摩尔斯（Moles）认为 1.22.1 中的 *ton aei paronta* 指"始终都出现的事物"（'Truth and Untruth in Herodotus and Thucydides'，105 with n. 19），如果我们不沿用这一解释，那么，这种呼应关系则可以有助于对 *ktema es aiei* 的理解。关于修昔底德的作者身份，见 Nicole Loraux，'Thucydide a écrit la Guerre du Péloponnèse'，*Metis*，1（1986b），139 - 161；Lowell Edmunds，'Thucydides in the Act of Writing'，in *Tradizione e Innovazione nella cultura Greca da Omero all' eta Ellenistica. Scritti in onore di Bruno Gentili*，vol. 2（Rome, 1993），831 - 852；and James V. Morrison，'Memory, Time, and Writing：Oral and Literary Aspects of Thucydides' History'，in C. J. Mackie（ed.），*Oral Performance and its Context*（Leiden, 2004），95 - 116。

② 关于修昔底德对伯里克利后继者演说方式的批评，见 Harvey Yunis，*Taming Democracy：Models of Political Rhetoric in Classical Athens*（Ithaca, 1996），87 - 116。另见 Ober，*Political Dissent in Democratic Athens*，79 - 94。

　　　　原因如下：他（伯里克利）因声誉和明断而获得威信，又因
　　最能抵御贿赂而为人称道，他自由地掌控着民众，领导着他
　　们，而非为他们所领导。这是由于，他讲话不是为了取悦于
　　人，以便用不正当的方式攫取权力；相反，他甚至会反对民众，
　　不惜冒犯他们，因为他的权力来自于威望……然而，那些后继
　　者彼此实力相当，每人又都争占鳌头，他们为了取悦民众，甚
　　至置政务于不顾。

修昔底德对伯里克利葬礼演说的含蓄批评——演说家倾向于盲目
地满足听众的期望——切中要害地揭示出雅典历史上最严重的弊
病。另一方面，像修昔底德那样严格遵循事实，则可以为城邦政治
奠定稳固的基础。比如，西西里古史和刺杀僭主事件的插叙表明，
修昔底德所呈现的历史知识将会帮助雅典避免更大的灾难。正因
为不了解西西里的过去和现在，雅典人才会贸然发动西西里远征。
同样地，对僭主的错误认识导致了公元前415年政治迫害的紧张
气氛：当时，赫尔墨斯神像遭人暗中损坏的事件，以及关于有人私
自举行秘仪的流言蜚语，使雅典深陷城邦内部危机之中。[1]
　　总之，我的解读为伯里克利葬礼演说赋予某种元诗学或者元史
学的功能。借助明显的呼应关系，这篇演说衬托了修昔底德自己
的历史研究方法。它让人联想到修昔底德的严厉批评，从而强调
了表演性演说的缺陷。另一方面，修昔底德的叙述也因这篇"葬礼
演说"（*epitaphios logos*）而得以彰显。因此，伯里克利的葬礼演说
含蓄地延续并强化了《伯罗奔尼撒战争史》第一卷中的方法论思想

---

[1]　关于西西里远征，见 Thuc. 6.1.1 参考 H. -P. Stahl, *Thucydides: Man's Place in History* (Swansea, 2003), 8; Lisa Kallet, 'Thucydides' Workshop of History and Utility outside the Text', in Antonios Rengakos and Antonis Tsakmakis (eds.), *Brill's Companion to Thucydides* (Leiden, 2006), 335 - 368; 关于刺杀僭主的叙述，见 Thuc. 6.60.1 参考 Ober, *Political Dissent in Democratic Athens*, 105 - 106; 以及 Lisa Kallet, *Money and the Corrosion of Power in Thucydides: The Sicilian Expedition and its Aftermath* (Berkeley, 2001), 31。

对演说家直截了当的抨击。

在希罗多德的著作中，找不到任何类似修昔底德对修辞学直白抨击的内容。正如我们已经看到的那样，希罗多德甚至在一定程度上正属于那种受到修昔底德大力批评的修辞表演文化。尽管如此，却还是可以发现，希罗多德也曾含蓄地对演说中所呈现的历史加以解构，从而凸显他自己历史研究方法的优势。我将以铁该亚人（Tegeans）和雅典人在普拉提亚分别进行的演说为例。①

在公元前479年的普拉提亚战役之前，铁该亚人和雅典人之间曾经为了战斗阵队问题展开一场辩论。斯巴达人获得同意，可以选择统帅一方侧翼，而铁该亚人和雅典人却都想占据另一方侧翼。希罗多德不只告诉我们各有什么人参与争辩，而且还记载了双方的演说。铁该亚人认为他们一直以来都享有特权（9.26.2 - 7）：当赫拉克勒斯的后裔试图侵犯伯罗奔尼撒的时候，伯罗奔尼撒人镇守地峡保卫自己的土地。在那里，许洛斯（Hyllus）提出要与最优秀的伯罗奔尼撒人进行决斗：如果他取胜，赫拉克勒斯的后裔就有权定居下来；如果他的对手取胜，赫拉克勒斯的后裔就一百年不得进入伯罗奔尼撒。铁该亚人的国王埃克摩斯（Echemus）杀死了许洛斯，从而迫使斯巴达人此后数代不得定居伯罗奔尼撒。铁该亚人声称，他们从那时起便享有殊荣。埃克摩斯不仅体现了铁该亚人的优秀，也为目前的局面树立了榜样。波斯人妄想征服希腊，就像当年赫拉克勒斯的后裔企图进犯伯罗奔尼撒一样。正如古代的伯罗奔尼撒人曾经抵抗赫拉克勒斯的子孙，如今半岛上的居民也集结在地峡，只是并不情愿到自己的领土之外加入雅典人的军队。

为了回应这番说辞，雅典人列举了他们所有的成就（9.27）：他

---

① 关于这部分内容，见 L. Solmsen, 'Speeches in Herodotus' Account of the Battle of Plataea', *Classical Philology*, 39(1944), 241 - 253；以及 Elena Pallantza, *Der Troische Krieg in der nachhomer-ischen Literatur bis zum 5. Jh. v. Chr.* (Wiesbaden, 2005), 167 - 168。

们维护了赫拉克勒斯后裔的权利,帮助阿尔戈斯人安葬死者,击败阿马宗人,并且在特洛伊战役中表现得比任何人都更优秀。然而,雅典人补充说,这些古代的功绩意义不大,因为过去强大的人现在可能变得软弱,反之亦然。于是,他们又提及马拉松战役的胜利,这是雅典人美德的一次近期展现。尽管如此,雅典人仍然同意接受斯巴达人指定给他们的任何作战位置——这是颇有风险的,因为斯巴达人把雅典人安排在左翼。

初看之下,雅典人贬低古代功绩的说法是一种修辞策略,意在突出重点:马拉松战役。[1] 事实上,虽然采取批评口吻,雅典人却详细阐述了全部的古代成就,构成他们演说的主要内容。同时,雅典人的说法即使只作为修辞手段,却也呼应了《历史》前言部分的结束语(1.5.4):"因为先前强大的城邦,现在它们有许多都已变得没没无闻了;而在我的时代雄强的城邦,在往昔却又是弱小的。这二者我所以都要加以论述,是因为我相信,人间的幸福是决不会长久停留在一个地方的。"[2]

来自于核心叙述者的这一共鸣对雅典人的观点予以强化,其效果超越了它在演说中的修辞功能,并且引导读者去关注人们在借鉴历史方面普遍存在的不足之处——任何历史说教都假定现在与过去相似。[3] 只有在这种情况下,历史才能成为当前的合理性依据。在演说中,引证历史的做法十分流行,为了支持当下的主张,就经常援引往事以为类比。从希罗多德书中再举一例:希腊使节请求西西里人支援希腊抵抗波斯,叙拉古僭主盖伦(Gelon)首先要

162

---

[1] 参见 Pallantza, *Der Troische Krieg in der nachhomerischen Literatur bis zum 5. Jh. v. Chr.*, 167-168。

[2] 此处中译文见希罗多德:《历史》,上册,王以铸译,商务印书馆,1959 年,第 3 页。——译注

[3] 关于修昔底德与希罗多德运用历史借鉴作用的例子,见 Jonas Grethlein, '"Historia Magistra Vitae" in Herodotus and Thucydides? The Exemplary Use of the Past and Ancient and Modern Temporalities', in A. Lianeri (ed.), *Ancient History and Western Historical Thought: The Construction of Classical Time(s)* (Cambridge, forthcoming)。

求担任最高统帅,而后变为至少统领陆军或者海军,对此,斯巴达使节举出阿伽门农的事例(7.159),雅典使节则论及门尼西修斯(7.161.3),以便支持他们自己的主张而反驳盖伦。①

　　对前言的呼应让读者将这种修辞性的历史叙述与《历史》本身加以比较。希罗多德显然并不排斥过去和现在之间的类比。许多学者已然证明,密集的预叙(prolepseis)把读者推向他们自己所处的时代,并促使他们在波斯战争的背景下来看待希腊人之间的近期矛盾。② 以史为鉴的前提是假设过去与现在之间存在规律性,然而,这一假设却并不符合《历史》中对偶然性和易变性的强调。由于这种差异,希罗多德用往事衬托现实的做法旨在发挥一种有别于修辞性历史说教的功能。演说家们征引历史是为了支持自己的观点,而希罗多德则是用它来批判现实。③ 比如,他在《历史》第八卷第3章中指出,雅典人于波斯战争期间放弃了他们的海军领导权:

　　　　在这一点上他们是看对了的,因为内争之不如团结一致对外作战,正如战争之不如和平。他们懂得了这样一点,故而他们便让步并放弃了自己的要求,然而,如上所述,只是在他们非常需要别人的时候;因为当他们把薛西斯赶了回去而战争不再是为了他们自己的领土,而是为了他的领土而进行的时候,他们便借口鲍桑尼亚斯(Pausanias)的横傲而撤销了古斯巴达

163

---

① 参见 Jonas Grethlein, 'The Manifold Uses of the Epic Past: The Embassy Scene in Hdt. 7.153‒163', *American Journal of Philology*, 127(2006), 485‒509。

② 相关论著例如: Charles W. Fornara, *Herodotus: An Interpretative Essay* (Oxford, 1971); Kurt Raaflaub, 'Herodotus' Political Thought and the Meaning of History', *Arethusa*, 20(1987), 221‒248; P. A. Stadter, 'Herodotus and the Athenian Arche', *Annali della Scuola Normale Superiore de Pisa, classe di lettere e filosofia*, 22(1992), 781‒809; 以及 John L. Moles, 'Herodotus and Athens', in Bakker *et al.* (eds.), *Brill's Companion to Herodotus*, 48‒52。

③ 见 Grethlein, 'The Manifold Uses of the Epic Past', 505。

人的领导权。但这一切都是后话了。①

　　这里明确地将历史与近期发生的事件并列在一起。在其他许多地方，希罗多德则含蓄地把雅典在波斯战争中的作用与其后来的霸权野心加以对比，并且巧妙地暗示雅典将重蹈波斯覆辙，经历强国由兴起到衰落的循环过程。与演说家们不同，希罗多德运用历史来衬托他对现实的批评。

　　我认为，还有必要从另一方面来看待希罗多德对修辞性历史叙述的含蓄解构。学者们未曾忽视，雅典人的演说中包含了"葬礼演说"(epitaphioi logoi)的核心主题。② 协助赫拉克勒斯的后裔，支援阿尔哥斯人，抵抗阿马宗人，以及马拉松战役，这些都是葬礼演说中最重要的历史事例。正常秩序的改变凸显出协助赫拉克勒斯后裔的重要性，这就直接呼应了埃克摩斯战胜赫拉克勒斯之子许洛斯一事。③ "在'葬礼演说'仪式正式创立之前，必然就已存在着对雅典歌功颂德的做法，而且，雅典人在这里所采取的赞美方式类似于悲剧中的某些部分。"④尽管这样讲是正确的，但是，上述一系列事件与"葬礼演说"的素材如此吻合，倒也引人注意。

　　另外的问题是，每一个单独的事例对雅典人当时的处境而言各

① 此处中译文参见希罗多德：《历史》，下册，王以铸译，商务印书馆，1959年，第562—563页，略有改动。——译注
② 例如：Eduard Meyer, *Forschungen zur Alten Geschichte*, vol. 2: *Zur Geschichte des 5. Jhs. v. Chr.* (Halle, 1899) 219-221; L. Solmsen, 'Speeches in Herodotus' Account of the Battle of Plataea', *Classical Philology*, 39(1944), 249。
③ 参见 E. Schulz, *Die Reden im Herodot* (Greifswald, 1993), 40; 以及 Kierdorf, *Erlebnis und Darstellung der Perserkriege*, 98。而且，对特洛伊战争的影射将雅典人的这篇演说与现存的葬礼演说(epitaphioi logoi)区别开来，后者当中只有两篇曾经提到特洛伊战争，且都未列举相关的事迹(Demosth. 60.1-11. and Hyper. 6.35-36)。参见 Gotteland, *Mythe et rhétorique*, 218. Kierdorf, *Erlebnis und Darstellung der Perserkriege*, 98-99，认为，对特洛伊战争的影射属于波斯战争之前的宣传手段。
④ Michael A. Flower and John Marincola (eds.), *Herodotus: Histories Book IX* (Cambridge, 2002), ad 9.27.1-6。

有什么意义？赫拉克勒斯后裔的故事用于反驳铁该亚人举出的例证，阿马宗人的袭击则是作为波斯人侵略的类比，[①]但是却没有特别的理由需要提及对阿尔戈斯人的支援。就像雅典人帮助赫拉克勒斯后裔的故事一样，这则传说不仅宣扬了另一个城邦对雅典所承担的义务，同时也有助于显示一种以无私助人为标榜的强势外交政策。[②]如此看来，它其实并不符合雅典人的主张，因为他们当时还未曾推行霸权。当然，阿尔哥斯人的故事只是用来反映雅典的伟大，我也不想将它视为雅典人辩论中所犯的时代错误。但是，它的确让人感到某种微妙的时序错置，这就强化了它与葬礼演说传统之间的联系。[③]总而言之，雅典人的这番演说无疑会令希罗多德的读者联想起"葬礼演说"（*epitaphios logos*）。

因此，这种表述方式初看起来只是修辞手段，但是，对于界定希罗多德历史编纂的实际地位而言却有着深刻意义。它不仅挑战了商议性演说中常见的历史说教，而且还影响了那种曾经"建构"出雅典形象的文体——葬礼演说。[④]后者不是用往事来论证某个特定观点，而是将雅典历史想象为一系列丰功伟绩所构成的连续整体。雅典伟大形象的永恒性使时间界线变得模糊不清，在吕西阿斯的葬礼演说中，诸如"安葬在这里的人们"（*hoi enthadekeimenoi*）及其类似表述体现出这一特征。除了有几处确指阵亡于科林斯远征的雅典人之外（69，75，76），引人注意的是，不但同样的短语也用于指代其他战争中的士兵，包括波斯战争（54）以及公元前5世纪末的大战中（60）牺牲的雅典人，而且，还有一些含义模糊（1，64），似乎是笼统地赞美往昔所有曾为城邦奉献生命的

---

① 阿马宗人的侵略与波斯人的进攻之间的类比尤为明显：根据雅典人的这篇演说，阿马宗人来自特尔迷冬（Thermidon）河（9.27.4），下文中，波斯人据说也同样来自这条河（9.43.2）。

② 见 Uwe Neumann, *Gegenwart und mythische Vergangenheit bei Euripides* (Stuttgart, 1995), 149 - 167。

③ 参见 Kierdorf, *Erlebnis und Darstellung der Perserkriege*, 109。

④ Loraux, *The Invention of Athens*.

雅典人。含义的不确定性将个别事件与个别时代都归于高尚行为的永恒之中。正是针对这样一种历史观,希罗多德才大力强调历史的易变性。

我尝试证明,希罗多德对修辞性历史叙述的解构可以引发另一种解释,它依赖于"预叙"(prolepses)以及后来普拉提亚战役的意义。雅典人的丰功伟绩让人联想到"葬礼演说"(epitaphioi logoi),并且带有雅典帝国主义的印记,因而使叙述融合了后来雅典人必须为自己的强势外交政策进行辩护时的局面。此外,雅典人与铁该亚人之间的争论集中在"霸权"(hegemonia)和"分歧"(stasis)这类概念上,[1]它们在公元前 5 世纪晚期受到人们的特别关注。于是,在普拉提亚发生的争辩预示了日后的冲突。而且,希罗多德以 othismos(推搡)一词来描述这场争辩,它不仅起到隐喻作用,还暗示着这番口舌之战将是军事对抗的先声。在后来希腊人内部纷争期间,普拉提亚成为重要的"记忆场所"(lieu de mémoire)。[2] 比如,修昔底德叙述的"普拉提亚辩论"(3.53 - 67)表明,人们在激烈争夺普拉提亚的遗产。在对斯巴达的围攻进行了数年坚决抵抗之后,普拉提亚人于公元前 427 年投降,他们为了避免被处死,便援引历史,让人回忆起他们曾为希腊同胞所作出的贡献。相反,作为敌方的忒拜人却指控普拉提亚人是"雅典派"(attikismos),从而将他们对雅典的支援比作那些未曾在普拉提亚作战的城邦对希腊的背叛。在一个已然成为当时修辞领域核心主题(topos)的事件背景当中,对修辞性历史叙述进行解构,这于读者而言是为含蓄的批评赋予了特殊意义。

综上所述,希罗多德并未直截了当地批评演说家,而他的遣词造句也显露出修昔底德所抨击的公开表演的痕迹;然而,《历史》中

165

---

① 9.26.4:ton Peloponnesion hegemona;26.5:hegemoneuein;26.6:hegemoneuein;以及 27.6:stasiazein。

② 关于古人对普拉提亚的记忆,见 Michael Jung, Marathon und Plataiai:Zwei Perserschlachten als,' lieux de mémoire ' im antiken Griechenland(Göttingen, 2006),225 - 383,以及其他著作。

的某些演说段落却具有元史学的意义，可以视为针对修辞性历史叙述的批评。① 在普拉提亚争论的个案中，雅典人贬低古代成就，可能只是出于修辞目的；但是，它与《历史》"前言"的呼应却将演说中自我炫耀式的历史呈现与希罗多德本人的叙述加以类比。有趣的是，对修辞性历史呈现的这种解构似乎不仅指向外交场合的演说，而且还用于"葬礼演说"（*epitaphioi logoi*）。修昔底德也曾把一篇此类演说当作反衬穿插在自己的叙述当中。不过，值得注意的是，这两位历史学家并非关注同一方面。希罗多德强调偶然性和易变性，与演说中坚持连续性和规律性的历史观形成对立。而修昔底德则彰显其严密的方法论，并表明其恪守事实的原则有别于演说家意在取悦听众的做法。修辞学不仅对希腊史学的兴起发挥了重要影响，而且在新兴的散文领域中成为竞争者之一。历史学家在许多方面把修辞学当作对手，来界定他们纪念往事的新方法。

"体裁间的对话"：史学与柏拉图

希罗多德和修昔底德对修辞学都采取批评态度，我的这一观点意味着有必要将史学与另一种稍后出现的散文体裁加以比较研究，即哲学对话录。史料的缺乏，使我们难以还原"苏格拉底对话"（*Sokratikoi logoi*）的确切源头，②不过，柏拉图作为这一体裁的杰出代表，也正是修辞学最为激烈的批评者。特别是其《高尔吉亚》篇（大约创作于公元前 480 年代），对修辞学及其在政治事务中的重要作用给予了无情的抨击。因此，与修昔底德一样，柏拉图也成为

---

① 关于希罗多德对其他体裁的运用，见 Deborah Boedeker，'Herodotus's Genre (s)', in Mary Depew and Dirk Obbink（eds.），*Matrices of Genre：Authors，Canons，Society*（Cambridge，Mass. 2000），97 - 114。

② 相关研究见 Diskin Clay，'The Origins of the Socratic Dialogue', in Paul A. Vander Waerdt（ed.），*The Socratic Movement*（Ithaca，1994），23 - 47。

最近古典雅典政治学及修辞学研究的焦点。① 哈维·尤尼斯
(Harvey Yunis)甚至认为,柏拉图批评的直接对象就是修昔底德及
其历史著作,他还进一步指出,苏格拉底将伯里克利贬低为滥用修
辞技巧的政客,这与伯里克利在《伯罗奔尼撒战争史》中的历史形
象并不吻合。② 由此看来,这位在地米斯托克利之外唯一获得修昔
底德称赞的"演说家"(rhetor)却遭到柏拉图的抨击。可以说,哲学
家对修辞学的观点与历史学家大相径庭。尽管我不相信柏拉图的
批评确实直指修昔底德笔下的伯里克利,因为尤尼斯的论点在我
看来似乎太过宽泛而不足以得出这一结论;③但是,我认为仍然有
必要关注柏拉图与修昔底德对待修辞学的迥然不同的态度。前者
的批评最终归结于形而上学理论,而后者却从更为实用的角度审
视公共演说的历史功能。

　　与此同时,二人之间却至少还存在着一个关键的一致性:修昔
底德批评演说家取悦听众的倾向,正是由于他们总想满足民众的
愿望,雅典才走向衰落。与此一脉相承,苏格拉底反对修辞学的主
要原因之一也在于演说家只考虑如何令听众满意。比如,《高尔吉
亚》篇中的苏格拉底指出修辞学能够"创造某种满足感和愉悦感"
(462c7),并称其为"谄媚"(463b1)。④ 更为明确体现修昔底德和
柏拉图相似性的例子是,前者笔下的伯里克利曾抱怨葬礼演说必
须迎合听众的期望,而后者笔下的苏格拉底则对"葬礼演说"
(epitaphios logos)给他造成的影响做了如下描述(235a5 - c6)。

　　……他们也称赞我们这些仍然活着的人,直至用那些溢美

---

① 　Yunis, *Taming Democracy*.

② 　Ibid., 136 - 153.

③ 　参见 Jacqueline de Romilly, *Thucydides and Athenian Imperialism* (Oxford, 1963),362 - 366,认为柏拉图并未影射修昔底德的《伯罗奔尼撒战争史》。

④ 　参见 Yunis, *Taming Democracy*, 132。Josiah Ober, *Mass and Elite in Democratic Athens: Rhet-oric, Ideology, and the Power of the People* (Princeton, 1989), 321 - 323,指出演说家经常指责对手谄媚。

之词让我感到飘飘然。我站在那里聆听他们的演说，美涅克塞努斯（Menexenus），被他们迷惑得欣喜若狂，就在那一刻，我觉得自己已经变成一个比从前更加伟大、更加高尚也更加优秀的人了……这种自豪感在我身上持续了三天多，直到第四或第五天我才恢复理智，明白自己身在何处。与此同时，我已经在"极乐岛"上生活过了。我们的演说家拥有这项技艺，他们的声音就是这样在我耳边萦绕不去。

修昔底德和柏拉图的相似之处还表现在其他方面，比如二人都以同样的方式来批评演说家取悦听众的企图。我已经论证了早期历史学家著作中的某些演说辞具有元史学的意义，即，这些演说辞作为另一种记忆形式而被置于书中，用以凸显历史学的优越性。在《体裁间的对话》（Genres in Dialogue）一书中，安德莉亚·南丁格尔（Andrea Nightingale）对柏拉图进行了类似的研究。对话录包括多种其他体裁，柏拉图通过对它们进行解构来界定自己的新式体裁。

167　例如，南丁格尔指出，在大约成书于公元前 480 年代末期的《会饮篇》中，柏拉图收录了颂辞，并对其加以批评，从而将颂辞与哲学话语进行对比研究。[①] 大致与此同时的《美涅克塞努斯篇》（Menexenus）与修昔底德的《伯罗奔尼撒战争史》之间则有着更明显的相似性，因为二者都选取了同属于"葬礼演说"这一体裁的典型文本。希罗多德和修昔底德面临着与柏拉图一样的挑战，必须在体裁日益丰富的散文创作领域去塑造、界定并且推行某种新式体裁。他们都在自己的作品里穿插演说辞作为反衬，以便将他们新式的写作手法区别于当时无处不在的修辞学。

　　最后，我要指出，这种一致性还表明历史学与民主政治之间的关系。最近的研究试图弱化——甚至否认——柏拉图坚决反对民

---

① Andrea Wilson Nightingale, *Genres in Dialogue*：*Plato and the Construct of Philosophy* (Cambridge，1995)，110 - 132.

主的传统形象,理由在于他深受雅典民主政治价值观念的影响。[1]
虽然这种观点可能会忽略柏拉图形而上学的基础论,以及他对民
主政治不留情面的剖析——他因此而被归入"开放社会的敌人"之
列;[2]但是,不可否认,对话录的特定形式确实将柏拉图置于雅典民
主政治的话语世界之中。对其他体裁的兼容并蓄意味着对极权主
义的反感,而且,"柏拉图笔下人物之间的对话遵循着协商、平等和
共同决策的民主政治原则"。[3] 可能会有人反对这种观点,指出苏
格拉底就是一位独断的权威人物;不过,苏格拉底并非总是正确
的,而且,许多对话在结尾处还提醒人们不要轻信。尽管柏拉图明
确地批评民主政治,但是他所采用的话语形式却是与民主政治相
一致的。

　　针对古希腊史学的兴起,我认为还可以关注另一种类似的张
力。虽然难以确定早期历史学家的政治地位,但是修昔底德显然
属于奥伯(Josiah Ober)所谓"民主雅典中的持不同政见者",[4]而

---

[1]　Gregory Vlastos, 'The Historical Socrates and Athenian Democracy', *Political Theory*, 11(1983), 495 - 516;以及 *Socrates: Ironist and Moral Philosopher* (Ithaca, 1990),认为苏格拉底某种程度上是一位合格的民主拥护者。关于柏拉图的民主派特征,见 Arlene W. Saxonhouse, *Athenian Democracy: Modern Mythmakers and Ancient Theories* (Notre Dame, 1996), 87 - 114; Peter J. Euben, 'Reading Democracy: "Socratic" Dialogues and the Political Education of Democratic Citizens', in Josiah Ober and Charles Hedrick (eds.), *Demokratia: A Conversation on Democracies, Ancient and Modern* (Princeton, 1996), 327 - 360; Sara S. Monoson, *Plato's Democratic Entanglements: Athenian Politics and the Practice of Philosophy* (Princeton, 2000);以及 John R. Wallach, *The Platonic Political Art: A Study of Critical Reason and Democracy* (University Park, 2001)。这些著作各有所长,且侧重点各不相同。

[2]　例如, Benjamin R. Barber's critique of Euben's take in Barber, 'Misreading Democracy: Peter Euben and the *Gorgias*', in Ober and Hedrick (eds.), *Demokratia* (1996), 361 - 376。

[3]　Saxonhouse, *Athenian Democracy*, 101 - 102.

[4]　Ober, *Political Dissent in Democratic Athens*, 52 - 121. See also Kurt Raaflaub, 'Thucydides on Democracy and Oligarchy', in Rengakos and Tsakmakis (eds.), *Brill's Companion to Thucydides*, 189 - 224.

168

且，最近研究表明，希罗多德非常关注雅典的帝国主义，这在当时人眼中必然与民主政治有关。[①] 此外，弗朗西斯·波纳尔（Frances Pownall）已然证明，包括色诺芬、忒奥庞普斯和埃弗罗斯在内的公元前 4 世纪的历史学家们"构成抵抗雅典民主政治意识形态的文学流派之一"[②]。

同时，希罗多德和修昔底德的历史叙述采取复调形式。希罗多德不但在著作中容纳其他体裁，而且还经常提供不同版本，有时甚至并不表明自己的倾向。修昔底德的叙述更呈线性特征，不过，其最典型的手法之一是安排成对出现的演说。由于缺少叙述者足够的指引，读者必须对文本中的不同立场进行比较。普拉提亚人和忒拜人谁正确？狄奥多图斯胜过克里昂，但前者的主张真的更好吗？与民主政治的运作程序相比，《历史》和《伯罗奔尼撒战争史》往往只提供证据，却不予以明确的评价；相反，读者就像公民大会和法庭中的雅典公民一样，必须作出自己的判断。[③] 此外，如同卡尔·莱茵哈特（Karl Reinhardt）"典型的历史编纂学"（symptomatische Geschichtsschreibung）概念所恰当描述的那样，[④]许多重要的见解没有被明确指出，而是必须由读者自己加以构想和总结，柏拉图的对话录正是如此。这样一来，对民主政治的批评意见便通过符合民主政治原则及程序的叙述方式而得以表达。

无论从总体上来看，还是就希罗多德和修昔底德个体而论，古希腊历史学家都经常被视为"近代历史学的奠基者"[⑤]。虽然对古代和近代历史学的比较研究富有成效，但也仍有必要去关注古希

---

① 见前引著作以及 Hermann Strasburger，'Herodot und das perikleische Athen'，in Walter Schmitthenner and Renate Zoepfel（eds.），*Studien zur alten Geschichte*，vol. 2（Hildesheim，1982），592–626，强调了希罗多德对雅典的批评态度。

② Pownall，*Lessons From the Past*，4。

③ 关于修昔底德著作中读者的参与，见 Connor，*Thucydides*；and Morrison，'Preface to Thucydides'。

④ 英文版中 Reinhardt 误为 Reinhardts，中译本予以订正。——译注

⑤ 例如，Arnaldo Momigliano，*The Classical Foundations of Modern Historiography*（Berkeley，1990）。

腊史学的兴起是如何深植于公元前 5 世纪的时代背景之中。古希腊史学作为一种文体,形成于特定的话语环境之中,并且和其他散文体裁并行发展。它一方面兼具演说和科学论文的特征,另一方面又在与它们的对立中得以自我界定。

大事年表/关键日期

公元前 500—前 494 年　　爱奥尼亚人起义
公元前 490 年　　　　　　马拉松战役
公元前 480 年　　　　　　萨拉米斯战役
公元前 479 年　　　　　　普拉提亚与米卡雷战役
公元前 431—前 404 年　　伯罗奔尼撒战争
公元前 399 年　　　　　　苏格拉底之死
公元前 387 年　　　　　　柏拉图建立学园

169

主要史料

Herodotus，*The Histories*，trans. Robin Waterfield（Oxford，1998）.

Plato，*The Collected Dialogues of Plato*，ed. Edith Hamilton and Huntington Cairns（Princeton，1961）.

Thucydides，*The Peloponnesian War*，trans. Steven Lattimore（Indianapolis，1998）.

参考文献

Boedeker，Deborah，'Herodotus's Genre(s)'，in Mary Depew and Dirk Obbink（eds.），*Matrices of Genre*：*Authors，Canons，Society*（Cambridge，Mass.，2000），97 - 114.

Butti de Lima，P.，*L'inchiesta e la prova*：*Immagine storiografica*， *pratica giuridica e retorica nella Grecia classica* (Torino, 1996).

Flower, Michael A. , *Theopompus of Chios: History and Rhetoric in the Fourth Century BC* (Oxford, 1994).

Fornara, Charles W. , *Herodotus: An Interpretative Essay* (Oxford, 1971).

Fowler, Robert L. , 'Herodotos and His Contemporaries', *Journal of Hellenistic Studies*, 116(1996),62 – 87.

Fritz, K. von, *Die griechische Geschichtsschreibung*, 2 vols. (Berlin, 1967).

Goldhill, Simon, *The Invention of Prose* (Oxford, 2002).

Gotteland, Sophie, *Mythe et rhétorique: Les exemples mythiques dans le discours politique de l'Athènes classique* (Paris, 2001).

Greenwood, Emily, *Thucydides and the Shaping of History* (London, 2006).

Grethlein, Jonas, 'Gefahren des kÖcor: Thukydides' "Historien" und die Grabrede des Perikles', *Klio*, 87(2005),41 – 71.

—— *The Greeks and their Past: Poetry, Oratory and History in the Fifth Century BCE* (Cambridge, 2010).

Gribble, David, 'Narrator Interventions in Thucydides', *Journal of Hellenistic Studies*, 118(1998),41 – 67.

Hornblower, Simon, *Thucydides* (Baltimore, 1987).

Hunter, Virginia, *Past and Process in Herodotus and Thucydides* (Princeton, 1982).

Jacoby, Felix, 'Herodotus', in *Paulys Real-Encyclopädie der classischen Altertumswissenschaft*, *Supplement-Band II* (Stuttgart, 1913),205 – 520.

Kallet, Lisa, *Money and the Corrosion of Power in Thucydides: The Sicilian Expedition and its Aftermath* (Berkeley, 2001).

Loraux, Nicole, *The Invention of Athens: The Funeral Oration in the Classical City* (Cambridge Mass. , 1986).

Marincola, John, *Authority and Tradition in Ancient Historiography* (Cambridge, 1997).

Marincola, John, *Greek Historians* (Oxford, 2001).　　170

Momigliano, Arnaldo, *The Classical Foundations of Modern Historiography* (Berkeley, 1990).

Morrison, James V., 'Preface to Thucydides: Rereading the Corcyrean Conflict (1. 24 - 55)', *Classical Antiquity*, 18(1999), 94 - 131.

Munson, Rosario Vignolo, *Telling Wonders: Ethnographic and Political Discourse in the Work of Herodotus* (Ann Arbor, 2001).

Nightingale, Andrea Wilson, *Genres in Dialogue: Plato and the Construct of Philosophy* (Cambridge, 1995).

Ober, Josiah, *Political Dissent in Democratic Athens: Intellectual Critics of Popular Rule* (Princeton, 1998).

Porciani, Leone, *Prime forme della storiografia greca: Prospettiva locale e generale nella narrazione storica* (Stuttgart, 2001).

Pownall, Francis, *Lessons from the Past: The Moral Use of History in Fourth-Century Prose* (Ann Arbor, 2004).

Raaflaub, Kurt, 'Philosophy, Science, Politics. Herodotus and the Intellectual Trends of his Time', in Bakker et al. (eds.), *Brill's Companion to Herodotus*, 149 - 186.

Rengakos, Antonios, 'Homer and the Historians: The Influence of Epic Narrative Tech-nique on Herodotus and Thucydides', in Franco Montanari and Rengakos (eds.), *La poésie épique grecque: Métamorphoses d'un genre littéraire* (Geneva, 2006),183 - 209.

De Romilly, Jacqueline, *Histoire et raison chez Thucydide* (Paris, 1956).

Stadter, P. A., 'Herodotus and the Athenian Arche', *Annali della Scuola Normale Superiore de Pisa, classe di lettere e filosofia*,

22(1992),781 - 809.

Stahl，H. -P.，*Thucydides：Man's Place in History*（Swansea，2003）.

Strasburger，Hermann，*Homer und die Geschichtsschreibung*（Heidelberg，1972）.

Thomas，Rosalind，*Herodotus in Context：Ethnography，Science and the Art of Persuasion*（Cambridge，2000）.

Yunis，Harvey，*Taming Democracy：Models of Political Rhetoric in Classical Athens*（Ithaca，1996）.

Woodman，A. J.，*Rhetoric in Classical Historiography：Four Studies*（London：1988）.

李尚君　译　陈　恒　校

第八章 希腊化史学

约翰·迪勒里(John Dillery)文

希罗多德、修昔底德、波里比阿不仅是先驱人物,而且在西方传统中位临最优秀史学家之列,但古代大部分史学作品与他们这些史学巨擘的著作不同,这或许会令现代研习历史写作的学生们感到惊讶。关于这一点,我们可以从这些伟大史学家的作品本身,以及他们对其他从事历史创作的人的异议中真实地感受到。希罗多德知道,他断言"波斯战争中希腊的最终胜利应主要归功于(人类代表中的)雅典人"的观点不仅会引起争议,而且会"招致大多数人的憎恨(*epiphthonon*)"(Herodotus,7.139.1)。① 同样地,修昔底德严厉批评雅典公众并不完全了解庇西特拉图在他们的城市里施行暴政的历史:"雅典人和其他希腊人都不十分清楚涉及他们僭主的任何事,也不知道究竟发生了什么。"(Herodotus,6.54.1;I.20.2)② 至于波里比阿,他对先前许多历史著作的一贯批判非常清楚地表明,他打算在自己对历史的记述中"就'什么样的历史应该与希腊化时代被广泛书写和阅读的那种历史相对立'这一问题发表自己的看法"(沃尔班克语)。③ 尽管不能一概而论,但当论及希腊化史学时,我们仍会感觉其许多关于历史的代表性观点相比希罗多德、修昔

---

① 可参阅 Donald Lateiner,*The Historical Method of Herodotus*(Toronto,1989),95-96。

② Elizabeth A. Meyer,"Thucydides on Harmodius and Aristogeiton,Tyranny,and History",*Classical Quarterly*,58(2008),13-34。

③ F. W. Walbank,*Polybius*(Berkeley,1972),34。

底德和波里比阿的著作有更多共同之处。话虽如此，我们不能就此假设从公元前 4 世纪中期到波里比阿时代（公元前 2 世纪）的希腊化历史著作都观点一致。这里可以列出几个独立的史学分支：沿袭了修昔底德所创传统的政治军事史（经常被称为"希腊史"［*Hellenica*］或"希腊事务"）；亚历山大大帝和希腊化国王传；人类可居住世界（*oikoumene*）的历史或普世史；希腊世界特定区域和地方的历史（地方史）；相应地，由当地祭司兼历史学家用希腊语撰写的非希腊地区的历史。① 这些论述大多是现代希腊史学领域最优秀学者菲利克斯·雅各布（Felix Jacoby）的观点，根源于他辑录的《希腊史学家残篇》（*Die Fragmente der griechischen Historiker*，缩写为 FGrH）。在发表于 1909 年的一篇关于希腊史学发展的权威文章中，雅各布阐述了这一残篇集成的组织构架，②但由此创造了一种本质上并不足以代表自书面形式的历史产生以来，一直到古代世界终结的古希腊各个时期历史著作多样性的有机进化模式。③ 在这里，请允许我使用雅各布对希腊史学的分类，也与此同时找到这些历史类别中重叠和分离的部分，或必须被完全省掉的部分。

术语问题：框定议题

在我们详细考察希腊化历史著作前，我们必须先设法处理"希

---

① 关于希腊化史学专业而简洁的评论可参阅 John Marincola, *Greek Historians* (Oxford, 2001), 105—112。

② Felix Jacoby, 'ber die Entwicklung der griechischen Geschichtsschreibung und den Plan einer neuen Sammlung der griechischen Historikerfragmente', *Klio*, 9 (1909), 80–123.

③ 关于对雅各布希腊史学发展观点的批判尤见 S. C. Humphreys, 'Fragments, Fetishes, and Philosophies: Towards a History of Greek Historiography after Thucydides', in Glenn W. Most (ed.), *Collecting Fragments/Fragment sammeln* (Göttingen, 1997); and John Marincola, 'Genre, Covention and Innovation in Greco-Roman Historiography', in Christina Shuttleworth Kraus (ed.), *The Limits of Historiography: Genre and Narrative in Ancient Historical Text* (Leiden, 1999), 281–324.

腊化"这个词,并搞清其在历史更替及演进过程中使用时暗含的意思。"希腊化时代"这一概念最初由约翰·古斯塔夫·德罗伊森(Johann Gustav Droysen)于 1836 年明确提出。他创造了"希腊化"(Hellenismus)这一术语,以此来帮助解释他所认为的从约公元前 323 年亚历山大征服到前 31 年亚克兴战役(the Battle of Actium,这一战役不仅保障了屋大维[Octavian],即后来的奥古斯都[Augustus],在罗马确立帝国统治,也导致了最后一个亚历山大后继者所建国家的灭亡)这段时期希腊文化与"东方"文化的融合。尽管德罗伊森创造这一术语根本上是为了解释从被希腊化的犹太教分离出来的基督教的兴起,但它很快就被用来表示希腊世界在雅典主导的"古典时代"这一假定的全盛时期之后的文化衰落期。①

　　因此,诸如"艺术"、"文学"、"哲学"或"史学"等被"希腊化"修饰的任何词通常都被认为在某些方面不如先前的古典时期。后来的摩西·芬利(Moses Finley)恰当地总结了人们对希腊化时期历史著作的一般态度。他将之理解为自修昔底德之后的希腊史学:"修昔底德之后留存下来的历史著作屈指可数,但我们知道名字的写过这种或那种历史著作的作家就接近一千,而所有证据都无疑表明,他们中没有一位在聪明才智和洞察力方面赶得上修昔底德。"②于是,对芬利来说,修昔底德之后有那么多历史著作,现今存世的诚然也只是碎片化的叙述,但总体来说根本不值得我们去关注。显然,提防伴随"希腊化史学"概念而来的许多假设至关重要。例如,希腊化时期的历史著作比不上早期希腊历史著作,并且在某些方面存在实质不同;又如,由于既不同于希罗多德,也不同于修昔底德,他们看起来是独树一帜的实体,即一群采用了相同主题和方

173

① Arnaldo Momigliano, 'J. G. Droysen between Greeks and Jews', History and Theory, 9(1970),139 - 153; Paul Cartledge, 'Introduction', in Paul Cartledge, Peter Garnsey, and Erich Gruen(eds.), Hellenistic Constructs: Essays in Culture, History, and Historiography(Berkeley, 1997),2 - 3.

② Mosses I. Finley, The Greek Historians: The Essence of Herodotus, Thucydides, Xenophon, Polybius(New York, 1959),14.

法的历史学家。而我们接下来要做的便是质疑所有这些假设。

　　研究古希腊传下来的希腊历史著作的一个主要困难在于，被我们视为最重要的人物希罗多德和修昔底德同时也是最杰出的人物，也只有他们的著作以及色诺芬的著作被完整地保存了下来。但任何一位艺术或学术上的天才具有多大代表性呢？对于致力于同样追求，却只有残篇存在的所有其他人，我们又该如何评判呢？

　　这就是希腊化时期所有希腊历史著作的情况，波里比阿的部分著作除外。他关于布匿战争（Punic Wars）历史的主要部分被保留了下来，但大部分仅存于拜占庭时期的释义中，并且有几卷完全缺失了。[①] 事实上，除其他人以外，正因为波里比阿，希腊化时期一些主要史学家，尤其是陶尔米纳的蒂迈欧（Timaeus of Tauromenium）的著作的重要部分才得以传承下来，不过他的证词通常并不友好，因而稍须折衷看待，就像看待柏拉图涉及苏格拉底之前的哲学家的论述一样。[②] 这里，我需要补充一点，虽然现代学者将波里比阿归入最优秀的古代历史学家之列，但古代的读者并不认为他是最伟大的人物之一。[③] 因此利用这三个最伟大的历史学家来获取希腊化史学的图景，无论将他们作为可能的模型（就希罗多德和修昔底德而言）还是写作的源泉（就波里比阿而言）都是极具风险的。正如我们在下文中即将看到的，这是我们有时必须承担的风险。

　　丑陋的事实是，希腊化时期历史学家的现代学生们，不得不依靠其他古代作家去了解我们所知关于他们及其著作的大部分内容。是大部分，但不是所有。在某些不寻常的情况下，希腊罗马时期埃及纸草的发现，为我们对希腊化史学的认识带来了些许壮观的补充：那些所谓的奥克西林库斯史学家（Oxyrhynchus Historian）遗留下的著作（《奥克西林库斯希腊史》[the Hellenica Oxyrhynchia]）

① P. Derow, 'Polybius', Oxford Classical Dictionary,（3rd edn, Oxford, 2003），1210.

② 可参阅 Michael Attyah Flower, *Theopompus of Chios*（Oxford, 1994），7。

③ Arnaldo Momigliano, *Esssays in Ancient and Modern Historiography*（Oxford, 1977），71.

很可能是这种联系中最重要的。① 此外,留存下来的这一时期的碑铭使我们能够看到公共生活中的希腊化时期史学家,并且很多时候保留了我们本不会知道的史学家名字。②

希腊史:修昔底德的继承者

　　在最近的一本修昔底德传记中,作者马塞林(Marcellinus)这样评论这位伟大历史学家生命的最后时光:"(修昔底德)死于色雷斯(Thrace),时间在伯罗奔尼撒战争(Peloponnesian War)之后,当时他正在写战争中前 21 年发生的事情,但这场战争持续了 27 年,忒奥庞普斯(Theopompus)后来补齐了最后六年里发生的事情,色诺芬又紧接忒奥庞普斯的叙述续写了他自己的《希腊史》"(Marcellinus 45＝FGrH 115 T 15)。

　　但完成修昔底德的历史意味着什么呢?③ 马塞林认为这是在处理修昔底德未能涉及的那些岁月。不过他的三位继承者所做的远不止这些。《奥克西林库斯希腊史》和忒奥庞普斯的《希腊史》都记述到了斯巴达海军在罗德岛(Rhodes)附近海上的惨败(公元前 394 年),而色诺芬(Xenophon)的《希腊史》记述到了公元前 362 年忒拜人(Theban)在曼提尼亚(Mantinea)的胜利——这次战役削弱了斯巴达的霸权。因此,"完成修昔底德的历史"显然不仅只是完成他对伯罗奔尼撒战争的叙述。我们就此可以推测,修昔底德的继承者不仅是在完成他的著作,而且还在遵循他制定的某些史学规则。

　　尽管这样可以更全面理解"完成修昔底德的历史"的内涵,

---

① 最新版本见 Mortimer Chambers, Hellenica Oxyrhychia(Stuttgart/Leipzig, 1993)。

② 尤见 Angelos Chaniotis, *Historie und Historiker in den griechischen Inschriften* (Stuttgart, 1988)。

③ Roberto Nicolai, 'Thucydides Continued', in Antonios Rengakos and Antonis Tsamakis(eds.), *Brill's Companion to Thucydides*(Leiden/Boston, 2006),693 - 719.

175 但我们仍然面临着一个问题：忒奥庞普斯的著作看起来一点也不是"修昔底德式"的，色诺芬的也只有部分类似。的确，色诺芬的《希腊史》似乎经历了一次史学编纂的多样发展。[①] 特别是创造性的时间构建，以及相应的，按照战争季节编排叙事的方式作为修昔底德史学方法的标志（Thucydides，2.1.1；5.26.1），在色诺芬叙述伯罗奔尼撒战争最后几年的历史中有所体现，甚至在其他时间的叙述中也有零星的体现，即便都体现得并不完美。[②]《奥克西林库斯希腊史》似乎也采用了同样的组织形式。而需要指出的是，色诺芬和《奥克西林库斯希腊史》的作者都没有告知一共经历了多少年，但鉴于他们处理范围内的一些不连续事件和不止一场的战争（见下文），总体时间跨度或许是可以意料的。色诺芬《希腊史》的后期叙述绝大部分都没有按年代标识。而且，我们能感觉到该书正刻意偏离修昔底德（Thucydides）的原则，这种趋势在该书第五卷开篇体现得最为明显。在详尽叙述斯巴达指挥官提勒塔斯（Teleutias）的士兵将他从亚洲热烈欢送回家之后，色诺芬评论道：

> 在这些事件中，我探讨的既不是花销，也不是危险，更不是任何值得记录的战略思想。但宙斯在上，这件事在我看来值得一个人去记录，也就是说，不论提勒塔斯有没有安排他的部下们这样做。现在，一个人拥有的这种成就相比许多花销和危险更值得记录。（Xen，*Hell*，5.1.4）

这段话之所以引人注目是因为它涉及了重要的史学术语，特别值得一提的是 *axiologotaton ergon*［最值得记录的"行为"或"成

① Hans Rudolf Breitenbach，*Historiographische Anschauungsformen Xenophons* (Basel，1950)；and P. J. Rahn，'Xenophon's Developing Historiography'，*Transactions and Proceedings of the American Philological Association*，102 (1971)，497-508.

② P. Krentz，*Xenophon Hellenika I - II*.3.10.(Warminster，1989)，109-110.

就"），它回归了希罗多德（例如他的序言）和修昔底德（同样出现在序言中：伯罗奔尼撒战争，业已发生的最值得记录的事件）的传统。其他一些以"axion-"为前缀的单词同样引人注目：色诺芬强烈意识到只记录那些"值得"被记住的事件，即那些历史著作中被适当聚焦的事件是有问题的（色诺芬，《希腊史》，2.3.56）。在他看来，它不是抽象的，而是非常人性化的：提勒塔斯（Teleutias）的事例就是"一个人"的成就，而这一事例也是由"一个人"记述的。① 这一评论式的旁白反映出色诺芬正试图重新确立历史著作的合适主题，偏离那些被界定为修昔底德式的史学的东西，并朝向一种新视野，即聚焦过去的道德榜样，尤其是能展现优秀领导才能的那些人。② 确实有大量事实证明这一点，但它同样产生了一些问题：难道修昔底德就没有关注榜样？难道色诺芬的《希腊史》所述伯罗奔尼撒战争之后的历史全无"花销"和"危险"？ 所有这些问题的答案是否定的，但这样的说法的确让人感觉修昔底德与色诺芬两者之间的历史写作发生了明显变化。因为色诺芬，因为他对道德评判和范例的强烈兴趣（尽管只是偶尔表现出来），我们得以预尝到将在后来的希腊史学中占主导地位的东西。

的确，我们可以说，如果色诺芬和忒奥庞普斯追随着估计是由修昔底德制定的一些史学原则，那么追随的方式更多是打破规则，而不是遵守规则。③ 在这方面，波里比阿对忒奥庞普斯作了非常清楚的评价：

176

---

① Breitenbach, *Historiographische Anschauungsformen Xenophons*, 47 and n. 45.

② 例如，Ibid.，47—60；Rahn，'Xenophon's Developing Historiography'，499—501。另见 Xen. Hell. 6.2.32：雅典指挥官伊菲克里特（Iphicrates）。

③ Guido Schepens，'History and Hitoria：Inquiry in the Greek Historians'，in John Marincola（ed.），*A Companion to Greek and Roman Historiography*，2 Vols.（Oxford，2007），i. 48；and id.，'Tucidide" in controluce"：La Guerra del Peloponneso nella storiografia greca del quarto secoloa. C.'，in L. Santi Amantini（ed.），*Il dopoguerra nel mondo Greco：Politica，Propaganda，Storiografia*（Rome，2007），57-99.

> 人们认为忒奥庞普斯作品中的大部分内容都不是他写的，但事实上，他着手写了修昔底德未完成的历史，并已经写到留克特拉战役（Battle of Leuctra），以及希腊史上最著名的事件。只是在写这些事件期间，他改变计划写了与腓力（Philip）相关的历史，并将希腊历史及其事业抛在了一边。（Plb. 8. 11. 3＝FGrH 115 T 19）

雅各布将这一段置于十分重要的地位。他将它理解为一种分水岭，认为它标志着希腊史学的根本性转变，即偏离在自由城邦的世界中构想、以城邦为对象的历史写作，转向以国王或其他独裁者为中心、在受他们控制的世界里进行历史写作。[①] 沃尔班克进一步指出，波里比阿以这种方式批评忒奥庞普斯有其非常特殊的原因：受对本土的自豪感鼓舞，波里比阿指责忒奥庞普斯在他的祖国政治上、军事上变得重要之前改变了希腊史学的进程，使之偏离了城邦的历史，转向以个人为中心的历史。

波里比阿对忒奥庞普斯和色诺芬暗暗地里抛弃修昔底德史学原则的批判，使人产生了这样的印象，即公元前 5 世纪晚期和前 4 世纪上半期的历史写作由修昔底德的遗产主导，实则不然。色诺芬的确深受修昔底德影响，但他在作为作家和历史学家的长期生涯中抛弃了修昔底德。而对波里比阿来说，他回溯了很早以前的希腊史学，并且相比忒奥庞普斯那样的人更乐意成为修昔底德史学原则的忠实追随者。在他看来，忒奥庞普斯完全重塑了历史写作的恰当原则。为此，波里比阿需要去想象一个修昔底德的观念占支配地位的时期，同时也是一个后来被人忽略或抛弃的时期。但事实仍然是修昔底德对后来的希腊史学没有起到主要影响，他对我们的重要性易于模糊这样一个事实，即方式各异的历史写作已在希腊世界盛行一时，尤其是所谓的地方史。但在转向希腊史学在希腊化时期盛行的这一重要分支之前，我们有必要跟随波里比

177

---

① Jacoby, FGrH, *Komm*, II B 543 - 544.

阿的视角,论及忒奥庞普斯从以城邦为中心的历史向围绕个人构建的历史的转变。

亚历山大的历史,王室历史

记录希腊历史写作在希腊化时期如何延续和分裂是很重要的。围绕个人建构历史早在希罗多德的著作中就已有所体现。他计划通过"展示他所知道的针对希腊人的不公正行为"(Herodotus,1.5.3)对东西方冲突给出自己的解释,他在这里指的是吕底亚(Lydia)国王克洛伊索斯(Croesus),关于他的事务占了其第一卷上半卷的大部分篇幅。可以说,希罗多德的《历史》紧紧围绕波斯阿契美尼德(Achaemenid)王朝前后相继的国王展开,每个国王都使我们对公元前 480/479 年发生的重大事件有进一步认识,而每个事件都显示出薛西斯(Xerxes)入侵希腊为什么会失败:这当然是希罗多德借薛西斯的叔叔阿塔巴努斯(Artabanus)之口在该书第七卷开头告诉我们的(Heodotus,7.18.2)。[1] 或就修昔底德而言,我们可以说,从作为后继者楷模的伯里克利(Pericles)开始,他对许多雅典政治家的专门叙述就暗示了雅典人在伯罗奔尼撒战争中最终的失败(Thucydides,2.65.10),即便他表述的观点实质上也不甚准确。[2] 换句话说,个人在公元前 4 世纪以前的希腊历史写作中也十分重要。那么,有什么差别呢?

回顾色诺芬和忒奥庞普斯同样有用。在公元前 360 年,斯巴达国王阿吉西劳斯(Agesilaus)在埃及统领一支雇佣军时逝世。此后不久,作为国王朋友并了解他的色诺芬写了名为《阿吉西劳斯》(*Agesilaus*)的个人传记来赞颂他。尽管我们对文中的许多内容都

---

[1] James Romm, 'Herodotus and the Natural World', in Carolyn Dewald and John Marincola(eds.), *The Cambridge Companion to Herodotus* (Cambridge, 2006), 188.

[2] Simon Hornblower, *A Commertary on Thucydides*, 3 Vols. (Oxford, 1991 - 2008), i. 340,346.

不能用史学观点去评价，但其中的重要部分都沿用了《希腊史》的
大体思路。① 这种写作的一致性有助于强调一点，即因为色诺芬，
我们不仅看到了个人作为叙述的中心，且因为他的阿吉西劳斯传，
我们还看到了个人可以被拿来定义一整部著作。这是我所发现的
在文本中看待个人的问题上，希罗多德、修昔底德与自色诺芬以来
的其他史学家的主要不同点。尽管更早时期的历史学家提到了许
多在过去许多年里对事态进展产生着重要影响的人，但对色诺芬
来说，阿吉西劳斯是他传记里的唯一焦点。是这个国王组织和整
合了这个时期。事实上，在与他的《希腊史》时间并行的章节中，我
们可以论断，通过追踪阿吉西劳斯个人的决策和行动可以构绘斯
巴达希腊世界领导地位的终结。②

　　这就引出了忒奥庞普斯的《腓力》(*Philippica*)一书，该书在马
其顿(Macedon)国王腓力(Philip)于公元前 336 年夏天被暗杀后不
久就问世了。③ 我们可以从上文波里比阿对忒奥庞普斯的批评中
断言，波里比阿像了解忒奥庞普斯的《希腊史》一样了解他的《腓
力》，因为这本书是忒奥庞普斯放弃写希腊史后完成的著作。波里
比阿批评忒奥庞普斯总体上是为了更全面地审视"看待历史上的
国王"这一问题。④ 他认为当历史写作由一个统治者主导，责备或
者赞扬他的行为都有失公正(Plb. 8.8.3—9)。沃尔班克指出，波
里比阿是第一位明确表达出这种看法的人。⑤ 波里比阿用 *encomia*
(颂词，Plb. 8.8.6)一词来定性关于国王正面历史的书写，色诺芬
描述他的《阿吉西劳斯》时恰好也用到了这个词（Xen, *Ages*,

---

① 这里暗含了许多问题，比如说，这两本书哪本是先被创作的，见 Paul Cartledge,
　Agesilaos and the Crisis of Sparta(Baltimore, 1987),65—66。

② Ibid. ; and John Dillery, Xenophon and the History of His Times (London/New
　York, 1995).

③ Flower, *Theopompus of Chios*, 32 - 33 and n. 35.

④ F. W. Walbank, A Historical Commentary on Polybius, 3 Vol. (Oxford, 1957 -
　1979), ii. 78 ad Plb. 8.8 a - II.

⑤ Ibid. , ii. 79 ad Plb. 8.8.3.

10.3），察觉到这一点十分重要。① 波里比阿声称，忒奥庞普斯在其关于腓力历史的序言中写道，激励他写这部著作的动力是他确信"欧洲从未出现过像阿敏塔斯（Amyntas）的儿子腓力这样出色的人"（Plb. 8.9.1＝FGrH 115 F 27）。他之所以批评忒奥庞普斯是因为忒奥庞普斯只看到了领导者的巨大责任，明显忽略了其他东西（Plb. 8.9.2—4）。尽管很多人不加挑剔地接受了波里比阿的观点，②但还有一些人认为波里比阿没有抓住忒奥庞普斯想要表达的更大的观点：界定腓力时代的不仅是他犯的错误，更是他所有的行为和决定。③ 只有了解腓力的经历和性格才能理解他所处的时代。这确实是一种新的关于什么是历史、怎样写历史的理念。事实上，有些人甚至推测，忒奥庞普斯不只是像写亚历山大的历史学家那样狭隘地局限于写更多的历史传记和回忆录，他将他关于腓力的历史同时也作为他所处时代的历史。④

179

　　如果说腓力激发了希腊传统上第一次大规模的以领导人物为中心的历史写作，那么他的儿子亚历山大大帝就是刺激希腊史学这一重要流派真正盛行的人。希腊史学家兼罗马政治家比提尼亚的阿里安（Arrian of Bithynia）追溯了公元 2 世纪以前的领导人物，他发现"没有一个人被记录得比别人多，或是和其他人相差很远"（Arrian An. Proem 2）。⑤ 如果我们停下来去考虑将亚历山大的名气作为历史主题，我们会立刻面临一个重大问题。尽管亚历山大

---

① Michel Buijs, 'Aspectual Differences and Narrative Technique: Xenophone's *Hellenica* & *Agesilaus*', in Rutger J. Allan and Buijs (eds.), *The Language of Literature: Linguistic Approaches to Classical Texts* (Leiden/Boston, 2007), 123 and n. 3. Note also Isoc. 9.8 - II.

② Gilbert Murray, 'Theopompus, or the Cynic as Historian', in id., *Greek Studies* (Oxford, 1946), 149 - 170.

③ 尤见 W. R. Connor, 'History without Heroes: Theopompus' Treatment of Philip of Macedon', *Greek, Roman, and Byzantine Studies*, 8(1967), 133 - 154。

④ Jane Hornblower, *Hieronymus of Cardia* (Oxford, 1981), 183.

⑤ Strabo, 15.1.2; and A. B. Bosworth, *A Historical Commentary on Arrian's History of Alexander*, 2 Vols. (1980 -), i. 43 ad Arr. An. Proem 2.

在希腊史学界很受欢迎，但当时记录他历史事迹的著作没有保存下来，而传承到我们面前的历史都依赖于先前的历史著作，且都是后来创作的。① 可以肯定的是，冒着传播中存在的风险，基于任何古代作家的评判都是极其危险的。② 尽管亚历山大的历史引人注目，但其主题数量和知名度却是惨淡的，因为希腊化时期的国王值得推崇的历史可以说几乎都一样。③ 简·霍恩布洛尔（Jane Hornblower）紧随雅各布之后指出，正是由于这些著作都"以赞颂为基调，没有怀疑和狭隘"，以至于除了后面的引文和抄录外几乎全部遗失了。④ 但正如上文提到的阿里安所说的那样，至少在公元2世纪，这类著作还很盛行，这使他不得不下定决心也添加一部类似的著作到已经饱和的希腊史学中（Arrian An. Proem 3）。亚历山大和史学之间的联系，尤其是他爱被称颂的本性是众所周知的。事实上，在阿里安之前很多年，罗马共和国最后十年间，西塞罗（Cicero）就声称"亚历山大大帝带在身边记录他行为的作家真多啊！"（Cic. *Arch*. 24）。这里有兴趣进一步提及的是，西塞罗和阿里安都引用了同样的逸事来反映亚历山大喜欢他的行为被记录下来：在吊谒阿喀琉斯（Achilles）墓时，亚历山大认为阿喀琉斯是"幸福的"，因为他有荷马来纪念他（Cic. *Arch*. 24；Arr. *An*. 1. 12. 1）。不过阿里安知道，虽然他的史料的主要来源（阿里斯托布鲁斯［Aristobulus］和托勒密［Ptolemy］）都侍奉过亚历山大，因而了解甚多（Arrian An. Proem 2），但他也明白他们实际上都是在亚历山大死后才写的历史，因而不会因为高压政治和金钱诱惑而扭曲历史。而西塞罗似乎在暗示，亚历山大特意带了一群人到战场上去，仅仅因为这些人都是已有建树的历史学家。

180

---

① A. B. Bosworth, *Conquest and Empire：The Reign of Alexander the Great* (Cambridge, 1988), 295.

② 例如，Leighton D. Reynolds(ed.), *Texts and Transmission：A Survey of Latin Classics*(Oxford, 1983), p. xiii.

③ Hornblower, *Hieronymus of Cardia*, 184 n. 12.

④ Ibid., 184-185.

如果这只是西塞罗的假想，那么他想错了。尽管亚历山大可能拥有一支庞大的专门负责记录"王室日志"的秘书团队，并且还维持了一支被称为贝玛提斯（*bematists*）或"测量员"的服务队伍专门负责技术记录（FGrH 119—123），但就我们所知，奥林索斯的卡里斯提尼斯（Callisthenes of Olynthus）是唯一一位在亚历山大发动战争之前就在军中享有史学家声誉的人（FGrH 124）。他是亚里士多德的亲戚，并且与亚里士多德一起在德尔斐（Delphi）写下了皮提亚（Pythian）竞赛获胜者的名单，他们因此在公元前 337 年到 327 年间受到了圣地管理者的感谢（SIG³ 275＝FGrH 124 T23）。[1] 但在那之前不久，就在他与亚里士多德一起去亚洲之前，卡里斯提尼斯写了他自己的《希腊史》（FGrH 124 FF 8—13,15—27）。他没有从修昔底德中断的地方起笔，而是从公元前 387 年写起，这时希腊人正协商停止科林斯战争（Corinthian War），与此同时，希腊人与波斯国王达成协定（《国王的和约》[the King's Peace]），小亚细亚的希腊人交由波斯人统治。卡里斯提尼斯最终写到了公元前 357/6 年，即所谓的第三次同盟者战争（Third Sacred War）开始的时间。似乎在选择时间范围时，他试图始于忒奥庞普斯的《希腊史》终止的地方，终于忒奥庞普斯的《腓力》起始的地方。[2]

几乎可以确定的是，卡里斯提尼斯将他关于亚历山大的著作称作"亚历山大的功绩"。[3] 如果说忒奥庞普斯《腓力》一书的标题模棱两可——它既有"腓力生涯"的意思，也有"腓力时代"的意思，那么卡里斯提尼斯的标题含义就没有任何争议了。亚历山大的功绩当然不只是任何行为，它一定是英雄行径。卡里斯提尼斯的这种

---

① 　P. J. Rhodes and Robin Osborne(eds.), *Greek Historical Inscriptions* 404‐323BC (Oxford, 2003), 394‐395.

② 　Lionel Pearson, *The Lost Histories of Alexander the Great* (Philadelphia, 1960), 25.

③ 　FGrH 124 T26, supported by a *dipino* from Tauromenium: F. Battistoni, 'The Ancient *Pinakes* from Tauromenion: Some New Readings', *Zeitschrift für Papyrologie und Epigraphik*, 157(2006), 171 and n. 10.

写作风格使他在记述亚历山大的史学家中独一无二。[①] 可以确定
181 的是,历史书写总是优先记录领导者的行为,这在传承下来的荷马
史诗中尤为明显:它歌颂的是"男人的行为"(the *Klea andron*:
Hom. *Il.* 9.189 and 524；*Od.* 8.73)。但希腊历史书写中的荷马
遗产在卡里斯提尼斯这里达到了全新高度:在王室历史这一特别
的分支流派中,史学就是写有关英雄成就的传说,其他很少被允
许。[②] 这一趋向很有可能与亚历山大自身对荷马史诗《伊里亚特》
(*Iliad*)中的阿喀琉斯的羡慕和较劲有莫大关系。[③] 尽管卡里斯提
尼斯最终因对亚历山大不敬而失宠于他并被处死,[④]但他对亚历山
大不加判断,甚至是充满奉承的描述使得他在古代臭名昭著。事
实上,公元前1世纪的哲学家兼评论家菲洛德穆(Philodemus)在他
的《论奉承》(*On Flattery*)一书中这样描述卡里斯提尼斯:"当他在
史书中把亚历山大神化的时候,他克制着自己的敬意。"[⑤]菲洛德穆
可能想的是,卡里斯提尼刻意将一些超自然的现象放到亚历山大
历史的叙述当中。所以当亚历山大穿过波斯帝国的边境和公元前
5世纪的旧的雅典式拱门后不久,卡里斯提尼斯就声称潘菲利亚
(Pamphylia)海岸的海水居然在让道,好让亚历山大及其军队通过
(FGrH 124 F31；cf. Arr. *An.* 1.26.1-2)。更需指出的是,这样
写显然是为了奠定英雄基调,甚至可以为亚历山大后来的历史事
迹作铺垫。对于那些夸张地记录亚历山大渡过潘菲利亚海的场景
的人,普鲁塔克批判的话也很重要,他说"这对许多历史学家来说
成了极度夸大的好机会"。最后的措辞非常重要,因为它表明卡里

---

① M. Plezia, 'Der Titel und der Zweck von Kallisthenes' Alexandergeschichts' *Eos*, 60(1972),263-264.

② 例如,Charles W. Fornara, *The Nature of History in Ancient Greece and Rome* (Berkeley, 1983),63-64。

③ Arr. *An.* 1.12.1；Plut. *Alex.* 5.8 and 8.2；Str. 13.1.27.

④ Arr. An. 4.10-12,14；Cur. 8.5.13-8.8.21；Plut. *Alex.* 54-55.

⑤ FGrHist 124 T 21. John Dillery, 'Exile: The Making of the Greek Historian', in Jan Felix Gaertner(ed.), *Writing Exile: The Discourse of Displacement in Greco-Roman Antiquity and Beyond*(Leiden/Boston, 2007),56.

斯提尼斯也沉浸在有时被错误地称为"悲情史"的叙述中,[1]这种历史叙述中的史料呈现是希望能引发读者或听众强烈的情感共鸣,据说这是希腊史学的一个特色(下文有更多这方面的例子)。

　　当我们转向另一位记述亚历山大的特别重要的历史学家——拉古斯(Lagus)之子托勒密(Ptolemy,FGrH 138)时,我们似乎站在了一个完全不同的层面上。前面已经提到,他和阿里斯托布鲁斯(Aristobulus,FGrH 139)一起成为了阿里安的《亚历山大远征记》一书的支柱,该书是自古代留存至今将亚历山大的征战叙述得最好的一本书。事实上,我们可以说,托勒密是阿里安最重要的史料来源,因为除在战争中为亚历山大效力外(阿里斯托布鲁斯也可以被这么说),他还是一位国王,而正因为"他是国王,所以他比其他人更羞于撒谎"(Arr. An. Proem 2)。这一评论在现今的读者看来非常幼稚,阿里安可能想表达的意思是,作为一位国王,托勒密"无法承担撒谎被发现的风险"。[2] 正如阿里安在写作过程中所表明的,托勒密对亚历山大征服的记述相比卡里斯提尼斯或克来塔库斯(Cleitarchus)的更朴素、真实。[3]虽是这么说,但托勒密的偏见和宣传性也不少。[4] 敌军伤亡人数被总体夸大;自己的形象被突出为历史的代理人;他反对亚历山大及王室成员的阴谋被掩盖了;自己的敌人的遭遇总体上都很悲惨。总之,亚历山大和托勒密不可能做错。虽然可能有些出乎意料,但托勒密的记述甚至也有一些超自然的成分存在。最臭名昭著的是,对于亚历山大为请示阿蒙(Ammon)神谕于公元前331年进行的那次著名的锡瓦绿洲探险,阿里斯托布鲁斯、公认的传统,连同卡里斯提尼斯都认为,亚历山大的队伍穿过利比亚(Libyan)沙漠时得到了一对乌鸦的指引,而托

182

---

① 　F. W. Walbank, *Selected Papers*:*Studies in Greek and Roman Historiography* (Cambridge,1985),239.

② 　E. Badian, *Studies in Greek and Roman History*(Oxford,1964),258.

③ 　普鲁塔克说,克来塔卡斯等人将亚历山大的战争描述成阿马宗人神话,托勒密、阿瑞斯特布鲁斯和萨摩斯的杜里斯等人将之描述成小说,见 Plut. *Alex.* 46.1-2。

④ 　Badian, Studies in Greek and Roman History,258.

勒密说成是一对会说话的蛇在指引,①差异显而易见。为使自己与亚历山大的联系紧密,托勒密专门创造实物来凸显亚历山大的神性。当托勒密于公元前305年称王时,他将自己的头像印在钱币和纪念碑上,想通过这种方式唤起亚历山大与神圣的埃及王权的联系,这种联系包括将统治者视为同时也以眼镜蛇为特征的阿蒙—拉(Amon-Re)之子。这样就完全说得通了,亚历山大被托勒密视为王朝建立者,去圣地被说成是由蛇指引的,到圣地被宣布为宙斯或阿蒙之子,因而成为埃及合法的统治者。

还有一个更大的要点这里也需要提及。如果希腊化史学的这一分支由王室人物主导,那么托勒密这个国王与历史学家的结合体是非常值得关注的。可以肯定的是,托勒密没有写他自己的事业和统治的历史,但他开创了整个古代时期国王和其他统治者撰写历史著作的先河。在他传承的一脉就还有另外两位历史学家:托勒密八世(Ptolemy VIII, FGrH 234)写了一本《回忆录》(*Hypomnemata*),而在他之前,官方对第三次叙利亚战争(公元前246—前41年)中托勒密王朝入侵叙利亚的描述实际上出自托勒密三世(Ptolemy III)之口。② 这一时期也有很多统治者同时也是历史学家,他们写的回忆录标志着一个被长期沿用的史学传统的开始,其中也包括几位罗马将军,例如埃米里乌斯·司考路斯(Aemilius Scaurus)、鲁提利乌斯·鲁弗斯(Rutilius Rufus)、苏拉(Sulla)、卢库鲁斯(Lucullus)、凯撒(Caesar)、屋大维(Octavian)。蛮族国王中也有史学家,例如毛里塔尼亚地区的朱巴(Juba of Mauretania, FGrH 275)和犹太地区的希律王(Herod of Judaea, FGrH 236)。③

183

---

① Arr. *An*. 3.3.5-6=FGrH 138 F8,139 FF 13-15; cf. 124 F14 a and b.

② P. Petrie 2.45=P. Petrie 3.144; cf. FGrH 160. Graham Shipley, *The Greek World after Alexander* 323-30BC(London/New York, 2000),203.

③ Klaus Meister,'Autobiographische Literatur und Memoiren(Hypomnemata)(FgrHist 227-238)', in Herman Verdin, Guido Schepens, and E. De. Keyser(eds.), *Purposes of History: Studies in Greek Historiography from the 4th to the 2nd Century BC*(Leuven, 1990),83-89.

我认为在这里简单提一下萨摩斯岛的杜里斯（Duris of Samos，公元前 340—前 260 年）的著作是非常适合的。因为杜里斯的缘故，我掌握了一些线索，而这正是我在本章中一直寻求的。首先，他是一个统治者，也记录历史，特别是他是萨摩斯的暴君，这点和他的父亲一样。① 据说他很了解佩利帕多斯（Peripatos）的想法，至少表面上是这样。而最重要的是，在他的著作中，我们可以清楚地看到"悲情史"的影子，这一词语我们在论述卡里斯提尼斯时就提到过。之所以称为"影子"是因为"悲情史"的概念很可能是现代产物，②它在古代世界的起源被徒劳地争论了很久。③ 但它在评价希腊化史学方面的重要性不能被夸大，史学家写"悲情史"是为了使人震惊，唤起人们的怜悯，刺激人们对敌人的憎恨之情。总之，这样生动地陈述事件是为了影响人们的情绪，产生共鸣。人们一直认为这种类型的史学著作起源于希腊化时期，并在这一时期盛行一时，甚至占主导地位，它是史学论述的主要记录形式。我们有确凿的证据证明：希腊化史学确实比不上古典时代的史学，而究其原因是它包含"悲情史"。省略众多反对"悲情史"的广泛讨论是因为它已经被现代学者察觉到并定义了。我只记录了两个感兴趣的问题，这两个问题和文章开头提出的问题有关，第一个是在探查希腊化时期的"悲情史"时，史学家们掩盖了这样的事实，即古典史学的巨人希罗多德和修昔底德都沉湎于叙述"悲惨的"或"耸人听闻的"事件；④第二个是希腊化史学本身总在变化，并不局限于"悲

---

① Robert B. Kebric, In the Shadow of Macedon: Duris of Samos(Wiesbaden，1977)，6‐9.

② 在对菲拉库斯（Phylarchus）的进一步评论中，波里比阿将感性的史学家与悲剧作家作了比较（Plb，2.56.10＝FGrH 81 T 3），见 Walbank, Selected Papers，224。但沃尔班克(Ibid.，241)指出"悲情史"一词确实是一个现代概念，它错误地代表了古代历史写作的观念。

③ 争论的焦点在于它是起源于亚里士多德及其学派，还是起源于伊索克拉底，沃尔班克对这两种观点都不赞成，见 F. W. Walbank, ‘History and Tragedy’，Historia，9(1960)，216‐234。

④ A. J. Woodman, Rhetoric in Classical Historiography(London/Sydney，1988)，30.

情史"。

184　　　杜里斯到底写了什么？为什么要让他的著作随同菲拉库斯（Phylarchus, FGrH 81）等人的著作一道成为"悲情史"的代表？他写了名为《马其顿史》（*Macedonica*）的历史著作，记录了从公元前 370 年到克劳皮迪恩（Koroupedion）战役，及亚历山大最后一位继承者吕西马库斯（Lysimachus）死亡的前 281 年之间的历史。杜里斯在《马其顿史》序言中抱怨称："埃弗罗斯和忒奥庞普斯没有经历过这些事情，因而他们的叙述中从来没有过分'*mimesis*'或快乐，仅仅只关注如何报道。"（FGrH 76 F 1）我无法翻译"*mimesis*"一词，将它与亚里士多德的诗歌、音乐，尤其是悲剧联系起来时（Arist, *Po.* 1447ª），这个词可能只是杜里斯的一种表示法。[1] 他似乎想在写历史时用一种特别形象的方式来讲述不平凡的事件，以达到娱乐效果。这些事件总是要以"悲情"来表述的。能够呈现杜里斯历史著作性质的在 F 10 中，最有可能在对法勒隆的德米特里乌斯（Demetrius of Phalerum）生涯的回顾中。狄米特里乌斯是雅典人，公元前 318 年到前 307 年间被马其顿人任命为一座城市的统治者。[2]该段围绕狄米特里乌斯放荡荒淫的性格展开，其中高潮的场景是他在邦国庆典上伴随着只适用于神的颂歌接受朝贺。根据后期作家的释义和语录来重述复杂的历史文本是很冒险的，尽管如此，人们坚持认为杜里斯和他的追随者菲拉库斯的著作的区别在很大程度上仅是他们给出感性材料的规模和侧重点不同，只是菲拉库斯提供了被认为是典型"悲情史"的更戏剧性的场景。[3] 尽管希罗多德和修昔底德那有些感人的著作写得很生动，但杜里斯和菲拉库斯沉迷于让这种生动性达到更高水平，他们的叙述以此为重点，而不仅是在编辑旁白和题外话时才注

---

[1]　Walbank, *Selected Papers*, 227.

[2]　Kebric, In the Shadow of Macedon, 50.

[3]　根据普鲁塔克的记述（Plutarch Per. 28.2＝FGrH 76 F 67），对于伯里克利于公元前 439 年占领萨摩斯岛这一事件，相比修昔底德、埃弗罗斯和亚里士多德的记述，杜里斯还"增加了悲剧性的细节"。

重生动。[1]

将杜里斯和菲拉库斯的著作与卡地亚的希罗尼穆斯（Hieronymus of Cardia，FGrH 154）的残篇相比明显可以看到，即使在以国王行为为重心的史学分支中，他们之间的差别还是很大。作为不少于四位希腊化早期统治者的顾问和朋友，希罗尼穆斯写了一部历史，涵盖了从亚历山大大帝逝世到伊庇鲁斯国王皮洛士（Pyrrhus of Epirus）逝世期间所发生的事件。[2] 如果这是真的，那么希罗尼穆斯就把自己当成了另一位继承者历史学家，他以亚历山大帝国分裂而成的由亚历山大的将军及其儿子统治的希腊化王国作为主题（公元前 323—前 272 年）。事实上，将亚历山大的继承人分成第一代和第二代——所谓的继承者及其后裔——的想法很可能就源于希罗尼穆斯。[3] 无论如何，与早前这种模式的历史不同，当权力从攸门尼斯（Eumenes）手中传递到安提柯（Antigonid）家族的不同成员时，希罗尼穆斯改变了他叙事的焦点。[4] 尽管他留下的历史著作没有杜里斯和菲拉库斯的多，但他叙述的故事显然成了西西里（Sicily）史学家狄奥多罗斯（Diodorus）书中 18、19、20 章中的主干。[5] 根据这段材料及其与狄奥多罗斯书中第 17 章的对比，我们可以清楚地判断出希罗尼穆斯是第一层次的历史学家，他的灵感则源于修昔底德的著作。他似乎延续了把年份分成战争季节的做法，并将注意力放在了战争和条约上。他的叙述通篇都贯穿着精确的专门用语，相对而言就缺少了神秘和超自然的成分，并且明显也没有感人的情节和小道传闻。[6] 值得注意的是，他也可能是第一个对罗马产生持久兴趣的人（FGrH 154 FF

185

---

① Christopher Tuplin, 'Continuous Histories（Hellenica）', in Marincola（ed.），*A Companion to Greek and Roman Historiography*, i. 169.

② Hornblower, *Hieronymus of Cardia*, 76 - 79.

③ Ibid., 78 - 79.

④ Ibid., 35, 79.

⑤ Ibid., ch. 2 and Appendix 2.

⑥ 总体评价见 Ibid., 107—8；年代划分见 34 和 101；专门用语见 34—35。

11—13)。① 尽管危险,但据可靠观察,杜里斯和菲拉库斯在古代史学作家中享有这样的恶名,而希罗尼穆斯则是模糊不清的。如果我们发现有明显的空间留给希罗尼穆斯那样的作家,我们对希腊化史学可能会有一个更好的理解,但据波里比阿等人的反应来判断,这样的作家毕竟还是占少数。②

普世史

有一种诱人的想法,即认为直到亚历山大的征服之后,随着与非希腊文明的交流迅速增多,以及对非希腊文明的认识急剧增加,希腊史学才看到了超越希腊范围以外的世界。但这种"普世"的兴趣实际上在希腊历史著作萌芽期就有了:赫卡泰戈斯(Hecataeus of Miletus)在公元前 6 世纪末或前 5 世纪初写了一本名为《环游世界》(*Periegesis or Periodos Ges*,FGrH 1 FF 37 - 359)的著作,这部著作将世界分为欧洲、亚洲、利比亚/埃及三部分。而且,正如希罗多德在《历史》的开篇所说的那样,包括希腊地区和非希腊地区在内的全人类事件都是他的叙述对象。尽管希腊史学一开始就将非希腊世界,尤其是东方视为历史叙述的重要组成部分,③但希腊史家直到公元前 4 世纪才开始撰写真正的"世界史"或"普世史"。众所周知,波里比阿宣称与忒奥庞普斯同时期、比色诺芬稍年轻些的埃弗罗斯是第一位,也是唯一一位在他之前写普世史的人(Plb. 5.33.2=FGrH 70 T 7)。④

187

---

① Ibid., 248; Arnaldo Momigliano, *The Classical Foundations of Modern Historiography*(Berkeley, 1990),100. 忒奥庞普斯是第一位提到罗马人的人(FGrH 115 F 317)。

② Walbank, Polybius, 40.

③ Oswyn Murray, 'Herodotus and Hellenistic Culture', *Classical Quarterly*, 22 (1972),200 - 213.

④ Diod, 4.1.3(=FGrH 70 T 8) and 5.1.4(=T 11). J. M. Alonso-Nú? ez, 'The Emergence of Universal Historiography from the 4th to the 2nd Centuries BC', in Verdin Verdin et al. (eds.), Purposes of History, 175; and Frances Pownall, *Lessons from the Past*: *The Moral Use of History in Fourth-Century Prose*(Ann Arbor, 2004),114 and n. 3.

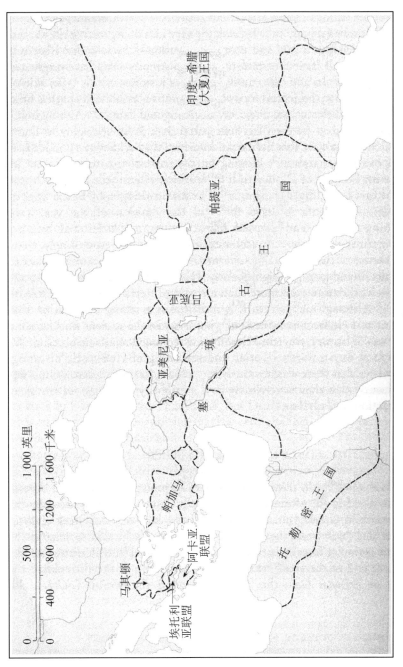

公元前 185 年的希腊化王国

但在我们转而认真探讨埃弗罗斯时，我们需要事先探讨一个问题。如果希腊历史写作中总有一股风气鼓动过去狭隘的以希腊为中心的思想去考虑非希腊世界，那么在公元前4世纪到底出现了什么变化促使埃弗罗斯这样的人开始写近似于世界史的东西呢？对此，查尔斯·弗那拉（Charles Fornara）有一个很吸引人的观点，他认为，当希腊的"精神文化"观念在公元前4世纪得到发展，并区别于其他文化时，这时的希腊人就开始意识到他们需要强调希腊人不同于非希腊人的共同特点的著作，这就"给了普世史以特别的正当性和内在的合理性"。① 这种发展标志着希腊历史写作的深度转变，即从以广义希腊事件为重心的历史向不再以希腊为中心的世界史转变，至少某些历史学家是这样做的。

早在公元前5世纪后半期，这种情况就已出现。希腊人"思想的世界"里的重要进步使得普世史在公元前4世纪时得以萌芽。阿布德拉的德谟克利特（Democritus of Abdera，DK no. 68）似乎将埃及人视为最先进行有组织政治生活的典范，从而推进了人们对最早期人类的认识；② 至少，他对最早的人类的理解并不是以希腊人为中心。同样地，"诡辩家"安提丰（Antiphon）在公元前5世纪末期写道，"我们天生就习惯将所有层面分成希腊的或蛮族的"。③ 如果希腊和希腊以外的世界没有本质区别，那么这些原本就存在的差异就源于广义文化的不同。

埃弗罗斯（大约公元前405—前330年）至少写了四部著作：《论祖国》（*Epichorios*），一部叙述他在小亚细亚的故乡赛姆（Cyme）的地方史（FGrH 70 F 1）；《论发现》（*On Discoveries*，FF 2—5）；《论风格》（*On Diction*，F 6）；《历史》（*Histories*），他生平最重要的著

---

① Fornara, *The Nature of History in Ancient Greece and Rome*，43.

② 这取决于谁是狄奥多罗斯的史料来源，见 Diod, 1. 7 - 8。Thomas Cole, Democritus and the Sources of Greek Anthropology（1967；2nd edn, Atlanta, 1990），174 - 192，222.

③ Gerard J. Pendrick, *Antiphon the Sophist*：*The Fragments*（Cambridge, 2002），F 44b，180 - 181；also 53 - 67.

作,共 30 卷。这些标题应能提醒我们注意与雅各布所创流派界
线有关的问题:尽管埃弗罗斯的声名有赖于他的普世史,但他也
写地方史。而且,我们在其《历史》的生动部分看到了他转向文化
史的趋势,这种趋势同样也明显出现在他的《论发现》中。有证据
表明,埃弗罗斯用与忒奥庞普斯类似的序言作为自己最出色作品
的开端,这样我们更有望知道他是如何把当代史和古代史联系起
来的:

> 我们认为能把现在发生的事情说得最清楚的人最可信,但
> 能把古代的事情说得最清楚的人最不可信,因为我们不可能经
> 过那么长时间后还能记住所有事情和我们被告知的大多数事
> 情。(FGrH 70 F 9)

换句话说,埃弗罗斯通过提供细节来评估当代史料可靠度的标
准也是他报道古代事件时评估不可信度的指标。因此,埃弗罗斯
明确表述了一种历史考辨的原则,这具有极大意义,而且被证明在
现代也有影响,尤其是对尼布尔(B. G. Niebuhr)。[①] 埃弗罗斯的引
言似乎明显模仿了修昔底德的名篇(1.20—22)。修昔底德也以区
别古代和当代事件、事件与演说著称,特别是他指出准确掌握近期
发生的事件很困难(Thuc. 1.22.2),最多只能确定古代事件的大
体顺序,这就表明更准确掌握它们是不可能的了(1.20.1),因而他
对近期发生的当代史更感兴趣。埃弗罗斯借用了修昔底德的方法
论,将之适用于特有的用途:既重现过去的历史,也复原近期发生
的事件。事实上,埃弗罗斯似乎探讨了从赫拉克勒斯(Heracles)的
儿子神奇归来到腓力二世于公元前 341/0 年围攻佩林托斯
(Perinthus)之间的历史事件(T 10;F 117)。至于埃弗罗斯如何处
理神话故事里的史料,斯特拉博给了我们一个非常有用的视角。

---

① Guido Schepens, 'Ephoros, Niebuhr und die Geschichte der historischen Kritik',
　 Historia, 26(1977),503 - 506.

尽管斯特拉博赞扬埃弗罗斯对待神话的热情度一般,甚至注意到埃弗罗斯责备那些沉迷于写历史神话的人,但他清楚地发现,埃弗罗斯很容易接受德尔斐(Delphi)早期历史的传奇描述,这可能是埃弗罗斯在回避神话的同时也在必要时(如考虑到王室血统)理性地偏向神话。[①] 狄奥多罗斯(Diodorus)明确表示,埃弗罗斯以赫拉克勒斯的儿子神奇归来的故事为开端,这是他计划回避或"越过"神话世界的一部分(T 8)。

探讨埃弗罗斯的《历史》的短暂传播自然会引出他如何处理空间的相关问题,如此也会引出与这本书相关的至关重要的一个问题。狄奥多罗斯在创作他自己的普世史过程中也明显追随了埃弗罗斯,他赞扬埃弗罗斯以其普世史获得成功,这种成功即体现在他对语言的运用上,也体现他在对内容的编排上(字面意思是"经济实用"),具体是指该书差不多每一卷都只"涉及一个主题"(T II = Diod. 5.1.4)。这句话可能的意思是,埃弗罗斯的著作编排是用一卷或几卷的组合专门处理一个单一的主题,最好可理解为特定区域的历史。[②] 这是一种极其重要的进步,事实上,通常很少有人将埃弗罗斯处理希腊历史主要事件的方式与埃弗罗斯所用史料中的处理方式区别开来(见下文),他按地区编排进行普世记述的方式使写作不再围绕单个统治力量或区域展开,而是围绕几个方向展开的史学,这样的历史构思能够超越以城邦(例如雅典或斯巴达)为中心的记述,甚至能扩展到非希腊地区。似乎希腊历史写作的每次重大进步都能某种程度上在其第一个和最优秀的实践者身上优先发现,且一贯如此,而埃弗罗斯对历史意义的视野的广泛理解也不例外。尽管希罗多德有时也以雅典为中心描述希波战争,但他相当全面地回顾了过去,记述了希腊世界的主要地区(爱奥尼

189

---

① John Marincola, 'Universal History from Ephorus to Diodorus', in id. (ed.), *A Companion to Greek and Roman Historiography*, i. 173.

② Robert Drews, 'Ephorus and History Written κατὰ γένος', American Journal of Philology, 83(1963), 244 - 255.

亚、希腊本土、大希腊地区),也记述了外部世界(如波斯、埃及、巴
比伦、塞西亚)。在这一点上很有必要提到埃弗罗斯,他(可能效法
卡里斯提尼斯)能提供公元前 4 世纪 60 年代早期欧律墨冬河
(Eurymedon River)战役中波斯指挥官的名字(F 192)。① 更确定的
是我们能很清楚地看到,埃弗罗斯在 F 30a 和 30b 中将人类可居住
世界的边远地区分为东、西、南、北四部分,东部被印度人占领,南
部被埃塞俄比亚人(Ethiopian)占领,西部被凯尔特人(Celts)占领,
北部被西徐亚人(Scythians)占领。② 学者们近期甚至推测,是马其
顿政权的兴起促使埃弗罗斯写了《历史》。③ 然而基于埃弗罗斯的
遗存,尽管有波里比阿的称赞,但他主要关注的还是希腊世界,只
以相当边缘化的方式提及了非希腊世界。设计和意图是普世性
的,但读起来仍然非常像希腊史。

190

古人常说埃弗罗斯和忒奥庞普斯都是雅典伟大的雄辩家伊索
克拉底(Isocrates)的学生。的确,他们得到了这位名誉上的老师不
同的指导:埃弗罗斯天生愚笨、懒散并且反应迟钝,没有主见;而忒
奥庞普斯正好相反,他思维敏捷、心思细腻,词汇量丰富,用词灵活
并且专业,写作时遵循事情真相。因此埃弗罗斯需要伊索克拉底
的鞭策,而忒奥庞普斯则相反,只需要少量指导(T 28a;T 28b)。
对这一观点的任何信任无疑都是一种错误,尽管这种叙述可信度
不高,④毕竟古代文学传记充斥着作家间臆断的类似性产生的错误
联系,⑤但这确实表明埃弗罗斯和忒奥庞普斯是受修辞影响的史学
家。修辞化的历史是一种最好被抛弃的概念,就像悲情史一样,但
我认为埃弗罗斯和忒奥庞普斯善于修辞这一感觉的出现,源于他
们对历史人物进行道德评判的明显趋向。根据狄奥多罗斯的叙述

① Diod, II, 60. 5 - 61;*FGrH* 70 F 191.
② Alonso-Núñez,'The Emergence of Universal Historiography',176 - 177.
③ Ibid. , 176.
④ Flower, *Theopompus of Chios*, 43 - 44.
⑤ 莱夫科维茨的著作比较权威,见 Mary R. Lefkowitz, *The Lives of Greek Poets* (Baltimore, 1981)。

判断,埃弗罗斯认为伯罗奔尼撒战争源于个人需求和伯里克利的野心,尤其是为了把人们的注意力从对个人不法行为的指控上移开(F 196)。这段描述显然严厉地批评了伯里克利,与我们在修昔底德那里看到的看法形成对比(Thuc,2.60.2—3)。事实上,埃弗罗斯对伯里克利的看法使他看起来更像修昔底德时期的亚西比德(Alcibiades,例如,Thuc,6.15—16;2.65.7)。尽管《苏达辞书》(the Suda)把《论美德与罪恶》(*On Virtues and Vices*)归于埃弗罗斯——这本书可能是他的《历史》的摘录集,但其中的混淆是显而易见的,埃弗罗斯的史学个人色彩浓厚并且十分挑剔,就像他书中的前言一样。①

如果说普世史的基础是埃弗罗斯奠定的,那么它在公元前4世纪末的起步则归因于两个重要人物:陶尔米纳的蒂迈欧(Timaeu of Tauromeniums)和梅萨那的第凯尔库斯(Dicaearchus of Messana)。②这两个人都来自西西里(Sicily),除了一些明显的例外,许多最知名的普世史实践者都来自希腊世界的西部,尤其是西西里。但他们也和雅典有关联,蒂迈欧被流放时在那里生活了50年,③第凯尔库斯是亚里士多德在雅典创办的学校佩利帕多斯(Peripatos)或学园(Lyceum)的一员。④

蒂迈欧写了古代十分重要的三本历史著作:《奥林匹克赛会获胜者》(*Olympionikai*),这是一份列有奥林匹克冠军、斯巴达国王及

---

① E. Schwartz, 'Ephoros', *Paulys Realencyclopädie der classischen Altertumswissenschaft*, II (1907), 16; and Pownall, *Lessons from the Past*, II3; A. Andrewes, 'Diodorus and Ephoros: One Source of Misunderstanding', in J. W. Eadie and Josiah Ober (eds.), *The Craft of the Ancient Historian: Essays in Honor of Chester G. Starr* (Lanham, 1985),189 - 197.

② 第凯尔库斯的残篇见 David C. Mirhady, 'Dicaearchus of Messana: The Sources, Text and Translation', in William W. Fortenbaugh and Eckart Schütrumpf(eds.), *Dicaearchus of Messana: Text, Translation, and Discussion* (New Brunswick/London, 2001),1 - 142。

③ Momigliano, Essays in Ancient and Modern Historiography, 40.

④ 详情见 F 81＝Athen, 13.67 594E - 595A。

监察官、雅典执政官、阿尔戈斯赫拉神庙女祭司的名单（T 1，and T 10＝ Plb. 12.11.1）；《西西里史》（*Sicilian Histories*，T 1）；关于皮洛士和罗马战争的专题著作（T 9 a and b）。据说蒂迈欧开创了新的普世史，超越了我们在普世史发展初期埃弗罗斯的著作中所看到的，因此我们不得不谨慎行事。尽管蒂迈欧确实关注到了东部发生的事件，因而能够将亚历山大大帝的诞生和以弗所（Ephesus）的阿尔忒弥斯（Artemis）神殿被大火烧毁，以及后来的亚历山大大帝洗劫推罗（Tyre）和迦太基人偷走了位于杰拉（Gela）的一尊重要的阿波罗雕像（F 106）在时间上同步，[①]但他的视角绝大部分都集中在西部，[②]他的世界中心是西西里。事实上，后来波里比阿在鄙视卡里斯提尼斯试图把亚历山大神化的同时也会批评蒂迈欧把解放叙拉古（Syracuse）的科林斯（Corinthian）人提姆里翁（Timoleon）奉为名人（Plb. 12.23.7）。波里比阿还抱怨蒂迈欧，说他只写了意大利和西西里的历史，却声称自己是"系统地研究了可居住世界的历史和普世史的人"（Plb. 12.23.7）。[③] 波里比阿对蒂迈欧的批评意味着蒂迈欧其实是个思维有局限的史学家，这很可能是事实，他写自己故乡的历史，就好像那是世界上最重要的地方。如果有人明显感觉到蒂迈欧的《西西里史》带有地域偏见，那么他也能感觉到那是部世界史，即便波里比阿认为这很可笑，但他的观察结果确实也暗示了蒂迈欧雄心勃勃的史学趋向。

　　不难判断蒂迈欧的历史著作的普世史性质。正如阿纳尔多·莫米利亚诺（Arnaldo Momigliano）所说，为了变换角度，蒂迈欧"在意大利、高卢（Gaul）、西班牙、英国、利比亚、科西嘉岛、撒丁岛和地

---

① Denis Feeney, *Caesar's Calendar: Ancient Time and Beginnings of History* (Berkeley, 2007), 48.

② Momigliano, *Essays in Ancient and Modern Historiography*, 46.

③ F. W. Walbank, 'The Two-Way Shadow: Polybius among the Fragments', in Guido Schepens and Jan Bollansée (eds.), *The Shadow of Polybius: Intertextuality as a Research Tool in Greek Historiography* (Leuven, 2005), 12 - 13; and Feeney, *Caesar's Calendar*, 50.

中海西部小岛的地理—民族志的描述框架内呈现了整个西部希腊人的政治、文化史"。① 事实上,在这部以地中海西部为中心的普世史中,我们可以找到他作品中最重要的章节,也就是F60:哈利卡那索斯的狄奥尼修斯(Dionysius of Halicarnassus, A. R. 1.74.1)声称蒂迈欧用他不知道的方法确立罗马建立时间比第一届奥林匹克运动会早38年(也就是公元前814年),与迦太基的建立属于同一时期。同时建立的重要性在于,它可以证明蒂迈欧认为罗马在建立时与迦太基一样强大,而迦太基被希腊人视为地中海西部的主要力量之一。② 需要注意的是,这一对照性历史年代蕴含了这样几层含义:首先,所有人类历史都可以按希腊时间记录。不过就这个例子而言,希腊时间计算系统严格来说并不适合,因为所涉日期位于奥林匹克纪年开始之前。普世史或世界史在现在是可能的,因为它可以适用于一个单一的确立日期的系统。其次,正如丹尼斯·菲尼(Denis Feeney)所阐述的,蒂迈欧其实是第一个提供罗马准确建立日期的人,而这个日期比他确定的特洛伊陷落时间晚五百多年。③换句话说,罗马建立时期并非特洛伊战争中的英雄归来(nostoi)的英雄时期,而是要"从神话时期大幅延后至历史时期"。④ 蛮族人不需要希腊神话来阐述其起源,而早期希腊历史著作经常这样做。⑤第三,虽然不能确定,但蒂迈欧很可能是先确定了迦太基的建立时间,然后在此基础上确定了罗马的建立时间。⑥ 所有这些描述都强调了一点,那就是蒂迈欧的史学视野很广阔,并且他是第一个至少部分意识到普世史宏大视野的希腊历史学家。也许我们不该觉得这有什么奇怪,毕竟蒂迈欧来自位于希腊与迦太基交界的西西里,

192

---

① Momigliano, *Essays in Ancient and Modern Historiography*, 48–49.

② Feeney, *Caesar's Calendar*, 53.

③ Ibid. , 92, 251 n. 136.

④ D. Asheri, 'The Art of Synchronization in Greek Historiography: The Case of Timaeus of Tauromenium', *Scripta Classica Israelica*, II(1991/2),69.

⑤ E. Bickerman, 'Origines Gentium', *Classical Philology*, 47(1952),65–81.

⑥ Feeney, *Caesar's Calendar*, 93.

而西西里/意大利文明从公元前 8 世纪开始就在不断向前发展。①

尽管蒂迈欧（时常）有很广阔的视野，但他对发表地方性观点和坚持区域性主张的目标从来都没有偏离。莫米利亚诺（Momigliano）和菲尼都认为蒂迈欧这个被流放时在雅典生活了 50 年的人声称叙拉古是希腊最好、最美的城市（F 40）一定激怒了雅典人，对此我非常认同。② 同样的意图在其他地方也很明显，例如，蒂迈欧将珀耳塞福涅（Persephone）被强奸的地方确定在西西里的恩纳（Enna）附近，只为表明德墨忒耳（Demeter）最先把农业带给了西西里，早于雅典和艾留西斯（Eleusis，F 164）；又或者是，他宣称吕西阿斯（Lysias）的实际出生是叙拉古人（Syracusan），而不是雅典人（F 138），因此雄辩术很可能是西西里的产物，而不是雅典的。③ 我认为蒂迈欧维护西西里而反对雅典的态度是因为他意识到"雅典"很快就变成"希腊"的同义词，并且雅典文化——其 *paideia*[教化]——是希腊文化的主导元素。至少从公元前 4 世纪起，雅典人就试图同时在军事和文化方面展现其在希腊世界的主导地位，结果只是凸显了其作为帝国势力衰落的趋势。④ 蒂迈欧寻求反对雅典人垄断定义希腊 *paideia* 的企图。

波里比阿对蒂迈欧振兴希腊西部并不看好。事实上，回顾蒂迈欧在记述中夸赞提姆里翁，看看波里比阿对此所作的评论就知道了。实际上，要不是波里比阿对蒂迈欧长久而辛辣的批评在其《通史》第 12 章占有大量篇幅，我们会对蒂迈欧了解甚少。另外，蒂迈

193

---

① D. Asheri, 'Carthaginians and Greeks', in *Cambridge Ancient History*, Vol. 4 (1988),739 - 748.

② Momigliano, *Essays in Ancient and Modern Historiography*, 40 - 1; and Feeney, *Caesar's Calendar*, 49.

③ Feeney, *Caesar's Calendar*, 49.

④ 例如，T. Hölscher, 'The City of Athens: Space, Symbol, Structure', in Anthony Molho, Kurt Raaflaub, and Julia Emlen(eds.), *City States in Classical Antiquity and Medieval Italy*(Ann Arbor, 1991), 377; and Paul Zanker, *The Mask of Socrates: The Image of the Intellectual in Antiquity*, Trans. Alan Shapiro (Berkeley, 1995),65 and n. 38.

欧史学特别让波里比阿恼怒的因素是这位老历史学家对其他史学家的态度，还有他需要依赖前人写的历史来组织他自己的叙述。因而波里比阿指出，蒂迈欧是对早期史学家的错误批判得最厉害的人，而他自己所犯的这些错误程度更甚（T 19＝Plb. 12.23.1）。实际上，雅典人甚至给他起绰号叫蒂迈欧中的蒂迈欧（Timaeus Epitimaeus），或者叫"吹毛求疵的蒂迈欧"（'Timaeus Fault-Finder'）。① 波里比阿又指出，蒂迈欧不止对前辈最为苛责，他还是个"扶手椅"历史学家，或是个书呆子历史学家，他长时间待在图书馆里寻求文献与记录，却连基础的研究都不做（Plb. 12.25e，4—7；T 19）。尽管波里比阿对蒂迈欧有意见，但他仍然给予了蒂迈欧极大的赞赏，就像修昔底德对希罗多德一样，因此他从蒂迈欧终笔的地方起手写他自己的历史（Plb. 1.5.1），并承认蒂迈欧是他写地中海西部世界事件的主要前辈。②

"世界史"或"普世史"与"文化史"的内在关联非常明显地体现在了西西里另一位史学家的著作中，这位史学家就是梅萨那的第凯尔库斯（Dicaearchus of Messana）。他的《希腊生活》（*Life of Greece*）是佩利帕多斯学园里最值得称道的一本书，该书不亚于一部希腊世界的文化史。③ 它从对史前状态原始人的最反亚里士多德式的看法写起，部分依靠引用赫西俄德的《工作与时日》（*Works and Days*，FF 53－56B；Hesiod，*Erga* 116－119）去构建过去是"黄金时代"的观点，而不是构建进程模式。④ 他通过三卷的篇幅把我们从黄金时代带到了腓力时期，甚至探讨了阿卡德摩（Academus）的语源学，柏拉图学园就是由此得名（FF 77，70）。遗

194

---

① Momigliano，*Essays in Ancient and Modern Historiography*，39.
② Feeney，*Caesar's Canlendar*，49－50.
③ W. Ax，'*Dikaiarchs Bios Hellados* und *Varros De Vita Populi Romani*'，Rheinisches Museum，143(2000)，337－369.
④ 关于与亚里士多德观点相反的"黄金时代"观点见 E. R. Dodds，*The Ancient Concept of Progress and Other Essays on Greek Literature and Belief*（Oxford，1973)，16－17.

留下来的残篇显示第凯尔库斯的历史要素不系统，并且很不全面。第凯尔库斯关注古代事物，探讨政治制度和社会制度的起源。他还尤为关注文化标志，例如歌舞在历史上的重要发展，以及《美狄亚》(*Medea*)的作者不是欧里庇得斯(Euripides)，而是涅俄佛隆(Neophron，FF 72，73，62)。[1]

　　不过在第凯尔库斯看来，当前最重要的是探讨非希腊文化和个人在希腊文化史上的重要地位。在 FF 60 和 61 中，我们了解了尼努斯(Ninus)建立尼尼微(Nineveh)和迦勒迪乌斯(Chaldaeus，巴比伦祭司阶层的名称迦勒迪恩［Chaldaeans］就是因此而得名)建立巴比伦的历史。埃及也有所涉及：塞斯恩科西斯(Sesonchosis)被推举为 *nomothetes*(立法者)，他是迫使埃及人子继父业的法律的创始人(F 58)，也被记成骑术的发明者。更重要的是 F 59："塞斯恩科西斯继伊西斯(Isis)和奥西里斯(Osiris)的儿子荷(Or)之后成为了国王。"从塞斯恩科西斯执政到尼鲁斯(Nilus)执政经历了 2500 年，从尼鲁斯执政到特洛伊沦陷经历了 7 年，从特洛伊沦陷到第一届奥林匹克运动会经历了 436 年，加在一起共 2943 年。搞清楚第凯尔库斯在这里试图以何种方式联结希腊世界和非希腊世界很重要。在其他涉及蛮族世界的相关残篇中，他没有明确将之与希腊史联系起来。这里的联系方式是时间编年：尼鲁斯统治时间与特洛伊沦陷、第一届奥林匹克运动会的时间相对应。当然，使希腊历史和非希腊历史之间的同步是相当新奇的，而第凯尔库斯的法老三部曲也很值得再次品读，因为他选择的名字都暗示了《希腊生活》的一个重点。由于"荷"('Or')被描述成伊希斯和奥西里斯的儿子，这里可能就是指荷鲁斯神，它被认为是埃及第一位法老(Manetho FGrH 609 F 10＝Josephus Ap，1.232)，而实际上，所有在位的法老都是"荷鲁斯"。塞斯恩科西斯是传说中伟大的胜利者，被称为塞索斯特里斯(Sesostris)，这个称呼主要依据历史统治者赛恩沃斯

---

[1]　关于不系统的历史和对文化的关注见 Ax，'*Dikaiarchs Bios Hellados* und *Varros De Vita Populi Romani*'，344。

里特一世(Senwesret I)的名字,也提炼了赛恩沃斯里特三世、拉美西斯二世(Rameses II)、示撒一世(Sheshonk I)等名称的元素。[1]
"尼鲁斯"这一称呼的由来更令人费解。其他作家认为这个名称是佛隆或佛乌罗('Pheron' or 'Phrouoro',意为塞索斯特里斯的继承人)的替代选择。其实通过"尼鲁斯"和"佛隆",我们可以看到两种正统的埃及王室观念的特征被融合在了一起:"佛隆"代表的当然是法老(埃及人或宫殿),"尼鲁斯"代表的是尼罗河。[2] 而国王总被认为要为河流泛滥负责,这也是他们最大的职责。[3] 第凯尔库斯的埃及法老清单似乎瓦解了从王权出现到最著名的传奇统治者(荷鲁斯和塞索斯特里斯)之间的时期,反之在塞索斯特里斯及其继承者尼鲁斯之间插入了一个大时代。关键是这样的安排可以起到强调作用,但如果把埃及王权叙述得再简单一点,那就是:"我们有第一位法老,最具权势的法老,还有'尼罗河/法老'本身"。从某种程度上说,这组名单能够被一气写完,类似于几近愚蠢的希腊式的过度简化。但它也是埃及人权利和名望的陈述方式。第凯尔库斯的法老三部曲确实没有隐含他对埃及有任何形式的浓厚兴趣或对当地人的历史观有直接的熟悉,但它也提出了这样一个问题:列出这么重要的一组非希腊统治者的名字在《希腊生活》(Life of Greece)一书中有什么用呢? 当然,从某种程度上说,第凯尔库斯不过是践行了一种我们已在希罗多德和其他作家那里熟知的"东方学",即将非希腊文化适用于希腊文化的需求。毕竟这些名单所列的杰出

---

[1] Susan A. Stephens and John J. Winkler, *Ancient Greek Novels*:*The Fragments* (Princeton,1995),246.

[2] W. Drexler, 'Neilos', in Wilhelm Heinrich Roscher(ed.), *Ausführliches Lexikon der griechischen und römischen Mythologie*, 3 Vols. (1897 - 1902),iii,93 - 94; and A. B. Lloyd, *Herodotus Book II*, 3 Vols. (1975 - 1988),iii,38 - 39 ad Hdt. 2. III.

[3] Ludwig Koenen, 'The Ptolemaic King as Religious Figure', in Anthony W. Bulloch, Erich S. Gruen, A. A. Long, and Andrew Stewart(eds.), *Images and Ideologies*:*Self-Definition in the Hellenistic World*(Berkeley,1993),77 and n. 116.

法老们可以为我们提供涉及特洛伊战争的时间。[1] 但希腊人在第凯尔库斯之前就已沉迷的"东方学"记述了蛮族和希腊世界的联系,而这些"其他人"需要用诸如战争或迁徙的方式来处理。在第凯尔库斯看来,非希腊文化对 paideia 产生了影响,确也融入了希腊生活。

　　这不过是一本"文化史"[2],但第凯尔库斯还是把它称为希腊的 bios(生活)。为什么呢? 这种看待过去的方式所提供的与在他之前的其他人所做的有什么不同呢? 阿尔布雷克特·迪勒(Albrecht Dihle)将《希腊生活》奉为"古代第一本文化史",他认为"*bios*"是"形式"、"方式"或"生活内容"的意思,这种理解真正起源于早期的佩利帕多斯。"*Bios Hellados*"是希腊的一种文化和道德史。[3] 相比之下,"*zoe*"有着更生物学的含义,它被译为"生命"本身。也就是说,"*bios*"包含了与一个人的生活方式相关的概念,其对社会中的人特别重要,涉及风俗、礼仪、性格。相比之下,"*zoe*"既可适用于人,也可适用于所有生物。所以第凯尔库斯选择"*bios*"作为书的标题,意味着该书写的是希腊人的风俗、礼仪和性格,或者说是 paideia(教化)。在叙述希腊文化的演进过程中,埃及人、巴比伦人和其他非希腊人显然也有其位置。

　　从逍遥学派对"bios"的理解来看,《希腊生活》(Life of Greece)中的其他内容和第凯尔库斯的其他作品在这样的讨论中也很有意义,并且具有重要地位。学习和生活的目的是培养正确的生活方式,因而《希腊生活》(Life of Greece)里出现通过格言进行的教育一点也不奇怪(F 57)。出于同样的实用智慧,第凯尔库斯选择了尼鲁斯(因为他的精明)和塞索斯特里斯(因为他制定了法律)这两位非希腊的统治者和圣人。[4] 他的著作明显接近于某种观念和文化

196

---

[1]　Edward W. Said, *Orientalism*(New York, 1978), esp. 57 - 58.

[2]　Felix Jacoby, *Atthis: The Local Chronicles of Ancient Athens*(Oxford, 1949),142.

[3]　Albrecht Dihle, *Studien zur griechischen Biographie*(2nd edn, Göttingen, 1970),71.

[4]　S. A. White, 'Principes Sapientiae: Dicaearchus' Biography of Philosophy', in Fortenbaugh and Schütrumpf(eds.), *Dicaearchus of Messana*, 199.

的世界史，没有特别的种族划分。关于这一点，尤为一提的是他还写了一些地理学著作（《希腊简介》［*The Description of Greece*］、《测量伯罗奔尼撒群山》［*The Measurement of the Mountains of the peloponnese*］、《地球的周长》［*The Circuit of the Earth*]）。[①] 事实上，第凯尔库斯相信地球是球形的，他甚至提供了测量地球周长的方法。[②] 最后，他打算以伯罗奔尼撒为中心对地中海盆地进行几次大型测量（FF 124 和 125），从而展示了他对整个人类可居住土地的兴趣。[③]

　　在转而谈及"普世史"范畴内最后一个史学家狄奥多罗斯（Diodorus）前，我们有必要先认识一下叙利亚阿帕米亚的波希多尼（Posidonius of Apamea，FGrH 87），他大概生活在公元前 135 年至前 51 年之间，在这一史学流派的发展中起着极其重要的作用，只是遗留下来的著作少得可怜，并且都是零碎的。[④] 波希多尼虽然来自叙利亚，但他是罗德岛（Rhodes）公民，他在那里教书（T 2），甚至且还担任过首席治安官（T 6）。在公元前 87/86 年冬天，他又作为罗德岛大使到过罗马（T 7）。据说庞培于公元前 66 年在罗德岛遇到过波希多尼，这位将军当时正在对付密特里达提（Mithridates）的路上，他听了波希多尼发表的一场演说，后来将之详细记录了下来（T 8 a and b）。[⑤] 西塞罗频繁宣称，他在罗德岛还是个学生的时候就在向波希多尼学习哲学（T 29 埃德斯坦恩［Edestein］/基德［Kidd］），他在担任罗马执政官期间甚至用希腊语给在罗德岛的波希多尼写信，请求他写一部"更精细"的历史。波希多尼在回信中

197

---

① 凯泽推测说第凯尔库斯所说的所有地理名称实际上可能都源于专著《绕行地球》的不同部分，见 P. T. Keyser, 'The Geographical Work of Dikaiarchos', ibid., 372.

② Keyser, 'The Geographical Work of Dikaiarchos', 363 - 364.

③ Ibid., 371 - 372; Katherine Clarke, *Between Geography and History: Hellenistic Constructions of the Roman World* (Oxford, 1999), 205.

④ Ibid., 347 - 373 Appendix B.

⑤ Ibid., 129.

不但回绝了他,还说害怕接受这个任务。他显然也是其他一些罗马精英人士的亲密朋友。[①]

作为斯多葛学派的博学者,波希多尼写了两部重要的史学著作。第一部是《历史》(*The Histories*),共 52 卷,记录了"波里比阿之后的事件"(T 1),时间大概从公元前 146 年到前 85 年。[②] 另一部是地理学专著《论海洋》(*On Ocean*),该书包含了很多历史信息。似乎波希多尼对民族风俗很感兴趣,因而他的《历史》对人种学给予了强烈关注,内容粗略来说也是按地区编排的,不过我们很难从他的著作遗存下来的部分得出这一点。[③] 该著作的 F 1 极好地介绍了罗马和伊特鲁里亚(Etruscan)的食物种类和饮食习惯,关于这种主题,他也结合其他几个民族来写,包括帕提亚人(F 5)、凯尔特人(F 15)和日耳曼人(F22)。然而,需要说明的是,由于所有残篇都源于雅典奈乌斯(Athenaeus),[④] 而阿特纳奥斯因其个人原因偏向记述饮食和宴会方面的信息,波希多尼的《历史》的残篇中涉及食物的内容显然不能代表全部。

波希多尼与波里比阿的史学联系特别重要,不过他并没有像波里比阿续写蒂迈欧的著作,或像色诺芬、忒奥庞普斯续写修昔底德的著作那样"续写"前人的著作。对波里比阿和波希多尼来说,罗马统一了世界。波里比阿的历史著作灵感来自罗马帝国领土的扩张(Plb. 1.1.5),波希多尼则写的是罗马政权的确立。[⑤] 他甚至还用图标表示了君主政体从"黄金岁月"到他所处时代之间的演变历程(F 284 E/K),这在某种程度上可能是为了证明罗马统治的合理性。[⑥] 但就波

---

① L. Edelstein and I. G. Kidd, *Posidonius*, 3 Vols. (Cambridge, 1972 – 1988), ii. 25, commentary to T32.

② Clarke, *Between Geography and History*, 154,残篇中最后一个有争议的事件发生时间是公元前 86 年。

③ Ibid. , 164 – 165.

④ Athen, 4. 153C - D, 4 - 152F - 153A, 4. 151E - 152D, 4153E.

⑤ Clarke, *Between Geography and History*, 191 and n. 107.

⑥ Arnaldo Momigliano, *Alien Wisdom: The Limits of Hellenization* (Cambridge, 1975), 32.

希多尼的例子而言，他的《历史》也是部普世史，因为他在某种意义上也把世界看成一个物理形态的整体，这种方式也正是梅萨那的第凯尔库斯所期许的。凯瑟琳·克拉克（Katherine Clark）引用古代证据证明波希多尼写的历史"和他所接受的哲学思想并无二致"（T 12 a＝Athen，4.151E），她强调称，波希多尼对世界的看法深受斯多葛学派 Sympatheia（同感）观念的影响，即认为"宇宙是有生命的，过程和结果是相互关联、互相影响、不能分割的"。例如，在 F 219E/K 中，波希多尼宣称外海因受月亮周期运动的影响，使得内海的海水不断向外海流动。[1] 斯特拉博记载了更贴切的例子（2.2.I‑3.8 ＝ F 28），他说波希多尼将世界划分为不同区域，还测出了地球长度，并明确认为大陆是一体的。[2] 波希多尼认为世界的物理形态及其历史是普世性的，这一看法使他被归入了第凯尔库斯为代表的思想家之列。

这里还需简单介绍一下狄奥多罗斯。尽管不算一流的历史学家，但他的著作对我们理解希腊化时期的历史写作至关重要，因为他保存了就我们所知这一时期的许多——或在某种意义上所有的——重要历史思想。狄奥多罗斯来自西西里岛的阿吉乌姆（Agyrium，Diod. 1.4.4），经常被称为西西里的狄奥多罗斯，也就是说，他是西西里人。没人知道他所处的准确时期，但由于他似乎在公元前 60 年至前 56 年时到过埃及（第 180 个奥林匹克年，见 Diod. 1.46.7），他的在世时期可确定在公元前 1 世纪中期。[3] 内部证据表明狄奥多罗斯从公元前 40 年代晚期开始写作，计划将记述年代写到公元前 46/45 年，不过他的引言告诉我们他记述的终止年代更早一些。[4] 事实上，狄奥多罗斯在引言中告诉了我们关于

---

[1] Clarke, *Between Geography and History*, 191 and n. 189.

[2] Ibid., 139 - 152.

[3] Kenneth S. Sacks, *Diodorus Siculus and the First Century*（Princeton，1990），161.

[4] P. J. S, *A Historical Commentary on Diodorus Siculus Book* 15（Oxford，1998），18 - 21.

他写作过程中的一些事：他说他花了 30 年的时间写历史，在调查研究过程中广泛游历（Diod. 1.4.1），他在罗马呆了很长时间，并在那里完成了自己的任务（Diod. 1.4.2-3），而到最后写引言的时候，他的史书还未"出版"。① 狄奥多罗斯说他的前六卷写的是"特洛伊战争以前"的事件，后来的 11 卷从特洛伊战争写到了亚历山大大帝逝世，最后的 23 卷从公元前 323 年写到了高卢战争的第一年（公元前 60/59 年），不过由于他在这部分中提到了被暗杀的尤利乌斯·凯撒（Julius Caesar）被神化（公元前 44 年），说明他知道在此之后发生的事情（Diod. 1.4.6-7）。据说备受狄奥多罗斯尊敬的凯撒被暗杀后，罗马政治每况愈下，狄奥多罗斯因而改变了他最初计划的公元前 46/45 年这一记述终止时期（Diod. 32.27.3）。② 当然并不是所有人都认同这个说法，他们更愿意相信是狄奥多罗斯的主要素材写完了。③ 狄奥多罗斯对待神话和传说的看法也很重要，因为这使他与埃弗罗斯这位他认为的写普世史最重要的前辈意见相悖（尤见 Diod. 4.1.3，以及上文）。约翰·马林柯拉（John Marincola）认为狄奥多罗斯写的神话故事既是"原创"，又"合情合理"。④

199

　　狄奥多罗斯将他的著作称为《历史集成》（Bibliotheke）。从他的著作梗概中，我们可以清楚地知道他认为自己在普世史家（"系统地处理普世史的人"，Diod. I. I. I）的传统模式下写作。他的著作标题揭露了特别重要的东西。简·霍恩布洛尔（Jane Hornblower）在潜心研究卡地亚的希罗尼穆斯（Hieronymus of Cardia）的史学（主要通过狄奥多罗斯的著作才得以了解，见上面的讨论）时指出，"bibliotheke"一般指的是书架或图书馆等放书的地方，这个标题在

① C. Rubincam, 'The Organization and Composition of Diodorus' Biblotheke', *Echos du Monde Classique/Classical Views*, 31(1987), 324.

② Sacks, *Diodorus Siculus and the First Century*, 172-184.

③ Stylianou, *A History Commentary on Diodorus Siculus Book 15*, 22.

④ John Marincola, *Authority and Tradition in Ancient Historiography*(Cambridge, 1997), 119-121.

古代历史著作中几乎无与伦比。[①] 唯一明显与之可比的是佛提乌
（Photius）对古典和拜占庭时期作家的评论，名为《佛提乌集成》
（*Bibliotheke tou Phoyiou* or *Phiotiou Myriobiblion e Bibliothek*）。通
过著作标题，我们可以判断，他把他的著作看成早期历史著作的汇
编。霍恩布洛尔表示古代读者清楚地理解了"Bibliotheke"。例如
老普林尼（Pliny the Elder）把狄奥多罗斯和其他手册编辑者放在一
起，称赞他的标题很精确。这个标题本身就说明了它是其他历史
学家著作的集成（Pliny N. H. Praef. 25）。

或许《历史集成》最重要且最具启发性的特点是狄奥多罗斯决
定从区域导向的史前史转向按年代顺序表述希腊和罗马的事件。
事实上，狄奥多罗斯能够根据雅典执政官、罗马执政官和奥林匹克
赛事确定的日期编年叙事（例如，Dios. 11. 1. 2 记录了重要的公元
前 480 年）。尽管他可以在叙述某个特殊事件时超越他的编年叙
事体系（例如对地米斯托克利后来生活的描述，见 Diod. II. 54 -
59），并且某些卷还可以由某一个人主导（尤其是第 17 卷与亚历山
大大帝），但他的日期体系给人的总体印象是一个将希腊与罗马事
务整合到了一起的单一史学空间。因此可以说，狄奥多罗斯最接
近实现这一特殊历史写作类型的从业者孜孜以求的"普世性"。事
实上，他甚至在《历史集成》的开篇就宣称，他将尝试"把全世界的
历史事件当成一个城市事件来写"（Diod. I. 3. 6），即想象着把发
生在可能的最大背景（宇宙）下的事件整合起来，使得它们看上去
像在小背景（城邦）下发生的。[②] 其他人进一步推测，狄奥多罗斯因
此能够突出重要的重复出现的主题，例如资助人的重要性或帝国
的危机。[③] 然而这些推测要求狄奥多罗斯成为比人们想象的更加
独立的作家。

200

① Hornblower, *Hieronymus of Cardia*, 22.

② Rubincam, 'The Organization and Composition of Diodorus' Bibliotheke', 314.

③ Sacks, *Diodorus Siculus and the First Century*.

地方史

现在,我们要从宏观的普世史转向微观的地方史了。尽管范围变了,但是我们将会看到推动普世史发展的许多观念也存在于地方史中。不过在考察地方性的希腊史学前,我们最好先观察一下今人对它的看法有怎样的发展。我们对以地方或城市为中心的希腊史学的理解与我们对众所周知的一批地方史学家的认知关联密切,这批地方史学家就是被称为"阿提卡史学家"("Atthidographers")的雅典及其所在地阿提卡(Attica)的历史学家。而对这些历史学家的研究又与围绕亚里士多德的《雅典政制》(*Athenaion politeia*)形成的学问密切相关。[1] 现代学者如何理解《雅典政制》及其史料来源从根本上构成了现代人对希腊地方史写作的研究。[2]

《雅典政制》是归因于纸草文献才得以加入古典文本库的另一惊人的早期发现,该书于 1880 年和 1891 年出版。[3] 伟大的德国古典学家乌利齐·冯·维拉莫维茨(Ulrich von Wilamowitz-Moellendorff)是负责该书 1891 年版的编辑,他很快就开始尝试解释该文本的史料来源,并发现他们存在于被称为"*exegetai*"("注释者",神圣法律的解释者)的雅典宗教官员的记录中。[4] 在他看来,地方史学在"付诸文字之前"的类型可以追溯到雅典的国家早期。雅各布在其《阿提斯》(*Atthis*,1949)一书中对维拉莫维茨的看法表示强烈反对。他认为实际上没有证据可以证明维拉莫维茨所讨论的记录能够与*exegetai*(注释者)有任何关联。尤其是雅各布发现没有理由去接受

---

[1] 通常被称为是"亚里士多德式"的,因为它似乎就源于亚里士多德,但几乎可以肯定的是,它并非源于亚里士多德,见 P. J. Rhodes, *A Commentary on the Aristotelian Athenaion Politeia*(Oxford,1981),58 - 63。

[2] Phillip Harding, *Androtion and the Atthis*(Oxford,1994),48.

[3] Rhodes, *A Commentary on the Aristotelian Athenaion Politeia*, 2 - 3; and Mortimer Chambers, *Aristoteles Athenaion Politeia*(Leipzig, 1986), p. v.

[4] Ulrich Von Wilamowitz-Moellendorff, *Aristoteles und Athen*, 2 Vols. (Berlin, 1983), i. 260 - 290, esp. 280 - 288.

这样的观点,即认为一位无名的编者在大约公元前 380 年出版了
一部类似于雅典编年史或《阿提斯》(*Atthis*)的记录,使得这些信息
从付诸文字之前的形式过渡到了文字形式,并因此成为我们在《雅
典政制》中发现的主要内容。① 在雅各布的观念中,他相信记录雅
典历史是极度政治性的,而阿提卡史学家正身处雅典这个国家如
何随时代变迁的一场"政治战场"中。有一些作家是民主政治支持
者,而其他作家则是寡头政治支持者。② 毋庸置疑,在雅各布看来,
这种状况使得雅典史写作发展非常滞后——这一观点和他早期关
于希腊地方史写作的看法一致,可参阅他在 1909 年发表的那篇影
响力很大的关于希腊历史写作演变的文章。雅各布所谓的地方史
(Local History or 'horography')在波斯战争结束后才发展起来,尤
其作为对希罗多德《历史》的一种回应。③

雅各布对维拉莫维茨的批评可能是公正的,这些批评也有助于
确立近乎真实的关于地方史滞后发展的正统说法。一些学者将哈
利卡拉苏斯的狄奥尼修斯(Dionysius of Halicarnassus)的论著《论修
昔底德》中的第五段(*On Thucydides*5)作为关键证据来支持雅各布
对地方史学滞后出现的看法。④ 在这一段中,狄奥尼修斯回顾了修
昔底德之前的作家,列举的名字不少于 12 个。在狄奥尼修斯看
来,这些作家通过探讨不同的主题来写同一事物,以此引起人们关
注保存于当地的公共传统,或保存于神圣或世俗档案里的书面记

① Jacoby, *Atthis*, esp. 3 - 8.
② Harding, Androtion and the Atthis, 47 - 48; P. J. Rhodes, 'The Atthidographers', in Verdin et al. (eds.), *Purposes of History*, 73 - 74; Guido Schepens, 'Ancient Greek City Histories: Self-Definition Through History Writing', in Kristoffel Demoen (eds.), *The Greek City from Antiquity to the Present: Historical Reality, Ideological Construction, Literary Representation* (Louvain, 2001),14 - 15 and n. 30.
③ Jacoby, 'ber die Entwicklung der griechischen Geschichtsschreibung und den Plan einer neuen Sammlung der griechischen Historikerfragmente', 109 - 118.
④ Schepens, 'Ancient Greek City Histories', 15,另见他的注释31 中更多的参考书目。

录,而且原封不动地写,不作任何增加或删减(Dion. Thuc. 5. 3)。这种对史学行为的描述听起来就像是这些人正在写地方史。在描述了这些拥有适度野心,并取得一定成绩的史学作家的特点后,狄奥尼修斯写道:"希罗多德将他们选择的主题提到了一个更有雄心、更令人难忘的高度。"(Thuc. 5.5)①这表明希罗多德出现在这些作家之后,并且在某种意义上与他们所做的工作类似(即便做得更好)。那么,根据狄奥尼修斯的说法,我们可以知道地方史学在修昔底德乃至希罗多德之前就有了。② 因此雅各布关于地方史写作后来才出现的观点是错的。

此外,雅各布对雅典地方史学家的看法也应受到批评,因为他对阿提卡史学家的界定过于狭隘,这主要是受了概念上明显现代的政治偏见的影响。③ 而且,雅各布还试图混淆他们各自的写作风格。④ 接下来,我首先会着眼于阿提卡史学家,然后转向整个希腊世界的地方性历史学家,尤其伴随着他们的行为在碑铭上被纪念和称颂。

第一位阿提卡史学家,或者说是第一位写了可被定性为雅典地方史著作的历史学家实际上不是雅典人,而是来自莱斯博斯岛的赫拉尼库斯(Hellanicus of Lesbos,大约公元前480—前395年,见FGrH 4+323a),最早的本土阿提卡史学家比他至少晚一代。他写了许多研究神话的书,将它们作为史书,还写了一些民族志,以及一本极其重要的年代记《阿尔戈斯女祭司》(the *Priestess of Argos*),这是第一本地方史著作,后被修昔底德用作史料。⑤ 最后他还写了一

① 译自 Robert. L. Fowler, 'Herodotos and His Contemporaries', *Journal of Hellenic Studies*, 116(1996),63。
② Ibid.
③ Harding, *Androtion and the Atthis*, 16-17.
④ Ibid., 49-50；Rhodes, 'The Atthidographers'.
⑤ Thuc. 2. 2. 1 and 4. 133. 3. A. Möller, 'The Beginnings of Chronography: Hellanicus' *Hiereiai*', in Nino Luraghi(ed.), The Historian's Craft in the Age of Herodotus(Oxford, 2001),241-262.

部《阿提卡史》（*Attike Syngraphe*，Attic History），该书包括两卷，第一卷介绍了神秘的雅典，第二卷以执政官纪年，可能一直介绍到了伯罗奔尼撒战争结束（残篇中最后的日期是公元前407/6年）。①关于这种结构，有两点毫无价值。其一，神话时期得到了太多关注；其二，历史时期被关注得太少，因而一定写得很简明。修昔底德（1.97.2）点名批评赫拉尼库斯将《阿提卡历史》写得太简明，而且纪年也不准确，正因为如此，我们才得知该书的书名。②神话时期被拿来与历史时期同等对待，可见赫拉尼库斯非常重视这种史料。而且，他似乎在用爱国的地方性的视角看待雅典神话。因此，据赫拉尼库斯所说，第一位庆祝泛雅典娜节的是火神赫菲斯托斯（Hephaestus）的儿子（F 2；安德罗提翁也是这样声称的 FGrH 324 F 2），也就是那位具有传奇色彩的国王厄里克托尼俄斯（Erichthonius），不过现实中泛雅典娜节始于公元前6世纪。③雅典最重要的国家节日需要一位传奇的创立者，因而声称古代之伟大才无可挑剔。我们在其他一些希腊化时期的城市史著作中也会看到这种说法。

可以确定的是，对待一个在其所有作品中都大量将神话当成历史的人，我们可能不应对他将神话处理成历史这一部分感到意外。但这一点对阿提卡史学和地方史很重要，因为神话时期在后来许多阿提卡史学家的著作中占比很大。④看上去似乎是赫拉尼库斯决定了这一点，是他为后来的追随者设置了标准。还有一点与赫拉尼库斯相关的，是他导致了关于阿提卡史学发展困境的雅各布式的理解。虽然他是这一流派的先驱，但他既不是雅典人，在公元前4世纪也不耀眼。这种情况指向了雅各布观点的实质被过度解读，以及时期划分更广泛的问题：赫拉尼库斯不是希腊化时代的作

203

---

① Jacoby, FGrH, III b Text Supp. 12 - 14；Hornblower, *A Commentary on thucydides*, i. 148；Harding, Androtion and the Atthis, 9. FGrH 323a FF 25 and 26；Antigenes archon in 407/6.

② Hornblower, *A Commentary on Thucydides*, i. 148 ad loc.

③ Harding, *Androtion and the Atthis*, 83 - 84.

④ Ibid. , 8.

家,但我们实质上不得不把他看成是一位希腊化时期的作家,哪怕他所处的时代早于修昔底德!

剩下的阿提卡史学家几乎都是本土的雅典人,①能够很快被介绍完。克莱德姆(Cleidemus,FGrH 323 FF 14 - 27)是一位在公元前 378 年至前 340 年时期盛极一时的注释家兼历史学家,这一点通过他的一本著作的标题就能判断出。② 尽管事实如此,但维拉莫维茨在试图将雅典的 *exegetai*(注释者)与公元前 4 世纪阿提斯的发展联系起来时没有用到克莱德姆。③ 克莱德姆的雅典历史被称为《普托戈尼亚》(*Protogonia*),而不是《阿提斯》。"Protogonia"指的是"初生",也可能暗指一个存在已久的说法,即雅典人并非阿提卡移民的后裔,而是本土或"土生土长"的人。④ 普鲁塔克判断说,克莱德姆像赫拉尼库斯一样记载了大量关于雅典英雄忒修斯(Theseus)的神话。事实上,普鲁塔克(Plu, *Thes*, 27.3)认为克莱德姆力图准确记录忒修斯与入侵的阿马宗人(Amazons)的战争,详细描述这场战争的情节,并指出阿马宗女王的名字是希波吕忒(Hippolyta),而不是安提俄珀(Antiope)。⑤ 对于后来的历史,能够确定最晚日期的残篇涉及的是公元前 415 年雅典舰队向西西里进发前德尔斐或其他地方的可怕预兆(F 10 ＝ Paus,10.15.5 - 6)。⑥ 雅各布呼吁对这一残篇的解读需要谨慎,这是对的,不过仍有人会疑惑克莱德姆作为地方官员是如何解读这一情节的:这无疑是雅典历史中被其他作家视为充满不祥预兆

---

① 有一个例外是伊斯特(Ister,FGrH 334),其准确出生地点未知(可能是帕福斯[Paphos],见 T 1),但他后来与亚历山大里亚与和昔兰尼加有关联。在亚历山大里亚学派的传统中,伊斯特实际上编纂了一部更早期的阿提卡文集。

② 这本书的标题为"埃戈提翁"(*Exegetikon*),见 Jacoby, *Atthis*, 56;Harding, *Androtion and the Atthis*, 10。

③ Ibid. , II.

④ Jacoby, *Atthis*, 83.

⑤ W. S. Barrett, Euripides Hippolytos(Oxford, 1964),8 - 9 n. 3 and 437 - 438.

⑥ 实际上,鲍桑尼亚斯指出作者是"克莱托德姆"('Cleitodemus'),但这很可能是指克莱德姆。

和突发事件的时刻。^① 拉丁教父德尔图良（Tertullian，Tert，An. 52＝T 2）后来断章取义的证言显示，克莱德姆因其历史著作被雅典大众感激，并被授予了金冠。如果这是真的，那么它的意义就非常重大了，因为正如我们很快就会看到的，希腊化时代的地方史学家很少因他们写当地的爱国的历史而得到家乡城市的正式感激。雅典人似乎在公元前5世纪就正式对希罗多德表示敬意了，^②与此同时，希腊社区针对史学家们的公开行动通常就是流放他们（尽管很少是因为他们写的东西，例如马上会提到的安德罗提翁（Androtion））。^③ 可以说，克莱德姆是希腊世界最先因史学成就被当地城市感激的史学家之一。

阿提卡史学家中的另一位重要人物是安德罗提翁，他是安德鲁（Andron）的儿子（FGrH 324），在公元前4世纪中期享有盛名，并可能于十年后写了他自己的《阿提斯》。克莱德姆除了是注释家之外，他的一生并非众所周知（记住，这只是一种猜测），但安德罗提翁则不同。文献记录证据显示，安德罗提翁在公元前4世纪深度卷入雅典政治之中——事实上，德摩斯梯尼（Demosthenes）的第一场关于公共利益问题的辩论演说在公元前355年被记录下来，是因为被狄奥多罗斯拿来反对安德罗提翁（Dem. 22）。大量证据证明安德罗提翁来自一个重要的政治家庭，他是一位雄辩家，并在雅典议事会（500人大会）供职，他还统治着阿莫戈斯岛（Amorgos island）上的一座城市，实施法令，并担任大使，他的政治生涯据德摩

① Thuc. 6. 27. 3, Ar. *Lys*, 390 - 97; Plut, *Nic*, 13; Thuc, 8. 1. 1; Jacoby, *Atthis*, 267 n. 186.

② 雅典的迪里鲁斯（Diyllus of Athens，FGrH 73）说雅典人通过公共法令给了希罗多德十塔兰特，这个数字是令人惊愕的（F 3＝Plut, *Mor*, 862B, De Herod, *Mal*, 26）。据拜占庭编撰家乔治·辛斯勒（George Syncellus）所说（*Ecloga Chron*, 297 Mosshammer），希罗多德因为将他的《历史》读给雅典人听而受到"感谢"，字面上表述为受到"尊敬"。见 Felix Jacoby, 'Herodotos', in *Paulys Realencyclopädie der classischen Altertumswissenschaft*, *Supplementband*, 2 (1913), 226 - 229。

③ Dillery, 'Exile'.

斯梯尼在公元前 355 年所述持续了 30 年（T 3a）。[1] 事实上,正因为我们对安德罗提翁的公共生活了解得如此之多,也因为所有阿提卡史学家,我们才得以判断安德罗提翁的《阿提斯》的残篇似乎最接近我们通过亚里士多德《雅典政制》的前半部分对雅典的历史认识（不过也并不是非常接近）。[2]雅典地方史被雅各布看成"由作者的政治观点构成、以作者的政治观点为灵感来源的记录"主要是因为安德罗提翁。[3] 而且,在阿提卡史学家中,安德罗提翁被雅各布视为《雅典政制》的重要史料来源。[4] 这一观点很可能是正确的,但可能没有达到雅各布设想的程度。[5] 安德罗提翁本身是政治与史学的结合,要知道,普鲁塔克在他的文章《论流放》(On Exile)中提到自己是在被流放期间著书立说的一些史学家（和一位诗人）之一,而就安德罗提翁而言,他著书立说时的流放地是迈伽拉（Megara,T 14）。我们不知道安德罗提翁被流放的真正原因,但几乎可以确定的是与他的《阿提斯》无关,因为《阿提斯》是他在被流放时写的。

同安德罗提翁一样,法诺德穆斯（Phanodemus, FGrH 325）的生涯可以从铭文中得到部分重构。他是公元前 4 世纪第三个 25 年里雅典致力于改革的领导者布塔德的吕库古（Lycurgus of Butadae）身边重要的政治家。可以说,雅典文化是在这一时期被编成法典的,例如哲学家苏格拉底被重新塑造成国家的英雄（而不是罪犯）,人们甚至为他树立雕像,而埃斯库罗斯、索福克勒斯和欧里庇得斯这三位伟大悲剧作家的正式副本也出来了,他们的雕像也由国家出资在这一时期被竖立起来了。这两项举措显然都是吕库古立法

205

---

[1]　关于这一政治生涯的细节见 Harding, *Androtion and the Atthis*, 19 - 24。

[2]　Rhodes, *A Commentary on the Aristotelian Athenaion Politeia*, 21.

[3]　Jacoby, *Atthis*, 74.

[4]　Jacoby, FGrH III b Text Supp. 103; and id. , *Atthis*, 156.

[5]　例如, D. M. Lewis, 'Sources, Chronology, Method', *Cambridge Ancient History*, Vol. 5（Cambridge, 1992）, II; and Phillip Harding, *The Story of Attika*: *The Fragments of the Local Chronicles of Attika* (London/New York, 2008), 7。

方案的一部分（[Plut.] *Mor*，841F）。① 来自雅典、奥洛波斯（Oropus）和德尔斐的许多铭文对法诺德穆斯也有记载，内容都是法诺德穆斯参与了国家祭礼。

一直以来，人们都认为需要在法诺德穆斯所处的吕库古时期的雅典环境下去理解他的历史著作。正如雅各布所说，"他写《阿提斯》的灵感毫无疑问源于他对恢复原有政策的支持"，尤其是在"宗教改革和复兴"领域。② 尽管所有阿提卡史学家都对雅典的神话或传奇的历史给予了特别关注，但我们仍可以有把握地说，法诺德穆斯对这类时期的关注达到了新的高度。我们不知道他的《阿提斯》到底包含了几卷，但我们知道他的第九卷或是写到了暴君庇西斯特拉图（Pisistratus）的儿子希帕克斯（Hipparchus）被暗杀，或更有可能是写到了克里斯梯尼（Cleisthenes）在公元前508/7年创立了十部落（F 8）。③ 我们从一个无法归类的残篇得知，法诺德穆斯还记录了公元前450/49年西蒙（Cimon）的逝世（F 23），也很可能记录了之后的事，因此我们可以推断，法诺德穆斯的雅典"史前史"占的篇幅一定很大。④

最后一位同时也是最重要的阿提卡史学家是斐洛科鲁斯（Philochorus）。⑤ 我们通过《苏达辞书》（the Suda）得以了解大量关于斐洛科鲁斯及其作品的信息（T 1）：其他暂且不论，他是一位"先知兼祭品检查员"（*mantis* and *bieroskopos*）；当伟大的学者埃拉托斯特尼（Eratosthenes）已经老去，斐洛科鲁斯还很年轻（事实并非如此）；他因中了安提戈努斯·贡纳塔斯（Antigonus Gonatas）的埋伏

---

① Zanker，*The Mask of Socrates*，57 - 62，43 - 57.

② Jacoby，FGrH，III b Text Supp. 173；Cynthia J. Schwenk，*Athens in the Age of Alexander：The Dated Laws and Decrees of the 'Lykourgan Era'* 338 - 322 BC（Chicago，1985），205.

③ Jacoby，FGrH，III b Text Supp. 183.

④ John Dillery，'Greek Sacred History'，*American Journal of Philology*，126（2005），509 and nn. 19 - 21.

⑤ Jacoby，FGrH，III b Text Supp. 220.

丧命,曾被指控在克里莫里迪恩战争中(Chremonidean War,公元前261—前61年?)同"恋姐者"托勒密二世(Ptolemy II Philadelphus)站在同一阵线。《苏达辞书》也列出了他的文学著作总数,不少于20部。① 排在第一位的是《阿提斯》(Atthis),共17卷,记录了"雅典人、国王、执政官的行为,一直记录到最后的被称为'神'(Theos)的安提戈努斯(Antigonus)"。我们还被告知,斐洛科鲁斯写《阿提斯》是为了反对德蒙(Demon),可能是为了反驳德蒙的《阿提斯》(FGrH 327)。和其他《阿提斯》一样,他的《阿提斯》也按执政官纪年。正如雅各布所指出的,斐洛科鲁斯除了《阿提斯》外还写了一些其他著作,且只有两三个主题是其他阿提卡史学家涉猎的,这揭示了关于他的一个非常重要的事实,即"他是阿提卡史学家中的第一位学者"。也就是说,"斐洛科鲁斯是一名研究者,他有许多系统的专题论述,涵盖最宽泛意义上的整个阿提卡历史,以及阿提卡宗教生活。② 斐洛科鲁斯其他著作的主题显示他对年代学(雅典执政官纪年、奥林匹克纪年)、文献(阿提卡铭文)、辩论(反驳德蒙、狄奥尼修斯)、文学(诗人索福克勒斯、欧里庇得斯、阿尔克曼),尤其是对宗教及雅典和阿提卡的教派很感兴趣。③ 可以说,除了辩论,他的这些兴趣都推动了希腊化时期的希腊地方史写作的发展。事实上,需要特别重点注意的是,不同的文本类型以斐洛科鲁斯的兴趣主题形式出现了。论述罗德岛的《林多斯编年史》(Chronicle of Lindos,99 BC)可能最能看出这一点,它主要涉及的是希腊化时期的地方史学通过构建书面参考、文献、年代记等一整套内在相互联系的资料来保存过去。④

206

---

① 根据雅各布的说法,斐洛科鲁斯共写了27本书,见 Jacoby, FGrH, III b Text Supp. 227,242。

② Jacoby, FGrH, III b Text Supp. 227-228.

③ Robert Parker, *Athenian Religion*: *A History*(Oxford, 1996), 281; and Dillery, 'Greek Sacred History', 509 and n. 16.

④ 尤见 Carolyn Higbie, *The Lindian Chronicle and the Greek Creation of Their Past*(Oxford, 2003);本卷中罗宾·奥斯本(Robin Osborne)所涉内容。

斐洛科鲁斯的《阿提斯》最突出的特点是它明显偏向当代史和近当代史。斐洛科鲁斯只用了一卷（第三卷）的篇幅记录从雅典第一任执政官克里昂（Creon）执政时期的公元前 684/3 年，或是从雅典执政官梭伦（Solon）执政时期的公元前 594/3 年到厄菲阿尔忒斯（Ephialtes）改革时期的公元前 462/1 年之间的历史，这段时期包含了克里斯梯尼改革和波斯战争。同样他也只用了一卷（第四卷）记录雅典帝国的发展和伯罗奔尼撒战争。但他挥霍了 11 卷记录雅典最后 60 年的历史，其中有八卷写的是最后 40 年的历史，篇幅超过总卷数的一半。① 就斐洛科鲁斯写的早期历史而言，他所做的与其他阿提卡史学家所做的一致，但也有不同。他显然进一步夸大了雅典第一位国王刻克洛普斯（Cecrops，FF 93 - 98），但又将其合理化，将其可怕的两种形体（"两种形式的刻克洛普斯"）解释为他

207 的绰号——或是因为他身体的长度，或是因为他是埃及人，懂得埃及语和希腊语这两种语言[F 93]。此外，在斐洛科鲁斯看来，刻克洛普斯引入了政治组织形式（F 94）、宗教（F 97）和武器制造技术[F 98]，是文化上的英雄。② 同样清楚的是，斐洛科鲁斯力促以雅典为中心看待神秘的过去，他当然也是这么做的，因而有了"忒修斯将自己的习俗传授给了与他同时代的赫拉克勒斯（F 18）的说法"。③

现在是时候简要回顾雅典之外的地方史了。我不指望在这里全面回顾希腊化时期地方史学家的著作，但会通过介绍的方式强调一些观点，然后再讨论几个代表性人物。④ 希腊史学总是带有地方性，希罗多德的看法可以说是以雅典为中心的，而修昔底德自己声称，被雅典流放使他摆脱了只了解伯罗奔尼撒战争某一方的困

---

① Jacoby, FGrH, III b Text Supp. 251 - 252；book divisions，253 - 254.

② Harding, *The Story of Athens*，22 - 23.

③ Katherine Clarke, *Making Time for the Past*：*Local History and the Polis* (Oxford, 2008)，199 and n. 130.

④ 接下来的内容以查理提斯（Chaniotis）的著作为基础，见 Chaniotis, *Historie und Historiker in den griechischen Inschriften*。

境。最著名的普世史学家也会有地方性的视角——埃弗罗斯写过一部只与他的故乡赛姆有关的著作,蒂迈欧因过多地偏向西西里和希腊西部而被波里比阿指责。另一方面也需提及的是,希腊世界伟大的历史叙述都超越了地方利益,并设法构思了一个历史意义比一个地点、地区,乃至一种文化更大的世界。因此,希罗多德在其《历史》的序言中宣称,他同时关注了希腊人和野蛮人的行为与事件;同样,修昔底德相信他的主题——伯罗奔尼撒战争——是世界历史上发生过的最大的动乱,就像他在著作前言中所说的那样;至于波里比阿,他断言罗马帝国统一了整个地中海盆地。正是在这种区域范围中,我们才能探寻到希腊传统的"伟大"历史学家与地方史学家之间的巨大差别。

　　但希腊化时期的地方史家并不打算描述一个小的世界,或去勾勒一个大世界里一小块地区的历史。而是说,有着战争、外交、文化成就、宗教生活等人类重大事业的世界被认为是以地方史家所在的城市和地区为边界的。如果重大历史事件在别的地方发生,为了被纳入一本地方史著作,它就不得不以某种方式与地方史家所在的城邦或地区相关联。而且,地方性史学也总是为历史服务的,从某种意义上说,它被创造是为了在城市和地区的政治生活中发挥非常明确的作用。汉斯·约阿希姆·葛尔克(Hans-Joachim Gehrke)将这种历史著作称为"蓄意的历史",它在处理过去时把神话和历史结合起来,并夹杂了主观的和故意的分类因素,如此建构是为了帮助城市或地区成为"可居住的世界"(oikoumene)的一处重要所在。① 这种历史著作的典型特点是将不相干的文献、信件、故事和历史叙述等资料收集起来后有序地汇编出来。与其说地方性史学家是通过作原始研究来创作的,倒不如说他们是通过整合已

208

---

① Hans-Joachim Gehrke, 'Myth, History, and Collective Identity: Uses of the Past in Ancient Greece and Beyond', in Luraghi(ed.), *The Historian's Craft in the Age of Herodotus*, 299.

有材料来创作的。① 相应地，随着史学焦点转移到地方上，国际政治和外交中使用历史著作的情况在希腊化时期很普遍。当普里恩（Priene）和附近的萨摩斯岛（Samos）因边境地带的所有权问题发生纠纷时，除其他"证据"外，包括忒奥庞普斯的著作（I. Priene 38，line 121）在内的史书也被当作证据来支持城市的声索主张（*Inschriften von Priene* 37，line 12）。② 地方性史学家作为古文物汇编者有着强烈的地方性观点，我们不久前才看了波里比阿对蒂迈欧的批评（见上文）！

有一位史学家对"蓄意的历史"的描述特别好，但不幸的是，保存下来的少量文本里没有提到他的名字，这段描述出自公元前 3 世纪色雷斯切索尼斯（Thracian Chersonese）半岛的安菲波利斯（Amphipolis）的铭文中：

> 当他定居［于此？］时
> 并受到良好教育［
> 他调查并［综合了所有事情
> 写了关于我们城市的历史，以立于古代历史学家［诗人］之林
> 他发表了关于他们的公共演说［……
> 他卓越出众，撰有一本［书］
> 他也尊敬女神［阿耳特弥斯］陶罗皮鲁斯（Tauropolos）……③

这里有几点需要指出：无论这位历史学家是不是本地人，④重要的是他定居的这座城市既是历史的主题，也是尊敬这位历史学

---

① Jean-Marie Bertrand，*Inscriptions Historiques Grecques*（Paris，1992），25 - 26.

② Sheila L. Ager，*Interstate Arbitrations in the Greek World*，337 - 390 *BC*（Berkeley，1996），nos. 26 and 74.

③ Chaniotis，*Historie und Historiker in den griechischen Inschriften*，E6 = *Bulletin äpigraphique* 1979，271；*Supplementum Epigraphicum Graecum* 28.534.

④ Dillery，'Greek Sacred History'，521 n. 63.

家的社区。此外,从某些特定的或更一般的意义上说,这个人是通过自己的努力得到培养的。

但可能最有启发性的是对这位历史学家研究行为的描述和他作品的出版。首先他检查了一些关于安菲波利斯的历史和诗歌文本,并把其中古人写的那些"整合到一起";然后他在公共场合演讲或朗诵他的一些发现;最后他写了一卷关于安菲波利斯的守护神阿尔忒弥斯·陶罗皮鲁斯(Artemis Tauropolos)的书。很难说这位历史学家的演讲与这卷关于阿耳特弥斯的书之间的关系,因为文献似乎表明,他编写这卷书是为了丰富公开演讲,因而可能是关于一个不同的主题的,不过其他对照文本显示书和演讲的主题是一致的。

史学家的努力和方法使希腊化方向的特点得到了明显呈现:这项调查以文本为依据,而不是源于分析,它需要检查并整理那些被认为最古老因而无疑也是最权威的文本。这就是简·玛丽·伯特兰(Jean-Marie Bertrand)所说的"史料对质"('confrontation of sources')——一种意义深远的希腊化现象。[1] 它有助于解释一种对收集的狂热,即收藏乃至积累一种被认为能够互相支持的资料杂集,尽管语言上暗示出资料分类与选择的谨慎性。历史不会通过历史学家的权威推理和原创研究保存下来,而是通过他们认真勤勉地处理已经写好的材料得以保存——历史学家的工作主要是归档。历史"事实"就摆在那里,他们只需要进行整理和呈现。

事实上,尽管人们会继续争论希罗多德文本的出版,乃至质量,更不用说修昔底德和色诺芬著作传播的可能地点,但我们从安菲波利斯那里获得的文本清楚地表明,著作中至少有一些内容是在城里以"公开诵读"的方式为人所知的。[2] 就这一点而言,我们最好看看史学中"蓄意的历史"部分。我们可以想象安菲波里斯人聚

[1] Bertrand, *Inscriptions Historiques Grecques*, 25 - 26.

[2] 关于公开诵读尤见 Louis Robert, *Hellenica: Receuil d'Épigraphie de Numismatique e d'Antiquités Grecques*, Vol. 2. (Paris, 1946), 35 - 36.

集在一个舒适的地方（那里有克里奥神庙！）去听人讲述或反复地讲述他们自己的历史。毫无疑问，这些历史有很多都是人们熟悉的，但也有部分不是。尽管发现的都是相对近期的（公元前437/6年），但"古代"历史学家和诗人的作品为我们提供了史料。这些传诵诗文有助于安菲波里斯人了解他们自己，以及他们的历史对世界的重要性，史学家借此为自己赢得荣誉和人们的感激。[①] 这是一种互利关系，也就是说，双方都能获利。史学家创作了安菲波利斯的历史，安菲波利斯人认为这为他们的城邦带来了荣誉，因此人们感激这位史学家。

210　　如果我们能对这一铭文了解得更多，我们无疑就会对这位历史学家"汇编"的这本关于阿耳特弥斯·陶罗皮鲁斯的书了解得更多。与安菲波利斯的文本类似，它是公元前3世纪的另一篇把地方神和史学家的研究联系得更明确的铭文。据该铭文记载，赫拉克雷达斯（Heracleidas）的儿子，即来自黑海切索尼索斯半岛（Chersonesos）的锡瑞斯库斯（Syriscus）因所写的地方史被世人感激。

> 据帕门农（Parmenon）的儿子赫拉克雷达斯叙述：自从认真写完"女神显灵"（The epiphanies of the Maiden）并把它们诵读出来后，锡瑞斯库斯就开始仔细整理博斯普鲁斯（Bosporus）国王的资料，记录切索尼索斯人民与其他城镇保持着友好关系，借此得到切索尼索斯人民的尊重，而最好的结果是委员会和人民因为这些事奖励他，在第21个酒神节（Dionysia）上由地方长官用金冠为他加冕……[②]

它从很多方面来看都是说明"蓄意的历史"及其作者的范本。此外，人们很难从铭文中辨别出锡瑞斯库斯是写了很多著作，还是只

[①] Jeanne Robert and Louis Robert, *Bulletin*äpigraphique，1958,336.
[②] *Inscriptiones Orae Septentrionalis Ponti Eoxini* I 184 = IOSPE I² 344，FGrH 807 T 1，Chaniotis, *Historie und Historiker in den griechischen Inschriften*，E 7.

写了一部著作，却以不同的方式被描述出来。但即使是最简洁的阐释也认为不同的主题模式代表了不同著作。锡瑞斯库斯的毕生之作都在这段文字中被歌颂了，他作为这些著作的作者也得到了认可和感激。一开始时，他写的"女神显灵"看上去很像著名的《林多斯编年史》(Lindos Chronicle)中的显现部分，它讲述地方守护神在该城镇过去遭受危机的时刻出现，并强调了供奉者与狂热崇拜神祇之间的联系，那就是为了纪念神的显现，人们会在神殿里摆上供品。① 而供奉物通常都是从战场上带回来的战利品，因而有助于在林多斯社区的"文化回忆"中保存先前的战果。② 我们至今仍不清楚哪些事件与博斯普鲁斯国王有关联，以及城镇中有哪些捐赠，人们似乎认为该段文字在暗示切索尼索斯和邻邦建立了外交联络，这有助于他们应对公元前3世纪后半期蛮族进攻的威胁。③

　　但是更值得注意的一点是，锡瑞斯库斯的史学从一开始便不仅要详述切索尼索斯在本都(Pontus)的位置，还要确保他的家乡得到适当的尊敬，也就是要人们认可并感激他的家乡帮助管理了本都北部地区。这最有可能是"蓄意的历史"，其历史著作专注于地方拥护的任务。还需要注意的是，锡瑞斯库斯的历史实际上是通过他的吟诵传达给世界的，也就是逐字地"读出来"。而且，至少就"女神显灵"部分而言，锡瑞斯库斯在写作时付出了极大努力——注意他的"对勤勉的热爱"('love of industry')。"辛劳"或"努力"的概念对希腊传统伟大史家的史学事业来说一点也不陌生，④修昔底德就在第一卷的纲领性叙述中说他正在"辛劳"地追寻历史事实

211

---

① 锡瑞斯库斯与林多斯编年史所述事件之间的相似之处最先由罗斯托夫采夫指出，见 M. Rostovtzeff, 'ἐπιφάνειαι', *Klio*, 16(1920), 203 - 206。

② Angelos Chaniotis, *War in the Hellenistic World*(Oxford, 2005), 222 - 223, 234 - 235.

③ Jurij G. Vindogradov, *Pontische Studien: Kleine Schriften zur Geschichte und Epigraphik des Schwarzmeerraumes*(Mainz, 1997), 56, 95. S. J. Saprykin, *Heracleia Pontica and Tauric Chersonesus before Roman Domination*(Amsterdam, 1997), 217 and 227.

④ Marincola, *Authority and Tradition in Ancient Historiography*, 72, 148 - 157.

(Thuc，1.22.3)，铭文中涉及"蓄意的历史"时完整标榜的功用是它在编辑有问题的历史上所做的努力，需要指出的是，这里有问题的历史不是准确性、真实性或独特视角的问题，而是指那些与修昔底德的著作中所述有差别的历史。就像安菲波利斯的历史学家一样，我们一开始从切索尼索斯的法令中感觉到锡瑞斯库斯的主要任务是归档——检查、整理，然后汇编资料的一种工作。不过锡瑞斯库斯伟大的先辈们更多的是不得不耗费精力对史学作一番剖析（包括上面修昔底德叙述的话），因为史学家总是吹嘘他们在考察事实或寻求线索的过程中付出了很多时间和努力。这是一种初步的研究，而不是收集已经处理好的资料。我们不得不想象一个在希腊化时期，到处都是锡瑞斯库斯那样的地方史家的希腊世界。

用希腊语写成的非希腊国别史

在亚历山大大帝征服之后的一些年里，大约与后来的阿提卡史家和希腊世界其他地方史家同时，在被亚历山大征服的土地上的某些非希腊人开始用希腊语记述他们国家的过去。[①] 从某种意义上说，这些著作与当时希腊世界的地方史有着同样的目标：提倡地方性。显然，这些历史学家特别引出了这样的问题，即希腊史学原则有多快，并在多大程度上传播到了非希腊人中，以及与之相联系的，在面对希腊化和马其顿人的征服时，非希腊人对过去的看法的保存和传播问题。

212　　正如我们已看到的，事实上，在所有希腊化史学分支中，非希腊历史学家用希腊语写作可一直追溯到古典时期与希罗多德同时代（公元前 5 世纪中期）的一个人：吕底亚人克桑托斯（Xanthus the

---

① 关于这一部分，见 Dillery，'Quintus Fabius Pictor and Greco-Roman Historiography at Rome'，in John F. Miller, Cynthia Damon, and K. Sara Myers(eds.)，*Vertis in Usum: Studies in Honor of Edward Courtney* (Leipzig, 2002), 1 - 23; Dillery, 'Greek Historians of the Near East: Clio's "Other" Sons', in Marincola(ed.)，*A Companion to Greek and Roman Historiography*，i. 221 - 230。

Lydian，FGrH 765）。《苏达辞书》（T 1）说他生于公元前 546/5 年
波斯人占领吕底亚都城（萨迪斯［Sardis］）期间，毫无疑问，这一说
法源于他在其四卷本的国别史著作《吕底亚事务》（*Lydiaca*）中对
这一转折性事件的叙述。① 哈利卡那苏斯的狄奥尼修斯是我们得
以更多了解克桑托斯及其著作启发性信息的途径之一。希腊权威
史学家发现希腊人中的伊特鲁里亚人（Etruscan people，Tyrrhenoi）
的祖先曾途经吕底亚，换句话说，"伊特鲁里亚努斯"（"Tyrrhenus"）
是赫拉克勒斯和吕底亚王后翁法勒（Omphale）的儿子，而克桑托斯
不这么看：

> 吕底亚的克桑托斯，这位对古代历史的熟知程度可以和任
> 何人比肩的人，这位或可被称为对自己国家历史的了解首屈一
> 指的人，既没有在他写的历史中将伊特鲁里亚努斯视为吕底亚
> 的统治者，也没有听说米俄念人在意大利建立一个殖民地的任
> 何事；他没有对伊特鲁里亚作为吕底亚殖民地有过最起码的提
> 及，但他注意到了许多相比之下不那么重要的事。他说吕都斯
> （Lydus）和托布斯（Torebus）都是阿提斯（Atys）的儿子；他们瓜
> 分了从他们父亲那里继承来的王国，并都留在了亚洲，从他们
> 开始，他们治下的国家才有了名称。他是这样说的："吕都斯
> 之后是吕底亚人，托布斯之后是托布里亚人。他们之间的语言
> 差别很小，即便现在，他们还彼此通用许多词语，甚至像爱奥
> 尼亚人和多里斯人（Dorians）所做的那样。"（D. H. A. R. 1.
> 28. 2＝T 8＋F 16）②

这段话的重要之处在于它如何指出了希腊化时代晚期非希腊
人用希腊语写历史的许多细节。克桑托斯是一位古代史权威，他

---

① T. S. Brown，'Aristodicus of Cyme and the Branchidae'，*American Journal of
Philology*，99(1978)，69 n. 20.

② Cary translation(Loeb).

所了解的历史很可能超出了希腊历法体系之外，甚至早于希腊神话传说。而且，他是一部被明确视为"国别史"的作者，而他作为权威信息来源被认为是首屈一指的。[①] 最后，克桑托斯用希腊语写作甚至极好地展示了希腊人内部语言学上的差异（见他对爱奥尼亚人和多里安人的评论），他对吕底亚早期历史的理解与希腊人的观点不一致。狄奥尼修斯也是在他自己的叙述中继续拿克桑托斯关于早期历史的观点与赫拉尼库斯（Hellanicus）和希罗多德的相比较的（A. R. 1. 28. 3 - 4，29. 3）。我们并不知道克桑托斯开始写作的时间是否精确，但他被认为在希罗多德之前便开始著述了，[②]因此不可能对希罗多德所述任何事情有异议。尽管如此，很明显，对于克桑托斯母邦过去的重大事件，他提供的内容与我们在后来的希腊作家笔下了解到的完全不同。[③] 但据说，他的早期历史同样也包含近东和希腊神话材料：他的故事重现了提罗（Tylo）之死（被一条可致命的蛇咬死，F 3），追溯了近东奇迹般地"给予生命"之树（吉尔伽美什史诗）；其对食人的吕底亚国王卡布勒斯（Cambles，他吃掉了自己的妻子）的叙述与希腊世界的狄奥尼修斯崇拜联系了起来。[④] 正如我们不久后将看到的，在早期历史这一领域，后来希腊化时期的非希腊史家在对待自己家国的历史时采纳了希腊人的观点，并用当地人的叙述替代了他们。

通过克桑托斯，我们可以清楚地看到希腊化初期用希腊语著史的非希腊人在古典时期的先辈。在亚历山大死后的岁月里撰写这些历史的动力源于撰写蛮族历史的希腊作家，其中当然包括希罗

① Lionel Pearson, *Early Ionian Historians*(Oxford, 1939),120.

② 事实上，埃弗罗斯声称（FGrH 70 F 180），克桑托斯给了希罗多德著述的"起点"：Pearson, Early Ionian Historians, 109, 116；Oswyn Murray, 'The Ionian Revolt', in The Cambridge Modern Historians, Vol. 4：Persia, Greece and the Western Mediterranean c. 525 - 479 B. C. (Cambridge, 1988),466。

③ Emilio Gabba, *Dionysius and the History of Archaic Rome*(Berkeley, 1991),112.

④ M. Flusin, 'Deux Legends de l'ancienne Lydie d'après Xanthos le Lydien', Revue Historique，256(1976),3 - 13.

多德,但也包括像尼多斯的克特西阿斯(Ctesias of Cnidus,公元前 5
世纪晚期 4 世纪早期,他居住在阿契美尼德王朝的宫廷里,写有一
部波斯史),①以及阿布德拉的赫卡泰乌斯(Hecataeus of Abdera,
FGrH 264)这样的人。据说阿布德拉的赫卡泰乌斯凭其所写的《埃
及史》(Aegyptiaca)确立了后来非希腊史家用希腊语写作的基本结
构:"史前史"或宇宙起源/神学、涉及地理的部分、著名的统治者、
风俗。②

　　涉及赫卡泰乌斯的证据提供给我们的零碎信息很撩人心弦,但
它过于概略,甚至有时自相矛盾。一些古代作家说他是"阿布德拉
人",其他人说他来自提俄斯(Teos)。据说他在怀疑论者皮浪
(Pyrrho)那里受过哲学教育(T3a)。在众多重要途径中,他的思想
在另一位阿布德拉人德谟克利特的著作中也有体现,尤其是涉及人
类早期历史的内容,他反对传统的自黄金时代以来开始衰落的说
法,更倾向于"发展"说。③ 事实上,赫卡泰乌斯发展了关于最早期历
史的被称为"神话即历史论"('euhemerist')的观点。简言之,至少有
一些英雄式的国王(这里指法老)后来被神化,并变成了神(F 25)。

　　其他证据为我们提供了这样一个画面:一位有学识的希腊人前
往埃及,并写了一部埃及文明史。鉴于赫卡泰乌斯在亚历山大大
帝统治时期很受欢迎,之后又显然定居于托勒密埃及,我们可以说
他是一位与国王托勒密——当赫卡泰乌斯开始写作时,他还只是
"拉古斯的儿子托勒密"('Ptolemy son of Lagus'),埃及总督——同
时代的老者。赫卡泰乌斯写《埃及史》的准确时间未知,④据说他是

214

① Dominique Lenfant, *Ctésias de Cnide*(Paris, 2004).
② Oswyn Murray, 'Hecataeus of Abdera and Pharaonic Kingship', *Journal of Egyptian Archaeology*, 56(1970), 167; and id. , 'Herodotus and Hellenistic Culture', 207.
③ Cole, Democritus and the Sources of Greek Anthropology, 159–160 and n. 35.
④ P. M. Fraser, *Ptolemaic Alexandria*, 3 Vols. (Oxford, 1972), i. 496; Murray, 'Hecataeus of Abdera and Pharaonic Kingship', 143; id. , 'Herodotus and Hellenistic Culture', 207; and id, 'Hecataeus of Abdera and Theophrastus on Jews and Egyptians', *Journal of Egyptian Archaeology*, 59(1973),159–168.

第一位真正意义上的希腊化作家，"第一位受亚历山大的继承者资助并为其写作的作家"。① 显然，赫卡泰乌斯对埃及进行了深度游历，最南到达了底比斯；他在对拉美西斯神庙进行叙述时专门提到了那里的木乃伊（F 25）。② 另外，关于赫卡泰乌斯写作的时间和地点，狄奥多罗斯和约瑟夫斯都将他与托勒密联系起来，约瑟夫斯还补充说，赫卡泰乌斯不仅是用书信谏言的人，他还是参与事务的重要人物。换句话说，他是托勒密更为重要的伙友（*Philoi*［王室好友］）之一。

这里没有足够的篇幅再去详察赫卡泰乌斯的历史著作的残篇，但还需指出的是，他是向埃及本土非希腊精英（如曼涅托［Manetho］）传播希腊史学的理想候选人。在我们通过狄奥多罗斯的著作获得的残篇中，赫卡泰乌斯经常被提到直接与埃及祭司交流；实际上，非直接交流的许多部分都保留了下来，这很可能是埃及祭司对赫卡泰乌斯所作的陈述。③ 而且，他把自己塑造成希罗多德的批判者，④把自己看成通过运用更多当地史料更正以前历史学家对埃及的看法的人。他提供了组织构架比希罗多德有时令人疑惑的叙述更清晰合理的历史（F 25）。很明显，赫卡泰乌斯深知希罗多德对埃及历史的叙述，并能为其他人（包括希腊化了的埃及祭司）提供一种如何去更正、扩展，或者改进希罗多德的著作的范型。或许最关键的是，赫卡泰乌斯成功地按王表叙述了历史，这比因将建造金字塔的法老对错了号而贻笑大方的希罗多德要更成功些（Hdt，2.124 - 134）。⑤ 无论赫卡泰乌斯基于当地史料是否促进了希腊人对埃及的认识，他在埃及的被看作是回击希罗多德的行为，

---

① Murray, 'Herodotus and Hellenistic Culture', 207.

② 见 Stanley M. Burstein, 'Hecataeus of Abdera's History of Egypt', in Janet Johnson（ed.）, *Life in a Multi-Cultural Society：Egypt from Cambyses to Constantine and Beyond*（Chicago, 1992）,46，及其引用的参考书目。

③ Murray, 'Hecataeus of Abdera and Pharaonic Kingship', 151.

④ Id., 'Herodotus and Hellenistic Culture', 207.

⑤ Lloyd, *Herodotus Book II*, i. 93 - 5,185 - 189.

对其他人来说是强有力的激励。

　　我们最好将两个在希腊化时期最早开始试图用希腊语写国别史的非希腊人结合起来加以考察。巴比伦的贝罗苏斯（Berossus of Babylon，FGrH 680）和埃及赛贝尼图斯的马涅托（Manetho of Sebennytus in Egypt）都是祭司，他们都与相应的新王朝——塞琉古王朝和托勒密王朝——的王室联系密切。他们都在公元前 3 世纪的第一个 25 年里用希腊语写了关于他们文明过去的历史——贝罗苏斯稍早些（公元前 280 年左右），马涅托稍晚些。而他们都是祭司是一个意义重大的细节。在巴比伦和埃及，祭司在确立外族统治过程中发挥了重要作用，正如他们在阿契美尼德时期所做的那样。另一方面，巴比伦祭司和埃及祭司不仅仅只是协助他们土地上的新统治者进行外族统治的本土精英，他们还有自己的利益关切——最典型的是对地方宗教的维持和其自身地位的保持，这些利益确保他们视提倡他们自己的文化为己任，而他们主要通过担保他们的新统治者统治合法化来做到这一点。①

215

　　贝罗苏斯和马涅托都将他们所著的史书仅分为三卷（这是一个壮举），从而分别对巴比伦文明或埃及文明进行了历史考察。关键是，他们各自把王表扩展到了最早的时期——这显示巴比伦和埃及都是极其古老的文明。② 因此，贝罗苏斯和马涅托都可以将他们的历史起点推到希腊人的历史起点之前——这一点在他们残篇的最重要读者和传播者犹太历史学家约瑟夫斯的身上并未遗失。③ 约瑟夫斯在其论史学的论文《驳阿庇安》（Against Apion）中使之形成了一个观点，他指出（Ap，1.6-8）："一个人会发现，希腊世界的所

① Dillery, 'Greek Historians of the Near East', 228-230.
② 美索不达米亚的苏美尔王表和埃及的巴勒摩石碑都回溯到了公元前 3000 年前。
③ Tessa Rajak, 'Josephus and the "Archaeology" of the Jews', in ead. , *The Jewish Dialogue with Greece and Rome*（Leiden，2001），241-255，另见本卷中乔纳森·普瑞斯（Jonathan Price）的论述。

有事都是近期——昨天或前天——发生的。"但尽管贝罗苏斯和马涅托有着古老的编年体系，但在构建年表时，他们都在他们文化的学术规范方面有所创新。贝罗苏斯将古代圣人的名单融进了王表中，包括洪水期之前的国王，而且他把巴比伦塑造成大洪水期之前（太古时期）的一座城市。马涅托制作了完整的法老年表，其中包括那些因为这种或那种原因被认为不合法的法老，他同时还将之与希腊历史相对照。王表帮助贝罗苏斯和马涅托梳理了他们国家的历史，而他们也由于他们所处的时代和处境对王表制定有所创新。贝罗苏斯试图优先强调巴比伦的智慧传统，而且，他还试图强调本土的巴比伦。马涅托则试图呈现一个可被人理解的埃及王权，也试图将埃及与希腊的过去联系起来——适时确立埃及的优先性，之后将它作为希腊传说中的重要人物的来源。新的非本土统治者的出现是这种革新的原因。

或许贝罗苏斯的《巴比伦史》（*Babyloniaca*）和马涅托的《埃及史》（*Aegyptiaca*）最重要的特征是将传统的叙述融入编年史框架。在贝罗苏斯的著作中，一个叫"欧安尼斯"（Oannes）的鱼人在"红海"（波斯湾）中出现，它为最早期的人类提供了文明的艺术，但它也以《埃努玛·埃利什史诗》或《巴比伦的起源》的形式告诉他们洪荒初辟的故事（FGrH 680 F 1；*ANET*[503] 60 - 72，501 - 503）——所有这些就是"第一年"，甚至在第一个国王产生之前。贝罗苏斯同样也讲述了洪水的故事，借用了苏美尔人的名字作为抵抗洪水的英雄（Xisouthros＝Sum. Ziusudra），这个名字是阿特拉哈西斯（Atrahasis）或乌塔那兹匹姆（Utnapishtim），一个不太平常，后来也不被使用的名字（F 4；*ANET*[3] 104 - 109，512 - 514）。① 类似的，在我们通过约瑟夫斯获得的许多长篇残篇中，马涅托回顾了希克索斯人（Hyksos）对埃及的入侵，其细节被约瑟夫斯拿来与圣经中以色列人埃及被囚和出埃及记联系了起来（FGrH

---

① James B. Pritchard, *Ancient Near Eastern Text Relating to the Old Testament* (3rd edn, Princeton, 1969).

FF 8 - 10a＝Jos, *Ap*. 1. 72 - 105,223 - 253)。

　　洪荒初辟和洪水自然是美索不达米亚的主要神话,它有助于解释世界秩序的形成。在贝罗苏斯的叙述中,所有信息都被处理成欧安尼斯对最早期人类的教育,"我们从那个时代中还没有发现其他的"。而且,贝罗苏斯在他的历史中谨慎地指出大洪水之前的人是用何种智慧得以在洪水中幸存下来的,并最终延续到他自己的叙述——追根溯源,这是近东常见的学术惯例。[1] 通过暗示,希腊知识乃至其背后的马其顿人的权力都被呈现得像古巴比伦的荣耀一样永恒。就马涅托而言,他所叙述的希克索斯人入侵的历史不过是在"埃及人的世界观"中处于核心地位的反复叙述的一个传说——它有助于界定统治者的统治是否合法,甚至埃及基本的"社会结构"。[2] 当合法的国王统治埃及,玛特(Ma'at),或恰当的宇宙秩序,甚至包括尼罗河每年的洪水泛滥都会井然有序;当国王不是诸神的合法继承人,那么混乱就会降临到这片土地上。希克索斯人就是不合法统治者的典范,埃及的任何外族统治者都可这样适用。马涅托在托勒密王朝统治早期详述希克索斯人就是强有力的指示:如果新国王能够成为埃及本土祭司的好的聆听者,并学习如何去成为一位真正的法老,那么所有事情都会相安无事;如若不然,他们只会成为最新的希克索斯人。

　　事实上,贝罗苏斯和马涅托的解释有许多自相矛盾之处。难道他们仅仅是著书以帮助他们土地上新统治者学习如何统治的古代"区域研究"者吗? 或者,正好相反,就像我们在贝罗苏斯的王朝预言或曼涅托的陶罐上的波特神谕那样具有民族主义性质的预言文本中所发现的,难道他们是自己国家历史的积极提倡者吗?[3] 就这种意义而言,贝罗苏斯和曼涅托的历史都可被看成乔纳

217

① Dillery, 'Greek Historians of the Near East', 223.

② Jan Assmann, *The Mind of Egyt*: *History and Meaning in the Time of the Pharaohs*, Trans, Andrew Jenkins(New York, 2002), 197 - 198,399.

③ Samuel K. Eddy, *The King is Dead*: *Studies in the Near Eastern Resistance to Hellenism*, 334 - 331 BC(Lincoln, 1961).

森·Z. 史密斯（Jonathan Z. Smith）所说的"典型的启示录"（'proto-apocalyptic'）。[1]

　　可以肯定的是，与贝罗苏斯和马涅托同时代，但比他们更早的一位希腊人麦加斯提尼（Megasthenes，FGrH 715）写了一部印度史，其目的似乎是阻止塞琉古王朝去征服旃陀罗笈多（Chandragupta）帝国，因为它当时过于强大。[2] 贝罗苏斯和马涅托的成功使美索不达米亚盆地的人们用希腊语和希腊史学方法更多地讨论更久远的人类历史成为可能。这当然也是约瑟夫斯作为一位在外族统治他的国家期间用希腊语写作的祭司兼历史学家的看法。在整个古代，第一语言不是希腊语的历史学家都会继续写他们当地的历史——或许最明显的是罗马帝国最早的罗马历史学家。

大事年表/关键日期

公元前 323	亚历山大大帝之死
公元前 320	亚历山大的将军们在特里帕拉德苏斯（Triparadeisus）聚首；亚历山大的帝国分裂
公元前 305	亚历山大的将军们在他们的王国确立王权
公元前 305—前 168	位于希腊和马其顿的安提柯王国
公元前 305—前 64	位于亚洲的塞琉古王国
公元前 305—前 30	位于埃及的托勒密王国
公元前 301	伊普苏斯之战：此战之后，重新统一亚历山大的帝国已不可能
公元前 197	锡诺斯克法莱战役（Battle of Cynoscephalae）：虽然马其顿直到公元前 148 年才变成是罗马的一

---

[1] Jonathan Z. Smith, *Map is not Territory：Studies in the History of Religions* (1978；rept. Edn, Chicago, 1993), 67 - 87, esp. 79.

[2] Susan Sherwin-White and Amelie Kuhrt, *From Samarkhand to Sardis：A New Approach to the Seleucid Empire*(Berkeley，1993), 93 - 7.

个行省,但罗马在此役之后已开始在巴尔干半
岛获得宗主权

公元前 146　　　　罗马攻陷科林斯;此后希腊再也没有独立于罗
马权力之外的地区了

公元前 133　　　　位于亚洲的帕迦马王国被阿塔鲁斯三世(Attalus
III)遗赠给罗马

公元前 31　　　　亚克兴战役(Battle of Actium);最后一个继承
者王国(托勒密王朝)落入罗马之手

218

主要史料

Chaniotis, Angelos, Historie und Historiker in den griechischen Inschriften(Stuttgart, 1988).

Jacoby, Felix, *Die Fragmente der griechischen Historiker* (FGrH) (1923 - 1958); rev. and trans. As *Brill's New Jacoby*(BNJ), ed. Ian Worthington(Leiden, 2006 -).

Edelstein, L. and Kidd, I. G., *Posidonius*, 3 Vol. (Cambridge, 1972 - 1988).

Fortenbaugh, William W. and Schütrumpf, Eckart(eds.), *Dicaearchus of Messana: Text, Translation, and Discussion*(New Brunswick/London, 2001).

参考文献

Marincola, John (ed.), *A Companion to Greek and Roman Historiography*, 2 Vols. (Oxford, 2007).

Meister, Klaus, Historische Kritik bei Polybios(Wiesbaden, 1975).

Pédech, Paul, *Le Méthode Historique de Polybe*(Paris, 1964).

Sacks, Kenneth, *Polybius on the Writing of History* (Berkeley, 1981).

Walbank, F. W., A Historical Commentary on Polybius, 3 Vols. (Oxford, 1957 - 1979).

——*Selected Papers: Studies in Greek and Roman Historiography* (Cambridge, 1985).

李　月　译　陈　恒　校

第九章　约瑟夫斯

约拿单·普赖斯(Jonathan J. Price)　文

在希腊罗马的古代,很难找到第二位作家像约瑟夫斯那样知悉两种不同的、相互独立的修史传统——就约瑟夫斯而言,是希腊传统与圣经传统——并且把这二者结合在统一的历史著作之中。本章并不是关于约瑟夫斯的总体性导论或是对其著作的概述,而是评价他在希腊—罗马、圣经或是犹太修史传统中的地位。作为一名犹太祭司、自封的先知以及自我任命的犹太教之阐释者与捍卫者,约瑟夫斯用希腊语创作并改写了从圣经时代到他所处时代的大量历史记述,同时使用了希腊的文学模式以及圣经关于历史方向与目的的概念。作为罗马帝国中使用希腊语详细记述罗马历史中核心事件的历史学家,他直接并公开效仿修昔底德:宣称严格坚持客观真实,征引众多的古典作家,一丝不苟地追寻原因,采用希腊的修辞技巧和修史主题,对历史进程中的命运(*tyche*)这一希腊观念充满敬意,并且把犹太的概念和特别事件转变为希腊和罗马的方式。然而,就他关于历史进程的概念、往昔的意义及其与当下的联系,以及神明在人类历史中的作用等而言,他依然深深植根于他的犹太出身之中。在使某些时候具有对立需求的不同受众满意、劝服并教育他们的尝试中,在把大量不同方面的材料捶打成一致记述的尝试中,约瑟夫斯发现了一些灵巧的解决方案,尽管有时失败。他深知希腊与犹太修史传统之间的差异,甚至坦率地讨论这个问题。作为一名犹太的史学家,约瑟夫斯反映了他所处时代犹太争论和思想的潮流,这种潮流关乎犹太人全心关注的存在性问题。与此同时，作为一名罗马的历史学家，约瑟夫斯反映着来自行省的罗马观点，而他正是在罗马城里撰写出了他的所有作品。

一位历史学家的生平

弗拉维乌斯·约瑟夫斯生活在一个重要的世纪，他的人生见证了该世纪那些最重要的历史事件。当犹太圣殿（Jewish Temple）被毁而犹太教（Judaism）永远从一种以圣殿为中心的崇拜转变为一种建基于会堂的宗教时，他正身处耶路撒冷。他见证了弥赛亚运动（messianic）的发展，包括耶稣去世后第一、二代的基督徒以及圣殿被毁后这类运动的命运。当罗马元首制的第一个王朝，即朱里亚—克劳狄王朝，走向终结之际，他正身处韦伯芗的军营之中，此时的韦伯芗正受到召唤，前往意大利建立第二个王朝，而约瑟夫斯在弗拉维家族统治的整整 26 年间都身居罗马，并且见证了这个王朝的终结以及罗马王公的第三个王朝兴起。

约瑟夫斯人生的风云变幻在很大程度上解释了他的历史书写：他的主题、他的方法论、他的语言和修史模式（historiographical models）、他的哲学/神学观点，以及他预期中的受众（audiences）。在关于约瑟夫斯大约 150 年的学术研究中，约瑟夫斯生平（life）的细节被反复使用，决定性地解释他所撰写的全部内容，甚至细致到单个句子和词汇选取的层面，遑论叙事的片段以及全部的作品，好像它们源于某些护教的目的或是其他一些个人目的（这类指责通常并不合适），这点不假。在研究约瑟夫斯的学者中，上述的研究倾向往往令人生厌，甚至有欠公平，但出现这样的情况也并非不合理，因为约瑟夫斯本人在用他的生平捍卫他作为历史学家的可信性、解释其作品的目的和内容的过程中，使大家的注意力集中到了他自身的背景之中。

与希腊和罗马的其他历史学家相比，约瑟夫斯生平的详细内容可谓相当为人所知，尽管关于他全部有价值的信息几乎都来源于他的作品；在他活着的时候，约瑟夫斯似乎并未受到特别的关注。他著作保存的完善状态同样也是非同一般：他的整部希腊语作品以多卷手稿的方式传递给我们,这主要归功于一些基督教学者,他们热衷于保存约瑟夫斯所写的每个词,用以确证他们自己历史和神学观点。

在他第一部以希腊语发表的作品《犹太战记》(*Bellum Judaicum*, BJ)的第一句话中,约瑟夫斯把自己介绍给了希腊—罗马的公众读者。这句话具有较大的启迪意义,我们在本章中常常会用到这句话:

> 就记述犹太人反抗罗马人的战争——这场战争不仅是我们这个时代规模最大的战争,而且几乎是有史以来记载的规模最大的战争,无论是城邦之间的还是民族之间——[的历史学家]而言,某些人没有亲历其事,完全靠一些毫无根据、自相矛盾的故事,便作了断章取义的记录;另一些人亲历了这场战争,但他们或是出于对罗马的谄媚,或是出于对犹太人的中伤而篡改事实,这些作品的某些地方是谄媚之词,另一些地方则是污蔑之语,独独没有准确的历史。有鉴于此,为了罗马帝国居民,我将致力于把我之前用母语写就递呈给遥远异族(蛮族)的记述(account)翻译为希腊语——我,马蒂亚之子约瑟夫斯,一名来自耶路撒冷的祭司,最初亲身与罗马人战斗,之后却不幸地变成这一事件的见证者。
>
> (《犹太战记》1.1)

从这里我们看到,首先,约瑟夫斯作为马蒂亚胡之子尤瑟夫(Yosef ben Mattitiyahu)出生于耶路撒冷的祭司家庭。稍晚,在他写于大约25年之后的自传中——此时已接近他人生的终点,他清楚地表达了他祭司地位的重要意义:"尽管不同的种族把宣称他们高贵(*eugeneia*)主张建立在不同的基础上,对于我们来说,同祭司阶层的联系是显贵世系的标志",他接着讲到他的家族属于最初之24班次的祭司,这是"一群具有殊勋之人"(《自传》1)。① 实际上, 221

① 从此注释开始,除了特殊标明,所有约瑟夫斯作品的翻译均取自洛布古典丛书。

他的世系的确高贵：他母亲一方可以追溯到哈斯蒙尼（马加比）的家系，他的高祖曾与哈斯蒙尼家族之约拿单的女儿结婚，而这一家系最初可以追溯到大祭司集团（《自传》3—5）。[1] 约瑟夫斯进一步讲述，他接受了全面彻底的犹太教育，还在孩童之际，他便因某种神童的迹象使自己不同于众人，由于掌握了文献和传统的要义，以至于"城市中的高级祭司和领袖"向他咨询律法（law）问题。即便考虑到夸张的成分，我们依然可以认为约瑟夫斯的教育是以圣经为中心，特别是成文《托拉》（Torah）、口传律法（oral law）以及在当时发展出来的圣经评注；作为一名祭司，他应该特别接受过关涉圣殿事务之律法和仪式的全面训练。约瑟夫斯大约在16岁时完成了他的教育；他说道，是时，他迅速地经历了犹太教三大宗派——撒都该派（Sadducees）、法利赛派（Pharisees）和艾塞尼派（Essenes）——的教育，之后花了三年时间追随一位名叫巴努斯（Bannus，余况不明）沙漠苦修者，19岁时他返回耶路撒冷，决心"用法利赛派的律法规范自己的生活，这一宗派具有的某些特点与希腊人所说的斯多亚派相似"（《自传》12）。

在约瑟夫斯使用希腊语最初发表的作品中，他披露的另一个事实是：在公元66年，他最初参加了犹太人在犹太反抗罗马人的起义。起义爆发时，约瑟夫斯只有29岁，然而由于他贵族等级的高贵出身，他被授命担任犹太革命政府的最高职务之一：加利利与伽姆拉总督（《犹太战记》2.568）。有关他在这一职位上的最终失败，约瑟夫斯在《犹太战记》和《自传》中撰写了大量辩解性的内容，这两部记述在一定程度上相互矛盾，且侧重不同。[2] 很明显，约瑟夫斯要在两方面同时对敌：一是67年春侵入的罗马军队，一是在加利利和耶路撒冷两地他的犹太对手和反对力量，这些人致力

---

[1] 在这段信息中，存在一些极度不可能之事，在这里我们将不再赘述。约瑟夫斯精心阐述的、由"公开记录"的材料所支持的世系，是为了回应那些"打算污蔑我家族的人"（《自传》6）。

[2] 最权威的经典是 Shaye J. D. Cohen, *Josephus in Galilee and Rome：His Vita and Development as a Historian* (Leiden, 1979)。

于阻挠他(《犹太战记》2.569-647,3.59-63,110-408)。67年初夏,在下加利利城镇约塔帕塔(Jotapata),约瑟夫斯作为暴动一方指挥官的生涯突然结束,那时他被罗马将军韦伯芗所困。他在那里主持了一场英勇的防卫(他自己所描述的),而这场抵抗最终不可避免地失败,他最终逃进了一座山洞,此外还有其他40人藏在那里。很快,他在洞中被俘并且通过特殊的托辞保全了性命(见下)。

约瑟夫斯身处罗马军营直至公元70年战争结束,在那里,他作为发言人为俘获他的罗马人建言服务。此外,在《犹太战记》中,他描述自己坚持不懈地劝说耶路撒冷的极端犹太反叛领袖在圣城和圣殿毁灭之前放弃反叛。他与这些领袖的辩论主要是宗教性的——这场犹太内部的辩论围绕着正确解释上帝的当下意图而展开;从《犹太战记》中,我们详细了解到这场对话中约瑟夫斯一方的某些内容。然而,被说服的可能性并不存在,《犹太战记》的读者会感到见证人约瑟夫斯与日俱增的绝望与恐惧——在细节上稍做修改后的罗马人也是如此——这样,记述的进程不可阻挡地到达了灾难性的结局:最终阶段饥荒的灾异以及被围困者之间持续不断的内争;圣殿的毁灭,与之伴随的是大灾之中所有骇人的景象和声音;一个月之后整座城市被夷为平地;在圣殿区内向罗马军旗的献祭;由提图斯在凯撒利亚·腓力比、贝鲁特以及叙利亚全境各城提供的残忍的公开展示;以及弗拉维在罗马的凯旋式。

抵达罗马后,约瑟夫斯取得了罗马公民权——包括他的新名字提图斯·弗拉维乌斯·约瑟夫斯(Ti. Flavius Josephus),一笔抚恤金,以及在韦伯芗一所故居的居住权(《自传》423)。他在那里著史,度过了他剩下的大约30年(去世的确切时间未知)。不过,他在罗马的生活并非全然平静:他的作品充满了为犹太人的辩护(尽管并不是全部内容),针对广泛而恶毒的诽谤、无知以及误解;与此同时,他本人还要花费大量的时间为自己辩护,针对由罗马人和犹太人带来的两类相互矛盾的指责:他依然是个不知悔改的

222

叛乱者,依然(在罗马!)鼓动对抗罗马,以及他对自己的民族而言是叛徒。

著述者与其读者

　　约瑟夫斯是位多产的作家。在居于罗马漫长时期,他出版了一部亚兰语(Aramaic)作品和四部希腊语作品,创作的速度合计每年超过一"章"或卷。他的 4 部希腊语著作代表了四种不同的类型。第一部《犹太战记》共 7 卷,这是部当代史作品,基于亲眼见证的记录和当时的文档,以修昔底德的风格讲述了公元 66—70 年犹太人反抗罗马的情况。[①] 在这部作品的第一句话中,他述说了他作为当代历史学家的资格和适宜身份,他在自己人生终末又重复了这一主题:"作为那场战争的撰史者,我的资格在于是许多事件的参与者,而且是大部分事件的见证者;简言之,没有什么说过或做过的事情我不知道。"(《驳阿庇安》1.55)其次,在公元 79 年或者至晚公元 81 年《犹太战记》发表之后[②],约瑟夫斯花费 15 年时间撰写了 20 卷的《犹太古事记》(*Antiquitates Judaicae*,*AJ*)——这部全景性的记述包括从创世开始到公元 66 年的全部犹太史。约瑟夫斯将他的《自传》(*Vita*)作为《犹太古事记》的附录发表,然而,这部作品并未像古代的自传体裁那样提供他人生的记录,而是出于非常狭隘的辩护目的,主要聚焦于他担任加利利将领的 6 个月的时期。最后,在 90 年代末,约瑟夫斯撰写了通常以"驳阿庇安"(*Contra Apionem*,*CA*)这一不太适合的标题为人所知的作品,这部作品共两卷,捍卫犹太人的古代传统以及他们文学和政治文化方面的优长,炫耀性展示了他的学识,同时驳斥了许多针对犹太

223

---

① 这部记述实际起始于公元前 171 年哈斯蒙尼起义(约瑟夫斯认为两场起义有着深层的因果联系),并且一直延续到公元 73/74 年马萨达的陷落。

② Christopher P. Jones,'Towards a Chronology of Josephus',*Scripta Classica Israelica*,21(2002),113 - 121.

人的恶毒诽谤。这部作品的类型存在争议,①不过它的类型肯定不同于之前三部作品。约瑟夫斯还宣称(《犹太古事记》20.268)他已经拟好计划撰写另一种类型的文献作品:4卷本的关于犹太信仰上帝以及支配犹太人生活的律法的阐述性作品。约瑟夫斯完成的4部作品中的每一部都是在希腊式的外表下深藏着犹太本质。

　　很明显,约瑟夫斯是怀着强烈的书写冲动抵达罗马的。他的弗拉维家族庇护者并没有强迫他书写任何东西。通过使用他自己的两种本地语言——希伯来语或亚兰语——之中的任意一种而进入到书面争论之中,约瑟夫斯可以很容易地满足自己的文学诉求或是对意义的追寻。借由两种语言已经建立起一个不断发展的文学系统:包括史传、诗歌、米德拉西以及小说,还有对《圣经》的扩展性文献。实际上,甚至在其希腊语《犹太战记》之前,约瑟夫斯的首部作品便是用亚兰语记述的犹太起义的历史,他还把这部作品“递呈给遥远异族”(《犹太战记》1.3),罗马帝国最东边的居民甚至是幼发拉底河对岸的邻人——“帕提亚人、巴比伦人、最遥远阿拉伯部落,还有幼发拉底河对岸的犹太人和阿迪亚波纳(Adiabene)的居民。”(《犹太战记》1.6)约瑟夫斯的目的很明显,即是以他们自己的语言给他们留下罗马帝国伟大强盛的深刻印象,附带的模糊信息则是试图反抗罗马帝国的统治无法奏效。然而,这部亚兰语版本的作品却没有以任何形式保存下来。

　　然而,在他用自己的本地语完成最初的历史著作之后不久,他便听到了使用希腊语的“著史的召唤”。② 尽管有大量使用希腊语

224

---

① 见 John M. G. Barclay, *Against Apion*, *Translation and Commentary* (Leiden, 2007), pp. xxx‑xxxvi;以及 Steve Mason, '*Contra Apionem* in Social and Literary Context', 收于 L. H. Feldman and J. R. Levison (eds.), *Josephus' Contra Apionem: Studies in its Character and Context* (Leiden, 1996),187‑228, at p. 217ff., 认为《驳阿庇安》是一部哲学劝导书。

② 这一说法出自 John Marincola, *Authority and Tradition in Ancient Historiography* (Cambridge 1997),34。

的犹太史著先例，①约瑟夫斯的选择对于他这样背景的犹太人而言依然不易。他亲口承认他不得不在罗马付出艰辛的劳动去完善他的希腊语并尽其可能去阅读大量古典和当时的文献，而在这样做的时候，他总是小心坚持他在耶路撒冷生活和教育时所接受的规范和精神。正如他本人在《犹太古事记》末尾所写的：

> 我的同胞承认，在犹太学识方面我远胜他们。尽管使用我本土声调的积习妨碍我准确地发出希腊语音，但在获得希腊语法知识之后，我还是艰苦努力以进入希腊散文和诗歌的领域。我的族人并不喜欢那些掌握各族说话方式的人，或是那些用平滑发音修饰其风格的人，因为他们认为这种技能不只是普通的自由人就能掌握，甚至连有志于此的奴隶也能办到。不过，他们独独赞誉那些拥有智慧的人，这些智者能够准确地掌握律法的知识并能解释圣书的涵义。

需要注意的，是在显示出以希腊语而奋斗之前，他表明了对犹太文献和传统首要性的确认，这点在他整个人生中贯穿于他的作品。尽管在希腊语方面能力有所欠缺，尽管有语词的陷阱和主宰真理的格调——这些更为重要，约瑟夫斯依然用希腊语著述。就阻止未来可能的叛乱——特别是在犹太人中——而言，希腊语的《犹太战记》与原本的亚兰语版本在一定程度上拥有共同的目标，因为《犹太战记》的许多部分读起来都像是犹太内部争论的片段，争论的主题包括战争的意义、圣殿被毁的神学含义，以及犹太人是否得到上帝之许可继续反抗他们的罗马统治者这一一直延续的问题。然而，约瑟夫斯这位希腊语作家，还有其他目标。这些目标在《犹太战记》的开篇也揭示出来：已经使用拉丁语和希腊语来书写犹太起义的历史学家因无知和偏见而歪曲事实，约瑟夫斯为此而愤怒，

---

① Schürer，*The History of the Jewish People in the Time of Jesus Christ*，509 - 558.

他打算纠正那些明显的错误,并回应针对犹太人的诽谤。从开篇的这句话中,我们还能感觉到约瑟夫斯依然在思考去解释他本人在战争中的角色,而这点自然引发出一些紧要的问题。

这类同样的主题引导着约瑟夫斯随后的所有著述。[①] 不过,他全部作品包含着多重的主题和目标,面对的是各种具有不同兴趣和背景的听众(audiences),就这方面而言,约瑟夫斯的主题之间并不总是相互协调的。就约瑟夫斯而言,其预期受众的问题无疑十分复杂——其复杂性无疑大于主流的希腊历史学家,或许也大于以希腊语记述东方历史的其他已知实例。就约瑟夫斯而言,他的作品同时针对:

A. 受过教育的希腊罗马受众,怀着辩解和说教的目的,对犹太人反抗罗马进行解释,对犹太教、犹太教的践行(practices)、教义(teachings)、信仰(beliefs)、机构(institutions)进行解释和正名。

B. 同上的受众,反驳各种对犹太教的误解和中伤攻击。

C. 他的弗拉维家族庇护者(patrons),赞颂他们的成就并阐明战争及其可怕的后果(这点最突出地呈现于《犹太战记》,但不排除其他作品对之有所呈现)。

D. 罗马帝国东部能够阅读希腊语的居民,以便为与罗马通融正名。

E. 罗马人和犹太人,以提供他本人的辩解。

F. 犹太受众,怀着坦率地辩论和规劝的目的;从神学基础上消解进一步叛乱动员的合法性,并且证明其敌人的虚伪(个人层面与意识形态层面)。

G. 犹太受众,应对神学困境,这种困境在圣殿被毁之后使这些受众深感痛苦。

结果就是:约瑟夫斯作品的不同部分——这些部分都在同一部

225

---

① 《犹太古事记》《自传》和《驳阿庇安》都包含对《犹太战记》准确性和完整性的辩护。例如《犹太古事记》20.258,《自传》,特别是 361 - 367;《驳阿庇安》I. 46 - 47。

作品之中——书写出来以吸引并教谕这些不同的受众。当约瑟夫斯处在最佳状态时，他能够在同一段话中，甚至在同一句多义的语句中，同时满足不只一类受众的需求。[①]

希腊式的历史学家

由于拥有坚实的圣经基础，约瑟夫斯已经拥有了一种叙史范型（《创世记》—《列王纪下》），这种范型（无论它是否呈现出最终形态）在希腊人的历史书写之前已经被发展出来。圣经的作者最先创作出了关于过去的具有一致性和修辞规划的散文体叙述，其中蕴含着随时间流逝的意义感，这一叙述建基于各种材料（口头的、书面的、档案的），推导事件之间的因果联系，以心理的深度描述历史人物，而且其建构的叙述之声明显不同于活动于历史的人物之声。[②] 这一叙述的真实性是被认定的：完全没有必要对这份或这些叙述进行强烈而精心的辩护（无论如何，圣经的叙述者依然是无名的）。此外，圣经历史叙述设定存在具有天意的上帝，他引导并介入历史，同人类发生互动并影响他们的决定，惩恶奖善，并且他具有一个全盘性的计划。这种历史的意识深远而且无处不在，只有通过过去才能理解当下：甚至连规范日常生活的诫命和律法、主要的节日，诸如对待奴隶、客居者这样的社会规范以及对安息日的遵守，所有这些都是借由回想历史事件而得到解释并获得应然性。《托拉》与之后史书中的历史事件是统一的整体，它被设想为一直延续到未来：历史叙述本身责令把这些塑造民族的历史事件教授

---

① 然而，约瑟夫斯著作在其在世之际是否被人广泛阅读是有问题的。见 Jonathan J. Price, 'The Provincial Historian in Rome', in Joseph Sievers and Gaia Lembi (eds.), *Josephus and Jewish History in Flavian Roman and Beyond* (Leiden, 2005),101 - 118。

② 参见 Y. Amit, *History and Ideology: An Introduction to Historiography in the Hebrew Bible* (Sheffield, 1999) 以及 *Reading Biblical Narratives: Literary Criticism and the Hebrew Bible* (Minneapolis, 2001)的饶有助益的分析处理。

给每个人的孩子,使得过去成为永恒的当下(《出埃及记》13.8—10;《约书亚记》4.21—24)。

因此,约瑟夫斯来到罗马,不仅带着一种分析历史叙述的范型,而且带着一种关于历史及其意义的突出的圣经观念。然而,他选择用希腊语来书写,与之相伴的是完全不同的社会习俗和文化预设——这不是《七十子译本》的希腊语而是修昔底德的希腊语。约瑟夫斯深入希腊语不仅是细致地学习句法、语法和文体,而且还要研究散文和韵文中各种类型的文献体裁和技巧。很多迹象表明他阅读广泛(如果不是深度的);[1]他学识的广博性尤其体现于《犹太古事记》,在这部作品中他征引了大量知名和相对不甚出名的作品。至少在表面上,他的两部历史巨著,《犹太战记》与《犹太古事记》,是依据希腊的历史书写规范创作出来的。

正如前文所述,《犹太战记》是约瑟夫斯由原初的亚兰语版本"翻译"出来的。然而,很明显我们目前的希腊语版本不准确,甚或大约地译自于亚兰语版本,因为希腊语版本中包含的许多内容不会让亚兰语受众感兴趣或者与他们相关,对犹太人而言更是如此,比如用希腊哲学的外衣解释犹太习俗和信仰;为了回应希腊—罗马人的错误印象而对犹太教和犹太史作出解释和正名;大量涉及希腊哲学以及从希腊文献中征引的内容;为外部人士的好奇心而离题去描写巴勒斯坦自然史和地理志,等等。还有一点也很成问题:《犹太战记》第一卷中的内容从罗马人的视角叙述了发生在东部的事件,从马加比起义到希律之死,而这些内容是否能在闪米特语讲述犹太起义的记述中找到合适的位置呢?此外,《犹太战记》以极具希腊历史作品风格的方式写出:它对于事件的分析,追溯因果关系的语言,具有详细方法论意义的序言,特别具有希腊风格的修辞比喻与使用长篇演讲来表达记述,它格式化的人物生平梗概,历史事件对照编年,长篇具有典型特征的枝蔓性叙述,系统而准确

227

---

[1]　论及修昔底德和约瑟夫斯,特别见 Gottfried Mader, *Josephus and the Political of Historiography* (Leiden, 2000)。

的资料以及它与其他历史学家的辩论，所有这些都不像是从某种闪族语翻译而来。因此就我们现在所拥有的《犹太战记》而言，它在本质上是一部新作，只与原先的亚兰语版本存在某种松散的联系，它在本质上具有希腊文献的形式以及本质上与原先亚兰语版本不同的内容。

通过对照《犹太战记》中引用或提及公元前 5 世纪雅典历史学家修昔底德的内容，这部作品的希腊特性更为突出，从第一句话便是如此：约瑟夫斯宣称犹太战争"不仅是我们这个时代规模最大的战争，而且几乎是有史以来记载的规模最大的战争，无论是城邦之间的还是民族之间"。这句话让人回想起修昔底德关于雅典和斯巴达之战的著名陈述："这是希腊人历史中最大的一次骚动，同时也影响到大部分野蛮人的世界，可以说影响到整个人类。"（《伯罗奔尼撒战争史》1.1.2）约瑟夫斯一代的希腊语读者立刻就会认出这种"化用"，非但能够体会到约瑟夫斯所宣称内容的严正性，而且，通过模仿（*mimesis*）还能领会到他所宣称的以大师的客观方法和风格来书写的目标。与修昔底德相似，约瑟夫斯正在书写一场当代的冲突，而他在其中发现了永恒的意义：正是在这个意义上，它才是"最大的战争"（由此，模仿的竞争性精神来看，他超越了那位大师）。当他书写其最重要的主题和场景时，约瑟夫斯加深了他从修昔底德那里征引的内容。举例而言，约瑟夫斯描述犹太人的内部争斗（内乱，*stasis*），这是《犹太战记》的重要主题，全然是以修昔底德的套路（例如，《犹太战记》4.131—133,364；参照《伯罗奔尼撒战争史》3.81—83）。此外，耶路撒冷在战争中的第一位领袖，亚拿之子大祭司亚拿（Ananus），与修昔底德的伯里克利明显极为相像（《犹太战记》4.319—321；参照《伯罗奔尼撒战争史》2.65）；围攻耶路撒冷（《犹太战记》4—6 卷）采用的语言来自修昔底德对叙拉古围攻的描述，而约塔帕塔陷落的消息抵达耶路撒冷（《犹太战记》3.432）与海军在西西里战败的消息抵达雅典（《伯罗奔尼撒战争史》8.1）极其相似。通过对伟大的雅典史学家的援引，约瑟夫斯致力于把修昔底德的权威借用到他本人的记述之上，他借由修昔底德准确性、深刻见解和讲述真实的声名并作为他的后继——站在他的肩膀之上——期望比修昔底德本人看得更加深远。

《犹太战记》的第二位主要的希腊榜样,是公元前 2 世纪罗马的希腊历史学家波里比阿,这位历史学家的个体经历与约瑟夫斯十分相像。波里比阿曾在一场反抗罗马的战斗中担任统帅,他被俘虏并被带回罗马,居住在罗马最具权势的政治领袖的家中,成为罗马帝国不可战胜的见证,他撰写罗马史说服臣民接受这种事实,劝告他们要服从、克制。尽管在《犹太战记》中直接提及波里比阿的词句十分稀少,但毫无疑问约瑟夫斯在相当程度上认同他,并且在撰写其著作某些部分的时候把他放在头脑之中。[①] 举例来说,约瑟夫斯插入长篇枝蔓性论述探讨罗马军队便是对波里比阿的直接模仿(《犹太战记》3.70—109;参照《历史》6.19—42)。约瑟夫斯陈述了撰写这一枝节内容的目的,与波里比阿十分相似:"并不是为了赞颂罗马人,藉以抚慰那些被征服的人和阻止那些企图叛乱的人。或许,任何不熟悉这一主题的有教养的读者也都能从对罗马军队组织的记述中获益。"(《犹太战记》3.108—109)波里比阿是罗马最初的希腊历史学家之一,他的作品保存下来,这些作品以体系化的方式探讨了罗马霸权地位之原因的问题,并站在罗马的角度把这些原因不归于过度的残忍或野蛮,而是归于上苍的眷顾甚至是罗马的美德;他相信反对罗马帝国是不理性的,是自我毁灭。约瑟夫

228

---

① 约瑟夫斯并没有在《犹太战记》中提及波里比阿,但在《犹太古事记》12.135—137,358—359 以及《驳阿庇安》2.84 中却提到了他;关于波里比阿与约瑟夫斯之间的联系,见 Shaye J. D. Cohen,'Josephus, Jeremiah and Polybius',in *History and Theory*,21(1982),366 - 381;A. M. Eckstein,'Josephus and Polybius: A Reconsideration',*Classical Antiquity*,9(1990),175 - 208;F. W. Walbank,'"Treason" and Roman Domination: Two Case-studies, Polybius and Josephus',in id.,*Polybius*,*Rome and the Hellenistic World*:*Essays and Reflections*(Cambridge, 2002),258 - 276;and Gregory E. Sterling,'Explaining Defeat: Polybius and Josephus on the Wars with Rome',in Jürgen U. Kalms (ed.),*Internationales Josephus-Kolloquium*,*Aarhus* 1999(Münster, 2000),135 - 151。

斯延续着这种观点。

　　《犹太古事记》——准确地说，*Ioudaike Archaiologia*——是建立在希腊化和罗马范例的基础上，反映着把追溯城市和民族起源作为历史研究和表现主题的普遍性，这种历史研究和表现还特别伴有一种爱国或道德教诲的目的。[①] 李维立刻便出现在我们的脑海之中，然而，约瑟夫斯《犹太古事记》的题目和篇幅会让人想起哈里卡纳苏斯的狄奥尼修斯发表的 20 卷研究罗马古代的作品（*Romaike Archaiologia*），《犹太古事记》在语言上援引并模仿了他。[②] 与约瑟夫斯一样，狄奥尼修斯也是外省人移居罗马，并在那里经历长期的文学生涯。通过对神话传说的理性分析，狄奥尼修斯在他的《古事记》中试图表明罗马实际上是建基于希腊之上，然后，他赋予罗马以历史悠久之荣誉并消除了罗马根基浅薄的错误印象（狄奥尼修斯这样认为），他撰写的是关于该城和该族美德的颂词。约瑟夫斯还要胜过狄奥尼修斯：他以创世的时刻为其《古史记》的开始，这甚至比罗马和希腊神话那段模糊朦胧的时期还要早，约瑟夫斯此举既是要证明犹太人的起源最为古老，也同时定立了他历史哲学的主要原则，即在万物之中上帝是首要的。

　　约瑟夫斯另一优于狄奥尼修斯之处在于他把自己的《古事记》

[①] 在犹太文献中，《犹太古事记》是一项没有真正先例的原创性工程，尽管可能存在某些先驱。见 Louis H. Feldman, *Josephus's interpretation of the Bible* (Berkeley, 1998), 13 - 23。

[②] Herry St. John Thackeray, Josephus, the Man and the Historian (1929; repr. edn, New York, 1967), 56 - 58, 以及 Feldman, *Josephus's interpretation of the Bible*, 8ff., 引用了其他的参考书目。关于极其清楚地解释《犹太古事记》的指导，见 Tessa Rajak, 'Josephus and the "Archaeology" of the Jews', in ead., T*he Jewish Dialogue with Greece and Rome* (Leiden, 2002), 241 - 255。从总体上论述《犹太古事记》的目标和受众，见 Steve Mason, 'Introduction to the *Judean Antiquities*', in Louis H. Feldman (ed.), *Flavius Josephus: Translation and Commentary*, vol. 3: *Judean Antiquities* 1 - 4, (Leiden, 2000), pp. xiii-xxxvi; and Mason, 'Should Anyone Inquire Further (Ant. I. 25): The Aim and Audience of Josephus', *Judean Antiquities/Life*, in id. (ed.), *Understanding Josephus: Seven Perspectives*, (Sheffield, 1998), 64 - 103。

延续到了他本人所处的时代（狄奥尼修斯在布匿战争之际停止了他的记述），为的是表明过去与当下所有事件之间的联系，并贯彻上帝的道德原则支配着历史事件。约瑟夫斯断言，他的记述回溯到 5000 年前（《犹太古事记》1.13；参照《驳阿庇安》1.1），其基础是立法者摩西传下来的信息和学说，就所有人类的记录而言，没有人先于摩西；没有历史学家能够试图超越这点。

　　在书写历史时怀有综合性的视野，致力于同时展示普遍性原则和普世性目的（见下），约瑟夫斯选择书写"普世史"——这种撰史形式据说由埃弗罗斯（Ephorus）于公元前 4 世纪首创，自那时以降便享有巨大声望，极其流行（FGrH 79）。埃弗罗斯的作品没有保存下来，但波里比阿对之极其赞赏（5.33.2），后者撰写了被他本人描述为普世史（ta katholou）的作品。波里比阿解释道：由于他的主题是独一无二的历史事件——罗马在仅仅 53 年之中便征服了"几乎所有有人定居的世界"（oikoumene）——所以他需要一种前所未有的形式来书写历史——这种形式把所有的部分综合在一起加以考虑："史学家的人物是将命运（tyche）在完成这整体规划所经历的过程，置于一综合的观点之下，呈现给读者。"（《历史》1.4.2，Paton 翻译）把"命运"换成"上帝"，约瑟夫斯在《犹太古事记》中的主旨便得到非常贴切的表达，只是个中的重要差异在于个人和民族的成败通常不可测知而且根本无法预料："顺从上帝旨意的人，不违反由上主规定的律法的人，在所有的事上都兴旺发达，因为他们奖赏来于上帝的眷顾。"（《犹太古事记》1.14）正如波里比阿的《历史》，约瑟夫斯《古事记》的"普世性"并非涵盖某一段时间内世界上的所有事件，而是涵盖从创世之始与某一特定民族相关的所有事件。此外，神圣的律法被认为并非只适用于以色列，而是适用于全人类，因为这些律法反映着普世性真理。① 你不必是犹太人：那些承认真正的上帝并践行美德的人会得到奖赏。居鲁士与亚历山大，还有佩特罗尼乌斯

---

① 《犹太古事记》1.5ff.，20.260 - 261，见 Mason，'Introduction to the *Judean Antiquities*'，p. xxvii。

(Petronius)——这位罗马的叙利亚总督违抗了卡利古拉要在耶路撒冷圣殿中树立其雕像的命令，便是三位因美德而得到奖赏的杰出榜样（《犹太古事记》11.1ff，331ff.；《犹太战记》2.184ff.）。

作为祭司和先知的历史学家

230　　　　在他第一句希腊语句中，约瑟夫斯非常谨慎地提及了他的祭司身份。这点被他当作书写历史的重要资格。这里首先展示的是他的社会和政治身份，而这种身份则转变成了个人的优点和完善性。公元 1 世纪耶路撒冷的普罗大众，实际上是整个犹太社会，均由祭司寡头集团所统治——这一集团借由圣殿而得到确立——而这集团本身则被由高级祭司和包括约瑟夫斯家族在内的其他贵族祭司家族组成的小派系所统治。正如我们所见，约瑟夫斯以其值得夸耀的家谱开始了他的自传，强调说在犹太人之中，"同祭司阶层的联系是显贵世系的标志"（《自传》1）。在他的所有著作中，约瑟夫斯从来没有停止夸耀他作为贵族祭司的身份，而当与他具有相似特征的人出现在他的记述中时，约瑟夫斯总是对之进行赞颂。举例而言，亚拿之子大祭司亚拿，此人于公元 67 年在政变中被谋杀之前是耶路撒冷起义的领袖。约瑟夫斯描述他"最为审慎和明智"（*sophronestatos*），赢得了伯里克利那样的赞誉："此人在各方面均受人尊敬，具有最正直的品性，亚拿，尽管他的出身、等级以及他所得到的荣誉出类拔萃，但他却十分乐于把最卑贱的人作为平等的伙伴加以对待。"（《犹太战记》4.151，319）约瑟夫斯所想象的完美社会，即他在《托拉》之规定中所发现的，在其《犹太古事记》和《驳阿庇安》中大量探讨的完美社会，本质上是神职人员的统治，是被他称为"神权政治"（*theokratia*，或许是个原创的新词，《驳阿庇安》2.165）的祭司贵族的统治。

　　因此，在约瑟夫斯的词典里，贵族祭司的背景就意味着正直的个性，而他个人的正直则确保其历史记述的公正。希腊—罗马的读者很容易理解这点：一位历史学家正直的性格是其作为撰写者具有公正性、审慎性、准确性和道德操守的本质保障。① 约瑟夫斯的犹太受众，如果他们抛开针对约瑟夫斯个人的恶意，他的祭司身份自然是至关重要的原因。在传统上，祭司便是保存记录之人，就其本身而论，便是民族历史传统的守护者。犹太民族的记录以"一丝不苟的精确性"保存下来，约瑟夫斯写道，"不仅因为我们的祖先最先便把这一事务交给具有最高品质的人，这些人致力于献身于上帝，而且这些人极其小心地确保祭司的世系保持纯洁"（《驳阿庇安》1.29—30）。我们还将再回到这一论述。

约瑟夫斯作为历史学家的第二项资格在于他具有先知的能力，这种能力在犹太战争的关键时刻被发现了。让我们回到约塔帕塔的洞穴。② 根据约瑟夫斯的描述（《犹太战记》3.341-391），罗马人在城镇中发现了他的藏匿之处且向占据洞穴的人提出了投降条件，对此约瑟夫斯意欲接受而他的同伴倾向于自杀，予以拒绝了。在随后的辩论中，约瑟夫斯在哲理和实践上都反对自杀，但其观点并未获胜，然而他设法说服其他犹太人接受了一种自杀步骤，由此他们将依照抽签的顺序全部杀死彼此。约瑟夫斯操作了抽签，但"不知是运气还是上帝的眷顾"（《犹太战记》3.391），他是最后两个依然活着的其中之一。他说服另外一个人投降，而约瑟夫斯，作为敌对一方的将军，被押送到罗马军营中的韦伯芗统帅那里去。在

231

① Cf. Lucian, *De Scrib. Hist.* 41; and Marincola, *Authority and Tradition in Ancient Historiography*, 128-131.

② 虽然约瑟夫斯避免使用先知（*prothetes*）来形容自己，但既然他描绘自己根据一种神圣的来源而被赋予预言能力（预见性的），所以我将使用"先知"和"预言"这些术语。见 Joseph Blenkinsopp, 'Prophecy and Priesthood in Josephus', *Journal of Jewish Studies*, 25(1974), 239-262; Rebecca Gray, *Prophetic Figures in Late Second Temple Jewish Palestine: The Evidence from Josephus* (New York/Oxford, 1993), 7-34; Louis H. Feldman, 'Prophets and Prophecy in Josephus', in Michael H. Floyd and Robert D. Haak (eds.), *Prophets, Prophecy, and Prophetic Texts in Second Temple Judaism* (New York/Oxford, 1993), 210-239; and Lester L. Grabbe, 'Thus Spake the Prophet Josephus...: The Jewish Historian on Prophets and Prophecy', ibid., 240-247。就约瑟夫斯作为先知性预言者的经历，见 Gray, *Prophetic Figures in Late Second Temple Jewish Palestine*, 35-79.

那里约瑟夫斯获得启示：

> 突然他回想起这些天夜里所做的梦，在梦中上帝向他预言了犹太人迫在眼前的命运和罗马君主的定数。他是一个梦的解析者，尤精于领悟上帝模糊言辞的意义；本身作为祭司，且具有祭司血统，他没有忽略圣书中的预言。在那个时刻他受到启示解读了它们的意义，且回想起他近来梦中的可怕景象，他向上帝作了一次默祷。表达如下："既然打断你的工作能取悦你，这个创造犹太民族的，既然命运已经全然降临到罗马人头上，既然你选定我来宣告即将发生的事情，我情愿向罗马人投降并同意活下去；但我肯定求你为我见证，我出去不是作为一个叛徒，而是作为你的仆人。"

（《犹太战记》3.351—354）

注意约瑟夫斯将他阐释、书写资料和预言的知识和能力归因于他作为祭司的背景。从这时起，约瑟夫斯确定了他真相预言者的职业，它在关键时刻挽救了他的生命且后来呈现为历史书写的形式。

在他被上帝许可向耶路撒冷同胞所作的无望的恳求中，约瑟夫斯刻画了一个和耶利米非常类似的形象，且实际上他的故事和圣经中先知的故事相仿：他们都是祭司，都抱怨同时代人的罪恶且预言了上帝的惩罚和敌人的胜利；两者都被他们自己的民族所辱骂，都因逃向敌人而被指责，且他们两人都怒斥预报胜利和报应的伪先知。在一篇于公元70年对被围困在耶路撒冷的人所作的重要演讲中，约瑟夫斯甚至明确将他自己与耶利米予以比较："虽然耶利米曾高声地宣布，[耶路撒冷的犹太人]因为冒犯了他，在上帝眼中是可恨的，他们将被俘为奴，除非交出城市，且国王与人民都不处死他。然而你们……带着辱骂和投射物来攻击我这个劝诫你们来拯救你们自己的人。"（《犹太战记》5.391—393）这种耶利米式的劝诫和哀叹，与圣经文献中的语言非常近似，在《犹太战记》的第5卷，尤其是第6卷经常回荡。犹太读者应该会听出这些尖锐的回

308

声,而在罗马人的耳朵里它们则会消失。[1]

约瑟夫斯似乎还认为他与圣经中的约瑟也相当类似。约瑟也曾通过梦间接地接纳了上帝所说的即将到来的灾难的话语。约瑟夫斯自夸他娴熟于解析别人的梦;他通过梦的解析将自己从悲惨的牢狱,甚至死亡中拯救出来,且使自己被王所关注,从而被王给予了一个特权位置,由此他能拯救他的人民。如同约瑟一样,约瑟夫斯仅仅被赐予了关于未来的愿景和知识;上帝的计划是通过宣言式的,而非条件式的句子启示于他。在关键的时刻,他可能进行了几次私人祈祷(例如《犹太战记》3.353—354),甚至暗示悔改会逆转上帝的判决(虽然对此他明显不相信:《犹太战记》5.415,6.310),但这不是一个对话,而是交涉,甚至是人民与上帝间的调解。圣经中的约瑟没有规劝法老向上帝祈祷以避免持续七年的饥馑,因为那一灾难是天意;他宁愿作神的使者,来劝勉人们准备即将到来的苦难从而来拯救他的人民。约瑟有能力来说服君王;约瑟夫斯却不能说服负隅顽抗的同胞们。约瑟夫斯在外国统治者的宫廷里度过余生,中断了他(具有神圣约束力的)发出劝慰和调和的信息——甚至在耶路撒冷毁灭之后这一紧急时刻——但他个人非常悔恨,他不能像圣经中的约瑟那样有效地利用自己的优势。

约瑟夫斯自认为是祭司和先知这一行为,对于理解他深入思考和比较希腊与犹太历史学至关重要(《驳阿庇安》1.15—53)。[2] 在

---

[1] 见 Cohen, 'Josephus, Jeremiah and Polybius'; and Eckstein, 'Josephus and Polybius and Eckstein';关于先知及其在以色列历史形成和记载中的作用,见 Y. Amit, 'The Role of Prophecy and Prophets in the Chronicler's World', in Floyd and Haak (eds.), *Prophets, Prophecy, and Prophetic Texts in Second Temple Judaism*, 80-101。

[2] 关于接下来的论述,见 Jed Wyrick, *The Ascension of Authorship*: *Attribution and Cannon Formation in Jewish*, *Hellenistic and Christian Tradition* (Cambridge, Mass., 2004), chs. 2 and 3; Shaye J. D. Cohen, 'History and Historiography in the *Against Apion* of Josephus', in Ada Rapoport Albert (ed.), *Essays in Jewish Historiography* (Atlanta, 1988), I-II;以及 Barclay 对《驳阿庇安》11-40 所作的注释。

指出希腊人缺乏对他们古代历史的记载或准确的信息之后，约瑟
夫斯评论道，当涉及他们的古代历史时，希腊历史学家们通常自相
矛盾。对此他不仅将之归因于他们长期忽略保持准确记载的事
实，还归因于他们在以牺牲真实为代价的情况下竞相关注在文学
艺术上的胜出："他们选择主题往往视其能否给他们提供胜过对手
的前景而定……其他人着手批评事实或历史学家，以此来博取声
望。"（《驳阿庇安》1.25）约瑟夫斯宣称，这一方法是"完全与历史对
立的"，且他提出了历史的一种替代理论，它虽然以希腊文写成，却
让人备觉惊讶：

> 就历史的证据而言，诚实在对同一事件的描述中是一个普
> 遍的协议，不管这描述是口头的还是文字上的。相反，这些作
> 者中的每一个，给出了他们关于同一事情的有分歧的叙述，却
> 因此希望被认为是众人中最真实的。虽然因为雄辩和文学的
> 能力我们必须向希腊历史学家投送橄榄枝，但考虑到古代历史
> 的真实性，至少在涉及每一个单独的外国民族的具体历史时，
> 我们没有理由这样做。
>
> （《驳阿庇安》1.26—27）

在这番忽视了对同一事件会持不同观点之可能性的断言之后，
它依然宣称犹太民族之记载，与之相比，是在最诚实之人——祭
司——的悉心关注下得以保存，而且希伯来人的记载不含差异，其
本身是完全一致的，并未与外部资料抵触亦不为任何犹太人所争
论。约瑟夫斯甚至漠视圣经文献中出现的矛盾和不和。在他看
来，这些书之所以精确是得到了真实信息之提供者的保证：先知
们，"通过他们从上帝那里得来的灵感获取最遥远古老的历史知
识。"因此，祭司保存的犹太记载和先知书写的犹太历史，以及矛盾
记叙之缺乏，确保了圣经中历史记载的绝对真实："我们的二十二
卷书，有充分理由值得信赖，包含了全部时间的记载。"（《驳阿庇
安》1.38）

最后,约瑟夫斯详述了圣经书卷的不变性,对此犹太人是完全深爱的:

> 对每个犹太人来说,从他出生之日起,这些是本能,即视[圣经中的书卷]为上帝的法令,遵守之,且如果需要的话可以高兴地为它们而死。在现今之前,多次证明囚犯宁愿在剧场里以各种形式忍受拷问和死亡,而不愿吐一个字来反对法律和盟约的文献。为了同样的目标希腊人能忍受什么? 他甚至不能面对最小的个人损失,以保存全部收集的民族作品免遭毁灭。对希腊人来说,它们只不过是些按照读者趣味改造的故事而已。

(《驳阿庇安》1.42—44)[①]

一个希腊读者是否会理解约瑟夫斯的修辞学问题,或想知道不愿至死保卫城市的档案文件是否的确是一项个人过失,是不确定的。对一个希腊人来说,即使陌生人也会认为一项历史叙述的准确性会得到一个竞争版本和对事件阐释的驳斥。在希腊学习环境中逻辑论证和竞争是寻求真实过程中所固有的,任何在这种环境长大的人会发现希腊历史学中的智力和文学竞争是这项职业和技艺的一个自然的、毫无疑问的部分。而且在所有希腊历史学中,并未发现有人主张叙述之准确需要神的肯定。

因此,最终对一个既读过约瑟夫斯全部文集又能将分散的信息与方法和意图之说明加以整理的人来说,显然约瑟夫斯作为祭司和先知的双重身份对他自己来说是他书写历史的必不可少的资格:他接近了最好的记载和最好的权威。这些资格使他在《犹太战记》中首先成为一个同时代的历史学家:他依赖他自己的经历和观察力,而这些由于他的背景和预言能力优于其他人,他占有真实的知识,且在神的关注下能够看到即将披露的故事目的。约瑟夫斯

234

[①]　其他见《驳阿庇安》2.153,169,179,183,189,221,283,294。

不但明白同时代诸事的真实性质,而且知晓现今行动的未来结果。
其次,作为《犹太古事记》中犹太古史的历史学家,他凭藉祭司和先
知的地位很好地履行了职责,因他能出色地阐释民族的记载:犹太
人"信任那些人的智慧,他们拥有律法的准确知识,且能阐释圣经
的意义"(《犹太古事记》20.264)。[1] 在该书的序言中,约瑟夫斯带
有敬意地记录道,托勒密二世托付了将律法(托拉)译成希腊文的
事情,这对人类来说是一个很大的贡献,但这只包括《圣经》的前五
卷:他会继续这一故事,虽然任务巨大。因为他的《犹太古事记》
"将包含我们整个古代的历史和政治体制,译自希伯来记载"(《犹
太古事记》1.5),因为他将叙述《圣经》之内容以"恰当的顺序……
既不增添亦不删减任何事情"(1.17)。[2]

当然约瑟夫斯不是逐字翻译圣经中的记叙,而是按照他自己的
方式重述故事,增删他认为合适的细节。然而他是指他曾经说过
的话:他不仅在翻译还在阐释《圣经》,这一点在他选择的词汇"翻
译"(μεθερμηνεύω)那里体现得非常明显,它亦有"阐释"之意。[3] 在
这项事业中,约瑟夫斯坚定地坚持了犹太人发展的塔古姆
(Targumim,译者按:指《希伯来圣经》的亚兰文译本)的传统:阐释
性地迻译圣经文献。[4] 他认为他重写的《圣经》既能体现神圣作品
的最真实之意义,又不增删任何必要的事情于其真实意义之中。
需要记住的是,约瑟夫斯在创造性地改编书写资料的过程中,也在

235

---

[1] Harold W. Attridge, *The Interpretation of Biblical History in the Antiquitates
Judaicae of Flavius Josephus* (Missoula, 1976), 53, 181 - 184; and Thackeray,
Josephus, 69.

[2] 关于这一措词在希腊化文学中的生命参阅 Willem Cornelis van Unnik, *Flavius
Josephus als historischer Schriftsteller* (Heidelberg, 1978), ch. 2。

[3] 参阅 Feldman 的阐释性评论:*Flavius Josephus*, *Translation and Commentary*, ad
loc。

[4] 对于这一复杂主题的介绍,见 Martin Jan Mulder (ed.), *Mikra*: *Text*,
Translation, *Reading and Interpretation of the Hebrew Bible in Ancient Bible in
Ancient Judaism and Early Christianity* (Assen-Maastricht/Philadelphia, 1988),
chs. 7 and 8。

做其他经过修辞学训练的希腊或罗马历史学家所做的事情，即按照他强调历史真实的观念来完善和修正其他文字叙述。这一约瑟夫斯详细说明的真实是上帝的律法之完善且是遵从它们的奖赏。《犹太古事记》表明犹太政制（politeia）中的基本原则是最完善的宪法，然而不同于论述理想政体的希腊拉丁的修辞学作品，约瑟夫斯在《犹太古事记》使用历史性的叙述宣称当犹太人坚持这一政制时他们就繁荣昌盛，只有道德滑坡，他们远离其基本信条时才衰败。

约瑟夫斯宣称《犹太古事记》全部是以完美真实未有增减的神圣著作为基础书写的，由于圣经所载内容只能覆盖《古事记》前十卷的时段，因而这项任务更为复杂艰巨。为了确保准确，约瑟夫斯在《犹太古事记》II. 296 发表了圣经式的叙述，广泛重述了以斯帖的故事。在此之后，约瑟夫斯用其他文献继续讲述他的故事到尼希米书（II. 297‑303），接着开始讲述亚历山大大帝及其侵入巴勒斯坦的故事，这次他也没提到史料已经全然更换（约在马其顿国王腓力二世死在埃盖之时替换，II. 304）。然而当他在《驳阿庇安》叙述这一问题时，他写道，覆盖 5000 年之久的《犹太古事记》全部在"我们圣书基础上"写成的。事实上，《犹太古事记》的第二部分混合了大部分无法识别的犹太传统，希腊（可能还有拉丁）的历史编纂学方法和地理学方法，档案记录，其中某些被确认且详细引用。在《犹太古事记》的第二部分也就是圣经后的那半，约瑟夫斯坚持认为他没有从真实记载中删掉任何东西（《犹太古事记》14.1），且他还重申他会始终不渝地保证真实——在这一声明中，他不仅重复了一个希腊式的历史学主题，而且还作为带有先知力量的犹太历史学家再次发言（参看《犹太古事记》14.2—3）。约瑟夫斯自视为祭司和先知这一行为可以帮助解释他为什么感到没有必要关注圣经和后圣经叙述之间的衔接，以及其他一些他作品中的奇特难题。① 他的连续叙述如同神圣的作品那样是彻底稳固和权威的。

当约瑟夫斯采纳希腊历史学的惯例时，约瑟夫斯意识到他的历

---

① 例如对比《犹太古事记》I. 6 与《犹太战记》I. 17‑18。

史书写是非传统的，不仅仅是因为他的主题。这一认识再次出现在他第一部作品《犹太战记》的导论中。在那里，在摆出一副明显甚至是过度的修昔底德式的姿态之后，他作了一番惊人的供认：

> 我将忠实地详述战斗双方的行为，但在我反思诸事的过程中，我不能隐瞒我的个人情感，亦不拒绝对我的国家之不幸给出我个人的同情……然而，如果有人苛责我批评僭主或他们的劫掠团伙，或苛责我哀悼我的国家不幸，我将要求他宽容与历史法则（παρά τῆς ἱστορίας νόμον）相对立的同情。在所有罗马统治之下的城市中，我们的命运就是获得最高的幸福且倒向最卑微的灾难。事实上，在我看来，所有民族自世界开始时的不幸都不足以与犹太人的不幸相比；既然不能谴责其他外国民族，抑制一个民族的悲痛是不可能的。如果有批评禁止怜悯，就让他相信带有真相的历史，带有悲伤的历史学家吧。
>
> 《犹太战记》1.9—12

在此，在一个任何幸存的希腊或罗马历史学家那里都无法找到的类似的声明中，约瑟夫斯公开承认他打算违反"历史的法则"，表达他的个人情感，尤其是表达他对犹太偏激者的强烈憎恶，对这些人他斥为"僭主"。[①] "哀悼某人国家之不幸"在希腊化历史学家那里其实是有先例的。例如，西西里的狄奥多罗斯（Diodorus of Sicily），哀叹希腊在公元前 146 年的不幸是一场无与伦比的灾难，"因为这些苦痛之巨大，一个人在书写和阅读这一时期时不可能不哭泣"（Diod. 32.26.1）。甚至修昔底德也热衷于使用最高级词汇来指出希腊人在伯罗奔尼撒战争期间遭受的无可比拟的许多灾难。坦白地承认热爱祖国，且批判同胞，与坚定地提倡客观并非毫不相关。波里比阿（38.4）出于"忠诚和懦弱"就曾批判某些希腊城

---

① 诸如此类哀悼的例子可以发现于《犹太战记》5.19—20 与 5.566. 见 Eckstein, 'Josephus and Polybius', 183。

邦的行为是灾难性的,且证明他"放弃了适合历史叙述的风格"为的是提出严厉的判断。约瑟夫斯在写作上述话语时可能脑中出现了这一段,但是他的思想和目的是截然不同的:波里比阿为了真实,详述他的同胞之过错,证明了他的批评全部意不在于失控的感情,而是冷静的分析;然而约瑟夫斯为会减损真实的感情爆发而道歉,而且为此他被迫道歉并祈求读者的宽容。没有哪个幸存的历史学家会如此公开地承认对其历史叙述中的某个中心角色持有偏见;而这正是古代历史学家力图否认和掩盖的,就像塔西佗著名的原则,一个历史学家写作时必须"不带愤懑与偏见"(sine ira et studio)[1]。约瑟夫斯要求他的希腊读者忽略公开的偏见的语言符号,仅关注事实,仿佛仅选择的事实,而不论修辞和词汇("僭主"在希腊语中带有强烈的谴责意味),就不会影响描述和判断。

　　敏锐自由的读者在这份声明中会发现约瑟夫斯试图以委婉的方式,通过坦率的自我批评来证明他对历史批判的态度:他知道书写历史的诸多要求,如果他违反它们,却总是怀着清醒的意识,不会由此扭曲事实。因此公开承认个人的介入,甚至偏见,是一种先发制人减弱所有同类批评的聪明做法。但是我们想象一下,大多数罗马人和希腊人出于对主题的兴趣拿起《犹太战记》的第一卷,会简单地对这个东方新贵过分的行为和丰富的感情致以微笑,因为他第一次用希腊书写,且并非出于礼貌而采纳了希腊历史学的规则。《犹太战记》的确是以优美的书面希腊文撰写的,明显模仿了历史散文的最佳范式,且许诺一种有趣的叙述,而且这一许诺(对此约瑟夫斯表达过)会驱使大多数希腊和罗马作家继续阅读。

　　对他的希腊读者,约瑟夫斯到此为止。犹太读者会明白约瑟夫斯的爆发和贯穿全书的悲恸哀悼在一位恼怒的先知的文风中如同雷鸣。《旧约全书》中的先知们擅长责备伪善,极端和那些犹太人的无神论——不管是个人还是整个一代人——他们疏远了上帝,导致严厉的惩罚,即最终圣城和圣殿被毁,以及犹太人的流放。

237

———————

[1]　参阅 Lucian, *De Scrib. Hist.* 41。

约瑟夫斯的神学①

约瑟夫斯时代的犹太人可能会想到上帝曾插手毁灭圣殿。在那一事件后数个世纪中书写的犹太人天启文学，②还有拉比文学，都保存了许多关于这一大灾难意义之痛苦争论的许多线索。这一问题讨论的不是是否，而是上帝为什么让此事发生。

约瑟夫斯最初有一个想法。按照这位历史学家所说，上帝毁掉圣殿的决定甚至早在战争爆发之前就已经作出。约瑟夫斯说到凯斯提乌斯·加卢斯（Cestius Gallus）的惊愕和突然在公元 66 年从耶路撒冷撤退——历史学家包括其他史料皆不能合理地解释某些事情——发生时"上帝，因为这些罪犯，已经从他的圣殿走开且从那天起阻止已经发生的战争结束"（《犹太战记》2.539）——甚至在圣殿第一次被亵渎之前。这得到了在叙述圣殿毁灭时补充的声明之证明："上帝在很早之前就已经判圣殿被焚毁了，而且命中注定的日子在时间的轮回中到来了"（《犹太战记》6.250）；"我们可能会从这一思想中得到极大的安慰，即命运无法逃避……而且一个人可能会对命运轮转之精确惊奇不已"（《犹太战记》6.267—268）。因此，根据约瑟夫斯的说法，圣殿毁灭的可怕判决于叛乱者在圣殿犯下罪孽之前很久已经决定。这体现了这样一种信仰，即上帝因为预知了反叛者的罪行才判决圣殿毁灭，而不是对他们实时的即刻行为。预

238

---

① 关于总体上对约瑟夫斯神学之论述参阅 Per Bilde, *Flavius Josephus between Jerusalem and Rome*,（Sheffield, 1988）,182 - 191；Paul Spilsbury, 'Josephus', in D. A. Carson, Peter T. O'Brien, and Mark A Seigfrid（eds.）, *Justification and Variegated Nomism*, vol. I（Tübingen/Grand Rapids, 2001）,241 - 260；id., 'God and Israel in Josephus: A Patron-Client Relationship', in Mason（ed.）, *Understanding Josephus*, 172 - 191；and Helgo Linder, *Geschichtsauffassung des Flavius Josephus im Bellum Judaicum*（Leiden, 1972）。

② 尤为重要的著作是第二巴禄书、第四以斯拉书和第五西比拉神谕书。关于这些著作的编纂及翻译参见 James H. Charlesworth, *The Old Testament Pseudepigrapha*（Garden City, NY, 1983）。

知和先行判决的神学含义不是由约瑟夫斯设计的,但甚至在时间上的关键点即判决被不可逆转地作出这一点从来被没有清楚直言。

除此之外,不是整个民族,而是一个孤立的人群有罪。在约瑟夫斯看来,整个民族是极端主义的受害者,由此被迫付出极大的代价,虽然约瑟夫斯最初不安地承认,整个民族广泛支持叛乱。这在本质上进一步提出了关于上帝的正义与仁慈的诸多问题——就个别罪行进行整体惩罚,缺乏能够逆转神的判决的忏悔力量——但这一问题约瑟夫斯从来没有详细言说。他唯一的答案就是民族被给予了许多即将到来的灾难迹象,但因为他们自己的"愚蠢"(anoia)和他们被伪先知所蒙蔽,没有认识到这些迹象的真正含义(《犹太战记》6.286—315)。

如果圣殿毁灭是上帝的意愿,那么罗马人最终无可指责,只是执行上帝意志的工具,是"不情愿的手"(已经出现在《犹太战记》序言的 I.10 处)。约瑟夫斯甚至谈到了罗马人努力从犹太人自己的毁灭之手中拯救人民和城市。提图斯,不同于拉比传奇文学和天启小册子中的"邪恶的提图斯"形象,因为他的仁慈和对人民遭遇的怜悯,成为一个半传奇式的人物,被迫违背自己的意愿摧毁一个美丽的城市和圣殿,且伤害如此之多的无辜之人。在描述罗马人镇压叛乱的过程中,约瑟夫斯不断强调这一事实,即虽然他们粗鲁,但他们的伤害远逊于犹太人的极端分子。在约瑟夫斯的时代,有一种逆流思潮强烈地抨击罗马的伤风败俗和毁灭耶路撒冷的行为,并预测上帝即将重建耶路撒冷和惩罚罗马人。这一倾向包含在天启的作品中,诸如第五西比拉神谕书,它于巴克巴起义之前某一时刻在埃及以希腊文写成,还有拉比的米大示。约瑟夫斯的观点部分地体现了犹太人内部就毁灭而进行的争论。然而其中是有区别的:即便那些作品视罗马人为上帝的工具,也仍然认为他们最终会因他们的角色而受到惩罚。约瑟夫斯采纳了这一犹太观念的第一部分——罗马人是上帝的工具——但抑制了第二部分。

239 　约瑟夫斯本人，虽然憎恨公元 1 世纪引发叛乱的好战的天启运动，但在本质上却没有贬低天启的观念。毕竟他是一个笃信之人，因此他接受公元 1 世纪犹太教主要神学倾向的某些版本是意料之中的事。作为公元 66 年的革命者，他可能甚至最初也分享了叛乱者的许多天启的期望；假如这样的话，他很好地隐藏了较早的判罪观念。与其他犹太人一样，约瑟夫斯也有所有人类历史会按照上帝决定的轮回上演的观念，其中以色列会最终会胜出，他在《犹太战记》中以间接方式表达了这一观念，在《犹太古事记》中以更加公开的方式揭示，但从来没有详细或明确予以解释。约瑟夫斯对天启的态度，与他对将来以色列救赎的信仰，皆以一种仅适合守教者的方式表达。

　罗马人认为他们的权力和好运是获得了神认可的证据，他们的每一次衰退则是对他们背离古老的、神认可的罗马道德的惩罚。在古老的世界中，将物质上的成就归功于神的支持，将衰退的命运归因于神的不悦是再自然不过的了。同样，在约瑟夫斯所记阿格里帕二世于战争爆发前所作的演讲中（《犹太战记》2.345—401），犹太国王在行政长官弗洛鲁斯险恶的挑衅之后，试图引导兴奋的居民，远离膨胀的敌意，说明试图对抗罗马帝国是徒劳的，因为它已经统治了所有的文明世界，这不仅证明了罗马不可战胜的力量，也证明了上帝的支持，"因为没有上帝的支持，如此庞大的帝国不可能建立起来"（《犹太战记》2.390）。这一演讲通常被视为对罗马人及其无与伦比之力量的阿谀奉承之辞。但读者应该意识到什么没有被讲到。经过严密的审视，阿格里帕并没有说是因为天性优良，罗马统治应该被接纳，而是说因为上帝，因为他自己的理由，鉴于他支持罗马人拥有如此巨大的财富和权力，让犹太人别无选择。[①] 这与同时代

---

① 　M. Stern, 'Joseph son of Matthias, the Historian of the *Jewish War*' and '*The Jewish War of Joseph son of Matthias and the Roman Emperors*', in Moshe Amit, Isaiah Gafni, and Moshe David Herr (eds.), *Studies in Jewish History*: *The Second Temple Period* (Jerusalem, 1991), 378 - 392 and 393 - 401(Hebr).

操希腊语的行省人书写和演讲的赞美词是不同的：可以联想到埃里乌斯·阿里斯蒂德斯（P. Aelius Aristides），公元 2 世纪的演说家，他写了一篇颂词赞美罗马在地中海盆地的成就和生活的普遍改善。相反，阿格里帕警告，对抗罗马会导致灾难发生："他们会焚毁神圣的城市并且灭绝你们的种族。"（《犹太战记》2.397）他规劝犹太人选择"和平之福"，这虽不是积极的利益但会免于干扰。在约瑟夫斯前一代，哈利卡纳苏斯的狄奥尼修斯（Dionysius of Halicarnassus）曾如此书写他笔下早期罗马的历史以致行省人可能——

> 既不会对他们目前的臣服感到恼怒……也不会抱怨好运任性地授予一个不值得的城市以如此巨大的和业已持续很久的至高权力……[它]（译者按，指罗马）产生无数的道德模范，其中有的人或以虔诚或以正义或者以长期的节制或者以战争的勇气而出众，而无论是希腊人的还是蛮族的城市，都不曾产生过。
>
> (Dion. Hal. I. 5, trans. Cary)

240

与之相比，阿格里帕的演讲给屈服安排了一个实用的理由：它与其说是一篇说给罗马听的一次演讲，不如说是犹太内部争论的一部分。

与阿格里帕演讲类似的是约瑟夫斯自己在耶路撒冷向被困犹太人所作的演讲（《犹太战记》5.362—419），其中他重复了罗马帝国的版图和权力是上帝支持之证据这一观点，因此他认为期望从上帝那里获取帮助来反抗罗马人是自我毁灭。接着，为了证明他的观点，约瑟夫斯回顾了犹太人的历史，提到罗马读者可能很难理解的一些事件。他试图说明每当犹太人获得上帝支持时，他们甚至能战胜比他们强大许多的敌人，而每当他们失去上帝支持时他们就被镇压。在这个演讲中，他没有表扬罗马人，只是强调必然性。阿格里帕和约瑟夫斯的演讲，在实质上提供了关于过往历史和现今状态的统一的神学解释：屈从于一个强权是上帝的命令。

　　这两种对罗马帝国和上帝意志的沉思在技巧上给约瑟夫斯提供了为不止一类读者写作的良好范例。的确,为了回答相互冲突的一些要求,约瑟夫斯可能写下了艰涩难懂并且模糊的希腊文:其笔下的句子可能是错综复杂的,词汇是不精确的,交替重复和多变的。但他有时会想到合适的表述,如同在这些演讲词中一样。例如,[1]在一篇演讲词中,约瑟夫斯说道,"命运(tyche)已经从各方转交到罗马人手中——上帝,把统治权依次交给每个民族,现在轮到意大利"(《犹太战记》5.367)。这似乎是无关紧要,不证自明:世俗成功出于神的支持之想法,以及帝国的兴衰观念,在罗马和犹太读者看来都是可以理解的(参阅 Pol. 29.21;对但以理的讨论见下文)。然而此句的句法容许对历史途径的两种不同的理解。罗马读者自然会认为命运是处于主导地位的,神只是它不可捉摸的判决的即时工具。正如波里比阿所主张的那样(36.17),当得不到理性的解释时,命运应当作为历史的解释被援用;因而命运本身也不是理性的,即使当它置身于调解人的层面时,它还可以干涉奖赏美德或惩罚犯罪。在罗马人看来,命运之转交到意大利不是一位神祇通过计划主导的庞大方案的一部分。然而在拥有但以理的知识和对这篇演讲词中提到的历史同样具有圣经式意识的犹太人那里,这句话就是如此精确地理解的:上帝以统治权或"命运"来支持不同的民族,如今把命运交到罗马人手里。因此命运是上帝的工具,而不是相反。上帝的计划是模糊的但并非不可预知,并且自然是理性的。正如约瑟夫斯在罗马人成功进攻耶路撒冷上城一事上评论道:"在此我们显然可以立刻发现,上帝支持这些不虔诚的人和罗马人的命运(tyche)。"(《犹太战记》6.399)

　　神指导下的信仰提供了严肃必要的希望。[2] 约瑟夫斯笔下的

阿格里帕承认"当前"罗马人享有世界的统治权(nun,《犹太战记》2.358,367,370),同时强烈地暗示,在这个渺小的世界上有朝一日罗马帝国也会屈服于一个更强大的力量。对一个犹太读者来说,唯一比一个包含整个文明世界的世俗帝国更强大的力量显然是希伯来圣经中的上帝。阿格里帕含有玄机的语言暗示犹太人的救赎和重建将最终到来。"命运轮回"的这些特征(《犹太战记》6.268)必须予以正确解释且在下一阶段耐心等待:耶路撒冷圣殿的毁灭不是世界的末日,而是一个宇宙计划的下一阶段。

在《犹太古事记》中,约瑟夫斯允许自己以一种更加公开但依然暗藏玄机的方式来表达他的信念,即犹太人最后要在罗马帝国衰亡后重建。这一信念尤其是在他叙述但以理预言中出现。有些人认为,有充分理由将但以理加到约瑟夫斯自己认可的那些先知中去,因为作为一个在国王宫廷里的外国人他对未来事件作出了令人惊讶的精准的预测,尽管这一私人认同从来没有明言。[①] 令人惊讶的是约瑟夫斯全部吸收了但以理的故事,虽然他极不舒服地暗示他删除或重写了其他圣经中的片段。事实上,约瑟夫斯改编了尼布甲尼撒的雕像之梦为的是让其符合现今历史并预知罗马的衰亡:已经见证了巴比伦帝国、米底-波斯和希腊诸王国,如同圣书所记载的,最后一个强健的青铜王国——罗马——会被高深莫测的石头所击碎。这块石头在约瑟夫斯时代通常是按照弥赛亚时代来解释的,但在此约瑟夫斯重新处理得含糊不清:

> 但以理向国王揭示了石头的含义,但我认为讲述这件事是

---

① See Steve Mason, 'Josephus, Daniel and the Flavian House', in Fausto Parente and Joseph Sievers (eds.), *Josephus and the History of the Greco-Roman Period*: *Essays in Memory of Morton Smith* (Leiden, 1994), 161 - 191. 也可以见 Christopher T. Begg and Paul Spilsbury, *Flavius Josephus*, *Translation and Commentary*, vol. 5: *Judean Antiquities Books 8 - 10* (Leiden, 2005),283 n. 896 and bibliography cited there.

不合适的，虽然我被期望去写过去了的和完成了的事情而不是要发生的事情；然而如果有人强烈渴望了解确切的信息以致他将不会停止严密地询问并希望了解即将到来之事背后隐藏的东西，那就让他不辞辛苦地阅读《但以理书》吧，对此他将会发现其跻身神圣作品的行列。

（《犹太古事记》10.210）

242 　　很难想象许多罗马或希腊读者，在耐心阅读《犹太古事记》的第 10 卷时，会搜罗犹太的神圣作品来获取进一步的教益：对罗马帝国最终衰亡的预言在逻辑和历史角度上是正确的，因为过去一直认为罗马在其罪恶和放纵的压力下易于崩溃，如塞勒斯特在其两本残存的专著前言上明确表达的那样，但下一个历史周期会带来什么必定是未知的。然而犹太读者能立刻理解这弥赛亚式的含蓄的引用，凭着毫无疑问的信仰即"上帝控制了人类的事情"和"宇宙是由一个神圣不朽的存在掌控着，直到最后全部的它能容忍"（《犹太古事记》10.278）。约瑟夫斯并未详述但他的信息对与他信仰同一宗教的人们来说是清晰的：我们的时代将会到来，如同我们的先知书预言的那样。

　　显然，约瑟夫斯在公元 67 年的罗马军营中经历了一种转变，其中在最终的道德意义与犹太历史的目的或甚至在对以色列的最终辩护方面，他并未丧失他的宗教信仰或信念，而是丧失了他对先前可以以武力反抗强大的罗马帝国这一信念。如果他曾经一度认为武力反抗罗马是上帝的意志，现在他放弃了那一信念。为了现在和不远的将来，他改变了自己对神圣作品及其意义的阐释。这一转变不是宗教上的定罪，而是在文献、神的意图和政治辩护的方法以及一种永久的兴趣方面的转变，从他被俘的那刻开始，在个人和民族两个层面与罗马调和，激发和规定了约瑟夫斯在他 30 年历史学家生涯中所写的一切。

大事年表/关键日期

公元前 167 年	哈斯蒙尼起义爆发
公元前 63 年	庞培征服耶路撒冷
公元前 40—前 4 年	大希律执政
公元 6—41 年， 44—66 年	罗马直接统治犹地亚（本丢·彼拉多执 政 26—36 年）
公元 66 年	犹太起义爆发
公元 67 年	约瑟夫斯在约塔帕塔被俘
公元 68—69 年	四帝之年
公元 69—79 年	韦帕芗皇帝在位
公元 70 年	提图斯毁灭耶路撒冷
公元 71 年	约瑟夫斯被带入罗马，成为罗马公民
公元 73—74 年	马萨达陷落
公元 79—81 年	提图斯皇帝在位
公元 79—81 年	《犹太战记》发表
公元 81—96 年	图密善皇帝在位
公元 94 年	《犹太古事记》和《自传》发表
公元 100 年前	《驳阿庇安》发表

243

主要史料

Flavius Josephus, *Flavii Iosephi Opera*, trans. Benedikt Niese, 7 vols. (Berlin, 1889 – 1895).

—— trans. Henry St. John Thackeray (vols. 1 – 6), Ralph Marcus (vols. 6 – 11), Allen Wikgren (vols. 10 – 11), and Louis H. Feldman (vols. 11 – 13), 13 vols. (Loeb edn, Harvard, 1926 – 1965).

—— *The Jewish War* [*Bellum Judaicum*], trans. G. A. Williamson, rev. and ann. E. Mary Smallwood (1981).

—— *Translation and Commentary*，ed. Steve Mason，trans. Louis H. Feldman (*AJ* 1 - 4)，Christopher T. Begg (*AJ* 5 - 7)，id. and Paul Spilsbury (*AJ* 8 - 10)，Mason (*Vita*)，and John M. G. Barclay (*CA*)，10 vols. (projected) (Leiden，1999 -).

参考文献

Bilde，Per，*Flavius Josephus between Jerusalem and Rome：His Life，His Works，and their Importance* (Sheffl eld，1988).

Cohen，Shaye J. D.，*Josephus in Galilee and Rome：His，'Vita' and Development as a Historian* (Leiden，1979).

Edmonson，Jonathan，Mason，Steve，and Rives，James (eds.)，*Flavius Josephus and Flavian Rome* (Oxford，2005).

Feldman，L. H.，*Studies in Josephus' Rewritten Bible* (Leiden，1998).

—— *Josephus' Interpretation of the Bible* (Berkeley，1998).

Parente，Fausto and Sievers，Joseph (eds.)，*Josephus and the History of the Greco-Roman Period：Essays in Memory of Morton Smith* (Leiden，1994).

Price，Jonathan J.，*Jerusalem under Siege：The Collapse of the Jewish State* 66 - 70 C. E. (Leiden 1992).

Rajak，Tessa，*Josephus：The Historian and his Society* (2nd edn，London，2002).

Schwartz，Seth，*Josephus and Judean Politics* (Leiden，1990).

Sievers，Joseph and Lembi，Gaia，*Josephus and Jewish History in Flavian Rome and Beyond* (Leiden，2005).

Thackeray，Henry St. John，*Josephus，the Man and the Historian* (New York，1929).

郑　阳　刘雪飞　译　宋立宏　校

第十章　罗马的历史与铭文

埃里森·库利（Alison E. Cooley）　文

　　直至公元前 3 世纪末，历史写作才在罗马兴起，那时，元老院元老费边·皮克特（Fabius Pictor）用希腊语写就了第一部罗马史著作。不过，这并不意味着在此之前罗马人对历史不感兴趣。作为通例，历史写作对历史意识的发展只有相对较小的贡献，正如本卷书中讨论南亚、埃及的章节所证明的。到那时为止，希腊、罗马世界的历史写作仍是以修辞法则为根基的文学事业，是建筑、艺术、钱币、戏剧、词源研究、铭文、习惯、口头传说、地形研究所有这些事物的相互作用形成了罗马人的历史感。[1] 这些事物并不被人们认作"*historia*"的一种形式，相反，它们是"*monumenta*"，也就是意在保存人们对伟大功业（*res gestae*）记忆的图像、文字。[2] 此项差别在尼

---

[1]　参见埃里森·E. 库利的概述性论文，'Inscribing History at Rome', in ead. (ed.), *The Afterlife of Inscriptions* (London, 2000), 7 - 20, at pp. 7 - 9。埃米利奥·加巴（Emilio Gabba）讨论了一些特殊类型的材料，'True History and False History in Classical Antiquity', *Journal of Roman Studies*, 71(1981), 50 - 62; Elizabeth Rawson, *Roman Culture and Society* (Oxford, 1991), 582 - 598; T. P. Wiseman, 'Monuments and the Roman Annalists', in I. S. Moxon, J. D. Smart, and A. J. Woodman (eds.), *Past Perspectives: Studies in Greek and Roman Historical Writing* (Cambridge, 1986), 87 - 100; T. P. Wiseman, *Historiography and Imagination* (Exeter, 1994), 1 - 22; 还有 Andrew Meadows and Jonathan Williams, 'Moneta and the Monuments: Coinage and Politics in Republican Rome', *Journal of Roman Studies*, 91(2001), 27 - 49。

[2]　有关"*monumentum*"的概念，参见 Mary Jaeger, *Livy's Written Rome* (Ann Arbor, 1997), ch. 1; and Don Fowler, *Roman Constructions: Readings in Postmodern Latin* (Oxford, 2000), 193 - 217。

古拉斯·普塞尔（Nicholas Purcell）那里表述得很清楚：

> 　　对历史写作的多种起源所作的比较研究清楚地证明，在整个历史思想的天地里，希腊人所知的文学体历史写作即 *"historie"*（意为"系统的探寻"）不过是相当小而正式的一个组成部分……在文学的大环境下，正规地呈现、探索过去的方法通常是历史意识的专门产物，而历史意识有着多种表现形式。故此，正规的历史写作只能放在有着多种其他的"历史意识"表现形式的背景下理解。①

245　　　就罗马人的理解而言，本卷书讨论的可能是本来意义上的"历史写作"。作为本卷书中其他讨论（特别是尤维·沃尔特［Uwe Walter］、艾伦·奥格尔曼［Ellen O'Gorman］的论述）的补充，本章打算探讨这多种"历史意识"表现形式中富有特色的一个，我们将聚焦一种历史证据——铭文，并以罗马城为中心展开论述。本章将采用年代顺序手法，从罗马城已知最早的铭文说起，而结束于古代晚期。它探讨了罗马史本身与罗马显贵家族、人物历史的相互关系，以及铭文怎样被人们用来重塑过去以及论证专制统治兴起的合理性。本章最后讨论了铭文在调和古（贵族的异教过去）、今（基督教的今天）上所起的作用。以铭文为媒介的历史写作没有创造出镌刻在石头上的客观历史记录，相反，它是一个动态的过程，要经受许多的修正、重写和再理解。

　　古代罗马流传下来的铭文很少。罗马广场遗留下来的 *"lapis niger"*（"黑色大理石"）是存留至今最早的实例，其时间约当公元前600—前580年。在此之外，我们依赖的是古代作家给我们提供的证据，他们提到了许多公元前6—前5世纪的铭文。这些铭文的真

---

① Nicholas Purcell, 'Becoming Historical: The Roman Case', in David Braund and Christopher Gill (eds.), *Myth, History and Culture in Republican Rome: Studies in Honour of T. P. Wiseman* (Exeter, 2003), 12-40, at p.16.

实性看似很高。它们包括许多条约,如波里比阿引用(*Histories* 3.
22)的于共和国元年(公元前 509 年)签订的罗马—迦太基条约;法
律,如公元前 472 年的《富里亚、皮纳里亚法》(*lex Furia Pinaria*)
(瓦罗[Varro],见 Macrobius, *Saturnalia* 1. 13. 21)。① 在这个很早
的时期,这些向公众展示的铭文在塑造罗马人的历史意识上起了
什么作用,对此,我们只能猜测。不过,可以确定的,是它们在罗马
后来的历史学传统中发挥了重要作用。拿哈利卡纳苏斯的狄奥尼
修斯(Dionysius of Halicarnassus,写作年代接近公元前 1 世纪末)来
说,他就很粗心地用"*lapis niger*"作材料,述说罗马很久远历史上
的三个不同时代。其一,他把它认作详述第一个罗马国王罗慕路
斯(Romulus)功绩的石碑(2. 54. 2);其二,他把它认作第三个罗
马国王图路斯·赫斯特留斯(Tullus Hostilius)的祖父赫斯特斯·
赫斯特留斯(Hostus Hostilius)的墓碑(3. 1. 2);其三,他把它认作
罗慕路斯的养父弗斯图鲁斯(Faustulus)的坟墓(1. 87. 2—3)。
狄奥尼修斯并没有意识到他引用的不同材料与同一座石碑有
联系。②

　　"*monumentum*"一词不仅能指现代意义上的"monument"(石
碑、纪念碑、纪念物),而且能指任何纪念物,包括一个地方、身体上
的一处创伤,甚至一部文学作品。根据古代的一个定义(*Digest*
11. 7. 42),"所谓'纪念物',就是人们为了记忆的目的,给后人创造
出来的东西"。到奥古斯都时代,作家们普遍宣称,与有着消亡风
险的单纯物质形态的"*monumenta*"相比,他们自己的作品是真正的
永存不朽的"*monumenta*"。这个认识可能起源于公元前 2 世纪的

---

① 　Tim Cornell, 'The Tyranny of the Evidence: A Discussion of the Possible Uses of
　　Literacy in Etruria and Latium in the Archaic Age', in J. H. Humphrey (ed.),
　　Literacy in the Roman World (Ann Arbor, 1991), 7 - 33; and C. Ampolo, 'La
　　storiografi a su Roma arcaica e i documenti', in Emilio Gabba (ed.), *Tria Corda*
　　(Como, 1983), 9 - 26.

② 　Cornell, 'The Tyranny of the Evidence', 27 - 30; and Ampolo, 'La storiografi a
　　su Roma arcaica', 19 - 26.

著名诗人恩尼乌斯（Ennius）。① 贺拉斯吹嘘道，他的颂歌注定能成为"比青铜更能存之长久的丰碑"（*Odes* 3.30.1），奥维德则放话说他相信他的诗歌比墓碑更能给他带来未来的声誉（*Tristia* 3.3.59-78）。他们能这样夸口，是因为人们越来越常见地把物质性的"*monumentum*"与意为"永久"、"存之长久"、"不朽"、"永存不朽"的形容词联系在一起。在人们看来，"*monumentum*"并不仅仅是充当纪念的工具，它还有着训诲的功能，特别是提供道德教诲。对李维来说，他的历史著作就既有颂赞罗马人过去功业的指向，又有为现今、后世提供教导的用意。铭文同样怀抱着这个理想。

在罗马共和国时代，罗马人对过去的认知建立在占据公职的罗马精英家族历史的基础上。罗马的历史在事实上等同于各统治家族的历史，它们的成就也就是罗马的成就。② 这在罗马最显贵的家族之一科涅利乌斯·西庇阿家族（Cornelii Scipiones，其成员包括汉尼拔、塞琉古王朝安条克三世[Seleucid Antiochus III]的征服者们）的坟墓上，可以得到证明。该家族位于罗马附近阿庇安大道（Appian Way）旁的坟墓能向我们说明，铭文怎样既塑造了家族的历史又塑造了罗马的历史。③

该坟墓包含两间墓室。大的那间墓室在公元前 312 年阿庇安大道竣工后不久修建，空间刚够容纳 30 副石棺。该墓标志着这个家族的"自我展现"（self-representation）进入到一个新阶段，它取代了该家族位于阿迪庭大道（Ardeatine Way）旁更早的坟

---

① J. Moles, 'Livy's Preface', *Proceedings of the Cambridge Philological Society*, 39(1993),141-168, at pp. 154-155.

② Harriet I. Flower, *The Art of Forgetting: Disgrace and Oblivion in Roman Political Culture* (Chapel Hill, 2006),45-53.

③ F. Coarelli, *Il sepolcro degli Scipioni a Roma* (Rome, 1988); F. Zevi, 'Sepulcrum (Corneliorum) Scipionum', in Eva Margareta Steinby (ed.), *Lexicon Topographicum Urbis Romae*, vol. 4 (Rome, 1999), 281-285; Harriet I. Flower, *Ancestor Masks and Aristocratic Power in Roman Culture* (Oxford, 1996),159-180; and ead., *The Art of Forgetting*, 56-57.

墓。① 最早葬在新坟里的是卢修斯·科涅利乌斯·西庇阿·巴尔巴图斯（Lucius Cornelius Scipio Barbatus），时间可能是在公元前280 年。他的石棺放在墓室中最显赫的地方，正对着入口。石棺上有两处铭文，一处刻在棺盖上，简单地表明死者身份；另一处是精致的韵文，刻在石棺前部，记述死者的美德与功业："卢修斯·科涅利乌斯·西庇阿·巴尔巴图斯，从父格涅乌斯［Gnaeus］而生。公勇而慧。容颜俊美，正与超绝之美德相符。曾任执政官、监察官、市政官。曾下萨谟奈（Samnium）之陶里西亚（Taurasia）、西索那（Cisauna），并服卢卡那（Loucana），掳其民归。"②巴尔巴图斯之子卢 247 修斯·科涅利乌斯·西庇阿石棺上展示的碑文，让我们看到了在夸耀本家无上的荣耀时，西庇阿家族是怎样与其他精英家族竞争的。石棺前头的石刻韵文以这样的话开头："绝大多数罗马人同意，这个人是所有好人当中最好的。"③在西庇阿家族墓旁的是卡兰提尼家族（Calatini）的坟墓，这里有与巴尔巴图斯之子同时代的阿提里乌斯·卡拉提努斯（A. Atilius Calatinus，公元前 258、前 254年的执政官）的墓志铭，它宣称他也是最杰出的罗马人。里面的一句话很醒目，让我们想起用在卢修斯·科涅利乌斯·西庇阿身上的石棺文字："绝大多数家族都同意，这是罗马人当中最杰出的人。"④通过这样的方式，西庇阿家族利用墓志铭来展现本家的形象，而此种形象会遭到其他家族的有力竞争。

---

① *Corpus Inscriptionum Latinarum*（＝CIL）I² 2834 - 2835; Coarelli, *Il sepolcro degli Scipioni*, 13; and P. Kruschwitz, *Carmina Saturnia Epigraphica*（Stuttgart, 2002）,33 n. 88.

② *Inscriptiones Latinae Liberae Rei Publicae*（＝ILLRP）309＝*Inscriptiones Latinae Selectae*（＝ILS）1＝CIL I² 7. Flower, *Ancestor Masks*, 326 Appendix B, I 1; and Coarelli, Il sepolcro degli Scipioni, 16 - 18.

③ *ILLRP* 310＝*ILS* 3＝CIL I² 9. Flower, *Ancestor Masks*, 326 - 327 Appendix B, I 2; and Coarelli, *Il sepolcro degli Scipioni*, 18.

④ Cicero, *Elder Cato on Old Age* 17. 61: 'hunc unum plurimae consentiunt gentes populi primarium fuisse virum.' notum est carmen incisum in sepulcro。参见 Cicero, *Tusculan Disputations*, 1. 7. 13。

公元前 2 世纪，第二个更小的墓室增建在其时已无空地的第一个墓室旁，用以安置另外五到六副石棺。同时，墓室外增建了一面纪念性的正墙，附带一座绘有西庇阿家族军功图的矮墙。这些装饰工作进行的时候，恰值西庇阿家族在罗马的主导地位达到顶峰，由此，人们认为它们是西庇阿·埃米利阿努斯（Scipio Aemilianus，卒于公元前 129 年）的杰作。

对该墓出土的铭文所作的细致分析，让我们看到该家族是怎样在世世代代改变本家的形象的："这些铭文说明了该家族的历史是怎样重写或扩展的，即便是在一个家族的背景下。"①拿巴尔巴图斯墓上的韵文来说，起初，它的开头是有多余的一行半字的，后来被磨掉了。最具吸引力的解释是，铭文开头的文字包含一些家族后代不再愿意认同的说法。② 在另一篇即普布利乌斯·科涅利乌斯·西庇阿（Publius Cornelius Scipio，他的早逝迫使其父老普布利乌斯·科涅利乌斯·西庇阿收了养子，即年轻的普布利乌斯·科涅利乌斯·西庇阿·埃米利阿努斯）的墓碑铭文中，也有西庇阿家族历史受到操控的痕迹。③ 他的墓碑铭文起头就哀叹他未及发挥全部潜能即英年早逝的悲剧："死神令你所有的成就如昙花一现：公职、声誉、长才、荣耀、才能。如果天公作美，令你在漫漫一生中尽展才华，你将凭你自己的功业轻易超越你祖先的荣耀。为何大地那样残酷地将你收入她的怀抱，普布利乌斯·科涅利乌斯之子普布利乌斯·西庇阿？"不过，在后来的一个时期，另有一行字添进了铭文的开头，说他担任了祭祀职务"*flamen Dialis*"（"你戴上了朱庇特祭司的

248

---

① Flower, *Ancestor Masks*, 167.

② 同上书，第 175—177 页。墓文的外观支持这个结论，事情的真相不是早期有一些很短的墓文被彻底删除，然后在公元前 2 世纪早期由韵文体铭文代替。参见 Kruschwitz, *Carmina Saturnia Epigraphica*, 32 - 34 以及注 93；contra Coarelli, *Il sepolcro degli Scipioni*, 17。

③ G. V. Sumner, *The Orators in Cicero's* Brutus (Toronto, 1973), 35 - 37；支持意见，参见 T. Robert、S. Broughton, *Magistrates of the Roman Republic*, vol. 3 (Atlanta, 1986), 70；反对意见，参见 Coarelli, *Il sepolcro degli Scipioni*, 9, 20。

荣耀冠冕”）。① 他很可能在去世前的一到两年时间里（公元前176/
前175年）担任过祭司——这个职务本身是一个终身职务。这个朱
庇特祭司之职对任职者有特别的任职要求，包括禁止担任政治职
务。由此，通过添加这一条起始铭文，铭文的整个语调都变了，此
时，它通过死者的祭祀职务解释了他那极为黯淡的职业生涯。

　　到公元前1世纪，科涅利乌斯·西庇阿家族已经消失。不过，
后来的两篇公元1世纪的墓碑铭文在该家族墓中被人们发现，它
们让人们看到，科涅利乌斯家族一个不怎么显赫的分支占有了该
墓，并希望让自己跟罗马历史上显贵的家族之一沾上边。② 尽管如
此，到公元3、4世纪，这座家族墓室不再有什么重要意义，还有一
座房子盖在了上面。西庇阿家族的记忆和历史已风光不再。

　　在墓室之外，房屋是各家族创造它们自己历史的另一个主要媒
介。贵族家庭的主客室（atrium）将一系列"monumenta"呈现在访
客面前，它们向他们诉说着该家族显赫的过去。除了塑像和镌刻
在石碑、青铜器上的文字，这些"monumenta"还包含摆放着先人蜡
制面具的橱柜，橱柜另有简短的刻文（说明他们的身份）、图画（展
现他们的功绩）。③ 家族以外的人同样能为家族认同感的塑造贡献
一份力量，臣属——想要对恩主表达谢意的个人和集体——就常常
在恩主家的庭院里建造塑像。元老贵族属下的私家庭院、郊外别
墅能够成为真正的塑像陈列馆。举例来说，格罗塔费拉塔
（Grottaferrata）的朱利亚·阿斯普里家族（Julii Aspri）别墅出土了
13个塑像基座，它们是恩主在世时由下臣和下属行省建造的。④
尽管这些塑像在很大程度上只对访客有重要意义，不过，与所有

---

① 　ILLRP 311＝ILS 4＝CIL I² 10. Flower, *Ancestor Masks*, 326 App. B, I₃; and
　　Coarelli, *Il sepolcro degli Scipioni*, 20.

② 　Cornelia Gaetulica: CIL VI 1392, *Prosopografia Imperii Romani²* (＝PIR) C
　　1390; Iunius Silanus: CIL VI 1439, PIR² I 836. Coarelli, *Il sepolcro degli
　　Scipioni*, 23 - 24.

③ 　Flower, *Ancestor Masks*, ch. 7.

④ 　Werner Eck, *Tra epigrafia e prosopografia e archeologia* (Rome, 1996), 304.

"monumenta"一样，它们同样蕴含了这样的意图，也就是塑造恩主个人及其家族在未来被人们纪念的方式。这种意图有时被明白无误地表达出来，正如拉文纳（Ravenna）人献给武卡休斯·鲁菲努（Vulcacius Rufinus）的塑像基座（出土于奎里纳尔[Quirinal]鲁菲努的家中）上所写的："拉文纳人心怀敬意，献上一座塑像，立在庭院的门廊下，作为永远的纪念。"①

249

　　在绝大多数情况下，家族历史的塑造是一个渐进的过程，故此，我们看到的是一代代新人在他们自己的有生之年单个受到纪念的情形。不过，在罗马以北数英里，位于卢克斯·费罗尼亚（Lucus Feroniae）的一座别墅（它属于罗马显贵家族之一沃留休斯·撒土尼努家族[Volusii Saturnini]）里，人们发现了有别于此种模式的另一种情形。② 我们发现，至少有两代人在同一时刻一起受到纪念，铭文则镌刻在家祠中。我们首先看到的是沃留休斯·撒土尼努（L. Volusius Saturninus）的铭文，上面详细记载了九尊塑像，而这些塑像是撒土尼努在公元56年（时为罗马城的长官）以93岁高龄去世时，人们为纪念他在罗马周围的一些地方建造的。罗马广场出土的一段残缺铭文让我们看到，从上述别墅出土的铭文与元老院通过的悼亡法令在文字上重合，而后者也被镌刻在罗马的九尊塑像下。③ 紧挨着L.沃留休斯·撒土尼努受到纪念的是他的儿子Q.沃留休斯·撒土尼努，即公元56年的执政官。家祠的布局显示，至少有其他两代家族人士也在供奉之列，他们是死去的先人，其铭文应该是与死者的半身像一起的。这幅图景告诉我们，

① CIL VI 32051 = ILS 1237；Prosopography of the Later Roman Empire（= PLRE）I Vulcacius Rufinus 25.
② Année Epigraphique（= AE）（1972），174－176；S. Panciera，'Volusiana：Appunti epigrafi ci sui Volusii'，in Mary T. Boatwright et al.（eds.），I Volusii Saturnini：Una famiglia romana della prima età imperiale（Bari，1982），83－95，at p. 87；and Eck，Tra epigrafi a prosopografi a e archeologia，125－145，299－301.
③ AE（1982）63 and CIL VI 41075a.

铭文在有关祖先崇拜的仪式中发挥了某些作用。这些铭文在时间上属于公元1世纪最后一个25年里的作品,我们不知道是什么原因促使它们在受供奉者死去很久之后镌刻出来。尽管如此,相比单纯辨别这些人的身份所需要的信息,这些铭文为我们提供了远为丰富的细节。故此,我们清楚地知道,它们对家族的子孙后代具有重要意义,即为了他们自己的利益,编织先人的功绩图。这个家族的成员在罗马政坛上保持着显赫地位,一直到公元1世纪90年代,他们家出了公元92、95年的两个执政官。不过在那以后,该家族就从历史记录中消失了。由此,上述别墅就让我们看到了一个显贵家族赋予家族历史的价值是什么,以及铭文在塑造该家族的历史认知上发挥了什么作用。

由此,通过罗马城统治家族的历史,我们可管中一窥罗马的大部分历史。另一条考察罗马史的路径则是长官年表。罗马人相信他们最早的历史记录是"大祭司年表"(*annales maximi*),由大祭司(*pontifex maximus*)编纂而成。[1] 这些年表逐年记录长官的名字,以及日、月食之类的天象。紧接在这些年表后面的似乎是"*fasti*",或曰"年历"。在罗马广场东端,有一座建筑物,两套"*fasti*"就被刻在这上面,刻在一连串石板、方柱上。这些铭文最初放在哪里是人们激烈争论的问题。不过,最具吸引力的设想,是它们被放在大祭司公署(*regia*)的墙上,传统上,公署外面是大祭司年表刻在白板上公示民众的地方。[2] 执政官年表(consular *fasti*)从罗马列王、他们

250

----

[1] Cicero, *On Oratory* 2.51.

[2] C. J. Simpson, 'The Original Site of the Fasti Capitolini', *Historia*, 42(1993), 61-81;与此相对的费边凯旋门(*fornix Fabianus*):E. M. Steinby, 'Il lato orientale del Foro Romano:Proposte di lettura', *Arctos*, 21(1987), 139-184, at pp. 156-165。其他将"*fasti*"与奥古斯都时代的凯旋门联系起来的尝试如 E. Nedergaard, 'Facts and Fiction about the Fasti Capitolini', *Analecta Romana Instituti Danici*, 27(2001), 107-127 和 C. B. Rose, 'The Parthians in Augustan Rome', *American Journal of Archaeology*, 109(2005), 21-75, at pp. 30-33 没有说服力,理由是与将名字从铭文中抹掉、将安东尼名字重新刻上有关的年表的存在(参见下文)。

的在位年代写起，尾随其后的是每年被选出来的执政官。凯旋年表（triumphal *fasti*）记录凯旋的将军的名字，以及被击败之敌的详细信息，它从传说中的罗马建城者罗慕路斯开始记起。① 所有这些年表合起来，向我们展示出罗马在城内城外、和平与战争时期历史的大致框架。

人们将铭文创造出来，作为历史纪念物。在此背景下，执政官年表可能是在公元前 36 年大祭司公署重建时被镌刻出来的，凯旋年表可能是在公元前 19—前 12 年的某个时候加刻上去的。执政官年表在公元 13 年走向终结，而凯旋年表亦在公元前 19 年宣告寿终正寝，其时，最后一位非出身帝国时期家族的将军科涅利乌斯·巴尔布斯（Cornelius Balbus）享受凯旋荣耀。这两个年表终结的时间点隐含着这样的意思：在奥古斯都治下，罗马的历史发展到了顶峰。就凯旋年表而言，人们好像刻意给出四根方柱的空间，好让铭文刚好填满。除此之外，再没有凯旋式奖励给将军们了，它隐含的意思可能是，在那时，罗马帝国就其版图而言已经是世界帝国了。而在奥古斯都之后不再继续镌刻执政官名字的决定，可能反映了人们这样的认识：执政官对于罗马历史来说不再有什么重要性，甚至作为一种纪年范式，它也受到另一种纪年系统的挑战，后者系根据皇帝执掌保民官权力的年份而来。执政官年表的废弃预示了我们在塔西佗《罗马编年史》中所发现的类似冲突，在书中，塔西佗选择以逐年记载的方式编排自己的著作，特别指出每年一月一日执政官的变换情况。在创作于共和国时期的历史著作中，这种叙述结构与历史事件甚为契合，因为两位执政官是罗马的主要行政长官，他们对在任一年中的历史事件有着很大的影响力。而在帝治时代，执政官的影响力很小。故此，塔西佗利用传统的历史写作框架，其用意是强调在皇帝持续掌握权力的情况下，以逐年方式记载的罗马史没有什么意义。②

---

① A. Degrassi, *Inscriptiones Italiae*, vol. 13, fasc. 1：*Fasti consulares et triumphales*（Rome，1947）.

② Judith Ginsburg, *Tradition and Theme in the Annals of Tacitus*（New York，1981）.

通过除名行为所遭遇的阻力,执政官年表作为历史记录所享 251
有的优先地位可以反映出来。将某些文字——特别是某个失势的
政治人物如被刺杀的皇帝的名字——从铭文中抹掉是罗马人有时
采取的更改历史记录的一种方式。① 将铭文的部分内容抹掉从属
于一个更广阔的记忆制裁(memory sanctions)范畴,通过它,人们可
以将某个人从"*monumentum*"(不管它是钱币、铭文、塑像还是建
筑)中抹掉。一个罗马人遭受这样大范围的记忆制裁,最早的实例
之一是"三巨头"当中的马可·安东尼(Marcus Antonius)。② 公元
前 31/30 年,安东尼在亚克兴、亚历山大里亚败于未来的奥古斯都
之手,随后,他遭受一系列制裁,包括塑像被毁、从铭文中除名、生
日被指定为凶日、家族成员禁用他的第一个名字(*praenomen*)"马
可"。"马可·安东尼"之名被三次从执政官年表中抹除,两次是在
提到他的同名祖父的地方,一次是在提到他本人的地方。不过,就
每一个情况而言,"马可·安东尼"之名都在后来于除名处的上方
被重新刻写,因为当局决定,历史记录的延续性比惩罚某个人更重
要。③ 相比之下,安东尼的名字在凯旋年表中出现了两次,没有遭
受除名之厄。这支持了以下看法:凯旋年表是在执政官年表之后
镌刻的,其时间是在当局作出在执政官年表中保存安东尼名字的
决定之后。

安东尼所受制裁当中的一些措施,后来施加到人们对格涅乌
斯·卡尔普尔尼乌斯·皮索(Gnaeus Calpurnius Piso)的记忆上,他
在公元 20 年被判犯有背叛提比略(Tiberius)皇帝的罪。④ 在他自

---

① Flower, *The Art of Forgetting*, ch. 9.
② Ibid., 116 - 117.
③ 参见 Tacitus, *Annals* 3.18.1。
④ Werner Eck, Antonio Caballos, and Fernando Fernàndez, *Das Senatus Consultum de Cn. Pisone Patre*(Munich, 1996)(= *SCPP*); M. Griffin, 'The Senate's Story', *Journal of Roman Studies*, 87(1997), 249 - 263; Flower, *Ancestor Masks*, 23 - 31; Alison E. Cooley, 'The Moralizing Message of the Senatus Consultum de Cn. Pisone Patre', *Greece and Rome*, 45(1998)199 - 212;有关 *Senatus Consultum de Cn. Pisone Patre* 的特刊, *American Journal of* (转下页)

杀后,提比略要求元老院作出决定:"元老格涅乌斯·皮索的案子
该怎样看待,元老们是否认为此人死有余辜。"①无论皇帝还是元老
院都很想控制当代和后世的人怎样看待对皮索的审判及定罪,尤
其是在围绕着对他的审判群情激愤的情况下。元老院最后拟出一
份混合法案(包含许多元老院的法令),下令将它刻成铭文,晓谕
四方——

> 以便于整个审案过程可以更容易地进入后世人的记忆当中,也
> 便于他们知道,考虑到格马尼库斯·凯撒(Germanicus Caesar)
> 独一无二的自制力以及元老格涅乌斯·皮索的犯罪行为,元老
> 院的判决是什么。元老院作出决议……元老院的法令应刻在
> 青铜上,树立在每个行省最热闹的城市中最热闹的地方,同
> 样,在每个军团的常驻大本营,亦得比照此标准将元老院的法
> 令树立起来。②

上述铭文的许多拓本在西班牙的贝提卡(Baetica)省被人们发
现。皮索被指控谋杀了提比略的继承人格马尼库斯,不过很显然
这个罪名是不成立的。在不到一年前,元老院还发布了另外一些
指示,命令将与永久纪念格马尼库斯有关的一份元老院法令、法律
刻在青铜上。这些指示的残文也在意大利和贝提卡被人们发现。
如此大动声势将铭文广布四方实属不同寻常,不过,这说明元老院
竭力要散播这些历史事件的官方版。元老院并非要根除皮索在历
史记录中的所有痕迹。③ 事情远非如此。恰恰相反,元老院将他妖
魔化,把他移出本族的历史,并将他从文明的罗马社会中驱逐出

（接上页）Philology,120:1(1999);以及 *G. Rowe*, Princes and Political Cultures
(*Ann Arbor*,2002)。
① *SCPP* ll. 6 - 7.
② *SCPP* ll. 165 - 172.
③ J. Bodel,'Punishing Piso',*American Journal of Philology*,120(1999)43 - 64,
esp. p. 44.

去。皮索的恶行被坚定地归在他独一无二的恶劣品格之上。我们猜想,元老院未曾说出口的意图是想让人们知道,类似的背叛行为发生在任何其他的罗马人身上都是不可想象的。元老院不知道的是塔西佗在后来就同样的历史事件给出了另一个版本,在这个版本里头,他"很有代表性地使众心不疑的材料变得矛盾百出、疑窦丛生"。①

随着帝制的兴起,国家的历史就可以重新包装,既不是不同的相互竞争的各大家族的历史,更不是相互竞争的人物的历史,而是统治者个人的历史。这个转变是由奥古斯都带来的,他御制了自己的长篇功德文,即《奥古斯都功德铭》(*Res Gestae divi Augusti*),并下令将铭文刻在青铜上,立在他的王陵外。② 原始铭文今已不存,不过它的绝大部分内容都可以通过在加拉提亚(Galatia)三座城市出土的铭文副本得到复原。奥古斯都在国家中的新的统治地位通过铭文内容、文体、语法表达出来。在整篇长长的铭文中,他不用名字来称呼其他罗马人,除非是在名字作为"纪年套语"组成要素的时候,比如"在马可·维尼修斯(Marcus Vinicius)、昆图斯·卢克莱修(Quintus Lucretius)执政官年,后来的普布利乌斯·莱恩图鲁斯(Publius Lentulus)、格涅乌斯·莱恩图鲁斯执政官年,以及再后来的保卢斯·费边·马克西姆斯(Paullus Fabius Maximus)、昆图斯·图贝罗(Quintus Tubero)执政官年"。③ 甚至在他提到本家人——他的养子盖乌斯(Gaius)和卢修斯、他的外甥马塞卢斯(Marcellus)、他的继子/养子提比略——的名字的时候,他们也只是

253

---

① A. J. Woodman and R. H. Martin, *The Annals of Tacitus*: *Book* 3 (Cambridge, 1996),114 - 118,引文摘自该书第 117 页;R. J. A. Talbert, 'Tacitus and the *Senatus Consultum de Cn*. *Pisone Patre*', *American Journal of Philology*, 120 (1999),89 - 97; and C. Damon, 'The Trial of Cn. Piso in Tacitus' *Annals* and the *Senatus Consultum de Cn*. *Pisone Patre*: New Light on Narrative Technique', *American Journal of Philology*, 120(1999),143 - 162。

② Dio Cassius 56. 33. 1; and Suetonius, *Life of Augustus* 101. 4. Alison E. Cooley, *Res Gestae divi Augusti* (Cambridge, 2009).

③ *RGDA* 6. 1.

作为次要角色存在。比如,奥古斯都提到赐给盖乌斯、卢修斯的荣誉,其真正的意图是荣耀自己,"作为荣耀朕的一种手段";马塞卢斯的名字得到提及是因为以他的名字命名的剧院是奥古斯都建造的;盖乌斯、提比略则以战争、外交场合皇帝代表人物的形象进入叙述中。[①] 阿格里帕(Agrippa)是一个例外,在某些情况下,他作为同伴在一定程度上获得与奥古斯都平等的地位。整篇铭文用第一人称创作,人称代词满布其间。这些语法特色通过细微的作用,收到了仅仅将奥古斯都推到读者视线最前沿的位置以外的效果,也就是,它们明白无误地将奥古斯都的中心地位这个信息传达给整个国家。大量的人称代词让人们很容易低估奥古斯都所说的"我的军队"、"我的舰队"所具有的革命性。在军队与其统帅有着亲密关系的情况下,他将手下老兵称作"我的战士们"可能不会引人反对,不过,他将这扩展到罗马国家的全部军队、舰队身上,就是一个令人吃惊的信号——奥古斯都已极其成功地掌握了罗马军事力量的控制权——了。同样,奥古斯都取代了元老院和罗马人民,成为外国使节的邦交对象。在谈到外邦国君、使节与罗马的友谊时,奥古斯都起初将此描述为"(外邦国君、使节)与我和罗马人民的友谊",不过到后来,他可能有意使用一种含混的说法,说"我们的友谊"。[②] 首语重复的手法(anaphoric sequence,通过它,后面每一章的开头都将叙述重点放在奥古斯都身上),毫无疑问将元老院、罗马人民边缘化,并让非罗马人知道谁才是罗马真正的掌权者:"我这里,印度诸王的使节常派来……我这里,求恳的人到来……从我这里,帕提亚、米提亚诸民族受赐他们的国王。"[③]

除了以个人为中心全盘重塑罗马的历史,《奥古斯都功德铭》还有许多其他方面的内容,它们向我们说明奥古斯都是如何掌控

---

① *RGDA* 14.1,27.2.
② *RGDA* 26.4;32.2.
③ *RGDA* 31.1,32.1,33.

历史记录的。① 最好的一个例子是奥古斯都是如何讲述自己的发家史的,因为我们可以说那是他一生中最问题丛生的一个方面。② 通过精心编排和对文学暗示的明智利用,奥古斯都开篇就将他的早期生涯描写成得到元老院的全力支持,且他在履行尤利乌斯·凯撒(Julius Caesar)继承人职责的过程中粉碎了自己面临的许多困难:

> 朕年 19 岁时,基于个人义愤,以自家之资,募集义兵。以此军队,朕解救了久遭专制集团压迫的国家。基于此,元老院通过荣誉法令,准许朕在盖乌斯·帕萨(Gaius Pansa)和奥陆斯·赫提乌斯(Aulus Hirtius)执政官年进入元老院,同时得享同于执政官的发言权,元老院将政府权力赐给朕。为免国家再受创伤,元老院命朕担任"代大法官"(propraetor),与两位执政官一同采取预防措施。同年,在两位执政官战死沙场后,人民更推举朕为执政官和掌管国务的"三人团"的成员。③

254

在铭文开头,奥古斯都对历史事件作了简化处理。他略而不提尤利乌斯·凯撒在战神广场被刺后头几个月的事情(这时,奥古斯都在罗马的地位岌岌可危),径直就从公元前 44 年 9 月 23 日他满 19 岁时开始说起。通过明白无误地提到自己的年龄,他让人们想起其他年轻的罗马卫士:著名的西庇阿·阿非利加努斯(Scipio Africanus),他被授予执政官的权力时年仅 24 岁,无先前担任执政官或大法官(praetor)的经历;还有庞培(Pompey),他在 23 岁时拉起一支拥护苏拉(Sulla)的私家军队。总体而言,奥古斯都的功德铭以其言辞简约而引人注目,他在运用形容词方面亦可谓吝啬。而后,更可值得注意的是,铭文头两章中的形容词促使人们对奥古

---

① R. Ridley, *The Emperor's Retrospect* (Leuven/Dudley, Mass., 2003).

② R. Syme, *The Roman Revolution* (Oxford, 1939).

③ *RGDA* 1.

斯都的早期生涯有一种很积极的理解。最重要的是,"基于个人义愤,以自家之资"的一再重复让人们清楚看到,他在最早时是以私家公民的身份代表国家作出干预行动的,由此,它促使我们将奥古斯都与扮演类似角色的其他伟大的罗马人作比较:著名的布鲁图斯(L. Brutus,他将塔奎因[Tarquins]逐出罗马,而后成为共和国的创建者),科涅利乌斯·西庇阿·纳斯卡(P. Cornelius Scipio Nasica,人们认为他在公元前 113 年将国家从提比略·格拉古[Tiberius Gracchus]的暴政下解救出来),以及庞培(上面已提及他对苏拉的支持)。这掩盖了这样一个事实:同样在这个时候,在展开他在铭文第一章中所述的那些行动时,由于劝说凯撒的老兵攻打安东尼,他 11 月时并未能巩固自己在罗马的地位。蛊惑现任执政官属下军队的军心是非法之举,不过,一旦安东尼在公元前 43 年 1 月卸任执政官,这些行动的合法性就立刻获得追认。奥古斯都提到的元老院通过荣誉法令一事同样掩盖了一个事实:这是元老院对其非法之举的事后批准。最后,在叙述自己被推举为执政官时,奥古斯都还隐瞒了一个事实:他遭遇到元老院的反对,故此,他身先士卒进军罗马,以此作为最后的行动,以图通过武力威胁迫使元老院就范。[1]

通过御制自己的《功德铭》并发出命令广布四方,奥古斯都力图使自己钦定的历史事件的版本永世长存。尽管如此,"功德铭"不过是奥古斯都死后他的自我造神运动的高峰而已,早在数年之前,其他被镌刻出来的"monumenta"就预示了"功德铭"的产生,这些"monumenta"的目的是将奥古斯都放在一个充满阿谀奉承之词的历史背景中供奉。最突出的例子是人们创造出来、与他在奥古斯都广场上建造的英雄像搭配的大量历史铭文,这些塑像是公元前 2 年奥古斯都敬献的。[2] 与通常的做法(铭文纪念的是活人或逝

255

---

[1] Cooley, *Res Gestae divi Augusti*, ad loc.

[2] James C. Anderson, Jr., *The Historical Topography of the Imperial Fora* (Brussels, 1984), ch. 2; M. Bonnefond, 'Transferts de functions et (转下页)

去不久的人，且它们在各个时代单篇单篇地被镌刻出来）相比，奥古斯都在同一时刻将一系列塑像放在同一个地方，它们展现了将罗马从帝国带入今日之境界的英雄人物的形象。这些铭文使用了古代语言，以此凸显了铭文不同寻常的"历史化"倾向。① 这促使人们产生这样一种假象：认为这些铭文是真正的古代文献。奥古斯都广场是一座巨大的历史纪念馆，它对铭文、塑像、建筑的结合提升了奥古斯都在罗马社会中的地位，并将他呈现为天定的罗马历史的顶峰。

广场的一端耸立着"复仇者"战神庙（Temple of Mars the Avenger）。庙的两边有柱廊围绕，柱廊伸展向前，直到两座大型的半圆形后殿。埃涅阿斯和罗慕路斯的塑像占据着后殿的显眼位置，两旁竖立着其他塑像。更多的塑像在柱廊前承续排列。广场中央耸立着奥古斯都骑马像，上书"祖国之父"的敬称。② 选谁在奥古斯都广场获享塑像的荣耀，以及用什么话来纪念他们的功绩，这些都是经过精心盘算的，以达到重塑罗马的过去从而为奥古斯都现在的统治提供支持的目的。受供奉的许多人是"*triumphatores*"，即以显赫军功赢得凯旋式的将军们，不过，广场不可能容下所有

（接上页）mutation ideologique：Le Capitole et le Forum d'Auguste'，in *L'Urbs*：*Espace urbain et histoire*（Rome，1987），251 - 278；J. Ganzert and V. Kockel，'Augustus Forum und Mars-Ultor-Tempel'，in *Kaiser Augustus und die verlorene Republik*（Berlin，1988），149 - 199；Paul Zanker，*The Power of Images in the Age of Augustus*（Ann Arbor，1988），194 - 215；T. J. Luce，'Livy，Augustus，and the Forum Augustum'，in Kurt A. Raaflaub and Mark Toher（eds.），*Between Republic and Empire*：*Interpretations of Augustus and His Principate*（Berkeley/Los Angeles，1990），123 - 138；Jane DeRose Evans，*The Art of Persuasion*：*Political Propaganda from Aeneas to Brutus*（Ann Arbor，1992），ch. 6；V. Kockel，'Forum Augustum'，in Eva Margareta Steinby（ed.），*Lexicon Topographicum Urbis Romae*，vol. 2（Rome，1995），289 - 295；Flower，*Ancestor Masks*，224 - 236；and Joseph Geiger，*The First Hall of Fame*（Leiden，2008）。铭文：A. Degrassi，*Inscriptiones Italiae*，vol. 13，fasc. 3：*Elogia*（Rome，1937）。

① 例如 *ex ieis*（Marius，no. 17）；*curai sibi habuit*（L. Albinius，no. 11）。
② *RGDA* 35. 1。

"*triumphatores*"的塑像，因为他们的人数超过了 230 个。塑像的目的并不仅仅在于用艺术形式再现凯旋年表上的记载。有一件事情让我们印象深刻，也就是尤利乌斯·凯撒的塑像被放在了战神庙而不是奥古斯都广场，此时已被神化的凯撒不再与旁边的凡人为伍。同样，不是"*triumphator*"的阿匹乌斯·克劳狄·西卡斯（Appius Claudius Caecus）也被请进了广场，这证明获得入场券，在奥古斯都广场上拥有被塑像的荣耀，不只在战场上获胜这一个标准。[①] 铭文不是对受供奉者生平的客观记录（毕竟某些铭文，比如跟埃涅阿斯、罗慕路斯有关的那类铭文，从根本上说只是对传说人物的虚构描述），它们也不是对既有说法的简单重复。比如，它们并不总是与李维的相关记载吻合，而后者是在奥古斯都广场建立前不久撰写的。[②] 与此相反，这些英雄人物在部分程度上被重新塑造，以图与他们作为奥古斯都政权拥护者的新身份相符合。一种引人瞩目的叙述模式产生了，在它的作用下，这些罗马名人依照这样一种方式——让他们自己成为奥古斯都统治方式的先行者——被呈现在铭文中。这样，我们发现了许多杰出人物的例子，他们都在因年龄之故未获得合法授权之前就掌握了权力。此举含蓄地为奥古斯都所处的环境作了声辩，就是在这种环境下，奥古斯都首先夺取了罗马的权力（上文中有简要叙述）。[③] 在许多情况下，那些领袖人物所享有的非比寻常的权力、官职和头衔是在为奥古斯都所享有的那些东西作铺垫。这些人物的兴趣、爱好同样是奥古斯都兴趣、爱好的反映。比如，阿尔比尼亚斯（L. Albinius）以其在高卢攻城期间热烈护教的功绩受到尊崇："高卢人围困朱庇特神殿（Capitol）时，他带领维斯塔贞女（Vestal Virgins）到卡西里（Caere）去。在那里，他安排妥当，确保仪式和庄重的典礼不会中断。在举

---

① Suetonius, *Life of Augustus*, 31; and Degrassi, *Inscr. Ital.*, vol. 13, fasc. 3, 4.

② Degrassi, *Inscr. Ital.* XIII. iii, 6 n. 81; Luce, 'Livy, Augustus, and the Forum Augustum'.

③ Anderson, *Historical Topography*, 80-88.

行过他重新安排起来的仪式后,他带着众贞女回到罗马。"①这让我们想起奥古斯都将他自己描绘成罗马宗教的保护者和复兴人。②总而言之,奥古斯都广场的铭文为这样一个事实——罗马此时是在一个人的统治之下——作着辩护,并为奥古斯都在长期内战后复兴罗马社会的行动中所采取的某些措施提供支持。在生命的最后时刻,奥古斯都志得意满——他在有生之年并未担任任何与罗马传统不符的职位,通过观赏奥古斯都广场的铭文,我们可以很明确地赞同这一点。③

这些罗马名人的塑像沿奥古斯都广场的右手边安置,"每一尊塑像都是奥古斯都官方形象在某一点上的反映"。④ 在它们对面,沿广场的左手边,是"儒略家族柱廊"(Julian portico),供奉的是传说中的奥古斯都列祖。奥古斯都出身的屋大维家族(Octavii)在历史上没有名人,而收养他的儒略家族却编造了非同一般的故事,说他们起自通过埃涅阿斯之子阿斯卡尼乌斯/尤路斯(Ascanius/Iulus)、从他那里传下来的列祖列宗。结果,在儒略家族成员以外,这个"儒略家族柱廊"还包括了起自埃涅阿斯的阿尔巴·隆加(Alba Longa)列王,包括刚逝去的马塞卢斯、德鲁苏斯(Drusus)(他们不是儒略家族的人,但却是奥古斯都家族的人)。这条柱廊推进了这样的说法,也就是通过埃涅阿斯,人们可以将儒略家族看作罗马最终的建立者(该说法同样构成了维吉尔《埃涅阿斯纪》的基础);并将奥古斯都展现为历史大循环的完成者,他完成了命定的罗马重建者的使命。⑤

---

① Degrassi, *Inscr. Ital.*, vol. 13, fasc. 3, no. 11＝*CIL* VI 31583.

② John Scheid, 'Augustus and Roman Religion: Continuity, Conservatism, and Innovation', in Karl Galinsky (ed.), *The Cambridge Companion to the Age of Augustus* (Cambridge, 2005), 175-193.

③ *RGDA* 6.1.

④ Anderson, *Historical Topography*, 85.

⑤ 参见 Vergil, *Aeneid* 6 vv. 788-800,并对照参见李维对儒略家族说法(说他们起自埃涅阿斯之子)的批判性叙述(1.1)。

257 　　这样的塑像布局产生的总体效果可能让人们想起传统的贵族做法，也就是在自己家中的主客室摆放杰出先人的蜡像。奥古斯都广场既是公共场所，又是"主客室"这个私人空间在当时的对应产物。尽管如此，为了与自己在国家中的特殊地位相调和，他剥夺了其他家族先人的地位（并在他的送葬仪式上如法炮制）。① 此外，他还将很久以前人们所造的纪念历史上一些罗马人的塑像，从罗马象征意义上的中心朱庇特神殿，迁到了战神广场的某个边缘位置。对罗马城的布局进行干预产生的最后结果，是奥古斯都将各大家族或政府下令在朱庇特神殿建造的塑像替换成自己广场里的塑像，无论是塑像中的铭文还是塑像所处的环境，都由他控制。② 即便我们对奥古斯都本人御制了这些铭文的传闻有些怀疑，③它们是经他之手确认的却是事实，他还发布了一份敕令，在里面，他将自己、在广场里被纪念的英雄、未来的罗马领导人作了比较：

　　　　在敬拜不朽的神灵后，奥古斯都心怀敬意，纪念让罗马人的统治从零成长到今日之规模的将军们。由此，他整修了与每位将军有关的尚存铭文的纪念性建筑，并在自己广场两边的柱廊中，敬献他们所有人的凯旋装塑像。奥古斯都在一份敕令中宣告，他这样做是为了让他自己在有生之年，以及后世的罗马领导人，能被公民们按照这些人的标准进行评判。④

---

① 也许，奥古斯都广场的主区叫"*atrium*"（主客室）。因为按照阿密阿努斯·马赛里努斯（Ammianus Marcellinus）的记载（16.10.25），图拉真（Trajan）广场的主区是仿奥古斯都广场的建筑风格建造的，而该主区的名字叫作"*atrium*"。奥古斯都的送葬仪式，参见 Dio Cassius 56. 34 以及 H. T. Rowell, 'The Forum and funeral imagines of Augustus', *Memoirs of the American Academy in Rome*, 17 (1940), 131 - 143。

② Suetonius, *Life of Caligula* 34. 2; and Cooley, 'Inscribing History at Rome', 16 - 17.

③ Pliny, *Natural History* 22.13.

④ Suetonius, *Life of Augustus* 31. 5.

　　奥古斯都的重塑历史之举,并不限于以奥古斯都广场的纪念性景观作为工具一途,它还可以体现在对宗教仪礼的降格处理——使之附属于战神庙——上。① 甚至是拥有数百年历史的"过年"(passing of year)标记活动(将一根钉子锤入朱庇特神殿的墙中),也转到了新的战神庙进行。②

　　公元 2 世纪早期,图拉真建立的广场取代了奥古斯都广场,成为罗马最醒目的、带有纪念性建筑的市中心。今日图拉真广场最享盛名的,就是这套复合建筑同样包含了一个带半圆形后殿的柱廊,乌尔皮亚大会堂(Basilica Ulpia),以及一座图书馆。公元 4 世纪中期,在与罗马相对应的首都建于君士坦丁堡 30 年后,康斯坦提乌斯二世(Constantius II)于首次造访罗马时,用惊异的眼光看着这套复合建筑。即便到了公元 8 世纪晚期,这套复合建筑仍然让人们心生赞叹,或许,直到公元 801 年,它才在最后被一场地震毁坏。③ 初看起来,对两个广场中陈列的塑像作一尖锐对比似是比较合宜的事。奥古斯都广场树立的供奉塑像原本属于一个统一的计划,意在将一幅连贯的罗马历史图像呈现出来;而图拉真广场的塑像是在很多个世纪的时间里造起来的(时间可从公元 112 年图拉真本人的塑像建造开始算起),意在纪念各世各代杰出的罗马人。④ 不过,公元 4、5 世纪期间,大量刻有铭文的塑像基座被人们建造出来,它显示了一个引人注目的现象,即无论在过去还是未来,人们都强烈关注着历史记录。

　　首先,图拉真广场的某些铭文显示当时的罗马贵族怎样将罗马

258

---

① Dio Cass. 55. 10;Anderson, *Historical Topography*,88 - 97;and Bonnefond,'Transferts de functions'.

② Cincius,apud Livy 7. 3. 5;and Dio Cassius 55. 10. 4.

③ Ammianus Marcellinus 16. 10. 15 - 16;J. Packer,'Forum Traiani',in E. M. Steinby, ed. , *Lexicon Topographicum Urbis Romae*,vol. 2(Rome, 1995),348 - 356,at p. 349;James E. Packer, *The Forum of Trajan in Rome:A Study of the Monuments in Brief*(Berkeley/Los Angeles, 2001),5 - 7.

④ Trajan:*CIL* VI 959. Statues:Packer,'Forum Traiani';and Anderson, *Historical Topography*,161 - 172.

的过去称为"古代"——一个美德和高贵品性的黄金时代;在这样一个时代,唯有最杰出的当代人才有望成为真正的成功者。举例来说,公元 421 年纪念佩特罗尼乌斯·马克西姆斯(Petronius Maximus)的铭文提到他"从远祖和先人那里继承的高贵品性";而在公元 382/383 年,安尼库斯·阿奥纽斯·巴苏斯(Anicius Auchenius Bassus)以其恢复"在年表中获得称许的良好家风"而受到赞扬。① 与此同时,受供奉者获享塑像荣耀的理由也经历了很大变化。起初,该广场的塑像是用来表彰军人的,如在自己辉煌军事生涯的末后光荣战死沙场的克劳狄·弗朗特(M. Claudius Fronto)。② 不过,到公元 4 世纪,随着政治美德、文学成就在纪念铭文中的地位愈形重要,受表彰者同样能以他们的笔杆子(一如军功)获得尊崇。③ 公元 435 年纪念弗拉维·梅罗波德(Flavius Merobaudes)的铭文大费笔墨,赞扬他作为勇士与诗人的功绩,铭文写道,甚至在戎马倥偬时,梅罗波德仍笔耕不辍;铭文还将他描绘成将古代的高贵品性与新的荣耀集于一身的典范:

> 我们表彰的对象,梅罗波德,一个既博学又勇敢的男子汉,与其他人一样,他以其值得称赞的功绩闻名于世……他发挥自己的天赋,既有勇武之力,又能在笔场、战场都勤学不辍……(列位皇帝陛下建造塑像)表彰这样一个集古代的高贵品性与新的荣耀(文武双全)于一身的男子汉。④

---

① *CIL* VI 1749, ll. 8 - 9; *PLRE* II Maximus 22. *CIL* VI 1679 = *ILS* 1262; *PLRE* I Bassus 11.

② M. 克劳狄·弗朗特: *CIL* VI 1377/ 41142 = *ILS* 1098, *c.* AD 170; and *PIR*² C874。

③ V. Neri, 'L'elogio della cultura e l'elogio delle virtù politiche nell'epigrafi a latina del IV secolo d. C.', *Epigraphica*, 43 (1981), 175 - 201; and Charles W. Hedrick, *History and Silence* (Austin, 2000), ch. 7.

④ *CIL* VI 1724 = *ILS* 2950; and *PLRE* II Fl. Merobaudes.

铭文进一步指出，在古时候，给予梅罗波德的荣誉——青铜塑
像——是稀有之殊荣，无论那个人是沙场建功还是称霸诗坛。① 在
更早时的公元 402 年，"杰出的大诗人"克劳狄安（Claudian）获得了
塑像荣誉，他的铭文在文学形态的"*monumenta*"与物质形态的
"*monumenta*"之间作了我们在本章开头讲过的那种比较，里面说
道，即便诗人的诗歌本身已足以确保他会被后人永世怀念，阿卡狄
乌斯（Arcadius）、洪诺留（Honorius）两位皇帝还是下令为他塑像，
以资为证。② 在这篇拉丁铭文之后，还有四行希腊文，内容是将他
与最伟大的古代诗人维吉尔、荷马作比较。由此，在公元 4 世纪晚
期、5 世纪前半期，铭文中似乎出现了一种清晰的新内容，它们将受
表彰者置于历史连续性的背景下。

　　广场铭文这样的历史创作方式，其另一个特征是重刻铭文、替
换受表彰者的塑像这两种做法，重刻铭文即在一个塑像基座上重
刻早先被全盘抹去的铭文。从公元 4 世纪中期开始，这类铭文就
在人们矫正历史记录的行动中被镌刻出来了。哪怕受表彰者逝去
已久，人们认为，对于加诸其身的不实恶名不再站立得住的那些个
人，恢复对他们的纪念仍是件重要的事。举例来说，弗拉维·攸艮
尼乌斯（Flavius Eugenius）的塑像在公元 355/361 年由康斯坦提乌
斯二世、尤里安加以重建。这座塑像早先时候于公元 342/349 年
在君士坦斯（Constans）统治时期建立，不过后来毁于麦格提乌斯
（Magnentius）的支持者之手。到塑像重建时，攸艮尼乌斯已死去 5
年多。③ 在数年之后的公元 364/367 年，表彰弗拉维·陶拉斯
（Flavius Taurus）的塑像和铭文也由瓦伦提安（Valentinian）、瓦伦
斯（Valens）两位皇帝在图拉真广场重建、重刻。④ 陶拉斯曾任公元
361 年的执政官、公元 355—361 年的禁卫军长官，在支持儒略夺取

---

① *CIL* VI 1724，ll. 12-14.
② *CIL* VI 1710，ll. 4-13＝*ILS* 2949；and *PLRE* II Claudius Claudianus 5.
③ *CIL* VI 1721＝ILS 1244；and *PLRE* I Flavius Eugenius 5.
④ *CIL* VI 41336；and *PLRE* I Flavius Taurus 3.

皇位的行动失败后,他于公元363年遭流放。[①] 重刻的铭文将两位皇帝的意图和盘托出:"两位陛下下令重塑镀金的塑像,作为对一位杰出人士的永久纪念。"[②]古代晚期,支配着人们对图拉真广场的铭文加以利用的原则是矫正历史记录,这在弗拉维·菲利普(Flavius Phillippus)的铭文身上可以得到很好的证明,尽管该铭文来自以弗所(Ephesos)。菲利普铭文保留了康斯坦提乌斯二世写给亚洲总督马里努斯(Marinus)的一封信,其中写道,皇帝想在所有重要城市给菲利普塑金像,以作纪念,从而为菲利普恢复身后的声誉。早先的时候,菲利普奉康斯坦提乌斯二世派遣,作为使节去麦格提乌斯那里,很明显,他是为和约一事去的。不过,他从叛乱者(指麦格提乌斯)手下争取将士投诚之事东窗事发,由此,麦格提乌斯以辱没使节之职的罪名将他收监。可是,康斯坦提乌斯二世当时未认识到事情的真相,于是,他收回了对菲利普的支持,菲利普最后死于麦格提乌斯之手。所幸,菲利普死后一些时候,皇帝获知了他被麦格提乌斯收监的真相,于是发出了一封信(给亚洲总督马里努斯),信的末尾写道:"因此……为这个伟大的人在众多城市敬献纪念建筑,为他塑金像是合宜的……并要让他在我们共和国所受的纪念存之久远,这个人用他自己的功劳一直在促进着我们共和国的荣耀。"[③]

图拉真广场的其他铭文直言它们的愿望是保存对获享塑像荣耀者的记忆。在公元5世纪早、中期,弗拉维·帕格纳斯·撒土尼努(Flavius Peregrinus Saturninus)获得了一座塑像,"其用意是让后世人在纪念他时思想他那超凡的美德"。[④] 最引人注目的例子是公元421年建造的纪念佩特罗尼乌斯·马克西姆斯(Petronius Maximus)的塑像,人们意图使它成为"纪念其美德的永

---

① Ammianus Marcellinus 22.3.4.
② *CIL* VI 41336.
③ *AE* 1967,478;译文来自 L. J. Swift and J. H. Oliver,'Constantius II on Flavius Philippus',*American Journal of Philology*,83(1962),247-264,at pp. 249-250。参见 *PLRE* I Flavius Philippus 7;and Zosimus 2.46-49。
④ *CIL* VI 1727 ll. 13-15 = *ILS* 1275;and *PLRE* II Fl. Peregrinus Saturninus 7.

久丰碑"。① 颂赞某个人的美德并形成文字,其目的是鼓励其他人效法他的行为,这在纪念弗拉维·奥尔比斯·奥森丢·德拉克斯(Flavius Olbius Auxentius Draucus)的铭文中有所表述。该铭文刻在狄奥多西二世(Theodosius II)、瓦伦提尼安三世两位皇帝为德拉克斯造的塑像下,上面写着:"(建立塑像)以奖励其美德并表示纪念,我们希望通过它,人们总是能受到鼓舞,竭诚为国效力。"② 不过,从某种程度上说,"纪念"意图充斥在铭文中并不是什么新鲜的事物,在所有的时代,这样的观念都是建造刻有铭文的"monumenta"的潜在基础。古代晚期铭文的新奇之处在于它将先前人们隐而不言的观念清楚地说了出来。古代晚期的铭文想要使对某人的纪念存之长久,想鼓励其他人效法受表彰者的美德,相比先前的铭文,它们在这些方面更加坦白。这种发展倾向构成了更大的一种发展趋势——在此种趋势的作用下,该时期的铭文往往在总体上变得更冗长——的组成部分。③ 不过,下面所举的最后一个事例会让我们知道,在单纯地评论古代晚期铭文的文体、语言风格以外,古代人想确立正确的历史记录的意图成为一个新的突出问题,对此,我们还有更多的话要说。

我们所举的最后一个事例是公元432年纪念尼克马库斯·弗拉维努(Nicomachus Flavianus)的铭文,它涵盖了本章所有的主题。④ 弗拉维努曾在公元394年支持作乱的攸艮尼乌斯反对狄奥多西皇帝,并于该年被攸艮尼乌斯委任为执政官。不过,在攸艮尼乌斯失败后,弗拉维努于同年自杀。他的财产被没收,名字被从执政官年表中抹掉,他在图拉真广场的荣誉塑像和纪念铭文则受到损坏。

---

① *CIL* VI 1749,ll. 6-7=*ILS* 809;and *PLRE II* Maximus 22.
② *CIL* VI 1725,ll. 17-19=*ILS* 1284.
③ I. Kajanto,' Un' analisi fi lologico-letteraria delle iscrizioni onorarie ',*Epigraphica*,33(1971),3-19;O. Salomies,'Observations on the Development of the Style of Latin Honorific Inscriptions during the Empire',*Arctos*,28(1994),63-106.
④ *CIL* VI 1783=*AE* 1971,24=*ILS* 2948;*PLRE* I Flavianus 15;and Hedrick,*History and Silence*.

将近 40 年后，在他的儿子（亦名尼克马库斯·弗拉维努）被任命为禁卫军长官的那一年，被涂抹掉的铭文上方重刻了铭文，他的塑像也重新立了起来，用以恢复对他的纪念。① 铭文开头是给弗拉维努的献词，连同对其生平的简介（简介中说明重立纪念塑像是为了荣耀他的儿子），结尾处是弗拉维努之孙写的话，言明是他安排了塑像的建造工作。在中间，有一封瓦伦提尼安三世、狄奥多西二世写给元老院的长信，信中解释了他们恢复对老弗拉维努的纪念的重要意义。两位皇帝用比喻的手法，将他们的行动说成是"文献修正"工作，即"*emendatio*"，据此，他们推出了有关弗拉维努生平的新版本。② 他们以下面的话作为开场白：

> 为免陷入人类的许多陷阱，在国家杰出的知名人士的尊严因错谬之说法而受到某种程度的玷污时，我们要起而捍卫；我们还要号召人们恢复死者永世的声名。也就是说，我们应将这些事情认作是对死者命运的拨乱反正。我们认为，这是对一个人的初步评价，也是此人应得的最好的补偿（?）。③

将这篇铭文与弗拉维努的孙婿给他刻的纪念铭文相比较，上述"文献修正"工作就可以得到更好的说明了。后一篇铭文很可能是在弗拉维努死后八年刻的，其中记载他生平的文字如下："献给维留斯·尼克马库斯·弗拉维努（Virius Nicomachus Flavianus），杰出的元老，监察官，大祭司，西西里执政官，非洲总督，宫廷财务官，两任禁卫军长官，常任执政官，最让人信服的历史学家。"④ 与此相对照的是经过改写的生平简介："献给尼克马库斯·弗拉维努，西西里执政官，非洲总督，尊贵的狄奥多西皇帝宫廷中的监察官，两任

---

① Son：*PLRE* I Flavianus 14.
② Hedrick，*History and Silence*，ch. 6.
③ Translation，ll. 9 - 12，Hedrick，*History and Silence*，2.
④ *CIL* VI 1782，ll. 1 - 7 = *ILS* 2947. 来自西莲山（Caelian）的一个私人住所。

意大利、伊利里库姆（Illyricum）、非洲的禁卫军长官。"经过重新编排的纪念铭文没有包括弗拉维努入仕之初担任的小官职、执政官和大祭司之职。为什么忽略掉执政官之职？这可以通过下述事实得到解释，也就是他曾被攸艮尼乌斯委任为执政官，而这个职务从未得到狄奥多西皇帝的承认。稍后，我将解释他的大祭司职务被忽略掉的可能原因。两位皇帝还将他们的行动比作"历史创作"，从而暗示了写作的纪念功能：

> 恢复我们对老弗拉维荣耀的、最应献上的纪念，在此过程中，无论我们有何收获，我们都是在荣耀我们尊贵的祖父，如果我们将老弗拉维——我们的祖父想要留给我们的人——该得的纪念塑像和铭文归还给他的话……因此，元老们，在你们同我们一起审查此事时，也同我们一起为本朝的一件杰作欢呼吧，为了你们和国家的缘故，请你们批准恢复对那位元老之荣耀的纪念吧。[1]

262

修订过的纪念铭文中的历史自觉意识，连同修订版的弗拉维努生平，与写过编年史、由此而被称为"最让人信服的历史学家"的弗拉维努特别契合。[2] 事实上，根据铭文所述，狄奥多西特别对弗拉维努的编年史著作印象深刻。不过，就弗拉维努的事例而言，真正的问题并不在于他在政治上改换门庭，而是公元 391 年在元老院贵族中间发生的宗教大事变——从异教改信基督教，是年，狄奥多西一世下达强制改教令。弗拉维努久为地位显赫的异教徒，而他的儿子却成为改教队伍中的一员。这个事例很好地说明了罗马元老院贵族在公元 5 世纪早期面临的两难困境，在那个时候，全体改信基督教不过是刚兴起不久的现象，故此，贵族们不得不寻找出路，调和罗马光荣的过去（它以异教的风俗习惯为基础）与基督教的今天之间的关系。我们可以认为，公元 5 世纪早期的元老们相

---

① Translation，ll. 13 - 18,33 - 35；and Hedrick，*History and Silence* 2,4.
② *CIL* VI 1782＝*ILS* 2947.

比他们的先辈而言，对于他们的传统有着更多的认知，由此，他们需要向从异教的古代向基督教的今天的转变低头。他们想将现在描述为历史记忆之不间断延续的产物，在此意图的驱使下，他们必须得找到一条弥合断裂处（由改宗基督教而产生）的路径。这可以解释，从图拉真广场出来的公元 5 世纪的铭文中，为什么有那样大的一部分明明白白地要将自己置身于一个历史连续性的背景下。这样看来，弗拉维努的异教祭司之职未在为他重刻的纪念铭文中出现就不是偶然的了。[1] 同样，在公元 402 年的纪念铭文中，传闻中的异教徒、诗人克劳狄安与宗教的关系也被绕开了。[2] 正如查理·赫德里克（Charles W. Hedrick）所说的，"皇帝的信自我呈现为历史、重建和'文献修正'，这是对过去与现在的关系进行解释、调和的一种尝试。它提供了一个过去转化为现在的模式，通过此，它告诉我们过去与现在怎样能够共存并确实已经共存了"。[3]

本章的结论，是在罗马城铭文中记载的内容对历史意识的发展作出了很大的贡献。此种记载即便不是"写作历史"，从严格的意义上说，也是"历史写作"。铭文能够永世长存，此种普遍认知确保了在人们想要撰写历史记录时，他们会选择将文字刻在石头或青铜上。作为"monumenta"，铭文即便在它们被镌刻时不成其为真正的历史纪念物，它们所关切的仍一直影响后人对历史事件、历史人物的记忆。

263　大事年表/关键日期

公元前 600—前 580 年	现存最早的罗马铭文（"黑色大理石"）
公元前 509 年	罗马共和国建立
公元前 44 年	尤利乌斯·凯撒被刺杀

---

[1] Hedrick, *History and Silence*, ch. 3.
[2] 圣奥古斯丁在《上帝之城》(5.26)中将他描述为一个"挂名的基督徒"(*Christi nomine alienus*)。铭文见 *CIL* VI 1710.
[3] Hedrick, *History and Silence*, 212.

公元前 31—前 30 年	在亚克兴、亚历山大里亚，安东尼败于未来的奥古斯都之手

公元前 31—前 30 年　　在亚克兴、亚历山大里亚，安东尼败于
　　　　　　　　　　　未来的奥古斯都之手
公元前 2 年　　　　　人们敬献奥古斯都广场
公元 14 年　　　　　　奥古斯都去世；《奥古斯都功德铭》发布
公元 112 年　　　　　人们敬献图拉真广场
公元 324 年　　　　　君士坦丁堡建立
公元 391 年　　　　　狄奥多西皇帝在罗马展开强迫改宗基
　　　　　　　　　　督教的运动
公元 432 年　　　　　有关尼克马库斯·弗拉维努的记忆在
　　　　　　　　　　图拉真广场受禁

主要史料

西庇阿家族墓

Coarelli, F. , *Il sepolcro degli Scipioni a Roma*（Rome, 1988）.

Kruschwitz, P. , *Carmina Saturnia Epigraphica: Einleitung, Text und Kommentar zu den Saturnischen Versinschriften*（Stuttgart, 2002）, nos. 2 - 5.

沃留休斯·撒土尼努家族别墅

Annee Epigraphique（1972）,174 - 176.

Eck, Werner, *Tra epigrafi a prosopografi a e archeologia: Scritti scelti, rielaborati eaggiornati*（Rome, 1996）.

Panciera, S. , 'Volusiana: Appunti epigrafi ci sui Volusii', in Mary T. Boatwright et al. （eds.）, *I Volusii Saturnini: Una famiglia romana della prima eta imperiale*（Bari, 1982）,83 - 95.

年表

Degrassi, A. , *Inscriptiones Italiae*, vol. 13, fasc. 1: *Fasti consulares et triumphales*（Rome, 1947）.

有关皮索的法令

Eck, W. , Caballos, A. , and Fernandez, F. , *Das Senatus Consultum de Cn. Pisone Patre*（Munich，1996）.

Griffi n，M.，'The Senate's Story'，*Journal of Roman Studies*，87 （1997），249 - 263.

'The *Senatus Consultum de Cn. Pisone Patre*'，ed. D. S. Potter， trans. Cynthia Damon，*American Journal of Philology*，120 （1999），12 - 42.

奥古斯都广场

Degrassi，A.，*Inscriptiones Italiae*，vol. 13，fasc. 3：*Elogia*（Rome， 1937）.

264　**《奥古斯都功德铭》**

Cooley，Alison E.，*Res Gestae divi Augusti*（Cambridge，2009）.

Ridley，Ronald T.，*The Emperor's Retrospect：Augustus' Res Gestae in Epigraphy，Historiography and Commentary*（Leuven-Dudley MA，2003）.

尼克马库斯·弗拉维努经过调整的生平铭文

CIL VI 1783＝*ILS* 2948.

Hedrick，Charles W.，*History and Silence：Purge and Rehabilitation of Memory in Late Antiquity*（Austin，2000）.

参考文献

Flower，Harriet I.，*The Art of Forgetting：Disgrace and Oblivion in Roman Political Culture*（Chapel Hill，2006）.

Purcell，Nicholas，'Becoming Historical：The Roman Case'，in David Braund and Christopher Gill（eds.），*Myth，History and Culture in Republican Rome：Studies in Honour of T. P. Wiseman*（Exeter，2003），12 - 40.

屈伯文　译　陈　恒　校

第十一章　编年史与分析

尤维·沃尔特(Uwe Walter)　文

作者、史书、体裁:概要介绍

　　罗马的历史写作约兴起于公元前 3 世纪末,其时,元老昆图斯·费边·皮克特创作了第一部罗马史。① 我们既不知道这本书

---

① *Die Frühen Römischen Historiker*, vol. 1: *Von Fabius Pictor bis Cn. Gellius*, ed. and trans. Hans Beck and Uwe Walter (2nd edn, Darmstadt, 2005,以下引用简称 *FRH* i.), 55 - 136; and Uwe Walter, *Memoria und res publica*: *Zur Geschichtskultur der römischen Republik* (Frankfurt, 2004),229 - 255。有关概要性的看法,参见 C. S. Kraus and A. J. Woodman, *Latin Historians* (Oxford, 1997); Christopher Pelling, 'Historiography, Roman', in Simon Hornblower and Antony Spawforth (eds.), *Oxford Classical Dictionary* (3rd edn., Oxford, 1996),716 - 717; Andreas Mehl, *Roman Historiography* (German edn, 2001; Oxford, 2008)以及 Michael von Albrecht 书中的对应部分,*A History of Roman Literature*: *From Livius Andronicus to Boethius*, vol. 1, rev. Gareth L. Schmeling, trans. Francis and Kevin Newman; vol. 2, trans. R. R. Caston and F. R. Schwartz (Leiden, 1997)。重要的论文集包括 T. P. Wiseman, *Historiography and Imagination*: *Eight Essays on Roman Culture* (Exeter, 1994); id., *Roman Drama and Roman History* (Exeter, 1998); Ulrich Eigler *et al.* (eds.), *Formen römischer Geschichtsschreibung von den Anfängen bis Livius*: *Gattungen-Autoren-Kontexte* (Darmstadt, 2003); David Braund and Christopher Gill (eds.), *Myth, History and Culture in Republican Rome*: *Studies in Honour of T. P. Wiseman* (Exeter, 2003); D. Timpe, *Römische Geschichtsschreibung*: *Studien zur Historiographie*, ed. Uwe Walter (Darmstadt, 2007)。有关塞勒斯特以前的罗马历史写作,参见 (转下页)

的名字,也没看到书中原有的哪怕一个句子。不过,该书遗留下来的 32 个残段向我们显示了它的一些内容。表面看来,这本书很是复杂,不过它为后来者确立了基本的规范。自费边以降,要写就写整部罗马史成为一项惯例,也就是从传说中的先驱者,讲到罗慕路斯建罗马城,直至每个不同的作者所在的当下。首先,只有元老院成员才有资格写历史,而它的创作基础是这些人在战场、政坛的实际经验,以及他们作为一个政治阶层所享有的获取信息的特权,在部分程度上,还有可供借鉴的(希腊)文学典范。很遗憾的是,对于费边与在他之后不久的那些后继者,我们除了他们的名字以外别无所知,他们是用希腊语创作的。罗马的对外行动获得他们的辩护,在最后总是会以胜利告终;有关内政的叙述,其关注焦点在于施行统治的贵族、民众——他们身处某个宗教、政治秩序的框架中——的行为。① 作者们以他们的社会声望和地位(*auctoritas*)来为自己的著作提供支持。

昆图斯·恩尼乌斯(Quintus Ennius)以一个外邦人的身份来到罗马,很快,他以其多种多样的文学创作而扬名立万。他创作了一部名为《编年史》的 18 卷的史诗,在该史诗约 12000 行的六步格诗中,有 600 行存留至今。②恩尼乌斯选择用拉丁文而非希腊文创作这部

(接上页)Hans Beck, 'The Early Roman Tradition', *in John Marincola(ed.)*, *A Companion to Greek and Roman Historiography* (Oxford, 2007),259 - 265;*FRH* i. 17 - 53;*Die Frühen Römischen Historiker*, vol. 2:*Von Coelius Antipater bis Pomponius Atticus*, ed. and trans. Hans Beck and Uwe Walter (Darmstadt, 2004)(以下引用简称 *FRH* ii.),17 - 33;还有 *Brill's New Pauly* 中的词条。有关晚期罗马共和国,参见 Elizabeth Rawson, *Intellectual Life in the Late Roman Republic* (London, 1985),215 - 232;and D. S. Levene, 'Roman Historiography in the Late Republic', in Marincola (ed.), *A Companion to Greek and Roman Historiography*, 275 - 289。

① 参见 Hans Beck, '"Den Ruhm nicht teilen wollen":Fabius Pictor und die Anfänge des römischen Nobilitätsdiskurses', in Eigler *et al.* (eds.), *Formen römischer Geschichtsschreibung von den Anfängen bis Livius*, 73 - 92。

② 残篇:*Remains of Old Latin*, vol. 1:*Ennius and Caecilius*, ed. and trans. E. H. Warmington (rev. edn, Cambridge, Mass., 1967), 2 - 215;又见 Walter, *Memoria und res publica*, 258 - 279,还可进一步参见该书的参考文献。

史诗，他还用了许多便于记忆的短语（直到公元前 1 世纪的西塞罗时代，学生们仍记诵着这些短语）。基于此，在很长一段时间里，《编年史》是罗马流传范围最广的一部带有历史内容的著作。通过结构的编排和语言的应用，恩尼乌斯将罗马的历史塑造成一个既连续又有序的充满丰功伟绩——罗马人民及其领袖的功业——的序列。

也许是为了回应恩尼乌斯，有名的监察官马库斯·波西乌斯·加图（Marcus Porcius Cato Censorius）用拉丁文写作了《创始记》（Origines）一书，那时，他已经很老了。① 和《编年史》一样，这部著作如今也仅存残篇。它向我们显示了一种奇怪的杂合：博闻强识＋罗马—意大利的爱国精神＋作者积极的自我标榜（加图将自己的演讲词塞进当代史事的叙述中）。总体而言，加图看起来是从整体上探讨先人（maiores）的荣耀的，他把此种荣耀归功于罗马人民，显赫的贵族家庭和他们的"大名"则被放到了次要的位置上。拜该书作者及其奇特的风格所赐，这部七卷本的《创始记》赢得了后人的称赞，比如塞勒斯特。不过，这部书所包含的历史观念并没有确立一个可供后人借鉴的先例。

在卢修斯·卡尔普尔尼乌斯·皮索·福茹吉（Lucius Calpurnius Piso Frugi）的历史著作中，②人们首次发现了根据单个年份——所谓的编年体框架——进行结构安排的叙述。历史学家将当前的政治冲突往回投放到更早的历史背景下，以此确证当代的道德沦丧。人们认为，古人的智慧隽语、典范事迹，能够充当正确行为的一系列准则。

到公元前 2 世纪末，历史写作迎来了一波新的潮流。在写作罗马通史以外，出现了一些新的写作体裁，与此相伴，此种历史写作在思想上有了更多的要求，在语言、风格上变得更加复杂，与政治

① *FRH* i. 148 - 224; and Walter, *Memoria und res publica*, 279 - 296.
② *FRH* i. 282 - 329; Gary Forsythe, *The Historian L. Calpurnius Piso Frugi and the Roman Annalistic Tradition* (Lanham, Md., 1994); and Walter, *Memoria und res publica*, 306 - 318.

的关系则更为紧密。① 到这时，社会精英阶层以外的人，也加入到历史写作的行列中来。他们必须得通过自己的著作来让人相信它们的真实性与权威性（参见下文）。约公元前 120 年，索留斯·安提帕特(Coelius Antipater)写了一部七卷本的有关汉尼拔战争的历史著作，这个主题是经常有人涉及的。安提帕特依靠费心费力的调查，利用不同来源的材料，②更进一步，以其复杂的语言、生动的描写，让自己的叙述变得真实可信。塞普罗尼乌斯·阿塞利奥(Sempronius Asellio)接受了波里比阿的观点，也就是我们不仅要将纯粹的历史事件联系起来看，而且要洞悉历史角色的动机与计划。③ 昆图斯·克劳狄·夸德里加里奥斯(Quintus Claudius Quadrigarius,公元前 1 世纪)④选择以高卢入侵（约公元前 390 年）这样晚近的历史事件，作为自己的罗马史著作的出发点，这样，对人们是否有可能获得有关历史早期的准确知识，他显示出了自己的怀疑。与此相对，盖乌斯·李锡尼·麦斯(Gaius Licinius Macer)，⑤一位来自"左派"阵营的政治家，转向为这个比较早的历史时期提供辩护，由此，他宣称，依靠精确研究、能获得的新资料的帮助，他能绘出一幅截然不同的贵族—平民冲突(Conflicts of the Orders,约公元前 500—前 287 年)的政治画面。另一方面，在意识形态上相当"右翼"的卢修斯·科涅利乌斯·锡耶纳(Lucius Cornelius Sisenna)触及了一个相当具有争议性的政治主题：最近发生的同盟者战争(Social War)以及苏拉执政(公元前 91—前 79

---

① 本段列举的所有著作都只有残篇传世。相关的举例讨论，参见 Uwe Walter, 'Opfer ihrer Ungleichzeitigkeit: Die Gesamtgeschichten im ersten Jahrhundert v. Chr. und die fortdauernde Attraktivität des "annalistischen Schemas"', in Eigler *et al.* (eds.), *Formen römischer Geschichtsschreibung von den Anfängen bis Livius*, 135-156。

② *FRH* ii. author 11 fr. 11 and 36.

③ *FRH* ii. author 12 fr. 1-2.

④ *FRH* ii. 109-167.

⑤ *FRH* ii. 316-345.

年）。他就此给出了语言夸张、令人眩目的叙述。① 最后，一个没有任何政治野心的人瓦莱里乌斯·安蒂阿斯（Valerius Antias）创作了一部卷帙浩繁的罗马史著作，可能达 75 卷之巨。② 这样的大部头只有在以下情况下才有可能，也就是安蒂阿斯填补历史写作传统中两类材料之间的间距，一类材料是有关各种标准历史行动——战斗、演讲、元老院的听证——的叙述，另一类材料是文献、数据以及一些桃色轶闻（比如西庇阿·阿非利加努斯与一个很美丽的西班牙女子的罗曼故事）。③

国内冲突形势的持续恶化与贵族阶级内部的深层分裂有利于一种新的次级写作体裁的产生：一些贵族（nobiles）写作自传，用来为自己的生平、政治行迹作辩护，并用肯定的笔调来描写自己。这类著作中篇幅最大的，是卢修斯·科涅利乌斯·苏拉（Lucius Cornelius Sulla）在进行独裁统治后写的自传，不过很遗憾，该书已经散佚。④ 盖乌斯·尤利乌斯·凯撒选择了另外一条道路，他宣称，自己精心创作的《高卢战记》（七卷，完整保存下来）以及其后的《内战记》（三卷，不全）是专为元老院和罗马人民写的历史材料（commentarii），并且可以充当未来历史作家的原材料——这在某种程度上从未成为现实，将来也永不会成为现实。⑤

从某种意义上说，盖乌斯·撒路斯提乌斯·克里斯普斯（Gaius　268

---

① *FRH* ii. 214 – 313.

② *FRH* ii. 168 – 240.

③ *FRH* ii. author 15 fr. 26.

④ Andrew M. Riggsby, 'Memoir and Autobiography in Rome', in Marincola (ed.), *A Companion to Greek and Roman Historiography*, 266 - 274. 有关苏拉，参见 P. Scholz, 'Sullas commentarii-eine literarische Rechtfertigung', in Eigler *et al.* (eds.), *Formen römischer Geschichtsschreibung von den Anfängen bis Livius*, 172 - 195。

⑤ Kathryn Welch and Anton Powell (eds.), *Julius Caesar as Artful Reporter : The War Commentaries as Political Instruments* (London, 1998); Andrew M. Riggsby, *Caesar in Gaul and Rome : War in Words* (Austin, 2006). "commentarii" 是论述全面的历史著作而非单纯的概要性介绍，有关这一点，参见 Cicero, *Brutus* 262; and Aulus Hirtius, [Caes.] *Bellum Gallicum* 8, preface。

Sallustius Crispus，即塞勒斯特）是在他以前三代的罗马历史写作之成就的综合者。① 他的两本历史著作流传了下来，一本是讲喀提林阴谋（Catilinarian Conspiracy，公元前 63—前 62 年）的，一本是有关罗马与努米底亚（Numidian）国王朱古达（Jugurtha）的战争（公元前 112—前 105 年）的。当时一本大部头的从苏拉之死至少讲到公元前 67 年的历史著作，如今只有残篇存世。塞勒斯特曾经是凯撒的忠实追随者，他是一位政治色彩很浓的作家，这带来了他严厉的评史风格。尽管如此，他却不是从单纯的党派忠诚角度对历史进行评判的，他心中所怀的是对他所属政治阶层之失败以及罗马政治文化之败坏的正义愤怒。阅读这些风格极其复杂、独特的著作需要读者投入最大的心力。② 在罗马危机的起源与多种原因之外，塞勒斯特还思考了人类的本性以及历史写作者所面临的诸多困难。通过这种种工作，他突出了自己的思想主张。在他看来，公元前 146 年对迦太基的毁灭以及公元前 82—前 79 年的苏拉独裁标志了罗马与自身过去的决定性决裂。与同时代的西塞罗一样（不过在思想上比西塞罗更复杂），塞勒斯特看到了社会—国家危机与历史记忆（memoria）之丧失（或扭曲）之间的密切关系。他由此认为，身为历史学家，他的使命是重建"罗马的故事"（res Romanae）与"有关祖先功业的记忆"（memoria rerum gestarum）之间的良好关系："记述过去之事，益处极大。"③

　　帕塔维恩（Patavium，即帕多瓦［Padua］）人提图斯·李维乌斯（Titus Livius，即李维）从上述政治动荡中得出了另外的结论。大

① 总体状况可参见 Ronald Syme，*Sallust*（1964；Berkeley，2002）；Kraus and Woodman，*Latin Historians*，10 - 50；and Mehl，*Roman Historiography*，ch. 4. 5.1。

② 参见 Syme，*Sallust*，240 - 273（论"历史与写作风格"的部分）。

③ *Bellum Iugurthinum* 4.1，trans. J. S. Watson。参见 Jonas Grethlein，'*Nam Quid Ea Memorem*：The Dialectical Relation of *Res Gestae* and *Memoria Rerum Gestarum* in Sallust's *Bellum Iugurthinum*'，*Classical Quarterly*，56（2006），135 - 148。Cicero：*De re publica* 5.2；*Academici Libri* 1.9，以及参见 Walter，*Memoria und res publica*，176。

约在塞勒斯特死后,李维开始了一部宏大的罗马史著作的写作,书名是《建城以来史》(*Ab urbe condita*),该书有 142 卷,一直写到公元前 9 年。① 与塞勒斯特一样,李维对罗马的整个发展历程并不持一片光明的看法,不过,他认为,研究罗马伟大的过去能生出种种救世的力量:

> 对我来说,我请求所有人都为自己的缘故,密切关注下述事情,也就是,人们通过怎样的生活方式和传统,借助怎样的城邦力量、军事能力,创建并扩展了这个帝国。接下来,让人们在思想上追溯上述传统的衰败过程:起初,与它们教给人们的正确教诲的逐渐衰落相伴,这些传统本身开始走下坡路,随后,毁坏日甚,再后,急速倒塌,直到我们陷入今日的险境——既不能让局势继续恶化下去,又无力挽狂澜于既倒。而在历史研究中,我们的处境尤其能得到改善,它有利于我们思考各式各样的行为典范,它们建筑在坚固的基础之上。从历史那里,你能为你自己和你的国家抽取那些值得效法的典范,以及那些你应该避免的教训(因为这些教训从头到尾就是败坏的)。②

李维的著作简单易读,里面充满了爱国主义的精神。在这部著作中,罗马历史上的种种内部冲突,如贵族——平民冲突,以及不同贵族间的冲突,得到了详细的记述。与此同时,从政治层面来说,作者对它们的叙述是中立的,它们成为这样一个过去——一个新的公民群体自觉地"回忆起"的"过去",将他们与一个共有的未来(由此是必须要由他们自己创造的未来)联系起来的"过去"——的组

269

---

① 这部书只有不到 1/4 留存了下来(第 1—10、21—45 卷)。有关版本、书评、译本、研究方面的状况,参见 Kraus and Woodman, *Latin Historians*, 120 - 121 中的列表;也见 Andrew Feldherr, *Spectacle and Society in Livy's History* (Berkeley, 1998); S. P. Oakley, *A Commentary on Livy*, Books VI - X, 4 vols. (Oxford, 1997 - 2005); and Mehl, *Roman Historiography*, ch. 5.1。

② Livy, preface 9 - 10, trans. J. D. Chaplin.

成部分。① 由此,这部著作切合了奥古斯都的大工程的目标,这项大工程意图让罗马人重新认识他们自己的传统、价值观以及行为规范。不过,基于下述那些简单的理由,《建城以来史》不能说是皇帝的宣传工具,因为这部著作不只是讲罗马的成功,也讲在公民自由(*libertas*)滋养下变化多样的共和国政治生活。除此之外,李维还力避对自己笔下的人物、主人公作简单的黑白脸谱式的描述。这样的矛盾,准确地来说,源自他与塞勒斯特看待罗马史的共同道德视角:正如共和国受害于过度的成功,那些伟大的英雄由于自己的美德(*virtus*)获得发展,相应地生出自大、无知的毛病。从这个意义上说,李维描述的数位救星式人物(如曼利乌斯·卡庇托林努斯[Manlius Capitolinus]、西庇阿·阿非利加努斯)的陨落,与塞勒斯特著作中马略最后的灭亡,是相互一致的。②

《建城以来史》并未按照李维所设想的那种独特方式传至后世。这部著作强而有力地在历史解释领域夺得了统治地位,取代了所有更早的通史著作。不过,作为一部坚固共和传统的文学作品,事实证明,它对绝大多数读者来说是太长了。由此,该书的缩略本(*Periochae*)产生出来,它的各种简略版本充当了其他作家的材料来源(参见下文)。

来自外部的刺激:当代人的体验与寻求引导的需要

在希腊的历史著作中,那些先驱性的作品,其存在无一例外地当归功于那些重大的历史事件,这些事件极大地挑战了当时的人对事物的确定看法,以及他们为自己确定的方向。这样的经历除

---

① 参见 Andrew Feldherr, 'Livy's Revolution: Civic Identity and the Creation of the *Res Publica*', in Thomas Habinek and Alessandro Schiesaro (eds.), *The Roman Cultural Revolution* (Cambridge, 1997),136 - 157。

② 参见 Levene, 'Roman Historiography in the Late Republic', 285 - 286。曼利乌斯·卡庇托林努斯:Livy, books 5 and 6;西庇阿·阿非利加努斯:参见 Livy 38.53.10 中的"亡人介绍";马略:Sallust, *Bellum Iugurthinum*,尤其是 63,6。

了记在心里,它们还需要人们对之加以理解,基于此,作家们也提出要以历史事件为基础,向人们提供教诲。希罗多德在写到波斯战争以及随后的雅典兴起时做了这样的事;修昔底德则是在谈到伯罗奔尼撒战争的时候(它是"历史上从所未知的最大规模的战争,不仅仅是希腊世界,也是大部分蛮族世界——我几乎要说整个人类了——所知的最大规模的战争");[①]波里比阿则是在试图理解这样一个奇迹的时候,"在不到53年的时间里,罗马人是通过什么样的手段,采取了怎样的城邦体制,竟成功地让几乎整个定居世界落入他们一国的控制之下"。[②]

　　和希腊作家一样,罗马作家也常常受到重大的、关键性的历史事件的驱动。不过,相比希罗多德、修昔底德或波里比阿,罗马历史学家并未将世界看作一个有着不同历史角色、人类目标、价值结构的复杂体系,而希罗多德、修昔底德、波里比阿,他们作为"普世性的"历史学家,其眼光是扩展到单个的城邦以外的。罗马历史学家的眼光仍是狭窄的。作为通例,他们常常为罗马的对外政策作辩护,为它们穿上"合法"、"必要"的外衣。在处理内政问题时,他们要么是对一些个人展开严厉批判,如加图所做的;要么是对某个自私的阶层进行鞭挞,如塞勒斯特所做的。不过,所有争论,其最终指向的目标是证明:与传统(*mos maiorum*)、美德(*virtutes*)相一致的正确的行为(直到那时为止,罗马一直因此受益匪浅),无论如何曾在罗马生长出来,它必会再度在罗马的土地上破土而出。当然,这项共识到底是怎样的共识,"传统"应该怎样界定,这些是人们激烈争论的问题。这些争论不仅在求助于"传统"的元老院中进行,[③]也在历史著作中展开。

　　费边·皮克特是在汉尼拔战争期间写作他那部罗马史著作的,

---

① Thucydides, *History of the Peloponnesian War*, 1. 2, trans. R. Crawley.

② Polybius, 1. 1, trans. W. R. Paton.

③ 有三个突出的例子:加图就罗德岛问题发表的演讲(*FRH* i. author 3 fr. 5. 3);李维书中记载的有关罗马外交政策的一次辩论(Livy 42. 47);凯撒发表的反对处死喀提林党的演讲(Sallust, *Bellum Catilinae* 51)。

很明显，他的用意是展现这样一个罗马：一个在列国中受到高度尊重的国家；一个拥有动人的建城故事并从那以来取得了无可争议的众多胜利，拥有强大的联盟体系和坚固领导地位（它们让罗马能准备并发动对迦太基的"正义"战争）的城邦。加图很明显看到罗马文化在汉尼拔战争后的十年里受到了威胁，在谈到盟国、地方行省的臣民以及本阶级内部的事情时，他感觉到了狂妄自大、无知愚昧以及错解历史带来的消极影响，他用罗马以及整个意大利人民的功业、荣耀以及他们所作的评判来对抗此种"影响"。至于卡尔普尔尼乌斯·皮索，他看似受公元前 133 年以后的"格拉古革命"的影响至深，以至于他不再将自己限制在对道德沦丧评头论足、大加鞭挞的范围内，[①]事实上，他为某个暴徒基于政治原因展开的谋杀行为作辩护。[②] 作为罗马的一种文学体裁，自传是在马略、苏拉时代兴起的，至少，从普布利乌斯·鲁提利乌斯·鲁弗斯（Publius Rutilius Rufus）的突出事例，[③]我们可以看到，自传这种自抬身价的作品形式的产生，源于政治规则的败坏以及罗马贵族阶层自格拉古兄弟时代以来的分裂。抢夺地位、威望、权势的斗争趋向白热化，其表现之一就是人们通过案件审判与惩罚，消灭自己的对手。失败的人只有一条路可走：用一本《我的人生》（De vita sua）来恢复自己的名望。

　　塞勒斯特在很短的时间里经历了政治秩序的危机、内战以及凯撒的独裁。在后者于公元前 44 年被刺杀后，这位历史学家从活跃的政治活动中退了下来。他在一个内战重开的绝望时代进行创作，其时，他自己的财产被剥夺，在罗马的政治生活事实上也被画上了终止符。不过，无论人们的政治野心、对权力财富的渴望以及共和国的分裂如何改变了时局，在塞勒斯特眼中，人类本身仍是一

271

---

① *FRH* i. author 7 fr. 10,27,30,36,41 – 43.
② *FRH* i. author 7 fr. 26.
③ *L'annalistique romaine*，vol. 3：*L'annalistique récente*：*L'autobiographie politique*，ed. and trans. M. Chassignet（Paris，2004），XCIV – XCVI，164 – 169.

股不竭的力量源泉,并且,如果受到正确的引导,他们能利用这种力量掌控世界,赢得不朽的声名。① 最后,说说李维。他几乎后于塞勒斯特一个世代,这对他来说是一件有益的事情。除此以外,他观察到国家秩序从外部而非里面表现出来的腐烂。在他动笔写作后不久,大规模的内战走向终结,胜利的军事强人屋大维骄傲地宣称国家的紧急状态结束。从公元前 27 年开始,这个人就以奥古斯都之名闻世,他的统治持续了四十多年,李维就是在这个历史背景下每年平均写出三卷《建城以来史》的。尽管如此,这位来自帕塔维恩的历史学家还是选择享有崇高地位的罗马历史早期,作为自己心驰神往的时代,相比之下,他的读者却更想着赶紧行进到现在(Livy, preface 4 – 5)。人们也可以将作者的这份自白解读为作者对个人自治权利的柔声诉求。另外需要说明的是,《建城以来史》前面的部分(实际上,就是流传至今的那些部分)是在约公元前 19 年以前的时代创作出来的,那时,奥古斯都的统治尚未完全巩固,国家重陷内战混乱以及分裂状态看起来并不是不可能的事情。

272

① Sallust, *Bellum Iugurthinum* 1, trans. J. S. Watson:"人们确实总是毫无道理地抱怨自己的本性,说什么那是因为它是软弱的并且是短促的,并且它与其说受德行(*virtus*),毋宁说受机会的支配,但是仔细思考一下就会看到情况恰恰相反:没有什么比人类的本性更伟大、更崇高,它本身并不缺乏力量或耐力,而更加缺乏的却是勤奋。精神(*animus*)乃是人的生活的引导者和主人;如果它通过德行的途径取得光荣,那么它就会有大量的力量、能量以及荣誉。它甚至不需要命运,因为命运不能把诚实、勤奋或其他优良品质给予任何人,也不能把它们从他们身上夺走。但是如果精神由于卑劣欲望的引诱而陷入懒散和肉体的享乐,当它一时放纵于有害的情欲的时候,当精力、时间和才能在懒散无所事事中浪费掉的时候,人们就指责人的本性的弱点,而犯了过错的人又把责任推到环境上去。但是,如果人们对于正义事业的关注,可以同他们追求对他们没有好处并且肯定是无益的并往往甚至是危险的事物的热情相比的话,他们便可以掌握命运,而不受命运的摆布,他们便可以达到如此伟大的程度,就是说,他们虽然是凡人,但他们的光荣却使他们不朽。"(中译文参照[古罗马]撒路斯提乌斯[即塞勒斯特]:《喀提林阴谋　朱古达战争》之《朱古达战争》,王以铸、崔妙因译,商务印书馆,1996 年,第一章。——译注)

作为典范与参考标准的希腊历史写作

在费边·皮克特之前,希腊作家已写过有关罗马历史早期的著作。[①] 经人们发现,罗马历史上更晚近的历史事件也散见于希腊的历史著作中:亚里士多德提到了高卢对罗马的入侵(Frg. 610 Rose＝Plut. Camillus 22.4);萨摩斯的杜里斯(Duris of Samos)记载了德西乌斯·马斯(Decius Mus)在对抗萨谟奈人(Samnites)的战争中将自己献祭给了神(*FGrH* 76 F 56b Jacoby)。这样,费边·皮克特追随"建城史"(*ktisis*)的模式叙述罗马最早期的历史就不让人感到奇怪了,同样,对费边在自己著作的内容上依赖早先存在的希腊典范,人们也不必大惊小怪。[②]

除以上外,希腊典范还提供了具体的信息以及叙述范式,这些在罗马得到了应用。有关一些神话主题(比如出身王家的孩童被丢弃、获救并返回罗马)的叙述就体现了这一点,罗慕路斯、雷姆斯(Remus)即属于这种情况。有关希腊字母表何时被发明出来、罗马何时建城的问题,长久以来,也在博学的希腊作者的讨论之列,而有关老年人(比如老年科瑞欧拉努斯[Coriolanus])的世俗智慧也是从索福克勒斯那里传到罗马的。[③] 甚至有一些更复杂的观念,比如修昔底德在政治事件的外因与更具根本性的起因之间所作的区

---

① 有关情况的简明介绍,参见 T. P. Wiseman, 'The Prehistory of Roman Historiography', in Marincola (ed.), *A Companion to Greek and Roman Historiography*, 68 - 70。在这种背景下,西部希腊人的历史著作尤其有重要意义,参见 D. Timpe, *Römische Geschichtsschreibung: Studien zur Historiographie*, ed. Uwe Walter (Darmstadt, 2007), 9 - 63。

② 据 Polybius 10.21.3,这样的著作"根据各种不同情况叙述不同城市的建城史,告诉人们它们是在何时、以怎样的方式、由什么人建立起来的,并详细描述创业的情形与艰难"(W. R. Paton 译)。有关费边·皮克特以及他所依循的希腊典范,参见 *FRH* i. 89。

③ Fabius Pictor, *FRH* i. author 1 fr. 21.

分,也对罗马历史学家产生了作用。[1] 塔克文·苏佩布(Tarquinius Superbus)在罗马败亡,人们做这件事情的动机以及围绕它而展开的种种事件,与导致僭主在雅典的失败的那些人类动机以及历史事件,有着引人注目的相似之处。[2]

这样,希腊典范就提供了大范围的知识,让罗马历史学家知道了各种人类动机,以及思维形式。不过,这也造成了一个负担。因为,如果罗马人想提供一部有关他们的政治状况的权威著述,他们必须要接受与希腊重量级著作进行抗衡的挑战。在罗马历史学家进入与他们的希腊同行的竞赛后,他们也必须要确立自己优先考虑的问题,并提供与希腊同行不同的观点。加图很清楚地认识到了这一点。[3] 这样,早期的罗马历史学家就面临着一项呈现在每个作家面前的双重任务:首先,他们必须得在理论上构建他们的论题;然后,进行准确的(最重要的是可信的)叙述。罗马历史学家所熟悉的希腊典范鼓励了他们进行生动的著述,并要求他们研究那些"学术的"问题,这也就是说,他们应将自己的著述建立在博学多才的基础上,至少他们要以此为目标。

明显的逻辑断裂、逻辑不一致必须不惜一切代价避免。这对编年叙述而言尤其适用。恩尼乌斯可以通过诗意的笔调说双胞胎兄弟罗慕路斯、雷姆斯之母伊利亚(Ilia)是埃涅阿斯的女儿。诗歌这种文学形式的自由度允许作者对素材作这样的简化处理。不过,作为历史学家,在蒂迈欧(Timaeus)和其他人计算出在埃涅阿斯抵达意大利与双胞胎兄弟诞生之间有着 400 年时间空当的情况下,费边·皮克特和卡尔普尔尼乌斯·皮索就不能像恩尼乌斯那样做了。[4] 这样,在编年叙述(作为一个整体)成为最重要的历史写作方式的时候,计算罗马建城日期就成了对学术可靠性的严峻考验。

273

---

[1]　Fabius Pictor *FRH* i. author 1, fr. 31.

[2]　参见 Fabius Pictor,*FRH* i. author 1 fr. 17 and 20(带评论)。

[3]　参见 *FRH* i. author 3 fr. 1.2,4.7。

[4]　参见 *FRH* i. author 1 fr. 1。

从更宽泛的意义上说,这对任何形式的数据材料也同样适用。从希罗多德以来,再没有什么比准确的材料更适合突出一本书内容上的"学术性"以及该书的价值了,而准确的材料是以个人经历、研究或真实的证据为基础的。军队的规模、人口统计数据、战利品的数量,对它们加以精确计量是历史学家著作的目标和标志性的特征。当然,罗马历史写作的核心问题也由此得到了确立:学者们展开"竞赛",追求虚假的信息准确性和细致入微的知识,甚至对于罗马早期历史,也是这样。

　　著作往以前回溯得越远,记述的可信性、可靠性就越难获得。[①]来自历史早期的可信材料几乎不存于世。[②] 哪怕它们流传于世,通常也没得到人们的使用。没有明显的证据说明哪个罗马历史学家参考了十二铜表(约公元前 450 年),用以获得有关早期罗马农民生活方式的准确信息。波里比阿看似是第一个研究放在元老院档案馆里的罗马—迦太基条约的历史学家(Polybius 3. 22 - 26)。词源学与物原学(etiologies)能够向人们显明一些引人注目的现象的来由,与此同时,它们能够驱散笼罩在"历史早期"周围的团团黑雾。以此,词源学与物原学为人们提供了一条研究历史早期的路径。从公元前 5 世纪以来,可以作为罗马人典范的词源学就是一些智者、语法学家手上得心应手的研究工具。对物原学来说,情况更是如此,也就是说,为了进行以"物原"(aition)为目标的"学术"探讨,人们应该从事物起源的角度来解释一项宗教仪式或一种社

274

---

① 　因此,在一段经典的话语中(Livy preface 6 - 8, trans. B. O. Foster),李维这样说道:"这样的传统是在罗马建城以前就有的,还是在罗马建城时出现,并经过了并非建立在可信历史证据的基础上的诗歌传说的修饰? 对这些说法,我的意图是既不确认也不否定。天、人之事混杂不分,人们因此将神圣的光环加在不同城市的建城故事上,这是古代所享有的专利……不过对于这样的传说,无论人们怎么思想、评判它们,在我而言,我不会赋予它们什么重要性。"也见 Livy 6. 1. 1 - 3。

② 　参见 Oakley, *A Commentary on Livy*, i. 34 - 35; and E. Meyer, 'Die römische Annalistik im Lichte der Urkunden', in H. Temporini (ed.), *Aufstieg und Niedergang der Römischen Welt* I, vol. 2 (Berlin, 1972),970 - 986。

会习惯是从哪里生发的，以及它们的含义是什么。聪明有时又带点狡猾的立法者的角色，如努马王（King Numa），也源自希腊。

在这里，希腊作家们对罗马历史学家的影响直接显明出来：罗马历史学家根据奥林匹亚纪年确定重大历史事件的日期，这显示出，费边·皮克特及其后继者是熟悉"物原学"方法的，比如希腊编年史写作的那些原则。① 公元前 2 世纪，在卡西乌斯·赫米那（Cassius Hemina）、②卡尔普尔尼乌斯·皮索的著作中，罗马历史学家所熟悉的一些问题、主题看似发挥了重要的作用。后来，在他们的影响下，一种独立的文学体裁——古物研究——产生了。③ 它在马尔库斯·特伦提乌斯·瓦罗（Marcus Terentius Varro）手上发展至顶峰。尽管如此，到那时为止，罗马历史学家只是偶尔插述一下古物研究的内容（比如，Livy 7.2 谈到了剧场在罗马的起源）。

这导致了一个重要的后果：由于包罗万象的希腊历史写作从一开始就在内容、理论上对罗马历史学家产生了重大的影响，故此，罗马作家们的作品在开始的时候，并未以蹩脚的数据或编年记录杂集的面貌出现。这也解释了为何会有这样多的一遍遍重复相同故事的作品，因为存在足够的空间，容纳不同的个人经历、每个人不同的侧重点、与前辈争胜、不同的故事版本以及文学上的"更新换代"。这样，罗马历史写作从一开始就是一项活跃而有生机的事业。④

到公元前 2 世纪末，罗马历史写作越来越与当下联系在一起，

----

① Fabius Pictor，*FRH* i. author 1 fr. 8. 更多的记载，参见 *FRH* i. 26 n. 16. S。

② *FRH* i. 242 - 281.

③ 参见 Rawson，*Intellectual Life in the Late Roman Republic*，233 - 249；and M. Sehlmeyer，'Die Anfänge der antiquarischen Literatur in Rom'，in Eigler *et al.*（eds.），*Formen römischer Geschichtsschreibung von den Anfängen bis Livius*，157 - 171。

④ 参见贝克（Beck），'The Early Roman Tradition'，263："罗马历史写作的起源是由许多不同的思想方法、叙述范式、作者意图决定的。考虑到这种多样性，我们很容易理解为什么最近的学术研究排斥解释罗马早期历史写作的那些万能性概念。"

并越来越有自身的特点。波里比阿所提出的历史写作范式可能在这里发挥了作用:可以确定,他的作品在罗马声名远播。根据波里比阿提出的"实用历史写作"范式,地理、地形方面的信息(它们同样反映了一种军事视角),构成了新的写作风格、标准——它们是为更加大部头的历史专著(或当代史著作)准备的——的组成部分。[①] 塞普罗尼乌斯·阿塞利奥可能明确提到了波里比阿(参见上文)。不过,在这里,产生了一个问题:历史学家要从"幕后观察问题",要揭示事物的因果链条、人类动机以及不同事件之间的相互联系,就当代史的写作而言,这些需要是能得到满足的,因为历史学家能询问事件的见证人并查询可信的资料。不过,如果将这个标准应用到更久远的过去身上,经常会发生的事情是,它会导致历史学家无限制地利用自己的创造性,添加种种信息。由此,在进入当代史之前,在一些因素的作用下,这个"更久远的过去"里面被塞满了各种信息,因此而产生了这样一些历史著作——相比从费边·皮克特到卡尔普尔尼乌斯·皮索的篇幅更加短小的著述,这些历史著作的篇幅有所扩大。这个过程可以恰当地称之为"过去的扩张"。[②] 除此以外,过去的丰富多彩还为身处罗马政治精英内部圈子之外的公众提供了新奇、有趣的话题。依照不同年份组织叙述(参见下文)是通史著作《建城以来史》所遵循的标准,自卡尔普尔尼乌斯·皮索以来,此种做法体现了某种针对史料而言的数量要求以及表述上的不矛盾性。就此而言,费边·皮克特和加图的作品是更为另类的。此种"过去的扩张"在瓦莱里乌斯·安蒂阿斯的作品中表现得尤其明显(参见上文)。

除以上外,从公元前2世纪最后一些年开始,罗马作家所面对的是一个更复杂的读者群体。这样,作家们就付出更多的努力,对

---

① 例如,可参见 Coelius Antipater, *FRH* ii. author 11 fr. 13,35;Cornelius Sisenna, *FRH* ii. author 16 fr. 53,78,84; and Sallust, *Bellum Iugurthinum* 17 - 19。

② E. Badian, 'The Early Historians', in T. A. Dorey (ed.), *Latin Historians* (London, 1966),11; and Oakley, *A Commentary on Livy*, i. 72 - 85。

作品本身加以改进,并根据修辞原理、应用修辞学所提供的技巧,让作品变得更加可信。这是有可能做到的,因为已臻高度发达状态的希腊历史写作同样为罗马历史学家提供了创作、文体方面的典范。修昔底德是一个将战争描绘为一幕大戏的人,索留斯·安提帕特在这方面是他的追随者。① 在共和国晚期,仿效修昔底德看似是非常时兴的举动。尽管如此,人们对修昔底德的模仿,只限于后者文体、表述方面的特点、特质,如遣词造句、叙事方式、解说问题的范式、演讲词、暂时离题,等等。② 只是在这个意义上,我们才能举例将塞勒斯特看作修昔底德的模仿者。③

在这点上,我们能看到希腊人与罗马人之间的一个根本差别。在希腊,修昔底德已经证明"伟大"的历史著作必须通过怎样的方式才能成为知识分子谈论的独立话题。我们可以将著作质量上乘、内容真实的标准确定如下:透彻的研究、对"任何"记载的怀疑态度、方法上的一丝不苟。波里比阿向自己提出了同样的要求,他因此批评那些眼光不够锐利的对手。相比之下,在罗马,费边·皮克特及后来的"元老院历史写作"的代表,其著作的权威性是从他们的社会地位那里来的。简单地说,真理在这里成了一个与作者威望有关的问题,而与作者研究的透彻程度以及方法无涉。从这个角度来看,真实的叙述主要靠的就是作者个人的诚实以及他的

276

---

① 总体状况可参见 Tim Rood, 'The Development of the War Monograph', in Marincola(ed.), *A Companion to Greek and Roman Historiography*, 147-158。

② 参见佩林(Pelling)的合理评论('Historiography, Roman', 716):"毫无疑问,罗马作家仍然低估了发现遥远过去的真理的困难。西塞罗(*De or*. 2.62-63)坚持将真实性作为历史学的第一法则,不过他作了最多强调、思考的,却是建基于'真实性'——它是西塞罗所承认的历史学的'基础'(*fundamentum*)——之上的修辞的'超级结构'(*exaedificatio*)。普林尼在思考古代史写作的问题时(*Ep*. 5.8),他认为真理'不难找到,难的是总结'。罗马作家可以辨别他们所用材料的政治偏见,但却很少问更多的有关材料的文本结构、出处的探索性问题。"

③ 参见 Kraus and Woodman, *Latin Historians*, 12-13; and T. F. Scanlon, *The Influence of Thucydides on Sallust* (Heidelberg, 1980)。"解说问题的范式"还包括有关人类本性以及它如何推动历史发展的种种设想。

公正无私了。塔西佗用自己的著名短语——"无喜无怒"('*sine ira et studio*', *Annales* 1.1.3)——表达了这个观点,它宣称,写作必须得不受个人偏好或报复的动机的影响。[①] 正是在这个意义上,西塞罗以个人偏好、同情心理(*gratia*,*amor*)为对立面,为历史写作确定了"真理"(*veritas*)的含义。而在塞勒斯特看来,道德缺陷与政治派性是不可能造就优秀的历史著述的。由此,有价值的事情便是努力往真:

> 因此,在经历了许多困难和危险之后,我的心情归于平静(*carptim*)并且我已决心从此再也不参预政治生活,但这时我却丝毫无意于把宝贵的余暇用来过那种饱食终日无所用心的生活,也不想把农活和狩猎这种奴隶的活计用来排遣时日。相反地,我决心回到我过去向往的志愿上来,而不祥的野心曾使我偏离这一志愿;我决心撰述罗马人民的历史,把我认为值得后人追忆的那些事件挑选出来,笔之于书。而我之所以特别对这一工作抱有信心,是因为这时我个人已经不再有所希求,不再有所恐惧,不再有派系的偏见(*a spe metu partibus rei publicae*)。因此下面我便简要地并且尽可能忠实地(*quam verissume potero*)叙述一下喀提林的阴谋事件。[②]

生活中有祖先:历史上的罗马文化

就罗马历史写作的发展与特征而言,历史上罗马人民的文化代表了第三个重要因素。这是个广阔的领域,我们在这里不可能详

---

① 更多细节,参见 A. J. Woodman, *Rhetoric in Classical Historiography* (London, 1988),73-74。

② Sallust, *Bellum Catilinae* 4.2-3, trans. J. S. Watson.(中译文参照[古罗马]撒路斯提乌斯:《喀提林阴谋 朱古达战争》之《喀提林阴谋》,第四章。——译注)

究这方面的所有问题。①

对生活在共和国的罗马人来说，过去通过许多方式活跃、存在于当下。让他们能说"我们"的那种认同在很大程度上是由记忆（memoria）来决定的。此种"记忆"，在其作为意识的一项内容的意义上，并非"群体性的"那种记忆；此种"群体性的"记忆是不存在且在经验上是无法证明的。在罗马，此种"记忆"是一种可以在社会中进行交流的记忆，它意味着人们可以就那些与过去的历史事件、人物、行为相联系的知识、习惯，进行极其密集的交流和叙述。人们不应将此种"记忆"与众多历史著作呈现出来的有关罗马史发展全部历程的连贯叙述混淆起来，不过，这并不意味着存在于每个罗马人心中的那些人名、地点、纪念物、故事彼此间没有联系。与此相反，它们是相互联系着的。当然，就绝大多数情况而言，此种联系并非年代序列意义上的那种联系，它亦非由事物发展的多种因由、相互交织的多种人类行为的融汇而来，好像此种联系的总和能构成"历史"并能在历史写作中得到呈现似的。事实上，这是一种能通过图像、物体、人名以及一些特别的词语在人们心中发挥作用，从而产生出来的联系，是一种认知、概念以及情感方面的工具。

与此同时，这种社会"记忆"是与基本的社会情境相对应的。在罗马，家主（pater familias）代表着传统的权威。效仿老年人（maior natu）、遵从他的命令并进入父亲的角色是一种从来就难以质疑的社会习惯。② 除此以外，相比现代，在罗马，加速行进的社会变化并未使经验、某些确定的事物、资历掉价，我们毋宁可以想象，

277

---

① 更多细节，参见 Walter, *Memoria und res publica*, 11-195。更简明的研究，参见 Karl-J. Hölkeskamp, 'History and Collective Memory in the Middle Republic', in Nathan Rosenstein and Robert Morstein-Marx (eds.), *A Companion to the Roman Republic* (Malden/Oxford, 2006), 478-495。相关的一项案例研究，参见 Harriet I. Flower, 'Memories of Marcellus: History and Memory in Roman Republican Culture', in Eigler *et al.* (eds.), *Formen römischer Geschichtsschreibung von den Anfängen bis Livius*, 39-52。

② 有关这一点，参见 P. Scholz, *Den Vätern folgen: Sozialisation und Erziehung in der späten römischen Republik* (Berlin, 即将出版, 2011)。

它们的地位是无比稳固的。"学我的样子，依循古风（*moribus antiquis*）；我指教你的，亦铭记于心，行之于外。"这是普劳图斯（Plautus）一部喜剧中的话，它显示了传统在罗马人日常教育中的力量。①

罗马青年是在家庭、学校获得最初的社会体验的。在家中，他们听着成人的故事；在学校，他们用心学习富有影响力的恩尼乌斯的诗篇（参见上文）。装饰物、战利品，像这样的东西被人们保存下来，青年们常常由此而想象他们的掠夺事业。显赫的大贵族，在他们的先人中，不乏身居高位者，在这些贵族的家中，这些"先人"的存在是触手可及的。② 在贵族居室前方的中庭（这是一个大房间，是接待客人、食客的地方），这些"先人"栩栩如生的蜡像（*imagines*）放置在木龛中。有时，一些木龛之间有彩线相连，使它们看起来就像是一棵"家族树"。与后世的贵族阶层一样，罗马贵族通过家谱的方式组织他们对过去的认知，使之成为家族的"记忆"。③ 在某些特别的日子，人们让这些木龛敞开，如果某个出身贵族的高官去世，那些有点被烟熏黑由此而显出其悠久历史的蜡像会由与不同"先人"相貌相似的人拿着，走在送葬队伍（*pompa funebris*）中。而后，这位高官的儿子或另一位年轻的亲属走上城市广场的演讲台，致哀悼死者的颂词（*laudatio funebris*）。与此同时，正如波里比阿所记载的，那些拿着"先人"蜡像的人坐成一排，每个人身上穿着不同"先人"在担任最高官职时所着的官服。

---

① *Trinummus* 297 - 298，trans. H. T. Riley. 大约同时，恩尼乌斯写下了名篇 *moribus antiquis res stat Romana virisque*（'On manners and on men of good old time stands firm the Roman state'），*Annales*，v. 500 Vahlen，trans. E. H. Warmington。

② 参见 Harriet I. Flower，*Ancestor Masks and Aristocratic Power in Roman Culture*（Oxford，1996）。

③ 有关这一点，参见 W. Blosel，'Die *memoria* der *gentes* als Ruckgrat der kollektiven Erinnerung im republikanischen Rom'，in Eigler *et al.*（eds.），*Formen romischer Geschichtsschreibung von den Anfangen bis Livius*，53 - 72。

对于雄心勃勃、心气高傲的年轻人来说，要看到比这更加壮观的场景可不是件容易的事。那些因为美德而获得颂扬，虽死而犹生的英雄人物，想想看，他们所有人的蜡像摆在人面前，有谁会不被征服呢？还会有什么场景比这更荣耀吗？向将要下葬的死者致悼词的那个人，在说完颂扬的话后，开始赞美被抬出来的那些先人，从最老的开始，每个人的成就、功业，详述无遗。结果，由于人们不断颂赞那些贤士的美德，那些创下了高贵事业的人获得了不朽的声名，那些为国效力者的荣耀，变得家喻户晓，并成为后世人的财富。不过，最大的一个收获，是年轻人受到鼓励，为了获得因英勇的行为而来的好声名，从事促进人们的共同事业的任何事情。[1]

很显然，在每次送葬仪式中，人们都有可能并有必要做这样的事情：颂扬某个家族的美德，追寻某个先人的事迹，区分同一家族中不同先人的身份，并将他们与事关作为一个整体的罗马社会的利益的那些历史事件联系起来。很自然地，这些事情在新近去世的那些人身上最容易做到，因为他们是在时间上距离人们最近的人，而且，通过绘有图像的木板、其他一些东西（凯旋式上也使用这些东西）的辅助，人们能获得视觉上的感受。那些为贵族家庭作食客的，也就是常在蒙召见前等候在恩主家的中庭、熟悉恩主家系以及刻在木龛上的先人蜡像铭文（*tituli*），另外还熟悉先人序列的人，会在葬礼仪式中为那些不那么熟悉死者的观客进行精确的解说——这不免带有错误、夸张的成分。这样，举行此类葬礼的日子就成了宣讲历史的日子。这个发挥着交流功能的再现往事的过程，还由于葬礼演讲中对先人的提及而得到帮助，这样，这个再现往事的过程在事实上将"历史的记忆"赋予了葬礼场景。

葬礼上的演讲者还可以让罗马城自己说话。送葬队伍可能路

---

[1]　Polybius 6. 53. 9 - 54. 3, trans. Harriet I. Flower.

过死者所属家族的家,那里可能装饰着武器,以及其他一些从该家族某位先人指挥的战争中获得的战利品。演讲者可能会让人们注意某座建筑,或该家族某位成员为向神还愿或让人们分享战利品而建的一座神庙或会堂。演讲者可能会转身将手指向朱庇特神庙,那是凯旋式的终点站,人们在这里向罗马最高的神灵朱庇特(Jupiter Optimus Maximus)献祭。他们还历数曾获得凯旋式奖励、出自本家的那些著名执政官的军事胜利。如果演讲者出身那些"令人羡慕的"家族,他肯定会提到那些纪念伟大军事胜利的塑像、纪念碑,比如霍诺斯(Honos,"荣耀")、维图斯(Virtus,"美德")神庙里克劳狄·马塞卢斯家族(Claudii Marcelli,一共出了九位执政官)的纪念塑像,朱庇特神庙里科涅利乌斯·西庇阿家族(Cornelii Scipiones)的拱门,罗马广场圣道(Via Sacra)上费边家族的拱门,贵族克劳狄家族的先人们在柏洛娜(Bellona)神庙盾牌上的像。那些在历史上特别成功的家族(*gentes*),比如费边家族,与之有关的可以相互参照的纪念物可能密集成网,遍布城市的各个角落。

尽管如此,罗马贵族从祖先功业上得到的好处不得不一遍遍地加以确认,这不仅是因为贵族(*nobiles*)内部之间有着非常激烈的竞争,还由于有的时候,会发生在人们操控下对死者进行不当评价的事情。不管怎么样,李维对历史学家在这样一件事情——以可信的方式记载历史上的人物、事件——上所面临的困难大加抱怨:

> 作品,作家,哪一样更值得信赖? 确定这个问题殊不容易。我倾向于认为,通过葬礼悼词、刻在塑像上的不实铭文这样的方式,人们已在很大程度上败坏了历史。每个家族都胡编乱造史实,将战争胜利、公共荣誉这样的声名揽在自家头上。基于这个原因,无论是个人的事迹,还是对历史事件的公共记录,它们都肯定是混乱不堪了。同样,那些与历史事件的发生同时

的作家,其信誉当然也是不可倚赖的。①

在罗马共和国时期,虽然贵族是一个高度排外性的集团,但它并不是"关门的店铺"。基于此,总是会有某些"新人"(homines novi)起来,成为执政官的。由于这些人不靠祖荫而获得官职,因此,他们可能倾向于用自己当下的成就,排斥那些已成云烟的贵族功业,并因此而贬低后者的价值。②

送葬仪式将两种对过去的定位结合在一起,这两种"定位"对送葬仪式所产生的效果而言具有重要作用:其一,在共和国层面,让人们注目死者垂范后世的功业;其二,将它融入这样一幅连续不断的有关过去的画面中,该画面由许多的胜利组成,而这些"胜利"反过来会将一种自生自成的光明前景呈现在未来的行动者面前。在最乐观的情况下,胜利的奖赏、露脸的荣耀,让人们忘却眼前的所有困难。这样,有关过去的画面就精简成一连串的高潮,以及高耸于众多失败低谷之上的胜利"山峰组"。由此,在每一次送葬仪

280

---

① Livy 8.40.3 - 5, trans. D. Spillan. 西塞罗也通过类似的方式发过抱怨:"绝大多数显贵家族通常有保存家族人物图像、荣誉奖赏、相关纪念物的做法,他们要么是在某个家族成员去世时装点葬礼,要么是延续祖先的声名,或证明他们自己的高贵。不过,历史的真相在颂赞悼词的影响下,遭到了很大的败坏。因为悼词中提到的许多事迹从未发生过;比如纯属子虚乌有的胜利,编造出来的执政官履历,根本不存在的结盟、晋职,以及下层出身的人与同名的贵族人士被混淆起来:可以设想一下,我自己会假称我是 M. 图留斯的后人,而这个图留斯是一个贵族,在罗马国王被逐后的约十年时间里与塞尔维乌斯・萨尔皮西乌斯(Servius Sulpicius)同为执政官。"(Cicero, *Brutus* 62, trans. E. Jones)参见 R. T. Ridley, '*Falsi triumphi, plures consulatus*', *Latomus*, 42(1983),372 - 383; and J. H. Richardson, 'Roman Noble Self-presentation as an Influence on the Historiographical Tradition of Early Rome', D. Phil. thesis, Exeter University, 2004。

② 参见 H. Strasburger, 'Homo novus', *Pauly-Wissowa: Realencyclopädie der classischen Altertumswissenschaft*, 17.1 (Stuttgart, 1936),1226 - 1227。马略在一篇演讲词中展开争辩,贬低某个古人久已确立的声名,参见 Sallust, *Bellum Iugurthinum* 85;也见 Flower, *Ancestor Masks and Aristocratic Power in Roman Culture*, 17 - 23 and 155 - 156。

式中,随着先人序列——它是送葬仪式的一个组成部分——变得越来越长,从理论上说,这样一件事情——过去会延续到未来——的确定性会有所增长。这样,此种"可感知的延续"的概念同样被人们用在了整个共和国身上,并遍及罗马历史著作——从费边·皮克特、恩尼乌斯开始,直到维吉尔史诗《埃涅阿斯纪》(公元前 19 年)中的历史神学——中,就不是偶然的了。

同样,在历史写作中,人们能看到,建立在模仿基础上的教育理念,与对不同家族谱系连续性的叙述是连在一起的。这样,我们看到,许多显贵家族看似有着某种特定的行为套路,在这方面表现最明显的就是贵族克劳狄家族了。[①] 该家族中的某些人在传说中有着相当好的声誉,这样,与他同名的那些亲人(抑或更早的时候只有名字传世的那些祖先)的品格也变得可信起来。这种"连带性"的虚构,让历史作家能以某些杰出人物的品性为基础,为他们力挺的人物模塑形象。[②]

这种往上追溯一连串老祖宗的做法,影响很大,以至于它还能充当思想延续、政治延续的基础。因为在个别贵族家族——它们想通过不断被展现的过去的功业来为家族争取在共和国里的领导地位——以外,还有另外的群体也在培育它们自己的记忆,它们包括罗马人民,尤其是罗马城里的罗马人民(*plebs urbana*)。这些人的领袖保民官以及市政官也是贵族中的一员,或准备进入贵族阶层。不过一次又一次,罗马由于债务、兵役、食物短缺等问题而陷入不同社会阶层的冲突中,从中产生了反抗运动的富有鼓动性的杰出领袖。平民培育了有关这些事情(特别是他们所获得的成功)的记忆。他们有代表自己的官员,也有自己的怀旧场地,比如阿文提诺

---

① 参见 T. P. Wiseman，*Clio's Cosmetics：Three Studies in Greco-Roman Literature* (Leicaster，1979)，57 - 139；and Ann Vasaly，'Personality and Power：Livy's Depiction of the Appii Claudii in the First Pentad'，*Transactions of the American Philological Association*，117(1987)，203 - 226。

② 参见 Uwe Walter，'Ein Ebenbild des Vaters：Wiederholungen in der historiographischen Traditionsbildung'，*Hermes*，132(2004)，406 - 425。

山（Aventine Hill）。这里有一些神庙以及一所属于他们自己的档案馆，它们能让他们想起罗马人民与元老院的分离。[1] 所有这些并未导致为时长久的政治动荡。不过，在提比略·格拉古与盖乌斯·格拉古以悲惨结局收场后（公元前 133/前 122 年），平民领袖就在反对统治贵族和元老院的论辩中，开列自共和国早期以来长长的一大串捍卫平民利益的平民保民官的名字。这样，就有了塞勒斯特借富有煽动才能的保民官盖乌斯·莫密乌斯（Gaius Memmius）之口说出的下列一番话（公元前 111 年）：

> 你们的祖先（maiores）为了坚持自己的合法权利和确立自己的主权地位（maiesta）曾两次分离出去，并且用武力占领了阿温提务姆山（即阿文提诺山）；而你们自己为什么却不尽全力来保持他们送给你们的自由？ 为什么你们不表现出更大的热情？ 要知道，失掉已经争得的东西比从来不曾争得它更为可耻啊！[2]

通过这样的方式，有关这场冲突的故事以及它的不同发展阶段，就得到越来越多的包装，最后，它竟然能让李维将早期共和国史上的这次国内政治事件描画为单纯的、持续时间长达两百多年的"阶层冲突"，尽管它从未以这种形式存在过。

个别贵族家族或作为一个整体的罗马人民的特殊利益能改造人们有关过去的记忆。在此种"记忆"在外，有关罗马城之神秘起

---

[1] Walter, *Memoria und res publica*, 183‐188. 另见 Nicholas Horsfall, *The Culture of the Roman Plebs*（London, 2003）；T. P. Wiseman, 'Roman history and the ideological vacuum', in id. *Remembering the Roman People*（Oxford, 2009），5‐32；and id. , *The Myths of Rome*（Exeter, 2004），189‐203。

[2] Sallust, *Bellum Iugurthinum* 31.17, trans. J. S. Watson（中译文参照［古罗马］撒路斯提乌斯：《喀提林阴谋　朱古达战争》之《朱古达战争》，第三十一章。——译注）。在一篇由塞勒斯特杜撰出来的演讲中，平民保民官李锡尼·麦斯（Licinius Macer）也通过"过去—现在"的对比，提出了这样的观点。塞勒斯特：*Histories* frg. 3.34, trans. P. McGushin。

源的记忆也由人们培植出来。人们特意标出了装着双胞胎兄弟罗慕路斯、雷姆斯的篮子被冲到岸上的地方;还有罗马城的建立者在帕拉蒂尼山(Palatine Hill)的简陋房屋;以及城市广场中的库尔修斯湖(Lacus Curtius),这是一位罗马英雄在军情紧急的时候纵马越谷、落入地坑从而英勇献身的地方。朱庇特神庙(里面有最高神灵朱庇特的古神庙)早在王政时代即开始修建,此处特受人们的青睐。① 这些怀旧场所在奥古斯都统治时期重新获得人们的关注,直到那时,各种神话传说的权威版本、怀旧场地地理位置的确定以及将这些融合起来的学术分析才有可能走向定型,从而让一个新的黄金时代的罗马人能重新发现伟大的早期共和国时代。就是在这个背景下,人们才合情合理地使用"文化革命"一词,普罗佩提乌斯(Propertius)才在自己的第四哀歌中、维吉尔才在《埃涅阿斯纪》中、李维才在自己的著作中,探索一个传说中的历史地域的地形状况。②

在奥古斯都以前的时代,罗马城区应该有一些形式多样、意义各异的怀旧场地。由于大多数人不能阅读书籍或是带着游客的敏感游览城市,故此,他们主要通过听的方式获取对过去的感知。在这方面,他们在家庭中所受的教育只不过是个开始。在宗教庆典的场合,有赞歌唱起,它们可能保存了与宗教崇拜的起源、神灵传说有关的信息。这样的颂歌在共和国早期的宗教庆典上是否也唱起过? 关于这一点,人们仍有争论。不过,有一点很清楚,也就是大量观众在剧场观戏,它们不仅告诉他们有关罗慕路斯、雷姆斯的

---

① 参见最新的著作,Jennifer A. Rea, *Legendary Rome:Myth,Monuments,and Memory on the Palatine and Capitoline*(London,2007)。

② 参见 Andrew Wallace-Hadrill,*Rome's Cultural Revolution*(Cambridge,2008); and Karl Galinsky,*Augustan Culture:An Interpretive Introduction*(Princeton, 1996)。关于李维,参见 Kraus and Woodman,*Latin Historians*,56-58;Mary Jaeger,*Livy's Written Rome*(Ann Arbor,1997);and Feldherr,*Spectacle and Society in Livy's History*。由于先前的盟友融入罗马公民群体,并且移民到罗马,故此,在罗马共和国晚期,有许多人虽在身份上属于罗马公民(*cives Romani*),但并不知晓"罗马人民"的传统。

故事,也告诉他们最近一些人的事,以及最近的历史事件。这些戏剧可是要耳、心并用去观赏的,这样,它们就在人们的记忆里留下了不可磨灭的印记(哪怕从整体的意义上说,人们很明显是喜好观看喜剧的)。[1] 最后是公共演讲(至少是西塞罗的那些公共演讲),它们里面有多处提到了历史人物、事件,其中大部分是不久前的人物、事件。[2] 就这些人物、事件而言,它们常常三个一组,提到它们时,演讲者亦不过寥寥数语带过,故此,没有人知道一个普通的听众能即刻理解多少这些被提到的人物、事件。尽管如此,这些演讲让我们看到,有关罗马的过去及过去的种种价值观,在演讲者与听众之间,是有一个为他们所共有的交流基础的。

毫无疑问,罗马人并未形成一个同质的群体,相反,他们在家系、地位、教育、利益等方面相差甚大。此外,他们对过去所怀的看法也并不相同。尽管如此,他们达成一致是有可能的,因为众人共享着一种非常特别的谈论、理解历史的方式:范例(*exemplum*)。[3] "范例"是有关个人之模范行为(通常是在关键时刻的模范行为)的短篇叙述。这些行为与权威性的价值观、道德规范联系在一起,它们总是具有垂范意义,这些价值观、道德规范有可靠(*fides*)、勇气(*fortitude*)、奉献精神(*pietas*)、坚韧(*severitas*)等。通常,这些行为还是一种在必需的情况下为共和国付出的个人牺牲举动。不过,

---

[1] 不过,由于这样的"颂歌"('Fabulae Praetextae')流传下来的非常少,故此,它们对罗马人的历史意识、传统的形成而言有多大的重要性,还是个有争议的问题。怀斯曼(T. P. Wiseman)认为它们具有非常重要的意义,参见他的 *Roman Drama and Roman History* (Exeter, 1998) 以 及 ' The Prehistory of Roman Historiography'。也见 Harriet I. Flower, 'Fabulae Praetextae in Context: When Were Plays on Contemporary Subjects Performed at Rome?' *Classical Quarterly*, 45(1995), 170 - 190。所有这类颂歌的残篇在马努瓦尔德(G. Manuwald)那里得到了广泛的讨论,参见他的 *Fabulae praetextae: Spuren einer literarischen Gattung der Römer* (Munich, 2001)。

[2] 相关基本介绍,参见 F. Bücher, *Verargumentierte Geschichte: Exempla Romana im politischen Diskurs der späten römischen Republik* (Stuttgart, 2006)。

[3] 参见 Walter, *Memoria und res publica*, 51 - 62。

由于这些价值观、道德规范必须通过行为得到具体化，故此，它们只有在有关过去的叙述中，才能在人与人之间传播。明确地说，它们是通过以下三种方式获得其存在形式以及强制力的：其一，与过去的人类行为的联系；其二，当下即行动起来的召唤；其三，人们被期望在未来作出的行动。由于许多"范例"被认为是常识，它们就精简成了代码。这样，只消提到某个名字，人们就会想起某个人、某个故事、某种行为规范。

对历史学家来说，"范例"是一种理想的写作形式，因为它照正统的风格创作，表现方式却多种多样。另外，"范例"代表了历史事件发展过程中的闪光点，而作者，他们甚至会在自己的作品里让笔下的人物自己用"范例"去实现他们自己的目标，以此来反映作者自身与读者之间的交流。[1] 这样，很快地，纯粹的"范例"集产生了，它们只有闪光点，而排除掉了历史背景。第一本这样的"范例"集来自瓦莱里乌斯·马克西姆斯（Valerius Maximus）。这本书确实迷人，不过它并不属于严格意义上的历史写作。[2]

受众[3]

最开始的时候，早期历史著作的读者人数应该是很少的。历史剧、恩尼乌斯的《编年史》拥有多得多的受众。与众多读物、图书馆以及运作良好的书籍贸易相联系的读写文化直到共和国末年才在罗马兴起。公元前 1 世纪 30 年代，阿西尼乌斯·波利奥（Asinius Pollio，他还是一位杰出的历史学家）在罗马创建了第一座公共图书

---

[1] 参见 Jane D. Chaplin，*Livy's Exemplary History*（Oxford，2000）。

[2] Valerius Maximus，*Memorable Doings and Sayings*，trans. D. R. Shackleton Bailey，2 vols.（Cambridge，Mass.，2000）；Clive Skidmore，*Practical Ethics for Roman Gentlemen：The Work of Valerius Maximus*（Exeter，1996）；and W. Martin Bloomer，*Valerius Maximus and the Rhetoric of the New Nobility*（London，1992）。

[3] 有关下文中的内容，参见 Walter，*Memoria und res publica*，212-213。

馆。西塞罗有一次偶然提及没有政治野心的那些人、工匠、老人是历史著作的读者(*De Finibus* 5.2)。至少从这个时候开始,历史著作的潜在流通量不应该被小看了。最重要的是,它们能轻易地在罗马城以外的地方发挥作用。我们可以合理地推测,克劳狄·夸德里加里奥斯、瓦莱里乌斯·安蒂阿斯的新书与一个新的更大规模的读者群体发生了联系。这个群体也就是在同盟者战争(公元前91—前89年)后获得公民权的那些城市的精英人士,由于意大利加速进行的罗马化的影响,这些人需要或不得不学习主宰者的历史。[①] 从实际上说,书籍比怀旧场所、纪念碑以及宗教仪式更具优势,因为人们接受它不受时间、地点的限制,这样,它能达到规模更大的一群人的手中,哪怕他们是在政治、文化中心以外的地方。在帝国时代早期,我们知道有一个来自加的斯(Cadiz,位于西班牙)的人,他旅行至罗马,只为见李维一面(Pliny, *Epistulae* 2.3.8)。到这个时候,一种读写文化已经在罗马城以外的地方形成,相比之前的两三代人,历史著作找到了一个更大范围、受过教育的读者群体。

在共和国晚期,人们对于历史著作究竟有多高的期望呢? 对此,西塞罗在公元前56年写的一封信,能为我们揭开谜底。这封信要求卢修斯·鲁克乌斯(Lucius Lucceius)在他写作的历史著作中为西塞罗拯救国家的行为进行歌颂。[②] 抛开西塞罗虚荣心的动机不说,他提出的要求迫切需要历史学家在自己的著作中将因果分析、道德—政治判断以及引人入胜、栩栩如生、充满感情的叙述结合起来:

> 我从流放中归来,有人对此展开阴谋。从这项行动一开

284

---

① 参见 *FRH* ii. 23-26。
② 西塞罗在不同场合评论过历史写作的问题,不过,他本人从未有过这样的创作。参见 P. A. Brunt, 'Cicero and Historiography (1980)', in id., *Studies in Greek History and Thought* (Oxford, 1993),181-209。

始，我就想着应该由你来写一本中等规模的著作。在著作中，你可以利用你有关内战的特别的知识。要么阐明动乱的原因（*in explanandis causis*）；要么提出匡补时弊的良方，与此同时，痛斥你认为应该大加谴责的东西，并通过解释你所赞同的正义所依赖的原则，将这种"正义"确立起来。另一方面，如果你认为你应该更加畅所欲言的话（就如你经常所作的那样），你可以将许多人加在我身上的背信弃义、阴谋和背叛公之于世。我生平的跌宕起伏足以令你的著作多姿多彩，就它本身而言，它就充满魅力，能对读者的想象世界发挥强烈的影响力，如果这本书是你来创作的话。因为让读者心驰神摇的材料，最好的莫过于（*ad delectationem*）遭际的多变、命运的坎坷了（尽管我们在实际生活中更欢迎与此相反的东西），它们会让阅读变得很愉快，因为无忧无虑地回忆以往的伤痛自有其吸引人的地方……说实在话，单纯的编年史记录（*ordo ipse annalium*）对我们没有什么吸引力，它们比年表中的内容强不了多少。不过，这样一个人就不一样了，他的命运坎坷，充满悬疑，又常常有着优秀的品格，饱含惊奇、焦虑、欢喜、悲伤、希望、恐惧的感情。如果这些再配上一个光荣死去的高潮，人们从阅读中获得的醉人的欢乐，就会让人们的想象力获得释放。这样，如果你决定从自己著作的主要内容中分出一块，里面包含一段连续的历史（由许多历史事件构成。由于它包含各种各样的人类行为，我将这段历史称作行动、命运的一场戏）以及不断变换的诸多决策场景、历史场景，它就与我自己的设想更加符合了。[①]

"编年史"：罗马历史写作的范式？

像西塞罗这样的对编年史形式的历史写作的批评，早就不是什

---

① Cicero，*Epistulae ad Familiares* 5.12.4-6，trans. E. S. Shuckburgh.

么新鲜事了。加图就写道："我不在乎大祭司在石板上写的是什么：谷价腾贵的频率有多高，黑暗之类的东西屏蔽日月之光的可能性就有多大。"①按照自己的想法，塞普罗尼乌斯·阿塞利奥描述了所谓差劲的历史写作的特征："编年史著作只告诉我们发生了什么，它是在哪一年发生的，搞得就像写希腊人所谓的历书似的。"②尽管如此，按年代序列描述历史事件却是在更大量的罗马历史著作中大行其道的写作方式。它不仅在通史著作（李维的《建城以来史》）中得到应用，在当代史著作（塞勒斯特的《历史》[Historiae]）中，也被派上了用场。塔西佗诚然创作了围绕着皇帝展开的著作，由此而将人物传记的元素带进了历史写作中，不过，通常来说，他还是依照执政官年的序列来组织自己著作的框架的。

　　编年史著作的篇幅可以相差很大，不过，有一些要素是基本的。在每一年起始处，要交代两位执政官的名字，而后是大量有关战争、对外政策的介绍，尾随其后的是内政方面的内容。此种写作套路到结尾的地方，如果有需要，就附上一些与异兆、瘟疫、洪水以及其他事件（这些事件展现了人与神的良好关系的破裂，因此，它们需要人们作出相应的补救行动）有关的消息。末尾处有时会有某些显要人物的讣闻，令人印象最深刻的是，去世的祭司以及他们的继承者被记载得特别精细。

　　对于此种编年体写作框架的起源，历史学家中间是有争论的。③西塞罗与博学的古物研究专家维里乌斯·弗拉库斯（Verrius Flaccus）记载了编年体的古代起源论：从遥不可忆的远古时代开始，大祭司每年在他的公署前面放一块板子（tabula），在上面记下所有的重要事件。这些记载到公元前1世纪末经过汇编，以80卷（！）的巨大规模发布。不过此种演化主义的还原很明显是

----

① Cato, *Origines*, FRH i. author 3 fr. 4. 1, trans. M. Roller.
② Sempronius Asellio, *FRH* ii. author 12 fr. 1, trans. J. C. Rolfe.
③ 参见 Bruce W. Frier, *Libri Annales Pontifi cum Maximorum*：*The Origins of the Annalistic Tradition* (1979；2nd edn, Ann Arbor, 1999)。我认为在某种程度上，这位作者的论点是成问题的。

错误的。① 更早些时候费边·皮克特、加图的历史著作并没有依循编年体的框架，另外，加图很明显仍将这些板子看作是历史作家毫不感兴趣的东西，他还特别抱怨它们引不起历史作家们的兴趣。费边·皮克特的手边很可能连一份执政官表都没有。第一部以《编年史》为名的历史著作是恩尼乌斯的一部史诗，故此，编年体的框架可能是从他那里产生出来的。恩尼乌斯不是元老，甚至不是一个"正规意义上的"罗马人，这样，就他本身而言，他是没有资格以权威的口气谈论罗马史的。不过，恩尼乌斯确实做到了这一点。他不仅借助诗歌的力量描绘历史事件，而且将与大祭司的字板有关的元素充进了自己的著作中。这样，他模仿了罗马祭司的"官方"记录的形式，这些记录虽然古老，却真实可信，涵盖范围非常广阔。② 在著作形式上对祭司所写材料的依赖还有助于恩尼乌斯在叙述历史事件时达成这样的目标：既获得个人的专门知识，又做到不偏不倚。

如前所见，编年体的写作形式是卡尔普尔尼乌斯·皮索引进历史散文的写作中的（或者，有可能是由卡西乌斯·赫米那[Cassius Hemina]引进历史散文的写作中的，这个人和恩尼乌斯一样并不是统治贵族当中的成员）。此种写作形式尽管受到了种种批评，可为什么仍在罗马历史写作经历"最新的潮流"（约公元前129年以后，参见上文）之后存留了下来？对这个问题加以探讨是深有趣味的。我们举出以下四个原因。

286　　　第一，和恩尼乌斯在更早的时候对祭司所写材料的模仿一样，新的通史著作的作者至少在表面上想给自己的著作蒙上一层"官方"、可信的色彩。除此之外，新近在《大祭司年表》（Annales

---

① 下述内容在 *FRH* i. 19 - 21 与 37 - 47 中有更广泛的讨论。又见 Walter, *Memoria und res publica*，2004，196 - 204，261 - 262，and 345 - 348。
② 这些由祭司写下的记录，执政官表、凯旋表（年表）与历书（也叫年表）的关系不能在此处进行讨论了。参见 Walter 2004，*Memoria und res publica*，196 - 204 以及 Denis Feeney, *Caesar's Calendar：Ancient Time and the Beginnings of History*（Berkeley，2007），esp. ch. 6。

Maximi)一书(西维奥·斯卡维拉[Mucius Scaevola]常被人提到的著作)中,有关大祭司的材料的披露,也给编年体历史以决定性的推动力。这些材料朴实无华,结构单一,它所要着力追求的事实的坚固可靠,令它对政治精英以外的人士颇具吸引力,从而鼓动他们采取进一步的行动,最终将此种权威性的写作形式转变为优美的作品。如果此种"转变"的方向业已确定的话,情况就更是如此了。

第二,就编年体这种材料编排形式本身而言,它就蕴含着对政治、历史过程的认知。像这样的编年纪录携带着积极的信息,因为它包含了人们向往并能令人们心安的东西:自由共和国(*libera res publica*)的延续,以及前进的势态。这是通过人们在文学作品中对年度执政原则的宣传得到实现的,该原则一度是自由的象征和保证。李维毫不含糊地表述了在专制君主塔奎因倒台后,年度执政原则与自由的这层关系,在《建城以来史》第二卷的开头,有这样一个句子:"从此以后,罗马人民的民政、军事事务,都得到自由了,他们的年度执政官,法律的至高无上的地位,比起王政时代要更为强大,我将在下面进行详述。"①

从那时起,任凭某一年的光景有多么恶劣,某些执政官是多么的差劲,某位平民保民官是多么的桀骜不驯、顽固不化,到 12 月 31 日(或者,到 12 月 10 日),一切都会过去,新的执政官、保民官会走马上任,过去可怕的一年被扫进垃圾堆里。这样的安排确实没有什么可挑剔的,不过,这并不是那些通史作家所关注的问题。他们感兴趣的,毋宁是陈述每年都重复的人类行动,以及人们为应对未预见到的事件而构想的常规程序。这种文本模式将历史呈现为种种仪式、套路的循环,这样,在公元前 90 年后常常让人感到无望的时代里,通过证明某些事物(如执政官的就职典礼、献祭、元老院发挥作用、祭司作与神相和的工作)一直原封未动且一直在发挥作用,它能为人们提供方向。

第三,编年体写作形式所具有的一种能力是细心记载周围的可

---

① Livy 2.1.1, trans. D. Spillan.

见事物,特别是显眼的建筑,包括它们的建造、毁灭以及重建。这样,受众与读者就不断地与日常生活环境发生密切的关系,因为这些信息是历史连续(historical continuum)不证自明的组成部分。简而言之,编年体框架让人们能"看到"过去;就性质而言,历史著作本身就是一座丰碑。[①] 同样,社会关系、政治关系也不断地在这样的历史著作里(不仅仅在演讲中,也在有关审判、葬礼的记述中)得到呈现。与此同时,我们清楚地看到,一个在时间、空间方面得到人们关注的焦点浮现出来,那就是罗马。每一年从这里而不是其他的地方开始,也在这里而不是其他的地方结束。这让人们有了一种清晰而有条理的视角,观察在罗马统治下的世界,由此,这些著作到达罗马、意大利更广泛人群手中的道路也畅通了。与此同时,作为一种历史写作形式的普遍史在政治和思想两方面,都变得更具吸引力。[②]

第四,正如在李维著作中能得到很好体现的,与执政官年联系在一起的著作结构可以得到非常灵活的处理,特别是在战争发生于多个地点并与罗马城内的争论、决定有着相互联系的情况下。[③] 经过瓦莱里乌斯·安蒂阿斯的安排,对西庇阿兄弟的审判呈现为跨时数年之久的一幕戏剧。[④] 在自己的编年体当代史著作中,锡耶纳详细论述了多个不同地点的情况,从而避免了支离破碎的叙述、

---

① "在一座显眼的丰碑上,你能看到在上面呈现的各式各样的人类行为,这就是历史研究带给我们的特别有益、有利的东西。"(Livy, preface 10, trans. D. Spillan)参见 Gary B. Miles, *Livy: Reconstructing Early Rome* (Ithaca, 1995), 16 - 19,55 - 62。

② 这类著作要么是非罗马人所作,要么是门外汉的作品。参见 Liv Mariah Yarrow, *Historiography at the End of the Republic: Provincial Perspectives on Roman Rule* (Oxford, 2006); and D. Timpe, 'Römische Geschichte und Weltgeschichte', in id., *Römische Geschichtsschreibung*, 109 - 131。

③ 参见 J. W. Rich, 'Structuring Roman History: the Consular Year and the Roman Historical Tradition', in *Histos: The New Electronic Journal of Ancient Historiography*, 1 (1997)。(http://www. dur. ac. uk/Classics/histos/1997/rich1. html [accessed 30 March 2008])

④ *FRH* ii. author 15 fr 46.

令人眼花缭乱的地点变换让读者堕入云里雾里。① 就非常大部头的叙述来说,"编年体"的要素自然而然地简化为历史背景,并且有些模糊。相比编年体史家叙述不久以前的过去的事情,李维《建城以来史》第二卷的写作就属于这种情况——他要处理的是一段长达42年的历史。

缩略版:小本的罗马史著作②

进入帝国时代,读者的兴趣转到了皇帝身上。历史早期、共和国时代仍是罗马史的一个基本组成部分,不过,人们对它们的解释并未见改变。到这个时候,对许多人来说,李维的整部《建城以来史》实在是太长了,在此情况下,该书许多同名的缩略版(Epitomae)以及单卷书的概要集录(Periochae)应运而生。

其他的作家在既有著作(特别是李维的著作)的基础上,创作简短的罗马史著作。这样,到公元2世纪初,卢修斯·阿奈乌斯·弗洛鲁斯(Lucius Annaeus Florus)并未自然而然地遵循编年体框架的套路,而是围绕着直到奥古斯都统治时为止的罗马外战、内战,组织材料。这本书主要是为帝国拉丁部分受过教育、非元老出身的上层阶级创作的,这些人想要让自己快速熟悉基本的史实以及历史的大概面貌。弗洛鲁斯以历史为工具,呼吁人们立即展开行动:他盛赞共和国,它因有着连续不断的统治世界的意志而傲立于世,相比之下,他自己的时代却像是一个老态龙钟的时期。

公元4世纪,罗马本土受过教育但受教程度不高的一些人通过军旅生涯蹿升至帝国最高统治层,在那时,他们不得不快速地熟悉罗马的传统。从总体上说,这是个"节录"(Breviarium)的时代。③

288

---

① *FRH* ii. author 16 fr. 129.

② 参见 Mehl, *Roman Historiography*, ch. 6.5。

③ 参见 T. M. Banchich, 'The Epitomizing Tradition in Late Antiquity', in Marincola (ed.), *A Companion to Greek and Roman Historiography*, 305 - 311; and Markus Sehlmeyer, *Geschichtsbilder für Pagane und Christen. Res* (转下页)

约公元370年，欧脱罗比厄斯（Eutropius）创作了一本教科书。它获得了持续的成功，超越了古代的界限，一直被用到公元18世纪。欧脱罗比厄斯不再直接引用李维作为共和国史的资料，他转而依赖一本节录性的著作和其他材料。他并未遵循编年体的框架，相反，他时常将历史事件的源头追溯到罗马建城的那一年（公元前753年），这在瓦罗手上成为正统。罗马帝国长期的绵延让人们确信它能继续存在下去。

我们应当明白，到李维为止（包括李维）的罗马历史写作无法归总到"编年体"这个大名目下。此种历史写作形式的发展，主要是由一些作家以及他们的著作决定的，与此同时，可以确定，某些特别的需求、情况以及可能性也发挥了很大作用。总而言之，在塞勒斯特、李维那里，此种历史写作形式产生了这样的作家，他们为文艺复兴、法国大革命提供了有关公民道德及其败坏的种种原型。细致的研究告诉我们，罗马的历史写作既不能全部理解为单纯的史实来源（作为材料来源，它总有不充分的地方），也不能完全看作是文学虚构。它构建了属于它自己的独具一格的伟大。

大事年表/关键日期

公元前218—前201年	汉尼拔战争
约公元前215年	费边·皮克特创作第一部罗马史著作
约公元前170年	昆图斯·恩尼乌斯创作史诗《编年史》
约公元前150年	加图的《创始记》
公元前133年	提比略·格拉古担任保民官引发罗马的暴乱和内斗
公元前91—前89年	同盟者战争（罗马对它的意大利盟友）
公元前59年	凯撒担任执政官
公元前58—前51年	高卢战争

（接上页）Romanae in den spatantiken Breviarien (*Berlin* et al., 2009)。

公元前 49—前 45 年	内战（凯撒对庞培一党）
公元前 44 年	凯撒被刺
公元前 42—前 34 年	塞勒斯特的历史著作（《喀提林阴谋》《朱古达战争》《历史》）
公元前 30 年	屋大维获得罗马帝国的全部统治权
约公元前 30 年	李维（约公元 17 年去世）开始创作《建城以来史》

主要史料

L'annalistique romaine，ed. and trans. M. Chassignet，3 vols.
(Paris, 1996 - 2004).

Caesar, *The Gallic War*, trans. H. J. Edward (Cambridge, Mass.,
1917).

—— *The Civil War*, ed. and trans. J. M. Carter, 2 vols.
(Warminster，1991,1993).

Cato, *Les origines*（残篇），ed. and trans. M. Chassignet (Paris,
1989).

Die Fruhen Romischen Historiker，vol. 1：*Von Fabius Pictor bis Cn.
Gellius*，ed. and trans. Hans Beck and Uwe Walter（2nd edn.，
Darmstadt，2005).

Die Fruhen Romischen Historiker，vol. 2：*Von Coelius Antipater bis
Pomponius Atticus*，ed. and trans. Hans Beck and Uwe Walter
(Darmstadt，2004).

Eutropius, *Breviarium*, trans. H. W. Bird (Liverpool, 1993).

Florus, Lucius Annaeus, *Epitome of Roman History*, trans. E. S.
Forster (Cambridge, Mass.，1984).

Livy, *History of Rome*, trans. B. O. Foster *et al.*，14 vols.
(Cambridge, Mass.，1919 - 1959).

—— *The Dawn of the Roman Empire*：*Books* 31 - 40, trans. J. C.

Yardley（Oxford，2000）.

—— *Hannibal's War*：*Books* 21－30，trans. J. C. Yardley（Oxford，2006）.

Remains of Old Latin，vol. 1：*Ennius and Caecilius*，ed. and trans. E. H. Warmington（rev. edn.，Cambridge，Mass.，1967）.

Sallust，*War with Catiline. War with Jugurtha. Selections from the Histories. Doubtful Works*，trans. J. C. Rolfe（2nd edn.，Cambridge，Mass.，1931）.

—— *The Histories*，ed. and trans. P. McGushin，2 vols.（Oxford，1992,1994）.

参考文献

Albrecht，Michael von，*A History of Roman Literature*：*From Livius Andronicus to Boethius*，vol. 1，rev. Gareth L. Schmeling，trans. Francis and Kevin Newman；vol. 2，trans. R. R. Caston and F. R. Schwartz（Leiden，1997）.

Badian，E.，'The Early Historians'，in T. A. Dorey（ed.），*Latin Historians*（London，1966），1－38.

Beck，Hans，'The Early Roman Tradition'，in John Marincola（ed.），*A Companion to Greek and Roman Historiography*（Oxford，2007），259－265.

Braund，David and Gill，Christopher，*Myth*，*History and Culture in Republican Rome*：*Studies in Honour of T. P. Wiseman*（Exeter，2003）.

Brunt，P. A.，'Cicero and Historiography（1980）'，in id.，*Studies in Greek History and Thought*（Oxford，1993），181－209.

Eigler，Ulrich，Gotter，Ulrich，Luraghi，Nino，and Walter，Uwe（eds.），*Formen romischer Geschichtsschreibung von den Anfangen bis Livius*：*Gattungen—Autoren—Kontexte*（Darmstadt，2003）.

Feeney, Denis, *Caesar's Calendar: Ancient Time and the Beginnings of History* (Berkeley, 2007).

Feldherr, Andrew, *Spectacle and Society in Livy's History* (Berkeley, 1998). ⟨290⟩

—— (ed.), *Cambridge Companion to the Roman Historians* (Cambridge, 2009).

Flower, Harriet I. , *Ancestor Masks and Aristocratic Power in Roman Culture* (Oxford, 1996).

Forsythe, Gary, *The Historian L. Calpurnius Piso Frugi and the Roman Annalistic Tradition* (Lanham, Md. , 1994).

Frier, Bruce W. , *Libri Annales Pontifi cum Maximorum: The Origins of the Annalistic Tradition* (1979; 2nd edn, Ann Arbor, 1999).

Habinek, Thomas and Schiesaro, Alessandro (eds.), *The Roman Cultural Revolution* (Cambridge, 1997).

Holkeskamp, Karl-J. 'History and Collective Memory in the Middle Republic', in Nathan Rosenstein and Robert Morstein-Marx (eds.), *A Companion to the Roman Republic* (Malden/Oxford, 2006), 478 – 495.

Kraus, C. S. and Woodman, A. J. , *Latin Historians* (Oxford, 1997).

Levene, D. S. , 'Roman Historiography in the Late Republic', in Marincola (ed.), *A Companion to Greek and Roman Historiography*, 275 – 289.

Mehl, Andreas, *Roman Historiography* (German edn, 2001; Oxford, 2008).

Oakley, S. P. , *A Commentary on Livy, Books VI – X*, 4 vols. (Oxford, 1997 – 2005).

Pelling, Christopher, 'Historiography, Roman', in Simon Hornblower and Antony Spawforth (eds.), *Oxford Classical*

Dictionary (3rd edn, Oxford, 1996), 716 – 717.

Rawson, Eilzabeth, *Intellectual Life in the Late Roman Republic* (London, 1985).

Sehlmeyer, Marcus, *Geschichtsbilder fur Pagane und Christen. Res Romanae in den spatantiken Breviarien* (Berlin *et al.*, 2009).

Syme, Ronald, *Sallust* (1964; Berkeley, 2002).

Timpe, D., *Romische Geschichtsschreibung: Studien zur Historiographie*, ed. Uwe Walter (Darmstadt, 2007).

Wallace-Hadrill, Andrew, *Rome's Cultural Revolution* (Cambridge, 2008).

Walter, Uwe, *Memoria und res publica: Zur Geschichtskultur der romischen Republik* (Frankfurt, 2004).

—— 'Cato, M. Porcius, Origines', in Roger Bagnall *et al.* (eds.), *Blackwell Encyclopedia of Ancient History* (Malden/Oxford, 即将出版).

Wiseman, T. P., *Clio's Cosmetics: Three Studies in Greco-Roman Literature* (Leicester, 1979).

—— *Historiography and Imagination: Eight Essays on Roman Culture* (Exeter, 1994).

—— *Roman Drama and Roman History* (Exeter, 1998).

—— *The Myths of Rome* (Exeter, 2004).

—— 'The Prehistory of Roman Historiography', in Marincola (ed.), *A Companion to Greek and Roman Historiography*, 67 – 75.

—— *Remembering the Roman People* (Oxford, 2009).

Woodman, A. J., *Rhetoric in Classical Historiography* (London, 1988).

朱利亚·博尔[Julia Boll]　英译

屈伯文　译　陈　恒　校

第十二章　罗马帝国时期的历史
学与传记文学

艾伦·奥格尔曼(Ellen O'Gorman)　文

　　在公元前31—前27年期间,罗马元老院与未来的皇帝奥古斯都达成了一系列协议,事实上,这是从寡头制转向独裁制度的宪制变革。[1]1939年,罗纳德·赛姆(Ronald Syme)出版了一本影响很大的历史著作,从那以来,这个"变革"就被人们理解为一场"革命"。[2]然而,奥古斯都使用的宣传用语更突出的是保守而非创新,同样,从某种程度上说,人们普遍认为奥古斯都"重建了共和国"。[3]由此,对这个历史时期的探究也在"重建"与"革命"、"延续"与"变革"之间纠结。这尤其体现在公元1世纪的历史学家、传记作家身上,[4]因为他们面临着怎样描述新的元首制(Principate)这个政治问题。

　　早期元首制的政治气候,构成了我们了解该时期不同形式的历

---

① E. T. Salmon, 'The Evolution of the Augustan Principate', *Historia*, 5(1956), 456 - 478; Sir Fergus Millar, 'Triumvirate and Principate', *The Journal of Roman Studies*, 63(1973), 50 - 67; and Werner Eck, *The Age of Augustus*, trans. Deborah Lucas Schneider (Oxford, 2003).

② Ronald Syme, *The Roman Revolution* (Oxford, 1939);今可参见 John A. Lobur, *Consensus, Concordia, and the Formation of Roman Imperial Ideology* (London, 2008)。

③ E. Judge, 'Res Publica Restituta: A Modern Illusion?' in J. A. S. Evans (ed.), *Polis and Imperium: Studies in Honour of Edward Togo Salmon* (Toronto, 1974),279 - 313; and N. Mackie, 'Res Publica Restituta: A Roman Myth', in C. Deroux (ed.), *Studies in Latin literature and Roman History IV* (Brussels, 1986),302 - 340.

④ 除特别说明外,本章所有日期均指"公元"。

史写作的重要背景。不过，这个政治背景在很大程度上就是同样的文献重建出来的，它们为我们提供了理解国家变革（无论它在事实上是否被理解为本来意义上的变革）之本质的许多方式。在共和国编年史①（以执政官年为核心构建起来）让位给以皇帝统治为核心构建的历史学的背景下，这对我们看待帝国时期的历史写作怎样反映了历史写作本身的大变革是有相关作用的。它还对我们如何阅读该时期的古代传记作品、我们是否察觉到一种"传记文学转向"以及是否将此"转向"看作政治变革的一个征兆（或一个有意识的宣告）有所影响。就本章第一部分而言，我会在"历史学"的总名目下探讨传记文学与历史写作的问题，之后，我会转向谈论两者之间的总体差别及其政治意义。

在评估历史写作与政治变革之间的相互作用时，有三个问题浮出了水面。首先，从该时期为数众多的历史学家那里，流传下来的作品却是那样的少，以至于我们有关罗马帝国时期历史写作的广泛结论必然归于推测。其次，那时的作家的现存历史著作已经塑造了我们对于他们的政治观点的理解。最后，有作品传世的历史学家、传记作家，由于阶级、出生的行省以及政治地位的不同，他们代表的看待帝国体制的观点也不同。现存的公元1—4世纪的拉丁历史著作有：维莱乌斯·彼得克莱（Velleius Paterculus）的《罗马史》（Romana Historiae），于提比略统治时期面世（公元30年）；科涅利乌斯·塔西佗（Cornelius Tacitus）的《阿格里可拉传》（Agricola）、《历史》（Historiae）、《编年史》（Annales），分别于涅尔瓦（Nerva，公元98年）、图拉真（约公元109年）、哈德良（Hadrian，约公元118年）统治时期面世；苏维托尼乌斯·特兰克维鲁斯（Suetonius Tranquillus）的《罗马十二帝王传》（Vitae Caesarum），于哈德良统治时期面世。其他还在我们讨论之列的是一部有问题的作品《奥古斯都史》（Historia Augusta，简称"HA"），这是一本从哈德良一直说到卡里努斯（Carinus）的帝王传记（包括图谋王位者的传记）集

---

① 参见尤维·沃尔特在本卷书中的文章。

（公元 117—285 年）。① 该书托名有六位作者，并明白无误地宣称受到苏维托尼乌斯的影响，②不过现在普遍认为该书出自一人之手，由该人创作于狄奥多西（Theodosius）皇帝统治时期、公元 4 世纪最后数十年。他很可能是一位学者，也可能是一位法律专家；可能出身高卢族。③ 这些帝国时代早期的作家都出身"地方行省"，其中，维莱乌斯来自坎帕尼亚（Campania）、塔西佗来自山北高卢（Narbonese Gaul）、苏维托尼乌斯来自翁布里亚（Umbria）或努米底亚（Numidia）。塔西佗官位最高，官居执政官、行省总督，而维莱乌斯、苏维托尼乌斯分别有骑士、军人背景。维莱乌斯官至市政官，而苏维托尼乌斯效力于朝廷。他们三个都依靠皇帝的支持，在各自皇帝治下活跃于政坛，而维莱乌斯、苏维托尼乌斯尤其与提比略、哈德良两位皇帝命运相连。他们每个人的生涯都反映了帝王与公民的交往范围日益广阔、形式日益多样，他们的历史著作则代表了对当时实行于罗马的帝国体制的不同反应。④

　　每一位作家的著作以不同的方式为人所接受：在一些情况下，人们认为它们提供了客观的历史看法；在其他情况下，人们以其谎话、错谬连篇而对它们嗤之以鼻。拿《奥古斯都史》来说，它既是吉本（Gibbon）也是彼特拉克（Petrarch）的重要材料来源，不过现今认为该书几无史料价值。而塔西佗的著作则自其在公元 15 世纪现身以来，比其他著作发挥了大得多的历史、文学影响⑤（如果我们考 ^293

---

① 有关阿米阿努斯·马赛里努斯（Ammianus Marcellinus），参见大卫·波特（David Potter）在本卷书中的文章。

② *MB* 4. 5；and *Prob.* 2. 7.

③ Ronald Syme, *The Historia Augusta：A Call for Clarity*（Bonn，1971）；id.，*Emperors and Biography：Studies in the Historia Augusta*（Oxford，1971）；and Tony Honoré，'Scriptor Historiae Augustae'，*The Journal of Roman Studies*，77（1987），156 - 176.

④ Dylan Sailor, *Writing and Empire in Tacitus*（Cambridge，2008）.

⑤ Ronald Syme, *Tacitus*（Oxford，1958）；R. Martin，*Tacitus*（London，1981）；Rhiannon Ash, *Tacitus*（London，2006）；以及 K. Schellhase，*Tacitus in Renaissance Political Thought*（Chicago，1976）中论塔西佗对文艺复兴影响的部分。

虑到塔西佗在古代的影响几无实证传世，此种现象可说是令人惊奇异常①）。塔西佗决定以奥古斯都之死作为其历史探寻的出发点，此举无可挽回地塑造了我们对该时期（作为一个确定无疑的帝国时代）、对奥古斯都重建共和国（实则是从共和国到元首制的转变）的历史理解。苏维托尼乌斯著作的时间跨度构成了对塔西佗版历史的补充。他的帝王传记集从尤利乌斯·凯撒开始说起，以此，他将独裁统治的起源追溯到这位非凡人物的作为那里。隐藏在苏氏系列传记中的是罗马独裁统治从开始时的夭折到其全面实现的发展史，而后世帝王的统治只不过是一个常见主题不同的反映形式而已。② 相比之下，维莱乌斯的著作横跨帝国、共和时代的历史，他将起点追溯到罗马建城以前。③ 由此，维莱乌斯对帝国时代的理解让人们看到的是"延续"而非"变革"。尽管如此，与苏维托尼乌斯、塔西佗专注于帝国时代相比，维莱乌斯著作的时间视野看起来只能是显得另类了。

维莱乌斯的著作诚然由于一些原因显得不同寻常，不过，如果我们在该时代有不少历史著作散失的背景下看待这个问题，我们就会发现，许多这类著作覆盖了共和国、帝国两个时代。李维在奥古斯都时期创作的里程碑式的历史著作止于提比略的兄弟德鲁苏斯在公元前 9 年去世。老塞涅卡（Elder Seneca）的历史著作很可能覆盖了从公元前 49 年的凯撒、庞培内战到提比略皇帝在公元 37 年去世这个时间段。克里莫提乌斯·科尔都斯（Cremutius Cordus，

---

① Ronald Mellor, *Tacitus* (London, 1993), 138 - 139.

② Andrew Wallace-Hadrill, *Suetonius：The Scholar and His Caesars* (London, 1983), 61 - 62. 该书将后面传记情节的简略归因于苏维托尼乌斯创作兴趣的衰减。我认为，后面的传记越来越简略让我们看到的是前面的传记承担着两项使命，一是叙述帝王生平，二是确立帝国时代的叙述主题和范式。

③ A. J. Woodman, *Velleius Paterculus：The Tiberian Narrative* (2. 94 - 131) (Cambridge, 1977), 28 - 56；John Marincola, *Authority and Tradition in Ancient Historiography* (Cambridge, 1997), 29； and Alain Gowing, 'The Imperial Republic of Velleius Paterculus', in John Marincola (ed.), *A Companion to Greek and Roman Historiography* (London, 2007), 411 - 418.

卒于提比略皇帝统治时期)写作了一部跨越内战与元首制兴起阶段的历史著作。[1] "延续派"历史著作的传统还让我们看到,历史学家会在某个杰出前辈停止的地方继续前进。此举虽然主要是表示忠诚以至力争超越的决心,[2]它在另一方面也促进了一种"跨年代历史"(overarching history)的意识,对于此种"历史",每一个作者都是它的贡献者。由此,李维的历史著作可能由奥菲迪乌斯·巴苏斯(Aufidius Bassus)接续,后者接下来又由老普林尼(elder Pliny)接续。阿西尼乌斯·波利奥(Asinius Pollio)的历史著作则由老塞涅卡接续。这些作家同样来自意大利和地方行省的城镇,其中一些作为元老院成员或骑士活跃于政坛。这个背景让我们认识到有许多作家参与到呈现(或许还有批判性的评价)"大变革"——从元老院统治到帝国统治——的行列中来。不过它同样让我们产生疑问:是否所有上述的历史学家都亲历过变革,无论这些历史学家写作的是"延续"还是"变革"的历史著作?

294

新的政府形式

政治写作的一个困难在于新的元首制继续利用元老院、执政官统治体制的方式。所有主要的行政长官仍由选举产生;行省总督继续被派到地方行省的岗位上;城市与罗马帝国的管理事务仍是元老院的议题。这些事实让古代和现代的历史学家将该时代理解为一个"延续"的时代。不过,皇帝的超然权威以及获得皇位的方式(在严格的共和主义的意义上仍属于"非宪制"的范畴),[3]连同他

---

[1]　Alain Gowing, *Empire and Memory*: *The Representation of the Roman Republic in Imperial Culture* (Cambridge, 2005),32 - 34 叙述了其他一些案例。

[2]　Marincola, *Authority and Tradition in Ancient Historiography*, 237 - 241.

[3]　我是在宽泛意义上使用"宪制"一词的,实际上,罗马国家不存在任何正式的成文宪法。参见 T. Corey Brennan, 'Power and Process under the Republican "Constitution"', in Harriet I. Flower, (ed.), *The Cambridge Companion to the Roman Republic* (Cambridge, 2004),31 - 58。

对于"日常"元老院事务的影响，成为讨论政治变革的历史著作的关注焦点。塔西佗在谈到帝国元老院的时候，使用了"虚有其表的存在"这个词语。早先，在叙述提比略时代的篇章里（*Ann* 1.77. 3），他提到在元老院辩论、保民官权力的行使中保留的"自由的形式"（simulacrum of liberty）。塔西佗告诉我们，元老院的工作不过是通过提案，这是一项与实在的政治权力脱节的空头程序。不过，塔西佗所用的词语有着众所周知的含糊性，这让我们很难得出结论说在皇帝治下元老院真正发挥效力是不可能的。[①] 后来，在叙述提比略时代的篇章中（*Ann* 3.60.1），他使用"古代的场面"（the image of antiquity）来形容一次元老院的辩论会。这个词既可以是在讽刺的意义上还原辩论会的空架子面目，又可以是人们对一个事实真正的认可，该事实用一位评论者的话说，就是"在时代背景的限制下，这是人们能获得的最接近古代的场面"[②]。类似的词语在《奥古斯都史》中也有使用，公元 275 年，某位宣称是塔西佗后裔的人当选为皇帝，那些"相信古代已恢复过来"（*HA Tac.* 19.6）的元老为之欢欣鼓舞。无论作者在此是否是在讽刺的意义上使用"相信"这个词，他都提出了一个有关元老院在一个独裁国家中的地位的政治观点。在本章的这个部分，我想要探讨每位作家在谈及奥古斯都的"宪法"时所使用的词语，并思考有关这些人对该时代的历史观点以至当时人对该时代的理解，这些词语能告诉我们什么。

我们面临的一个困难是：在公元前 1 世纪以降的政治词语中，没有一个清楚勾勒了传统的元老院/执政官统治体制和新的独裁统治体制的轮廓。这在我们审查现代用于该时代身上的政治词语——"共和"（republican）与"帝国"（imperial）——时表现得很清

295

---

① Ellen O'Gorman, *Irony and Misreading in the Annals of Tacitus* (Cambridge, 2000), 41-45.
② A. J. Woodman and R. H. Martin, *The Annals of Tacitus: Book 3* (Cambridge, 1996), ad loc.

楚,因为这些英文衍生词并没有给我们提供清晰的导引,知晓它们的拉丁含义。拉丁语"*res publica*"并不指一种专门的共和/元老院宪法,而是指与罗马人民有关、涵盖范围广泛的种种情形,其最基本的意义就是简单的"人民之事"。① 同样,"*imperium*"并不用来指某个人的权力,而通常指罗马对其他民族的统治——一个在权力中心转向独裁政府之前很久就已存在的帝国。我们同样可以针对其他政治词语发出这番议论,如"*status*",还有有关权力、权威的词语——"*potentia*"、"*potestas*"、"*arbitrium*"、"*auctoritas*",以及独裁者的称号——"*imperator*"、"*princeps*"、"*pater patriae*"和一个世纪以后的"*Caesar*"。简而言之,用来描述(如果不是界定的话)元首制的词语是丰富多样的,而人们对这些词语又有着截然不同的理解。结果,在我们阅读这类文献的过程中,关键的问题变成了:其一,我们对这些词语以及它们的混合所传达的广泛意义的敏感度;其二,我们对历史学家怎样(在联系过去[无论是由他接续还是断裂的过去]的情况下)运用这些词语表述独裁现象的关注。

虽然苏维托尼乌斯的著作是最晚讨论奥古斯都的著作,我还是从他开始写起,因为他写下的通常是人们认为的奥古斯都自己的话:

> 奥古斯都曾两度考虑过恢复共和国(*de reddenda re p. bis cogitavit*)。第一次是在击败安东尼之后不久(公元前31年),奥古斯都回忆起安东尼经常以"共和国未得恢复是他(指奥古斯都)的过错"为名指责他;后一次是在奥古斯都久病之后身心疲倦之时(公元前23年),当时,他甚至将众行政长官、元老们召至御前,并将帝国的收支账户交给他们(*rationarium imperii*)。不过他又考虑到作为一个普通公民(*privatum*),他这样做会将自己置于某种险境之下,且共和国会急速落入许多

---

① Millar,'Triumvirate and Principate',63. 埃莉诺·科恩(Eleanor Cowan)即将发表的专著将详细地分析不断发展的"*res publica*"概念。

个体的控制中（*plurium arbitrio*），基于此，他继续将大权抓在自己手中。由此，意图与结果哪个更好？这实在是令奥古斯都颇费踌躇的事情。他继续表现出这个意图，甚至在一份特别的敕令中用下面的话说了出来："为了让我得以确保共和国在它本来位置上的安全、稳当，并享受我梦寐以求的对我这项成就的奖赏，我受到呼召，成为这个最好的政府的设计师（*ut potimi status auctor dicar*），我希望在我离开世界的时候，我可以怀揣着共和国根基不变的梦想。"他通过种种方式来为自己完成自己的心愿，以使人人都不会对新政府（*novus status*）发声抱怨。（Suet. *Aug*. 28）

苏维托尼乌斯将奥古斯都的政权叫作"新政府"，在这里，他很明显是将它呈现为一种全新的事物。即便"新政府"并非奥古斯都自己使用的词语，它呼应了奥古斯都自己陈述的愿望——新政府是最好的——却是确定无疑的。由此，在该词削弱了"恢复现状"所蕴含的保守意义的同时，它还证明了奥古斯都对此事所怀抱的坚强信念。苏维托尼乌斯为我们描绘的一幅画面突出了这一点，他告诉我们，奥古斯都重新考虑了移交国家大权的念头。在这里，苏维托尼乌斯对"控制"（*arbitrium*）一词的使用突出了与奥古斯都自己的话的矛盾；在《奥古斯都功德铭》中，奥古斯都说："朕将国家从朕的权力（*potestate*）之下移交到元老院与罗马人民的控制（*arbitrium*）下。"①与此相反，苏维托尼乌斯笔下的奥古斯都考虑着将国家交到许多个体控制之下（*plurium arbitrio*）的危险。用更加含糊并具有威胁性的"许多个体"（*plures*）替换明确的政治术语"元老院与罗马人民"（SPQR），此举舒缓了上述矛盾点（以及"新政府"与传统政府形式的断裂程度），并在相反的意义上强调了"新政府"是值得向往的。与此同时，苏维托尼乌斯将奥古斯都置身于更切合后者所处时代的政治环境中，用更相称的词语来描述奥古斯都，

---

① 参见艾利森·库利在本卷书中的文章。

以此,他让人们联想到了元首在未来的权力。奥古斯都将众行政长官召至自己的家(*domus*)中受领财政大权,这预示了"*domus*"(既是皇帝的家又是现实的房屋)在促进与保持元首权力上的作用。同样的道理,奥古斯都在思考由他放弃权力而带来的危险时,他使用了常见的共和主义词语"普通公民"(*privatus*),用来指一个不担任公共职务的公民。不过,通过将皇帝所面临的危险与共和国所面临的危险搭在一起,苏维托尼乌斯强调了元首与整个国家日益紧密的联系,从这个意义上说,皇帝完全是一个公共人物。① 这对传记文学作品同样产生了影响,这些著作对帝王生活的重点关注开始隐含地带有政治意味。

上引苏文中开头的话"*de reddenda re publica*"经常被译作"on the restoration of the republic"(考虑恢复共和国)。我们应将它与维莱乌斯的叙述联系起来看,后者大约是在同一个时期写出来的(维莱乌斯创作于奥古斯都与元老院达成协议后不久的那个时代)。在维莱乌斯那里,我们同样发现了有关"重建"的词语。不过,维莱乌斯的表述(他说共和国已重归奥古斯都的掌握中)更加精确,并且让我们更明白它们对当时的罗马人来说意味着什么。在维莱乌斯笔下,有关"重建"的词语并没用来说明国家的统治权(即苏维托尼乌斯所说的"*arbitrium*"),而是用来指奥古斯都重新将法律、秩序带给了罗马公民。以下是一段更长的总结性颂文(赞颂奥古斯都对罗马国家之贡献)的摘录:

> 进入内战的第二十个年头(公元前29年),所有内战停息了,所有对外战争也告一段落,和平回到人间(*revocata pax*),无处不在的疯狂暴力歇止了;法律重拾了(*restituta*)效力,审判恢复了权威,元老院重获了尊严;行政长官的传统权力也恢复

---

① 苏维托尼乌斯在这里对"*privatus*"的含义加以发挥,该词在帝国时代文学作品中的其他地方也有出现,意为与"统治者"相对的"臣民"。参见 Tacitus *Agr.* 39.2, *Hist.* 1.49.2。

了原样（*redactum*）……原来的古代共和国形式也得到重建
（*prisca illa et antiqua rei publicae forma revocata*）。农人重耕
田野（*rediit cultus agris*），圣物重获荣耀，人民重享安全，万物
重被人们安全地保有。（Velleius *Hist. Rom.* 2.89.3-4）

　　维莱乌斯对元首制特征的概括让苏维托尼乌斯文中隐藏不露
的东西变得更清楚了。维莱乌斯不仅将奥古斯都的元首制与古代
的罗马共和国联系起来看，而且与奥古斯都最后终结掉的内战挂
上钩。有关"和平"的词语渗透到这些词语所在的整段文章中，而
处在和平状态下的罗马社会所享有的好处又是在非常实际的意义
上得到理解的。像"*rediit cultus agris*"（农人重耕田野）这样的短
语，不仅让我们想起了可追溯到荷马那里（荷马在《伊利亚特》中描
述了阿喀琉斯盾牌上的两座城市）的有关和平社会之标志的说法，
而且如伍德曼（A. J. Woodman）所指出的那样，它指出了这样一个
事实："20 年内战极大地影响了意大利乡村地区。"[①]对应于共和
制/元首制或寡头统治/专制这样的用语，我们在这里看到的是"处
在战争状态下的社会/处在和平状态下的社会"，它盖过了与处在
和平状态下的社会的统治权有关的任何政治特征。维莱乌斯所使
用的词语有另一个突出的特征，即强调重建和恢复，在这方面，无
论是无所不在的前缀词根"*re-*"，还是总结性的短语"*prisca illa et
antiqua rei publicae forma revocata*"（原来的古代共和国形式也得
到重建），都可以显示这一点。在上述引文更前面的地方，作者反
复使用了"*revocata*"（*revocata pax*），这起着增强战争/和平对比效
果的作用，并暗示我们，共和国最重要的特征并非统治者为何人，
而在于它是否处在和平状态下。而这里的"和平"是在非常实际的
意义上被人们理解的，它系指这样一种事物状态：法律享有效力，

---

① A. J. Woodman，*Velleius Paterculus*：*The Caesarian and Augustan Narrative*（2.
41-93）（Cambridge，1983），ad loc.

政府官员拥有执行公务的权利。①

　　过去一些年里,有一个观点已经成为人们的传统看法,也就是人们将维莱乌斯的历史叙述斥为谄媚(不过,最近一些年里,对颂赞元首制的接受成为学术上的一种新保守主义潮流)。② 尽管如此,如果我们将维莱乌斯为我们呈现的"重建图景",与苏维托尼乌斯所述的奥古斯都拒绝移交国家控制权联系起来看,我们真正能发现的矛盾是极少的,究其原因,主要是二人所关注焦点的不同。维莱乌斯重点关注奥古斯都元首制对不同阶层公民的影响,比如那些被剥夺公民权因而有丧失财产、生命之危的人。之后,他谈到上层元老院成员的经历,后者被他称作"*principes viri*"(2.89.4);这些人在过去已获得军功、政治方面的荣耀,此刻,奥古斯都激励他们大行善举,这对罗马城及施行善举的人来说都有好处。与维莱乌斯相对,苏维托尼乌斯谈论的是与罗马统治权有关的社会最高阶层。苏维托尼乌斯在自己的著作中谈到奥古斯都考虑"重建共和国"之事时,他所指的并非法律与秩序的回归,因为到公元前23年,法律与秩序已然得到恢复。正如苏氏《罗马十二帝王传》(*vita*)所清楚告诉我们的,在奥古斯都死后最终宣读于元老院的悼文中,人们知道了奥古斯都几乎移交到罗马行政长官之手的是帝国的"账户"——财政状况总录。"第三卷书有整个帝国的财政总

298

---

① Stefan Weinstock, 'Pax and the "Ara Pacis"', *Journal of Roman Studies*, 50 (1960),44 - 58.

② Syme, *The Roman Revolution*, 488 - 489; Patrick Sinclair, *Tacitus the Sententious Historian: A Sociology of Rhetoric in Annales* 1 - 6 (Pennsylvania, 1995),17. 最近的维莱乌斯研究以伍德曼为领军人物,见他的 *Velleius Paterculus: The Tiberian Narrative*; id. , *Velleius Paterculus: The Caesarian and Augustan Narrative*; Ulrich Schmitzer, *Velleius Paterculus und das Interesse an der Geschichte im Zeitalter des Tiberius* (Heidelberg, 2000); Gowing, 'The Imperial Republic of Velleius Paterculus'; John A. Lobur, '*Festinatio* (haste), *Brevitas* (concision), and the Generation of Imperial Ideology in Velleius Paterculus', *Transactions of the American Philological Association*, 137(2007), 211 - 230; id. , *Consensus, Concordia, and the Formation of Roman Imperial Ideology*.

录（*breviarium*），包括在册的军队人数，国库、帝国账户的存银，尚未缴纳的赋税额。他（指奥古斯都）还列述了需缴纳赋税（*ratio*）的自由人、奴隶的名字。"（Suet. *Aug.* 101.4）

由于对上面所说的那些赋税的权利受到削减，乃至于无，罗马的高级行政官可能发现他们的传统权利受到了限制或剥夺。不过，在这个层面上的帝国统治并没有妨碍普通公民（更别说元老院成员了）以维莱乌斯所述的方式，享受奥古斯都政权带来的种种好处。如果我们重读苏维托尼乌斯所说的"共和国重建"，他看似说的是他命名为"arbitrium"的那种高级层面的统治，此种统治经过财政或赋税的作用，成为实实在在的东西。事实上，苏维托尼乌斯可能使用了一个非常常见的短语来描述帝国账户（财政或其他）的转移：*rationem reddere*。① 在塔西佗有关提比略登位的叙述中，他笔下的新王顾问使用了"*ratio constat*"来描述类似的事情，这位顾问说："这是皇帝统治的必要条件，也就是只有在财政大权回归一人掌握的时候，帝国账户才能平衡。"（*non aliter ratio constet quam si uni reddatur*，Ann. 1.6.3）

让我们将笔头转到塔西佗那里。我们发现，塔西佗使用的有关"权力"的词语经过了他自己的改造，用以创造一种迥然相异的历史叙述，在此种叙述的作用下，历史与它所记述的政治的关系发生了改变。尽管如此，首先，我想停下来，暂时不讨论我们写到这里为止的那些历史叙述对历史写作体裁的影响。假设维莱乌斯、苏维托尼乌斯所述的历史都不是真的，我们可以探讨人们从阅读他们的著作得来的对元首制的印象，如何影响了历史著作的内容及目标。在这里，历史著作的内容与目标统一了起来：它重点关注的政治对象直接指向对政治行动感兴趣的人。② 罗马历史写作的垂

---

① *OLD reddo* 13b；参见 Suet. *Galba* 9.1。

② Polybius 9.1.2-5 在尼科莱（Roberto Nicolai）的文章中得到了讨论，参见'The Place of History in the Ancient World'，in Marincola（ed.），*A Companion to Greek and Roman Historiography*，23-25。

鉴传统(从更普遍的意义上说,还有罗马文化的垂鉴传统)使得这里所说的历史著作的目标成为现实。不过,正如许多学者所指出的,有关元首制的历史叙述并未直接转化为读者们的政治实践。如果说苏维托尼乌斯或维莱乌斯笔下的奥古斯都是读者的一个榜样的话,他只是作为读者的其他皇帝的榜样。这样,相对而言直接发挥垂鉴作用的共和国史①被更加轻浮、旁敲侧击的历史的政治化解读(historical-political reading)取代,正如塔西佗以精确的语言所表述的:

> 这样,情况就不一样了。从前,在平民掌权或元老院拥有 299
> 影响力的时候,那些聪明智慧、应和时势的人学习怎样了解大
> 众的本性(*vulgi natura*)、怎样约束他们,或者知晓元老院、贵
> 族的特点(*senatus et optimatium ingenia*)。现在却不一样了,
> 当政权易手、独裁统治成为唯一能解决问题的方案时,研究和
> 传授下面所说的知识就变得很重要了;由于能未卜先知辨别善
> 恶(*prudentia honesta ab deterioribus*)、去害取用(*utilia ab
> noxiis*)的人寥寥无几,因此,绝大多数人只能通过他人的经验
> 获得教益。(Tac. *Ann.* 4.33.2)

塔西佗并没有继续将"简单"的垂鉴体历史写作模式带入新时代,此种历史写作意味着对统治集团的本性(*natura*)与特点(*ingenium*)的钻研②(这两个词是理解人物传记的关键术语③)。相

---

① J. D. Chaplin, *Livy's Exemplary History* (Oxford, 2000),该书对"*exempla*"在李维著作中不断变换的用法进行了研究;Gowing, *Empire and Memory*,该书探讨了因在帝国时代被人使用而发生转变的共和国"*exempla*";Matthew Roller, *Constructing Autocracy*:*Aristocrats and Emperors in Julio-Claudian Rome* (New Jersey, 2001),第88—97页谈到了罗马斯多亚派在"垂鉴"问题上所面临的哲学困境。

② O'Gorman, *Irony and Misreading in the Annals of Tacitus*, 97-105.

③ Christopher Pelling, 'Velleius and Biography: The Case of Julius Caesar', in Eleanor Cowan, (ed.), *Velleius* (Wales,即将出版).

反,他退而使用了更加抽象的词语。我们可以推测,他会将元首制下元老的所作所为归在"善"(*nonesta*)或"用"(*utilia*)的名目下,举例来说,我们看到,他批评尼禄统治时期特拉塞亚·培图斯(Thrasea Paetus)危险而徒劳无功的反叛是既不审慎,也无作用(*Ann.* 14.21.1)。事实上,塔西佗所用的词语看似是将上面所说的那些行动从政治领域转到了伦理领域。我们上面引述的文字来自塔西佗《编年史》中一个重要的部分,在该部分,塔西佗思考了他的论述对象——元首制——加在人们身上的种种限制条件,并详述了对历史学家克里莫提乌斯·科尔都斯叛国案的审理。以此,塔西佗创造了一种理想的(并有可能是理想化的)共和史,它与人们对政治的理解、人们的政治行动天衣无缝地融合起来。

进一步说,在塔西佗整部《编年史》中,他所关心的是将元老阶层与权力运作的疏离呈现出来。就他对历史的看法而言,内战与元首制,两者结合起来,在帝国元老与无可挽回的政治现实之间,形成了一道不可逾越的障碍。在《编年史》开头不远处,他在一个问题中(他在这里使用了很少用到的一个词语)描述了公元14年时的情形:"在国内,国家处于和平状态下。行政官的名字还是那些名字;年轻人是在亚克兴战役后出生的,哪怕是许多老人,也是在内战中出生的:还有多少活着的人见过共和国呢?"(*quotus quisque reliquus, qui rem publicam vidisset?*, Tac. *Ann.* 1.3.7)我们认为,在这里,塔西佗很少使用的"*res publica*"代表了与元首制不同的某种事物。这在塔西佗于后面不远处所使用的词语那里得到了证明,这些词语完全与维莱乌斯、苏维托尼乌斯所使用的政治术语相反。奥古斯都所希望的"*optimus status*"(在别处可以确认的词语是维莱乌斯也有所使用的"*felicissimus status*"[①])在苏维托尼乌斯那里被总结为"*novus status*"。在《编年史》开篇处(以

---

① *Hist. Rom.* 2.91.2;也见 *Hist. Rom.* 2.131.1 with Woodman, *Velleius Paterculus: The Tiberian Narrative*, ad loc。

及上面引述的《编年史》第四卷中），塔西佗将同样一件事物称作
"*conversus*"或"*versus status*"，它强调的是变革、革命，而非延续或
重建。① 为避免人们忽略这一点，塔西佗用回应并反驳维莱乌斯的   300
方式，以对"延续"论的彻底反对，清楚说明了这个问题：

> *Igitur verso civitatis statu nihil usquam prisci et integri*
> *moris：omnes exuta aequalitate iussa principis aspectare.*
>
>   这样，随着政权的易手，没有一个地方还存在保持原貌、未
> 受玷污的风俗：所有人都放弃了平等的地位，仰望着元首的命
> 令。（Tac. *Ann*. 1.4.1）
>
> *Prisca illa et antiqua rei publicae forma revocata …*
> *principes viri triumphisque et amplissimis honoribus functi*
> *hortatu principis ad ornandam urbem inlecti sunt.*
>
>   原来的古代共和国形式也得到重建……那些已经荣立军
> 功并获得最大荣耀的顶级大员，在元首的鼓励下，被人们推选
> 出来，从事城市美化事业。（Velleius 2.89.4）

    塔西佗的概述性评论与维莱乌斯列举的事例完全相反，在
维莱乌斯给出的例子中，那些"顶级大员"是因元首的鼓励而非
命令得到自己的荣耀。尤其可注意的是，"*princeps*"在上引维
莱乌斯的那个文句中出现了两次，它既指奥古斯都，又指那些
军队大佬，这说明在维莱乌斯历史著作中的元首制里面，"平等
的地位"（*aequalitas*）是无所不在的。相形之下，塔西佗的说法
是罗马人仰望元首的命令，并且"自愿地"放弃他们的"平等的
地位"。

    塔西佗在绝大多数时候关注的是元老阶级，在《编年史》前面
叙述奥古斯都发家史的部分（这部分内容出奇的精炼），他让这一

---

①   参见 F. R. D. Goodyear，*The Annals of Tacitus*，Annals 1. 1 - 54（Cambridge，
    1972）论 *Ann*. 1.2.2 的内容。

点显露无疑。以胜过维莱乌斯的紧凑程度，[1]塔西佗仅用一个有12行字的句子，就涵盖了内战、奥古斯都与元老院的协议这两方面的内容。我将这个句子的中间部分引述如下：

> 最后胜出的将军凯撒（指奥古斯都）废掉他自称的三巨头之一的名分，当上了执政官，并如愿以偿地获得保护平民的保民官权力，与此同时，他用赏赐收买军队，用赈济粮取悦民众，所有人都得享和平的甘果（otium），渐渐地，他掌握了权力，将元老院、行政官、法律的所有职责都揽到自己身上。

维莱乌斯热烈赞扬"奥古斯都和平"（pax Augusta）带来的好处，在塔西佗这里，这些好处却沦落为在道德上具有更多矛盾色彩的"和平的甘果"。[2] 更难理解的是塔西佗说奥古斯都接管了元老院、行政官、法律的全部职责，这种宽泛的表述让我们无法确定此事发生的确切时间。尽管如此，它支持了塔西佗的下述看法，即元首制是共和政府崩溃的产物，甚至是对后者的反动。在《编年史》后面的内容中，塔西佗还更为精确地谈到了奥古斯都的立法。他继续使用了我们在上面看到的那种极端讽刺的手法，他说立法受困于各种名目权力的干扰，由此，法律没有成为确保文明行为的工具，反成了压迫公民的枷锁。"最后，在第六个执政官任期（公元前28年），已坐稳龙位的凯撒奥古斯都废除了他身为三巨头之一时所颁布的法令，并赐给我们能在和平和元首统治的时代用的法律。"（Tac. Ann. 3.28.2）[3]

基于塔西佗在图密善（Domitian）统治时期的遭遇，我们可能很

---

[1] 参见 Lobur，'*Festinatio*（haste），*Brevitas*（concision），and the Generation of Imperial Ideology in Velleius Paterculus'对维莱乌斯著作紧凑程度的讨论。

[2] Goodyear，*The Annals of Tacitus*，ad loc. 参见该书对"*otium*"在"道德衰弱与倒退"类叙述中所扮演的传统角色的讨论。

[3] 有关最后一句话的翻译之难，参见 Woodman and Martin，*The Annals of Tacitus*，ad loc。

容易轻视塔西佗的历史观点,认为他独倡悲观论调,所述颇有不实。不过,他的政治观点确实比最初看来的更为微妙。举例来说,他谈到罗马地方行省对奥古斯都统治的接受,这从另一个角度向我们显示了人们对罗马统治体系的感受,并纠正了那些认为他理想化了共和国的人对他的看法。"各地方行省也没有拒绝国家的这个新政府(statum)。由于争权夺利的斗争到处存在,官员肆行贪欲,而法律由于暴力、阴谋,最后还有金钱的作用,已然走向崩溃,毫无作用,基于此,各行省对元老院和人民的统治产生怀疑。"(Tac. Ann. 1.2.2)看起来,法律的统治并未成为共和国(或共和国之重建)的象征。从地方行省的视角出发,人们看到了一种不同的历史观点——一种不同的对于共和国、元首制的感受,它削弱了在帝国中心盛行的一些设想。在这里(以及在《编年史》中的其他地方),地方行省上的人看似是这本书的重要读者,他们对自己统治者的本质了如指掌,其所作所为,要么是将共和政府在骨子里的崩溃昭示天下,要么是通过他们自己愿望的表达,使新独裁政权的特征暴露人前(这在《编年史》后面的部分有所记载)。[①] 上面引述的《编年史》章节,先后将来自帝国中心、帝国外围地区的不同阶级对奥古斯都的看法呈现在我们面前,它奠定了一个在其他的人物生平介绍中反复得到使用的写作结构,并且形塑了共和国与元首制在空间(而非时间)方面的差异。尼禄死后,皇帝之位落到了罗马城以外的人的手中,这个时候,此种"地方行省"的皇帝观('provincial' view of emperors)就获得了实质性的影响力。

在上文中,我们已经看到,在有关塔西佗皇帝短暂统治的叙述中,《奥古斯都史》熟练运用了我们上面提到的有关早期元首制的那些词语。这本书引述的一封信,再现了所有与古代、重建、法律的统治相关的政治词语。

[①] 拿提比略统治时期来说,地方行省就绕过元老院(《编年史》第三卷第六十章)进行请愿,他们请求将皇帝当作神来崇拜,这迫使提比略宣布了他在帝国宗教崇拜上的政策(《编年史》第四卷第三十七章)。

> 让我们所有的盟友、天下万国知晓，共和国已回复到古代国家的状态上（*in antiquum statum redisse rem publicam*）。元老院挑选它的皇帝，或者毋宁说，元老院令它自己成为皇帝；法律从元老院那里来；蛮族国王向元老院屈膝；和平与战争大事由元老院决定。（HA Tac. 12.1）

不过，读者知道塔西佗皇帝在位不久即死去，这给元老院所怀有的乐观心理蒙上了一层阴影。尽管如此，此种"乐观"里面，内含的是一个重要的看法，也就是：问题不在于和平与战争大事由元老院而非皇帝决定，而在于和平、战争、皇帝的挑选由元老院而非军队决定。由此，我们看到，到公元 4 世纪晚期，都有证据显明此种"军队"恐惧症的存在，而早在三个世纪前塔西佗的历史著作中，此种恐惧症就已呈现出来了。

还有多少活着的人见过共和国呢？——共和国的记忆

高英（Alain Gowing）指出，在独裁统治存在于罗马的第一个百年中，共和国的历史逐渐形成了不同的意味，无论是在政治上还是历史上。在弗拉维王朝时期（公元 69—98 年）可以观察到的意识形态大转变，尤其体现了这一点。正如高英所指出的，"弗拉维时期的一个显著特征是它将自身凸显出来的能力，也就是既与不久前的帝国时期疏离，又与遥远的（共和国的）过去隔开"[1]。尽管如此，该王朝仍以某种方式重蹈了早期元首制的某些覆辙，也就是它也是从内战中兴起的。由此，在描述韦巴芗的统治时，历史学家用奥古斯都使用过的那类方法，说它能让人们获得和平的好处。这样，弗拉维王朝的皇帝和历史学家根据他们所处的当下，重塑了朱里亚-克劳狄王朝的面目。在塔西佗第一本大部头历史著作《历史》中，公元 69 年的内战被放在一个动荡不安的（而不是理想化

---

[1] Gowing, *Empire and Memory*, 104.

的)共和国过去的背景下考虑。这部著作不仅回顾了屋大维(奥古斯都)与安东尼(公元前 32—前 30 年),或尤利乌斯·凯撒与庞培(公元前 49—前 48 年)之间的内战,还追溯了马略与苏拉之间的内战(公元前 86—前 82 年)。事实上,历史学家从来不是在孤立状态下描述使元首制得以建立的内战的,而总是将它放在先前数次内战(它们要经过人们的重新包装,以满足当前的需要)的背景下进行考虑。这样,举例来说,在维特里乌斯(Vetillius)手下将士警告他不要向韦巴芗投降时,他们提醒他的话是:"凯撒没有放过庞培,奥古斯都也没有放过安东尼。"(*Hist.* 3.66.3)这些人念念不忘共和国历史上的暴力,这导致了当前更坏的暴力。在《历史》第三卷中,有关马略、苏拉的记忆尤其沉痛,其时,韦巴芗的军队兵临罗马城下,他自己的兄弟则被围困在朱庇特神殿中。神殿被毁后,它充当了一个综合性的记忆场所,让人们想起罗马史上的不同片段,包括公元前 82 年苏拉将它重新敬献给朱庇特神。在《历史》中的其他地方,有关数次内战的记忆让塔西佗能对战争的性质以及政治领域中的独裁统治作出思考。

公元 69 年,在这一年的第一位皇帝加尔巴(Galba)被杀后,奥托(Otho)通过禁卫军掌握了权力,此时有消息传来,说日耳曼总督维特里乌斯已被日耳曼军团拥立为皇帝。在描述罗马城内的人心概况时,塔西佗引述了卢坎(Lucan,尼禄时代的诗人)史诗(讲述凯撒与庞培的内战)中的类似场景,[①]并说罗马人民唤起了对于更早的几次内战的记忆。"人们想起的并不是最近的野蛮的和平时代(a savage peace time,尼禄统治时期)的动乱事例,而是有关数次内战的记忆,他们说这座城市被它自己的军队占领了很多次。意大利赤野千里,多个地方行省遭到劫难。法尔萨利阿(Pharsalia),腓立比(Philippi),佩鲁贾(Perusia),还有穆蒂纳(Mutina),这些都是有名的受难地。"(*Hist.* 1.50.2)这样,我们看到,到那个时候为

303

---

① Lucan *Pharsalia* 2. 68‑232. 参见 Ellen O'Gorman, 'Shifting Ground: Lucan, Tacitus and the Landscape of Civil War', *Hermathena*, 158(1995),117‑131。

止,罗马人在公元前 1 世纪的大规模内战与他们对时局的展望之间,建构了一种"连续"的叙述。他们对时局的展望经过了塔西佗事后加工的渲染,事实上,在凯撒时代的内战中,并没有针对罗马城的重大攻城行动,因此,与其说"这座城市被……占领了很多次"这句话与过去相关,不如说它与即将到来的战争更有关系。这样,尽管罗马人民的记忆看似在内战与帝国统治之间作了严格的区分("人们想起的并不是最近的野蛮的和平时代[*saeva pax*],[①]而是内战"),下面一点却变得清楚了,也就是,在这里,有关内战的记忆继续与元首制这个概念联系在一起,因为皇帝返归罗马是民众所恐惧的事情。塔西佗笔下的罗马人继续探讨了内战追求的是何目的这个问题,在这里,过去与当下之间的鸿沟愈益扩大:

> 整个世界几乎被掀了个天翻地覆,哪怕是一些"好人"为了争夺统治权(*de principatu*)在进行相互厮杀……凯撒、奥古斯都获胜后,留下了帝国(*imperium*);如果庞培或布鲁图斯获胜,留下的将会是共和国(*rem publicam*)。此时此刻,罗马人是希望为奥托的胜利祈祷呢,还是为维特里乌斯的胜利乞求上苍?无论哪种祈祷都是对神的亵渎,为无论哪一种结局乞求都是可诅咒的,在这些人之间的战争中,人们所能了解到的只有一件事情,那就是更坏的那个人将会胜出。(*Hist.* 1.50.3)

正如古德伊尔(F. R. D. Goodyear)所指出的,在这里,出现了仅有的塔西佗使用"*res publica*"一词三次当中的一次。塔西佗在此处使用的"*res publica*"看似意指一种政治体制,值得注意的是,在《历史》中,"*res publica*"一词两次经由历史人物之口说出:在这里,是作为总体的罗马人民以间接的方式表达出来;在前面,是由

---

① Cynthia Damon, *Tacitus*, *Histories Book I* (Cambridge, 2003), ad loc. 针对某些特定的皇帝统治时期,该书采用了与上文中的"a savage peace time"相似的译法。

加尔巴皇帝在一篇演讲中说出。① 以上所引的那段文字最初想要
说明的是：有人认为，更早的内战是为捍卫共和制度而打的，不过
这是一种极度简化的战争观，塔西佗并引进下面一个观点来削弱
这种看法，这个观点是，在历史上的那些人物被说成是为"*de
principatu*"即最高统治权而战时，他们其实也是为元首制（以及为
了帝国的完整，即空间意义上的罗马帝国）、为帝国的统治权而战。
更进一步，共和国只能以一种不完满且无法实现的状态的面貌出
现，它永远与失败的领袖联系在一起，并只能在富有争议的新内战
的背景下活跃起来。

　　由此，有关"共和国时期"内战的记忆，是在不同层面上对塔西
佗笔下的罗马人产生作用的。虽然在痛苦"延续"的意义上，它将
他们与这段过去联系了起来，可是，早先的内战所付出的代价，其
所要证明的却是他们特别痛苦的当前处境，即他们不是被夹在"帝
国"与"共和国"之间，而是要在坏人与更坏的人之间作出选择。在
上面引述的《历史》有关章节的其余部分，此种从政治到伦理的转
向继续存在。我们看到，韦巴芗参战的可能出现了，一个响当当的
声音支持了这种可能性，这个声音提醒我们：韦巴芗"在所有先前
的皇帝当中是唯一一个能在登位后将情况变得更好的人"（*Hist.*
1.50.4）。

　　罗马政局发生了从体制之争到人性问题的转变。不过，此种转
变是通过战争而非和平状态下的国家中的例子得到阐述的，由此，
有关国家统治的性质，本章第一部分所引述的《历史》章节给我们
所呈现的是一种不同的看法。这个时期的罗马史将隐藏起来的政
治权力的真相——它建立在军事力量的基础之上，完全展露在我们
面前，正如塔西佗所揭露的"国家（*imperii*）的秘密，也就是元首可
以不经由罗马产生"（*Hist.* 1.4.2）。军队成为关键的政治角色，他

---

① 　Goodyear, *The Annals of Tacitus* 论 *Annales* 1.3.7 的内容。本章第一部分对此
　　作了讨论。Holly Haynes, *The History of Make-Believe*：*Tacitus on Imperial
　　Rome*（California，2003）论加尔巴对共和国的误解的内容。

们与皇帝以及上级的关系围绕着个人效忠建立起来,并通过相互得利得到维持。与在《奥古斯都史》中所表现的一样,此种军事背景独立于帝国中心产生作用,由此,它展现了"共和国的过去"与"帝国的现在"的另外一些关系。除此之外,它还将人物性格与事物因果关系之间的复杂关联呈现出来了,我们对历史人物与历史学家本身的评判都与这种"复杂关联"有干系。

人物性格的评判

如我们在前面已经看到的,对人物性格的解析是一个复杂的过程。① 尽管如此,通常说来,此种解析的目标所追求的是对作为政治行为体的人物的行为作出解释。不过,虽然作家所要呈现的人物性格常常是在行为中展露出来的,但就行为本身来说,它并不严格限制在公共领域的范围内,而且,对像塔西佗这样的历史学家来说,它有时候还会与历史写作的高贵品质不相符合。这样,帝国时期的历史学家常常偏离了历史研究的种种传统,哪怕他们是在尽力满足历史研究的种种要求。在本章的这个部分,我将更深入地考察塔西佗对"低层次"('low')材料的回避,② 从而了解对于历史著作、人物传记中的人物谈话,此种"回避"能告诉我们什么。

在传统上,历史写作是以人物传记的叙述为背景,界定其自身对人物性格的描写的,它有两个相关的标准:其一,它所使用的是何种材料;其二,这种材料能告诉人们什么。就第一个标准而言,那些"大的"(*magnum*)或"有分量"(*grande*)的历史事件或行动是更适合于"历史著作"的,它们与那些"小的"(*parvum/breve*)或"无足轻重的"(*leve*)的历史事件或行动区分开来。就塔西佗《编年史》一书所用材料的性质而言,前面讨论过的该书第四卷第三十二—

---

① Christopher Pelling (ed.), *Characterization and Individuality in Greek Literature* (Oxford,1990).

② Syme,*Tacitus.*

三十三章(*Ann.* 4. 32 – 33)很明显告诉我们塔西佗偏离了这些标准。正如约翰·摩尔斯(John Moles)在一份详细的研究成果中所显示的,①塔西佗在这里有大量的先例可资借鉴。而其中最引人注目、可与塔西佗的情况加以比较的例子,是普鲁塔克就人物传记所用材料的性质所发的著名评论,普鲁塔克说道,"相比那些有千军万马丧生的战斗,或最伟大的武器,或攻城战,一些微小的事物,比如一句话,或一个玩笑,往往能更大程度地揭露人物的性格"(*Plut. Alex.* 1)。② 普鲁塔克选择军事话题作为自己的历史题材,相应地,他在描述人物性格时,使用的是小材料,这在部分程度上是由以下背景决定的:普鲁塔克在这里所撰写的不是一般的人物对传,而是亚历山大与凯撒的对传。③ 当然,塔西佗所选择的与自己的历史著作相对应的材料,是规模宏大的军事行动;他所描述的,是范围狭窄且并不光彩的独裁统治的历史。不过,尽管有这些差别,在普鲁塔克基于一个理由——小材料能说明人物性格——而为其使用小材料的行为加以辩护时(他还使用了一个肖像画师的类比),塔西佗认为,小材料与重要的历史行动是有着终极意义上的因果关联的:

> 我不认为我已记录下的和将要记录下的许多历史事件看起来有可能显得微不足道,并且因为它们太鸡毛蒜皮(*levia*)而不值得追溯⋯⋯尽管如此,近距离审视这些乍看起来显得微小的事物(*primo aspectu levia*)并不是没有好处的,从这些小事物里,往往生发出大行动(*magnarum rerum*)的动机。(*Ann.*

---

① John Moles,'Cry Freedom: Tacitus *Annals* 4. 32 – 35',*Histos*,2(1998),http://www. dur. ac. uk/Classics/histos/1998/moles. html.

② 普鲁塔克在这里所作的区分是"小事物"(*brachus*)与"突出的事物"或"醒目的事物"(*epiphanés*)。

③ Christopher Pelling,'Breaking the Bounds: Writing about Julius Caesar',in Brian McGing and Judith Mossman(eds.),*The Limits of Ancient Biography*(Wales,2006),255 – 280;and id. ,'Caesar's First Biographers: Plutarch and Suetonius',in Miriam Griffin(ed.),*A Companion to Caesar*(Cambridge,即将出版),这篇文章认为对凯撒的处理需要跨越历史学与人物传记的界限。

4.32.1...2）

尽管塔西佗在这里是再次陈述了偶然性事件能服务于历史的因果关系叙述，他对某些类型的小材料的回避，却将他与普鲁塔克，以及本章中所述的其他作家区别开来。在上面引述的《编年史》章节中，取代普鲁塔克所说的"句子或玩笑"的，是塔西佗所作的正式辩护辞。另一方面，就苏维托尼乌斯的人物传记来说，民众对皇帝的评价是通过墙上涂鸦、①起诨名、②民谣（常常是秽乱的歌谣）③体现出来的。提比略死时，其不得人心得到了民谣的证实："下台伯河（Tiber）与提比略作伴吧。"（*Tib.* 75.1）④同样，有关皇帝名字的双关语在《奥古斯都史》中也俯拾皆是。这样的信息具有重要意义，它们方便了苏维托尼乌斯用自己的方式构造每位皇帝的多面形象，并对今日的心态（*mentalité*）史家所使用的那类材料作出回应。⑤ 同样地，《奥古斯都史》也反复用高层次历史著作（high history）的优雅来反衬自身的"凡俗"风格。⑥

与此形成鲜明对比的是维莱乌斯的历史著作。他的书是在另

---

① 图密善在罗马城建了许多拱门，其数量是那样的多，以至于某人在一座拱门上写下了"*Arci*"的字样，取该词的希腊双关语"*arkei*"的含义——"够了"。参见 *Nero* 45.2。
② 奥古斯都自己的诨名，参见 *Aug.* 87。在朱利乌斯·文德克斯（Julius Vindex）起兵反抗尼禄后，前者的名字成了人们打趣的对象："晚上，人们假装与他们的仆役打斗，并常常会要求一位复仇者（*vindicem*）的帮助。"（*Nero* 45.2）又见正文中讨论的 *Tib.* 75.1。
③ 凯撒手下将士传唱他的艳史，包括他屈膝在比提尼亚（Bithynia）国王脚下，参见 *Dom.* 14.2；以及 *HA Aurel* 6.6，里面有一个以"*per frivola*"为标记的情节。
④ 也许，最臭名昭著的例子是苏维托尼乌斯对提比略大肆淫乱的详细描述（*Tib.* 43-44）。与此相对，塔西佗提到这些事情的时候，用的词语是"色欲"（*Ann.* 4.57.1），"享乐"（4.57.2），"奢华的闲逸"（4.67.3），"不光彩的行径"（6.51.3）。
⑤ Wallace-Hadrill, *Suetonius*, 99-118。《奥古斯都史》对材料是否属于小材料的关注，与该书作者精致的学术玩笑有着更多的关联，例如，可参见 *Quad.* 11.4；12.6。
⑥ *HA Trig.* 1.1；33.8。

一种相当复杂的条件下写成的,不过,就其绝大部分内容而言,它们都由高雅的风格创作出来。而他使用恶言谩骂类材料的风格,也使其著作与塔西佗的著作形成鲜明的对比。在这里,我们举一个例子,即描画受人厌恶的 L. 木纳提斯·普兰库斯(L. Munatius Plancus)的一段文字。[①] 这段文字叙述了塔西佗从不会明确形诸笔端的那类行为:

> 在备战期间,普兰库斯既没受有关正道选择之判断的驱动,也没受爱国或爱凯撒(即屋大维)之心的影响……他不过是由于自己的疯狂而当了叛徒。因为他久已是(埃及)女王最忠顺的仆人,是比奴隶地位还低的下人;因为他又久为安东尼的顾问;因为他发动并协助了最恶劣的行为;因为他原来在一切事上、对所有人都贪污受贿;因为他还曾将自己身体涂蓝,脱得精光,头戴芦苇草,身后拖着根延伸到膝部的辫子,在一次舞会上与格洛库斯(Glaucus)结对跳舞。(Velleius,2.83. 1 - 2)

与苏维托尼乌斯的叙述一样,这里很明显是以政治眼光来描写普兰库斯的事迹。维莱乌斯是在写到普兰库斯弃安东尼投屋大维时,将上述文字纳入自己的著述中的,因此,它进一步地使普兰库斯改换门庭的动机蒙羞。如伍德曼所指出的,普兰库斯事迹的叙述过程运用了政治谩骂的主题,[②]尤其使用了屋大维一党用来反对安东尼的种种谩骂话语。事实上,赖特(Wright)提出了一个看法,他认为有关普兰库斯的上述事迹,历史学家阿西尼乌斯·波利奥

307

---

① 如伍德曼所指出的(*Velleius Paterculus*：*The Caesarian and Augustan Narrative*,137),维莱乌斯总是用"带有讽刺色彩的轻蔑态度"对待普兰库斯。有关普兰库斯的生平,参见 T. H. Watkins, *L. Munatius Plancus*：*Serving and Surviving in the Roman Revolution*(Atlanta,1997)。

② Woodman, *Velleius Paterculus*：*The Caesarian and Augustan Narrative*, ad loc.

的一些政治演讲可能是它们的一个资料来源。① 不过,在人们于政治演讲中用普兰库斯丢脸的跳舞之事,以资对其人道德、政治上的无耻进行详细揭露时,将它们纳入一本历史著作中却构成了一种冒犯——既是对"历史"这种写作体裁的尊严的践踏,又是对普兰库斯所属的元老阶级的侮辱。作家在记录这类材料时所面临的一部分问题是,这种材料不值得在史书中记述下来,因为历史是人类万国最伟大的事迹的记录。我们在科涅利乌斯·涅波斯(Cornelius Nepos)《外国将帅传》的前言中,②看到了此种冲突的某些情状,在此处,人们再度想起了"微不足道"的概念(与"不值得"的概念一道)。"我毫不怀疑,阿提库斯(Atticus),在读到有人将音乐教给伊帕密浓达(Epaminondas)或记载了这个人的美德包括欢快起舞、熟悉笛艺两项的章节时,许多人会评判说这种创作是微不足道的,并且与大英雄的品格不相配(*dignum*)。"(Nepos *de viris illustribus* Praef. 1.1)与普鲁塔克一样,开始时,涅波斯看似是以所述材料的类型来确认人物传记的风格的(*hoc genus scripturae*)。不过,涅波斯的看法与一种文化期望——人们在文化上对适合于某一群人的那类行为的期望——是有关系的。换句话说,涅波斯明确描述了罗马骑士与元老这两个阶级,以及他们对军事指挥官(他当然会从这两个阶级中产生)私生活准则的期待。不过,涅波斯又说,这样的期待只限于文化的范畴,因此,将与一位外国将军有关的像音乐、跳舞这样的信息呈现出来,并不算与该人的伟大或该人所属阶级的高贵不相称(因此,它也并不算是对涅波斯那些读者的含蓄侮辱)。这样,涅波斯并没有明确提出与普鲁塔克或塔西佗一样的看法,即便他使用了一些相似的词语。他的观点让我们看到的是,人物传记中那些"微不足道"的信息不仅使人们对某些特别的人物作

---

① Andrew Wright, 'Velleius Paterculus and L. Munatius Plancus', *Classical Philology*, 97(2002),178-184.

② 可能创作于公元前1世纪40年代的某些时候,参见 Joseph Geiger, *Cornelius Nepos and Ancient Political Biography* (Stuttgart, 1985)。

了政治性叙述,就这些信息本身来说,它们也受到一个标准——对作为一个整体的阶级而言,它们有多合适——的评判。这不仅带领我们回到了历史的垂鉴功能上,而且让我们明白,个体行为代表了群体。由于行为无耻,像普兰库斯这样的人会令群体蒙羞;由于记述了这样的"无耻"行为,维莱乌斯也从事了某种"抹黑"元老阶级的工作。① 至于塔西佗,他作为元老中的历史学家,将因其呈现上述场景的行为而受到双倍的"抹黑"。

塔西佗回避这种"微不足道的材料"(*levia*),另一个可能的原因是这些材料的垂鉴功能有限。他总结说,所谓"范例"(*exempla*),就是这样一些事物:"从它们那里,你能为了自己和国家的利益找到可效法之处,并找到事物发展始终你可以避免的坏处。"(Livy *Praef*. 10)这样,一些具有消极作用的"范例",就没有必要宣之于口了;读者们只需要知道对一个元老来说起舞并不是件合宜的事情就行了,他们没必要知道一个元老应力戒脱光全身、身子涂蓝、留一根直到后臀的辫子的行为。或者,换一种方式说,对于殊少警戒功能的个人行为的某些方面,塔西佗表现得没有什么长篇大论的兴趣。他给阿格里可拉写的传记就是一个很具倾向性的例证,因为这是他以自己的孝心为岳父写的歌功颂德的作品。这本书并没有上演我们在上面已看到的那种"微不足道"与"有分量"之间的冲突,与此相反,它将重心放在对"美德"(*memoria virtutis*)的记述上。② 在该书前言中,塔西佗为自己的写作理由作了辩护,"美德"一词则反复出现在这些辩护词中。由此,就作为一个整体的传记而言,它里面的事例,无论是积极的还是消极的,都

308

---

① 有关用谩骂进行的"抹黑"行为,参见 Amy Richlin, *The Garden of Priapus*: *Sexuality and Aggression in Roman Humor* (New Haven, 1983)。

② Dylan Sailor, ‘Becoming Tacitus: Significance and Inconsequentiality in the Prologue of Agricola’, *Classical Antiquity*, 23(2004), 139 - 177; id., *Writing and Empire in Tacitus*; and Holly Haynes, ‘Survival and Memory in the Agricola’, *Arethusa*, 39(2006), 149 - 170。

带有明确且严肃的政治目的。① 正如塔西佗所总结的，阿格里可拉的生平与功业让读者能了解到，"对伟大的人来说，甚至生活在暴君底下都可以办到"（*Agr.* 42.4），与此同时，他本人及其同僚的生涯为读者提供了"很有分量的（*grande*）顺服的证据"（2.3）。在写到赫尔维丢斯·普里斯库斯（Helvidius Priscus）被另一位元老普布利库斯·塞尔图斯（Publicus Certus）拖着身子、从元老院会场拽出去时，塔西佗用这个更严肃的例子，向我们说明了一个元老的耻辱如何令整个阶级蒙羞。正如奥格尔维（R. M. Ogilvie）所评论的，在说"我们的双手将赫尔维丢斯带进监牢"时，"本来属于个体的行为……被塔西佗当作整个阶级的行为来处理"（*Agr.* 45.1）。② 相比垂鉴之事，这部人物传记较少关注人物的性格，这一点因此显示出它与葬礼演讲这种文学体裁的接近。③ 不过更准确地说，塔西佗选择出来用以垂鉴后世的，是位于一个光荣中间地带的某些特别的事迹，这个中间地带介于奴颜婢膝与不切实际的慷慨就义之间，后两者都是极端。我们在前面已经看到，这两个极端在《编年史》中被总结为"邪恶"、"有害的事情"（4.33.2）。这样，哪怕塔西佗转向叙述、评价其他的人（对这些人，他感觉不到有尽孝的负担），他所关注的东西仍和他在《阿格里可拉传》中所关注的事物别无二致，也就是将人物性格的叙述作为评价有效政治行动的一个方式。统治者的性格对塔西佗来说诚然重要，不过，对塔西佗显示了积极兴趣（用作典范）的那些政治行为主体来说，他们的性格的重要性也不遑多让。

---

① A. J. Turner, 'Approaches to Tacitus' Agricola', *Latomus*, 56 (1997), 582 - 593.

② R. M. Ogilvie and I. A. Richmond, *Cornelii Taciti: De Vita Agricolae* (Oxford, 1967), ad loc.

③ Ellen O'Gorman, 'Repetition and Exemplarity: Ancient Rome and the Ghosts of Modernity', in Alexandra Lianeri (ed.), *The Western Time of Ancient History: Historiographical Encounters with the Greek and Roman Pasts* (Cambridge, 即将出版).

人物传记

　　佩林已经证明,人物性格并非我们讨论的两种文学体裁——历史写作与人物传记——之间关系的唯一一个方面。[①] 历史写作与人物传记之间的关键差别在于著作的正式结构。人物传记这种文学形式重点关注人物生活、性格的构建,而非常见的历史著作的编年体结构。这最明显地表现在帝王传记中,我们看到,在每位新王登基前,前面总有许多关于他的详细信息。

　　苏维托尼乌斯人物传记的结构就不是纯粹的编年体结构,[②]也并非不能加以变通,满足依人物之特殊性处理每个皇帝的情况的要求。[③] 举例来说,在对皇帝身体状况的描述中经常被提到的健康问题,通常是在人物传记后面的部分出现的。构成例外的是克劳狄(Claudius),在他身上,健康问题解释了他为何在年轻时未出现在公共舞台上(*Claud.* 2 - 5)。一般而言,苏维托尼乌斯按照年代顺序进行叙述,直至他笔下的皇帝登上王位,在这时,他以功业、人物性格为中心,按照不同的主题将材料组织起来,比如说,将所有对外战争、有关建筑的政策、节俭的事迹组织起来。[④] 在每篇传记的末尾,苏维托尼乌斯回过头来,简单地为以人物之死为中心的那些历史事件列个年表。盖乌斯(指卡利古拉皇帝)充当了一个相对而言比较简单的例子(最复杂的著作结构出现在尤利乌斯·凯撒、

---

① Christopher Pelling, 'Biographical History? Cassius Dio on the Early Principate', in M. J. Edwards and Simon Swain (eds.), *Portraits: Biographical Representation in the Greek and Latin Literature of the Roman Empire* (Oxford, 1997), 117 - 144; and id., 'Velleius and Biography'.

② *Aug.* 9.

③ David Konstan, 'Reading Politics in Suetonius', in W. J. Dominik, J. P. Garthwaite, and P. A. Roche (eds.), *Writing Politics in Imperial Rome* (Leiden, 2009). 该文以非常否定的态度讨论了苏维托尼乌斯著作的这些特点。

④ Wallace-Hadrill, *Suetonius*, 10 - 15; and Philip Stadter, 'Biography and History', in Marincola (ed.), *A Companion to Greek and Roman Historiography*, 534 - 536.

奥古斯都的传记中）：

第一至七章	家谱	第三十六至三十七章	性道德与荒淫
第八至十二章	童年,性格,早期事迹	第三十八至四十二章	敛财之道
第十三至二十一章	民望、早期统治、功业	第四十三至四十八章	在日耳曼的军事行动
第二十二章	对成为神的渴望	第四十九章	返回罗马
第二十三至二十六章	家庭丑事	第五十至五十五章	相貌、教育、生活习惯
第二十七至三十三章	对家族以外之人的暴行	第五十六至六十章	去世、埋葬
第三十四至三十五章	对一些活着的人和一些死者的嫉妒、怨恨		

310   盖乌斯传记的中间部分按主题将这位皇帝的事迹、大致行为分成不同部分,而与三个范畴联系在一起:家庭、城市、军事。由此,这位皇帝与几个妹妹的乱伦就出现在第二十四章而非第三十六至三十七章中;而他对直系亲属的残暴行为就出现在第二十三章而非第二十七至三十三章中。事实上,第二十七至三十三章的材料也是按照受害者与这位皇帝的亲疏程度得到编排的,首先是朋友与同伴,而后向外拓展至角斗场上的暴力行为。此种从中心向外围(在空间上)的材料组织原则在整个第二十三至四十八章的结构中得到了反映,在苏维托尼乌斯的传记集中俯拾皆是。[1] 第二条同样具有重要意义的材料组织原则是道德原则,对此,约在这篇传记中间点上的那句常被人引用的话可为证明:"到这里为止,有

---

[1] 拿《奥古斯都传》来说,他的荣誉清单从最高峰的"祖国之父"的荣耀(*Aug.* 58. 1,参见 *RGDA* 35),到其他的公民荣誉,到意大利给他的荣誉(第五十九章),再到地方各行省授予他的荣誉(第六十章)。

关皇帝'第一公民'一面的事情,我们已经说过了。下面,我们要讲他'禽兽'一面的事情了。"(*Gaius* 22.1)这样的著作结构以不同形式出现在苏维托尼乌斯的不同传记作品中,由此,读者既能分辨皇帝们的典型性格,又能识别他们的个性。举个例子,以盖乌斯传记中前面的那些部分(按事件类型组织历史事件)为参照,这位皇帝对日耳曼的征伐就是一个独特的历史事件了。依次阅读不同皇帝传记中与此相似的部分,读者会得出一个深刻的印象:经过与前三位皇帝的比较得知,所有这些皇帝都是战场上的能手,他们的对外战争都是作为类型事件而非单个的历史事件得到叙述的。①

　　苏维托尼乌斯并未受到皇帝统治时期的事情皆得记录的限制,他在这样的情况下对每个皇帝展开论述,与此相辅,除轶闻、小事外,他还对这些皇帝当皇帝以前的事迹进行考察。这样,苏维托尼乌斯就能够将注意力更专一地放在人物性格由来的问题上。苏维托尼乌斯尤其为我们绘制了一幅贯穿全书的复杂画面——人物性格的形成过程,在其中,人的天性、家族历史、历史境况、个人的不幸都发挥了作用。与后来这类写作形式的例作不同,古代的人物传记并未显示出同样的对人物童年的兴趣,因为对于童年在一个人成长过程中所发挥的作用,可谓仁者见仁,智者见智。② 这样,苏维托尼乌斯就常常把教育环节放在人物传记很后面的部分中,作为已经成型的成人性格的标志,在这里,教育不是一个过程而是一种结果了。③ 这样,苏维托尼乌斯再一次在自己对人物性格的阐释中,表现出了对每个人物独特性的敏感。在考察一些皇帝"反复无常"性格的例子时,我们能看到最有趣的现象。

---

① Wallace-Hadrill, *Suetonius*, 16 - 17.
② Pelling (ed.), *Characterization and Individuality in Greek Literature*, 213 - 244.
③ 相比之下,塔西佗在《阿格里可拉传》中将教育环节放在书中前面的部分叙述,主要的原因是他想举例说明阿格里可拉对哲学的兴趣,以及后者的母亲给出的警告——这对元老来说不是件合宜的事情(*Agr.* 4.2 - 3)。在《奥古斯都史》安东尼王朝(Antonine)诸帝的传记中,对教育环节的叙述同样出现在比较前面的地方,其用意是强调哲学对这些统治者的重要性。

311　　　所谓"反复无常",系指一种通常与独裁统治者联系在一起的
性格,因为独裁行为最突出地显明了统治者的权力范围。由此,它
在苏维托尼乌斯的传记集中成了一个重要的主题。不过,有趣的
是苏维托尼乌斯并未将"反复无常"只认作独裁统治的一个表征,
与此相反,他认为它是人物性格所固有的,在解释上有很大的伸缩
性。在谈到传闻中图密善的"反复无常"时,苏维托尼乌斯说,"就
我们所能作的推测而言,除了他的天性(*ingenii naturam*),资源缺
乏导致的贪婪,恐惧引发的残暴"也是产生此种性格的原因(*Dom.*
3.2)。同样,加尔巴在当地方行省总督时的"反复无常"被描述为
对尼禄独裁统治的一种反应(*Galba* 9.1)。相比之下,在谈到盖乌
斯(他的残暴[*saevitiam ingenii*]性格为他赢得了"禽兽"的称号)
时,苏维托尼乌斯是这样说他的"反复无常"的:"我可以心怀公正
地说,这个人身上所表现的既过度自大又过度懦弱的矛盾,当归因
于他脆弱的心灵。"(*Gai.* 51.1)与此相比,提比略的性格则深藏不
露,只是在一步一步展开的过程中才得以显明,我们猜测,这就是
他的性格与行动明显不协调的原因所在:"逐渐地,他隐藏住自己
统治者的面目(*principem exseruit*),虽然在很长时间里,他仍表现
出'反复无常'(*varium*)的性格,但更常出现的情况是他顺应时势,
倾向于公益之事。"(*Tib.* 33.1)至于克劳狄的"反复无常",它看似
是一个根本性的性格缺陷,而不是性格与人生遭遇之间冲突的一
个表征;它体现在他执行自己皇帝职责的过程中。"在垂听、审判
案件的过程中,他表现出不寻常的思想上的'反复无常'。他有时
审慎、明智,其他时候则草率盲动,偶尔还愚蠢笨拙,像个疯子。"
(*Claud.* 15.1)[①]苏维托尼乌斯选来突出克劳狄之"反复无常"的特

---

① 　在另外的地方,苏维托尼乌斯说克劳狄还曾依赖别人的意见,并满足自己的后
　　妃以及手下获得自由的人的愿望(*Claud.* 25.5)。有趣的是,苏维托尼乌斯所列
　　举的矛盾事例并未在此用来解释这位皇帝的"反复无常"性格;读者可将此与加
　　尔巴的三位顾问作比较(*Galba* 14.2)。有关对"反复无常"性格的一般讨论,参
　　见 L. V. Pitcher, 'Characterization in Ancient Historiography', in Marincola
　　(ed.), *A Companion to Greek and Roman Historiography*, 102 - 117。

殊领域是"垂听、审判案件",这向我们说明了,这样一种性格是能对国家、卷入"案件"体系中的人、(隐而不显的)其他政治主体可以何种方式与统治者打交道产生影响的。

　　由于人物传记这种文学形式与帝王生平联系在一起,因此,作家的关注焦点常常停留在个体人物的层面,而不是转向对帝国体制进行公开的探讨。在这里,我们遇到了最极端的转变——从宪制层面的政治讨论转向伦理层面的政治讨论。苏维托尼乌斯著作的一些特点,比如"synkriseis"(它会清楚明白地指导读者思考一个皇帝与另一个皇帝之间的联系)的缺失,往往让读者停留在每个皇帝特殊统治的层面。此种倾向逐渐在《奥古斯都史》中得到了扭转,我们看到,该书中的人物传记越来越频繁地以回顾前篇开始,或以预告下篇结尾。[①] 在作者将皇帝(或谋求帝位者)作为一个整体来对待时,他更加清楚明白地从事比较工作,最引人注目的,是他呼吁人们将塞勒斯特对凯撒、加图所作的对比应用到马克西姆斯皇帝、巴尔比努斯皇帝(Balbinus)身上去(MB 7.7)。对人物性格进行对比、归类,无论此项工作有多老套,它都会鼓励读者超出个人层面进行思考,并推进考察结果可能的应用,甚至用到他们自己的人生中。[②]《奥古斯都史》可能拙劣地套用了人物传记的修辞,尽管如此,重要的是,它应该会让"那些希望仿效贤君以及所有人类帝王的人"感兴趣。

　　如前所见,在罗马,向独裁制的转变将相关著作的关注焦点更新为作为一股政治力量的个体人物。塔西佗的历史著作详细考察了作为实际或潜在政治主体的皇帝和元老,而到了苏维托尼乌斯的传记集以及《奥古斯都史》中,政治影响看似在很大程度上就限

312

---

① 首先出现在 *Pesc.* 9.3 中。又见 *Trig.* 31.6,在这篇传记末尾,介绍了另一篇人物传记的内容,给人的印象好像是离题了:"*nunc ad Claudium principem redeo.*"

② 佩林用另外的方法表达了这一观点,参见他的'Biographical History?';又见 Konstan,'Reading Politics in Suetonius'。在《奥古斯都史》中,人物的罪恶性格是通过皇帝的"复数形式"表达出来的:"Caligulae, Nerones and Vitelii"(*Elag.* 1.1);"Domitians, Vitellii and Nerones"(*Car.* 1.3)。

于这样一些人——拥有或谋求元首之位的那些人——的范围内了。不过，《奥古斯都史》中两处离题的地方可能挑明了苏维托尼乌斯不便说出的话：皇帝的性格并不是坏政府的唯一决定因素。在第一处离题的地方，《奥古斯都史》的作者探讨为什么像塞维鲁·亚历山大（Severus Alexander）这样的叙利亚人被证明是一个如此优秀的皇帝，他得出结论说，这位皇帝对顾问的选择与任用具有关键作用。"就是这些人让一个叙利亚人成为一个好皇帝，正如他们的那些邪恶同行让一些罗马皇帝坏到透顶，直至死后，他们自己的恶行让这些皇帝堕落沉沦。"（*Alex.* 68.4）在后一处离题的地方，作者得出更加悲观的结论：即便是好皇帝，他也受糟糕顾问的摆弄（*Aurel.* 43.4）。到这里，我们可以说，人物传记，它远远不是历史理解之衰落的象征，其作为一种政治参与的形式，也远远不是对历史写作的背离。它所呈现出来的，是将人物性格本身作为一种政治行为来评判。通过对元首及其顾问这两者性格的描述、评判，人物传记反映了元首制的性质及潜在特征。①

大事年表/关键日期

公元前 86—前 82 年	马略、苏拉内战
公元前 49—前 48 年	庞培、凯撒内战
公元前 32—前 30 年	屋大维、安东尼内战
公元前 27 年	屋大维取名"奥古斯都"
公元 14 年	奥古斯都去世；他的《奥古斯都功德铭》发布
公元 30 年	维莱乌斯·彼得克莱的《罗马史》面世
公元 68 年	尼禄之死
公元 96 年	图密善去世
公元 98 年	图拉真登基；塔西佗《阿格里可拉传》面世
公元 109 年	塔西佗《历史》面世

313

---

① 非常感谢埃莉诺·科恩、安德鲁·费尔德赫尔、佩林的慷慨帮助。

公元 117 年	图拉真去世；哈德良登基
公元 118—130 年	塔西佗《编年史》以及苏维托尼乌斯《罗马十二帝王传》面世
公元 370—400 年	《奥古斯都史》面世

主要史料

（括号内的日期表示具体的历史时期，每部文献则是与该历史时期有关的历史文献）

Augustus：*Res Gestae Divi Augusti*（公元前 44—公元 13 年）。

Dio Cassius：*Historia Romana*（公元前 753—公元 222 年）。

'Scriptor'：*Historia Augusta*（公元前 117—公元 285 年）。

Suetonius Tranquillus：*Lives*（公元前 84—公元 96 年）。

Tacitus：*Annales*（公元 14—66 年）；*Historiae*（公元 68—70 年）；*Agricola*（公元 61—93 年）。

Velleius Paterculus：*Historia Romana*（公元前 140—公元 30 年）。

参考文献

Ash, Rhiannon, *Ordering Anarchy：Armies and Leaders in Tacitus' Histories*（London，1999）.

—— *Tacitus*（London，2006）.

—— *Tacitus，Histories Book II*（Cambridge，2007）.

Birley, A. R., 'The *Historia Augusta* and Pagan Historiography', in Gabriele Marasco（ed.），*Greek and Roman Historiography in Late Antiquity：Fourth to Sixth Century AD*（Leiden，2003），127 - 149.

Brennan, T. Corey, 'Power and Process under the Republican "Constitution"', in Harriet I. Flower,（ed.），*The Cambridge Companion to the Roman Republic*（Cambridge，2004），31 - 65.

Chaplin, J. D. , *Livy's Exemplary History* (Oxford, 2000).

Damon, Cynthia, *Tacitus, Histories Book I* (Cambridge, 2003).

Duff, Tim, *Plutarch's Lives: Exploring Virtue and Vice* (Oxford, 1999).

Eck, Werner, *The Age of Augustus*, trans. Deborah Lucas Schneider (Oxford, 2003).

Geiger, Joseph, *Cornelius Nepos and Ancient Political Biography* (Stuttgart, 1985).

Goodyear, F. R. D. , *The Annals of Tacitus, Annals 1. 1 – 54* (Cambridge, 1972).

—— *The Annals of Tacitus, Annals 1. 55 – 81 and Annals 2* (Cambridge, 1981).

Gowing, Alain, *Empire and Memory: The Representation of the Roman Republic in Imperial Culture* (Cambridge, 2005).

—— ‘ The Imperial Republic of Velleius Paterculus ’, in John Marincola (ed.),

A Companion to Greek and Roman Historiography (London, 2007),411 – 418.

Haynes, Holly, *The History of Make-Believe: Tacitus on Imperial Rome* (California, 2003).

—— ‘Survival and Memory in the *Agricola*’, *Arethusa*, 39(2006), 149 – 170.

Honore, Tony, ‘ Scriptor Historiae Augustae ’, *The Journal of Roman Studies*, 77(1987),156 – 176.

Judge, E. , ‘*Res Publica Restituta*: A Modern Illusion?’ in J. A. S. Evans (ed.), *Polis and Imperium: Studies in Honour of Edward Togo Salmon* (Toronto, 1974),279 – 313.

Konstan, David, ‘Reading Politics in Suetonius’, in W. J. Dominik, J. P. Garthwaite, and P. A. Roche (eds.), *Writing Politics in Imperial Rome* (Leiden, 2009).

314

Lobur, John A. , 'Festinatio (haste), Brevitas (concision), and the Generation of Imperial Ideology in Velleius Paterculus', Transactions of the American Philological Association, 137 (2007),211 – 230.

—— Consensus, Concordia, and the Formation of Roman Imperial Ideology (London, 2008).

Mackie, N. , 'Res Publica Restituta: A Roman Myth', in C. Deroux (ed.), Studies in Latin literature and Roman history IV (Brussels, 1986),302 – 340.

Marincola, John, Authority and Tradition in Ancient Historiography (Cambridge, 1997).

'Tacitus' Prefaces and the Decline of Imperial Historiography', Latomus, 58(1999),391 – 404.

Martin, R. , Tacitus (London, 1981).

Mellor, Ronald, Tacitus (London, 1993).

Millar, Sir Fergus, 'Triumvirate and Principate', The Journal of Roman Studies, 63(1973),50 – 67.

Moles, John, 'Cry Freedom: Tacitus Annals 4. 32 – 35', Histos, 2 (1998), http://www. dur. ac. uk/Classics/histos/1998/moles. html.

Nicolai, Roberto, 'The Place of History in the Ancient World', in Marincola (ed.), A Companion to Greek and Roman Historiography, 13 – 26.

O' Gorman, Ellen, 'Shifting Ground: Lucan, Tacitus and the Landscape of Civil War', Hermathena, 158(1995),117 – 131.

Irony and Misreading in the Annals of Tacitus (Cambridge, 2000).

'Repetition and Exemplarity: Ancient Rome and the Ghosts of Modernity', in Alexandra Lianeri (ed.), The Western Time of Ancient History: Historiographical Encounters with the Greek and Roman Pasts(Cambridge,即将出版)。

Ogilivie, R. M. , and Richmond, I. A. , Cornelii Taciti: De Vita

Agricolae（Oxford，1967）.

Pelling，Christopher（ed.），*Characterization and Individuality in Greek Literature*（Oxford，1990）.

—— 'Biographical History? Cassius Dio on the Early Principate'，in M. J. Edwards and Simon Swain（eds.），*Portraits：Biographical Representation in the Greek and Latin Literature of the Roman Empire*（Oxford，1997），117 – 144.

—— 'Breaking the Bounds：Writing about Julius Caesar'，in Brian McGing and Judith Mossman（eds.），*The Limits of Ancient Biography*（Wales，2006），255 – 280.

—— 'Velleius and Biography：The Case of Julius Caesar'，in Eleanor Cowan，（ed.），*Velleius*（Wales，即将出版）.

—— 'Caesar's First Biographers：Plutarch and Suetonius'，in Miriam Griffi n（ed.），*A Companion to Caesar*（Cambridge，即将出版）.

Pitcher，L. V.，'Characterization in Ancient Historiography'，in Marincola（ed.），*A Companion to Greek and Roman Historiography*，102 – 117.

Richlin，Amy，*The Garden of Priapus：Sexuality and Aggression in Roman Humor*（New Haven，1983）.

Roller，Matthew，*Constructing Autocracy：Aristocrats and Emperors in Julio-Claudian Rome*（New Jersey，2001）.

Sailor，Dylan，'Becoming Tacitus：Significance and Inconsequentiality in the Prologue of *Agricola*'，*Classical Antiquity*，23（2004），139 – 177.

—— *Writing and Empire in Tacitus*（Cambridge，2008）.

Salmon，E. T.，'The Evolution of the Augustan Principate'，*Historia*，5(1956)，456 – 478.

Schellhase，K.，*Tacitus in Renaissance Political Thought*（Chicago，1976）.

Schmitzer，Ulrich，*Velleius Paterculus und das Interesse an der*

315

Geschichte im Zeitalter des Tiberius (Heidelberg，2000).

Sinclair，Patrick，*Tacitus the Sententious Historian*：*A Sociology of Rhetoric in Annales* 1 - 6 (Pennsylvania，1995).

Stadter，Philip，'Biography and History'，in Marincola（ed.），*A Companion to Greek and Roman Historiography*，528 - 540.

Syme，Ronald，*The Roman Revolution* (Oxford，1939).

—— *Tacitus* (Oxford，1958).

—— *The Historia Augusta*：*A Call for Clarity* (Bonn，1971).

—— *Emperors and Biography*：*Studies in the Historia Augusta* (Oxford，1971).

Turner，A. J.，'Approaches to Tacitus' *Agricola*'，*Latomus*，56 (1997)，582 - 593.

Wallace-Hadrill，Andrew，'Civilis Princeps：Between Citizen and King'，*The Journal of Roman Studies*，72(1982)，32 - 48.

—— *Suetonius*：*The Scholar and His Caesars* (London，1983).

Watkins，T. H.，*L. Munatius Plancus*：*Serving and Surviving in the Roman Revolution* (Atlanta，1997).

Weinstock，Stefan，'Pax and the "Ara Pacis"'，*Journal of Roman Studies*，50(1960)，44 - 58.

Woodman，A. J.，*Velleius Paterculus*：*The Tiberian Narrative* (2. 94 - 131) (Cambridge，1977).

—— *Velleius Paterculus*：*The Caesarian and Augustan Narrative* (2. 41 - 93) (Cambridge，1983).

—— and Martin，R. H.，*The Annals of Tacitus*：*Book* 3 (Cambridge，1996).

Wright，Andrew，'Velleius Paterculus and L. Munatius Plancus'，*Classical Philology*，97(2002)，178 - 184.

屈伯文 译 陈 恒 校

光 启
新史学
译 丛

主编

陈 恒 陈 新

编辑委员会

OXFORD

牛　津
历史著作史

从开端到公元600年

The Oxford History
of Historical Writing

[美] 安德鲁·菲尔德　[美] 格兰特·哈代 主编

陈　恒 李尚君 屈伯文 李海峰 王海利　等译

第一卷（下）

上海三联书店

目　录

1

第十三章　帝国时代罗马的希腊历史学家

大卫·波特（David S. Potter）　文

在作家的身份、兴趣方面，有一条巨大的鸿沟横亘在公元前1世纪的希腊历史学家与公元2世纪、公元3世纪早期的希腊历史学家之间。这条鸿沟的规模，几乎可与将希罗多德时代的历史学家与修昔底德时代的历史学家分隔开来的那条鸿沟相比。来自共和国晚期、元首制早期的历史学家相互比斗，对波里比阿提出的一个问题——罗马对希腊世界的权力的兴起——争相进行解释。而来自公元2世纪的历史学家，他们抢着回答的却是另外一个摆在帝国全境内的贵族面前的问题，也就是贵族如何捍卫他们在国家政权中的地位。来自头一个时期的历史学家常常是移居（或被迁到）罗马、为贵族效力的公共知识分子，后一个历史学家群体则是出身骑士、元老的帝国贵族。公元235年塞维鲁王朝（Severan regime）灭亡后，在一段相当长的时期内，历史成为地方行省知识分子耕耘的领域，公元4—5世纪的历史学家有了新的来源人群，他们往往出身廷臣、行伍而非教士。他们的著作常常体现出派系利益、个人浓厚爱憎情感的色彩。

共和国晚期的希腊历史学家

公元前2世纪末期，叙利亚的塞琉古王朝正逐渐走向崩溃；公元前133年，阿塔鲁斯王国（Attalid kingdom）灭亡。在此影响下，东方历史学家的许多王室赞助没有了。在此事发生时，流向罗马的知识分子增多了，与此同时，由于在罗马涌现了获得文化成就的新机遇、新标准，越来越多的罗马人争相奔向东地中海地区，搭乘优雅文化的新船。[①] 同样在这个时候，随着罗马的历史写作习惯变得越来越复杂（编年体传统最终在公元前 2 世纪下半叶形成），有一个观念看似获得了越来越强大的力量，这个观念也就是：还有其他一些历史写作形式能将人们所需要知道的有关世界的知识，告诉那些雄心勃勃的罗马"大人物"。

　　双方的相互吸引要求罗马贵族与希腊博学的知识分子发展前所未有的密切的联系。这样，波希多尼（Posidonius，公元前 1 世纪上半期最著名的东方历史学家）就卷入了一场争论中，这场争论是：共和国晚期的朱尼亚·布鲁图斯家族（Junii Bruti）是否有依据说他们是共和国建立者的后代，因为既有的现实是他们是平民（Fr. 256）。波希多尼还不止一次在罗德岛接待格涅乌斯·庞培（T. 35 - 39）。受过教育的罗马人想得到希腊知识分子的颂赞，这种愿望可谓司空见惯了。西塞罗渴望波希多尼能将他自己用希腊语写的执政官记，融入后者用如椽之笔写就的历史著作中。不仅如此，像卢库鲁斯（Lucullus）这样的人也赞助阿齐亚斯（Archias）这类诗人，让后者写诗歌颂他的东征业绩；米提林人塞奥法尼斯（Theophanes of Mytilene，庞培最亲密的朋友之一）也用希腊语写过卢库鲁斯的事迹。[②] 狄奥尼修斯的《罗马古史》（*Antiquities of the Romans*）创作于奥古斯都时代，其中有一个引人注目的观点，也就是含蓄地将希腊

---

① Liv Mariah Yarrow, *Historiography at the End of the Republic*：*Provincial Perspectives on Roman Rule* (Oxford, 2006), 11 - 16, 25 - 30. 有关下文大部分内容所依赖的古代残篇材料的处理，参见 Peter A. Brunt, 'On Historical Fragments and Epitomes', *Classical Quarterly*, 30(1980), 477 - 494. 这篇文章是献给我的老师和朋友斯蒂利亚诺（Nick Stylianou，他在 30 年前引导我进入研究狄奥多罗斯的快乐领域）的，至今仍是前所未见的思路清晰、识见不凡的标志性文献。

② *FGrH* 186, 188.

人定义为：说希腊语、遵守希腊习俗、承认希腊的神、按照公平的原则生活、有着与希腊人一致的其他生活习惯的人（D. H. *Ant*. 1. 89. 4）。① 在某种程度上，当罗马人要在同盟者战争结束后几代人的时间里，为他们自己与新获公民权的其他意大利人打造共同的身份时，"希腊人"的此种定义就很好地用在了"罗马人"的定义上。以罗马为大本营的希腊历史学家，从另一方面来说，可以说是在一个更加开放的新帝国社会诞生的作用下产生的，而这个社会的形成源自将地中海世界分裂的内战带给人们的可怕经历。这些战争中的胜利者除了仰仗自己的罗马同胞外，也借助了富有才干的外邦人的力量。在苏拉、庞培、凯撒这些人的队伍中，我们看到有许多地方行省的人升至高位，或在文化上发挥作用，或在政治上一展身手。罗马社会的领袖们不仅希望成为强人，也希望被人们看作"强人"。围绕着这些人，形成了某些不那么正式的"王庭"，里面充满了军事专才，从曾作过囚犯、后充当凯撒军中统领的普布利乌斯·文提狄斯（Publius Ventidius），或出身西班牙贵族、后作凯撒代理人的巴布斯（Balbus），到曾为凯撒在高卢作翻译的格涅乌斯·庞培乌斯（在庞培的活动下，他要么是通过他自己，要么是通过父亲，获得了罗马公民权），不一而足。要追求显赫，多才多艺——对文学与技术怀有兴趣——亦必不可少。只有精通希腊文，方能在希腊世界扬名立万。正是基于这个原因，在希腊与罗马的文化、历史对话（这种对话是共和国晚期、奥古斯都时期罗马社会的一个隐含特征）中，一些成功的希腊知识分子的作品成了此种"对话"的代表性著作。② 在这样一个

318

---

① 　Emma Dench, *Romulus' Asylum*: *Roman Identities from the Age of Alexander to the Age of Hadrian* (Oxford, 2005), 234 - 238.

② 　有关这个与哈利卡纳苏斯的狄奥尼修斯有关，同时又可扩展到其他人身上的观点（它表达得很清楚，不过很明显存在争论），参见 Glen W. Bowersock, *Augustus and the Greek East* (Oxford, 1965), 123 - 125, 130 - 132; and Nino Luraghi, 'Dionysius von Halicarnassus zwischen Griechen und Römer', in U. Eigler, Ulrich Gotter, Nino Luraghi, and Uwe Walter (eds.), *Formen römischer Geschichtsschreibung von den Anfängen bis Livius* (Darmstadt, 2003), (2003), 283 - 285。有人提出狄奥尼修斯的主要读者是希腊人（该观点同样可 （转下页）

新世界，雄心勃勃的罗马寡头所需要的正是希腊知识分子能帮助他们获得的东西，也就是"关于蛮族、希腊人的许多风俗的全面知识，听人讲不同的法律，不同的政府形式，不同人物的生平、功业、死亡以及命运"（D. H. *Pomp.* 6 tr. Usher）。

　　进行全新的文化对话，一个关键的问题在于找到一种让罗马史与希腊史对上号的工具，这就要求人们发展出相应的纪年系统，它能让发生于东方的历史事件与发生于西方的历史事件对应起来。我们可以清楚地看到，这种做法很早就从波里比阿那里开始了。波里比阿知道一个传说，根据这个传说，高卢人对罗马的劫掠与《安塔西达斯和约》（Peace of Antalcidas）的签订同年（公元前388/前387年，Pol. 1.6.2）。相比之下，费边·皮克特则确定罗马第一位平民执政官当选是在高卢入侵后的第二十二年（*FRH* Fr. 23）。这样，到西塞罗时代，"对应化"的做法稳固地确立起来。奥卢斯·格利乌斯（Aulus Gellius）看似从科涅利乌斯·涅波斯那里获得了一长串的对应事例（尽管格利乌斯声称这些事例是他博览群书得来的），从它们中间，产生出了"对应化"的某些基本原则。这些事例不妨举出一些。比如，罗马的国王被逐约略与庇西斯特拉图党（Pisistratids）从雅典被逐同时；马拉松战役约发生于罗马建城以来的第二百六十年；伯罗奔尼撒战争爆发时，正值奥陆斯·波斯图米乌斯·图贝图斯（Olus Postumius Tubertus）担任独裁官，等等（AG NA 17.21.8-17）。这一长串的对应事例还有另外的重要意义，也就是它为我们揭示了史实以这些事例为中心相当精确地被汇总起来的方式。问题在于，所有这些"对应"都是非常"约略"意义上的那种"对应"，由此，在人们努力把这样的对应事例表与罗马执政官表融合起来时，无穷无尽的小麻烦会成为极为棘手的问题。造

（接上页）延伸到此处讨论的其他人身上），关于此点，参见 Emilio Gabba, *Dionysius and the History of Archaic Rome*（Berkeley/Los Angeles，1991），80；and Matthew Fox，'History and Rhetoric in Dionysius of Halicarnassus'，*Journal of Roman Studies*，83(1993)，34。

成这个问题的原因是,公元前 5—前 4 世纪的执政官名录很短,只有五对执政官,因此,它无法满足建立"对应"——以罗马建城以来的不同日期为基础——的基本要求。哪怕有些人相信这份执政官名录由于添加了数对实际不存在的执政官,因此而在人工上得到了改进,情况仍是如此。① 这种情况由于下面一些事实的存在而变得更加复杂。这些事实是:有关罗马建城的日期,人们的意见并不一致;某些精通"对应"技巧的先驱者自身并不前后一贯。② 每个历史学家看似都有自己的解决问题的方法,甚至在奥古斯都用西塞罗之友阿提库斯提出的执政官表(载于阿提库斯于公元前 47 年发布的《编年录》[*liber annalis*]中,这是一份执政官表)作《朱庇特年表》(*Capitoline Fasti*)的基础,从而确认了前者的权威后,这些历史学家仍在这样做。在阿提库斯的执政官表中,有一年是没有执政官的,另外,还有四年添加了进去,这四年只选了独裁官。无论是李维还是哈利卡纳苏斯的狄奥尼修斯,它们都没有采用阿提库斯的纪年体系。事实上,由于罗马不存在将"权威地位"授予某物的机制,没有哪种纪年体系能够享有特殊的地位。尽管如此,在从一片杂草堆中寻出一条道来这方面,事实证明某些人更加优胜,其他人则较不理想。在这方面最早有详尽成果流传至今的是西西里的狄奥多罗斯。

我们不知道狄奥多罗斯是何时开始他的历史研究的,也不晓得他完成其研究的精确时间。公元前 60/前 59 年,在一位罗马使节杀掉一只猫时,他是在亚历山大里亚(Diod 1.44.1,83.8,17.52)。随后,他移居罗马,并且说他从事历史研究达 30 年之久(Diod 1.4.

319

---

① Plut. *Numa* 1.2;Cic. *Brutus* 62;Livy 8.40.4 – 5 with Bruce W. Frier, *Libri Annales Pontifi cum Maximorum*;*the Origins of the Annalistic Tradition*(rev. edn, Ann Arbor, 1999),121 – 124. 凯瑟琳・克拉克在自己的书中(*Making Time for the Past*:*Local History and the Polis*, Oxford, 2008)对希腊纪年方式的发展作了综览,不过并未探讨我们在此处提出的问题。

② 有关公元 2 世纪一些编年史家在罗马建城日期上本身的前后不一致,参见 Frier, *Libri Annales Pontificum Maximorum*,144。

1）。看起来，这 30 年并不是从公元 1 世纪 50 年代开始的，因为除非他对罗马内战的结果有所把握，否则，他是不会决定将凯撒入侵英国作为收尾的。另外，他作出的对凯撒有利的记载（有关凯撒被尊为神一事），以及有关陶尔米纳（Tauromenium）居民被逐的记录，表明了他支持凯撒的态度。陶尔米纳居民被逐发生在公元前 36 年，其时，奥古斯都在这里建立了一个老兵殖民地，这座城市因此而变得闻名遐迩（Diod. 40.7.3,16.7.1）。① 除了以上述评论为基础提出下面一些设想，有关狄奥多罗斯在古代世界的地位，我们没有什么可说的了。

公元前 2 世纪末，罗马作为一个世界强权崛起。在对此前的大量史实进行研究的过程中，狄奥多罗斯所追求的目标看似是将大量"经典"呈现在读者面前。这样，对前辈史家材料海绵般的吸收，以及对他们作品所作的细致归纳，意味着狄奥多罗斯的《历史文库》（Library）保存了大量原本会散佚的材料。② 没有狄奥多罗斯的话，我们对修昔底德之后希腊历史写作的发展几乎不会有什么认识；对埃弗罗斯也将所知甚少；有关腓力二世的信息，我们将极大地依赖德摩斯梯尼的叙述；我们还会少了阿里安的亚历山大传记这样一部重要的参考著作；有关亚历山大去世与伊普苏斯之战（公元前 301 年）之间的许多历史事件，除了能从普鲁塔克的德米特里乌斯传、皮洛士传那里摘取的信息外，我们事实上将一无所知。正是狄奥多罗斯，让我们大量地获知了阿布德拉的赫卡泰乌斯（Hecataeus of Abdera）有关埃及的著作的内容，以及我们几乎全部的有关西西里古代史的知识；让我们能深入考察阿格里真托的腓力那斯（Philinus of Agrigentum）对第一次布匿战争的叙述（由此，也让我们能深入探究波里比阿对这段历史所作的研究）。《历史文

---

① Eduard Schwartz, *Griechischer Geschichtschreiber*（Leipzig, 1957）, 35. 该书纠正了布伦特（Brunt）书中（*Italian Manpower 225 B. C. - A. D. 14*［Oxford, 1971］, 237）提出的陶尔米纳老兵殖民地的建立日期。

② Panico J. Stylianou, *A Historical Commentary on Diodorus Book* 15（Oxford, 1998）, 132 – 139.

库》后面有关与汉尼拔作战的章节显示了历史学家在历史写作上的才艺，同样，他们的观点来自波里比阿以前的时代。尽管狄奥多罗斯在《历史文库》今存的部分中并没有清楚地加以说明，看似有可能的是他用这样一些主题将上述一切信息串通起来的：道德、财富与帝国的命运。①

　　在处理自己的历史著作中有关罗马的部分时，狄奥多罗斯照人们所设想的那样，以年表作为开头。此外，一如人们会预想的那样，他按照自己的想法编排年表，结果很糟糕。② 因为从事这项工作需要作者用一些方法将不同线条的线索融合起来，这些方法对富有天赋的学者来说都是一个挑战。狄奥多罗斯在这方面并不算有天赋，由此，他自己解决问题的办法就欠缺说服力和精确性。比如，他将公元前 391/前 390—前 387/前 386 年的执政官名录弄重复了（公元前 386/前 385—前 382/前 381 年用的是相同的执政官名录），并添加了处在无政府状态下的一个年份——公元前 367/前 366 年(15.75.1)。当他要将自己在罗马早期历史中发现的历史事件与自己的框架联系起来时，发生了大量的错乱。他按照某种秩序安排史料，此种秩序却是研究同样材料的其他人所不采取的。除此之外，相比其他人，他自己作出的选择要么明显缺乏规律性，要么明显欠缺理由。③ 只有在罗马成为狄奥多罗斯历史著作的主要关注对象时（某些人已经作好了基本的"对应化"工作），情况才有所好转，尽管——公平地说——情况有了很大的好转确是事实。狄奥多罗斯对以同盟者战争、苏拉当权为中心的意大利历史事件的叙述，显示了他对那个时代的人物谈话或写作的高度敏感。比如，他后来引用了庞培谈论其东征之事的信件；他还创作了西塞罗首篇喀提林演讲的一个虚构版本，该版本甚至得到了西塞罗本人

① Kenneth Sacks, *Diodorus Siculus and the First Century* (Princeton, 1990),23 - 54.
② Gerhard Perl, *Kritische Untersuchungen zu Diodors romischer Jahrzahlung* (Berlin, 1957),142 - 147.
③ Ibid. , 125 - 129.

的赞赏（Diod. 40.4 - 5a）。^① 有人说，罗马人并非基于他们自己的历史而推崇狄奥多罗斯，相反，此种"推崇"源于后者对希腊神话所作的简化处理。至少，奥维德《变形记》（*Metamorphoses*）中有两个部分可以说明这位诗人确实引用了狄奥多罗斯这位历史学家的话。^②

狄奥多罗斯引用的最后一个古典作家是阿帕米亚的波希多尼，这位作家生于约公元前135年，在公元前1世纪50年代快结束时去世（可能是在公元前51年）。他的历史著作是从波里比阿停笔的公元前146年开始写起的，包含51卷书，终于公元前1世纪80年代中期，结尾可能是《达尔达诺斯和约》（Peace of Dardanus）。这就意味着，每一卷书所覆盖的不过是一年多一点的时间，与此同时，该书被引用时所标的相关卷数（这在雅典奈乌斯［Athenaeus］的《随谈录》［*Diepnosophistae*］中一直有记载）表明他是按地区进行研究的，他会在对每个地区数年里的状况进行叙述之后，才转到下一个地区。这样，该书第四卷看似包含了叙利亚在公元前2世纪40和90年代的材料；第七卷讨论了埃及在公元前2世纪40年代的状况；第二十六卷描述了巴比伦尼亚在公元前2世纪20年代里发生的事情。^③

波希多尼现存的著作残篇显示了他对种种荒谬现象的关注，对外邦民族生活习俗的兴趣，对放纵求乐的统治者的嘲讽，对暴行的深恶痛绝，对公正的强烈追求，对动物的喜好。雅典奈乌斯告诉我们，波希多尼谈论过托勒密七世、托勒密·亚历山大一世的事迹。前者肥胖异常，穿着长袖、直到脚踝的外衣；后者骄奢淫逸，甚至不能独立支撑自己的身体，要靠仆人扶着，可一旦遇着酒宴，他就能

321

---

① Stephen Oakley, *A Commentary on Livy Books VI - X*, vol. 1（Oxford，1997），104 - 148.

② 参见 Ovid *Met.* 12. 211 with Diod. 4. 69 - 70；and Met. 10. 13 with Diod. 4. 25. 4。有关这些看法，我要感谢我的同事里德（J. D. Reed）教授。

③ Katherine Clarke, *Between Geography and History*：*Hellenistic Constructions of the Roman World*（Oxford，1999），166 - 167，346.

赤脚起舞,与最好的舞者搭档(Fr. 58,77)。我们还知道,这位讨论地震之原理、利帕里群岛(Lipari archipelago)附近一次海底火山爆发的科学家,记录了一只死掉的怪兽在马卡拉平原(Macra plain)上的尸体,还在自己的历史著作中评论了那不勒斯湾的大型岛兔(Fr. 227,230,244,52)。波希多尼对希腊国王、罗马执政官以外的世界深感兴趣,这导致他还对凯尔特人、日耳曼人的习俗进行了探讨。他还记下了这样一个故事:帕提亚国王阿萨息斯(Arsaces)在俘获安条克七世(绰号"来自西顿的人"[Sidetes])后告诉他,说他的鲁莽和酗酒导致了他的灭亡,因为他妄想大碗大碗地喝酒能把帕提亚的国土给喝过来(Fr. 63)。我们无法确知波希多尼是否记载了叙利亚的希腊城市的奢华生活(安条克君主耗费了无数精力致力于此),用以证明它们的道德沦丧导致了它们很容易成为蛮族进攻的目标(Fr. 61a - 62a,54)。[1] 根据狄奥多罗斯的说法,波希多尼严厉谴责了西西里的奴隶主,因为公元前134—前133年在西西里爆发了可怕的奴隶起义;他暗示我们,生而高贵的西班牙凯尔特伊比利亚人(Celtiberian people)会牺牲一切以争取自由,就像努曼提亚(Numantia)所发生的事那样;波希多尼还因为盖乌斯·格拉古将亚洲人民送入骑士阶层中的税官(*publicani*)之口而对他评价不高。[2] 这并不是说罗马的所有东西都是不好的。波希多尼在谈到费边·马克西姆斯与马塞卢斯时说了许多好话,这两位是第二次布匿战争中的英雄(Fr. 258 - 260)。事实上,波希多尼似乎有着这样的感觉:传统的贵族成就了罗马的伟大,而迁就大众的那些人则导致问题丛生。从他对公元前88年雅典对罗马的反抗的记述来判断,他对于民主会议是否有智慧将事情做得更好是没有信心的。与此相反,身为哲学王的阿西尼昂(Athenion)却能轻易地将民众玩弄于股掌之中,此人的残暴使得雅典城在苏拉到来前已

322

---

[1]　Yarrow, *Historiography at the End of the Republic*, 308 - 309.

[2]　Diod. 5. 34. 1; 34/5. 1 - 2; 25 with Hermann Strasburger, 'Posidonius on the Problems of the Roman Empire', *Journal of Roman Studies*, 55(1965),47 - 48.

被毁坏得不成样子（Fr. 253）。^①波希多尼对阶级与阶级斗争的问题是有所觉察的。尽管如此，他始终如一的态度似乎是站在胜利者的一边，他主张，如果统治得好，穷人也会过得幸福，故此，统治阶级的职责就是准确地做好这样的领导工作。这样的态度使得他受到欢迎，成为西塞罗的同路人。^②

另外一条研究世界历史的路径体现在与波希多尼同时代、比他更年轻的米利都人亚历山大的著作中，后者以"博学者"（Polyhistor）之名闻世。亚历山大在公元前82年成为科涅利乌斯·莱恩图鲁斯（Cornelius Lentulus）的奴隶，后被苏拉释放，随后他继续在罗马生活，尽其余生，用希腊语进行写作，与此同时，还向"克拉特斯的门徒"传授教训。所谓"克拉特斯的门徒"，系指尝试对著名哲学家马鲁斯的克拉特斯（Crates of Mallus）的批判性方法加以运用的人，这个克拉特斯在先前一个世纪的中期以其博学多识而让罗马人拜服（FGrH 273 T. 1）。他创作的大量著作包括论罗马史的五卷书（它们明显与论意大利史的书不同），此外还有论东地中海许多其他地区（循着一个圆圈，从亚得里亚海地区直至北非）的著作。^③在环地中海地区以外，他还谈论了美索不达米亚和印度的历史。其著作（将凯尔特人所在的各个区域排除在外）的题中之义是：他所谈论的那些民族有理由对彼此感兴趣。

在波希多尼、亚历山大以后的下一个世代，人们看到了另外两种对普世史研究的不同回应。这些回应源自亚历山大里亚人提马盖奈斯（Timagenes of Alexandria）、大马士革人尼古拉（Nicolaus of Damascus），他们都有丰富的产量。提马盖奈斯似乎在著作中强调了这一点：尽管亚历山大以后的希腊王国会陷入罗马之手，其他邦国却不会束手就擒。他看不起波里比阿，其著作涉及人类历史的

① Yarrow, *Historiography at the End of the Republic*, 288 - 289.
② Christopher Pelling, 'The Greek Historians of Rome', in John Marincola (ed.), *A Companion to Greek and Roman Historiography* (Oxford, 2007), 252.
③ Schwartz, *Griechischer Geschichtschreiber* (1957), 241 - 244; *FGrH* 273 F. 20, 70.

各个方面。他看似怀有某种强烈的情感，这种情感让他能在表面的厄运之下顽强拼搏。作为亚历山大里亚一位银行家的儿子，他在公元前 55 年被加比尼乌斯（Gabinius）带到罗马，后被苏拉释放。不过，在这之前，他当了一段时间的奴隶：他先是出色地充任了厨师，后（根据传闻）又成了一名垃圾搬运工。获得自由后，他很快以庞培侍从队伍中一名智者的身份声名鹊起，并在后来与安东尼相友（Plut. *Ant.* 72.2）。凯撒被刺后，他在罗马的希腊知识分子中间具有显赫地位，在奥古斯都御前展开的与修辞学家克拉通（Craton）的公共辩论中，他捍卫了雅典式论辩风格的地位。这样，在这些活动中，他就冒犯了雄心勃勃的元首及其夫人，因此而导致奥古斯都将他从王廷中赶出，并下令将其著作焚毁，"好像他（指奥古斯都）能用自己的才能将提马盖奈斯压倒似的"（Sen. *Contr.* 10.5.22）。奥古斯都没有做到这一点，而提马盖奈斯继续在波利奥家中受到招待。提马盖奈斯是何时创作《列王记》（*Concerning the Kings*，他的通史著作的书名）的，精确时间我们并不知道。不过看起来，这本书在后世并没有以可憎的面目对罗马人产生影响。昆体良（Quintilian）对提马盖奈斯大加赞扬，说他在一个很长的历史写作的阴暗期之后，重建了它的声誉。阿米阿努斯·马赛里努斯（Ammianus Marcellinus）以赞赏的态度引用了提马盖奈斯对不同人物的看法。

就才能与雄心而言，提马盖奈斯与狄奥多罗斯两人的历史研究有所差异。据说，狄奥多罗斯基本上写的是一本关于书的书，而提马盖奈斯写的书是关于政治权力的。比他更年轻、与其同时代的大马士革人尼古拉和他一样，在开始进行历史研究前，有着非常坎坷的人生经历。在亚克兴战役后的一些年里，他到达罗马，他的历史研究是在那个时候开始的，他有可能也在这个时候创作了奥古斯都的一部传记。① 尼古拉曾当过安东尼与克里奥帕特拉的孩子

323

---

① 有用的译注本，参见 Jane Bellamore, *Nicolaus of Damascus：Life of Augustus*（Bristol，1984）。

的家庭教师。^① 他的《普世史》(*Universal History*)是一部卷帙多达 144 卷的巨著,是那个时代规模最庞大的著作。他从塞米勒米斯 (Semiramis)开始写起,并详细叙述了萨丹那帕路斯(Sardanapalus) 之死,这样,在他那里,东方的早期历史很确定地被放在了希腊史的 前面(FGrH 90 Fr 1 - 2)。直到第三卷书(FGrH 90 F. 7)展开时, 他才写到阿尔戈英雄、赫丘利斯的时代。吕底亚的历史在第六卷书 中开始与希腊史发生关系(FGrH 90 F. 48),居鲁士则出现在第七 卷书中。公元 9 世纪,人们对古代作家的作品进行了摘录,这些成 果在公元 10 世纪"紫室王"君士坦丁(Constantine Porphyrogenitus) 皇帝统治时得到汇编。这第七卷书是最后一卷我们拥有大量的这 类摘录内容的书,特别是《论美德》(*On Virtues*)、《论谋划》(*On Plots*)这些章节。从发现于别处的著作残篇来看,我们能看到,尼 古拉在《普世史》第七十八卷谈到了苏拉,最后,在第一百二十三、 一百二十四卷谈到了奥古斯都的胜利(FGrH 90 Fr. 81)。至于该 书后面的内容,其关注焦点可能极大地偏重于他的赞助人希律王 的事迹(在这方面,约瑟夫斯的《犹太古史》可能受了他的影响),尽 管斯特拉博在印度大使自焚一事上引用了尼古拉的材料(尼古拉 说他在公元前 20 年在安条克遇见了这位大使),普鲁塔克则在布 鲁图斯之妻波尔恰(Porcia)自杀一事上征引了尼古拉所提供的若 干信息(FGrH 90 Fr. 99,100)。在当时人的心中,尼古拉的著作 在数量上压倒了他的竞争对手,不仅如此,从后世他拥有更多读者 这一事实来看,他的著作很可能也在质量上令后者的作品相形见 绌。这些竞争对手当中有阿美西亚(Amasia)的斯特拉博,有证据 表明他在尼古拉仍笔耕不辍时完成了接续波里比阿著作的 47 卷 书。^② 这个斯特拉博,其母方先人中有一位密特里达提王手下的科 尔基斯(Colchis)总督,他也就是带领 15 个营的军队投奔卢库鲁斯

① Yarrow, *Historiography at the End of the Republic*, 67 - 77,里面有关于他的这 项工作的内容。
② FGrH 91 with Clarke, *Between Geography and History*, 154 - 185,346 - 373.

的多里劳斯(Dorilaus)。由此,在奥古斯都时代,斯特拉博可能是身份最显贵的普世史家(*Geog.* 12.3.33)。①

　　虽然普世史看似是那时的史学研究领域中的宠儿,仍有其他一些作家对一些不那么宏大的主题进行探讨。毫不令人奇怪,密特里达提战争吸引了大量作家的注意力,与此同时,帕迦马人阿里斯提德(Aristides)之子腓力、他拉勒(Tralles)的阿西尼乌斯·波利奥(据猜测可能是某位有名的元老手下获得自由的奴隶)、罗德岛的苏格拉底写的是罗马内战的题材。② 赫拉克利亚·彭提卡的门农(Memnon of Heraclea Pontica)写了一本密特里达提时代有关其母城种种琐事的著作;罗德岛的艾普洛斯(Empylos)写了一本论凯撒之死的书(献给布鲁图斯),在西塞罗眼中,他似乎是一位获得了很高评价的修辞学家;米利都人波特曼(Potamon)则创作了凯撒、布鲁图斯两人的哀歌(人们想知道波特曼是怎样安排两人的位置的)。③ 在这类作家当中,政治舞台上的大赢家是米提林的塞奥法尼斯;就文学成就而言,最成功的当属哈利卡纳苏斯的狄奥尼修斯,他创作的主题是古代罗马。狄奥尼修斯创作的《罗马古史》20卷从罗慕路斯以前的时代写起,全书终于第一次布匿战争的爆发。与波希多尼、提马盖奈斯、尼古拉不同(他们与他们所处时代的大人物、名人联系在一起),狄奥尼修斯看似颇以与不那么高贵且他不那么熟悉的人通信自足。④

---

① Clarke, Between Geography and History, 234.

② 有关密特里达提战争,参见 *FGrH* 184,187,187a, 190,274(从引用材料的性质来判断)。有关罗马内战,参见 Angelos Chaniotis, *Historie und Historiker in den griechischen Inschriften：epigraphische Beiträge zur griechischen Historiographie* (Stuttgart, 1988),314–317；*FGrH* 193(波利奥)以及 192(苏格拉底)。

③ 有关门农,参见 *FGrH* 434 与 Yarrow, *Historiography at the End of the Republic*, 138–145 中的讨论,它们显示出门农进行创作的晚期共和国背景。有关其他作家,参见 *FGrH* 191,147(波特曼也以著名的修辞学家之名传世,他创作了一部亚历山大的传记)。

④ 庞培乌斯·杰米诺斯(Pompeius Geminus)是《给庞培乌斯的信》(*Letter to Pompeius*)的收信人(*PIR*² P 610),除此之外,我们对他一无所知。而 (转下页)

就狄奥尼修斯对历史学的评断而言,他将公元前 4 世纪的作家忒奥庞普斯(Theopompus)推为理想的历史学家。忒奥庞普斯在探讨有意义的主题的同时,能显明人性,故此,他展现了:

> (他拥有)这样一种能力,也就是就每个行动而言,他不仅能看出并描述对绝大多数人来说显而易见的东西,而且能挖掘行动的深层原因、他们的行为动机,以及他们内心深处的感情(这是绝大多数人很难辨别的);并揭示明白可见的美德与藏在深处的邪恶的所有奥秘。(D. H. *Pomp.* 6 tr. Usher)

不过,狄奥尼修斯自己的史学研究实践却很少达到他所艳羡的那种高标准。在把握罗马的编年史方面,他诚然比狄奥多罗斯做得更成功;将共和国元年确定在第六十八个奥林匹克周期(Olympiad)的第一年而非第六十七个奥林匹克周期的第三年(这是瓦罗的观点),他对这个选择作了合理的论证;[①]他还成功地发掘了一些重要的史料,其中,可能最重要的是与塔奎因的同代人、库迈的阿里斯托德姆斯(Aristodemus of Cumae)有关的材料。尽管如此,通常而言,狄奥尼修斯喜欢显露自己的修辞技巧胜过更仔细的分析。除此之外,他看似在许多很根本的方面误解了他引用的材料。正因为此,他表现出对库里亚大会(*comitia curiata*)与平民大会(*concilium plebis*)之间差异的无知(D. H. *Ant.* 9.41.2),并似乎对元老院决议(*senatus consultum*)的性质认识不清。在某个地方,他看似认为元老院决议具有法律的效力(D. H. *Ant.* 9.37.2);在

325

(接上页)这个杰米诺斯也可能是图密善统治时期某位七人圣宴团成员的祖先(*PIR²* P 610)。埃利乌斯·图贝罗(Aelius Tubero)是《论修昔底德》(*Concerning Thucydides*)的收信人(*PIR²* A 274),他是公元前 11 年某位执政官的父亲,本人则是一部从王政时代说起的罗马史著作的作者,参见 *FRH* 18。

① D. H. *Ant.* 1.74.6,5.1 with Clemence Schultze, 'Dionysius of Halicarnassus and Roman Chronology', *Proceedings of the Cambridge Philological Society*, 41 (1995),192 - 214.

其他地方,他将它们与古代的一种习惯——元老院准可(*auctoritas patrum*)——混为一谈,他认为,哪怕在共和国最早的时期,法律在获得通过之前都要经过元老院的准可(D. H. *Ant.* 9.41.2 - 3,44. 7,49.4,10.4.1)。共和国最早期的元老院准可是这样一项措施:在库里亚大会采取某些行动后,元老院对这些行动的合法性进行确认。这种做法一直发挥着作用,直到公元前 339 年它过渡到投票表决的时代。① 另外还有一个问题,也就是,对于狄奥尼修斯来说,语言技巧比史实的精确更加重要(他是希腊文学中雅典风的拥护者)。基于此,他将元老院的行动称作"议事会决议"(*probouleumata*),这表明他将元老院看作希腊的城市议事会;也由此,他不断地用"议事会"(Boule)来指代元老院。除此之外,他还用古风时代的希腊语"绝对权力者"(*asymnetes*)指代罗马的独裁官,用"特里提斯"(*trittys*)称呼拉丁语中的"特里布斯"(*tribus*)。就第一种情况而言,他可能是想表明独裁官与僭主(*tyrannides*)不同,他们是由宪政程序产生的;而在第二种情况中,他所涉及的是"*tribus*"一词的源流。② 还有另一种情况,也就是狄奥尼修斯花费了大量篇幅谈科瑞欧拉努斯,几乎占了全书 20% 的版面。由此,我们能说,他将许多长篇演说包含在自己著作中的决定代表了他的这样一个看法:罗马人能通过辩论解决他们的问题。同样,我们也可以说,狄奥尼修斯提升了一段小插曲(很可能是虚构的)的地位,其程度远远超过了我们对它于罗马传统之重要性的合理估计(D. H. *Ant.* 7.16 - 63,8.1 - 62)。

即便人们对狄奥尼修斯在《罗马古史》一书中所取得的成就不抱积极看法,毫无疑问,该书仍是一本重量级的著作,并且,相比普世史家所见的罗马史,狄奥尼修斯眼中的罗马史在后世的读者那里赢得了更好的反响。狄奥尼修斯主张罗马人是真正的希腊人,

---

① Schwartz, *Griechischer Geschichtschreiber*, 327 - 329.

② Hugh J. Mason, 'Roman Government in Greek Sources: the Effect of Literary Theory on the Translation of Official Titles', *Phoenix*, 24(1970),153,155.

人们可以不必谈外邦民族的失败，单单通过研究罗马人的习俗而理解他们的成功。以此，狄奥尼修斯指出了希腊人的罗马史研究的未来。除以上外，狄奥尼修斯还仿效了编年史传统中将关注焦点放在罗马自身身上的做法（尽管《罗马古史》有一个与"历代王国之更迭"的框架相适应的带有普世史性质的前言），以此，他向人们展示了一个国家的遥远过去是如何融入一个更广阔的文化框架中的。① 这种方法从一种使用了数百年的神话学方法那里吸取了力量，后者用来确定整个地中海地区内列国之间的联系。② 在一本非常不同的、由一个与狄奥尼修斯迥然相异的作家创作于公元 1 世纪末的书中，这种方法收获了它的果实。这个作家就是弗拉维·约瑟夫斯，他的历史著作《犹太古史》就讲述了从创世到尼禄当政时期的犹太民族史。

弗拉维与安东尼王朝时期

约瑟夫斯在多个方面作出了自己的贡献，他还运用上面所说的那种历史写作传统对罗马地方行省的政治状况作了阐述（此种"政治"在过去的古典希腊时期是没有立足之地的）。所有这些表明了在摆脱民族因素影响的情况下，此种历史写作传统所具有的灵活性。③ 我们还可以看到一种有趣的情形：约瑟夫斯生活在罗马，如果让他选择的话，他当然可能会将拉丁语学得很好，从而用韦巴芗

---

① Gabba，*Dionysius and the History of Archaic Rome*，192 – 193，尽管狄奥尼修斯的框架的灵活度还有所欠缺。又见 David S. Potter，*Prophets and Emperors*：*Human and Divine Authority from Augustus to Theodosius*（Cambridge，Mass.，1993），186 – 188。

② 相关的铭文证据，参见 Olivier Curty，*Les parentes legendaires entre cites grecques*：*Catalogue raisonne des inscriptions contenant le terme syngeneia et analyse critique*（Geneva，1995）。更广阔的背景材料，参见 Christopher P. Jones，*Kinship Diplomacy in the Ancient World*（Cambridge，Mass.，1999）。

③ 关于此点，参见 Dench，*Romulus' Asylum*，344 – 361。有关约瑟夫斯，更进一步可参见普赖斯（Jonathan Price）在本卷书中的文章。

时代的语言进行创作;可是,他竟然选择了希腊语,其原因是它是地方行省的人在将自己介绍给罗马人时所用的语言。约瑟夫斯作出了自己的语言抉择,在这个过程中,他还考察了另一个人的生平。这个人获得奥古斯都的垂青,尽管他个人与奥古斯都的敌人之间的关系是不可能绕得过去的。这个人就是朱巴,某个被凯撒摧毁的支持庞培的国王之子,其妻是安东尼与克里奥帕特拉之女克娄巴特拉·塞勒涅(Cleopatra Selene,*FGrH* 275)。朱巴在罗马长大,故此,他在成长过程中学习讲拉丁语是毫无疑问的,不过,在受赐毛里塔尼亚之地的统治权后,他却选择用希腊语创作自己的多部著作。① 我们还听说,朱巴有关希律政权产生的叙述,在很大程度上是以大马士革人尼古拉的材料为基础的,而这个尼古拉也是个往返于希腊、罗马两个世界之间的人。

在约瑟夫斯以后的一个世代,又有一个在罗马度过了很长时光、同样通晓拉丁语的人(尽管这个人对自己的拉丁语成就评价不高)创作了一本大部头的希腊语著作。这个人就是喀罗尼亚(Chaeronea)的普鲁塔克。他的《希腊罗马名人传》(*Lives of the Famous Greeks and Romans*)就那种将希腊史与罗马史联系起来看的传统做法提出了一种新的观点,此种观点告诉我们:希腊史、罗马史,其中的任何一方应解读为另一方的镜像,由此,就如何感知罗马以及罗马人如何感知自身,普鲁塔克为我们提出了具有原创性的看法。② 在普鲁塔克眼中,一个最引人注目的事实是:一个人不必非得成为皇帝才能与一位国王作比较。事实上,在凯撒的传记之后,按《名人传》的时间顺序来说,只有两篇罗马皇帝的传记;普鲁塔克在另一本书中写了历代罗马皇帝的生平。在普鲁塔克笔下,奥古斯都是罗马的第一个皇帝;在此之外,安东尼与布鲁图斯则是罗马最后的共和派。对共和制这种政府体制,普鲁塔克本人

327

---

① 此处可参见 Duane W. Roller, *The World of Juba II and Kleopatra Selene*: *Royal Scholarship on Rome's African Frontier* (London,2003)。

② Tim Duff, *Plutarch's Lives*: *Exploring Virtue and Vice* (Oxford,1999),288.

没有坚决支持的表态。好像是为了明白地表达这一层意思，在《名人传》中，无论布鲁图斯还是安东尼的传记，都没有与某个特别受人尊敬的希腊人的传记配对：安东尼的搭档是声名狼藉的冒险家德米特里乌斯；布鲁图斯则与叙拉古某个保守的僭主反对派（他"瑟瑟发抖地"死在政敌之手）扯上关系。在帝王比较的问题上，德米特里乌斯显而易见是一个国王，把帝王雄心套在安东尼身上也不是不合适的；而在另一个地方，格拉古兄弟与公元前3世纪晚期的两位斯巴达国王阿吉斯（Agis）、克列欧美涅斯配搭成对，马略与皮洛士形成一组，庞培又与阿吉西劳斯连在一起。普鲁塔克是在努力说明一个观点吗？他是否在说凯撒、奥古斯都并不是最早有着帝王雄心的罗马人？如果答案是肯定的话，则普鲁塔克对罗马史的理解与塔西佗对罗马史的理解并无重大区别，后者确证，在公元前1世纪上半期的政治家与尾随其后的皇帝之间，并没有明显的断裂点。不过，在创作自己的罗马皇帝传记集（从奥古斯都到维特里乌斯）的时候，普鲁塔克强化了自己有关凯撒时代作为一个转折点的看法。[①] 尽管如此，虽然普鲁塔克会批评凯撒的过度野心，对于凯撒的那些顽固的敌人，比如加图或谋杀他的那些人，他是不表同情的。以此，他在事实上说明了是命运女神（Fortune）决定了布鲁图斯的失败，他说道：

> 照情势看，罗马政权不会再是一个民主政权，君主统治成为必然，因此之故，连上天都要除掉这唯一一个阻挡独裁者（指屋大维）道路的人（指布鲁图斯），让他获得胜利的希望尽都破灭，尽管它看起来曾距离他那样的近。（*Brut.* 47 tr. Perrin）[②]

---

① 有关普鲁塔克传记集的全面分析，参见 Konrad Ziegler, *RE* 21 col. 697-698, 895-897。
② Duff, *Plutarch's Lives*, 79-80,148-149.

普鲁塔克将自己描述为既沟通过去与当下又往返于两个世界之间的博闻广识的历史大师,这种形象在他的另两部著作《罗马问题》(*Roman Questions*)与《希腊问题》(*Greek Questions*)中得到了保持。在这两本书中,有关罗马人宗教组织的大量问题,以及与希腊列邦某些组织有关的一些问题,形成了配对。这种人物形象还通过普鲁塔克在下面所说的一番话得到了维护。普鲁塔克说学习拉丁语的艰难(好像他需要自学以阅读文献似的,这是极不可能的事情),并强调了维持他在喀罗尼亚的地位的重要性(这需要像他这样的杰出人士留在原地)。另外,从观念层面来说,《名人传》与其说成了希腊人的典范,还不如说成了罗马人的典范:与普鲁塔克创作的这本书最相近的同类著作是科涅利乌斯·涅波斯的《英雄传》(*Lives of Illustrious Men*),这本书是献给索西乌斯·瑟尼西斯(Sosius Senecio)的,他是图拉真的一位密友,也是那个时代地位最重要的罗马人之一。[①]普鲁塔克往往会以希腊的视角来处理罗马政治的问题,基于此,他通过希腊理论的棱镜,来观察罗马共和国的政治。我们又一次看到有人将元老院等同于希腊的城邦议事会,并看到他不断地将晚期共和国的种种斗争误读为贵族与"普通民众"('commoners')之间的冲突。尽管如此,普鲁塔克从未对这两个群体之间关系的复杂性作过分简化的处理。[②]

328

普鲁塔克上述的自我呈现不应该掩盖这样一个事实,也就是在希腊,历史这个东西已不再局限于希腊人的范围,甚至像约瑟夫斯这样的外邦人都能参与进来。有一位盖乌斯·萨尔皮西乌斯·加尔巴(Gaius Sulpicius Galba),他是未来的加尔巴皇帝的父亲,是一个以高贵血统为荣的家族的后裔。他创作了一部同步性的希腊—罗马史著作,其时间下限至少到达了苏拉时代(*FGrH* 92 T 1, F

① 　Duff, Plutarch' Lives，290 - 291.
② 　有关普鲁塔克对罗马政治问题的处理,参见 Christopher Pelling,'Plutarch on Roman Politics', in I. S. Moxon, J. D. Smart, and A. J. Woodman (eds.), *Past Perspectives*：*Studies in Greek and Roman Historical Writing* (Cambridge, 1986)，159 - 187。

2）。在公元 2 世纪的历史进程中，继塔西佗之后，我们再未听闻用拉丁语创作当代史的历史作家的名字，写作共和国史的，我们只知道有两位作家。相比之下，这个时候却有许多任职帝国官僚系统、用希腊语进行创作的作家。他们中的某些人是东方土民，其中最伟大的可能要算阿利安，他是哈德良的朋友，曾做过执政官（很可能是在公元 129 年），是我们有关亚历山大大帝、爱比克泰德（Epictetus）哲学的主要材料来源。他还向哈德良报告过他作本都总督时巡查黑海的情形，并写下了有关马术、狩猎策略（既有理论上的，也有实践上的）的著作。继爱比克泰德言谈录后，他的第一本主要著作很可能是《帕提亚战争》（*Parthian War*，图拉真的著作给了他灵感，不过他运用了更早些时候的资料），在此之外，他的其他著作包括有关其故土——比提尼亚（Bithynia）——的一部史书、有关亚历山大大帝继承者的另一本历史著作。比阿里安稍微年轻些，有一位名叫阿庇安（Appian）的来自亚历山大里亚的律师，他看似是在安东尼·庇护（Antoninus Pius）统治时期转向历史研究的。

有关阿庇安的生平，我们所知甚少。我们只知道在公元 117 年埃及犹太人起义期间，他得到鸟出"预言"（avian prognostication）的帮助，勉强逃得了性命；此外，我们知道，他曾出任金库检察官，并获赐财政督察的职位（以历年所积功勋获得此职）。他是马可·奥勒留的老师弗朗特（Fronto）的朋友，在自己获得尊贵的"财政督察"头衔一事上，阿庇安曾得到后者的帮助。弗朗特大部分的成年时光是在罗马度过的，从他那里，我们得知阿庇安老年时无子女。[①] 阿庇安本人告诉我们，按照他的原始意图，其历史著作包括 22 卷书，最初的 21 卷书叙述罗马从王政时代到奥古斯都元首制时代的兴起史，第二十二卷书则对帝国的状况进行描绘。不过，在写作过程中，计划似乎发生了改变，因为他提到有一卷书谈到了帕提亚战争，另一卷谈到达西亚战争（Dacian wars）的书作为这部历史著作的

---

① Front. *Ad Ant.* 9；*Ad. Ep.* 4 - 5（Van den Hout）.

第二十三卷为佐纳拉斯（Zonaras）所引用。佛提乌说，这本著作还有涉及阿拉伯人的第二十四卷书。有一个描述伊利里亚战争（Illyrian Wars）的段落被佛提乌摘录，它告诉我们，第二十一卷书原本要谈论帝国组织架构的设想未能如愿，取而代之的是有关历代皇帝（在图拉真统治时期以前）所发动的战争的记述。① 这部著作作为一个整体，能让每卷书谈到不同的战争：王政时代的战争，意大利中部战争，萨莫奈战争，反击凯尔特人、西西里以及多座岛屿的战争，西班牙战争，与汉尼拔的战争，非洲战争，马其顿战争，希腊与爱奥尼亚战争，叙利亚战争，密特里达提战争。在这之后，还有写内战的五卷书，以及写终于亚克兴的那场战争的四卷书（它们被佛提乌称作"内战四尾卷"）。在创作自己的早期罗马史时，阿庇安显示了相当浓厚的个人风格，以及对李维以前的编年史家的兴趣。由此，他在卡西乌斯·赫米那那里引用了高卢人占领罗马期间费边·德罗索（Fabius Dorsuo）在维斯塔神庙献祭的材料；在谈到西庇阿征战北非时，他给出了与一位被俘的迦太基将军有关的信息，这些信息与索留斯·安提帕特、瓦莱里乌斯·安蒂阿斯的材料是一致的；在另一个地方，有关某位在西班牙的迦太基将军的身份，他告诉我们的信息与李维所说的"其他作家"的叙述是相对应的，而与瓦莱里乌斯·安蒂阿斯的叙述相反。② 另外，在若干谈到西庇阿征战西班牙的地方，他与波里比阿的叙述一致，相形之下，他所描画的第一次布匿战争、腓力五世与汉尼拔签订的条约，则很明显来源于非常不同的罗马历史写作传统。③ 随着阿庇安本人成

329

---

① App. *Syr*. 260；*BC* 2.18（帕提亚史）；图拉真的达西亚战争（Fr. 18，第二十三卷书）；又见 Schwartz, *Griechischer Geschichtschreiber*，362。
② App. Celt. 6 = Cassius Hemina Fr. 22 Beck and Walter；Lib. 14 = Coelius Antipater Fr. 49 Beck and Walter；Valerius Antias Fr. 28；*Ib*. 74 contra Valerius Antias Fr. 25.
③ App. *Ib* 13 = Pol. 3.33；30 = Pol. 11.24a4（虽然就这两种情况而言，李维著作中的信息是一样的）。有关第一次布匿战争，参见 *Sic*. 1 - 2。有关汉尼拔与腓力签订的条约，参见 *Mac*. 1。总体情况介绍，参见 Schwartz, *Griechischer Geschichtschreiber*，363 - 375。

为我们获知某些历史事件的主要材料来源，在他身上发生的材料问题（比如密特里达提战争、罗马内战的开端）则变得越来越棘手。

一个人能解决不同的材料问题，虽然如此，有一件事看似是很明显的，也就是，阿庇安非常谙熟的是拉丁的历史写作传统。这种拉丁传统的要求与某种雅典化倾向是联系在一起的，此种倾向意图以蒙昧不明的古语代表那些大众用词。就阿庇安来说，他用"*harmost*"（军事指挥官）指代"*triumvir rei publicae constituendae*"（罗马国家的三巨头），用与"*bouleutes*"相互通用的"*proboulos*"指代元老院，用"*taxiarchos*"指代军团指挥官。① 在所有这些情况中，阿庇安所采取的是一种旁观者的姿态，不过这个旁观者其实早就是当局者，此刻，他要将世界呈现在那些后知后觉者的面前。姿态虽然是旁观者式的，阿庇安住在罗马的事实却告诉我们，他的直接读者就在罗马城中，他们可能包括他的朋友弗朗特这样的人。除弗朗特以外，这些读者可能还有像他拉勒的弗勒干（Phlegon，哈德良手下获得自由的奴隶，在他的多部著作中，有一部内容详细的同步年代记［*FGrH* 257，257a］）这样的人；克莱色奥斯（Chryseros），马可·奥勒留手下被释放的奴隶，他创作的似乎也是一部年代记，其内容是从建城到马可·奥勒留之死的罗马史（*FGrH* 96）；以及公元 147 年的执政官、帕迦马的克劳狄·查拉克斯（Claudius Charax）。②

330

公元 3 世纪

阿庇安死于安东尼·庇护统治时期。另有一个人卡西乌斯·狄奥（Cassius Dio），他在自己老年时可能创作了一部 80 卷的罗马史著作。卡西乌斯·狄奥生于马可·奥勒留统治初期，时间很可

---

① Mason，'Roman Government in Greek Sources'，154，156 - 157.

② *FGrH* 103；Chaniotis，*Historie und Historiker in den griechischen Inschriften*，318 - 320 with Alain M. Gowing，*The Triumviral Narratives of Appian and Cassius Dio*（Ann Arbor，1992），285 - 287.

能是在公元 164 年。① 他的父亲卡西乌斯·艾佛尼亚乌斯（Cassius Apronianus）曾在马可·奥勒留统治末期或康茂德（Commodus）登位之初担任过执政官,先统治吕西亚,后掌领西利西亚（Cilicia, Dio 69.1.3,72.7.2）。卡西乌斯·狄奥祖籍尼西亚（Nicaea）,后来,他有可能获得了加普亚（Capua）附近的一块土地,他不在罗马时似乎经常在此居住。② 狄奥自己曾担任过的公职有:公元 195 年,禁卫军长官;约公元 205 年,执政官。在第二次担任执政官（公元 229 年）以前,他还曾在埃拉伽巴卢斯（Elagabalus）、塞维鲁·亚历山大两位皇帝属下,出任过帕迦马、士麦那的行政长官,非洲、达尔马提亚、上潘诺尼亚（Upper Pannonia）的总督（Dio 49.36.4）。

狄奥的第一本著作约写于他任职禁卫军长官之时,其内容与怂恿塞普蒂米乌斯·塞维鲁（Septimius Severus）去夺取政权的梦和预兆有关。他写的第二部著作谈的是让塞维鲁最终获得政权的内战。塞维鲁本人为这部著作给狄奥写了一封感谢信,基于此,狄奥在某日睡觉时梦到了神灵（to daimonion,这种神奇的力量被狄奥引为命运的向导）,后者敦促他写作一部一直讲到塞维鲁当政晚期的罗马史著作。据狄奥说:

> 我决定不把这项工作搁置一旁,而是将它融入这本史书中,从而能让所有的东西都成为这样一部历史著作——从创始一直讲到命运女神让我停下来的地方——的组成部分。我已将我自己完全奉献给命运女神,求她作我生命的向导。这位女神在我软弱退缩的时候鼓励我将这本书写下来,在我困顿不堪以至于心生弃意时,她通过梦境将我拉回,并将美好的未

① 相关的总体情况介绍（范围远远超过了这里探讨的那些历史作家）,参见 Harry Sidebottom, 'Severan Historiography: Evidence, Patterns and Arguments', in S. Swain, S. Harrison, and Ja Elsner (eds.), *Severan Culture* (Cambridge, 2007), 52 - 82。

② Anna Maria Andermahr, *Totus in praediis: Senatorischer Grundbesitz in Italien in der fruhen und hohen Kaiserzeit* (Bonn, 1998),210.

> 来——我的历史著作将留存于世并将大放异彩——呈现在我
> 面前。基于此，我积十年之功，收集从罗马建城到塞维鲁驾崩
> 的各种材料，又另外耗费了 12 年的光阴笔耕不辍。以下记录
> 的所有事件都出于神灵给我的恩赐。（Dio 72.23.3 - 4）

331　　　上面这段话究竟有什么真实含义，人们对此还有些疑惑，有人
推测说这本颂赞塞维鲁的胜利的书一直到他胜局已定并返回罗马
时才收到手中（由此，时间很可能是在公元 202 年）。看起来，狄奥
约在公元 212 年完成了自己的研究，到公元 224 年时完成了自己
的历史著作的第一部分，在这时，由于另一个梦的影响（这一回，是
塞维鲁本人的一个梦），他执笔写作卡拉卡拉（Caracalla）、马克利努
斯（Macrinus）、埃拉伽巴卢斯时期的历史（Dio 79.10.1 - 2）。写到
公元 3 世纪 20 年代末的时候，狄奥留给读者一个简短的结论：亚
历山大·塞维鲁登位，罗马与波斯新兴的萨珊王朝（Sasanian
regime）之间的冲突正在酝酿。① 十二载的写作历程见证了一部历
史著作的成形，接下来的是一个不断地修正著作的时期，许多经过
作者修补的地方反映了狄奥任职各地（比如塔普苏斯[Thapsus，参
见 Dio 43.7.2]、希拉波里斯[Hierapolis]地下世界的入口[Dio 68.
27.2 - 3]、横跨多瑙河的图拉真大桥[Dio 68.13.1 - 6]）时进行实
地调查的成果。

　　在住在意大利的岁月中，狄奥从事他的历史著作的创作。他的
主要读者是与他同属一个阶级的人，他不断回溯的正是这个阶级
的往事。② 他想起了马可·奥勒留年迈的养子克劳迪亚斯·蓬佩
阿努斯（Clodius Pompeianus）在康茂德被刺杀后进入元老院的特别
时刻（公元 193 年），在这一年的前一年，这个蓬佩阿努斯在康茂德
以角斗士、猎人（*venator*）的形象进行表演时，拒绝参加罗马节（*ludi*

---

① Timothy D. Barnes, ' The Composition of Cassius Dio's Roman History ',
　Phoenix，38(1984)，247.
② Gowing，*The Triumviral Narratives of Appian and Cassius Dio*，292 - 293.

Romani)的庆典。狄奥还让他的读者回忆起这么一件事:(在罗马节庆典上)他本人嚼了桂冠的叶子,并且告诉其他人,在康茂德皇帝将斩下的鸵鸟头朝他们挥舞时,他们怎样做才能不被皇帝视为是在嘲笑他(指皇帝),这样,他救了许多人的性命(Dio 74.3.2－4,73.21.1－2)。他还获悉了在西利西亚发生的塞克斯图斯·昆蒂留斯·孔狄亚努斯(Sextus Quintilius Condianus,他在康茂德统治时期被佩伦尼斯[Perennis]迫害致死)飞在高空的事,并记下了让昆蒂留斯对即将到来的厄运有所警示的神谕(Dio 73.6.1－5)。当马克利努斯并未遵守狄奥眼中的元老院惯例时(Dio 79.22.3),这位作家表达了自己的愤怒;对于因与普劳提阿努斯(Plautianus)的友谊而在公元205年该人倒台后被剥夺市政官职务的多米丢·弗洛鲁斯(Domitius Florus),作家也表示了深深的关切。这个弗洛鲁斯直到12年后才获得另一个职务(Dio 79.22.2)。①

　　狄奥的生平记录就像一部统治阶级的回忆录。相关的材料难以获得,皇帝垄断了事情的真相,帝国的幅员广阔使人难以了解现在在发生什么事情……虽然知道有这些困难,狄奥还是将这部著作写了下来(Dio 53.19,72.18)。在处理相关信息时,他说道:“下面一件事情看起来对我特别有教益;也即是无论何时,人们都要将人物事迹建筑在推理的基础上,前面的材料要与后面的材料联系起来探讨,推理的正确性要通过比照史实的程序。”(Dio 46.35.1)

　　至于罗马的早期史(共和国),狄奥很明显使用了不同的材料来源,所有这些材料都是拉丁语材料。西塞罗公元前43年在元老院发表的演说引用了《反腓力辩》(Philippics),他在凯撒死后发表的演讲同样引用了这篇演讲词;有关奥古斯都统治时期秦纳(Cinna)之阴谋的故事来自塞涅卡。除这些外,狄奥还对许多共和国时期的编年史家有所了解,并非常熟悉塞勒斯特的生平与著作,从而能对这个人的行为与其著作中的道德观进行比较。② 在某个

332

①　Sir Fergus Millar, *A Study of Cassius Dio* (Oxford, 1964),171－173.
②　有关西塞罗与塞涅卡,参见 ibid. , 54,78;有关塞勒斯特,参见 Dio 43.9.3。

地方,他看似能与为阿庇安所知而与李维相对立的某种历史写作传统达成一致;在另一个地方,则又与李维取得协调,而与克劳狄·夸德里加里奥斯相对立。此外,还有其他许多地方,从索留斯·安提帕特那里引用了材料。① 对李维以前的编年史家的兴趣让他和弗朗特、奥卢斯·格利乌斯一样,置身于一个相同的思想世界;与狄奥相似,后两者也高扬了奥古斯都时代以前的作家的美德。这也暗示我们,如果卡西乌斯·狄奥决定用拉丁文来写作的话,他的水平绝对是绰绰有余的,因为这是狄奥在成年后绝大部分时间里操练的语言。

狄奥最梦寐以求的是这样一种帝国体制,在该体制中,像他这样的人能享受他们自觉应获得的那种荣耀。尽管狄奥对塞维鲁大唱赞歌,他对后者同样有所畏惧。塞维鲁向元老院所作的一篇对苏拉的智慧大加颂扬的演讲让狄奥感到惊恐,此外,很明显,一个特别的日子也让狄奥记忆犹新。有一天,一个消息让与元老院同僚在一起的狄奥惶恐不已,消息说,他们这个群体中某个胆大包天的人与艾佛尼亚乌斯有勾结,这个艾佛尼亚乌斯以前担任过亚洲总督,他被控犯有叛国罪,理由是他的婢女梦见他会当皇帝且他本人发出了相应的夺权号召(Dio 76.8,77.8)。狄奥认为这种事情是不可能发生的,因此之故,他在自己著作第四十六卷的一篇很长的演说中,借皇帝本人之口对塞维鲁的问题作了回答。可能也是基于这个原因,他确认了君主制是从亚克兴之役开始的,并且详细记载了奥古斯都作为内战胜利者是怎样带着敬畏之心处理共和国传统职位的问题的。② 要不是狄奥对奥古斯都时代宪政方面的问题感兴趣,我们今天就不可能知道这些;因为同样是这些东西,它们并未引起维莱乌斯·彼得克莱的注意,也未能打动苏维托尼乌

---

① Schwartz, *Griechischer Geschichtschreiber*, 408–409.
② 有关这篇演讲的作者,参见 Millar, *A Study of Cassius Dio*, 80。有关奥古斯都时代,参见 Gowing, *The Triumviral Narratives of Appian and Cassius Dio*, 21–28; and Peter Michael Swan, *The Augustan Succession* (Oxford, 2004), 13–17。

斯。尽管如此,这些东西很明显引起了后来的某些历史学家(朱里亚·克劳狄王朝时期)的兴趣,比如塔西佗,他们以自己睿智的眼光,审视着"imperium"(帝国)不断变换的含义。不过,对狄奥来说,奥古斯都所作出的举动为后世统治者树立了一个榜样。他正是本着这种精神,构创了梅塞纳斯、阿格里帕关于应以何种方式赢得国家政权的大辩论,并将它放在第五十二卷书中,使之正好位于亚克兴战役之后,而在战后罗马进行的一系列安排之前。同样,作为狄奥历史著作中的重头戏,我们可以认为奥古斯都的传奇故事也是在两篇演讲之间被架构出来的:一篇演讲是第五十六卷末提比略发表的长篇悼词,它是前面五卷书内容的总结;另一篇演讲也就是第四十四卷,内容全部是关于凯撒被刺及其后立刻发生的事情的。[①] 在第四十四卷中,西塞罗(对这样一个其性格弱点妨碍了事业目标的人,狄奥表现出了极大的兴趣)几乎要给罗马带来和平了。[②] 那时,在西塞罗发表大谈特谈内战的种种灾难的演讲后,凯 333 撒的追随者与凯撒的谋杀者达成了协议,只是由于安东尼发表了纪念凯撒的悼词(他盛赞死者的美德,与此同时,利用后者的尸体作为工具,以实现自己的野心),这份协议才作罢(Dio 44. 35,52 - 53)。

　　在狄奥眼中,马可·奥勒留时代才是像他这样的人得到优待的时代,而他自己所处的却是一个"铁锈丛生"的时代[③](Dio 72. 36)。很不幸,我们无法将他的详细看法与其他同时代的元老作家的观点作比较,唯一的例外是马略·马克西姆斯(Marius Maximus),此人同样创作于亚历山大·塞维鲁时期,狄奥讨厌的许多人,似乎马略也不抱好感(马略模仿苏维托尼乌斯的风格,用拉丁文创作了一系列帝国人物的传记,它们是后来的从哈德良写到马克利努斯的《奥古斯都传记集》[Historia Augusta]的基础)。对其他的著作和

---

① 　Millar, A Study of Cassius Dio, 325.
② 　Ibid., 46 - 55.
③ 　与"黄金时代"相对。——译注

作家，我们今日一无所知，我们所知道的只有一些人名。他们包括阿西尼乌斯·奎亚德拉图斯（Asinius Quadratus），他创作了一部从罗马建城写到亚历山大·塞维鲁统治时期的 15 卷罗马史著作，书名《罗马千年史》（*The Thousand Years*）。他在这本书中所采取的时间框架与狄奥历史著作中的时间框架大略相同，不过，《罗马千年史》极不可能是像后者那样的著作。该书篇幅很短，由此，它有可能是像卡西乌斯·朗基努斯（Cassius Longinus）编年史（它有 18 卷书，时间下限为康茂德时代，覆盖了 228 个奥林匹克周期）那样的年代记。① 这样，我们所能知道的就只有下面一些内容了：阿西尼乌斯·奎亚德拉图斯在《罗马千年史》中提到了某些意大利城市；他的著作被人们阅读，一直到公元 6 世纪；他创作了一部与帕提亚战争有关的著作。② 在那时，更受人们欢迎的可能是像马略所写的那类传记集，或者菲洛斯特拉托斯（Philostratus）所著的修辞学家列传。这部修辞学家列传主要是在马略传记集问世后的一个世代里创作的，作者把它当作一部文化史作品来看待，作者的意图是赞扬那些注意到作者这类人的成就的皇帝。在此之外，更流行的可能是一些篇幅更短的作品，比如狄奥为塞维鲁写的著作，或者是琉善的《怎样写历史》，在这部书中，琉善对卢修斯·维鲁斯（Lucius Verus）的波斯战争进行了无休止的冷嘲热讽。有一本这样的著作构成了狄奥笔下马可·奥勒留的日耳曼战争的基础，其中充满了条约这样的材料，这些材料反驳了狄奥的观点，狄奥认为，马可·奥勒留的目标是在多瑙河以北建立一个新的行省。赫罗狄安（Herodian）曾提到"许多其他人"曾写下了与塞维鲁战争有关的作品，菲洛斯特拉托斯甚至还引用了某个人的材料，这个人叫作"希拉波里斯的安提帕特"（Antipater of Hierapolis）。③ 这些书还让我们提出一个问题，也就是为什么狄奥选择用希腊语进行创作？非

---

① *FGrH* 259.

② *FGrH* 97 with *PIR2* A1244－6.

③ Herod. 2.15.4.5；Phil. *VS* 2.24；*FGrH* 211.

常谙熟拉丁语的狄奥,选择用希腊语为他的意大利读者进行创作,他所希望的是他们能接受他的具有修昔底德风格的创作(比如一次海战),以及将修昔底德式的对话嵌入叙述中,与此同时,他想让他们明白,他知道贵族党(*optimates*)、平民党(*populares*)是使用不同论辩方式的两个贵族集团,"元老院决议"与"议事会决议"也并不是一回事。这种语言选择是不正常的吗? 答案很可能是否定的。写与皇帝相关的著作就要对皇帝自己写的东西进行评说(塞维鲁、卡拉卡拉都著有回忆录),而创作与战争有关的作品,作者就背负着皇帝的这样一种期望,也就是前者应将注意力放在那些吹嘘功绩的谕旨上,这些谕旨是皇帝为提升自身荣耀而发布的。早在图拉真统治时期,当普林尼决定给世界留下一部自己所著的有关当时罗马史的著作时,他就给一位名叫"坎尼乌斯·鲁弗斯"(Caninius Rufus)的朋友写过信,这个鲁弗斯曾用希腊语写过一首与达西亚战争有关的史诗。[①] 当然,普林尼本人给当时的人留下的是词语华美、规模宏大的献给图拉真的赞歌。人们不是越来越多地作出这样的语言选择吗? 在创作历史时,由于不必冒险以与皇帝争高低的面貌出现,用希腊语写作不是更加明智吗? 基于此,安东尼王朝时期的作家看似逐渐将历史等同于战争史,这就是一个自然发展的产物了。[②]

狄奥的历史著作本身是要为他自己的阶级提供劝诫(他的朋友既有希腊人,也有意大利人),这也符合罗马本来的历史学传统。他可能是最后一个用自己的手从事这项工作的罗马元老,在他之外,公元3世纪的其他历史学家同样与那些创作于公元1世纪的历史学家有着极大的差异,后者是罗马精英文化的参与者。有一个赫罗狄安,他的80卷罗马史从马可·奥勒留之死一直讲到格尔迪

---

① Plin. *Ep.* 8. 4.
② 有关战争作为安东尼王朝时期历史写作的题材,参见 Adam Kemezis, 'Lucian, Fronto, and the Absence of Contemporary Historiography under the Antonines', *American Journal of Philology*,131(2010)。

安三世（Gordian III）一人进行统治的初期，像他这样的作家并非高级官员。这个赫罗狄安没有可辨认身份的朋友，没有可确认地点的故乡，他引用的资料来源中，可确认的也很少。就某些我们可推断为其所亲见的历史事件来说，他似乎表现出敏锐的观察力。这在他对埃拉伽巴卢斯的统治、公元 238 年的历史所作的叙述中，展现得尤其明显，哪怕在这些地方，他对罗马的过度关注遮掩了在地方行省（总督们选择联合起来，对抗马克西姆斯）发生的一些历史事件，又哪怕他忽略了可能具有更重要意义的某些历史事件，如萨珊王朝占领了塞维鲁王朝的美索不达米亚行省（其时，格尔迪安三世死在一次行军途中，此次行军始于重新收服上面所说的那些地方行省，终于腓力即位，我们有理由推测赫罗狄安就是在这位皇帝统治时期进行创作的）。在其他情况下，赫罗狄安的著作显得非常古怪。它的某些内容建筑在想象的基础上，另有某些内容以无法进行还原的材料为根基（比如有关佩伦尼斯的灭亡的故事，就是虚构的）。另外，他的著作代表了"创造型"历史写作的风格。很明显，这种类型的历史写作在罗马世界有它的读者，在反映奇异景观的同时，它所要追求的是娱乐目标而非教育目的。除以上外，赫罗狄安还是站在罗马贵族史上一个转折时期的起点上的历史学家。在塞维鲁·亚历山大时代，元老所希望的是在他们三四十（多）岁时挣得显赫的为帝国服务的经历。一代人的时间过去后，情况发生了改变。统治阶级变得越来越具有流动性，元老身份不再是成为皇帝的条件。

335　　　人们发现，在狄奥之后，不再有写作罗马史的元老。为什么呢？公元 3 世纪中期元老院在政治上的重要性的衰落可以解释这个问题。不过它不能解释为什么领过接力棒的是作为赫罗狄安传人的那些知识分子。就我们所能判定的来说，这些人是待在各地方行省的外省人，是他们写下了与帝国史有关的著作。这看似是人们在历史写作趣味上所发生的一次真正的变革。我们有足够的证据说明写作地方史的习惯在整个东方的普遍存在，并且，从亚历山大大帝时代以来，此种习惯就在城市身份的自我塑造上发挥了实际的重要作用。而在地方史写作向帝国史写作转变时，有一个事实与此相伴随：通过此前数百年未有的种种方式，帝国史本身进入地方显赫人物的视野中。这是公元 3 世纪 50 年代的众多失败产生的直接后果，那时，罗马国家遭受了一系列具有灾难性后果的军事失利。首先是德西乌斯（Decius）皇帝在与来自多瑙河以北的入侵者交战时被杀（公元 251 年）。而后，波斯人在公元 252 年洗劫了安条克城，从黑海地区涌出的其他入侵者在公元 253 年火烧了以弗所。最糟糕的是瓦勒良（Valerian）在公元 260 年被波斯人俘虏，到那时，帝国遭受了严重的分裂，分成三个部分：一部在高卢的一个分裂政权的控制下；另一部包括意大利、非洲、埃及以及巴尔干半岛，由瓦勒良之子加里恩努斯（Gallienus）统治；东部各省则由一个名叫"奥登纳图斯"（Odaenathus）的来自帕尔米拉城（city of Palmyra，位于叙利亚沙漠）的战士掌握（虽然他与加里恩努斯结了盟）。此种分裂状态持续了十多年，直到奥勒良（Aurelian）在自己被刺杀（公元 275 年）前，有能力重新确认对东部各省以及其后对高卢各省的统治权为止。东部各省是在罗马的权力转入克劳狄之手（公元 268 年）、叙利亚的权力落入奥登纳图斯遗孀泽诺比娅（Zenobia）的掌控中以后拒绝罗马的统治的。

正是在这种背景下，我们发现了公元 3 世纪 60 年代由特拉比松的尼克斯特拉特斯（Nicostratus of Trebizond）创作的一部史书，它从格尔迪安三世（在公元 244 年与波斯人展开的一次交锋中，罗马军队战败，这位皇帝死于其后的兵变）一直讲到奥登纳图斯的胜利。与此同时，雅典的菲洛斯特拉托斯似乎写下了一部相当详细的有关该时期的战史著作。[①] 一个叫"优西比乌"的人著有一部从奥古斯都到卡鲁斯（Carus，公元 283 年入侵波斯时被部下杀掉的一位皇帝）的史书，该书以其对塞萨洛尼卡（Thessalonika）之围的长篇

---

① *FGrH* 98,99 与 David S. Potter, *Prophecy and History in the Crisis of the Roman Empire* (Oxford, 1990), 361（这是该书特别提到菲洛斯特拉托斯的地方）。

描述而闻名。① 聪慧的佩特拉人卡里尼克斯（Callinicus of Petra）则创作了一首著名的加里恩努斯颂歌、一部献给泽诺比娅的亚历山大里亚城市史著作、一部献给奥勒良的罗马帝国复兴史著作，他还将一部修辞学作品敬呈瓦伦斯·卢普斯（Virius Lupus），后者是那个时代少有的以元老身份具有真正的个人影响力的人物。②

公元 3 世纪罗马地方行省最负盛名的历史学家是雅典人德克西普斯（P. Herennius Dexippus），他在自己的母邦是一个杰出人士。除了关于亚历山大大帝继承者的一部史书外，他还有两本主要著作，一本是世界编年史，一本是有关当时与哥特人（他把他们叫作"西徐亚人"［Scythians］）战争的历史著作即《西徐亚战史》（Scythian History）。以第二本著作的残篇为基础，我们正好可以得知与德克西普斯的研究方法、主题有关的某些信息。给我们提供线索的是两个长篇段落，它们描述的是数个使团到奥勒良那里的情形（FGrH 100 F 6 - 7）。③《外邦遣使罗马录》（Excerpts Concerning Embassies from Foreign Peoples to the Romans）的开头部分存有这两个段落，该书告诉我们它们来自上述《西徐亚战史》的第三卷。④《外邦遣使罗马录》其他一些卷相当详尽地引用了《西徐亚战史》更前面的一些部分，它们告诉我们，这些更前面的章节留存到了公元 10 世纪，并且在蛮族占领的城市中到处可见。在《外邦遣使罗马录》中，不见从"这些更前面的章节"中摘录的内容，

---

① FGrH 101.

② FGrH 281 T 1 with Men Rhet. 370. 14 - 15（与加里恩努斯颂歌有关）；以及 Michel Christol, Essai sur l' evolution des carrieres senatoriales dans la seconde moitie du IIIe siecle ap. J. C. （Paris，1986），263 - 270（与卢普斯有关）。

③ 相关的概括性研究，参见 Gunther Martin, Dexipp von Athen：Edition, Übersetzung und begleitende Studien（Tübingen，2006，该书是德克西普斯著作残篇的新集本，其中充满了最透彻的真知灼见。为了保持前后一致，我在本文中仍会使用雅各比［Jacoby］的集本，不过马尔丁的集本是目前最好的）。

④ FGrH 100 F 6. ?

这显示出后者没有与遣使有关的长篇叙述能供引用。[1] 以《西徐亚战史》分散的残篇内容为基础,我们能还原这样一幅历史场景:起初,罗马帝国危机四起,而后各种各样的灾难降临,最终,奥勒良恢复了罗马与蛮族的正常关系。在这方面,《西徐亚战史》看似有助于传达奥勒良想要传达的信息,也就是罗马的胜利带来了和平的重建,罗马的敌人不仅在战场上折戟,他们与罗马国家的关系也恢复到以前的正常状态上了。[2] 这本书的很多内容难称良史,不过,至少从表面看来,德克西普斯心中持有这样一个看法,也就是他在记述他亲眼所见的生活遭逢大变的时代,以及遭到入侵的哥特人蹂躏的母邦。在这样做的过程中,他使用希腊的修辞学传统,强调了罗马帝国的文明(以皇帝为代表)与帝国之敌的野蛮之间的诸多差异。[3] 相比赫罗狄安,公元 3 世纪晚期的历史学家是更有说头的。事实上,这些历史学家很明显有着为帝国进行宣传造势的欲望,而这种欲望反映了他们与帝国政府的一种亲密关系(这可能是帝国政府势力在地方行省的存在加强的直接后果)。就历史写作习惯的发展而言,我们可以清楚地看到,到公元 2 世纪早期,人们对比较时间记录法(comparative chronography)的兴趣在叙事史家眼中已不再具有重要意义,即便这种写作习惯在其自身而言仍是一种强有力的写作风格,并且在卡西乌斯·狄奥去世以前即已吸引了它的第一个重要的基督徒实践者塞克斯图斯·朱利安·阿非利加努斯(Sextus Julius Africanus)。就德克西普斯而言,他的两种身份——作为编年史家与作为叙事史家——之间殊少相互渗透的地方。在今存的德克西普斯世界编年史残篇中,还可见到少量条

337

---

[1]　有关文献摘录者的工作方法,参见 David S. Potter, *Literary Texts and the Roman Historian* (London, 1999),73;以及 Martin, *Dexipp von Athen*, 42-56(这是对德克西普斯著作残片所作的最好的研究)。

[2]　Anne Daguet, 'L. Domitius Aurelianus perpetuus imperator', *Antiquites africaines*, 28(1992),174 n. 6.

[3]　Martin, *Dexipp von Athen*, 37-41,208-209,251-252(最后是对运用修昔底德的方法的探讨)。

目（从表面上看，它们具有一定的准确性），它们与在修辞上极其夸张的《西徐亚战史》形成了极为鲜明的对比。

公元 4、5 世纪

在戴克里先及其伙伴以及在他们之后不久的继承人的统治下，帝国政权趋于稳定。不过，此种情势并未催生出一批具有批判精神的历史学家。拿君士坦丁统治时期来说，在非基督徒中间，我们只发现了一个历史学家，即雅典的普拉克撒哥拉斯（Praxagoras）。他为我们提供了关于君（士坦丁）、李（锡尼）之战的信息，这些信息很可能是通过佐西默斯（Zosimus）从尤纳皮乌斯（Eunapius）的史书中得来的，该书创作于公元 4 世纪末，有两个版本。[①] 佐西默斯书中对君士坦丁的叙述是前后一贯的，在此影响下，普拉克撒哥拉斯的历史著作写到李锡尼在公元 324 年向君士坦丁投降为止。后世作家能够征引的其他材料是很少的，此种缺乏得到了下述事实的确证：当公元 5 世纪早期的教会史家搜寻关于君士坦丁的材料时，他们必定要把目光转向尤纳皮乌斯，而根据我们的推测，如果有其他选择的话，这个尤纳皮乌斯会是个差劲（因此而导致不会有什么人去读他的书）的参考人选。

尤纳皮乌斯是出了名的敌基督者，是他所属的那个群体——由响应他独树一帜的新柏拉图哲学号召的人组成——的坚强旗手。[②] 他决定从德克西普斯的《世界编年史》的落笔处出发，写自己的历

---

① *FGrH* 219 with Rowland Smith，'A Lost Historian of Alexander "Descended from Alexander"，and Read by Julian? Praxagoras of Athens Reviewed in the Light of Attic Epigraphy'，*Historia*，56（2007），356 - 380；and Pawel Janiszewski，*The Missing Link：Greek Pagan Historiography in the Second Half of the Third Century and in the Fourth Century AD*（Warsaw，2006），352 - 371.

② Roger C. Blockley，*The Fragmentary Classicising Historians of the Later Roman Empire：Eunapius，Olympiodorus，Priscus and Malchus*，2 vols.（Liverpool，1981，1983），i. 1 - 26（与一系列问题的总结有关）；ibid.，ii（与尤纳皮乌斯的著作残篇有关）。

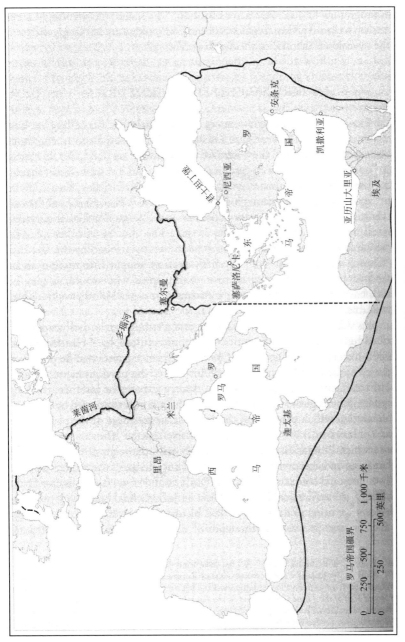

公元 395 年的罗马帝国

史著作，这告诉我们，有关在他之前的 150 年历史，尤纳皮乌斯是感觉到了其可信材料的缺乏的。他的著作中涉及公元 3 世纪的部分有缺点，但却是全书中最好的。举例来说，他对科雷玛纳（Cremna，位于西利西亚）之围的长篇叙述，现在得到了考古证据的支持，这些考古证据证明在历史上确实有一次普罗布斯（Probus）所领导的对该地的围攻。它们与尤纳皮乌斯对卡鲁斯叛乱（普罗布斯死于其中）的非叙事性描述形成了鲜明对比。① 实在地说，尤纳皮乌斯唯一感到对眼的时代是康斯坦提乌斯二世统治时期，而就其对该时期的了解而言，他极大地依赖于自己的交际圈。在这些与他有来往的人中，最重要的是医生奥瑞培锡阿斯（Oribasius），从此人那里，尤纳皮乌斯获得了有关尤里安最后的远征的无价信息，这些信息很可能用在了尤纳皮乌斯历史著作的第二个版本身上。② 这是一部从非常个人的视角出发写的历史著作，也是日渐明显的时代潮流。事实上，不是其他任何东西，而正是这项特征，构成了尤纳皮乌斯与阿米阿努斯·马赛里努斯的共同点，后者从精神上来说是一位希腊历史学家，事实证明，他的 31 卷罗马史（从涅尔瓦统治时期说到瓦伦斯之死）是用拉丁文写成的最后一部罗马史大作。③ 对于自己笔下那些亲身参与的事件，阿米阿努斯进行了绘声绘色的描述，对那个时代的种种问题，他有着深切的感知。相比尤纳皮乌斯，他是一个更显宽容、阅历更富的历史学家。他清楚地知道，他在表面上所怀有的愿望，即帝国从公元 4 世纪 70 年代的一系列灾难中复兴，并不完全是瓦伦提尼安的儿子们在西部进行统治、狄奥多西一世在东部进行统治那几十年的产物，在这几十年中，发生了内战与东西两方的让步、妥协。

①　Eunap. Fr. 1；Zos 1. 69 - 70 with Stephen Mitchell, *Cremna in Pisidia*：*An Ancient City in Peace and in War* (London, 1995)。可与 Zos. 1.81.4 - 5 所涵盖的内容对照。

②　John F. Matthews, *The Roman Empire of Ammianus* (rev. edn, Ann Arbor, 2007), 164.

③　同上（仍然具有重要意义）。

随着历史进入公元 5 世纪,在尤纳皮乌斯、阿米阿努斯那里,经过他们的重新界定,所谓的帝国史不过是人物的回忆录以及充满成见(parti pris)的叙述而已。在武拜的奥林匹亚道罗斯(Olympiodorus of Thebes)、帕尼翁的普里斯库斯(Priscus of Panium)的著作中,帝国史的此种意义表现得尤其明显。奥林匹亚道罗斯是他那个时代的重要角色,他在约翰倒台以及瓦伦提尼安三世登上西罗马帝国皇位(公元 425 年)这两件事情上,起了一定的作用。[①] 他那部 22 卷的历史著作是何时完成的,确切时间我们并不知道,据他自己说,该书与其说是要成为一部"史书",还不如说是要成为一部能将资料供给其他人使用的回忆录(T 1 Blockley)。从佛提乌给出的概要性介绍,以及佐西默斯、大量教会史家从奥氏著作中引用的大量材料来看,这个奥林匹亚道罗斯似乎不喜欢海上航行;他对西哥特人抱有同情态度;他的身边有一只陪伴他多年的鹦鹉。这三件事中,第一件常常能得到确证;第三件只有一次得到了证实,当时,奥林匹亚道罗斯说他的鹦鹉有 20 岁了;至于第二件,它可能反映了洪诺留的妹妹加拉·普拉西提阿(Galla Placidia,公元 425 年,奥林匹亚道罗斯曾服侍过她)的看法。[②] 加拉先前嫁与西哥特王阿萨尔夫(Athaulf)为妻,并给他生了一个幼年夭折的儿子。相比自己被迫下嫁的第二任丈夫康斯坦提乌斯三世,加拉爱阿萨尔夫似乎要多得多,她给第二任丈夫生了两个孩子。对她,奥林匹亚道罗斯虽时有批评,但相比西罗马社会的其他显贵,他看似对加拉的遭际更抱同情态度。像奥林匹亚道罗斯这样的人肯定是不喜欢洪诺留之流的,在他眼里,洪诺留似乎要为公元 5 世纪早期的诸多政治失败负责。奥林匹亚道罗斯用自己

① John F. Matthews, The Romen Empire of Ammianus, 164; and Blockley, The Fragmentary Classicising Historians of the Later Roman Empire, i. 27 – 47.

② 有关前两点,参见 Fr. 28 and 35; Blockley, The Fragmentary Classicising Historians of the Later Roman Empire, i;有关第三点,参见 ibid., i. 46; and Peter Heather, The Fall of the Roman Empire: A New History of Rome and the Barbarians (Oxford, 2006),226。

历史著作中的前 10 卷书描述公元 407—412 年的历史事件，其中绝大多数是西罗马帝国的历史事件。不过，在第十卷书中，他也用了大量篇幅描述他出使外国的情形，以这次"出使"为基础，他与匈奴人的一个头领多纳图斯（Donatus）探讨了箭术问题，很明显，奥林匹亚道罗斯参与了对后者的谋杀行动，只是在"众王之王"卡拉顿（Charaton）收受了厚礼的情况下，他才得以免死（Fr. 19 Blockley）。

340　　奥林匹亚道罗斯生平最显眼的某个方面，是他对一些塑像的威力以及他认为做到了最好的某些帝国官员的兴趣。他写道，有一座塑像建在埃特纳山（Mount Aetna）附近，它是作控制熔岩喷流用的，某日，人们将它移开，从而使得熔岩喷发，落入墨西拿（Messena）海峡，因此而使阿拉里克（Alaric）渡海受阻（Fr. 16 Blockley）。他还知道有两座埋在地下的塑像，它们看似保护了伊利里库姆免受威胁；他似乎还认为加拉·普拉西提阿坚持说术士利巴涅乌斯（Libanius）已经死掉了是错误的（Fr. 27, 36 Blockley）。他看起来对斯提里科（Stilicho）抱有同情态度，这个人先是担任洪诺留的摄政王，后来被这位皇帝害死；他肯定还觉得他那个时代的强势将领卜尼法斯（Boniface）是一个好人（Fr. 3, 38, 40 Blockley）。他还赞扬了某个叫"斯帕图萨"（Spadusa，如果这是个正确的名字的话）的女人和普拉西提阿的乳母埃尔皮德亚（Elpidia）的事迹（当时，他在证明埃尔皮德亚并未与洪诺留有染［Fr. 38 Blockley］）。如果说奥氏著作留存至今的残篇给我们留下了什么信息的话，那么，最明白的莫过于这一点，也就是：如果有机会，像奥林匹亚道罗斯这样的人是能将帝国从洪诺留之流手中拯救出来的。我们很想知道，这本书的敬献对象狄奥多西二世是如何看待这本书的。

在西罗马帝国灭亡以前的时代，最后一个伟大的希腊历史学家是帕尼翁的普里斯库斯，他看似感觉到西罗马帝国是他所效力的东罗马帝国的累赘。他的八卷本历史著作覆盖了从公元 434 年（很可能）到公元 474 年（极有可能）这一历史时期。后世读者提到这本书时把它叫作《拜占庭史与阿提拉实录》（*History of Byzantium and the events concerning Attila*）或"哥特史"（Gothic

History)，不过，它们很可能都不是作者本人取的书名。① 尽管如此，它们都反映了该书残篇本身所揭示的信息，也就是，普里斯库斯主要关注的是罗马与多瑙河以北（或源出这片区域）的民族之间的交往。和奥林匹亚道罗斯一样，普里斯库斯也是个勇于行动并有自己强烈主见的人。他的历史著作今存最长的部分是有关一个使团的叙述，公元449年，他随该团出使阿提拉的王廷。此事绝非风平浪静，其间，极有可能发生了一件这样的事：有人下令给使团成员，让他们买通一位已同意刺杀阿提拉的大臣（这个不可信任的人后来将此事详细地上报给阿提拉）。② 事实上，险象环生的出使活动似乎成了这个时代官僚历史学家的一项必要经历。在阿米阿努斯的史书中，某个最引人注目的段落记载了他在公元355年与骑士统领（*magister equitum*）乌尔西奇努斯（Ursicinus）同行，意图在莱茵河地区谋杀作乱的大元帅（*magister militum*）希尔瓦努斯（Silvanus）。此外，阿米阿努斯还详细记载了他惊心动魄的逃往阿米达（Amida）的亲身经历、公元359年这座城市被围困的状况，以及公元363年尤里安入侵波斯后日渐不利的处境。这些不就是一个死里逃生的人能告诉我们的吗？ 不过，事实上，在阿米阿努斯的观点与奥林匹亚道罗斯、普里斯库斯二人的看法之间，有一个重大的差别，也就是普里斯库斯看似将西罗马帝国看作一件麻烦的事情。在他笔下，那些阿提拉宫廷（其时，普里斯库斯本人身在此处）中的阿提纽斯（Aetius）使节被说成是从"西罗马佬"那里来的，他还到处说帝国的西部部分是一块已经分离出去的土地（Fr. 11.2. 345,20）。与此相比，阿米阿努斯、奥林匹亚道罗斯二人都以帝国处在四面楚歌的危机中作为自己著作的终点，他们看似都期望着帝国的复兴，而普里斯库斯没有这样的幻想。

341

---

① Priscus T 1 with Blockley, *The Fragmentary Classicising Historians of the Later Roman Empire*, i. 49.

② 参见 Priscus F. 11.2 以及 Heather, *The Fall of the Roman Empire*，313-324 中的观点；又见 James J. O'Donnell, *The Ruin of the Roman Empire*（New York, 2008），93-94。

　　罗马的希腊历史学家基本不以寻求大量读者为目标。他们所求的是为有权有势的人进行创作,故此,在这样做的过程中,他们往往对帝国统治阶级不断变换的利益作了反映。他们的目标是让自己的读者能更好地理解权力的性质,以及最好的统治模式。他们的写作题材,经历了从普世史到帝国统治阶级与皇帝的关系,再到帝国政府内部不同群体的历史的运动,它很好地反映了罗马帝国政府在数百年里的发展历程。晚期共和国有权势的元老在国家内部范围内互相进行争权斗争时,夺得帝国统治权是他们眼中梦寐以求的事。在卡西乌斯·狄奥时代,帝国政权的存在在元老眼中是理所当然的,尽管他们很明显希望它的运转能维护自己的最佳利益。在元老眼中,以上所说的呈现了作为一个整体的帝国价值体系。至于公元 5 世纪的历史学家,不论他们是我们在此处所说的那些世俗角色,还是我们将在本卷书另外的地方要提到的基督教历史学家,他们都是派性色彩极浓的宗派分子,他们是从自己特殊的利益出发,推出积极的、消极的事例的。在重点探讨自身所处时代与群体的历史的过程中,奥林匹亚道罗斯、普里斯库斯展示了他们对未来的看法。他们看到了西罗马帝国历届政权的失败,以及根植于这样一个过程——在继罗马而起的蛮族国家已经兴起的地方努力缔造和平——中的种种问题,与此同时,他们还看到了在君士坦丁堡的皇帝们自身也面临着许多麻烦。早在齐诺(Zeno)决定将意大利丢给奥多亚塞(Odovacer,他以前是失败的匈奴政权的奴隶)以前,普里斯库斯就明白揭示了将要发生的事。从许多方面来说,历史主题的发展是遵循它应该遵循的那条道路行进的。如果那些历史学家活下来,他们放在心上的必定是读者的利益。

大事年表/关键日期

公元前 44 年　　尤利乌斯·凯撒被刺杀;屋大维被收养作为凯撒的
　　　　　　　　继承人
公元前 31 年　　亚克兴战役

公元 14 年	奥古斯都去世
公元 68 年	尼禄死去,朱里亚·克劳狄王朝灭亡
公元 69 年	四帝共治之年;韦巴芗作为胜利者崛起,建立了弗拉维王朝
公元 96 年	图密善被刺杀,涅尔瓦登位,弗拉维王朝灭亡
公元 98 年	涅尔瓦去世,图拉真登位
公元 117 年	图拉真去世,哈德良登位
公元 138 年	哈德良去世,安东尼·庇护登位
公元 161 年	安东尼·庇护去世,马可·奥勒留登位
公元 180 年	马可·奥勒留去世,康茂德登位
公元 192 年	康茂德被谋杀(12 月 31 日)
公元 193 年	塞普蒂米乌斯·塞维鲁在罗马夺得政权
公元 211 年	塞普蒂米乌斯·塞维鲁去世
公元 235 年	塞维鲁·亚历山大去世,塞维鲁王朝灭亡
公元 306 年	君士坦丁在不列颠夺得政权
公元 337 年	君士坦丁去世
公元 395 年	狄奥多西一世去世,洪诺留、阿卡狄乌斯即位
公元 410 年	阿拉里克率领下的哥特人洗劫罗马
公元 476 年	传统上罗马帝国在西罗马统治结束的年份

342

主要史料

Appian, *History of the Wars*(从王政时代到约公元 98 年)。

Cassius Dio, *History of Rome*(从罗马建城到约公元 230 年)。

P. Herennius Dexippus, *Scythian History*(约公元 238—272 年);*Chronicle*(从远古到约公元 270 年)。

Diodorus Siculus, *Universal History*(从史前到公元前 60 年)。

Dionysius of Halicarnassus, *Antiquities of the Romans*(从罗马建城以前到公元前 264 年)。

Olympiodorus of Thebes(公元 407—425 年的罗马史)。

Priscus of Panium(公元 434—474 年的罗马史)。

参考文献

Andermahr, Anna Maria, *Totus in praediis: senatorischer Grundbesitz in Italien in der fruhen und hohen Kaiserzeit* (Bonn, 1998).

Barnes, Timothy D. , 'The Composition of Cassius Dio's Roman History', *Phoenix*, 38(1984),240 – 255.

—— *Ammianus Marcellinus and the Representation of Historical Reality* (Ithaca, 1998).

Bellamore, Jane, *Nicolaus of Damascus: Life of Augustus* (Bristol, 1984).

Bleckmann, Bruno, *Die Reichskrise des III. Jahrhunderts in der spatantiken und byzantinischen Geschichtsschreibung: Untersuchungen zu den nachdionischen Quellen der Chronik des Johannes Zonaras* (Munich, 1992).

Blockley, Roger C. , *The Fragmentary Classicising Historians of the Later Roman Empire: Eunapius, Olympiodorus, Priscus and Malchus*, vol. 1. (Liverpool, 1981).

—— *The Fragmentary Classicising Historians of the Later Roman Empire: Eunapius, Olympiodorus, Priscus and Malchus*, vol. 2: *Text, Translation and Historiographical Notes* (Liverpool, 1983).

Bowersock, Glen W. , *Augustus and the Greek East* (Oxford, 1965).

Bowie, Ewen, 'Philostratus: the Life of a Sophist', in id. and Jaś Elsner (eds.), *Philostratus* (Cambridge, 2009),19 – 32.

Brunt, Peter A. , *Italian Manpower 225 B. C. – A. D. 14* (Oxford, 1971).

—— 'On Historical Fragments and Epitomes', *Classical Quarterly*,

343

30(1980),477 - 494.

—— 'The Bubble of the Second Sophistic', *Bulletin of the Institute of Classical Studies*, 39(1994),26 - 32.

Chaniotis, Angelos, *Historie und Historiker in den griechischen Inschriften: epigraphische Beitrage zur griechischen Historiographie* (Stuttgart, 1988).

Christol, Michel, *Essai sur l' evolution des carrieres senatoriales dans la seconde moitie du IIIe siecle ap. J. C.* (Paris, 1986).

Clarke, Katherine, *Between Geography and History: Hellenistic Constructions of the Roman World* (Oxford, 1999).

—— *Making Time for the Past: Local History and the Polis* (Oxford, 2008).

Curty, Olivier, *Les parentes legendaires entre cites grecques: Catalogue raisonne des inscriptions contenant le terme syngeneia et analyse critique* (Geneva, 1995).

Daguet, Anne, 'L. Domitius Aurelianus perpetuus imperator', *Antiquites africaines*, 28(1992),173 - 186.

Dench, Emma, *Romulus' Asylum: Roman Identities from the Age of Alexander to the Age of Hadrian* (Oxford, 2005).

Duff, Tim, *Plutarch's Lives: Exploring Virtue and Vice* (Oxford, 1999).

Eshleman, Kendra, 'Defining the Circle of Sophists: Philostratus and the Construction of the Second Sophistic', *Classical Philology*, 103(2008),395 - 413.

Fox, Matthew, 'History and Rhetoric in Dionysius of Halicarnassus', *Journal of Roman Studies*, 83(1993),31 - 47.

Freyberger-Gallant, Marie-Laure, *Aspects du vocabulaire politique et institutionnel de Dion Cassius* (Paris, 1997).

Frier, Bruce W., *Libri Annales Pontifi cum Maximorum: The Origins of the Annalistic Tradition* (rev. edn, Ann Arbor,

1999).

Gabba，Emilio，*Dionysius and the History of Archaic Rome* (Berkeley/Los Angeles，1991).

Gallia，Andrew B.，'Reassessing the "Cumaean Chronicle"：Greek Chronology and Roman History in Dionysius of Halicarnassus'，*Journal of Roman Studies*，97(2007)，50 – 67.

Gowing，Alain M.，*The Triumviral Narratives of Appian and Cassius Dio* (Ann Arbor，1992).

Heather，Peter，*The Fall of the Roman Empire：A New History of Rome and the Barbarians* (Oxford，2006).

Janiszewski，Pawel，*The Missing Link：Greek Pagan Historiography in the Second Half of the Third Century and in the Fourth Century AD* (Warsaw，2006).

Jones，Christopher P.，*Kinship Diplomacy in the Ancient World* (Cambridge，Mass.，1999).

—— 'Philostratus and the Gordiani'，*Mediterraneo Antico*，5 (2002)，759 – 767.

Kelly，Gavin，*Ammianus Marcellinus：The Allusive Historian* (Cambridge，2008).

Kemezis，Adam，'Lucian，Fronto，and the Absence of Contemporary Historiography under the Antonines'，*American Journal of Philology*，131(2010)，285 – 325.

Kidd，Ian G.，*Posidonius*，4 vols. (Cambridge，1972 – 1979).

Luraghi，Nino，'Dionysius von Halicarnassus zwischen Griechen und Romer'，in U. Eigler，Ulrich Gotter，Nino Luraghi，and Uwe Walter (eds.)，*Formen romischer Geschichtsschreibung von den Anfangen bis Livius* (Darmstadt，2003)，268 – 286.

Martin，Gunther，*Dexipp von Athen：Edition，Ubersetzung und begleitende Studien* (Tubingen，2006).

Mason，Hugh J.，'Roman Government in Greek Sources：the Effect

344

of Literary Theory on the Translation of Official Titles', *Phoenix*, 24(1970),150 – 159.

Matthews, John F. , 'Olympiodorus of Thebes and the History of the West (a. d. 407 – 425)', *Journal of Roman Studies*, 60 (1970),79 – 97.

—— *The Roman Empire of Ammianus* (rev. edn, Ann Arbor, 2007).

Millar, Sir Fergus, *A Study of Cassius Dio* (Oxford, 1964).

—— 'P. Herennius Dexippus: the Greek World and the Third-Century Invasions', *Journal of Roman Studies*, 59 (1969), 12 – 29.

Mitchell, Stephen, *Cremna in Pisidia: An Ancient City in Peace and in War* (London, 1995).

Moscovich, M. J. , 'Cassius Dio's Palace Sources for the Reign of Septimius Severus', *Historia*, 53(2004),356 – 368.

Oakley, Stephen, *A Commentary on Livy Books VI – X*, vol. 1. (Oxford, 1997).

O'Donnell, James J. , *The Ruin of the Roman Empire* (New York, 2008).

Pelling, Christopher, 'Plutarch on Roman Politics', in I. S. Moxon, J. D. Smart, and A. J. Woodman (eds.), *Past Perspectives: Studies in Greek and Roman Historical Writing* (Cambridge, 1986),159 – 187.

—— 'The Greek Historians of Rome', in John Marincola (ed.), *A Companion to Greek and Roman Historiography* (Oxford, 2007), 244 – 258.

Perl, Gerhard, *Kritische Untersuchungen zu Diodors romischer Jahrzahlung* (Berlin, 1957).

Potter, David S. , *Prophecy and History in the Crisis of the Roman Empire* (Oxford, 1990).

—— *Prophets and Emperors：Human and Divine Authority from Augustus to Theodosius* (Cambridge，Mass.，1993).

—— *Literary Texts and the Roman Historian* (London，1999).

Puech，Bernadette，*Orateurs et sophistes grecs dans les inscriptions d'epoque imperiale* (Paris，2002).

Roller，Duane W.，*The World of Juba II and Kleopatra Selene：Royal Scholarship on Rome's African Frontier* (London，2003).

Sacks，Kenneth，*Diodorus Siculus and the First Century* (Princeton，1990).

Schmitz，Thomas，'Narrator and Audience in Philostratus' Lives of the Sophists'，in Bowie and Elsner (eds.)，*Philostratus*，49 - 68.

Schultze，Clemence，'Dionysius of Halicarnassus and Roman Chronology'，*Proceedings of the Cambridge Philological Society*，41(1995)，192 - 214.

Schwartz，Eduard，*Griechischer Geschichtschreiber* (Leipzig，1957).

Strasburger，Hermann，'Posidonius on the Problems of the Roman Empire'，*Journal of Roman Studies*，55(1965)，40 - 53.

Sidebottom，Harry，'Severan Historiography：Evidence，Patterns and Arguments'，in S. Swain，S. Harrison and Jas' Elsner (eds.)，*Severan Culture* (Cambridge，2007)，52 - 82.

Smith，Rowland，'A Lost Historian of Alexander "Descended from Alexander"，and Read by Julian? Praxagoras of Athens Reviewed in the Light of Attic Epigraphy'，*Historia*，56(2007)，356 - 380.

Stylianou，Panico J.，*A Historical Commentary on Diodorus Book* 15 (Oxford，1998).

Swan，Peter Michael，*The Augustan Succession* (Oxford，2004).

Yarrow，Liv Mariah，*Historiography at the End of the Republic：Provincial Perspectives on Roman Rule* (Oxford，2006).

Zecchini，Giuseppe，'Asinio Quadrato storico di Filippo l'Arabo'，*Aufstieg und Niedergang der romischen Welt*，2. 34. 2(1998)：

345

2999 – 3021.

Zimmermann，Martin，*Kaiser und Ereignis*：*Studien zum Geschichtswerk Herodians*（Munich，1999）.

附录

　　本文在付梓印制时，P. Oxy. 4940 的发布为我们提供了一篇重要的新的文献证据。它有理由被认作是提马盖奈斯的一份著作残篇。残篇的内容谈到了加比尼乌斯对亚历山大里亚的攻击，它有着鲜明的支持加图的倾向。

屈伯文　译　陈　恒　校

第十四章　帝国时代的基督
教历史写作

迈克尔·惠特比（Michael Whitby）　文

在《马太福音》第十六章第二十八节（又见《马可福音》第九章第一节；《路加福音》第九章第二十七节）中，基督所说的一些话告诉我们他马上会第二次降临（Second Coming），当信徒们以此作为主要的追求，对此心生盼望时，作为一种信仰的基督教就诞生了。如《希伯来圣经》所记载的，历史之于基督教的主要意义，在于它作出了与弥赛亚的种种作为有关的预言和其他预告，以此而坚固了这位弥赛亚的地位。随着岁月的消逝以及与耶稣同时的人渐渐老去，在基督的再临仍推迟到未来时，赶在所有有亲身经历的人死去之前将这位弥赛亚的教训、事迹记载下来就变得越来越具有重要性了。结果，《福音书》产生了，连同《使徒行传》，后者记载的是基督被钉十字架与保罗公元 1 世纪 60 年代的罗马之行之间的事情。

这样，在广义上的基督教历史写作范围内，留下了一个缺环，因为我们并不确定像基督教会这样的组织有什么东西留存下来，而它本该将一段历史记录并传承下来的。尽管如此，基督教团体散布各地的现实创造了一种需要，也就是纪念并传扬前仆后继的信仰捍卫者进行斗争的故事，结果，从公元 2 世纪中期起，许多殉难事迹被写进了书信中。我们看到，士麦那的教会写信给菲洛米利亚姆（Philomelium）的教会，详述了波利卡普（Polycarp）的得胜（Eusebius, *HE* 5.1.3 - 63），与此同时，里昂与维埃纳（Vienne）的教会写信给亚细亚和佛里吉亚（Phrygia）的教会，信中说了它们自己的殉道者的事迹。除此之外,每一个基督教团体还有记载自身事务的需要,此种记载可以采取上述那种充满张力的修辞方式——书信,也可效仿《西拉殉道者行传》(account of the Scillitan martyrs,第八十六—八十九章)中更为简约的叙述风格。随着各地教会发展起与纪念基督的圣餐有关的历法,它们需要编撰相关材料,用以教训信众,让他们明白何为当纪念之事。

　　教义问题是推动基督教历史写作发展的另一个因素。因为受到这个特殊问题挑战的教会可能想让其他人知道自身教义的发展,此举可以使其他兄弟教会免于陷入一种困境——对一个共同性问题作出自己的回应,而更重要的,则是确保自己的看法保持统治地位,从而防止教义之争为异己的立场提供支持。基于此,优西比乌引用了一位佚名作家驳孟他努派教徒(Montanists)的资料。它们是该作家写给阿维里西乌斯·马塞卢斯(Aviricius Marcellus)的一封信或一本书中的内容,其中记载了孟他努派异端的教义与命运(*HE* 5.17)。

　　第三个推动人们往回看的因素可以视作基督教历史写作的基础。它来源于这样一种需要:相对于犹太人以及一些历史悠久、谱系漫长的优势群体,人们需要确定基督教会的地位,由此而在它的起源问题上,除去相关的"新奇古怪"的恶名,并在绝大多数关注此问题者的心目中,确定基督教会起源的某个历史时点,这个时点也就是提比略在位的第十五年基督开始传道时(《路加福音》第三章第一节)。基督教会与犹太人的关系是个容易解决的问题,因为基督作为肉身实现者——针对《旧约》中的众多弥赛亚预言——的地位,以及他所说的他的新约已取代了摩西旧约的话,为基督教会将全部犹太史并入教会史中提供了合理性论证。这样,基督教会被放进世界历史的框架中,就有了一个基础,因为犹太人与波斯人之间的互动包含了许多条与既存的希腊纪年有关联的线索:在波斯居鲁士击败巴比伦人后(《以斯拉记》第一章第一—四节),被囚的犹太人获得解放,由于居鲁士登位的时间被确定在第五十五个奥林匹克周期的第一年(第一届奥林匹克运动会后的第二百一十七年),因此,巴比伦战败的时间是在其后的第二十二年,耶路撒冷圣

347

殿重建则是在大流士作王的第二年（《以斯拉记》第四章第二十四节），亦即第六十五个奥林匹克周期的第一年。从这些年代"对应"的事例中随便取一个，人们便可依此循《旧约》中的世世代代往上溯，为亚伯拉罕乃至更早的历史时期定年。这样，犹太史与希腊史的相互联系便可清晰勾勒出来，前者对后者在时间上的优先地位（比如摩西对柏拉图，甚至荷马）也得到了确立。[①]

　　运用上述论证以服务于基督教的目的，有关此事的种种原则早在罗马帝国西部的德尔图良（*Apol.* 19. 1‐8）、帝国东部亚历山大里亚的克莱门（Clement of Alexandria，*Stromata* 1. 2 ff. ）手中即已见大致轮廓。不过，就基督教这种将不同民族的历史传统并入基督教会史的做法而言，一个关键的人物是朱利安·阿非利加努斯。尽管此人的著作并未留存下来，我们却有足够的文献摘录与其他信息（它们主要存于公元 9 世纪早期乔治·辛斯勒的《编年史》[*Chronographia*]中），还原他的研究方法：乔治的历史研究，部分内容是对朱利安推算的纪年进行彻底审查，必要之时，予以纠正，与此同时，在某种程度上予以捍卫，使之免受优西比乌的批评。[②]

　　对朱利安来说，历史是由神意主宰的，故此，历史学家的责任在于还原神的安排，这种安排既掌控过去的事，又决定将来的事。按照朱利安的设想，《创世记》中神在六日之内对世界的创造决定了此后人类历史的轮廓，因为在神眼中，千年如一日（《诗篇》第九十篇第四节）。在此基础上，人们可以预测，从创世开始，世界将有 6000 年的寿命，尾随其后的是另外一个安息的千年，类似于神在创世中安息的第七天。在朱利安的安排下，此种宏大的历史框架在应用中表现出了极大的对称性。基督降生于创世纪元（*annus*

348

---

① 例如，可参见 Josephus，*Contra Apionem*。有关上述内容的简要介绍，参见 Brian Croke，*Christian Chronicles and Byzantine History 5th‐6th Centuries* (Aldershot，1992)，ch. 3。

② 参见 William Adler and Paul Tuffin，*The Chronography of George Synkellos：A Byzantine Chronicle of Universal History from the Creation* (Oxford，2002)一书中的详细探讨。

mundi)第五千五百年,这正好是世界存在的最后 1000 年的中点;3
月 25 日被当作基督道成肉身(由此而有 12 月 25 日的基督诞生)
以及被钉十字架的日子,与此同时,凑巧的是,这些人类获得拯救
的关键日子又是世界最初被造的日子,按儒略历(Julian calendar)
计算,时值公元前 5500 年春分日。我们还可从《圣经》中找到若干
可供对照的例子。例如,由以上所述,我们可以很自然地知道,希
伯来族长法勒(Phalek,他的希伯来名"皮莱格"[Peleg]意为"相
分")之死发生在人类历史的中间点上,也就是说,在创世纪元第三
千年(Africanus *ap*. Syncellus 97)。更绝的是朱利安对玛土撒拉
(Methusaleh)的寿岁——969 岁——所作的处理。通过将此人的寿
岁与基督侍奉神的 31 年相加,朱利安凑足了千年之数,与此同时,
玛土撒拉作为希伯来第八位族长的地位,可与基督在犹太安息日
后的第一天的复活联系起来,那也就是第八天。考虑到标准的七
日千年观,数字 8 可与"超世俗的第八日,主的日子"联系起来,这
是一个永恒的时代,尾随人类历史的七个为时千年的七日与基督
的再临(这是基督的复活所保证了的)而来:"凡所缺的,救主就完
全它,以成就至福之千年,就是最为重要、最终的 1000 年。"①
(Africanus *ap*. Syncellus 21)

　　朱利安的精确定年工作是复杂的,这从他的著作残篇都可看
出,基于此,他犯下了一些错误就不令人感到惊奇了。最显眼的一
个错误是,他设定居鲁士发布解放犹太人的命令与其登基作波斯
王正好在同一年(公元前 560 年),而不是在居鲁士征服巴比伦(公
元前 538 年)将犹太人群体置于其统治下之后。这样,在朱利安的
计算中,就打开了一个 22 年的破口。除此之外,《圣经》中某些纪
年标记所表现出的含糊性(比如,有关摩西不同先祖所处的时代,
或者以色列历代士师的统治,资料是缺乏的),同样给不同的理解
留下了充足的空间。最重要的是,朱利安虽然打造了一个基础,从
而让人们能彻底地融合古代世界不同的历史传统,可是,在这个方

---

① The Chronography of George Synkellos, 28 n. 2, with p. xxxi.

向上，他并没有寻求得出明白的结论，并构建一种普世性的叙述。诚然，他证明摩西是雅典的俄古革斯（Ogygus）、阿尔戈斯的伊那科斯（Inachus）的同代人，可是，对更早些时候的历史事件，他并未作年代"对应"的工作。考虑到希腊人的历史传统混乱不堪且矛盾之处颇多，朱利安的这些错误是可以原谅的（Julius *ap.* Eusebius, *PE* 10.10.1）。不过，他通过贝罗苏斯、马涅托而知道的巴比伦、埃及的历史传统，却被他当作纯粹的吹嘘从而受到轻视，这就回避了将这些编年史与《旧约》调和起来的挑战。不仅如此，另外一项细致的工作，即将奥林匹斯诸神以后的希腊或罗马史融进自己的《圣经》框架中，朱利安也未承担起来，而这个任务在既存的世界历史的基础上，相对而言是不难完成的。相反，为了与他所安排的基督在其《圣经》框架中的中心地位相一致，他利用了天使加百列（Gabriel）向但以理显示的耶利米预言（这个预言与犹太历史的70个星期有关，参见《但以理书》第九章第二十四—二十七节），以求填补阿尔塔薛西斯统治时期与基督复活之间的空当期。可是，按照他的计算，这段空当期只有475年，而不是必须要有的490年。对于这个问题，朱利安尝试性地提出一个解决方案，也就是耶利米预言是用犹太阴历计算的。[1]

在拉克坦歇斯（Lactantius）那里，我们看到了研究基督教的历史悠久、地位合法问题的另一条路径。拉克坦歇斯是北非的修辞学教师，他在公元3世纪晚期皈依基督教。《神圣原理》（*Divine Institutes*）是拉克坦歇斯在"基督徒大迫害"期间创作的作品，从那以来，该书内容只有少量的更新，它是以非信徒为对象、确证基督教之合法性的良苦用心之作。该书中有一脉观点是挑战有人说基督教是"新奇古怪的东西"的污蔑的，理由是，由于欧赫迈罗斯派（Euhemerist）所坚持的神灵起于人类说，奥林匹斯诸神才是相对时

---

[1] 有关人们对耶利米预言的理解的变迁，参见 Croke, *Christian Chronicles and Byzantine History 5th - 6th Centuries*, ch. 2；又见 Adler and Tuffin, *The Chronography of George Synkellos*, xliii, 467 - 470。

兴的新货；该书从许多批评传统信仰的经典大作（如西塞罗的《论神灵之性质》[de Natura Deorum]）那里借取了资料。该书中的另一观点，是对基督是预言的实现作出证明。不过，在拉克坦歇斯那里，他选择的先知不是人们所期待的《旧约》中的先知（因为有人会以偏向性选择为由对此加以排斥）。相反，他在犹太—基督教历史传统以外寻找证据，用以证明一些彻彻底底的非信徒（特别是那些远古时候的人物，如女巫[Sibyls]和俄尔浦斯[Orpheus]）是如何预告了基督的生平的。在这里，《圣经》反倒沦落为旁证材料的提供者，偶尔对那些犹太—基督教历史传统以外的证据进行确认，比如，"就西塞罗与女巫提供的证据而言，《圣经》里说了同样的话，即神创造人"（DI 2.11.15－18）。这样，对基督教的反对者来说，以上述证据与问题毫无关涉从而对它们进行贬低，这在理论上就是一件很困难的事情了，尽管拉克坦歇斯可能知道他引用的某些材料，比如女巫所说的话，并不是毫无问题的。除此以外，传统古典世界最早的一些历史时期与基督之间的关系，也让拉克坦歇斯有所借鉴，用以描绘"正义"在历史上运行的大图景。图的起点是萨图恩神（Saturn）所代表的黄金时代，有关基督的许多预言就产生于这个时期；而后进入朱庇特时代，在该时期，罗马从一个微不足道的小邦成长为世界强权，它竭尽全力想要做的是推迟末日洪水的到来以及6000年人类历史后人类社会的崩溃（DI 7.14－17）。而在这场灾难之后不超过200年的时间里（DI 7.25），会有第一批死人复活，这是远古时候的女巫和其他犹太—基督教历史传统以外的文献所预言的；又有基督重临人间，以前他以智慧、美德、正义为关注焦点在地上传道，此次他要将世界引入一个新的黄金时代，真正的正义会在另一个至福的千年里统治这个世界，直到与邪恶力量最终的决战日与末日审判来临（DI 7.24－26）。拉克坦歇斯指出，流放生父萨杜恩从而开启了人类败坏之历程的朱庇特，尤其可称作罗马正帝（与副帝相对——译注）戴克里先的神界同道，这个戴克里先在人类败坏的历程中，留下了自己的时代足迹；而拉克坦歇斯特别挑出来加以批评的赫丘利斯，则与伽列里乌斯（Galerius）

350

搭成伙,后者是公元303年对基督徒进行大迫害的始作俑者。[1] 在创作于君士坦丁皈依基督教之后的《论迫害者之死》(*On the Deaths of the Persecutors*)中,罗马共治四帝(Tetrarchs)占有突出地位。在这本书中,拉克坦歇斯对先前迫害基督教会的那些邪恶皇帝如尼禄、图密善的下场,给出了预言似的描述。他最重要的攻击目标是戴克里先,尤其是伽列里乌斯,拉克坦歇斯本人正是这两位皇帝魔爪下的余生者。拉克坦歇斯描述了伽列里乌斯的悲惨命运,他的肠子为蛆虫所噬,他作出的停止迫害基督徒的决定,亦为时过晚。这些内容构成了拉克坦歇斯凯旋式叙述的坚固基础(*DMP* 33 - 34)。

与拉克坦歇斯相比,朱利安·阿非利加努斯成功地融汇了希腊的同步编年史传统,以为基督教作辩护。他并未决定将所有可得到的俗世历史信息尽收囊中,这意味着我们不能将基督教世界编年史的创始之功归到他头上。赢得这项荣耀的是优西比乌(约公元260—约340年),他著有《编年史》,这本著作融合了朱利安的计算成果以及希腊概述性历史著作的内容。优西比乌与朱利安,两人著作的区别在哲罗姆(Jerome)提到它们的地方得到了很好的概括。哲罗姆先提到的是朱利安·阿非利加努斯的《论各时代的五卷书》,后提到的是优西比乌的《年表及年表概要全书》(*de vir. Ill.* 63,81)。[2] 优西比乌将《年表及年表概要全书》分成两个不同的部分。第一部分《世界编年要录》(*Chronography*),是有关世界历史的原材料汇编,包含从像西西里的狄奥多罗斯这些不同作家那里搜录来的各国统治者、罗马执政官名录。这些材料下分五类,即迦勒底系、希伯来系、埃及系、希腊系以及罗马系,与此相伴的是每个具有重要意义的王国的编年概要,所有这些王国的交替更迭

---

[1] Anthony Bowen and Peter Garnsey, *Lactantius Divine Institutes* (Liverpool, 2003),44 n. 175.

[2] 有关这个问题,参见 Croke, *Christian Chronicles and Byzantine History 5th - 6th Centuries*, ch. 1. 当然,说优西比乌在基督教世界编年史传统方面有开创之功,并不是要贬损朱利安在编年史方面的重大贡献。

构成了一份综合性的历史概览。这个部分只是由于一位叙利亚人的缘故，才留存在一个亚美尼亚语译本中，这反映了该部分所具有的更专业化的性质。第二个部分是正规意义上的编年史，即《编年表》(Chronici Canones)。关于这个部分最初的样貌，哲罗姆的拉丁文译本能够给我们提供最切近的实例，不过，该部分所产生的影响是很大的，这在它有希腊语、亚美尼亚语、叙利亚语等多个译本传世上可以反映出来。① 为了清楚地证明曾主导世界历史的不同王国之间在编年史上的联系，优西比乌在《编年表》中，以纵向排列的方式编制了各王国统治者的年表。起初，是覆盖希伯来人、亚述人和埃及人历史的三个年表，在此之外，优西比乌还采取措施，将其他民族比如波斯人、罗马人的历史纳入进来，因此之故，在任何时候，表格最多可达到九列。同样，当某个民族独立存在的历史过去之后，相应的表格亦告撤销。就整个《编年表》的架构而言，统领全表的那个年代序列是位于左手边的那列表格，该表包含了亚伯拉罕的年表，该年表是一个普世性的纪年标记，它可以通过合适的方式与奥林匹克纪年相结合。往这个网格状的编年表中，人们可以安置不同的历史信息，与《圣经》有关的放入一边，与《圣经》无关的放进另一边。这样，特殊的历史事件就可经过对照，确定它们在基督教或世俗历史进程中的地位。

　　除了具有更大的雄心外，优西比乌所进行的历史研究尚有大量与朱利安·阿非利加努斯不同的地方。其中最明显的是，优西比乌选择以亚伯拉罕的诞生作为自己笔下世界历史的起点。在他而言，这是能加以精确定时的最早的历史事件，时当亚述王尼努斯在位的第四十三年。在此之前的历史记载，则是非常具有争议性的，尽管如此，优西比乌偶尔也给出自己的计算结果(2, praef. 14. 20 – 15. 7)。这样做的部分结果，是导致世界所享有的总寿命变

351

----

① Timothy D. Barnes, *Constantine and Eusebius* (Cambridge, Mass., 1981), 111 – 113; and Richard W. Burgess, *Studies in Eusebian and Post-Eusebian Chronography* (Stuttgart, 1999), 23 – 27.

得不再那么重要，这样，在朱利安·阿非利加努斯著作中享有中心地位的"至福千年"的计算问题，在优西比乌这里却未见有进一步的动作。不仅如此，优西比乌还通过挑战并修正朱利安所确立的某些关键日期，证明了他作为一位编年史家的卓越才华。比如，在摩西诞生以及耶利米发出与犹太人被囚 70 年有关的预言二事上，优西比乌所作的修正既利用同时又摧毁了前辈在此二事与神意之间建立起来的联系。在某些问题上，优西比乌更情愿接受犹太《圣经》而非《七十子圣经》的说法（比如，在出埃及与所罗门建圣殿之间的时间间隔问题上，希伯来《圣经》之《列王纪上》第六章第一节给出的时间是 480 年，《七十子圣经》中同样的章节给出的却只有440 年）。优西比乌的著作写到公元 277/278 年为止，后出的一个版本则写到了公元 326 年。[①]

通过融合基督教与非基督教的历史写作传统，优西比乌的《编年表》推进了将世界历史融入教会史的事业，不过，火力强大的批评者如波尔菲里（Porphyry）对《编年表》中的观点展开攻击。另一方面，一位皇帝对基督教的皈依打开了人们的视野。[②] 尽管如此，《编年表》却很少触及基督教会的历史。就这个主题而言，在记载第一代基督徒事迹的《使徒行传》结尾的地方与当下之间，横亘着一条为时 200 年的时间鸿沟。在另一部文学创作《教会史》中，优西比乌有效地应对了这项挑战，这本书将"基督教会史"提升到传统世俗历史写作主题的水平上。在该书导言中，作者计划涉及的内容得到了清晰说明（HE 1.1）：其一，使徒时代以来历任主教的变迁，起初是罗马与亚历山大里亚两个主教，而后，增补安条克主教、耶路撒冷主教，从而为人们提供一个与罗马皇帝世系相联系的

352

---

① Barnes，*Constantine and Eusebius*，113.

② Richard W. Burgess，'The Dates and Editions of Eusebius' *Chronici Canones* and *Historia Ecclesiastica*'，*Journal of Theological Studies*，48(1997) 471 - 504，at pp. 488 - 489. 波尔菲里准备接受摩西是一位非常古老的人物的观点，尽管如此，通过证明《但以理书》是公元前 2 世纪中期的作品，创作于安条克四世（绰号"神的显现"）迫害犹太人之后，他有力地反驳了该书中的预言。

教会史框架;其二,教会史上的重大事件,基督教领袖,作家(还有对优西比乌而言意义远为重大的一些人);其三,异端与犹太人的悲惨命运;最后,对基督徒的迫害行动以及由它们催生出的伟大殉难事迹。优西比乌对基督教历史写作怀有兴趣,这在一个杰出的圣经评论家身上是毫不令人感到奇怪的,作为此种兴趣的体现,他确立了《新约》各卷书的正典地位(*HE* 3.3)。[①] 优西比乌看似对基督教发展在内因方面的可能性并未表现出特别的兴趣,[②]这样,由传道与其他皈依方式而来的基督教会的扩展并未成为他的一个论题。由此产生的部分结果是,优西比乌往往对基督教福音在早期的效果夸大其词,并使他特别依赖与地位崇高的一些基督徒有关的材料,对基督教的迅速成功进行概述。同样,对优西比乌来说,所谓异端是指对完全真理的偏离,这种完全真理在道成肉身期间得到显现,并通过《使徒行传》的历史传统得以保存下来;而在其他人的笔下,异端可能是这样一个进步过程——不完美的人类理解朝准确理解神示真理的方向迈进——的组成部分(比如,可参见 Evagrius, *HE* 1.11)。此种"对完全真理的偏离"有很多成分来源于犹太人的影响,故此,对异端的胜利与描述犹太人的不幸的篇章联系在一起。

在历史写作方法上,将优西比乌与绝大多数古典历史学家区分开来的一个特征是前者对史料的使用。在修昔底德和波里比阿这类作家的著作中,包含了应需性(occasional)文献,比如重要条约的文本,而就优西比乌的著作而言,其大部分内容是通过对不同材料的引用构建起来的,比如约瑟夫斯有关犹太人起义的论述,维埃纳、里昂教会写下的描述马可·奥勒留时期当地殉道者事迹的书信,以及亚历山大里亚人狄奥尼修斯的书信。古典历史学家受到过训练,通过引人入胜的修辞吸引他们的读者,与此相比,优西比乌长期在这样一种文学创作背景下进行写作,在此种背景下,要成功地讨论对一段圣经文字或一个教义问题的不同理解,引用不同

---

① 参见 Barnes, *Constantine and Eusebius*, 139 - 140。

② Ibid., 131 - 134.

的文献是至关重要的。优西比乌历史著作与古典历史学家历史著作的另一个不同点体现在前者对当代历史事件的处理上。对古典作家（尤其是讨论很长的一段编年史的作家）而言，在涉及当代史时将它写得更全面、更细致可谓司空见惯的做法，原因很简单，因为他们对当代知道得更多，且能获得更好的材料。如果他们有什么特别的原因不能记载当代历史事件的话（塔西佗的箴言"无喜无怒"可能对此有所暗示，参见 *Annals* 1.1），他们所做的无非是对在位皇帝的统治避而不谈，不过，仍有像卡西乌斯·狄奥这样的作家，可能对自己所处时代的历史事件作深入的描述。而就优西比乌而言，他并未选择回避当代的历史事件，我们看到，对基督徒的大迫害运动占据了《教会史》第八、九卷的主要版面，作者从地方视角出发对此作了有力的叙述。不过在第十卷（在该书所述的最后一些主要阶段，该卷篇幅渐次得到扩展）中，有关基督徒皇帝君士坦丁的论述却少得可怜。

353　　　　就上述讨论而言，《教会史》的创作日期是一个问题。传统上认为，该书是在教会获得胜利后（君士坦丁在帝国西部赢得胜利，李锡尼对《米兰敕令》中的宽容条款表示支持）开始创作的。不过这个观点遭到了巴恩斯（Barnes）的挑战，这个巴恩斯确认了《教会史》的一个原始版本，它创作于大迫害运动之前。就优西比乌心里所规划的《教会史》而言，此事可能意味着一种新看法的提出，它认为，是公元 3 世纪晚期"教会的和平时代"而非公元 312/313 年的种种历史事件，令优西比乌的心里生出信心，推动教会史著作的撰写工作。时至今日，舆论风向又转向了传统上确定的《教会史》创作日期，当然，这次，它提供了一个清晰、易懂的背景，就此种背景而言，《教会史》第九卷所记载的巴勒斯坦大殉道充当了一个高潮。[1] 人

---

① Ibid., ch. 8;安德鲁·劳思（Andrew Louth）在 Eusebius, *Ecclesiastical History*, trans. G. A. Williamson, rev. Louth, (Harmondsworth, 1989)中提出了反对意见;也见 Burgess, 'The Dates and Editions of Eusebius' *Chronici Canones* and *Historia Ecclesiastica*'。

们一致认为,在《教会史》第一版创作出来后,优西比乌在君士坦丁统治时期对它进行了不断的续写。其中第一项实质性的续写内容是优西比乌自己发表的一篇演讲,它所谈论的是人们在推罗捐建一座教会之事;尾随其后的是皇帝的书信集,在这些书信中,君士坦丁与李锡尼确认了基督教会与基督徒所享有的不同利益;最后,是有关君士坦丁战胜李锡尼的记载。在《教会史》中,优西比乌担负有反对异端的使命,考虑到这一点,书中明显缺乏讨论非洲多纳图教派(Donatist schism)的内容,[①]更进一步,同样缺乏讨论阿里安派争端(该争端主导了帝国东部的教义讨论,优西比乌本人则是该争端的密切参与者)起始阶段的内容,[②]就不能不引人注目了。在材料方面,教会所占的比重赶不上人们所作的预期。对此,人们提出了种种解释,比如,有人认为优西比乌并不想因为详细记述上述那类棘手的问题,从而导致有关基督教获得胜利的信息蒙受阴影;也有人认为优西比乌觉得确定上述那类近期发生的事件所产生的长期意义并不是件容易的事;还有人认为优西比乌把自己的《君士坦丁传》作为自己先前的两部著作(《编年史》与《教会史》)的有力续作。[③] 不论基于什么原因,在文献与对当代史的论述这两个方面,优西比乌都为后世教会史家确立了一个先例。

　　就编年史写作来说,优西比乌所作的先驱之工产生了上面所说的那种影响,不过,吊诡的是,其著作的原文版本并未留存下来。

---

① 对下面一些人该如何进行处理的难题导致了该派的产生。这些人在大迫害运动期间曾将教会的财产交了出去,以此而与帝国政府有过合作,不过很快,他们转到了非洲教会的控制下。

② 该争端涉及圣父、圣子的关系问题。尽管阿里安派并没有统一的立场,他们所持的观点是从某个方面来说,圣子不完全等同于圣父。公元 325 年,尼西亚会议试图通过采用父子同质说(Homoousian formula,它认为父与子是同质的)解决这个问题。优西比乌本人只是在遭到监禁的情况下才接受这个说法,并且接受的时间也不长。在帝国东部,这个问题一直是占据主导地位的争论话题,直到狄奥多西在公元 381 年召集君士坦丁堡会议为止。

③ Richard W. Burgess, *Studies in Eusebian and Post-Eusebian Chronography* (Stuttgart, 1999), 74 - 79.

在希腊,优西比乌的《编年录》构成了一个活的传统的组成部分。在这个传统中,优西比乌的续作者、翻译者扩展、重塑或修正了他所作的贡献。此种扩展、重塑或修正发展到一定程度,以至于保存优西比乌著作原文本的复本变得无利可图。[1] 在自己手头的《编年录》拉丁文译本以及续本(续至公元378年)中,哲罗姆发现优西比乌有关罗马史的叙述简短得不能令人接受,故此,他作了大幅扩充。不仅如此,在罗马建城以及耶稣被钉十字架的时间这类重大日期问题上,哲罗姆也与优西比乌意见不一。基于此,对编年史作某些修正成为必要。[2] 哲罗姆的《编年录》续本完成于公元382年,它促进了此后200年一种不同的拉丁编年史传统的产生。在此种传统中,不同作家纷纷以哲罗姆的某个版本(通常是作了很大缩略的版本)为出发点,并附加一直写到他们自己所处时代的续本(通常,他们所关注的焦点是他们自己所处的那块地理区域)。[3] 亚奎丹的普洛斯柏(Prosper of Aquitaine)在公元433—455年创作了三本《编年录》的扩展著作;西班牙人赫德修斯(Hydatius)将他的版本的时间下限延至公元468/469年;在公元5世纪中期与公元6世纪早期之间,数部"高卢"编年史被编撰出来,与此同时,马赛林·库麦斯(Marcellinus Comes)、卡西奥多鲁斯(Cassiodorus)、图努那的维克托(Victor of Tununa)、比克拉的约翰(John of Biclar)、阿弗兰什(Avrenches)的马略等,纷纷在公元6世纪创作了自己的版本。在此之外,当然还有许多其他编年史,它们通常可能从非常地方化的视角出发,不过,所有这些著作都已彻底地消失在我们的眼界内。这些作家当中的某些人,比如哲罗姆、赫德修斯,在采用从亚伯拉罕到奥林匹斯神的编年框架方面追随了优西比乌的脚步。不过,许多其他作家在定年规则上将执政官年摆在优先地位。

---

[1] 有关还原优西比乌《编年史》最后一个部分的大胆尝试,参见 Burgess, Studies in Eusebian and Post-Eusebian Chronography, 46 - 65。

[2] Ibid., 23 - 25, 90 - 98.

[3] 相关的总体介绍,参见 Brian Croke, *Count Marcellinus and his Chronicle* (Oxford, 2001), 154 - 164。

　　一方面，这反映了这些作家的著作所关注的焦点问题，就此而言，我们看到，他们著作的篇幅得到扩展，从而能够覆盖近期发生的事件（相比优西比乌所要确立的基督教纪年，这些事件具有更重要的意义）；另一方面，它回应了公元4世纪的一种历史写作传统——注释执政官年表（consularia，意为带有注释的执政官年表）——日益风行的趋势，此种传统是人们从罗马史框架中解放出来的，它在基督教会史中却为优西比乌所排斥。在这些作者所述内容繁简的层面，我们也可看到一些差异之处：大多数作家依循优西比乌所赞同的简洁原则，与此同时，其他人（最著名的是赫德修斯）试图对近期发生的事件作更全面的叙述，特别是在事件对事发地造成了影响的情况下。[1]

　　在帝国东部，优西比乌享受了这种著作有人续写的荣耀（比如，公元4世纪中期一位不能确认身份的作家接续了优西比乌的著作，这位作家对持反尼西亚会议立场的康斯坦提乌斯二世抱有正面看法），[2]不过，也有人对他的权威提出重大挑战。在亚历山大里亚，有两位僧侣，即帕诺多利斯（Panodorus，包括他的追随者）以及评论家亚尼亚努（Annianus）。他们各自就圣经编年史提出了他们对优西比乌框架的修正意见。在此影响下，优西比乌的亚伯拉罕年表被废弃，代之以亚当年表（创世纪元），尽管两位僧侣在创世日期的计算上有所差异。要详细地还原两位僧侣的贡献是一件困难的事情，因为帕诺多利斯的著作几乎完全是由于公元9世纪早期乔治·辛斯勒对它的使用而为人所知，至于亚尼亚努，我们是通过乔治·辛斯勒、叙利亚编年史传统这两条渠道确证他的存在的。帕诺多利斯以其知识的广博而受到乔治·辛斯勒的褒扬，他似乎在他的某些计算上借助了克劳狄·托勒密的《实用天文表》

355

---

①　Richard W. Burgess in Hydatius, *The Chronicle of Hydatius and the Consularia Constantinopolitana: Two Contemporary Accounts of the Final Years of the Roman Empire*, ed. and trans. Burgess (Oxford, 1993), 9.

②　有关该续作可能的复原本，参见 Burgess, *Studies in Eusebian and Post-Eusebian Chronography*, study 2。

495

(*Handy Tables*),这导致他将基督道成肉身的时间提前了七年(根据乔治·辛斯勒的估计)。公元 4 世纪期间,围绕着确定复活节日期(这是不固定的)的正确方法,人们起了许多争论,这些争论将确定某种世俗方法——用于提前计算春分日后的第一个满月的时间——的重要性托了出来。这是亚尼亚努在阿卡狄乌斯统治时期进行创作时所优先关注的问题,由此,他的著作围绕着 532 年内周而复始的复活节周期构建起来,此种周期融合了 19 年的阴历周期以及 28 年的阳历周期。这些周期还与时间的开端有关,因为根据人们普遍的设想,神在创世的第四日将一轮圆月悬在诸天之中。这样,尘世的每一年的开头,必须得从 3 月 29 日满月时算起。虽然帕诺多利斯、亚尼亚努并不是优西比乌著作仅有的两位希腊续作者或改写者,不过,对于其他可能的续作者或改写者,我们所能说的就更少了,比如公元 5 世纪的编年史家聂斯托利(Nestorianus),他被马拉拉斯(Malalas)列为一个材料来源。

优西比乌《编年录》一个特别的衍生物是城市编年史。以一个特别的地方为关注焦点的编年史古已有之,比如罗马共和国的《执政官年表》,它记载了与罗马城有关的执政官的名字以及重大的宗教事件。不过,此种传统似乎在公元 4 世纪获得了新生。此种传统最早的实例文献要么是一些残章断片,比如公元 4 世纪晚期一本配图的编年史著作(*Pap. Golenischev*)的纸草残篇,它的关注焦点是亚历山大里亚,除此以外,它还与一本拉丁文译著(*Excerpta Barbari*)的内容摘录有关;[①]要么是在被包含进后来的著作(比如安条克的多姆尼努斯[Antiochene Domninus]的著作,此人是马拉拉斯的另一个材料来源)后散佚。按照马赛林·库麦斯的规划,他的拉丁文《编年史》是哲罗姆著作的续篇。[②] 该书的第一个版本以公元 518 年阿纳斯塔修斯(Anastasius)之死为终点,此后,该书经

---

① Croke, *Christian Chronicles and Byzantine History 5th‐6th Centuries*, ch. 4.
② 相关的全面探讨,参见 Croke, *Count Marcellinus and his Chronicle*;克罗克(Croke)的译本(*The Chronicle of Marcellinus*[Sydney, 1995])需谨慎使用。

过马赛林·库麦斯本人的增扩,写到了公元534年,再然后,另一位作者对此作了扩展,至少写到了公元548年,在这里,相关的手稿突然中断了。在这本《编年史》的材料来源中,有一本君士坦丁堡的城市编年录,它覆盖了从公元395—469年的时间段,其重点关注的对象是君士坦丁堡这座首都以及它的巴尔干腹地。这是毫不令人感到奇怪的,因为马赛林·库麦斯出身伊利里库姆,后来在宫廷中当差。它深入地探讨了首都礼仪日历的演化史,由于要对各式各样的新事件(比如地震)或某些物品(比如圣人遗物)进行纪念,该日历变得越来越复杂。有一份相当不同的文献,保存在公元8世纪伪特尔马赫的狄奥尼修斯(Pseudo-Dionysius of Tel-Mahre)所著的叙利亚文《编年史》中(该《编年史》亦以《祖宁编年史》[*Chronicle of Zuqnin*]之名为人所知)。该文献被归入伪修行者约书亚(Pseudo-Joshua the Stylite)的名下,其叙事范围从该文献的名字那里可见一斑:《有关发生在埃德萨、阿米德以及美索不达米亚全境的不幸之事的编年史叙述》(*A Chronographical Narrative of the Distress which occurred in Edessa, Amid, and All Mesopotamia*)。这是一部按年叙述意义上的编年史,它以在叙利亚历史写作中具有权威地位的亚历山大年表(根据计算,塞琉古王朝时期是从公元前312年10月开始的)为纪年机制,该书以其极其详尽的对地方事件(比如饥馑、波斯人的围攻等)的描述引人注目。[①]

　　在这些早期的编年史著作中,最著名且反映了以前著作之多样化的,当数约翰·马拉拉斯所创作的编年史了。马拉拉斯是安条克人,他很可能曾在治所驻于该城的某个府衙中担任过职务。马拉拉斯的著作从亚当写到他的时代,其第一版很可能完成于查士丁尼登基的公元527年。而后,该书扩展到公元533年,并在其后一路延伸下去(虽然它日益将关注焦点转到君士坦丁堡上面)。可能在10年的间隔期后,另一位作家续写了这部著作,一直写到公

356

———————

① *The Chronicle of Pseudo-Joshua the Stylite*, trans. Frank R. Trombley and John W. Watt (Liverpool, 2000).

元 565 年。① 与优西比乌一样,马拉拉斯《编年史》的原始版本并未留存下来,不过,根据一个希腊文的缩略版本以及某些附加材料(它们源自该希腊文缩略本所衍生出来的希腊语、叙利亚语、斯拉夫语、埃及古语、拉丁语文本),马氏《编年史》的实质性内容是能加以还原的。② 马拉拉斯的著作有效地确立了世界编年史这种写作体裁的地位,它注定会成为直到下一个千年的拜占庭最为重要的历史写作形式。

马氏《编年史》前言提出了两个目标:其一,详细叙述基督教历史的进程,此种历史进程在基督教编年史传统中有所呈现;其二,概述从亚当到齐诺皇帝及其继任者的重大历史事件。马氏将自己的材料填充到 18 卷书中,《圣经》中的叙述赋予了其中的第一—八卷以写作框架,它们从亚当说到大祭司阿都斯(Addous)。在第一—八卷中,《圣经》材料并不占主导地位,相反,作者将许多注意力投到了一些世俗历史事件上,比如进入历史时代后异教诸神的起源(第一卷),或者特洛伊战争(第五卷)等。第九—十四卷覆盖了从共和国到齐诺登基(人们主张在这个时点以后,马拉拉斯不能再借助由前辈比如聂斯托利提供的写作框架了)的罗马史。之后,该书余下的每卷都用于对某个皇帝的统治进行描述,他们是齐诺、阿纳斯塔修斯、贾斯廷一世(Justin I)和查士丁尼。在该书最后的部分,作者的描述变得极为细致,公元 527 年的波斯战争、公元 532 年的尼卡暴动(Nika Riot)占了很大篇幅,从内容之丰富来说,它们可与伪约书亚的叙述相比。在马氏自己创作的《编年史》续本的开头部分(公元 533 年),我们看到了一个显眼的大变化(它是关于篇幅方面的),该续本中有关头十年的叙述非常简短,此外,则是一些

357

---

① Brian Croke, 'Malalas, the Man and his Work', in Elizabeth Jeffreys with Croke, and Roger Scott (eds.), *Studies in John Malalas* (Sydney, 1990), 1 - 25.

② 这项极为艰难的工作最有可能由伊丽莎白·杰弗里斯(Elizabeth Jeffreys)、迈克尔·杰弗里斯(Michael Jeffreys)、罗杰·斯科特(Roger Scott)领导的小组承担起来,参见 *The Chronicle of John Malalas: A Translation* (Melbourne, 1986)。也见 Jeffreys with Croke and Scott (eds.), *Studies in John Malalas* 中的讨论。

拉拉杂杂的编年史叙述。此种情况一直延续到马氏转过头来,将笔头转向自己创作的时代为止。与优西比乌和其他编年史前辈不同,马拉拉斯并没想着要确定历史事件的具体年份,此外,他并没有给出一个编年史框架。事实上,只是在马氏《编年史》最后的几卷书中,绝大多数历史事件才被安上了一个具体发生时间,它有时是帝王纪年,有时是十五制①纪年中的日期。不过,对时间的计算于马拉拉斯而言具有至关重要的意义,基于此,他在不同的地方给出了他按亚当纪年进行计算的结果,马拉拉斯写作此书时,因迎接具有关键意义的创世纪元第六千年而爆发的"至福千年"热潮(约公元 500 年)已然消退。受此事的影响,他可能选择将创世纪元第六千年与世界历史上最重要的事件——基督被钉十字架——挂上钩,②并且在谈到公元 528 年的一段文字(第十八卷第八章)中强调,此时的世界进入了它的第七个千年期。③

马拉拉斯的著作除了不断有人加以续写,其本身还被其他作家使用,被后者当作世界编年史的基础。有一本安条克的约翰所写的著作,我们有理由认定它在格式、内容范围上与马拉拉斯的著作接近。这个约翰,他的名字以及出身,给我们提供了足够的机会将其与他的前辈混淆起来。我们对他的绝大部分认识是从一些手册(它们是"紫室王"君士坦丁在公元 10 世纪委托人创作的)中的摘录文献来的,尽管如此,我们可以从中看出,约翰似乎在罗马史方面利用了许多资料来源,不仅如此,他还融合了许多挑选出来的作家对后期帝国的看法。④ 约翰著作留存至今的最后一段文献摘录

---

① 以 15 年为一期。——译注
② 我们不得不对原始文献作出还原,因为它的希腊文本对马拉拉斯给出的数据作了一刀切的处理,以与标准的计算结果相吻合。参见 Elizabeth Jeffreys, 'Chronological Structures in Malalas' Chronicle', in Jeffreys with Croke and Scott (eds.), *Studies in John Malalas*, 111 - 166, at pp. 116 - 118。
③ 这段文字可能显示了马氏《编年史》续本与初本之间的一个承续点。
④ Roger Scott, 'The Byzantine Chronicle after Malalas', in Jeffreys with Croke and Scott (eds.), *Studies in John Malalas*, 38 - 54。

与公元 610 年富葛（Phocas）的统治被推翻有关，人们通常认为该书写到这个时候为止。不过，我们不排除以下两种可能：其一，约翰的著作还要长一些；其二，公元 7 世纪早期的材料代表有人接着该书的基本内容写了下去。我们还可以说说由马拉拉斯著作衍生出来的另一部较早的作品《复活节周期编年史》（Chronicon Paschale），该书作者不详，它很可能是由君士坦丁堡的一位神职人员在公元 630 年编撰出来的。① 与马拉拉斯不同，这位作者将编年史的准确性摆在很重要的位置上，以至于从创世开始的每一年都拥有一个条目，配上适当的纪年符号，比如奥林匹克纪年、帝王纪年、执政官纪年、十五制纪年以及主教（主要城市的主教）纪年。在每一年的条目下，即便无事可记，作者也要将相关信息写出来。相比马拉拉斯，这位作者对《圣经》材料以及早期教会史投注了更多的注意力，基于此，反过来，他对世俗历史事件的叙述则篇幅更少，长篇大论则更少。不过，与马拉拉斯相同的是，这本编年史的末尾同样有对当时事件的详尽叙述，其中偏向基督教的立场清晰可见。这些事件包括：公元 626 年的君士坦丁堡之围，这座城市在事后得以存活下来，人们可归功于圣母马利亚的护佑；赫拉克利乌斯（Heraclius）对不信神的波斯国王库斯老（Khusro）的胜利，通过受皇帝委派者的工作，此次胜利得到记述，它突出了基督教的视角。② 作者所关注的最重要的问题是确定创世、基督道成肉身、主要的教会节日（特别是复活节，该书因此而得名）在编年史上的联系。在公元 7 世纪 20 年代，为什么作者会关注这个问题？对此，我们是很不清楚的。不过，我们知道，公元 623 年，哲学家亚历山大里亚的斯蒂芬（Stephen）完成了一本编年史短著的创作，其中有一章与复活节有关，这一章将复活节日期的确定与当时的十五制周期联

---

① 参见 Chronicon Paschale，284 - 628 AD，trans. Michael Whitby and Mary Whitby（Liverpool，1989）一书内容简介中的有关讨论。

② 这部编年史的结尾部分已然散佚，不过，相当有可能的是，公元 630 年 3 月 21 日的残缺十字架回归耶路撒冷一事标志着这次胜利的高潮，该十字架在公元 614 年被波斯人劫走。

系在一起。①

教会史写作是优西比乌有开拓之功的另一个主要的文学领域。由此产生了一种不可避免的趋势，也就是人们将他的著作奉为教会史写作的圭臬，并且把它当作一种地位坚固的传统提到它，此种传统有着清晰的表明其自身属性的边界，而实践这种传统的人则受到该边界的约束和指导。② 不过，对此项传统的主要贡献者所作的细致考察证明了上述看法的脆弱性。③ 教会史这种写作形式是由它的写作题材建构起来的，这里的题材也就是有关教会史的材料，而这种材料是可以通过不同视角加以探究的。我们明显可以看到，人们对神的旨意、神的介入这类问题有着不同的态度；在不同的人那里，他们优先考虑的主题也有所不同，比如有的人赋予修道院制度或改宗等主题以优先地位。除了不同的视角外，教会史还可有不同的写作风格。教会史这种写作形式在核心主题上与古典式历史写作有所差异，不过，以下所列的几点却是事实：这两种传统都以"冲突"作为关注重点，一方面是内部、教义方面的冲突，另一方面是外部、军事方面的冲突；两种传统都宣称自己所作叙述的准确性；两种传统各自阵营下的绝大多数作家都接受相似的文学教育，这意味着两种写作形式是并行不悖而非相互分离的关系。教会史写作同样需与大量的文献汇编区别开来，后者是基于特定的（通常是历史学方面的）目的被编撰出来的，它们构成了教会史原始材料的一个重要来源。与历史著作一样，这些文献汇编通常怀有一个特定的目的，也就是证明某个特殊看法的正确性，或是保

---

① J. Beaucamp et al.，'La Chronique Paschale: Le temps approprie'，in *Le Temps chretien de la fin de l'Antiquite au Moyen Age*（Colloques du CNRS 404，1984），451 - 468. 斯蒂芬同样与完成于公元 630 年的一系列执政官年表有关联。

② 例如，可参见 Pauline Allen，*Evagrius Scholasticus: The Church Historian*（Louvain，1981），ch. 3。

③ *The Ecclesiastical History of Evagrius Scholasticus*，trans. Michael Whitby（Liverpool，2000），pp. lv - lx；and Peter Van Nuffelen，*Un Heritage de paix et de piete: Etude sur les histoires ecclesiastiques de Socrate et de Sozomene*（Leuven，2004），207 - 217。

存人们对某个特殊观点的记忆。这样的话，它们就肯定不是持论公允的事件记录、观点记录了。另外，与完整的历史著作相比，文献汇编由于篇幅关系，所论的内容并不广泛，而个体在编辑工作上所留下的痕迹也并不那么明显。

359　　与编年史传统一样，从优西比乌《教会史》衍生出来的第一部具有重要意义的著作是一个经过扩展的拉丁文译本，这个译本的翻译者是阿奎利亚的鲁菲努（Rufinus of Aquileia）。鲁菲努是一个精力旺盛的希腊著作翻译家，他在异教文学的有用性以及奥利金教义（Origenism）的问题上与哲罗姆有过激烈交锋。① 公元 402年，鲁菲努曾受命于当地主教克罗马提乌斯（Chromatius），翻译优西比乌的著作，他希望通过证明教会在上帝庇佑下能在长远的未来获得成功，使得阿奎利亚城基督徒的人心在高卢人围攻该城之际能安定下来（Rufinus，*HE* prologue）。他在若干地方对优西比乌的叙述作了扩展，不过，其主要贡献在于他新增的、续写优西比乌论真正信仰片段的两卷书。这两卷书从尼西亚会议所面临的挑战、“叛教者”尤里安的插曲，说到狄奥多西一世之死，后面一位皇帝被呈现为其他统治者应当效法的典范。优西比乌《教会史》另一个可能的、比较早的续写者是格拉修（Gelasius），他是公元 367—395 年驻在巴勒斯坦的凯撒利亚主教。佛提乌告诉我们（*Bibliotheca*，*codex* 88，p. 12.30），这个格拉修与优西比乌著作的某个修订、增补版本有关联，后者为我们提供了与尼西亚会议以及阿里安派的反应有关的大量信息。② 虽则如此，我们对格拉修的了解由于一些因素（比如，公元 5 世纪基济科斯的格拉修［Gelasius of Cyzicus］所著的一本教会史书籍的创作）的影响，变得错综复杂起来。③ 有一个事实，也就是佛提乌所相信的格拉修译鲁菲努《教会

---

① P. Van Deun, ' The Church Historians after Eusebius ', in Gabriele Marasco (ed.), *Greek and Roman Historiography in Late Antiquity*：*Fourth to Sixth Century A. D.* (Leiden, 2003), 151 - 176 at pp. 160 - 167.

② Ibid. , 152 - 160.

③ 我们有关格拉修的有限信息在马拉斯科（Gabriele Marasco）那里得到　（转下页）

史》之事并不是真的,鲁氏《教会史》的翻译是直到格拉修死后七年才发生的事。另外,有关"通法者"苏格拉底的《教会史》与鲁菲努的《教会史》之间的关系,人们自然持有的传统看法是苏格拉底借鉴了前辈的著作。不过,现在此种观点受到了有力的挑战,有人提出,我们有关历史学家格拉修的全部信息,其实与公元 5 世纪晚期的一个冒牌货、伪凯撒利亚的格拉修有关。① 在这样的情况下,我们最好避免作无谓的猜测。

在帝国东部(希腊部分),狄奥多西二世在位的最后 10 年(公元 440—450 年)见证了教会历史写作的一次非比寻常的高潮,有三部作品从正统的尼西亚会议的视角接续了优西比乌的著作,按照年代顺序,它们分别为"通法者"苏格拉底、索卓门努斯(Sozomen)、狄奥多勒(Theodoret)所写。② 在稍早些的时候,持反尼西亚会议立场的菲洛斯托吉乌斯(Philostorgius)也续写了优西比乌的著作,不过对于他的续作,我们只是通过佛提乌给我们提供的该书大略以及它对其他著作(比如《阿特迈乌斯殉道记》[*Passio Artemii*])的影响,间接地有一些认识。③ 很早以来,就存在一股趋势,要求人们将上面所说的正统派三大将合到一块,以宣讲师西奥多(Theodore Lector)为例,他就在公元 6 世纪早期创作了一本《教会史著作选辑》(*historia tripartita*),将从不同作者那里摘录来的资料汇入一本书中。西奥多对不同作者的近距离考察突出了他们在方法上的差异,与此同时,西奥多并未忽略他们在全书中的统一

360

(接上页)了考察,参见 Gabriele Marasco, 'The Church Historians（II）: Philostorgius and Gelasius of Cyzicus', in Marasco（ed.）, *Greek and Roman Historiography in Late Antiquity*, 257-288, at pp. 284-287。

① Peter Van Nuffelen, 'Gelase de Cesaree: Un compilateur du cinquieme siecle', *Byzantinische Zeitschrift*, 95(2002), 621-639.

② 总体情况,参见 H. Leppin, H., 'The Church Historians（I）: Socrates, Sozomenus, and Theodoretus', in Marasco（ed.）, *Greek and Roman Historiography in Late Antiquity*, 219-254。对苏格拉底、索卓门努斯非常细致的考察,参见 Van Nuffelen, *Un Heritage de paix et de piete*。

③ Marasco, 'The Church Historians（II）', 284-287.

性。另外，就背景而言，不同作者之间也有很大的不同。谈到菲洛斯托吉乌斯，我们能说的不多，我们只知道他与持反尼西亚会议立场的基济科斯主教优诺米乌斯（Eunomius）有关系，且他对后者在教义上的立场有着强烈的忠诚，这决定了菲洛斯托吉乌斯对教会史问题以及世俗统治者的叙述方式。苏格拉底是一位受过很好教育的君士坦丁堡人，他的大号"通法者"如果可信，则它可能揭示了他所具有的法律背景；[1]他对诺瓦蒂安社团（Novatian community）及其领袖所怀的同情态度给了我们强烈的暗示：他可能是这个行事严厉的集团的一分子。相比之下，索卓门努斯是个确定无疑的律师，他的受教、任职之路使得他从落后的加沙地区（Gaza）涌进君士坦丁堡，追求个人的前程；他是个坚定的正统派基督徒，而写作在他眼中，似乎是为个人升迁效力的工具。狄奥多勒是任职长达30年的塞卢斯（Cyrrhus）主教（约公元430—460年在位），是安条克基督论传统（Christological tradition）的顶级神学家。这不可避免地令他陷入与亚历山大里亚的西里尔（Cyril）及其继承者狄奥斯科鲁斯（Dioscorus）的冲突中，导致狄奥多西二世将他当作聂斯托利的支持者，对其发动攻击，并于其后在以弗所的"强盗"宗教会议（公元449年）上剥夺其职务；公元451年他在加尔西顿（Chalcedon）的复职是此次宗教会议所通过的极具争议的法案之一。[2] 狄奥多勒所著的多部作品今已不存，不过《圣徒史》（*Historia Religiosa*，圣徒［主要是叙利亚圣徒］传记集）与他的教会史著作留

---

① 有人表达了自己的疑惑，参见 Van Nuffelen, *Un Heritage de paix et de piete*，8-9。

② 在解决阿里安派争端后，公元5世纪有关基督的大讨论转向关注存在于基督的不同性质——完全的人性与完全的神性——是如何融合起来的问题。聂斯托利依傍安条克的基督论传统，这种传统强调基督之人性、神性的平等。他坚持不同性质在作为一个统一体的人身上的区分，以此来解释人性、神性关系的问题。相比之下，由西里尔发展起来的亚历山大里亚基督论传统则重点关注基督道成肉身而成为一个统一体，而并不讨论人性、神性之统一的原理。加尔西顿会议试图推出一种解释，以达成上述两者的妥协，这种解释宣称基督是一个以人性、神性两种性质闻名于世的人。

存了下来。

　　作为教义争端落败方中的一位作家,菲洛斯托吉乌斯毫不奇怪地对从君士坦丁改教开始的历史进程持负面看法。康斯坦提乌斯二世、瓦伦斯作为并未接受尼西亚会议立场的统治者,受到了正面的对待,不过,命途不济的瓦伦斯的情况特别难以处理,因为他在阿德里安堡(Adrianople)大败中的死亡给尼西亚会议派提供了明白无误的"天罚"证据。狄奥多西一世统治时期则被树为典型的警示性事件多发期,这些事件预告了公元 5 世纪帝国在大自然与军事两方面的悲惨命运,它们不仅仅在末世论方面具有重要意义,而且是神之愤怒的清晰标志。相比之下,公元 5 世纪 40 年代的正统派历史学家给我们提供的就是对时世的积极看法了,此种看法忽略了随着时间的推移而急剧增加的军事、神学方面的困难。对苏格拉底来说,狄奥多西二世统治时期让教会回到了它曾拥有的一个理想境地上,这个理想境地在君士坦丁取得军事胜利后不久、阿里安派争端导致教会大分裂之前,曾由教会享有过。由于他认为教会的困境与世俗社会所处的困境有着密不可分的联系(如 HE 5 preface 2 - 5),故此,他得出结论说,教会恢复和谐将产生世俗上的好处,基于此,他的最后一卷书不吝笔墨,颂扬了狄奥多西在这个方面的品格、功业(HE 7.22, 42)。索卓门努斯看问题的视角与苏格拉底有着一定程度的差异,不过,两人要达到的终点是一致的。尽管如此,索卓门努斯投注了更多注意力的是狄奥多西二世的姐姐普尔喀丽娅(Pulcheria, 9.1)。他眼中的基督教会史是一部持续扩张的历史:作为强有力的改宗风潮以及对异端的铲除行动的结果,基督教会通过人们的传教活动以及僧侣们在内部所作的努力,从君士坦丁帝国的范围,扩展到帝国以外的领域。至于狄奥多勒,他所勾勒出的历史画面并不那么闪闪发光,因为他将历史看作人类与邪恶力量所进行的斗争。这样,他对皇帝所抱有的消极看法便意味着,他更有可能将统治者屈从教会权威(比如狄奥多西一世和米兰的安布罗斯[Ambrose])的某些场合凸显出来,而不是对某些个人大唱赞歌。

361

这样，所有上述作家就通过自己的历史著作，传达了某种（或一些）信息，也由此，他们就不像人们对他们的表面研究所显示的那样，是诚实坦率的作家。拿苏格拉底来说，他有意采用了一种相对简单的、将自己的丰富教育背景掩藏起来的写作风格。可是，他篡改了编年史材料，并运用某些经过选择的修辞技巧，比如夸大其词（amplificatio）、对某些直接引语和《圣经》引文作法律上的介绍，以推出自己的某些解释，例如他对金口约翰（John Chrysostom）的否定性看法。① 索卓门努斯则宣称自己有着令人艳羡的材料来源，他对历史事件有着直接的认知，并且引用了若干文献。这些特点让他在最近的评论家中间赢得了好名声。尽管如此，事实上，他对更早些时候的材料来源有着严重的依赖，包括苏格拉底的著作，他按照自己的偏好对这些材料加以重述。② 相比自己的两位前辈，狄奥多勒对历史事件的处理很明显带有更玄奇的色彩，以至于在朱维安（Jovian）之死一事上，经过狄奥多勒的重新阐述，它成了神所作的将一个极其优秀的统治者从世界中移除，以向凡尘中的罪人证明他们正丧失某些福利的决定（HE 4.5），而在索卓门努斯那里，这位皇帝或是死于暴食，或是死于卧室中的有毒空气（HE 6.6.1）。

不过，这些作家也有某些共同的地方。其中最引人注目的是，没有一个作家就当时的问题发表过很多意见，以至于人们常常断言索卓门努斯《教会史》的最后一卷并未完成。这些作家所面临的问题是：在以弗所会议（公元 431 年）后，聂斯托利作为君士坦丁堡宗主教的时代走向终结，由此引发了一场新的、使分裂日益加剧的有关基督的论争。这场论争使亚历山大里亚、安条克两个圈子之间在事实上的分裂更形恶化，它导致了数位主教被从东方教区（diocese of Oriens）驱逐出去，并常常让帝国行政当局卷入教会事务当中。在这些作家当中，尽管苏格拉底是年代最早的，他至少提到

362

---

① Van Nuffelen, *Un Heritage de paix et de piete*, 269 - 278.

② Ibid., 242 - 262.

了上述问题的发端，这很有可能是因为他对有关聂斯托利的负面消息感兴趣，这个聂斯托利是对诺瓦蒂安派持敌对态度的。在此事上，索卓门努斯、狄奥多勒所提供的信息少得可怜，即便后者是上述"论争"的密切参与者。正如优西比乌遇到了围绕着尼西亚会议的长期后果而产生的种种不确定性的挑战，三位狄奥多西时代的正统派基督徒作家同样不能预测有关聂斯托利的论争何时结束，这样，沉默便成了最好的选择。① 说到世俗社会的历史事件，我们可以认为苏格拉底在匈奴人的全部威胁变得显而易见之前进行了相关创作。除此之外，说索卓门努斯并未有阿提拉之劫的某些经历，也是更不可信的（对狄奥多勒而言更甚）。这样，沉默再次成为最好的选择。

　　由此，教会史历史写作的希腊传统似乎经历了一个长达约 150 年的空隙期，直到埃瓦格里乌斯（Evagrius）在约公元 590 年时重新接过这项挑战为止，不过，其他人的工作因此而被掩盖。接近公元 5 世纪末，米推利尼的扎卡里亚（Zachariah of Mitylene）从反加尔西顿会议立场的角度，利用苏格拉底、狄奥多勒的叙述，描绘了聂斯托利派与欧提奇乌斯派（Eutychian）的争端。这些叙述仅存于公元 6 世纪晚期一份叙利亚文的译本兼续作中，不过，它为我们提供了一篇带有预见性的英雄—恶人对话录，而虔诚的亚历山大里亚高级教士，比如狄奥斯科鲁斯、提摩西·伊路鲁士（Timothy Aelurus），不得不反抗加尔西顿会议对君士坦丁堡方面的偏袒。② 宣讲师西奥多则为我们提供了相反的视角，他是君士坦丁堡宗主教麦瑟当尼（Macedonius）的同伴。由于反对阿纳斯塔修斯的反加尔西顿会议的政策，西奥多同麦瑟当尼一道被流放。尽管如此，与我们在这里讨论的其他教会史家不同，这个西奥多创作了一部贯通古今的教会史著作，其第一部分重新利用了优西比乌、格拉修的

---

① Michael Whitby, 'The Church Historians and Chalcedon', in Marasco, (ed.), *Greek and Roman Historiography in Late Antiquity*, 447 - 493, at pp. 452 - 453.
② Ibid., 459 - 466.

材料,第二部分综汇了三位狄奥多西时代作家的作品,第三部分则属于他自己的贡献,该部分一直写到阿纳斯塔修斯在公元 518 年去世。① 无论扎卡里亚还是西奥多,相比优西比乌以及他的早期续写者,他们对于与自己的教义观点有关的材料都保持着专一得多的关注。该论断对利波拉特斯(Liberatus)所著的《聂斯托利派、欧提奇乌斯派事迹简述》(*Breviarium causae Nestorianorum et Eutychian*)同样适用。这是一部在"三章案"(Three Chapters Dispute)背景下,于公元 6 世纪中期创作的拉丁著作,是加尔西顿会议在教义上所产生的一个衍生物,它支持查士丁尼皇帝,反对西部拉丁世界的大部分教士。由于熟知公元 5 世纪与聂斯托利派—欧提奇乌斯派争端有关的种种事件,这本书对那些试图干涉教会事务的统治者有着先入为主的怀疑。②

363　　对加尔西顿会议怀有敌意的叙利亚教会史历史写作传统产生了另一部反加尔西顿会议的著作,即以弗所的约翰的《教会史》。该书的头两个部分从尤利乌斯·凯撒说到贾斯廷二世统治早期(约公元 568 年),今已不存,不过,它们看似利用了来自马拉拉斯的某些材料,这显示了后优西比乌(post-Eusebian)历史写作传统两股支流的有趣融合。该书第三部分今存六卷书,它们描述了在贾斯廷二世、提比略治下以及莫里斯(Maurice)统治早期有关一位论派社团的争端以及他们所受的苦难。③ 在这部著作中存在着一些混乱以及内容重复之处,我们很难将此完全归于可能存在的、在一个疑似有迫害存在的时代进行创作的种种困难。一如通常所发生的那样,该书最后一卷主要是有关世俗社会的叙述,将这部分内容涵括进来,约翰给出的理由是世俗历史事件在末世论上具有重要意义(*HE* 6.1)。

---

① Michael Whitby, 'The Church Historians and Chalcedon', in Marasco, (ed.), *Greek and Roman Historiography in Late Antiquity*, 467 - 472.

② Ibid., 472 - 477.

③ J. J. Van Ginkel, 'John of Ephesus: A Monophysite Historian in Sixth-Century Byzantium', D. Phil. thesis, Rijksuniversiteit Groningen, 1995.

埃瓦格里乌斯是我们所要讨论的、遵循此种历史写作传统的最后一位作家。① 他是加尔西顿宗主教安条克的格雷戈里（Gregory）的法律顾问，从这个有利地位出发，他接续狄奥多西时代的数位作家，撰写了一部续作。这本书从聂斯托利争端的开端出发，包含了对加尔西顿会议的详细叙述，对后者形成补充的是另一份附录式的长篇叙述，它覆盖了加尔西顿会议后的 120 年里该会议所面临的不同挑战，以及加尔西顿会议派所作的不同回应。对于人们所希望于皇帝、主教以及其他领导人的品格，埃瓦格里乌斯是有着明确看法的；正统问题诚然重要，不过它并不是一个压倒一切的问题，故此，持反加尔西顿会议立场的阿纳斯塔修斯获得了积极的评价，而查士丁尼尽管支持加尔西顿会议，却因其对教会事务（尤其是安条克教会事务）的干涉而受到谴责。埃瓦格里乌斯准备将重要的世俗历史事件纳入叙述范围，他所借助的是从普罗科匹厄斯（Procopius）那里取用的一些资料，尽管它们经过了选择和重新塑造，用以凸显历史事件的宗教意义。这样，他的最后一卷书几乎完全以世俗社会为关注点，尽管宗主教格雷戈里对于帝国的军事成就有着重要的贡献。

有某种历史写作传统与教会史历史写作传统存在一定差异，此种"历史"可冠名"基督教史"，它是从基督教角度书写的世界历史。今存的这类历史著作只有一部，即奥罗修（Orosius）的作品；不过，根据苏格拉底所提供的怀有敌意的证据（HE 7.27），有关另一位狄奥多西时代的作家赛德的腓力（Philip of Side）的大部头著作，我们也能还原其有限的部分内容。腓力创作了一部多达 36 卷的巨型著作，每卷又包含数章内容，以至于章的总数超过了 1000。该书从创世讲到当代，其主题受到许多包含丰富学识的离题内容的牵扯，这些内容谈到了数学、天文、地理这类论题（除此之外，还有更多得多的论题）。西班牙人奥罗修则创作了一部在规模上与腓力

---

① Michael Whitby, 'Introduction', in *The Ecclesiastical History of Evagrius Scholasticus*, trans. Whitby; and Allen, *Evagrius Scholasticus*, chs. 1,3.

364

著作迥异的作品，尽管它与后者一样，也是从创世讲到当代（这里的"当代"是公元 417 年）。① 奥古斯丁曾请他创作一部历史著作，回应公元 410 年哥特人对罗马的洗劫，以及人们所坚信的下述看法：这场灾难是基督教抛弃传统宗教所招来的报应。该书标题《驳异教徒的历史书》（*The History against the Pagans*）反映了这项设想。该书七卷书中的第一卷从亚当讲到罗马建城，其后，罗马史占据了主导地位。作者对共和国所遭受的种种不幸给予了一定的注意，比如公元前 4 世纪早期的高卢入侵，乃至公元前 1 世纪的内战，这些历史事件有助于证明最近所发生的灾难对罗马人的历史体验而言没有任何新鲜意义。在此之外，作者也从积极、乐观的角度对罗马史作了研究。罗马的胜利被与基督教的胜利搅在一起，原因是神已经选择在世界和平得到恢复、元首制得以开创的奥古斯都统治时期派遣他的儿子降世。奥罗修采用了诸多方式展现神对奥古斯都的眷爱，他还确认了一件事情——通过雅努斯（Janus）神庙被关闭以及"奥古斯都"之名在同日（1 月 6 日，基督后来在该日［即主显节］向人类显示了他自己）被采用这两件事情的综合作用，罗马的一个新时代得以开启——以此建立了奥古斯都与基督的特殊联系。② 罗马人有效地从犹太人手中接过了神之选民的地位，后者由于迫害弥赛亚而丧失了这项特权，并在公元 66—70 年起义遭镇压的过程中受到了罗马人的惩罚。结果，在虔敬的领袖统治下的帝国获得了莫大的好处，或是它的那些蛮族敌人自相残杀（7. 43.15），或是他们通过皈依基督教成为温良的邻居（7.32）。通过

① G. Zecchini, ' Latin Historiography: Jerome, Orosius and the Western Chronicles ', in Marasco （ ed. ）, *Greek and Roman Historiography in Late Antiquity*, 317 - 345, at pp. 319 - 329; and Andy Fear, 'The Christian Optimism of Paulus Orosius ', in David Hook （ ed. ）, *From Orosius to the* Historia Silense: *Four Essays on the Late Antique and Early Medieval Historiography of the Iberian Peninsula* （Manchester, 2005）, 1 - 16.

② Orosius 6.20. 事实上，屋大维是在公元前 29 年的 1 月 11 日关闭了雅努斯神庙，采用"奥古斯都"之名则是在公元前 27 年的 1 月 16 日。

基督教对西哥特人"力量"与帝国建立在法律基础上的"意志"的融合,罗马获得了新生的空间,西哥特王阿萨尔夫与加拉·普拉西提阿的联姻被用来作为这个新生空间的标志(7.43)。

　　就编年史与教会史历史写作两者而言,以优西比乌为先驱的基督教作家都采用了更早的历史写作习惯当中的某些元素,用以创造具有重要意义的新的历史写作传统。圣徒传记是另一个我们可以说优西比乌发挥了影响力的领域,因为虽然亚塔那修(Athanasius)的《圣安东尼传》(Life of Antony)常常被认作第一本正规意义上的圣徒传,优西比乌的《君士坦丁传》(Vita Constantini)却显示了将树碑式立传的古典传统运用到基督教主题上的痕迹。①同样,与古典人物传记拥有多种表现形式相似,基督教圣徒传记也是丰富多样的,它包括从箴言(或奇事)集、不同圣徒短篇传记的合集,到对传主一生作实质性描述的著作等多种传记形式。② 基督教其他圣徒传记形式的实践者也为这个领域作出了重大贡献:哲罗姆通过对亚塔那修《圣安东尼传》的翻译、自己的著作《忒拜的保罗传》(Life of Paul of Thebes)的撰写,将圣徒传记这种写作形式引入了拉丁西方世界;狄奥多勒《圣徒史》是有关叙利亚僧侣重要的信息汇编,而一个世纪后,以弗所的约翰编撰了一部可与之相抗的、讨论他的反加尔西顿会议同道的著作。

365

　　圣徒传记一个引人注目的方面是,相比古典人物传记如普鲁塔克《希腊罗马名人传》的主题,它所颂赞的人物通常出身极为卑微;此外,他们的事迹虽然非比寻常,但却被放在日常生活的背景下来看待。如此,许多这样的叙述或人物素描就为我们提供了各式各样日常生活、人际关系的图景。而在除喜剧以外的绝大多数其他古代文学形式中,这样的图景是受到忽视的;将关注焦点放

---

① Averil Cameron and S. G. Hall, *Eusebius Life of Constantine* (Oxford, 1999), 27 - 34.

② 附带有更多参考文献的简要概述,参见 Alice-Mary Talbot, 'Hagiography', in Elizabeth Jeffreys, John Haldon, and Robin Cormack (eds.), *The Oxford Handbook of Byzantine Studies* (Oxford, 2008), 862 - 871。

在精英的活动（不论是世俗还是宗教活动）上的主流历史写作，尤其将如此图景挡在自己的视线之外。一些最早的圣徒传记采用"集"的形式进行写作，它们要么是箴言集，比如《教父箴言集》（*Apophthegmata Patrum*）；要么是让这些箴言变得有肉有血的短篇传记集，比如《教父传记集》（*Vitae Patrum*）。除此之外，还有一种需要一直存在着，它也就是将那些令人满意的传记汇编起来，比如图尔（Tours）的格雷戈里在公元 6 世纪编撰的拉丁文传记集：《殉道者的荣耀》（*Glory of the Martyrs*）、《忏悔者的荣耀》（*Glory of the Confessors*）、《教父列传》（*Life of the Fathers*）；又如公元 10 世纪韵文翻译者西门（Symeon the Metaphrast）对超过 140 部的人物传记进行重新整理。创作活动渐渐成为"成圣"的重要组成部分。它是一个关键的沟通环节，通过它，人们对生命中的一个鲜活焦点——奉献——的崇敬，转化为对一种人死后的延续性力量（或一种吸引力）的认可，与此相伴的还有一种需要——有继承者接过"创作"这项事业的领导权。

圣徒传记的内容和写作方法随人而异，端赖传主以何最为人知以及作者通过追念性的创作想要传达何种信息而定。一些人物传记有着浓厚的教义取向，比如《欧提奇乌斯传》（*Life of Eutychius*）；其他传记则重点关注某种特别的美德（比如《施舍者约翰》[*John the Almsgiver*]一书的情形），或某个特别的时刻（比如《狄奥斯科鲁斯传》[*Life of Dioscorus*]中对加尔西顿会议的叙述）；还有一些传记追求对某段传统历史（无论是宗教还是世俗的）进行深度描述，比如《修行者约书亚传》（*Life of Daniel the Stylite*）对夺位者巴西利斯库斯（Basiliscus）短暂统治时期（公元 475—476 年）紧张局势的讨论，或《圣德米特里乌斯奇事录》（*Miracles of St Demetrius*）中有关阿瓦尔—斯拉夫人（Avaro-Slav）在公元 6 世纪晚期、公元 7 世纪早期对塞萨洛尼卡的攻击的内容。有些时候，在同一人物传记不同语言的版本之间，会发生有趣的强调重点各异的现象。希腊文的《帕克缪传》（*Life of Pachomius*）可能反映了修道院（*coenobium*）中少数希腊僧侣的意见，它强调的是这些僧侣对亚

366

历山大里亚教区的从属关系,而不是对作为宗主教的亚塔那修个人的服从。与此同时,在埃及古语的《帕克缪传》中可以确证的帕克缪最初创派行动的失败,在希腊文版本中却被忽略掉了。[①] 相比僧侣安东尼创作的希腊文传记,叙利亚文的《修行者西门传》(*Life of Symeon the Stylite*)对传主所行的某些奇事的社会影响给予了更多注意。在这位圣徒去世的情节上,这两个版本也有所不同,其中,叙利亚文版本强调了圣徒所属的社团卷入了对新老交替情形进行控制的活动,而在希腊文版本中,安东尼独家提出了一个看法,他指出,在西门死后,警觉起来展开行动的是地方主教,社团并未直接起来。[②] 许多时候,这些个体人物传记在口头传统(它们是在某个特定的团体中世代相传的记忆)与书面记载交相错杂的情况下产生作用,它们让我们生出的坦率、直接的印象,能够蒙蔽我们的双眼。尽管如此,将下述事情铭记于心却是非常重要的:保存下来的那些历史著作是反映了圣徒所属社团的心愿的精心创作。与此同时,我们看到了这样一个事实:相比流传下来的那些信息,圣徒的生平反倒不那么重要了。安东尼还著有一些书信,它们显示了他是一个对哲学怀有某些兴趣、追求圣洁生活的博学者。而部分基于这些保存下来的书信,部分基于思想上的原因,我们无论如何无法将亚塔那修在其《圣安东尼传》中呈现给我们的画面坐实,在他笔下,一个不通教化的乡下佬(指安东尼)被基督感动,成为伟人。与此同时,通常是这样的文学描述影响了后人的行动,因为像安东尼或修行者西门这样的人的形象催生了大量的仿效者。

　　到目前为止,我们已经讨论了基督教作家是如何通过不同方式,利用各式各样的古典历史写作形式,将这个新宗教方方面面的

---

① 参见 H. Chadwick, 'Pachomios and the Idea of Sanctity', in Sergei Heckel (ed.), *The Byzantine Saint* (London, 1981), 11-24。

② 相关的简单讨论,参见 Robin Lane Fox, 'The *Life of Daniel* ', in M. J. Edwards and Simon Swain (eds.), *Portraits*: *Biographical Representation in the Greek and Latin Literature of the Roman Empire* (Oxford, 1997), 175-225, at pp. 181-185。

情况记载下来的。不过在此之外,还有一件事情值得我们去做,它就是对历史写作的世俗传统如何受基督教影响作一简要叙述。在君士坦丁改信基督教后,从事传统的宏大历史——战争、外交以及帝国大事——创作的作家很难对基督教视而不见,因为后者日益渗入公共生活具有重要意义的各个方面。公元 4 世纪,主要的作家都不是基督徒,对于在自己的著作中必然存在的基督教因素,这些作家作出了反应,它们从阿米阿努斯著作(公元 4 世纪 90 年代)所呈现的表面中立的立场(事实上,他的讽刺性评论以及尖锐的叙述挑战了基督教的看法,其威力形同直接攻击),①到尤纳皮乌斯对基督教公开表示敌意(约公元 400 年),这个尤纳皮乌斯将瓦伦斯的无能以及帝国的缺陷归罪于这个新宗教。② 至于公元 5 世纪主要的两位历史学家,普里斯库斯和马勒古(Malchus),他们的著作仅有残篇存世,这意味着我们不可能确定他们与基督教的关系,或者基督教因素在他们那里是如何得到呈现的。③ 公元 6 世纪,在佐西默斯发表反基督教的谩骂言论后,我们看到了一连串的作家,他们对宗教的看法虽说不无可商榷之处,但自有其清晰明白的地方,不仅如此,他们的叙述还向我们展示了依循非常传统的写作风格进行创作的作家是如何融合基督教的看法的。诚然,在遵循历史写作的古典传统或仿古典传统的过程中,像普罗科匹厄斯(创作于公元 6 世纪 40、50 年代)、阿加提阿斯(Agathias,创作于公元 6 世纪 70 年代)这样的作家在触及宗教问题时,会采取撇清关系的态度,并且,他们往往会运用婉转的说法,避免非古典的词语窜入他们的

---

① John Matthews, *The Roman Empire of Ammianus* (London, 1989), 435 - 451; and Timothy D. Barnes, *Ammianus Marcellinus and the Representation of Historical Reality* (Ithaca, NY, 1998), ch. 8.

② W. Liebeschuetz, 'Pagan Historiography and the Decline of Empire', in Marasco, (ed.), *Greek and Roman Historiography in Late Antiquity*, 177 - 218, at pp. 191 - 201.

③ R. Blockley, 'The Development of Greek Historiography: Priscus, Malchus, Candidus', in Marasco, (ed.), *Greek and Roman Historiography in Late Antiquity*, 286 - 315, at pp. 308 - 309.

书中。① 不过，在某些特殊的地方，他们同样会明确地展现他们的宗教忠诚，并且认为基督教所关心的一些问题（如神的善与全知，或者人类理解能力的有限），是如何特别地能与当时的战争或自然灾害的实际状况联系在一起（Procopius, *Wars* 2.9.13；Agathias, *History* 1.1.3 - 4；5.3.5 - 9）。② 说到古代晚期一系列仿古典历史学家当中的最后一位，塞奥菲拉克特·西莫卡塔（Theophylact Simocatta），有关他与宗教的关系我们是确知无疑的，尽管他在一定程度上同样采取了前辈所采取的撇清关系的态度。事实上，他书中一篇对他自己的叙述起到修饰作用的传统式演讲，其作者应是一位主教，无论这篇演讲还是另一篇战前动员演说，其中都采用了明显的基督教的看法（5.4；3.13）。他吸收了一个基督徒（可能是在一本圣徒传记中）对他自己笔下的中心人物莫里斯皇帝的描述（8.11）；他将一个离题的片段纳入自己的著作中，该片段谈论的是导致一位异教术士受到惩罚的一个基督教奇迹（1.11）；他还接受《七十子译本》圣经作为一个使用了合适的语言的材料来源。③

基督教将某些特殊的关注点注入了历史写作领域，比如基督道

---

① Alan Cameron and Averil Cameron, 'Christianity and Tradition in the Historiography of the Later Roman Empire', *Classical Quarterly*, 14 (1964), 316 - 328.

② 对这些段落以及本章其他段落的探讨，参见 Michael Whitby, 'Religious Views of Procopius and Agathias', in Dariusz Brodka and Michal Stachura (eds.), *Continuity and Change*: *Studies in Late Antique Historiography*, *Electrum*, 13 (2007), 73 - 93. 该文辩驳了下述文章的观点，Anthony Kaldellis, 'The Historical and Religious Views of Agathias: A Reinterpretation', *Byzantion*, 69 (1999), 206 - 252, and id., *Procopius of Caesarea*: *Tyranny*, *History and Philosophy at the End of Antiquity* (Philadelphia, 2004)；也见 D. Brodka, 'Die geschictsmachtigen Faktoren in den *Historiae* des Agathias von Myrina', *Jahrbuch der osterreichischen Byzantinistik*, 52(2002), 161 - 176.

③ 有关这些方面的讨论，参见 Michael Whitby, *The Emperor Maurice and his Historian*: *Theophylact Simocatta on Persian and Balkan Warfare* (Oxford, 1988)。

成肉身在世界历史进程中的地位，以及编年史的精确在理解世界的未来与过去上的重要意义。不仅如此，它还引入了一些新的主题，比如异端的挑战，教会会议所采取的行动，杰出基督徒（既有享有定名的领袖人物，也有不带官方色彩的圣人、僧侣）的事迹。最重要的是，它在帝国政府之外创立了一个组织，这个组织的发展及其与世俗权力机构的关系是值得人们录之于书的。在希腊—罗马世界，历史写作的传统是强大而丰富多样的。在基督教之冲力的作用下，该传统发展出更大的丰富多样性来，从而成为整个古代晚期文学创作领域的一个亮点，而其影响所及，则超越了传统的文学语言——希腊语、拉丁语——的影响范围。

大事年表/关键日期

公元 2 世纪 70 年代	马可·奥勒留统治时期对基督徒的迫害
公元 284 年	戴克里先登基与四帝共治制的演进
公元 303 年	戴克里先、伽列里乌斯对基督徒的"大"迫害
公元 312 年	君士坦丁改宗基督教；米欧维安桥（Milvian Bridge）战役；君士坦丁作为西部帝国的皇帝
公元 324 年	君士坦丁击败李锡尼；君士坦丁成为罗马帝国唯一的统治者
公元 325 年	尼西亚会议
公元 337 年	君士坦丁之死
公元 337—361 年	康斯坦提乌斯二世统治时期，阿里安派掌权
公元 361—363 年	"叛教者"尤里安统治时期
公元 379—395 年	狄奥多西一世统治时期，尼西亚信条获得胜利
公元 408—450 年	狄奥多西二世统治时期
公元 431 年	第一次以弗所会议；聂斯托利遭放逐
公元 449 年	第二次以弗所会议，"强盗"会议

368

公元 451 年　　　　加尔西顿会议

公元 491—518 年　　阿纳斯塔修斯统治时期；对加尔西顿会议的
　　　　　　　　　　反动

公元 527—565 年　　查士丁尼一世统治时期

公元 565—578 年　　贾斯廷二世统治时期

公元 626 年　　　　阿瓦尔人围困君士坦丁堡

主要史料

Acts of the Christian Martyrs, ed. Herbert Musurillo (Oxford, 1972).

Chronicon Paschale, ed. Ludwig August Dindorf (Bonn, 1832).

Chronicon Paschale, 284 - 628 AD, trans. Michael Whitby and Mary Whitby (Liverpool, 1989).

Eusebius, *Chronici Canones*,参见哲罗姆。

—— *Ecclesiastical History*, ed. E. Schwartz (Berlin, 1903 - 1909).

—— *Ecclesiastical History*, trans. G. A. Williamson, rev. Andrew Louth (Harmondsworth, 1989).

Evagrius, *The Ecclesiastical History of Evagrius with the Scholia*, ed. J. Bidez and L. Parmentier (London, 1898).

Evagrius, *The Ecclesiastical History of Evagrius Scholasticus*, trans. Michael Whitby (Liverpool, 2000).

Hydatius, *The Chronicle of Hydatius and the Consularia Constantinopolitana*: *Two Contemporary Accounts of the Final Years of the Roman Empire*, ed. and trans. Richard W. Burgess (Oxford, 1993).

Jerome, *Chronicle*, in *Eusebius Werke*, vol. 7: *Die Chronik des Hieronymous*, ed. Rudolf Helm (Berlin, 1956).

—— *A Translation of Jerome's Chronicon with Historical*

369

Commentary，trans. Malcolm Drew Donaldson（Lewiston，NY，1996）.

John of Ephesus，*Ecclesiastical History*，ed. and trans. E. W. Brooks（Louvain，1936）.

Joshua the Stylite，*The Chronicle of Joshua the Stylite*，ed. and trans. William Wright（Cambridge，1882）.

—— *The Chronicle of Pseudo-Joshua the Stylite*，trans. Frank R. Trombley and John W. Watt（Liverpool，2000）.

Lactantius，*Divine Institutes*，ed. S. Brandt（Prague，1890；trans. Anthony Bowen and Peter Garnsey，Liverpool，2003）.

—— *De Mortibus Persecutorum*，ed. and trans. J. L. Creed（Oxford，1984）.

Malalas，*Chronographia*，ed. J. Thurn（New York，2000）.

—— *The Chronicle of John Malalas*：*A Translation*，trans. Elizabeth Jeffreys，Michael Jeffreys，and Roger Scott（Melbourne，1986）.

Marcellinus，*The Chronicle of Marcellinus*，Brian Croke（Sydney，1995）.

Orosius，*Histories*，ed. and trans. Marie-Pierre Arnaud-Lindet（Paris，1990 – 1991）.

Socrates，*Ecclesiastical History*，ed. G. C. Hansen（GSC New Series 1，Berlin，1995）；anon. trans. in Bohn's Ecclesiastical Library（London，1853）.

Sozomen，*Ecclesiastical History*，rev. ed. G. C. Hansen（GCS New Series 4，Berlin，1995）；trans. E. Walford（London，1855）.

Theodoret，*Ecclesiastical History*，rev. ed. G. C. Hansen（GCS New Series 5，Berlin，1998）；anon. trans. in Bohn's Ecclesiastical Library（London，1854）.

Zachariah，in *Corpus Scriptorum Christianorum Orientalium* 87 – 88，*Script. Syri* 41 – 44，ed. and trans. E. W. Brooks

（Louvain，1924）.

—— *The Syrian Chronicle Known as that of Zachariah of Mitylene*，trans. F. J. Hamilton and E. W. Brooks（London，1899）.

参考文献

Adler，William，and Tuffin，Paul，*The Chronography of George Synkellos: A Byzantine Chronicle of Universal History from the Creation*（Oxford，2002）.

Allen，Pauline，*Evagrius Scholasticus: The Church Historian*（Louvain，1981）.

Babler，Balbina and Nesselrath，Heinz-Gunther，（eds.），*Die Welt des Sokrates von Konstantinopel: Studien zu Politik，Religion und Kultur im spaten 4. und fruhen 5. Jh. N. Chr.*，（Munich，2001）.

Barnes，Timothy D.，*Constantine and Eusebius*（Cambridge，Mass.，1981）.

Burgess，Richard W.，*Studies in Eusebian and Post-Eusebian Chronography*（Stuttgart，1999）.

Chesnut，Glenn F.，*The First Christian Histories: Eusebius，Socrates，Sozomen，Theodoret，and Evagrius*（Paris，1977）.

Croke，Brian，*Christian Chronicles and Byzantine History 5th–6th Centuries*（Aldershot，1992）.

—— *Count Marcellinus and his Chronicle*（Oxford，2001）.

Jeffreys，Elizabeth，with Croke，Brian，and Scott，Roger（eds.），*Studies in John Malalas*（Sydney，1990）.

Marasco，Gabriele（ed.），*Greek and Roman Historiography in Late Antiquity: Fourth to Sixth Century a. d.*（Leiden，2003）.

Urbainczyk，Theresa，*Socrates of Constantinople: Historian of*

370

Church and State (Ann Arbor, 1997).

Van Nuffelen, Peter, *Un Heritage de paix et de piete: Etude sur les histoires ecclesiastiques de Socrate et de Sozomene* (Leuven, 2004).

Whitby, Michael, 'Greek Historical Writing after Procopius: Variety and Vitality', in Averil Cameron and Lawrence Conrad, (eds.), *The Byzantine and Early Islamic Near East*, vol. 1: *Problems in the Literary Source Material* (Princeton, 1992), 25 - 80.

屈伯文　译　陈　恒　校

第十五章　中国的历史与铭文

夏含夷(Edward L. Shaughnessy)　文

　　在中国的考古学清册中,最早的书写文献来自约公元前1200年,其时,正值商王朝(约公元前1500—前1045年)的国王武丁统治时期。这样的文献以两种形式出现:刻在龟甲或牛骨上的铭文,它们在西方世界通称"甲骨文";刻在青铜器上的铭文,它们通常叫作"金文"。甲骨文记载旨在决定大量的未来事件的祷词,包括(绝不仅限于)战争、狩猎、农业、天气、疾病、产子等方面。某些这样的铭文还包括国王的卜辞,看祈祷的内容是否得成;还有(或有)事后(*post facto*)的追记,有关事情发展的态势是否如人所愿、如人所预测的那样。至于最早的金文,则见于只记载了某个人名的青铜器。人们在青铜器上刻字献给某人,青铜器本身据人们推测,往往用在礼仪活动中,特别是祭祖的场合。随着历史的变迁,金文演变到记载人们要纪念的重大场合的阶段,通常情况下,它们是国王赐给青铜器主人的奖赏。无论甲骨文还是金文,它们一直被人们镌刻出来,直到周王朝时期(公元前1045—前256年),尽管这两种铭文形式都经历了重大的变化。受到本章写作目的的限制,我在下文中对铭文记载的探究将只考察到公元前8世纪,在那个时候,其他文献记录形式开始在历史写作的舞台上出现。事实上,无论在甲骨文还是金文中,我们都能发现与当时存在的其他文献记录形式相关的证据(既有直接证据,也有间接证据),据推测,这些文献记录形式以更易朽坏的材料如木材或竹子为载体。就我们要讨论的历史时期而言,这些其他形式的文献记录并未被人们发掘出来,尽管如此，相比目前已知的铭文材料，它们作为历史记录的重要性可能具有更重要的意义。

在中国，历史学家惯常认为甲骨文、金文是中国漫长的历史写作传统的源头；而另一方面，在西方，一些学者新近提出一个观点，他们认为由于这两种铭文都是在宗教仪式的背景下创作出来的（一种是对未来事件的事前预测，一种是对已发事件的追记），故此，我们不应该认为它们是真正（per se）的历史记录。后一种观点建立在如下假设的基础上：历史记录，正是由于它们是被人写下来的，故此，它们并未反映本来面目的历史，而毋宁是受到它们的创作背景、创作者的主观意图的影响的产物。这项假设本身具有重要意义（事实上，该假设是至关重要的），且在历史学家的圈子中闻名遐迩；它适用于所有的书写文献，而非仅仅能用在与宗教活动相关的那些书写文献上。由于自身所拥有的适当的品质，古代中国的甲骨文与金文无疑都能被用于重述它们自身所处时代的历史，不仅如此，它们都还能预示在中国后来的历史写作传统中发展出来、具有核心地位的某些历史写作潮流。

甲骨文

使用龟甲进行占卜（它的内容最终演化为简短的祷词）的做法在中国世代相沿，至少到清王朝（公元 1644—1911 年）时才终止，与此同时，不断有某些证据提示人们，商代列王也曾进行这样的占卜。尽管如此，直到接近清王朝覆灭的公元 1899 年，今人所知的最早的刻有文字的动物骨、壳才最终出土，并被人们确认为商代的历史记录。有关著名的古物研究、古文书研究专家王懿荣如何获得并确证甲骨文的故事，今日已成为现代中国历史写作领域的一个传奇：王懿荣命手下仆人到北京的药师那里购买"龙骨"，意欲治疗自己所患的疟疾，后来，他确认刻在这些"龙骨"上的铭文是中国最古文字的一些实例。王氏在公元 1903 年出版的甲骨文集录开启了一个追寻埋藏甲骨文的地方的热潮。这股热潮很快将人们引向小屯村，该村在位于中国河南省中北部的安阳城郊。此举具有重大意义，因为从历史记载可知，安阳是商朝最后一个都城的所在地。小屯村在后来成为开始于 1928 年的一项考古行动（由中国中央研究院历史语言研究所开展）最初的挖掘地，到 1950 年，该地又成为新成立的中华人民共和国第一个加以保护的考古场所。该地的挖掘工作持续至今，除了大量的建筑遗址、坟墓以及商代物质生活的多方面证据被人们发现外，还有成千上万片刻有文字的龟甲、牛骨出土。

　　有三项发现尤其重要：YH127 甲骨穴，发掘于 1936 年 6 月，出土了 17000 片龟甲，它们属于商王武丁时期，刻有与王室活动有关的铭文；名为"小屯南地"（意为"小屯南面地方"）的考古区域，发掘于 1972 年，出土了 6000 片牛骨，经事实证明，这些牛骨对于所有商代甲骨文的精确定期具有关键作用；还有位于花园庄村的一个地方，发掘于 1990 年，出土了 600 件完整的龟胸甲，刻在它们上面的铭文约与来自 YH127 甲骨穴的铭文同时，不过很明显，它们出自另一个家族或另一种文化背景下。1977 年，人们在陕西省（这是后来的周朝的心脏地带）岐山县凤雏村发现了一个重要的刻有文字的甲骨堆，它们与所有的商代甲骨文不同。这个甲骨堆决定性地证明了哪怕在周朝推翻了商朝之后，利用甲骨进行占卜的做法仍在延续。在最近一个世纪，有关这些铭文的研究已发展成一个高度专门化的学术领域，它在西方通称"甲骨学"。我们目前所知的成千上万篇不同的甲骨文，其研究之专业化（与研究之艰难），令甲骨学成为一个令人望而生畏的领域，尽管如此，它们在中国书写传统中的源头地位确保了它们在历史写作领域的重要意义。在接下来的部分中，我会简要探讨甲骨文是如何创作出来的；有关它们所属时代的历史，它们能告诉我们什么；有关其中的历史写作，以及它们能给我们什么提示。

甲骨文的创作

　　在中国，指代甲骨铭文的专有名词是"甲骨文"，意为"写在动物壳、骨上的文字"。这个含义反映了这些铭文通常所用的刻写载体：龟壳的胸甲（平整的下腹部）；公牛的肩胛骨（从牛肩一直延伸到前腿的长而光滑的骨头）。这些材料首先被人们选中很可能是由于它们在礼仪活动以及占卜方面所具有的重要作用：公牛很可能是最早献给祖先的祭品，而乌龟这种有名的长寿动物，在中国久已被认作特别通灵的奇兽。在此之外，这两种材料都能为人们提供某种面积相对较大、较为光滑的书写表面，它们的这种特征在商朝的占卜者那里被运用到了极致。无论是动物的骨头还是外壳，人们首先在它们身上做的准备工作是在书写表面较粗糙的那一面（无论是骨是壳，都是朝向动物体内的那一面）挖洞、钻洞，直到几乎穿透另一面为止（不要钻得很深）。就占卜活动而言，人们会就某些未来之事（通常是非常具体的事情），将"命令"或吩咐刻在龟壳或牛骨上，然后，用火烙上面所说的某个钻洞，使得龟壳或牛骨的另一面出现相应的裂纹。裂纹呈现出"卜"形，在甲骨文中，这也是"卜"字的象形，意为"通过烙出裂纹进行占卜"，它的发音"bu"很可能也是个拟声音（这个字最初的发音可能像＊puk）。

　　然后，国王（在很少的一些情况下，是另外的官员）会检查这些裂纹，从而确定他们所卜之事的兆头。再然后，在后面的某个日子，人们会在龟壳或牛骨上镌刻铭文，它们就在相关的裂纹附近。这些铭文通常包括烙出裂纹的日期（用中国古代使用的干支纪日标出），以及（或者还有）管理占卜活动的卜者的名字。在甲骨学中，这部分铭文通常被称作"序辞"。然后是"命辞"。在已知最早的这类铭文（师组卜辞）中，有正反设问的卜辞，不过，它们在这些铭文中是非常罕见的，似乎只在商王武丁统治早期有制作。在武丁后期以来商朝最常见的铭文（宾组卜辞）中，经过演化的命辞分成配对的两组，龟壳的右手边（从读者的角度看）是正面命辞，左手边是反面命辞，这有点像美国小孩们玩的扯花瓣猜谜游戏——"她爱我，她不爱我"。到商朝末期，这些配对命辞让位给单一的、语义肯定的命辞（到目前为止，"旬亡祸，在嚳旬"和"王至某地，往返无灾"是最常见的命辞）。在随后的周朝，占卜的命辞惯常以一句祷

374

词结束(比如"愿无灾"、"愿此事得成"等)。命辞之后会有占辞,通常以"王占曰……"这样的句子开头。商王武丁的占辞带有一种奇怪而反常的神学色彩,它们几乎清一色的是消极或悲观的占辞(预测厄运),而到了商代末期,随着占卜之事的范围大为缩小,占辞的积极语调就固定下来了(很简单的例子是,"王占曰:'吉'")。最后,在某些情况下,铭文还包含验辞,它们几乎总是在向人们显示国王的占辞终成事实。

甲骨文中所见的历史

从商王武丁统治时期流传下来的甲骨文不仅是现今中国已知的最早的文字,而且,在全部的商代甲骨文中,它们也占了大半,在可以认为具有重要的历史学意义的甲骨文中,其所占的比重更大。如上所述,这些甲骨文事实上触及了这位国王国事、私事的方方面面(可以肯定,在这些事情临到国王时,国家与个人是分不开的)。这位国王惯常就向先祖献祭(相关的甲骨文证明古代文献中保存的商王世系表是正确的,尽管小部分内容有出入)、天气、收成、巡视、狩猎等事占卜。他同样就更多的琐事占卜,比如战争、开放新的农业场地、建立新城、众多后妃的生产,以及他本人与其他王室成员的病痛等。在这样一篇走马观花的文章中,对商代国王所感兴趣的上述事情加以论证是不可能的。尽管如此,从最宽泛的意义上,我们却能证明,有关战争的甲骨文如何能被人们利用起来,用于重构那个时期的某些历史。

根据古代有关商朝的只鳞片爪的历史记录,武丁的叔叔盘庚首次将国都迁到安阳附近,有充分的、与此相关的考古学证据支持这一点。它们给人们提供了一些暗示:就在迁都前的时代,列位商朝国王势力衰弱,饱受诸多难题的困扰,由此,迁都安阳意在为他们自己争取某些安全感。有更好的证据表明,到武丁统治早期(也就是宾组卜辞所覆盖的武丁统治前期,约公元前 1210 年),商朝牢固地控制了安阳周围地区,向西扩展到远至太行山脉的地方,向南越

375

过了黄河,向东深入到山东半岛。甲骨文告诉我们,武丁与众多的地方方伯结盟,将商朝的霸权推向了更远的西方(有许多甲骨文记载了商朝对位于今山西省西南部的邦国的征伐),并使其跨过了汾河,到达了更远的北方(甚至可能远至从北向南流、将今日山西与陕西两省分开的黄河河段)。领军进行某些征伐的是一个名叫"雀"的商朝官员(可能是商王的女婿):

> 庚申(第五十七日)卜,王,贞获缶。雀弗其获缶。(《甲骨文合集》6834 正)[1]

> 戊午(第五十五日)卜,売,贞雀追亘有获。(《合集》6947 正)
> 癸卯(第四十日)卜,売,贞乎雀伐亘。(《合集》6948 正)

尽管这些甲骨文略微提到了商朝发动征伐的打算,不过,很少有相关的验辞说明这些征伐在实际上取得了成功。来自武丁统治后期的其他甲骨文告诉我们,在商朝的征伐对象中,至少有某些在最后成了它的盟友。

> 己未(第五十六日)卜,売,贞缶其来见王。(《合集》1027 正)
> 壬辰(第二十九日)卜,贞亘无祸。(《合集》10184)
> 己丑(第二十六日)卜,宾,贞戉受又。(《合集》561)

在这些甲骨文中,商王依照某种方式(这种方式用于与朋友或盟友有关的甲骨文),就缶、亘(就是上组三句卜辞中第二句中的亘方,"方"在这里表示它被当作某个敌"国")、戉三个地方进行了占卜。在这些地方当中,戉看似是被置于商朝控制下的最西边的地区。也许正是因为这个原因,戉似乎成了最早露出庐山真面目的盟友之一,时间很可能是在公元前 12 世纪 90 年代早期,其时,在

376

---

[1] 依照惯例,这里的绝大多数甲骨文系根据它们在胡厚宣编《甲骨文合集》(13 卷,中华书局,1982 年)中的条目数加以引用的。

武丁漫长统治时期接近尾声时所发生的一次战争正在进行。这场战争看似是土方特别是贡方发动的，它们是位处更西部、更北部的商朝之敌。

己丑（第二十六日）卜，壳，贞令戍来，曰戍探伐贡方。十月。（《英国所藏甲骨集》1179 正）

己巳（第六日）卜，壳，贞贡方弗允伐戍。（《合集》6371）

又一次，我们碰到了没有验辞的命辞。尽管如此，在临近商朝末期的甲骨文中，有时人们所称呼的"戍"或"戍方"再次成为商朝的征伐目标，这告诉我们，前者对后者确曾有过摇摆不定的态度。

到商代最后两位国王帝乙、帝辛统治时期，商王朝在军事上的注意力似乎放在离国内更近的地区上了。到那时，绝大多数甲骨文已变得相当程式化，下述从约 150 篇与对淮河流域人方部族的漫长征伐有关的甲骨文中选出来的例子，证明了这一点：

癸酉卜，在攸，泳，贞王旬亡畎。王来征人方。（《合集》36494）

通过比照这些甲骨文序辞中所给出的日期、地点标志，我们有可能很精细地还原军队的行军路线和日程。事实上，根据这次长达九个月的行军路程，我们还能确定在公元前 1077 年秋直至公元前 1076 年春所发生的军事行动，后者是我们赖以重建古代中国政治年表的一块基石。

不过，相比从前，这个时期的某些甲骨文要长得多、复杂得多。有一篇甲骨文，很可能来自帝乙统治前期（非常有可能是在他在位的第九年），其内容似乎是筹划聚集众多盟友征伐盂方统治者炎之事。盂方很可能是沿山西省东南部河流沁河而立的一个邦国，与安阳盆地相距不远。这篇甲骨文艰深至极，其中有许多词语是首次出现（由于时间已距商代灭亡不远，它们也是最后一次出现）。

以下我所列的是西方甲骨文大师吉德炜（David N. Keightley）的译文，其中有少量微小的修正：

377

　　　　（第一句序辞：）丁卯（第四日）王卜，贞。（第二句序辞：）巫九（?）。（有关下述主题：）（命辞：）余其从多田于多伯征盂方伯炎，衣翌日（我，我们，还是他们?）步（盂方），（亡）左，自上下（先人）于示（?），受余有佑不灾（祸），（告）于兹大邑商，亡在。（占辞：）（王占曰：）弘吉，（验辞：）在十月（按照每七日一循环的周期，在丁卯日），遘大丁（第二代商王）翌。（《合集》36511）[1]

以下一段甲骨文原本可能更长，不过，非常不幸，如今它已变得非常支离破碎。这篇甲骨文约与上引甲骨文同时，它记载了这类征伐（尽管很可能不是上引甲骨文中所说的那次征伐）的某些结果。按照我们的判断，该篇甲骨文并非求卜的记录（尽管甲骨文中的"命辞"今已不存），相反，它是对一次伟大胜利的记载。虽然有许多人物角色仍能被人们加以不同解读，商朝击败的敌人看似有三个，他们的头领、大量将士、武器被俘获，而后，这些头领被处死，作为人祭献给先祖。

　　　　小臣墙从伐，擒危美……人二十人四，而千五百七十，□百……丙，车二丙，橹百八十三，函五十，矢……用又白□于大乙，用惟白印……□于祖乙，用美于祖丁，僮甘亭，易……（《合集》36481 正）

---

① David N. Keightley，'The Diviners' Notebooks: Shang Oracle-Bone Inscriptions as Secondary Sources', in Yau Shun-chiu and Chrystelle Marchal (eds.), *Actes du Colloque International Commemorant le Centenaire de la Decouverte des Inscriptions sur Os et Carapaces* (Paris, 2001), 23.

正如我们在金文中所看到的情形，在甲骨文中，也存在一股强调事物积极面的总体趋势，它们总是筹划着击败敌人，由此出发，它们当然也从不会纪念他们自己的失败了（同样，在众多学者中间也弥漫着一股将甲骨文记录的主观性抛诸脑后的气氛）。就商朝的情况而言，尽管它取得了对上述那些敌人的胜利，到了另一个世代，一个更加可怕的敌人——周——崛起了，正是它将商朝送进了坟墓。

作为二手文献的甲骨文

在上面，我们已经引用过吉德炜所译的商代最长的那篇甲骨文。最近，他开始了一项有关这些甲骨文的总体性质的研究，其名目富有启发性——"占卜者笔记：作为二手文献的商代甲骨文"，以下是他的一段自白： 378

> 多年来，我总是认为这些卜辞是一手文献，它们是占卜后不久人们刻在甲骨上的，作为对实际发生的事情的记录。诚然，某些情况确实如此，不过，现在我相信，大量卜辞所呈现给我们的是今已不存的一手记录的二手版本（时而是缩略版本，时而是经过调整的版本）。[1]

吉德炜给我们提供了多种证据，证明许多甲骨文不可能在占卜之后不久就刻在了甲骨上。与此相反，其他人则提到了某些早在占卜进行之前就刻下的甲骨文。一个这样的例子可见于武丁统治时期一块公牛肩胛骨上所刻的三篇甲骨文，在它们当中，头两篇甲骨文照其性质来说并非卜辞（中国学者将它们称作"记事刻辞"，即"记事的甲骨文"）。

---

[1]　Keightley, 'The Diviners' Notebooks', 11.

> 癸卯（第四十日）俎于羌（用作人牲）三人卯十牛。右（？）。
> 戊戌（第三十五日）帚喜示一屯。（记载者）岳。
> 丁亥（第二十四日）卜，永，贞王从□。（《合集》390）

从下面一则卜辞中，我们可以得出相似的结论，该卜辞中包含一段由两个部分组成的验辞：第一部分写于占卜后12天，第二部分写于175天后。

> （甲）申（第二十一日）卜，贞骨凡有疾，旬又二日（乙）未（第三十二日），允忧（成功康复）。百日又七旬又五日（戊）寅（第十五日），亦有疾。（乙未）夕丙申（第三十三日）乃死。（《合集》13753）

有证据表明，这篇甲骨文中的序辞、命辞，连同占辞和（或）验辞，都是在同一时刻刻出来的。这片占卜甲骨至少在长达175天的时间里仍能被人们使用，这项事实促使吉德炜得出以下结论：

> 这不仅告诉我们那时有某种文件归档系统的存在，从而让人们能在这样长的时间里将相关甲骨搜寻出来，而且，它告诉我们，如果命辞与验辞确系在同一时刻刻出，则占卜者当有一本"笔记本似的"有关命辞、占辞的记录，我们推测，在刻甲骨文的人于病人[1]死后记载占卜情节时，他会参考这本记录。[2]

在中国，对于文字记录的兴起而言（以及由此而来的对历史写作的兴起而言），这是个尤其影响深远的结论。如果此论不谬（我认为它肯定是正确的），我们在上面提到的那个观点，即在古代中国，书写最初限于宗教方面的用途，看起来就不怎么站得住脚了。

379

---

① 指上引甲骨文中的病人。——译注
② Keightley, 'The Diviners' Notebooks，14.

来自甲骨文的证据告诉我们,早在商朝时,就有一种发达的文字记录系统。如我们将在本章下一个部分看到的,对接下来的周朝而言,情况仍是这样的。

金文

在甲骨文被人们发现之前,金文是中国已知的最早的书写形式。通常而言,这些铭文镌刻在青铜礼器里面(就铜钟而言,它们刻在铜钟外面;还有一些很稀少的情况,也就是,至少在我们此处所关注的历史早期,人们能将它们刻入青铜内部)。它们在中国出土的历史至少可以从公元前2世纪后半期算起,其出土总是被人们当作祥瑞的吉兆。北宋(公元960—1126年)学者对考古的兴趣,使得1000件以上的古代青铜礼器被人们汇集起来,并公之于世,其中的许多礼器带有铭文。后来,清朝学术研究的语言学转向,让人们将更大的注意力放在古代文字书写的不变实例——金文——上。得益于20世纪中国现代考古学的发展,数以千计的青铜器具从古墓、古物堆中被人们发现,不论是刻了字的还是未刻字的。最新发布的金文集载录到公元1999年为止,包括来自商、周两代的14500篇金文。进入20、21世纪之交,几乎每个月都有新的金文发现。如我们将在下文中看到的,这些金文是令人惊叹的历史资料储库,尤其对西周时期(公元前1045—前771年)而言,更是如此。与甲骨文一样,有关古代中国如何进行历史记录,金文同样包含重要的相关证据。

尽管早在公元前3000年这样早的时期,青铜工具就在中国西北部出现,不可怀疑的是,这项技艺是从更远的西方引入进来的。现在的考古证据告诉我们,青铜铸造直到公元前两千纪最初的几个世纪,方才在中国本土的中部地区出现。青铜最初的用途之一是用于铸造礼器,在这之前,后者是用陶土制作的。早期的这些青铜都没有刻上文字,不过,到商王武丁统治时,开始有一些简单的金文出现,它们是一些家族名,在很少的一些情况下,也有人物名

(铜器为他们铸造)。这样,1975 年人们在小屯(位于商王宫附近)一座墓中发掘的刻在众多铜器上的铭文,就能够让我们确认是属于妇好的了,从当时的甲骨文得知,这名女子是武丁的三位主要后妃当中的一个。到商代末期,金文开始有某种程度的加长,它们通常记颂某人因为国效劳的光荣行为而受到奖赏,小臣艅犀尊即是如此,它在西方以"布伦戴奇犀尊"(Brundage Rhino)之名更为人知。小臣艅犀尊上面的简短金文记述了商朝对人方的一次征伐,不过,人们记载的 15 年征伐期告诉我们,此次战争不同于我们在前面部分所探讨的甲骨文中所记载的那次征伐。此次征伐可能是从帝乙在位时(约公元前 1090 年)开始的。

380

> 丁巳(第五十四日),王少夔,王赐小臣艅夔贝,唯王来征人方,唯王十祀又五肜日。(《集成》11.5990)[①]

随着 15 年后周对商朝的征服,在青铜器上镌刻金文之举愈发普遍。有一篇这样的金文是记颂周武王在克商八天后赐给一位名叫"利"的官员礼物的。

> 武王征商,唯甲子(第一日)朝,(武王)岁鼎(一种大锅),克昏夙有商,辛未(第八日),王在阑师,赐有事利金,用作檀公宝尊彝。(《集成》8.4131)

虽然利簋上的金文与小臣艅犀尊上的金文在类别上并无不同,此后不久,其他金文却变得越来越长,并包含了新的信息。有一个何尊,是某位国王(我们几乎可以确定他是周武王的儿子周成王)在位的第五年造的,它包含了国王告诫新朝诸侯的话语:

[①] 《集成》指中国社会科学院考古研究所编《殷周金文集成》(18 卷,北京,1984—1994 年),它是商周时期的金文总录(corpus inscriptionum)。此处的"11"系指卷数,"5990"系指金文序列号。

唯王初迁，宅于成周。复禀武王礼福自天。在四月丙戌（第二十三日），王诰宗小子于京室，曰："昔在尔考公氏，克逑文王，肆文王受兹命。唯武王既克大邑商，则廷告于天，曰：余其宅兹中国，自兹乂民。呜呼！尔有虽小子无识，视于公氏，有爵于天，彻命。敬享哉！"唯王恭德裕天，训我不敏。王咸诰何：赐贝卅朋，用作庚公（名字难以辨认）宝尊彝。唯王五祀。（《集成》11.6014）

正好在50多年后，值周成王之子周康王在位的第二十三年，某个曾任王家教师的人铸造了一件铜器，上面刻写的金文让人们想起了《尚书》（意为"受尊崇的文献"，这是一部最终被人们当作汉文经典的资料集）前面的一些篇章。除了引起历史学界的兴趣外，这些刻在大盂鼎上的金文还通常成为中国文学、哲学史的研究对象。

佳九月，王才宗周，令盂。王若曰："盂！丕显文王受天有 $\qquad$ 381
大令，才武王嗣文乍邦，辟厥慝，敷有四方，畯正厥民。才雩御事，□酒无敢酖，有柴烝祀，无敢□，故天异临，法保先王……匐有四方。我闻殷坠命，佳殷边侯、田，雩殷正百辟，率肆于酒，故丧师。已！女昧辰有大服，余佳即朕小学。女勿□余乃辟一人，今我佳即型禀于文王正德，若文王令二三正。今余佳令女盂，召荣敬雍德经，敏朝夕入谏，享奔走，畏天威。"王曰："而，令女盂井乃嗣且南公。"王曰："余乃绍夹死司戎，敏谏罚讼，凤夕绍我一人烝三方，雩我其遹省先王受民受强土，易女鬯一卣，冂衣、市、舄、车、马，易乃且南公旗，用狩，易女邦司三白，人鬲自驭至于庶人六百又五十又九夫，易尸司王臣十又三白，人鬲千又五十夫……雍自厥土。"王曰："盂，若苟乃正，勿灋朕令。盂用对王休，用乍且南公宝鼎，佳王廿又三祀。"（《集成》5.2837）

到西周中期，由于愈益官僚化线路的影响，政府组织变得愈益有序，在此之外，王室封、赐的礼仪亦变得愈益有章可循。基于此，金文也变得越来越常见，且在绝大多数情况下，变得越来越程式化。一个较早的例子是刻在裘卫簋上的一份贺职金文（在后来的150年中，出现了成百上千的类似金文），它给出的完整日期显示这件铜器铸于公元前930年。

> 佳廿又七年三月既生霸戊戌（第三十五日），王才周，各大室，即立。南白入右卫入门，立廷，北卿，王乎内史易卫市、朱衡、銮。卫□首，对天子不显休。用乍文且考宝，卫子子孙孙用宝用。（《集成》8.4256）

382　　裘卫簋的程式化性质绝不代表后来所有西周金文的状况。有为一位周王（周厉王）所铸造的三件铜器，即㝬簋一件、㝬钟两件，上面的金文是用国王的名义写的。那个时代已知的最长金文是刻在著名的毛公鼎上的铭文，它记录了西周倒数第二位国王周宣王所说的话，他向自己的"叔叔"毛公抱怨自己登位初期困扰他的种种问题。还有两篇引人注目的金文，分别刻在史墙盘与逑盘上，后者我们在下面将要论到。这两篇金文陈述了王朝简史（还有两位铜器铸造对象的家族史），其中第一篇只讲到墙的国王（周共王）统治时期，第二篇的时间下限则距王朝灭亡非常近了。某些金文记录了在不同个体之间所作的案件判决（有时则记录在两个交战地区之间所作的案件判决，比如散氏盘），与此同时，其他铭文则纪念婚姻嫁娶之事。一如我们能想象到的，在战场上获胜是常能得到王室奖赏的一种情况，纪念这些奖赏的铭文通常会不惜笔墨，大肆描绘战争场面。有一篇晋侯苏编钟上的金文，其文字分布在分成两组的16件钟上，它们有着特别重大的影响力。

> 惟王卅又三年，王亲遹省东国南国。正月既生霸，戊午（第五十五日），王步自宗周。二月既望，癸卯（第四十日；原文如此），王入格成周。二月既死霸，壬寅（第三十九日；原文如

此),王□往东。三月方死霸,王至于□,分行。王亲令晋侯
苏:率乃师左□□北□□伐夙夷。晋侯苏折首百又廿,执讯廿
又三夫。王至于□城,王亲远省师。王至晋侯苏师,王降自
车,立,南乡,亲令晋侯苏:自西北遇敦伐□城。晋侯率厥亚
旅、小子、□人,先陷入,折百首,执讯十又一夫。王至,淖淖列
列夷出奔,王令晋侯苏帅大室、小臣、车仆从,遂逐之。晋侯折
首百又一十,执讯廿夫;大室、小臣、车仆折首百又五十,执讯
六十夫。王惟反归,在成周,公族整师宫。六月初吉,戊寅(第
十五日),旦,王格大室,即位,王呼膳夫曰:召晋侯苏。入门,
立中廷,王亲锡驹四匹。苏拜稽首,受驹以出,反入,拜稽首。
丁亥(第二十四日),旦,王御于邑伐宫。庚寅,旦,王格大室,
司工扬父入右晋侯苏,王亲侪晋侯苏巨鬯一卣、弓、矢百、马四
匹,苏敢扬天子丕显鲁休,用作元龢锡钟,用昭格前前文文人
人其严在上,翼在下,□□□□,降余多福。苏其迈年无疆,子
子孙孙,永宝兹钟。[1]

383

晋侯苏是重要的诸侯国晋国的国君,晋在那时是位于今山西省
西南部的一个邦国(这块地方是商王武丁在位时被商朝打下来
的)。他使用的这些钟,除了上面的金文让人感兴趣外,它们在考
古学上的来由问题同样引人注意。整个 20 世纪 80 年代,来自北
京大学、山西省考古研究所的考古学家一直从事于一座巨墓的挖
掘工作,后者就在晋国古都(位于今天马—曲村)附近。他们刚要
挖到一块独立的墓葬区域,却停了下来,晋国统治者及其后妃的陵
墓就在这里面。不幸的是,在 1992 年末、1993 年初,盗墓者(他们
无疑是被考古学家的工作吸引过来的)首先发现了这块墓葬区,并
启开了数座坟墓。就晋侯苏(他又以死后的谥号"晋献侯"为人所
知)的坟墓来说,有多件刻有金文的铜器很快在香港古文物市场上

---

① 译文遵照 Jaehoon Shim, 'The "Jinhou Su *Bianzhong*" Inscription and Its Significance', *Early China*, 22(1997),49 - 56。有小幅改动。

现身,包括 14 件最大的钟(其上的金文见上面的译文)。在上海博物馆买下这些钟并公布他们的发现后,考古学家加强了被盗墓葬区域的防护措施,并重新启开被劫掠的晋侯苏墓。除了其他被盗墓者忽视的铜器和工艺品,他们在那里还发现了两件最小的钟(在第二组钟当中)。就钟上的金文来说,这些钟在考古学上的来由问题尤其具有重要意义,因为与几乎所有其他的西周金文不同,这些金文是刻在事先就存在的钟上的。在人们于原处(in situ)发现两件最小的钟前,有些人还怀疑这些非比寻常的金文是现代的冒牌货呢。

随着西周在公元前 771 年的灭亡,早在该王朝创立之初即已建国的晋和其他诸侯国取得了事实上的独立,这些诸侯国的建立者是早期列位周王的亲戚,如晋的开国之君就是周成王的弟弟。毫无疑问,甚至在西京陷落前,有许多这样的诸侯国已是半独立的国家了。到公元前 8 世纪末,新近将东都建在今河南洛阳的那些周王已在事实上(de facto)丧失了权力。这个时期的铜器由此越来越多地反映了地方特色。无论是幸还是不幸,由于这个后来的时代在传统历史文献中远比西周时期得到了更好的叙述,故此,在人们眼中,这个时代的金文在历史学方面通常不具有那么大的价值。

金文中所见的西周历史

西周时期通常被认为是金文的顶峰时代。这在很大程度上源于该时期金文的数量很多,且它们自身具有深深吸引人的地方;不过,我们也不可怀疑,这在部分程度上也源于该时期其他历史材料的相对稀缺。以周克商、新朝建立为核心的众多历史事件在传统的历史记录中得到了很好的叙述,西京陷落前西周最后两三位国君统治时期的历史事件亦复如是,此种情况是理所当然的。不言而喻,上述各个时期的历史叙述有着强烈的教诲意图,也就是它们要证明,由于早期列王德配天地,新朝得以创立;由于后期列王失德,王朝覆灭。西周时期的金文无可避免地受到了此种对历史的主观看法的影响。确实,通过某些方式,这些金文更加倾向于做这样一件事情:对于铜器的铸造对象,以及身为这些人的庇护者的历代周王,这些金文总是以最有利的方式来呈现他们的形象。不过,由于刻有金文的铜器(包括那些在其他材料中并未好好记下其内容的铜器)在西周各个时期都有铸造,因此,这些金文为我们提供了不可或缺的当时人对各种历史事件的看法。

西周最初约 100 年的刻有金文的铜器在中国北部各地都有发现。当然,来自中国西北省份陕西的铜器占据大头,因为那是周人的故乡、西周正都的所在地,与此同时,还有许多铜器也在中国东部——从东北部的河北到东部海岸边的山东半岛以及位于中国中部的河南全境——有所发现。这些铜器当中的大多数是周在各地设立的殖民地的创建者铸造的,他们奉命统治新近征服的各地土著民:召公奭,周文王之子,是周武王死后巩固周朝统治的三人团当中的一员(另两位是周成王与周公),他的后人统治位于北京附近地区的燕;伯禽,周公长子,治所在山东曲阜的鲁国的第一位统治者;康叔封,周文王的另一个儿子,受命统治败亡的商朝的京畿地带;除此之外,还有其他人。不过,到公元前 10 世纪中期,在上述地区发现的青铜器数量出现了引人注目的下降。这可能是西周早期的一个重大事件所产生的结果。

公元前 957 年,周昭王意欲将周的统治扩展到其时尚未被征服的南方地区,很明显,他遭遇了灾难性的失败。古代历史文献亦曾提及此次失败,虽然它们常常说得婉转其辞。在以南征达到顶峰为终点的这个时期,还有大量的金文被镂刻出来,所说的话常常冠冕堂皇。不仅如此,当时的两本简史亦想以最有利的方式描绘这次征伐。不过,事实看似是昭王不仅自己丧命,还将周朝的大量常备军带入死路。此事看似成了周朝扩张运动的终点,从下一个百年开始,青铜器就主要在周朝王畿地区被人们发现了。 385

昭王之后,其子穆王继位,在古代历史记录中,他是一个形象相当复杂、矛盾的统治者。比如他因为创制了一部系统的法典而受到称赞,但又因为无法单独通过自己的个人美德统治臣民而受到抨击。不论传统上对穆王的评价价值如何,穆王统治时期的青铜器实实在在地证明了穆王对政府和社会制度进行了彻底的改革。一件刻有金文的铜器盠方彝是穆王统治早期的作品,它看似对周朝军队的重组作了纪念,其时,周朝某个古老家族的成员接受任命,执掌东西两军的统帅权。

> 唯八月初,吉,丁亥,王格于周庙,穆公佑盠,立于中廷,北向,王册命尹,赐盠:赤市幽亢攸勒曰,司六师王行,参有司:司土、司马、司工,王命盠曰:摄司六师暨八师艺。盠拜稽首,敢对扬王休,用乍朕文祖盠公宝尊彝。盠曰:天子不叚不基,万年保我万邦。盠敢拜稽首曰:烈朕身,更朕先宝事。(《集成》16.9899)

同样在穆王统治时期,朝会礼仪变得正规起来,正如我们在上面翻译的裘卫簋铭文中所看到的。这似乎证明了政府日益增长的官僚化趋势;王朝初期,在地位特别重要的人当中,相当一部分看似在多个职位上发挥过作用(如我们在大盂鼎金文中所看到的),而到了这时,官员被委以某些特别的职务,其职责或多或少有非常明确的规定。

有关这些重要的改革,我们在那些青铜器本身上面可以找到另外的证据。西周早期那些成套成套的青铜礼器非常小,其突出的部分是酒器,而从穆王时期开始,那些人们意图放在一起使用的铜器在数量上有所增长,与此同时,多种多样的盛放祭肉、谷物的主要铜器根据它们的大小,顺次排列。引人注目的是,在考古挖掘出来的铜器中,酒器几乎绝迹。许多现代学者注意到了这个突出的现象,杰西卡·罗森(Jessica Rawson)还就此种现象所反映的礼制改革,给出了特别引人深思的分析。根据她的说法,西周早期使用成套铜器的礼仪活动是一个家族所有男性成员都参与的,而在西周中期的礼制改革后,铜器的数量增加以及铜器的性质告诉我们,

386

这些礼仪活动渐渐由一个或更多的礼仪专员包揽,各家族的成员则作为旁观者在一边观看。[①] 我们推测,这项礼制改革至少在某种程度上受到了从中国南方引进的乐钟的影响,这种乐器在周地首次出现同样是在穆王统治时期。乐钟只有在按大小顺次排列成组的情况下才能奏出音乐来,这可以解释人们按顺序制造成套谷器、肉器的新潮流。而演奏乐钟需要一定的专才,这可以解释显而易见的大量职业礼仪人员的出现。虽然发生了礼制改革,不过,我们可以确定它是一个渐进的过程,历时 100 年之久,此种改革方才修成正果。同样,我们不可怀疑,穆王统治时期使周朝发生了多方面的变革。

　　穆王统治时期之后,进入其长子的统治时代,他以"周共王"之名为人所知,很明显,他的登位是无惊无险的。不过,在共王之子懿王统治时期,形势发生了逆转。在古代历史记录中,我们了解到,由于继懿王而立的并非他的儿子(至少没有直接承继王位),而是他的叔叔、穆王的另一个儿子,即周孝王,因此,这个懿王就显得有点不同寻常了。其他材料告诉我们其他一些问题的存在。传说诗人们开始作诗批评王室,与此同时,一本编年史著作提到,懿王将自己的王都迁到某个翻译出来意为"废墟之地"(废丘)的地方。这是在金文中得到了很好的记载的一个时期。事实上,从某些方面来说,是得到了极其完好的记载。比如,有许多金文提到了完整的日期:帝王在位的哪一年,哪一月,月相如何,哪一个干支纪日。不幸的是,人们似乎无法将所有这些日期统合到一份单一的列王年表中,由于这项原因,许多人试图重建西周完整年表的努力未告成功。倪德卫(David S. Nivison)花费了多年时间,研究这样的年表,他似乎第一个提出以下观点:懿王的问题导致了他被流放,而他的叔叔则统治京城并僭称国王,以至于出现二"王"并立而治

---

① Jessica Rawson, 'Statesmen or Barbarians? The Western Zhou as Seen through their Bronzes', *Proceedings of the British Academy*, 75(1989),71 - 95.

的格局。① 为此看法提供支持的证据如今已通过两篇金文当中的一篇的形式浮出水面，它就是述盘铭文，在下面的部分，我们将把它全部翻译出来。在这篇金文中，懿王受到了厉王那样的对待，后者是被流放的另一个国王，那时在京城的是另一个统治者——共伯和。除此之外，孝王则因"再次延续周朝世系"而受到称赞。

不管当时的真实历史情形如何，在另外两代人的时间里，周室继续衰落，直到懿王自己的儿子夷王最后登上王位，而后，是厉王统治时期，我们上面提到，他的统治遭遇中断。厉王死于流放途中后，他的儿子被立为国王（以"宣王"之号闻名）。宣王持续施行统治，长达 46 年，人们将复兴周朝国运的功劳归在他头上（至少就其统治初期而言是这样的）。他在位时期的大量长篇金文证明他积极参与到周室复兴的诸多方面中去，从对西北、东北用兵，抵御那些地方的敌人的入侵，到重新构建以东都洛阳为中心的市场体系，再到更进一步的参与有关政府性质的哲学讨论，不一而足。他看似在自己统治的第三十三年，亲自领兵对东方进行了长达数月之久的征讨，兵锋所及，远至山东，此次征伐的相关情形在我们上面翻译的晋侯苏编钟金文中有所记载。金文描述此次征伐获得了对那里的敌人的胜利。不过，将它与古代历史记录联系起来看，我们得知，至少以下可能是存在的：此次征伐还有干涉那里的某个重要的周朝殖民地——鲁国——内政的意图。这是一个信号，它告诉我们，到宣王统治末年，王家的统治再次开始走下坡路。2003 年 1 月发现的某份宣王时期的最新金文描述了另一场战争，很明显，这场战争发生在距离周王畿非常近的地区。刻有这篇金文的铜器是为某个辅政官员述铸造的，时间在宣王在位的第四十二年（公元前784 年），与此相伴的是为述制作的其他铜器。这篇金文在历史学

① David S. Nivison, 'Western Zhou History Reconstructed from Bronze Inscriptions', in George Kuwayama（ed.）, *The Great Bronze Age of China*：*A Symposium*（Los Angeles, 1983）,44 - 45.

387

上是颇引人注意的，我们将在下面的部分对之进行探讨。[①] 以下，我将列出它的"王命"部分，金文开头的时间、地点介绍以及最后的献词就略而不书了。

> 王若曰：逑，丕显文武，膺受大命，敷有四方，则繇唯乃先圣祖考，夹绍先王，闻勤大命，莫周邦。余弗叚忘圣人孙子，余唯闰乃先祖考，有勋于周邦，肆余作……甸，肇建长父，侯与采，余命汝莫长父休，汝克莫于厥师，汝唯克型乃先祖考，辟狁犹出捷（他们）于邢阿，于历岩，汝不艮戎，汝光长父以追博戎，即宕伐于弓谷，汝执讯获馘俘器车马。汝敏于戎工，弗逆朕新命，厘汝秬鬯一卣，田（见以下）于臝卅田，于諆廿田。

388

在西京陷落、宣王之子作为王朝的末代国王覆灭之前，这个"西周"王朝只延续了 13 年时间。

作为三手文献的金文

吉德炜认为甲骨文是以写在某些其他载体上的原始材料为基础的二手文献，与此相似，顾立雅（Herrlee Glessner Creel，西方金文研究的一个先驱者）在很久以前也指出，金文主要是以在朝会过程中发布的书面命令为基础写成的。[②] 这在宣王四十二年逑鼎铭文的序言部分表现得很清楚。在指出朝会的日期、地点以及辅政大臣逑的导引者是谁（司工散）后，序言段继续说道："尹氏受王厘书，王呼史减册厘逑。"而后，在王所下命令的末尾，继续有金文说道："逑拜稽首，受册厘以出。"很明显，中间插入的那个以"王若曰"开

---

① 有关此次发现的官方报告，参见陕西省文物局、中华世纪坛艺术馆编：《盛世吉金：陕西宝鸡眉县青铜器窖藏》（北京，2003 年）。

② Herrlee Glesner Creel，'Bronze Inscriptions of the Western Chou Dynasty as Historical Documents'，*Journal of the American Oriental Society*，56：3（1936），342.

头的段落，代表了写在竹条或木条上的王的"命文"。

两件其他的为辅政大臣述铸造、刻有金文的铜器让我们更进一步了解了金文的创作流程。其中的第一件铜器名为"述盘"，我们在上面已经提及。事实上，它给我们提供的是整个西周王朝的一部简史，从文、武二王建立新朝，讲到"天子"宣王统治时期。散布在对历代周王功业的简短赞颂之间的，是述对自己先祖——单氏家族成员——的颂扬。尽管我们有必要将这份长篇金文全部翻译出来，基于篇幅方面的考虑，我在这里对有关数代人功业的评述以及最后的献词就略而不提了。

389

> 述曰：丕显朕皇高祖单公，桓桓克明慎厥德，夹召文王武王达殷，膺受天鲁命，匍有四方，竝宅厥堇疆土，用配上帝。雩朕皇高祖公叔，克逑匹成王，成受大命，方狄不享，用奠四国万邦……雩朕皇考龏叔，穆穆趩趩，龢询于政，明济于德，享辟厉王。述肇缵朕皇祖考服，虔夙夕，敬朕死事，肆天子多赐述休，天子其万年无疆，耇（？）黄耇，保奠周邦，谏乂四方。王若曰：述，丕显文武，膺受大命，匍有四方，则繇唯乃先圣祖考夹召先王，劳堇大命。今余唯经乃先圣祖考，申就乃令，令汝胥荣兑，摄（？）司四方虞林，用宫御。赐汝赤市、幽黄、攸勒。[1]

从这篇值得注意的金文中，我们可以了解到很多信息。尽管如此，就上引文的意图而言，我们只需关注国王相对简短的命令话语即可：

> 王若曰：述，丕显文武，膺受大命，匍有四方，则繇唯乃先圣祖考夹召先王，劳堇大命。今余唯经乃先圣祖考，申就乃令，

---

[1] 有关此篇和其他为述而作的金文的英译文，参见 Edward L. Shaughnessy, 'The Writing of a Late Western Zhou Bronze Inscription', *Asiatische Studien/Etudes Asiatiques*, 61:3(2007), 845-877.

令汝胥荣兑,摄(?)司四方虞林,用宫御。

尽管并未明显表现出来,很清楚的是,这段王赐给逑的金文是保存在宫廷中的某份文献的复录。从另一件铜器身上,我们同样能清楚看到这一点,在宣王四十二年作逑鼎铭文的后一年,逑在这件铜器上创作了一份长篇金文。这件铜器纪念的是逑荣升"历人"之职。这篇金文引用的"命文"反过来引自先前周王给逑下达并在逑盘中得到纪念的命令。在下列译文中,王赐予逑的礼物长单以及逑献给先祖的祷词(附在金文末尾)略去不表。

> 唯卌又三年六月既生霸丁亥(第二十四日)。王在周康宫穆宫,旦,王格周庙即位,司马寿佑吴逑入门立中廷,北向,史减授王命书。王呼尹氏册命逑,王若曰:逑,丕显文武尹受大命,敷有四方,则繇唯乃先圣考,夹绍先王,闻勤大命,奠周邦。肆余弗忘圣人孙子,昔余既命汝胥荣兑摄司四方虞林,用宫御(斜体为我所加)。今余唯经乃先祖考,有勋于周邦,申就乃命,汝官司历人,毋敢妄宁,虔宿夕惠雍我邦小大猷。雫乃专政事,毋敢不规不型,雫乃讯庶人有粦,毋敢不中不型,毋龏橐韇橐,唯有宕纵,乃敄鳏寡,用作余一人死不肖唯死……逑拜稽首,受册,佩以出,反入纳瑾圭……

很清楚,接受王命书写一份新的"命文"给逑的王室书记官到过王家档案馆,参考了先前写给逑的"命文",并在新的"命文"中对之作了原封不动的引用。从这里我们可以推断出:对于这份新"命文",王室书记官可能制作了两份复录,一份再次交王家档案馆(我们推测是放在逑的案卷中),一份给逑。逑反过来将该"复录"再复制到为他而铸的宣王四十三年逑鼎的金文中,结果,使得金文连二手文献都算不上了,反而成了三手文献。

390

对中国历史写作传统而言金文所具有的重要意义

青铜时代中国的甲骨文、金文值得历史学家们加以关注，这不仅是因为它们是中国漫长的文学传统中最早的现存书写实例，还因为它们提供了充满吸引力的窗口，让人们看到了更多的隐藏在甲骨文、金文背后的文字书写。吉德炜曾写道："商代的文字书写不限于甲骨文、不限于只为国王服务，亦不限于小屯那片区域。"[①] 顾立雅亦曾有言："很简单，我们不得不接受这样一个事实，也就是周人是一个热爱著书的民族。"[②] 当他们说这些话的时候，他们是将一个引人注目的特点凸显了出来，这个特点不仅为中国古代的治国艺术所有，且为古代中国历史写作的发展过程所有。这两位杰出的历史学家在各自的著作中都看到了王家档案馆的存在，这项假设在绝大多数最近发现的金文身上已得到完全证实。借助于吉德炜的观点，我们能作出以下推测：商代档案馆至少保存着有关公牛献祭、为了不同人所进行的占卜的简要记录，与此相比，可以肯定的是，周代的档案馆保存着在该时期的金文中得到引用的成千上万"命文"的复录。这些档案还包含哪些东西，我们只能加以想象了。对我来说，提出以下设想丝毫没有不合情理的地方：周代的档案至少包含人们在《尚书》中发现的各种王室文献的复录。同样亦非不合情理的是：王宫中的书记官以至于我们在上面讨论过的那些长篇金文的作者，也可能创作了保存在《诗经》（意为"诗歌经典"）中的那些诗歌——这些诗歌几乎在所有方面都有与金文相同的语言表达特点。除此之外，还有一种虽未经充分证明，但并不显得那么荒谬的可能性存在，它也就是，在历史上曾有过某种形式的王家英雄传说，以述盘铭文的作者为例，他可能在书写关于那个时

391

---

① Keightley, 'The Diviners' Notebooks', 11.

② Herrlee Glessner Creel, *The Birth of China* (New York, 1937), 255（其中的汉语以拼音表示）。

代的历史时,引用了这些材料。事实上,我怀疑在这些英雄传说当中,至少有一个采取了按年记录的编年体史书的形式,并且拥有相关的条目,此种条目类似于我们在王朝初兴那样早的时期的金文中所发现的有关重大历史事件的标记。当然,就目前而言这些都仅仅是猜测,尚需在未来的考古发现中得到证实(或者按我所猜测的,得到否定,尽管很难想象会有什么证据会否定这些猜测)。尽管如此,在这个时候,我们对于下面的假设还是满怀信心的,也就是,至今为止,古代中国的文字书写浮出水面的仍只是冰山一角(或许是非常小的一部分)。

大事年表/关键日期

约公元前 1500—前 1045 年	商朝
约公元前 1200 年	最初制作的甲骨文
公元前 1045—前 771 年	"西周"王朝
约公元前 982 年	大盂鼎(青铜器)铸造出来
约公元前 785 年	逨盘(青铜器)铸造出来
约公元前 1000—前 600 年	《尚书》《诗经》成书
约公元 1900 年	甲骨文在安阳附近重见天日

主要史料

392

曹玮:《周原甲骨文》(北京,2002 年)。

郭沫若编,胡厚宣总编辑:《甲骨文合集》(13 卷,1978—1982 年)。

胡厚宣主编,王宇信、杨升南总审校:《甲骨文合集释文》(4 卷,北京,1999 年)。

刘雨、卢岩:《近出殷周金文集录》(4 卷,北京,2002 年)。

陕西省文物局、中华世纪坛艺术馆编:《盛世吉金:陕西宝鸡眉县青铜器窖藏》(北京,2003 年)。

姚孝遂主编、肖丁副主编:《殷墟甲骨刻辞摹释总集》(北京,1988

年)。

张亚初:《殷周金文集成引得》(北京,2001年)。

中国社会科学院考古研究所:《小屯南地甲骨》(2卷,上海,1980、1983年)。

中国社会科学院考古研究所:《殷周金文集成》(18卷,北京,1984—1994年)。

中国社会科学院考古研究所:《殷周金文集成释文》(6卷,香港,2001年)。

中国社会科学院考古研究所:《殷墟花园庄东地甲骨》(6卷,昆明,2003年)。

参考文献

Creel, Herrlee Glessner, 'Bronze Inscriptions of the Western Chou Dynasty as Historical Documents', *Journal of the American Oriental Society*, 56:3(1936), 335 - 349.

—— *The Birth of China* (New York, 1937).

Keightley, David N., *Sources of Shang History*: *The Oracle Bone Inscriptions of Bronze Age China* (Berkeley, 1978).

—— 'Shang Oracle-Bone Inscriptions', in Edward L. Shaughnessy (ed.), *New Sources of Early Chinese History*: *An Introduction to the Reading of Inscriptions and Manuscripts* (Berkeley, 1997), 15 - 55.

—— 'The Diviners' Notebooks: Shang Oracle-Bone Inscriptions as Secondary Sources', in Yau Shun-chiu and Chrystelle Marchal (eds.), *Actes du Colloque International Commemorant le Centenaire de la Decouverte des Inscriptions sur Os et Carapaces* (Paris, 2001), 11 - 25.

Nivison, David S., 'Western Zhou History Reconstructed from Bronze Inscriptions', in George Kuwayama (ed.), *The Great*

Bronze Age of China：*A Symposium* （Los Angeles，1983），
44 – 55.

Rawson，Jessica，'Statesmen or Barbarians? The Western Zhou as
Seen through their Bronzes '，*Proceedings of the British
Academy*，75(1989)，71 – 95.

Shaughnessy，Edward L.，*Sources of Western Zhou History*：
Inscribed Bronze Vessels （Berkeley，1991）. 393

—— 'Western Zhou Bronze Inscriptions '，in Edward L.
Shaughnessy（ed.），*New Sources of Early Chinese History*：*An
Introduction to the Reading of Inscriptions and Manuscripts*
（Berkeley，1997），57 – 84.

—— 'The Writing of a Late Western Zhou Bronze Inscription '，
Asiatische Studien/Etudes Asiatiques，61：3(2007)，845 – 877.

Shim，Jaehoon，'The "Jinhou Su *Bianzhong*" Inscription and Its
Signifi cance '，*Early China*，22(1997)，43 – 75.

屈伯文　译　陈　恒　校

第十六章　中国的历史与哲学

史嘉柏（David Schaberg）　文

　　在中国文化最早的一些阶段，无论历史还是哲学都不是作为一个引人注目的实体存在的。人们创作、保存的那些文献既有史料价值，又有思想价值，不过这些文献当中没有任何东西显示它们的使用者问了让独立的历史、哲学学科成为必要的那类问题。比如，这些来自原初时代的文献并未验证知识的根源，无论是有关过去的知识还是有关抽象真理的知识。与此相反，他们一再重复既有的观点。人们在金文、《尚书》（意为"受尊崇的文献"）的演讲词、《诗经》（意为"诗歌经典"）的诗歌中，发现了历史和哲学的根源，不过归根结底，它们作为一种中介所发挥的最重要的作用可以归纳为：颂赞并复制既存的社会秩序——特别是周王朝的社会秩序。与此不同的观点毫无疑问是存在的，不过它们并未在文献中流传下来，至于周朝的文献，它们在历史方面选择的是不反映事实、通常带有胜利者姿态的叙述，在周的成功上则选择意识形态的解释。到春秋及其后的战国时期，上述社会秩序走向瓦解，在此影响下，不同的历史、哲学立场得到验证，新的学术领域则生根发芽。

　　在这个转折时代，历史叙述的基本形式（由此也是历史知识本身的基本材料）是轶闻趣事。作家在理解过去并在自己的论述中引用过去的事迹时倾向于使用这种历史叙述形式，这是种种情况决定的结果。这些情况在新兴的历史、哲学学科身上留下了自己的印记，并且巩固了后两者之间的联系（这种联系在整个中华帝国史上一直存在），与此同时，它们本身也受到了人们的审视。

这样,在下文中,我们的第一项任务是确定作为一种历史叙述形式的轶闻趣事的含义,指明它的某些历时长久的特征,解释此种历史叙述形式经应用发挥了哪些功能,而后,让人们了解它在战国(公元前480—前221年)、秦(公元前221—前206年)、西汉(公元前202—公元8年)时期存留至今的文献中流行的程度。而后,本文的第二个部分通过历史早期数篇不同寻常的评论文章——《韩非子》(该书以作者的名字"韩非子"命名)中的《难》("难"意为"辩驳")数章(《难一》《难二》《难三》《难四》),探讨轶闻趣事类的历史叙述所蕴含的哲学意义。本章最后一个部分讨论从轶闻趣事类历史、轶闻趣事的各种编排顺序中产生的不同史学发展模式,其中有的早在韩非子之前就已存在,有些则回应了他所提出的问题。

轶闻趣事:形式、功能与背景

就欧洲的传统而言,所谓趣闻轶事就是某些未广而传扬或"未公之于众"的故事;身为材料,它们游离于一些更具合法地位的历史学材料的渠道之外,而又能给我们提供我们不能通过其他方式获得的启示——由于它们被束之高阁,因此更加能给我们带来启示。[1] 就"趣闻轶事"在日常英语中的使用而言,它今日所指的是有关某个事件的独立的故事,事件由于是颇不寻常的,故此其本身是值得记录下来的。将该词现在的含义与其根本的意义联系起来的是人类的"谈话"意识;基于此,趣闻轶事是值得人们追记、讲述的故事,一种可很好地应用于谈话的材料。[2] 古典古代的欧洲更倾向于采用长篇叙述的形式,详细讲解类似于历史的故事(比如围攻特洛伊)、历史素材(比如波斯战争、伯罗奔尼撒战争),给趣闻轶事留

395

---

[1]　Joel Fineman, 'The History of the Anecdote: Fiction and Fiction', in H. Aram Vesser (ed.), *The New Historicism* (New York, 1989), 49 - 76.

[2]　该定义以《牛津英语词典》(*Oxford English Dictionary*)中对"趣闻轶事"的定义为基础,后者指出了"谈话"意识在连接该词的两种含义上的重要性。

下一席之地的是与谈话（比如"圆桌谈话"）、解谜有关的那类文献。①在早期的欧洲历史著作中，有趣闻轶事出现的地方，本来前后连贯的长篇叙述就被打断，补充进来的是不具有实质意义但却引人深思的插曲。毫无疑问，欧洲的文化传统与史诗所具有的宗教、政治功能有着密不可分的关系，基于此，人们普遍认为，发现并传扬历史真理的最好形式是长篇叙述，至于短篇叙述，则可用于其他目的。

相比之下，在古代中国，长篇叙述几乎无法确证其在现有古代文献中的存在，趣闻轶事——或者，严格地按照该词所表明的意思来说，短篇叙述——却随处可见。正如词典中英文单词"趣闻轶事"的定义所显示的，中国早期带有历史色彩的轶闻趣事围绕着一个单独的事件展开，它有自己的开头、中间部分、结尾，作为一个故事，它与其周围的也在文献中的其他材料截然不同，无论这些材料是另外一些趣闻轶事还是非叙述性的观点陈述。由于内容简洁、地位超然、主题突出，使得趣闻轶事能被人们用在许多不同的背景下，由此而使其具有突出的可重述性。若某个历史事件太过复杂，以至于无法通过一个简单的故事说清楚，或者，它需要加以特别详细的述说，在这个时候，趣闻轶事的使用者就会在互有联系的故事链中讲述它。不过，即便这些故事是在故事链中一并被叙述的，链条中的各个部分在很大程度上仍是有独立性的。②

中国早期带有历史色彩的趣闻轶事一般不超过二三百字的篇幅，尽管在引述大段谈话时，其篇幅会远远超出正常范围。这些趣闻轶事在形态上往往呈现出以下小的倾向：故事的开头交代时间，中心人物，地点，并就引发人物行动的某件事或某个问题作一总体介绍。故事可以通过不同类型的人物行动铺展开来，虽然如此，不

396

---

① 以趣闻轶事为特点的文献包括奥卢斯·格利乌斯（约公元 125—约 180 年）的《雅典之夜》（*Attic Nights*）、雅典奈乌斯（盛于约公元 200 年）的《智者之宴》（*Deipnosophistae*），以及归于伊索（Aesop，公元前 6 世纪）的寓言。

② 有关趣闻轶事的这项定义以及对故事链的讨论，参见 David Schaberg，*A Patterned Past：Form and Thought in Early Chinese Historiography*（Cambridge，Mass.，2001），172 - 174，192 - 207。

同人物的对谈几乎总是故事的组成部分,无论它们是对白,还是某个人发表长篇大论,另一个人回应他。故事通常以某个人所说的话作为结尾,它要么是公开发表的要么是隐藏起来的对故事所述人物或事件的特殊评论。评论者有时是在故事情节中发挥了作用的某个人,有时是从另外的时空环境出发发表看法的某个名人(比如孔子),有时又是某个佚名的评论者(通常被叫作"君子",意为"有绅士风度的人")。① 由于这些评论通常是对某种立场——在某个地方被表述为某种道德(或策略)原则——的回应或抵制,因此,故事所发挥的作用就是将历史经验与合理的训诲调合起来。中国早期带有历史色彩的趣闻轶事基本上以训诲的形式出现,它们不仅在教育年轻的学子方面有价值,在为统治者、贵族提供教导方面同样如是。

在中国早期的这类趣闻轶事中,宫之奇及其谏虞君的故事是最常为人们所复述的故事之一,它在这里可以为我们充当一个实例。以下是《淮南子》给出的该故事的简明版本,前者是公元前 2 世纪中期的一本散文集,是淮南王刘安对文化进行赞助的产物。我往故事里填充进一些充实骨架的材料(它们表达了故事的训诲内容),并将该故事与其直接的背景联系起来:

> 何谓与之而反取之? 晋献公欲假道于虞以伐虢,遗虞垂棘之璧与屈产之乘。虞公惑于璧与马,而欲与之道。宫之奇谏曰:"不可! 夫虞之与虢,若车之有轮,轮依于车,车亦依轮。虞之与虢,相恃而势也。若假之道,虢朝亡而虞夕从之矣。"虞公弗听,遂假之道。荀息伐虢,遂克之。还反伐虞,又拔之。此所谓与之而反取者也。②

在重述这个故事的过程中,故事发生的时间只是通过间接的方

---

① 有关评论,参见第 549 页注②,第 179—182 页。
② 张双棣撰:《淮南子校释》下卷(两卷,北京,1997 年),第 1853 页。

式被提到了——故事在这里说到了晋献公，他的在位日期是公元前676—前651年。在故事中出现的虞，是与强大的晋相邻的一个小国，虢，则是一个与虞相邻并和它差不多大小的国家，这就为上述引文以及故事末尾的那场军事行动设置了地理背景。晋一击败虞，它就不需要将虢保留下来了，或者，照宫之奇在该故事的另一个更早的版本中所说的，"唇亡齿寒"。① 故事留给人们的教训，既可以通过战国时代对战略、现实政治的理解方式去表达（就像上面所做的），也可以这样理解，也就是更密切地联系更古老的、更传统的解释故事的方式，将它当作一个有关贪婪、爱慕奢华、冥顽不灵地拒绝良言的问题来看待。在有关进谏的故事中，后面一种形式的教训尤其普遍，它必不可免地会高抬谏臣的意见在政策领域的地位——它们是君王的指路明灯。②

宫之奇故事的最早版本或许是载于《左传》（意为"左氏的评注"）中的那个故事，该著作被认为是公元前4世纪末的作品。③ 相比《左传》的版本，该故事的《淮南子》版本无论在情节还是文体上都更为简单。在它那里，人物对话缩略为宫之奇的个人独白，一连串被引用的古代文献中的话也没有了，另外，故事中的"车"和"轮"则担负起了全部的警示君主的责任。尽管如此，这两个版本在措辞上却有着相同的地方，由此，它们被人们承认为同一个故事。在传承至今的宫之奇故事的所有版本中，我们都能找到同样的基本联系，更广而言之，对任何故事的所有版本而言，情况都是如此。在某些情况下，一个故事的某个版本与另一个版本可能联系非常紧密，以至于它们看上去一个是从另一个复制而来的；不过，更常见的情况是一个故事的两个版本看起来像是对某个有名故事的重述，它们为适应叙事背景或重述故事的需要而各自经过了改造，它

---

① 杨伯峻编：《春秋左传注》第一卷（四卷，修订版，北京，1990年），第307页（僖公五年，第8章，公元前655年）。

② David Schaberg, 'Remonstrance in Eastern Zhou Historiography', *Early China*, 22(1998):133 – 179.

③ 参见上面的注①以及本卷书中李惠仪（Wai-yee Li）的文章。

们与那个有名的故事是通过创作者对后者的认知以及积极的叙事技巧而非阅读、复制后者而产生联系的。

在人们的期望中,任何一个教养良好的人对大部分最重要的趣闻轶事应该是稔熟于心的,这一点在谈话者、创作者的某种习惯上表现得很清楚,这些谈话者、创作者惯常用一个简单的标题(比如短语)让人们联系到一连串的趣闻轶事,这些故事通常以排比的形式组合起来。这样,公元前 3 世纪的哲学著作《荀子》的《尧问》一章的作者能这样写道:"昔虞不用宫之奇而晋并之,莱不用子马而齐并之,纣刳王子比干而武王得之,不亲贤用知,故身死国亡也。"[1] 《说苑》(意为"言行集林")中的一段话提到了宫之奇,此时的他置身于一个更大规模的连环套——九个国破身死的事件——中。[2] 无论人们是重述某个故事,还是仅仅一笔带过,它在给人教诲方面的益处看似是变化不大的。毫无疑问,谈话者和创作者在决定怎样使用历史材料时,会判定读者和现实情况的需要,他们有时还会像宫之奇故事的《淮南子》版的作者一样,抓住机会引用并塑造一个老故事,以支持一项更新的原则。

趣闻轶事一直在为人们提供训诲;在《淮南子》这样的著作中,它们以某种方式得到编排,供人参阅;还有一个现象,也就是这些故事的不同版本之间有着松散的联系。趣闻轶事在历史早期的功能就暗含在这三者里面。这样多的故事的存在,是为了给与现实世界(特别是政治世界)的运作有关的观点提供论证。正是为了理解与支持这些观点,这些故事的新的利用者学习它们,并反过来自己将它们传承下去。也正是基于同样的原因,运用故事的人最终将某些故事写入书中,要么是在内容详细的谈话、文章中证明它们的适当作用,要么是将它们编成有用的故事集。是否真有其事对

398

---

[1]　王先谦撰:《荀子集解》下卷(两卷,北京,1988 年),第 552—553 页。纣王是商朝邪恶的末代君主,比干是他忠诚的批评者。关于子马其人和莱国的灭亡,我们并无确切的了解。

[2]　向宗鲁校证:《说苑校证》(北京,1987 年),第 217—219 页。

运用故事的人来说是重要的，不过，它是对人们所追求的修辞目标的补充，就其自身而言，它不是目的。随着故事在数百年的时间里一再被重述，历史事件的细节常常也跟着摇摆、变化，没有什么证据告诉我们这样的差异令战国、汉朝早期的作家感到苦恼。[1] 历史事实并未完全受人操控，不过，值得注意的是，在这个时期所有的论争中，很少有作家认为对彼此所写的东西提出质疑是件合宜的事。

　　古代文献在演变过程中会发生一件事情，也就是它往往遮掩趣闻轶事在历史早期的那些功能，并且给人们造成一种夸张的印象——该时代忠实于秉笔直录。《左传》，从它的风格以及高度稠密的细节来看，它当之无愧地可被称作最古老的趣闻轶事总集。它现在所呈现的编排形式是《春秋》（意为"春、秋编年录"）注，后者是有关公元前722—前479年的历史事件的简要编年录。依照这种编排形式，《左传》成了一部编年史，其中所述众多事件的前后相继，创造了一种结构的紧凑感，这种紧凑感给人一种叙述完整的感觉。不过，有许多证据表明，《左传》的这种材料编排形式是公元前1世纪晚期对该书进行编辑的结果，此外，在该书流传最初的几百年里，其中的趣闻轶事并不是按照年代顺序排列的，而是有着另外的编排标准，比如按地理或主题进行编排。[2] 这样的材料编排方式不会带来什么历史的完整感，取而代之的是它会将每个故事所下的论断以及训诲方面的教训暴露在人们面前。再看《国语》（意为"列国辞录"），它是一部按事件发生的地点对材料进行编排的著作，该书中的许多内容与《左传》是平行的，其所覆盖的时间段大约

399

---

① 只是在司马迁那里，辨别"是否真有其事"才成为一个突出的问题，此外，即便是他的《史记》，也包含了很多的趣闻轶事材料。人们承认，这些材料的史实性是无法确认的，它们是一些故事传说，相比其历史真实性而言，它们在提供训诲方面的作用更大。参见本卷书中倪豪士（William H. Nienhauser, Jr.）的文章。

② 参见《汉书》卷三六（北京，1962年），第1967页，其中有刘歆（盛于公元前53—公元23年）怎样将《左传》与《春秋》编年史搭配起来的记录。也见本卷书中李惠仪的文章。

是同一个时期。还有另外一本今已不存的早期著作,据说该书在某些冠名"节义"、"称号"、"揣摩"、"政谋"的章节中,将摘自《左传》的内容与后来的趣闻轶事搭配起来。[1] 这些章节名告诉我们,在一段谈话或一篇文章重述(或引述)这些分门别类的故事时,它们发挥了怎样的引人注目的作用。来自战国、秦汉时期的绝大多数趣闻轶事集采用的是这种以主题编排材料的方式,只有《左传》重视历史的演进过于故事突出的训诲价值。

来自战国中后期的其他作品(它们在内容描写上并不像编年体《左传》那样非比寻常)更加直接地反映了趣闻轶事的主要功能。首先,有极少数的几个作家就言谈之难及技巧作了深入的思考,他们为历史材料的引用争得了一席之地,此种引用只能够采取趣闻轶事或简洁的参考标题(title-references)的形式(大量经过人们再创造的谈话可为例证)。《荀子》的《非相》篇指出了游说之难,这种难处包括将最坏的统治者引到最善的道路上去:

> 未可直至也,远举则病缪,近世则病佣。善者于是闲也,亦必远举而不缪,近世而不佣。[2]

据说是荀子门生的韩非子在对言谈术进行理论解说上走得更远,他用了两章篇幅,讨论在言谈上获得成功的心理、言语技巧。他的理论必然给引用趣闻轶事的习惯争得一席之地:

> 所以难言者……多言繁称,连类比物,则见以为虚而无用……时称诗书,道法往古,则见以为诵。此臣非之所以难言而重患也。[3]

---

[1] 《史记》卷七六(北京,1959 年),第 2375 页。

[2] 《荀子集解》上卷,第 84—85 页(《非相》)。

[3] 陈奇猷校注:《韩非子集释》上卷(两卷,上海,1974 年),第 48—49 页(《难言》)。《韩非子》谈论言谈术的另一篇章是《说难》(上卷,第 221—237 页)。

上面两位作者都用到了"称"（意为"引用"）字，"称"的范围包括：引用《诗经》《尚书》这样的材料，提到这类著作，重述或提及历史材料。除以上外，韩非子所说的"连类比物"还告诉我们，引用趣闻轶事的效力取决于人们对具有说服力的相似历史现象的发现，本章下面对《韩非子》说"难"数章的讨论将证明这一点。

轶闻趣事集的性质是此种文学之功能的第二个标志物，此种故事集的编撰、流传是从公元前 4 世纪开始的。如上所述，《左传》就是其中的一部作品，《孟子》可算另一部。在这两部作品中，前者以年代顺序编排材料，后者则将关注焦点放在那个游说者——孟轲（公元前 4 世纪）——的言辞、谈话上。它们都倾向于掩盖趣闻轶事的引用价值，或者，拿《孟子》来说，它倾向于缩小自己在训诲方面的空间，使之局限于一些得到了很好解说的教训。对趣闻轶事在言谈上的功能作了更好反映的是《韩非子》中的《储说》（意为"各种论述的汇编"）数章。

无论是这几章的内容还是对内容的编排方式，都能给意欲让历史作见证的谈话者或创作者带来很大的便利。就《储说》数章今日的表现形式来看，它们被分成六个部分：《内储说》两章（上、下），《外储说》四章（左、右，在它们下面又分上、下）。每一章都有一些概括性的段落，它们或多或少承担了复杂的内容表的功能，它们会列举可供人借鉴的教训，并且指引读者径直通向将这些教训显明的故事。比如，《储说》第一章是以下面的话作为开头的："主之所用七术，所察也六微。七术：一曰众端参观……"[①]在这段历数"七术"的总结性文字后，文章立刻给出了涉及每一术的段落：

> 观听不参则诚不闻，听有门户则臣壅塞。其说在侏儒之梦见灶，哀公之称"莫众而迷"。故齐人见河伯，与惠子之言"亡其半"也。其患在竖牛之饿叔孙，而江乞之说荆俗也。嗣公欲

---

① 陈奇猷校注：《韩非子集释》上卷，卷 ·，第 516 页（《内储说上》）。

治不知，故使有敌，是以明主推积铁之类，而察一市之患。①

　　接下来，是有关剩余六术的几个类似的、难以理解的段落。

　　再接下来，文章提供了"解说"（"说"），这在很大程度上是用趣闻轶事去说明在开头那些段落中提到的简明内容。以"说一"为例，它就包括 10 个独立的段落，其中有 9 个是故事，而其中的两个是鲁哀公故事的稍有差异的两个不同版本。举第一个故事为例，它讲的是一个侏儒机智地嘲讽卫国国君对某个臣下过度的宠信："（侏儒）对曰：夫日兼烛天下……夫灶，一人炀焉。"②在对有关第一术的那段概说文字进行其他的解说之后，文章前进到另一个段落，从而渐渐完成对整个"七术"的解说。在后面的几章《储说》中，"六微"按照同样的概说、解说的顺序进行编排。除此以外的其他《储说》章节并非都原原本本地照这样编排，不过它们在谈到与治国有关的一些看法时，都列出了大量分门别类的材料。

　　我们有理由怀疑《储说》数章的内容编排意在为言谈者、文章作者提供方便，而不仅仅是通过一种不那么常见的方式，表达作者自己的观点。首先是概说，然后是大段解说，这种结构启示给我们一种非常实际的用途，也就是，开头的那些段落充当读者的帮手，让他们找到自己所需要的材料。言谈者、文章作者（包括荀子和韩非子）的做法表明，在陈述观点时，带有历史色彩的趣闻轶事常常被填充到"解说"部分中去，它们绝不是被列述出来或分成不同类别那么简单。汉语中用来指"解说"和"说服"的是同一个字——"说"，这样，每一个解说性的故事几乎可以直接在"说服"中发挥作用。最后，核心材料非常集中，解说材料附在后面，这种模式在大量其他的早期文献中有所发现，包括在马王堆出土的帛书，以及新墨家名学数篇。在后面这些著作中，核心材料都戴上了"经"（经

401

---

① 《韩非子集释》上卷，卷一，第 518 页（《内储说上》）。
② 同上书，卷一，第 526—527 页（《内储说上》）。

典）的冠冕。① 这样的材料可以列出一门基本课程，其用意可能是便于学生们——他们发现分门别类的材料清单特别有用——记忆。

《韩非子》中的章节意在充当言谈者、文章创作者的材料来源，如果此种情况属实，下述现象就不会让我们感到奇怪了：我们发现更多相似的、有着同样性质和用途的故事集，它们在充当历史知识的来源方面所起的作用同样是非常贫乏的。这些故事集常常根据不同种类的统一主题编排材料。主题可以是某个思想家或教师，《晏子春秋》（意为"晏子的春、秋编年录"）、《孟子》及其他许多哲学著作的情况即是如此；②可以是某个著名的故事圈（story cycle），比如《吴越春秋》（意为"吴越两国的春、秋编年录"），它搜集了从公元前 5 世纪开始有关这两个东南国家之间冲突的大量传说；可以是对传统学术的特别研究，比如《韩诗外传》（意为"韩诗的外部引申"）的情况，该书依据汉代《诗经》研究线路所提供的理解，非常灵巧地将数百个故事与取自《诗经》的概括性诗句搭配起来。

照某种顺序将趣闻轶事编排起来的需要与另一种需要——只要抓住信息并把它提供给新的使用者就好了——看似发生过冲突。可以说明问题的一个故事编集者是刘向，他是西汉末年的皇室顾问，曾投身于大量竹书的编校工作，此举打开了他通往皇家档案馆的道路。刘向的若干著作是与著名教师有关的权威资料集：我们今日读到的《荀子》《管子》以及许多其他被当作哲学书来读的著作，就归功于他的编校工作。③ 另外，他的工作也产生了两部故事集：《说苑》（意为"言行集林"）、《新序》（意为"新的顺序"）。这两部故事集将某些类别上的顺序用到大量故事身上，《说苑》用了 20 章的篇幅探讨像"为君之道"（《君道》）、"为臣之术"（《臣术》）这样的

---

① 葛瑞汉（A. C. Graham）勾勒了后期墨学数篇文献的结构，参见 *Disputers of the Tao：Philosophical Argument in Ancient China*（La Salle, Ill. , 1989），137 - 138。关于马王堆帛书，参见庞朴：《竹帛〈五行〉篇校注及研究》（台北，2000 年）。

② 对此处提及的这些和其他文献的论述，可参见 Michael Loewe（ed. ），*Early Chinese Texts：A Bibliographical Guide*（Berkeley，1993）。

③ 参见同上书，第 178、246 页。

问题,《新序》则用数章探讨"批评奢侈"(《刺奢》)、"有原则的人"(《节士》)的问题,而两本书中都包含冠名"杂"的章节。就连接不同故事、章节的材料而言,它们在这两部故事集中可谓少得可怜。哪怕是跟《韩非子》中的章节相比,它们都算是联系非常松散、对哲学问题的关注非常少的了,不过,作为给人启发的材料来源,它们是很容易发挥作用的。

最后,刘向还主持了《战国策》(意为"战国时代各国谋略集")的编撰工作,这是一部以战国时代为背景的各国宫廷计谋、国与国之间勾心斗角事迹的汇编。相比其他任何故事集,《战国策》都更能显示出其有效言谈指南的性质。与《国语》一样,该书也是按地理状况——根据规划或执行行动的是哪个国家——对材料进行归类的。不过,在某个孤立部分中的那些故事几乎从来不会产生出有意义的历史序列,或者,将一个完整的故事叙述出来。虽然《战国策》与其他的故事集一样,通常对历史事件中的人物加以特别描述,但在很多我们希望给出人名的地方,却只有某个代名词或者干脆什么都没有,在有些地方,某个设定的场景则配有许多可能的人物谈话内容,风格与罗马的鼓动性演说类似。[①] 无论作为一个有关战国时代历史的材料来源,其价值是多么的微乎其微,作为给有可能成为言谈者、策划者的人看的范例大全,《战国策》却是具有至高无上地位的。这本书不是历史记录,而是行动指南。

在这里,另两本书由于它们与我们在此处讨论的那类故事集的特殊关系而值得提及。其一是《吕氏春秋》(意为"吕氏的春、秋编年录"),该书在秦国丞相吕不韦的领导下,约于公元前239年撰成。这是一本了不起的、有条有理的散文集,其全书内容经过了极其细致的编排,并涵括了宇宙、哲学方面的知识,基于此,某位学者将它称为"百科全书"。这本书含有大量完全是由轶闻趣事支撑起来的短文。其二是《史记》(意为"史官的记录"),其最初的书名是

403

---

① J. I. Crump, *Intrigues：Studies of the Chan-Kuo Ts'e* (Ann Arbor, 1964), 96 - 109.

《太史公书》（意为"太史的记录"），主要由司马迁创作而成。这本书在结构的优美上与《吕氏春秋》相仿佛，不过它的大部分章节，采用年代顺序作为其所收集故事的编排原则，无论它们是某个王朝统治时期的一段历史，还是某个贵族家庭乃至某个人物的故事。就《吕氏春秋》来说，它介于故事集与哲文集（就像刘向所编校的那些集子）之间，而《史记》则引进了一种时间向度，此举将故事集转变成后来所有的中国朝代史的始祖。这个创举使许多问题丛生的知识得以保存下来，因为司马迁是这样进行写作的，也就是，将作者自己所处时代对过去某个特殊人物或事件的看法（由此，它们是历史知识的简录）笔录下来。这样，就打开了一条检验说话人所举例证的文献价值的道路，记录史实的方式、范例也得以确立。此举所取得的成就是巨大的，包括以下一件事情：很明显，到司马迁写作的时代，《左传》已经获得了它的编年体形式。

来自不同时代、地方的故事被汇集成册，它们根据抄录者、编校者所应用的不同标准被归入不同门类、得到编排，在情况需要时，或加以润饰，或加以删减。总而言之，作为一种完整集子的故事集仍保留着某些主导性的特征，这些特征是故事最初的用途所留下来的痕迹。故事集在训诲方面所提供的教训，对不同思想主张而言绝不是均衡分布的，相反，它们集中在可将其特征概括为"儒家"和"法家"的那些"领域"——借用一个不合时宜的词语。在这两个"领域"的故事集中，作品的关注重点是杰出的发言者，因为人们期盼故事材料是这些发言者流传下来的，并且它们是为了这些发言者而流传下来的。"道家"文献比如《庄子》，充分利用了趣闻轶事的形式，不过相比其他文献，它们更多地利用了寓言，这样，从总体上说，哪怕它们采用了带点历史色彩的框架，产生出来的终究还是更虚幻的精致构造。

有一些具有最大历史真实性的故事，它们几乎无一例外地都与牵涉到这样一些政治行为——它们要么得到以传统为导向的思想家（他们是后来的儒家的先导）的支持，要么受到其反对派的拥护　　的主题有关。传统派运用故事来论证这样一类观念，比如约束统治者放纵恣肆、听取良言、善待百姓、增进信义、保存风俗礼仪的重要性。另一方面，他们的反对派则用故事来证明传统秩序的衰落与其自身所提出来的大部分主张的可操作性，这些人向人们展示了一人独裁如何应该被以法为基础的客观权力体系取代，荣誉、责任作为激发人行动的动力因素如何不能与奖赏、惩罚匹敌，美德如何在自欺欺人、天真幼稚方面走向崩溃，等等。倾向于这些观点的思想家表现出了对历史论证法的依赖，在不同的史学发展模式开始诞生后不久，此种"依赖"导致这些思想家在历史理解领域对自己的观点作了不成比例的叙述。不过，这样的史学发展模式的兴起，在部分程度上依赖于传统的反对派所推出的批判术语、技巧。此种批判模式在《韩非子》身上得到了最好的体现。

故事文学与哲学批判

就上述带有历史色彩的趣闻轶事的性质、用途而言，它们在很大程度上让我们预先看到了哲学，并为后者提供了支持。这些故事文学受到它们所要传达的教训的影响，通过建言者、教师之口，早在独立的哲学学科这类事物开始兴起于中国之前很久，这些故事文学可能就做了某些哲学方面的工作了。故事的使用者精心选择、改造某个特别的故事，使之适合它所处的语境。这项工作要求人们小心谨慎，并对故事论证法的难处有一定的思考。尽管如此，完全依靠故事论证法来铺展自身，而没有将自己所拥有的新的批判力量建立在自身方法的基础上，这样的哲学是断不会超越它所偏爱的故事的偏见的。

传统派思想家发自内心的怀疑精神激起了人们过分的关注。据传闻，孟子说了"尽信书（《尚书》，意为'受尊崇的文献'）则不如无书"这句话，这句话引自流传至今的一个篇章，在该篇章中，周朝创建者的暴力行动违反了孟子的仁政观念。[①] 不过，这仅仅是一带

---

① 《孟子正义》下卷（两卷，北京，1987 年），第 959 页（《孟子·尽心下》第三章）。

而过、缺乏宽容精神的一句谴责而已。《春秋》（意为"春、秋编年录"）一书有《公羊传》传世,据说这本书靠口耳相传进入西汉时代,并给人们贡献了一个观念（与该书构成亲属关系的《谷梁传》也是如此）:孔子在编辑《春秋》时将自己对历史的批判意见融入了进去。该书在三个地方指出了:为了说明作者眼中所见的事实、他们从长者那里所听闻的是什么、他们从更古老的传统那里得到了什么,《春秋》使用了不同类型的话语。[①] 这样的材料分类告诉我们:时代不同,材料（特别是口耳相传发挥了作用的地方）的可靠程度亦各相异,对于这一点,作者是有着敏锐的嗅觉的。不过,这并不构成任何形式的批评框架。

对故事文学作了最具生命力的哲学批判的是《韩非子》当中的一组非常显眼的文章,即与"难"有关的四篇文章。在现在的著作结构中,这些篇章直接被排在六篇《储说》之后。无论它们在《韩非子》的早期版本中是如何排列的,如果对它们进行阅读,就可发现它们是《储说》六篇在逻辑上的延续。在这里,文章所需要的一种意识——将故事分类并且通过有用的教育形式讲述它们（文章开头的那些段落对某些原则作一番陈述）——取决于不同篇章之间存在的一些原则,这些原则是以在《韩非子》中的其他地方提出来的哲学论点为参照被确立起来并得到验证的。这样,《韩非子》对故事的处理,从一方面来说,达到了凭历史进行立论的顶峰,另一方面,在某种意义上,也毁灭了后者。

我们有足够的理由进行推断:上述危机在《韩非子》而非其他古典时代的著作中得到了体现。相比任何其他流传至今的作品,《韩非子》可算是最具系统性的。非常清晰的官僚系统的等级制、对职责的理性化分配和指派、根据严格的期望和运作标准发动起来的整座国家机器,《韩非子》列数了以这三样东西为基础的政府的种种好处。这样的权力系统改变了《荀子》中所宣扬的礼仪等级

[①] 《春秋公羊传注疏》,《十三经注疏校勘记》（北京,1980 年）,1.6（隐公元年）,4.19（桓公二年）,28.159（哀公十四年）。

制的面貌。在这样的权力系统中,统治者无需信赖臣子对正当礼
仪或传统习惯的衷心恪守,相反,对忠于职守的行为允诺奖赏,对
渎职的行为威胁进行惩罚,国君通过这样的方式对臣子进行完全
的控制。主观性和个人感情要努力从权力关系中排除出去;为了
不受阿谀奉承者的摆弄,统治者要隐藏自己的喜好,完完全全地依
赖法律条令的客观运作去推进国家的利益。修辞术对君王而言是
护身符,对臣子、说客而言,则是一门掌控人心理的秘术。

　　历史是今人行动的镜鉴,就《韩非子》对历史的这项价值的态
度而言,它可谓巩固了以前的思想家所争得的一种自由。很早以
前,《道德经》(意为"有关道与德的经典",亦名《老子》)就挑战了周
德如仁、义、礼、信、忠等——它们后来构成了儒家伦理框架的主
流——是人类成就领域所盛开的花朵的观点,相反,照它的叙述,
人类的文化史是一个漫长的、从自然状态堕落的灾难性历程。韩
非对这本著作非常熟悉,他用了两章篇幅,以自己的观点对后者中
的某些段落进行了解释。[1]《墨子》一书从内心倾向于让传统的习
俗、价值接受客观的有用性检验,从而为赞成改革与自觉更新的观
点赢得了一席之地。[2] 以前所未有的强劲逻辑体系闻名的后期墨
家对圣人的价值提出质疑,从而动摇了以历史为基础进行立论的
根本原则。无论尧在他自己的时代是一个多么伟大的君王,在面
目全非、情况复杂得无与伦比的当今世界,他和他的方法都会变得
一无所用。[3]《荀子》自身已经指出了当时各国争夺有限资源的问
题,并持"后王"之教是有用的观点,不过,它从未走得那么远,提出
正在发生变革的时代令圣人之教变得无足轻重的看法。[4] 在《韩非

406

----

[1]　《韩非子集释》上卷,第 326—286、387—417 页(《解老》《喻老》)。《喻老》是用故
事来解析《老子》中的章节。
[2]　例如,可参见《墨子》论丧葬、音乐的篇章。吴毓江:《墨子校注》上卷(两卷,北
京,1993 年),第 262—292、379—399 页(《节葬》《非乐》)。
[3]　Graham, *Disputers of the Tao*, 142.
[4]　《荀子集解》上卷,第 152 页(《王制》);下卷,第 346 页(《礼论》);上卷,第 79—81
页(《非相》)。

子》那里，一个富有讽刺意味的故事收到了让古代典范走下神坛的效果：从前有个宋（该地因其愚人而富有传奇色彩）人，抓获一只因疾奔而头撞木桩死亡的兔子，他因此坐下来，等着好事再次上演。[①]对韩非来说，那些认为历史提供了可应用于现实的统治模型的历史爱好者永远是在守株待兔。

在论"难"的四篇文章中，《韩非子》系统地对 27 个历史故事所给出的教训进行了问难，对战国、西汉时代故事集的读者来说，这些故事是他们所熟知的。这些故事所给出的教训，其核心是传统派所倾心的一些论点，每一次，韩非都会在故事之后添加一个段落，起首是"或曰"（意为"有人说"）二字，其内容是对故事所给出的训诲展开攻击，除此以外，还常常有开足火力贬损故事的可靠性的情况（其手段是质疑故事对事物因、果的确认）。与其他一些思想家一样，韩非也对事物发展状况中无人格的"倾向"或"势头"（即"势"），以及为冷静思考局势所必需的"技艺"（即"术"）有所探讨。在自己对事实的掌握不能直接瓦解老故事的地方，韩非却精于用故事艺术来反对故事艺术。

在韩非所讲的一个故事中，晋平公问叔向：著名的齐桓公是通过自己的美德还是通过臣民的努力，获得了自己的成功？叔向将这一切都归于臣民的努力，他把管仲和其他两个人比作一件好袍子的制造者，君王唯一的作用不过是穿上袍子而已。正在听自己琴声的乐师旷发出笑声，对这个比喻不以为然，他用另外两个相似的比喻纠正了叔向的说法。厨师不能强迫君王吃他们烹饪的食物；君王与臣民的关系，恰可比作肥土与长在上面的蔬菜的关系。基于此，所有的功业都是从君王的杰出才能那里来的。

"有人"认为上述两种答案都是"歪曲的言辞"（"偏辞"）。像齐桓公这样的人所取得的成就只能是君臣合作的结果。就其本身而言，这个答案简单之极，并且看似是显而易见的，不过，正是韩非，掌控了他所能获得的这些故事，这些故事让他能决定性地确立自

---

① 《韩非子集释》下卷，第 1040 页（《五蠹》）。

己的答案对于另两个"歪曲的"答案的优胜地位。他首先考察了叔
向的答案。他举了两个事例——宫之奇和一个与他一样的曹国谏
臣的例子,用来说明,哪怕有最好的臣子,一个统治者也会失败。
蹇叔在干为臣,干亡,而同样一个人在秦,则该国荣升至霸主地位,
这个事实告诉我们:真正重要的问题是忠诚的臣民与英明的统治
者携手合作。这样,人们就不能够说只有臣民的贡献才重要了。
转到师旷的答案时,韩非引用证据说明齐桓公在得管仲相助前是
一个道德败坏的人,并且在他失去后者之后,他遭到了可悲的失
败。与齐桓公相似,晋文公也是自身所处时代最有权势的人。他
同样是在某个谏臣咎犯的帮助下才克服自己的软弱的。基于这个
原因,人们不能像师旷所主张的那样,认为只有统治者的努力才具
有重要作用。①

407

　　这个观点本身并不是说有多难。让人们感兴趣的是,韩非自己
确立了一个非比寻常的机会,在他摆弄之下,用作范例的故事做起
了相互攻讦的事情。他自己对故事的广泛了解及其搜集与手边问
题相关的故事的本领,导致了某种与常见的演讲习惯迥异的事物
的产生,从文本再创造的角度来评判,演讲是不受典范事例的直接
挑战的。此种效果与《孟子》中对人性所作的、几乎不含思考成分
在内(或者说极具争议)的划分所产生的效果更接近,当时,孟子与
某个对手就人性("性")可正确地比拟为何物进行争辩。②孟子在
回应对手时快节奏地谈到历史,以反击作为其攻击目标的故事的
慢节奏、直白的叙述,这让后者及其所带来的教训给人以幼稚、思
想狭隘的印象。以上流程所隐含的意思是,一个真正的思想家可
以通过所有的故事进行推论,而他自己则一无所信。

　　尽管《韩非子》对修辞这样的实用技艺有着最敏锐的意识,不
过,通常看来,它自己的眼界会超越这些技艺,而及于某个领域,在
这个领域中,世界的真道会变得人所共知并能公开充当人类行动

①　《韩非子集释》下卷,第825—826页。
②　《孟子正义》下卷,第732—742页(《孟子·告子上》第一——三章)。

的指南。论"难"数章的作者带着轻蔑的态度回顾了孔子对不同对象传授不同教训的技艺。[①] 据一个故事说,有三位君王问孔子有关统治("政")的问题,孔子给每个人的回答都不一样。对楚国叶公,他说这是一个让自己身边的人过上幸福的生活、鼓励远人前来的问题。对鲁哀公,他说这是一个选贤任能的问题。对齐景公,他说这是一个节约用度的问题。最后,对自己的学生子贡提出的问题——为何给每个人的答案不一样,孔子解释道:每个人需要的是孔子给他们的那个答案,叶公需要巩固自己治下的臣民,哀公需要抗衡控制朝廷的三大世袭贵族的影响,景公需要节制自己的奢侈无度。[②] 这类故事并非不同寻常。看起来,孔子的尊崇者尤为欣赏孔子的这项教育本领:在因人而异地传授教训时,保留自己关于为政的核心看法。

不过,对韩非来说,这些教训通通都是错误的,因人而异正标示了这些教训的弱点。叶公借助仁慈不会巩固自己治下的臣民,所谓"仁慈",正与奖赏、惩罚的不恰当运用相等同,它标志着"术的缺乏"("无术")。他应该正确地运用激励措施,并将所有的反抗消灭在萌芽状态。说到哀公,由于他自身的困境已然显明他无力识得贤能,故此,孔子的建议只会让他选出更具毁灭性的大臣。君王不应对主观性的德行评价有所依赖,相反,他要检验大臣们在自己岗位上的客观表现。至于景公,他的奢侈无度应不成其为一个问题,只要他手下的所有臣民、大臣竭诚为主效命。

在回应孔子的这三个部分中,韩非都引用了能充分驳倒孔子的推论的历史事例。叶公可能是他自己所喜欢的那种仁慈之人,不过,哪怕是在圣人尧统治的时候,作为臣下(以及未来君王)的舜都能招聚人马到自己这边来。哀公可能为自己选出像子之那样的假贤人,后者从一个轻信的君主那里篡夺了燕国的统治权;或者是选

---

① 有关此项技艺的另一个与孔子而非其他人联系起来的案例,参见《论语》第十一篇第二十二章。

② 《韩非子集释》下卷,第852—853页。

出太宰伯嚭这样的人,他阻断了君王听取良言的渠道,并把吴国带入毁灭的境地。相比传说中的亡国之君桀和纣,齐桓公更为奢侈无度,不过,他的开销并未让国家元气大伤。①

修辞技巧以及浩如烟海的历史事例,它们是那样的变化多端,以至于它们能被人们引用,去证明任何事情,故此,在这些技巧与事例之外,是有一个更具稳定性的真理存在的。据韩非说,有一个答案能满足这项需要:

> 夫对三公一言而三公可以无患,知下之谓也。知下明则禁于微,禁于微则奸无积,奸无积则无比周。无比周则公私分,公私分则朋党散,朋党散则无外障距内比周之患。知下明则见精沐,见精沐则诛赏明,诛赏明则国不贫,故曰一对而三公无患,知下之谓也。②

尽管上述概括的逻辑因明显的文本讹误而在某种程度上变得隐晦起来,③它的思路却是清晰之极的:在确认"知下"的原则后,韩非将该原则所隐含的意义应用到各个社会等级上去——从平民到宫廷,而后,通过三段论(sorites)——这种经典的修辞手段很适用于对政治稳定作种种设想——所隐含的必然逻辑,使每个段的结果相互连接起来。④这段话相当于韩非政治哲学的一个大纲,与此相伴,那个"知下"的原则回过头来瓦解了孔子所有的薄弱论点:统治者的"知下"让仁慈变得无足轻重,让宫廷阴谋无从得逞,让国家处在富裕状态下。

纵贯论"难"数章,韩非对趣闻轶事的掌握令他能使他所接受的知识相互攻讦。除了孔子——他以引发无数人对其教训的追崇

409

① 《韩非子集释》,下卷,第853—854页。
② 同上书,第854页。
③ 陶鸿庆注,同上书,第859—860页。
④ 参见《礼记》之"大学问"(《大学》)篇章里的著名三段论。《礼记正义》,《十三经注疏》,60.445。

而享有盛名并受到尊重,[①]一般情况下,韩非的攻击目标是在早期中国文学的其他地方受到隐含的尊崇的教师和君王。齐桓公和他的大臣管仲;叔向和晋国的乐师旷;圣人尧、舜;齐国的晏子;周文王;大政治家郑子产;孔子之孙、其自身也是一个著名教师的子思……这些和其他许多通常被戴上明德、善断冠冕的人,在这里却被重塑为坏政策在历史上的代表人物。与这些故事以及它们所吹捧的英雄一道,许多迂腐陈旧的教训亦归于无用。仁慈、亲贤、节用都受到质疑,道德变更、大胆进谏以及高贵的人性亦复如是——简而言之,通过智慧、好学统治者的个人垂范作用而施行统治的整个乐观计划陷入了危机。某些原有的道德术语,如"仁慈"("仁")和"责任"("义"),作为有价值的词语得到保留,不过,它们经过了严格的重新定义,以与韩非的观点保持一致。[②]

韩非对有关趣闻轶事的知识作了大综合,使它们相互攻讦;对受到尊崇的历史人物和传说中的光荣事迹,他作了直接的批评。在这中间,所有虔敬或无知地运用讲故事艺术的行为都受到了他的挑战。他承认讲故事艺术的有限、工具性的价值,这种价值所需要的,是一种更具生命力的类比艺术——相比绝大多数作家、艺术家所用的类比艺术,由此,他在这里看似排除了有的故事可以拒绝"问难"的可能性。如前所述,通过对孔子对不同统治者的回应进行推理分析,韩非排斥了孔子的技巧及其因人制宜的做法。与此相似,韩非发表的某些批评排斥了真理的故事性质。这些章节应确切地被看作是对中国早期思想史上某个关键时刻的记录:与埃里克·亥乌洛克(Eric Havelock)对柏拉图作出设想的方式有些类似,在这个关键时刻,哲学将自身从故事媒介——先前哲学的教诲是通过故事来传达的——的影响下解放出来,并且,新的确立、验

---

① 例如,可参见郭庆藩编:《庄子集释》下卷(四卷,北京,1961年),第202—206页。

② 《韩非子集释》下卷,第809—810、821页。

证真理的方式被创造出来。① 取代许多令人头昏脑涨的故事的,是韩非对政治世界及其在自然界中的运作的统一、连贯的看法,这种看法就人们对政治方法的追求而言,被称为"技艺"("术"),就其与自然进程的协调而言,亦被称为"道路"("道")。

故事文学与历史模型

韩非的"术"不是在公元前一千纪的最后数百年唯一获得人们尊敬的统治"术",他的"道"也不是唯一的"道"。令他对作为思想工具的故事作出思考成为可能的那种思想气候,同样有利于其他新的、内容广泛的统治"术"观点的产生,与韩非自己的统治"术"看法一样,这些新的统治"术"观点要么让自己凌驾于历史事例之上,要么与后者进行抗衡。这数百年里的历史材料特别具有可塑性,尤其易于围绕这个或那个历史发展原则得到重组。这在部分程度上是由于这些材料通过标准组件——作为案例的故事——的形式流传下来,特别是由于韩非及其同代人所作的思考已将很多最受尊崇的材料的神圣外衣扒了下来。根据情况的不同,中国思想家所呈现的历史或者是兴衰交替的一系列循环,或者是在新起点上达到顶峰的一个漫长的兴起过程,或者是由两个(或五个)阶段构成的一个循环,其中的各个阶段有规律地进行无限更替。

所有这些模型都与历史的叙事实质保持一定的距离,因为只有这个"距离"才允许人们从更广阔的视角考察故事的意涵。与隐藏在故事里面的观念距离最近的是这样一种历史模型:在一系列早期的兴起阶段后,伴随其后的是一系列长时期的衰落。《左传》中出言说话的人在谈到非常遥远的过去时,他们所畅想的是文化创建、文明由共同的祖先创造并传播开来的一幅幅图景。② 他们说中

---

① Eric Havelock, *Preface to Plato* (Cambridge, Mass., 1963), 201-210.
② 《春秋左传注》中(第三卷,第 1005—1007 页)有戎主的一篇谈话(襄公十四年,第一章;公元前 559 年),戎是非华夏的一个种族。该谈话包含戎人与华夏诸国有着共同祖先的观念。

国早期的君王选派有德行的后裔支派,到王国四境传播正确的教诲,并且迁徙罪人赶赴边地,到那里充当抵抗境外未开化力量的屏障。[①] 他们说中国早期的君王围绕着象征复杂行政体系之创建的种种预兆物,创建了前者;在某个很远的东方小国的统治者详细叙述这段历史时,孔子喟然叹道有关古代风俗的知识竟然在文明的边缘地区存留了下来。[②] 他们告诉人们,偏处蛮荒地带的楚国,如何通过对历代周王的效忠从默默无闻上升为强国。[③]《尚书》中所讲的尧、舜任官之事与中心区对蛮荒地带的文化征服的观念是相符的。[④]

根据上面的一系列叙述,可以知道,有兴必有衰。一位明德、革新的君王会给世界带来秩序,而他那些懒惰的继承者则会使国家陷入大乱。只有一些著作残篇有最早期那些圣王统治状况的记载,叙述夏王朝崛起、衰落、商王朝取而代之、商王朝反过来自己走向衰落的传说则略微多一些。对《左传》中的说话人和绝大多数早期的中国观察家来说,文明战胜野蛮最伟大的事例是周朝的征服运动,此项运动在周文王手下奠基,由他的两个儿子武王和周公(公元前11世纪)收工。[⑤] 直到秦国崛起,周朝早期的这段历史一直充当着一个参照点,它是政治秩序所达到的顶峰,而历史本身在很大程度上是一部国家走向瓦解、道德趋于沦丧的历史。此种历史观在许多故事中都清晰可见。[⑥] 它还被反映到《左传》里的故事在编年体方面的内容编排中去,此种"编排"预示了国家走向分裂

411

---

① 《春秋左传注》,第二卷,第 633—642 页(文公十八年,第七章;公元前 609 年)。

② 同上书,第四卷,第 1386—1389 页(昭公十七年,第三章;公元前 525 年)。

③ 同上书,第二卷,第 731 页(宣公十二年,第 2 章;公元前 597 年);第四卷,第 1339 页(昭公十二年,第十一章;公元前 530 年)。

④ 英译文参见 Bernhard Karlgren, 'The Book of Documents', *Bulletin of the Museum of Far Eastern Antiquities*, 22(1950), 1-7。

⑤ 例如,可参见《春秋左传注》第三卷,第 1193—1195 页(襄公三十一年,第十三章;公元前 541 年)。

⑥ 同上书,第二卷,第 669—672 页(宣公三年,第三章;公元前 606 年);第四卷,第 1234—1237 页(昭公三年,第三章;公元前 539 年)。

并有望在礼仪("礼")的基础上得到复兴这两个主题。①

韩非和其他一些人做了许多工作,拒斥隐藏在上述历史观背后的怀旧取向。他们一方面部分地吸收老子将历史看作迈向文化的一个漫长的衰落过程的观点,另一方面,似乎抛弃了周朝早期是众善之源的观念。由于把关注焦点放在政治统治在技术层面所必需的东西上,这些人为秦朝的历史模式做了预备工作,在此种历史模式下,历史是一个漫长的兴盛过程,它历经各种军事和行政挑战,最终走向胜利和一个新的开始。

人们很容易对秦朝在过去的暴虐行动夸大其词。不过,归根结底,这个政权为古代文献设立了学术研究人员("博士"),即便它限制这些文献在宫廷以外的地方传播。② 另一方面,秦朝统治者同样费尽心力要显明他们对历史的控制。③ 创建这个王朝的君王给自己选择的称号是"始皇帝"(意为"第一位皇帝"),以此,他将以前的君王称号扫荡一空,创建了一种新形式的君王称号,并且期待长长的一连串皇帝接在他后面。④ 有一部著作可以认为代表了秦朝理解、控制已知世界的意愿,那就是《吕氏春秋》。该书将有关趣闻轶事的知识分门别类,而它们的作用则有所缩减,只发挥相对微弱的充当范例的功能,与此同时,该书开头的那些篇章赋予自然界的季节循环以及与它们有联系的不同对应物以压倒一切的优先地位。汉代早期与黄老(意为"黄帝与老子")思想相关的著作承接了《韩非子》对"术"的相信、对一些古老故事之价值的怀疑的某些内容。除此之外,他们没有在既有习惯的基础上制定一个保守的计划,相反,他们力促其统治"术"的观点向《韩非子》靠近,尽管他们派给君

412

---

① 参见 Yuri Pines, *Foundations of Confucius Thought*: *Intellectual Life in the Chunqiu Period* 722 - 453 *B. C. E.* (Honolulu, 2002), 89 - 104。

② Martin Kern, *The Stele Inscriptions of Ch'in Shih-huang*: *Text and Ritual in Early Chinese Imperial Representation* (New Haven, 2000), 183 - 196.

③ 在秦朝宫廷大肆庆祝其他著作遭焚毁时,唯一保存下来的历史著作是秦朝的史书,参见《史记》卷六,第 255 页。

④ 同上书,第 236 页。

主的更仁慈、更具公共性的角色在某种程度上缓和了此种观点的尖锐性。①

秦朝的速亡让兴盛——走向胜利的那种历史观无从得到验证，至少，就此种历史观最有自信的版本而言，情况是这样的。填补其空缺的是历史发展的循环模式。《吕氏春秋》早就提出了一种与此相联系的宇宙论观念，据此，历史发展的五阶段依照不变的顺序相互更替，它们每一个都相继提供了理解全部的被观察现象的钥匙。此种循环不仅仅按照每一年的四季顺序运转，而且按照朝代顺序运转：黄帝的统治与土对应，夏朝的统治与木对应，商朝的统治与金对应，周朝的统治与火对应，秦朝的统治与水对应。② 公元前221年，在秦朝创建时，始皇帝及时地将水认作其王朝的本德，并且采用与水相关的颜色——黑色——作为旗帜、衣袍的颜色，在此之外，还实施了其他相关的调整措施。③ 汉代思想家采用此种模式来指代历史中前后相继的不同阶段，在汉武帝统治时期，国家还及时地用土的阶段取代了水的阶段，以作为自己朝代的象征。④ 董仲舒和其他汉代思想家进一步在历朝兴亡的表层历史下面，分辨出"文"（意为"形式"）、"质"（意为"实在"）相互交替的模式，在此种模式下，夏代表前者，商代表后者。⑤ 由于这些历史模式将人类历史上的变革与宇宙进程更紧密地联系起来，故此，它们重走了韩非和其他人走过的老路，也就是超越一些古老故事倾向于道德因果论的偏见。虽然如此，这些历史模式仍然对作为历史材料的故事有

① Chun Zhang and Yu Feng, *The Four Political Treatises of the Yellow Emperor*: *Original Mawangdui Texts With Complete English Translations and an Introduction*（Honolulu, 1998）,52-56.
② 陈奇猷校释：《吕氏春秋校释》上卷（两卷,上海,1984年）,第677页；以及 Graham, *Disputers of the Tao*, 329。
③ 《史记》卷六,第237—638页。
④ 《汉书》卷二十五（下）,第1270—1271页；以及 M. E. Lewis, *Writing and Authority in Early China*（Albany, 1999）,356。
⑤ 苏舆撰：《春秋繁露义证》（北京,1992年）,第204页。又见向宗鲁校证：《说苑校证》（北京,1987年）,第476—478页。

所依赖,后者在这些历史模式的理论抽象实体化时,充当了遥远的历史背景。

结论:趣闻轶事的遗产

　　随着西汉朝廷对自身权力的巩固以及将某个旨在推进、检验行政能力的教育项目建立起来,在修辞方面自由使用类似于历史的材料的时代成为过去。经典著作,尤其是挂在圣王头上的那些编年录、言谈录,被人们当作正确历史知识的根基得到采用,与此同时,国家采取预防措施,阻止可能具有战略用途或强大修辞力量的作品的散播。[①] 同样在这个时候,因形势所需,国家采取更严密的措施,控制某些类型的历史知识的生产与流播。"起居注",意为"对行动和休息状况的记录",它(或对帝王日常行为的详细记录)的发明为历史学家提供了在其他时候可能充斥着流言蜚语的材料。班固所作出的一个决定——为他的《汉书》采用简化版的《史记》材料分类体系——建立了一个范式,这个范式影响了直到帝国时代走向终结时的官方朝代史著作。同样,新朝作家赖以论证以前时代的重要事件、人物的回溯式习惯也成为传统。

　　《史记》对从说话人那里来的故事的开放态度是官方史书从来达不到的。从某些方面来说,"正"史在中国的兴起意味着历史当中的其他材料,包括公开谈话、类似于历史的资料、对历史发展规律所作的自由理论思考,都失去了合法地位。不过,承认下面一点是非常重要的,也就是,故事艺术从未在中国销声匿迹,并且,它从未彻底地失去其在历史学上的权威性。在官史以外,总是有"外史"(意为"游离于正史之外的历史")、"野史"(意为"未经官方修整的历史")存在,相比自己的官史远亲,它们在材料、结构上受到的

413

---

① 有一件事尤其表明了这一点。据《汉书》卷八〇(3324—3325)记载,汉朝廷拒绝让某位王子接触《史记》和一些哲学家的作品,理由是它们含有强大的战略思想,并与经典著作的教训相违背。

束缚要少很多,对趣闻轶事的依赖要多很多。在故事中,各个时代的事情都能入书,比如刘义庆的《世说新语》(意为"对世界上的各种传说的新记录")讲到了中古早期的事情;俗世政治世界以外的其他领域的事情亦能写得让人信之不疑,比如许多"志怪故事"(意为"有关奇怪事物的故事")集中的故事。所有这些著作都采用了故事文学的形式。趣闻轶事最早是在雄辩中被人们使用,在这之后的很长一段时间里,尽管它在哲学上遭遇了试图剥夺其权威性的挑战,它还是继续充当着一个主要的中介,中国的读者通过它,渐渐地了解世界、其历史及其意义。

大事年表/关键日期

约公元前 1000—前 600 年	《尚书》、《诗经》成书
公元前 770—前 256 年	东周王朝
公元前 770—前 448 年	春秋时代
公元前 448—前 221 年	战国时代
公元前 221—前 206 年	秦王朝
公元前 202—公元 8 年	西汉王朝

414 **主要史料**

班固:《汉书》(12 卷,北京,1962 年)。

'The Book of Documents'(《尚书》), trans. Berhard Karlgren, *Bulletin of the Museum of Far Eastern Antiquities*, 22(1950), 1-81.

Chan-kuo ts'e(《战国策》), trans. J. I. Crump (Oxford, 1970).

董仲舒著,苏舆撰:《春秋繁露义证》(北京,1992 年)。

The Ethical and Political Works of Motse, trans. Y. P. Mei (London, 1929).

Guanzi: Political, Economic, and Philosophical Essays from Early

China：*A Study and Translation*，trans. W. K. Liao，2 vols. (Princeton，1985 - 1998).

徐元诰撰:《国语集解》(北京,2002 年)。

The Complete Works of Han Fei-tzu，trans. W. K. Liao，2 vols. (London，1959).

Han Ying，*Han-shih wai-chuan*，*Han Ying's Illustrations of the Didactic Application of the Book of Songs*，trans. James R. Hightower (Cambridge，Mass. ，1952).

刘向著,向宗录校证:《说苑校证》(北京,1987 年)。

刘向著,石光瑛校释,陈新整理:《新序校释》(两卷,北京,2001 年)。

Liu Yiqing，*A New Account of Tales of the World*，trans. Richard B. Mather (2nd edn，Ann Arbor，2002).

Lü Buwei，*The Annals of Lü Buwei*：*A Complete Translation and Study*，trans. John Knoblock and Jeffrey K. Riegel (Stanford，2000).

Mencius，trans. D. C. Lau (rev. edn，London，2004).

Sima Qian，*The Grand Scribe's Records*，ed. and trans. William H. Nienhauser，Jr. (Bloomington，Ind. ，1994 -　).

周生春:《吴越春秋集校汇考》(上海,1997 年)。

Xunzi：*A Translation and Study of the Complete Works*，trans. John Knoblock，3 vols. (Stanford，1988 - 1994).

吴则虞编著:《晏子春秋集释》(北京,1962 年)。

The Zuo Tradition (*Zuozhuan*)，trans. Stephen W. Durrant，Wai-yee Li，and David Schaberg(Seattle,即将出版)。

参考文献

Crump，J. I. ，*Intrigues*：*Studies of the Chan-Kuo Ts'e* (Ann Arbor，1964).

Graham，A. C. ，*Disputers of the Tao*：*Philosophical Argument in Ancient China*（La Salle，Ill. ，1989）.

Lewis，Mark Edward，*Writing and Authority in Early China* （Albany，1999）.

Loewe，Michael and Shaughnessy，Edward L. ，*The Cambridge History of Ancient China*：*From the Origins of Civilization to 221 B. C.*（Cambridge，1999）.

Schaberg，David，*A Patterned Past*：*Form and Thought in Early Chinese Historiography*（Cambridge，Mass. ，2001）.

屈伯文　译　陈　恒　校

第十七章　先秦编年史

李惠仪（Wai-yee Li）　文

《春秋》

在中国历史上，现存最早的系统性历史著作是名为《春秋》（意为"春、秋编年录"）的一部编年体史书。这部史书覆盖的时间段前后跨越 242 年（公元前 722—前 481 年）。① 在这个时期，中国分成许多个不同的邦国，它们对周王朝（约公元前 11 世纪—前 256 年）的忠诚时断时续，常常只具有理论上的意义。这部从鲁国编年体史书中辑录出来的著作记载了像祭祀、结盟、争战、阴谋、叛乱、登位、婚嫁、通使、鲁国统治阶层（其次，还有其他国家的统治阶层）人员的死亡这样的事情，除此之外，还记录天文运行、灾劫（比如火灾、洪灾、旱灾以及蝗灾）。这些内容简洁有时还蕴含深意的编年记录，是依照年代顺序编排鲁国 12 位国君在位时期的每一年的事迹的，它们总共使用的汉字不超过 1700 个。很有可能，这些记录是在事件发生时或发生后不久编排出来的，有些记载可能是国与国之间往来公文的移录。这样，它们所提供的信息就是非常可靠的了，比如，其记载的天文观测结果就被证实是正确的。

文献证据表明，在其他地方，有鲁国编年史书的对应物存在，其中有些也被叫作《春秋》，或者，我们可以认为，"春秋"不过是用

---

① 《左传》（参见下文）中的《春秋》多写了两年，直到公元前 479 年。

来指编年史记录的一个概括性术语而已（虽然众所公认的叫这个名字的文献从未使用过这个术语）。公元前 4 世纪的孟子列举了晋国的《乘》（乘，一种交通工具）、楚国的《梼杌》（梼杌，一种神秘怪兽的名字），作为鲁国《春秋》的对应物。[①] 墨子（约公元前 4 世纪）提到过"百国《春秋》"。[②] 除以上外，列国使节在访问别国期间似乎阅览过以"春秋"冠名的编年史书，并且，这些史书被认为在王侯的教育中是非常重要的。[③] 约公元 279 年从一座古墓中挖掘出来的古代文献（很可能是在公元前 300 年埋下的）包括一本晋国编年录——《竹书纪年》（意为"写在竹子上的编年录"），该书在形式上与《春秋》相似，至今有残篇传世。除此之外，另有一本今已不存的著作，该书提到了同样冠名《春秋》的一些史书，它们按年记录了更早的一些王朝和其他国家的历史事件。[④] 从约公元前 3 世纪开始，"春秋"这个名字渐渐与以《春秋》为基础的评注传统以及运用历史事例吸取政治、道德教训的一些著作（比如与来自战国晚期、汉代

---

① 《孟子·离娄下》第二十章。

② "百"的字面意思是"一百"。这句话在众所承认的《墨子》版本中不见记载，它是从约公元 7 世纪的《隋书》（意为"隋史"，北京，1973 年，42.1197），以及刘知几（公元 661—721 年）著、浦起龙（约公元 1679—约 1762 年）编的《史通通释》（台北，1988 年，1.4）那里引用来的。现代的多个《墨子》版本将这句话列入"佚文"部分，参见张纯一：《墨子佚文》，《墨子集解》（成都，1988 年），第 563 页。《墨子》中另有一篇是论鬼魂的（《明鬼》），该篇引用了许多周、燕、宋之《春秋》所记载的复仇鬼的故事（《墨子集解》，第 199—206 页）。这些《春秋》的复杂情节告诉我们，相比今存《春秋》，它们与战国时代像《左传》或《国语》那样的文献有许多相似之处。

③ 晋国使臣韩宣子观"鲁春秋"于鲁史官，并说"周礼尽在鲁矣，吾今乃知周公之德，与周之所以王也"。参见杨伯峻编：《春秋左传注》（北京，1990 年），第 1227 页（昭公二年，第一章；在下列注释中，我一般引用杨伯峻的《左传》版本）。根据这句评论，某些学者相信鲁《春秋》在时间上还可往前延伸（及于周朝早期），它与现存的以"春秋"冠名的史书是不一样的。有关列国王侯习于《春秋》的重要性，参见《晋语》(7.9)、《楚语》(1.1)、《国语》（意为"列国辞录"，上海，1988 年）。

④ 据《汲冢琐语》（意为"从汲的坟墓中挖掘出来的纷杂资料"，该书今已不存），《夏殷春秋》按年记录了商（殷）王太丁（约公元前 12 世纪）统治时期的事情，《晋春秋》则记载了晋献公统治时期的事情。参见《史通通释》，1.3—1.4。

早期的某些大臣有关的那些著作,这些大臣包括晏婴、虞卿、吕不韦、陆贾),联系在一起。①

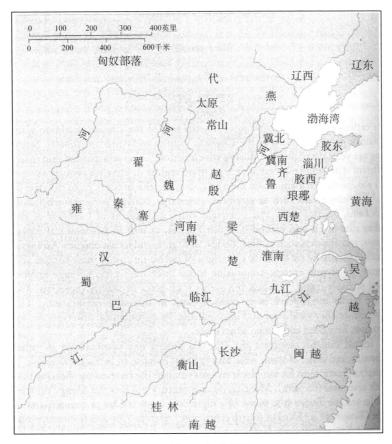

公元前 350 年的中国

---

① 在班固《汉书》的《艺文志》(意为"有关经典著作与其他著作的叙述")中,与前三位大臣有关的著作被归入"儒家"(意为"孔子的学派")的范畴,吕不韦的《吕氏春秋》被归入"杂家"(意为"涉猎繁杂的学派")的范畴,陆贾的《楚汉春秋》被归入"春秋家"(意为"春秋学派")的范畴。参见《汉书》卷三〇(北京,1962 年),第1713—1714、1726—1727、1740 页。《虞氏春秋》(意为"虞氏[卿]的春、秋编年录")、《李氏春秋》(意为"李氏[悝]的春、秋编年录")、《楚汉春秋》(意为"楚、汉的春、秋编年录",陆贾著)今已不存。

"春秋"之名宣示了以季节变化为基础的时间框架（这是人们所期望于一个农业社会的），它很有可能源于某种常常在月份前指明季节的纪日习惯，而某些古代评注者则有一种具有典型意义的做法，也就是将某些象征性的意义赋予各个季节——它们象征着"生"、"成"，[1]或褒、贬，或赏、罚。[2] 另一种传统说法坚持认为，孔子在春天编辑史书，秋季完成，由此而有了《春秋》之名。[3] 相应地，人们所选择的这类解释，源自这样一个信念，也就是，与《春秋》有关的一切事物，从书名、给事物命名的习惯、词语的选择，到细节的容纳、删减，无一不因孔子作为该书作者或编者所发挥的作用而具有极其重要的意义。该书所覆盖的那个时代渐渐以"春秋时期"之名为人所知，这就证明了该书所具有的普遍的影响力。《春秋》中对历史时期的确定具有某种任意性，与公元前722—前481年这个时间段不同，人们认为更具有决定意义、可作为时代划分点的可能是下面两个日期：周都迁往洛阳的公元前770年，昔日强大的晋国一分为三的公元前5世纪中期，后者导致了得名"战国"的那个时代（约公元前5世纪晚期—前3世纪早期）的七雄当中的三雄的崛起。

孟子有一段名言：

> 世衰道微，邪说暴行有作，臣弑其君者有之，子弑其父者有之。孔子惧，作《春秋》。《春秋》，天子（即周王）之事也。是故孔子曰："知我者其惟春秋乎！罪我者其惟春秋乎！"[4]

---

[1] "故春为阳中，万物以生；秋为阴中，万物以成。"刘歆：《三统历》，引自《律历志》（意为"有关乐律和历法的叙述"），《汉书》卷二一，第979—980页。又引自孔颖达（公元574—648年）的注疏《公羊传注疏》，1.2（上），《十三经注疏》第七卷（台北，1815年版重印本）。汉代学者贾逵（公元30—101年）将这与统治者行事所需要的"中"（意为"平衡"）联系起来："取法阴阳之中。"引自孔颖达给《春秋左传》杜预（公元222—284年）序作的注疏，1.5（上），《十三经注疏》第六卷。

[2] "赏以春夏，刑以秋冬。"《左传》襄公二十六年，第十章。

[3] 《春秋说》，引自孔颖达在《公羊传注疏》中的注疏，1.2（上）。

[4] 《孟子·滕文公下》第九章。

　　早期文献中的"作"字（意为"创造"）包含"修饰"或"编辑"（"修"）的概念,这与现代的"写作"概念是不一样的。这样,《春秋》的评注传统就将孔子推举为鲁国编年史的评审者、编辑者,汉代史家司马迁就宣称,孔子"乃因史记作春秋"。[1] 孔子对《春秋》所下的评断嵌在历史记录中,它们在道德上的权威取代了在孟子眼中寄于理想的周朝社会秩序中的政治权威:"王者之迹熄而诗（即《诗经》,意为'诗歌经典'）亡,诗亡然后春秋作。"[2]孔子对偏离正道的忧虑经过转化,成为一种通过对过去作严厉的道德评判而将恐惧之心渐渐注入叛逆者心中的力量,这样,那些可能成为"单纯的记录"的东西变得有意义起来。对于孔子被送上圣坛而言,他与《春秋》的关系起了不可或缺的作用,此种"关系"满足了人们将他与这样一些道德原则——通过某种历史观对它们的陈述,它们确立了周朝早期政治秩序的卓越地位——等同起来的需要。道德评判需要通过在历史方面的实体化而变得具体、精确。

　　另外有一些战国时代的思想家,他们并未清楚地确认孔子是《春秋》的作者或编者,这本书在他们看来是具有权威地位的经典之一。[3] 哪怕是现代的学者,他们也怀疑孔子作为《春秋》作者或编者的身份,他们承认的是在孔门传统形成时期,该书在教育行为、教育方法方面的重要性。[4] 传统上,最经常用来概括《春秋》一书之特征的字是"微":用寥寥数语讲清楚基本的原则（"微言大义"）。事实上,该书在有助于人们形成一种体系感的文体精确、连贯上,展现了很高的水平。比如,鲁国统治者在书中被称为"公"（意为

419

① 司马迁:《史记》卷四七（带裴骃、张守节、司马贞的注解,北京,1964 年）,第 1943 页。
② 《孟子·离娄下》第二十一章。
③ 参见梁启雄:《劝学》《儒效》,《荀子简释》（台北,1993 年[1963 年]）,第 7—8、86 页;以及钱穆:《齐物论》《天运》《天下》,《庄子纂笺》（香港,日期不详）,第 18、121、270 页。不过,就《庄子·天运》《庄子·天下》的情况而言,有些评论者怀疑汉代有人将相关注释篡改为原文,或是将前者误认为后者。
④ 杨伯峻:"前言",杨伯峻编:《春秋左传注》。

"统治者"）、"我君"（意为"我们的统治者"），碰到其葬礼的场合（如果记载了葬礼的话），还要写上他们死后的尊号。楚、吴国君，虽则自称"王"（意为"国王"），在该书中却被叫作"人"（意为"领袖"）或"子"（意为"头领"，这是最低层贵族的称号）。君主被杀一般用"弑"字来形容，该词显示了等级制遭到违反，鲁国统治者被杀用"薨"（意为"逝去"）字来掩盖其事则是个例外，至于其他国家的统治者被杀，则简单地记以"卒"（意为"死去"）字。[1] 与军事冲突联系在一起的词语，比如"战"（意为"战斗"）、"败"（意为"击败"）、"克"（意为"攻克"）、"败绩"（意为"遭受总体上的失败"）、"侵"（意为"侵略"）、"袭"（意为"突然攻击"）、"伐"（意为"攻打"）、"讨"（意为"惩罚"）、"入"（意为"进入"）、"获"（意为"抓获"）、"围"（意为"围攻"）、"灭"（意为"灭绝"），看似各有精确的含义，并且隐含有对军事行动正义性或适当性的评价。在鲁国于战争中失败时，"败绩"一词是不会使用的（有一个例外）。这些事例告诉我们，许多"规则"是能推演出来的，不过很少有"规则"绝对的前后一致。

后来的一些解释将《春秋》的某些文体习惯乃至于讹误的文字认作圣人意图的标记。在有的地方，季节、月份单独出现而没有与之相伴的历史事件，对此，某些评注者不是承认文本有问题，而是提出由于编年史传统的影响，每个季节的第一个月份都得标记出来的观点。[2] 有时候，会有某个漏写的字，它被解释为作者有意要表达自己的疑惑。[3] 为自称"王"的楚、吴国君配备"子"的称号，此举被认为是表达了对"蛮夷"过度野心的批评，并且为"正名"设立了规范的标准，从而使得名号与角色、功能相对应。[4] 有关楚、吴国

---

[1] 参见《春秋》隐公十一年，第四章；桓公十八年，第二章；闵公二年，第三章（杨伯峻编：《春秋左传注》，第 14、151、261 页）。对被谋杀前只统治了两个月（公元前662 年）的子般，《春秋》使用了"卒"字，而不是通常所用的"薨"字。

[2] 在《春秋》中，我们发现这项"原则"并不是前后一致的。

[3] 参见《谷梁传》对《左传》桓公十四年第三章中"夏，五"这几个字的评论。《谷梁传》，4.8（上），《十三经注疏》第七卷。

[4] 《史记》卷四七，第 1943 页。

君葬礼的记载被略而不录,我们推测,这是为了避免使用"王"号。①
说到《春秋》中对某些鲁国统治者被杀之事的隐晦其词,我们可以
简单地认为,这是发给别国的公文所使用的文字技巧。据说,它反
映了孔子对"内讳"(意为"对内事隐而不述")原则的选择,在我们
认为新君通常扮演作恶者的情形下,情况尤其如此。反过来,为荣
耀或保护亲人(或国君)②而"讳"(意为"掩藏事实")隐含着这样的
意思:在历史记录中,如果陈述"赤裸裸的事实",则标准的人际关
系会一览无余。对作为圣人之道德评论的《春秋》的尊崇是随处可
见的,尽管如此,在每一个时代都不乏异见者的存在。唐代学者、
思想家刘知几通过考察《春秋》里面的种种不一致,在这部极为神
圣的著作上倾泻了自己的怀疑。宋代学者、诗人、改革家王安石
(公元 1021—1086 年)以其与众不同的勇气,将《春秋》定性为"错
漏满篇、残缺不全的宫廷文告集"。尽管如此,直到公元 20 世纪,
有关"褒贬"的微言大义、孔子与《春秋》之关系的怀疑才变得普遍
起来。即便如此,某些学者(特别是儒学传统的捍卫者)仍赞成孔
子作《春秋》的观点。

420

从编年史到经典

《春秋》给人以言辞简练的印象,与此同时,人们又认为它蕴含
着丰富的意义。这两者之间的距离为众多评注的存在提供了合理
性证明。在《汉书》(意为"汉史")的《艺文志》中,班固在"春秋家"
栏下列举了《左传》《公羊传》《谷梁传》《邹氏传》《夹氏传》这几家评
注。《左传》(意为"左氏的评注")曾被人们用古代不同的汉字书体

---

① 《公羊传》宣公十八年。
② 《公羊传》《谷梁传》发展出了复杂的"讳言"("讳")体系:受到保护的人群包括亲
　族("亲")、家人("内")、在尊位者("尊")、圣贤之人("贤")、中原国家("中国",
　在涉及它们与"蛮夷"的关系时)。《左传》中使用"讳"这个术语的情况是很少
　的,主要是将它与鲁国统治者联系起来用。

辗转抄录，①它产生的日期早于其他四《传》，根据班固的说法，这四《传》是在"口说流行"时兴盛起来的。《邹氏传》《夹氏传》"无书"。《公羊传》《谷梁传》被人们用汉代的书体（或所谓的"隶书"）进行抄录，它们都将自己的世系传承，经过数代师傅的环节，追溯到孔子门生子夏那里。《公羊传》可能起于战国晚期，不过，它直到公元前2世纪晚期方才成书。《谷梁传》很明显以《公羊传》为参照模型，尽管它急于与后者划清界限，它是在后来成书的，时间可能是在约公元前1世纪。由于有着问答书一样的问—答形式，并且，其海人模式包含许多常见的从更早时候的大师那里引来的话，这两个《传》背离了它们的口头起源。对解说的偏好，使得《公羊传》《谷梁传》热衷于从圣人的褒、贬意图出发，精炼出（或者，不如说创造性地构建出）一个规范化的体系来，尽管如此，这两个《传》都包含了内容更长的叙述，它们为《春秋》中的简单条目精心构建相关背景。同样的解说与叙述的二元并立在《左传》中也有所见，只不过二者的比例不一样而已——相对来说，是简单的解说性评注散布在繁杂的篇幅、结构各异的叙述中。

421   在三《传》中，《左传》是篇幅最长、内容最复杂、对中国传统中的历史观念的发展具有最重要意义的一部。同样，它与《春秋》之间存在的后者被前者解说的关系，也是最让人产生疑问的。不过，在汉代（公元前206—公元220年），作为官方学术从而占据显赫地位的是《公羊传》。公元前136年，汉武帝（公元前141—前87年在位）下令宫廷学者必须得熟习《五经》，《公羊传》是地位得到承认的《春秋》传。② 它能达到这样的地位，主要是由于其内容为新统一的国家提供了服务，相应地，它们常常也享有非比寻常的官方待遇。

---

① 在秦于公元前221年将所谓的小篆施行于统一的中国以前，其他国家使用的是不同的古代汉语书体。参见王国维（公元1877—1927年）：《观堂集林》卷七（上海，1992年）。

② 《五经》指《诗经》（意为"诗歌经典"）、《尚书》（意为"受尊崇的文献"）、《礼》（意为"礼仪"）、《易经》（意为"有关变易的经典"）、《春秋》。有关这些书的历史传承与思想，参见 Michael Nylan, *The Five,* '*Confucian' Classics* (New Haven, 2001)。

不过,此种政治与以历史为基础的学术的合作关系并不总是和谐的,《公羊传》学者董仲舒就是一个例子,当他的学说被认为是挑战了皇权时,他的行为构成了对法律的违反(他被判处死刑,不过获得缓刑处理)。①

从词源学上说,汉字"经"(意为"经典")与纺纱的经线是相联系的,它吸引人们将其与不变的、根本的戒律挂上钩。就《公羊传》来说,它既是《春秋》经典化的产物,又是后者成为经典的一个助力,是它将带有某种任意性的对编年记录的"削割"转化成有目的的一项图谋,这项图谋所采取的形式,其开头、结尾都有着丰富的意涵。《春秋》的头一句话是:"元年,春,王正月。"《公羊传》对此解释如下:

> 春王正月,元年者何?君(指鲁隐公)之始年也。春者何?岁之始也。王者孰谓?谓文王也。曷为先言王而后言正月?王正月也(据周文王的历法,这是第一月)。何言乎王正月?大一统也。②

根据传说,在周克商(约公元前 11 世纪)以后,对后者以及更早的一个朝代夏的历代国君所行的祭祀活动继续留存下来,在春秋时代,可追溯至夏、商、周的几大历法体系是同时被人们使用的。这样,"王正月"以很简单的方式告诉我们:根据周历,这是一年的第一月。《公羊传》将这变为周文王的一项特殊功劳,后者与其子周武王一道,被人们当作圣君和一个理想秩序——统一和具有凝聚力的周"王朝"——的创建者来纪念,他们的权力受到道德权威的护卫(今日的历史学家认为,这是一个鲜有证据支撑的理想化的过

---

① 有关董仲舒与他对《春秋》的解说,参见 Sarah Queen, *From Chronicle to Canon：The Hermeneutics of the Spring and Autumn According to Dong Zhongshu* (Cambridge, 1996)。
② 《公羊传》,1.5(上)—1.9(上),《十三经注疏》第七卷。

去)。这样,《春秋》在人们口中就是传播这样一些观念的著作:正名、尊王(周王)、攘夷、复礼(支持家庭、政治等级制)。《公羊传》特别对齐桓公(公元前685—前643年在位)这位列国当中的霸主大唱赞歌,它还包含齐地方言,这一点可以证明该《传》与齐地(今山东)的联系。《公羊传》还隐含着在周朝社会秩序与新统一的帝国之间所作的对比。董仲舒进一步将"大一统"的观念扩展至思想领域,他向皇帝陈述了在根绝其他异端看法时,尊崇儒学传统的重要性。[1]

从人们所认定的《春秋》作者孔子与该书所记历史事件的年代间距——这些历史事件有作者所见的、作者所闻的、作者通过被抄录下来的资料所听说的——的角度,《公羊传》将该书分成三个部分。《公羊传》大师何休(公元前129—前82年)勾勒出了这个相对直白的解释,用以说明三个时代的"异辞"(意为"使用了不同的词语")问题,他将这个解释用在一种从"据乱世"到"升平世"再到"太平世"的进步历史观上,[2]因为圣人的视野会从鲁国及于中原各国,最终扩展至"天下万国",包括被同化的蛮夷。[3] 这是非常让人惊奇的,因为《春秋》所覆盖的那个时代的标志是激烈的冲突、权威的衰退(或公室、贵族世家的灭亡),以及日益增多的将人们引入战国时代的暴力、混乱。在这样做的过程中,何休整合历史,使之成为有关过去的记录,与此同时,历史则成为预示未来的指针。汉代的孔圣人传将孔子描绘成先知先觉者,人们认定他想象到了一个即将来临的和平、统一的时代(汉朝向人们呈现了这一点),即便他在编年史中记录的是诸多的失败、衰落。就此种从根本上来说属于非历史的观点而言,《春秋》所包含的是诸多不变的真理,它清晰地呈现给人们的是理想政府一步步实现的图景。这样,清朝的改革者康有为(公元1858—1929年)将这样的"公羊"理论视作灵感的源

---

① 《汉书》卷五十六,第2522页。

② "据乱世"、"升平世"、"太平世"这些词语的译法参照 Nylan, *The Five*, '*Confucian*' *Classics*, 303。就何休的理论来说,它是源自董仲舒《春秋繁露》中的《楚庄王》篇。

③ 何休:《公羊传》,23(上)—23(下)。

泉,可能就并不让人感到奇怪了。

在《公羊传》《谷梁传》中,《春秋》的结尾是公元前481年的获麟事件,时值鲁哀公(公元前494—前463年在位)在位的第十四年。麟是一种不好归类的奇兽,在辞书《尔雅》中,麟被说成有"麇身,牛尾,一角"。经过《公羊传》的编排,这个结尾变成了一个集衰落与进步、绝望与喜乐于一身的矛盾结合体:

> 麟者仁兽也,有王者则至,无王者则不至。有以告者,曰:"有麇而角者。"孔子曰:"孰为来哉!孰为来哉!"反袂拭面,涕沾袍……西狩获麟,孔子曰:"吾道穷矣!"……君子曷为为《春秋》?拨乱世,反诸正,莫近诸《春秋》……末不亦乐乎(后世的)尧舜之知君子也?制《春秋》之义以俟后圣,以君子之为,亦有乐乎此也。

423

在这段话中,孔子悲伤、高兴两种心情的结合在某种程度上有点不协调的感觉,这使得数代《公羊传》学者对孔子地位的评定出现了两极分化的现象,而这导致相互冲突的不同心情都能得到合理的论证。董仲舒一方面承认孔子在实现自己理想方面的失败,另一方面,他将后者尊为在《春秋》中确立了自己原则的"新王"(意为"新的王")。将此种国王般的使命——创建一种道德—形而上学的新体系——昭示给孔子的祥瑞之兆("福瑞")就是麟。何休认为,孔子哭是因为他能预见到在汉代兴起前,有一个漫长的充满厮杀、痛苦的战国时期,[1]并且,孔子因为"天告夫子将没之征"而哀叹自己的生命将走到尽头。[2]何休还明确地说,"后圣"指的是汉代统治者,《春秋》为汉代确立了治国的原则("为汉之法")。[3]

《谷梁传》在太学中并未获得承认,此种状况一直延续到汉宣

---

① 《公羊传》,28.10(上)。
② 同上书,28.11(上)。
③ 同上书,28.18(上)。

帝统治时期为止。在方法与格调上，《谷梁传》与《公羊传》有颇多相似之处，除此以外，它与后者有 20%—30% 的内容是重合的。《谷梁传》在有些问题上似乎与《公羊传》看法不同，这个事实显示了它成书较后者为晚。与《公羊传》不同，《谷梁传》看起来对礼仪问题抱有热烈的兴趣，它动不动就预测有偏离正道的行为，哪怕是在没有明显证据的时候。比如，它反复指出，一个已婚妇女决不可踏出她作为人妻嫁进来之后所居的地方半步。有一个贵族妇女因为拒绝在没有人陪同的情况下离开着火的大宅而被烧死，她以其对"妇道"的遵守而在《谷梁传》中受到赞扬。（《公羊传》同样褒奖了这个妇人，不过，感情色彩没有那么浓烈，至于《左传》，它因这个妇女误解了合礼行为的标准而对其作了批评。）

　　好像是为了超过《公羊传》似的，《谷梁传》有时通过查究人心、探讨事情的后果，给出极为严厉（或者不可翻身）的判断。比如，鲁隐公（公元前 722—前 712 年在位，《春秋》是从他执政时开始写起的）即位之事并未见载于《春秋》。对此，《左传》指出，这是因为隐公担任摄政之职的缘故，言下之意是，并无所谓的新君登基大典可供记载。《公羊传》说道，这是"为了赞扬隐公的苦心"，他准备在最后将君位让给自己的弟弟，即后来的鲁桓公（公元前 711—前 694 年在位）。《谷梁传》则认为即位内容的缺失是对隐公的批评——他的"小惠"把他引入歧途，他最终确认的不过是其父偏爱幼子的错误而已（《谷梁传》隐公元年）。（由于对隐公之心有所怀疑，桓公于公元前 712 年躲在幕后部署了对隐公的暗杀。）在另一件事上，当《公羊传》以某位大臣曾便宜行事而对之进行赞扬时，《谷梁传》却指责他轻视君臣之间的等级界限（《谷梁传》桓公十一年）。尽管如此，无论在汉代还是后来的时代，《谷梁传》都未获得《公羊传》那样的影响，这可能是出于以下原因：在谈到当下、未来的问题时，它并不是根据一种更雄心勃勃的对历史形貌的看法，作出自己的那些特殊判断的（与《公羊传》一样，《谷梁传》也力图证明《春秋》中的每一个字几乎都表达了作者的褒贬之意）。

424

在经典与历史之间

与《公羊传》《谷梁传》一样,《左传》中也有解说性质的章节,它们想要从《春秋》中获得一种规范性的道德—政治体系。不过,如前所述,叙事、修辞内容在《左传》中占据优先地位是该"传"与另两部受到众人承认的"传"的区别所在。许多《左传》章节在《春秋》中没有对应的条目,而后者有许多内容在《左传》中也没有相应的解说。除此之外,《左传》叙事直到公元前468年,晚于获麟的公元前481年13年,而后面那个日期是《公羊传》《谷梁传》中的《春秋》结尾的时间点。[①] 所有这些问题令人们对《左传》与《春秋》的确切关系生出疑惑。《左传》是在一种含义更广的解说观(包括复杂的叙事以及补充性的信息)激励下写作出来的一部评注? 抑或,它是由取自不同"国史"(意为"列国的历史")的材料拼凑而成的? 又或者,它是与《春秋》毫无瓜葛的其他战国文献的结集? 还有,是否存在一种《左传》的"原本",它以不同的假设为基础,经过了重新编排,以与《春秋》的编年顺序相符?

对于这些问题,我们可能永远不会有确定的答案。相比之下,我们更能确定的是,一旦《左传》被承认为《春秋》的一种注,它对历史的观念而言意味着什么? 这个过程是从司马迁所下的一个断定开始的:"鲁君子左丘明惧(孔门)弟子人人异端,各安其意,失其真(尤其是在作者的批评意图和竹子这种书写载体使得书籍的内容变得暧昧难懂的时候),故因孔子史记具论其语,成左氏春秋(意为'左氏对《春秋》的评注')。"[②]司马迁由此提出了自己的思考,他认

---

① 如前所述,《左传》中的《春秋》写到公元前479年为止。

② 《史记》卷一四,第509—510页。这段话引自《史记·十二诸侯年表》的前言部分,它显示出在司马迁引用左氏的资料时,材料的丰富(这在该《年表》中最能得到体现)和年代的准确都是非常重要的。尽管有某些怀疑者持反对意见,我认为《左氏春秋》这部著作在很大程度上与渐以《左传》之名为人所知的那本书是重合的。

为，对《左传》一书的编辑来说，"人人异端"的情形起了不可或缺的刺激作用，此种情形因为口头传述的变移性（fluidity）而更加严重。对司马迁自己的创作而言，包容并判断此种"情形"的那些观念有着丰富的意涵。在自传性的《史记》（意为"史官的记录"）末卷中，司马迁借孔子对《春秋》的描述，表达了他自己对历史写作的看法："我欲载之空言，不如见之于行事之深切著明也。"[1]事实上，"事之深切著明"并未体现在《春秋》或纯粹的评注中，而只是在《左传》里内容更详细的叙述中有所彰显，更次而言之，还在《公羊传》、《谷梁传》中的相应部分有所体现。

425

举个例子，我们可以看看《春秋》所记的第一年（公元前722年）中的一个条目："夏，五月，郑伯克段于鄢。"按照《公羊传》《谷梁传》的理解，这句话在以下几个方面值得仔细玩味：其一，"克"字的选择；其二，郑伯之弟的称呼是"段"，而非"弟段"或"公子（意为'王公贵族之子'）段"；其三，记载地名——鄢——的重要性。如我们将在下面所看到的，《春秋》中的这个条目引出了不同的问题，它们在《左传》的叙述中得到了回答。这些问题是：此事怎样、为何发生？此事的后果、隐含的意义如何？在回答问题的过程中，兴起了这样一种心照不宣的信念，也就是相信叙事是理解隐藏在"更高级的"经典中的历史之意义的一个必要工具。

《左传》告诉我们，郑庄公与段之母武姜喜爱段，因为庄公是臀位倒生的。她屡次与段筹划，要颠覆庄公的地位。尽管不断有人进言，要庄公在事情变得不可收拾之前采取措施，防止叛乱，庄公还是拒绝行动，直到段的叛乱完全成了气候为止。而后，他击破叛乱，将段放逐。接下来是庄公与母亲疏远，他发誓永不再见后者，直至他们在黄泉（意为"阴间"）相会。只是在一个边境官员颍考叔提出自己的建议时，此种情况方才见到转机。颍考叔劝庄公挖掘隧道，与母在那里相会。通过将"黄泉"的字面意义转化为喻义，颍考叔在不废弃庄公誓言的情况下，令母子能和好如初。这则故事

---

[1] 《史记》卷一三〇，第3297页。

是由《左传》中的评注构建起来的,通过阐明《春秋》对应条目中的字的含义,这些评注以几乎发生兄弟仇杀而谴责了段与庄公二人,它们以"君子"——他赞扬了孝道弥合裂缝的力量——的评语作为结尾。①

如果这些评注并未充分"包容"故事,可能的原因是,评注对亲缘关系(先是得到验证,然后被扭曲,再后部分地恢复)的关注并未指明政治权威的边界。《左传》中的叙述对这个问题保持着沉默,并且,它以相当缓和的态度,支持人们的这样一种解读——为了更大程度的统一、中央集权而铲除乱党是一件值得庆贺的大喜事,尽管数百年里的评论倾向于揭露郑庄公的真面目,向人们展示他如何因为有意怂恿段并操纵兄弟走上叛乱的道路而受到谴责。另外,母子和好,有的人轻蔑地认为是郑庄公表里不一的体现,有的人又在其他评注中将此接受为郑庄公悔改的证据。无论如何,《左传》的意图可能是将它当作一个教训,在作者操纵此事的不同意涵以掌控道德言论、使美德令人信服地展现在大众面前时,使其发挥作用。事实上,许多按年记录郑庄公不断扩展的权力的片段不时被一些言谈打断。这些言谈所用的是与礼有关的语言,它们可能反映了当时的外交语言或公共谈话语言,同样,它们也可能反映了由于一些人亲郑的同情态度,而在道德方面所作的合理性论证。除以上外,人们还可以选择另外一种理解:追踪许多评注所给的信号,表面的赞许可以被解读为隐藏起来的嘲讽,它和其他孤立的、否定性的判断是用同样的精神表述出来的。无论是哪种解释方式,令视角的选择成为可能的是精致的叙事。

西汉有多位学者研习《左传》,②不过,直到刘歆力争将其纳入太学课程中,它才获得官方学术的地位。在谴责否定《左传》评注对象为《春秋》的博士的信中,③他力辩该书对圣人之教的紧密追

426

---

① 《左传》隐公元年,第四章。
② 参见《汉书》卷八八,第 3620 页。
③ 同上书,卷三六,第 1967—1972 页。

从,因为"左丘明真正地对孔子有所了解",并与孔子有着同样的好恶之情。刘歆对《左传》的评注只有少量残篇存留至今,它们显示出刘歆在引《左传》中的内容解释《春秋》时,曾像《公羊传》的大师一样,求助于"微言大义"的做法。《左传》与《春秋》之间的关系在现存第一部完整的《左传》评注中得到了进一步确认,该书为杜预所写,同样是这个人,创造了现在的《左传》与《春秋》按年"结合在一起"的形式。① 杜注试图详细地解析《左传》的"规则"(据说,它们是概括或解析《春秋》是怎样遣词用字的),以此证明《左传》作为对《春秋》的解说性著作是有凭有据的。除此之外,杜氏还向人们展示了,明显的非对应性如何能被看作补充经典文本的一种方式,借此,杜氏极大地扩充了"解说"的含义。在这个过程中,杜氏重新塑造了左丘明的形象,在他笔下,后者既是孔子的门生,又是"鲁国的史官",他对历史细节的了解是如此的辽阔无边,以至于他自然而然地将整合这些知识视为己任。

这样,"左丘明"这个概念就被用来将统一性、评注的写作目的带给《左传》。自唐代以来,就有许多学者怀疑左氏的身份或其存在,到现在,绝大多数学者不仅仅怀疑他是否创作了《左传》,还质疑该书有单一的材料来源的观念,这在部分程度上是对早先一些观念的追从,这些观念认为,在《左传》成书过程中,不同国家的历史记录承担了作为其组成部分的角色。多样化的材料汇集进入《左传》中,这在多个方面可以得到验证。围绕某个人特别是聪明能干的大臣而生发起来的大量故事,或许是以"家传"②或与该人有关的道德—政治训诲集的形式传播的。在《左传》中,存在着历法上不一致的问题,这显示了历法有着不同的地域来源,比如,鲁、齐遵循周历,而晋使用夏历。有时,一些独特的写作习惯似乎显示了

---

① 据清代学者刘逢禄(公元1776—1829年)的说法,此种形式首次被用于贾逵(公元30—101年)的《左传》注中,该书今日仅存残篇。

② 啖助(公元724—770年)语,陆淳(死于公元806年)作了引用,参见《春秋集传纂例》,381。

它们与来自不同国家的材料有关,比如,只有在与晋国有关的材料中,每一出兵,才俱列将、佐的名字;又如,有关宋国权力斗争的叙述非常特别,因为它们总是会提到六卿。① 在对君臣关系的叙述方面,也会有地域差异存在,这表明各地的历史情形、思想状况不一。拿楚国来说,它的国君两次被比作天,他的命令被说成是神圣不可违反的,有的时候,楚国的统治者还以他们的公正无私以及自知之明而受到称赞,尽管他们在某些事情上失败了。② 我们可以从中得知,强大的楚王用将君主诉求最大化的政治思想来为自己的行为提供论证,并且,这些行为在此种"政治思想"那里得到了论证。相比之下,人们有很大的理由将晋国贵族世家的强大权力与某些材料中一再涉及的问题联系起来,这些"材料"很可能是晋国的材料,而这些"一再涉及的问题"则包括:对大臣所受公正奖赏的全心赞美,为论证对无道君主的驱逐而提出论点,对参与弑君的大臣作带有同情态度的处理。③ 除以上外,《左传》对不同国家君室之旁系的看法是不一样的。 在有的国家,世代传承的贵族世家与君室有着不同的家族名,比如晋、齐,如我们所看到的,在这些国家中,通过亲缘与君主发生关系的贵族世家与君室一道,共同遭遇了衰落的命运,④由此,《左传》并没有将它们放在与君室敌对的环境下(这是鲁、宋的情况)对其进行描述。

《左传》中有着多种多样的书写材料、口语表述。在这中间,国与国之间的公共来往文件看似自成一类,它们有信件、公示、盟约、正式的外交辞令等。许多文学体裁后来在刘勰(约公元 465—约

---

① 《春秋集传纂例》,380—381。
② 参见杨伯峻编:《春秋左传注》,第 684、1002、1546、1634—1636 页(宣公四年,第三章;襄公十三年,第四章;定公四年,第三章;哀公六年,第四章)。
③ 参见杨伯峻编:《春秋左传注》,第 258—259、501—503、655—663、764—765、900—903、906—907、993—994、1016—1018、1493—1496、1519—1520(闵公元年,第六章;僖公三十三年,第六章;宣公二年,第三章;宣公十五年,第六章;成公十七年,第十章;成公十八年,第一章;襄公十一年,第五章;襄公十四年,第六章;昭公二十八年,第三章;昭公三十二年,第四章)。
④ 同上书,第 1233—1239 页(昭公三年,第三章)。

522年)的《文心雕龙》中(意为"为文之用心与雕琢龙文",这是一部给好书归类并对其进行探讨的著作)得到了谈论,它们有谏言、法令、说辞、辩论、铭文、高谈阔论、祷词、悼词等,其中许多是以《左传》中的内容为基础的。这次,我们又看到了一种差异的存在——这些文学体裁有着不同的格式要求、不同的文体语言。

这些和其他类型的材料是怎样、在何时以编年史的顺序,编成一部《春秋》的评注的呢?我的设想是《左传》从不同材料来源那里引来的故事、观点,满足了解释《春秋》(或其他此种类型的编年史著作)的精确含义的需求。换句话说,有时被说成是融入了《左传》中的那些"国史",原本同样可能是内容精致的编年史。(说到底,故事和相关的背景交代同样是《公羊传》《谷梁传》[程度要低得多]的特征,亦是《诗经》、早期论礼文献的各种评注的特征。)这类说明道理、确立因果关系、树立典范、得出教训的材料很可能与口头的解说传统、教育传统、谏言传统、辩论传统或宣谕传统有关。这或许解释了以谈话形式来分析观念的做法的由来,《左传》的大部分内容是由作者记录、创作或再创作的谈话组成的。[①] 除此之外,《左传》还提到了(有时并作了引用)大量成文的不同风格的材料,包括结盟文献、授权誓言、国际文告或相当于政策表述的信件。它们可能存在档案("盟府")中,在《左传》中曾被提到过七次。

一旦被安置在精确的时间背景下、依照年代顺序得到编排,不同来源或有着不同的修辞用意的材料就在新的因果推论中发挥了自己的作用。这件事情是在什么时候发生的呢?考虑到摆在我们面前的是这样一个漫长的过程——不断有新内容添进《左传》中并进而沉淀下去,此事的精确日期是很难把握的。有一些来自文献本身的证据,比如告诉我们相关人士知道(或不知道)什么事

---

① 关于这个问题,参见 David Schaberg, *A Patterned Past : Form and Thought in Early Chinese Historiography* (Cambridge,MA,2001),亦可参见他在本卷书中的文章。

情会发生的那类预言,①以它们为基础,我们可以得出相对精确的日期计算结果。不过,人们能确定的只是与那些预言相关的文献内容的成形日期,而不是整本书的成书日期。虽然大家没有形成比较稳固的一致看法,多数学者都将《左传》(或其中大部分内容)的成书时间定在约公元前 4 世纪。司马迁在自己的《史记》中所使用的《左传》版本看似与我们今日所知的那个版本非常接近。19 世纪晚期、20 世纪早期,有一些观点认为《左传》出自刘歆的伪造,其依据开始时是《公羊传》的倾向性和政治设想,到后来则是当时更加普遍存在的对早期文献的怀疑。时至今日,这些怀疑在很大程度上已丧失了说服力。不过,对早期文献来说,添补、篡改之间的界限是非常混乱的,基于此,《左传》当中的某些部分,特别是那些直白的评注内容,有可能是战国晚期乃至于汉代早期的产物。

　　在何种意义上,可以说《左传》是"历史著作"? 诚然,《左传》要求一定程度的时间、地理的精确性,并且要求叙事情节——这些情节有时并不为意识形态上的目的服务——的广度,在这些方面,帝国时代之前的其他中国文献无一能出其右。这个事实将"建筑在历史真实的基础上"这个光环笼罩在《左传》头上。事实上,某些大趋势,比如战争、冲突的规模增大,"霸"——他带领中原各国签订盟约并组建某种针对总称"蛮夷"的各个集团的防线——理念的兴起与衰落,权力从公室向私家的转移,在《左传》最后三分之一的内容中西秦、东南楚吴越地位的加重,等等,已经在考古证据那里得到了证明。②

　　与通常发生在早期历史著作身上的情况一样,从字面上去理解《左传》生出了一些错误的问题。比如,我们读到,公元前 395 年, 429

---

① 比如,杨伯峻就根据这类证据,将《左传》的成书日期定在公元前 409—前 389 年。参见杨伯峻编:《春秋左传注》,第 41 页。
② 参见杜正胜:《古代社会与国家》(台北,1992 年);以及 Lothar von Falkenhausen, *Chinese Society in the Age of Confucius* (1000 - 250 BC): *The Archaeological Evidence* (Los Angeles, 2006)。

当楚庄王（公元前 613—前 591 年）听说宋国领导人杀掉路过其地的楚使时，他"投袂而起，屦及于窒皇，剑及于寝门之外，车及于蒲胥之市"。[1] 这是不是一个亲眼目睹的人写下的见证？这个问题是无从回答的。不过，很明显，是移情以及脑海中的事件重演促成人们作了这样的描述，并且人们认为这对理解过去而言是非常重要的。这句话在《春秋》中的相应条目是："楚子围宋。"《左传》中的叙述提供的是对事件背景、动机的介绍，表面看来，楚王的愤怒与事件的发生是同步的，而事实上，这不过是楚国有意挑衅宋国之后，楚王急切的侵略之心的流露而已（早先的一段场景告诉我们，楚王与楚使商量好了，基于宋国领导人处死后者而产生的预期后果，后者能得到什么合适的奖赏）。降服宋是楚国将影响力向东扩张计划中的关键一步。

人们惯常将《左传》的历史价值与文学价值截然分开，如果说两者的分量不是天差地远的话。举例来说，捍卫历史事实者通常怀疑鬼怪、梦兆、预言或通灵等周期性地在《左传》中出现之事，另一方面，文学史家却兴高采烈地评价它们是中国想象文学的滥觞。[2] 尽管如此，作为核心的历史真实与作为丰富质料的文学描述能够或应该分开是误导人的观点。相比其他东西，与理解历史关系更密切的是有意识地构造理解过去的范式、原则。我们今天对超自然或超理性的事情、词语构造或叙事工具的看法，就代表了这样的"范式、原则"。换句话说，文学创作与正常的思维都是理解历史的模式。公元 7 世纪的思想家刘知几对此理解得很好，他在自己论史学创作原则的著作《史通》（意为"对历史的全面理解"）中，花费了数章的篇幅讨论叙事艺术、修辞策略。他始终认为《左传》是许多最佳案例的来源。

我们可能永远不会知道"事情的真相"与《左传》作者的态度、

---

[1] 杨伯峻编：《春秋左传注》，第 756 页（宣公十四年，第三章）。

[2] 参见张高评：《左传之文学价值》（台北，1983 年）；以及孙绿怡：《左传与中国古典小说》（北京，1992 年）。

该书的修辞模式、该书成书时期的主导性思想潮流之间的平衡状况，①不过，后面几项给我们提供了更坚实的支撑。比如，政治家可能确实在公元前7、前6世纪的外交集会上引述《诗经》中的内容，② 不过，看似更可确定的是，借助于众人对共有的某部文献——它到《左传》编校成书的时代已被尊奉为一个文化上的理想——的忠诚，它发挥了极大的激发灵感、弥合差异的作用。③ 同样的话也可以用在《左传》中记载的另一种情况上——官员在战场上表现得彬彬有礼，这或许是人们心中所铭刻的一个理想，又或者是透过战国激烈纷争时期的怀古棱镜所看到的一个夸张镜像。我们理性主义的偏见会将晋国君主景公所作的有关复仇鬼的梦视作天方夜谭，这个梦导致了景公在公元前581年的奇异死亡。④ 不过，从这件事我们可以推断出，在《左传》某些叙述的形成上，强大的晋国私家势力所发挥的作用。在这个故事中，鬼魂是几乎在两年前（公元前583年）遭满门灭绝的赵氏家族的祖先。⑤ 这个梦是作为一个严酷的考验出现的，其目的是让我们思考君臣关系、行动与命运、复仇与报应。

　　在最近的2000年里，那些质疑《左传》是《春秋》的一个传的人通常会说，《左传》是"史学，而非经学"。⑥ 这一划分所隐含的意思是历史著作必须要超过（或者说不同于）经学著作，因为前者的目

430

---

① 尤锐(Yuri Pines)认为，《左传》可以解读成一部有关春秋时代思想史的著作，参见他的 *Foundations of Confucian Thought：Intellectual Life in the Chunqiu Period*，722-453 BC（Honolulu，2002）。

② 在《左传》所记的公元前637年（僖公二十三年，第六章）至前506年（定公四年，第二章）之间的时间段里，可以找到相关事例。

③ 参见 Schaberg，*A Patterned Past*；以及张素卿：《左传称诗研究》（台北，1991年）。

④ 参见杨伯峻编：《春秋左传注》，第849—850页（成公十年，第四章）。

⑤ 同上书，第838—839页（成公八年，第六章）。

⑥ 例如，参见宋代新儒学思想家朱熹（公元1130—1200年）：《朱子语类》卷八三（北京，1994年），第2152页；以及清代公羊学大师皮锡瑞（公元1850—1908年）：《经学通论》卷三（北京，1954年），第39—50页。

的在于说明发生了什么事情，而非应该发生什么事情。这是一个围堵与突破的模式：《左传》中的"多余内容"并未受到经学目的的抑制，人们认为这与历史探寻的精神更为接近。更一般地来说，历史探寻似乎是在规范的体系与挑战此种体系的力量、意识形态上的目的与怀疑精神发生冲突时兴盛起来的。或许，发生以下的事情并不是偶然的：伟大的汉代史学家司马迁——他曾广泛地征引《左传》用于自己的《史记》中——会发出"天道"是否存在的疑问，并且，他基于同情心而将豪侠、弄臣、商贾写入自己书中的行为招致了别人对他离经叛道的讥讽，①哪怕人们证明出他的儒学渊源。

　　《左传》历经其在战国时代的演变，与儒家思想大体上是保持一致的。这个观点直至今日仍被广泛接受。尽管如此，无可辩驳的是，在这本书里面存在着多个视角，这在部分程度上与前述《左传》有多个材料来源是对应的。在这里，我们看到了一种奇怪的杂合：具有讽刺意义的实用性＋理想的道德言论。一方面，《左传》提出审视过去和更古的文献以寻求指导的看法；另一方面，它也发出促进变革、赞美便宜行事的呼声。一方面，它主张赋予君主或私家更大的权力；另一方面，它又提出反对意见。一方面，它站在支持被统治者有权批评列国领导人政策的立场上；另一方面，它又站在了此种立场的反面。一方面，它从军事与战略利益的角度出发看待问题；另一方面，它也以道德和礼仪为视角看待战争，尊崇"天道"和超自然的领域。一方面，它挑战或暴露某些人的变化无常或无知，以及他们对"非我族类"的蛮夷的不信任与敌意；另一方面，它又赞扬这些人是中国文化价值真正的继承者，以及奥秘难懂的知识的掌握者。某些这样的看法并不能与统一、连贯的儒家观念相容。事实上，在数百年的时间里，尽管主流意见将《左传》确立为体现儒家价值的经典著作，质疑此论没有凭据的怀疑者还是一直存在的。他们从汉代学者到后世的儒学思想家，不一而足，前者是

---

① 参见班固对司马迁的批评，《汉书》卷六二，第 2737 页。

《公羊传》与《谷梁传》的拥护者（他们还觉得，《左传》挑战了这两本书的优胜地位），后者以《左传》中有数处体现了残酷的实用主义，以及其观点偏离了数种正统的道德、社会—政治秩序而对之展开批评。

与想象有一个才华横溢者将不同的视角安排得井井有条相反，在这里，对于不同视角的存在，我们可以将其看作是《左传》复杂的文献演变史的一个产物。它在部分程度上与前述《左传》的不同材料来源、所受的种种格式限制是对应的，在部分程度上又反映了在中国政治思想史上具有重要地位的一个奠基时期，人们对政治混乱的不同反映。常有人说，《左传》是一部施行教化的伦理著作。不过，成为"教化"著作并不意味着"只有一种教化"。在《左传》的叙事及提出的观点中，融进了不同的立场，这告诉我们，在该书中，存在着相互竞争的不同教训，它们有可能出现在对当权者进行政治游说的背景下，其表达方式既有对大量为政原则的规定，又有特殊的政策建言。在这个意义上，《左传》是一个平台，在不断有新内容添加到该书中来的漫长过程中，兴起了不同的政治秩序观，它们可以在这个平台上得到检验。

《左传》的叙事单位通常包含因果推论这一块内容，也就是事件是怎样、基于什么原因发生的？这可以是一段非常详细的叙述，又可以是一个跨时多年的故事（中间有其他的内容插入）。由于《左传》现在的形式是将材料按年编排（因为要对材料进行修整，以与《春秋》相合），一个故事因此存在着多个并立的、属于不同叙事序列的片段，而叙述一个故事或一个故事序列（比如一场战争、一次叛乱或一场权力斗争）要求人们有出类拔萃的记忆力，或者是能不厌其烦地提到故事的其他部分。当然，事情总有例外，其中最著名的是那个写重耳（他最后成为晋国国君，即晋文公，公元前636—前628年在位）的、几乎称得上完备的叙事序列，它描述了他流亡、漫游诸国、归晋、崛起为他那个时代最有势力的霸主的事迹。不过，就绝大多数情况而言，读者不得不同时追踪不同的序列。通过回溯性与前瞻性的评注、故事人物提出的建议，乃至插入正在展开的叙事之中或附于其后的论断，读者会得到一定程度的帮助。这些评注、建议乃至论断是由佚名的"君子"、孔子、当时具有先见之明的政治家提供的，除此之外，下面两类人通常是重叠的：史官（"史"）与卜者（"卜"）。

432 这样的评注与论断主要是有关道德、良好秩序的言辞。它们的发表者自由地使用道德方面的字眼，其中最引人注目的是"礼"、"德"，还有"义"、"仁"、"敬"、"正"、"忠"、"信"、"让"。当他们向过去的典范（特别是周朝早期的秩序）求助时，他们假设并培育出了一种连续性，并且期盼他们自己心中的设想成为后世的典范。他们使用举例、定义、凸显特征、连续前进的逻辑等方法，为过去的典范营造出一种含义清晰、走向它不可避免的感觉。不过，这样的修辞手法是基于暴力、失序、毁灭与邪恶等因素而被人们强行使用的。这样，修辞手法与这些因素之间的关系如何呢？有时，此种修辞手法在避免毁灭与重建礼仪、道德、政治秩序的方面，显示出了自己的有效性，即便在某些情况下，它发挥效用的时间并不长。在大多数情况下，有关秩序的修辞对铺开叙述的历史事件没有影响，不过，它可以在界定局势的道德特征方面发挥作用。受到人们忽视而以评判或道德解说的形式出现的谏言、谈话就属于这类修辞。从这个意义上说，在道德修辞与伦理—政治失败之间，并没有必然的矛盾。前者不过是将否定性的判断给予了后者而已。

不过，丰富的故事细节虽能让《左传》散发出引人入胜的魅力，但同时也能引起经文与故事背景之间的冲突。一篇冠冕堂皇的谈话，其内容可能只是为既存的或新兴的权力关系作论证而已。当我们回忆起在《左传》中有许多兄弟相残的故事时，人们所认为的许多不证自明的真理，比如亲缘关系在政治组织中所占的主导地位，会变成引起争论的诸多观点当中的一个。促进某种道德立场的看法可能通过夸张的言辞表演得到表达，"曲谏"就是遮掩，这是一种循循善诱的建言方式。通过它，谏言者挑动人的欲望，激发被谏者作出过度的表示，其目的仅是为了传递劝人节制、有礼的信息。

　　有一种普遍的看法认为,《左传》不过是总结了历史事件的教训而已,不过,见之于该书复杂的道德世界,我们会发现此种看法是有失偏颇的。一个外表前后一致的观点,其里面可能隐藏着不同的假设。不同的视角可能与同一个角色或人物联系起来。同样的道德词汇——最引人注目的是那些要求人守礼的词汇——可以为不同的立场提供支持。例如,在听闻郑国大臣子产(卒于公元前522年)扫荡旧制,铸刑条于青铜器上(公元前536年)后,持更为传统的立场的晋国大臣叔向在写给子产的一封信中,表达了自己的异议,他将理想化的古代画面呈现在子产面前,在那时,礼仪规范通过人们对美德的效仿、对其威力的顺服而得到实现。① 在回信中,子产宣称自己的目标是"拯救时人"。而在《左传》中的其他地方,子产却是以服膺礼制并且扩展其应用范围而著称的。这样,抬高礼制的地位既可服务于保守言论,又可为改革派的观点摇旗呐喊。

　　在某种层面上,这种"一物两用"可能转化为某种"公正无私"。与《公羊传》《谷梁传》相比,《左传》在下论断时更为公允。比如,在公元前638年宋、楚于泓水开战期间,宋国国君襄公(公元前650—前637年在位)拒绝在楚军渡河之前展开攻击,之后,又拒绝在敌军列阵之前攻击他们,这样,他就失掉了两次可以获胜的机会。当襄公以忠于古代的战争礼仪为自己的决定作辩护时,他手下的元帅子鱼对此给予了富有说服力的反驳,他说,不同的战争需要不同的礼仪,并指出,襄公的标准已经过时,可谓自取其败之道。相比之下,《公羊传》以尊重礼仪而对襄公大加称赞,比之为周文王,后者被人们目为圣君之楷模。《谷梁传》则指责襄公,说他那些毫无道理的话表明了他的"反其仁"。与它们相比,《左传》的独特之处在于,它既给了宋襄公也给了批评襄公的子鱼机会,让他们能各陈己见,虽然很明显,它对子鱼寄予了更大的同情。

433

　　就《左传》的叙述而言,它往往不止谈到一个看法,其所同情的

---

① 杨伯峻编:《春秋左传注》,第1274—1277页(昭公六年,第三章)。

观点亦不止于一个。这件事情同样能让我们保留自己心中所存的
《左传》持论公允的感觉。举例来说，在叙述战争时，我们通常能看
到《左传》中有不断变换的不同视角，它们经过了精心剪裁，用以考
察各方的动机、谋算和它们自己提出的理由，除此之外，还有各方
的相互评价，以及回溯到过去的种种判断。有的时候，《左传》也试
图将礼仪与权力的实施挂上钩，比如在书中谈到晋国在城濮之战
（公元前632年）中击败楚国的时候，[1]又如在谈到局势逆转，楚国
获胜，而晋国在邲之战（公元前597年）中战败的时候。[2] 不过，哪
怕在这样的时候，丰富的故事细节还是能告诉我们，道德考量的真
正本质（或被隐藏起来的真面目）是战略和便宜之计。在晋楚于鄢
陵举行的最后一场大战（公元前575年）中，作为一场道德大戏的
战争变得问题丛生。阴谋诡计和内部纷争使胜利受到妨碍，使失
败的结果加重。双方头脑清醒的大臣都强调了这场战争的愚蠢，
以及楚、晋两国各自的内部问题。在这里，我们没有看到《左传》对
战争结果所作的道德解释，取而代之的是，我们看到《左传》就动乱
时代中胜利与失败的意义，提出了许多问题。

　　不同视角之间的相互作用还能在有关楚、吴之战的叙述中得到
显现，这场战争的高峰是柏举战役（公元前506年）。对楚国战败
的结果起了关键作用的一个因素是伍员（他以"伍子胥"著称）从楚
国叛逃到吴国。先前，楚平王（公元前528—前516年在位）依据毫
无根据的诽谤，抓获手下大臣伍奢，并令伍奢召二子伍尚、伍员来
救父。身为兄长的伍尚认为去完成这项毫无希望的使命是他对父
亲应尽的孝道，基于此，他听从父命，迎来了不可避免的死亡结局。
伍员出奔到吴国，最后率领了对楚国的攻伐行动。楚都陷落，后
来，只是由于楚国某位大臣申包胥勇气过人，成功地乞来了秦国的
军事援助，楚国才得免完全灭亡。伍员对吴国的忠诚却换来了遭
人厌弃的下场，那个时候，他发出的有关一个新兴强权越国之威胁

434

[1]　杨伯峻编：《春秋左传注》，第452—468页（僖公二十八年，第三—四章）。
[2]　同上书，第718—747页（宣公十二年，第一一二章）。

的警告,无人理睬,他自己则被迫自杀。① 在这里,君臣关系中的忠诚、公义,构成公正报复或复仇的因素是什么等都得到了思考,这意味着许多不同且有着潜在矛盾的立场——包括伍员的复仇、伍尚的自我牺牲、申包胥意欲扮演楚国忠臣的决定——都占有自己的一席之地。

这样,或许是文本演变史(或有意为之的"公正无私")产物的诸多差异,变成了我们所赞赏的一幅内容丰富、繁杂的图画,它不仅是对过去的历史事件的描画,也是对决定这些事件如何得到呈现的力量的描画。举例来说,在叙述齐桓公、晋文公这类霸主的兴起时,政治家和建言者会发表颂赞性的言论——颂赞能带来权力和利益的礼制的兴起。与此同时,我们会看到有关这些言论的背景叙述,以及相关事件——这些言论所反映或所理解的事件——的叙述(来自《左传》中的其他地方)。这样,我们手中就既有了还原历史事件的工具,也有了评价人们对这些事件的理解的工具。

从这个意义上说,矛盾有时候显明了历史理解的过程。孔子这个人物是一个能说明问题的案例。无论在《公羊传》还是《谷梁传》中,都有孔子生年的记载,此外,如前所见,在这两本《传》中,获麟与《春秋》完结之间的关系被罩上了一层神秘的色彩。至于《左传》中相应的章节,其篇幅更短,不过它一如既往地包含了更多的故事情节。《左传》中说,某个鲁国官员获麟,不过,这在他眼中是个不祥之兆。孔夫子识别了此种奇兽,并纠正了那位官员的错误判断,基于此,他取了麟。② 这里没有将麟作为一种预兆来讨论。相比《公羊传》《谷梁传》,《左传》中的《春秋》写得多了两年,以孔子之死为终点。这意味着,《左传》感兴趣的一条线(或感兴趣的一个层面)

---

① 伍员参与楚、吴与吴、越战争的故事,参见从昭公二十年(公元前522年)至哀公十一年(公元前484年)的条目。参见杨伯峻编:《春秋左传注》,第1406—1668页。

② 伍员参与楚、吴与吴、越战争的故事,参见从昭公二十年(公元前522年)至哀公十一年(公元前484年)的条目。参见杨伯峻编:《春秋左传注》,第1682页(哀公十四年,第一章)。

是孔子与《春秋》之间的关系。不过，尽管《左传》中有确认此种关系的章节存在，这样一个看法，即孔子以文本中所述的秩序（或道德秩序）反对秩序的衰落、混乱，却不是该书持续追逐的一个目标。

《左传》中与孔子有关的某些故事已经具有了类似于圣人传记的色彩：某个鲁国贵族对自己在礼仪方面的不足深感愧疚，他在临终前吩咐自己的儿子师事孔子（公元前 535 年）。由于孔子在那时年方十七，这类富有先见之明的建议只能建立在对孔子的兴起有预知这样一个基础上。[1] 在公元前 500 年鲁、齐两国国君的夹谷之会上执行公务时，孔子表现了自己的聪明、韧性以及高超的语言艺术，在这个地方，齐国欲威胁鲁国，未果。[2] 与"君子"一样，孔子在《左传》中也品评各种历史事件；从公元前 6 世纪以降，他还是多个历史事件积极的参与者与评论者。对《左传》中许多不同的看法来说，他是以解谜人的形象出现的。

在某些评论中，孔子富有雄辩力地提出遵循礼制的需要，好像规范的礼仪标准是绝对而不可替代似的。在其他情况下，权宜变成了更加重要的东西；有的时候，他似乎是一个将效用作为判断标准来追求的实用主义的道德家。对局势的审慎判断决定了孔子会拒绝搅合到当时的卫国政治当中去，也决定了他会拒绝直接向鲁国季氏家族的首领进言。他以铸刑律在青铜器上，对晋国领导人大加批判。公之于众的书面刑律隐含着行政改革以及更严格的司法审判的意思，如前所述，此事在另一个段落中是与郑国的改革家子产联系在一起的。不过，对子产，孔子也一再地有过赞誉、辩护之辞，包括子产对严刑的必要性的看法。他有的时候是带着先见之明做这件事的，好像他预见到了有的人会指责子产"不仁"似的。

在鲁君与主政季氏家族的领导人之间的旷日持久的权力斗争中，孔子心里面所批评的是后者，不过在表面上，他看似服膺于折中的态度。毕竟，在他与门生"事鲁"时，他们的服务对象（或者说

---

① 《春秋左传注》，第 1294—1296 页（昭公七年，第十二章）。
② 同上书，第 1577—1579 页（定公十年，第二章）。

同事)是私家势力。在任司寇时,孔子将昭公(公元前541—前501年在位,遭季氏领导人放逐)墓与其他鲁国国君的墓重新连在一起,表达了对季氏的无声抗议。在昭公夫人去世时,孔子参加了哀悼活动,而后访季氏:"季氏不挽,(孔子)放绖而拜。"①绝大多数评论家都将这句话解读为孔子的无声抗议,不过,将这理解为他对季氏的让步同样说得通。这样,孔子的不同形象就满足了以下各种需求:要么是将他描述为在历史上发挥了作用的一个因子;要么是将他呈现为历史的评判者;要么是为时势所决定或凌驾于时势之上的一个人;要么是利用过去拥护变革或捍卫传统的某个人物角色。

从史官到史家

在古代和现代汉语中,用来指"历史"的是"史"字。在早期文献中,这个字有时用来表示"历史学家"、"史官"或"占星家"。虽然这个字不见于《春秋》,学者们的一致意见是,担任"史"这个官职的人,其职守之一就是记录那些编年史条目。《公羊传》曾谓《春秋》为"可信的历史记录"("信史"),《谷梁传》则两次说到某种起地名的方式系"遵循(更古老的)历史记录的用词方式"。

正是在《左传》中,我们看到了"史"的多重身份:笔录者、占星者、占卜者、礼官、顾问、文献专家。如果我们回忆起,在臣下对君主的谏言中,人们对人的行为在史书中得到铭记是多么的盼望,而且,此种盼望有着决定人的行动的效力,由此,我们就能够知道,"史"的基本职责——笔录历史——有着多大的威力。由此而有"书而不法,后嗣何观"的说法。②卫国有一位大臣曾放逐本国国君,在临终时,这位大臣吩咐自己的儿子迎回国君,此举系出于对恶名

436

---

① 参见杨伯峻编:《春秋左传注》,第1670页(哀公十二年,第二章)。

② 同上书,第226页(庄公二十三年,第一章);也见同上书,第318页(僖公七年,第三章)。

"藏在诸侯之策（即编年录）"的恐惧而作出的。[①] 一位意识到自己轻视礼制的君王是不会让自己的行为被记到编年录当中去的。[②]

有关历史记录的形成，《左传》中最可铭记于心的故事之一是讲冒死记录公元前548年齐国弑君事件的数位史官的。当时，齐国大臣崔杼谋杀了齐国君主庄公（公元前553—前548年在位），并立景公（公元前548—前490年在位）为君。虽然齐国的史官反对他，其他的大臣却默许他的弑君之举：

> 大史书曰，崔杼弑其君，崔子杀之，其弟嗣书，而死者二人，其弟又书，乃舍之，南史氏闻大史尽死，执简以往，闻既书矣，乃还。

齐国史官牺牲自己性命的记载出自《春秋》。不过，《左传》中不仅记载了这些史官之过人勇气的故事，而且还谈到了许多错综复杂的阴谋与背叛，它们揭露了各方的罪行，并且为众人说模棱两可的话以保存性命的行为作了辩护（由此，它显示出史官对赤裸裸的史实的记载不过是复杂画面中的一个方面而已）。崔杼早先的时候立庄公为君，而后在他与自己的妻子私通后将其杀掉。到后来，崔杼与他那一系反过来成为其弑君同谋庆封的刀下亡魂，后者最后被那些自封的齐国公室的捍卫者放逐。贤明的齐国大臣晏婴（公元前578—前500年）以庄重之礼悼念了齐庄公，不过他拒绝为他殉身或是遭流放，与此同时，他成功地在未公开表示反抗的情况下，避免了参与以作乱者为首的新政府，成为弑君的同谋者。[③]

齐国史官成为历史上史家之诚实的标志。他们不畏强权秉笔

---

① 《春秋左传注》，第1055页（襄公二十年，第七章）；也见同上书，第609页（文公十五年，第二章）。
② 同上书，第810页（成公二年，第8页）。
③ 关于这一系列事件，参见襄公二十五年（公元前548年）与襄公二十八年（公元前545年）之间的条目。同上书，第1094—1152页。

直录的行为在历史写作领域受到尊崇,成为诚实、直述的典范("直书"、"直笔")。除此之外,正如史官反抗强权、自我牺牲的行为及其编排自己著作内容的工作所告诉我们的,史家的使命在于将"授人真理"的范围扩及故事细节、看问题的不同视角,是这些"细节"、"视角"决定着人们的判断。历史判断的道德权威以公正无私为根基,这个观念会矫正隐藏在表面的权力斗争胜利下的种种不公正现象,它在后来被司马迁自觉地加以吸收,并成为一个文化上的理念。

437

宋代诗人、政治家、忠臣、烈士文天祥(公元 1236—1282 年)将齐国史官与晋国史官董狐连在一起,作为天地之间的"正气"的代表。[1]《左传》告诉我们董狐是如何写下"赵盾弑其君"的记录的,这不仅与史实明显有悖,并且是罔顾了赵盾的抗议。故此,相比齐国史官,董狐之诚实是另一种类型的直笔。《春秋》《左传》以及《公羊传》《谷梁传》皆将赵盾定为弑君——晋灵公(公元前 620—前 607年在位)——的元凶,不过,根据这三《传》的记述,事情的真相是,弑君之举是赵穿做的。对此,史官董狐[2]在《左传》中是这样解释的:"子(指赵盾)为正卿。亡不越竟,反不讨贼。非子而谁。"在《公羊传》和《谷梁传》中有类似的推理,不过就后者的情况而言,其内容要简洁得多。这三《传》暗地里都为所谓的赵盾有罪开脱,哪怕在确认赵盾于弑君之事上确有责任——在某种层面上,赵盾历数灵公的罪状(没有理由的暴虐、拒纳忠言、对赵盾有谋杀意图)是为他自己弑君的罪行找理由——的时候,情况也是如此。[3]

---

[1]　文天祥《正气歌》(意为"有关正气的诗歌")有云:"在齐太史简,在晋董狐笔。"(《文山集》卷二〇)文天祥扶持濒于灭亡之宋朝,抵抗入侵的蒙古人,他的诗歌告诉我们,这些早期史家的事例,以及其期盼留名青史的愿望给了他道德上的勇气。

[2]　他在《谷梁传》中被称为"史狐",在《公羊传》中未名。

[3]　这一次,《谷梁传》的相关内容同样是很简洁的。在《左传》中,灵公罪状出现在有关其被杀的叙述之前。在《公羊传》中,对作为国君的灵公的记载是以回溯式解释的面貌出现的。

　　《左传》的独特之处，在于通过孔子的评论，它比其他两"传"多一层自觉的思考："董狐，古之良史也，书法不隐。赵宣子，古之良大夫也，为法受恶，惜也，越竟乃免。"孔子可能会有这样的意思吗？也就是，哪怕赵盾有罪，他身在何处这样一个技术问题就能让他免受罪责？或者，孔子的意思是，如果赵盾越过边界，这就能证明他真的没有参与弑君事件？考虑到孔子对赵盾的同情，人们可能会选择后者，因为孔子希望这位"古之良大夫"并未做过这件事情。在考量证据与丰富的背景材料时，孔子在同情与评判之间保持平衡，并游移于弑君的意图与弑君的事实之间。

　　与通常所发生的事情一样，在《左传》中，背景材料与编年条目引发了歧义和情节复杂的问题。相比之下，《公羊传》与《谷梁传》对赵盾在更早时候的功绩隐而不语。只有在《左传》中，我们才知道赵盾更早时在晋国王位继承斗争中所发挥的作用。13年前，赵盾最初是反对夷皋（后来的灵公）即位的，后者当时不过是一个少年（或年纪很小的孩子），只是在某些因素的逼迫下，他才转移自己对另一位与夷皋竞争的公子的效忠。主政晋国20年，他一方面以其公正的政策而受到赞扬（《左传》文公六年，第一章），另一方面因其峻刻而受到抨击（《左传》文公七年，第五章）。这样，《左传》就包含了两种看待赵盾的视角，一种是对他的指控，另一种保留着对他的同情态度。此种显而易见的矛盾可以从植根于公元前5、前4世纪的政治现实中的种种意见分歧（支持或反对赵家的不同声音）中找到线索，或者从有关君臣关系的不同观念中找到答案。《左传》中显示出了看待君臣关系的多重视角，并且在一定程度上强调了二者的对等性，以至于在它那里，驱逐乃至谋杀不称职的君主有时被描述成有理有据之举，虽然这样的看法对帝国时代的许多评论家来说是不可思议的。

　　灵公遭弑的内容看似是在赵盾遭指控的情况下留一点同情给他。将隐藏在此种矛盾背后的动机放在一边不论，我们看到，这些"内容"还对一个问题作了引人注目的思考，也就是，历史知识和判断如何确立？在传统上，董狐的历史记录被当作"诛心"之论而得

438

到支持,此种"诛心"之论与"诛迹"之论相别。史家的史识让人能以孔子发表评论的精神,通过对移情与判断的综合,超越事物的表象,探索其背后的真理。

正是通过展示"行动中的史官形象",让《左传》得以接近详述与历史写作有关的观念的目标,从而在某些方面完成了它加在《春秋》身上的种种理想:"《春秋》之称,微而显,志而晦,婉而成章,尽而不污,惩恶而劝善,非贤人谁能修之。"[①]尽管如此,如前所见,该书里面也包含着种种内部矛盾,它们有时会让与完美平衡有关的上述理想陷入窘境。

大事年表/关键日期

公元前 770—前 256 年	东周王朝
公元前 770—前 481 年	春秋时期
公元前 480—前 221 年	战国时期
约公元前 400—约前 300 年	《左传》成书
公元前 221—前 206 年	秦王朝

主要史料

439

The Chinese Classics, vol. 5: *The Ch'un Ts'ew with the Tso Chuen*, trans. James Legge (Oxford, 1872; rpt. edn, Hong Kong, 1895).

The Complete Annotated Zuozhuan, trans. Stephen W. Durrant, Wai-yee Li, and David Schaberg(Seattle,即将出版).

The Tso Chuan: *Selections from China's Oldest Narrative History*, trans. Burton Watson (New York, 1989).

---

① 杨伯峻编:《春秋左传注》,第 870 页(成公十四年,第四章)。

参考文献

Gentz, Joachim, *Das Gongyang zhuan: Aushegung und Kanonisierung des Fruhlings und Herbstannalen (Chungiu)* (Weisbaden, 2001).

Karlgren, Bernhard. 'Glosses on the *Tso Chuan*', *Bulletin of the Museum of Far Eastern Antiquities* 41(1969), 1-158.

—— *On the Authenticity and Nature of the Tso Chuan* (Taipei, 1968).

Kern, Martin, (ed.), *Text and Ritual in Early China* (Seattle, 2005).

ewis, Mark Edward, *Writing and Authority in Early China* (Albany, 1999).

Li Wai-yee, *The Readability of the Past in Early Chinese Historiography* (Cambridge, Mass., 2007).

Loewe, Michael and Shaughnessy, Edward L. (eds.), *The Cambridge History of Ancient China: From the Origins of Civilization to 221 B. C.* (Cambridge, 1999).

Loewe, Michael, *Early Chinese Texts: A Bibliographic Guide* (Berkeley, 1993).

Nylan, Michael, *The Five, 'Confucian' Classics* (New Haven, 2001).

Pines, Yuri, *Envisioning Eternal Empire: Chinese Political Thought of the Warring States Era* (Honolulu, 2009).

—— *Foundations of Confucian Thought: Intellectual Life in the Chuniu Period, 722-453* (Honolulu, 2002).

Queen, Sarah, *From Chronicle to Canon: The Hermeneutics of the Spring and Autumn According to Dong Zhongshu* (Cambridge, 1996).

Schaberg, David, *A Patterned Past: Form and Thought in Early*

Chinese Historiography（Cambridge，Mass.，2001）．

Shaughnessy，Edward L.，*Rewriting Early Chinese Texts*（Albany，2006）．

Van Auken，Newell Ann，'Could "Subtle Words" Have Conveyed Praise and Blame? The Implications of Formal Regularity and Variation in the Chunqiu Records'，*Early China*（即将出版）。

Vogelsang，Kai，*Geschichte als Problem：Entstehung，Formen und Funktionen von Geschichtsschreibung im Alten China*（Wiesbaden，2007）．

—— 'Prolegomena to Critical *Zuozhuan* Studies：The Manuscript Tradition'，*Asiatische Studien/Etudes Asiatiques* 61.3（2007），941‒988．

Von Falkenhausen，Lothar，*Chinese Society in the Age of Confucius*（1000‒250 BC）：*The Archaeological Evidence*（Los Angeles，2006）．

屈伯文　译　陈　恒　校

第十八章　历史写作与帝国

陆威仪（Mark Edward Lewis）　文

公元前 221 年，秦国创造了一个统一的帝国，此举改变了中国人所处的那个世界，使得整个文化圈首次处在一个单一王朝的统治之下。通过这样一个统一帝国的崛起，此种"改变"蕴含着对中国之过去的重新思考。事实上，统一的前景早就产生了一种受到国家支持的文学事业，它包括某种对过去的系统性思考，在数百年的时间里，国家对文学事业的支持不断增加，此种"系统性思考"就是此种"支持"达到顶峰时的产物。本章要讨论的是中国前所未有的统一格局被表述出来的三种主要形式。其一，本章会分析受到秦始皇赞助的刻碑纪功现象，此举使得始皇帝新征服国土上的名山大峰留下了许多碑文，它们歌颂终结了此前数百年的不断战乱的一个新纪元的到来。其二，本章会探讨编年史角色的变换——到后来，一种单一、普世性的同步史体系，取代了列国编年史。最后，本章会审视《吕氏春秋》（意为"吕氏的春、秋编年录"）中陈述的历史理论，这部在秦国丞相的赞助下、完成于公元前 240 年的综合性哲学概论，旨在为即将到来的统一提供服务。

在这些文献中，于此前数百年里发展起来的叙述过去的形式——铭文、编年录、哲学解说——得到综合，并经过了转化，以为统一的现实提供说明。很久以前，铭记贵族功业以及馈赠给他们的礼物的铭文构成了周代金文的主要内容，这样的铭文也刻在石头上，出现在先秦"石鼓文"和"诅楚文"这样的文献中。与此相似，后来东周时期的数个主要邦国编撰了记载历史大事的编年录，其中某些国家的编年史还被学者们用在他们的评论性著作中,作为进行哲学解说的工具。同样,学者将有关过去——遥远而带有神话色彩的过去以及最近的带有政治意义的过去——的更为细致的记载融进他们自己的著作中,到战国后期,"历史的大概形状"变成了一个哲学问题。[①] 这样,在从属于秦国的官员、学者表达统一帝国之兴起这样的新奇现象时,他们所仰赖的是在此前数百年里的列国竞争中兴起的各种文学体裁。

441

碑文

据司马迁的《史记》(意为"史官的记录",完成于公元前 1 世纪早期),在公元前 219 年与前 210 年之间,秦始皇与手下的高官集团对新征服的帝国东部地区进行了一系列巡视活动。[②] 他们攀登名山高地,刻石颂扬秦国的道德威力。在这样做的过程中,他们既向自然界的伟大神灵宣示了自己的功业,也将征服的事实刻在他们的新臣民的土地上。基于下文所述的理由,司马迁的史书中保存了七篇这样的碑文,它们是极少数展示了秦政府如何理解其功绩——用秦政府自己的语言表达出来——的现存文献当中的一些。柯马丁(Martin Kern)有一部杰出的著作,其主题便是谈论这些碑文的文体、结构及其所发挥的作用,在下文中,我会在许多地方对这本著作的内容进行概述,并作细致分析。

首先,我们要指出非常重要的一点,也就是,与其他一些来自秦国、为考古学所复原的系列礼仪铭文一样,这些碑文也是从一个基本模板演变而来的。尽管各篇碑文有时为了因应地方情况而经过了修改,一般而言,秦朝意欲将一种统一、标准的信息传达给所有新征服的东方国家。通过这种方式,各个不同的地方被吸收到

---

① Martin Kern, *The Stele Inscriptions of Ch'in Shi-huang* (New Haven, 2000), ch. 3; and Mark Edward Lewis, *Writing and Authority in Early China* (Albany, 1999), ch. 3.

② 有关司马迁,参见倪豪士在本卷书中的文章。

共同的"新帝国的超历史框架中"。先前，以自身的习惯为突出特征且以记录自身的编年史为内容的列国历史，到这时为止，被吸收进了一种单一、理想化的历史中，此种历史通过这些碑文得到表达。这些碑文以石头为载体，其结构是一再得到重复的仪式化结构，所有这些标记了征服的终结，它们将以固定序列的世系传承取代变化无常的事件叙述。[①]

有关这些碑文的内容及其探究历史的方法，可举下面相对较短的第一篇碑文《峄山碑》为例，其英译者为柯马丁：

442

> 皇帝立国，维初在昔，嗣世称王。讨伐乱逆，威动四极，武义直方。戎臣奉诏，经时不久，灭六暴强。二有六年（即公元前221年），上（指先祖）荐高号（指秦始皇的新称号），孝道显明。既献泰成，乃降专惠，亲巡远方。登于峄山，群臣从者，咸思攸长（有关过去的行动）。追念乱世，分土建邦，以开争理。攻战日作，流血于野，自泰古始。世无万数，陀（指秦始皇的统治）及五帝，莫能禁止。乃今皇帝，一家天下，兵不复起。灾害灭除，黔首康定，利泽长久。群臣诵略，刻此乐石，以著经记（与帝国有关）。[②]

该碑文涵盖了所有碑文的基本构成要素。起先，是简短的历史介绍，而后，是陈述建碑的具体情形，描述军事征服，概括秦律所确立的普世秩序，确认此种秩序的永恒性，最后，回到建碑之事本身，附上群臣的赞辞。虽然不同要素的篇幅、它们之间的平衡关系随碑文的不同而不同，就每篇碑文本身而言，基本要素却是一致的。[③]

另外，转过来说，这些一致的结构要素，其下可分出数个次级要

---

① Kern, *The Stele Inscriptions of Ch' in Shi-huang*, 119 - 125.

② 同上书，第10—15页。这篇碑文并未保存在《史记》中，而见于后来的碑文集，它在某些地方上可能有错拓之处。柯马丁认为，该碑文原来可能是以指示年份开始的，上面所见的头九句话可能是排在群臣"咸思攸长"后面的。

③ 同上书，第10—49（全部碑文的译文）、131—139页。

素。这样,最初的背景介绍一般会描述秦始皇巡行、登山的事情,并给出一个日期或年份,结尾处则是群臣对秦朝功业的回顾。包含在碑文中的历史叙述部分,通常会提到秦朝功业的某个"具有根本意义的创始点",描述理想化的军事征服大业,历数秦朝在普遍秩序方面的光辉成就,最终,给秦朝的统治献上永远的祝福。碑文的结尾部分通常是自我指认的一段话,它们记下群臣的赞辞,并表达他们刻石以传扬帝王之美德——上达神灵、下传后世——的愿望。

443

考虑到这些碑文的固定结构、一再重复的词汇、严格遵循古代传统的韵律框架,很明显,它们是对礼仪场合的记录,而它们自身是其所记的礼仪场合的组成部分。尽管如此,至少在以下三种意义上,它们可算作是历史材料。首先,它们记载了庆贺秦朝征服大业完成的一系列礼仪活动,并给出了这些活动的举行日期。以此,它们让我们知道,秦国在确保其胜利并为此胜利戴上神圣的光环方面,做了什么事情。不过,这些日期有的时候纯粹是出于它们的吉利特征而被人们选中的,以此,日期问题再次变得更具礼仪活动的色彩,而与历史记录更少了干系。第二,碑文的中间部分将统一放在这样一个历史故事中叙述,故事从分裂、战争讲到普世的秩序与和平。第三,"具有根本意义的创始"与"永久的延续"一再配合在一起,这将始皇帝的征服与制度改革变成标志着天下得到救赎的宇宙事件。这在峄山碑文中表现得尤其清楚,该碑文追溯了无穷无尽的战乱历史,以至于人类历史的开端,它所叙述的统一既是一个政治事件,也是一个宗教事件。

碑文的第二个要素是有关战争与制度改革的叙述,它们与历史叙事是最为接近的。这些记录与周朝金文中有关的功德记载是对应的,后者记下了秦国先祖从周王那里受赐的礼物与荣誉。不过,在金文特别记下某些特殊的行动时,秦碑文里的"故事"却纯粹是流光掠影似的叙述。碑文中会有镇压"叛乱、反抗者"或"残酷、暴虐者"这样的概括性提法,有时,它们还会引述帝国君王的恶劣事迹。就峄山碑文而言,它提到了一部贯串古今的暴力行动的历史,与此同时,其他碑文提到的仅仅是最近几十年发生的暴力行动。

尽管如此,从来没有哪场特殊的战役被述及,秦方所有的征服毫无差异地都是针对一般作恶者而行的吊民伐罪举动。至于有关制度改革(包括文字、度量衡的统一)的叙述,它们在有的时候会更为具体,不过,通常而言,它们所提供的是含糊不清的传统套路,包括统一的事实、皇帝的英明勤政、使每个人各就其位的稳定的社会秩序、行之天下的规则及标准的确立、皇帝将和平赐给人类乃至动物、秦朝统治在时空方面的无限扩张。

这样,我们就可以肯定,柯马丁所认为的刻碑主要是一种礼仪活动、其目的在于"界定而非叙述历史"的观点是正确的。它们构造了一种被神圣化的历史,"个别情况(被浓缩到)标准的模式当中去"。真实发生的种种历史事件消失不见,汇入一个个重复的结构中,一种形式化的语言,则压制了所有的信息,人们只知道一个被战乱撕裂的世界归向了统一。它们动用动词、形容词、反义词组合、同义词组合、重名法,将单一的统一主题强加在他们对历史的看法上,正如秦的军事征服已经将单一的统一主题强加给世界一样。为了回应单一文字、度量衡体系、历法和法律体系方面的制度改革,这些碑文确认政治统一是人类历史所达到的顶峰,此种最高状态以秦帝国的永久统一为终结点。①

不过,值得注意的是,柯马丁对碑文的理解——刻碑是确立新帝国的权威、宣示征服大业完成的礼仪活动——是一种学术上的再发现行为。在长达 2000 年的时间里,人们按照它们在司马迁的历史叙述中所处的位置所规定的方式,对其进行解读。虽然柯马丁强调的是碑文在礼仪活动方面的内容,及其自我指涉性质的有关登山活动、记诵(碑文本身即是由此而来的)的叙述,长久存留的却是书写文献。周颂在相关的评论著作中被重新解读为政治寓言;被认为是孔子所说的话通过其在人物传记中所处的位置,被赋予了一种意义;《楚辞》(意为"南方的诗歌")中互不相干的诗歌则被重新解读为屈原一生的各个片段。与此相似,在司马迁对秦之兴衰进行考

① Kern,*The Stele Inscriptions of Ch' in Shi-huang*,第 148 154 页。

察的背景下,秦朝的碑文亦获得了一种新的、持久的意义。

　　具有讽刺意味的是,汉代史家至少使用了两种方法,令宣传胜利的秦代礼仪碑文陷入土崩瓦解的境地。其一,汉代史家围绕着每句碑文,反观当时发生的历史事件,通过这样做,对碑文中所宣称的天下太平与显示着混乱、反抗日益增长的那些历史事件进行对比。碑文内容与反观性的天下分裂的故事,两者并不协调,在它的作用之下,标示帝国创建大业完成的礼仪活动变成了来源于现实的分裂标志,这些标志与秦朝的灭亡相伴随,并且可为后者提供解释。其二,在司马迁笔下,这些碑文是夹杂在有关始皇帝求长生的叙述(这些叙述也包含了始皇帝东巡、登山的内容)中的,通过这样做,他告诉我们,秦朝创建永恒秩序的豪言壮语同样是疯子的幻想。①

　　在柯马丁的书中,有一部分是探讨司马迁对秦碑文的使用的。柯氏指出,无论是秦碑文,还是这位汉代史家,两者都没有告诉人们秦朝历史"真正的面貌如何",由此,无论是秦碑文,还是司马迁的记述,它们都是对信息进行精心挑选和过滤的意识形态建构。柯氏还指出,司马迁对始皇帝追求长生的关注,其实是他对自己的顶头上司汉武帝展开的隐蔽攻击,此外,在处理秦朝政治失败的问题时,司马迁将贾谊早年的相关评论文章拉扯了进来。最后,柯氏提出了一个相当中国化的观点,他认为这些碑文本该放在与礼仪、音乐有关的《史记》章节中的,礼、乐"是帝国统治的核心象征"。将这些碑文放在始皇帝本纪中,导致这位皇帝受到批判,这种批判将皇帝个人与秦朝的制度分别开来,其用意在于以皇帝个人的失败作为对秦朝灭亡的历史解释。②

445

---

①　Stephen W. Durrant, 'Ssu-ma Ch'ien's Portrayal of the First Ch'in Emperor', in Frederick P. Brandauer and Chun-chieh Huang (eds.), *Imperial Rulership and Cultural Change in Traditional China* (Seattle, 1994).

②　Kern, *The Stele Inscriptions of Ch'in Shi-huang*, 155–163.该书的这部分内容冠名《在秦朝历史与汉代历史写作之间》('Between Ch'in History and Han Historiography'),只有在这里的"历史"指称真实发生的历史事件的序列而非有关它们的叙述时,这个标题才能得到理解。

考虑到上述论点以及汉代对排斥周文化传统、处在半开化状态的秦的描述有不准确的地方，我们可以说，柯马丁所持的观点——秦碑文与司马迁的叙述同样带有意识形态色彩、同样偏离历史——到目前仍是没有说服力的。柯氏看法的错误在于两个地方，其一，两套文献与历史事件的实际进程的关系；其二，身为各自所属的思想工程的典范成果，这两套文献所具有的内在连贯性。

首先，无论司马迁的叙述有何偏见和歪曲之处，事实是，秦帝国确实灭亡了。《史记》既对此种灭亡有细致的记述，同时，在谈到贾谊的文章中，也对秦走向崩溃的原因进行了有益的分析。相比之下，秦碑文对一个政权的永久胜利大唱赞歌，而事实上，此种"胜利"不过持续了十数年而已。在历史事件的实际进程面前，美梦轰然破灭，司马迁熟练的写作技巧及其对资料的掌控，不过是令秦朝那些礼仪专家所发的豪言壮语与实际发生的事情之间的鸿沟，大白于世人面前。进一步说，即便《史记》中有偏见或歪曲之处，它还是对秦的兴衰作了非常详细的描述。相比之下，秦碑文只是确认了历史从一个道德沦丧、战乱不已的时代向一个天下永久太平的时代的转变而已，虽然它们所提供的不是由意识形态建构起来的历史，但毫无疑问，是有关世界得到救赎的宗教叙述。

除了基于礼仪活动的原因排除掉了一些信息外，秦碑文还引发了其在形式上的保守主义及内容上的激进革新之间的严重冲突。正如柯马丁所显明的，碑文所使用的语言显示了其创作者对长期得到人们支持的美学标准的深度熟悉和信从，这表明了"一种强烈的以文化传统为方向的意识形态冲动"。这在秦碑文的韵律框架上表现得尤其显著，在严格地遵循《诗经》（意为"诗歌经典"）中固定的词尾方面，秦碑文达到了无与伦比的程度。秦碑文所展现出来的渊博知识以及文化保守主义挑战了汉代人对秦代的描述，在后者笔下，秦朝对文献研究、周朝的文化遗产持敌对态度。[1]

---

[1]　Kern, *The Stele Inscriptions of Ch'in Shi-huang*, 127 - 130, ch. 5.

不过，秦碑文一而再再而三地确认了秦始皇功业的前无古人的性质，由此而表明了这一点怎样与过去构成了鲜明的对比。这样，前面引用的峄山碑文才指出，杀戮与战争如何构成了直到秦始皇时的整个人类历史的标志，由于秦始皇首次统一了天下，因此，他永远地终结了战争。其他碑文指出秦始皇如何构造了一个"新的开始"：他统一天下的文字、度量衡是一项独一无二的成就，他的功业史无前例，由此，很明显，秦朝优越于以前的时代。这些内容是司马迁笔下由秦朝廷臣宣之于口的那些言辞的预示，这些人宣称，由于秦始皇前无古人的功业，他应该获得一个旷古未有的称号，并且推行一些标志着与更早的那些朝代断然决裂的制度。① 这样，汉代人所持的秦帝国政府对周代传统怀有敌意的看法就在碑文中找到了支持，无论这些碑文所使用的语言和形式多么的保守。

在进入帝国时代的秦国家与其自身历史的联系方面，秦碑文对过去的模糊态度引发了范围更广的冲突。正如贾谊在前面提过的他的那篇文章中所主张的，虽然秦帝国提出了一个激进的新的世界帝国的设想，帝国政府实际所行的，却是将战国时代诸侯国的基本制度继承了下来。对可动员服兵役的农民家庭的直接管理继续成为国家的组织原则，而那些触犯了名目繁多的法律的人，则成为大量奴工的储备来源。这架巨大的榨取劳动的机器在列国战争方面不再具有存在的必要性，它作为一种寻求新用场的工具保留下来。② 这样，就像秦碑文中说秦国家的制度取得了胜利一样，这些制度从它们所产生的那个世界，继承了许多的风俗习惯，哪怕它们自己是要坚决地改变那个世界。如同后来的法国或俄国革命，秦

446

---

① Kern, *The Stele Inscriptions of Ch' in Shi-huang*, 26, 27 – 29, 33, 38 – 39, 42,
45 – 46. 有关司马迁对秦朝官员坚持制度创新性的叙述，参见 Sima Qian,
Records of the Grand Historian: *Qin Dynasty*, trans. Burton Watson (New York,
1995), 42 – 45, 49, 53 – 55, 58。

② Mark Edward Lewis, *The Early Chinese Empires*: *Qin and Han* (Cambridge,
Mass., 2007), 70 – 72.

国家的制度宣称与过去完全决裂，以创建一个理想的新世界，不过它们实际上仍利用了旧世界（ancien regime）的制度，以创建它们的新国家。

总而言之，秦碑文保存的是有关礼仪活动的记载，它宣扬的是新政治秩序创造过程中的一个要素——一种新的历史模式。尽管在风格上、在求助于整个周朝的文学遗产方面是保守的，在这些碑文的描述下，秦的统一仍是一项亘古未有的成就，它的那些新秩序旨在创建一个有着永恒秩序的政权。国家统一以及新政权二者所具有的变革特征将掏空以前一切的历史，让它们不再具有真正的意义。这样，作为献给神灵的合适祭文，秦碑文表述了一种宗教的历史观，绝对变革构成了它的决定性色彩，就好比基督教历史中的耶稣降世或道成肉身一样。

在将秦碑文变成书中内容的过程中，司马迁将它们带回到历史的滚滚洪流中，从而对碑文中有关开创新时代的说法作了驳斥。将碑文纳入《史记》中同样令前者的风格、目标读者有所变化。碑文从礼仪铭文、刻在高山石头上献给神灵的祭文，重新被转录到人间，被学者们当作历史来进行解读。司马迁提出一个假设，认为自黄帝开始，就有一个君主统治世界，他以此更进一步地削弱了秦朝成就的划时代性。司马迁用各种"本纪"来构建自己的历史框架，它们从早期的圣贤讲到三代，再到秦，起义领袖项羽，最后止于汉。在这样做的过程中，他令统一成为一种连续的状态，只是在动乱的时代比如东周时期，此种连续才会偶尔断线。这样的暂时分裂的时代在一些表中得到了探讨，这些表利用了多种编年史资料、历法，将它们变成一个以假设的统一为基础的单一体系。① 考虑到中国所在的世界永远是在一个不可分割的绝对权力的统领下构建起来的，照这样看，始皇帝有关自己旷世功德的说法就在司马迁对过去的理解面前遭到了嘲笑，就像始皇帝所宣称的永恒秩序因为具有先见之明的对其朝代速亡的记录而受到了讥讽一样。此种向后

① Lewis, *Writing and Authority in Early China*, 309-311.

看呈现出的统一国家图景否定了秦碑文所持的千年变革观,并且恢复了始皇帝的征服在历史洪流中的正常地位,它不过就是另一个王朝得到创建而已。

统一的编年史

虽然作为将帝国创建之事写进历史中的第一次尝试,秦碑文并未成功地确立一些富有生命力的术语,让帝国创建可以通过这些术语得到人们的理解,不过,秦朝对帝国的历史写作有一项更具持久性的贡献,也就是统一的政治编年录的诞生。在上文中,我已经指出司马迁是怎样构建了一份这样的编年录作为自己的著作框架的,不过,第一部这样的统一编年录的产生,却是秦灭所有敌国(由此,也是对敌国所有的编年史和时间量度标准的毁灭)所产生的一个结果。

为了意识到此项成就的重要意义,人们应该思考编年史在确立一种历史时间感方面的关键作用,以及在将统一的编年史打造成这样一条线——任何历史事件可以被安插进来——的方面,编年史所面临的困难。在最近的数百年里,人们已习惯将历史事件配给某个年份,该年份在公元前/公元的轴线上,被确定相应的数字。不过,人们用推想的基督生年作为所有时间的分界点,此种做法只是在公元6世纪才由人创制出来。两个世纪以后,比德(Bede)认为用公元来表示的纪年方式只是适用于基督教会或天堂的一种神圣时间的量度标准,至于世俗的历史事件,仍以君主纪年或相关的纪年方式作为时间量度标准。到公元17世纪早期,沃尔特·罗利爵士(Sir Walter Raleigh)的《世界史》(公元1614年)使用了公元计算法(没有相应的公元纪年评注),不过,在他的书中,从创世到公元前167年这段历史,使用的是一大堆没有详细说明的纪年方式。这样,在单一的时间轴线上可以确定、可以计算、可以编排所有历史事件之位置的抽象时间的概念,是相对较晚的某个时代的产物,在这

448

条时间轴线上被抽象出来的"世纪"或"十年"的概念,亦是如此。①

在古代,低效率的运输与交通意味着在时间上协调广大地区之间的步伐并未成为一个问题,对绝大多数人来说,时间是地方性的。家庭事件,如婴儿出生或子女婚嫁,提供了时间量度点(虽然计算某人一生的寿数常常不是一个重要的问题),而对某个人群来说,像洪水或干旱这样的事件充当了这样的时间量度点。只有存在某个政治单位,或某种具有持久性的制度,固定的量度时间的体系才能加到人们头上;此外,只有在那种制度所限定的地域范围内,此种体系才能充当一种时间量度标准。由国家或宗教组织提供的计算年份的固定方法确定了一种"公共"时间,在这些组织身上发生的重大历史事件则提供了固定的标记,它们充当了公共的时间点,通过这些时间点,人们能在单一的时间体系中确立自身的相对位置。这样,色诺芬尼著作中的某个人物就可以问:"米底人来的时候,你几岁呢?"②

正如这个例子所显明的,在传统的人类经验中,任何编年史中的叙述都是同时性的叙述,确定任何事物在时间长河中的位置,也就是确定它与另一件事是"同时"的。这个道理甚至对沿着时间轴线被计算的"绝对"时间都适用,因为数字本身是从它们与事件——是它们将意义赋予了数字——的联系中抽象出来的。这样,确定时间的固定体系只能存在于分享着某种共同的重大经历(比如波斯入侵)的人群中,并且拥有一种存在时间很长的制度,此种制度能以一种确定的标准为中心,调控、保存人们的纪年成果,比如罗马的执政官纪年或许多君主国家的帝王纪年。有关过去的叙述,如其涉及的对象包括一个以上的人群,那么,我们至少可以看到两个历史事件表,它们在时间方面的同步化成为必然,也就是

---

① Denis Feeney, *Caesar's Calendar : Ancient Time and the Beginnings of History* (Berkeley, 2007),7 - 12.
② Anthony Aveni, *Empires of Time : Calendars, Clocks, and Culture* (New York, 1989),120 - 122.

说，我们要确定某个人群中发生的事件 A，与另一个人群中发生的事件 B，在同一年发生。假如并没有全球通用的针对公认事件的固定纪年，在这种情况下，在多国之间确立编年顺序需要将各国自有的时间框架实施同步化。[①]

确立编年史是历史研究的基础。怎样确立编年史呢？在自己有关这方面的专著中，菲尼还原了这个漫长的过程，借助它，地中海世界统一的事件编年录得以确立起来。它包含借助奥林匹斯纪年，确立一个泛希腊的纪年体系；在罗马、迦太基和西西里众城邦的建城与其后的历史之间确立时间上的同步关系；借助罗马的历史记录，确定与亚洲君主国相关的一些日期；将古希腊、古罗马的历史融入统一的叙述中（以特洛伊战争为二者共同的起源）；将《圣经》中的记述反映到已达致融合状态的希腊—罗马史中。[②] 只有在先前相互隔离的不同民族开始搅在一起时，这样的时间同步问题才成为一个问题，故此，推动此项发展的最强大动力就是罗马帝国的兴起。随着罗马人征伐并征服空前范围的众多民族，随着希腊文化成为罗马人优雅生活的源泉，随着基督教成为罗马帝国的宗教信仰，将整个地中海世界纳入到一个统一的编年序列中成为一件重要的事情。它包括创造一些空前范围的时间同步体系，最终，以人们设想的基督诞生为中心构建起来的抽象时间轴线产生了。

时间是一种连续的介质，万事万物都是通过这种介质展开运动的。我们在上面所说的事例证明，某种时间观念的兴起，是如何与空间地域的扩展、大型政治单位或政治体系的形成有关。不过，对发展一种有关共享时间的观念和确定一种标准的定年尺度而言，一个统一的世界城邦的创建并不具有重要意义。与古希腊或中世纪欧洲的情况一样，经常性的交流与共有的制度（比如竞技运动会、教会）会产生需求和可能性，让人们追求某种共同的纪年体系，尽管各地的纪年方法会继续存在于每个国家内部。事实是，政治

①　Feeney, *Caesar's Calendar*, 12 - 16.

②　Ibid., chs. 1 - 4.

统治是强制推行统一纪年体系的最有效方式，在该体系中，社会成员能确定任何事件所在的位置，从最具私人性的家庭情况，到最具重大意义的公共场合，不一而足。这样，在很大程度上借助欧洲的征服，"公元前/公元"的时间标尺成为世界范围的时间标准。为了与广大的外部世界保持行动上的协调，甚至犹太教、伊斯兰教——这两个宗教保留了自己的纪年方式——的对立宗教传统也让时间方面的同步性成为必要。

　　创建一个统一的中华帝国包含一个类似的不同编年史在时间上的同步化过程，其目的是确立一个统一的、涵盖范围广泛的纪年体系。当初商周借助历代君主的继承序列发展出一些纪年体系，不过，可以推测，这些"体系"不会扩展到两朝的政治控制范围以外。① 随着周王朝的权力在西京失陷后走向崩溃，相互竞争的多个邦国的崛起同样强有力地导致了不同历法、不同纪年方法的诞生。鉴于传统的定年方法是帝王纪年法，每个邦国都会在自己的编年录中选用这种特别的纪年方法。根据君王在位年份计算年数可能具有特别重要的意义，这表现在这些编年录很有可能是献给先祖的在天之灵的，就好像记载与这些编年录有联系的历史事件的金文和其他礼仪铭文的情况。所有这些呈现在人们面前的与其说是"历史的"真实，还不如说是"礼仪的"真实。② 这样，根据君王在位年份计算年数不仅方便，而且凸显了孝道。《左传》（意为"左氏的

① Mark Edward Lewis，'Evolution of the Shang Calendar'，in Colin Renfrew and Iain Morley（eds.），*Measuring the World and Beyond*：*The Archaeology of Early Quantification and Cosmology*（Cambridge，即将出版）。

② Yuri Pines，'Chinese History Writing Between the Sacred and the Secular'，in John Lagerwey，*Rituels*，*pantheons et techniques*：*Histoire de la religion chinoise avant les Tang*（Leiden，即将出版）；以及 Joachim Gentz，'The Past as a Messianic Vision：Historical Thought and Strategies of Sacralization in the Early Gongyang Tradition'，in Helwig Schmidt-Glintzer，Achim Mittag，and Jorn Rusen（eds.），*Historical Truth*，*Historical Criticism*，*and Ideology*：*Chinese Historiography and Historical Culture from a New Comparative Perspective*（Leiden，2005），235。

评注")将首都定义为拥有祖庙的城市,此种定义意味着,任何一个真正的邦国(其中的某些邦国已不再是城邦)都需保存自己的编年录,在这样的编年录中,不同的年份借助于该国君主而获得自己的名字。①

这样,不同的国家就要求有不同的纪年体系,与此同时,保留某种共同的语言以进行常规的外交往来、频繁的列国集会,便同样令不同国家的编年史在时间上同步化成为必需。正如《左传》中所证明的,这样的列国集会使用了一种严格的礼节,它是通过积累起来的历届集会的先例、赠礼与授奖的历史确立起来的。结果,与会国要求有一个共同的载入编年史中的过去,在这个"过去"中,所有人能就每个历史事件所处的位置达成一致意见。② 这样,东周时期的政治状况不仅注定了多国编年史(各国自己的君主世系确定了编年史的年代框架)的存在,而且决定了每个邦国都要在自身的编年史与邻国(至少是那些重要到要求有正常政治交往的邻国)的编年史之间,保持时间上的同步性。

能证明此种情形的最清楚的证据即是《左传》,无论是其内容还是形式。该书很可能成书于公元前4世纪晚期,其现在的组织形式是评注,也就是对一般被人们确认为《春秋》(意为"春、秋编年录")的鲁国编年史的注解。虽然《左传》最初的组织形式仍是一个受到争议的问题,它的许多条目却确实地对《春秋》的许多写作习惯作了特别的讨论。许多讨论涉及的是列国之间的关系,它们提出,《春秋》只记载那些通过外交使节正式向鲁国通报的信息。这样,盟国(包括那些小不点的邻国,比如邾、曹)君主的死亡、丧葬,就成为经常被提及的内容,另一方面,历代周王的死却常常被忽略掉了。重要的政治事件,比如公元前712年郑国对宋国的胜利(此

---

① Lewis, *Writing and Authority in Early China*, 130; id., *Early Chinese Empires*, 93; and id., *The Construction of Space in Early China* (Albany, 2006), 136 - 150.
② 有关该时期系统性的国际关系,参见刘伯骥:《春秋会盟政治》(台北,1963年)。

事短暂确立了前者的霸权国地位），由于官方通报未送达鲁国，因此也被忽略掉了。

> 冬十月，郑伯以虢师伐宋。壬戌，大败宋师，以报其入郑也。宋不告命，故不书。凡诸侯有命，告则书，不然则否。师出臧否，亦如之。虽及灭国，灭不告败，胜不告克，不书于策。[①]

451　　这里的意思是，编年史的内容是由列国间的对外交往来决定的。此种关注经常往来的对象的做法在《左传》中亦有所反映。该书引述了与靠近中原地带的小诸侯国有关的 100 多场战争，至于与更强大但位处偏远地区的国家——楚、吴、越——有关的战争，则引述甚少。[②] 我们推测，某些历史事件在记录它的那个国家的编年录中被记载下来，而后，转录到鲁国的编年史系统中去。这样，后者统一的编年录就隐藏了一个这样的世界：列国不同的纪年体系经过转换，在时间上变得同步。

　　这样的时间同步现象同样揭示了《左传》本身的著作结构。在结构上，这是一本按年叙述的编年史，每一年以鲁国统治者及其在位的年份冠名，它记录了从公元前 722—前 481 年东周时代的主要政治事件。在鲁国编年史提供了著作框架的情况下，当《左传》要叙述的是鲁国在其中并未发挥重大作用的事件（比如列国之间的谈判、冲突，以及许多国家的内部争斗）时，为了对这样的事件进行记录（在该记录中，许多国家的历史事件被安排到鲁国提供的编年序列里），《左传》的作者就要求得到众多国家的历史记录或编年史，这些资料经过人们确立的时间同步化原则的作用，被融合在一起。有一个现象是有可能发生的，也就是一部独立的著作在后来

---

① 杨伯峻编：《春秋左传注》（北京，1981 年），第 78 页（隐公十一年）。

② Mark Edward Lewis, *Sanctioned Violence in Early China* (Albany, 1990), 36, 261 n. 86.

受到切割，切割出来的内容成为评注，这是马伯乐（Maspero）所设想的观点，并且在马王堆一座坟墓中出土的相关认知材料那里获得了支持。尽管如此，这种"可能"仍然不脱互不相干的一些编年史经过整理、融入一条统一线索中去的套路。① 虽然我们不能确定由此产生的"涵盖整个中华的"叙述在所有情况下都是准确无误的，可以确定的是，它为后世——从司马迁的著作到现代的著作——有关这个时期的历史记载，提供了一个基础。在某种程度上，我们能看到有关该时期历史事件的有序且标明日期的记载，当归功于《左传》。

　　以鲁国编年史为中心建构的一部东周列国志同样有可能构成了这样一个理论的背景：在文献中，孔子作为鲁国的无冕之王取代了周王的地位。该理论是在《公羊传》中出现的，它通常来源于这样一个观念：在重修鲁国编年史的过程中，孔子往里面融入了道德—政治上的判断，在这些判断里，他是以授赏降罚的上天之子的身份出现的。不过，利用统一的、以统治者为基础的编年史在某个给定的区域里构造时间的框架，其预设的前提是那个统治家族对那个区域拥有统治权。这样，以鲁国编年史作为囊括周朝统治疆域的一部著述的时间线索，就决定了鲁国必须具有王者的地位，不过，这样一个与事实背道而驰的王者地位只可能存在于鲁国编年史自身里面。人们还可以注意到，《公羊传》所确认的一件事情，即真正的上天之子的缺失，与它从传统上将"上天之子"出现的时间定在秦朝的做法是非常吻合的，尽管上述孔子代周的说法很可能不是有意为之的对秦朝获得统治地位的称赞。②

452

　　另一部约与《左传》同时得到编撰、涵盖整个周朝统治区的编年史著作是《竹书纪年》（意为"写在竹子上的编年录"），这本书给我们提供了许多具体的日期（尽管并不是一份穷竭一切的列表），

---

① 参见程艾兰（Anne Cheng）在 Michael Loewe（ed.），*Early Chinese Texts：A Bibliographica Guide*（Berkeley，1993）一书中的相关讨论，第 71 页。

② Lewis，*Writing and Authority in Early China*，140 - 144.

它们从假想的尧时代(公元前 2145—前 2046 年)直到公元前 299 年,也就是该书被葬在魏国王墓中的时间。它在公元 3 世纪重新被人们发现,其文本复原、转录的过程引起了人们的争议。现在我们看到的《竹书纪年》显示,魏国编撰了自己的涵盖整个中华的编年史,不过,它使用周王纪年确定具体的年份,与此同时,它从自己的角度书写最近的历史,以及其前身——晋国——的历史。[①] 以此,它预示了后来司马迁的"本纪"会以代表最高权力的多个王朝——以黄帝为起始——的更迭史为线索。

将不同纪年体系联系起来的同步年表是某些雄心勃勃的思想工程(可能还有怀着帝国野心的统治者)精心打造出来的一项作法。在列国外交的要求下,此种做法的确立成为必然,虽然如此,统一的编年史线索(它确定了为当时的已知世界所共享的时间维度)的产生仍是秦国征服的产物。随着邦国数目的减少,要求时间上的同步化的纪年体系的数量亦随之缩减。在秦国扫荡剩下的那些敌国后,它消灭的不仅有敌国林立的那个世界,而且有敌对的纪年方法所组成的那个世界。在秦碑文中得到颂赞的空间的统一也是时间的统一,同样,人们所设想的、在一系列冠以数字名的帝王(始皇帝、二世,等等)统治下的永恒帝国,其所包含的是一个统一的纪年体系,在该体系中,世界上的每一个人可以用相同的方式确定任何一个年份。[②] 不过,统一的历史事实将时间的量度与政治权力之间的联系切断了,正如在现代西方历法霸权的确立一事上,人们在文化上的一件创造物经过伪装,变成了抽象的时间标尺。

上面所说的是这样一种时间标尺——按照此种标尺,某个人物的生平是以君主纪年为中心构建起来的——在政治上的组成要素,它在云梦 11 号墓出土的《编年记》中有所显现。这篇文献综合了

---

① 参见夏含夷在 Loewe (ed.), *Early Chinese Texts* 一书中的相关讨论,第 39—44 页。

② Sima Qian, *Records of the Grand Historian*:*Qin Dynasty*, trans. Burton Watson (New York,1993),43.

人们在一部政治编年录中发现的若干类资料，以及在一部家族记中发现的材料。它从秦昭襄王元年（公元前 306 年）写到秦始皇三十年（公元前 217 年，统一后的第四年），在它里面，记录了到故事主人公喜诞生时为止的许多重要政治事件（大部分是军事行动）发生的年份，这个喜也就是葬在 11 号墓中的秦国战士、官员。从喜诞生之年起，该《编年记》就不仅一个一个地列年份了，它也一个一个地列出月份了，其关注焦点就是喜所在家族中所发生的事，比如某些人的诞生、某些人的死亡、喜任职生涯的不同阶段等。在记喜的双亲之死时，它是被放在同年发生的引人注目的政治变动之前加以记述的。与同墓中的其他政治文献用同义字来代替始皇帝的名字不同，《编年记》并未这样作。这构成它作为"私家"或"家族"文献的一个标记，虽然如此，这部家族记却是用历代秦王的统治年份来统辖各个部分的内容的，其间还夹杂着对"公共"政治事件的记录。这样，在它预示了后来的家族记或丧葬铭文的状况的同时，它获得了内容直白的政治编年史的形式，并与后者有着同样的内容。①

453

秦政权意识到自己已经统一了时间，自那以后，后者会在对一代代帝王、帝王在位年份的无穷计算中得到度量。虽然如此，秦政权对先前数百年编年史混乱情形的态度仍是不明确的。秦碑文的框架是以混乱、血腥的过去向和平、有序的现在/未来的转变为中心构建起来的，故此，它不能确定到底是国家官员还是国家中的学术支持者对创作一部准确的有关过去的编年史感兴趣。举例来说，柯马丁确认了一件事情，即秦碑文"不再与其他的文献展开竞争"，不只如此，它"还让许多其他的有关历史的声音沉落下去，并垄断了人们的记忆领域"。② 不止如此，与后继的汉王朝不同，秦统治家族有一部可追溯到古代的列祖编年录，它作为一个重要的部分，被保存在司马迁的著作中。结果，该列祖编年录对人们所推想

---

① 高敏：《云梦秦简初探》（增订本，郑州，1981 年），第 10—11 页。
② Kern，*The Stele Inscriptions of Ch' in Shi-huang*，149 - 150.

的它与以前王朝之间的联系并不那么依赖。最后，与秦联系起来
的哲学传统表述了一种提出引人注目的历史进化观的历史模式，
此种历史模式让古代的政治模型对当下毫无适用性。考虑到这些
因素，我们并不能肯定秦作出了很多努力，对记述更早的历史的事
业进行赞助。

　　有关统一之前数百年历史的可靠记述并不存在，这在很大程度
上可以解释司马迁在从事自己的著述时所面临的困难。与秦不
同，汉代统治家族没有世系可以追踪，亦无相关的编年录。此种情
况连同司马迁（或其家族）的志向——以孔子为榜样著述一部通
史，指引着他在早期的一个"正统"（意为"合法王朝的序列"）版本
中，树立了汉朝的权威地位，在这个"正统"中，那个不可分割、完整
的最高权力可以追溯到黄帝那里。由于赋予了秦以周之继承者的
荣耀地位，司马迁将战国时期唯一的一篇"本纪"安排给了它，至于
其他的国家，给它们的是降了档次的"世家"位分。而后，他努力从
不同的纪年体系中整理出一份编年录，配上对不同国家进行安排
的年表。除此之外，出现在哲学著作或哲学指南（如变成《战国策》
［意为"战国时代各国谋略集"］的那类哲学著作）中的虚构叙述（或
言谈内容），司马迁也从中提取出一些故事来。尽管司马迁所做的
工作可谓英雄之举，结果，还是有许多的东西被忽略掉了，且他自
己的书中充满了矛盾之处。时至今日，学者已无能力为人们提供
一份有关战国史的可靠而连贯的年表。[①]

统一与哲学传统

　　秦朝利用具有革新意义的礼仪活动宣示了其对世界的变革，并

---

① 有关司马迁的"年表"，参见 Grant Hardy, 'The Interpretive Function of Shih chi
14, "The Table by Years of the Twelve Feudal Lords"', *Journal of the American
Oriental Society*, 113:1(1993), 12-24。现代学者构建有关战国史的精确年表
的努力，相关案例可参见杨宽：《战国史》（上海，1980 年），第 534—584 页；以及
钱穆：《先秦诸子系年》（两卷，香港，1956 年）。

454

将所有类型的时间归入到其自身的列王年表下面。这是一方面，另一方面，它还将崛起于战国时代的多种思想传统综汇起来，以打造思想上的大融合。此种努力所结出的硕果就是《吕氏春秋》，它得到了吕不韦的赞助。吕不韦是秦国丞相，也是后来长大后成为秦始皇的那个孩童的老师。该书第一部分的附言告诉我们，该书的创作宗旨是教给这位年轻的君主统治术。战国晚期，在早期的世界各大帝国中，曾有数部得到国家支持的概括性著作问世，所有这些著作都寻求在思想领域创造出一种统一，以与在政治领域中获得的那种统一相匹配，《吕氏春秋》就是它们中最早的一部。《吕氏春秋》对不同思想传统作了融合，这在部分程度上是靠将不同学派的教训归入每一年的季节、月份下实现的（就好比统治者的《月令》中所作的"融合"工作），这样，在由新政治秩序塑造的那个涵括万有的世界中，每一种教训都被赋予了其有限的地位。①

虽然此种按季对材料进行编排的结构很可能将标题赋予了不同的篇章，有趣的是，这个标题与国家编年史的标题是完全相同的。事实上，《吕氏春秋》对时间之性质、时间测定之性质的问题给予了极大的关注，它还将战国时代思想家发展起来的一些主要观念统合起来，以表述一种历史理论。② 虽然我们不能确定秦统治者或其最亲近的顾问是否对此种历史理论感兴趣，可以肯定的是后者是更大范围的创造一种统一精英文化的过程——它超越了任何特殊的宫廷小圈子的自身利益——的组成部分。

《吕氏春秋》历史理论的核心内容所关注的焦点问题是秦国的兴起。该书将各种各样的材料综汇起来，包括开国圣贤最初是怎样建国的，后来的改革家怎样对国家进行调整，以因应新的需求。通过这样做，《吕氏春秋》将一种模型摆放在人们面前，在此种模型

① Lewis, *Writing and Authority in Early China*, 302-326.
② 《吕氏春秋》中的时间与时间测定问题的不同方面在以下书中得到了阐明。参见 James Sellmann, *Timing and Rulership in Master Lü's Spring and Autumn Annals* (Albany, 2002).

中，人类历史的整个进程聚集在理想国家的创建这个点上。通过这种方式，《吕氏春秋》的历史理论不仅为秦国在战国末期的存在提供了理由，而且对统治者作为创业者、革新者的作用进行了论证，是他们顺应时势的举措让人类制度不断调整以应付不断变化的局势成为可能。在本章的结尾，我会简要概括一下此种历史理论（它表达了对秦这个有着完整形式、与时代完全适应的国家的看法）几个主要方面的内容。

首先，我们应该注意到，《吕氏春秋》是在人们对周国家灭亡的认识中创作出来的，周国家的灭亡让天子之位陷入空缺状态。其次，我们注意到，不同的国家，包括齐、楚、吴、越，都曾成功地获得过霸权（这在霸主列表中有所提及，表中独缺晋国的内容），不过，它们每一个都归于失败并（根据该书的说法）走向灭亡。最后，该书指出了权力的转瞬即逝性，它说，虞、夏、商、周都曾统治天下，到最后却都销声匿迹。① 这些内容在大量的其他论述中得到了加强，后者列举了过去曾统治天下的所有王朝灭亡的原因。《先知》（意为"先见之明"）篇包含的全是明哲之士如何能够预见列国毁灭的事例。② 在《观世》（意为"审查时世"）篇中，此种对作为一部失败的记录的历史加以重点关注的现象得到了总结：

> 天下虽有有道之士，国犹少……此治世之所以短，而乱世之所以长也。故王者不四，霸者不六，亡国相望，囚主相及。③

此种对作为一部失败记录的历史的重点关注提供了一种政治上的背景，在此种背景下，周的衰落意味着秦可以获得天下的统治权，而它所有强有力的竞争对手都已走向失败。

---

① *The Annals of Lü Buwei*, trans. John Knoblock and Jeffrey Riegel (Stanford, 2000),294,342,377-378,443,489.
② Ibid., 373-377.
③ Ibid., 378.

《吕氏春秋》还坚持了一个事实,也就是历史的长期趋势是邦国数量稳步减少,在这里,它又一次运用失败的历史来指明统一的前景。① 这为如下观点提供了支持:正是预见到了即将到来的秦国统治天下的前景,人们创作了这本书;该书的历史理论是为秦国上升到主宰天下的地位而作的规划。

正如早先的学者们所指出的,《吕氏春秋》是第一部详细说明被归到邹衍头上的那种理论的著作,此种理论认为,五行的周期性更替构成了王朝兴衰的基础。《应同》(意为"同声相和")篇开头部分的一个长段对如下观点作了详细解析:对于每个新统治者的兴起,比如黄帝、夏禹、商汤、周文王,上天都会通过一些征兆降下相应的信号,表明他们将在上天的意志下施行统治。② 在这段话中,五行当中的第五行——水——没有与任何一个朝代联系起来,它是空缺出来,给取周而代之的那个国家作守护德的。这样,秦崛起为主宰天下的帝国再次得到了预言,并且,以水德作为秦的自然守护德也得到了论证。政治变革获得了宇宙论上的支持,在吸收这种新理论的伪装下,《吕氏春秋》推出了一部由反复的失败构成的历史,它在全书中得到了细致的解析,是秦作为一个理想国家崛起的背景。

456

这个理想国家的方方面面,在《吕氏春秋》中都有表述,事实上,它们是在一种历史背景下表述出来的。此种背景对该理想国家的各个方面在古代的源起(或它们在近时对时代的成功适应),作了详细的叙述。有时,《吕氏春秋》会采用一种宇宙论的视角看问题,在这种视角下,提供给秦统治者的可供借鉴的典范被赋予了一个非常遥远的起点。一个显著的例子就是音乐,它通过取自多种哲学传统的不同看法,获得了政治秩序的一个组成要素的荣耀地位。《大乐》(意为"伟大的音乐")篇是以一首论音乐之宇宙起源的诗开头的:

---

① *The Annals of Lü Buwei*, trans. John Knoblock and Jeffrey Riegel (Stanford, 2000), 378,490.

② Ibid. ,283.

> 音乐之所由来者远矣,生于度量,本于太一(指太一之神)。
> 太一出两仪,两仪出阴阳,阴阳变化,一上一下,合而成章。①

这是一段对音乐之通神性质的痴迷赞颂。接下去,它将音乐描述为"自然的不变原则",遵循天、地之永恒的运转原理。除此之外,这段赞颂文字还写道,世上万物都有自己的独特声音,故此,宇宙这个整体就是一个和谐的结构。

以非直接的方式,这段描述音乐之宇宙起源的文字过渡到对音乐之转变的叙述,也就是音乐从自然领域转到人类世界,这个转变最终是由圣贤促成的。最早的音乐是由原始部落发展起来的。最初的人类部落面临着阳气过剩的问题,由此,它使用音乐吸引可制衡阳气的阴气。后来的一个人类部落则面临着阴气过剩的问题,它导致地上的诸水蓄积,人类的肌肉、骨骼受到压缩。有鉴于此,该部落发明舞蹈,导引阴气运动起来(这预示了后来的"导阴"运动)。内容完全充实起来的音乐是黄帝所创制的,他令手下仆役泠伦确立音律。后者切割出 12 支长短不同的竹筒,而后,来到将天与地连接起来的昆仑山下:

> 听凤皇之鸣,以别十二律。其雄鸣为六,雌鸣亦六……黄帝又命伶伦与荣将铸十二钟,以和五音,以施英韶。②

457　　在这里,凤凰的自然之鸣变成了精心制作的音律,而后,从此种仍然带有自然色彩的音律,再生出人工铸成的系列钟器,这样,最初的内容完备的人类音乐诞生了。《古乐》(意为"古人的音乐")篇结尾部分从反方面叙述了每位圣贤和王朝创建者是怎样创制出新乐的,它们或是常常取法自然世界,或是在导引自然力量上被派

---

① *The Annals of Lü Buwei*, trans. John Knoblock and Jeffrey Riegel (Stanford, 2000), 136 - 137.
② Ibid. ,146 - 148.

上用场。

音乐表达了自然运行的原理,圣贤都创造了合乎正道的音乐形式。除了这些,《左氏春秋》还详细探讨了治理良好的国家的正乐与注定灭亡国家的夸张音乐(或靡乐)之间的区别。该书的作者讨论了在太平或大乱的年代创制出来的不同类型的音乐,除此之外,他们还列举了符合这两种情况(太平或大乱的年代)的事例。[1] 这样,音乐的演变进程如下:它从自然原型,通过古代民众与圣贤的作用,被引入人类世界,最终变成一个交替转换角色的创造者(或一个标志)——创造(或揭示)着构成列国兴衰之标记的秩序和失序。与更一般的对历史的陈述一样,《吕氏春秋》将一份历史剧本提供给人们,在它里面,有对战国晚期多位统治者的批评,也有给秦国提供的机会,即通过采用正确的可供借鉴的模式,创建一个完美的国家。

以上的音乐模型让我们看到,对于正确的行为来说,自然和宇宙为之提供了最终的标准,与此同时,人类历史所呈现的是一系列案例和具有危险性的教训。此种模型在《吕氏春秋》中,被用于治国术的多个方面,这些方面是从不同哲学传统那里摘取出来的。通过从列国兴衰史中征引相关事例,《吕氏春秋》阐明了一个状态良好的国家所发挥的功能:养育人的身体,提供教育,动用武力,在礼仪活动中创建人际关系,教习农艺,以及所有其他的功能。通过这些事例,《吕氏春秋》对自己所提出的设想展开论证。我们看到了这样一条道路:以治国术的自然起源为起点,中经圣贤的作用以及治国术在早期的众多成功、失败,最后,在主宰天下的秦帝国所达致的对治国术各种手段的大融合中,它找到了终点。

在《吕氏春秋》的历史理论中,与秦帝国之崛起联系起来的最后一个方面是该书对顺应时势的强调。世界处于不断的变化之中,成功的统治者是通过更易法律或习俗回应了这些变化的人。

---

[1]　*The Annals of Lü Buwei*, trans. John Knoblock and Jeffrey Riegel (Stanford, 2000), 140-145.

在战国时代中国的各种哲学传统中,这个观念可谓它们的相同处,到后来,它更构成了秦之哲学传统大融合中的一个主要因素。[1] 该观念甚至被用到了农业身上,后者是《吕氏春秋》最后四篇的主题。该书末篇《审时》(意为"审查季节")中使用"时"(意为"时间"或"季节")字不少于 23 次,正如该篇所坚持认为的:农业的成功有赖"得时('季节'或'时间')"。不仅得时于好收成深有必要,由此获得的谷物亦尝之更甘,并能激励人的各种感官和智力成长。对农业中得时的极端重要性的强调延伸开去,就变成了说给统治者听的一个隐喻或者可供他们借鉴的一个典范。这样,军事事务也需要抓住时机,应付事情的变化,以此而顺应不同的情势。[2]

不过,对意识到并回应事物的变化来说,相关的最重要的背景是政治方面的。其中最常被人们引用的事例出现在传统上名为"法家"的那些文献中,比如《商君书》(意为"商君之书")和《韩非子》。[3] 这两部著作均是在战国晚期直至汉代早期,积众人之力创作而成的,它们通过与书籍标题同名的那两个人,与秦联系在一起。《商君书》首篇描述了在秦宫廷展开的一次争论,主题是变革国家之法是否合适。就战国晚期变革之不可避免性、顺应时势之必要性的信条,商君的一篇谈话作了最清楚的说明:

> 前世不同教,何古之法? 帝王不相复,何礼之循? 伏羲神农教而不诛,黄帝尧舜诛而不怒,及至文武,各当时而立法,因事而制礼。礼法以时而定,制令各顺其宜……汤武之王也,不

---

[1] Mark Edward Lewis, 'Les rites comme trame de l'histoire', in Viviane Alleton and Alexei Volkov (eds.), *Notions et perceptions du changement en Chine* (Paris, 1994).

[2] *The Annals of Lü Buwei*, 199, 662 - 667; and Sellmann, *Timing and Rulership in Master Lü's Spring and Autumn Annals*, 120 - 126.

[3] 本文从这些书中引用的段落和其他相关的内容,参见 A. C. Graham, *Disputers of the Tao: Philosophical Argument in Ancient China* (La Salle, Ill., 1989), 270 - 273。

循古而兴；殷夏之灭也，不易礼而亡。

与《韩非子》中的相关段落相同，这段话提出了反对以理想化的古代作为榜样的观点。古代君王的制度是适应于他们那个时代的，而随着情势更易，法律、制度亦当随之改变。

为了解释历史上的不断变革，《韩非子》强调了人口的增长，它增加了资源竞争，并由此而使更加严厉的法律、政府对人们生活的更多干涉成为必要。《商君书》在这方面精心推出了一种三阶段的政治人类学。在远古时代，人无世系传承，故民众只知其母，且只保卫自己身边的亲人。这是每个人对抗一切人的时代。随着人齿浩繁，这样自私的人类不断地争斗，基于此，他们需要可敬的人履行仲裁者的职责。这导致了"可敬的人"从众人中脱颖而出。在这个领域，村落的长老有效地掌握着主导权，而这正是儒家所推崇的那种社会。很快，人们开始展开斗争，抢夺"最可敬者"的位置，结果，新的圣人诞生了。他们确立了财产所有权，以及男、女的界限，这些是通过法律规定（由惩罚措施确保实施）强加在众人头上的。这代表了国家在历史上的崛起，而这正是法家所推崇的那种社会。这样，历史就见证了一些新的政治形式逐步演化的过程，这些政治形式的目的是控制更带暴力色彩的冲突。

《吕氏春秋》提出了一个类似的模式。对此作了最清楚表达的是《察今》（意为"审视当今"）篇，它以一个问题"上胡不法先王之法？"作为开头。该篇主张，由于语言与风俗的不断演化，古代君王与今日的君王并不相同："凡先王之法，有要于时也。时不与法俱至，法虽今而至，犹若不可法。"该篇结尾是刻舟求剑者的著名故事。这个人为了标记自己失剑的地方，就在行驶的船掉剑的那一侧刻记号。《察今》说，运用古法统治今天的国家与此相类。[1]

此种坚持不断变革制度以顺应新形势的看法在战国时代发展起来，其背景是领土国家的崛起和周朝尊荣的消失；它还为秦在统

459

---

[1] *The Annals of Lu Büwei*，368 - 371.

一之后的制度改革作了论证。这在司马迁记载的继军事胜利之后在秦宫廷举行的辩论中有所体现。秦始皇引用了必须改革以顺应新形势的观点，为其在征服最后一个帝国后使用"皇帝"新称号的设想提供解释。而后，是秦始皇在朝廷上引入了与"水"德之兴相对应的数字、颜色，其所隐藏的意思是，秦将取代周。如前所述，这是在《吕氏春秋》中得到表述的另一种历史理论。除了"必须改革以顺应新形势"，沿用古时之法的不合时宜同样为秦始皇作出如下决定作了论证：排斥朝廷上那些鼓吹以周为榜样大行分封的人，遵从那些力倡将行政区划推广于天下的那些人的意见。① 此种对历史的看法与秦碑文也是保持一致的，后者坚持认为列国竞争的天下与统一帝国是有着天差地别的，并且主张，新帝国可以通过施行制度改革确保自己的统治。

这样，《吕氏春秋》（或被融合进该书中的更早的著作）中的历史理论，就确确实实地为秦理解自己的历史以及为回应统一形势所要求的新政策，提供了一些指导意见。此外，在设计早期汉廷礼仪并充当太子师傅的人的作用下，认为不断顺应时势构成了历史之框架的那种理论，从秦朝廷流入了汉代政权中。这样，就有了汉代宫廷礼仪的主要设计者叔孙通的如下断言："五帝异乐，三王不同礼。"同样，他用"时变"的观点，保护自己不受保守礼仪专家的攻击。② 这表明，在汉帝国早期的数十年间，秦朝宫廷所采纳的那些历史模式成为学者们思想宝库的组成部分。

结论

本章对如下问题作了概述：在东周时期发展起来的记录历史的不同方式，如何经过改造，以与秦朝的统一相适应？所有这些方式

---

① Sima Qian, *Records of the Grand Historian*: *Qin Dynasty*, 42 - 44.

② Sima Qian, *Records of the Grand Historian*, vol. 1: *Early Years of the Han Dynasty*, trans. Burton Watson (New York, 1961), 293 - 294.

或明白阐述或隐晦反映了一个观点,也就是,统一的成就标志着世界历史上的一个转折点。这样,在数十年的时间里,秦的征服所创造出来的那个新的政治世界,就同样在有关人类过去的叙述中,被描写成了一个变革性的历史事件。

存留到东周时期的最古老形式的中国文献,是将人类成就上达神灵的礼仪文字,其用意是获得神灵的赞许与祝福,它们通过安置在新征服土地上的山峰、高地的碑刻而得到传承。这些碑文是礼仪过程、登山活动达到高峰时的文字产物,它宣告的是秦统一天下标志着一个新纪元的到来。在铲除所有的敌国后,秦宣称自己已终结了构成全部人类历史之标记的血腥战争。在这些国家的土地上,秦建立了一个确保天下太平的永恒政权,它带来的福泽延及整个世界,甚至降到最低等的动物身上。

与此同时,秦的征服消灭了所有异类的编年史、多种多样的纪年体系,这些编年史、纪年体系让中国早期的历史记录变得支离破碎。在确立自身编年史之独一标准的地位后,秦创造了一种统一而抽象的时间尺度,利用这种尺度,所有人都能确认历史事件的先后顺序或同步状况。尽管帝国的分裂偶尔会导致两或三种相互竞争的编年史出现,在后来的中国历史上,独一而又统一的时间概念却是为人所普遍接受的,此种时间概念的标志是帝王世系及有关帝王在位年数的计算。

最后,在秦统一天下前不久,战国哲学文献中有关过去的历史记录以及人们对过去的理解,在《吕氏春秋》所作的大融合中得到了重新编排。这本著作融合了不同哲学传统的教训,以之作为政策构想的一个来源,它是特意献给后来成为秦始皇的那位年轻君主的。在这本书中,人类历史被描述成一个制度创造与改革的过程,它要达到的顶点是一个将所有哲学智慧融入一个理想政权中的统一帝国的形成。除此之外,《吕氏春秋》还论证了治国术的不同原则,辅以从历史记录中摘取的案例。早期国家的成功提供了可供效仿的典范,它们更经常出现的失败则教给人们许多防止错误的警示。《吕氏春秋》还创作了有关某些习俗比如音乐的篇章,

461

它们追述这些习俗的自然起源、圣贤在它们身上所做的充实内容的工作，以及其在历史上所经历的数次更易。它还发展出体现了五德之系列王朝的概念。最后，这本著作包含了必须不断让制度适应不断变化的时世的教训。通过这种方式，它为秦统治阶层在秦碑文中所表达的内容提供了一个哲学基础，碑文中说，帝国的创建与其实施的那些新制度标志了人类历史以及人类历史之记录上的一个转折时刻。

大事年表/关键日期

公元前 770—前 256 年	东周王朝
公元前 770—前 481 年	春秋时期
公元前 480—前 221 年	战国时期
约公元前 240 年	《吕氏春秋》成书
公元前 221—前 206 年	秦王朝
公元前 202—公元 8 年	西汉王朝

主要史料

The Annals of Lu Büwei, trans. John Knoblock and Jeffrey Riegel (Stanford, 2000).

Sima Qian, *Records of the Grand Historian of China*, vol. 1: *Early Years of the Han Dynasty*, trans. Burton Watson (New York, 1961).

—— *Records of the Grand Historian: Qin Dynasty*, trans. Burton Watson (Hong Kong/New York, 1993).

杨伯峻编：《春秋左传注》(北京, 1981 年)。

参考文献

Aveni, Anthony, *Empires of Time: Calendars, Clocks, and Culture* (New York, 1989).

Durrant, Stephen W. , 'Ssu-ma Ch'ien's Portrayal of the First Ch'in Emperor', in Frederick P. Brandauer and Chun-chieh Huang (eds.), *Imperial Rulership and Cultural Change in Traditional China* (Seattle, 1994).

Feeney, Denis, *Caesar's Calendar: Ancient Time and the Beginnings of History* (Berkeley, 2007). 462

高敏:《云梦秦简初探》(增订本,郑州,1981 年)。

Gentz, Joachim, 'The Past as a Messianic Vision: Historical Thought and Strategies of Sacralization in the Early *Gongyang* Tradition', in Helwig Schmidt-Glintzer, Achim Mittag, and Jorn Rusen (eds.), *Historical Truth, Historical Criticism, and Ideology: Chinese Historiography and Historical Culture from a New Comparative Perspective* (Leiden, 2005).

Graham, A. C. , *Disputers of the Tao: Philosophical Argument in Ancient China* (La Salle, Ill. , 1989).

Hardy, Grant, "The Interpretive Function of *Shih chi* 14, 'The Table by Years of the Twelve Feudal Lords'", *Journal of the American Oriental Society*, 113:1(1993),12 - 24.

Kern, Martin, *The Stele Inscriptions of Ch' in Shi-huang* (New Haven, 2000).

Lewis, Mark Edward, *Sanctioned Violence in Early China* (Albany, 1990).

—— 'Les rites comme trame de l'histoire', in Viviane Alleton and Alexei Volkov (eds.), *Notions et perceptions du changement en Chine* (Paris, 1994).

—— *Writing and Authority in Early China* (Albany, 1999).

—— *The Construction of Space in Early China*（Albany，2006）。

—— *The Early Chinese Empires：Qin and Han*（Cambridge，Mass.，2007）。

—— 'Evolution of the Shang Calendar'，in Colin Renfrew and Iain Morley（eds.），*Measuring the World and Beyond：The Archaeology of Early Quantification and Cosmology*（Cambridge，即将出版）。

刘伯骥：《春秋会盟政治》（台北，1963 年）。

Loewe，Michael（ed.），*Early Chinese Texts：A Bibliographical Guide*（Berkeley，1993）。

Pines，Yuri，'Chinese History Writing Between the Sacred and the Secular'，in John Lagerwey（ed.），*Rituels，pantheons et techniques：Histoire de la religion chinoise avant les Tang*（Leiden，即将出版）。

Sellmann，James，*Timing and Rulership in Master Lü's Spring and Autumn Annals*（Albany，2002）。

杨宽：《战国史》（上海，1980 年）。

屈伯文　译　陈　恒　校

第十九章　司马迁与《史记》

倪豪士（William H. Nienhauser, Jr.）　文

　　《史记》（意为"史官的记录"）被称为中国的民族经典。除此之外，它还是两部中国大通史之一。① 这部鸿篇巨制包含 50 多万字，约成书于公元前 100 年，涵盖从远古以来到那时的全部中国史。约在200 年后进行写作的王充将它称作"作书者（中的）……河（黄河）"。②事实上，与黄河一样，该书在现代仍在中国各地的书库中"奔流不息"，且直到现在为止，始终是最受中国各阶层读者欢迎的史书之一。

　　《史记》由司马谈在公元前 2 世纪最后数十年进行构思，成书于其子司马迁之手，它是一部私人著述，用司马迁自己的话说，是"一家之言"。该家族的长辈司马谈对这部著作究竟有多大贡献仍是个有待推测的问题。该书引用了近 100 种材料，能使用初生的帝国图书馆——它的创建是陆威仪所谓"受到国家支持的文学事业"的一个组成部分（参见陆氏在本卷书中的文章）——的资料无疑便利了此项工作的进行。除此以外，由于司马迁是和希罗多德一样伟大的旅行家，为作好写作此书的准备工作，其足迹几乎遍及中国各地，故此，这部著作无疑有着广泛得多的材料来源。③ 尽管《史

---

① 另一部是司马光（公元 1019—1086 年）的《资治通鉴》。

② 王充：《论衡》，29.4（下）（《四库全书》本）。

③ 此种"广泛得多的材料来源"应该包括口头传说。参见藤田胜久：《战国史资料的基础研究》，《〈史记〉战国史料研究》，曹峰、广濑薰雄译（上海，2008 年；译自日文版［东京，1997 年］），第 22—64 页，它讨论了司马迁可获得的材料，包括汉代早期编撰出来的不同图书集，以及近期出土的一些文献。有关希罗多德的历史写作，参见乔纳斯·格里斯林（Jonas Greithlein）在本卷书中的文章。

记》在成百上千年的时间里盛行不衰，学者们仍在继续争论其创作者、创作、传播以及意义的问题。这四个问题将构成以下讨论的框架。

人物生平

司马迁很可能生于公元前145年。两份由他本人亲自撰写的资料给出了有关其出生的信息。[①] 第一份材料是他描写自己的那篇文章《太史公自序》（意为"由太史公自己书写的后记"），它作为末卷（卷一三〇）被收录进《史记》中。第二份材料是他在公元前93年写给朋友任安的一封信《报任安书》（意为"给任安的回信"）。[②]

司马迁的一生可分为四个阶段：（1）在司马家族中度过的幼年时期（公元前145—前127年）；（2）从学、游历、开始写作《史记》的近20年（公元前126—前109年）；（3）完成《史记》之大略内容的16年（公元前108—前93年）；（4）对《史记》若干部分进行修订的晚年岁月。

司马迁家族在周朝时世代担任太史（意为"大史官"）[③]之职。

[①] 近来的某些研究支持另一个出生日期——公元前135年，不过，施丁（《司马迁行年新考》，西安，1995年）和华兹生（Burton Watson, *Ssu-ma Ch'ien, Grand Historian of China*, New York, 1958, 206 n. 40）一致认为，公元前145年是普遍为人所接受的司马迁生年。有关司马迁生平的最佳英文著述当数华兹生的 *Ssu-ma Ch'ien, Grand Historian of China*，不过，简洁而观察敏锐的叙述，则可参见 Stephen W. Durrant, *The Cloudy Mirror: Tension and Conflict in the Writings of Sima Qian* (Albany, 1995), pp. xi–xxi; and Grant Hardy, *Worlds of Bronze and Bamboo, Sima Qian's Conquest of History* (New York, 1994), 14–26。

[②] 该信被收入班固《汉书》的司马迁列传中，而那份生平自述很明显来自《太史公自序》。这篇《自序》与写给任安的信都被华兹生译成了英文，参见 *Ssu-ma Ch'ien, Grand Historian of China*, 42–67。

[③] 此处遵照原作者自己的英译法"Taishi"（太史），虽然如此，一般而言，官职名的英译以 Hans Bielenstein, *The Bureaucracy of Han Times* (Cambridge, 1980)一书为准。

他们的职责包括观测天象、运用这些天象创制历法并确定吉日、保存某些历史记录。① 不过,创作一部中国通史,从最早的可靠记录一直讲到当代,这样的设想起自司马迁之父司马谈。② 有关司马谈的生平,我们知之甚少。谈的祖父司马无泽曾任汉都长安某个市场的管理官员,虽然如此,谈却是在陕西黄河西岸靠近今韩城市的家族祖居地出生的。司马家族历仕位于今山西、处在黄河东岸的晋国,不过司马迁所属的家族支系在约公元前 620 年时渡河,逃往秦国,在黄河西岸安家。③ 司马谈的启蒙老师应该是他的父亲司马喜,④后来,他从唐都学习天文,从杨何学习《易经》("有关变易的经典"),从黄子(意为"黄大师")学习道(意为"道路")论。《太史公自序》说,司马谈在公元前 140—前 110 年曾是一位宫廷官员,不过,在 16 岁的刘彻(汉武帝,公元前 140—前 87 年在位)登基后不久,他有可能获得了擢拔,被选为"可靠而杰出"的学者之一。由于皇帝祖母窦太后,一位黄老思想的强力支持者,执掌着宫廷大权,故此,司马谈从学于黄子的经历很可能让他得到推荐,担任宫中的职务。司马谈在后世以其太史令的身份闻名,不过其最初的官职应是"太史丞"。⑤ 公元前 139 年,当武帝推出自己的修陵(即后来修在都城附近的新城茂陵)计划时,这位太史令应该密切参与了选址以及动工日期的事宜。

465

　　司马迁是何时到京城与父相会的,这还是个需要人们作出推测的问题。《太史公自序》说,孩童时,他曾在家族的农地上耕田、放

---

① 在司马迁的先祖中,司马靳服役军中(在秦国治下)。

② 近来人们提出了司马谈的两个生年:公元前 177、前 165 年。它们仍只是人们的猜测而已。

③ 司马家族在夏阳落脚(参见《太史公自序》,《史记》卷一三〇,北京,1959 年,第 3286 页,注 7)。

④ 他受封"五大夫"(意为"第五级大夫")的贵族称号。与司马氏该支系中的其他成员一样,司马喜住在韩城附近的高门。

⑤ 《隋书》(志第二十七,北京,1973 年,第 905 页)指出,"太史令"的职位是汉武帝创建的。考虑到司马家族长期担任周史官的经历,这个职位可能是特意为司马谈创设的。

牧,到 10 岁时,对"古文"(意为"古代的著作")已稔熟于心,[①]它很可能指的是《尚书》(意为"受尊崇的文献")一类的特别著作。[②] 随着汉朝的建立,丞相萧何早就指出太史有考核学童之责,"能讽书九千字以上,乃能得为史"。[③] 测试还要求学童熟悉写字的"六体"。这让我们一窥年轻的司马迁所受训练的状况。司马迁很可能在公元前 2 世纪 30 年代到达长安,就在其父抵达京城后不久。他最初从学的对象,要么是其父,要么是另外的某位学者。到公元前 127年,皇帝下令以显贵权势之家充实茂陵新城,与此同时,将这些家族置于朝廷更严密的监控之下。司马氏全家遵从帝命,迁徙至此。这一年启开了司马迁人生的第二阶段,在这个时期,他与父生活在一起,并很可能与后者共同撰写了后来的《史记》的草稿。

住在京城附近并从父亲那里听到有关宫廷生活的事情,使司马迁对汉武帝与他的政策有了初步的了解。这位年轻的皇帝(生于公元前 156 年)只比司马迁大 10 岁,不过他在位的时期一直延续到司马迁去世的前一年。有可能,对当代政治的所思所想,在部分程度上产生了司马谈的著史计划。《史记》中的许多章节明白地告诉我们,武帝统治给司马父子的印象远不是正面的。在叙述汉代早期的历史时,《史记》用了数卷篇幅描写最初的那几位丞相(卷九六包括了对约公元前 200—前 155 年历任丞相者的描写),而在武帝手下任职的 12 位丞相,却只有 4 位在《史记》中有传。在叙述这个时代的历史时,司马迁对"丞相"这个最高官职的作用作了淡化处理,以此,他显示了在武帝漫长的统治时期两类人所发挥的主导作用。一类是皇亲;一类是通过顺服皇帝的目标而聚敛起权力的下层官员,他们在国内推行聚敛性的经济、法律措施,在边疆实施

466

---

① 《史记》卷一三〇,第 3293 页。

② 著有《史记索隐》的司马贞提出,正文中所述内容指的是司马迁从伏生(意为"伏大师")学习古文《尚书》的经历,不过,由于伏生在公元前 2 世纪 70 年代时已年逾 90,故此,司马迁从学于伏生是不可能的(《史记》卷一三〇,第 3294 页,注3)。其他人则主张,"古文"指后来成为《左传》《国语》《世本》的那些著作。

③ 《汉书》卷三〇(北京,1962 年),第 1720—1721 页。

皇帝的扩张政策。

这样,在《窦婴田蚡列传》(卷一○七)这样的章节中,司马迁描述了武帝祖母(窦太后)、生母(王太后)在其统治的头十五年里施行统治的情形。在《酷吏列传》(卷一二二)特别是在其中谈到张汤的章节中,他描绘了让一些人得以扬名立万的中伤他人与腐败堕落的行为,这些人在后来的 20 年发挥了重要的作用。哪怕司马迁谈到了一位后来的丞相石庆(他从公元前 112 年至公元前 103 年死去一直担任丞相职务)的生平,那也是从属于对其父石奋的描述(参见卷一○三)的,这进一步暗示了丞相在武帝治下的次要地位。石庆的后继者公孙贺非常勉强地接受了丞相之位,因为他意识到在他之前执掌相位的四个前任有三个被迫自杀。[①] 有一个汲黯,他曾反对皇帝以北疆匈奴部落为对象的攻击政策,像他这样愿意对当时的政策公开进行危险抨击的官员很快就失去了圣眷。

除了通过留心宫廷政治获得教益外,在这个时期,司马迁还通过正式的学习与广泛的游历大大扩展了自己的知识面。在徙居茂陵的两年后,即他 20 岁时,他开始探索这个世界,足迹踏遍长江、湘江、沅江、淮河、泗水、黄河流域(基本上是那时汉帝国的东部、南部地区,司马迁常常是沿着秦始皇走过的旧路游历)。途中,他拜访了名山、古地、先贤陵墓,搜集了种种传奇故事,从地方长者那里了解了各地风俗和民间传说,并体验到了许多地方、人群中存在的文化、社会习俗。[②] 公元前 122 年,司马迁回到长安。除了口头材料之外,他还可能见过地方的一些图书储藏,比如刘德(河间王,公元前 155—前 130 年在位)或刘安(淮南王,公元前 164—前 122 年

---

① 李蔡(自公元前 121 年起担任丞相)死于公元前 118 年,其后继者庄青翟死于公元前 115 年,最后一位死在自己手上的丞相是赵周,也就是石庆的前任。即便石庆是"自然"死亡,此事也有可能与他在宫廷遭遇的烦心事有关。

② 搜集"天下遗文古事"(《太史公自序》,《史记》卷一三○,第 3319 页)。有关司马迁游历路线与秦始皇巡行路线的相似之处,参见 Hardy, *Worlds of Bronze and Bamboo*, 256 n. 43。

在位）的书库。①

467 　　在返回京城后，司马迁在孔安国门下学习《尚书》，②在董仲舒门下学习《春秋》（意为"春、秋编年录"）。③ 除此之外，他还获得了自己的第一个官职，即郎中（不晚于公元前118年担任此职）。④ 虽然官职卑微，这个位子却让他有机会接近皇帝（在皇帝出行时作为宫殿侍卫、随从人员跟随在他身边），还能与其他才华横溢的年轻郎官比如任安、田任交往，任、田二人都是司马迁的好友。在任上，司马迁（连同父亲司马谈）在武帝多次巡行中随侍在皇帝身边。可能部分基于经验丰富的游历者的名声，司马迁在公元前111年以帝使身份，被派巡察、安抚今四川、云南的一些地方部落。⑤ 这一次，他又搜集了一些不仅对他在宫廷任职有利，且于其后来写作《史记》有所帮助的信息（卷一二九中巴蜀寡妇清的故事，以及《货殖列传》中可以确定来自此次出使经历的其他资料）。这样，在此次长达一年之久的旅居生涯后，仍只有35岁左右的司马迁不仅熟习经典并有机会与某些当时的杰出学者论学，而且遍游了帝国全境。公元前110年春，在回到京城后，他发现先时随武帝踏上去往泰山封禅之路的父亲已生了很严重的病。由于患病，司马谈不得不从皇帝的随从队伍中脱离出来，留在洛阳，他意识到自己时日无多且恐无法完成他给自己设定的撰史计划，因此而吩咐司马迁"无忘吾所欲论著矣"。不过，在父亲死后，司马迁加入皇帝往泰山（位于今山东省）封禅的随行队伍中，而后，陪伴皇帝巡视东部海岸沿线地带，而后经今河北、内蒙古、陕西，返回京城。

————————————

① 有关这些图书储藏，参见藤田胜久：《战国史资料的基础研究》，第25页。
② 《汉书》卷八八（北京，1962年），第3607页。
③ Durrant，*The Cloudy Mirror*，5 指出，某些现代学者相信司马谈与董仲舒是竞争对手。也见 William H. Nienhauser, Jr. , "For Want of a Hand：A Note on the 'Hereditary House of the Jin' and Sima Qian's 'Chunqiu'"，*Journal of the American Oriental Society*，127（2007），1 - 20。
④ 这是施丁的看法，参见《司马迁行年新考》，第20—22页。
⑤ 《太史公自序》，《史记》卷一三〇，第3293页。关于司马迁的使命中还包含着一项军事任务的可能性，参见施丁：《司马迁行年新考》，第26页。

在父亲死后三年的公元前 108 年,司马迁顶替他作了太史令,这也是司马迁第三个人生阶段开始的标志,在该阶段,他撰写了完整的《史记》草稿。新任太史令让他能够进出帝国图书馆和档案馆,经过汉王朝头一个百年的统治,馆藏资料已有了稳步的扩增。[1]虽然司马迁的旅行经历让学者送给了他"中国之希罗多德"的雅号,[2]他对这些丰富的书写文献的小心运用却显示了一个学者的本质,这同样让人们想起了塔西佗。此种对材料的综合应用不仅超越了时间的限制,而且打破了地域的约束。尽管司马迁可能意识到了要为写作《史记》作以上准备工作且宜早不宜迟,规划、编制一部替代夏历的新历的事情却很快让他投身进去,此事应该占用了他绝大多数的时间。除此之外,司马迁与同僚还为汉朝确定了新朝的颜色,并对其他相关的礼仪制度进行了修订。虽然司马迁并未给出有关其在宫廷中的敌人的信息,事实是,他在历法方面所做的工作受到了倪宽的批评,而后,数位新学者奉派完成编制后来的太初历的工作(太初意为"伟大的开始",从当时的皇帝年号"太初"〔公元前 104—前 101 年〕命名)。[3] 这项工作应该让司马迁写作《史记》的事情有所放缓。除此之外,此事还显示出,司马迁可能是一个更好的历史学家而非天文学家。

468

从公元前 133 年到前 99 年,这五年被认为是司马迁极为用心著史的时期。在这个时候,他还参与了整理皇家文献、档案的工作。如上文所指出的,司马迁对大量用兵及为此提供支持的国内征敛是持反对态度的。由此,公元前 101 年名将李广从西北班师回朝一事——他从一次灾难性的为时四年的征伐中返回,刺激了司马迁,让他将自己史书所涵盖的时间下限(*annus terminus*)往前推

---

① 参见藤田胜久在《战国史资料的基础研究》(第 23—28 页)中的讨论。
② 参见 S. Y. Teng, 'Herodotus and Ssu-ma Chien: Two Fathers of History', *East and West*, n. s., 12(1961), 233-240; and Siep Stuurman, 'Herodotus and Sima Qian: History and the Anthropological Turn in Ancient Greece and Han, China', *Journal of World History*, 19:1(2008), 1-40。
③ 这就是今日仍在使用的所谓"农历"或"农业历法"。

延，从公元前122年推到前101年，从而让他能够指出当朝皇帝此项和其他政策的愚蠢之处。① 到公元前99年，《史记》初稿很可能已经完成。

虽然职位卑微，司马迁在宫廷却有发言权。由此，公元前99年，当将军李陵向匈奴投降后，司马迁为之辩护，反对那些力主将李陵处死者的意见。② 在这类事上，有一个前例可循，那就是将军苏建（卒于公元前120年）案。在公元前124年征伐匈奴的一次军事行动中，苏建全军覆没，他仅以身免，回到统帅卫青那里。卫青手下许多将尉认为苏建应与部下将士一同战死，由此，他们主张处死苏建。其他人则提出从宽发落的意见，因为苏建并未叛逃或向敌人投降。卫青听从了这种意见，将苏建送回朝廷判罪。虽然苏建后来被定死罪，他却能通过支付罚金、降为平民免死。也许，司马迁希望李陵能有相似的命运。更进一步，通过给李陵辩护，他可以努力地表达自己反对大量用兵的总体态度。不过，此事同样给了支持用兵派一个机会定他的罪。不管怎样，在皇帝决定于下一年处决李陵及其全家人后，司马迁受到此案的牵连，他被打入监牢并判处死刑。如此判决提供给司马迁两条路选择：支付罚金或受宫刑。由于无力支付罚金，司马迁让自己进入监牢并受宫刑——此种刑罚是如此惨酷以至于他认为"诟莫大"矣。③ 他在狱中一年多，不过获得释放后，被任命为中书令（意为"宫中秘书长官"），这是皇帝的私人秘书，起着沟通皇帝与尚书的作用，其职责包括传达帝命、修订诉状或请愿书等。该职通常由宦官掌领，司马迁得到这个

469

---

① 《史记》这两个不同的"时间下限"在《太史公自序》中有所说明（《史记》卷一三○，第3300、3321页）。

② 司马迁为李陵辩护的具体信息，《汉书》（卷六二，第2725—2736页）的李陵传有所征引，另外，也见于司马迁写给任安的信（《汉书》卷六二，第2725—2736页）。在司马迁受审时，最有权势的朝廷官员是丞相公孙贺与御史大夫王卿。公孙贺与皇帝关系非常亲密，以至于他不可能为司马迁力辩，至于王卿，他本人在公元前98年，因为莫名其妙地冒犯皇帝而受审并丧命。这样，对司马迁的判罪看起来就是武帝本人的意思了。

③ 《汉书》卷六二，第2727页。

职务实际上是其升迁的标志,它还可能揭示了武帝意识到对司马迁最初的判罪过于严厉。

有关司马迁的晚年,即他人生的第四、第五阶段,我们知之甚少。一篇冠名《悲士不遇赋》(意为"论一位生不逢时的君子的散文")①的著述可能是在这时创作的,虽然它并未在宫廷出现。《隋书》中的相关章节说(志第二十九,北京,1973 年,第 1034 页)"太史公"有"万岁历"一卷(拉丁文"voluminis",一个小分册或一卷书,其最初的意思是一捆竹片),人们推测这是司马迁的著作。《隋书》同卷书中(志第三十,第 1056 页)还列出了司马迁"文集"一卷。②班固对司马迁的学识是钦服备至的,他将后者与孔子、孟子、刘向、扬雄并列为"博物洽闻,通达古今,其言有补于世"的作家;③在另一处地方,班固将司马迁的文学才能与伟大的诗人司马相如(此人与司马迁没有亲属关系)的文才并列。④

除了创作文学作品,司马迁必定有机会在自己的最后岁月里修订自己的史书。用他自己的话说,他(和父亲)"网罗天下放失旧闻……考之(这些'旧闻'中的)行事,稽其成败兴坏之理,凡百三十篇,亦欲以究天人(塑造成的历史)之际,通古今之变,成(一本包括)一家之言(或'解释')(的著作)"。⑤"言"字可以简单地理解为"言语",不过此处,它指的是"言论",即对政治、其他事件的看法。

---

① 收入《艺文类聚》卷三〇(上海,1983 年)中,第 541 页。有关该文的可靠性,参见 Durrant, *The Cloudy Mirror*, 160 n. 44。海陶玮(James R. Hightower)有英译本,参见他的 'The Fu of T'ao Ch'ien', *Harvard Journal of Asiatic Studies*, 17 (1954),197-200。
② 文集可能包括司马迁写的赋,还包括归给他的一封敦促某位朋友返回朝廷的信,这封信最初收录于成书很晚的《高士传》中。参见《高士传》中卷,13(上)—14(下)(《四库全书》本)。
③ 《汉书》卷三六,第 1972 页。
④ 《汉书》卷五八,第 2623 页。也见杜润德(Stephen W. Durrant)在本卷书中的文章。杜氏指出了班固对司马迁之文体、格式和思想观念的批评。不过,由于班固自己的历史著作在很大程度上以《史记》为基础,故此,无论班氏怎样批评司马迁,他都承认《史记》是有关中国早期历史的基本材料来源。
⑤ 《汉书》卷六二,第 2735 页。

与此相似，"家"可以解读为"学派"，①不过司马迁是在"家"的基本
意义——家族——这个方面使用该字的，表示他的史书不仅仅是传
述"旧闻"，而且是由司马家族（司马父子）创造的、对这些"旧闻"的
一种解释。在下面讨论《史记》的意义时，我们将进一步对这些"解
释"进行探讨。值得指出的是，在司马迁提到该书包含130卷篇幅
后，隔了数行文字，他抱怨自己仍未完成这部著作。某些学者相
信，这表明他计划扩大自己史书的叙述范围，不过，更有可能的是，
在他死时，已写成的《史记》篇章仍不过是草稿而已。②

470

创作

在《太史公自序》中，司马迁本人叙述了《史记》不同部分的顺
序与写作目的，就是这些部分后来构成了《太史公书》（意为"太史
之书"，《史记》最初的书名）：

> 于是汉兴，萧何次律令，韩信申军法，张苍为章程，叔孙通
> 定礼仪，则文学彬彬稍进，诗（《诗经》，意为"诗歌经典"）书
> （《尚书》，意为"受尊崇的文献"）往往间出矣。自曹参荐盖公
> 言黄老，而贾生（谊）、晁错明（法家）申（不害）、商（君），公孙弘

---

① 这是华兹生和其他人的译法。不过，这给这些英文译者留下了一个明显的矛
盾，因为就像华兹生自己在 Ssu-ma Ch'ien, Grand Historian of China（第151
页）中所说的："（司马迁的写作）不管怎样受到人的逼迫，它都不会产生思想的
'体系'。"

② 在写给任安的信中，司马迁说虽然他写成了130篇，当仍"惜其（他的史书）不
成"（《汉书》卷六二，第2735页）。像卷六〇、九五、九六、九八、一一九这样的篇
章看似是未完成的草稿。也见 William H. Nienhauser, Jr., 'Tales of the
Chancellor(s): The Grand Scribe's Unfinished Business', Chinese Literature,
Articles, Essays, Reviews, 25(2003), 99-117; and id., "A Reexamination of
'The Biographies of the Reasonable Officials' in the Records of the Grand
Historian", Early China, 16(1991), 209-233. 杨海峥《汉唐〈史记〉研究论稿》
（济南，2003年）第9页列举了其他一些认为《史记》从未在司马迁手中完成的传
统看法。

以儒显,百年之间,天下遗文古事靡不毕集太史公。太史公仍
父子相续纂其职。①

　　这段描述司马迁如何编撰自己的史书的文字认为,司马父子笔
下的历史,是按照萧何、韩信和其他人所提供的著作领域进行编排
的。司马迁引入了一些次级文体:十二"本纪",按年代顺序,追述
从远古到当朝汉武帝的历代中国君王的史事;十"年表",叙述从古
至今、历年在中国境内不同诸侯国里发生的要事;还有十"书",是
有关"音乐"、"礼仪"或"地理"这类主题的历史叙述;而后是三十
"世家"(意为"世代传承的那些家族"),记述汉代以前中国境内各
诸侯国以及汉代诸王国的演变史;最后是七十"列传"("人物生平"
或"传记"),表现了作者按自己的理解对数百位历史人物以及中国
一些周边民族的叙述。每一卷要给人们一种印象,也就是它与司马
父子安排的与该卷有联系的那段历史是相适应的。② 陆威仪认为,
在《史记》中,存在着一种等级制的结构:"本纪"暗示了从最古老的
历史记录中可得到验证的一个统一帝国的存在;"年表"展现了贵族
世系;"书"对"本纪"中的材料作了专题性的处理;"世家"试图将列
国并立的现实融入一个强大中央集权国家的图景中;"列传"颂扬了
那些德行累累、美名堆叠的人物。③ 不过,正如葛朗特·哈代(Grant
Hardy)所指出的,《史记》远远不是我们所理解的那样简单。④

　　《史记》是怎样"充实六艺","吸收对《六经》的不同解释","有
序地编排百家异言"的? 从司马迁对首篇"本纪"的相应评论中,我
们对此可窥见一斑。司马迁说明了他的著作与《六经》的关系:

　　　　学者多称五帝,尚矣。然《尚书》独载尧(和其他君王)以

471

① 　《史记》卷一三○,第3319—3320页。
② 　每一卷的编排理由,在《太史公自序》中早有所阐明(《史记》卷一三○,第3301—
　　3319页)。
③ 　Lewis, *Writing and Authority in Early China*(Albany, 1999),309-311.
④ 　Hardy, *Worlds of Bronze and Bamboo*, 22-26.

来，而百家言黄帝，其文不雅驯，荐绅先生难言之。孔子所传
《宰予问五帝德》……儒者或不传。① 余尝西至空桐，北过涿鹿
（山），东渐于海，南浮江淮矣，至长老皆各往往称黄帝、尧、舜之
处，风教固殊焉。总之，不离（经典之）古文者近是。予观《春秋》
（意为"春、秋编年录"）、《国语》（意为"列国辞录"），其发明《五帝
德》、《帝系姓》②章矣，顾弟弗深考，其所表见皆不虚。书缺有间
矣，其轶乃时时见于他说。非好学深思，心知其意，固难为浅见
寡闻道也。余并论次，择其言尤雅者，故著为本纪书首。③

472　　　虽然通常被人们比作（中国的）希罗多德，从作者此处对其材
料来源及其缺陷的评论来看，他和与其齐名的希腊同道是不一样
的（参见乔纳斯·格里斯林在本卷书中的文章）。司马迁自己对带
有神话色彩的五帝的叙述证明，他有可能往里面添加了一些当时
已无材料传世的细节（与舜帝之父、弟在试图杀害舜的行动中所设
计的阴谋有关），这些细节显示出，它们可能来自司马迁游历途中
一些"村落长老"转述给他的口头传说。

　　司马迁在《管仲晏婴列传》（卷六二）之后所作的评论，解释了
他着手进行"有序地编排百家异言"的工作：

　　　　吾读管氏（仲）牧民、山高、乘马、轻重、九府，④及晏子春秋
　　　（意为"晏子的春、秋编年录"），⑤详哉其言之也。既见其著书，欲

① 《大戴礼记》7.1（上）（《四部丛刊》本）记载，宰予对黄帝活了300岁的说法表示
　　疑问，对此，孔子提出，宰予如果将时间花在阅读史料而非猜疑神话上，他可能
　　会得到更多益处，孔子以此回应了宰予之问。
② 这是《大戴礼记》中的两篇。
③ 《史记》卷一，第46页。
④ 这是司马迁所查阅的《管子》版本当中的篇名。在今存《管子》版本中，要么是某
　　些篇名不同，要么是某些篇已散佚。
⑤ 该书托名于晏婴，但很可能是由他的门生编撰的。参见 Stephen W. Durrant,
　　'Yen tzu ch'un ch'iu', in Michael Loewe（ed.）, *Early Chinese Texts：A
　　Bibliographical Guide*（Berkeley, 1993）,486-487。

观其行事,故次其传。至其书,世多有之,是以不论,论其轶事。①

事实上,"轶事"("受到忽略的故事"或"趣闻轶事")构成了《史记》中许多人物传记的基础。②

不过,虽然司马迁的评论解释了其意图和方法的某些方面,许多问题还是没有得到解答。比如,创造上面那些次级文体的人是司马迁还是其父司马谈?有关司马迁的材料来源,我们已谈了许多。有一个总体性观念,即对早先历史上的多种文体进行研究,甚至是其中的某些次级文体,它看似来源于吕不韦的《吕氏春秋》(意为"吕氏的春、秋编年录"),《史记》中的吕不韦传就将这二者联系了起来。司马迁解释了吕不韦如何想让秦国与其他国家相匹敌,那些国家中的贵公子拥有庞大的剑客、食客团体:

> 吕不韦以秦之强,羞不如,亦招致士,厚遇之,至食客三千人。是时(约公元前 250 年)诸侯多辩士,如荀卿(荀子)之徒,著书布天下。吕不韦乃使其客人著所闻,集论以为八览(意为"考察")、六论(意为"讨论")、十二纪(意为"记录"),二十余万言。以为备天地万物古今之事,号曰《吕氏春秋》。③

473

虽然这些文体与我们在《史记》中发现的那些文体并不是一回事,但是,经事实证明,《吕氏春秋》的复杂多样性和篇幅或许给司马父子提供了非常好的借鉴。当然,司马迁并未享受列在吕不韦身边的 3000 食客之助那样的好处。需要征引的"材料"浩如烟海,这个方面的问题应该是司马迁所面临的现实困难。从何处着手呢? 他的材料应该包括了许多写在连接成卷(或册)的竹片、木条

---

① 《史记》卷六二,第 2136 页。
② 使用趣闻轶事的传统是起源甚早的一种描写人物的方法,这一点在《刺客列传》(卷八六)或《循吏列传》(卷一一九)这样的集体传记中有着特别明显的体现。有关趣闻轶事在早期历史叙述中的作用,参见史嘉柏在本卷书中的文章。
③ 《史记》卷八五,第 2510 页。

上的文献,每份文献都篇幅不小。藤田胜久估计《史记》本身的篇幅需用竹片 21000 根以上,[1]葛朗特·哈代指出,"需要用一辆货车才能容下这些竹片"。[2] 虽然司马迁使用的文献材料并没有《史记》这样的规模,不过,举个例子,就探讨某个先秦国家的历史而言,司马迁就不得不参考后来的《左传》(意为"左氏的评注")、《国语》(意为"列国辞录")、《世本》(意为"世系传承要录")的早期版本。将这些文献的相关内容同时摊开并给《史记》"草稿"的摆放留下空间需要一间很大的房子,我们猜测,这间房子可能在帝国图书馆中(或是附近)的藏书之所。考虑到在《吕氏春秋》的编撰中有吕不韦之"团队"存在的前例,设想司马迁在为写作草稿进行准备时得到了他人的帮助不也是合理的吗? 他在任职太史令时肯定有自己的助手(太史丞)。这也可以解释,《史记》的初稿和一份副本(它们的篇幅都超过 50 万字——见下文中的讨论)在司马迁晚年是如何预备妥当的,在人生最后的这几年里,他担任了一个占用其很多时间的职位。司马迁本人对其著史方法隐而不言,有关这个问题,现代学者阮芝生作了最好的论述:

> 在搜集来的史料经过审查、校正后,还有必要明白该怎样对它们进行编排、利用。由于这些不得不加以审查、校正的资料为数庞大,性质复杂,故此(在《史记》中)作者不得不对它们进行整理、鉴定以至于选择……在司马迁利用这些史料时,他还得经过整理、选择、精简、编排史料并将之融入书中的过程。这正是他在《史记》中从未详细阐明的问题。[3]

---

① 藤田胜久:《战国史资料的基础研究》,第 40 页。魏根深(Endymion Wilkinson)认为,9000 根竹片(约可集成 150—300 捆)就已够用。参见 Wilkinson, *Chinese History: A Manual* (rev. edn, Cambridge, Mass. 2000),446 n. 2.

② Hardy, *Worlds of Bronze and Bamboo*, p. xi.

③ 阮芝生:《太史公怎样搜集和处理史料》,《书目季刊》第 7 卷第 4 期(1974 年 3 月),第 29 页。(此处引文无法查找到原出处,故由译者按文意译出,非阮氏原文。——译注)

第十九章 司马迁与《史记》

司马迁书中紧紧地与早期文献联系在一起、以它们为基础的篇章(时间比较早的那些"本纪"和"世家",在全书中约占 20 卷的分量),以及被高本汉(Bernhard Karlgren)贴上"独立篇章"标签的那些章节,或许是由助手草创出来的。① 这些助手或许还替司马迁搬进、搬出材料,从而在这方面为后者提供帮助。虽然写作《史记》并非司马迁担任公职时的分内事,不过看似此项工作是公开进行的(只有武帝本纪的创作是在秘密状态中进行的)。②

司马迁有关自己史书之创作的叙述所提出的第三个(也许是最重要的一个)问题是:该书哪些部分实际是司马谈创作的?张大可对此问题进行了透彻的讨论,③他考察了方苞、王国维和四位现代学者在该问题上的结论,包括李长之所持的一个观点。李长之认为,《晋世家》可能不是司马迁写的,因为它里面包含"谈"字,这样做会违反在使用父名上避讳的禁忌。张大可指出,虽然某些篇章或是提到与司马谈那个时代的人有着直接联系,或是在其他方面更像是司马谈自己的作品,问题仍然笼罩在重重迷雾之中。人们相信司马谈是《史记》创作工程的设计师,并在某种意义上是《史记》的"合著者",不过,根据今日可以得到的材料,他实际创作了哪些内容仍是不能确定的。不过,如果人们一致同意司马迁有着出于孝心的敏感,从而避免使用其父的名讳,那么,我们很自然地能作出以下推测,也就是,他可能在《太史公自序》中,将完成于其父之手的那些篇章列述出来。事实是,他一篇也没有列。

474

---

① Bernhard Karlgren, 'Sidelights on Si-ma Ts'ien's Language', *Bulletin of the Museum of Far Eastern Antiquities*, 42(1970), 297. 关于助手们可能扮演的角色,参见 William H. Nienhauser, Jr., 'A Note on a Textual Problem in the Shih chi and Some Speculations concerning the Compilation of the Hereditary Houses', *T'oung Pao*, 89(2003), 39-58。

② 参见班固对司马迁秘密编撰武帝本纪的评论(以及颜师古[公元 581—645 年]的理解),《汉书》卷一〇〇(下),第 4235 页(正文与注 3)。

③ 参见张大可:《司马谈作史考论述评》,《史记研究》(北京,2002 年),第 54—66 页。

司马迁谈自己史书的创作引起的一个相关问题是《史记》的篇幅问题。在《太史公自序》中,司马迁说道,他这本书有526500字,不过今日通行版本的容量要比这大得多。[①] 这个问题的答案还是要到《史记》在历代流传的历史中去寻找,本章的下面一个部分会对此进行讨论。

司马迁完成了《史记》吗? 对绝大多数读者来说,答案是肯定的。不过,看起来,《史记》中的某些篇章(包括叙述汉代以前历史的篇章)在编排上颇有不足,以至于我们能想到,太史公可能并未有时间对它们加以修饰。[②] 在完成《史记》写作的过程中,司马迁告诉我们,他留下了两个版本:原本"藏之名山",副本"副在京师"。[③]
这些副本是写在丝绸上,还是竹片、木条上? 它们最初是用什么书体写成的?[④] 对这样一部长篇著作来说,我们可以设想,它不是用那时的"隶书"写成的,它使用的可能是裘锡圭所谓的"草书"。[⑤] 原本的副本是怎样做成的? 此事如何影响了《史记》文本的传播? 哪

475

---

① 参见陈直:《汉晋人对史记的传播及其评价》,《司马迁与史记论集》(西安,1982年),第221页。陈直估计现存《史记》版本大约有600000字。

② 这看似是卷九六(参见 Nienhauser,'Tales of the Chancellor[s]')、119(参见 Nienhauser,"A Reexamination of 'The Biographies of the Reasonable Officials'")以及卷九五、九八的情况。

③ 这两部手稿最终存放何处引起了大量猜测。华兹生所谓"名山"指(通过暗示)帝国档案馆的说法(Watson, *Ssu-ma Ch'ien*, *Grand Historian of China*, 214 n. 93)看似是有问题的,因为司马迁说副本在京城,根据人们推测,也就是在帝国档案馆(《汉书》卷六二,第2724页)。颜师古并未确定"名山"的具体位置,不过他评论说(《汉书》卷六二,第2724页,注10):"(副本)藏于山者。备亡失也。其副二本乃留京师也。"陈直(《汉晋人对史记的传播及其评价》,第215页)也认为,"名山"指的是司马迁的故乡韩城。

④ 王肃在与魏明帝(即曹叡,公元226—239年在位)问答时,就司马迁与汉武帝的关系作了评论,在其中,人们能找到支持《史记》副本是写在木条或竹片上的证据。王肃解释说,当司马迁在编撰史记时,武帝"取孝景及己本纪览之,于是大怒,削(竹片)而投之"(《魏书》,《三国志》卷一三,北京,1959年,第418页)。

⑤ 隶书又名"佐书"(意为"起帮助作用的书体")或"史书"(意为"史官所用的字体"),参见 Qiu Xigui, *Chinese Writing*, trans. Gilbert L. Mattos and Jerry Norman (Berkeley, 2000),125。有关"草书",参见同上书,第133页。

一个版本,原本还是副本,传到了我们手中?

文本的演变史

上述问题引导我们对《史记》的文本演变史作出探讨。从司马迁留下其《太史公书》的两个副本开始,该书的文本问题就产生了。[①] 无论司马迁历史著作的两个副本是否都成于他本人之手,或是有其他人参与了 100 多万字的书写工程,复录过程中出现错误都是在所难免的,这导致了两个有司马迁亲笔字迹的《史记》版本的产生。这样,至少在汉代,就有可能存在着两部同样突出的《史记》的文本演变史。

班固在司马迁传的末尾为此项讨论设置了一个起点:"迁既死后,其书稍出,宣帝(公元前 73—前 49 年在位)时,迁外孙平通侯杨恽(盛于公元前 65—前 55 年)祖述其(外祖父之)书,遂宣布焉。"[②] 在这段话里,有两个疑点。其一,"稍出"(意为"逐渐为人所知")。华兹生将它译作"逐渐现身于人间",[③] 此种翻译从字面上看是正确的。不过,在汉代,这对一本"逐渐现身于人间"的"书"来说意味着什么呢? 这可能意味着,杨家是将某些篇章而非整部著作流传到外面去,给那些感兴趣的人群。杨海峥认为这就是事情的真实状况。[④] 如若此项假设为真,那么,在汉代(还可能在以后的时代),《史记》可能是一篇一篇地在人们中间流传的。它可能是扎成捆的文献(哪怕是复制在丝帛上的),这样,一小部分一小部分传播《史

476

---

① 最近的两项研究成果对我们的讨论贡献颇大,它们是张玉春的《〈史记〉版本研究》(北京,2001 年)、杨海峥的《汉唐〈史记〉研究论稿》。

② 《汉书》卷六二,第 2737 页。

③ Watson, *Ssu-ma Ch'ien*, *Grand Historian of China*, 67.

④ 参见杨海峥的《汉唐〈史记〉研究论稿》,第 6 页。杨海峥推论说,对一些篇章在《史记》文本演变史上的一些早期阶段流失而言,此种一点一点将《史记》流出的做法是此事发生的一个原因。

记》的说法看似是说得通的。① 第二个颇令人匪夷所思的词语是
"祖述"。华兹生有关该词的译法是"努力传播并让人知道司马迁
的书"，不过，这样的理解看似完全忽略了"祖"，而将"书"的意思扩
展为"传播并让人知道"。"祖"可能意为"尊如先人"，书则有"传
播"、"说明"或"记录"的意思。这样，上面那段话可以理解为："在
司马迁死后，其书渐渐浮现人间。在宣帝时，他的外孙平通侯杨恽
恭恭敬敬地传播他的（外祖父的）书，最终，它由此而广为流传。"
"书"的如此含义（就好比孔子的名言"述而不作"，意为"我传播但
不创作"）或许显示出杨恽为皇帝复录了这部著作。无论如何，杨
恽是在效法孔子，后者在《中庸》（意为"中的信条"）里据说是"祖述
尧舜"（意为"我将尧舜的道理传承下去"）。② 不管杨恽对《史记》做
了什么，该书在他手上的事实加强了陈直看法的说服力，陈直认为
《史记》原本所藏的地方——"名山"——实际上就是司马家。③

　　大约在杨恽"公布"《太史公书》后 100 年，④班固指出，虽然该
书流播甚广，却有 10 卷书散佚不见。⑤ 班氏家族看似拥有全本的
《史记》。吕宗力提出，《史记》在整个汉代晚期与晋朝时期都有流
传，而班彪创作了一部他本人所说的《史记》续篇。到徐广的时代，

---

① 关于此，更进一步的证据见于汉光武帝（公元 25—57 年在位）给窦融的赏赐
（Rafe de Crespigny, *A Biographical Dictionary of Later Han to the Three
Kingdoms* [23 - 220 AD] [Leiden, 2007], 166 - 169)，也就是《史记》中不同的
三卷书（《后汉书》卷二三，北京，1965 年，第 803 页)；亦见于明帝（公元 58—75
年在位）于公元前 69 年给王景（盛于公元 60—85 年）的奖赏（de Crespigny,
Dictionary, 818 - 819)，那是《史记》中的《河渠书》一文的副本，以酬王景将一些
水道与黄河连接之功（《后汉书》卷七六，第 2465 页)。
② James Legge, *The Chinese Classics* (Hong Kong, 1967), 1: 427. "书"或许还有
"说明"的意思，在这种情况下，杨恽或许是"(向皇帝)对该书作了说明"，以调和
"司马迁书中的某些内容是对汉皇室的批评"这样的看法，特别是与武帝、景帝
本纪有关的内容。
③ 陈直:《汉晋人对史记的传播及其评价》，第 215 页。
④ 同上书，第 222 页。陈直已经证明，至少在公元 172 年这样早的时期，《史记》这
样的书名已被用于指称《太史公书》。
⑤ 《汉书》卷六二，第 2724 页。

有不同的《史记》手稿在流传。① 徐氏写作了最早的《史记》评注之
一,它常被裴骃在自己的《史记集解》(后来《史记三家注》[意为"三
家权威评注"]中的第一部)中加以征引,②徐氏手上至少有三个版
本的《史记》手稿。③

　　更进一步,如果照我们所设想的,有 10 卷书从绝大多数版本中
散佚,则有一种可能性,也就是绝大多数学者所拥有的都是残缺不
全的《史记》手稿,某些人手中所有的甚至是缩略版的《史记》。确
实地说,这并不是没有可能的,如果《史记》是通过口头方式传播,④
而某些学者只专注于其中某些篇章或主题的话。⑤ 在《晋书》卷
一〇一(意为"晋史",北京,1974 年,第 2645 页)中,刘渊据说能凭
记忆背诵许多典籍,不过,对《史记》《汉书》(意为"汉史")和百家著
作,他只是"综览"("通读")而已。换句话说,他研习并很可能记诵
下来的不过是《史记》或《汉书》中的部分内容罢了。⑥ 在《晋书》卷

---

① Lu Zongli, 'Problems concerning the Authenticity of Shih chi 123 Reconsidered',
　Chinese Literature,*Articles*,*Essays*,*Reviews*,15(1993),51 - 68。
② 有关徐广,参见 Scott W. Galer, 'Sounds and Meanings: Early Chinese Historical
　Exegesis and Xu Guang's *Shiji yinyi*', D. Phil. thesis, University of Wisconsin,
　2003。
③ 正如徐广的注解(《史记》卷一二三,第 3164 页)所说的:"其(大苑)东南有身毒国
　(印度)。身,或作'干',又作'讫'。"虽然我们无法确定是谁创制了这些手稿,或
　者,它们出自哪一个留有作者手迹的《史记》版本,陈直却已证明(《汉晋人对史记
　的传播及其评价》,第 217 页),《盐铁论》(意为"有关盐和铁的谈话",被认为是桓
　宽所作,约公元前 74—前 49 年成书)中所引的《史记·货殖列传》与今日通行的
　《货殖列传》有很大不同。虽然有许多原因能解释引文与《货殖列传》本身的差异,
　陈直给我们提供的可能性是,今日通行的《史记》版本源于杨恽在这时逐渐散播
　出去的"名山"版,而《盐铁论》所依赖的则是藏于帝国档案馆的版本。
④ 有关《史记》的口头传播,参见 William H. Nienhauser, Jr., 'Introduction', in
　The Grand Scribe's Records, vol. 8:*The Memoirs of the Han Dynasty*, trans. and
　ed. Nienhauser (Bloomington, Ind. , 2008)。
⑤ 这个过程与王安国(Jeffrey Riegel)就《诗经》在汉代早期的传播所提出的观点是
　相似的,参见王安国的 'Eros, Introversion, and the Beginnings of Shijing
　Commentary', *Harvard Journal of Asiatic Studies*,57(1997),145 n. 8。
⑥ 这可能解释了为什么收在日本图书集中的、来自唐或六朝的《史记》早期手稿全
　都是单篇的一些残段。

四三(第 1232 页)中,有说到张华精于解《史记》《汉书》的地方,我们可以设想,这同样是指着这些史书的部分内容而言的。不过,无论文本传播的方法如何,到张辅(盛于公元 300 年)的时代,《史记》已被说成是"50 万言"的一本著作。①

《史记》最早的副本是藏于日本的该书若干篇的残稿,还有在敦煌洞窟中发现的该书若干篇的残存部分,它们都源自唐代。② 其他两部权威的《史记》评注(除《史记集解》以外)同样是在唐代成书的(公元 8 世纪早期),司马贞和张守节各自编撰了《史记索隐》与《史记正义》。司马贞重点注意解义、纠偏(纠正裴骃评注中的某些看法)的问题;张守节的评注则特别以解释早期人名、地名为关注焦点。③

《史记》首个现存的完整印本是在北宋王朝时期制成的。某些早期的《三家注》版本只包含简短的《史记》原文引文,其后是相关的评论,虽然如此,在宋朝,将传统的三家注解与全部《史记》原文融合起来成为普遍的做法。最重要的宋本包括:(1)黄善夫本,作为《二十四史》百衲(意为"百块补丁")本的组成部分印制(公元 1190—1194 年);(2)北宋景佑(国子)监(意为"北宋公卿大夫子弟的学校")本(公元 1034—1037 年)。

还有其他三个具有重要意义的传统版本:(1)凌稚隆(盛于公元 1576—1587 年)的《史记评林》(意为"有关《史记》的大量评论汇集"),出版于公元 1576 年;(2)公元 1739 年武英殿(帝国印刷局)出版的《史记》版本;(3)公元 1867 年出版的金陵书局本。在这些传统版本中,独有《史记评林》包含大量评注(以"眉批"或加在每页

478

① 《晋书》卷六〇,第 1640 页。现在的《史记》通行版本大约有 60 万字。
② 有关藏于日本的手稿,参见贺次君:《史记书录》(上海,1958 年)。有关在敦煌发现的三份《史记》残篇,参见张玉春:《敦煌莫高窟藏〈史记〉唐写本考》,《敦煌研究》第 68 卷第 2 期(2001 年),第 113 页。
③ 朱东润(公元 1896—1988 年)《史记考索》(香港,1974 年)对唐代许多其他的《史记》评注者作了讨论。也见 Nienhauser, *Grand Scribe's Records*,xiii. 420 - 425。

顶部的注解的形式），除了传统上的三家外，主要是明朝各注家的评注。

　　金陵书局本意欲作为批判性版本取代所有的早期版本。这项工程启动于公元 1864 年，主持者为曾国藩，其目的是取代那些在太平天国之乱中遗失的文本。主持修撰《史记》新版的人是张文虎，他主要以明王延喆编辑的版本为新版的基础。张氏的校订部分建立在他有过实际探究的其他版本的基础之上，另一方面，也考虑到了钱泰吉就某些张氏未曾见到的版本所作的注。① 另外，他通常显示出以梁玉绳注解（在《史记志疑》中）为唯一基础进行阅读的偏好。② 尽管张文虎新版含有大量的注解，他本人却并未有门径得窥百衲本或景佑监本。他的工作对现代的《史记》研究产生了很大的影响，因为它是现在最通用的中华书局《史记》版本（10 卷，1959年）的底本。③

文本的意义

　　如果名言"一家之言"指"某一家族的理解"，这些"理解"在《史记》这样的历史著作中是如何表达出来的呢？ 文本的意义能在文本的结构与内容二者中找到。在结构上，司马迁将"意义"寓于以下几个方面之中：（1）每卷末尾的史家评论，以及史家对每卷写作缘由的解释（在《太史公自序》中被列述出来）；（2）《史记》的整体结构，从"本纪"到"列传"，很明显，它有意让人们依顺序从卷一读到卷一三〇；（3）五个主要部分即"本纪"、"年表"、"书"、"世家"、"列

479

---

①　钱泰吉的学生唐仁寿（公元 1829—1876 年）参与了编撰新版早期阶段的工作，由此，钱的注解有可能是唐介绍给张文虎的。

②　有关张文虎编撰《史记》新版的方法和材料，参见 Nienhauser, *Grand Scribe's Records*, vol. 2: *The Basic Annals of Han China*, trans. and ed. Nienhauser (Bloomington, Ind. , 2002), pp. xxxiii‐xlvii.

③　有关该版本的编撰，参见 William H. Nienhauser, Jr. , 'Historians of China', *Chinese Literature*, *Articles*, *Essays*, *Reviews*, 17(1995), 207‐217。

传"的内容编排。在内容上，太史公以对话、主题、衬托、遗失省略（与叙述相对）等方式，将他自己的评断表达清楚。

《史记》大部分内容是在历史演进的过程中完成的，虽然如此，某些学者认为，在司马迁受宫刑后，他将自己对武帝及其政策的不满融入了他对当时政治的描述中了。在《太史公自序》中，当壶遂问司马迁他的创作目的时，后者否认自己的著作受到了人们所推测的孔子加于《春秋》身上的那种深层涵义的影响。不过，在下面一段话中，有一点看似很清楚，也就是司马迁所做的就是孔子的那套：

> 于是（太史公）论次其文。七年而太史公遭李陵（事件）之祸，幽于缧绁。乃喟然而叹曰："是余之罪也夫。是余之罪也夫！身毁不（再次受）用矣！"退而深惟曰："夫《诗》（意为'诗歌经典'）、《书》（意为'受尊崇的文献'）隐约者，欲遂其志之思也。昔西伯（周文王）拘羑里，演《周易》（《易经》的别名，意为'有关变易的经典'）；孔子厄陈、蔡，作《春秋》；屈原放逐，著《离骚》；左丘失明，厥有《国语》；孙子膑脚，而论兵法（意为'战争艺术'）；（吕）不韦迁蜀，世传《吕览》（意为'吕氏春、秋编年录中的考察'）；韩非囚秦，（他创作了）《说难》、《孤愤》（这些篇章）；（与《诗》三百篇（一道），大抵贤圣发愤之所为作也。此人皆意有所郁结，不得通其道也，故述往事，思来者（能理解它们）。"[1]

司马迁扬言不将孔子灌注在《春秋》中的那种政治涵义融入自己的著作中，不过，上面一整段话对此形成了一种讽刺，[2]因为"退而深惟曰"这句话让人们想到了《论语》（第十一篇第二十六章），其中说，孔子问门下的三位学生，如果他们遇到一位"知道他们的价

---

① 《史记》卷一三〇，第 3300 页。

② 有关司马迁与孔子的关系、他自己所记录的他与其他中国早期英雄人物的共同处，参见 Durrant，*The Cloudy Mirror*。

值"("知")的统治者,他们会怎样做。在两名学生用政治辞令回答孔子后,曾子回答他只想在一条河中沐浴,并享受和风的吹拂。对此,孔子"喟然叹曰"并出言表示嘉许。这样,司马迁看似与孔子一样,在他入狱并受身体上的刑罚之后,对政治产生了幻灭感。他感觉到自己无可再用("不用")且"无力贯彻自己的意图"。不过,他仍然能像旧时的圣人一样,"释放自己受到压抑的悲愤情感"("发愤"),寄希望于"来者能理解它们"。"发愤"一词在《太史公自序》中的另一处也有出现,是在司马迁谈及其父之死的地方:"是岁(公元前 110 年)天子始建汉家之封,而太史公留滞周南(洛阳),不得与从事(皇帝),故发愤且卒。"①此处的"愤"可能指涉武帝的政策,或司马谈在武帝那里所受的对待,或司马谈未及完成的历史写作事业。无论如何,在谈到汉武帝时,由于自身不幸的遭遇,司马迁是有可能承继这种"愤"之情感的。

　　前面已经指出,司马迁将某种结构上的意义寓于《史记》五大部分的内容编排中。"本纪"和"年表"形成了基本的编年体系,"书"特别是"世家"、"列传"可以往里面安置。在五大部分中的最后两大部分里,人们可以查验到更小的"意义"单元的存在。这样,我们可以说,卷三〇～四二讲述了周朝前半期各地区的历史;卷四三～四七叙述了战国的历史;卷四八谈及反秦起义;卷五〇～六〇,汉室诸王与大臣;卷六一～六六,周朝早期与"汉室诸王与大臣"相对应的人物角色;卷六七～七三,秦逐渐吞灭其他六国;卷七四～八四,战国晚期卿相及其顾问;卷八五～八八,秦的兴衰;卷八九～九四,汉高祖手下的反叛将领;②卷九五～一〇〇,高祖的忠臣;卷一〇一～一〇四,汉帝国早期那些皇帝手下的杰出官员;卷一〇七～一〇八,司马迁时代的政治家;卷一〇九～一一二,匈奴问题;卷一一三～一一六,汉朝的四邻;卷一一七～一二二,汉武帝

① 《史记》卷一三〇,第 3295 页。
② 关于全书内容的这些具体划分,我采纳了华兹生所使用的相关术语(*Ssuma Ch'ien, Grand Historian of China*)。

时的文化、政治人物；卷一二四～一二九，数篇群体性的人物传记；卷一三〇，《太史公自序》。

在每卷末尾的总结性评论以及司马迁所列述的每卷写作缘由（见《太史公自序》）中，人们可以窥见作者的用心。比如，在《项羽本纪》的评论中，司马迁强调了导致项羽之失败的是他本人而非其所宣称的天。这个主题——个人及其行动在决定历史事件方面的重要性——在《史记》全书中都有讨论。[①]《叔齐伯夷列传》（卷六一）是整个"列传"部分的开篇，某些贤人的事迹未被人们精心传承下来，而这篇《列传》就强调了记录有关这些贤人的传说的重要性。在接下来的卷六二（《管仲晏婴列传》）中，司马迁引用了一句古话来评价管仲与其君主齐桓公之间的关系，这句话同样能用在他自身与汉武帝的关系上："将顺其美，匡救其恶，故上下能相亲也。"在解释伍子胥选择存活下来而非作无谓牺牲解救其父伍奢时，司马迁为自己所作的决定进行了辩护，他选择接受宫刑，而不是像人们对受类似刑罚者的期望那样，结束自己的生命："向令伍子胥从奢俱死，何异蝼蚁。弃小义，雪大耻，名垂于后世，悲夫！"[②]（引自司马迁对卷六六的评论）这个观念作为结论对《廉颇蔺相如列传》（卷八一）作了回应："死非难事，以死来作成好事为难。"司马迁还有一个违背正统的做法，也就是将刺客或游侠的列传包含进《史记》中，此举受到了许多人的批评，其始作俑者当数班固。对这种做法，我们应注意到这些人因"不欺其志"而"名垂后世"（司马迁对卷八六的评论），这可以为此种做法提供解释。有关国家兴衰的主题，司马迁对两篇"世家"的评论同样道出了他那个时代汉朝政治的状况：齐国由于齐桓公的"善政"而享有霸权，并"（有）大国之风"（卷三二）；小国陈则因其统治者奢华的生活方式和"并未在统治中建立

---

① 关于全书内容的这些具体划分，我采纳了华兹生所使用的相关术语（*Ssuma Ch'ien, Grand Historian of China*），第 8 页（探讨的是司马迁所认为的人对历史的影响）。

② 参见 Durrant，'Dying Fathers and Living Memories,' *The Cloudy Mirror*，71 - 98。

美德"而灭亡(卷三七)。①

虽然司马迁从未公开将这些前例与他那个时代联系起来,但他牵引着读者这样做。举例来说,在司马迁的安排下,韩安国说出了司马本人对武帝之积极进击匈奴游牧民族政策的评价:

> 千里而战,兵不获利。今匈奴负戎马之足,怀禽兽之心,迁徙鸟举,难得而制也。得其地不足以为广,有其众不足以为强……汉数千里争利,则人马罢,虏以全制其敝。②

此种反对意见在与匈奴有关的篇章(卷一〇九～一一二)中重复出现数次,其中最具说服力的见于主父偃的传记(卷一一二)。与司马迁一样,主父偃也小心谨慎地将自己最强烈的反对意见回溯到秦时的前车之鉴,从那里开始说起。在汉朝与匈奴交锋数年后,主父偃写道:"宿兵无用之地,进而不得退。行十余年,丁男被甲,丁女转输,苦不聊生,自经于道树,死者相望。"③

除以上外,这样的一些主题(或经常出现的比喻)有助于司马迁将自己的评断表述清楚:(1)支持和赞扬贤士,无论其社会身份(参见卷六二、八六),他们通常疏财仗义或宽容大度(比如愿意原宥别人的过犯);(2)忠于朋友,特别是那些"知己"的朋友(卷八六);(3)配对人物的列传(特别是"类传"当中的这类传记),以及《屈原贾谊列传》(卷八四)这样的传记;(4)通过拒绝在《史记》中对其加以描述从而直接批评某人或某事。如我们在上面所指出的,在武帝统治时期的 12 位丞相中,有 8 位由于并未在自己的任职生涯中建立美德,故此,在《史记》中无传。同样,那些与太史公之通盘考虑当中的项目不相符的历史事件,也未被记录下来。④

482

---

① 《史记》卷三二,第 1513 页;卷三五,第 1574 页。
② 《史记》卷一〇八,第 2861 页。
③ 《史记》卷一一二,第 2958 页。
④ 参见司马迁对张良的评论:"(留侯)所与上从容言天下事甚众,非天下所以存亡,故不著。"(《史记》卷五五,第 2047—2048 页)

乐维（Jean Levi）将司马迁写作《史记》的目的概括如下：（1）探索列国兴衰之道；（2）展示自己的文学才能；（3）记述那些未被歌颂的英雄；（4）为自己受辱之后未自杀以成就一件体面的事作辩护。①虽然各个时代的学者都已指出了这四个目标并详细讨论了司马迁达到这四个目标的方法，成百上千年来，读者并不总是能获知更多的信息。许多《史记》早期版本中的旁注让我们看到，那时的读者通常以数量相对较少的若干篇章（通常是相同的 15 到 25 卷书，全部来自"列传"部分）为关注重点，以此而偏离了《史记》的整体架构与意义，并进而忽略了所有其他的内容。②这导致了《史记》的早期"选本"（意为"选集"）的产生，比如吕祖谦《十七史详节》中的《史记》选本（约公元 1170 年，20 卷）、杨慎的《史记题评》（约公元 1550 年，8 卷），最著名的选本可能是姚祖恩③的《史记精华录》（公元 1824 年，6 卷）。凌稚隆可能是规模最大的《史记》版本的编撰者，除此之外，他还是《史记》某选本《史记纂》的编者。在该书前言（3 [上]—[下]）中，凌稚隆指出，在他旅行时，《史记》由于篇幅太大而不能携带身边，故此，他将自己喜欢的篇章笔录下来。而后，某个朋友见到笔录的手稿，他发现这是一个很好的选本，因而印制出来。

与这些古代学者挑出来的篇章相似的一些《史记》章节，至今仍是在中国全境的教室、家庭里最常被阅读的那些章节。王伯祥的《史记选》（1955 年）、杨宪益与戴乃迭以《〈史记〉选》（*Records of the Historian*，1974 年）为名的英文选译本是最广为人知的事例。最近出现的一个现象是，将司马迁笔下的某些人物凸显出来的电视连续剧颇为流行，它帮助了《史记》选本的出版。④

① Jean Levi, 'Les Memoires historiques de Sima Qian ou l'histoire rattrapee par la roman', in id., *La Chine Romanesque* (Paris, 1995).
② 就好比西方读者以前以及今后阅读《圣经》的状况。
③ 他在公元 1784 年中进士。
④ 有可能的是，更早的《史记》选本在前现代的出版同样受到了说故事或戏剧表演活动（以某些《史记》人物或事件为内容）的影响。

大事年表/关键日期

约公元前 1500—前 1045 年　　商朝

约公元前 1045—前 771 年　　西周王朝

公元前 770—前 256 年　　东周王朝

公元前 770—前 481 年　　春秋时期

公元前 480—前 221 年　　战国时期

公元前 221—前 206 年　　秦王朝

公元前 202—公元 8 年　　西汉王朝

主要史料

The Grand Scribe's Records, trans. and ed. William H. Nienhauser,
　　Jr., 6 vols. (Bloomington, Ind., 1994 – 2010).

Les Memoires historiques de Se-ma Ts'ien, trans. Edouard
　　Chavannes, 6 vols. (Paris, 1895 – 1905; vol. 6, 1969).

Records of the Grand Historian, trans. Burton Watson, 3 vols.
　　(rev. edn., Hong Kong/New York, 1993).

Records of the Historian, trans. Yang Hsien-yi and Gladys Yang
　　(1974; repr., Hong Kong, 1985).

顾颉刚编:《史记》(10 卷,北京,1959 年)。

凌稚隆辑校:《史记评林》(5 卷,重印本,台北,1992 年)。

泷川龟太郎编,水泽利忠校补:《史记会注考证附校补》(2 卷,上
　　海,1986 年)。

Vyatkin, Rudolf V., *Istoricheskie zapiski* ('*Shi tszi*'), 7 vols.
　　(Moscow, 1972 –　).

484 **参考文献**

Durrant，Stephen W. ，*The Cloudy Mirror：Tension and Conflict in the Writings of Sima Qian*（Albany，1995）.

Van Ess，Hans，'Praise and Slander：The Evocation of Empress Lu in the *Shiji* and the Hanshu'，*Nan Nu*，8（2006），221 - 254.

Hardy，Grant R. ，*Worlds of Bronze and Bamboo：Sima Qian's Conquest of History*（New York，1999）.

贺次君:《史记书录》(上海,1958 年)。

Hulsewe，A. F. P. ，'Shih chi'，in Michael Loewe（ed.），*Early Chinese Texts：A Bibliographic Guide*（Berkeley，1993），405 - 414.

Li，Wai-yee，'The Idea of Authority in the Shih chi（Records of the Historian）'，*Harvard Journal of Asiatic Studies*，54（1994），345 - 405.

梁玉绳:《史记志疑》(3 卷,北京,1981 年)。

Loewe，Michael，*A Biographical Dictionary of the Qin，Former Han，and Xin Periods*，221 BC - AD 24（Leiden，2000）.

Schaab-Hanke，Dorothee，'Die Macht des Schreibers（shi）：Geschichtsschreibung und Exegese im Shiji'，*Acht Studien*（Hamburg，2004）.

Watson，Burton，*Ssu-ma Ch'ien，Grand Historian of China*（New York，1958）.

屈伯文 译 陈 恒 校

第二十章　汉史著作

杜润德(Stephen W. Durrant)　文

最近一本写中华早期帝国的书指出："最早的王朝秦、汉时期，对中国文化进行了一次根本性的重塑。"①其中后面那个王朝——汉朝(公元前202—公元220年)——的统治时期,历史写作在文化的重塑上发挥了关键作用。后来以《二十四史》("正史")闻名的那套史学巨献中时间最早的两部史书、传统中国史学研究的中坚,即在汉朝时期成书。这两部史书中,时间更早的是《史记》(意为"史官的记录")。它是一部覆盖约2500年历史的通史著作,从神话中的黄帝时代,一直讲到汉武帝在位晚年。就时间跨度之长而言,《史记》在一众正史著作中可谓独领风骚。第二部伟大的汉代史书是班固的《汉书》(意为"汉史"),其覆盖的时间段只是从汉兴(公元前3世纪末)到"篡位者"王莽之死这个时期,它是后世"断代史"(意为"只叙述某个时期历史的史书")或我们通常所说的"朝代史"的原型。为了全面了解班固之历史研究的背景,我们应先跳过《汉书》,对第三部权威史书、范晔的《后汉书》(意为"后汉史")进行探讨,它覆盖的历史时期从王莽之死(班固记史的终点)到两个世纪后的汉代灭亡。范晔处于一个很好的写作位置,他是六朝时代的人,其时他的作品所覆盖的历史时期与其相距甚远。汉代之后政治分裂的年代见证了用多种形式写成的史作像洪水一样地涌现。

---

① Mark Edward Lewis, *The Chinese Empires*: *Qin and Han* (Cambridge, Mass. and London, 2007),1.

来自这个时期的一部这样的史作是陈寿的《三国志》（意为"有关三个王国的历史记录"），它后来也被列为正史之一。在这里，我们只能对这样重要的史学发展成果略微提及，因为它们让我们跳出了汉朝的界限（无论是它们所覆盖的时间范围还是它们自己的创作年代）。相比之下，范晔完成的是有关汉代的正史著作，这个朝代是我们必须十分重视的，它不仅仅是中国文化得到史无前例之重塑的时代，也是传统中国历史写作的发展史上最重要的一个时代。

在司马迁死后最初数十年的时间里，《史记》文本的演变史，我们只知道个大概，不过就在这些许的信息中，也透露了许多《史记》在后来流传的情形。班固说，在司马迁死后，史记"稍出"，而司马迁的外孙杨恽是该书主要的传播者。[1] 有些人表达了希望该书能自由流通的愿望。在约公元前 32 年，统治东部东平小王国的那位皇室宗亲来朝，并请求复录一些哲学文献，还有《史记》。权势显赫的汉朝将军王凤建议新立的成帝（公元前 33—前 7 年在位）拒绝其复录司马迁《史记》的请求，因其"有战国纵横权谲之谋"。[2] 虽然存在这样的保守立场，《史记》在西汉王朝最后数十年、王莽统治时期、东汉早期的数十年却仍然对学者们有着强大的吸引力。有名的唐代史学理论家刘知几列出了 15 位创作司马迁《史记》续篇的学者，他们将该书的内容扩充到哀帝（公元前 7—前 1 年在位）、平帝（公元前 1—公元 6 年在位）时期。在刘知几罗列的创作《史记》续篇的人物表中，有目录学家、文献编撰专家刘向和刘歆父子，以及哲学家兼诗人扬雄这样的著名人物。[3] 所有这些著作都已散佚，刘知几本人是亲见过它们抑或仅仅通过间接渠道对其有所了解，仍是没有明确的答案。杰出的六朝学者、博学之士葛洪曾说，刘歆的《史记》续篇是《汉书》大部分内容的材料来源，不过现在我们

[1] 《汉书》卷六二（北京，1962 年），第 2737 页。
[2] 《汉书》卷八〇，第 3324—3325 页。
[3] 《史通》，外篇第二。

已难以对此说法作出评判了。①

班彪对《史记》的续写与批评

　　最引人注目的《史记》续篇是班彪创作的,他是伟大的史学家班固的父亲。据他们自己的说法,班氏家族是南方的楚国一个贵族家庭的后代。在秦于公元前 223 年吞并楚时,这个家族被迁徙到北部边疆,在那里,他们很明显获得了可观的财富与地位。班彪的祖父班况作为一位"孝廉"被举荐给汉政府,并受职京城。在况之女班婕妤被选入宫成为汉成帝的一位妃嫔并最终跃升至"最受宠的妃嫔"的地位后,班家的运命进一步见长。此时身为外戚的班氏家族从他们与掌控天下的刘氏家族的亲密关系中获益良多。班婕妤的一个兄弟、班彪的伯父班伯被召入宫,与年轻的皇帝一道学习,并以其古典学问、姣好容貌而受到称赞。伯之弟班斿就其本身来说,很明显是一个有天赋的学者,他奉命协助刘向,编校帝国档案馆中的图书。斿的工作令龙心大悦,因此而受赐某些档案馆图书的副本,它们令班家的私人图书馆成为吸引四方学者的一个地方。②

487

---

①　《抱朴子》说:"家有刘子骏汉书百余卷。欲撰汉书,编录汉事沫得成而亡,故乃无宗本,但杂录而已。试以考校班固所作,殆是全取刘书,其所不取者二万余言而已。"绝大多数学者对这条材料不予采信,他们不认为班固吸收了更早时刘歆之著述的大部分内容。不过,钱穆接受了这个说法,他指出,学者有时拒绝的是对这条材料的另一种可能的解读:"我尝试进行编校,发现班固书中几乎所有的内容都是从刘歆著作那里来的。"这样的解读让葛洪的说法几乎成了荒谬之谈,而另一种解读,即班固吸收了刘歆的零散记载,是可信的。参见钱穆:《中国史学名著》(1973 年;重印本,台北,2001 年),第 89 页。

②　有关班氏家族迷人历史的更多细节,参见 Anthony E. Clark, *Ban Gu's History of Early China* (Amherst, NY, 2008),61 - 91;Michael Loewe, *A Biographical Dictionary of the Qin, Former Han and Xin Periods*, 221 BC - AD 24 (Leiden/ Boston, 2000),4 - 6;Otto B. van der Sprenkel, *Pan Piao, Pan Ku, and the Han History* (Canberra, 1964);陈其泰、赵永春:《班固评传》(南京,2002 年)。不过,我们应当铭记于心,有关班家历史的主要资料是班固自己提供给我们的,见《汉书》卷 100。

有一件事，它令班氏家族的历史变得有些复杂，而又可为我们理解该家族最后编成的汉史著作的某些特征提供帮助。这件事也就是班家在王莽篡权及其短暂的新朝时期（公元9—23年）的种种经历。在幼年时，班斿、班稚（班彪之父）均与王莽过从甚密，那时的王莽与他们一样，是个外戚。不过，班稚拒绝大肆渲染对王莽有利的种种预兆导致了班家地位的衰落，这在事实上可能挽救了这个家族，使之未与"篡权者"发生进一步的关系。在王莽统治末年的政治角逐中，班彪先是依附于隗嚣（卒于约公元33年），而后又跟从窦融。班彪的儿子向我们保证，通过所有这些措施，班彪仍保持着对汉朝的忠诚，该"保证"在很大程度上是为了维护家族以后的名声。有一次，隗嚣问班彪，如果汉帝国分裂为多个邦国，会有一位"霸主"获得统治权吗？对此，班彪作了一篇名为《王命论》的文章，文中持支持刘氏家族和汉室复兴的立场。后来，班彪劝窦融与刘秀联军，后者即是复兴汉室及汉家统治的光武帝（公元25—57年在位）。这些事件具有重要意义，因为它们强调了班氏家族对刘氏统治的支持（这在班固的史书中亦有所反映），且因为彪、融之间的关系令窦、班两家的关系长期维持下去，而这在最后破坏了刘、班两家的关系并导致了班固悲剧性的死亡。

虽然支持刘氏复兴，班彪在新政权中只不过得到了一个闲散的职务。这可能让他有时间将目标转向历史写作，并投身到后来几乎成为家庭手工业的续作《史记》的事业中去。奇怪的是，班固对其父早期的历史研究未发一词，由此而使得后世学者将"抹去父名"的不孝恶行归在他头上。① 在此之后很久范晔所写的班彪传记中说，后者当时所忧虑的是他本人以前续写《史记》的尝试无不存在欠缺，故此，他"采前史遗事，傍贯异闻，作后传数十篇"。② 范晔而后引用了班彪对自己的著作的总体解释，在其中，班彪还评价了

488

---

① 钱穆：《中国史学名著》，第91页。在这个方面，班固有时被人们拿来跟司马迁作比较，后者承认其父所付出的辛劳并说他自己的著作是从父命的产物。

② 《后汉书》卷四〇（北京，1965年），第1324—1325页。

司马迁的著作,也就是他要续写的那部史书。班彪的评论告诉了我们许多有关人们在后汉最初的数十年里对司马迁的看法的信息,它将会在班固本人对司马迁的评价中获得回应。虽然班彪以司马迁为精于叙事、"述序事理"且其著作涵盖的内容非常广泛,在以下三个方面,他却对《史记》文体、格式和思想意识等方面有所批评。

司马迁的文体被评价为往返重复,以至于书中内容可以无穷无尽地编写下去,而他在人物传记开头备述人名、生地的做法,则被批评为毫无实质内涵的套路。班彪论《史记》的整体格式时是持赞赏态度的,不过他在后来又指出,像项羽、陈涉、淮南王、衡山王这类人物的传记,是摆错了地方。虽然班彪并未直言不讳,我们还是可以得出一个结论,也就是他认为,作为秦亡至汉朝宣布建立这数年时间里中国的头号政治强人,项羽应该被放在"世家"或"列传"的板块中加以叙述,而不是跻身"本纪"之列。而在反秦起义中有首义之功的陈涉,应放在"列传"板块,而非安置在"世家"中。至于淮南、衡山二王,由于他们是汉室宗亲,故此,应列入"世家"行列,而非放在"列传"里。不过,激发了班彪最激烈批评的是班彪在思想意识层面对司马迁著作的思考:"(司马迁)崇黄老而薄五经。"《史记》中有两卷书被挑出来,受到班彪的特别批评:一是司马迁写的《货殖列传》(卷一二九),它"羞仁义而轻贫穷";一是司马氏的《游侠列传》(卷一二四),它"贱守节而贵俗功"。值得注意的是,班彪虽认为司马迁最大的功绩在于他的著作对汉代最初数十年历史的描述,不过接下来他就指摘"(司马迁)甚多疏略,不如其本",司马迁引用的有关汉代早期的材料中,有一份是陆贾今已失传的《楚汉春秋》(意为"楚、汉的春、秋编年录")。近期的一位学者认为,班彪的批评是重要的,因为它们标志着向批评史学之发展迈出的第一大步。在班彪之评论的作用下,史的范畴开始从"经"的范畴中脱离出来,此种"脱离"在后来的人物传记文学作品中渐渐得到了反映。① 班

489

---

① 逯耀东:《魏晋史学及其他》(台北,1998 年),第 79 页。在《汉书》的传记文章中,"史"被归入"经"的范畴下面,不过在《隋书》中,它成了一个独立的范畴。

彪对思想意识之纯洁性的坚持不应让我们感到大惊小怪，因为在他创作的时代，儒家规范比它们在两个世纪前得到了更深程度的捍卫，不过，他考虑的将过去的历史人物进行正确归类的问题，却可能让现代读者产生了困惑。不过，这在后来会持续地成为中国历史写作中的一个重要主题，刘知几后来有关历史人物之正确归类的大量叙述完全证明了这一点。① 这样的“考虑”应被视作更具普遍性的中国人之正确分类情感的组成部分，此种情感或许与孔子对“正名”（意为“对名的确认”）的强调有着松散的联系。除此之外，将历史人物进行正确编排与正确的统治者序列这个关键的政治问题是息息相关的。在力主将项羽从“本纪”中驱逐出去时，这一点肯定是班彪心中所想到的，这样，他就确保了从秦到汉的直接承继关系。

相比就司马迁所发表的言论，班彪关于自己的创作计划所说的话少之又少。他只是指出，他的著作只包括“本纪”和“列传”，而不会包含“世家”的板块。我们猜测，“世家”在他那里可能隐含着这样的意思：汉朝和战国时代一样，也是个四分五裂的世界。班彪的文章及其历史著作显示的只是《史记》给后来的汉代历史写作带来的影响究竟有多大。司马迁成为令后世众多史家同时产生或敬或恨情感的祖师爷。② 这个论断对班固来说尤其适用，一方面，他认同其父对司马迁的严厉评判，另一方面，他又复制了《史记》中的大量内容，放到自己的史书中。

有关班彪的著作，我们可以提出以下一些问题，即便我们承认，在真实的文本付诸阙如的情况下，我们的答案只具有试验性。第一个问题，班彪的历史著作，其篇幅、内容范围如何？ 如前所见，

---

① 对正确归类问题的考虑贯穿《史通》全书。相关的显著事例，参见《史通》，内篇第四（探讨的是“本纪”）。在其中，刘知几对哪些应该哪些不应该放入正史中的“本纪”部分，进行了深入的思考。

② 对于哈罗德·布鲁姆（Harold Bloom）所提出的文学史中的一个通用模式——“影响的焦虑”（'anxiety of influence'），无论人们对其看法如何，它似乎确实适用于此处谈到的问题。

范晔说班彪作书"数十篇"，其他人则说是 65 篇乃至"百余篇"。①
篇名可能暗示着它们是汉代重要人物的"列传"，不过，班彪对自己
著作的描述也保留了一种可能性，也就是，他还完成了汉武帝之后
数位皇帝的"本纪"。第二个问题，班彪引用了哪些材料？就我们
对《史记》和《汉书》的全部了解而言，它们能导出这样一个结论：不
表明材料来源如何而径直对更早时期的著作全盘引用是广为人们
接受的著史方法。这样，我们应该设想班彪是运用了他所能看到
的一切档案材料，除此之外，他还吸收了更早时候像刘歆、扬雄这
样的名家的著作。第三个问题，班彪到底有多少篇著作被收入了
其子班固的作品中？学者已经确认《汉书》中的五卷书有着清晰的
标记，揭示其来自更早时候班彪的著作。② 考虑到人们所设想的班
彪之工作所涵盖的范围，认为他对《汉书》的贡献远远不止于此是
并不让人感到奇怪的。正如司马迁从未告诉人们其父的工作到哪
里结束、他自己的工作从哪里开始，班固从其父的著作中引用任何
东西也同样是不置一词、径直而过。

班固与《汉书》之起源

作为一个历史学家，至少从班固本人所说的来看，他的事业有
一个非常不吉祥的开始。他生于公元 32 年，据大家所言，是一个
早熟的少年："年九岁，能属文诵诗赋，及长，遂博贯载籍，九流百家
之言，无不穷究。"③有某种迹象显示，他曾在太学学习，并与其父的
某位学生、伟大的哲学家王充成为朋友。在父亲于公元 54 年去世
后，班固遵从当时的孝子之道，回乡居丧。我们推测，最先是在这
个居丧时期，"固以彪所续前史未详，乃潜精研思，欲就其业"。他
的著作并非不闻于外，悄无声息。数年后，某人写信给汉明帝，报

① 陈其泰、赵永春：《班固评传》，第 62 页。
② Loewe, *A Biographical Dictionary of the Qin*, 4.
③ 《后汉书》卷四〇（上），第 1330 页。

告说班固正"私改作国史"。结果，班固被捕并下狱。班固的这个
罪名可谓稀奇。如我们在上面所见的，历史著述虽能当作政治上
的敏感材料来看待，但是，我们也指出了，许多学者，包括班彪本人
在内，他们续写司马迁的《史记》，一点事情都没有。我相信，政府
对班固之书的忧虑，并不是他创作了某些杂七杂八的人物传记，以
接续司马迁著作中那个很特别的部分，问题出在皇帝世系上。如
果班固从事过汉朝历代皇帝本纪的创作，无论他是修正司马迁的
成果，还是给并未包括于《史记》中的那些后来的汉帝作传，它都构
成了他遭逮捕的诱因。除此之外，还有另一种可能性。到那时为
止，汉代学者除了接续司马迁的工作、拜倒在这位前辈史家的权威
面前外，不敢越雷池一步。或许还在那样早的时候，班固就有了一
个新的计划：创作一种不同类型的历史著作——一部可以挑战自己
的前辈的历史著作。

　　经事实证明，入狱经历对班固作为一个历史学家的事业而言
有着至关重要的意义。它还显示了自司马迁时代以来，历史写作
如何发生了改变。作为对班固遭到逮捕的回应，他的兄弟班超送
了一封信给明帝（公元57—75年在位），而后亲自面见皇帝，说明
隐藏在其兄写作背后的意图。与此同时，班家所在的郡的地方长
官，将班固著作的某些副本呈送皇帝（这很可能是案件调查的一
个组成部分），结果，皇帝"甚奇之"。最后，班固不仅获得释放，还
被任为"兰台令史"（意为"兰花台的史官"，兰花台是位于洛阳宫
殿群的档案馆），受命与其他学者一起努力，完成汉朝再兴之后的
第一位皇帝、当朝明帝之父光武帝的本纪。班固后来被擢升为
"郎"，被派从事帝国图书馆图书的编校工作。这些努力所结出的
硕果不仅有光武帝的本纪，还有28篇光武帝统治时期的功臣的传
记。这些著述跳出了班固《汉书》的时间视域之外，后者的时间下
限是王莽统治时期。不过，它们被收入了另一本著作《东观汉记》
（意为"东观的汉史记录"）中，该书后来成为范晔《后汉书》的主要
材料来源。

　　班固在这些事上成功完成了任务，作为回报，"帝乃复使终成

前所著书"。① 由于这层关系，班固著《汉书》的工作成为官方的政府工程，这是在他之前的司马谈、司马迁父子的著作从未达到的状况。官史地位在多大程度上限制了班固的创作，对此，我们很难知晓。从某些方面来说，《汉书》是一部拥汉的宣传著作（参见下文），不过，在导致此事的原因上，班固自己的忠王倾向与政府的施压可能是不分轩轾的。范晔说，班固兢兢业业地从事此项工程，时间长达 20 多年，最终在新立章帝（公元 75—88 年在位）统治时的"建初中（期）"（公元 76—83 年）完成了《汉书》的写作。② 班固一生剩下的时光，多被其他工作占据，比如记录就经典文本之不一致的问题人们在白虎观展开的争论、参与和匈奴部落有关的政治军事活动（在这点上，他似乎被人们看作是专家一类的人）。不幸的是，班固对军事统帅窦宪的依附使他掉进执政的刘、窦两家长期纷争的漩涡中，这导致了他第二次下狱并于公元 92 年死去。到班固死时，《汉书》的某些部分仍未完成，他那才情横溢的妹妹班昭编完了书中的年表，而杰出的学者马续完成了有关天文学的论述。这样，如果人们认为班固将其父的某些材料融入自己的史书是有可能的话，那么，就今日《汉书》的实际情况而言，我们可以说，它在很大的程度上是一个家族工程。

492

班固《汉书》的主要特征

《汉书》有四个关键特点。第一个也可能是最重要的特点是，它是叙述一个朝代历史的史书。它从汉朝第一位皇帝高祖写起，终于王莽时期。后来有某些人将之称作"第一部断代史"。这种做法既对又不对。对的地方在于《汉书》并未越出一个王朝的界限，这点在上面已经指出。该书将王莽纳入其写作内容中，它所标示的王莽不是一个新王朝的创建者，而是一个篡权者。事实上，"本

---

① 《后汉书》卷四〇（上），第 1334 页。
② 同上。

纪"是循着合法的帝王序列而行的，它以平帝作为终点，至于王莽，则被降到了《汉书》的"列传"板块中。虽然如此，《汉书》在以下方面与绝大多数后来的断代史著作有所差异：它是还在施行统治的那个朝代尚未完结时便已成书的历史著作。班固的史书虽将西汉标记为一个有意义的历史单元，但他相信，刘氏复兴是对前汉时代的合法继承，他甚至认为刘氏家族的统治将永世长存。[1] 这样，实在来说，完成了汉史创作的史籍是范晔的《后汉书》，班固的著作只是完成了汉史创作的前半部分。史学理论家刘知几在将一种新的史学创作形式称为"断代史"时，他把握住了班固所作贡献的重要性。[2] "断代史"一词所隐含的关键意义并非班固在哪里歇笔，而毋宁是他从哪里开始动笔（这也就是说，他使汉朝的创建与之前的历史潮流隔绝开来）。

　　第二个特点，班固最重要的贡献是他有关下面一个时期的叙述：从《太初历》创制的公元前104年，延伸至王莽统治结束的公元前23年。他很明显认为新历的公布构成了《史记》的终点："太初以后，阙而不录，故探撰前记，缀集所闻，以为《汉书》。起元高祖，终于孝平王莽之诛，十有二世，二百三十年。"[3]这样，我们可将《汉书》分成两个部分：前面约100年，与《史记》所述时段重合并严重依赖这部以前的著作；后面的130年，"新史"。这并不是说，那些与《史记》重合的部分就没有添加任何新东西了。同样，我们不能得出结论说，在《太初历》公布后所叙述的内容就必然比之前的内容更加具有原创性。如我们在上面所指出的，班固史书后半部分的某些内容也是复录（或者，至少是改编）自更早些时候的资料，包括其父的著作。就早期的中国历史写作而言，原创性并不被认为有着很高的价值。司马迁和在他之前的孔子一样，将自己

493

---

[1]　至少，这是 Clark, *Gu's History of Early China*，171 - 188 中的观点。
[2]　刘知几将《汉书》放在他最开始时所列的历史写作的"六家"之中，他指出该书"穷刘氏之废兴，包举一代，撰成一书"（《史通》，内篇第一）。
[3]　《汉书》卷一〇〇，第4223页。

描述为"述而不作"式的人物。班固关于他自己可能说了同样的话。

第三个特征,《汉书》的整个架构反映了班固既想与司马迁这位前辈划清界限并"清除"其影响,又依赖于后者在更早些时候写就的著作。班固将自己的著作分成四个部分:"纪"、"表"、"志"、"传"。此种划分追随了《史记》的套路,例外的地方只是《汉书》删除了"世家"部分、其他三个部分则变换了名字。司马迁创造"世家"这个板块,主要是想以之作为对一个政治分裂时代的历史进行编排的方式,在这个"分裂"的时代,最高权力在中央政权与各诸侯国之间分割。由此,对像汉朝这样的王朝统一时代来说,"世家"板块并不被认为是必要的。此外,《史记》中的一种标题"书"(意为"历史记录",有时被译为"文章"或"论文"),被"志"这个词取代,由此,"书"被腾了出来,以备班固史书的整个书名之用。不仅如此,班固还将多余的"本"和"列"字,从自己史书的第一、第四板块中去掉,[①]此举在很大程度上与班固简略、"清理"司马迁之用语的倾向是相一致的。不过,"纪"、"传"在《汉书》中的篇数分别是 12 篇、70 篇,这与《史记》中每个相应板块的精确篇数是相同的。此外,《汉书》分给"表"、"志"的总篇数,与《史记》中"年表"、"书"的总篇数是一样的,不同的是,《汉书》有 8 篇"表"、10 篇"志",而在它之前的那部著作(《史记》)则有 10 篇"表"、8 篇"书"。

两本历史著作的中坚部分都是围绕 12"本纪"或"纪"构建起来的(虽然"本纪"或"纪"在两书中的编排状况非常不同),这样做的原因很明显:它们追从的都是《春秋》(意为"春、秋编年录")的先例,该书据说为孔子本人所作,其框架是围绕东周时期鲁国的 12 位国君构建起来的。至于班固依样照搬《史记》中其他的篇章合数的原因,我们尚不清楚,不过,这看似是《史记》所获得的声望的另一个标记。虽然如此,当我们将注意力转向班固书中每个板块的

---

① 有关这些细微的变化,参见朴宰雨:《〈史记〉〈汉书〉比较研究》(北京,1994 年),第 168—180 页。

精确编排情况时，我们看到在某些重要方面，他对司马父子的编排作了更改。举例来说，就两部书中重合的那些"本纪"或"纪"而言，班固将《惠帝纪》纳入自己的书中，而在《史记》里，这位特别的皇帝从来就是其母吕太后的一个工具，他是被并入到吕太后的"本纪"中进行叙述的。另外，无论怎么说其政治势力极盛的时候都在汉朝之前的项羽，理所当然地在《汉书》中被降到了"传"的板块中，而不是像他在《史记》中那样，占有一篇"本纪"。班固在这样的选择中所蕴含的意图是很明显的：他想强调帝国兴替状况的清晰性与合法性。除此之外，还有一点也是值得我们指出来的，也就是班固往自己的书中加了三篇具有重要意义的"志"，即《刑法志》（卷二三）、《地理志》（卷二八）、《艺文志》（卷三〇）。这当中的第三篇《志》是更早些时候刘向及其子刘歆的著作（今已失传）的节略本，它列举了在帝国图书馆发现的 596 部书，到今日为止，该《志》仍是对古代中国进行文献学研究的一个基础。

第四个特征，《史记》用 50 万多一点点的汉字，覆盖了约 2500 年的历史，而《汉书》用 80 多万汉字，只叙述了 230 年的历史。《汉书》有这样大的篇幅，其中的一个主要原因是，相比《史记》，它包含了多得多的官方文献和文学材料。这样，它不仅仅成了汉代的一部历史著作，而且是汉代重要典籍的一个选集。举例来说，与《史记》相比，《汉书》包含了董仲舒、公孙弘这类要人对皇帝诏令的许多有价值的对策。[①] 而两书对年轻的政治、文学天才贾谊的叙述则提供了另一个事例。虽然两部史书都包含了贾谊的两首散文诗，独有《汉书》记载了贾谊就大量关键政治问题呈给皇帝之上书的大略内容。人们在《史记》中发现的大部分原材料都来自汉代。至于《汉书》，它不仅包含两本史书所覆盖时代的更多原材料，而且，由于它所述的汉史多出了 130 年，故此，使得这类原材料的数量大大增加。人们很有一股冲动，应用阿纳尔多·莫米利亚诺（Arnaldo

---

① 参见《史记》卷一二一，第 3127—3129 页；《汉书》卷五六，第 2495—2526 页。《史记》卷一一二，第 2949—2953 页；《汉书》卷五八，第 2613—2624 页。

Momigliano)所作的分类,将《汉书》同样看作是一部"古物研究"著作,而不仅是一部古代史著作。① 无论如何,看似可以确定的是,班固不仅用《汉书》来呈现他自己的历史叙述,而且用它来保存来自前汉的关键历史文献。

《汉书》中的传统与创新

如上面所指出的,《史记》与《汉书》的关系应更为详细地加以准确探讨,因为在人们对这两部著作的总体认识中,这个问题扮演了极其重要的角色。在一段著名而又有些过分的攻击言辞中,宋代学者郑樵说:班固有关汉兴到武帝时代这段时期的历史叙述是"尽窃迁书"。② 孔为廉(William G. Crowell)近来注意到,《史记》和《汉书》,"后者常常被看作是前者苍白的影子"。③ 此种偏见的支持者应当对以下事实了然于心,也就是,伟大的汉代哲学家王充同样对司马迁作了激烈批判,理由是后者"因成纪前,无胸中之造",这基本上与郑樵对班固的批评等量齐观了。④ 上文已经充分证明,《史记》中有大量内容直接来源于更早时候的著作,比如《战国策》(意为"战国时代各国谋略集")、《左传》(意为"左氏的评注")。⑤ 毕汉斯(Hans Bielenstein)对后来的历史学家范晔的看法在很大程度上可以用在班固、司马迁二人身上:"他作为历史学家的贡献,主要在于其选取前辈资料的方式,以及怎样对自己的材料进行编排。这样,就当前的著作来说,无论他还是任何前辈,都不能独享其功,

---

① 参见 Arnaldo Momigliano,'Ancient History and the Antiquarian',in id., *Studies in Historiography*(New York and Evanston,1966),1-39。

② 《通志·总序》。

③ 'Looking Through the Glass:Review of On-cho Ng and Q. Edward Wang, *Mirroring the Past:The Writing and Use of History in Imperial China*',*Early Medieval China*,12(2006),194.

④ 《论衡·超奇》。

⑤ Stephen Durrant,*The Cloudy Mirror:Tension and Conflict in the Writings of Sima Qian*(Albany,1995),71-122.

或是独受其责。责任是大家共担的。"①

　　在将《汉书》与更早时候的资料进行比较时（在某个点上，是将《史记》与这些资料进行比较），关键的问题并不在于指责《汉书》（或《史记》）全盘照搬了后者的内容，而在于注意到前者对后者进行改编、后者的内容发生改变的形式。对《史记》与《汉书》作了最透彻比较的那位作者，就班固说了下面一番话："他不是简单地照搬原文，而是借助于一套非常复杂的原则和方法，作了颇费心力的改编、修补的工作。"②前面已经指出这些"改编"在《汉书》之总体结构安排上的表现：司马迁五大板块的结构变成了四大板块，"纪"的编排有所变动，另外，增加了数篇"志"。除此之外，每个板块的具体内容还有其他的改编或增补。比如，班固创造了一些新形式的"表"，其中有一表是品评从黄帝直至项羽、陈涉这类生活在汉兴之前不久的人物的，它所根据的是一份分成九列——从第一列的"圣人"到末列的"愚人"——的网状表格。③

496　　在《汉书》的100卷书中，有61卷在某种程度上借助了《史记》的资料。在上述"宏观视野"下，对班固在这61卷书中所作的变更或改编工作，我们还能说什么呢？文本改变的模式是一个复杂的问题，很需要进一步的研究。单就语言层面来说，《汉书》《史记》之间的区别就很显著。简而言之，《汉书》的语言往往倾向于更大程度的精简、正规，更经常地使用"对应"这样的突出手法。班固书中的引文往往不那么口语化，基于此，某些学者评《史记》是生动的，《汉书》是呆板的。另一方面，某些人认为后者更具匠心——它是更精雕细琢的作者写成的。早期人们对《汉书》的评价，往往比对《史记》的评价更为正面，此种态势至少延续到唐代为止，从那时开始，情况与开始时有所不同。王充曾说，班固写作风格颇似其父班

---

① Hans Bielenstien, 'The Restoration of the Han Dynasty', *Bulletin of the Museum of Far Eastern Antiquities*, 26(1954), 20 - 21.

② 朴宰雨:《〈史记〉〈汉书〉比较研究》，第384页。

③ 《汉书》卷二〇。《汉书》虽通常被认为是一部"断代史"，但是这份特殊的列表作出的决定是稳妥的，也就是，它只包含那些汉代之前的人物。

彪,彪之"义浅理备"。王充继续说,读者认为作为其子效仿对象的
班彪之写作优于司马迁的创作。[①] 不过汉献帝(公元 189—220 年
在位)认为《汉书》篇幅冗长而内容艰深,因此而命荀悦以《左传》直
白的编年体为基础,创作一部简本。他的这部历史著作即是《汉
纪》(意为"汉史记录")。[②] 有一条对《汉书》《史记》二书的评论,来
自明代学者胡应麟,它虽有些将二书纠缠在一起的意思,不过点中
了每部作品大部分最重要的语言特征:"虽然我们能认为司马迁的
创作比班固的更显冗余,拜其自由奔放的文体所赐,它还是比后者
优胜。班固想剔除冗杂,从而使自己的文字不那么多余、枝条蔓
生。虽然我们能认为他的创作比司马迁的更显精炼,不过,准确地
说,由于他去除了'冗杂',其文体反较司马迁为逊。"[③]这样,胡应麟
就以班固不那么冗余、更简约的语言逊于司马迁更丰满、更生动的
文体。不过,到今天,这在很大程度上仍是个品位各见的问题。班
固使用的语言所拥有的正规性、条理性是让人印象非常深刻的。
肯定地说,他写的数篇赋完全证明他是一位伟大的作家。

　　在司马迁传的结论部分,班固严厉谴责了这位前辈在思想意识
方面的缺陷,其中有些是重复了上面提到过的其父班彪对司马迁
的批评。班固说:

　　　　又其是非颇缪于圣人(孔子),论大道则先黄老而后六经,
　　序游侠则退处士而进奸雄,述货殖则崇势利而羞贱贫,此其所

497

---

① 《论衡·超奇》。
② 《后汉书》卷六二,第 2062 页。
③ 引自吕宗力译文,稍有改动。Zongli Lü, 'Problems Concerning the Authenticity of
　　Shih chi 123 Reconsidered', *Chinese Literature: Essays, Articles, Reviews*, 15
　　(1993),67. 正是班固所用语言的极大简练性,以及其他一些特征,误使何四维
　　(Hulsewe)认为,《史记》的某些部分"反照搬了"《汉书》的内容,参见 A. F. P.
　　Hulsewe, 'The Problem of the Authenticity of Shih-chi ch. 123, the Memoir on Ta
　　Yuan', *T'oung Pao*, 61:1-3(1975),83-147. 富有说服力的反驳意见,参见
　　Zongli Lü, 'Problems Concerning the Authenticity of Shih chi 123 Reconsidered',
　　51-68。

蔽也。①

这段话迫使人们追问班固是在何种程度上、以何种方式，对他和其父所认为的司马迁之缺陷进行确认的。事实上，司马迁是尊崇经学传统的，他甚至宣称，人应"考信于六艺"。② 不过很久以来，学者即注意到了《史记》中的某些部分是和道家、黄老思想相附和的，还有某些人认为这些特征源自司马迁具有道家倾向的父亲司马谈的影响。对自己时代的哲学潮流作了反映的班固指出，他的史书"综其行事，旁贯五经，上下洽通"。③

到班固的时代，经学传统成为"正统"那样的东西，基于此，他宣称要用此种传统作为自己史书的一个标尺。在他对儒家传统的处理上，人们能最清楚地看到这个变化。学者董仲舒差不多与司马谈同时，在《史记》论古典学术的那篇通论中，他在众多人物中只占相对较次的地位。董氏的渊博学识是众所公认的，不过，哪怕是在自己的某个学生（司马迁）笔下，他也被描绘成了一个其学术观点被宣布为"愚蠢"的离经叛道者。相比司马迁，班固奉献了一整卷的篇幅给董仲舒，包括长长的一系列他可能写给汉武帝、答复其问的信件。正是在这些信件中，董氏提出了"诸不在六艺之科孔子之术者，皆绝其道，勿使并进"的建议。④ 班固可能对董仲舒之独尊经学传统的建议赞同备至，因为在总结董仲舒传的"赞"中，他引用了刘向的话：董氏作为王佐之才，无人能出其右。班固还引用了刘歆的判断：董仲舒为"群儒首"。⑤ 班固崇尚经典的进一步的证据在以下事情上有所反映：他多次以对经典的理解为基础，或是引用孔子本人的话，来表达他自己的决定和评

---

① 《汉书》卷六二，第 2737 页。
② 《史记》卷六一，第 2121 页。
③ 《汉书》卷一〇〇，第 4325 页。
④ 同上书，第 2523 页。
⑤ 同上书，第 2526 页。

断。① 另外，与司马迁对政府的文化眼光以及由此而生出的某些经济好处抱有最大的矛盾情绪不同，班固"赞颂历代汉帝对文献研究的支持，因为他相信，这样的支持将蔚为大观的多种经学传统得到保存的机会放大到极致"。②

司马迁对游侠怀有崇敬之心，对"那些过着退休生活的学者"则持矛盾态度。班固对这些的批评，矛头直指《史记》卷一二四。498虽然该卷所给出的人物信息几乎原封不动地移到了班固自己的游侠传记中，这些传记的前言却整个地换了面貌。虽然更早的那位汉代史家（司马迁）盛赞游侠的正直，行动的果敢，然诺的信义，③班固强调的却是政治秩序的重要性，这些恃强凌弱的侠客可以是此种秩序的破坏者："百官有司奉法承令，以修所职，失职有诛，侵官有罚。夫然，故上下相顺，而庶事理焉。"④

对与那些拼命积聚财富的人有关的问题，班固采取类似的方法进行处理。司马迁贬损老子的原始经济观，并赞成一种政府不干涉、人们追逐财富的经济秩序，他以这两点作为自己《货殖列传》（卷一二九）的开头。他甚至说，在一个竞争的体系中，财富涌向能者的手中。⑤ 相比司马迁的《货殖列传》，班固《货殖传》的篇幅要小得多，不仅如此，班氏几乎重写了整个前言部分，以对一个有组织社会的重要性作出强调，在这样一个社会中，"（不同人群）各有差品，小不得僭大，贱不得逾贵"。这会再次将人们引向一个"上下序而民志定"的社会。⑥ 正如陆威仪所指出的，班固加以反对的看似

① 相关事例，可参见赵翼：《二十二史札记》(1799 年；重印本，北京，1984 年)，第 26 页。
② Mark Csikszentmihalyi and Michael Nylan, 'Constructing Lineages and Inventing Traditions Through Exemplary Figures in Early China', *T'oung Pao*, 89(2003), 87.
③ 《史记》卷一二四，第 3181 页。
④ 《汉书》卷九二，第 3697 页。
⑤ 《史记》卷一二九，第 3253、3282 页。
⑥ 《汉书》卷六一，第 3679 页。

是以聚敛私人财富、军事权力为基础的地方主义趋势。①

以王莽为鉴，班固对稳定秩序的追寻

在所有上述案例中，我们所看到的是班固在自己的著作中，相对而言更为强调稳定、秩序以及帝国的统治权。对此，人们可以给出不同的原因。首先，《汉书》是第一部得到官方支持的断代史著作，人们可以预期，赞助者的影响会有所显现。其二，班固生活在汉王朝急剧衰落、王莽短暂的篡权造成了巨大创伤之后的一个时代，王氏的篡权事件挑战了统治家族刘氏的权威，从而让后者急于确立自身统治的合法性。最后，与自己的前辈司马迁极为不同的是班固出身于一个与皇室有着密切关系的特权家族。无论我们是否接受班固自述的班家来自一个楚国强族的家史，一旦该家族通过与统治家族的联姻成为外戚，他们就处在了享有特权、声望的地位上。了解这些政治问题后，让我们将目光转向《汉书》的整个创作目的这个关键问题，并思考该目的如何对该书篇幅、局限产生了可能存在的决定作用。

《汉书》倒数第二篇也是最长的一卷书是《王莽传》。由于"纪"的板块终结于公元 6 年的汉平帝之死，故此，王莽宣布创建的新朝以及其后王氏 14 年的统治因为被从"纪"的板块中驱逐出去而降了级别。至于班固将项羽降到"传"的板块，而非依循司马迁旧例将其置身于"纪"的板块，其中的一个原因是要确认汉朝统治者刘氏家族的合法地位，而两个觊觎最高权力的人（项羽、王莽），无论哪一个都不是皇位的合法占有者。除以上外，班固的《王莽传》由于是一篇无情的讨伐檄文，从而使得后来对该人物的客观研究几乎成为奢望："由于这位历史学家（班固）以最大限度地抹黑王莽为己任，故此，我们现在看到的《王莽传》有意要传达给人们一个这样

① Lewis，*The Chinese Empires*，121。也见 Mark Edward Lewis，*Construction of Space in Early China*（Albany，2006），222 - 223。

的人物形象：他鬼祟、虚伪，与此同时，热衷于确保自己的野心得到实现。"[1]在班固将王氏的统治与早先时秦始皇的统治作比较时，甚至王莽对经典的热心也被他一笔抹煞掉："昔秦燔诗（《诗经》，意为"诗歌经典"）书（《尚书》，意为"受尊崇的文献"）以立私议，莽诵六艺以文奸言，同归殊涂，俱用灭亡。"[2]

在自己的一篇赋中，班固给出了下面一番话，可算为他对整个王莽时代最精简的评论：

> 往者王莽作逆，
> 汉祚中缺，
> 天人致诛，
> 六合相灭。[3]

在这些句子背后，隐藏着对班固著作有着关键意义的一个观点。用范晔的话说，"（班）固以为汉绍尧运，以建帝业"。[4] 在班彪、班固的著述中，人们能在若干个地方注意到此种汉承帝尧之运施行统治的观念。此"运"来自这样一个说法，也就是刘氏家族是圣人帝尧不折不扣的后裔。[5] 由此，汉家王朝创建者高祖的可疑背景仅仅是一个表象而已（因为历史上某个伟大帝王的血液留在他的血管中），这样，班固就在某些方面为高祖及他的刘氏继承人打了预防针，使他们不能被推翻，无论他们有着怎样的个人缺陷。[6] 虽然人们最终能给班固贴上"汉家辩护者"的标签，他们却不能够说

500

---

① Loewe, *A Biographical Dictionary of the Qin*, 536.
② 《汉书》卷九九（下），第 4194 页。
③ 'Eastern Capital Rhapsody', *Wen Xuan or Selections of Refined Literature*, vol. 1: *Rhapsodies on Metropolises and Capitals*, trans. David Knechtges (Princeton, 1982), 147.
④ 《后汉书》卷四〇（上），第 1334 页。
⑤ 《汉书》卷一，第 82 页。
⑥ 有关对该问题的一项重要研究，参见 Clark, *Ban Gu's History of Early China*, 154-189。

班氏拒绝对汉家统治者进行批评，这在班固有时对成、平二帝的负面评价中可看得清清楚楚。[①] 问题在于，这样的批评在终极分析的意义上，并不能够让刘氏家族的统治权成为疑问，因为此种权力来自远古时代，这让刘家对皇权有着充分的权利。

为了理解班固看问题的视角，我们必须对其写作背景作一简略探讨。正如毕汉斯已经指出的，王莽的夺权过程是在汉代的制度框架内进行的，而非通过军事行动的方式，此外，他的统治时间并不长。这样的情况很显然让王氏的"统治从未在人们的心中取代汉室，这样，他掌权的时期代表的只是一个皇位中断期，而非一个新的朝代"。[②] 如若此论不谬，则班固的以下说法就毫无惊奇之处可言了，班氏说，刘氏家族有统治天下的神圣权利。在班固创作自己著作的那段时期，更让人感到疑惑的是我们该把何种东西描述为"大家族政治"，此种"大家族政治"又是通过何种方式不断地侵入帝国统治领域的。在班固笔下，汉室权力的衰落在王莽篡位一事上达到顶峰，它看似是就外戚家族的影响力提出的一个警示。虽然如此，外戚家族这样的影响力在汉室复兴后的数十年里继续存在。[③] 更何况，在后汉时代，外戚所出身的家族本就是豪强大族。将自己的女儿送入后宫与其说是追求影响力的途径，还不如说是确认影响力的途径。这样的家族有能力"变得比他们早先时代的同仁更强大"。[④]

班固在这个问题上可能抱有非常复杂的感情，因为他的本族在很大程度上是从这样幸运的联姻中获得特权地位的。虽然如此，

① 对成帝的评价："遭世承平，上下和睦。然湛于酒色。"（《汉书》卷一〇，第330页。英译文，Homer H. Dubs, *The History of the Former Han Dynasty*, 3 vols. [Baltimore, 1938–1955], 2:418）对平帝的评价：班固就王莽的权力在哀帝短暂却富有希望的统治时期得以自固表示了遗憾（《汉书》卷一二，第360页）。

② Bielenstein, 'Restoration of the Han Dynasty', 165.

③ 参见 Hans Bielenstein, 'Wang Mang and Later Han', in Denis Twitchett and Michael Loewe (eds.), *The Cambridge History of China*, vol. 1: *The Ch'in and Han Empires* (221 BC – AD 220) (Cambridge/New York, 1986), 276。

④ T'ung-tsu Ch'u, *Han Social Structure* (Seattle/London, 1972), 210.

他对刘氏家族合法性的强调、对汉帝国之荣耀的坚持,同样是在光武帝、明帝时期各大家族势力强大的情况下捍卫皇权的一种举措,一如它是抵制对刘氏家族之合法性的任何威胁(由王莽篡位引起)的一种举措。所有这些指明了班固研究中的一个最新动向:对于武帝的统治在司马谈、司马迁历史创作中的方方面面留下的痕迹,学者进行了持续不懈的追索,与此不同,有关班固的探讨并未使人们对他生活、工作的那个政治环境作充分的近距离考察。

501

　　上面已经指出,导致此种忽视的一个原因是,《史记》虽然涵盖的时间段远比《汉书》为长,但其所述的相当部分的内容与司马谈、司马迁所生活的时代是同时的。归根结底,司马父子是武帝统治的亲历者,除此之外,可以确定的是,司马谈在景帝统治时期也已是成年人。至于班彪,他在王莽死时刚过 20 岁,其子对记载于《汉书》中的任何历史事件,更是丝毫没有鲜活的记忆。虽然某些人可能希望将司马迁与希罗多德并举,班固则与修昔底德同列(修氏通常被认为是更严肃的一位历史学家),事实是,就强调当代史的意义(修昔底德)而言,更像修昔底德的是司马迁。为了全面地认识汉代,包括班固生活的时代,我们应将目光转到中国断代史书序列中的第三部书、范晔的《后汉书》上。正如前面所指出的,就作为当代史家的班固而言,人们是在他写作的先后收入《东观汉记》、范晔书中的材料中,发现他的这种身份的。

历史写作的繁荣与范晔有关汉代衰落的著述

　　在班固与范晔之间,横亘着一条 300 多年的时间鸿沟。这 300多年见证了历史写作的一次真实的繁荣。事实上,正是在这个时期,历史写作从经学研究的束缚下解脱出来。我们应当记得,在班固的《艺文志》中,像《史记》这样的史书,冯商的《史记》续作,以及另两本有些神秘的汉史著作,都被列入《春秋》亚类下的"经"板块中。①

_____

① 《汉书》卷三〇,第 1713—1714 页。

通过将《史记》与孔子的《春秋》作对比，从而为自身的历史创作谋求合理地位，司马迁的此种需要反映了一种一直存活到班固所处的时代的思想方式。① 随着儒学以及经学传统的声望走向衰落，汉代的灭亡以及政治分裂的时代纷至沓来，学者们不再认为史学是经学研究下面的一个次级学科。在另一部伟大的书志（创作于公元 7 世纪头数十年的《隋书》[意为"隋史"]的《经籍志》）中，史学被确认为四大文献类别之一，其下有 13 个小类，总计列出的著作有 817 部。早在这篇书志面世之前，刘勰就已在他那部大师级的著作《文心雕龙》（意为"为文之用心与雕琢龙纹"）中，用单独的一卷篇幅讨论历史写作问题。这是历史写作已被看作一项繁荣的事业、从经学研究中获得自己的思想独立性的另一个标志。

写于魏晋时期并在《隋书·经籍志》中列明的绝大部分史作今已不存，在这里，我们无谓考察还有多少书留存下来。虽然如此，有一件事情是清楚的，也就是，在这个时期，人们作了许多努力充实有关后汉的历史记录，②其中有一本早在公元 3 世纪中期即已成书、冠名《后汉书》（范晔最后使用了同样的书名）的著作，还有一本为司马彪所作、写于公元 3 世纪后半期的《汉书》续篇，该书的一部分内容在许久以后被收入范晔的史书中。③ 这类著作最终被"（范晔的）《后汉书》取而代之"，④它们的绝大部分内容已经消失不见。引人注目的一个例外是袁宏的《后汉纪》（意为"有关后汉的历史记录"），该书今日尚存，并可构成富有价值的、与后来范晔之书搭配的著作。袁氏之史遵循严格的编年体例，以纪日的编年体形式对从公元 23 年至公元 220 年的历史事件进行了编排，由此，它证明

---

① 《史记》卷一三〇，第 3296—3300 页；以及《汉书》卷一〇〇，第 4235 页。

② 有关这些著作的启迪性概述，参见 Bielenstein, 'Wang Mang and Later Han', 11 - 12。

③ B. J. Mansvelt Beck, *The Treatises of Later Han: Their Author, Sources, Contents, and Place in Chinese Historiography* (Leiden, 1990).

④ Endymion Wilkinson, *Chinese History: A Manual* (rev. edn, Cambridge, Mass. / London, 2000), 788.

了在早先荀悦的《汉纪》中已被沿用的《春秋》(及其著名的注疏《左传》)这类经书的古老文体,远远还没到从历史上销声匿迹的地步。

范晔于公元398年生在一个显贵家族,并迅速荣膺高位。公元432年,在一次重要的国葬活动中,范晔醉酒,其职位晋升之路因此而告结束,并受到了降职处理。更小的官位在后来的五六年中,给了范晔闲暇的时间,让他以《后汉书》为私人事业,写作了其中的绝大部分内容。最后,他重得眷宠,再次步入荣升之途,而后,卷入一次导致其在公元446年初被处死的阴谋活动中。有一个巧合非常奇怪,也就是,作为头三部正史被收入中国官方史集《二十五史》中的那些历史著作,其主要作者都遭受了牢狱和(或)灭身之灾。

范晔发现很少有在他之前的历史叙述、历史判断能让他满意,他特别将班固挑出来批判一番,唯一入他法眼的就是班氏所写的"数篇《志》"了。[1] 尽管对班固有这样的批评,范晔还是想创作一部100卷的著作,"100"这个整数与前辈史家班固著作的卷数相同。照最初的设想,范氏的著作意欲将更古老的《史记》五板块、《汉书》四板块的结构简化成一三板块的结构,包括:"纪"10篇、"传"80篇、"志"10篇。"志"10篇到范氏死时仍未动笔,故此,《后汉书》成为正史中首部直接按"纪传体"(这是更普遍使用的指代断代史的术语)编排内容的史书。后来,在范晔之前100多年由司马彪撰写的30篇"志"被编入《后汉书》中,这样,就凑足了绝大多数今版《后汉书》120的卷数。

在一项具有极其重要意义的对《后汉书》的研究中,毕汉斯认为,我们几乎可以肯定范晔无法直接看到汉朝的档案文献,在很大程度上,这些文献已在围绕汉朝灭亡而产生的混乱局势中消失了。[2]

503

---

[1] 《宋书》卷六九(北京,1974年),第1829—1831页。英译文,参见 Ronald C. Egan, 'The Prose Style of Fan Ye', *Harvard Journal of Asiatic Studies*, 39:2 (1979), 341。

[2] Bielenstein, 'Restoration of the Han Dynasty', 9, 20。也见 Martin Hanke, *Geschichtsschreibung im Spannungsfeld zwischen Zentrale und Region am Beispiel der Jin-Dynasie* (265–420) (Hamburg, 2000), 15–16。

这样,范晔几乎完全依赖于在更早的历史文献中保存的资料,其中最为重要的是上面提到过的《东观汉记》。这份较早的历史文献在后汉时期是分成数个阶段编撰而成的,这是一个有利的条件,它使得某些文献具有权威性,因为事件记录与事件发生是同时(或几乎同时)进行的。另外,《东观汉记》还是一部官方史书,可能利用了"起居注"(意为"对行动和休息状况的记录"),它们是对帝王行迹的记载,就我们所知,至少从明帝开始就已存在。[①] 这样,虽然范晔只能看到很少的(或根本看不到)原始档案文献,许多资料却保存在了他能看到的材料中。事实上,《后汉书》中从早期文献里摘取的材料的价值让毕汉斯得出以下结论,它能轻而易举地用在司马迁、班固还有范晔身上:

> 在这种情况下,人们很有理由发出疑问:从根本上说,《后汉书》真是一部史书吗?它为何不是一部公开发布的资料汇集,一部"文献汇编"('diplomatarium'),以及按照同样方式修订的档案馆手稿呢?(如果是这样的话)《后汉书》的价值仍会一如其旧(如果不增加的话),只是就"史家"这方面而言,他要降级为文献编撰工了。
>
> 可问题的答案是《后汉书》(对所有其他史书而言,下面的论断同样适用)远远不是单纯的资料汇编。它就其本身而言就是历史,与修昔底德(或李维)的著作一样都是历史。中国史家面临着在浩如烟海的资料中进行抉择的问题,这是材料的丰富逼迫他们不得不迈出的一步。[②]

就范晔的事例而言,我们可以走得更远些,敬他为一位历史学家。前面我们已经见到,司马迁是在绝大多数篇章的结尾或开头发表自己的评论的,一般以"太史公曰"(意为"太史公说")作为起

---

① 《后汉书》卷一〇,第410页。

② Bielenstein, 'Restoration of the Han Dynasty', 23.

首语。班固则在"赞"(意为"赞语")的名目下发表类似的评论。至
于范晔,他在每篇末尾所写的"赞"与他的前辈不同,它们是按四字
体写出来的韵文。除这些外,范晔在许多篇章中还将标记为"论" 504
(意为"议论")或"序"(意为"序言")的板块包含进来。范晔在给一
位朋友写的信中指出,他特别为自己史书中的这些部分感到骄傲,
甚至高抬它们是"世界上最具原创性的创作"。① 是否真到了如此
地步,我们姑且存疑,不过这些部分确实在历史写作上具有创造性
的重要意义,因为它们常常越过了单纯叙事或人物评价的藩篱。
事实上,它们朝我们很清楚地加以界定的"文化史"迈出了重大的
一步。对附属于范晔书中"列传"部分的"论"而言,情况尤其如此。
以深具启发意义的范晔评宦官为例:

> 刑余之丑,理谢全生,声荣无晖于门阀,肌肤莫传于来体,
> 推情未鉴其敝,即事易以取信,加渐染朝事,颇识典物,故少主
> 凭谨旧之庸,女君资出内之命,顾访无猜惮之心,恩狎有可悦
> 之色。②

像这样的段落开始超越长期以来将历史看作人物之历史的历
史写作类型。从司马迁开始,人物传记即构成了重要历史著作的
大头。更何况,"本纪"(或"纪")板块同样能理解成是以帝王生活、
行迹为关注焦点的人物传记。至于"志",如毕汉斯所正确评论的,
它指明了一种新的历史写作方向,此种方向将注意力集中在制度
而非人物身上。③ 不过,这个板块为其他板块所淹没,按照最初的
规划,它在范晔伟大史作的 100 卷书中,只占 10 卷的篇幅。更甚
者,在魏晋时代的人们将关注重点导向人物传记(此种人物传记有

---

① Egan,'The Prose Style of Fan Ye',341.
② 《后汉书》卷七八,第2537页。英译文,Egan,'The Prose Style of Fan Ye',348。
③ Bielenstein,'Restoration of the Han Dynasty',38.

时甚至被叫作"杂传"）一事上，我们看到了那个时期的历史写作潮流。① 凡此种种，使得我们应将范晔的两大举措——就特殊人群更多的总体特征发表言论、就更大的制度力量塑造历史的方式作出推测——看作向前迈出的重要一步。

在结论中，我们应该指出，范晔并不代表历史写作领域重大的创新。到目前为止，我们在其书中所注意到的那些对司马—班氏传统所作的变更，相对而言是比较细小的，它们反映了一种在后世正史中持续存在的规范的保守思想。虽然如此，范晔有着一种迥异于前辈史家的历史视角，由此而赋予其著作以一种特殊的品质。司马迁可能对汉代以前历朝历代的兴衰感兴趣，不过他创作的是一部通史，由此，其关注焦点不会放在单独的某个朝代单元上。相比之下，班固的史书将注意力集中在一个朝代身上。他以该朝代的衰落为线索，其视角却是一个尝试对权力为何会遭篡夺作出解释的角度。他的叙述以失败的篡权行动告终，不过，这在很大程度上是从后来汉室复兴的角度看问题的结果。在班固进行写作时，刘氏家族仍统治着天下。与班固相比，范晔是在汉代灭亡200年后进行写作的。结果，他的史书成了一部讲述复兴、衰落以至最后的灭亡的故事，人们应将它解读为一部探索汉代灭亡之因由的著作。

虽然范晔并不是在经学研究占据主导地位的一个时代（就像班固所生活的那个时代的情况）从事其创作的，但他看问题的角度可以说相当的儒家化。用最近有关早期中国历史写作的一项研究成果的话来说：

> 子长著论，徘徊于儒道之间；孟坚独崇仲尼，见乎字里行间；蔚宗则以儒教为精神血脉，融合于著论之间，以史事彰儒义，以儒义贯史事。②

---

① 逯耀东：《魏晋史学的思想与社会基础》（台北，2000年），第2—18页。
② 汪荣祖：《史传通说》（台北，1997年），第132页。

结果,在《后汉书》中,汉代的衰落与儒学影响的衰落是紧密联系在一起的。光武帝复兴汉室的成功在一定程度上来源于他"爱好经术"、未及下车便"先访儒雅"的事实。① 范晔甚至提出,由于严厉至极的儒家官员(如太傅陈蕃,他一度主张尽灭宦官)的影响,汉王朝的国祚得以跨越一个大衰退时代的藩篱而有所延长。② 范晔赞同陈蕃的看法,认为汉朝的衰落有很大部分当归因于宦官权力的日益增长,以及其他一些标志着内部衰朽的现象。来自外部的压力是另一个导致汉朝衰落的因素,不过,正如范晔在有关西羌部族的讨论中所述的:"羌虽外患,实深内疾,若攻之不根(问题之根本),是养疾痾于心腹也。"③ 不过,范晔所作的分析让人感兴趣之处在于,与司马迁、班固两人相对,他在帝国"往返更替"一事上并未特别苛责汉朝末帝。在最后论到汉献帝(公元 189—220 年在位)时,他说:"天厌汉德久矣,山阳(以前的汉献帝)其何诛焉?"④

在我们此处主要探讨的汉代史书中,我们将重点放在了两部 506
最早的正史上:班固的《汉书》、范晔的《后汉书》。不管怎样,我们应该指出,在这样做的过程中,我们忽略掉了一部创作时间约早于《后汉书》150 年的正史,它就是陈寿的《三国志》。与司马迁、范晔一样,陈寿之著述也是一项私家事业。人们通常将它与《史记》《汉书》《后汉书》归入一类,称"四史"。不过,在另一个范畴"三史"中,它被剔除出去,此举表明的是这样一种倾向:我们在此处重点关注的那些史书被认为从根本上为更大规模的正史编撰构建了基础,无论是好是坏,这样的正史编撰都构成了中国历史研究的中坚。

---

① 《后汉书》卷七九,第 2545 页。
② 同上书,卷六六,第 2171 页。有关陈蕃的建议,参见 B. J. Mansvelt Beck, 'The Fall of Han', in *The Cambridge History of China*, i. 319 - 222。
③ 《后汉书》卷八七,第 2901 页。
④ 同上书,卷九,第 391 页。

大事年表/关键日期

公元前 221—前 206 年	秦王朝
公元前 202—公元 220 年	汉王朝
公元前 202—公元 8 年	西（前）汉王朝
公元 9—23 年	王莽篡汉时期
公元 26—220 年	东（后）汉王朝
公元 220—280 年	三国时期
公元 220—420 年	魏晋时期

主要史料

班固：《汉书》（北京，1962 年）。部分译文，参见 Homer H. Dubs, trans.，*The History of the Former Han Dynasty*，3 vols.（Baltimore，1938 - 1955）；and Burton Watson, trans.，*Courtier and Commoner in Ancient China*：*Selections from the History of the Former Han by Pan Ku*（New York，1974）。

范晔：《后汉书》（北京，1962 年）。

刘知几：《史通》；浦起龙撰：《史通通释》（两卷，上海，1978 年）。

王充：《论衡》。《论衡集解》（北京，1990 年）。

Wen Xuan or Selections of Refined Literature，vol. 1：*Rhapsodies on Metropolises and Capitals*，trans. David Knechtges（Princeton，1982）.

郑樵：《通志》（北京，1987 年）。

参考文献

Bielenstien，Hans，'The Restoration of the Han Dynasty'，*Bulletin of the Museum of Far Eastern Antiquities*，26（1954），1 - 209；31（1959），1 - 287；39（1967），1 - 198；51（1979），1 - 300.

507

——'Wang Mang and Later Han', in Denis Twitchett and Michael Loewe (eds.), *The Cambridge History of China*, vol. 1: *The Ch' in and Han Empires*(221 BC – AD 220) (Cambridge and New York, 1986), 223 – 290.

Breisach, Ernst, *Historiography*: *Ancient*, *Medieval and Modern* (Chicago, 1983).

陈其泰、赵永春:《班固评传》(南京,2002 年)。

Ch'u, T'ung-tsu, *Han Social Structure* (Seattle/London, 1972).

Clark, Anthony Eugene, *Ban Gu's History of Early China* (Amherst, NY, 2008).

Crowell, William, 'Looking Through the Glass: Review Article of On-cho Ng and Edward Wang, *Mirroring the Past*: *The Writing and Use of History in Imperial China*', *Early Medieval China*, 12(2006), 183 – 204.

Csikszentmihalyi, Mark and Nylan, Michael, 'Constructing Lineages and Inventing Traditions Through Exemplary Figures in Early China', *T'oung Pao*, 89:1 – 3(2003), 59 – 99.

杜维运:《中国史学史》第一卷(台北,1993 年)。

Durrant, Stephen W., *The Cloudy Mirror*: *Tension and Conflict in the Writings of Sima Qian* (Albany, 1995).

Egan, Ronald C., 'The Prose Style of Fan Ye', *Harvard Journal of Asiatic Studies*, 39:2(1979), 339 – 401.

Farmer, J. Michael, 'What's in a Name? On the Appellative "Shu" in Early Medieval Chinese Historiography', *Journal of the American Oriental Society*, 121:1(2001), 44 – 59.

Hanke, Martin, *Geschichtsschreibung im Spannungsfeld zwischen Zentrale und Region am Beispiel der Jin-Dynasie*(265 – 420) (Hamburg, 2002).

Honey, David B., "The *Han-shu*, Manuscript Evidence, and the Textual Criticism of the *Shi-chi*: The Case of the 'Hsiung-nu liehchuan'"，*Chinese Literature：Essays，Articles，Reviews*，21 (1999)，67 - 97.

Hulsewe，A. F. P.，'Notes on the Historiography of the Han Period'，in W. G. Beasley and E. G. Pulleyblank (eds.)，*Historians of China and Japan* (London，1961)，31 - 43.

—— 'The Problem of the Authenticity of *Shih-chi* ch. 123，the Memoir on Ta Yuan'，*T'oung Pao*，61：1 - 3(1975)，83 - 147.

Hung，William，'A Bibliographical Controversy at the T'ang Court，a. d. 719'，*Harvard Journal of Asiatic Studies*，20：1 - 2 (1957)，74 - 134.

Lewis，Mark Edward，*The Chinese Empires：Qin and Han* (Cambridge，Mass. /London，2007).

—— *The Construction of Space in Early China* (Albany，2006).

Loewe，Michael，*A Biographical Dictionary of the Qin，Former Han and Xin Periods*，221 BC - AD 24 (Leiden，Boston，and Koln，2000).

—— *The Government of the Qin and Han Empires*：221 B. C. E. - 220 C. E. (Indianapolis/Cambridge，Mass. ，2006).

—— *Writing and Authority in Early China* (Albany，1999).

逯耀东：《魏晋史学及其他》（台北，1998 年）。

Lü，Zongli，'Problems Concerning the Authenticity of *Shih chi* 123 Reconsidered'，*Chinese Literature：Essays，Articles，Reviews*，15 (1995)，51 - 68.

Momigliano，Arnaldo，*Studies in Historiography* (New York/ Evanston，1966).

Mansvelt Beck，B. J. ，'The Fall of Han'，in Denis Twitchett and Michael Loewe (eds.)，*The Cambridge History of China*，vol. 1：*The Ch' in and Han Empires* (221 BC - AD 220) (Cambridge/ New York，1986)，317 - 376.

Mansvelt Beck，B. J. ，*The Treatises of Later Han：Their Author，*

508

Sources，*Contents*，*and Place in Chinese Historiography*（Leiden，1990）.

Ng，On-cho and Wang，Q. Edward，*Mirroring the Past*：*The Writing and Use of History in Imperial China*（Honolulu，2005）.

朴宰雨:《〈史记〉〈汉书〉比较研究》(北京,1994 年)。

钱穆:《中国史学名著》(1973 年;重印本,台北,2001 年)。

Sargant，Clyde B.，'Subsidized History：Pan Ku and the Historical Records of the Former Han Dynasty'，*The Far Eastern Quarterly*，3：2(1944),119 - 143.

van der Sprenkel，Otto B.，*Pan Piao*，*Pan Ku*，*and the Han History*（Canberra，1964）.

汪荣祖:《史传通说》(台北,1997 年)。

Wilkinson，Endymion，*Chinese History*：*A Manual*（rev. edn，Cambridge，Mass. 2000）.

赵翼:《二十二史札记》(1799 年;重印本,北京,1984 年)。

屈伯文　译　陈　恒　校

第二十一章　六朝时期（公元220—581年）的历史写作

丁爱博（Albert E. Dien）　文

　　从孔子的时代开始，史学就以经学为方向。孔子用绝对而非相对的语气说话，也就是说，他的话带有本质主义的色彩。这些"本质"是永恒而不允许变更的。这种看法是一种静态的观点，因为变更相对于在任何时代都是真理的常态来说，是一种背离。

　　历史在儒家知识分子的生活中具有中心地位。正是有关历史事件而非历史过程的记述，以其对多个孤立史实的细微载录，解释了中国的正史写作。所有历史事件都在那些永恒真理的标尺下受到衡量。基于此，中国的历史思想关注的是永恒而非过程问题，这里面显示着中国史学与希腊史学最重要的差异，由此，人们能够说，中国历史学家是连续性的见证者，而希腊历史学家是变革的阐释者。[①]

　　在此处，我们可以肯定，人们能看到隐藏在中国史学传统中的许多假设，比如，进步即是要再现以前的黄金时代，前人的教训是变革的基础，历史上的圣人永不会被超越，等等。基于这些原因，有关过去的记载作为一个参考对象对制定政策、作出决策具有重要意义。由此，历史学家在传统中国社会发挥着重要的功能，并享有最高的荣耀。

　　萨金特（Clyde B. Sargent）、德效骞（Homer H. Dubs）有关可靠

---

① Arnaldo Momigliano, 'Tradition and the Classical Historian', *History and Theory*, 11:3(1972),292; and Joseph R. Levenson, *Confucian China and its Modern Fate*, vol. 1 (Berkeley, 1958),91 - 92.

第二十一章　六朝时期（公元 220—581 年）的历史写作

性、可信性问题的争论永不会进到让双方满意的地步，虽然如此，这场争论却对中国历史学家的作用、工作程序作了重点关注。① 萨、德二人的共同假设是，历史学家是通过对手边文献进行选择来展开自己的创作的。一方面，文献是一手资料，故而是可靠的；另一方面，由于史书是用选择出来的文献写成的，故此，选择资料的标准能让最终创作出来的作品的可信性成为问题。就白乐日（Étienne Balazs）而言，他对中国历史写作并没有说什么好话，他坚持认为，以编辑、选择原始文献为方式进行的著述，到头来会抽干编撰者所有的创造性，扼杀人的思想。在他看来，对一连串史实加以编辑以及由此而来的传播历史记录的过程，其本身并不是人们可加以分析或演绎的对象。② 毕汉斯同意以下观点：中国的历史写作所产出的并非涵盖广泛、包罗万象的"资料汇编"或"白皮书"。③ 根据他的观点，对原始文献进行选择的过程，促使文献编撰者从单纯的编撰工向历史学家的角色转变。此处的问题在于，历史著作是什么，人们对它有何期望？指导历史学家的基础原则又是什么？史书是为了谁编撰的？

510

对白乐日来说，问题的答案是：史书是学者—官员写给构成官僚系统的那些学者—官员的。在他看来，史书所关注的就是这些官员的事迹。社会中的其他群体只是以边缘角色的面貌出现，就其本身而言，他们并不是主角。④ "历史是官员写给官员的东西。"⑤

---

① Clyde B. Sargent, 'Subsidized History: Pan Ku and the Historical Records of the Former Han Dynasty', *Far Eastern Quarterly*, 3(1944), 119 - 143; and Homer H. Dubs, 'The Reliability of Chinese Histories', *Far Eastern Quarterly*, 6 (1946), 23 - 43.

② Etienne Balazs, *Chinese Civilization and Bureaucracy*, ed. Arthur F. Wright, trans. H. M. Wright (New Haven, 1964), 130 - 132.

③ Hans Bielenstein, *The Restoration of the Han Dynasty: With Prolegomena on the Historiography of the Hou Han Shu* (Goteborg, 1953), 23. 该书以同样的页数，重印于 *Bulletin of the Museum of Far Eastern Antiquities*, 26(1954)。

④ Balazs, *Chinese Civilization and Bureaucracy*, 40.

⑤ 同上书，第 135 页。这个看法回应了德效骞的观点，参见 Homer H. Dubs, 'The Reliability of Chinese Histories', *Far Eastern Quarterly*, 6(1946), 31。

如他所言，甚至独立的史书编撰者都是官员，或曾经作过官，或是渴望当官的人。他接着考察了包含在史书及其内容中的专题论述的范围，以此为自己的看法提供支持。所有这些反映了官员应对管理国家、恪尽职守问题的种种需要。他说，专题论述与历史著作，它们作为一个整体被认为是充当了管理实践的指南。[①]

　　相比以上诸人，艾伯华（Wolfram Eberhard）看问题的角度稍有不同，这是以他对中国社会的看法为基础的。艾氏认为，中国社会是由政治势力强大的众多家族统治的，这些家族被他称为"士族"。他坚持的观点是，史书是士族所写的有关士族的历史。以自己在《魏书》（意为"北魏[公元 386—534 年]史"）中确认的那类家族为立论的基础，艾伯华将自己的分析扩展到把《史记》（意为"史官的记录"）以下的全部史书囊括在内的地步。[②]艾氏对中古早期中国社会的描述颇有可圈可点之处，不过，它牵涉到历史著作时可能对相关情况作了夸大。不管怎样，毕汉斯接受了一项挑战——对艾氏有关《后汉书》（意为"后汉[公元 26—220 年]史"）的假设作出验证，并且证明，在《后汉书》中，作者对原始文献进行选择的基础至少有一点，也就是人物在国家中所扮演的角色，无论是积极的还是消极的。[③]萨金特或许作了最好的总结，他说《汉书》（意为"汉史"，有关前汉[公元前 206—公元 8 年]的史书）并不是对一个时期进行综合考察的著作，而是与皇室有关的要事录，它是一部统治家族的政治史。[④]历史著作的关注焦点是政治问题，它给人们的教诲要有益于国家官员更好地恪尽职责，有鉴于此，我们有理由作出以下推

---

① Balazs, *Chinese Civilization and Bureaucracy*，137.

② Wolfram Eberhard, *Das Toba-Reich Nord Chinas：Eine Soziologische Untersuchung*（Leiden，1949），190，25 - 27，and 346 - 350。Bielenstein, *The Restoration of the Han Dynasty*，24 翻译了相关段落。

③ Ibid.，38.

④ Sargent,'Subsidized History',143；and Clyde B. Sargent, *Wang Mang：A Translation of the Official Account of His Rise to Power as Given in the History of the Former Han Dynasty*（Shanghai，1947），190.

论:历史著作的作者、读者应该都是官员,他们在很大程度上来源于艾伯华所命名的"士族"。以此,上面所述的所有观点都有了某种程度的依据,尽管将历史著作的性质还原为一种简单、简化的看法可能是一个错误。

六朝时期(公元 220—581 年)见证了历史写作被确立为一个颇受认可的学术耕耘领域。汉代有一份书目,其中只列出了 11 本历史著作,总计 45 卷,附属在"经"的栏目下。① 在该时期结束后产生的《隋书》(意为"隋史";北京,1973 年)中,录有史籍 874 部,合 16558 卷,自成一类。

有许多因素为历史写作这种文学体裁在汉朝以后时代的扩展与成熟提供了支撑。有人曾提出,自我定位的需要(特别是在北方非汉民族大军压境、征服北方以及由此导致的动荡局势的困境下自我定位的需要),也是刺激历史写作发展的一个因素。或许,同样重要的是,社会的动荡促使某些豪族成员,特别是那些迁到南方躲避北方战乱的豪族,将他们自己的亲身经历用文字写了出来。② 或许,个体人物在文学写作领域的崛起,以及人们对新的哲学、思想、宗教领域的探索,都发挥了自己的作用。不过,更直接的影响因素可以在材料的积累、时间方面的沧桑感、分裂混乱时代的生活感受身上找到。汉代及以后时代国家官僚体系的扩展、纸张对竹帛的代替,导致档案材料的数量有了前所未有的扩增,它导致了一系列文献要录、材料汇编的产生,以及新的材料编排形式的发展,用以主宰这股纸张洪流。除此之外,国家(或列国)行政管理发展的新态势亦要求对过去的制度进行审视,并制定新的礼仪、管理规范。如《隋书》所言,适合一个时代的东西并不必然适合另一个时代。最重要的是,汉朝的灭亡及其所导致的 300 年天下大乱,以及众多取得不同程度成功的政权苟延残喘的事实,使得人们日益认

512

① "卷"字在文中意为"卷册",它到后来渐渐有了"章"的意思,通常被用来作为书籍篇幅的衡量单位。

② 邱敏:《六朝史学》(南京,2003 年),第 5—6 页。

识到人类制度的脆弱性,与此相伴,人们的地方、地域认同发展起来。在一个只有靠手抄来录制稿本的时代,战争所导致的图书馆的毁灭还会产生无可挽回的损失。所有这些培养了人们的一种紧迫感,促使他们在还能利用材料的情况下,将历史记录下来。

说起官史,在汉代,它们的创作是一项私家事业,是史家利用业余时间完成著述而后呈献给皇帝的。到了六朝时期,私人撰史的现象继续存在,不过,它们经常得到官方的支持。只是到唐代,历史写作才成为一项在国家官僚体系中完成的集体事业,它有常规化的利用国家档案的渠道,私人撰史则渐渐受到禁止。这些和其他方面的主题,我们将在下文中作更具体的探讨。

早期的书志

对从汉代直至隋朝编撰的各种书志加以审视,让我们能追踪历史写作作为一种本身受到认可、具有重要地位的文学体裁的崛起过程,不仅如此,它还让我们能考察渐渐进入历史写作视野的不同类型材料的产生。有一点很重要,值得指出,也就是官史并不是历史写作这种新文学体裁的唯一产物。我们所见到的最早的书志,是汉代的书志,它被收入《汉书》卷三〇中,即《艺文志》(意为"文献专录")。该《艺文志》回过头来,是以刘向及其子刘歆的文献学著作为基础的。在《艺文志》序言中,《汉书》的编撰者班固对刘氏父子在文献学方面的工作作了简单介绍,后者的劳动导致了刘歆《七略》(意为"七类图书集录")的产生。《七略》今已不存,不过,它为《汉书·艺文志》提供了基础。刘歆之父刘向常常被认为是一部更早的文献学著作《别录》(意为"集众书目录别为一书")或《七略别录》的作者,不过,现在有些人认为他只是对许多书作了注解,并未单独撰成一书。刘歆将其书目编入七种图书类别中,它们还代表了中国最早的图书分类法。这七个图书类别是:(1)辑略;(2)六艺略;(3)诸子略;(4)诗赋略;(5)兵书略;(6)术数略;(7)方技略。

513

注意,在以上图书类别中,仍没有历史著作的单独分类。从

第二十一章　六朝时期(公元220—581年)的历史写作

《汉书》中所说的可以得知,《七略》中所列的每类图书,除有内容概要外,似乎还有一个"叙"。班固将首"略"("辑略")分拆,将各部分放在《艺文志》各处的合适地方。还有一事值得注意,也就是刘歆对于上面所列各略并无注解,这是一件尤其不幸的事,因为许多具体内容已经丧失了。后人对《汉书》的注解,虽系后出,却提供了某些散佚的信息。

在《汉书·艺文志》之后,人们在汉以后的时代编成了许多其他的书志,不过很遗憾,这些著作并未留存下来。尽管如此,正是在这个时候,后来在传统中国成为权威的那种图书分类体系诞生了。它也就是四部分类法,在该分类法下,所有图书被分成四类:经、史、子、集。四分法看似如此整齐、紧凑地整合了各大领域的思想传统,以致其在所有企图颠覆其地位的努力面前站住了脚,虽然如此,它能继续存活下来,唯一所借靠的就是延伸"四部"竭力要包含的那些图书类别的使用范围。从我们在这些早期书志里学到的东西中,可以看出,历史写作在六朝早期获得了飞速发展。不过,只是随着《隋书·经籍志》的产生,我们才看到某些图书的全貌。

如上面所指出的,在《汉书·艺文志》之后,首篇留存至今的书志是《隋书》中的《经籍志》。该《经籍志》(意为"有关经书、典籍的专题论述")在公元641—656年与其他专题志合编为《五代史志》(意为"为五代史撰写的志"),后来又收入《隋书》卷三二~三五中,成为这部历史著作的书志。这四卷书每卷讲四部当中的一个部,最后一卷附论佛、道的两个部分。这是人们第一次看到四部以"经"、"史"、"子"、"集"之名出现,自那以后,它们即成为权威的名称。不过,有证据显示,早在公元6世纪中期,这些名称即已被人们使用。《隋书·经籍志》有一长篇序文,追述书写文献与历史档案的演化史,而后,该文征引上面引用过的《汉书·艺文志》序言,添加了其他一些材料,最后,详细叙述了历朝图书集以及书志编撰的历史。

从形式上说,书志是以《汉书·艺文志》为模板的。在四部的分类下,不同书籍被划入不同的图书类别中,每个下面列出书籍的卷数。书籍的创作日期、作者用小字书写，作者通常还带官衔。每个图书类别结尾处会列述图书种类及其卷数，这个数字与失传图书的种类加起来，用小体书写，附在后面。而后是就该类图书发表的专题论述，再后是每大部结尾的总论。佛、道资料的列述以专文的形式出现，图书名目及其卷数附在文后，无图书分类。

514　　《隋书·经籍志》中论"史"有 13 类，代表了自《汉书·艺文志》编撰以来该领域兴起的不同历史写作类型。如我们将看到的，就通常所认为的"史书"而言，"史"部下超过半数的图书类别通常并不被认为属于"史书"。事实是，它们包含的许多历史记录、文献汇编通常是历史学家的材料来源。从某种意义上说，在传统中国被当作"史书"的是这样一些历史记录，它们从最基本的历史记载，到具有高度选择性、征引大量史料不过就其表现形式而言仍不失其历史记录性质的那些著述。基于这个原因，在指人时常被译作"史家"或"史官"的"史"字，其实更适合理解为"历史记录者"。"史"部图书类别如下：

（类别号）	（图书类别）	种类	卷数
1	正史	67	3083
2	古史	34	666
3	杂史	72	917
4	霸史	27	335
5	起居注	44	1189
6	旧事	25	404
7	职官	27	336
8	仪注	59	2029
9	刑法	35	712
10	杂传	217	1286
11	地理	139	1432
12	谱系	41	360
13	簿录	30	214
总计		817	13264

第二十一章　六朝时期(公元 220—581 年)的历史写作

公元 1 世纪,《汉书·艺文志》列述了 11 种历史著作,合 45 卷;公元 6 世纪,《隋书·经籍志》中列述了 817 种历史著作,合 13264 卷。两相比较,历史写作之演化在以两志为代表的这个中间时期的发生得到了深刻揭示。①

这些图书类别中,有许多可能为史书编撰提供了原材料。某些人对上面第五类图书"起居注"是从何时开始编撰的有所疑问,答案毫无疑问是汉朝。《隋书·经籍志》列述了完备的历代晋帝"起居注";南齐、梁,只列述了一位皇帝的"起居注";陈朝各帝,几乎都有"起居注";北魏,一部 330 卷的"起居注",几乎涵盖了整个北魏时期;北周、隋,各有一位皇帝有"起居注"。由于不便放在一个更好的位置,另有一部"伪国"南燕的"起居注"附在上面那些"起居注"后面。令人感到惊奇的是大部分这类材料在天下大乱的年代留存了下来。

第六类图书"旧事"指从政府各部门那里收录来的文献汇编,以备参考前例。很明显,这些资料尤其有随着新朝建立而散佚的危险,故此,《经籍志》的编撰者尽其所能对它们进行收录。第七类图书"职官"、第八类图书"仪注"、第九类图书"刑法"包含的是法定规则、列表。② 其他图书类别,比如第十一类图书"地理"、第十二类图书"谱系"、第十三类图书"簿录",顾名思义就能知道情况,这里就不多加解释了,虽然它们各有许多有趣的特征。③ 所有这些图书类别的共同点在于它们主要是档案性质的材料——清册,报告,等等。就这点而论,它们与该时期的历史写作有着共同的特征,故此,在我们将注意力转向称为"史"(或"历史")的那个大部下的头四类图书时,我们需要对历史写作的过程和结果作一番考察。

515

---

① 有关《隋书·经籍志》所列述的史籍数,参见《隋书》卷三三,第 992 页。该页的一个注解告诉我们,如果算上亡书,史籍总计 874 部,合 16558 卷。
② 邱敏《六朝史学》第 213—222 页给出了每类图书的具体信息。
③ 同上书,第 179 - 206("地理")、173—178("谱系")、223—227 页以及该书在那里引用的文献(《经籍志》)。

记录与档案

就中国的传统而言,对帝王言行的记录可追溯到远古时代,此种惯习历经演变而为"起居注",它到后来渐渐变成国史写作所依赖的一手材料。① 专门负责这项工作的官员是在后汉出现的,他们以"著作"(或编撰者)的职衔,附属于东观图书馆。在汉明帝(公元58—75年在位)统治时期,班固任职兰台令史(或兰台的领班史官,兰台是帝国的另一个图书馆),受命编撰前任汉帝的本纪。这些职任标示了参与撰史者与负责编制历法、记录天文者之间的分离,在先前的前汉时代,编制历法、记录天文是司马迁的主要职责。根据邱敏的观点,国家对历史著述的支持根源于后者在以下几个方面的用处:确立王朝的合法性;揭露敌人的悖逆;提供有关过去的教训,用以指导政策的制定;最后,颂扬开国帝王的美德,从而将有关记录传之后世。②

汉以后,有特定的官员从事"起居注"的编撰工作。除此之外,这些官员还承担着著述国史或国家之历史(周期性的当朝史著述)的工作,不过,很明显,从南齐(公元479—501年)之后,这项工作就派给其他的官员了。在北齐(公元550—577年)时,通过帝国起居注机构(起居省)、撰史机构(史馆)的设立,"起居注"的编撰、更一般化的国史的著述这两项工作的分野正式形成。"史馆"由受监修大臣督查的一位官员领导,我们看到许多史官由担任其他职务的官员兼任的情况。基于此,编撰史书的职责也可能由秘书(中书)、政务(门下)部门的高级官员承担。随着史官职位的设置变得

516

---

① 唐以前,与记录历史事件、编撰"起居注"这类历史材料有关的政府职位的设置、发展状况,参见金毓黻:《中国史学史》(北京,1962年),第77—80页以及第88—89页的表;Denis C. Twitchett, *The Writing of Official History under the T'ang* (Cambridge, 1992),5-8;邱敏:《六朝史学》,第24页(有关"起居注",参见同书,第147—153页)。
② 金毓黻:《中国史学史》,第38—39页。

越来越松散,出自国家机构的完备史书越来越少,由私人完成的著述越来越多,或者,一部史书开头的数个部分由官方完成,收工的却是私人。就六朝时期而言,人们有一个估计,也就是私人完成的历史著述占大头,官修史书在全部的份额中,只占10%—20%。① 对此,《隋书》中的话说得非常极端:"于是尸素之俦,盱衡延阁之上,立言之士,挥翰蓬茨之下。"②从这些奠基性的工作中,产生出了地位深固、有着高度组织性的唐代史学机构,杰出的史学理论家刘知几就曾在这里面工作。③

所有这些历史记录所产出的成果,以及浩如烟海的档案资料,都存在帝国图书馆和各部门的档案库里,普通民众无缘得窥。由于历史著作基本上以国家为中心,以宫廷为关注重点,任何历史创作者在最开始的时候,都不得不参阅这些材料。在许多情况下,国家赞助的历史著述与私家著史的区别只在于:它是一位官员受命撰史,还是某位能查阅那些原始资料的官员在自己的有生之年撰写一部著作,在完成时呈献给皇帝? 其他的私家著史可能属于这样的情况:他们以对先前存在的史书进行修订为基础,可能带有某些已能加以利用的附加材料。基本上,这些二手史书的基本套路是:要么对写作风格作些改进,要么在材料收录问题上作些微调(而不是对以前的著作风貌进行大改)。

史书类别

《隋书·经籍志》中所列的第一类史书冠名"正史",它在这里

---

① 金毓黻:《中国史学史》,第5—6、40—41页。有关对不同朝代史官职位的详细探讨,参见同书,第28—37页;有关史官职位的标准化,参见同书,第39—40页。

② 《隋书》卷三三,第992页。汉语"尸素"意为拿钱不干事。渴望获得司马迁、班固(或至少是范晔、陈寿)那样的声名或许是另一个激励因素。

③ 有关此种史学结构在唐代的发展史,参见 Twitchett, *The Writing of Official History under the T'ang*。

意味着，收入该类的历史著作，其内容是仿照《史记》进行编排的，基本上由"本纪"和"传"（有时被理解为人物传记）组成。[①] 某些正史有志有表。此种史书常被称作"混合体史书"。除了《史记》《汉书》及以这两部著作为基础的若干评论性著作，另有谈论后汉的正史15部，谈论三国的正史7部，谈论晋朝的正史8部，谈论刘宋（公元420—478年）、南齐（公元479—501年）、梁（公元502—556年）的正史各3部，谈论北周（公元557—581年）的正史1部，以及一部依《史记》的条例编成的通史，它为梁武帝本人所撰，其叙述的时间范围从三皇直至梁代。[②] 在这些编于六朝时期的史书中，有5部留存至今，我们将在下文中对它们进行讨论。[③] 在当时，用"混合"体编撰单个朝代的历史是最流行的写作形式。在《隋书·经籍志》中，"史"部占了1/3的篇幅，而在这里面，"混合"体史书又占了半壁江山。现代学者邱敏说，"混合体"受到欢迎的原因是它最好地适应了封建体制，在此种体制下，皇帝占有"本纪"，居于中心地位，臣子、皇亲、姻亲及其他人则降入"传"板块，以此，一幅清晰的国家等级图呈现在人们面前。[④]

第二类图书冠名"古史"，包括用编年体、以儒家经典《春秋》（意为"春、秋编年史"）的模式为榜样写成的若干著作。"古"字用来称呼编年体，起因是公元281年《竹书纪年》（意为"写在竹子上的编年录"）的发现，这是战国时代的魏国依照《春秋》的样式撰成的一部编年史。该书的发现让书志学家确证了他们的看法：《竹书纪年》是古代历史著作的写作样式。[⑤] 依照这种样式，史书中的条

---

① 此处使用的"正史"一词意指人们所认为的一系列权威断代史，而非首次在宋朝被提出来的纪传体史书。

② 邱敏：《六朝史学》，第96—98页。该书有600卷。像这样篇幅的著作可能是在梁武帝的命令下编撰出来的，他本人亲笔写了该书的前言及相关评语。

③ 同上书，第67—96页（对那些未流传下来的史书作了详细的探讨）。

④ 同上书，第99—100页。

⑤ 有关《竹书纪年》，参见 sub Chu shu chi nien, in Michael Loewe（ed.），*Early Chinese Texts：A Bibliographical Guide*（Berkeley，1993），39 - 47；《隋书》卷三三，第959页。

目在年月日下进行编排。日期用 60 日一循环的纪日法来表示，一年的四个季节也安插进著作中。偶尔有未纪日的内容总结或事件描述，则放在合适的点上。有人说，此种样式以事件为关注焦点，"混合"体则将注意力集中在人物身上。在《隋书·经籍志》中，有两本用此种写作形式撰成的著作，即荀悦的《汉纪》（意为"汉史记录"）与袁宏的《后汉纪》（意为"后汉史记录"）。[①] 六朝时期，许多此种风格的著作继续被人们创作出来。它们的书名中通常包含"春秋"（或"阳秋"）一词。《隋书》卷三三第 959—962 页录"古史"体著作 34 种，不过鲜有留存至今的。[②]

518

虽然编年体从未获得复合体那样的地位，它仍是一种流行的体裁，有许多依循此种风格的著作被编撰出来。为什么它会流行？其中的一个原因是，它遵循的是历史写作最古老的传统——《春秋》和《左传》（意为"左氏的评注"），这两部著作还享有作为儒家经典之组成部分的地位。除此之外，荀悦《汉纪》这类著作的成功也起了很大的作用。再者，此种体裁相比混合体，有着它自身的有利条件，编年体叙述简洁、直击目标，它能将有关任何历史事件的信息归聚一处，与此相比，混合体史书中的信息则分散在全书各处。虽然如此，编年体也有着自身的缺陷：它并未赋予帝王中心地位，此外，由于条目的内容精简，相应的信息量亦是有限的。最后，混合体占据优势地位阻碍了用编年体写成的史书获得广泛认同和读者。[③]

第三类图书"杂史"是名副其实的大杂烩，基于此种原因，它或许也是最有趣的图书类别。正如《隋书·经籍志》所说的：

> 灵（公元 168—188 年在位）、献（公元 189—220 年在位）之世，天下大乱，史官（或史学机构）失其常守。博达之士，愍

---

① 有关《后汉纪》，参见邱敏：《六朝史学》，第 258—272 页。
② 同上书，第 101—147 页（对已知未流传至今的那些著作进行了详细讨论）。
③ 同上书，第 145—147 页。

其废绝，各记闻见，以备（正在传散的知识的）遗亡。是后群才景慕，作者甚众。又自后汉已来，学者多钞撮旧史，自为一书，或起自人皇（神话中的统治者），或断之近代，亦各其志，而体制不经。又有委巷之说，迂怪妄诞，真虚莫测。然其大抵皆帝王之事，通人君子，必博采广览，以酌其要。①

列在该图书类别中的一本著作是《华阳国志》（意为"华山以南诸国志"），至今尚存。该书可谓有关西南中国的一部地理辞典，是中国现存最早的地方史书之一，涉及该区域的地理、经济和文化，并包含不见于他处的许多材料。② 在该图书类别中，人们还能找到另两部冠名《梁皇帝实录》（意为"有关历代梁帝的真实记录"）的著作：第一本记梁武帝（公元502—549年）事迹，三卷；第二本记梁元帝（公元552—554年）事迹，五卷。这些"实录"（或"真实记录"）看似是最早的以"起居注"和其他资料为基础的皇帝实录，此种做法在后世成为正则。这类"实录"由此成为"国史"（或"国家的历史"）的主要材料来源。③

第四类图书冠名"霸史"，包含天下大乱时代北方各短命邦国的历史。《隋书》对这个时期的失序状态大加鞭挞，不过，它说，这些邦国展示了君臣之间正当的忠义关系，以及在治国养民方面恪尽职守的德行，故此，有关它们的历史著述被认为值得保存下来。除此之外，该类图书还包括被北魏征服的那些国家遗留下来的政府档案。④

最后是"杂传"这个图书类别（第十类），与人们的预期一样，这

---

① 《隋书》卷三三，第962页。

② J. Michael Farmer, 'Huayang guo zhi by Chang Qu (c. 291 - c. 361)'，未刊手稿；邱敏：《六朝史学》，第330—345页。

③ 《隋书》卷三三，第960—961页。"实录"一词在六朝出现在某些著作的书名中，比如《敦煌实录》；在更通常的情况下，它是以"真实或正确记录"的字面含义出现在某些历史著作中的。也见邱敏《六朝史学》第153—157页的讨论。

④ 《隋书》卷33，第964页；邱敏：《六朝史学》，第207—213页。

类图书包括名目繁多的传记集,这些名目包含某个时代或地方的贤人、佛教僧侣、道教羽士、隐士、孝子、名士、地方人物谱系、烈女以及一些人物的生平。由于不便放在一个更好的地方,叙述超自然现象的奇闻异事也被包含在该类图书中。

根据现代学者逯耀东的说法,"杂传"最充分地代表了魏晋历史写作特殊的性质。汉末儒家权威的衰落让一种新的自由、一种个人精神的兴起在"杂传"中反映出来,此类图书以人物作为它们关注的焦点。总计《隋书》和其他书志中引用的"别传"或独立传记,从汉末至东晋,合 210 部,尾随其后的群体传记如孝子、忠臣传,其数亦达到了顶点。"杂传"的流行是一个证据,它反映了随着六朝时期社会的转型,史学从经学研究中分离了出来。[1]对邱敏来说,大家族势力的扩展、哲学思想领域的新探索以及人物品藻受到的热烈追捧,所有这些都对历史写作产生了影响,从这些因素当中,产生出了对不同类型人物生活中的事迹的记述。[2]

五代史

《隋书·经籍志》所显现的上述历史写作传统内容之丰富给人的印象是深刻的。我们不得不哀叹,只有如此之少的作品流传了下来,在这当中,有创作于六朝时期的五部断代史著作,它们是《三国志》《后汉书》《宋书》《南齐书》以及《魏书》。下面,我们将按它们创作的年代而非其各自代表的朝代序列,对其依次进行叙述。

1. 陈寿的《三国志》

《三国志》(意为"有关三个王国的历史记录"),凡 65 卷,陈寿撰。该书述魏国(公元 220—265 年)的部分,30 卷;述蜀汉(公元221—265 年)的部分,15 卷;述吴国(公元 220—280 年)的部分,20

---

[1]　逯耀东:《魏晋史学及其他》(台北,1998 年),第 3—13 页。
[2]　邱敏:《六朝史学》,第 158—172 页。

卷。由于陈寿任职的晋朝官方政策的限制，他以汉—魏—晋为正统王朝序列，全书中仅述魏的部分有"纪"。其他两书只含"传"，即便是两国帝王亦不例外。《三国志》全书无志和表。

陈寿是四川地方的人，从学于历史学家谯周，精治《尚书》《春秋》及其经典评注，还有《史记》《汉书》，凡此种种，为他从事历史写作打下了牢固的基础。① 他的仕途初期坎坷，不过在晋朝于公元265年建立后，他得到了张华的庇护，后者是朝廷重臣，对陈氏的才能颇为赏识，从而成为他的恩主。虽然受到别人的猜疑，他还是受命担任帝国图书馆中的职务，负责编撰"起居注"和其他历史资料。在三国中的最后一国吴于公元280年被灭后，陈寿开始著述《三国志》。他的著作很快享有盛誉，据说，某个也参与了一部《魏书》之编撰的人在看到陈寿的成果后，放弃了自己的工作。不过，虽然有张华的支持，陈寿后来的光景并不好，他死于公元297年，享年65岁。陈寿是一位多产的作家，其著作清单令人印象深刻，不过，在他的众多著述中，仅《三国志》流传下来。该书的三个部分——《魏书》《吴书》《蜀（汉）书》——有时各自在人群中传播，不过自宋（公元960—1279年）以后，它们只被人们当作一本书来看待。

陈寿在编撰《三国志》中所使用的材料依所述的国别而异。② 就魏而言，他依赖于许多其他著作，如王沈所撰的一部官方史书、40卷的《魏书》，以及鱼豢所撰的私史、50卷的《魏略》；就吴而言，则有韦昭的一部官方史书、55卷的《吴书》，以及张勃的私史、30卷的《吴录》。由于蜀国不设史官记录历史，故此无"起居注"，陈寿不得不自己搜集相关资料。③ 由于材料五花八门，材料的质量据说也

521

---

① 陈寿在《晋书》卷八二中（北京，1974年，第2137—2138页）有传，不过常璩《华阳国志》中的陈寿传内容更详。参见刘琳校注：《华阳国志校注》卷一一（成都，1984年），第849页。

② Robert Joe Cutter and William Gordon Crowell, *Empresses and Consorts: Selections from Chen Shou's* Records of the Three States *with Pei Songzhi's Commentary* (Honolulu，1999)，61-81.

③ 关于这点，尤其参见同上书，第186页注35，以及该书在那里引用的文献。

因国别的不同而受到影响。有关吴国,陈寿所使用的材料堪称上佳,结果,陈寿对吴的叙述就被认为质量上乘,相比之下,由于陈寿收录进自己史书中的王忱著作的问题,他对魏的叙述有一些讹误存在。至于蜀国,由于没有更早的历史著作可供参考,故此,这个部分往往略而不详。

虽然对陈寿的著作有积极评价,《晋书》(意为"晋史")中的陈寿传还是引用了当时人对该著作的批评。比如,有人说陈寿向别人索要贿赂,以给魏国的两位名人作传。卷入该事件的两位名人的子孙并未给陈寿行贿,故此,两位名人的传记就未收入《三国志》中。不过,已经有人指出,这两位名人是毫无政治影响的著名文士,故此,他们够不上单独列传的条件。相反,他们作为附属人物,在另一更享盛名的作家的传记中露了脸面。再者,考虑到这两个人连同他们的家人都已被抄斩,他们哪里来的子孙在第一时间与陈寿打交道呢? 对陈寿的另一项指控是:蜀国时期,陈寿之父受到该国名相诸葛亮的残酷对待,陈寿本人则遭受诸葛亮某个儿子的轻辱。结果,陈寿抓住机会在自己的书中收入大量对诸葛亮的批评言辞,以遂自己的复仇愿望。不过,后世史家说这项指控是毫无根据的。[1]

现代学者杜维运总结了陈寿著作的以下亮点:其一,论断中允;其二,评价自己所使用的材料,极为小心谨慎;其三,文字优美;其四,文辞雄辩。至于消极面,人们可以说在有的地方,陈寿失之于略而不详,此外,他避免涉及那些可能冒犯其所服侍的君主的问题,由此而未能持守史家的公正标准。[2]

杰出的唐代史家刘知几批评陈寿,说他以汉末天下大乱的公元 184 年那样早的日期而不是汉亡的公元 220 年作为其史书的起点。[3] 对此,杜维运回应道:为了理解汉朝的灭亡和三国的崛起,对

---

① 有关为陈寿辩护的细节,参见杜维运:《中国史学史》第二卷(台北,2002 年),第 102 页;也见 Cutter and Crowell, *Empresses and Consorts*, 69 - 72 对这些问题的讨论。

② 杜维运:《中国史学史》第二卷,第 95 页。

③ 刘知几:《史通通释》第一二篇(台北,1993 年),第 96 页。

更早一些年的事件加以叙述是必要的。杜氏还称赞陈寿在自己史
书的框架内进行叙事的能力，比如，陈寿将汉末乱局的始作俑者、
当时的一个军阀董卓放在董氏自己的传记中加以叙述，因为操纵
汉代末帝的成功军阀曹操在那时尚未掌领国政，由此，将董氏的事
放在曹操的"纪"中并不合适。袁宏所撰《后汉纪》全文收录了臣子
促请曹丕——曹操的继承人——代汉自立的请愿书，以及曹丕的答
复。在哪种内容是合适的这个问题上，同样的敏感心理促使陈寿
略掉这些文献，包括不提曹丕所受的"九锡"赏赐，"九锡"实际上是
一个标志，它显明曹丕很快会迫使汉代末帝退位，而后称帝自立。
对现代历史学家来说，幸运的是，虽然陈寿在这个问题上持谨慎态
度，上述请愿书与曹丕的答复还是保留了下来。

　　而后，杜维运对陈寿在文献校勘方面的审慎进行了讨论。无可
否认，《三国志》存在着一些问题。[①] 裴松之在自己对《三国志》的注
解（下面将要讨论）中，指出了该书的一些缺陷，虽然如此，他仍赞
扬了陈寿在选择更可靠资料这个问题上的判断力。有一个例子，
陈寿拒绝了《搜神记》（意为"搜寻超自然力量"）中有关吴国孙策之
死的故事，该书是干宝写于约公元 300 年的一部奇闻异事集，它说
孙策在死前，一直能在镜中看到被他杀掉的某叛乱道教领袖。与
此相反，陈寿写道，孙策是在与先前为其所杀的某个人的党羽的混
战中死掉的。像《搜神记》这样的资料，其关注重点是鬼魂和其他
的超自然现象，或许在我们看来，避免使用这样的材料是理所当然
之事，它不必然构成良好判断力的证据。

　　评论家对陈寿的文体作了高度评价，将其与《史记》《汉书》和
《后汉书》并列。虽然如此，《三国志》由于未将某些东西涵括进来，
因而导致了它的缺陷。某些制度创新，比如曹操所建立的"屯田"
（军事殖民地），就几乎没怎么讨论。重要的思想发展成果，比如王
弼、何晏、夏侯玄这类杰出哲学家的著作，仅略微提及，有名的文

---

① 杜维运引用了赵翼（公元 1727—1814 年）的《廿二史札记》。参见《廿二史札记》
　 6.71 以下（台北，日期不详）。

士,事实上也仅列述其名。基于这个原因,裴松之在内容上有很大扩展的《三国志》注解就具有至关重要的意义了。[①]

裴松之的《三国志》注解完成于公元 429 年,它是一本独一无二、前所未有的著作,对后世历史学家产生了深远的影响。[②] 据裴氏在呈献给皇帝的陈情书中所说的,[③]他的创作意图是充实陈寿书中意义重大、不得不加以补足的那些缺漏;在无法确定哪种说法正确的情况下,备具不同的观点;纠正书中的明显讹误或不可信的地方;最后,在裴氏认为有必要的地方,对陈寿原书材料不足之处,予以补足。裴氏添加的材料,其容量几乎与原书的篇幅相等,他引用的著作超过 200 种。[④] 一般而言,注解只是对词语的读法、意义进行解析,或是讨论地理方位之类的细节问题,与此相比,裴注远远超过了这个范围。某些评论家比如刘知几,批评裴氏不厌其烦地多方征引,不过,考虑到裴氏所引的著作有四分之三并未流传至今,正是此种"不厌其烦的多方征引"让他的贡献如此有价值。[⑤]

总的来说,《三国志》已获得人们的认可,与《史记》《汉书》以及《后汉书》并列为"前四史"。用卡尔·莱班的话说,"陈寿具有里程碑意义的《三国志》是这样一个早期时代——它充满了最强健乃至不安分的活力——的产物。就这点而论,它所呈现给人们的是历史

523

① 杜维运:《中国史学史》第二卷,第 106—109 页;Cutter and Crowell, *Empresses and Consorts*, 66(引用了卡尔·莱班[Carl Leban]的未刊论文)。

② Carl Leban, review of Rafe de Crespigny, *The Records of the Three Kingdoms: A Study in the Historiography of San-Kuo Chih* (Canberra, 1970), in *The Journal of the American Oriental Society*, 99:2(1972),344.

③ 《宋全文》,严可均:《全上古三代秦汉三国六朝文》(台北,日期不详),17.1(下)—17.2(下)。该陈情书收录于《三国志》的某些版本中,不过中华书局本并未收入。

④ Cutter and Crowell, *Empresses and Consorts*, 149 提供了一个字符计算结果,它否定了人们常怀有的裴注字数两倍甚至三倍于陈寿原书字数的看法。

⑤ 《三国志》中华书局本(北京,1962 年)的编者驳斥了这些评论家的观点,以之为小儿之见,并说他们低估了裴氏的能力(第 4 页)。也见邱敏:《六朝史学》,第247—257、313—330 页。

写作领域一些艰难而重大的问题:材料、内容、形式与偏见"。① 限于篇幅,这些问题就只能谈到这里了。

2. 范晔的《后汉书》

在名列正史的四部史书中,最后一部即是范晔编撰的《后汉书》(意为"后汉史")。② 范氏来自一个家有高官的家族,他本人富有创作天赋,由此,他任官、升迁的前景一片光明。③ 他的仕途一帆风顺(包括曾担任秘书监的经历),公元 432 年,由于在一位皇室宗亲之母的葬礼中喝醉酒,行为失态,他被迁到地方任职。他利用自己的闲暇时间,并可能利用了与之前同僚之间的私人关系,从而将有关后汉的大量历史著作汇聚起来,以编撰一部新的《后汉书》。有关该书的实际编撰情形,我们所知不多,不过,很有可能,该书作于他远离京城的 10 年间。范氏最后返回朝廷,而后由于参与一项阴谋活动,被处死。④

524   范晔生活在后汉灭亡 200 年后的时代,他当然得依赖以前的历史著作。在后汉时期,人们已做了许多工作,编撰历史记录。其中有一部国史,冠名《东观汉记》(意为"东观的汉史记录"),有众多杰出的学者(包括班固)参与编撰。该书分三个阶段写成,最后达到了 144 卷之数。正如毕汉斯所指出的,"历史学家经常描述接近自己的时代和常为自己所亲历的历史事件"具有重大的价值。⑤

甚至在后汉灭亡以前,就有许多小型著作编撰出来,在该王朝

---

① Leban,review of Rafe de Crespigny,344.

② 对这个问题的讨论在很大程度上依赖于毕汉斯的详细分析,参见 Bielenstein, *The Restoration of the Han Dynasty*;也见杜维运:《中国史学史》第一卷,第 9—74 页;以及邱敏:《六朝史学》,第 272—296 页。

③ 范晔在《宋书》(卷六九,北京,1974 年,第 1819—1831 页)、《南史》(卷三三,北京,1975 年,第 849—856 页)中有传。

④ 有人提出,由于范氏家族与沈约(《宋书》中范晔传记的编撰者)家族之间存在私怨,故此,史书中对文中所述事件的记载并不客观。及至清代,学者王鸣盛和其他人认为,范晔并未参与阴谋活动,他是受到了错误的株连。

⑤ Bielenstein,*The Restoration of the Han Dynasty*,11.

覆灭之后,这类著作就更多了。[1] 随着后汉灭亡与新书编撰日期之间的时间间距越来越长,人们可以利用的新资料也越来越少,对前人著作的依赖则有所增加,这就是发生在范晔身上的情况。由于许多更早的著作已经失传,在很大程度上也由于范氏自己的著述赢得了更多的青睐,因此,我们很难具体地追踪范氏引用的材料。大体上,范氏以《东观汉记》作为自己的撰史基础,不过,他并未在所有问题上对后者亦步亦趋。范氏还大量利用了华峤(晋人)《后汉书》中的资料,因为范著某些篇章末尾的附记与华氏残著中的那些附记是对应的。人们普遍相信,范氏利用了以上二书当中的精华,而摈弃了其他部分。范氏最初的创作设想是写 100 卷书,不过到他死时,仅帝王纪和人物传记部分完工,总计 90 卷,"志"的部分仍未动笔。过了些时候,从司马彪(晋人)《续汉书》(意为"汉史之续")中摘取的"志"8 篇,分成 30 卷,各自流传了很长一段时间。不过,到公元 1022 年,宋朝廷下令将这些"志"附在范著之后,使该书总卷数达到 120。各篇"志"所述的主题有律历、礼仪、祭祀、天文、五行、郡国、百官、舆服。

范晔的《后汉书》历来以其文辞清晰、裁并冗余、直述史实以及提供背景解释的那些讨论而享有盛誉。刘知几认为范著人物传记后的附记太过冗长,且赞词过多,他甚至将它们比喻为佛教的说法——先是陈述教义,继则口诵大量的偈言。与此相比,杜维运发现附记中的文辞充满玄机,深情感人,甚至鲜活生动,令读者仿佛置身于历史事件中。[2] 不管怎样,范晔《后汉书》的优越性受到了人们的认可,从而导致了与其竞争的那些著作在事实上销声匿迹,它们在历史长河中渐渐被湮没了。[3]

---

[1]　参见 Bielenstein, *The Restoration of the Han Dynasty* 第 13 页中的列表;以及金毓黻:《中国史学史》,第 50—51 页。

[2]　杜维运:《中国史学史》第二卷,第 113—133 页。

[3]　Bielenstein, *The Restoration of the Han Dynasty*,14 估计,在更早的有关后汉的 973 卷史书中,只有 83 卷留存下来,损失率高达 91%。

3. 沈约的《宋书》

创建于公元 420 年的宋朝,其国史的修撰贯穿了该朝代的在世日期。它最早的部分完成于元嘉时期(公元 424—453 年),编撰者为何承天,包含一些帝王纪、两篇志(有关天文、音律和历法)以及人物传记。稍后,山谦之和苏宝生展开续编工作,将国史修到后者被处死的公元 453 年。至公元 462 年,另一位官员徐爰增撰了国史的最后一个部分,使总卷数达到了 65 之数。十数年后(公元 478 年),宋朝灭亡,齐朝继立。公元 487 年,沈约以带有官职的历史学家的身份,受命编撰一部《宋书》(意为"宋史"),过了一年,他完成了帝王纪、人物传记,并将它们呈献给朝廷。大约过了 10 年,他又完成了"志"的部分的创作。由此,使该书达到了 100 卷之数:帝王纪,10 卷;8 篇志,合 30 卷;人物传记,60 卷。该书大部分内容取自徐爰的著作。沈约补足了宋朝最后一段时期(公元 462—478 年)的历史写作,这就是为何他如此迅速地完成修史任务而在总体上又不失史书之可靠性的原因。①

沈约面临着对前朝著作进行整改的难题,后者在用语上要遵行前朝的禁忌、敬语规范,与此同时,沈约所服务的本朝的这些规范,也不得不谨守。除此以外,他还面临一个问题,也就是他得用一种不让人指责他怀有偏袒之心的方式,将其祖、父(被宋朝处死)的传记纳入《宋书》中。他所作的贡献包括:承继前人工作,将宋史续写到该王朝灭亡之时;弥补缝隙;修整全书;写作前言、附记/评论(即以"史臣曰"开头的"赞论");最后是完成了某些"志"(论音乐、祥瑞)的写作。②

沈约的《宋书》在评论界并未深获赞誉,他本人长期以来被认

① 王树民:《中国史学史纲要》(北京,1997 年),第 76—78 页;也见邱敏:《六朝史学》,第 296—307 页。

② Richard B. Mather, *The Poet Shen Yueh* (441 - 513): *The Reticent Marquis* (Princeton,1988),26 - 36.

第二十一章　六朝时期(公元 220—581 年)的历史写作

为是一个蹩脚的历史学家。[①] 人们引用的一个例子是他对晋、宋鼎革问题的处理,在书中,沈约对晋朝末帝被毒死的事情略而不论,对刘裕再三推辞登位的行为,则赞赏有加,政变一事丝毫未见提及。[②] 在整修在前朝写下的那些著作的过程中,沈约本应纠正这样的偏见的。在处理宋、齐鼎革之事时,他很有可能感受到一种逼迫,从而以一种逢迎的态度对齐朝的开国之君萧道成进行描述;宋朝最后某位傀儡国君被谋杀则被说成是正义之举,理由是这个年轻的皇帝腐朽至极。同样,据一位现代学者王树民说,沈约迎合了他那个时代的强族,对王、萧家族的成员给予了不应有的突出强调,哪怕他们欠缺不凡之德。与此同时,就沈约自己的材料来源徐爰的情况来说,他的传记被放置在《恩幸传》中;而一位著名的文士鲍照,则只在某位宗王的传记中亮了相。像刘知几这样的评论家说沈约过分注重了文体,对内容则并未有足够的关心。除此以外,刘知几还对沈约强调预兆以及建立在天文、五行以及符瑞基础上的史事解析大加鞭挞。他还质问道:沈约为何对预兆投注了那样多的注意力,而对原本重要得多的那些家族、集团,却未置相关章节,予以叙述?

526

　　虽然有以上缺陷,沈约的著作在许多地方却得到了诚实可信的积极评价。马瑞志(Richard Mather)评论说,沈约最大的贡献是其《乐志》,它包含了从汉代早期以来的"乐府"(音乐机构)歌曲,以及音乐史、音乐理论、对各种乐器的详细描述。[③]《州郡志》追述了三国时期以来南方多个地名的变迁,侨置郡县的问题也述说得非常清楚。他还给出了不同地方行政区域的人口数据。由于追溯了宋代开国以前的历史,沈约让读者能对礼仪、音乐这样的制度有非常完整的认识。事实上,回溯到更早的时代从而让人们看清楚历史

---

① 赵翼《廿二史札记》9.108—115 探讨了沈约《宋书》受到批评的许多方面的内容。

② 王树民:《中国史学史纲要》,第 77 页。

③ Mather, *The Poet Shen Yueh*, 31.

之变迁是沈约的一项特殊才质。

至于有关沈著太过冗长、包含了太多无关紧要材料的批评，准确地说，情况恰好相反，这个特点对现代历史学家来说是一个积极的特征，因为它让人们更深入地看到了那个时代人们的信仰和习俗。举例来说，在《符瑞志》中被指责为迷信的那些内容，是很有价值的材料，理由很清楚，因为它们揭示了那个时代信仰体系的许多内容。沈著的人物传记部分，则包含了有关鬼魂和来自异域世界的访客的内容，它们在后来的史书中渐渐被剔选出来，尤其是在唐代修史机构编撰的史书中。除以上外，正如对谢灵运传的评论所显示的，沈约发展了在诗歌创作上具有深远影响的韵律理论。最后，人们应该考虑到在一个局势动荡的时代沈约所处的艰难境地。他历仕宋、齐两朝，其祖父在宋朝的创建中发挥了重要作用，其父则在该朝代被处死，故此，他很容易因为其对当代历史事件的写作而受到攻击、批评。基于上面所述的情形，《宋书》可能是比我们所预料的更好的一本著作。可以肯定，相比其他覆盖六朝时期的历史著作，该书更具有阅读上的趣味性。

527

4. 萧子显的《南齐书》

与南齐王朝（公元479—502年）有关的史书——《南齐书》（意为"南齐史"），其最让人感兴趣的一个方面可能是其编撰者。萧子显是南齐王朝的创建者萧道成之孙，这是唯一一部由统治家族成员书写的正史。萧子显少有天才，后以当时最具才质的学者著称，这告诉我们何以萧氏恃才傲物，并从他的族叔梁武帝（公元502—549年在位）那里获赠谥号"骄"（意为"骄傲"）。萧子显是"新变"（意为"变革性创新"）文学观的倡议者，与刘勰之辈相对，后者坚持认为，产生了创造性的变化、变革的是古代种种价值观的复活而非创新。[1] 除以上外，他还特别精通神秘的命理学，人们认为，此种命理学通过计算"天数"（意为"天体的数量"），可以对重大的历史事

---

[1] Wen Fong, 'Why Chinese Painting is History', *The Art Bulletin*, 85(2003), 263.

件进行解释。① 他还做过一件事情,也就是对有关后汉的大量史书进行编校,编成自己的后汉史 100 卷。

在萧子显将注意力转向齐朝的历史时,已有大量的史书可供其利用。齐朝时,一个修史机构于公元 480 年创立,檀超、江淹受命编撰国史。在公元 502 年梁代齐后,吴均寻求皇帝的支持,以及利用档案的权利,从而能编撰一部齐史,不过,皇帝告诉他,由于齐朝与当时相隔甚近,大量信息俯拾皆是,故此,吴应该自行寻找资料。而后,吴均写成了一部 30 卷的《齐春秋》(意为"齐朝的春、秋编年录")。当时的皇帝对书中提到他的一个地方心怀不满,因此,下令将吴氏呈献的史书副本付之一炬。不过,吴氏手上的那个复本(或原书的某个版本)存留到了宋代。与齐朝有关的史书还有许多。刘陟撰有一部 10 卷的《齐纪》(意为"齐史记录");沈约撰有另一部《齐纪》,20 卷;江淹则有一部 13 卷的《齐史》(意为"齐的历史")。所有这些著作到唐朝早期均已散佚。②

从正史记载中可以看出,萧子显是在未任任何官职前撰成《南齐书》的,很有可能梁武帝是撇开吴均而将修撰齐史的任务留给了萧氏去解决。可以肯定,萧子显与皇室的关系让他能在身无官职的情况下,有利用皇家图书馆资料的门径。在他撰成《南齐书》后,他将手稿呈献给皇帝,后者下令将书存放在皇家图书馆。③

一般而言,人们认为《南齐书》是一部可信的历史著作。不过,由于萧子显本人与被推翻的齐朝的关系、以及他在取齐而代之的那个王朝中任职的经历,使得该书具有严重的缺陷。萧子显为自

528

———————

① Ho Peng Yoke, *Chinese Mathematical Astrology: Reaching out for the Stars* (London, 2003),39 - 68.

② 杜维运:《中国史学史》第二卷,第 141 页。

③ 《梁书》卷三五(北京,1973 年),第 511 页。萧子显传中写道,后来,梁武帝萧衍(公元 502—549 年在位)曾问萧子显,他能否创作一部将所有史书压倒的通史著作。萧子显回答说,这部通史著作将重复历史上某些著作的命运,后者由于孔子所编成的著作而消失匿迹。这在当时被认为是一个轰动天下的回答。很明显,如上所指出的,梁武帝创作了这样一部通史,但并未能取代其他的历史著作。

已的父亲作的传，字数超过了 9000，篇幅之长，前所未有。更严重的问题是，齐朝建国（萧子显的祖父在此事上发挥了一定作用）以及齐、梁鼎革的状况，并未见腥风血雨的细节描述以及作为题中之义的胁迫的踪影，就这样含混过关了。基于这类原因，《南齐书》未被人们看作"良史"（意为"杰出的史书"）。虽然如此，就积极面来说，萧子显运用了一种方法，在某个人物的传记中，将其他有着类似品格的人物也写进去，这样，对那些无法获得单独立传资格的人来说，萧氏就透露了与他们有关的信息。这种群体性传记让萧子显能在削减传记数量与整部史书篇幅的同时保存资料。①

5. 魏收的《魏书》

在正史中，《魏书》（意为"魏史"）可能是最具争议性的著作之一。② 在魏收受命编撰北魏/西魏的国史时，已有大量著作可供其参考。最初，邓渊创作了一部北魏的国史，名曰《代记》（"代"是北魏王朝最初的国名），凡 10 卷，覆盖魏的早期历史。崔浩续编该书，将全书扩充至 30 卷。最后，至文成帝（公元 452—465 年在位）时，该书在高允、刘模手中又得到了扩充。所有这些片段的历史著述都使用编年体。公元 487 年，李彪、崔光使用"纪传体"或曰"混合体"编撰一部北魏国史，全书分帝王纪、年表、志、传等不同的部分。其他为魏收著史提供了参考的著作有孝文帝（公元 471—499 年）的一部起居注，它由邢峦所写，记事止于公元 491 年，在那之后，崔鸿、王遵业续编该书，将之扩展到了公元 514 年，内容写得非常详细。温子升编有《庄帝纪》（意为"有关庄帝的历史记录"）3

---

① 邱敏：《六朝史学》，第 308—313 页；也见杜维运：《中国史学史》第二卷，第 42 页以及该页所引用的文献。
② Jennifer Holmgren, 'Northern Wei as a Conquest Dynasty: Current Perceptions; Past Scholarship', *Papers on Far Eastern History*, 40(1989), 1–50. 该文对与《魏书》有关的那些争论进行了很好的概括。有关这个问题，参见周一良：《魏收之史学》，《燕京学报》第 18 期（1935 年），第 107—146 页；重印于周一良：《魏晋南北朝史论集》（北京，1963 年），第 236—272 页。

卷,覆盖的时间段为公元 528—530 年;元晖业撰《辨宗室录》(意为 529
"辨明帝王家室的著作"),这是一部谱系著作,凡 30 卷。① 除以上
外,还有其他资料能供魏收使用,因为从北魏(公元 386—534 年)、
东魏(公元 534—550 年)再到北齐(公元 550 年),朝代更替的完成
并未让档案有所损失。

魏收在创作方面的才能很早就得到肯定,还在他 25 岁左右的
时候,他就奉派记录皇帝的起居注,并参与国史的编撰工作。他一
生承担过许多富有尊荣的使命,经常奉召写一些特殊的政府公文,
比如东魏末帝宣布退位的诏书以及北齐皇帝登位(公元 550 年)的
公告。公元 551 年,他受命编撰北魏/东魏国史。皇帝指令高隆之
为监修,不过纯属挂名而已。据说,皇帝告诉魏收:"朕赞赏直(意
为"信实")笔,绝不似(北)魏太武(帝)(公元 424—451 年在位)之
辈枉杀史臣。"这里提到的"枉杀史臣"之事指的是公元 450 年的崔
浩之死。很明显,由于被控在自己的史书中侮辱皇室的鲜卑先祖,
崔浩连同自己的家族以及朋僚一齐被处死。在许多其他官员(他
们的名字在魏收的传记中有载,不过其贡献被说成是微乎其微)的
帮助下,魏收完成了《魏书》的主体部分,并在公元 554 年的第三个
月呈献给皇帝。该书剩下的部分于同年第十一个月完成编撰。该
书总共包含 12 卷帝王纪、92 卷传、20 卷志,合 124 卷(虽然按 114
卷来计算)。除此之外,还有 35"例"(意为"编辑条例")、25"序"
(意为"前言")、94"论"(意为"史家的评论")、2 表、1"启"(意为"声
明")。② 魏收的一个创新之处是其《释老志》,在正史当中,独此一
家。魏收幼时名佛助(意为"佛陀的帮助"),这可能有助于我们解
释为何魏收将佛、道志纳入自己的史书中。

《魏书》很快遭致批评。从很早的时候开始,就有人谴责魏收

---

① James Ware, 'Notes on the history of the Wei-shu', *Journal of the American Oriental Society*, 52(1932), 37 - 38; Wang, *Zhongguo shixueshi gangyao*, 81; and Eberhard, *Das Toba-Reich Nord Chinas*, ch. 13, 'Die Geschichtsschreiber' (该文对这个时期以历史学家身份做官的人有深彻研究)。
② 《北齐书》卷三七(北京,1972 年),第 488 页。

立场不公,并将自己的偏见放进他对历史的处理中。举例来说,为了对先前曾帮过自己的阳休之表示感谢,他对阳父的犯罪记录粉饰遮掩,并说某个叫李平的人对这位父亲评价甚高,事实上,正是这位李平,对阳父大加谴责。对魏收的另一项指责是他曾收受贿赂。公元528年,尔朱荣发动了一场针对北魏王朝的政变,并占据京城洛阳,他据有该地,直至其在公元530年被谋杀为止。魏收传中有载,在北齐时,他收受了尔朱荣之子的贿赂,以洗清尔朱氏犯下的罪责,并反过来对其大唱赞歌。另外,魏收传中还记载说北齐皇室出自尔朱氏的部下。

530　　　　为了对《魏书》非公平之作的指责言语作出回应,皇帝在尚书省(意为"处理国务的部门")召集由他本人主持的听议会,让魏收能在会上对其批评者作出回答。超过100位怀怨者陈述了自己的情况。有的人说《魏书》记错了他们家族成员的官职;有的人说该书甚至并未提到他们的家族;还有的人说该书里面有诽谤之词。魏收按捺不住,脾气发作,由此而使自己陷入困境,不过,由于皇帝欣赏其才华,甚至在事实证明他确实有失误之处时,皇帝都没有降罪于他。相反,倒是有些怀怨者受到刑罚,某些人甚至被处死。虽然如此,仍有人对《魏书》心怀不满,由此而使该书渐有"秽"(意为"不干净")史之名。在那个时候,各家族的地位依赖于该家族成员曾获得的官职,故此,官职记载的准确性成为萦绕在人们心头的一件大事。① 不过,随着若干修正及时作出,人们的抱怨声亦渐趋沉寂。再多说一点,经事实证明,魏收传中列举的那些针对他的某些指控是有问题的。②

　　　　进入隋朝(公元581—618年),《魏书》作为一部获得人们认可的史书的地位再次受到争议。北齐王朝循北魏、中经东魏的轨道

---

① Albert Dien,'Elite Lineages and the T'o-pa Accommodation: A Study of the Edict of 495', *Journal of the Economic and Social History of the Orient*, 19(1975), 61 - 88.

② 杜维运:《中国史学史》第二卷,第143—147页。

追溯自己的正统线路，由于魏收创作于北齐时期，他遵循的就是这条正统线路。与此不同，隋朝是循西魏、北周的轨道追溯自己的正统线路的，这导致一部新《魏书》的编撰，此次主持其事的是魏收的远方族亲魏澹。这部新《魏书》所有残存的部分不过是一些"例"（魏澹与魏收在这方面有所不同），它们被收入《隋书》中的魏澹传中。有可能宋代的文献编撰者引用了魏澹的《魏书》，充作魏收《魏书》散佚的卷三的替代品。[①]

从支持魏收的角度来说，《魏书》是一部扎实的学术著作。他有大范围的材料可供其创作时使用，此外，他还利用了家族谱系方面的资料，从而将其中的丰富信息纳入自己的书中，虽然不乏失误之处。[②] 魏收的志包含的信息很丰富，有关外国的记述亦是如此。正如一位作者所总结的，由于魏收的行为而使其担负"秽史"之名实在是太冤枉了。[③]

总论

531

在公元 530 年的《洛阳伽蓝记》（意为"有关洛阳寺院的记录"）的一段话中，有对该时期历史著作的一些总体评判。某位自称有数百年岁数由此而知遥远的过去之事的隐士确认这些历史记录歪曲了史实。他说，平常人在死后得享大名，帝王被比附为圣王贤

---

① Albert Dien, 'Wei Tan and the Historiography of the *Wei shu*', in Paul W. Kroll and David R. Knechtges (eds.), *Studies in Early Medieval Chinese Literature and Cultural History, in Honor of Donald Holzman and Richard B. Mather* (Provo, Utah, 2003), 399-468.

② 这些信息在很大程度上是艾伯华在 *Das Toba-Reich Nord Chinas* 一书中对该时期的士绅家族进行研究的基础。关于魏收的脾性，值得注意的是，魏氏的同代人、同样在北齐任职且以自己和其他一些人达到了很高行为规范的颜之推（公元 531—591＋年）有过说法，他说魏氏在当时受到极大的尊崇，并充当了其他人的楷模。不过，颜提到魏氏有两次脾气失控。参见 Teng Ssu-yu, *Family Instructions for the Yen Clan by Yen Chih-t'ui* (Leiden, 1968), 65 and 97。

③ 杜维运：《中国史学史》第二卷，第 147 页。

君,官员们则被比作古代的名臣。"人或可言某生前为盗者死后为圣。这样的谄媚功夫有损正义,这样的华美言辞毁灭真理。"①

刘勰的《文心雕龙》(意为"为文之用心与雕琢龙纹")是中国文学批评领域的一部杰作,其中有一篇是讨论历史著作的。由于该书创作于六朝时期,故此,在这里看看刘勰对他那时的历史写作是如何看法应是一件饶有趣味之事。② 在某种程度上,刘勰与上面刚刚引用过的那位高龄隐士的看法是一致的:

> 勋荣之家,虽庸夫而尽饰;迪败之士,虽令德而常嗤……析理居正,唯素心乎!③

刘勰还对历史创作中的某些错误和夸张做法——史家夸大他们对自己所处时代的认知并详细描述自己并未有确切了解的过去,他们大言不惭地说"旧史所无,我书则传"——加以批判。④ 他转而敦促历史学家以"经"作为自己的根基,仿效孔子,创作具有训诲意义的作品,以能奖善诫恶。⑤ 刘氏对那些内容广博且在资料搜集上有着坚实基础的著作赞誉有加。在他看来,陈寿《三国志》中的散文"文质辨恰"(意为"文章言之有物,判断精确,说理透彻"),基于这个原因,它可与《史记》《汉书》比肩。⑥ 刘氏的大多数评论只

532

---

① *Memories of Loyang*: *Yang Hsuan-chih and the Lost Capital* (493 - 534), trans. W. J. F. Jenner (Oxford, 1981),183 - 184. 更直译的版本,参见 *Monasteries in Lo-yang*, by Yang Hsuanchih, trans. Yi-t'ung Wang (Princeton, 1984),80 - 81。

② 《文心雕龙》有两个英文版,其一为 Vincent Yu-chung Shih, *The Literary Mind and the Carving of Dragons*: *A Study of Thought and Pattern in Chinese Literature* (Hong Kong, 1983); and Siu-kit Wong, Allan Chung-hang Lo, and Kwong-tai Lam, *The Book of Literary Design* (Hong Kong, 1999)。我们在此处讨论的部分是该书第十六篇。下面给出的英译文参考了上面两个译本,译文却是笔者自己的。

③ Shih, *The Literary Mind and the Carving of Dragons*, 182 - 183.

④ Ibid. , 181.

⑤ Ibid. , 179.

⑥ Ibid. , 175.

第二十一章　六朝时期（公元 220—581 年）的历史写作

给人大概的印象，由此而难以把握，不过，他对精确、坦诚、可靠的强调是很显而易见的，他的意图就是力促历史学家复活可以追溯到孔子、群经那里的那个传统。在这里，他有可能形成了与中世纪欧洲编年史家的一个对比，关于后者，有论者说道："他们属于历史悠久且内容丰富的那个历史写作传统，该传统将教会史上、古代史上那些最好的著作囊括在内。它指导历史学家探索特殊的路径，塑造他们自己的观点以及解释策略，并发展出自己的历史叙述语言（通过此种语言，历史学家可以将自己的发现传授于人）。简而言之，它给了历史学家发挥才艺的工具。"①

如前所见，六朝时期的历史写作在材料的范围、类型上有了极大的扩展。人们可以看到修史机构有了显著的发展，这些机构负责多类材料的记录、存档，以及大量临时编校工作的规范化事宜。许多地方性质的私人历史著述产生出来，它们有着活力四射和变革求新的特点，对传统设定的种种标准进行检验。由此，这些成就标志着作为一种独立事业的历史写作在迈向成熟过程中的一个重要阶段。除以上外，在历史学家附于自己史书某些篇章后面的评论中，特别是在名为"史评"（意为"批评性的历史评论"）的那些文字中，我们还看到了一种评论工具的产生，可以这样说，此种工具让历史学家能暂时停下来，让自己有个发言的机会，从而对历史事件的过程作出分析。如我们能在刘勰的评论中所看到的，虽然（六朝时期的）历史写作在量和类型方面可能给人以深刻的印象，就质量而言，它们并非总能臻于善境。邱敏评述道，这是历史写作任何一个发展阶段都会面临的一个问题。② 虽然如此，六朝时期所取得的成就还是为随后唐朝历史写作事业的专业化奠定了坚实的基础。

---

① Gabrielle M. Spiegel, 'Political Utility in Medieval Historiography: A Sketch', *History and Theory*, 14:3(1975), 315.

② 邱敏:《六朝史学》，第 368—369 页。

大事年表/关键日期

公元前 202—公元 8 年	西（前）汉王朝
公元 9—23 年	王莽篡位时期
公元 26—220 年	东（后）汉王朝
公元 220—581 年	六朝时期（中国分裂为许多同时并存的政权的时期）
公元 220—280 年	三国时期（魏：公元 220—265 年；蜀汉：公元 221—263 年；吴：公元 222—280 年）
公元 265—420 年	晋朝（西晋：公元 265—316 年；东晋：公元 317—420 年）
公元 304—439 年	十六国时期
公元 420—581 年	南朝（刘宋：公元 420—478 年；南齐：公元 479—501 年；梁：公元 502—556 年；陈：公元 557—581 年）
公元 386—581 年	北朝（北魏：公元 386—534 年；东魏：公元 534—550 年；西魏：公元 535—556 年；北齐：公元 550—577 年；北周：公元 557—581 年）
公元 581—618 年	隋朝
公元 618—907 年	唐朝

533

主要史料

陈寿：《三国志》（公元 297 年）。

范晔：《后汉书》（公元 445 年）。

刘勰：《文心雕龙》（约公元 500 年）。

沈约：《宋书》（公元 493 年）。

魏收：《魏书》（公元 554 年）。

萧子显：《南齐书》（公元 537 年）。

注:刘勰的书已被施友忠(Vincent Yu-chung Shih)译为英文,为 *The Literary Mind and the Carving of Dragons*:*A Study of Thought and Pattern in Chinese Literature*(Hong Kong,1983)。其他著作可参考中华书局《二十四史》标点本(北京,1962—1975 年)。

参考文献

Balazs, Etienne, 'History as a Guide to Bureaucratic Practice', in id., *Chinese Civilization and Bureaucracy*, ed. Arthur F. Wright, trans. H. M. Wright (New Haven, 1964), 129 - 149.

Beasley, W. G. and Pulleyblank, E. G., (eds.), *Historians of China and Japan* (London, 1961).

Bielenstein, Hans, 'The Restoration of the Han Dynasty', *Bulletin of the Museum of Far Eastern Antiquities*, 26(1954),82 - 165.

Chittick, Andrew, 'The Development of Local Writing in Early Medieval China', *Early Medieval China*, 9(2003),35 - 70.

杜维运:《中国史学史》(两卷,台北,2002 年)。

Dubs, Homer H., 'The Reliability of Chinese Histories', *Far Eastern Quarterly*, 6(1946),23 - 43.

Eberhard, W., *Das Toba-Reich Nordchinas* (Leiden, 1949).

Egan, Ronald C., 'The Prose Style of Fan Yeh', *Harvard Journal of Asiatic Studies*, 39:2(1979),339 - 401.

Farmer, J. Michael, 'Qiao Zhou and the Historiography of Early Medieval Sichuan', *Early Medieval China*, 7(2001),39 - 77.

Franke, Herbert, 'Some Remarks on the Interpretation of Chinese Dynastic Histories', *Oriens*, 3(1950),113 - 122.

Frankel, H. H., 'Objectivitat und Parteilichkeit in der offi ciellen chinesischen Geschichtsschreibung vom 3. bis 11 Jahrhundert', *Oriens Extremus*, 5(1958),133 - 144.

Garner, Charles S., *Chinese Traditional Historiography* (Cambridge, Mass., 1961).

Mansvelt Beck, B. J., *The Treatises of Later Han：Their Author, Sources, Contents and Place in Chinese Historiography* (Leiden, 1990).

Pulleyblank, E. G., 'The Historiographical Tradition', in R. Dawson（ed.）, *The Legacy of China*（Oxford, 1964）, 143 - 164.

邱敏:《六朝史学》(南京,2003 年)。

Rogers, Michael C., *The Chronicle of Fu Chien：A Case of Exemplar History* (Berkeley, 1968).

Sargent, Clyde B., 'Subsidized History：Pan Ku and the Historical Records of the Former Han Dynasty', *Far Eastern Quarterly*, 3 (1944),119 - 143.

Ware, R. R., 'Notes on the History of the *Wei Shu*', *Journal of the American Oriental Society*, 52(1932),35 - 45.

Wright, Arthur F., 'On the Uses of Generalizations in the Study of Chinese History', in Louis Gottschalk（ed.）, *Generalizations in the Writing of History* (Chicago,1963),36 - 58(也见卜德［Derk Bodde］在第 59—65 页的评论)。

Yang, L. S., 'A Theory about the Titles of the Twenty-four Dynastic Histories', *Harvard Journal of Asiatic Studies*, 10 (1947),41 - 47.

Yoshikawa, Kojiro, 'Man and the Concept of History in the East', *Diogenes*, 11(1963),14 - 19.

周一良:《魏收之史学》,《燕京学报》第 18 期(1935 年),第 107—146 页。

屈伯文　译　陈　恒　校

第二十二章　佛教：僧侣传

柯嘉豪（John Kieschnick）　文

　　东亚的佛教历史写作最终发展成多种多样的形式，包括不同寺院的历史、与宫廷辩论有关的文献汇集、某些特殊地区的佛教人物与制度的历史以及事件的编年录。虽然如此，在东亚佛教历史写作中，始终占据主导地位的写作形式还是人物传记，尤其是僧侣的传记。在佛教出现于中国之前，我们在中国的历史写作中找不到一个佛教僧侣式的人物。隐士在中国人物传记中享有固定角色的地位，而剃头、着袈裟、誓言终生过独身生活、耗费精力研读外语经卷的僧侣，是某种新的事物。虽然如此，中国的人物传记写作形式很快证明自己有着足够的适应性，用以处理与众不同的佛教问题。

　　有关佛教人物（包括杰出的僧侣以及众佛，无论是最新的佛释迦牟尼还是在他之前的那些佛）的记述，散见于整个早期佛教的文学作品中，如佛经、寺规以及其他形式的著作中。[①] 众所周知，对印度佛教文学作品的日期加以确定是件极为困难的事，不过，无论如何，我们可以说，到本卷书所覆盖的时间段的末端（公元600年），有关印度僧侣和其他佛教人物的圣徒传记不仅在印度、锡兰广为

---

①　Reginald A. Ray, *Buddhist Saints in India : A Study in Buddhist Values and Orientation* (New York, 1994); and John Strong, *The Legend and Cult of Upagupta : Sanskrit Buddhism in North India and Southeast Asia* (Princeton, 1992). 有关佛陀的生平，参见 Edward J. Thomas, *The Life of Buddha as Legend and History* (6th edn, London, 1960)。

人知，且通过汉语翻译，在东亚世界也变得家喻户晓。^① 不过，人物传记在印度佛教著作中并不算独立的一类文学体裁，故此，从形式上说，相比从印度佛教人物传记那里所得到的，中国的僧侣传受益于佛教传入前中国的文学传统更多。

536 　　公元 1 世纪下半叶，佛教僧侣首次出现在中国的历史记录中，他们偶尔在宫廷文献和杂类著作中被提到。不过仅仅 100 年后，我们就在中国的文献中看到了第一位有名有姓的僧侣——安世高，他是一位帕提亚传教士和翻译家。虽然如此，从总体上说，在那个时候，佛教僧侣对中国社会而言仍是一个并未有什么政治、社会影响力的孤立人群，因此，他们很少在当时的主要历史记录中被提到。然而，从公元 2 世纪以降，僧侣群体开始在中国生长起来，最后，不仅有外国僧侣，也有汉人僧侣。到公元 600 年，佛教寺院已成为中国的一股主要的经济、文化力量，不论在佛教还是非佛教的历史资料中，都得到了人们广泛的讨论。^②

　　到佛教进入中国时，为重要人物立传的习俗已经很好地确立起来，它有着受到广泛认可的在文体、内容、选材标准方面的惯例。考虑到中国人对传记文学形式的强烈热情，在中国佛教史上，从很早的时候开始就有不同类型的僧侣传记被创作、传播开来就并不令人感到奇怪了。在写作形式上经过一番摸索后，公元 6 世纪，《高僧传》(意为"杰出僧侣的传记")诞生了，它的出现为中古剩余的时间段及以后确立了僧侣传的标准问题、格式。在格式以外，《高僧传》还向人们透露了下列惯习的内容：寺院历史学家是怎样理解他们的材料的，他们创作僧侣传的动机如何，他们是怎样利用佛教经义去理解过去的。在《高僧传》以前的僧侣传记，流传至今

---

① 由李荣熙(Li Rongxi)和达安伯(Albert A. Dalia)英译的三篇此类传记——马鸣、龙树、世亲的传记——非常合适地收入了 *Great Monks and Nuns*（Berkeley，2002)中。

② 对该时期的佛教所作的最好的考察，参见 Erik Zürcher, *The Buddhist Conquest of China*：*The Spread and Adaptation of Buddhism in Early Medieval China*（1959；rpr. Leiden，1972)。

的颇算充足,它们让我们能观察上述惯习在公元 5 世纪末、公元 6 世纪初是怎样产生的。《高僧传》从印度人物传记那里获得的益处相对较少,而受益于距其不远的中国佛教传记前例良多,它不仅仅对中国,且对朝鲜、日本、越南的佛教人物传记都产生了巨大影响。

惠皎《高僧传》以前的状况

中古早期,将不同类型人物的传记汇集起来在中国颇为流行。毫无疑问,编撰僧侣传记集的动力在部分程度上由此生发出来。[①]就编撰僧侣传记集的工程而言,到《高僧传》编撰成书的公元 6 世纪早期,该书的作者惠皎已能利用大范围的文学作品,它们记载了从佛教兴起于中国直至当时的众多僧侣的生平。[②] 这些文学作品绝大多数今已不存。下面,我将讨论唯一一本以完整形式存留至今的惠皎引书——《出三藏记集》(意为"以佛教三藏中文译本为基础编成的资料集"),该书的编撰距惠皎著作成书不过数十年时间。除此以外,我还将探讨《高僧传》的另一重要材料来源——《名僧传》(意为"著名僧侣的传记著作"),该书同样距《高僧传》成书不久,今有若干残篇传世。除了这些作品,《高僧传》本身也能让我们重建佛教人物传记传统——它在这类有影响的著作产生于公元 6 世纪初期之前形成——的某些内容。

在《高僧传》中,有七个地方惠皎提到了人们为名僧之死立石柱碑之事,碑上刻有详述名僧生平事迹的铭文。在这七个地方中,最早的一处谈到了纪念伟大的注经家慧远的碑文,其作者是著名

537

[①] 有关这些"杂传"(意为"成类的传记"),参见邱敏:《六朝史学》(南京,2003 年),第 158—178 页;以及胡宝国:《汉唐间史学的发展》(北京,2003 年),第 132—158 页。

[②] Arthur F. Wright's, "Biography and Hagiography：Hui Chiao's 'Lives of Eminent Monks'", in *Silver Jubilee Volume of the Zinbun Kagaku kenkyusyo* (Kyoto, 1954). 该文至今仍是研究《高僧传》的最佳成果,重印于芮沃寿(Wright)《中国佛教研究》一书中,参见 *Studies in Chinese Buddhism*, ed. Robert M. Somers (New Haven, 1990), 73 - 111, 150 - 172。

文士谢灵运。① 很早以来,这类碑文就构成了一种重要的人物传记体裁,并且在中国佛教史上一直如此。虽然在《高僧传》中被提到的那些碑文,其实物今已不存,但从对其加以征引的人物传记以及我们对后世此类碑文的了解那里,我们是能对它们的基本文体、内容作出评估的。通常而言,这类碑文言辞极尽华美,相比内容详细的生平事迹叙述,它们更多的是对我们在此讨论的那些僧侣德行的赞美。除此以外,这些碑文也常常给出与传主(僧侣)有关的那些关键史实,包括其家庭背景以及圆寂日期。由于这类碑文将文体放在比较重要的位置上,且密集地提到了佛教与非佛教的文学作品,故此,对于它们的大多数创作者是文士这一事实,我们不必感到奇怪。除了谢灵运,惠皎还提到了由周颙、刘勰创作的另外两篇碑文。所有这三个人物角色——谢灵运、周颙、刘勰,他们在世时除以文人身份享有盛誉外,均作为虔诚的佛教俗家弟子为人所知。有的时候,惠皎还提到由某位传主的弟子所立的一篇碑文。石碑通常设在圆寂僧侣的墓(即包含该僧侣遗骨的圆墓)旁,或建于该僧侣所属寺院的附近。② 由此,这类碑文最初是扎根在某个地方的,寺院、僧墓以及与它们有关的那些佛门弟子的声名远播是有它们的一份贡献的。不过,随着这些碑文被收入以书籍形式传播的那些传记集中,它们的这种服务地方的功能在很大程度上就消失不见了。

除了碑文,惠皎还常常提到某些以手稿形式流传的杰出僧侣的独立传记。举例来说,他在谈及安世高时就提到了一部"别传"。③ 就绝大多数情况而言,在引用某些僧侣的"别传"后,惠皎会将其与

538

---

① *Gaozeng zhuan* 6,T 2059,vol. 50,p. 361b. 我在这里所引用的是大正本。另一可利用的现代《高僧传》版本,参见汤用彤编校本(北京,1992 年)。事实上,就此处的案例而言,惠皎很可能引用了稍早的《出三藏记集》中的资料,而后者引用了谢灵运的那篇碑文(*Chu sanzang jiji* 15,T 2145,p. 110c)。

② 有关中国的碑文,参见 Dorothy C. Wong,*Chinese Steles：Pre-Buddhist and Buddhist Use of a Symbolic Form*(Honolulu,2004)。

③ *Gaoseng zhuan*,324b.

一件奇事联系起来：在安世高，是他所作的一项预言；在另一位僧侣——于法兰，是他在一个旱春求下雨来。① 这告诉我们，与通常专注于颂扬传主之博学、美德的碑文不同，这些单独传世的别传重点关注的是与僧侣有关的奇事，这些僧侣并不必然以其在佛教习俗上的贡献著称。公元 4 世纪或者更早，佛教僧侣与俗家信徒开始利用这两类资料，即碑文与某些手稿形式的独立僧侣传记，以编撰僧侣的传记集。② 在这些传记集中，这两类主要材料进一步为我们在此讨论的某些僧侣的著作（特别是这些著作的内容介绍）、有时还有口头传说所补足。

在《高僧传》序言中，惠皎列出了 18 部他在随后进行了简要评价的僧侣传记集。它们当中的绝大多数今已不存，不过，也有一些由于后世著作对其内容加以引用的关系而得以存留残篇。在我们提到的这些文献中，我们能确定日期的最早的一部作品来自公元 4 世纪下半叶。③ 而其中大多数作品是公元 5 世纪晚期的产物。从作者的名字来看，有 6 部传记集为僧侣所撰，另外 12 部的作者为佛门俗家信徒。特别值得注意的是，将这些著作的书名及其残篇再作审视，我们会发现，出自僧家手笔的传记集包含献给那些学术（译经、注经）僧、朝圣僧的作品，俗家信徒所著的传记集则通常专注于奇事。相同的趋势同样出现在后来的佛教传记发展历程中：一方面，我们可以肯定，除了（传主的）学术研究，法术也是让僧侣作家感兴趣的话题，另一方面，相比行奇事者，身为俗家信徒的那些传记作家对注经家、译经家所表现的兴趣更少。

---

① *Gaoseng zhuan*，349c. 除了这两处提到"别传"，还有其他三处提到了"别记"。

② 有关碑文（以及下面要讨论的奇事）之用处的研究，参见 Koichi Shinohara，'Two Sources of Chinese Buddhist Biographies：Stupa Inscriptions and Miracle Stories'，in Phyllis Granoff and Koichi Shinohara（eds.），*Monks and Magicians：Religious Biographies in Asia*（Oakville，Ont.，1988），119 - 229。

③ 根据后世的一份书单，法济《高逸沙门传》（*Biographies of Lofty Sramanas*）作于晋孝武帝（公元 373—396 年）在位时期。《东山僧传》（*Biographies of Monks from the Eastern Mountain*）则为郗超（公元 336—377 年）所撰。

　　明确地说,注经家、译经家是现存最具影响力的僧侣传记集——《出三藏记集》——的关注焦点。① 《出三藏记集》由杰出的僧侣、博学的作家僧佑编撰,从主要方面来说,它并不是一部僧侣传记集,相反,它是一部经书目录。僧佑是他那时最有成就的僧侣之一,他与梁武帝的宫廷有着密切的联系。除了《出三藏记集》,僧佑还以价值无量的与佛教有关的宫廷文献汇集工作闻名,它也就是《弘明集》(意为"弘扬光明的著作集")。② 在此之外,僧佑至少还著述过另一部传记作品,即超过 90 位传扬"一切有部"(Sarvāstivāda school)之传统的僧侣传记的合集。遗憾的是,该书仅有序言传世。③

539

　　与《高僧传》一样,《出三藏记集》也引用了今已不存或仅有残篇传世的前人著述,特别是公元 4 世纪的僧侣道安所列的那些书目。到目前为止,对该书的绝大多数研究专注于它作为一部公元 6世纪佛经译著传播史的著作所具有的重要意义。④

　　除了道安所列的书目,《出三藏记集》还包含了一些相关文献。该书由五个部分组成:(1)论佛教经典之形成的资料;(2)中国佛教著作目录,涵盖范围并不限于译著;(3)对佛教经典著作的介绍,包括某些在中国佛教史上最具影响力的注经家的著作;(4)杂类著作,包括书信与短文;(5)最后是一些人物传记。该书总计有 32 篇

---

① T 2145,vol. 55. 有关该书有利用价值的一个现代版本,参见苏晋仁、萧链子编:《出三藏记集》(北京,1995 年)。

② 除了《弘明集》(T 2102, vol. 52)与《出三藏记集》,僧佑唯一流传下来的其他著作是其研究佛陀家系的作品——《释迦谱》(T 2040, vol. 50)。有关僧佑,参见 Arthur E. Link, 'Shih Seng-yu and His Writings', *Journal of the American Oriental Society*, 80:1(1960),17 - 43。

③ 此处讨论的著作是《萨婆多部师资记》,该书序言见于 *Chu sanzang jiji* 12, p. 89a。

④ 例如,可参见 Naito Ryuo, 'Shutsu sanzō kishū no mokuroku-gakuteki kosatsu', *Indogaku bukkyōgaku kenkyū*, 18:2(1970),808 - 811; and Sugiyama Ryusho, 'Shutsu sanzō kishū shitsuyaku zatsukyōroku o megutte', *Indogaku bukkyōgaku kenkyū*, 42:2(1994),46 - 48。

人物传记，其中绝大多数是以翻译佛经著称的僧侣的传记，也有一些是献给并未直接参与译经的注经家的。

僧佑很有可能引用了上面提到的那些种类的资料，虽然他很少注明自己的材料来源。[①] 除此以外，毫无疑问，他还利用了一些佛经序言中与人物生平有关的信息，这些佛经通常为杰出僧侣（有时由俗家信徒）所作，常包括译经（或注经）僧侣的简要生平信息。

在《出三藏记》序言中，僧佑为我们讲述了编撰佛教人物传记时所应遵守的历史写作原则，不过，他的意见同样适用于他所列举的书目及其所汇集的那些佛典序言。僧佑写道：

> 列传述则伊人之风可见。并钻析内经，研镜外籍，参以前识，验以旧闻。若人代有据，则表为司南；声传未详，则文归盖阙。秉牍凝翰，志存信史，三复九思（历史证据），事取实录。有证者既标，则无源者自显。庶行潦无杂于醇乳，燕[②]石不乱于荆玉。但井识管窥，多惭（未够）博练，如有未备，请寄明哲（以便纠正）。[③]

540

如我们将在下文中看到的，正是怀着这种矢志通过对历史记录的仔细审查从而创作"信史"的热诚，像僧佑这样的僧侣历史学家努力让自己与单纯的奇闻异事收录者区别开来。

僧佑门下有一位弟子宝唱，据信他通过两部重要人物传记集的编撰，传承了其师的传统。这两部传记集是《名僧传》（意为"著名

---

① 《出三藏记集》有一处提到了一篇碑文（p. 110c）、一处提到了"别传"（p. 49b）。事实上，僧佑编撰了一部佛经集——《法集杂记铭》，不过该书只有目录和序言流传下来。参见 Chu sanzang jiji 12，p. 94c。

② 此处，我从苏晋仁、萧链子之见（《出三藏记集》，第 18 页，注 12），将"燕"读为"楚"。

③ Chu sanzang jiji，1b。也见 Link, 'Shih Seng-you and His Writings'，34 - 40，在该文中，《出三藏记集》的序言被全译为英文，带注解。僧佑在序言中，对今已失传的秉持"一切有部"传统的僧侣的传记，表达了类似的情感。参见 Chu sanzang jiji 12，p. 89a。

僧侣的传记著作")、《比丘尼传》(意为"尼姑传记")。《名僧传》今
不存于世,不过在公元 3 世纪一位日本僧人对该书内容的部分复
录中,其目录和部分残篇得以保存下来,这位日僧录下了原书中与
弥勒佛相关的部分。《比丘尼传》包含 65 位尼姑的传记,今存于
世。从公元 8 世纪以来,人们就相信宝唱是《比丘尼传》的编撰者,
不过,在更早时候的人物传记(或公元 7 世纪的宝唱传记)中并未
有提及此事的记载,故此,就事实而言,宝唱可能并未编撰该书。[①]
不过,无论该书的作者是谁,这本著作看起来都是在约公元 6 世纪
早期创作出来的。著述该书所使用的材料与我们已在上面见过的
那些材料是相似的。也就是说,它们利用了独立传世的人物传记,
还有人物传记集、碑文。[②] 这在《比丘尼传》的序言中也有清晰的显
示,作者在序言中说:"始乃博采碑、颂,广搜记、集,或讯之传闻,或
访之故老,诠序始终,为之立传。"[③]

541 　　《比丘尼传》最具有创新性的一个方面是其题材:在此之前,我
们没有看到过一部尼姑的传记集。《名僧传》最大的贡献在该书的
结构。宝唱第一个遵循宫廷历史学家在传记集中所使用的套路,
发展出一个给不同类型的僧侣归类的体系。不过也有人说,他创
造的这个体系相当的粗糙。他将自己书中的人物分为七个基本类
别:(1)法师;(2)律师;(3)禅师;(4)神力;(5)苦节;(6)导师;
(7)经师。"法师"类人物又进一步分为五个看似有重叠之处的亚
类:(1)外国法师;(2)神通弘教外国法师;(3)高行中国法师;(4)隐
道中国法师;(5)中国法师。同样,"苦节"类人物下分七个亚类:

---

① Tom De Rauw, 'Baochang: Sixth-Century Biographer of Buddhist Monks . . . and
Nuns?' *Journal of the American Oriental Society*, 125:2(2005), 203 – 218.

② 这些论断系从苏晋仁《〈名僧传〉及〈名僧传抄〉》(《现代佛学》1963 年第 4 期,第
34 页)中搜集而来。

③ *Biqiuni zhuan*, T 2063, vol. 50, p. 934b。此处译文来自 Kathryn Ann Tsai, *Lives
of the Nuns: Biographies of Chinese Buddhist Nuns from the Fourth to Sixth
Centuries* (Honolulu, 1994), 16. 有关该书便宜可用的现代版本,参见王孺童:
《比丘尼传校注》(北京,2006 年)。

（1）兼学苦节；（2）感通苦节；（3）遗身苦节；（4）宗索苦节；[①]（5）寻法出经苦节；（6）造经像苦节；（7）造塔寺苦节。虽然这个难以操控的体系并未被后世的传记作家采用，给人物传记归类的惯例却在它那里确立起来了。除以上外，宝唱还第一个就其每个人物类别写下了结构松散的专论。[②] 同样，在这方面，宝唱是依循非佛教的宫廷历史学家的前例编排其历史著作的。

宝唱还第一个论证佛教人物传记可以充当行为规范上的诫律书。正如《比丘尼传》序言中所说的：

> 若此之流，往往间出。并渊深岳峙，金声玉震，实惟菽叶之贞干，季绪之四依[③]也。夫年代推移，清规稍远。英风将范于千载，志事未集乎方册，每怀慨叹。[④]

这样，《比丘尼传》与腐化或行为不正的尼姑的故事就是绝缘的。推而广之，除了少数例外，僧侣编撰的其他佛教人物传记集的情况也是一样的。

最后，在自己著作的若干地方，宝唱也会介入到叙述中，对不同的材料进行仲裁。这渐渐成为僧侣历史学家的正规做法，以及证明自己的史家才能、对僧佑在其著作序言中大力提倡的"信史"之忠诚的一条路径。举例来说，在自己笔下的尼姑惠果传中，宝唱中断了有关一位官员捐献一片土地给这位尼姑建庙（公元 422 年）的叙述，他插入一个注，说僧人"昙宗云：'元嘉七年（公元 430 年），寺主弘安尼以起寺，愿借券书见示永初三年（公元 422 年）'"。[⑤] 昙宗著有京城寺院资料集一部，该书今已不存，它应是宝唱的一个材

542

---

① 宗索苦节。该词的含义不明。参见苏晋仁：《〈名僧传〉及〈名僧传抄〉》，第 35 页。
② 唯有与"律师"有关的"论"流传了下来。
③ 四依，佛教术语（梵语 catvāri pratisaraṇsāni）。它有多种搭配情形。
④ *Biqiuni zhuan*，934b；也见 Tsai，*Lives of the Nuns*，16。
⑤ *Biqiuni zhuan* 2，p. 937b.

料来源。[①] 不过在这里，令人感兴趣的问题与其说是材料本身，还不如说是这样一个事实，也就是，宝唱感觉到自己不仅有必要努力验证自己所引材料中所载明的日期，且有必要向读者解释，他自己做了什么事情去证明该日期是不正确的。在《比丘尼传》中有许多这样的插注，其中绝大多数是有关地名、日期的。[②] 尤其值得注意的是，宝唱往往在对理解人物传记之宗旨无甚重要意义之处中断叙述，行文的流畅让位给了技术问题的精确。当这位历史学家瞅到展示自己学者之才华的机会时，他就会采取行动干这些事。

宝唱著作遗留给人们的东西主要体现在他对《高僧传》的影响上，后者无论在流行程度还是声誉上都盖过了宝唱著作的光芒。现代以前，再无尼姑传记集编撰出来，后世（从公元 6 世纪到公元 7 世纪）作家批评《名僧传》文体繁冗、对僧侣的分类不精确。[③] 很明显，在很大程度上由于这个原因，《名僧传》堕入湮没无闻之境，只给我们留下了偶尔拾见的著作残篇。

惠皎的《高僧传》

公元 6 世纪以前成书的那些中国佛教人物传记，大多已不存于今日，只是通过后世某些人物传记以及这些失传传记被后世著作所引用的残篇中所列的著作题名，人们才知道它们的存在。这些更早时候的著作的失传，一个缘由是它们被惠皎的《高僧传》掩盖了光彩，对许多读者来说，后者无论在视野还是质量上都超过了以前的著作。可以肯定，这就是惠皎意欲达到的目的。在《高僧传》序言中，惠皎用了大量篇幅指明以前的僧侣传记集的缺陷。他的批评集中在文体、选材标准、内容编排这些问题上。例如，他指出，虽然王巾的《僧史》（意为"僧侣的历史"）试图在内容的广博上盖过

---

① 《京师塔寺记》，参见 *Gaoseng zhuan* 13，p. 416b。

② *Biqiuni zhuan* 1 p. 935c；2，p. 939b；3，p. 943c；3，p. 944b。

③ 参见 Kiriya Seiichi，'Myōsōden no seiritsu to sono shūhen'，*Indogaku Bukkyōgaku kenkyū*，22：2(1974)，296 - 300。

其他作品，"其文体却有不足"。① 在序言中后来的部分，惠皎至少 543
在部分程度上对何为优良文体的问题作了阐明，他抱怨喜好长篇
大论的作家"毫无益处地滥用没有意义的辞藻"，与此同时，对那些
"厌恶内容之多样、博杂，力图精简材料"者，或仅在他人传记的空
当处将僧侣作为附属角色提及者，则矫正他们的过失。② 换句话
说，优良的传记文体，其关键在于兼具广博与简约的特征。

选材标准

惠皎还对一些著作的内容编排在视野上的狭隘表示了不满。
有的僧侣传记集只将注意力集中在隐士、苦行僧、朝圣者或某个特
殊的地区上面；也有一些著作将僧侣传和非佛教人士的传记混杂
在一起，或是将僧侣传与佛教经义的阐扬搭配起来。人们所需要
的是一种内容广博的传记集，它能将各种各样的僧侣团体最好的
一面呈现出来。僧侣团体"最好的一面"的抉择标准是惠皎不苟同
于前辈之见的另一个领域。在自己著作的序言最著名的那个部分
中，惠皎解释了自己的选材原则，以及"高僧传"（意为"杰出僧侣的
传记"）之名的由来，与此同时，他对宝唱《名僧传》（意为"著名僧侣
的传记著作"）中所采用的取材标准进行了批评，虽然并未点出该
书的名字：

> 号曰高僧传。自前代所撰多曰名僧。然名（或名字）者本
> 实之宾也。若实行潜光，则高而不名。寡德适时，则名而不
> 高。名而不高，本非所纪。高而不名，则备今录。故省名音，
> 代以高字。③

---

① Wright，*Studies in Chinese Buddhism*，91.
② Ibid.，92.
③ Ibid.，94 - 95.

　　换句话说,以绝代名僧身份进行写作的惠皎,是佛教修行主义的明确支持者。对中国佛教修行主义在最初 400 年里的状态,惠皎并无兴趣给出自己的公正评价;他既不给腐化的僧侣作传,也不以那些无力持守僧家戒律的僧人为写作对象。拿《比丘尼传》作者的情况来说,惠皎将这位作者的著作描述为一部为未来的僧侣而写的行为规范诫律书,是给有潜力进行佛门修行的官员、俗家信徒提供的善境之鉴。事实上,如果我们对现存的《名僧传》目录与《高僧传》目录进行对比,可以看出二者之间有着很明显的重叠之处,并且,惠皎在自己著作中所陈述的取材原则与《比丘尼传》所采用的取材原则基本上是一样的。

544　　人们可以在《高僧传》与奇闻异事集之间看到更尖锐的对比,后者通常是佛教俗家信徒创作的。就奇闻异事集而言,它们的专注点是与"奇事"(与僧侣有关联的"奇事")有关的那些迷人故事,而这些故事所强调的是"奇事"本身而非僧侣本人的行为。此种选材标准与惠皎之选材标准之间的冲突,与惠皎的一种做法——将前人的著述几乎原封不动地移入《高僧传》中——是配合在一起的。在此种冲突的作用下,惠皎有时会将某些违背其愿望的材料呈现在人们面前,本来,他只是想描写那些值得效仿的"高"僧的。在《高僧传》有关一些恶僧的记述中,我们发现了若干酒肉僧人的故事,它们与上面所说的那种"材料"最为接近。在这些记述中,最著名的当数"杯渡传"了,惠皎不止在一个地方告诉我们,这个杯渡吃肉吃鱼并且喝酒。① 对中国僧人来说,吃素直到晚近才成为一条戒律,不过,饮酒却是佛门清规所明确禁止的。② 再者,"杯渡传"特别指出杯渡(以及《高僧传》中的若干其他僧人)食肉,这个事实显示出食肉一事是不合佛门规矩的。所有这些看似构成了这些传记的

---

① 有关这些故事,我有更全面的叙述,参见 John Kieschnick, *The Eminent Monk*: *Buddhist Ideals in Medieval Chinese Hagiography* (Honolulu, 1997),51 - 63。

② John Kieschnick, 'A History of Buddhist Vegetarianism in China', in Roel Sterckx (ed.), *Of Tripod and Palate*: *Food, Politics and Religion in Traditional China* (New York, 2005),186 - 212.

要点，也就是，它们是一些有着超常规能力的僧侣的传记，这些僧人不好依据以平常僧侣为对象发展起来的那套道德标准进行归类。我在别处已经提出，将这类僧人纳入《高僧传》中，其用意是为那些超出常规的行为提供辩护，不受常规限制的非常之人，自有非常之举。① 不过，将这些人物角色收入《高僧传》中，主要的原因很可能是僧侣历史学家对世俗人物作品的依赖，相比以僧侣为对象展开典范宣传行动，这些作品对与圣人有关的奇闻趣事更感兴趣。

结构

《比丘尼传》以编年体编排人物传记，与此相反，惠皎转而依从宝唱《名僧传》的内容编排形式，将人物传记分门别类，不过，宝唱不易操控的传记归类体系被一种终经事实证明更具生命力的归类体系取代。惠皎确立了人物传记的 10 个类别：(1)译经类，记从事佛经汉译工作的那些僧侣的事迹，他们绝大多数是外国人，不过也有一些中国人；(2)义解类，传主要以注佛经闻名的那些僧侣的事迹；(3)神异类，记以医病之能、念咒、通灵著称的那些僧侣的事迹；(4)习禅类；(5)明律类；(6)亡身类；(7)诵经类；(8)兴福类；(9)经师类；(10)唱导类。

惠皎将 257 篇人物传记归入这 10 个类别中，而在这些主传之下，附上 259 篇更短小的次要传记。这是惠皎的创新，后来的传记作家承续了这种做法。宝唱创始了以"论"作为每类传记之结尾的做法，此"论"对该传记类别进行概述。不过，在所有这些"论"中，只有一篇有残段传世。除此以外，宝唱的归类太过含糊，致使人们不便为它们作注。相比之下，惠皎为自己的 10 个传记类别所作的"论"堪称其作品最成功的部分之一。每篇"论"以叙述该类传记之题材的特征为始，其言辞华美，并引佛经、据汉典。举例来说，与"亡身"卷有关的那篇"论"，就提到了孔子《论语》及《孟子》中所述

545

---

① Kieschnick，*Eminent Monk*，58 - 62.

的拒绝肉体之舒适的案例。尾随其后的,是对该卷所提到的那些僧侣之事迹的概括。"论"的结尾,是对该卷所特有的一些问题的讨论。此处所提到的"亡身"卷的"论"为佛门的苦修作了辩护,从而使之免受指责佛门苦修为不孝(因为我们有责任保护好父母传给我们的身体)的儒教信条的攻击,除此以外,它还对活人焚身之事表达了更具佛教色彩的反对意见,他认为人们不必要伤害寄生于我们人体内的成千上万的微型生物。与此相似,与"译经"卷有关的"论"处理了在内容精确与文体优良之间寻找平衡点的问题。除了"论",《高僧传》每卷书结尾还有一个"赞",它力图用简短的韵文来概括该卷主旨。

除了借鉴宝唱著作中的许多前例,惠皎在决定撰写"赞"、"论"的过程中,亦以早先非属佛教的历史著作为仿效对象。司马迁在自己的著作中引入了以"太史公曰"开头的评论,班固在《汉书》(意为"汉史")中则将自己的评论命名为"赞"。更近的还有范晔,他在其《后汉书》(意为"后汉史")中增加了"赞"和"论"。虽然惠皎并未明言,我们还是可以猜测,除了宝唱,正是范晔激发了惠皎的灵感,让他将上面提到的那些评论形式看作自己传记集的必要组成部分。①

对冲突文献的裁决

如上所述,惠皎利用了不同类型的材料,包括奇事、碑文、不同著作的序言、口头传说,惠皎基于不同的目的对这些材料加以利用,每种材料又有着自己的编排方式。虽然如此,从总体上说,惠皎连同其后的那些僧侣历史学家,并未被这些"不同"所主宰。由此,在他认识到不同材料之间的差异时,在总体上,他并未将这些差异在自己的著作中显明出来。因此之故,人们常常难以追溯他以

546

---

① 有关"赞"、"论"在《高僧传》之前的作品中的使用状况,参见杜润德在本卷书中的文章。

精确的语言叙述的故事的源头，基于此，人们不得不展开推测，比如，推测公开饮酒的那些僧侣的故事可能起源于文士圈中流传的奇事。同样，以文体为依据，我们能不时地展开推测，认定某传记的这个部分引用了一篇碑文，那个部分引用了一个奇异的故事。而在材料并未明显地自相冲突时，这位佛教人物传记作家同王朝史的编撰者一样，会希望将不同材料拼接成前后连贯的传记，而不指明不同材料的归属。虽然如此，在极少数的情况下，当不同材料之间的冲突表现得特别明显或某一份特别的材料看似显得不可靠时，惠皎会认为自己有必要从材料的背后走向前台，表达自己的评判意见。

对自己所引材料表明有所保留的一种方式是在为该材料添加一段以"或云"（意为"有的人说"）开头的导语。就昙摩流支的情况而言，惠皎写道，他"游化余方，不知所卒。或云终于凉土，未详"。[1]在这里，惠皎追从的是自《春秋》（意为"春、秋编年录"）以来中国历史写作中的一种常见做法。在确定伟大的译经家鸠摩罗什的卒期这个问题上，惠皎显示了自己所受的类似影响：

> 然什死年月，诸记不同，或云弘始七年，或云八年，或云十一年。寻七与十一，字或讹误。而译经录传中，犹有一年者，恐雷同三家，无以正焉。[2]

在此，令人感兴趣的是惠皎真诚地将他本人无法调合起来的冲突材料一并呈现在人们面前，这在很大程度上遵从了规范的中国历史写作的原则。在惠皎这样的杰出僧人眼中，他们自己就是这样一个传统——将"无法调合起来的冲突材料一并呈现在人们面前"——的组成部分。[3] 这类情况在惠皎试图解决日期、地名方面

---

[1] *Gaoseng zhuan*，333a.

[2] Ibid.，332c.

[3] 最有名的一个事例是孔子据说在《春秋》中记载了两个陈侯鲍的卒期，参见 Burton Watson，*Ssu-ma Ch'ien*，*Grand Historian of China*（New York，1958），80.

的问题时最为常见。举例来说，很明显对梵文没有了解的惠皎插话到一位印度僧侣的传记中，其用意是试图对该僧侣的名字在不同材料中的译法的差异进行说明："昙无谶，或云昙摩忏，或云昙无忏。"①虽然如此，与确定鸠摩罗什卒期的事例一样，在这个例子中，惠皎将相互冲突的不同材料呈现在人们面前，哪怕他自己都无法确定哪个说法是正确的。

547　　不过，惠皎不时地也会特别指出自己所引的某份材料当中的错误。他给出的辨错理由反映了他本人的历史写作标准。有的时候，就像在鸠摩罗什卒期的问题上，他将材料中的错误归咎于草率的文献抄录工作。在其他情况下，（他认为）问题出在粗心的文意解读上。例如，他指出，某些作家对高僧道安的一项重要创新不甚了然，道安创始了一种做法，也就是中国僧人以释迦牟尼的简称"释"作为自己的姓，而不是取他们师父的法姓——这种姓通常以其来源地为依据。这种疏忽导致在某些有关道安的叙述中，出现了一个错误。惠皎首先指出，名人习凿齿写了一封信给道安，而后又指出，其他人搞错了收信人的身份。惠皎写道：

> 有别记云：河北别有竺道安，与释道安齐名。谓习凿齿致书于竺道安。道安本随师姓，②竺后改为释，世见其二姓，因谓为两人。谬矣！③

就印度文献而言，其作者在很大程度上对日期问题不甚关心。相比之下，最好的中国僧侣历史学家除了往自己的著作中填充日

---

① *Gaoseng zhuan*，335c.

② 道安之师以"佛图澄"之名最为人知，其姓为竺。

③ *Gaoseng zhuan*，354. 道安传的完整英译文（带注解），参见 Arthur E. Link, 'Biography of Shih Tao-an'，*T'oung Pao*，46(1958)，1 - 48。惠皎本人亦未能免于犯这类错误。参见 Arthur F. Wright, 'Seng-jui Alias Hui-jui: A Biographical Bisection in the Kao-seng chuan'，in Kshitis Roy（ed.），*Liebenthal Festschrift*（Santiniketan，1957），272 - 294。

期,还认为将不同材料中的年代问题加以解决是自己的主要职责之一,他们常常在做这些事的过程中展现出杰出的才能。在自己所写的安世高传中,惠皎引用了一条"别传"性质的材料,这份材料与下面一个故事有关。故事说,太康末年(约公元 289 年),安世高给留在一家寺院的信封缄,并吩咐说直到四年过后才能开封。四年过后,当人们打开信时,见信中文字如下:"尊吾道者,居士陈慧;传禅经者,比丘僧会。"在记载了这则故事后,惠皎表达了自己的疑惑,他写道:

> 世高封函之字云:"尊吾道者,居士陈慧;传禅经者,比丘僧会。"然(安世高的著作)安般所明,盛说禅业,是知封函之记,信非虚作。既云二人方传吾道,岂容与共同世? 且别传自云(安世高的信中写道):"传禅经者,比丘僧会。"会已太康初(公元 280 年)死,何容(并且写信预告僧会将传扬他的教训)太康之末(公元 289 年),方有安侯(安世高)道人? 首尾之言,自为矛盾。正当随有一书谬指晋初(约公元 265 年),于是后诸作者,或道太康,或言吴末(约公元 280 年),雷同奔竞,无以校焉。既晋初之说,尚已难安。而昙宗记云:"晋哀帝(公元 362—365 年在位)时,世高方复治寺。"其为谬说,过乃悬矣。[①]

548

安世高在一封封缄的信中说,"居士陈慧"和"比丘僧会"将来会传扬他的教训,这个故事从某个方面来说是对史实的准确描述,因为康僧会与陈慧确实对安世高著作作过重要的评注。不过,惠皎并没有评论说这两个人物在安世高译著的传播上发挥了重要作用,相反,是他所引用的材料通过一个奇妙的故事——安世高神奇地预见了未来——说明这两个人的作用的。很明显,这个故事的要点更在于强调安世高非比寻常的能力,而非描绘其教训的影响。不过,令惠皎感到困惑的是,这则故事所给出的日期并不合情理。

---

① *Gaoseng zhuan*,324b.

首先,安世高据说是在公元289年对未来进行预测的,此时距康僧会之死,将近10年时间。再者,哪怕这是文献抄录中的一个失误,安世高对以上两人怎样在未来宣扬其教训作出预测仍是毫无道理可言的。同样,安世高在公元4世纪还活着的说法也让惠皎心生疑惑,如果是这样的话,安世高就是一个几百岁的老人了。在这点上,对于那些将历史事件精确定期原则忽略至斯的人,惠皎没有维护,唯一表轻蔑之态而已。[①] 另一方面,惠皎也未将安世高预测未来的整个故事斥为荒诞不经的神话,相反,他将问题归结于信件定期上的错误。

还有另一个有名的故事,讲的是康僧会与吴国君主孙权之间的往来。故事中,多疑的孙权试图毁掉僧会应要求以神奇手法制造出来的舍利。与安世高的事例相似,惠皎这样评论了这个故事:

> 有记云,孙皓打试舍利,谓非其(孙)权时。余案皓将坏寺,诸臣咸答:"康会感瑞,大皇(孙权)创寺。"是知初感舍利必也权时,故数家传记咸言孙权感舍利于吴宫,其后更试(舍利之)神验,或将皓也。[②]

549

此类评论值得注意,不仅仅是因为它们的批评力度,也因为其作者以谨慎的态度详细叙述了被他们轻看为不可能的种种说法,从而为后世的读者记下了作者在历史写作中遭遇的难题及其解决办法。另一方面,这些评论也凸显了历史学家的局限。虽然在给定的材料中意识到了问题所在,惠皎鲜少采取下一步的行动,一并对这些材料的可靠性进行探究。从现代历史学家——他们对整个"预测未来"的概念表示怀疑——的角度来看,安世高预测未来的

---

① 富安敦(Antonio Forte)虽然专注于安世高之传人的问题,他同样试图从有关这个神秘人物的多种传说中复原核心史实,参见富氏的 *The Hostage An Shigao and his Offspring* (Kyoto, 1995)。

② *Gaoseng zhuan*, 326b.

故事中存在的日期不一致问题，显示了该故事根源于传说，故此，它并未反映这位僧人生活中的真实事件。不过，僧侣历史学家是极不愿作出这样极端的论断的，基于此，哪怕遭遇此种情形，他们选择的是转向定期错误、人名混淆这样的解释，以解决历史写作中的难题。举个例子，惠皎从未在任何地方指出某个地方的内容错误是偏见所致，或者，某人有意要扭曲历史记录。

佛法

对人名、日期上的偏差之处，惠皎有着敏锐的评判眼光。不过，此种眼光并未涵盖他对有关超自然能力的种种说法进行批评的领域，对于这些不经之谈，惠皎完全不管不问。举例来说，他曾描述僧人佛图澄如何——

> 左乳傍先有一孔，围四五寸，通彻腹内。有时肠从中出，或以絮塞孔。夜欲读书，辄拔絮，则一室洞明。又斋日辄至水边，引肠洗之，还复内中。[1]

对现代读者来说，最不和谐的地方要算这样一些场合了：这位僧侣历史学家以其惯有的犀利眼光注意到材料中的偏差之处，不过，随后他会借助神力来对此进行解释。例如，对有关安世高生平的材料中存在的偏差，惠皎心中存有疑惑，他说："余访寻众录，记载高公互有出没。将以权迹隐显应（回应不同情况）废多端。"[2]虽然如此，惠皎运用自己的佛法知识来解释奇迹、奇事的事例却是值得我们特别注意的，我们可以举惠皎对僧人智严的灵性修为的评价为例。惠皎写道：

550

---

[1]　*Gaoseng zhuan*，386c - 387a.

[2]　Ibid.，324a. 这段话接下去给出了更具套路色彩的可能性，也就是，安世高传记中存在的种种偏差之处可能是文献抄录中的错误所致。

> 于是步归。至罽宾（克什米尔），无疾而化，时年七十八。
> 彼国法凡圣，烧身各处。严虽戒操高明，而实行未办，始移尸
> 向凡僧墓地，而尸重不起。改向圣墓，则飘然自轻。严弟子智
> 羽、智远，故从西来，报此徵瑞，俱还外国。以此推严，信是得
> 道人也，但未知（四）果向中间若深浅耳。①

这里的"四果"指的是灵性修为的四种基本境界：境界一说的
是某人"入流"，而后不可扭转地行走在通往灵明的道路上；境界二
说的是"一来"，即某人在达到灵明之境前只重生一次；境界三说的
是"无还"，即某人在此生达到灵明之境；最后一个境界是达致灵
明，或修成灵命。像上引文那样的文字证明，对惠皎和其他僧侣历
史学家来说，赞扬某位僧人的灵性修为并不能让他们知足，因为身
为历史学家，其职责之一便是借助专门的佛门著作，对（作为描述
对象的）僧人的能力进行准确评价。后来的历史学家，如公元 7 世
纪的僧人道玄以及公元 10 世纪的僧人赞宁，甚至更大幅度地使用
了插注法，用以解释僧人们所展现的特殊品质是具载于佛经中的
超自然能力的实例，或者是在因果报应原则的基础上对历史事件
进行解析。

《高僧传》的遗产

惠皎的《高僧传》从公元 6 世纪早期起便在许多僧徒传记中得
到记载。后世的僧侣历史学家，从中古时起，以至现代，经常提到
该书。这本著作几乎是在创作后不久就成为该时期僧侣传记的标
准参考资料。有三本著作试图延续由惠皎的作品所确立的那个传
统，它们是公元 7 世纪道玄编撰的《续高僧传》（意为"《高僧传》续
集"）、公元 10 世纪末赞宁编撰的《宋高僧传》（意为"宋代杰出僧侣

---

① *Gaoseng zhuan*，339c.

的传记集”)以及公元 17 世纪早期如惺编撰的《明高僧传》。惠皎
的《高僧传》常被人们进行复录,既单独流通过,也曾作为佛经的组
成部分传播于世。该书早期的多个版本还曾流播至朝鲜、日本,在
这些地方,该书的格式、文体成为人们的效法对象,这在朝鲜的《海
东高僧传》(*Haedong Kosung Chon*,意为“杰出朝鲜僧侣的传记”)
身上有最直接的体现。① 直至今日,《高僧传》还是读者范围最广的
佛教历史著作。

大事年表/关键日期

公元前 202—公元 220 年	汉朝
公元 220—581 年	六朝时期(中国分裂为许多同时并存的政权的时期。三国:公元 220—280 年;晋朝:公元 265—420 年;南朝:公元 420—581 年;北朝:公元 386—581 年)
公元 581—618 年	隋朝
公元 618—907 年	唐朝

主要史料

Berkowitz, Alan J., ‘Account of the Buddhist Thaumaturge Baozhi’, in Donald S. Lopez (ed.), *Buddhism in Practice* (Princeton, 1995),578 – 585.

《比丘尼传》(人们认为是宝唱所作),王孺童编(北京,2006 年)。

《出三藏记集》,僧佑撰,苏晋仁、萧链子编(北京,1995 年)。

《高僧传》,惠皎撰,汤用彤编(北京,1992 年)。

---

① 相关的英译本,参见 Peter H. Lee, *Lives of Eminent Korean Monks* (Cambridge, Mass., 1969)。

Li，Rongxi and Dalia，Albert A.，*Lives of Great Monks and Nuns* （Berkeley，2002）.

Liebenthal，Walter，'A Biography of Chu Tao-sheng'，*Monumenta Nipponica*，11:3（1955），64 - 96.

Link，Arthur E.，'Biography of Shih Tao-an'，*T'oung Pao*，46 （1958），1 - 48.

Shih，Robert，*Biographies des moines eminents（kao seng tchouan） de Houei-kiao*（Louvain，1968）.翻译了《高僧传》中的"译经"类传记。

Tsai，Kathryn Ann，*Lives of the Nuns：Biographies of Chinese Buddhist Nuns from the Fourth to Sixth Centuries*（Honolulu，1994）.

Wright，Arthur Frederick，'Fo-t'u-teng：A Biography'，*Harvard Journal of Asiatic Studies*，11（1948），321 - 371.

552 参考文献

De Rauw，Tom，'Baochang：Sixth-Century Biographer of Buddhist Monks … and Nuns?' *Journal of the American Oriental Society*，125:2（2005），203 - 218.

Kieschnick，John，*The Eminent Monk：Buddhist Ideals in Medieval Chinese Hagiography*（Honolulu，1997）.

Link，Arthur E.，'Shih Seng-yu and His Writings'，*Journal of the American Oriental Society*，80:1（1960），17 - 43.

Makita Tairyo，'Kosoden no seiritsu'，*Toho gakuho*，44（1973），101 - 125；and 48（1975），229 - 259.

Shinohara，Koichi，'Two Sources of Chinese Buddhist Biographies：Stupa Inscriptions and Miracle Stories'，in Phyllis Granoff and Koichi Shinohara（eds.），*Monks and Magicians：Religious Biographies in Asia*（Oakville，Ont.，1988），119 - 229.

苏晋仁:《〈名僧传〉及〈名僧传抄〉》,《现代佛学》(1963 年第 4 期),
　　第 22—32 页。

Wright，Arthur F.，"Hui Chiao's 'Lives of Eminent Monks'"，in
　　id.，*Studies in Chinese Buddhism* ed. Robert M. Somers（New
　　Haven，1990），73 - 111，150 - 172.

屈伯文　译　陈　恒　校

第二十三章　早期印度的史学传统：约公元前 1000 年至约公元 600 年

罗米拉·塔帕尔（Romila Thapar）　文

呈现过去

几百年前，有人说印度文明在欠缺历史写作（根据这个论断所隐含的意思，印度也缺乏历史感）这个方面，可谓独一无二。这个看法据说可以普遍应用于前现代，对于更早以前的时代来说更为适用。除了极少数的例外，很少有人试图对这个概括性的说法进行探究，好像这是一条既定的公理似的。不过，虽然就我们现在所知道的，我们承认印度以前可能不存在传统形式的那种历史写作，但是，反映了历史意识的许多文献却是我们可以看到的，正是它们在后来构成了史学传统的基础。我们需要对这些传统的性质与前提以及构成其基础的历史关怀进行考察。

如果我们承认历史早期印度史学传统的存在，那么，那时的标准与现代的标准可能有所不同。现代的历史观念是由兴起于启蒙运动时期的种种概念统治的。这些观念强调线性叙述以及年代顺序，其关注焦点为政治权力。就印度而言，在这些观念之上，还有殖民地对呈现过去的看法。在此之后，种种民族主义思潮确认了历史学是有关过去的独一叙述真理，普遍而言，也是对民族的意识形态创建有所贡献的真理。

按照这样的看法,如果要对这些有着不同体裁的叙述进行估量,对其历史记录的自我定位进行评价,我们就需要按照某种受到公认的历史方法,对它们作出评判,从而将信实与虚幻区别开来,虽然虚幻可能是隐藏真实的一种方式。今天我们所关心的问题并不在于是否像人们通常所持的看法那样,印度早期的历史写作付诸阙如,而是印度早期史学传统的性质、前提如何。更进一步,是对不同的文献进行探究,从而发现这样的传统,做这件事的目的,不在于为文献中所述的每一件事争取"史实"的地位,而在于找寻不同社会的历史关怀。

基于不同的缘由,我们现在有必要重新探讨早期印度的历史感的问题。① 回望过去,历史的定义经历了种种变革,时至今日,它已不限于启蒙时代人们的历史观了。历史感隐含着对过去的构建,虽然如此,人们不必要将它与现代的历史写作等同起来。

在对那些宣称反映了早期印度之历史的文献进行探讨前,我们有必要先考虑以下两个方面的问题。其一,由于不同文化的史学传统必然在形式上有所差异,故此,相比到目前为止的状况,对它们的比较研究必定得更求精确、更能显示出它们之间的差异。另一个问题同样重要,也就是:人们为什么非得提出印度文明缺乏历史感的观点? 这个观点在很大程度上是(虽不完全是)一种怀有偏见的殖民主义观点,它在部分程度上因启蒙时代的历史观而生,不过,更多地源自明显对殖民当局——它为殖民地构造了一部全新的历史——有利的一些看法。

作为前奏,在这里对我所说的历史意识、史学传统和历史写作加以解释可能对读者有所帮助。所谓历史意识,即是对过去的事件、人物的一种意识,它主张史事入史,正如"*itihāsa*"一词所隐含

554

---

① David Gordon White, '"Digging Wells While Houses Burn?" Writing Histories of Hinduism in a Time of Identity Politics', *History and Theory*, 45:4(2006),104 - 131; and Velcheru Narayana Rao, David Shulman, and Sanjay Subrahmanyam, *Textures of Time*: *Writing History in South India*, 1600 - 1800 (Delhi, 2005).

的意思:"确曾发生过的事。"历史意识通常嵌入到拥有其他功能(常常是礼仪功能)的作品中。我们往往因为运用验证原则而忽略了历史意识,不过,我们须知,历史意识不仅与历史(写作)不是一回事,且与史学传统有异。史学传统是对过去进行呈现的一种构建,是一种理解过去的特定模式,人们能用它来为现在确定方向。多种多样的历史写作标志着差异,拥有其他功能的作品并不能涵盖它。历史写作从不同的史学传统中吸取养分,并且根据自己的需要创作出不同类型的作品。这些作品或直接或间接地证明自己的材料对历史事件作了合乎情理的因果解释,并且通常与那些权威人物有关联,它们以此方式寻求获得验证。

多样化的史学传统与印度史学传统地位的确定

史学领域通常拿来作历史写作之标尺的是犹太—基督教历史写作。有人曾说,犹太—基督教历史写作有着清晰的目的论;它是更高层次的末世论的组成部分;它所认为的时间是线性的。这些特征在希腊—罗马、中国、印度的史学传统中并不那么显而易见,在这些传统中,末世论是微弱的,它们所认为的时间则呈现出多种多样的形式——线性的、螺旋式的、循环式的。解释过去的历史事件的需要,产生了对历史写作之构思有所贡献的思想。

对于印度之历史写作的缺乏,人们认为这在很大程度上与循环的时间观有关,此种看法代代流传,虽然有人已对此作过反面研究。[①] 在印度,线性时间观从文献对谱系进行大规模收录、纪元以及精确的定期体系得到应用上面,可以反映出来;天文学中阴历向阳历的转变,更可证明此种线性时间观的存在。

在线性时间与循环时间之间作截然对立的二元划分并不可行,

---

① Mircea Eliade, *Cosmos and History: The Myth of the Eternal Return* (New York, 1959). 有关对此观点的批评,参见 Romila Thapar, *Time as a Metaphor of History: Early India* (Delhi, 1996)。

因为它们的一些要素是交叉的,虽然这些要素各与不同的功能有关。在四"地纪"(循环或纪元)的概念中,循环时间通常被看作是宇宙时间,而个体编年录中更具可衡量性的时间则属线性时间。在循环时间呈现出螺旋形式的地方,人们可将它看作波,当波伸展开来时,它最终会近于直线。印度文献中这样多的时间形式显示了对时间的不同计算方式。即便是就四"地纪"这样的时间跨度而言,当下也不是对过去的重复,因为每个纪元与其前一个纪元都不相同。

即便在循环时间中,末世论对印度史学传统都不是陌生之物,不过,它在该传统中的呈现方式不同于更具线性色彩的犹太—基督教史学传统的末世论。很大程度上由于对行为规范、信仰的背离,以及邪恶之举的增加,第一个"地纪"在达致完满后,渐趋衰落。最后,灾难性终点的临近迫切地呼唤救世主的产生。按照印度史诗的传统,这个救世主就是迦尔吉(*brāhmana* Kalkin),是毗湿奴的最后化身;或者按照佛教的传统,是弥勒佛,未来佛。无论是哪种情况,人们都相信,宇宙或曰信仰,都将复归到其起始的那种状态下。不过,即便这些信息是那样的广为人知,在有关印度可能存在的史学传统的讨论中,却很少见到它们的踪影。为什么人们拒绝承认印度有任何史学传统的存在? 这是一个需要探讨的问题。

历史写作在印度的缺失

对早期印度本土历史著作的追寻始于公元 18 世纪晚期。到那时,对作为一个独特文学类别的历史写作深有了解的欧洲学者,在有关后来所谓的梵/印度文明的梵语材料中,追寻着这样的历史写作。不过,他们未能如愿以偿。举例来说,语言学者威廉・琼斯(William Jones)曾怀疑在《往世书》的神话、传说中,有着历史的踪影,不过绝大多数人并不同意此种意见,①哪怕琼斯引用了印度唯

556

---

① *Asiatic Researches*,4(1807),xvii ff.

一的历史写作的实例——公元 12 世纪凯尔哈那（Kalhana）所著的
《克什米尔列王志》（Rājataranginī）。印度文明由此被确定为没有
历史的文明。与司马迁的中国史书或伊本·赫勒敦（Ibn Khaldun）
的阿拉伯史书,甚至圣经中的家系表相比,更别提希腊—罗马的历
史叙述了,只要一比较,印度社会拒绝历史这一公理就得到强化。

东印度公司的官员主要对法律和宗教感兴趣,因为这些东西能
帮助他们管理印度殖民地。他们的信息来源于其婆罗门解经人。
不可避免地,吠陀婆罗门教（Vedic Brahmanism）的文献,比如阐明
礼仪、信仰的《吠陀经》（Vedas）、规定种姓与社会责任的《达摩圣
典》（Dharmaśāstra）,具有优先地位。其他的知识体系,特别是佛教
与耆那教的知识体系,被评定为印度教知识体系的低级分支,这特
别是因为它们在《梵书》（brāhmanas）那里被看作是离经叛道的。
很少有人试图将这些文献置于另外的知识体系更广阔的语境下
考虑。

在欧洲,德国的浪漫主义运动极为重视后来所谓的"东方文艺
复兴"。[1] 宗教和神秘主义被说成是印度文化的特征,它们在事实
上排除了组合知识的理性方式。有一种观点认为,在印度,被看
作是文明社会的种姓社会压倒了国家。此种看法意味着没有国
家即无历史。这样,对黑格尔来说,印度就是无记载历史的一个
国度。[2]

在某些圈子中,人们将自己对梵文的热诚融入了一种声势强大
的语言—种族—文化理论中,这也就是雅利安种族理论。将此种理
论运用到印度身上,它就成了对印度文明雅利安起源说的解释,此
种理论反过来取得了与婆罗门教的《吠陀经》平等的地位。由于后
者对历史不甚关心,印度无历史的观念得到强化。

公元 18 世纪,人们对印度史进行了重新建构,此种新建利用了

---

[1] Raymond Schwab, *La Renaissance Orientale* (Paris, 1950).

[2] G. W. F. Hegel, *The Philosophy of History* (1837; New York, 1958), 140 - 141, 162 - 164.

第二十三章　早期印度的史学传统：约公元前 1000 年至约公元 600 年

一些假设,而这些假设预设了史学传统方面的需要。在殖民国家与殖民地之间的关系不断变换的情况下,此种情况满足了殖民政策的需求。[①] 在重建印度史的主要理论——东方专制主义理论——中,其所隐含的言外之意是印度对历史感的排斥,这在后来的一本殖民时代印度史建构方面的权威文献中,有详细的叙述,该书即詹姆斯·穆勒(James Mill)的《英属印度史》(出版于 1819—1823 年)。[②] 印度社会据说是静态的,这样,由于它并未显示出变革的迹象,记载历史对它而言就毫无用处了,过去的功用之一在它那里就成了为现在作论证的工具。此种"静态"只是到英国当局发布法令施行变革时方才被打破。穆勒的《英属印度史》为大英帝国的统治确立了一条新的公理。其他的观点,或将历史感在印度的缺失归于次大陆政治统一的缺乏,或归于人类意志对神意的屈从,或归于强制性的宗教以及婆罗门对思想活动的控制。

557

　　主张印度无本土的历史有着实际的好处,即它让为殖民地构建的历史能为殖民政策摇旗呐喊。殖民者对有关殖民地的知识的态度决定了这些知识要能促进殖民统治。这样,才有威廉·琼斯印度神话、印度史诗在"我们的控制下"的说法,也才有一个世纪后寇松勋爵(Lord Curzon)将在思想上发现东方视为帝国的必要举措的看法。为了重建印度历史而收集手稿、工艺品的行为成为急功近利之举。同样令人印象深刻的是文字的辨认以及考古发现。而詹姆斯·托德(James Tod)、泰西托里(L. P. Tessitori)集录并当作写作对象的游吟诗人的口头创作,却被历史学家普遍地忽略掉了。受到一股更宏大的解释过去的潮流的影响,殖民当局的设想往往是涂抹历史。即便在欧洲,发生了在思想上富有挑战性的有关史学之性质——作为一门正在兴起的学科——的讨论,它对印度学家

[①]　Romila Thapar, 'Ideology and the Interpretation of Early Indian History', in ead., *Interpreting Early India* (Delhi, 2000); and Ronald B. Inden, *Imagining India* (Oxford, 1990).

[②]　Javed Majeed, *Ungoverned Imaginings: James Mill's The History of British India* (Oxford, 1992).

和殖民地历史学家的影响却微乎其微。在殖民当局指定的教科书中，以对民主与政治自由的要求为关注焦点的现代史多个方面的内容，遭到排除。[1]

在对欧洲以外的历史进行理论解说的那些人中间，几乎充斥着东方是欧洲之"他者"的看法。卡尔·马克思断然否定历史感在印度的存在。马克斯·韦伯将印度未向资本主义转变——这是"他者"的一个标志——归咎于它在经济理性主义方面的失败。

印度本土史家起初服膺于殖民主义的历史观，从而接受了印度社会无历史的看法。更晚近的时候，这个问题偶尔引起了人们的讨论。第一部有关该问题的论文集往往重复了旧理论的种种假设。[2]即便有人想对那些据说具有史学性质的各类文献进行介绍，配套的与此种说法相关的讨论却付诸阙如。[3]有人虽对作为一种史学传统的历史传记作了具有重要意义的讨论，可惜至今仍无一个追随者。[4]其他看法主张印度的史学传统是存在的，不过，由于印度政治体制的分权性质以及婆罗门对传统之传承的排他性控制，使得此种传统的力量极其微弱。[5]也有人认为，是婆罗门——他们本该发挥关键性的作用——与文书阶层之间的分野造成了印度无历史的局面。[6]某些更带有辩护色彩的观点认为，史学是在近代化的过程中成型的，而印度文明以前对近代化的问题是漠不关心的。[7]

558

---

① Aravind Ganachari, 'Imperialist Appropriation and Disciplining the Indian Mind', *Economic and Political Weekly*, 43:5 (February 2008), 77-87.

② C. H. Philips (ed.), *Historians of India*, *Pakistan and Ceylon* (London, 1961).

③ Anthony Kennedy Warder, *An Introduction to Indian Historiography* (Bombay, 1972).

④ Vishwambhar Sharan Pathak, *Ancient Historians of India* (Bombay, 1966).

⑤ Burton Stein, 'Early Indian Historiography: A Conspiracy Hypothesis', *Indian Economic and Social History Review*, 6:1 (1969), 40-60.

⑥ H. Kulke, 'Geschichtschreibung und Geschichtsbild in Hindustechen Mittelalter', *Secculum*, 30 (1979), 100-113.

⑦ Ashis Nandy, 'History's Forgotten Doubles', *History and Theory*, 34:2 (1995), 44-66;也见 Vinay Lal, *History of History* (Delhi, 2002), 14-16, 58-60。

这样的解释都有它们的不足之处。

目前的一些研究显示了前现代印度之史学传统的问题正引起某些人的注意，这些研究关注的是证明此类传统在印度的存在以及它们应用于社会、政治中的方式。此种努力是从最近有关历史的重新定义生发出来的，其所使用的方法是确定史学作为一门社会科学的地位，它从对人类记忆的研究，转向为面临死刑——后现代主义宣判的结果——威胁的史学作辩护。这类研究中的绝大多数将目光集中在公元 2 千纪，由此而未在时间上回溯得更远。[①]

历史意识与史学传统

最近半个世纪的研究已然显明，早期印度社会并不是静止不动的，它发生着变化，这种变化在空间、时间上并不一致。有两个变化过程是显而易见的，它们在数百年的时间里一直持续着。其一是部族社会（或以家族世系为基础的社会）转变为种姓社会，这是这些社会最终融入国家体系——以诸王国的形式存在——的过程的组成部分。另一个是早期王国转变为更复杂的国家体系。随着历史的变革，新的认同发展起来，过去得到重塑。在第一个变化过程中隐藏的"历史意识"，转变为第二个变化过程中的"史学传统"。这两个过程在后来所谓的"历史—神话"（*itihāsa-purāna*）传统中都有所反映。"*itihāsa*"的字面意思是"确曾发生过的事"，发展至今日，人们在"历史"的意义上使用该词，不过在更早的时候，它并没

---

① Daud Ali, 'Royal Eulogy as World History', in Ronald B. Inden, Jonathan S. Walters, and Ali (eds.), *Querying the Medieval：Texts and the History of Practices in South Asia* (Delhi, 2000); Rao, Shulman, and Subrahmanyam, *Textures of Time*(也见对该书进行评论的那些文章以及该书作者们在《历史与理论》上作出的回应, *History and Theory*, 43：3[2007], 366 - 427); Prachi Deshpande, *Creative Pasts：Historical Memory and Identity in Western India*, 1700 - 1960 (Delhi, 2007); and Sumit Guha, 'Speaking Historically：the Changing Voices of Historical Narration in Western India, 1400 - 1900', *American Historical Review* 109：4(2004), 1084 - 1103。

有任何现代意义上的"历史"的意思。"*purāna*"则指古事，包含我们今日可能唤作"传说"甚至"神话"的那类事物。

　　"神话—传说"传统，或曰早期印度的史学传统，有两个截然不同的历史写作类型，它们都是到公元 1 千纪中期渐渐确立起来的。更常被人们提到的那类历史写作是神话类历史写作，它们从《往世书》及与之相关的著作而来，在很大程度上利用由婆罗门创作或编撰的资料。另一类历史写作并未获得应有的承认，它们来自苦行主义的意识形态——主要是佛教和耆那教。[①] 这两类历史写作凸显的历史事件、人物通常是不一样的，或者是通过不同的形式展现出来的。虽然人们并不总是明白地说出来，在两类历史写作的彼此借鉴乃至冲突中，人们仍能看到交替使用两类历史写作的意识的存在。

　　本章所覆盖的时间范围是公元前 500 年至公元 600 年，不过在必要的时候，我们的时间上限会往后移。在这个时期，人们的历史关怀是通过不同的方式表现出来的。其一是历史意识，它以嵌入的形式存在于有着其他功能的作品中。其二包括历史意识的种种体现形式，后者将独特的史学传统的身份赋予前者。这些历史意识的体现（或具体化的）形式并不受制于后来的新型文献所具有的其他功能，也不受制于史学传统的表现形式。这是从历史意识的呈现向史学传统的创建的转变。

具体化的史学传统：英雄的诞生

　　上述具体化的史学传统可追溯到"谢礼诗"（意为"对赠礼表示感谢的诗歌"），它们是一般可上溯至公元前 1400—前 1000 年的《梨俱吠陀》里的诗歌。[②] 祭司诗人用吠陀梵语创作诗歌，赞美因陀

---

① "苦行主义"（sramanic）来自"苦行者"（śramana），后者用来指佛教、耆那教僧侣。
② *Rig-Veda-Samhita*, ed. F. Max Muller（London，1892）；and Ralph T. H. Griffith, *The Hymns of the Rgveda*（1896-1897；2nd edn, Varanasi, 1963）.

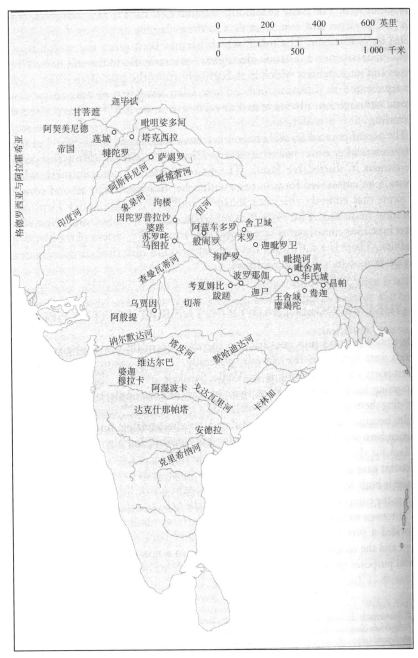

约公元前 500 年的古代印度

560

罗神保护他的信徒免受人间和魔界的敌人伤害，以及帮助他们发动攻击，从而获得牲畜、牧场。因陀罗成为模范英雄，为受到激励的人间英雄所仿效。[①] 人间英雄不仅因为他们的英雄业绩受到称赞，也因为他们对创作颂歌的诗人的慷慨恩赐（dāna）而受到颂扬。在颂歌中，获得胜利的首领将丰厚（如果不是多得惊人的话）的奖赏赐给诗人。[②] 颂歌既为赞美结出"胜利"之果的英雄业绩，也为赞扬给诗人的赏赐。颂扬英雄与英雄的赏赐，作为受赏者的行为，它们一直是并行不悖的。作为成功与地位的特征，奖赏为未来的事情提供了先例，并成为将赏赐者与受赏者联系起来的纽带。将这样的颂歌放进有着礼仪目的的文献中，英雄业绩与英雄成为值得铭记的历史传统的组成部分获得了保证。创作者宣称他们使英雄得以永垂不朽，事实上，他们确实永垂不朽了。

561

颂歌反映了部族社会组成酋邦的过程。部族是以亲缘关系为基础的农耕—放牧单位，其内部成员的关系相对平等，不过，由部族选举出来的酋长（即首领）的权威是众所接受的。酋长保护部族的领地，抢夺新的牧场，发动军事行动，分配战利品，并经常为祭祀仪式提供赞助。[③] 这些是人们要求于英雄的品质，行至后世，人们对英雄的要求还是如此。《梨俱吠陀》中的颂歌顺带着以不同的方式记录了不同部族之间相友或敌对的关系。敌对通常以小规模战斗的形式出现。而在苏陀斯（Sudas）奋起抵抗其他10个部族的联盟时，冲突的程度更为严重。在这10个部族中，像亚都（Yadus）、普鲁（Purus）这样的部族在后来的史诗中占有突出的位置。这些颂歌还有少部分地方谈到了不同人物之间的血缘关系，不过，此种血缘关系并不深，且不超出五代人的界限。

首领获得尊位的仪式是灌顶礼（abhiṣeka）、火祭（rājasūya）、马

① *Rgveda*，7.20.5；3.30.4；8.46.13；3.51.3.
② Romlia Thapar，'*Dāna and Dakṣiṇā as Forms of Exchange*'，in ead.，*Cultural Pasts：Essays in Early Indian History*（Delhi，2000），521-535.
③ Romila Thapar，*From Lineage to State：Social Formations in the Mid-First Millennium B.C. in the Ganga Valley*（1984；2nd edn，Delhi，1996），26 ff.

第二十三章　早期印度的史学传统:约公元前1000年至约公元600年

祭(aśvamedha)、力祭(vājapeya),其用意在于为首领罩上一层神圣的光环,希求他能攻无不克、领有四海且青春永驻,这在《梨俱吠陀》之后的许多文献中都有记载。古时践行这些仪式的首领的名字都有列载,由此而使其成为受到铭记的过去——半是历史半是神话的过去。英雄政治具有高度的竞争性,此种情况一直延续到酋长变成世袭职位或转变成国王之职时为止。由婆罗门加工的这类故事渐渐有了可信性。

这是后来人们经常见到的颂歌(praśastis)记载权威人物事迹的开始。颂歌的创作者是诗人(kavis),他们要么是游吟诗人(sūtas),要么是侍候在首领身边的礼仪专家。在马祭过程中为人们所唱诵的精巧诗歌(akhyānas)是后来编织出史诗的那些材料的原型。[1]

与英雄、部族有关的残篇故事流行于世,它们是一股庞大且不断变化的口头传统的组成部分,这个传统很可能是由游吟诗人支撑起来的。某些故事仍保持了自己的完整形式,比如佛教的本生(Jātaka)故事集。其他故事则以史诗的形式汇聚到了一起,比如《摩诃婆罗多》(Mahābhārata)、《罗摩衍那》(Rāmāyana)。在文本遭窜改的可能性存在的情况下,这些史诗形成于何时仍是有争议的问题,这就需要人们对史诗的创作过程进行还原。无论如何,这些史诗的当今形式可以追溯到约公元前400年至约公元200年这段时期。令人们感兴趣的问题不仅仅是这些史诗号称复述了过去的历史事件,也包括它们遭到窜改以与特定的时代视角相适应。

在某种程度上,上述具体化的传统在史诗中变得更加清晰可见。[2]《摩诃婆罗多》是集自吠陀文献、口头传统的许多诗歌的合集。单纯从这部史诗的规模来看,就可知道它是一部文献汇编,而非一部风格统一的作品。不同的故事被包含在这部史诗中,许多历史事件和人物因此得以协调起来,在史诗的编撰中,这可不是件

562

[1]　*Aitareya Brāhmana*, 7.18.10;3.21.1; and *Śatapatha Brāhmana*, 13.4.3.2.
[2]　J. L. Brockington, *The Sanskrit Epics* (Leiden, 1998).

常见的事。据说,该书由婆罗门毗耶娑(Vyāsa)用梵文进行创作,其弟子、游吟诗人(sūta)柔马哈尔萨纳(Romaharsana)则吟诵之。[①]游吟诗人与婆罗门的关系并不确定,后者逐渐取代了前者,成为为史诗创作的赞助者歌功颂德以及记录史事的人。维阿萨本人地位不明,他有一位身为婆罗门的父亲,其母出身低等种姓。事实上,《摩诃婆罗多》是一部游吟诗人的作品,附带具有说教意义的其他内容。[②] 这些说教的内容连同解说性质的传说是如此的实在,以至于故事本身往往被遮掩起来。史诗在苏摩祭礼(sattra,一种献祭仪式)上被人吟诵,它仿效的是作为马祭之组成部分的诗歌唱诵环节。史诗在绝大多数时候是作为"历史"被写下来的,由此,对已发生的历史事件的信念得到了强调。

《摩诃婆罗多》的核心故事包括同一家族的两个支系——般度支系(Pāndavas)与持国支系(Kauravas)——之间的竞争,以及它们对恒河平原西部的权利要求。史诗中的统治家系一般都属于刹帝利种姓,不过并非毫无例外。这个种姓起初与首领—战士集团是同一的,到后世演变为土地贵族阶层。有所争议的土地分成两个部分,一部由来自哈斯提那普尔(Hastinapur)的持国族统治,一部由来自因陀罗普拉沙(Indraprastha)的般度族统治。(如果我们假设今天叫"哈斯提那普尔"、"因陀罗普拉沙"的两个地方就是历史上的两座古城的所在地,则两座古城都有一部分以垂直的角度被挖掘出来,不过,它们并未显示出与史诗内容的紧密联系,通常而言,史诗内容与史诗中所述地点的考古发掘是保持一致的。)般度族的富足与权势使持国族非常眼红,经过一系列的角逐,般度族被放逐长达 14 年之久。两族之间的竞争不可避免地由二者之间的库茹(Kuruksetra)大战来决定结局,这场战争成为审视过去的关键

---

① V. S. Sukhthankar et al. (eds.), *Mahābhārata*, critical edn, 19 vols. (Poona, 1927 - 1966), Adiparvan, 1. 1 - 10.

② Edward Washburn Hopkins, *The Great Epic of India* (New York, 1901); and V. S. Sukthankar, *On the Meaning of the Mahābhārata* (Bombay, 1957).

时间坐标。据说,这场大战将北印度的绝大多数部族都卷入进来,它们分别加入两大敌对支系的阵营,这实际上也标志着部族的终结。

从本质上说,《摩诃婆罗多》是部族政治体的史诗。为该史诗的创作提供支持的赞助者是部族首领,特别是拘楼—般阇罗(Kuru-Pancala)部族,它们在更早的吠陀文献中也有提到,当时,它们正在确立自己作为主要部族的权威地位。《摩诃婆罗多》是般度族的某些成员(在某种不正规的意义上,也是一部分维施尼族[Vrsnis]成员)完成的一部颂歌。般度、持国二族据说是普鲁部族的后裔,维施尼族据说传自亚都部族。这种传承关系将这些族系与更早的文献联系起来,只是相比吠陀文献,《摩诃婆罗多》所讲述的家系要长得多。在某种意义上,这部史诗既是对先前某些作品的扩充,又是对它们的重构。那个时候,人们需要的是一个更具体的过去。在历史上,人们对该史诗作了许多窜改,并且将故事重新整合,成为今天的样式,今日的人们复原原始史诗的工作因此受到了严重影响。已经有人提出,婆罗门当中的一个特殊类别——波利怙人(Bhrgus)——改变了史诗的许多部分,增加了训诲方面的内容,并将其从一部相对世俗化的史诗变作一部以外士那瓦薄伽梵崇拜(也就是毗湿奴崇拜)的形式出现的圣典。[①] 以上被人们称作文献的波利怙化(Bhrguisation),这样的过程让人们确认了文献整修者的身份,以及这些人的历史背景。重写历史(或对文献进行窜改)反映了在人们眼中具有重大历史意义的不同时刻。

除了其他目的,《摩诃婆罗多》还力图通过不同酋邦在血缘、领土以及军事行动上的诉求,将它们的历史记录下来。这部史诗强调了与地位有关联的一个新特征物——家系。就史诗的内容安排而言,持国、般度两族提出的是相冲突的权利诉求。两族在血缘上都无法与以前世代的统治者联系起来,这构成了对权力传承原则

563

① V. S. Sukhtankar et al., 'The Bhrgus and the Bharatas: A Text-historical Study', *Annals of the Bhandarkar Oriental Research Institute*,18(1944),1-76.

的挑战;由此,家系被塑造出来,填补这个空缺。至于库茹大战,则是庞大的普鲁世系内部的继承权之争。虽然如此,这场大战也在事实上标志了以世系群体的身份代表部族政治体的刹帝利种姓的衰落。它由此成为酋邦政治体系走向衰落的判决书。

在《摩诃婆罗多》里面,有许多地方值得人们铭记,它们显示了这部史诗的"历史性"。史诗带有一种对过去社会的怀旧情绪,在很大程度上,这个"社会"在库茹大战后已分崩离析。史诗实际上标志了人类重建有关那个"社会"的零碎片段的努力,不管这种努力是出于人类的记忆还是有着部分程度的虚构。它要记录不同的部族和它们的首领,并且将重要的人类定居地勾勒出来。将这个过去的社会放进时间长河中需要人们引入时间尺度,而此种"尺度"是以宇宙时间循环的形式出现的,即"地纪"。将"地纪"理论引入时间计量领域很可能是史诗波利怙化过程的组成部分。"大纪"(*mahāyuga*)是一个长时段的时间循环,它包含四个连续的小纪——克里达纪(Krta)、特雷达纪(Treta)、达夫帕拉纪(Dvāpara)、卡里纪(Kali),四个小纪在时长上依序递减,其突出的特征是与时长递减相对应的道义沦丧。在"地纪"理论中,所有小纪漫长而有所差异的时长加总起来,达 4320000 人年之数(这个数字很有可能借自天文学中所使用的数字),这让人类用自己的方式进行类似的时间量度变得不可能。《摩诃婆罗多》所述的故事据说发生在达夫帕拉纪向卡里纪转折的时期。根据后来的计算,卡里纪的开端时间被定为公元前 3102 年。① 考虑到甚至连今日的若干地方都未显示出相应类别的考古人居地的存在,这个日期的可能性不大。真实的日期可能与人们的以下看法没有关联:人们曾认为在刹帝利家系的统治期后,尾随而来的是巨大的变革。

家系(*vaṃśas*)乃至世系所享有的中心地位可以回溯至人们想象的那个遥远的过去,除此之外,它们也将其他形式的过去展现出来。在人们眼中,宇宙时间是循环的,相比之下,人类行为更常用

---

① 艾荷洛(Aihole)铭文,参见 *Epigraphia Indica*,vol. 6(1900 - 1901),1 ff.

线性时间来度量，比如世系。这样，循环时间与线性时间就交织在了一起。① 这是印度史学传统中反复出现的现象。

《摩诃婆罗多》被称为"历史"，这可能是因为它在人们看来呈现了想象世界中的部族冲突史。而《罗摩衍那》一般被叫作"诗歌"（Kāvya），用梵语创作的一部诗歌作品；更常被唤作"最初的诗"（ādikāvya），即这类诗歌中的首创之作。它的作者是蚁垤（Vālmīki）。和维阿萨一样，蚁垤的出身也是含糊不清的，虽然在《罗摩衍那》后面一个部分的内容中，他被写成是一个波利怙婆罗门。② 《罗摩衍那》讲述了一个卷入冲突的英雄的故事，不过此"冲突"不是《摩诃婆罗多》里的那种部族冲突，而是两类政治体——王国与酋邦——之间的冲突。阿约提亚（Ayodhya）王国以及理想君王的化身罗摩（Rāma）的胜利，将历史意识移入两大体系——一个正在走向没落，另一个正成为未来政治体的基础——发生冲突的转折期中。丛林定居者的社会以及酋邦此时被妖魔化为"罗刹刹"（rāksasas），相形之下，王权则得到赞颂，发展到最后，君王甚至能成为神的化身。罗摩的家系叙述对早先时代的许多英雄进行了吹捧，作为一份政治文献，《罗摩衍那》标志了以王国形式存在的国家的到来，诗歌是对后者合法性的确认。③

《罗摩衍那》所述的是一个老套的故事。罗摩是拘萨罗（Kosala）王最年长的儿子，按权利来说，应子承父位。由于继母从中作梗，罗摩被从京城阿约提亚驱除，进入与王国邻近的丛林及以外的地方。在流放途中，他与自己的妻子希塔（Sītā）、兄弟罗什曼那（Laksmana）结伴同行。期间，统治魔界的罗波那（Rāvana）绑架了希塔，并将她带到自己的大本营兰卡（Lankā）。罗摩随后在盟友

---

① Thapar, *Time as a Metaphor of History*.

② G. H. Bhatt et al. (eds.), *The Vālmīki Raāmāyana*, critical edn, 7 vols. (Baroda, 1960 - 1975); and *The Rāmāyana of Vālmīki*, trans. R. Goldman, 5 vols. (Princeton, 1984 -).

③ Romila Thapar, 'The *Rāmāyana*: Theme and Variation', in ead., *Cultural Pasts*, 647 - 679.

们的帮助下,组织了一支军队(实质上是一支猴子大军),在战斗中击败罗波那,将自己的妻子救回。后面插入的故事说到在罗摩登基为阿约提亚王之后,他面临着公众对其妻之忠贞的怀疑,最后,他抛弃了她。身怀六甲的希塔在圣人蚁垤隐居的寺院避难,在那里,她诞下了自己的双胞胎儿子。蚁垤就是这部诗歌的作者,双胞胎兄弟用心学习它,好像游吟诗人一样。奇怪的是,这对双胞胎兄弟起的名字"歌人兄弟"(*kuśilavaḥ*),其含义就是游吟诗人。而后,两兄弟在马祭仪式上吟诵了这部诗歌,活动的赞助者就是他们的父亲罗摩。我们再次看到,这部诗歌第一次得到吟诵是在一次礼仪活动中。

565 　　罗摩故事的佛教版本简略至极,希塔被劫的情节并没有包含其中。[1] 蚁垤《罗摩衍那》中所给出的故事版本在耆那教的一个故事版本中受到了质疑,后者即是弥麻罗失黎(Vimalasūri)的《波马卡里亚》(*Paumacariyam*),它创作于公元后的数百年时间里。[2] 该书坚持耆那教故事版本的"历史性",基于此,其他的故事版本被说成是不正确的。就该故事版本而言,如果泛而谈之,其所述的中心事件与其他故事版本相差不大,至于其他故事版本有关罗波那以及将"罗刹刹"定为魔鬼的叙述,则遭到了否定。与(在其他故事版本中)被描述为魔鬼相反,在耆那教故事版本中,丛林部族被认为与有名的维迪亚达茹阿(Vidyādharas)、摩揭瓦哈纳斯(Meghavahanas)家系—部族有关。摩氏家系—部族在其他资料中与车底族(Cedis)联系在一起,后者反过来又是亚达瓦(Yādava)/亚都亲族集团的组成部分。在不同故事版本的矛盾叙述中,隐含的是政治对决。看起来,问题并不在于故事的"历史性",而在于蚁垤故事版本中对某些部族社会的妖魔化和矮化。

　　我们可以说,就《罗摩衍那》故事的实质而言,它似乎表现为甘

---

① Daśaratha Jātaka, no. 461。参见 *The Jātaka*, ed. E. B. Cowell, 6 vols. (Cambridge, 1895 - 1907)。

② *Paumacariyam of Vimalasūri*, ed. Hermann Jacobi (1914; Varanasi, 1962).

蔗族（Iksvākus）与亚达瓦族之间的政治冲突，该冲突在后来的一份文献中，也顺带提到过。蚁垤的诗歌在政治上为甘蔗家系摇旗呐喊，并且提及该族历史上的众多英雄人物，对于亚达瓦亲族集团的地位，则掩而不提。更进一步说，《罗摩衍那》故事不仅是对部族间冲突的叙述，它还描写了作为一种政治制度的王权对更早形式的部族首领制的胜利。看起来，两个大族之间的竞争好像非常激烈，这正是当时旷日持久的一场战争的真实写照，这场战争以位于比哈尔（Bihar）的摩竭陀为一方，以该国的北方邻居、维吉斯（Vrjjis）部族联盟为另一方。丛林定居者"罗刹刹"（按书中的描述，其制度看似更近于部族而非王国的制度）被妖魔化一事，可能起于不同王国对丛林地带的入侵，这些王国清理丛林，从而确保农耕的进行以及它们自己的利益。

作为毗湿奴崇拜传播运动的组成部分，蚁垤故事版本中的罗摩转变成了这位神的化身，并以这样的身份受到崇拜。这是人们为一种新宗教安排的象征性符号，它构成了对从主要方面来说并非毗湿奴信徒的其他宗教派别（比如耆那教）的反对。它强化了拥有神性的君王的观念。

某些学者主张，今天我们所看到的《罗摩衍那》贯彻了一个根本性的主题，即婆罗门种姓对佛教盛行——得益于孔雀王朝国君阿育王的支持——的反应。[①] 在部分程度上，添入诗歌中的训诲内容可能是对苦行主义观念的反击。

具体化传统的再形成

566

在不同的吠陀文献和史诗中得到表达的历史意识经过调整，其部分内容融入渐渐形成的史学传统（在《往世书》中可以找到）中。

---

① J. L. Fitzgerald, ‘Introduction to Book 12’, in *The Mahābhārata*, trans. Fitzgerald, vol. 7 (Chicago, 2004), 114 ff. ; and Alf Hiltebeital, *Rethinking the Mahābhārata* (Chicago, 2001), 15 - 17, 205 - 206.

从历史的角度来看，后者的特征是它在"历史"方面号称有更大的可靠性，这是它有关过去的一个宣言。这个宣言在后来的史学传统中发挥了作用。

作为一种著作体裁，《往世书》的创作贯穿了公元1千纪的全部历程。《毗湿奴往世书》与《鱼往世书》（*Matsya Purānas*）是《往世书》中的早期作品。作为较为流行的文献，《往世书》中的那些早期作品最初可能是以使用者更众的普拉克利特（Prakrit）语创作的，而后由婆罗门作者转写成梵文。所有《往世书》都以崇拜活动——对某些特殊神灵的崇拜——所要求的礼仪、神话为关注焦点，其中的绝大多数作品包含了宇宙学的内容，某些作品则有谈到家系、王朝传承的板块，即"王系"（*vaṃśānucarita*）板块，它对史学传统而言具有重要意义。从史学传统中，衍生出了何种事物，从它那里，何种东西得以构建起来？通过对这些问题进行解析，具体化的历史意识变得清晰可见。[1] 这是体现在礼仪活动、史诗文献中的历史意识与完全具有历史性的文献之间的分水岭。"王系"在另一部外士那瓦教派（Vaisnava）的文献中也有记载。[2] 历史意识与礼仪文献的联系继续存在着。

虽然如此，从事实上说，"王系"是一个独立的板块，它看似是附加到宗教文献中去的，从而保证自己能留存于世。它与《往世书》的礼仪、宗教功能并不相合。该书不同作品的作者看似在游吟诗人与婆罗门之间转换。我们可以设想，当人们意识到对过去的控制权要听命于当下的权力时，那些婆罗门作者就获得了"对过去的控制权"。虽然如此，在游吟诗人参与对话的地方，《往世书》某

① F. E. Pargiter, *The Ancient Indian Historical Tradition* (London, 1922); F. E. Pargiter, *The Puranic Texts of the Dynasties of the Kali Age* (London, 1913); and Romila Thapar, 'Genealogical Patterns as Perceptions of the Past', in ead., *Cultural Pasts*, 709 - 753.
② *Visnu Purāna* (Bombay, 1963); H. H. Wilson, *The Visnu Purāna* (London, 1840); *Matsya Purāna*, Anandasrama Series (Poona, 1907); and Vasudeva Sharana Agrawal, *Matsya Purāna: A Study* (Varanasi, 1963).

些早期作品为游吟诗人所作或有他们的一份贡献在里面的事实也间接被揭示出来。问题的重点不在于对作品的真实性进行验证，而在于以一种前后连贯的方式呈现过去。

"王系"是一份连续的带有少量评论的王表。虽然如此，在这里面，我们能分辨出一种将三个不同板块包含在内的模式。① 第一个板块是相对简略、与前洪积世（prediluvian）时期和 14 代摩奴（每一个摩奴统治的时间都长达成千上万年）的统治有关的故事。在第十七代摩奴外瓦斯瓦塔（Vaivasvata）统治时期，大洪水爆发了，这在《鱼往世书》中有所记录。② 更早的时候，大洪水的故事曾在《百道梵书》（Śatapatha Brāhmaṇa）和《摩诃婆罗多》中被提到过，故事情节有小的差异，③该故事可与美索不达米亚的洪水传说相比肩。④ 大洪水是一个时间标记，是它将有点性质不明的摩奴故事与号称具有"历史性"的家系叙述区别开来。洪水之后，神对人间的干预有所减少，英雄成为主角。

在洪水之后，摩奴生 10 子，他们是不同刹帝利家系的始祖，也是英雄、军事贵族、早期时代的部族首领。根据上面提到的王表，这些始祖有着相对平等的地位，他们通过祖先、血缘联系在一起。他们主要分为两大家系：其一为日统（Sūryavaṃśa），即日系；另一为月统（Candravaṃśa），即月系。前者遵循长子继承的规则，由此，能入书的只有长子系列。《罗摩衍那》讲述的是日统下的甘蔗王家系中某位模范英雄的故事。至于月统，它不仅仅是众多分支家系的统称，将各家系的子孙（他们在很大程度上就是《摩诃婆罗多》中的相关事件的参与者）——实际上是部族——记录下来。英雄的品质与部族里的首领的品质是不一样的，他们身处部族之外、君王之上。

---

① *Visṇu Purāṇa*, Book 4.
② *Matsya Purāṇa*, 1.1-34.
③ *Śatapatha Brāhmaṇa*, 1.8.1.1-10; and *Mahābhārata*, 3.185.
④ W. G. Lambert and A. R. Millard, *Atra-Hasis: The Babylonian Story of the Flood* (Oxford, 1969).

这些家系有着连续的世系表,由此,比起史诗中那些更小的片段,它们所涵盖的内容更多。① 在作为史诗核心事件的两场大战后,这些家系走向消亡。继起的更强有力的王朝通常被归为更低等的首陀罗种姓的王朝。② 世系表的重要性是显而易见的,这不只从它们在史诗中所占有的中心地位可以看出,从塞琉古王朝派往孔雀王廷的使节麦加斯提尼的话中,也可以得到证明。到那时为止,人们记录下来的印度世系有153代。③

继史诗事件之后,"王系"的第三个板块列举了列王统治的不同朝代。④ 这些君王不再以"刹帝利"之名出现,而是被叫作"护地王"、"护人王",即地球、人类的保护者。权威被人们感觉到了,这揭示了历史的变革。人们不再通过家系而是通过王朝、种姓对不同的君王进行识别,这显示了一种新的权威感知方式。朝代表起于约公元前6世纪的摩竭陀列王,接在后面的有沙依苏那加(Śiśunāga)、难陀(Nanda)、孔雀、巽伽(Śuṅga)、甘婆(Kanva)、安达罗(āndhra)/百乘(Sātvāhana)这样的王朝,一直到公元4世纪的笈多(Gupta)王朝。由于这些王朝有着不同的种姓(比如从最低到最高的首陀罗种姓、婆罗门种姓)特征,它们在书中的地位是不平等的。从更早时期的刹帝利首领起,这些种姓之间的分野就被标明。给某个王朝配上低等种姓的属性能透露出来这样一层意思,也就是,这些王朝是婆罗门种姓看作异端的那些教派的赞助者。与家系不同,历代王朝之间是没有什么联系的。不同王朝适应着这种新的种姓分类标准。和刹帝利不同,君王不是颂歌的写作对象。虽然如此,"朝代表"要呈现的还是君王与国家的权威。

"朝代表"是用未来时态写成的,由此,从技术上说,它是在预告未来之事。不过,就事实来说,它是站在《往世书》创作的那个

---

① F. E. Pargiter, *The Ancient Indian Historical Tradition*.

② F. E. Pargiter, *The Puranic Texts of the Dynasties of the Kali Age*.

③ Pliny, *Hist. Nat.* VI. xxi. 59 - 60 (Loeb Classical Series).

④ 这在 Pargiter, *The Puranic Texts of the Dynasties of the Kali Age* 中有所阐述。

时间点上"预告"过去。将过去的事件往将来投射,这是对权力的一种诉求,其用意在于从婆罗门的视角出发,建构、保存一个过去,而其使用的是游吟诗人的材料。刹帝利受到颂扬,其原因在于根据人们的说法,他们遵守了婆罗门的社会法典、四种姓制(*varna-āśrama-dharma*),执行了公共祭仪(*śrauta*),并且对婆罗门有丰厚的馈赠。

在后来的时代,当非刹帝利种姓出身的统治者谋求刹帝利的身份时,刹帝利世系变得有用起来。这与笈多以前的时代非刹帝利统治者在事实上被视为正统的状况迥然不同。虽然如此,《往世书》确立的"刹帝利种姓"却是一种宽松的身份,由此而有在该书中的这样一个说法:在笈多之前的那一个时代,某位摩揭陀王立意铲除当时存在的列王,立出身其他种姓(*varna*s)比如凯依瓦塔(Kaivartas)、普林达(Pulindas)种姓(它们都被认为是低等种姓)的人为王,并决心灭掉武士阶层(*ksatram*),创造另一个武士阶层。[①]这里的"武士阶层"一般被认为意指"刹帝利",不过,它在这里可能是指"统治权"(权力/权势/统治权)。

与婆罗门作者并列的是宫廷诗人和学者,他们一般出身精英阶层,用梵文、普拉克利特语写作,他们还将新的写作体裁引了进来,这些体裁虽非历史创作,却融汇了一定的史学传统成分。这是一个变革,它的一个方面的内容是:通过将过去的人类行动呈现在人们面前,为当权者的统治进行辩护。这在毗舍佉达多(Viśākhadatta)的两部历史剧《旃陀罗笈多二世传》(*Devicandragupta*)、《指环印》(*Mudrarāksasa*)中有所反映。[②]作者是一个与宫廷有关系的人,其祖父是一个封臣(*sāmanta*,意为介于君王、农民之间的中间人,他从君王那里领受封地),其父则拥有"大君"(*mahārāja*)的称号,地位更高。

---

① Pargiter, *The Puranic Texts of the Dynasties of the Kali Age*, 53.
② *Mudrarāksasa*, ed. A. Hillebrandt (Breslau, 1912); and *Three Sanskrit Plays*, trans. M. Coulson (Harmondsworth, 1981).

这位剧作家的生卒日期今已无法确定,不过一般认为他生活在笈多或稍后的时代。这是上面提到的第一部剧作《旃陀罗笈多二世传》的内容透露给我们的信息,可惜的是,该戏剧如今只有残篇存世。这部剧作的主题是:西印度的罗摩·笈多被塞人(Śakas)/西徐亚人打败,后者掳掠了前者的王后。此举激怒了国王的弟弟,他救出了王后,最后击败塞人并谋杀了自己的哥哥,登基即位为旃陀罗笈多二世。该剧作看似是为开脱旃陀罗笈多二世的罪行而创作的。这个故事在其他文献中也有叙述。

另一部剧作《指环印》以难陀、孔雀王朝之间的重要历史鼎革(约公元前321年)为关注焦点。在王朝鼎革的过程中,充满了勾心斗角的阴谋,不过,由于剧中的主角是大臣和君王的顾问,人物之间的对话常常是以后继王朝回望前代王朝的眼光(虽然如此,可能也有看待当代问题的视角)对时事政治所作的评论。毗舍佉达多阅读广泛,熟悉与早期时代的事件相关的材料,比如卡欧提略(Kautilya)的《政事论》(Arthaśāstra,这是有关政治经济学的一部重要著作,其作者卡欧提略是《指环印》中的一个主角)、不同的佛教以及耆那教文献(它们在毗舍佉达多那里占有重要地位),以及《往世书》中的"王系"表。

起初,举行奢华的祭仪(yajnas)以及慰神活动是对地位的宣告。进入笈多时代,后者连同"祭仪"的重要性有所下降,世系成为权力合法性的一种新的宣示方式。和更早的谱系作家一样,游吟诗人渐渐让位给了将这个控制过去的渠道握在手中的婆罗门。

世系表、传承表是线性时间的标志。对这类表的留存于世而言,增补、删减乃至人名的讹误都属正常现象,虽然如此,它们对此种时间的直线性是不会造成影响的。由于这些表提到了一个王朝历代掌权者的执政年份,乃至于特别指出了该王朝的延续时间,线性时间得到了进一步的验证。历史的年代序列同样通过"纪元"的方式得以呈现,这是在铭文中发生的事。最常被人们使用的两种历法是以公元前57年为起始的旃陀罗历(Vikrama samvat)以及以公元78年为起始的萨卡历(Śaka samvat)。在《往世书》中,时间也

以"循环"来量度,我们已详细讨论过的"地纪"理论体现了这一
点。① 不同循环的定期通常通过星座的位置来确定,卡里纪的开端
时间亦以此法确定。《往世书》"王系"表跨越了达夫帕拉、卡里两
纪,库茹大战在这里发挥了近似时间坐标的作用。宇宙性的循环
时间构成了更大的时间框架。在这个框架中,亲族集团以及历代
王朝以与"历史"有关的人物、时间作为量度时间的手段,此举合于
线性时间模式。在某种意义上,线性时间成了循环时间这个大弧
的组成部分。

　　《往世书》中"王系"板块对过去的重建也是对有关过去的资料
(新兴统治家族在当时能获得的资料)的再整理。将它融入《往世
书》中是使其获得权威性并得以留存于世的便利之举。追求刹帝
利身份的新统治者会很喜悦将自己与《往世书》"王系"联系起来。
毫无疑问,对过去进行如此重构的要求同样是对与之形成对比的
佛教传统(特别是上座部[Theravada]传统)中的那个"重构"的反
应,后者是与不同的意识形态传统联系在一起的。举例来说,在描 570
述政治权威与政府的兴起时,婆罗门的理论是通过神意对某位首
领的拣选来论证合法性问题的,与此相比,佛教文献否定神的干
预,它在终结与家庭制度、私有财产制度有关的冲突的努力中,将
"权威"的起源归于社会契约。佛教的理论被看作是对无政府恐惧
的一种解决方案,它显现了一种演进中的历时性(diachronic)历史
观,并给人们提供了一些线索,看到两种传统所认为的因果关系的
不同性质。

耆那教与佛教的史学传统

　　可以预料,从"历史—神话"传统中诞生出来的观念与相应的耆
那教、佛教文献中的观念会有所差异,尽管这些差异在后世有所缩
减。这两个宗教的导师大雄(Mahāvīra)、释迦牟尼(Gautama

---

① *Visnu Purāna*,I. 3.

Buddha)是那传利迦（Jnātrika）、释迦（Śakya）邦（以部族为基础的社会形式）的历史人物，这构成了苦行主义传统之历史性的基础。传统上认为的大雄卒期是公元前 527 年，释迦牟尼（他的死被称为"大涅槃"）则是公元前 486/前 483 年。现代学者对这些卒期有某些争议，而某些人提出的方案与传统看法有 100 年的时间差距。虽然如此，一般来说，在使用其各自的年代序列方面，上述两大传统中的编年录是前后连贯的。

耆那教的早期文献，比如《阿迦篮伽集》（Ācāranga）、《仪轨经》（Kalpasūtra），叙述了一些耆那教教师的若干生平片段，[①]鼓励了人们对作为一种写作体裁的人物传记的兴趣，除此之外，它还记述了主要寺院耆那教住持的人员更替。这些文献对编年史的关注在旋陀罗历（以公元前 58 年为起始纪年）、萨卡历（以公元 78 年为起始纪年）的使用上有所体现。在批判婆罗门有关过去之叙述的不同版本时，耆那教的作者们作了很多努力，对当时有关过去的种种叙述进行了考察，由此而论证了其他史学传统的偏见，偶尔，他们还将自己的史学传统融入这种考察工作中。

在通史背景下对不同教派的历史进行考察，此项工作的早期阶段起于摩揭陀和恒河平原中部，也就是耆那教兴起并最初传播其教义的地方（不过，更具效力的历史著作是在公元 8 世纪以后的时代创作的）。它们当中的大部分地区位于西印度，这是耆那教拥有宗教、政治双重影响力的一块区域。不同教派的特征在于住持表（pattāvalis），该表记具有重要地位的僧伽（僧团）长老（Elders of the Sangha）的更替，以及君王、商人——教派的组织者与赞助人。耆那教的这些早期文献通常由僧侣用普拉克利特语进行创作，渐渐地，僧侣们转用梵文。

571 　　佛教文献在谈到佛教以前时代的事情时，利用了同样为"历史—神话"传统所用的某些材料。在佛教建立后，与佛陀和佛教僧

---

① *Ācāranga*, ed. Walthur Schubring (Leipzig, 1910); and *Jaina Sutras*, ed. and trans. Hermann Jacobi (Oxford, 1884).

第二十三章　早期印度的史学传统:约公元前 1000 年至约公元 600 年

团相关的人物和事件决定了历史。政治权威与佛教僧团之间的关系(比如寺院长老的更替与君王统治之间的相互关系)偏离了"历史—神话"传统。无论从两个传统共用的材料或是"历史—神话"传统那里借鉴了什么,随着历代王朝——起点在约公元前 6 世纪——的登场,这些借来的东西渐渐减少。从这个时间点以后,《往世书》与苦行主义这两个传统常常异道而行。佛教传统对历史视角的中心地位有着深透的理解,原因可能有很多:(1)对佛教文献而言具有至关重要地位的佛教祖师与长老是历史人物;(2)拥有知识文化意味着文献作者不仅会创作、复录佛经,还会发表评论、编撰寺院编年史,更不用说写作历史人物的传记(与圣徒传记有相近之处)了;(3)教派分裂以及教义分歧的滋生需要被记录下来;(4)有关寺院财产的信息有保存下来的必要。各种事件一般与一个重要的日期联系起来,即大涅槃的日期。这是佛祖离世的日子,经过计算,时间为公元前 486/前 483 年,而在斯里兰卡的一个传统中,佛祖的卒期与此有 60 年的时间偏差,时间为公元前 544 年。

　　早期佛教文献关注佛陀之"历史性"的确立、僧伽(团)的历史、不同教派(由原始教义分化出来)长老的更替等问题。由僧侣、评论家创作的佛教文献同样以佛教教义在恒河平原中部的传播史、僧团的兴起为起点。由于用为早期佛教徒所广泛使用的梵文变种巴利文(Pāli)进行创作,僧伽的教义和有关其最初历史的记述渐渐被叫作"巴利经"(Pāli Canon)。与此平行的是家系表(vaṃśas)、人员更替表、年表。其中最早的当数《佛种姓经》(Buddhavaṃśa),记据说在乔达摩(Gautama,即释迦牟尼)之前的诸佛之生平。该书宣称承继了更早的佛训,它以《往世书》作为自己的材料,后者属于更为古老的口头传统。从乔达摩时代开始,年代序列变得精确起来,这也是乔达摩与早期诸佛有分别的地方。

　　斯里兰卡上座部教派的佛寺编年录《岛史》(Dīpavaṃsa,公元4 世纪)、《大史》(Mahāvaṃśa)是重要的史书。这两部书从恒河平原东部开始说起,而后将目光转向斯里兰卡,通过佛教这层关节,它们将这座岛屿的历史与次大陆其他组成部分的历史联系起来。① 作为编年史,它们有一个具有决定作用的视角:为身陷佛教各派冲突中的上座部大寺(Mahāvihāra)进行辩护。它们将更早的《僧伽罗语〈大史〉注》(Sinhalatthakatha-Mahāvamsa,当时尚存于世)认作一个资料来源。寺院编年史的传统延续到中古,《小史》(Cūlavamsa)即是《大史》的一个后继者。

572

说到《岛史》,人们认为由于该书并未提及其作者,而其中的许多内容又谈的是尼姑、尼姑庵,故此,它最初可能出自尼姑之手。觉音(Buddhaghosa,创作于公元 5 世纪)在自己的注疏著作《善见论》(Samantapasādikā)中征引了《岛史》。僧人摩诃那摩(Mahānāma)创作了《大史》,他在自己认为合适的地方对该书作了更新,并就与过去有关的某些特殊论题发表了看法。斯里兰卡不得不准备迎接佛教宣教组织的到来,这项工作开启于佛陀在空中往来该岛的一次神奇之旅。摩诃那摩接着关注的问题是历史方面的:(1)叙述东印度来的移民充实斯里兰卡岛;(2)详细叙述来到斯里兰卡的第一支佛教宣教团将该岛历史与早期孔雀王朝的历史联系起来的情形,该宣教团由孔雀王朝阿育王之子带领;(3)接连举行的几次集会(通过这些集会,上座部佛教初具轮廓,不同的教派产生出来)以及僧团长老在这个过程中所起的作用;(4)作为佛教僧团之中心的上座部大寺(摩诃那摩隶属该寺)的演化史,它与后来的无畏山(Abhayagiri)寺在布施上的竞争,在王室赞助政治的背景下两座寺院的紧张关系。

最后,是这部编年史的一个主要论题。《大史》叙述了历年发生在僧团长老身上的事件,以及他们与王室之间的关系。对于某位斯里兰卡王都塔噶米尼(Duttagamini)传奇性的作用——迫使来自南印度的统治者退回大陆,该书有大量讨论,从而将浓厚的政治

---

① *Dīpavamsa*:*An Ancient Buddhist Historical Record*,ed. and trans. Hermann Oldenberg(Berlin,1879);and *The Mahāvamsa*,trans. Wilhelm Geiger(London,1912).

意图带给了这部著作。在该书中，斯里兰卡王室还与古代隶属日统的甘蔗王家系（巴利文称为"奥迦卡"［Okkāka］）建立了联系，同样，佛陀所属的释迦部族也与甘蔗王家系有了关联，正如《往世书》中所述的。此举的用意不仅在于证明该岛王室的源远流长，可能还有让它与南印度摆脱关系的企图。《〈大史〉注》（Vamsatthappakāsinī）是后来的一部对载于《大史》中的史事的评注，这激励了一股以早期著作为方向的返旧潮。

　　无论是《岛史》还是《大史》，它们都详细叙述了上座部教派在斯里兰卡的建立过程。与绝大多数教派的组织一样，佛教僧团要求信众给予布施，更重要的是从王室那里获得赞助。列王史成为僧团史的组成部分，二者之间的交接具有政治上的重要意义。事实上，对历史进行阐述的佛教传统不只一个。

　　北部佛教传统是与上座部教派传统不同的另一个佛教传统，对于过去，它有着自己的叙述。虽然该传统的某些文献是用普拉克利特语写成的，绝大多数作品的创作语言却是梵语，而且用梵语创作的著作越来越多。其中某些作品牵涉到曾担任过佛教僧团赞助人的国王，比如孔雀王朝君主阿育王就是《阿育王譬喻》（Aśokāvadāna，讲述阿育王的光荣事迹）、《诸天传喻》（Divyāvadāna）的关注焦点。[①] 为了证明僧团的权威，国王被描写成僧团或僧团长老之要求的顺从者，除非他们对后者抱有邪恶的敌意。《阿育王譬喻》起初也是这样描写阿育王的，不过，在皈依佛门后，他洗心革面，成为佛教君主的典范。对事件的叙述端赖君王与僧团的关系而定。因历史而坚固地位的不仅有王国，也有僧团。一般而言，佛教文献中所述的来自过去的人物、事件不同于《往世书》中提到的那些人物、事件，举例来说，阿育王在后者那里不过是列王表中的一个人名而已。至于《诸天传

573

----

① John S. Strong, *The Legend of King Aśoka*: *A Study and Translation of the* Aśokavadāna (Princeton, 1983); and *Divyāvadāna*, ed. P. L. Vaidya (Darbhanga, 1959).

喻》，它叙述了佛教向次大陆西北部的扩散，后者渐渐成为佛教的主要中心。除了阿育王，该书还介绍了另一位佛教赞助者，即贵霜（Kusana）王迦腻色迦（Kaniska）。说到"历史性"问题，它在有关历代王朝的兴衰原因以及尾随其后的道德判断的讨论中，有所显明。

佛陀的"历史性"激励了人物传记的创作，而在主要的传记作品中，最早的一部当数马鸣的《佛所行赞》（Buddhacarita），这部作品成书于基督教纪元公元初的数百年里。[①] 该书源于北部佛教传统，表现了人们叙述佛陀的早年生活并由此而将相关的传说性材料整理成形的努力。其所覆盖的时间段，从佛陀诞生到他大彻大悟，就文体而言，它更像是一部圣徒传记而非人物传记。它往往表现得套路化，虽然如此，人们却可能受到它的激励，对写作君王生平中的关键事件产生兴趣。这种写作形式在约公元600年后的时期为历史人物传记（caritas）所采用。《佛所行赞》的写作形式很可能在一种传记体裁——后来的历史人物传记——的创造上作出了贡献。

结论

"历史—神话"传统是从一种"具体化的传统"演化出来的，人们从后者那里选择材料，并用于构建后来形态各异的"往世书"或苦行主义的史学传统。被选取的材料要么在同样号称呈现了过去的其他传统那里获得支持，要么是为后者所反驳。从早期文献那里借取的材料并不具有专断性，在公元600年以后时代的更见其历史性的文献中（比如，在历史人物传记、铭文年代记以及编年史[vamśāvalis]中），这些材料渐渐扮演了功能性的角色。

从结构上说，"过去"的概念化经过了三个阶段。第一个阶段

---

① *The Buddhacarita*, ed. and trans. Edward Hamilton Johnston, 2 vols. (Delhi, 1972).

是关于起源问题的叙述，这在很大程度上带有套路色彩，由此，人们不好按字面的意思来进行理解。不过，这些叙述通过神灵的存在，为人们提供了身份、地位的指示器，并且给出了"人们眼中的重要行动是什么"的线索。而后进入第二个阶段。这是叙述家系的阶段，其主要提及的对象为不同酋邦，它还不时地宣称为后世的国王找到了先祖。《摩诃婆罗多》《罗摩衍那》中的人物、事件叙述通常不同于佛教、耆那教的人物、事件版本，这显明相比特定意识形态的呈现而言，某个特定版本的"历史性"并不是那么重要。

第三个阶段尝试在王朝兴替、各王朝内部的君主更迭乃至僧团（将它看作同等的具有权威性的关注焦点）的历史中，谈论"历史性"的问题。这个模式显示了"王系"表的影响，因为后者是人们为给过去建立一个框架、创建一种史学传统而有意创造出来的。世系变得重要起来，由此而得到了精心编造，就好比从前的时代一样。"家系"的概念具有关键意义，一方面，它在探讨血统和继承的问题时被提及，另一方面，它提供了从前王国社会向王国形成迈进的连续性。"刹帝利"新概念（在《往世书》中被提到过）的创造，要求有世系与之相配。从理论上说，遵循规范的社会法典受到强调。就这个时期而言，《往世书》与苦行主义文献中凸显的王朝或个体君王有着极大的不同，这有赖于不同教派与君王之间的关系政治。就苦行主义传统而言，僧团的历史具有优先性，它通过某些方式将僧团长老的历史纳入进来，这些长老是该传统之权威性的来源。

在这些文献中得到反映的政治权力在多个点上受到关注，由此它有许多得到坚固的方式。这些文献提示或提到过多种形式的竞争——部族竞争、宫廷政争、教派之争。作为国家诞生之前的社会形式，酋邦以出身、血统作为优先性的地位衡量标准，酋邦通过自己的方式表达其在权力和社会合法性方面的诉求。一种新政治体——国家——的到来要求将其他的元素投入到对过去的构建中，这个问题及其与国家形式和国家权利的密切联系，在佛教历史写作中有所反映。宫廷成为与地域有关的身份认同的中心。与宫廷相对应的是僧团。

574

通过文献的新体裁以及著作内容的新形式，人们有了一种历史变革的意识，这与历史需求是相关的。历史变革隐含在从部族首领到君王的转变过程中，此种转变虽非导致绝对的二元对立，它却标示着差异。君王这种新身份要求获得论证，此外，对从过去以来的身份转变，人们亦须加以进一步的验证。在《往世书》的"王系"表后，为何历史以我们今日更熟悉的方式逐渐被创作出来，这或许可以提供部分解释。

不同的传统可以归入不同的作者类别下。游吟诗人与《梨俱吠陀》中的谢礼诗（具有对英雄之赞助表示感谢的性质）以及史诗的雏形创作是联系在一起的，他们以酋邦作为其主要的创作背景。后来，婆罗门（比如波利怙人）取代了游吟诗人的地位，作为创作者与编撰者，他们所关注的是重组史诗，将它们转变为宣扬外士那瓦薄伽梵（Vaisnava Bhāgavata）教派的文献。这些创作者反过来被《往世书》的婆罗门作者取代，后者中可能有某些波利怙人，由此在前后两者之间产生了某种延续性。这两类作者都不是宫廷诗人，哪怕是游吟诗人，他们也是巡游天下，不附属于宫廷。以历史著作之作者身份出现的宫廷诗人是后来的产物。作为僧团成员的那些僧侣、学者则有着另外的视角，通过它，国家与僧团有了交接。

无论如何，在我们上面所提到的各个创作群体之间，尤其在各群体对大范围的材料有需求的地方，是有某种程度的联系网络存在的。游吟诗人在小型政治体中以及部族认同仍有潜在影响的地方（事实上，部族认同确在次大陆的某些地方有着潜在影响）发挥作用。如果人们所铭记的口头传统与文献传统有所不同，则两种传统之间的对立会加深。游吟诗人保存着口头传统，他的记录不需要与文献相同，其意志、其读者亦是如此。文献的官方版本可能会取代大众版本，它们各自持续具有的重要性有赖于它们从不同社会群体那里获得的支持。应当承认，不同的作者信仰不同的意识形态，有着不同的议事日程。在作者是宗教人员的情况下，意识形态被更坚决地融入到文献中去。在这些人以宗教人员的身份依附于宫廷时（哪怕他们是婆罗门），其创作则汇进了更多的政治成

575

分，以及宫廷社会的视角。

　　创作事业的赞助者由部族首领变成了君王，由于这是一个行进中的历史过程，它在人们对过去的感知中构成了一条连续的线索。在佛教、耆那教的历史写作中，人们可以注意到一个特别的地方，也就是这两个宗教的文献所提到的赞助者分为二元：君王与僧团。宗教介入了历史的写作，不过历史写作很快从礼仪文献中解脱出来，虽然在某些情况下，其最终目的可能是布教。史书或曰努力写成史书的著作以权威人物作为关注焦点，无论他们是政治或宗教上的权威人物，人们还努力将这两者融合在一起。不过，这并不是我们在此讨论的早期文献的状况，因为"历史性"的诉求在佛教、耆那教的史学传统中并不那么急迫。

　　有一些人，他们坚持认为来自过去的传统在当下应享有中心地位；另有一些人，他们是当权者，若其能通过与过去的联系巩固并合法化其地位，其声望将获得增长；还有一些人，他们正在推出不同的身份衡量标准。在这些人眼中，早期社会的史学传统具有必然性，它表达了这些人的上述诉求。

大事年表/关键日期

约公元前 1400—前 1000 年　　《梨俱吠陀》

约公元前 400—公元 200 年　　《摩诃婆罗多》与《罗摩衍那》

约公元前 200—公元 200 年　　《阿迦篮伽集》

约公元 200 年　　　　　　　　《阿育王譬喻》；《诸天传喻》

约公元 100 年　　　　　　　　《佛所行赞》，马鸣著

约公元 300 年　　　　　　　　《岛史》

约公元 400 年　　　　　　　　《毗湿奴往世书》

约公元 400 年　　　　　　　　《大史》，摩诃那摩著

约公元 500 年　　　　　　　　毗舍佉达多的《旃陀罗笈多二世传》
　　　　　　　　　　　　　　《指环印》

576

主要史料

Bhatt, G. H. et al. (eds.), *The Vālmūki Rāmāyana*, critical edn., 7 vols. (Baroda, 1960 – 1975).

The Buddhacarita, ed. and trans. Edward Hamilton Johnston, 2 vols. (1935; Delhi, 1972).

Dīpavamsa: *An Ancient Buddhist Historical Record*, ed. and trans. Hermann Oldenberg (Berlin, 1879).

Griffith, Ralph T. H., *The Hymns of the Rgveda* (1896 – 1897; 2nd edn, Varanasi, 1963).

Jaina Sutras, ed. and trans. Hermann Jacobi (Oxford, 1884).

The Mahābhārata, trans. J. A. B. van Buitenen, vols. 1 – 3 (Chicago, 1973 –   ).

The Mahābhārata, vol. 7, trans. J. Fitzgerald (Chicago, 2005).

The Mahāvamsa, trans. W. Geiger (London, 1912).

Mudrarāksasa, ed. A. Hillebrandt (Breslau, 1912).

Pargiter, F. E., *The Puranic Texts of the Dynasties of the Kali Age* (London, 1913).

The Rāmāyana of Vālmūki, trans. R. Goldman *et al.*, 5 vols. (Princeton, 1984 –   ).

Rig-Veda Samhita, ed. F. Max Muller (London, 1892).

Strong, John S., *The Legend of King Aśoka*: *A Study and Translation of the Aśokāvadāna* (Princeton, 1983).

Sukthankar, V. S. et al. (ed.), *Mahābhārata*, critical edn, 19 vols. (Poona, 1927 – 1966).

Three Sanskrit Plays, trans. M. Coulson (Harmondsworth, 1981).

Visnu Purāna (Bombay, 1963).

The Visnu Purāna, trans. H. H. Wilson (London, 1840).

参考文献

Brockington，John，*The Sanskrit Epics*（Leiden，1998）.

Inden，Ronald B.，*Imagining India*（Oxford，1990）.

Pathak，Vishwambhar Sharan，*Ancient Historians of India*（Bombay，1966）.

Philips，C. H.（ed.），*Historians of India*，*Pakistan and Ceylon*（London，1961）.

Rao，Velcheru Narayana，Shulman，David，and Subrahmanyam，Sanjay，*Textures of Time*：*Writing History in South India*，1600－1800(Delhi，2005）.

Sukthankar，V. S.，*On the Meaning of the Mahābhārata*（Bombay，1957）.

Thapar，Romila，*From Lineage to State*：*Social Formations in the Mid-First Millennium B. C. in the Ganga Valley*（1984；2nd edn.，Delhi，1996）.

Time as a Metaphor of History：*Early India*（Delhi，1996）.

Interpreting Early India（Delhi，2000）.

屈伯文　译　陈　恒　校

第二十四章　作为历史写作的早期印度铭文:公元前3世纪至公元6世纪

罗米拉·塔帕尔　文

　　早期印度有一个矛盾的语言现象,也就是身为中古印度—雅利安语(Middle Indo-Aryan)的语言始祖的梵语,其首先在铭文中出现的时间晚于从它所出的其他衍生语言,比如普拉克利特语。而铭文是有着多种功能的文献记录,它所需求的是不同民族所操的不同语言。在公元19世纪的印度,这些语言最初在考古学研究下得到列述,并渐渐享有工艺品的地位,至多不过被人们当作研究王朝更迭、编年史的材料。到后来,它们被承认为提供了与社会、经济有关的信息的重要文献。及至现在,我们进一步认可它们是研究历史写作的有用材料。

　　铭文下分很多类别:王室公告、礼物清单、君王颂辞、特事记、与土地权利和义务有关的法律文献,诸如此类。由于牵涉到各个方面的历史资料,这些铭文反映了历史的变革。一篇铭文的来龙去脉包含了许多问题,比如:其作者是谁? 该铭文的意图何在? 它想写给哪些人看? 铭文所使用的语言如何反映历史? 还有,在有语言变化的地方,决定此种变化的因素是什么? 对于铭文,我们能发出上述疑问。

　　书写(无论是图形还是字母书写)是一种交流方式。其最早的形式是哈拉巴字符(Harappan signs),被人们小心地镂刻在小型印章上,这种印章在印度河文明的多个城市遗址中大量出土。也有少量字符出现在护身符上，或作为涂鸦文字刻在陶器上。人们认为，这些字符代表了一种语言。相关争论集中在这种文字是语标文字（logographic）还是字母文字的问题上，当然，还有此种语言是原德拉威语（Proto-Dravidian）还是印度—雅利安语的问题（是这两种语言的可能性较大）。① 虽然如此，将哈拉巴字符破解为它们中的任何一种语言的工作都远未取得成功。最近有人提出，交流是通过字符进行的，而这些字符不应被当作一种文字来看待，此种观点只有部分学者接受。哈拉巴字符这种书写/交流体系随着哈拉巴城市的衰落（约公元前 1700 年）而走向终结，数百年后，一种全新的语音文字以一种古老的印度—雅利安语的形式出现，此种文字与古伊朗文字系出同源。这种语言断裂意味着西北印度的一次语言变革。无论哈拉巴语是一种什么样的语言，在它之后在北印度占据主导地位的却是印度—雅利安语。

578

语言变革不是一个孤立的现象，它与其他历史变革是联系在一起的。对于理解过去的社会而言，哪些人使用哪种语言、基于何种目的使用此种语言是基本性的问题，因为没有哪种语言在所有情况下都是一种整齐划一的用途的。这一点在早期印度的铭文中得到了有趣的反映。到基督降生时为止的那些铭文通常使用普拉克利特语（这是一种使用广泛、自有特征的古印度—雅利安语的变种），与此同时，梵文基于其他目的被人们使用，比如用在婆罗门的礼仪活动中。在公元 1 千纪早期，发生了在铭文中使用梵语的语言变革现象，它碰巧与梵语成为宫廷用语一事同时发生，而普拉克利特语继续作为一种使用广泛的语言存在。②

随着时间的流逝，文字也会发生演化和变革。最初的时候，印度的人们使用两种文字：婆罗米文（brāhmī），它与南闪米特文字有

---

① A. Parpola, *Deciphering the Indus Script* (Cambridge, 1994).

② Richard Salomon, *Indian Epigraphy*: *A Guide to the Study of Inscriptions in Sanskrit*, *Pakrit*, *and the Other Indo-Aryan Languages* (Austin, 1998); and Ahmad Hasan Dani, *Indian Paleography* (Oxford, 1963).

某些相似之处,至今仍是占据主导地位的文字;佉卢文(*kharosthī*),它起源于在阿契美尼德统治的亚洲地区流行的亚兰语,其使用范围限于西北印度和中亚,在后来逐渐衰落。婆罗米文至今仍是印度的主要文字,它最后经历了巨大的变革。此种变革起初并不那么明显,不过在公元1千纪中期之后,它变得引人注目起来。这在部分程度上也是由于它经过改造为大量地方语言所用。此种变革达到一定程度,以至于人们解读最早的那些铭文变得不可能。中古时期有一位德里苏丹试图让阿育王的铭文获得解读,结果徒劳无功。接近当代的铭文能够被解读出来,早期的婆罗米文却成了一个谜。

破解婆罗米文成为对印度东方学研究的一项主要挑战。[1] 有一种相当正确的看法认为,早期铭文能为人们提供有价值的信息。公元18世纪晚期杰出的印度学家威廉·琼斯主张梵文与希腊文有着共同的语言始祖。经他解读,一份希腊文献中提到的一位印度国王犍陀罗笈多(Sandrocottos)被认为与梵语中的"旃陀罗笈多"(Candragupta)相等同。虽然相关背景指明该希腊文献提到的"犍陀罗笈多"是孔雀王朝的第一个国王,某些人却认为他可能是指笈多王朝的旃陀罗笈多、一个后于前者600多年的统治者。历史学家现在认为,只有第一种解读是可靠的。

579　　查理·威尔金斯(Charles Wilkins)、亨利·科尔波洛克(Henry Colebroke)以中古铭文为起点,试图往上回溯,恢复婆罗米文字的原状。他们的这项努力获得了一定的成功,某些日期和一个带有偶然性的人名被他们解读出来。不过突破性的进展是詹姆斯·普林瑟普(James Prinsep)取得的,他的关注焦点是阿育王铭文。他提出,阿育王铭文看似并未用梵语创作,因为双辅音的情况很少,而在他使用数据方法时,他注意到某篇铭文在某些石柱上的重复出现。在孔雀王朝以后与印度—希腊统治者、各地郡首有关的双语钱币中,普氏和查理·拉森(Charles Lassen)都发现了某些线索。而后,普氏转移目光,对常有人光顾的那些佛塔遗址(比如桑奇

---

① Salomon, *Indian Epigraphy*, 199.

[Sanchi]佛塔）中的短篇赠施铭文进行探讨。在这个问题上，他注意到绝大多数铭文都以三个字母作为结尾。他相当准确地猜测到，这三个字母表示跟在"*dā-nam*"（意为"……的赠施"）之后的属格词（*sya*）。这构成了解开婆罗米文字之谜的开端。

　　印度最早刻在碑上的法令包含"神所眷顾的人、慈悲王如是说"（*devānampiya piyadasi rāja hevamāha*）这样的话。这里的"慈悲王"并未列载于《往世书》的列王表中，不过在叙述斯里兰卡历史的佛教文献中出现过。故此，人们最初的想法是，这里提到的"慈悲王"是指某位斯里兰卡国王。不久后，人们发现了一篇铭文，它确认"神所眷顾的人"的头衔，连同"慈悲王"，都是阿育王本人的名字，是"阿育王"的普拉克利特语形式。[①]《往世书》中的朝代表仅仅在孔雀王表中提及阿育王的名字，而在佛教传统中，阿育王则堪称典范的转轮王（*cakravartin*，意为"普世君主"）角色，是众多著述关注的中心。另有一事标示了《往世书》与佛教这两种历史写作传统之间（这两种传统要么是忽略了对方的记载，要么是两者的记载相互矛盾）的歧异。

　　公元 19 世纪晚期是许多铭文开始得到解读、文字的变化受到确认的时代。人们主要的关注点在于那些提供了可靠年代记的铭文，因为其中的许多内容标明了确切日期。其中有关在位君王的记载让朝代史的重建成为可能，特别是笈多王朝之后的那个时期，因为就该时期而言，《往世书》中未再有相关的朝代信息，不过，铭文数量却有了大幅增长。相比礼仪活动，人们日益认识到书写文献的权威性，这在人们刻意利用过去来为现在作论证一事上可以得证。这成为铭文资料中的一个重要方面，而与铭文中有关现在的信息相区别。

　　最早被破解的铭文是孔雀王朝阿育王的数篇法令，它们是公元前 3 世纪的文献。[②] 这些由国王下令颁行天下的法令用三种语言

---

① Maski Inscription; Jules Bloch, *Les Inscriptions d'Asoka* (Paris, 1955), 145.

② Eugen Hultzsch, *Corpus Inscriptionum Indicarum*, vol. 1: *The Inscriptions of Aśoka* (Calcutta, 1877)；也见 Bloch, *Les Inscriptions d'Asoka*。

写成，即普拉克利特语、希腊语、亚兰语，书写的文字则有四种，即婆罗米文、佉卢文、希腊文、亚兰文。用普拉克利特语刻成的铭文数量最多，它们立在次大陆四境，从北部的曼瑟拉（Mansehra）到西部的吉尔纳尔（Girnar）、东部的扎利（Dhauli）、南部的亚拉古蒂（Yerragudi）。

580

鉴于法令的语气保守，内容又不那么正式，故此，用梵文来写或许不大合适，因为阿育王的臣民绝大多数是讲普拉克利特语的。这一点在国王所下的谕令——官员需将国王的法令读给公众听——上得到了显明，该谕令可能隐含了这样的意思：对公众来说，读写能力并不足以让他们能够阅读法令，虽然我们可以认为在官员、佛教僧侣、商人以及其他人中，拥有普拉克利特语读写能力的人是存在的。甚至在"*rāja*"（意为"首领/君王"）这样的常用词上，语言的地域差异都能得到反映，这只有在某种语言被大范围使用的情况下才会发生。很有可能这些法令是以普拉克利特语的摩揭陀方言形式（通行于帝国首都华氏城[Pātaliputra]）传送出去的，而地方文书、刻字匠将地方使用的方言引入铭文中。

普拉克利特语是使用范围最广的语言，那些显示了语言之地域差异的碑文的语言特征证明了这一点。在政治上，最重要的语言是摩揭陀普拉克利特语，这是新兴王国的核心区域以及孔雀帝国的中心地带——恒河平原中部——所使用的语言。一个有趣的语言变异现象是，在摩揭陀普拉克利特语中，"r"被"l"所取代。这样，"*rāja*"就写成了"*lājā*"。这个"取代"有其漫长的过程，在此500年前的吠陀文献曾将它描述为"阿修罗"（*asuras*）或"蔑戾车"（*mlecchas*）——他们是无法准确地说梵语的蛮族——语言的特征。[1] 从正统的梵语角度看，阿育王所使用的语言是蛮族的语言，虽然这是国王法令所使用的语言。在中印度和印度西部所使用的普拉克利特语变种通常被叫作"乌贾因方言"（Ujjain dialect），乌贾因城是此种方言的大本营；印度西北的普拉克利特语变种则被叫

---

① *Śatapatha Brāhmaṇa*，3.2.1.23.

作"犍陀罗普拉克利特方言"，之所以这样命名，是因为印度西北那个名为"犍陀罗"的广阔地区。这些方言之间的差异是相当清楚的。

　　用亚兰语写成的阿育王法令融入了某些普拉克利特语的成分，这可能是因为操普拉克利特语的人迁到了亚兰语区，与讲这种语言的人混居。阿育王的某篇亚兰—希腊双语铭文显示了一个操希腊语的人群的存在，这在普拉克利特语的大摩崖法敕（Major Rock Edicts）的希腊语译文上可以获得进一步的支持。这些碑文可与希腊化西亚所发生的历史事件相互参照，考虑到阿育王的一份法令中提到了五位希腊化国王，我们的这个推断变得更加坚实。[①] 阿育王法令所使用的希腊文形式通常是"普通希腊语"（koine），这是希腊化世界的通用语言（lingua franca），其在各个地方有着不同的衍生形式，故此，它得以与普拉克利特语在印度并行使用。

　　阿育王法令提到的五位希腊化国王如下："统治奥那［Yona］的　581王叫'安条克'，在他以外，还有四个王，分别叫'托勒密'、'安提柯'、'马伽斯'（Magas）、'亚历山大'……"[②]头四位国王已确认其人，第五位国王或许是伊庇鲁斯的亚历山大，或许是科林斯的亚历山大。这里提到的奥那诸王渐渐被人们当作古印度编年录的基础，因为诸王作为阿育王的同代人，他们的日期是很好确定的。这份准确的证据取代了以前威廉·琼斯提出的观点，他将犍陀罗笈多与旃陀罗笈多·孔雀等同起来。

　　除了语言和表现形式外，有关这些法令，还值得注意的是阿育王触及了印度民众生活和历史——它们在后来的数百年里持续地发挥作用——的许多方面。虽然并未直接指出，印度民众生活和历史的许多内容却是从表现于这些法令中的观念、态度那里起源的。

---

① XIII Major Rock Edict；Romila Thapar, *Aśoka and the Decline of the Mauryas* (Oxford, 1961), 40 ff.

② Bloch, *Les Inscriptions d'Asoka*, 130.

从多种意义上说，人们可以将这些法令看作了解早期印度种种历史传统的入门书。

阿育王法令的希腊语、亚兰语版本并非某些来自普拉克利特语法令的阿育王思想——它们与阿育王对社会伦理的关切有联系——的翻译版本，而是用自己的语言对这些思想进行呈现。这样，在某些词语中，这些希腊语、亚兰语加强了某些普拉克利特语的意义。比如，希腊语"*eusebeia*"（意为"美德"或"虔敬"）之于普拉克利特语"*dhamma*"（意为"佛法"），前者与佛教并没有必然的联系；这些意思在亚兰语中用"*qsyt*"（意为"真理"）和"*dāta*"（意为"法律"和"虔敬"）来表达，它们显现了与琐罗亚斯德教的关系。这可能是人们作出的将上述概念与那些非普拉克利特语中的文化习语联系起来的一种尝试。希腊语"*diatribe*"与普拉克利特语"*pāsamda*"同义，意指"哲学流派"，在后来，该词同样改变了含义，转而意指那些传授错谬学说者。这些铭文来自被孔雀王朝吞并的塞琉古王朝领土。这些语言的存在显示了操各种非印度语的人群的存在。

上述法令强调了阿育王所确定的社会伦理，虽然它们并不能与佛教哲学等同，前者带有后者的一些印记却是无疑的。大摩崖法敕（简称"MRE"）14 章以及别刻法敕（Separate Edicts，简称"SE"）2 章刻在碑上，石碑立在帝国境内不同的人群辐辏之所。这些法令是在阿育王执政 12 年后的那些年份（*dbādasa vāssābhisittena*）发布的。在经过十多年的中断后，另一套公布的法令（7 章）被镌刻出来，这次是刻在石柱上，某些石柱特别建在恒河平原的要地。这些法令回望了阿育王的一生，在里面，这位君王审视了他已建立的功业，故此，这些法令在一定程度上是对阿育王过去事迹的评论。在记录自己的执政岁月时，阿育王特别用心，由此，这些法令可谓对这位君王的思想作了编年史式的叙述。法令中经常提到的是过往（*purā*）的事情，特别是在过去数百年的时间里（*atikkātam amtaram bahuni vāssastāni*），历代君王沉溺于今日已走向衰落的种种乐事之中（MRE I，IV）。他们的某些活动将会延续下去，直到世界的末了

（*samvatta kappā*）。

阿育王将自己的领界描述为"*vijaye*"，也就是他治下的疆域（MRE XIV）。法令以友善的态度提及阿育王的西邻，也就是五个希腊化国王，且备具其名（MRE XIII）。法令还提到了帝国境内的不同民族：臾那人、甘菩遮人（Kāmbojas）、拿巴加人（Nābhakas）、拿巴波提斯人（Nābhapanktis）、婆迦人（Bhojas）、比丁利喀斯人（Pitinikas）、安德拉人（āndhras）、帕林达斯人（Pārindas）；南方则有朱罗人（Cholas）、潘地亚人（Pandyas）、哲罗人（Keralaputras）、塞提亚普特拉人（Satyaputras）。后面提到的那些民族看似没有形成王国，因为它们没有君王的名字被记录下来，而其族名的后缀"putra"又常常是指着部族而言的。这与希腊化君主形成了对比。

阿育王法令还提到了丛林民族——阿塔维佳人（*atavikas*）。据说阿育王对他们就像父亲一样，感情深厚；此外，只要能宽宥他们，国王就会不计其过。不过，阿育王到底赦免了他们什么，法令中未见记载（SE II）。我们猜想，丛林居民曾对诸多王国侵略森林的行动展开过抵抗，这些王国热烈地期盼砍伐丛林，将其化为耕地，从而促进国家的税收。《政事论》——一部人们认为属于该时期的政治经济学著作——中对丛林部族的某些议论，就隐含着这样的意思。[1] 王国与丛林居民之间的对立是一种旷日持久的对立，其解决之道要么是后者不再作为部族政治体存在、成为受到法律约束的农民和相关种姓并改变自己的生活方式，要么是这些丛林居民进一步深入，退到丛林的保留地带。令人感到奇怪的是，在这样一份从其他方面来说带有人道主义色彩的法律文献中，会有这样的针对丛林居民的威胁言语。

帝国当局看似并不那么热心于将疆界扩展到印度南部诸部族的地界，由此，它并未将阿育王的法令译为泰米尔（Tamil）文——广泛运用于印度南部的一种语言。婆罗米文可能经过改造，为泰米尔文所用，如果前者被认为在地方交流活动中具有重要意义的话。

---

[1]　*Arthaśāstra*，2.17.

看起来，在地方商人、某些可以确认的货商以及某些将自己施赠给耆那教僧尼的礼品记载下来的国王的倡议下，这项工作迅速开展起来。[①] 在泰米尔—婆罗米文铭文中，有着普拉克利特语的成分以及某些普拉克利特化的东西，这又一次显示了说普拉克利特语的人在该区域的存在。部族、部族首领在这些短篇铭文中的出现，以及它们在大约同时的泰米尔诗歌集中的出现，这两者之间是相互关联的。

令人感到疑惑的是，在这些印度南部的铭文中，几乎未见像僧伽（团）、寺院（*vihāras*）、在佛塔（修筑起来用于存放僧人遗物的僧墓）敬拜这样的佛教组织以及习俗被提起过，尤其是在与斯里兰卡最早的铭文进行对比的时候，后者用普拉克利特语进行创作，不过经人们确认，它是地方性的僧伽罗普拉克利特语，这些铭文几乎以佛教为唯一的谈论对象。为什么会这样呢？根据佛教有关印度、斯里兰卡早期历史的两部编年录《岛史》《大史》，佛教宣教团是通过海路，从北印度经过南印度，到达斯里兰卡岛上的。这或许为上述问题提供了一种解释。除以上外，同样令人感到疑惑的一个问题是：为什么耆那教宣教组织并未继续它们的旅程，从南印度到达斯里兰卡？如果抵达斯里兰卡的佛教宣教团得到了阿育王的支持，耆那教就会受到阻拦。

从铭文所使用的语言来判断，普拉克利特语在孔雀时代以来的近 400 年里使用广泛。孔雀时代以后不久的那些王朝发布了诸多用此种语言书写的铭文。除此之外，此种语言还用在百乘族、印度—希腊人、印度—西徐亚人的钱币文字中。在贸易走向繁盛的年代，双语制得到促进是毫不令人感到奇怪的。皇家铭文记录了施赠佛寺和婆罗门的礼物。这类铭文不仅是虔诚献上的礼物的清单，也是地位的宣告书，比如，某位出身皇室的地方郡首对两个纺织公会作了大量投资，所得利息用于为僧侣购置僧袍（EI，8，82

583

---

① Iravatham Mahadevam, *Early Tamil Epigraphy from the Earliest Times to the Sixth Century A. D.* (Cambridge, Mass. , 2003).

ff.),或是为某个僧侣团体栽种 32000 棵椰子树,或是向婆罗门大量施赠(包括给其中的某些人娶妻,EI,8,no. 10.78 ff.)。

这些令人印象深刻的皇家施赠记载在纳西克(Nasik)的铭文中,除此以外,还有许多小型施赠,它们来自于一些地主及其家人、女修道士、某渔夫及其亲属以及小土地所有者(EI,8,55 ff.),施赠对象都是佛教僧团。由此可以看出,虽然皇家施赠的对象既有佛教,也有吠陀婆罗门教,此时的普通民众却倾向于为佛教僧团贡献香油。

这些铭文的一个创新之处在于,来自西印度的某篇铭文将某位统治者的短篇传记收入,该传记在东印度某位卡林加(Kalinga)国王的长篇自述中亦有记录,前述铭文与该国王自述几乎是在同时发布的。乔达弥·巴拉斯日(Gotami Balasiri)是百乘王朝的王后,她提到了其子希瑞·沙多迦尔尼·戈特弥普特(Siri Satakani Gotamiputa)的功业(EI,8.60 ff.)。当时在位的国王称为"瓦西斯普塔·希瑞·普鲁玛伊"(Vasithiputa Siri Pulamāyi),在这之中,"瓦西斯普塔"是梵文"瓦西斯普特拉"(Vasisthiputra)的普拉克利特语形式,另一个名字"普鲁玛伊"看似并非起源于印度—雅利安语。从百乘王朝使用泰米尔—普拉克利特双语钱币可以看出某些操德拉威语者的存在。"puliñan"或"puliyan"可能源于德拉威语,它们意指"丛林居民"或"山民"(DED 3547,3548),梵文中用来表示这类人的名词"Pulinda"的词根可能就是从它们那里来的。在瓦西斯普塔·希瑞·普鲁玛伊被称为"国王"(rāño)时,戈特弥普特则享有"万王之王"(rājarāño)的名号,而后更被尊称为"伟大的万王之王"(mahārājādhirāja)。这个百乘王朝是夺得天下的某个地方部族吗?据说,戈特弥普特击败雅瓦纳人(Yavanas)、铲除卡卡拉塔部族(Khakharāta),以此复兴了百乘王朝的荣耀(sātavahanakulaya śapatithāpana)。此外,他还按正统婆罗门教社会法典——长久以来,"社会法典"这个词语越来越成为套话,而不是理应遵循的社会规则——所要求的,防止四种姓制受到玷污。

征服的业绩以及种姓制度的支持继续成为王权的特征。不过,除此之外，经常被提到的还有戈特弥普特为佛教僧团提供赞助之事，后者在理论上是种姓制度的反对者。将礼物、施赠分别给予作为受礼者的苦行派、婆罗门是一项习惯做法，此种做法延续下来，直到佛教、耆那教受礼者不再受赠礼物为止。

来自奥里萨（Orissa）的非常铭文——大象洞穴（Hathigumpha）铭文——是有关克拉威尔（Kharavela）之早期生涯的短篇自传，此人是出身车底王朝的卡林加统治者（EI 20.71 ff.）。它事实上是一部按年代顺序展开叙述的克拉威尔早期功绩录。该铭文出自某耆那教活动中心的附近地区，这或许是因为克拉威尔是一个耆那教徒。克拉威尔提到了与百乘王朝争夺德干地区的斗争。除此之外，他还提及雅瓦纳部族首领迪米塔（Dimita，很可能是印度—希腊国王德米特里乌斯），对于这个人在印度中部地区的存在，其他资料也有谈到，此人还在自己铸造的钱币上自称为"迪米特拉"（Dime[tra]，佉卢文）。其他斗争包括克拉威尔对南印度诸王国的军事征伐，在更靠近本国的地方，则是对恒河平原中部那些邦国的征伐。[①] 这位君王对编撰耆那教的文献兴趣盎然，毫无疑问，这项工作是以当时正在佛寺中践行并在将来产生了一种史学传统的那种模式为基础的。克拉威尔提到的绝大多数地名都能被人们确认。这样的铭文是"颂歌"文体的先导，就今日而言，它正成为意指以颂辞形式赞扬某些统治者的血统、功业的铭文文体的组成部分。

大象洞穴铭文首次显现出一些特征，它们成为后世铭文的标志。首先是开头部分，论述国王的出身。克拉威尔自称"*airena*"，其含义可能是伊拉（Ila/Ilā）的后代，从《往世书》的传统可知伊拉是某个家系的男性或女性先祖。至于自己的家系，克拉威尔写道，那是在耆那教传统中特别显赫的迦罗毗逻（Mahāmeghavāhana）家系，该家系通过此时印度中部的卡拉丘里（Kalacuri）、亥哈亚（Haihaya）

---

① Dines Chandra Sircar, 'Problems of the Yuga Purana', in id., *Studies in Yugapurana and Other Texts*, ed. Swarajya Prakash Gupta (Delhi, 1974), 1 - 19.

这类邦国的鼓吹,与车底亲族集团联系起来。正如"卡林加之主" (Kalingādhipati)一词所显示的,克拉威尔将自己看作整个卡林加的主人,在东印度拥有举足轻重的地位。

　　克拉威尔所宣称的与车底亲族集团的关系显现了历史写作中的一个要点。在佛教文献中,车底是北印度主要的 16 国之一。在《往世书》的世系表中,车底族被说成是亚达瓦家系的分支。虽然如此,克拉威尔的说法无疑来自耆那教文献,并且先于《往世书》中对相关亲族集团的叙述,因为前者是公元初数百年的产物。将克拉威尔与维纳(Vena)作比较同样是件饶有兴趣之事。这项比较以印度第一位国王维纳的传说为基础。维纳是一位伟大的国王,不过他反对婆罗门教的正统地位,由此而被婆罗门杀掉。克拉威尔则用"沐浴礼"(mahābhiseka)来形容自己的成圣仪式,这是注意到了吠陀文献中的相关叙述。他所吹嘘的征服拉西卡(Rathika)、婆迦的战绩也令人回想起阿育王铭文中的相关内容。自传中提到的摩揭陀难陀王朝是指孔雀王朝之前的那个朝代,该王朝据说在卡林加兴建了一条水道,时间是难陀时代的第一百零三年。克拉威尔急于让自己与先前的统治者和事件扯上关系。

　　最广泛地使用了普拉克利特语的是坐落在佛教、耆那教圣地的礼单铭文。人们的施赠在佛塔留下记载,被刻在图像、陶器上。行施赠的统治者为数不多,这些人也未获得尊荣的称号。大量施赠者是从事各行各业的普通民众,他们要么是个人施赠,要么是家族或团体奉献。礼单铭文通常以"……的礼物"(sya dānam)这条短语结尾。

　　在这些礼单铭文中,最引人注目的是得到了大量讨论的毗普拉哈瓦佛瓶经文(Piprahwa Buddhist Vase Inscription,约公元前 3 世纪晚期)。[①] 该瓶是某家人捐献给一座佛塔的,瓶身经文中说到,该瓶内含佛陀的遗骨(iyam salīla nidhane budhasa bhagvate sākiyanam)。

------

① Luder's list, no. 931, *Epigraphia Indica*, vol. 10; and Fredrik Barth, 'The Inscription on the Piprahwa Vase', *Indian Antiquary*, 36(1907),117 ff.

585

这呼应了佛典中所载的一个故事：佛陀的遗骨分给了尊奉他的不同部族，每个遗骨存放点建一座佛塔。毗普拉哈瓦佛瓶经文是有意要为这个故事留存实物证据，从而是人们为将"历史性"赋予后者而作出的一个举动？在这里，问题仍然是：这样重要的一份佛陀遗骨是怎样到达这家情况不明的人手中的？在阿劳拉（Ahraura）的阿育王法令铭文中，有与以上内容相呼应的句子，这个句子言明"*mamca buddhase salile ālodhe*"，意思是"存放佛陀的遗骨"。在婆罗门那里，对火化后的身体遗骨的崇拜可能意味着诅咒，对他们来说，死亡是不洁的来源。

从公元前 2 世纪至公元 3 世纪，人们创作了大量礼单铭文，它们是记载与佛塔修建、装饰有关的施赠的，偶尔，这些铭文也记在耆那教图像的基座部分。这类铭文对佛教史的还原来说具有重要意义，到那时为止，佛教已分成多个教派。铭文除了提及施赠者的名字、所属家族、职业状况、出生地点、赠品的性质，有时还会述及他所属的宗教教派，偶尔，在位的国王也会提到。引人注目的是，国王的称号继续以"*rājā*"的形式存在，更尊荣的王号付诸阙如。某香料商造了一座亭子，在施赠者的名录中，有他的父亲、母亲、妻子、兄弟、女儿、女婿、孙子、亲属以及朋友。[①] 在某篇铭文中，某家族前后相继的五代人都得到了具名列载。[②] 短语"*sanātimitabadhava*"覆盖了亲友以及任何相关人士。

586　　巴提浦洛鲁（Bhattiprolu）的一组铭文就其本身而言即有引人入胜之处。[③] 从古文字学来看，这组铭文的文字与阿育王铭文所用的婆罗米文相近，故此，它们应是约公元前 2 世纪早期的产物。有三篇铭文刻在舍利匣的边沿或盖子上，这在后来成为存放佛寺长老遗骨的惯常的做法。有时候，也有人提出另一种看法，认为舍利

---

① N. J. Francis, *A Source Book of the Early Brahmi Inscriptions of Amaravati* (Shimla, India, 即将出版), no. 224。

② Bharhut Pillar Inscriptions in Luder's list, no. 687, *Epigraphia Indica*, vol. 10.

③ *Epigraphia Indica*, vol. 2, 323.

匣里面装的是佛陀的遗骨。看起来，舍利崇拜已经变得十分重要，以至于鼓吹那些舍利是佛陀遗骨的说法并未受到质疑。遗骨还被人们看作是某人在史上确实存在的证据。铭文中提到了一个"gothi"，它是一个佛教徒的团体，这些佛教徒都有名字，他们很明显是地方上的要人，还有某些官员以及在施赠活动中捐献了各样物品的其他人。团体捐赠意味着纪念建筑的某些部分能通过这样的奉献建造起来，并且能获得单独的认可，这与通常包括纪念建筑本身的皇家捐赠是不一样的。某位女性施主奉献的礼品，连同她来自难陀补罗（Nandapura）的事实特别得到了记载。

阿马拉瓦蒂（Amaravati）佛塔的礼单铭文由来已久，它从公元前 3 世纪晚期起始，延续了长达 500 年的时间，这显示出在这样漫长的一段时间里，它始终是个主要的宗教圣地。在这里，佛教团体、占施赠者人数三分之一的僧尼再次成为奉献香油的主体，还有少量奉献来自皇家的捐赠。[1] 皇室的捐赠来自甘蔗家族的女性成员，因为她们往往是皇室中主要的佛教赞助者，皇家的男性成员则常常为吠陀教的献祭仪式提供支持。铭文中提到统治者部分是为了显明日期，部分是为了与皇家的男性施赠者拉上关系。这样，一块厚板中以浅浮雕凸显出来的菩提树崇拜图里就带上了这样一句话——该图所谈及的对象是戈特弥普特拉·希瑞·沙多迦尔尼（Gotamiputra Sri Satakarni）王。[2] 为某位户主（gahapati）所写的另一篇铭文谈到了瓦西斯普特拉·普鲁玛维（Vasisthiputra Pulumāvi）王的年月。

在邻近的重要佛教圣地龙叔丘（Nagarjunakonda），也有一段礼单铭文的漫长历史，我们再次看到了用普拉克利特语和婆罗米文字创作出来的铭文。[3] 这些铭文是有关该地区承孔雀王朝而立的甘蔗王朝的。它们的赞助者主要是王后及其女性亲属。重要

---

① 参见 Francis, *A Source Book of the Early Brahmi Inscriptions of Amaravati*。

② Ibid., no. 159.

③ *Epigraphia Indica*, vol. 20, 1 - 37.

的部族人士以及官员，他们的妻室采用丈夫的称号，这样，"*mahātalāvara*"的妻子就被称为"*mahatalāvarī*"。国王据说是一位"*asamedhayājiśa*"，意为"践行马祭者"。甘蔗王室力求做到万全，由此，他们对两个宗教体系——佛教与吠陀婆罗门教——都加以支持。在铭文中，国王被描述为伟大的赞助人，他们不仅主持众多的吠陀教祭仪，还施赠大量的黄金、牛、犁，传统上，这些赠礼就在吠陀文献中得到记述，其数量常有所夸大。我们并不清楚这里的"犁"是指土地（不过在这里，有可能不是指"土地"），还是这种器具被挑选出来以作特别的强调。与此同时，还有其他铭文回溯到更早的时期，提到《诸部尼科耶》（*Nikāyas*）那样的佛教文献和训典。奇怪的是，和更早的巴利文佛经一样，这些佛教文献、训典并未有不赞同牲祭的言词。

佛塔、寺院遍布印度次大陆的每一个角落，其建筑地址的选择是经过深思熟虑的结果。首先，这些建筑应建在既有的可将历史追溯到史前时代的圣地。在这些圣地中，颇引人注目的是那些巨石文化的所在地，比如阿马拉瓦蒂。这些文化被大型佛教建筑所采纳、吸收，不过它们的圣性却在历史中绵延下来。这在整个印度历史上是一个持续伸展的过程，在它的作用下，印度教庙宇兴起于制多（*caityas*，意为拜佛场所）之上，比如在忒尔（Ter）、切查拉（Chezarla）；或是清真寺立在印度教庙宇之上，比如在德里和阿杰梅尔（Ajmer）。不过，铭文中并未提到接管这类圣地之事。

除圣地外，佛教建筑还可能立在贸易线路上，这从诸多商业中心与寺院的交合以及后者很少出现在人迹罕至的旷野上可以得证。僧侣参与交易、商业已是人们展开广泛研究的一个课题。[①] 另外，从北印度到中亚的贸易线路上，遍布用佉卢文写成的普拉克利特语的佛教铭文，与此同时，中亚的绿洲城镇则是佛寺的繁兴之所。这也可以印证上面提到的"佛教建筑还可能立在贸易线路上"的观点。

这些普拉克利特语的铭文并不全与佛教受礼有关，某些铭文还

---

① Gregory Schopen, *Bones, Stones, and Buddhist Monks* (Honolulu, 1997).

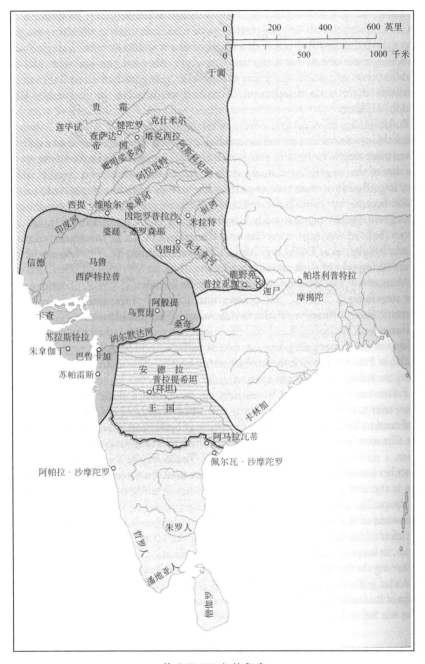

约公元 150 年的印度

提到了其他情况。在那些引人注目的铭文中，有一篇献给毗湿奴——基督诞生前后逐渐流行起来的《往世书》中的神祇——的石柱铭文。[1] 石柱为迪亚/迪奥（Diya/Dion）之子赫利奥多拉（Heliodora）所立，他是印度西北部塔克萨西拉（Taksaśila）或塔克西拉（Taxila）城的本城人，自称为一个臾那/雅瓦纳人——这是用来指希腊人和西亚人的词语。他是大君安塔利基塔/安托基达（Amtalikita/Antalkidas）派驻卡西普塔（Kāsiputa）王（*rājan*）那里的使节。石柱上所刻的是赫利奥多拉作为黑天（Vāsudeva Krsna）信徒的宣言书，黑天崇拜是毗湿奴崇拜的一种形式。值得注意的是，赫利奥多拉将本国的国王称为"大君"，而那位居于地方的印度国王被简单地叫作"王"，这与当时的印度传统是一致的。

在最后一些重要的普拉克利特语铭文中，有一组铭文在卡提瓦半岛（Kathiawar）的安道（Andau）被人们发现，它们是公元2世纪早期的产物。这些铭文发布于卢陀罗达摩（Rudradāman）统治时期，他的祖先三代被具名记载，当时，在铭文中给出这些信息正成为通行做法。铭文给出的日期是"第五十二年"，对于是哪种历法的"第五十二年"，则只字未提。如果按当时流行的萨卡历来计算，则能得到"公元130年"的结果，这与古文字研究的结果是一致的。这些铭文是一组家族墓刻，它们看似与耆那教有关联。

佛教、耆那教的文学作品有许多仍是用巴利文和普拉克利特语创作的。上述铭文可以告诉我们，公共演说是与普拉克利特语联系在一起的，后者既是宗教教训的用语，又是国家行政管理所用的语言。作为这样辽阔的地区所用的公共演说语言，产生地区差异是必不可免的，从阿育王镌刻铭文的时代以来，这种语言持续被人使用着。

除了斯里兰卡的僧伽罗普拉克利特语，普拉克利特语在次大陆以北的中亚地区也有强大的影响力，在那里，人们能找到用佉卢

---

[1] Luder's list, no. 669; Besnagar Garuda Inscription, in *Epigraphia Indica*, vol. 10, 63 ff.

文、婆罗米文刻成的铭文。在从印度到中亚的多条线路中,沿过境吉尔吉特(Gilgit)、契特拉(Chitral)、罕萨(Hunza)的喀喇昆仑公路(Karakorum Highway),可以见到数不胜数的普拉克利特语铭文,内容涉及人名、赠礼、与佛教有关的祷词等。普拉克利特语沿丝绸之路,从于阗往东,传到米兰,再传至楼兰,那里的佉卢文铭文创作于公元 1 世纪。大部分铭文出自贸易线路沿线的绿州城镇,从普拉克利特语铭文的数量来看,此种语言是商人、佛教僧侣的用语,由此,毫无疑问,住在那些城镇并与商人、佛教僧侣互通往来的居民对它也是有所了解的。从政治层面来说,随着贵霜王国将势力扩展到中亚西部、大部分北印度地区,在公元初的数百年里,王国征服进一步推动了该语言得到使用。人们甚至可以猜测,普拉克利特语的灵活性让它自己更易为说其他语言的人所接受。考虑到普拉克利特语的因素在多种中亚语言(比如大夏语[Bactrian]、于阗语、吐火罗语[Tokharian],尤其是那时的通行语——粟特语[Sogdian])中的存在,可以说,使用这种语言的人并不限于移居到此的印度人。

这样,普拉克利特语用众广泛就有着多种多样的理由了。国家行政当局希望能与各色各样的人而不仅限于精英打交道,故此,它让普拉克利特语成为行政所用的语言;而作为商人和匠人的语言,普拉克利特语对那个时代的经济来说有着至关重要的意义;至于佛教、耆那教,由于它们的信众广泛,故此也使用普拉克利特语,包括涉及历史的那些文献;另外,向佛塔、寺院大量施赠的大量俗家信徒(*upāsakas*)是普拉克利特语的使用者,其中的妇女尤其醒目。普拉克利特语族源自印度—雅利安语,不同支系有着地域差异,这反映了语言的多样性。从公元前 3 世纪至公元 2 世纪,就事实而言,普拉克利特语是南亚及其邻近地区在各个领域的通行语言。

在公元初的数百年里,随着梵文逐步取代普拉克利特语,成为公共言谈的用语,上述情况发生了引人注目的历史变革。考虑到将普拉克利特语大量用到碑文中的情况的存在,以及此种语言在铭文中所占据的主导地位,人们对梵文在铭文中的缺席心生疑惑,因为梵文被视作早期印度与早期印度文学中占据主导地位的礼仪语言。它是在公元初的数百年里,以小心翼翼的姿态开始出现在铭文中的。有名的巴拉(Bala)铭文为纪念一座塑像以及鹿野苑的一座寺院的建立而镌刻的,塑像、寺院之成,缘于一位佛教僧团成员的吁请,他说塑像、寺院所在的地方是佛陀本人经常漫步之处。①此举开创了一个传统。

马图拉(Mathura)地区的一篇铭文使用了普拉克利特语,不过在语言形式上有所偏差,近于梵文。②此篇铭文被人们贴上了"混梵铭文"(Epigraphical Hybrid Sanskrit)的标签。其内容是纪念某位地方"大君"的女儿为佛陀的前佛之身(bodhisattva)立像之事,时为贵霜国王迦腻色迦在位的第二十三年。另有一篇与另一个迦腻色迦国王有关的铭文,其中具载了日、月、年,又一次,我们不了解它所使用的是什么历法(可能是以公元78年为起始的萨卡历)。这位国王有着多个复杂的王号,它们在"伟大之王、万王之王、神之子、凯撒"(mahārājasa rājātirājasa devaputrasa kaisarasa)这个称号上达到了登峰造极的地步,早期铭文中简单的"王"之称号与此简直有天差地别。③这些王号的使用引起了人们的议论。它们经常出现在印度西北部很可能是受到了罗马皇帝之称谓的影响,"kaisarasa"可能就是"Caesar"的一种形式;至于"devaputra"("神之子"),则有中文"天子"的影子存在。贵霜王国与罗马、中华两大帝国都有来往。以上所述之事所表明的并非贵霜王朝对某种风尚的采用,而是王权观念的改变,在当时,相比以前的"王"而言,国王是一个大得多的权威与权力的聚焦点。

在与将来的《往世书》中的神灵有关的铭文中,我们能看到此

---

① *Epigraphia Indica*, vol. 17,173 ff.

② Mathura Inscription, ibid. , vol. 28,42 ff.

③ Ara inscription of Kanishka II, ibid. , vol. 14,130 ff.

种梵文化的普拉克利特语得到使用。① 来自巽加时期阿约提亚的
一篇铭文记录了军事统帅(*senāpati*)普沙密多罗(Pusyamitra)的某
位六代孙建庙之事。② 在文学作品中,军事统帅普沙密多罗据说推
翻了孔雀王朝,创建了巽伽王朝。身为优秀的婆罗门,普沙密多罗
可能更偏好使用梵文(尽管是经过改造的梵文),并践行了铭文中
所提到的马祭仪式。在那个时期,与正在兴起的王权联系在一起
的吠陀教仪式获得了公开性,从性质上说,这与早先数百年由部族
首领践行的同样仪式是不同的,主要的原因可能是此时花费在这
些礼仪上的钱更多了。渐渐地,财富的概念开始将土地包含在内,
而早先的情况并非如此。

　　第一篇梵文铭文品质优异,它在某种程度上造就了公共言谈用
语从普拉克利特语向梵语的转变,它就是新印度"大诸侯"
(*mahākṣatrapa*)卢陀罗达摩的铭文。该铭文发布于萨卡历第七十
二年,相当于公元 150 年,它与阿育王的系列铭文都刻在卡提瓦吉
尔纳尔的那块石碑上。③ 人们立此石作为某河谷入口的标志,早先
的时候,孔雀王朝当局在该河谷筑坝,建成苏达山(Sudarshan)湖,
我们猜测,它可能是作灌溉的水源用的。由于该铭文描述了苏达
山湖在一次强风暴期间毁灭后的重建情形,故此,刻文的地方应就
是原来的阿育王铭文镌刻之处。它记道河谷水坝为旃陀罗笈多・孔
雀属下的总督、出身吠舍种姓的布舍耶笈多(Pusyagupta,*mauryasya
rajnāh candraguptasya rāstriyena vaiśyena Pusyaguptena karitam*)
所建。最后,在另一场风暴后,该坝又经过阿育王手下行政官员、
雅瓦纳首领(*yavanarāja*)图萨斯帕(Tusāspa)的重修(*aśokasya
mauryasya te yavanarājena tusāsphena adhisthaya*)。至于卢陀罗
达摩时代的河坝破口,则是由这位"大诸侯"手下的总督苏维萨迦
(Suviśakha)重修的。除了第一个人名"布舍耶笈多",其他人名告

591

---

①　Gosundi inscription, ibid. , vol. 16,25 ff.

②　Ibid. , vol. 20,57 ff.

③　Ibid. , vol. 8,42 ff. ; and Salomon, *Indian Epigraphy*, 89.

诉我们，卡提瓦可能是伊朗人、帕提亚人生活的边界地带。公元前4世纪的一个历史事件在公元2世纪得到重述，并在后来仍得到铭记，这在人们心中留下了深刻的印象。卢陀罗达摩特别提到河坝重修并不需要强制劳动或额外征税，因为国库的存银非常充足，而苏维萨迦又是个正直的人，为官不腐。

歌颂卢陀罗达摩本人的赞辞提到了他的父亲迦亚达曼（Jayadāman），还有他更有名的祖父查士塔纳（Castana）。卢陀罗达摩以其本人开疆拓土的功绩获得"大诸侯"的称号，他还提到号称属于"刹帝利"的游得希亚人（Yaudheyas）败在他手下的事情。我们推测，这里的"刹帝利"指的是《往世书》中所使用的"刹帝利"，意为古老的部族。卢陀罗达摩还击败了百乘王沙多迦尔尼（Satakarni the Sātavāhana），不过他饶过后者一命，因为他们之间有着密切关系。他向婆罗门敬献母牛，这可能给他带来了婆罗门教正统派的支持。在列述一位国王所具备的特征时，他提到了在铭文中所谈到的那种国家体系对政治—经济（比如军队与国库）的要求。还可注意的是，虽然贵霜列王拥有尊荣的王号，卢陀罗达摩在提到上面两位孔雀王朝的国王时，使用的称谓仅是"王"。铭文的后半部分更为传统，其中描写的是卢陀罗达摩本人的英俊相貌，以及他参加的数次招亲礼（通过这些招亲活动，卢陀罗达摩将许多公主迎娶回家）。

有一个引人注目的问题，也就是，为什么作为"大诸侯"的卢陀罗达摩会使用梵文作为自己铭文的创作语言，"大诸侯"这个称号告诉我们他并不是一个地方性的统治者。在那时，普拉克利特语仍是人们惯常使用的语言，吉尔纳尔更早的阿育王铭文也是用此种语言镌刻的。他是在表达这样的意思吗，也就是，虽然他出身外族，但并不是一个"蔑戾车"，其地位不逊于任何一位其他的统治者？或者，在宫廷中使用梵文，以将宫内外的人士区别开来正成为日益时兴的潮流，故此，卢陀罗达摩也选用它作为自己铭文的创作语言？

此时，用梵文创作的铭文开始出现，不过，让人感到惊奇的是，它成为铭文的创作语言则花费了非常长的一段时间。普拉克利特语在治国领域的核心地位在公元 1 千纪走向衰落，其地位逐渐被梵文取代，后者从公元 1 千纪中期开始，逐渐成为宫廷和治国所使用的语言。这在某种意义上也将它从基本上是一种礼仪语言的状态下解救出来。探讨各个知识领域（比如与数学、医学、天文、文学创作有关的那些知识领域）的文献早就开始采用梵文。指出梵文是精致语言而普拉克利特语是自然语言，其用意是在两者之间构建出一种等级关系。人们看到一个很显眼的现象，也就是那时的戏剧展现了普拉克利特语的劣等性，梵文是出身上层种姓的人士（除了"喜角"，也就是提供笑料的那种婆罗门）所使用的语言，普拉克利特语则是女人、出身低等种姓的人所使用的语言。

公元 1 千纪中期，人们同样看到婆罗米文在书写上发生了某些变化。在后阿育王时代，婆罗米字的笔画弯曲，笔锋向下，到了公元 1 千纪中期，这种写法遭到废弃，取而代之的是每个字母的顶部给人以深刻印象从而得名"盒顶婆罗米文"（'boxheaded brāhmī'）的写法。就印度南部的诸种文字而言，其发展趋势是字母变得更加圆润。人们采用新写法的用意是宣示一种变化，到公元 7 世纪，此种变化所产出的硕果得以确立。

在印度—雅利安文化的主宰下，普拉克利特语不得不让位于梵语。此种变化可能还受到了其他因素的影响。早期的某些"混梵铭文"与兴起中的《往世书》神灵（特别是湿婆与毗湿奴）崇拜有关。某些铭文来自被视为异族的统治者（比如萨卡人统治者［Ksatrapas］）的宫廷，它们用新的语言代替早先使用的普拉克利特语。梵文的使用会不会是认同正统以与早先赞助异端教派的做法相对的方法，尤其是在铭文作者本人并不是上等种姓成员的情况下？不过，应当看到，这样的铭文作者也会使用混合梵文，"他们为何这样做"就其本身而言就是一个需要解答的问题。通过婆罗门教的礼仪，王权的合法化更易实施？按照权威社会法典《达摩圣典》的规定，卢陀罗达摩是一个"蔑戾车"。在先前的时候，这样的统治者并不那么具有号召力，不过此时，他们成了政治权力游戏的参与者。

在北印度、西印度，语言的选择需要考虑多个因素，而在德干、南印度，情况则有所不同。在北印度，普拉克利特语、梵语在后来一直被人们交杂使用，直到公元 4、5 世纪。有时还涌现出这样一种模式：有关国王的资料用梵语陈述，而他施行的封赏及其细节则用普拉克利特语进行描画。[①] 看起来，这是对一种历史上的模式的重复，因为到这时，就记录国王封赏书中的细节内容而言，泰米尔语而非普拉克利特语是一种更为方便的语言。到约公元 7 世纪，诸种地方语言开始取代普拉克利特语，在那时，铭文的某些部分可以用地方语言进行书写。在施赠宗教的问题上，语言的多样性表现得很不明显，无论是佛教还是婆罗门教，对它们的施赠诏令要么用普拉克利特语、要么用梵语写成，有时，诏令中的不同部分使用不同的语言。

梵语作为宫廷、铭文用语，到笈多时代进入了自己的全面发展时期。最有名的一个例子是阿拉哈巴德（Allahabad）以怀旧为主题的石柱铭文。[②] 该铭文被认为是"颂歌"文体（或颂体）的典范，其发布者很可能是沙摩陀罗笈多（Samudragupta）之子旃陀罗笈多二世，时间在公元 4 世纪。铭文中给予沙摩陀罗笈多以完美的王号——"伟大的万王之王"，到那时为止，已很少有统治者被冠以尊荣异常的王号（当然，许多这样的王号系属夸张）。颂词回溯了笈多王朝的起源，尤其是涉及神灵的那些内容，不过，按照套路的那些夸张叙述与更具"历史性"的那部分内容是区分开来的。铭文中列述了沙摩陀罗笈多征服的王国、部族。相比现代历史学家所认为的而言，部族在当时看似有着更重要的政治意义。该铭文据说出自宫廷诗人之手，里面提到了诃梨先那（Harisena）的名字。

该铭文所在的位置引起了诸多疑问。它被刻在阿育王所立的石柱上，与该石柱上阿育王的普拉克利特语敕令并列，事实上，石

---

① Salomon, *Indian Epigraphy*, 91.
② *Corpus Inscriptionum Indicarum*, vol. 3, 195 ff.

柱是在后来的几百年里被搬运到阿拉哈巴德的。除了这些敕令和另两篇阿育王铭文，该石柱上还有上述"颂词"铭文，以及一篇列述了贾汗季(Jahangir)世系的波斯语铭文，这些铭文来自三个不同的千纪，以三种不同的语言写成。赞扬沙摩陀罗笈多的颂词为何会镌刻在这根石柱上呢？如果阿育王所使用的婆罗米文在笈多时代仍能被人们释读的话（这是有可能的），那么，笈多朝铭文所携带的歌颂军事征服的信息与阿育王倡导的非暴力就是背道而驰的。笈多朝此举是为了贬低阿育王并展现沙摩陀罗笈多伟大征服者的形象？如果是这样的话，在另一根更气势庄严的石柱上做这件事会更有效。又或者，笈多朝是因为将阿育王的铭文视为佛教文献，因而觉得有必要将自己的铭文覆盖在同一根石柱上？抑或相反，笈多朝作出的是延续历史的努力，唤起人们对孔雀国王之合法性的记忆？

在笈多的艺术领域中，人们作了许多努力仿效孔雀朝的艺术形式，特别是石柱的柱顶。① 这类延续历史的努力还导致阿育王石柱自德里苏丹晚期以来转移了位置并得到利用，尤其是在费鲁斯·塔格拉克(Firuz Tughlaq)统治时期。就所有上述铭文的位置安排而言，人们能从中发现一个令人费解的政治谜团。这个问题是：在婆罗门教的史学传统（通常称为"历史—神话"传统）中，阿育王由于是佛教僧团的铁杆支持者而很少得到提及，只有一次他的名字在孔雀王表中出现。大多数婆罗门文献对阿育王所享的称号"神所眷顾的人"是不屑一顾的。这位国王只是在佛教历史写作中才有着特别的历史重要性。或者我们可以这样推测，他在历史上的重要性是广为人知的，不过并未在婆罗门教的文献中反映出来。此种可能性看起来更大。

以上所述不是笈多朝与孔雀朝扯上关系的唯一例证。在吉尔纳尔，还有第三篇来自笈多朝晚期的铭文，它出自塞建陀笈多

594

---

① Joanna Williams, *The Art of Gupta India*：*Empire and Province* (Princeton, 1982), 96 ff.

(Skandagupta)之手,记的是在公元 456 年因暴雨而再度毁坏的苏达山湖堤坝的修建事宜。堤坝的修复者是任职地方的总督卡克拉帕里塔(Cakrapālita)。上面提到的多篇铭文时间跨度超过 800 年,很明显,它们是与一座堤坝的兴修、损坏联系在一起的。令人印象深刻的是,以前堤坝的数次损坏并未被人们遗忘,它们都被记录了下来。这告诉我们,不同铭文的镌刻有着延续性,此外,由于铭文所涉及的是大家耳熟能详的主题,故此,早先的铭文看似到后来仍能被人们释读。

东印度达莫多尔布尔(Damodarpur)有一套授予令,它们不仅记录了相关信息,而且提到了任职国家部门的文书人员,以及从国家那里获得的许可,从而使某些土地能售予某人,让其能够施行馈赠。[①] 作为土地买卖契约,这些刻在铜板上的铭文成为历史上的分水岭,它们构成了这个时代一个新的、意义重大的特征。土地由私人购买,施赠给宗教受益者,施赠者及其双亲因此获得美名。此种现象在佛教奉献领域经常发生,不过,这里所说的"宗教受益者"系指婆罗门教。在这些授予令中,有一件提出了购买先前未被奉献过的免税休耕地的请求。这需要相关人员对与这块土地有关的书面记载进行核查,地价的确定当然要与国家的命令保持一致。

在笈多晚期诸王统治的约 100 年间(从公元 443 年至公元 533 年),发生了一系列这样的购地行为,购地日期按照法律文献所要求的,详细载明。奉献的土地为婆罗门教造了一处居所,兴建了两座小庙,还有的被用作礼仪场所。

这些授予令给出的与笈多统治者有关的日期为我们提供了一份编年录、世系表。在其中,笈多国王的王号变得更加精致——"与伟大的神一样、与至尊神同等、伟大的万王之王"(*paramādaivata paramabhaṭṭāraka mahārājadhirāja*)。这个王号不仅仅是受到了更早的贵霜王号的影响,而且标示了更早的"王"的自我认知与当时列王夸张的自我意识之间的区别。这些铭文是一种新兴国家的

---

① *Epigraphia Indica*, vol. 15, 113 ff.

象征。虽然授予令所涉及的土地处于王国边缘地区，土地所有权的合法性却是掌握在从上到下的不同官僚手中的，他们参与了土地授予的记录、准许事宜。除他们以外，土地授予之事还得由总督属下的市政官员以及有官职在身的顾问通过，比如村老（mahattaras）、村八家议事会成员（asta-kula-adhikaranas）、村首（grāmikas）、书记（pustapālas），他们是负责记录的人员。城镇里的赞助人，比如大商人、匠人和各种各样的文书人员，也与闻土地授予之事。在笈多以后的时代，土地授予令开始频繁发放，其用意常常是方便礼仪活动的举行，有时亦出于统治者的慷慨。由于有的土地授予数额巨大，当事人不得不考量可能存在的政治动因。

595

授予当事人的权利最初包括土地收益，它不是工资和经营所得。不过渐渐地，土地授予变成了世袭授予，收受人渐渐要求土地所有权本身。土地授予令是颁发给宗教、礼仪专家，以及那些被选择出来的官员的。婆罗门教的土地收受人因为展开了促进王权（或抵挡邪恶）的礼仪活动，或提供了为统治者作合法性论证——通过众所公认的世代传承关系——的世系表，因而得到奖赏。如果受赐的土地属于荒地或林地，则受赐人会受到鼓励将它变为农用地；有趣的是，甚至受到禁止不得从农的婆罗门也会从事这个行当。这在《农事论》（Krsiparāsara）这样的梵语文献中表现得很明显，这本指南特别以湿润的水稻——有水供应之地最合算的农作物——种植为指导对象。

征服邻近王国的国王使被击败的国王转变身份，后者被迫成为"sāmanta"，这个词经常被译为"封臣"，不过更准确地来说，其含义为"中间人"。该词源于"simā"，即"边界"，它最初指的是邻人，不过到后来渐渐指中间人。这些人逐渐演化，形成了介于农民和国王之间的中间人阶层。国王有权吊销土地授予，除非土地的原授予人对此表示明确反对。这样的事很少发生，因为它会创造出政治纷争的气氛。某些土地授予令宣称，保持而不是创造新的授予令更值得称赞。

在相对较早的时期，有一个此类土地授予令的实例，它的发布

817

者是普拉巴瓦蒂·笈多（Prabhāvatī Gupta）。她是笈多王之女，嫁到瓦卡塔卡（Vakātaka）王室。她作为太后摄政直至其子成年。授予令内容如下：

> 胜利了。世尊（Bhagavat）获得了胜利。此令从南迪瓦达那（Nandivardana）发出。史上有"大君"、杰出的伽多卡查（Ghatotkaccha）、第一位笈多国王。他的龙子也是一位"大君"，即杰出的旃陀罗笈多。旃陀罗笈多的龙子是"伟大的万王之王"、杰出的沙摩陀罗笈多，他从皇后库玛拉德维（Kumāradevī，她是李查维部族［Licchavi］之女）而生，曾举办过数次马祭活动。沙摩陀罗笈多的龙子是"伟大的万王之王"旃陀罗笈多（二世），他深受父王的眷爱，其本人则是世尊的热忱信徒、地上的无敌勇士，他灭尽世界诸王，名声播于四海，他奉献了不计其数的母牛、黄金。他的公主、出身陀罗那部族（Dharana gotra）的普拉巴瓦蒂，从皇后库贝那伽（Kubernāga，出身那伽［Nāga］族）所生，亦热忱追随世尊。她是杰出的瓦卡塔卡"大君"卢陀罗塞纳（Rudrasena）（二世）的正后，其当然的继承人是杰出的迪瓦卡拉塞纳（Divākarasena）。普拉巴瓦蒂宣布自己身体康泰，并下令给丹古那（Danguna）村（位于苏普拉西斯塔区［ahāra of Suprathistha］，在维拉瓦那卡［Vilavanaka］以东、席尔沙格拉玛［Shirshagrama］以南、卡达平伽那［Kadapinjana］以西、西迪维瓦拉卡［Sidivivaraka］以北）的婆罗门户主和其他人，内容如下：

> 尔等须知，在卡提卡（Karttika）白月（bright fortnight）的第十二个太阴日，为表我们自己对宗教的虔诚，我们行倾水礼，将这座村庄作为前所未有的礼物，在世尊脚下行过祭后，赐予教师（ācārya）查那拉斯瓦敏（Chanalasvāmin）、世尊的热心信徒。为此，尔等应毕恭毕敬地遵从他的指令。以下是我们授予这位教师的管区（agrahāra）豁免权，它们是历代先王允准赐予熟悉四吠陀的婆罗门的：其一，得免输草、输皮（制作马鞍的兽

596

818

皮）、输炭（供应官员）；其二，得免购酒、掘盐；其三，得免输矿、输送卡迪拉（*kadira*）树；其四，得免供应花卉、牛奶；其五，有权挖掘地下的宝藏，征收大小赋税。为此，该授权令当与世长存，后世列王当增益之。凡藐视王命阻挡此令者，一旦由婆罗门诉出冤情，相关处罚与罚款并行……

此令！（迪瓦卡拉塞纳）王十三年作，刻文者卡克拉达萨（Cakradāsa）。①

这份授权令透露了具有重要意义的信息。它提到了毗湿奴神，并以"世尊"的名义谈到这位神。授权令介绍了授权人王太后的家族背景以及笈多列王的简况（在其中，王太后特别提到了列王之母的名字），以此而给出了王太后之权威的根据。李查维部族的公主在社会上高于默默无闻的笈多家族。除了这些，王太后还解释了为何她有权制定这份授权令，其原因是她作为王太后给自己的儿子摄政。按照这类授权铭文的通行做法，王太后提到了赏赐出去的村庄，并指出了它在苏普拉西斯塔区的准确位置。她施行捐赠的目的是为获得虔信的美名，捐赠本身则借倾水礼——将水倒入受赠者的手中——被神圣化。受赠者是熟悉四吠陀的婆罗门，其职责、义务、豁免权均具载出来。王太后希望授权令与世长存，而阻挡此令施行的人则要受惩。铭文的镌刻者也出现在铭文中。

这样的土地授予常常形成了后来的公国、小王国的核心区域。某个这样的土地授予事例在"大君"哈斯丁（Hastin）著名的霍地（Khoh）铜板铭文中有所记载，该铭文发布于笈多历第一百五十六年，相当于公元 475 年。② 哈斯丁自称来自一个尊贵的苦修家族，他在施赠上相当大方。据说，他从祖上那里继承了一份礼物，也就

---

① The Poona Plates of Prabhāvati Gupta in Vasudev Vishnu Mirashi, *Corpus Inscriptionum Indicarum*, vol. 5: *Inscriptions of the Vakatakas* (1963; Calcutta, 1973), 5 ff.

② *Corpus Inscriptionum Indicarum*, vol. 3, 93 ff.

是一块婆罗门赠地（*brahmadeya*），这块赠地包括 18 个丛林王国。因此之故，哈斯丁能够确立自己的半独立统治者的身份，并反过来将一个村庄作为礼物，送给一位婆罗门。这个事例证明了许多国家、王国用自己的方式侵入丛林地带，清理林地以便农耕，并通过强迫丛林居民成为他们属下的农民以征收臣属性的赋税。这样的铭文已被用来指明公元 2 千纪印度历史的新分期。

597 　　作为历史记录，这些铭文具有一个重要的特征，也就是以下事实：铭文通常遵行当时通行的某种历法，给出明确的日期记载。[①] 起初，历法时间以太阴年为基础，每年 12 个月，分别与不同的天宿（*naksatras*）对应。每月分成白月（*sukla*）、黑月（*krsna paksa*）。每日则用"*tithis*"来表示。后来，人们转用太阳历，尽管有人继续依照太阴历进行某些计算。人们将今世宇宙的时间划分为四个地纪：克里达纪、特雷达纪、达夫帕拉纪、卡里纪。我们现在身在卡里纪。每纪的时长随着人们对社会规范、习俗的遵循程度而依次递减。艾荷洛铭文给出了卡里纪的开端时间，经计算，为公元前 3102—前 3101 年。[②] 现代学者认为这些地纪及其数据与天文计算有关，不过，它们很少在铭文中被用来确定准确的年代。

　　许多早期铭文提到了不同国王的执政年份，比如阿育王、克拉威尔、某些百乘国王的执政年份。其他与时间有关的信息则给出某个日期，但不提采用的是哪种历法。从公元 5 世纪开始，给出精确的日期渐渐成为通行的做法。最常被人们精确使用的历法，首先是所谓的"克里达历"，而后是马拉瓦（Mālava）历，最后（也是最频繁使用的）是旋陀罗历。旋陀罗历以公元前 58 年为纪年起始，它怎样以及为何逐渐地被人们使用仍是个有争议的问题。该历法可能是为了纪念阿泽斯一世（Azes I）的登基，或者，它是乌贾因（那

---

①　Dines Chandra Sircar, *Indian Epigraphy* (Delhi, 1965), 119 ff.; and Salomon, *Indian Epigraphy*, 180 ff.

②　J. F. Fleet, 'The Kaliyuga Era of bc 3102', *Journal of the Royal Asiatic Society* (1911), 479－496, 675－698.

第二十四章　作为历史写作的早期印度铭文：公元前 3 世纪至公元 6 世纪

时是马拉瓦的首府）天文学家计算出来的结果。另一使用广泛的历法是以公元 78 年为起始的萨卡历，还有以公元 248 年为起始的卡拉丘里—车底历，以及以公元 319 年为起始的笈多历。公元 6 世纪后使用的历法通常与那个时代的重要事件有关。

在次大陆以外的中亚和斯里兰卡，用梵语创作的铭文极少。不过在东南亚，从公元 5 世纪到公元 6 世纪，我们知道有这样的铭文存在，特别是在柬埔寨和越南，它们使用的是相当标准的梵语。在缅甸、泰国，巴利文铭文在时间上早于梵语铭文，哪怕在梵语被引入之后，巴利文仍被人们使用着。在东南亚，语言的使用遵循类似于印度的模式，除梵语之外，高棉语（Khmer）、古爪哇语（Old Javanese）、古马来语（Old Malay）都在人们的使用之列。梵语变成了正统语言那样的事物吗？

有人提出，梵语在后笈多时代逐渐成为公共政治语言，并逐渐形成一种国际通用语——这是一种超越政治界限、宗教关系的文化构造。[①] 梵语的使用将政治与超越地域的一种政治文化联系起来，至于后来将某些地方语言包含进来的铭文，则只是某些特殊的地方权力人物下令记录下来的。对于孔雀王朝以及后孔雀时代的普拉克利特语，我们能否说同样的话呢？为什么梵语在那时成为占有霸权地位的语言？

梵语铭文并没有整齐划一的标准。有一种重要体裁的铭文从早期铭文中分离出来，即颂体铭文。这些铭文的创作者有时是宫廷诗人，由于这层关系，诗歌的创作技巧被用到颂体铭文中。此种铭文渐渐成为一种固定文体，不过它有着自己的目的。那些角逐王权的无名家族使用颂体铭文，让自己与《往世书》中所记载的不同刹帝利家系攀上亲。此种铭文适应了上层不同统治家族间的交流趋势。铭文末尾是用梵语写成的声明，包括作者、文书、刻工——他们是真正的历史见证者，由此而增加了铭文的可靠程

598

---

① Sheldon Pollack, 'The Cosmopolitan Vernacular', *The Journal of Asian Studies*, 57(1998),1,6-37.

度——等信息。颂体铭文与公元 7 世纪以来的国王传记作品有着某些相似之处。就这类铭文的功能部分而言，其文学上的作用更少，关键是它们作为法律文献的功用。人们渐渐频繁地使用地方语言来创作这些铭文，以确保地方行政当局能明白其内容。虽然如此，铭文中的梵语内容代表正统，从某种意义上说，人们所借助的地方语言扮演的角色类似于普拉克利特语的不同支系。

当时存在着多个王国，每个王国的朝廷都要复录那些更具权威性的铭文，这就要求有大量精通梵文的文书人员、官员、礼仪专家的存在。通过掌握大量的授地（拓居地或丛林）令并获得土地上的居民作为劳力，中间人阶层诞生出来。这些铭文试图将那时的政治秩序融入自己的内容中，在这种政治秩序里，最高权力是人们必须争夺并捍卫的事物。最高权力依赖于一整套的政治关系，并经常建立在对重要经济资源的控制基础上，平衡这些因素具有至关重要的意义。那些拓展资源的人对政治体而言具有核心意义。婆罗门受地者不是逐渐成为农业经营者了吗？由于土地是永久财产，它逐渐成为世袭之物，婆罗门因此能够参与政治文化，并用本种姓文化的标志性要素（比如作为权力语言的梵语）在后者身上留下自己的印记。

除以上外，婆罗门还宣称他们能通过礼仪活动掌控超自然力量与意外事件。与此平行的是各种以梵文形式保存下来或译为梵文的知识的传承，这些知识的历史悠久，此时，它们由于梵语的功用而得到强化。政治领域成为两大集团的对决舞台：一边是那些利用扩张起来的农业经济的人，他们强调种姓身份，包括范围很广的一系列行业和正演变为新种姓的社会阶层；一边是以宗教组织体系的面貌出现的婆罗门印度教的不同教派。这些人所进行的活动与普拉克利特语铭文中所载的商人、宗教团体、某些王室成员的赞助已有所不同。此时，它们的表演中心是王宫，而主要的舞台角色是国王、王室成员以及与他们有关的大臣、文书人员。历史记录的工作从寺院、地方重镇转到了王宫、显贵家族手中。

第二十四章 作为历史写作的早期印度铭文:公元前 3 世纪至公元 6 世纪

大事年表/关键日期

公元前 321—前 185 年	孔雀王朝
公元前 268—前 232 年	孔雀王朝阿育王在位时期
公元前 261—前 246 年	安条克二世(绰号"神")在位时期
公元前 285—前 247 年	托勒密二世(绰号"恋姐者")在位时期
公元前 276—前 239 年	安提柯(绰号"护膝甲")在位时期
公元前 3 世纪中期	马伽斯
约公元前 183—前 147 年	普沙密多罗·巽加在位时期
公元前 1 世纪	克拉威尔
公元前 2 世纪	德米特里乌斯
公元前 50—公元 250 年	百乘王朝
公元前 57 年	旋陀罗历元年
公元 78 年	萨卡历元年
公元 2 世纪	卢陀罗达摩
公元 1—3 世纪	贵霜王朝
公元前 1—公元 4 世纪	萨卡人统治者
公元 3—4 世纪	甘蔗王朝
公元 3—5 世纪	瓦卡塔卡王朝
公元 319—467 年	笈多王朝
公元 335—375 年	沙摩陀罗笈多在位时期
公元 475 年	哈斯丁

缩略语

Corpus Inscriptionum Indicarum,简称"CII"

Dravidian Etymological Dictionary,简称"DED"

Epigraphia Indica,简称"EI"

Major Rock Edict(*of Aśoka*),简称"MRE"

Separate Edict(*of Aśoka*),简称"SE"

主要史料

阿育王铭文

Bloch, Jules, *Les Inscriptions d'Asoka* (Paris, 1955).

Hultzsch, Eugen, *Corpus Inscriptionum Indicarum*, vol. 1: *The Inscriptions of Aśoka* (Calcutta, 1877).

Sircar, Dines Chandra, *Aśokan Studies* (Calcutta, 1979).

更晚的铭文

Fleet, John Faithfull, *Corpus Inscriptionum Indicarum*, vol. 3: *Inscriptions of the Early Gupta Kings* (1888; Varanasi, 1970).

Mahadevan, Iravatham, *Early Tamil Epigraphy from the Earliest Times to Sixth Century A. D.* (Cambridge, Mass., 2003).

Mirashi, Vasudev Vishnu, *Corpus Inscriptionum Indicarum*, vol. 5: *Inscriptions of the Vakatakas* (1963; Calcutta, 1973).

参考文献

Falk, Harry, *Aśokan Sites and Artifacts* (Mainz, 2006).

Parpola, Asko, *Deciphering the Indus Script* (Cambridge, 1994).

Salomon, Richard, *Indian Epigraphy: A Guide to the Study of Inscriptions in Sanskrit, Pakrit, and the Other Indo-Aryan Languages* (Austin, 1998).

Sircar, Dines Chandra, *Indian Epigraphy* (Calcutta, 1965).

Thapar, Romila, *Aśoka and the Decline of the Mauryas* (1961; 2nd edn., Delhi, 1997).

Williams, Joanna, *The Art of Gupta India: Empire and Province* (Princeton, 1982).

屈伯文 译 陈 恒 校

第二十五章　结　语

劳埃德(G. E. R. Lloyd)　文

　　无论我们作何努力,还原历史写作的早期历史,摆在我们面前都是艰巨的难题。在各种文化中,如果它们没有土生土长的、哪怕在近似意义上与历史写作这类文体对应的范畴(或者,按照社会人类学家的说法,是"行动者"范畴),那么,人们该怎样决定什么可算作"历史写作"的问题? 诚然,在我们所谓的事实描述与所谓的虚拟描述(或想象性创作)之间,清晰的界限可能并不存在。可以肯定的是,尽管有着清晰定义的写作类别不易寻找,这却不能妨碍我们使用传承至今的文献,作为还原我们所关注的各种文化的历史的材料。在我们进行历史写作的努力中,我们能做到这一点,这是一个事实。不过,如果我们跳过这个事实,而得出这样一个结论:我们能做到这一点,是因为它决然地从属于进行历史写作的原始目的。这很明显就是一个错误了。在本卷书前面若干篇章的讨论中,我们一再碰到一类写作案例,它们所关心的是将理想化的史事场面呈现或构造出来,这些史事并不受忠实史实这一标准的评判。这在黛博拉·伯德克(Deborah Boedeker)对早期希腊诗歌、历史之间关系的讨论中(第六章)便有所体现;在第四章中,约翰·凡·塞特斯(John Van Seters)对构成《圣经》的不同线条进行的分析亦对此有数次验证。史事按照年代顺序编排,获得了纯粹事实的样式,而作者想要完成的事情有其特殊而引人注目的性质,它们通常带有意识形态的色彩,比如有的作者对代表被选的以色列民利益的诉求进行论证,或是对以色列民组织的神圣性加以关注。

前面的篇章对不同的传统作了探讨。在对这些传统进行细致的评论之前,我们最好将某些人类学、社会学、哲学问题拈出来讨论,因为它们给我们的探索制造了一些难题。① 首先是人类学问题。我们可以设想,所有人类群体都对自身的过去感兴趣,由此而对自身的历史产生关怀。不过,"过去"的观念与对过去的兴趣的性质是两回事情,基于此,此种关怀是不是我们所谓的历史兴趣便成了一个问题。有一种时间观认为:时间从过去出发,经过当下到达未来,形成了一个连续统。不过,正如人类学家所证明的,此种观念远不是普世性的。对某些文化来说,英雄或神的时间在质上不同于今日的时间,②不仅如此,神圣时间与世俗时间——它存在于生活在今天的人们的经验范围内——亦常常有别。③ 有时,我们在某些古希腊作家的作品中看到,时间不是一个抽象的实体,而呈现出发生在时间中的史事的特征,比如荷马说到过"归返的时光"(nostimon ēmar),或"受奴役的时光"(doulion ēmar)。

我们认为时间是直线式的,而许多民族据说持有(或至少按我们的理解,持有)某种循环式的时间观。④ 某种循环时间观认为,时间不过是重复着自身⑤——这个观念往往否定任何将历史看作由独特事件组成的一个序列的看法。⑥ 过去是从创世开始的,抑或它

① 我在这里利用了我在下书中的讨论:*Disciplines in the Making*:*Cross-Cultural Perspectives on Elites*,*Learning and Innovation*(Oxford,2009)。

② Pierre Vidal-Naquet,*The Black Hunter*,trans. A. Szegedy-Maszak(Baltimore,1986),ch. 2.

③ E. R. Leach,*Rethinking Anthopology*(London,1961).

④ Arnaldo Momigliano,'Time in Ancient Historiography',*History and Theory*,6(1966),1-23,他尤其指出,在这个问题上,将循环时间确认为希腊人的观念是犯了将问题过分简单化的错误。参见 Louis Gernet,*The Anthropology of Ancient Greece*,trans. John Hamilton and Blaise Nagy(Baltimore,1981).

⑤ Mircea Eliade,*The Myth of the Eternal Return*,trans. Willard R. Trask(New York,1954).

⑥ Romila Thapar,*Time as a Metaphor of History*:*Early India*(Delhi,1996),5-6.塔帕尔进一步在这里和本卷书第二十三章中指出,在印度思想中,循环时间的观念是与线性时间融合在一起的。

在某个时点上与当下更为接近？其他人认为，时间将走向终结，无论它采取的是纯粹物理大灾难的形式，抑或伦理学的方式。所谓伦理学方式，也就是在最后的审判中，人的善恶得到了结，那时，人们将看到神的旨意得成，其选民的命运成为现实。我们同样不可忘记：我们自己的日常线性时间不易与时空流形（space-time manifold）的第四个维度——宇宙学或物理学上的时间概念——相吻合。

对某一特殊的人群而言，历史意味着什么？他们是否能以历史的态度理解过去？对于这些问题，以上谈到的分歧自然而然地会对其答案产生影响。在某些社会，历史写作凭借着冲破神话的藩篱而得以发展，这并不是说它使得神话无足轻重，而是说它使自身成为一个替代性的选择，用以取代通过纯粹的神话方式产生的历史叙述。在神话型历史叙述的作用下，万事万物的产生、发展史仍处在一片迷糊的状态当中。试图让记忆变得有序为按年代记录史事提供了强大的动力，然而，在许多社会、许多环境之中，那些被记住的内容是出于智慧的积累而被珍视，而既不是为了证实记忆的需要——乃至可能性，也不是为了给那些声称被记住的事件确定时间。此外，哪些事件是重要的，它们怎样被解释，这还或多或少涉及选择和评价的问题。由此，在多大程度上，一个社会——或者是该社会中的某一人群——创造了历史，用以巩固其自身的形象，并试图以此形象为人所认可，这就是一个萦绕不去的问题了。

而后是社会学问题。以下，在对历史写作进行总体性的比较考 603 察时，我们需要讨论其中的某些问题。历史学家是些什么人？他们是受雇于统治者或者国家的官员吗？如果是这样，他们能够获准使用官方档案吗？这些官方档案包含哪些内容？或者，他们是民间的布衣？他们从哪里获得自己的证据，他们怎样选择、检验后者？相比可以获得的文字记录，他们如何评价口头证据？他们如何处理那些汇报自身经验的现场目击者的不可靠性，难道就对那些已经于很久之前发生的事件的重述听之任之么？他们自己如何记录事件，即他们选择怎样的文类、媒介来记录事件——是选择碑刻，还是口耳相传或者妙笔写下的诗篇，抑或是其他形式的文字记录,这会带来不同的影响么?铭文是写给活人、死人还是神灵的?那些写就的书籍会被公开售卖,或是只能在特别的图书馆查阅,甚或是只能在统治者的宫殿内找到,抑或是只出现在国家的档案馆内? 现存的古代历史都是借由文本的形式传递给我们,这会带来这样的效果,即某种"过去"会被"定格"('freezing')在某个特殊的时间点。除此之外,还或多或少会存在坚持不懈地占有过去及对过去的解释权的努力。当然,作为历史的消费者,以我们的观点来看,我们不得不尽可能充分利用任何可资利用的信息,并且必须意识到它们可能存在的局限,这不仅仅指要认识到证据中存在的颇多疏漏,并且还要意识到证据加工过程中存在的大量问题。

这样,谁决定在何时、因何缘故设立碑铭? 就历史学家的工作目标而言,它们是他人授予历史学家的,还是历史学家自行决定的? 对于历史学家的工作目标应该是什么的问题,历史学家们达成了一致意见吗? 或者,有关自身的技艺,历史学家中间是否存在针锋相对的不同观点? 根据前面数章的材料,我们在原则上至少能区分出 11 种有不同又有重合、相互兼容的工作目标。它们是:(1)娱乐;(2)纪念;(3)赞颂、庆祝或者相反,污蔑和诋毁;(4)使现政权或新立政权合法化;(5)证明以往行为、政策的合理性;(6)解释往事为何会那样发生;(7)以过往经验为基础为当下提供指导;(8)为治国之用提供历史记录,从货物的价格到地方官或统治者的姓名及在位日期,均加以列载;(9)基于道德(或单纯审慎态度)的理由,对君主、政治家或其他负责人士或人群发出警示、告诫以至净谏;(10)批判他人对于过去的解释,尤其是其他历史学家所给出的解释;(11)"如实"记录过去,即诉说真实的过去,描述它究竟如何,就像兰克(Leopold von Ranke)所提出的那样"如实直书"(*wie es eigentlich gewesen*)。所有这些目标类别都可细分,端赖历史学家的关注重心是在政治及法律事务上,还是在军事史、经济史或社会史抑或任何其他的历史上。没有一种着眼点是完全纯粹的,它可能是并且通常确实是与一个特定的政治目标或者至少一个教育目标相一致。关于这一点,我会在下文加以讨论。

604

　　然后,紧随着上一段文字而来的一系列问题是:在多大程度上,历史学家能够意识到他们被指派或者被选定的工作目标可能会损害或者至少会不可避免地影响到他们的叙述? 历史学家本身的创作从既有的文学作品(无论是诗歌作品还是修辞作品)中获得了什么恩惠? 或者,在多大程度上,历史学家会从其他各种文类或其他历史学家的著作中刻意区分出他们自己的书写? 如果会,理由是什么? 他们是否自觉地确定自己的立场,或者对在其笔下的活动群体表示同情? 在牵涉到上述工作目标时,他们是否会自视为一个社会乃至一个国家的良心的保有者? 或者,他们自视为过去的卫道士,或其批判者,抑或仅仅是旁观的人? 他们是否会认为他们的工作从本质上是指向当下的问题的,抑或认为对过去的研究在某种意义上只是为了过去本身?

　　我在前面提到的最后一类问题是与历史写作有关的哲学问题。① 有三个问题非常突出。(1)不存在完全中立的或者价值中立的描述。这一科学哲学(philosophy of science)领域的老生常谈也同样适用于所有的历史叙述。当然,我们能够并且应当对高度理论负荷(theory-ladenness)以及轻度理论负荷作出区分。有些描述与直接目击所得的陈述比较接近。但是,每一种描述都会预设一个带有理论负荷的观念架构。某些作者可能会意识到这个问题,并且努力避免使用明显带有情绪化的语汇或者明显具有倾向性的概念。但是,即便是像数据表格所声称的客观性也仅仅是相对的客观而已,因为它也还会涉及数据是如何被搜集的,如何取舍,为什么这样取舍的问题。当然,在任何古代文明中,对于种种可能性

① 我们所谓的"古代世界历史哲学"已由一些学者作过出色探讨,其中可见 Momigliano, 'Time in Ancient Historiography'; M. I. Finley, *The Use and Abuse of History* (London, 1975);最为近的 François Hartog, *Regimes d' historicite* (Paris, 2003),以及他的 *Évidence de l' histoire* (Paris, 2005)。各种不同的观点,如尼科莱(Robert Nicolai)和本查斯基(Catherine Darbo-Peschanski)的不同观点,见于 John Marincola (ed.), *A Companion to Greek and Roman Historiography*, 2 vols. (Oxford, 2007)。

的数据分析和量化评估并不为人所关心。虽然如此，我们却经常看到一些自称正确、完整的列表，比如王表。此类列表以文字材料或者碑铭的方式流传至今，它们来自不同的文明，来自不同的时期，其准确性各有不同，本卷书第一～四章尤其对此作了讨论。另一方面，言及客观性问题，我们有两个基本论点。第一，任何作者必然有着某种观点、某些理论预设；第二，每一位作者会选择一些问题——而不是另一些问题——作为自己的关注点。即便客观性被奉为明确的目标，人们在这样一个问题——在什么事情上保持客观态度是重要的——上提前作出的决定总是对此起到了削弱作用。

（2）与历史写作有关的第二个哲学问题是历史的训诲功用。有一句话：“历史乃生活之师。”（*historia magistra vitae*）这句名言最近被科泽勒克（Reinhart Koselleck）重新提起。而另一方面，这句话从根本上说又是一句矛盾的话。① 我们必须发问，训诲的对象是谁？其获益者是谁？由谁来进行训诲？从谁的立场出发进行训诲？既然认定自己所撰的历史是具有训诲意义的，于是修昔底德作出了一些假定，其中尤为值得注意的是，他认为人类的本性从根本上是相同的。但是，这种相同一贯如此么？举世皆然么？修昔底德像医生一样指出了城邦的病症所在，其中，内争（*stasis*）即为一个显例。然而，这些病症在何种程度上是一种特殊政体所特有的，也就是说，仅仅是希腊式城邦身上才有的问题？在君主制下，对暴政、政治派系之间的争斗听之任之可能不是一个太大的问题。诚然，贪婪、自私以及狂妄自大（*hubris*）等特质被认为是普世性的，因

---

① Reinhart Koselleck, ‘Historia Magistra Vitae: The Dissolution of the Topos into the Perspective of a Modernized Historical Process’, in id., *Futures Past: On the Semantics of Historical Time*, trans. Keith Tribe (Cambridge, Mass., 1985), 21‑38. 谚语“历史乃生活之师”来自西塞罗（*De Oratore* 2.9.36），此语是西塞罗用以强调历史之功用的诸多表述之一。此后，尤其是在公元 16、17 世纪，人们用它来表达某种对历史写作的看法，反对将历史视为描述或修辞的观点（参见 Anthony Grafton, *What was History?* [Cambridge, 2007]）——这并不是说，引用这句谚语的人会就历史学究竟该教些什么达成一致意见。

此,某些人可能会说,这为修昔底德所认为的人性在本质上相同以及历史总是在重复自身的观点提供了充分的证据。情况或许是这样。但是,每个人关于如何避免政治灾难的观点同时也反映了其政治理想,而他们各自的政治理想毫无疑问是言人人殊的。

这是"历史乃生活之师"这一论调所面临的第一个问题。如果此论对每个人都成立,它必须满足以下条件:人们对人性、国家如何运作、国家间的关系如何处理方能达成最佳效果存有共识。不过,这种"最佳效果"由谁来享受? 每个人都是平等的吗? 而人们又拿什么来保证所有人都会赞同那个理想? 即便获得人们的赞同,此种理想对政策、行动有指导作用吗?

我曾问过"由谁来进行训诲"的问题。修昔底德的权威建立在他所给人的不偏不倚的公正印象上,不过,毫无疑问,他并不是全然如此的。例如,对于伯里克利和克里昂(Cleon)的领袖能力孰高孰低,他有着与众不同的观点。当然,由于其作品的修辞力量的作用,或者至少由于其价值判断的看似合理,我们总是倾向于认同他的观点,不是吗? 我们鲜有其他史料可资凭借以质疑他的观点。他无疑极为成功地说服了众多学者相信他对雅典政客的某种看法,尽管这种看法毫无疑问地受到了挑战。[①]

所以,任何一位志在"提供训诲"的历史学家都面临着某种困境。他们越将各自的价值观和立场明确地加以表述,他们的读者就越会变得疑心重重(除非他们刚好持有相同的价值观)。然而,无论如何(如同我在上文所指出的第一点一样),不具备任何偏向性是不可能的,而且,即便每一个历史学家都成功展现出自己对于历史事件的中立立场,读者们究竟会从他的描述中获得什么教益完全取决于读者自己。他们会细读对于事件的描述以获知哪些政策是成功的,而哪些政策又导致了灾难性的后果。他们会考察对史事的描述,以求获知政策的成功之处,灾祸是由什么引起的。如果像将军一样,在进入下一场战争时是带着上一场战争时的心态,

606

---

① M. I. Finley, 'Athenian Demagogues', *Past and Present*, 21(1962), 3 - 24.

这很明显就是冒险了,在面对新敌人时,他只会变得一头雾水。你从过去那里去了解过去,但那并不必然是对未来的正确指导,不管追问过去何以这样发生这个问题本身有多么使人入迷。的确,历史提供了丰富的、几乎用之不竭的榜样、先例和可能的类似事件,但是,它依然无法避免这样的问题,即怎么去决定它们正好与眼前的事情相关。事实上,多种多样过去的典范可能会令人徒增困惑而却不是令人豁然明了。选择不可避免,并且成功是没有法则的。

换言之,由于我们不能以过去在重复自身的历史观为据,因此,以历史写作形式存在的历史便无法成为一个可信赖的"生活之师"。对于事件是否会发生、会发展到何种程度以及对哪些方面会产生影响,除了依赖自己的判断,我们别无选择。

（3）第三个基本的哲学问题紧随上述"立场"问题而来,并且引出了更为微妙的问题。史家对史事的记述不仅以个人为行动主体,也以群体为行动主体。在人们为权力而展开战争、斗争时——又有什么时候争夺权力不会产生战争、斗争呢?——争斗的双方便必须加以辨别。如,他们有可能是大众、少数派、雅典人、斯巴达人、希腊人、蛮族、罗马人,或者是秦国人,或者是黑头发的人,或者是匈奴人。有时候,我们假定这些词语是不言自明的,但事实上其中没有一个词语是真正中性的。诚然,其中某些词语比另一些词语更有问题。从原则上说,对于谁在雅典享有公民权这个问题,人们并无太多疑问。但是,"绅士"(*kaloi kagathoi*,意为"可敬的绅士"或者"杰出的人")究竟是哪些人? 或者,作为一个整体的"民众"(the *dēmos*)或"大众"(*hoi polloi*)有多强的凝聚力? 这些都是更可质疑的问题。

如果说历史学家的目标之一在于颂扬,那么,颂扬的对象是谁便是一个重要的问题了。是所有人吗? 是那些当权者,还仅仅是国君而已? 希罗多德的著作开篇即声称他将把希腊人和蛮族的伟大功绩都记录在案,至少在某种程度上,他也努力践行了这一不偏不倚的原则,尽管他个人的偏向性也不时可见。然而,尽管有人试图掩饰,有人开诚布公,事实上历史学家常常怀着赞颂胜利的目的,而他们都巧妙地规避了这么个问题,即胜利属于谁? 似乎罗马人的统治是上天注定的(就好像这是不可避免的一样)——但是,在罗马人征服其所知的那个世界的大部分疆土的过程中,事实上"罗马"这个概念肯定也发生了变化。同样,在更为晚近的时代,我们听到了所谓"法兰西"的荣耀,或者说"德意志"理应被称作优等民族的国度,或者说"大不列颠"并不是征服了这个世界,而是文明化了这个世界。而以上每一个说法都提前假定了作为一个整体的"民族"概念,且是具有民族主义色彩的"民族"概念。不过,民族是被构建出来的,不管是政治上还是种族、文化上的构造。以失败者或被压迫者的角度来书写历史是一种极其罕见的现象(参见约拿单·普赖斯[Jonathan J. Price]在第九章对约瑟夫斯的讨论),尤其是当它作为人们习以为常的、占有支配地位的视角的一剂解毒良药而出现时,更是显得弥足珍贵。然而,被征服者的自我认同可能与胜利者的自我认同一样存在问题。

　　这里头最根本的困难在于,历史学家视作历史事件主要活动因素的人群本身都是被构建出来的。卷入其中的人种、民族更是如此——即便它们与行动者的自我认知有着对应的关系。[1] 此种观点同样适用于作为我们讨论对象的次级群体,尽管历史学家为其所贴的标签或许又一次与行动者所归属的范畴对上了号。当然,相比而言,个体要更容易辨认一些,不过,和群体——在人们看来,个人归属于群体——一样,个体也可能沦为"定格"的对象。

　　全然价值中立的历史不可能存在。对于这个问题,一种简便的后现代式的回应便是认定历史是虚构的。正是这一观点让海登·怀特(Hayden White)发展出极端的"情节化"(emplotment)概念。[2]

607

---

① 参见 Rémi Brague, *Eccentric Culture*, trans. S. Lester (South Bend, 2002)。

② Hayden White, *Metahistory: The Historical Imagination in Nineteenth-Century Europe*(Baltimore, 1973); id., *Tropics of Discourse* (Baltimore, 1978); and id., 'Historical Emplotment and the Problem of Truth', in Saul Friedlander (ed.), *Probing the Limits of Representation* (Cambridge: Mass., 1992), 37 - 53.

但我认为,这种应对之道同样难有成效。① 我们所需要的"真实"概念要能给我们带来合适的标准,以便我们对作为讨论对象的"背景"进行核实。这并不意味着我们能获得明确的叙述。但是,即便历史学家无法完全客观,那么,他们也大可以在展示证据时谨慎从事。他们的错误终归会被揪出来,如,1933 年 2 月的国会纵火案终究不是共产党密谋的结果。② 无心的错误描述是一回事,有意伪造则是另一回事了——例如拒不承认"大屠杀"的存在。如果说没有一种描述是完整的,那么,其中被忽略的某些部分相比另一些被忽略的内容而言,危害要轻得多。与一位科学家的成果可以由另一位科学家去检证该成果是否可以复现不同,历史学家的描述不可能进行实验性的测试。但这并不是说,选择要呈现的证据与编造这种证据是没有区别的。

以上所讲的是这样一个层面的问题:什么被当作已发生的史事载入历史? 当然,在为下述问题提供解释时,问题变得越来越复杂,这些问题包括:为何那些发生的事情发生了? 为何事情会这样发生? 例如,为何秦朝建国仅 15 年就覆亡了? 或者,为何雅典人在伯罗奔尼撒战争中战败了? 或者,为何凯撒渡过了卢比孔(Rubicon)河? 更不用说罗马帝国"衰落"——尽管是什么样的"衰落"还远未搞清楚——的原因了。衰落的内容是什么? 为什么会发生衰落的事情? 诸如此类的分析如果只是遵循此前即已提出的、用于正确解释这些问题的理论,便足以使人感到不安。同样地,或者说更为通常的情况是,人们常常追随那些唾手可得的解释,进行历

① Carlo Ginzburg, 'Just One Witness', in Friedlander (ed.), *Probing the Limits of Representation*, 82 - 96; Ginzburg, *History, Rhetoric and Proof* (Hanover, 1999); Peter Burke, 'Overture. The New History: Its Past and its Future', in id. (ed.), *New Perspectives in Historical Writing* (1991; 2nd edn., Cambridge, 2001), 1 - 24; and Paul Ricoeur, *Memory, History, Forgetting*, trans. K. Blamey and D. Pellauer (Chicago, 2004,就历史写作领域中的新趋势而言,该书尤其为相关论争作出了思路清晰的最新贡献)。
② 否定的答案是显而易见的,尽管在谁才是纵火犯的问题上,历史学家还存在争议。

史解释要素(explanantia)的选取工作,而非独立走出自己的脚步。

按照我提出基本的哲学难题的方式,历史写作可能会被认为面临着一个不可能完成的任务。于是,当我们发现在实践过程中,不同的个体或者不同的史学传统总是存在这样那样的妥协——不管是不是故意为之——时,我们也不会觉得有多意外了。这无疑取决于我所提出的 11 种目标中的哪一项被优先考虑,或者取决于如何在这 11 种目标中达成平衡。如若娱乐成为历史书写的唯一目标,按照某种更为通常的观点,这将使得这一书写难以被称作是历史,尽管它依然被认为是在"讲故事"(在法语中,"讲故事"意义上的 histoire 是与"历史"[history]混在一起的)。对过去史事的描述亦包含在莎士比亚的历史剧中,但是它们并不打算成为我们通常所认为的历史——它们并不是我们所喜欢的用于理解过去的史料,即便埃斯库罗斯《波斯人》(Persae)之类的著作已被古人、现代人纷纷用以获得其戏剧化的事件所包含的信息。无论是在古代还是莎士比亚的时代,微不足道的娱乐功能绝不是历史剧唯一的目标。此外,某些作者从不虚伪地表示其客观性,而是仅仅打算去赞颂。官方历史学家可能不得不无耻地极尽颂扬之能事,如颂扬胜利的军队,颂扬所向无敌的统治者,颂扬体现着绝大仁慈或者绝顶聪明的人,尽管某些官方历史学家可能是全然坚持己见的,其中,来自中国的案例尤为明显。在中国,有着一种十分强大的直言进谏传统。我曾在上文对此作了清楚的评析。在下文中,我将回到这个问题上来。

但是,当历史学家站在真理的立场上时,随后产生的问题有:他们如何确定什么是真理?他们如何搜集并评估他们所获得的证据?他们在多大程度上承认证据的局限(事实上,还有证据本身的不可靠)?他们在多大程度上采纳不同的观点来让彼此迥异的观点达成某种平衡?

即便是在同一种文化中,我们也不能奢望人们就历史的目标取得一致,事实上我们也不会发现这种一致性。无论在希腊还是中国,历史写作——或某种与之极其近似的东西——经历了很长一段时间才被认为是一种文类,而在古代的美索不达米亚和埃及,这一过程更是显得曲折反复,本卷书第一～三章对此作了充分的证明。这可以同样地用在印度身上,虽然人们尤其是西方评论家一次又一次地作出误人之举,否认印度历史写作的存在,从而使这些问题变得扑朔迷离。其实,正如塔帕尔在第二十三章中所说的,以《摩诃婆罗多》和其他作品为代表的史诗传统早就体现了一种历史意识,虽然这种历史意识常常以追求权威性、合法性作为自己优先考虑的目标——这是毫不令人感到奇怪的。虽然如此,相互对立的有关过去、有关某些人物或王朝所扮演的角色的叙述,却推动着人们将下述事情放在心上:追求正确性或真实。毫无疑问,印度的资料有一些与众不同的特征,比如口头、书写传统之间不断变动的特殊平衡状态,以及在赞助来源上所发生的某些变化。不管怎么说,塔帕尔的细致分析将历史写作缓慢发展——在印度亦然——的清晰画面呈现在人们面前。

至于有着最丰富的资料的两大传统,当数希腊—罗马传统、中国传统。对这两大传统,我们都能对其在数百年里的历时性发展状况进行详细追踪,我在这里要作的是展开采摘性的重点评述。

罗宾·奥斯本(Robin Osborne)在第五章中让我们看到,在希腊,早在历史写作本身诞生之前,铭文便在历史观念的形成上发挥了作用。而正如乔纳斯·格里斯林(Jonas Grethlein)在第七章中所指出的,在这件事情发生后,历史写作不得不划定自己的范围,以和与之并立的各种文类区别开来。这并不是说,从一开始时,各种文类之间的界限就是固定或严格的。*historia* 是一个有用而突出的行动者范畴,它所涵盖的范围远远超过我们所确认的历史写作。它可以指称任何研究或者任何研究成果,因此,它跨越了一个相当广的范围,我们必须考虑到许多不同的学科。[1] 我们所称的地理学、人种学便是极好的例子,还有科学及其分支学科,以及对动物

① 例如,可参见 Catherine Darbo-Peschanski，'The Origins of Greek Historiography'，in Marincola（ed.），*A Companion to Greek and Roman Historiography*，i. 27 - 38。

的研究、对植物的研究、对矿物的研究、对气象的研究等等——乃至对整个自然界的研究，即自然研究（*peri phuseōs historia*）。尽管如此，早在《诗学》中（1451b1）中，亚里士多德便无条件地使用了"历史学家"（*historikos*）一词，他当时是要将"历史学家"所做的工作与诗歌进行对比。令现代历史学家感到沮丧的是，在亚里士多德的著名观点中，相较于历史，诗歌被认为是更富含哲理且更为严肃的，因为诗歌关怀普遍的世界，而历史仅仅关心特定的事物。这似乎会忽略我曾指出的哲学观点，即任何关于亚西比德（Alcibiades）做过些什么或者在他身上发生了什么的描述（亚里士多德举的例子）必须使用一般且确实具有评价意味的概念——例如在说他"出卖"了雅典人民的时候。亚里士多德用来作例子的"历史学家"是希罗多德，尽管我们会说希罗多德的《历史》（*historiē*）远不是对史事的历史记录那么简单，尤其是其对于埃及人、西徐亚人（Scythian）的故事（*logoi*）的描述，更为一般希腊意义上的"历史"作了绝佳例证。这种一般的"意义"此后亦从未被取代，因此，希腊的历史写作总是与各种各样的探索联系在一起。

　　早在希罗多德之前，希腊人关于人类经验的书写便常常将自己表现得与其他描述各擅胜场乃至比后者更高明。这总让我们觉得它们是在参与竞争的某一方的支持下写就的，无论配合它的是这样一些人——他们可被确认为某种意义上的"盟友"，还是其他类型的作者。赫卡泰戊斯（Hecataeus）嘲笑希腊人（统称）的"许多故事"是"荒诞可笑的"。相比之下，他声称自己的描述是真实的（*alēthes*，Fr. 1）。但这对希罗多德而言丝毫不起作用，当他将那些关于世界地理的猜谜般的描述斥责为"可笑"的时候，显然他的脑际想到过赫卡泰戊斯（4.36，参见42）。在发表（*apodexis*）其"研究成果"（*historiē*）的开篇处（1.1），就其他人群如何解释希腊人和蛮族互相征战的原因，希罗多德为我们提供了波斯人的说法，几个章节之后，他便将其与腓尼基人的说法相对比（1.5），然后紧接着便是希罗多德（他使用了第一人称 *egō*[我]）自己所知道的和不知道的事情。对于这些蛮族所提供的描述，希罗多德采取了暂缓判断

610

的方式，仅仅说他自己知道（*oida*）最初对希腊行不义之事的那个人——此人便是克洛伊索斯（Croesus）。

接下来，我们要对希罗多德的叙述进行讨论，以下两个方面的奇特融合也在我们的探讨范围内：其一，希罗多德将事件的目击者记录下来；其二，事件的不同版本、不同解释也被记录下来（有时，作者在不同观点之间进行评判，有时又不作议论）。[①] 我们面对的，是一个对事件描述的诸多可能版本、对评估资料来源的必要性有着清醒认识的作者。[②] 的确，希罗多德在多大程度上虚构了或者说发明了他对于埃及、西徐亚的描述，以满足他自己的策略性目的——就像哈托格（Hartog）曾经的妙论所指出的（即为了衬托雅典和希腊），[③]此事依然有继续讨论的余地。例如，有一些人便坚称希罗多德对于西徐亚的描述能够被考古证据所证实。但是，显而易见的是，希罗多德最终成功地以此衬托了雅典和希腊。

然而，修昔底德转而以不具名方式对希罗多德作出批评。在《伯罗奔尼撒战争史》1.20 中，修昔底德更正了一个能在希罗多德书中（6.57）找到的说法，即希罗多德认为在斯巴达的元老院（Gerousia）里头，斯巴达国王有投两次票的权利。更有甚者，他还将自己与这样一些人——他们的叙述（希罗多德告诉我们）"更适于娱乐听众而非说出事情的真相"——区别开来（1.21）。[④] 这些人所讲述的故事可靠与否是无法进行检验或详查的，已经"达致神话之境"（*muthōdes*）。由于与不可验证性牵扯在一起，*muthōdes* 一词清晰地呈现出贬义的基调。尽管有时候 *muthos* 在虚构的意义上并

---

① 希罗多德书内的 2.44 是一段典型的文本，其中明确提到，在牵涉到赫拉克勒斯（Heracles）崇拜的问题上，为了获得清楚的事实，他曾自己旅行并着手调查。

② 参见 Robert L. Fowler, 'Herodotos and his Contemporaries', *Journal of Hellenic Studies*，116(1996)，62 - 87。

③ Francois Hartog, *The Mirror of Herodotus*, trans. Janet Lloyd（Berkeley, 1988）.

④ 按照我在上文列举的描述历史学家工作目标的词汇，显然，修昔底德批判了他的一些前辈只是关注于第一项目标即娱乐，而他自己则声称要讲述过去的真相（即第十一项目标），并且在此基础上提供训诲（即第七项目标）。

不总是含有"神话"的意味,它依然是一个常见的用于形容故事的总称词。① 于是,修昔底德含蓄地声称他将比他的前辈更加谨慎地评估其所使用的证据,②显然,当他在描述近代的或者当代的事件时,这一做法显得颇为可行,至少要比处理一些在遥远的过去发生的事件可行多了。然而,相比那些对于一些当代事件连想象都未曾想象过的人,即便是通过目击者而获知一些当代事件的真相也显得复杂多了。但事实上这不仅仅意味着修昔底德的方法是特殊的,他的目标还在于为后世提供一份永恒的遗产(*ktēma es aiei*),即提供一个智慧思想的库藏(见该书的著名章节 1.22)。这是基于下面的假设:人类行为总是遵循不变的法则;在这个意义上,人们或许可以期望历史在重复自身。修昔底德为未来的读者双手奉上其著作。他用以战胜其竞争者的策略在于:他宣称其作品不仅仅是意在与其他作品一较短长(*agōnisma*),并且将被证明是对后世有益的。

在内容、目标受众以及作者所采取的方法等多个层面,后来的希腊、罗马历史写作表现出了极大的多样性(参见约翰·迪勒里[John Dillery],第八章)。相关著作既有人物传记、编年史、地方史、名门望族的历史,也有制度史、知识研究(如哲学、数学或者医学)的历史。许多历史学家或多或少承担着官方指定的任务,不仅仅旨在记录,而且还要庆祝和颂扬。③ 尤其是一些希腊历史学家,

---

① 在以下两书中,*mythos*、*logos* 这类词汇存在不同乃至矛盾含义的情况得到了深入分析:Claude Calame, *Mythe et l'histoire dans l'antiquité grecque* (Lausanne, 1996); and id., 'The Rhetoric of *Muthos* and *Logos*: Forms of Figurative Discourse', in R. Buxton (ed.), *From Myth to Reason?* (Oxford, 1999),119-143。

② 修昔底德宣称其历史旨在真实,这一宣称的重要性,已经由下书作了坚实的论证,但是,我们即将看到,中国的司马迁也同样致力于为后世提供可信的事件描述:Bernard Williams, *Truth and Truthfulness: An Essay in Genealogy* (Princeton, 2002)。

③ 其中尤为值得一提的是亚历山大的御用历史学家卡里斯提尼斯(Callisthenes),与许多中国的官方历史学家一样,在和他的赞助人闹翻以后,他的结局并不完满。在卷入了一场意在谋害亚历山大的阴谋之后,他最终被处死。正如我们在后文将提到的中国历史学家一样,有着一个官方职位可能会给予某个人特权地位,但这并不意味着历史学家会认同他的(或者她的)雇主的政策。

他们还需要面临如何对罗马霸权妥协的问题。公元前 2 世纪,波里比阿声称其著作具有独创性,这首先是因为此书所涉及的历史事件至为重要,即他曾经明言的,在大约 53 年的时间里,罗马怎样征服了几乎整个未知的世界;其次,也因为此书乃首部真正意义上的通史著作。①

在此之后的数个世纪,一系列罗马历史学家,如塞勒斯特、李维、塔西佗等人便沉迷于罗马的命运这一主题。在他们的叙述中,时常可见具有道德意味的评论——即便常常是自相矛盾的评论。它们谈论的对象是罗马最初走向衰亡的征兆,其表现是共和政体被帝制替代,由此而产生了这样的说法:美德转变为自我放纵和邪恶。到公元 1 世纪,用希腊语写作的犹太人约瑟夫斯以极大的成功将两样东西融合起来,其一是希腊人追求客观性的种种模式,其二是犹太人所怀有的历史是神意之实现的设想(约拿单·普赖斯,第九章)。② 当基督徒作家进行历史写作时,有两个重要问题显现出来:罗马不属于基督教的过去是辉煌的,这种感觉如何与基督教掌权的当下协调(参见库利,第十章)? 还有一个更根本的问题,基督降世这一奇特事件给世界历史带来的影响当如何解释?

希腊—罗马历史写作的历史充斥着一项特征,这一特征我们亦可以从希腊—罗马的哲学中找到,即显而易见的争强好胜。历史学家纷纷声称自己的描述建立在可靠的史料之上,因而是在讲述着真实的历史;而其他史家的叙述则是不完整且带有偏见的,甚或仅仅是其作者的向壁虚造。在这个过程中,*historiē* 以及 *historia* 这

---

① 参见 Polybius,Book 1. 1 - 4。波里比阿自己也承认,从某种程度上说,埃弗罗斯(Ephorus)早已提出他的这一雄心壮志,尽管波里比阿认为埃弗罗斯仅仅涉及了希腊世界(V 33)。波里比阿还批评了另一位同行蒂迈欧(Timaeus),这不仅仅是因为其著作的涵盖范围存在局限,特别是因为蒂迈欧没有从事第一手的研究,并且对于军事事务缺乏经验(XII 25 - 27)。参见本卷书中约翰·迪勒里的文章。

② 参见 Pierre Vidal-Naquet,'Du bon usage de la trahison',in *Flavius Josèphe*:*La Guerre des Juifs*,trans. Pierre Savinel (Paris,1977),9 - 115;and Vidal-Naquet,*Flavius Josèphe et la Guerre des juifs* (Paris,2005)。

两个术语被用在以研究为本的叙述中,而这样的叙述是更趋实证主义的历史学家们所热衷的。相比之下,*muthos* 则常常受到贬低,被认为是有缺陷的,其叙述通常带有大量的华丽辞藻,只能够反映作者自己的政治观点。

人们常说,现代西方历史写作的根柢可以在希腊古典古代找到,不过,一旦历史写作走向职业化,相关的制度框架便经历了转变。职业化有赖于历史写作在大学课程中获得一席地位,就此而言,我们应当想起:在西方世界,历史学被接受为研究生阶段所从事的研究科目,要远在法学、医学和神学之后。① 而且,不同的欧洲国家如何将历史学接受为本科生人文教育中的一个关键组成部分,不仅仅反映了一种民族主义化的规划,而且通常与一种独特的教育规划密切相关,即在统治机构中谋求某一个适当的职位要求学生掌握些什么知识。那些教导学生的人便理所当然地自认为是某种学术精英,尽管他们想获取此种地位的想法在其他学科的代表人物面前并不是畅通无阻的。

就我在希腊—罗马历史写作传统中提到的某些特征而言,它们在中国历史写作的发展中同样得到了体现。除此之外,中国历史写作的发展还体现出某些独特的特征。我们还要指出,作为起点,对我们赖以重构中国早期思想的某些经典文献("经"),我们现在

613

---

① 我所指出的希腊—罗马历史写作中显而易见的争强好胜特征在此后的欧洲史学著作中依然存在,并且有一项新的特征加入,即不同民族传统之间频繁不断的对抗。如,仅在英语世界的史学传统中,卡尔(E. H. Carr)的《历史学是什么?》(*What is History?*)在 1961 年出版之后,伯林(Isaiah Berlin)、埃尔顿(Geoffrey Elton)、巴特菲尔德(Herbert Butterfield)以及特雷弗-罗珀(Hugh Trevor-Roper)等人随即加入争论,在进行学术交流时同样言辞辛辣尖刻,这或许可以成为这种争强好胜特征之一例。参与其间的历史学家不仅仅是在知识问题上就事论事,还会被其自身的信仰和成见所左右。这场争论最终波及掌控大学课程的诸多学术界名流,学术界杰出的从业者纷纷争论剑桥大学及其他大学内的本科教育该怎么教、该教些什么等问题。艾文斯(Richard J. Evans)在 E. H. Carr, *What is History?* (Houndmills, Basingstoke, 2001)一书的导言中对这场争论作了概括。

要以远为激进的批判、怀疑眼光进行审视——这是相比以前的一般情况而言的。[①]《春秋》之类文献在过去常常直接而完全地归入孔子名下，遵照传统，其他经典亦径直托名于黄帝之类的传说人物。如今，在人们眼中，许多这类著作是由不同时期、有着不同来源的材料汇聚而成的，我们读到的文本主要是完成于汉代（如果不是更晚的话）的文献编撰工作的成果，某些文本的成形时间则晚得多。尽管如此，随着考古工作的发展，越来越多的文献从坟墓中出土，我们能确定它们的精确日期。由此，经典文献的某个版本，就可直接到手了。不过，很快有一个问题呈现在人们面前，也就是：该文献版本与后世经由评注传统传到人们手中的编订本有什么关系？许多人认为，"文本"概念本身是需要进行修正的。我们可以认为，不同学派或传统对文献的传承没有单一的原型，就此而言，需要现代学者出大力尝试还原的原始文献版本之类的事物是并不存在的。若想弄清楚文本的起源和文本所力图描述的历史事件，即使是我们能用碑铭、考古资料来补充文献证据的不足，如何来解释文本这个问题依然显得十分严峻。

就流传至今最早的那些来自铭文的书面材料而言，其中大多数是写在耐久的材料比如龟壳、牛骨、青铜以及石头上的。夏含夷在本卷书第十五章中探索了这样一种可能性，也就是，如果有什么东西能流传下来，人们必然是对它进行了大规模编订的，有可能编年体的叙事史亦不脱此例。[②] 这仍是一个猜想。虽然如此，有一点却是很清楚的，也就是：一旦我们开始对史事进行更具包容性的记述，本来意义上的历史写作方能逐渐地让自己与其他文类——宫廷

[①] 有关对某些经典文献真实性的怀疑，早在自汉朝以来的早期评论家身上便有体现。不过，大范围的怀疑潮只是在 20 世纪的学术研究中才开始成为主流。参见李惠仪在本卷书中的文章。

[②] L. Vandermeersch, 'La conception chinoise de l'histoire', in Anne Cheng (ed.), *La Pensée en Chine aujourd' hui* (Paris, 2007), 47 - 74. 这里同样提到，中国历史写作受惠于占卜习俗的历史可从商朝甲骨的使用开始算起，人们依靠甲骨行预测之事，并将结果记录下来。

编年史、年鉴、年表——区别开来。

在界限清晰的年代框架内，对若干重要朝代进行叙事描述的第一部中国通史是《史记》，它是由司马谈和他的儿子司马迁在大约公元前 90 年编成的。[①] 但是，《春秋》一书早已为以年代排序的简单历史记录提供了一个先例，并且，在注释该文本的著作中，《左传》又提供了一个描述过去的典型——此书对于成功或失败的原因给出了自己的裁断。此书属于史嘉柏在第十六章中所讨论的趣味轶事传统的组成部分。很显然，它既用到了口述的资料，也用到了书面的资料，于是如今我们若要对此书的资料来源条分缕析——若能作到的话，对于我们有效利用此书所提供的史料显然颇有益处——便会存在困难，或者说几乎不可能。《左传》和其他注释《春秋》的著作，与其说是在专心致志地致力于为历史事实建立一种可靠的描述，不如说是更加在意文学或修辞的风格，更加在意《春秋》一书所呈现的巧思妙构的故事以及《春秋》一书对于劝世功能的探寻。[②] 因此，尽管《史记》一书从一些对于过去事件的先期论述中受益，它还是可以标榜自己的原创性。即使像班固——《汉书》的作者——这样的后世史家，批评了司马迁的写作风格、思想倾向以及所谓的"疏略"（inaccuracies，参见杜润德，第二十章）——这很像我们所发现的希腊史家式的争强好胜，《史记》依然还是成为了所有后世中国编史工作借鉴的重要典范。

---

① 司马迁确实对古代一些颇为荒诞不经的故事避而远之，尤其是与那些传说中的王朝的创建有关的故事。不过，他并未使用等同于"神话"（虚构意义上的"*muthos*"）的范畴来达成这个目的。参见 G. E. Lloyd, *The Ambitions of Curiosity* (Cambridge, 2002), ch. 1. 。

② 不过，有些文献（尤其是《左传》）中的段落强调了史官在记录史事上的责任，哪怕这会让他们惹人憎厌。在本卷书中，李惠仪讨论了这方面最有名的事例，里面讲到，一个史官和另一位史官由于先后坚持对合法君王的谋杀应记入史册而丧命，尽管他们最终如愿以偿（《左传》襄公二十五年）。同样重要的是，我们需将李惠仪的另一个观点铭记于心：有关一个无所不在的主题，有各种道德论调出现，而它们所传达的教训常常是相互矛盾的，这就为从不同视角出发对史事的评判留下了余地。

其次,我们要说的是,由《史记》发端的通史撰作为后世历朝历代的历史著作所接续,自《汉书》以降承续不断。而此种通史并不仅仅是我们所认为的历史,它与大多数希腊历史著作也是有分别的。除了历史事件的描述、历史上许多人物的传记等内容,通史的内容还包括诸如历法、天文乃至水道、"地理"[①]等等多种科目的志书(treatises)。这并不仅仅是因为作者对这些科目有着兴趣而已,而是旨在为统治者、官员或者任何一位渴望做官的人提供对他们治理国家而言最为重要的信息。这些通史中的志书的存在并不仅仅是为了文学上的自得其乐,而是志在提供指导——并且并不仅仅与过去相关。就我在上文中所确认的历史工作的可能目标而言,《史记》及其后继者可谓完美体现了所有这些目标。

615　　第三,大部分通史的作者拥有官方的职位,这对其史家行当的性质有所影响,有时这种影响甚至是决定性的。[②] 在此,我们可以对中国史官概念的逐渐浮现略加梳理。司马谈和司马迁都官居"太史",不过他们的本职工作与其说是编史,不如说是天文历算。按照范晔著《后汉书》所载(25;3572.1ff.),"太史令"的职责在于:(1)主管历法;(2)为国家的重大活动选择吉利的时节;(3)当吉利或者不吉的征兆出现时,将其记录在案。所以,他们撰作《史记》一书,不仅仅是出于个人的雄心壮志,还是因为此乃他们的职责所系,同样,班固后来也是受命撰作了汉代的历史。

史家的官方角色所带来的不足之处显而易见,因为在这种情况

---

①　中国人所使用的"地理"("earth patterns",更好的称谓是"terrestrial organization")以及"州郡"('provinces and commanderies')在多大程度上与西方意义上的"地理学"(geography)相同,依然存在疑问。参见 Vera Dorofeeva-Lichtmann, 'Conception of Terrestrial Organization in the *Shan hai jing*', *Bulletin de l'École Française d'Extrême Orient*, 82(1995), 57 - 110; and ead., 'I testi geografici ufficiali dalla dinastia Han alla dinastia Tang', in Sandro Petruccioli (ed.), *Storia della Scienza*, vol. 2 (Rome, 2001), 190 - 197。

②　我们可以参照某些罗马史家的情况:这些人是历史学家,但没有官方职位,而其政治地位增强了其叙述的权威性。我的这个观点受益于安德鲁·菲尔德(Andrew Feldherr)。

下,史家便不能公然引起当权者的不快。但与此同时,得益于官方的角色,官方历史学家也能够触碰到私人所不能看到的资料。司马迁曾提到过,他自己可以进入官方的档案馆内。他数次抱怨其中许多资料丢失了、被毁坏了,或者是被错误理解了(《史记》130：3288,3296,3319),然而他所能获得的资料已经足够丰富,相比希罗多德这样的史家,这些资料已经足以使他在研究过去的工作中占据有利得多的位置。可以获致的一手、二手档案资料的大量积累甚至可能是汉代以后中国历史著作大量增长的刺激因素之一。正如丁爱博让我们看到的(第二十一章),这些历史著作门类众多,不过,无论其作者是以私人身份从事著述,抑或借助官方力量撰史(此种状况更为常见),阅览国家档案都是一个前提条件。再者,对赞助者应尽的责任与史家的责任意识——做到准确、直率、可信——两者的调和一直是摆在这些作者面前的问题。不过,到唐代时,私人著史多少有些沉沦了,因为到那时,它转变成了受到国家赞助的集体著史,其目的是创作出数量庞大的官史。

第四,那些历史学家的官方职位也并没有阻碍他们提出自己带有批判性的观点。正如我曾指出的,从很早的历史时期以来,中国文化中一直有一个很强的、对统治者进行告诫或者直言进谏的传统。[①] 直率地批评君王,后来则是批评皇帝,被认为是十分危险的举动,而且事实上许多直谏的臣子——其中包括多位著名的历史学家,比如说班固、范晔,都为他们的独立思想(或者他们与其赞助者之间的分歧)付出了生命的代价。当司马迁在汉武帝面前因言获罪,他接受了耻辱性的宫刑而没有自杀,他告诉人们,这是为了继续他父亲的历史写作。

然而,中国人还发展出了对当权者不直接进行批评的复杂技巧。对过去的政策和行为表示反对,是一种间接表达对当下政策

616

---

① 参见 David Schaberg, 'Remonstrance in Eastern Zhou Historiography', *Early China*, 22(1998),133 - 179; and G. E. R. Lloyd, 'The Institutions of Censure: China, Greece and the Modern World', *Quaderni di Storia*, 62(2005),7 - 52.

和行为不赞同态度的有效途径。在很大程度上,这就是奥格尔曼在第十二章中所讨论的发生在塔西佗一类史家身上的事情。《史记》中记录了司马迁与一位重要官员的对话(《史记》130:3299,另可参见《汉书》62),他在里面说明了他自己的立场。在对话中,他毫无疑问地承认,不同于以往贤人往往不遇明君,在他所处的时代,"天下"为一代明君汉武帝所执掌,但他仍说,将汉武帝的伟业记载下来并传诸久远,仍然十分重要,从某种程度而言,这也是他在为自己所撰的历史寻求正当性。但是,这并不是他所做工作的全部意义。在《史记》正文中(18:878.4 ff.,另可参见 6:278.9 ff.),他还曾指出从过去史事中学习可以提供"一把关于当代成功与失败的钥匙"("亦当世得失之林也")。司马迁从未公然声称此书是"后世永恒的财富",但是此书不仅为当世读者而写,更是为未来的读者而写,而未来的读者将从他所描述的史事中获得教益。可能正是出于这个原因,他将《史记》的一个副本存于一个档案馆,即他所称的"名山",而将另一个副本保存在京师,他自己表示,这是为了"俟后世圣人君子"(《史记》130:3319—3320)。

中国历史写作走向壮大并逐渐被确认为一种界限明确的官方文类。而在这个过程中,人们为此而不得不付出的代价也是清晰可辨的。面对官方所划定的需求,像司马谈、司马迁曾经表现出的独立思想越来越难以为继,历史在颂扬、合法化当世政权上所起的作用,也日渐盖过了指导、警示和告诫等编史目标。汉代之后,在史家受命撰作前朝历史时,此项通则会有重大的例外情况出现。史家会有某些对以前的统治者进行批评的空间,当然,条件是不得挑战天命这条总的戒律,事实上,它还得为此戒律提供证明。

鉴于古代历史写作的特点纷繁多歧,想就其性质得出简单明了的结论是绝无可能的,尽管如此,我依然试图就以上探讨作出一些归纳。在本章开头,我强调了任何试图中立地记录过去的雄心壮志都必须面对的一些根本问题。但是,这世上当然或多或少有着毅然决然追寻中立态度的努力,或多或少有着一些史家与众不同,朝着这个目标坚定不移地努力。我们所称的历史著作显然不是一种定义明确的文类,而是一系列相似文本的松散集合,其面貌随着著者或者编者的角色或职责而改变,也随着著者或编者所设定的撰作目标或者他人给著者或编者设定的撰作目标而改变,当然也随着历史著作实际用途的改变而改变。

乍看之下,有一些假说看似引人入胜,看似为描述不同古代传 统之间的差异提供了一个基本原理,但是一经审视却根本经不起推敲。就古代的例子而言,在政治体制的性质及其偏爱的历史写作模式之间,甚至是在历史学家各自的政治观点和他们所热衷的历史写作模式之间,并不能建立起直接的关联。相比自由政体,专制政体对于记录自身所作所为和功绩的编史工作自然是寻求更多的控制,而不是放任自流。然而,中国古代的君主政体内部一直以来都不缺乏严厉的、思想独立的批评者。此外,专制君主自身也可能不仅仅需要阿谀奉承而已:他们事实上想要了解过去,并且命令历史学家在尊重事实的基础上加以陈述。与此相反,那些生活在民主体制下的历史学家的确不需要刻意剪裁自己的作品以满足某些个正好大权在握的领袖的需求,但是,他们也总是会不可避免地对民主制度的运作进行过于乐观的颂扬。

每一位史家的作品(oeuvre)都或多或少反映着他自己的见解,反映着他对于他所描述的那个时代的善恶是非的理解,反映着他的希望和失望。但是,就我们一直在探讨的这些资料而言,其多歧性特征主要源自历史写作给自己设定的多重选择。选择何种方案并不一定非得由外在的因素——如史家的赞助人、史家的读者们——决定,而是也会反映出史家的自我形象,他们对于自身责任的感知,对于自身工作的自豪,以及他们述史时的雄心壮志——志在超越其同行的水准(为达此目的,他们要么是使自己所创作的那种历史胜过前辈,要么是提倡或者实践一种全新的编史方式)。这样,竞争意识常常成了创新行为的重要催化剂。然而,编史工作却又常常被迫陷于传统模式所限定的写作框架之中,当传统模式恰与官方的要求相一致时,便尤其如此。

编史工作一直以来最大的原动力有二(在这方面,我们尤其要关注古希腊、古代中国的状况）：一是铭记史事的渴望，或者说真心实意想要颂扬史事的诉求；二是想以史为鉴并将其应用于当下及未来的愿望。但是，首先，我们便会发现这两者之间存在一些紧张，且这种紧张至少偶尔会出现。拿第一种原动力来说，歌颂型的编史模式很明显是有偏向性的，相比之下，我们可以相信，第二种原动力必须以不偏不倚为追求。其次，当我们试图在两者之间寻找到某种平衡时，问题也同时油然而生，因为，事实上，从哲学上说，在描述历史事件时，采用完全价值中立的观念框架是不可能的。正如我曾指出的，科泽勒克所构想的规划，其基本的困境在于：我们能从过去获得些什么，其关键取决于我们对什么才是重要的所作出的判断——在这里，我们可能会被史事所揭示的历史相似性所误导。对过去的历史事件视而不见是愚蠢的，但是假设那些历史事件就一定能为将来提供某种指导可能也会导致错误的判断。看起来只有极少数历史学家可能意识到了深深植根于他们整个事业中的矛盾性。在古代，由于历史写作确立其独立文类的地位需付出大量辛劳，这一点或许能被理解。但是，对于这个学科应该如何构成，对于这个学科的目标、方法等问题，即便对于该学科的许多现代从业者——他们对于历史哲学表现出更自觉的兴趣——而言，许多方面依然悬而未决。此外，历史这一学科彻底堕入主观性境地——即便不是纯粹的虚构或者赤裸裸的意识形态——的危险却始终在若隐若现。正是为了这个原因，对古代传统的多样性进行探索仍是有价值的，哪怕是在公元 21 世纪。

618

参考文献

Brague, Rémi, *Eccentric Culture*, trans. S. Lester（South Bend, 2002）; orig. pub. as *Europe: La voie romaine*（2nd edn, Paris 1993）.

Burke, Peter, 'Overture. The New History: Its Past and its Future', in id.（ed.）, *New Perspectives in Historical Writing*

(1991;2nd edn, Cambridge, 2001),1 - 24.

Calame, Claude, *Mythe et l'histoire dans l'antiquité grecque* (Lausanne, 1996).

—— 'The Rhetoric of *Muthos* and *Logos*: Forms of Figurative Discourse', in R. Buxton (ed.), *From Myth to Reason?* (Oxford, 1999),119 - 143.

Darbo-Peschanski, Catherine, 'The Origins of Greek Historiography', in John Marincola (ed.), *A Companion to Greek and Roman Historiography*, 2 vols. (Oxford, 2007), i. 27 - 38.

Detienne, Marcel, *Comparing the Incomparable*, trans. Janet Lloyd (Stanford, 2008); orig. pub. as *Comparer l'incomparable* (Paris 2000).

Dorofeeva-Lichtmann, Vera, 'Conception of Terrestrial Organization in the *Shan hai jing*', *Bulletin de l'École Française d'Extrême Orient*, 82(1995):57 - 110.

—— 'I testi geografici ufficiali dalla dinastia Han alla dinastia Tang', in Sandro Petruccioli (ed.), *Storia della Scienza*, vol. 2(Rome, 2001),190 - 197.

Eliade, Mircea, *The Myth of the Eternal Return*, trans. Willard R. Trask (New York, 1954); org. pub. as *Le Mythe de l'éternel retour* (Paris, 1949).

Evans, Richard J., 'Introduction to the 40th Anniversary Edition', in E. H. Carr, *What is History?* (Houndmills, Basingstoke, 2001).

Finley, M. I., 'Athenian Demagogues', *Past and Present*, 21 (1962),5 - 24.

—— *The Use and Abuse of History* (London, 1975).

Fowler, Robert L., 'Herodotos and his Contemporaries', *Journal of Hellenic Studies*, 116(1996),72 - 87.

Friedlander, Saul (ed.), *Probing the Limits of Representation*

（Cambridge：Mass.，1992）.

Gallagher，Catherine and Greenblatt，Stephen，*Practicing New Historicism*（Chicago，2000）.

Gernet，Louis，*The Anthropology of Ancient Greece*，trans. John Hamilton and Blaise Nagy（Baltimore，1981）；org. pub. as *Anthropologie de la Grèce antique*（Paris 1968）.

Ginzburg，Carlo，'Just One Witness'，in Friedlander（ed.），*Probing the Limits of Representation*，82 - 96.

—— *History，Rhetoric and Proof*（Hanover，1999）.

Grafton，Anthony，*What was History?*（Cambridge，2007）.

Hartog，François，*The Mirror of Herodotus*，trans. Janet Lloyd（Berkeley，1988）；org. pub. as *Le Miroir d'Hérodote*（Paris，1980）.

—— *Régimes d'historicité*（Paris，2003）.

—— *Évidence de l'histoire*（Paris，2005）.

Hornblower，Simon（ed.），*Greek Historiography*（Oxford，1994）.

Knoblock，John and Riegel，Jeffrey，*The Annals of Lü Buwei*（Stanford，2000）.

Koselleck，Reinhart，'Historia Magistra Vitae：The Dissolution of the Topos into the Perspective of a Modernized Historical Process'，in id.，*Futures Past：On the Semantics of Historical Time*，trans. Keith Tribe（Cambridge，Mass.，1985）21 - 38；orig. pub. as，'Historia Magistra Vitae：Uber die Auflösung des Topos im Hoizont neuzeitlich bewegter Geschichte'，in H. Braun and M. Riedel（eds.），*Natur und Geschichte：Karl Löwith zum 70 Geburtstag*（Stuttgart 1967），825 - 838.

Leach，E. R.，*Rethinking Anthropology*（London，1961）.

Lloyd，G. E. R.，*The Ambitions of Curiosity*（Cambridge，2002）.

—— 'The *Institutions* of Censure：China，Greece and the Modern World'，*Quaderni di Storia*，62（2005），7 - 52.

619

Marincola, John (ed.), *A Companion to Greek and Roman Historiography*, 2 vols. (Oxford, 2007).

Momigliano, Arnaldo, 'Time in Ancient Historiography', *History and Theory*, 6(1966),1 – 23.

Nicolai, Roberto, 'The Place of History in the Ancient World', in Marincola (ed.), *A Companion to Greek and Roman Historiography*, i. 13 – 26.

Press, Gerald A., *The Development of the Idea of History* (Kingston, 1982).

Ricoeur, Paul, *Memory, History, Forgetting*, trans. K. Blamey and D. Pellauer (Chicago, 2004); org. pub. as *La Mémoire, l'histoire, l'oubli* (Paris 2000).

Schaberg, David, 'Remonstrance in Eastern Zhou Historiography', *Early China*, 22(1998),133 – 179.

Thapar, Romila, *Time as a Metaphor of History: Early India* (Delhi, 1996).

Vandermeersch, L., 'La conception chinoise de l'histoire', in Anne Cheng (ed.), *La Pensée en Chine aujourd' hui* (Paris, 2007), 47 – 74.

Vernant, Jean-Pierre, *Myth and Thought among the Greeks* (London, 1983); orig. pub. as *Mythe et pensée chez les grecs* (Paris 1965).

Vidal-Naquet, Pierre, 'Du bon usage de la trahison', in *Flavius Josèphe: La Guerre des Juifs*, trans. Pierre Savinel (Paris, 1977),9 – 115.

—— *The Black Hunter*, trans. A. Szegedy-Maszak (Baltimore, 1986); orig. pub. as *Le Chasseur noir* (Paris 1981).

—— *Flavius Josèphe et la Guerre des juifs* (Paris, 2005).

White, Hayden V., *Metahistory: The Historical Imagination in Nineteenth-Century Europe* (Baltimore, 1973).

—— *Tropics of Discourse*（Baltimore，1978）.

—— ' *Historical* Emplotment and the Problem of Truth ' , in Friedlander （ ed. ）, *Probing the Limits of Representation* , 37 – 53.

Williams，Bernard，*Truth and Truthfulness*：*An Essay in Genealogy*（Princeton，2002）.

屈伯文　译　陈　恒　校

索　引

注意：索引中的页码均为原书的页码，即本书的边码。

860

C

881

译后记

本书为上海市"人类历史重大理论问题话语体系建设"基地、上海市高水平地方高校建设、国家社科基金重大项目"多卷本西方城市史""20世纪的历史学和历史学家"阶段性成果。

要特别感谢上海三联书店陈启甸总经理、黄韬总编辑,感谢他们的宽容与支持,放任做一些没有经济效益只有社会效益的事情,没有他们的支持,这样一套鸿篇巨制是难以有中文版问世的!也要感谢岳秀坤、彭刚、陈新、赵立行等师友,我们彼此认识已有二十多年,多年来相互切磋,彼此鼓励,没有这些友谊,也难有这种协同作战。

最后要交代翻译的相关事情。本书文内所提到页码都是原书的页码,即本书的边码,索引中的页码也是指本书的边码,便于读者查找原文。该书是由屈伯文、李尚君、李海峰、王海利、宋立宏、郑阳、刘雪飞、李慧等人和我共同翻译,文内注明了分工情况,在此深表感谢。黎云意、李娜、胡婷、朱玮、施瑾、柯友会、冯瑾等研究生翻译了部分索引初稿。我最后负责通校全部译文。虽前后校对几次,但难免会存在一些问题,我们恳请读者不吝赐教,以便在再版时作进一步修订。

陈　恒

图书在版编目（CIP）数据

　　牛津历史著作史.第 1 卷/（加）沃尔夫总主编；（美）菲尔
德，（美）哈代主编；陈恒等译.—上海：上海三联书店，2021.
12 重印
　　ISBN 978 - 7 - 5426 - 5430 - 4

　　Ⅰ.①牛…　Ⅱ.①沃…②菲…③哈…④陈…　Ⅲ.①世界
史　Ⅳ.①K1

　　中国版本图书馆 CIP 数据核字（2015）第 309061 号

牛津历史著作史（第一卷）

总 主 编 / ［加］丹尼尔·沃尔夫
主　　编 / ［美］安德鲁·菲尔德　［美］格兰特·哈代
译　　者 / 陈　恒　李尚君　屈伯文　李海峰　王海利　等

责任编辑 / 黄　韬
特约编辑 / 王凌霄
装帧设计 / 夏艺堂
监　　制 / 姚　军
责任校对 / 张大伟

出版发行 / 上海三联书店
　　　　　（200030）中国上海市漕溪北路 331 号 A 座 6 楼
邮　　箱 / sdxsanlian@sina.com
邮购电话 / 021 - 22895540
印　　刷 / 商务印书馆上海印刷有限公司

版　　次 / 2017 年 11 月第 1 版
印　　次 / 2021 年 12 月第 2 次印刷
开　　本 / 640mm×960mm　1/16
字　　数 / 780 千字
印　　张 / 61.5
书　　号 / ISBN 978 - 7 - 5426 - 5430 - 4/K·357
定　　价 / 268.00 元

敬启读者，如发现本书有印装质量问题，请与印刷厂联系 021 - 56324200